# 东莞年鉴

# DONGGUAN YEARBOOK

# 2006

中共东莞市委员会
东莞市人民政府　主办

岭南美术出版社

# 编辑说明

一、《东莞年鉴》是由中共东莞市委、东莞市人民政府主办，东莞市地方志办公室承办，并由各镇区、各部门（包括中央、省属、解放军驻莞单位）共同参与编纂的大型资料性工具书。自2001年创刊以来，每年出版一卷。旨在全面、系统、翔实地记载东莞市政治、经济、文化和社会各项事业的基本情况，为社会各界和海内外人士了解和研究东莞提供基本资料，并为编修地方史志积累历史资料。

二、《东莞年鉴》2006年卷着重记载2005年东莞市经济社会发展的大事、要事和基本情况。分正文和彩页两大部分。正文内容采用分类编辑法，以篇目、分目、条目组成框架结构的主体部分，以条目为基本的表现内容。设“大事记、专文、特载、东莞之最、概况、政治、莞台交流、政法、地方军事、城建·环保、交通·邮电、松山湖·虎门港、对外经济、民营经济、工业·商业、农业·水利、旅游、财政·税务、金融业、经济管理、科学技术、教育、文化、体育·卫生、社会生活、镇（街）、人物、社会经济统计资料、文件选录”等共29个篇目。条目的标题以黑体字加【 】表示，少数包含多方面资料的条目则在文内用楷体标题刊印。《东莞年鉴》2006年卷彩页以“创新东莞”为主题，分公共版和宣传版两大类。“创新东莞”力求鲜明形象展现东莞风采，与2005年卷“实力东莞”、2004年卷“活力东莞”、2003年卷“魅力东莞”形成系列，凸显东莞特色。

三、《东莞年鉴》2006年卷的统计数据采用法定计量单位。该数据是统计快报数据，最终以统计部门公布的决算数据为准；如与某些单位的数据不一致的，使用时应以统计部门提供的统计数据为准。

四、稿件作者署名，除在撰稿人员栏目中刊列外，“专文、特载”等作者在标题下方标出，其他篇目作者则在条目文末标出。

五、《东莞年鉴》的编辑出版工作是在中共东莞市委、东莞市人民政府的领导下，并得到各镇（街）、各部门领导重视与支持，依靠各镇（街）、各部门撰稿员的共同努力而完成的，在此谨致谢意。限于编辑水平，书中难免有疏漏之处，敬请批评指正。

## 《东莞年鉴》编纂委员会（东委办发〔2005〕21号）

名誉主任：佟　星（中共东莞市委书记、东莞市人大常委会主任）
主　　任：刘志庚（中共东莞市委副书记、东莞市人民政府市长）
副 主 任：何嘉琪（中共东莞市委常委、市委秘书长）
吴道闻（东莞市人民政府副市长）
王道平（东莞市人民政府秘书长）
吴镇成（中共东莞市委副秘书长）
周华驹（东莞市人民政府副秘书长）
朱益民（东莞市人民政府副秘书长）
委　　员：李秀冰（中共东莞市委组织部副部长）
陆世强（中共东莞市委宣传部副部长）
温少生（中共东莞市委统战部副部长）
高少鹏（中共东莞市委政法委员会副书记）
简钧钰（东莞市发展和改革局局长）
陈桂明（东莞市经济贸易局局长）
杨晓棠（东莞市教育局局长）
叶景图（东莞市科学技术局局长）
詹文光（东莞市财政局局长）
黄志安（东莞市建设局局长）
胡荏光（东莞市农业局局长）
吴维保（东莞市文化广电新闻出版局局长）
吕琦元（东莞市统计局局长）
潘朝明（东莞市地方志编纂办公室主任）

## 《东莞年鉴》编辑部

主　　编：吴道闻
执行主编：潘朝明　刘念宇
编　　辑：曾可兴　何　青　刘　丹　赖燕江　张锡麟　卢　敏　施雪芬
黄文挺　王彩凤
美术编辑：张德全

## 《东莞年鉴》撰稿人员（按姓氏笔划为序）

| | | | | | | | | |
|---|---|---|---|---|---|---|---|---|
| 丁志刚 | 丁雪红 | 尹　楠 | 文毅峰 | 方志权 | 王　飞 | 王　昕 | 王　琢 | 王仲华 |
| 王伟南 | 王茵茵 | 王晓河 | 王雪萍 | 王婉玲 | 王惠娴 | 王锦霞 | 邓志权 | 邓建超 |
| 韦懿伦 | 冯　杰 | 冯卫民 | 冯永权 | 冯伟刚 | 冯淑敏 | 卢　敏 | 卢肖莹 | 卢润志 |
| 叶小云 | 叶足汝 | 叶建荣 | 叶春华 | 叶润晃 | 叶景秋 | 叶慧敏 | 甘　雨 | 石海娇 |
| 伍春花 | 刘　洋 | 刘　高 | 刘　琼 | 刘小敏 | 刘中华 | 刘宇红 | 刘庆华 | 刘宠杨 |
| 刘念宇 | 刘金燕 | 刘树安 | 刘海滨 | 刘颂东 | 刘惠林 | 刘雄波 | 刘燕明 | 朱文君 |
| 严传彪 | 何飞林 | 何建东 | 何剑华 | 何春燕 | 吴宗才 | 张　可 | 张　红 | 张小凯 |
| 张光辉 | 张昌忠 | 张昭峰 | 张健良 | 张敬东 | 张锡麟 | 李　哲 | 李文杰 | 李文峰 |
| 李叶安 | 李芬芳 | 李凯扬 | 李忠红 | 李泽林 | 李寒来 | 杜文宇 | 杜润江 | 杨　荣 |
| 杨笑冬 | 沈志攀 | 肖必良 | 苏庆华 | 陈　刚 | 陈　钊 | 陈　洋 | 陈　斯 | 陈广莲 |
| 陈伟鹏 | 陈先礼 | 陈肖敏 | 陈宝华 | 陈建玲 | 陈武勇 | 陈炜东 | 陈爱章 | 陈湘华 |
| 陈湘红 | 周　君 | 周　莉 | 周永坚 | 周伟钊 | 周先桂 | 周洪英 | 周晓锋 | 周浩佳 |
| 周浩球 | 和玉昌 | 林　郁 | 林　睿 | 林兰兴 | 林汉筠 | 林旭文 | 林绍兴 | 林俊强 |
| 林剑雄 | 林祖军 | 林美娟 | 林展人 | 罗　焱 | 罗旭林 | 罗建锋 | 罗焕平 | 罗斌来 |
| 罗新强 | 罗德泉 | 郑汝静 | 郑春泽 | 郑燕娟 | 姚庆保 | 姚进洪 | 姜合萍 | 施　琼 |
| 施雪芬 | 柳景蛟 | 洪　纲 | 洪晓杨 | 胡　平 | 胡　蓉 | 胡启志 | 赵　胤 | 赵克伟 |
| 赵铁桥 | 钟正良 | 钟志坚 | 钟志明 | 钟道晶 | 钟锦漩 | 钟靖平 | 唐晓瑜 | 徐永桂 |
| 莫志良 | 莫肖玲 | 袁　洪 | 袁广强 | 袁灼文 | 袁鸣春 | 袁俊凯 | 郭富春 | 常　庆 |
| 庾笑清 | 梁　达 | 梁丽英 | 梁志勇 | 梁树明 | 梁颖贤 | 萧启亮 | 黄　颖 | 黄子炎 |
| 黄文挺 | 黄仕强 | 黄伟彬 | 黄祖辉 | 黄晓静 | 黄素标 | 黄朝东 | 喻运青 | 彭　玲 |
| 曾　鸣 | 曾伟侨 | 蒋先友 | 蒋超卓 | 谢向阳 | 谢海燕 | 鲁　宇 | 赖少瑜 | 赖燕江 |
| 熊恩铭 | 熊培华 | 缪伟栋 | 翟春瑶 | 蔡大伟 | 赫喜华 | 潘　瑛 | 潘伟强 | 潘朝明 |
| 颜大胜 | 黎创成 | 黎丽香 | 黎爱英 | 黎清华 | 黎雪波 | 黎锡浩 | 黎燕嫦 | 薛幼东 |
| 霍永健 | 戴晓东 | | | | | | | |

东莞市政区图
广东省地图出版社 东莞市国土资源局 合编
广州市
萝岗区
南沙区
南沙
黄阁
横沥
万顷沙
石楼
莲花山旅游区
南岗
中山市
珠江口
虎门
沙田
厚街
长安
道滘
洪梅
麻涌
中堂
望牛墩
高埗
石碣
万江
莞城
南城
东城
市委
市政府
寮步
大岭山
茶山
大朗
黄江
虎门港沙田港区
虎门港沙角港区
虎门港长安港区
沙角炮台
威远炮台
大岭山森林公园
莲花山庄
水濂山郊野公园
同沙林场
蕉利
新基
石排
福禄沙
大坦
漳澎
金鳌沙
狮子洋
伶仃洋
蕉门水道
沙井
福永
黄埔区
广州市
佛山市
南海区
番禺区
顺德区
江门市
中山市
斗门区

东莞市全图图例
市政府驻地
街道办事处
乡、镇政府
村委会
村 庄
旅游景点
规划快速路
铁 路
规划轻轨
高速公路
国道及编号
省道及编号
县道及编号
乡镇主要道路
地级市界
镇 界
河流
渠道、桥梁
山峰及高程
比例尺 1：215000
本图界线不作权属争议的依据
东莞市邻近城市图
惠州市
市
惠
州
深
圳
园洲
龙溪
沥林
龙岗区
观澜
平湖
龙华
横岗
石排
企石
横沥
桥头
东坑
常平
谢岗
大朗
黄江
樟木头
清溪
塘厦
凤岗
银湖工业区
东部工业园区
大屏嶂森林公园
大屏嶂林场
观音山森林公园
桥沥公园
怡景度假村
荔枝娱乐村
鲤鱼度假村
东莞火车站
东莞东站
樟木头林场
清溪林场
大龙林场
高坑林场
深巷林场
企石林场
裕丰林场
牛眠埔林场
大田林场
香港特别行政区
深圳市
114° 00′
114° 05′
114° 10′
114° 15′
114° 20′
23° 05′
23° 00′
22° 55′
22° 50′
22° 45′
22° 40′

# “十五”辉煌成就

| 年度＼指标 | 地区生产总值(亿元) | 第一产业 | 第二产业 | 第三产业 | 工业总产值(亿元) | 户籍人口(万人) | 公路通车里程(公里) | 本地电话年末用户(万户) | 移动电话年末用户(万户) | 全社会固定资产投资额(亿元) |
|---|---|---|---|---|---|---|---|---|---|---|
| 2001 | 991.89 | 26.10 | 540.51 | 425.28 | 1846.82 | 153.89 | 2570 | 98.96 | 295.76 | 125.49 |
| 2002 | 1186.94 | 24.88 | 648.81 | 513.25 | 2296.44 | 156.19 | 2641 | 127.93 | 412.39 | 191.57 |
| 2003 | 1452.52 | 22.82 | 798.20 | 631.51 | 2874.79 | 158.96 | 2688 | 206.11 | 660.86 | 319.39 |
| 2004 | 1806.03 | 22.37 | 1016.04 | 767.62 | 3683.61 | 161.97 | 2759 | 274.37 | 841.05 | 433.65 |
| 2005 | 2182.44 | 22.54 | 1232.70 | 927.20 | 4470.03 | 165.65 | 2871 | 383.91 | 1016.41 | 597.24 |

行政中心

"一年一大步，五年见新城"是东莞新世纪"十五"计划的目标。东莞市从推进"一网两区三张牌"入手，进而实施"一城三创五争先"的战略思路，着力加快经济发展和社会进步；从"建城、修路、整山、治水"入手，着力改善城市功能和城市面貌；从开展"三现代"教育入手，着力提高人的素质和城市文明程度；从打造图书馆之城、博物馆之城、广场文化之城入手，着力提高城市的人文价值和文化品位。五年荜路褴褛，我们的发展目标如期实现，全市千万人民共同建造了一个更具实力、更显活力、更有魅力的新东莞。

| 指标<br>年度 | 外贸进口总额(亿美元) | 外贸出口总额(亿美元) | 新签利用外资合同数(宗) | 合同利用外资(亿美元) | 实际利用外资(亿美元) | 地方财政总收入(亿元) | 地方财政一般预算收入(亿元) | 地方财政一般预算支出(亿元) | 城乡居民储蓄存款余额(亿元) | 社会消费品零售总额(亿元) |
|---|---|---|---|---|---|---|---|---|---|---|
| 2001 | 154.65 | 189.89 | 1395 | 20.98 | 18.16 | 126.00 | 45.02 | 47.68 | 799.18 | 275.71 |
| 2002 | 205.11 | 237.36 | 1391 | 24.89 | 21.48 | 167.88 | 55.29 | 64.96 | 1001.69 | 321.24 |
| 2003 | 241.04 | 280.02 | 1524 | 32.56 | 25.63 | 206.41 | 67.45 | 76.51 | 1231.06 | 369.78 |
| 2004 | 293.25 | 351.92 | 1423 | 41.32 | 30.34 | 259.11 | 82.64 | 94.16 | 1431.68 | 426.47 |
| 2005 | 334.42 | 409.29 | 991 | 29.8<br>(新口径) | 14.68<br>(新口径) | 331.91 | 103.91 | 117.42 | 1728.28 | 500.00 |

# 领导关怀

2005年9月12日，中共中央政治局常委、国务院总理温家宝（右三）到东莞视察

2005年2月12日，中共中央政治局常委、全国政协主席贾庆林（前右二）在中共中央政治局委员、广东省委书记张德江陪同下视察东莞松山湖

2005年5月21日，中共中央政治局常委、中央纪委书记吴官正（前左二）到东莞视察，图为吴官正在长安镇马沙村视察

2005年10月23日，中共中央政治局委员、书记处书记、中央组织部部长、中央先进性教育领导小组组长贺国强到东莞调研

2005年11月12~13日，全国人大常委会副委员长李铁映率全国人大常委会检查组到东莞开展《劳动法》执法检查，图为李铁映深入企业了解员工生活

2005年10月5~6日，全国人大常委会副委员长、九三学社中央主席韩启德到东莞视察，听取东莞市委副书记、市长刘志庚的汇报

2005年12月6日，国务院台湾事务办公室主任陈云林一行莅莞考察，并召开广东省台商代表座谈会，图为陈云林（左二）在广东省委副书记欧广源（右一）等陪同下参观东莞台商子弟学校

2005年9月15日，广东省人大常委会主任黄丽满、广东省人大常委会副主任李近维等率省人大视察组视察沙角电厂脱硫工程建设情况

2005年8月19日，广东省委副书记、省纪委书记王华元到东莞检查指导工作，就东莞党风廉政建设和社会治安综合治理工作提出要求

2005年2月2日，广东省委副书记刘玉浦与省委组织部干部二处党支部一行，在东莞市委书记佟星陪同下，到东莞市大朗镇长塘村与该村党支部成员一起参加主题党日活动

2005年2月24日，广东省委常委、省委组织部部长胡泽君到东莞检查先进性教育活动工作情况

2005年12月20日，全省群众文化建设经验交流会在东莞召开，图为广东省委常委、省委宣传部部长朱小丹（前右一）了解东莞群众文化建设时与群众亲切交谈

2005年8月4日，广东省常务副省长汤炳权(左二)莅莞调研，在东莞市副市长张顺光(左一)陪同下参观企业

2005年2月5日，广东省副省长谢强华率省"送温暖"慰问团莅莞，慰问困难群众和外来员工

2005年12月20日，全省群众文化建设经验交流会在东莞召开，图为广东省副省长雷于蓝（中）参观大岭山镇文化广场

# 新任市委书记

《南方日报》2006年3月30日报道：近日，省委决定刘志庚同志任东莞市委书记。佟星同志不再担任东莞市委书记、常委、委员职务。

**刘志庚** 男，汉族，广东兴宁人，1956年6月出生，1973年10月参加工作，1985年2月入党，在职博士研究生，现任中共东莞市委书记、市人大常委会主任。

主要工作简历：1973年10月至1979年8月，兴宁县陂宁公社小学教师；1979年9月至1983年7月，吉林大学经济系国民经济计划专业学习；1983年7月至1989年3月，深圳市计划局综合计划处科员、副科级、正科级、副处长；1989年3月至1990年2月，深圳市计划局综合计划处处长；1990年2月至1991年12月，深圳市计划局局长助理；1991年12月至1992年12月，深圳市计划局副局长；1992年12月至1993年8月，深圳市龙岗区委常委、区政府负责人；1993年8月至1995年7月，深圳市龙岗区委副书记、区长；1995年7月至1995年8月，深圳市龙岗区委书记兼区长；1995年8月至2002年4月，深圳市龙岗区委书记（其间：1996年9月至1999年6月在吉林大学政治经济学专业在职博士研究生学习）；2002年4月至2004年2月，清远市委副书记、市长；2004年2月至2004年3月，东莞市委副书记；2004年3月至2004年4月，东莞市委副书记、副市长、代市长；2004年4月至2006年3月，东莞市委副书记、市长；2006年3月至2006年4月，东莞市委书记、市长；2006年4月起，东莞市委书记、市人大常委会主任。十届全国人大代表，省八、九次党代会代表，省九、十届人大代表。

# 新当选市长

《南方日报》2006年4月15日报道：2006年4月14日，东莞市第十届人民代表大会第三次会议闭幕。李毓全当选东莞市人民政府市长。

**李毓全** 男，汉族，东莞长安人，1953年10月出生，1972年9月参加工作，1975年3月入党，在职大专，现任中共东莞市委副书记、市人民政府市长、市委党校校长。

主要工作简历：1972年9月至1975年3月，长安公社文化站站长；1975年4月至1976年5月，长安公社锦厦大队党支书；1976年6月至1980年4月，长安公社革委会副主任兼锦厦大队党支书；1980年5月至1983年8月，长安公社团委副书记、书记、党委委员；1983年9月至1984年10月，长安区委副书记、区长；1984年11月至1991年4月，长安区、镇党委书记；1991年5月至1992年9月，长安镇委书记、副处级干部；1992年10月至1994年8月，长安镇委书记、正处级干部；1994年9月至1995年2月，东莞市人民政府副市长、长安镇委书记；1995年3月至2002年3月，东莞市人民政府副市长、党组成员；2002年3月至2002年4月，东莞市委常委、市人民政府副市长、党组成员，虎门港开发区管委会主任；2004年4月至2006年4月，东莞市委副书记、市委党校校长；2006年4月起，东莞市委副书记、市人民政府市长、市委党校校长。

# 五年见新城

## 2001－2005年东莞市重点建设工程项目

一、各年度完成工程项目

（一）2002年完成项目：

◆莞樟路改造 ◆一环路改造 ◆四环路改造 ◆运河路改造 ◆旗峰路改造
◆东城中路改造 ◆二环路改造 ◆莞太路改造 ◆莞惠公路樟木头至谢岗段改建
◆厚大公路（厚街至大岭山） ◆望沙（望牛墩至沙田）公路 ◆草塘公园

（二）2003年完成项目：

◆中心广场 ◆中心区环境完善 ◆簪花岭绿化公园 ◆中心区路网改造 ◆元岭路改造
◆鸿福西路 ◆莞龙路改造 ◆东城南路改造 ◆东江大道 ◆莞深高速公路三期东城段
◆107国道万江至江南路段改造

（三）2004年完成项目：

◆行政办事中心 ◆展览馆 ◆会议大厦 ◆滨江体育公园 ◆运河樟村水质净化厂
◆东莞一中新校区 ◆高级中学新校区 ◆银丰路改造 ◆松山湖大道 ◆规划一路
◆鸿福东路——八一路 ◆龙林高速公路 ◆西四环路改造 ◆常平至公明公路黄江段改造

（四）2005年完成项目：

◆海关大厦 ◆群艺馆 ◆青少年宫 ◆玉兰大剧院 ◆科技馆
◆图书馆 ◆绿化广场 ◆市中心广场南段完善 ◆可园中学新校区 ◆环城路（首期）
◆常虎高速公路 ◆东部快速路 ◆莞龙公路改造 ◆东深公路改造 ◆莞长公路改造
◆莞惠公路改造 ◆坝头路改造 ◆东升路及其延伸段

二、2005年续建、新建工程项目

◆报业大厦 ◆市人民医院新院 ◆东莞理工学院体育中心 ◆中心区消防站
◆东莞植物园 ◆广电中心 ◆市委党校新校区 ◆东莞体育运动学校
◆东莞可园博物馆 ◆岭南画院 ◆东莞文学艺术院 ◆东莞第二看守所
◆市教师进修学校 ◆西四环路与万道路立交（曲海立交） ◆环城路广园东快速连接线
◆环城路广深高速石鼓连接线 ◆环城路二期（北环） ◆博厦桥北桥及北门桥改建工程
◆东莞大道人行地下隧道 ◆东莞水道滨江西路市政及景观工程 ◆常虎高速公路新联支线
◆西部干道 ◆惠常高速公路谢岗段 ◆北王公路改建
◆环莞快速路（一期） ◆龙大高速东莞段 ◆莞深高速公路三期石碣段

# 2005年重点工程巡礼

**东莞图书馆**新馆位于东莞市鸿福路南侧中心广场内，总建筑面积44654平方米，建设总投资1.73亿元，于2002年9月12日正式动工兴建。新馆建筑的俯视效果形成“I”、“E”两个字母，集中体现了图书馆作为高科技“e时代”信息中心的整体形象。采用大开间的设计理念，设计藏书450万册，阅览座位3000个，网络节点3000个。新馆的定位是知识信息的集散地、市民终身教育的学校、东莞地方文献的宝库、地区图书馆（室）的中枢、高雅的文化休闲场所。

2005年9月28日，东莞图书馆新馆开馆、东莞市青少年活动中心落成启用暨2005东莞首届读书节开幕典礼（张超满 摄）

**玉兰大剧院**建筑物的主体是螺旋形的圆锥体，内设有歌剧厅、实验剧场及其他配套服务设施。歌剧厅是大剧院的重要组成部分，主要用以歌剧、大型交响乐演出，还兼顾其他使用功能，设有池座、楼座、包厢等座位共1600个。为充分体现东莞大剧院作为音乐厅的特色，厅中设计强调不对称性，厅内的大陆形布置还保证每个观众都能感受完美的视听效果。配套服务设施包括排练房、休息厅、快餐厅、咖啡厅、艺术商店等。剧院内设有先进的通信系统、结构化综合布线系统、安保技防系统、背景音乐及消防广播系统、火灾自动报警及消防联动控制系统、楼宇设备控制管理系统、车库管理系统等智能化系统。（张超满 摄）

**青少年活动中心**位于四环路北侧，中心区中轴线南端，总占地面积3.6万平方米，建筑面积3万平方米，容积率0.91,绿化面积近2万平方米，绿化率58.4%。该中心造型新颖独特，主体结构由一层地下室、四层裙房和左、右两侧各八层的塔楼组成，南、北两侧分设有下沉广场，东面为游泳池和戏水池，西面为露天剧场。内设有500座剧场和文艺表演室、美术书法室、科技展览室、图书阅览室等功能室，配备有篮球场、羽毛球场和网球场等室外活动场地。青少年活动中心的兴建，为东莞市青少年提供一个集教育培训、兴趣学习、文娱体育于一体的良好活动场所。（张德全 摄）

**群众艺术馆**位于鸿福路南侧，中心区中轴线东侧，是将原科技大厦进行改建而成，包括对大厦外墙重新装修，对大厦内部进行改造，同时利用大厦空地建一个小剧场。改建后占地面积2.6公顷，建筑面积1.5万平方米。

**科学技术博物馆**位于鸿福路南侧，东莞中心广场中轴线西侧，占地面积4万平方米，建筑面积3万平方米，容积率0.69，绿化面积1.3万平方米，绿化率达34%，可停放100多辆车。

整个建筑分为梭形主体建筑及方形辅助建筑两部分。主体建筑内包含常设展厅、穹幕影院及管理研究用房三部分，三者合围成一个中庭布置。辅助建筑为单层，其内设临时展厅及公共科普教育内容，其屋顶作为广场空间的一个有机组成部分，亦可作为室外展场。馆内还配置了先进的通信系统、安保技防系统、背景音乐兼消防广播系统、火灾自动报警及消防联动控制系统、楼宇设备控制管理系统、车辆出入管理系统等智能化系统。东莞科技馆的建成，为广大市民开展学科学、爱科学、用科学提供优良的空间。（黄曦曙 摄）

2005年9月28日，东莞市举行常虎高速、东部快速、环城路首期通车暨四条主干道路竣工庆典（张超满 摄）

**东部快速路**起点接松山湖大道的莞深高速公路立交桥，经寮步、茶山、横沥、石排、企石、桥头等镇，终点接桥头镇的桥新大道，全长28公里。东部快速路是一条加强东莞市东西两翼组团联系的快速干线，是引导镇区组团式发展、促进城市化进程、实现城市总体规划的重要举措，是连接西部港区、中部松山湖科技产业园、东部工业园的重要通道。

（张超满 摄）

**环城路**是东莞市区最外侧的一条城市环形快速干道，它的动工兴建，全面提升了东莞城市道路功能，沟通市区各个方向的道路网络，大规模地提高路网通行能力，将过境交通与市内交通分离、货运交通与客运交通分离，并分流过境交通，从而减轻车辆过境对城市中心的影响。（张村城 摄）

**常虎高速公路**起点五点梅，主线接广深高速公路，新联支线接虎门港，经虎门、长安、大岭山、松山湖科技产业园、大朗、常平等地区，主线长41.64公里，支线长11.38公里，总长53.03公里。常虎高速公路是东莞市公路网规划中的东西向干线公路，为虎门港与常平铁路枢纽连接的快捷通道，与省规划的东莞至惠州高速公路构成横贯珠江三角洲腹地的一条东西向交通大动脉。

# 创建全国文明城市

2005年5月16日，广东省测评文明城市工作组抵达东莞市，对东莞市创建全国文明城市工作进行全面的考察测评。图为东莞市委书记、市人大常委会主任佟星与工作组成员亲切交谈

2006年2月15日，东莞市举行创建全国文明城市动员大会

近年来，东莞市以建设文化新城为目标，积极深入开展创建文明城市工作，文化硬件设施不断完善，群众文化活动丰富多彩，市民文明意识不断提高，取得了实实在在的效果。2005年东莞市被中央文明委命名为“全国创建文明城市工作先进城市”，2006年2月15日东莞市召开创建全国文明城市动员大会，吹响了东莞向城市整体水平综合性最高荣誉目标大步进军的号角。

# 创建全国绿化模范城市

2005年7月14日，东莞市召开创建全国绿化模范城市动员大会

为加快城市化的进程，进一步提高城市综合素质，提升广大市民生活质量，改善投资环境，落实市委、市政府把东莞建设成为现代制造业名城、生态绿城、文化新城的城市建设发展战略目标，使东莞市经济社会健康可持续发展，经2005年6月27日召开的市委常委、副市长联席会议讨论批准，东莞市决定申报“全国绿化模范城市”。

2005年10月9日，东莞市委书记、市人大常委会主任佟星，东莞市委副书记、市长刘志庚，副市长李小梅及市林业局、市政局等领导对东莞市创建全国绿化模范城市工作进行检查

2005年10月22~24日，全国绿化模范城市检查团一行到东莞市检查

旗峰路

莞城鸟瞰

# 广东省教育强市

经过近十年的不懈努力，东莞市创建省教育强市工作终获喜人成果。在2005年12月召开的东莞市申报广东省教育强市督导验收总结会上，广东省督导验收组宣布：东莞市顺利通过省的督导验收，将报请省政府审批命名授匾，东莞将成为继深圳、佛山、中山之后全省第四个教育强市。

2005年5月17日，东莞市召开创建广东省教育强市动员大会

2004-2005学年第一学期莞城第三中学举行开学典礼，图为东莞市副市长吴道闻（中）在开学典礼上讲话

2005年12月27日，东莞市《教育成就未来》文艺晚会在东城文化中心举行

东城中学

东莞市第一中学

# 友好交往

①2005年3月6日，希腊萨洛尼卡省访问团一行8人在该省省长帕那佐提斯·森马迪斯的率领下，莅莞进行为期5天的访问。图为佟星与帕那佐提斯·森马迪斯合影留念

②2005年4月8日，东莞市委副书记、市长刘志庚在行政办事中心会见以市长乔治·索里亚·奎罗格为团长的智利伊基克市政府商务代表团一行，宾主双方进行了友好的会谈

③2005年9月16日，南非豪登省议会代表团到访东莞，图为南非豪登省议长理查德姆达卡尼与东莞市委书记、市人大常委会主任佟星互赠礼品

④2005年10月14日，市委副书记、市长刘志庚在市行政办事中心会见了以桑特为团长的欧中联合商代表团一行共15人，这次的会见，进一步架起了欧洲与“现代制造业基地”东莞经贸合作与沟通的桥梁

⑤2004年12月19日，市委副书记、市长刘志庚率团赴广西北海参加珍珠节及友好城市签约仪式

①

②

③

④

⑤

# 四清理

2005年4月7日，东莞召开全市“四清理”工作会议。会议指出，东莞市将全面开展以清理违法搭建、清理违法用地、清理养殖业污染、清理无证照经营为重点的“四清理”工作，并以此为突破口，进一步加强社会管理。

2005年4月19日，东莞市违法搭建专项清理工作动员大会在会议大厦召开

在全市违法搭建专项清理工作动员大会上，各镇区人民政府（区办事处）主要领导与市委副书记、市长刘志庚签订《东莞市违法搭建专项清理责任书》

清理违法用地

清理违法搭建

清理无证照经营

清理养殖业污染

# 实施“四项工程”

东莞经过改革开放二十多年的发展，进入了以科学发展观统揽全局，加快创新发展模式、创新发展环境、创新发展能力，大力构建和谐社会，推动经济社会全面协调可持续发展的关键时期。市委、市政府根据新阶段的新要求，审时度势，决定在全市实施“科技东莞”、“商贸东莞”、“平安东莞”、“创业东莞”四项工程，以此为抓手和动力，深入推进“一城三创五争先”发展战略和工作思路的实施。

2005年7月22日，东莞市召开全市实施“四项工程”工作会议

# 四项工程之科技东莞

2005年8月9日，为实施“科技东莞”工程鼓劲加温，东莞市隆重举行东莞市科学技术奖励大会，对2004年度东莞市科学技术奖获得者进行表彰

东莞以加大科技投入为导向，以引进创新、集成创新、自主创新为途径，以产业应用技术研发与推广为重点，建立完善区域科技创新体系，努力走出一条依靠科技进步增强综合实力和竞争力的新路子，实现在培育“两自”企业、加强自主创新、推动科技成果转化、提高产业竞争力等方面的新突破，形成新的产业、技术和经济优势，使东莞成为“两自”企业云集、高新产业群集、科技人才汇集的创新型城市。

东莞松山湖科技产业园（张超满 摄）

青少年活动中心（张超满 摄）

科学技术博物馆（张超满 摄）

# 四项工程之商贸东莞

东莞按照“工业立市、商贸旺市”的构想，坚持“整合、提升、培源、固本”的八字方针，统筹部署和协同推进商贸服务经济的发展，重点提升商贸服务组织业态，发展一批大型商贸企业，打响一批商贸服务品牌，拓展新的市场消费需求，构建总量平衡、业态先进、结构合理、配套完善、竞争力强的现代化商贸服务业体系，形成大市场、大流通、大服务的格局，大幅度提高商贸服务业的规模、水平和效益，推动东莞从工业城市向工商业城市的战略转型。

① 东莞大道
② 2005年12月29日，东莞市属控股上市公司——东莞发展控股股份有限公司通过广发证券发行设立的“莞深高速公路收费收益权专项资产管理计划”正式在深圳证券交易所挂牌转让。图为东莞市委常委、常务副市长冷晓明等为“莞深收益”挂牌转让敲响金钟
③ 2005年3月16日，东莞市保险行业协会在东莞会展国际大酒店举行了新闻发布会暨挂牌仪式，正式宣告协会成立
④ 2005年8月5日，恒生银行东莞代表处成立，市委副书记、市长刘志庚，副市长周致纳等出席开幕典礼
⑤ 2005年9月6日，国内首座异地候机楼——东莞城市候机楼正式营业，白云机场将空运服务直接延伸到东莞

①

②

③

④

⑤

# 四项工程之平安东莞

东莞坚持以人为本、统筹兼顾、标本兼治、整体推进，把三个文明建设和社会治安、安全生产、公共安全等融为一个有机整体，着力构建严密的矛盾纠纷排查机制、有力的长期“严打”机制、完善的治安防控机制、有效的社会管理机制、强大的社会保障机制，努力确保社会政治稳定、确保治安状况良好、确保社会公共安全、确保人民安居乐业，实现东莞市经济、政治、文化、社会和谐发展，把东莞建设成为和谐型城市。

2005年11月10日，全市打黑除恶动员大会在清溪镇召开

2005年8月4日，东莞市委书记、市人大常委会主任佟星，东莞市委副书记、政法委书记张继雄，东莞市委常委、市公安局局长崔建深入打击“两抢一盗”专项行动一线，指导工作，鼓舞士气

打击“两抢一盗”行动

（张超满 摄）

## 四项工程之创业东莞

2005年2月21日，东莞市召开2005年外商投资企业代表新春座谈会，图为东莞市委书记、市人大常委会主任佟星，东莞市委副书记、市长刘志庚等市领导向客人们敬酒

2005年4月26日，东莞市委副书记、市长刘志庚向著名商标企业颁发奖金

东莞推动全市新一轮的思想解放和观念更新，以创业就业为主线，落实政策，健全机制，完善环境，扶持农民充分就业，帮助青年大胆创业，促进外来工岗位成才，推动全民就业创业，使东莞成为创业型城市。市委、市政府决定设立创业就业基金，由市财政每年拿出10亿元，连续实施五年。

南城银丰花园酒吧街

南城富民步行街夜景（张超满 摄）

东城商业步行街（张超满 摄）

# 会展经济

2005年10月19日，第四届中国（大朗）国际毛织产品交易会开幕，省政协副主席王兆林（左二），原国家纺织工业部部长、中国流行色协会会长王曾敬（右二），东莞市委书记、市人大常委会主任佟星，东莞市委副书记、市长刘志庚共同启动开幕按钮（张超满 摄）

2005年10月13日，第七届中国东莞国际电脑资讯产品博览会暨2005年东莞国际科技合作周在东莞会展中心举行（张超满 摄）

2005年11月11日，第十届中国（虎门）国际服装交易会在虎门镇举行（张超满 摄）

# 出现“油荒”

排队加油的车龙

2005年8月，东莞与珠三角其他地区一样出现大面积持续汽油短缺现象，市内多家油站无油可加，少数有油供应的油站外面则排起长长的加油车龙，大批的公安交警、巡警及治安队员日夜维护秩序。此次“油荒”，给人们在工作、学习生活上造成不便，再次敲响能源危机警钟，各界关于建设节约型社会的呼声也越来越高。（张超满 摄）

排队加油的车龙

# 魅力新东莞

从2003年8月开始，经过两年多的努力，在广东省通信管理局和东莞市委、市政府的高度重视和精心组织下，在以广东省电信有限公司为主导的各大电信运营商以及相关部门的紧密配合下，经过方案制定与评审、设备改造、单机测试、联网测试、全网演练等一系列工作，东莞本地电话网号码升8位的各项准备工作已经就绪。2005年12月9日晚上，东莞市委、市政府在行政中心北楼隆重举行东莞本地电话网号码升8位启动仪式。

佟星、古伟中、刘志庚、冯雄共同按下启动按钮

嘉宾云集见证辉煌

当晚，中共东莞市委书记、市人大常委会主任佟星，广东省通信管理局局长古伟中，中共东莞市委副书记、市长刘志庚，东莞市委常委、常务副市长、升位工作总指挥长冷晓明，广东省电信有限公司总经理冯雄，广东省通信管理局副局长黄学敏，广东省电信有限公司副总经理梁锋以及市委市政府几套班子领导代表、各运营商代表、东莞市电信分公司领导班子成员约130人出席了当晚升8位的启动仪式。冷晓明、黄学敏、东莞分公司总经理徐丛在现场亲自担任指挥工作。

市长刘志庚致词

市委副书记、市长刘志庚以及广东省通信管理局局长古伟中、广东省电信有限公司总经理冯雄分别在活动中致词，致词中对东莞电话号码升位工作表示祝贺，同时对东莞电信在升位工作中的出色表现给予高度评价。刘志庚在致词中还认为：这次东莞电话号码升8位工作是东莞通信发展史中的一次重要飞跃，也是东莞综合实力、承载力、竞争力的重要提升，并认为通信历来是经济发展的先行部门和强大的支撑，东莞电话升7位的11年间，全市的生产总值已从154亿元增加到目前的2000多亿元，增长了12倍。东莞的综合实力已经跃居到中国城市百强的第12位，并且荣获中国最具经济活力城市、最佳魅力城市等称号。这次电话号码升8位将标志着东莞在电话号码资源方面跻身国际大城市的行列，这不仅为电信行业的发展创造了历史机遇，也为加快东莞城市的信息化、现代化提供了重要的条件。并透露，东莞当前正在谋划“十一五”规划，将把大力发展通信建设放在突出战略位置。

电话号码升8位新闻发布会现场

东莞电话号码升8位的意义

（一）1994年8月28日,东莞的固定电话号码由6位升至7位，升位是解决码号资源紧张问题，促进电信业长远发展的必然要求。目前，全市已启用万号组有608个，按照7位电话号码680个万号组的号码资源计算，占用率已达到89.4%。以东莞市的发展趋势测算，如不加快升位进度，东莞明年将直接面临着无电话号码

# 电话升8位

2005年12月10日，凌晨3点20分的接听拨测

可放的窘境，将不可避免地会严重影响电信业的正常发展。因此，电话升位迫在眉睫，刻不容缓，它是东莞市拓展电信资源，改善通信环境的最有效途径，并能为东莞各大电信运营企业提供更大的发展空间。

（二）升位是加快城市信息化进程，促进东莞持续快速发展的重要举措。全面实施信息化发展战略，是东莞市充分发挥区位优势、信息产品制造业优势，加快产业结构调整和提升，提高社会经济发展素质的基本要求和重要保证。电话通信网作为信息传输与交换赖以实现的通道，构成了信息化的重要硬件基础，本地网电话号码的升位将极大地推动东莞市信息化进程，增强城市综合承载能力，实现可持续发展，为东莞建设现代制造业名城和率先实现现代化奠定坚实的基础。

（三）升位是进一步改善投资和发展环境，提升东莞城市形象的客观需要。东莞电话号码升8位，既能扩大通信网交换容量，改善通信条件，创新发展环境，增强城市综合承载能力，又能充分体现出东莞的城市化发展水平和综合实力，展现“活力东莞、魅力东莞、实力东莞”的新形象，并有利于增强市民的城市自豪感和凝聚力，有利于东莞市更好地吸引投资和贸易往来，加快今后的发展。

升位办法

根据升位办法，2005年12月10日凌晨00：00，东莞市固定电话和小灵通号码正式升为8位，原2字头7位电话号码前加拨“2”，其他字头7位电话号码前请加拨“8”。届时，用户拨打东莞固定电话(含小灵通)原7位号码将不能正常接通，用户会听到升8位的辅助通知音。用户拨打东莞固定电话(含小灵通)时，必须在原“2”字头7位号码前加拨“2”，其余字头7位号码前加拨“8”才可正常接通。110、120、119、122等服务平台不变。

来自巴西的外宾在现场将自己见证东莞电话号码升8位的消息愉快地告诉家人

升位小组部分领导在指挥现场

专家在东莞电话号码升8位论证会上

首次演练指挥现场

# 东莞市虎门港管理委员会

2005年11月30日，虎门港立沙岛油气化工码头举行隆重的动工典礼

2005年5月18日，虎门港沙田港区西大坦作业区5号、6号泊位举行隆重的动工典礼

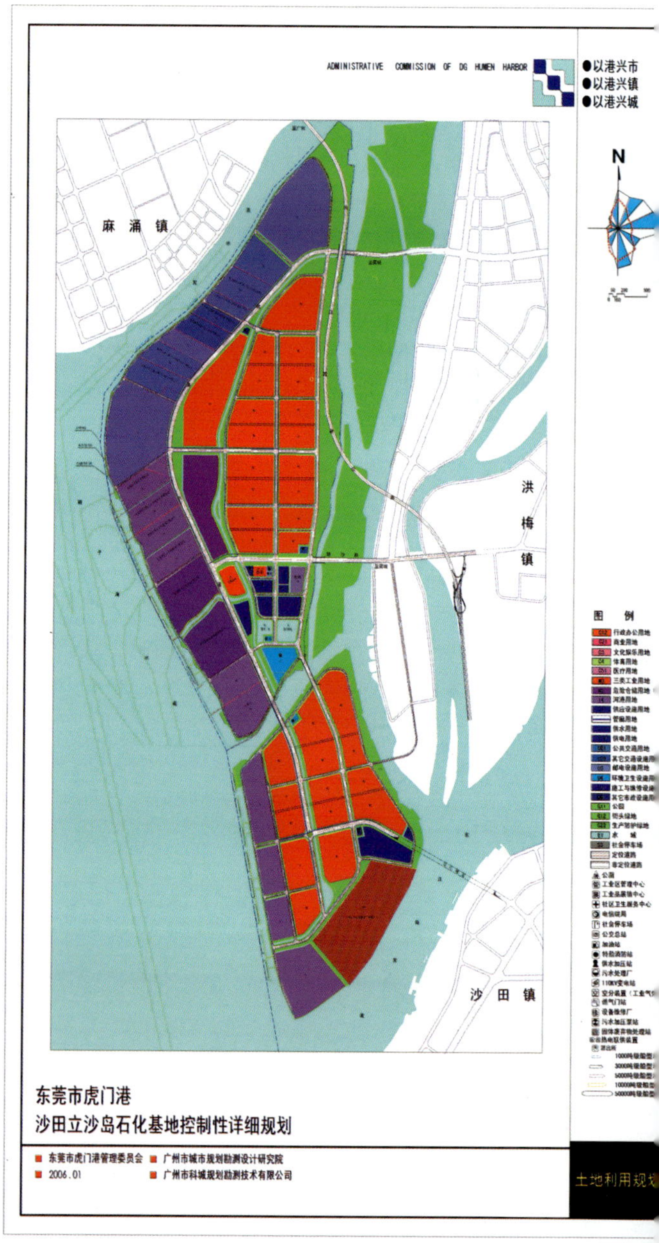


东莞市虎门港沙田立沙岛石化基地控制性详细规划

虎门港码头作业现场

停靠在虎门港码头的外国籍直航船

虎门港土地及岸线资源

虎门港码头装卸中的大型班轮

虎门港西大坦作业区及物流中心规划图

虎门港立沙岛岸线

虎门港麻涌新沙南作业区控制性详细规划

虎门港立沙岛油气码头鸟瞰图

东莞市虎门港保税物流中心(筹备中)入口区建筑设计方案

虎门港中心服务区局部效果图

# 东莞松山湖科技

中共中央政治局常委，全国政协主席贾庆林在中共中央政治局委员、广东省委书记张德江的陪同下视察松山湖

2005年1月11日，松山湖主要公共配套设施落成庆典

2006年2月，东莞市委书记佟星、市长刘志庚出席松山湖项目签约仪式暨新闻发布会

2005年11月22日，广东电子工业研究院挂牌庆典仪式

# 产业园区管委会

科技共山水一色

新城与产业齐飞

Combining Science and Nature

Developing New City and New Industries Simultaneously

松山湖科技产业园区是2001年11月经广东省人民政府批准的省级高新技术产业开发区，规划面积72平方公里，有近8平方公里的淡水湖，自然环境优美。

松山湖是东莞新城的重要组成部分，在东莞城市发展格局中，松山湖将与莞城、同沙“三位一体”，形成面积达200多平方公里的东莞城市核心区。2002年5月，在国家科技部组织的一项调研课题中，松山湖被国家高新技术产业专家委员会评为“中国最具发展潜力的高新技术产业开发区”。

松山湖是东莞落实科学发展观，创新发展模式、创新发展环境、创新发展能力的示范区，是实施科教兴市战略和人才强市战略的基地，是推进产业结构升级的龙头。松山湖重点发展高新技术、研发、教育等知识密集型产业，努力发展成为国内外著名企业聚集中心、研发服务中心和人才教育中心；发展“三大产业”（电子信息产业、生物技术产业和装备制造业）；聚集“三类企业”（高新技术企业、“两自”企业和高税收企业）。

（张超满 摄）

东莞中学松山湖学校

商业中心规划图

研发区

# 广东宏远篮球俱乐部
## Guangdong Winnerway Basketball Club

2005-2006赛季广东宏远队获得CBA联赛冠军

2004-2005赛季广东宏远队获得CBA联赛冠军

2003-2004赛季广东宏远队获得CBA联赛冠军

### 历届CBA联赛最终排名

| 赛 季 | 第一名 | 第二名 | 第三名 |
|---|---|---|---|
| 1995 | 八一 | 辽宁 | 前卫 |
| 1995-1996 | 八一 | 广东宏远 | 北京 |
| 1996-1997 | 八一 | 辽宁 | 广东宏远 |
| 1997-1998 | 八一 | 辽宁 | 山东 |
| 1998-1999 | 八一 | 辽宁 | 广东宏远 |
| 1999-2000 | 八一 | 上海 | 广东宏远 |
| 2000-2001 | 八一 | 上海 | 北京首钢 |
| 2001-2002 | 上海 | 八一 | 吉林 |
| 2002-2003 | 八一 | 广东宏远 | 吉林 |
| 2003-2004 | 广东宏远 | 八一 | 江苏 |
| 2004-2005 | 广东宏远 | 江苏 | 八一 |
| 2005-2006 | 广东宏远 | 八一 | 北京首钢 |

号码百事通
排位越靠前，机会就越大！
114新增行业优先查询服务，面对客户，为您赢取更多主动！
热烈庆祝
东莞市固定电话（含小灵通）号码升至8位
升位办法：
原7位号码，2字开头的号码前加2
（0769）2+2XXXXXX
其他字头的号码前加8
（0769）8+XXXXXXX
特服务号不变

### 企业邮箱

为企业提供了具有鲜明个性和功能强大的企业邮箱系统，企业可根据自身需要，以企业域名为基础，设立企业邮箱，不仅能通过以企业域名为引导的邮箱地址，提高企业专业化形象，还能够随时根据发展需求，管理企业各部门职员的邮件，使中、小企业可以以极低的成本实现通讯规范化管理。

### 安全门神

真正符合中小用户采购能力的防毒软件，具有安全漏洞侦测、反病毒、反黑客、反垃圾邮件等全面的安全防御功能。而且具有管理功能，可自动升级，无需专人维护，彻底消除网络病毒带给您的困扰。

### 企业短信

为企业提供了一个高效、便捷的商务短信应用平台，使您不需要初期大笔的建设投入，即可利用商务短信应用平台进行通信录管理，轻松发布短信，为企业创造商机，提高工作效率。

### 产品展台

是广东电信联手21cn网站，为企业提供公司宣传、产品展示、买卖方即时在线沟通或留言的商务平台，可任意在网上发布各种规格和品种的商品或服务，并可图文并茂地对产品进行详细描述，尽情展现企业的魅力。

### 企业网站

为中小企业提供了简单快捷的网站建设和维护手段，使中小企业无需聘请专业程序员、专业美工即可建立和维护专业化的网站。

### 域名服务

为中小企业提供电信级的域名注册服务，是企业建立自身对外宣传门户，扩大企业影响范围，以及树立企业专业化形象提供有力的手段。域名是企业服务的基础，是建设自身网站和开通企业邮箱的前提条件。

中国电信 CHINA TELECOM
世 界 触 手 可 及
Http://www.gd.ct10000.com

用户至上 用心服务 Customer First Service Foremost 广东省电信有限公司东莞市分公司

客户服务热线 Customer Hotline 10000

Beijing 2008
中国移动通信
CHINA MOBILE
北京2008年奥运会合作伙伴
Partner of the Beijing 2008 Olympic Games
上班，在周六
上班，在周一
是的，今天是周末，我很清楚，
可还是要去办公室，
离开那里，我啥也办不了。
奥标许备【2005】第32号

Beijing 2008
中国移动通信
CHINA MOBILE
北京2008年奥运会合作伙伴
Partner of the Beijing 2008 Olympic Games
在仓库里过时
在市场中抢鲜
按传统方式作业，
当两万只玩具白熊备齐时，
才发现，孩子们现在更喜欢棕熊。
奥标许备【2005】第32号

# 企业信息机，信息化一步到位

企业信息机来了，一切迎刃而解。就一个黑匣子，轻松激活整家企业，一步到位满足企业级信息化需求。通过短信、彩信和WAP收发功能，实现企业资源快捷调配，定向营销传播更高效。企业信息机，让一切变得简单。

立即深入了解，请拨打当地集团客户服务热线。

动力100 M-POWER CHINA MOBILE 信息化 整体解决方案

信息沟通 | 移动办公 | 生产管理 | 服务营销

集团客户服务热线 :186088
www.gd.chinamobile.com 中国移动广东东莞分公司

宽天下
的竞技舞台

# 东莞市东江水务有限公司

2006年1月市委副书记、市长刘志庚(右四)，副市长梁国英(右二)视察东江水务公司

←东莞市第三水厂鸟瞰

↑松山湖供水加压站

东莞市第四水厂

东莞市东江水务有限公司是东莞市内最大的一家承担城市供水及污水处理一体化任务的大型国有企业，截至2005年，拥有员工600多人，固定资产达到27亿元。东江水务有限公司的成立是东莞市委、市政府为实现“打造现代制造业名城、建设现代化中心城市”，打好“城市牌”的战略部署，在市中西部、水乡片供水工程及中部供水工程基础上，于2002年1月组建成立的，下属有东莞市第三、第四、第五水厂、东江水务公司水质监测站、东江给排水工程公司、松山湖供水公司、东莞市区污水处理厂、东莞市樟村水质净化厂等，正在建设东莞市第六水厂。供水总能力为235万立方米／日，供水范围达21个镇(区)，出厂水质优于国家饮用水标准，服务面积达64平方公里(包括莞城区、东城区、南城区和万江区部分面积)。东江水务有限公司决心用十年左右时间将公司发展成为一家供水量达到400～500万立方米/日，市区污水处理率达到70%，业务涉及供水、污水处理及相关工程咨询、建设的大型现代化水务集团公司，提高竞争力并参与跨地域经营。

市委副书记李毓全在公司董事长罗沛强(左一)、总经理黎泽钧(右一)陪同下视察东江水务公司

全国首条DN3000供水管沉江施工现场

东莞市第五水厂

# 广东电网公司
# 东莞供电局

2005年7月10日，中国南方电网公司党组书记、董事长袁懋振(左三)率队在广东电网公司总经理吴周春、党委书记黄建军的陪同下，到东莞供电局调研视察和现场办公。东莞市委书记、市人大常委会主任佟星(左四)、副市长周致纳(左五)会见了袁懋振一行，双方就东莞电网建设、电力供应、错锋用电、节约用电等工作进行了座谈（龚琳 摄）

2005年6月3日，原广东省广电集团有限公司东莞供电分公司更名为广东电网公司东莞供电局。图为副市长周致纳(右二)、市经贸局局长陈桂明(左一)、东莞供电局领导为广东电网公司东莞供电局挂牌（龚琳 摄）

2005年是东莞10年来供电形势最为严峻的一年，全市最高负荷达707.9万千瓦，并8次创新高，东莞供电局认真制定保供电措施，实施快速灵活调度，千方百计保证全市电力供应，主动承担更多的社会责任。2005年供电量达415.66亿千瓦时，同比增长11.48%。图为东莞供电局调度中心（韩绍光 摄）

东莞供电局在开展保持共产党员先进性教育活动中，做到“学习工作两不误”，着力解决社会群众关心的缺电问题，得到上级的充分肯定。4月27日，《人民日报》、新华社《光明日报》、《经济日报》以及中央广播电台、中央电视台联合采访东莞220千伏板桥变电站GIS改造工程现场的共产党员 (曾子权 摄)

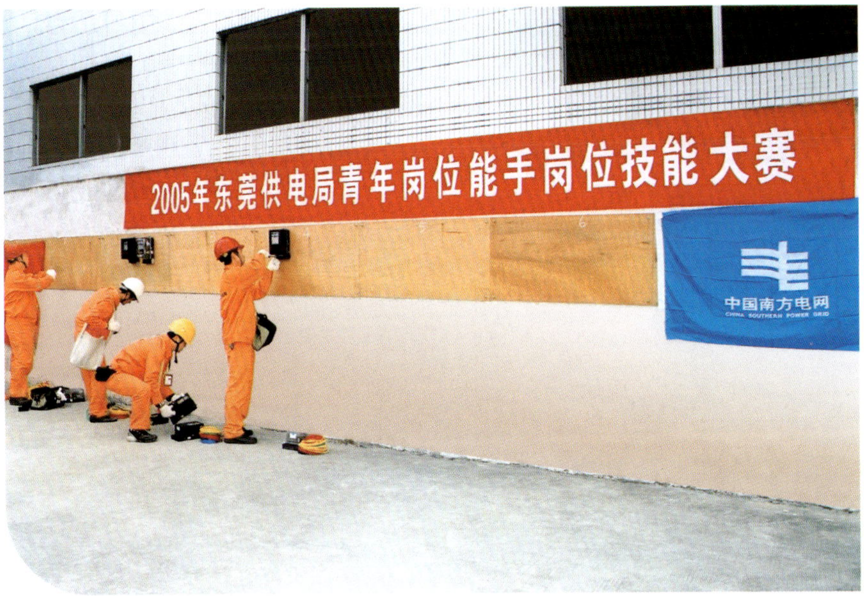


图为东莞供电局2005年青年岗位技能竞赛现场 (龚琳 摄)

2005年，东莞供电局投产110千伏及以上输变电工程25项，新建成110千伏及以上输电线路313.77千米，随着8月5日大岭山110千伏连马变电站的竣工投产，全市110千伏及以上变电站突破百座大关。至2005年底全市在运行的110千伏及以上变电站共105座。其中500千伏变电站3座、220千伏变电站19座、110千伏变电站83座。图为500千伏莞城变电站全景 (韩绍光 摄)

# 东莞市长实集团有限公司

长实大厦

经营项目：

工业园开发、物业租赁、房地产开发、酒店、商场、家具、大型市场开发等综合发展。

地址：东莞市长安镇乌沙区李屋第六大道长实科技园

电话：0769-85321888 85396999

传真：0769-85315588

网址：http://www.cncsjt.com

长实科技园

新恒泰大厦

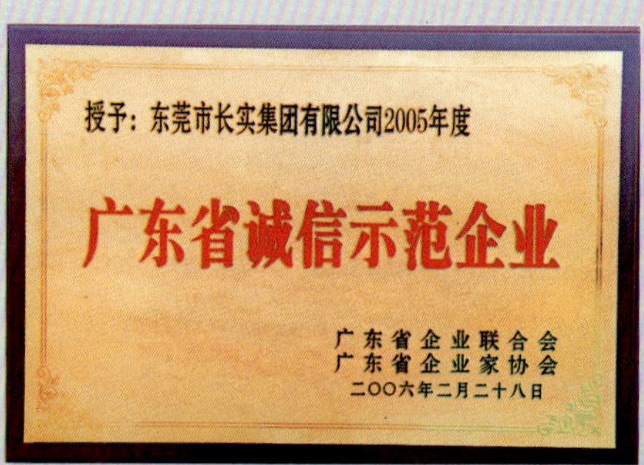

帝京國際酒店
Grand Oriental Hotel

帝京国际酒店位于东莞市莞长路东侧，中国家具出口第一镇大岭山镇。巍峨崛起的白金五星级酒店，毗邻大岭山镇行政文化中心，周边是繁华的商业和购物区。紧靠107国道，莞深高速、常虎高速、龙大高速均设有出口。占地面积4.7万平方米,建筑面积8万余平方米,酒店拥有351间现代、智能化的商务客房,设有大、中、小型宴会厅及独具特色的中、西餐厅和休闲、会议、商务、娱乐、健康中心，大型停车场等设施齐全、先进、卓越。

全新的帝京将充分体现国际白金五星级酒店优越、专业的全天候服务，通过高新技术实现管理一体化的现代概念，为往来贵宾提供更优越舒适的商旅环境胜地。

Grand Oriental Hotel, a deluxe towering building, was built to fit the concept of platinum 5-star level, located in Dalingshan Town, the number 1 furniture export town in PR China, owns the conveniences of being next to commercial and shopping center downtown. The hotel is next to the national road 107. The Guanshen, Changhu, and Longda expres sways give Grand Oriental Hotel privileges having easy entries & exits connected to the major cities and towns. The hotel covers a land area of 47,000 square meters, a building area of 80,000 square meters, including complete range of 351 modern and intellectualized guest rooms, characteristic Chinese and Western restaurants, well-equipped recreation facilities, large, medium and small banquet halls, and large-sized parking lot, with which all your demands will be satisfied. The newborn Grand Oriental Hotel will provide you with first-class professional service to show its international 5-star concept.

帝京國際酒店
Grand Oriental Hotel

地址：中國.廣東.東莞市大嶺山鎮廣發路1號
Add:No.1 · Guangfa Road · Dalingshan · Dongguan · Guangdong · P.R.China
電話/Tel:86-769-8578 8888 傳真/Fax:86-769-8578 1234 編郵/P.C:523000
Http://www.dijinghotel.com 郵箱/E-mail:dj@dijinghotel.cn

理想大社区成熟了~
有空，到东莞来坐坐

中信地产
永不落幕的公园生活盛宴
13年又是一个新开始
从当年东泰打下第一根桩，到今天成就百万平方米公园大社区。
中信以持之以恒的品质力量，成就了自然、和谐、健康、关爱的生活方式
13年来，中信始终以“不只造房，更为城市留下公园”为己任，为城市添彩。
今天——东莞，有了CBD新城中心，开始了国际化的新梦想
中信，有了森林湖，别墅与公园的邂逅，开始了公园社区的新征程
东莞，中信，再次有了使命默契。于是，一场基于公园生活的国际人居理想开始了。
中信地产 公园生活倡导者
森林湖
LAKE FOREST
中信凯旋城
VICTORY CITY
中信·阳光澳园
Sunny Australia garden
出自中信·源于澳洲
让家成为港湾
◎森林湖/山水公园社区
◎凯旋城/艺术公园社区
◎阳光澳园/运动公园社区
PARK
中信公园社区
中信地产 | 公园生活倡导者

枫丹白露
FONTAINEBLEAU
中信·凯旋城III期
枫丹白露是真正国王的住宅
——拿破仑
1300余天的磨砺，只为今天。凯旋城里的“山湖地王”不再保留。
带着法式公园的醇熟气质、带着山湖臣服的荣耀光环、
带着8个世纪以前法国国王的居住志趣，诞生于城市中央。
他的名字——枫丹白露!
行政中心
会展中心
城市公园
城市新中心
东莞大道
鸿福路
枫丹白露
青少年活动中心
朝天小学
长泰路
示意图
以别墅尺度打造临湖大宅
[城市尺度]舍建筑，得公园，成就新城中央唯一私家艺术公园
[低密尺度]17%低密度，仅允许不到1/5的地面生长建筑
[全景尺度]环拥约24000平方米鲤鱼池塞文山，错列式布局，超长山湖景观视野
[园林尺度]细节信仰，雕琢法国枫丹白露宫的王者公园气度
[庭院尺度]立于空中的15M²空中庭院，将花园引入室内
[空间尺度]极限面宽18.5米，3.2米层高，在空中舒展别墅级的空间雍容
[服务尺度]全封闭式物管，个性化贴心服务，成就临湖大宅尊贵领地
[教育尺度]百年南开附中、省级朝天小学精品教育基地，“栽培”东莞未来
发展商：中信地产 / 建筑规划：澳大利亚柏涛 / 园林设计：贝尔高林(香港) / 全程代理：上海天启&开启 / 销售地址：东莞大道中信凯旋城枫丹白露会所 / 0769-22467878
PARK
中信地产 | 公园生活倡导者

国际会议中心

丰泽湖食府

丰泰阁西餐厅

九号夜总会

夏梦湾桑拿

# 丰泰观山花园

Among Mountains And Water Situated A Peaceful Home.
80万平方米半山亲水名邸

## Among Mountains And Water Situated A Peaceful Home.

传世宝藏 山水珍藏

**25平方公里森林公园+1万亩湖泊+27洞高尔夫+80万平方米大社区**

繁华背后，珍藏著这一片青山碧水，仁者爱山，智者亲水，恒古不变。因此，拥有丰泰观山别墅，是拥有实力、健康和自由自在生活的象征，拥有观山别墅就拥有了传世宝藏！

丰泰观山花园，位于厚街横岗水库旁，邻近东莞大道水濂山支线，对面是27洞高尔夫球场和东莞森林公园厚街入口，依山傍水，离城市不远。项目占地1500亩，总规划面积达80万平方米，拥有亲水湖滨公园近3公里，面积20万平方米，是您的私家花园，实属罕有。整个项目由法国名建筑师主笔，所有别墅依山而建，层层叠叠，户户湖景！由承建丰泰花园酒店（东莞首选鲁班奖推荐项目）的东莞市虎门建设发展有限公司承建。区内配套齐全---山顶公园、湖滨会所、网球协会、游艇、学校、幼儿园、商业、酒店等应有尽有，丰泰观山花园是您至爱的收藏！

丰泰地产 | 山水专线：0769-85906333 81636333
销售现场：东莞市厚街镇厚大路横岗水库畔

中环地产与您携手，昨天·今天·明天……
…… ……
今天，人们期待它来开创文明！
40多年前，人们用它来记录文明！
400多年前，人们用它来彰显文明！
4000多年前，人们用它来统治文明！
中环地产
CENTRAL REAL ESTATE
中环地产，秉承打造高端精品物业的开发理念与态度，出师告捷，成就中环财富广场领舞东莞CBD的巅峰姿态，在东莞绝版黄金地段奏响销售凯歌，厚积之后的薄发，更为震撼！中环地产，将联盟更多精英团队，致力铸造世界水准的物业新标准！

华南MALL

# 中国首个超大型主题式购物公园

## The First Mega Theming Shopping Park of China

### 博大精深——超大规模、超前理念、超强组合、超大功能

华南MALL占地43万平方米，建筑89万平方米，商业面积40万平方米，8000多个泊车位构筑世界最大规模；历时3年考证思辩，反复8次选址论证，涉足29个欧美及东南亚国家考察，借鉴15个世界经典MALL设计理念，联袂全球5大设计机构12名顶级专家方得华南MALL世界最先进的规划理念；百安居、天线宝宝、欢笑天地、迪诺欢乐世界、麦当劳、必胜客、肯德基、城市候机楼、铜锣湾百货、尼罗河国际大酒店、香格里拉酒店……等8家世界500强商家及1000多个世界品牌扎堆华南MALL共构超强阵容；华南MALL集购物、休闲、娱乐、文化、酒店一体，超大功能形成超强的产业链，实现了商家效益、社会效益高度统一！

项目地址：东莞市万江区万江路华南MALL
MALL热线：0769—22187888

# 目　　录

# CONTENTS

## 政 治

## POLITICS

## 莞台交流
## THE INTERCOMMUNION BETWEEN TAIWAN AND DONGGUAN



## 政　法
## POLITICAL AND LAW AFFAIRS

## 地方军事
## LOCAL MILITARY AFFAIRS



## 城建·环保
## URBAN CONSTRUCTION·ENVIRONMENTAL PROTECTION

## 交通·邮电
## TRANSPORTATION · POSTS AND TELECOMMUNICATIONS SERVICE

## 松山湖·虎门港
## SONGSHAN LAKE·HUMEN PORT



## 对外经济
## FOREIGN ECONOMY

## 民营经济
## PRIVATE ECONOMY



## 工业·商业
## INDUSTRY · COMMERCE

## 农业·水利
## AGRICULTURE · WATER CONSERVANCY



## 旅游业
## TOURISM



## 财政·税务
## FINANCE · TAXATION

## 金融业

## BANKING

## 经济管理
## ECONOMIC MANAGEMENT

## 科学技术
## SCIENCE AND TECHNOLOGY



## 教　育
## EDUCATION

## 文 化
## CULTURE



## 体育 · 卫生
## SPORTS · HEALTH



## 社会生活
## SOCIAL LIFE

## 城　镇（街道）

## URBAN AND TOWNSHIP

## 人 物
## CELEBRITIES



## 社会经济统计资料
## STAISTICS OF SOCIAL ECONOMY



## 文件选录
## SELECTION OF DOCUMENTS



## 索 引
## INDEX



## 图片专辑
## SPECIAL SELECTION OF PHOTOS

# CHRONOLOGY OF MAJOR EVENTS 大事记

- 中共中央政治局常委、国务院总理温家宝到莞视察
- 中共中央政治局常委、全国政协主席贾庆林视察松山湖
- 中共中央政治局常委、中央纪委书记吴官正到莞视察

责任编辑：曾可兴　卢　敏

## 一　月

7日　市创建国家卫生城市工作会议召开。

9日　金威啤酒（东莞）有限公司20万吨生产基地开工典礼在松山湖科技产业园区举行。

10日　为支持松山湖建设，继大朗镇佛新村后第二个农民公寓即大朗镇宝陂村农民公寓落成，占地270亩，有10幢十一层高层住宅，入住人口682人176户，人均面积大于50平方米，超全市平均居住水平。

10—11日　由辽宁省委副书记、大连市委书记孙春兰率领的大连考察团莅莞考察。

11日　东莞市举行松山湖科技产业园区主要公共配套设施落成庆典。经3年建设，松山湖主干道基本完成，水、电、气管网全线贯通，六大功能区重点工程相继竣工，2所大学新校区运行良好；引进项目32个，协议引资10多亿美元，累计28亿美元；引进留学生创办企业和科研机构30家，修建道路130多公里，建筑面积130万平方米。

13日　《东莞日报》报道：国家发展改革委员会发文核准东莞市虎门港沙田港区5、6号泊位项目，这是虎门港商贸港区第一个深水码头。

14—16日　创建国家卫生城市工作国家考核组莅莞，对东莞市的“创卫”工作进行调研考核。16日，国家调研考核组组长张平在情况通报会上宣布：东莞市城市整体水平达到了《国家卫生城市标准》的要求，调研考核组将报请全国爱卫会命名东莞市为“国家卫生城市”。东莞市“创卫”工作顺利通过“国检”。

15日　省委副书记刘玉浦莅莞考察，在市委书记、市人大常委会主任佟星和市委副书记李毓全的陪同下看望东莞市驻村干部。

17日　原全国人大常委会副委员长李锡铭莅莞视察工作。

18日　解放军驻香港部队司令员王继堂中将、驻香港部队副政治委员张志国少将访莞。佟星、刘志庚、冷晓明、曾拂星等市领导接待了张志国一行。

18—19日　东莞市召开第十三届人大常委会第五次会议。会议通过了《东莞市人大常委会2005年工作要点（草案）》和人民检察院提请的人事任免事项。市人大常委会副主任傅照辉、张顺彩、许美君、赵象明、吕兢出席了第五次全体会议，听取了副市长李小梅代表市政府所作的专题汇报等。

19日　市委保持共产党员先进性教育活动工作会议暨第一批先进性教育活动动员大会举行。

20日　原全国政协副主席赵南起一行来莞视察。

△　梅州市市委书记刘日知一行访莞。

△　全市民营经济工作会议召开。

20—21日　以全国政协委员、原中央国家机关工委副书记周敬东为组长的中央保持共产党员先进性教育活动督导组到东莞市调研。

21日　亚洲最大规模的商业建筑群之一的华南MALL的第一家主力店“铜锣湾百货”开业，该店营业面积达2.6万平方米，经营商品12万种。

26日 长安镇涌头社区居民委员会揭牌，至此长安镇13个村全部完成了“村改居”工作。长安镇从此无村一级建制。

28日 韶关市委副书记郑振涛率访问团莅莞。市委副书记刘树基、副市长李小梅会见了韶关市访问团一行。

## 二 月

1日 中共东莞市纪律检查委员会第三次全体会议召开。

会议审议并通过了市委副书记、市纪委书记黄双福代表市纪委常委会所作的工作报告和会议决议。佟星、刘志庚、袁李松、刘树基、李毓全、张继雄、傅照辉等市领导出席了会议。

△ 香港自由党主席、全国政协委员田北俊带队的代表团在中央人民政府驻香港联络处办公室副主任黎桂康陪同下访莞。市领导佟星、刘志庚、梁国英会见了代表团一行。

2日 市委、市政府举行2005年迎春团拜会。

5日 在市委书记、市人大常委会主任佟星和市委副书记、市长刘志庚的陪同下，副省长谢强华率领送温暖慰问团来莞，慰问生活困难的劳动模范、农户、退伍复员军人、外来员工。省政府副秘书长林英、省劳动保障厅厅长方潮贵，市人大常委会副主任许美君、副市长李小梅参加了送温暖活动。

6日 东莞新八景之一、新建成的黄旗山顶红灯笼亮灯仪式举行。

12日 香港特别行政区政府律政司司长梁爱诗、香港特别行政区立法委主席范徐丽泰在中联办副主任黎桂康的陪同下来莞参观。

16日 武警广东总队队长牛志忠少将到东莞检查工作并参观了武警东莞支队的训练基地。

17日 原中央军委委员、总政治部主任于永波上将一行到东莞视察。市委书记、市人大常委会主任佟星，市委副书记、市长刘志庚与于永波一行座谈。

24日 省委常委、组织部长胡泽君一行莅莞就东莞市先进性教育活动开展情况进行调研。

△ 由省军区司令员辛荣国少将、省军区政治委员蔡多文少将带队的省军区党委常委一行10人莅莞。

## 三 月

1日 东莞市从当日起上调失业保险金，由原来每人每月360元调至574元，最低工资标准调至459.2元。

2日 副市长张顺光会见了香港工业总会副主席刘展灏一行，双方就港资企业在莞发展问题交换了意见。港资企业在东莞有9000多家，占来莞投资的外资总额的59%。

5日 东莞14个镇（区）被评为“市文化建设达标镇（区）”。

6日 市人民法院东城法庭喜获“2004中国十佳人民法庭”称号。

△ 由交通部副部长黄先耀带队的调研组来东莞市进行交通综合行政执法改革工作调研。

6—10日 由希腊萨洛尼卡省省长森马迪斯率访问团抵莞。佟星、冷晓明、张顺光等市领导接待了森马迪斯一行。

9日 市政协召开十届五次常委会议。市政协主席袁李松，市委常委、常务副市长冷晓明以及政协副主席黄良轩、刘发枝等出席了会议。

14日 《东莞日报》报道：东莞市为切实保障农村基础教育发展，决定从2005—2007年每年增拨教育经费64万元，对全市村级小学按学生人数核拨的经费由原来每年每人500元提高到8000元。

16日 《东莞日报》报道：濒临灭绝的国家二级保护水生动物黄唇鱼（又名白花）出现在虎门珠江口。市决定在虎门成立黄唇鱼自然保护区，这是东莞市第一个水生动植物自然保护区。

△ 市保险行业协会成立。市委常委、常务副市长冷晓明出席揭牌仪式。

△ 东莞市城市管理局挂牌成立。副市长梁国英出席了挂牌仪式。

16—17日 中共中央纪委、中央组织部巡视组抵达东莞市开展巡视工作。

17日 第十三届名家具（东莞）展览会在厚街广东现代国际展览中心开幕。

22—24日 中国人民政治协商会议东莞市委员会十届二次会议召开。

23日 市十三届人大二次会议预备会议和主席团第一次会议举行。市人大常委会副主任冯同恩主持了预备会议。新选举产生的大会主席团第一次会议由市人大常委会副主任傅照辉主持。会议推举佟星、李毓全、傅照辉、张顺彩、许美君、冯同恩、赵晓明、吕兢、马灿荣为市十三届人大二次会议主席团常务主席。

23—25日 市第十三届人民代表大会第二次会议在会议大厦召开。大会由主席团常务主席、本次大会执行主席、市人大常委会主任佟星主持，市委副书记、市长刘志庚作政府工作报告。

27日 原空军司令员于振武上将莅莞。市委书记、市人大常委会主任佟星等领导接待了于振武上将一行。

30日 省委督导组组长龙建安一行在市委书记、市人大常委会主任佟星等领导陪同下到松山湖调研。

△ 国家人口与计划生育委员会副主任赵白鸽在省人口与计划生育委员会副主任刘银燕的陪同下来莞调研，市委副书记刘树基接待了赵白鸽一行。

31日 省高级人民法院在东城区政府举行授予东城法庭“中国十佳人民法庭”暨集体一等功表彰大会。全省只有东城法庭获此荣誉。省高级人民法院院长吕伯涛，市领导刘志庚、张继雄、陈国辉、黄良轩等出席大会，并向东城法庭表示热烈祝贺。

△ 从零时起，大板桥、曲桥等12个路桥收费站全部撤销。

△ 在市科协六届四次全委会暨科技工作者表彰大会上，首次表彰了10名科技工作者为“东莞市优秀科技工作者”。

## 四 月

2日 东莞市医疗救济基金会被国家民政部评为“全国先进民间组织”。

4日 东莞市文化广电新闻出版局、东莞市文化市场综合执法大队、东莞广播电视台成立。省委宣传部副部长方建宏，市委副书记、市纪委书记黄双福等领导出席。

7日 全市“四清理”工作会议召开。

7—8日 国务院参事一行35人来莞调研。市委副书记、市长刘志庚，副市长周致纳等领导接待了国务院参事一行。

8日 市委副书记、市长刘志庚会见了以智利伊基克市市长乔治·索里亚·奎罗格为团长的政府商务代表团一行，宾主双方进行了友好的会谈。

16—17日 澳门特别行政区经济财政司司长谭伯源一行来莞参观访问。市委副书记、市长刘志庚会见了谭伯源一行。

17日 由法国塞纳·马恩省议会副议长热拉尔·欧德率领的该省代表团到东莞市参观访问。副市长张顺光向来访客人介绍了东莞的基本情况。

19日 位于松山湖科技产业园内的东莞市威雅光电有限公司投产，该公司是由广东威雅光电有限公司与东莞市粤宝数码光盘有限公司合资经营的企业。

△ 国家林业局副局长雷加富一行来东莞市视察城市绿化工作。市委副书记、市长刘志庚会见了雷加富一行。

△ 市委副书记、市长刘志庚会见来访的香港特区政府投资推广署署长卢维思一行，洽谈双方加强合作，开展联合招商引资工作。

21日 在国家科技部秘书长张景安的陪同下，美国微软公司全球副总裁张亚勤、微软亚洲工程院院长张宏江到东莞市参观访问。市委书记、市人大常委会主任佟星，市委副书记、市长刘志庚接待了客人一行。

23日 奥地利上市公司一胜百模具公司，从事优质模具钢材生产与供应近300多年，该公司投资1亿元在松山湖科技产业园建设一胜百模具（东莞）有限公司。

△ 广东宏远队在CBA总决赛中卫冕总冠军。

25日 全国政协经济委员会东部地区劳动密集型产业转移问题专题组到东莞市调研。副市长梁国英参加了会谈。

25—26日 副省长许德立一行莅莞开展“建设绿色广东，加强环境保护与生态建设”的调研。市委书记、市人大常委会主任佟星，市委副书记、市长刘志庚向许德立一行汇报了东莞市环境保护方面的情况。副市长梁国英陪同许德立一行下先后视察了东莞市市区生活污水处理厂、厚街垃圾焚烧发电厂和松山湖科技产业园，并在长安镇举行座谈会。

26日 东莞市城市规划委员会成立并召开第一次会议。市委副书记、市长刘志庚和市委副书记李毓全等出席挂牌仪式并参加会议。刘志庚担任市规划委员会主任，李毓全、梁国英担任副主任。

△ 东莞市在山东烟台召开的“2002—2004年度全国游泳之乡、先进游泳池馆”表彰大会上受到国家体育总局表彰，第七次蝉联“游泳之乡”称号。

28日 东莞市“五年见新城”重要工程项目之一——环城路首期工程谷涌至莞樟立交段正式通车。

30日 东莞市荣获“国家卫生城市”称号。市领导刘志庚、江凌、张顺彩、梁国英、吴道闻、邝明子等出席了命名授牌大会。

## 五月

13日 奥地利与东莞合作项目——东莞卢森宝亚永强消防汽车有限公司举行开业典礼。国际防火灭火技术委员会副主席、奥地利国家消防协会副主席安东·布兰道尔、奥地利驻华大使史伟以及市领导冷晓明、周致纳等出席了开业典礼。

△ 安徽省文化考察团莅莞参观东莞市文化设施建设。市委常委、市委宣传部部长江凌接待了考察团一行，并详细介绍了东莞文化体制改革的经验和举措。

15日 省测评文明城市工作组抵达东莞，对东莞市创建全国文明城市工作进行全面的考察测评。市委书记、市人大常委会主任佟星，市委常委、市委宣传部部长江凌与工作组成员一行进行了座谈，并汇报了工作。

15—18日 “2005年粤港塑胶原料机械博览会”在樟木头镇举行。该博览会由5个展馆组成，总面积达2万多平方米，有16个省、市、港澳地区以及美、法、澳等国1万多家生产商、供应商参加。副市长周致纳出席开幕式并参观了展览。

17—18日 由全国政协委员、四川省政协主席秦玉琴任团长，26名驻川全国政协委员组成的赴广东省视察团一行在广东省政协副主席韩大建、王兆林的陪同下莅莞，就东莞市企业用工需求和劳动权益保障等情况进行了视察和调研。市委书记、市人大常委会主任佟星和市政协主席袁李松等会见了视察团一行，并介绍了东莞市经济社会发展的总体情况。副市长李小梅、市政协副主席刘发枝就全市企业用工需求和劳动权益保障等专项内容作了汇报。

△ 省科技厅厅长谢明权一行到东莞市调研。市委书记、市人大常委会主任佟星，市委副书记、市长刘志庚，市委常委，常务副市长冷晓明会见了谢明权一行。

▲18日 虎门港第一个获国家核准的深水码头——沙田港区5号、6号泊位码头动工。市领导佟星、刘志庚、袁李松出席了动工典礼。

18—19日 由全国人大常委会副委员长蒋正华率队、以全国人大环资委副主任委员朱育理任组长的全国人大常委会水污染防治法赴广东省执法检查组和由省人大常委会主任黄丽满率队、以省人大常委会副主任陈坚为组长的省人大常委会水污染防治法检查组莅临东莞市，共同就东莞市贯彻实施《水污染防治法》、保护水环境资源情况进行检查调研。市委书记、市人大常委会主任佟星，市委副书记、市长刘志庚，市人大常委会副主任傅照辉、吕兢，副市长梁国英等向检查组一行汇报了有关情况，并陪同参加了检查活动。

△ 国际科技贸易协会、国际教育科技协会代表团在国际

科技贸易协会主席大卫·迈克耐特的率领下抵达东莞市，带来了国际科技贸易协会与东莞合作项目计划。市委常委、常务副市长冷晓明与代表团成员进行了深入交流。

△ 由国家环保总局副局长张力军带队的国家环保总局一行6人在省环保局有关领导的陪同下到东莞参观调研。副市长吴道闻陪同参观。

19—22日 原广东省委书记任仲夷和著名经济学家、中科院院士于光远一行到大朗镇视察。市委书记、市人大常委会主任佟星，市委副书记、市长刘志庚会见了任仲夷、于光远一行。

△ 国土资源部副部长贠小苏一行莅莞视察东莞市土地登记资料查询工作情况。副市长梁国英会见了贠小苏一行。

20日 香港东亚银行副总裁陈棋昌一行莅莞访问。市委副书记、市长刘志庚，市委常委、常务副市长冷晓明会见了陈棋昌一行。

21日 中共中央政治局常委、中央纪委书记吴官正到东莞市长安镇乌沙村视察指导工作。市委书记、市人大常委会主任佟星，市委副书记、市长刘志庚等陪同。

△ 西藏林芝地区统战干部培训班考察团一行到东莞考察。副市长张顺光会见了考察团一行。

23日 副省长游宁丰率领由省经贸委、省政府发展研究中心等有关部门领导组成的调研组莅临东莞市，对东莞市循环经济的发展等有关情况开展调研。市委书记、市人大常委会主任佟星，市委副书记、市长刘志庚会见了调研组一行，市长刘志庚及副市长周致纳陪同调研组参观考察。

24日 副市长张顺光会见了由乌干达外交部国际司司长詹姆斯·穆古梅带领的非洲高级外交官团。

25日 武汉大学校长刘经南访莞。市领导佟星、刘志庚、何嘉琪、吴道闻会见了刘经南一行。

△ 河南省周口市党政代表团来莞考察。副市长李小梅会见了考察团一行。

△ 凌晨3—4时，莞城普降大雨，雨量达109.3毫米，破有气象记录以来1小时雨量的历史纪录，莞城草塘水深约1米，数百间民房、近百辆汽车受浸。

## 六 月

2日 东莞市举行创建国家环境保护模范城市暨16项污水处理工程BOT项目建设启动仪式。市几套班子领导佟星、刘志庚、袁李松等以及省环保局副局长陈光荣出席了会议。

△ 清远市委书记、市人大常委会主任陈用志，清远市市长陈家记率领清远市四套班子领导到东莞市参观考察，佟星、刘志庚、刘树基、傅照辉、何嘉琪、崔建、梁国英等市领导接待了陈用志一行。

3日 保定市委书记王斑玖率领的保定市代表团来东莞参观访问。市委书记、市人大常委会主任佟星，市委常委、常务副市长冷晓明，市委常委、市委秘书长何嘉琪会见了王斑玖一行。

△ 东莞供电分公司更名为东莞供电局，并举行了挂牌仪式。副市长周致纳出席了挂牌仪式。

6—21日 市委书记、市人大常委会主任佟星率领东莞科技招商考察团赴美国、加拿大招商考察。

10日 市委召开全市第一批保持共产党员先进性教育活动总结大会。市委常委，市人大、市政府、市政协党员成员，省委督导组，市委先进性教育活动领导小组成员等参加了会议。市委副书记、纪委书记、市委先进性教育活动领导小组副组长黄双福在会上通报了市委常委先进性教育活动整改工作的情况。市委副书记、市委先进性教育活动领导小组副组长李毓全对先进性教育活动作了总结。

△ 东莞“世纪滨江”国际龙舟邀请赛暨东莞市“石龙杯”龙舟竞赛活动在石龙镇金沙湾举行。省委副书记蔡东士、中联办副主任黎桂康，市领导袁李松、黄双福、刘树基、李毓全、张继雄、庞国梅、曾拂星、崔建、江凌、张顺彩、许美君、冯同恩、李小梅、吴道闻、刘发枝、周文媛、朱伍坤等参加了活动。蔡东士、黎桂康、袁李松、黄双福、吴道闻等检阅了各参赛队伍。

△ 中共东莞市委农村工作领导小组办公室挂牌。市领导刘树基、何嘉琪参加了挂牌仪式。

△ 中国华南模具研发基地落户长安镇方达集团属下的长荣国际机械五金广场。

13日 《东莞日报》报道：位于厚街新围村的广东重点工程之一，主要担负莞城、厚街、长安、虎门、东城供电任务的500千伏莞城变电站于近日正式投产使用。

13—19日 东莞市政府与大韩贸易投资振兴公社联合举办的“2005东莞市（韩国）投资推介会”在韩国举行。副市长吴道闻率东莞代表团出席了推介会。

14日 印尼中华总商会总主席陈大江率外经贸考察团到东莞市访问。市人大常委会副主任张顺彩接待了考察团一行。

△ 《东莞日报》报道：有13家民营企业出口额在1亿美元以上，获省“突出贡献奖”；另有10家出口额在4800万美元的企业获“贡献奖”。占获奖单位的40%。

16日 落户于洪梅镇的台资企业台玻华南玻璃有限公司投产。

17日 由台湾佳能股份有限公司投资5000万美元的华南地区最大的数码相机生产基地——东莞能率科技有限公司在寮步镇落成，公司占地面积13万平方米，月产能力80万。市委副书记、市长刘志庚到场祝贺。

18日 中央组织部副部长王东明一行5人在省委常委、省委组织部长胡泽君的陪同下莅莞，就国有企业党建工作情况进行调研。

21日 由江苏省委书记李源潮率领的江苏省考察团在省委副书记欧广源的陪同下，来到东莞市参观考察。市委副书记、市长刘志庚，市委常委、常务副市长冷晓明接待了李源潮一行。

22日 西安市市长孙清云率团到东莞市参观访问。市委副书记、市长刘志庚，市委常委、常务副市长冷晓明接待了代表团一行。

26日 由莞籍香港知名人士、香港长江制衣公司董事长陈瑞球以及港区全国人大代表、全国政协委员、香港特别行政区部分官员和工商业、金融业、教育界、医学界知名人士组成的香港知名人士代表团来东莞市观光。市领导佟星、刘志庚、李毓全、李小梅、游敏达等会见了代表团一行。

27—28日 原省委书记、省人大常委会主任林若,原省人大常委会副主任方苞等省人大联谊会90多名会员来东莞市参观考察。市领导佟星、刘志庚、袁李松、黄双福、傅照辉、何嘉琪、冯同恩等接待了考察团一行。

△ 香港入境处处长黎栋国带领的访问团一行莅莞参观访问。副市长张顺光接待了访问团一行。

28日 东莞市高级技工学校举行挂牌仪式。省劳动保障厅厅长方潮贵，市委副书记、市长刘志庚，副市长吴道闻参加了挂牌仪式。

△ 以世界东莞社团联合会主席王兆生为团长的世界东莞社团联合会考察团来莞观光。市领导江凌、赵象明、张顺光、游敏达接待了考察团一行。

29日 东莞市环卫行业协会正式成立。副市长梁国英参加了成立大会并表示祝贺。

## 七 月

1日 东莞市表彰全市红旗基层党组织、优秀基层党组织书记暨第二批先进性教育活动动员大会在市会议大厦召开。市委常委，市人大、市政府、市政协党员领导干部等参加了会议。

△ 东莞市党政机关和事业单位（不含高等学校和科研事业单位）从当日起，工作时间调整为：上午8:30—12:00，下午2:00—5:30。

1—5日 美国国际华人科技工商协会（CASB）考察团一行11人在主席李大西博士的带领下，到东莞市考察访问。市委副书记、市长刘志庚接见了李大西一行。

2—3日 中央人民政府驻香港特别行政区联络办公室副主任彭清华、周俊明、黎桂康率140多人的代表团和莞籍港商、全国政协委员、东莞市荣誉市民王国强率领的由300多名香港工商界人士组成的观光团莅临东莞市参观访问。佟星、刘志庚、袁李松、黄双福、刘树基、李毓全、张继雄、傅照辉、何嘉琪、张顺光、刘发枝等市几套班子领导会见了代表团成员。

△ 波兰、菲律宾、日本、马来西亚等国驻穗总领事一行莅莞访问。市委副书记、市长刘志庚接见了客人一行。

6—7日 广西壮族自治区党委常委、北海市市委书记温卡华，北海市市委副书记、市长唐成良率团一行78人到东莞市参观考察。市领导佟星、刘志庚、刘树基、傅照辉、何嘉琪、梁国英、黄良轩会见了温卡华一行。

7日 加拿大驻广州总领事詹明辉一行莅莞参观。市委常委、常务副市长冷晓明会见了詹明辉一行。

△ 美国康涅狄格州警政厅前厅长李昌钰博士应邀到东莞市进行警务学术交流。市委副书记、政法委书记张继雄会见了李昌钰，并介绍了东莞市社会经济发展情况以及公安工作。

9日 江苏省副省长王湛率团到长安镇考察教育工作情况。副市长吴道闻接待了王湛一行。

10日 中国南方电网公司董事长袁懋振率广东电网公司负责人及技术、调度等相关部门负责人来莞调研。市委书记、市人大常委会主任佟星，副市长周致纳会见了袁懋振一行。

12日 在全国政协常委、省政协副主席韩大建的带领下，省政协科教文卫体委员会来到东莞市，专题调研东莞市解决基层群众看病难的问题。副市长吴道闻，市政协副主席周文媛、游敏达出席了情况汇报会。

15日 “中国机械500强”发布会在北京人民大会堂举行。东华机械有限公司跻身中国机械500强，并荣获“橡塑机械10强”称号。

16日 牙买加外交外贸部长基思·奈特一行6人莅莞参观访问。副市长张顺光接待了基思·奈特一行。

17—21日 美国国际科技贸易协会主席大卫·迈克肯特率领的美国科技教育考察团一行到东莞市考察。18日，市委副书记、市长刘志庚接待了考察团一行。

22日 实施“四项工程”（“科技东莞”、“商贸东莞”、“平安东莞”和“创业东莞”）工作会议在市委礼堂召开。会议认为要以此为抓手和动力深入推进“一城三创五争先”的发展战略和工作思路的实施。市委书记、市人大常委会主任佟星主持了会议并作重要讲话。刘志庚、袁李松、黄双福、刘树基、李毓全、张继雄等市几套班子领导参加了会议。

△ 加拿大工业部长艾民信来莞参观访问，市委副书记、理工学院党委书记刘树基接待了艾民信一行，并陪同参观了东莞理工学院。

23日 市委书记、市人大常委会主任佟星，副市长周致纳会见了法国汤姆逊高级执行副总裁杜鲁特及其合作伙伴印度Videocon集团董事长杜拉格一行，宾主双方就在莞企业的发展等问题进行了会谈。

25日 《东莞日报》报道：国际名家具（东莞）展览会通过了全球展览业协会（UFI）的认证，成为国内第二家通过这一世界权威展览机构认证的家具展，也是已批准的256个成员组织之一。

26日 市政协十届七次常委会召开，市政协主席袁李松主持会议，就“四清理”工作开展专题议政。

29日 南非萨索尔公司国际投资发展部总经理诺伯特·贝伦斯一行8人到东莞市参观考察。 副市长周致纳接待了诺伯特·贝伦斯一行，并介绍了东莞市经济社会的发展情况。

30日 由香港特别行政区房屋及规划地政局局长孙明扬及以杜伟德为团长的香港保良局参观访问团一行40多人到东莞市参观访问。市委副书记、市长刘志庚，市人大常委会副主任张顺彩，副市长张顺光等会见了访问团一行。

31日 印度尼西亚商务部长冯慧兰和印尼相关部门及大型企业负责人等到东莞市参观访问。市人大常委会副主任张顺彩、副市长张顺光接见了冯慧兰一行。

## 八 月

1日 国家人口计生委主任张维庆一行在副省长雷于蓝的陪同下莅莞考察。市领导佟星、刘志庚、刘树基、李小梅等在东莞会展国际大酒店接待张维庆一行。

2日 南通市委副书记、市长丁大卫率领的南通市政府学习考察团一行莅莞考察。市委副书记、市长刘志庚在东莞会展国际大酒店会见了丁大卫一行。

△ 国家教育部部长周济在省教育厅厅长郑德涛的陪同下莅莞视察。市领导佟星、刘志庚、刘树基、张顺彩、吴道闻等接待了周济一行。

3日 华夏国际投资集团与清华大学合作成立的华厦线多媒体移动科技有限公司在松山湖科技产业园设立多媒体移动产品研发中心和运营总部，该公司使用面积3149.35平方米，注册资本1亿港元。

4日 省常务副省长汤炳权到东莞市调研外经贸工作。市委书记、市人大常委会主任佟星，市委副书记、市长刘志庚，副市长张顺光等向汤炳权一行汇报了东莞市外经贸工作。

5日 110千伏连马变电站在大岭山镇大沙村投入使用。从1960年8月建成运行东莞市第一座35千伏莞城变电站，至此，东莞市110千伏及以上变电站达100座，突破百座大关。

6日 由泰国中华总商会主席郑明如博士率领的泰国中华总商会考察团一行莅莞考察。副市长张顺光会见了郑明如一行。

**9日** 麦当劳（中国）有限公司副总裁Gary Rosen一行到东莞市进行商业考察。副市长张顺光会见了Gary Rosen一行。

**10日** 市隆重举行科学技术颁奖大会，授奖项目75项，其中达国际先进水平的11项，国内领先水平的21项，国内先进水平的14项。颁发的奖金为341万元，颁奖项目的转化率高达92%，实施后，新增产值51.3亿元，新增利税3.1亿元，创汇919万美元。

**11日** 全国绿化委员会先行检查小组成员在全国绿化委员会评审办公室主任李利的带领下莅莞对东莞市的绿化工作进行先行检查。副市长李小梅陪同检查，市委副书记、市长刘志庚接待了李利一行。

**11—12日** 台湾“中国统一联盟”代表团在该联盟主席王津平的带领下访问东莞市。市领导佟星、李毓全、张顺光会见了王津平一行。

**12—13日** 由国家能源领导小组办公室副主任、国家发展改革委能源局局长徐锭明率领的国家发改委电力调研组在广东省发改委党组副书记、副主任李妙娟的陪同下来东莞市开展电力调研。市委副书记、市长刘志庚，副市长周致纳向调研组一行汇报了东莞市经济发展及电力发展情况。

△ 东莞市出生缺陷干预工程启动暨广东医学院附属生殖医学中心挂牌。市委副书记刘树基、广东医学院党委书记高志清、省人口计生委副主任刘银燕、市人大常委会副主任张顺彩、副市长吴道闻等领导出席了启动仪式。

**13—16日** 2005年东莞国际骨科新技术论坛暨骨关节疾病研修班在东莞会展国际大酒店举行。市委常委、常务副市长冷晓明，副市长吴道闻出席了开幕式。

**15—28日** 由市委副书记、市长刘志庚率领的东莞经贸考察团，在南美巴西、秘鲁、阿根廷进行经贸考察活动。

**16日** 石碣镇荣获“中国电子信息产业名镇”称号的授牌仪式在石碣影剧院举行。市领导佟星、刘树基、周致纳、刘发枝出席了授牌仪式。

**17—21日** 东莞市举办第十四届名家具展览会。该展览会面积20万平方米，707家参展商，其中欧洲买家增长40%以上，海外参展商和买家显著上升。

**19日** 省委副书记、省纪委书记王华元在省纪委副书记赵振华、省委副秘书长曹南才等人的陪同下到东莞市检查指导工作。市委书记、市人大常委会主任佟星，市委副书记、市纪委书记黄双福，市委副书记、市政法委书记张继雄，市委常委、市委秘书长何嘉琪，市委常委、市公安局长崔建等向王华元一行汇报了东莞市党风廉政建设和社会治安综合治理工作情况。

△ 北京大学副校长迟惠生、北大方正集团有限公司董事长魏新率团到东莞市参观。市委书记、市人大常委会主任佟星，副市长张顺光接待了迟惠生一行。

**19—20日** 在19日晚至20日凌晨，东莞市遭遇24年来最大暴雨袭击。全市各地全力以赴投入抢险工作。石龙镇日降水量达366毫米（从19日9时到20日8时），仅次于1981年7月1日录得的日最大降水量367.8毫米的历史记录，成为东莞市历史上记录的第二大日降水量，松山湖、企石、寮步、莞城、南城、黄江、道滘等也遭遇大暴雨。

**24日** 香港特别行政区创新科技署署长王锡基一行访莞。市委常委、常务副市长冷晓明会见了王锡基一行。

**25日** 黄山市党政代表团一行到东莞市参观考察。市委常委、常务副市长冷晓明接待了代表团一行。

**26日** 香港荃湾各界东莞考察团一行24人到东莞市考察访问。副市长张顺光接待了考察团一行。

**27日** 人民日报总编辑张研农一行莅莞考察。市委书记、市人大常委会主任佟星接待了张研农一行并接受人民日报采访组的采访。市委常委、市委宣传部长江凌，副市长张顺光、梁国英等参加了采访座谈会并陪同考察调研。

**29日** 中科院调研组在中科院副院长施尔畏的带领下莅莞进行调研。市委常委、常务副市长冷晓明接待了调研组一行。

**31日** 东莞中学松山湖学校举行落成暨开学典礼。副市长吴道闻出席了开学典礼。

△ 诺基亚首信通信有限公司东莞分公司迎来第1亿台移动电话下线之际，举行庆祝在粤十周年活动。省委常委、常务副省长钟胜阳，省人大常委会副主任李近维，市委书记、市人大常委会主任佟星，市委副书记、市长刘志庚等领导出席了仪式。

## 九月

**1日** 市委书记、市人大常委会主任佟星接待了以广西壮族自治区百色市委书记梁春禄为团长的广西百色党政代表团一行。原广州市政协主席陈开枝、东莞市副市长李小梅参加了会见。

**3日** 纪念中国人民抗日战争、世界反法西斯战争胜利60周年暨文艺晚会在市会议大厦举行。原广东省政协副主席郑群，省委党史研究室主任陈俊凤，市委书记、市人大常委会主任佟星，市委副书记、市长刘志庚，市政协主席袁李松等领导出席了纪念大会。

△ 位于大岭山抗日根据地旧址的广东东江纵队纪念馆开馆。原广东省人大常委会主任林若，原广东省政协副主席郑群，原新华社香港分社副社长祁烽，省委党史研究室主任陈俊凤，省文化厅副厅长景李虎，市委书记、市人大常委会主任佟星，市委副书记、市长刘志庚，市政协主席袁李松等出席了开馆仪式。

**5日** 据《东莞日报》报道：国家统计局公布全国综合实力千强镇测评结果，东莞市28个镇全部上榜，其中虎门名列第一，长安与塘厦分别居于第三位和第五位，常平、厚街、凤岗、清溪、寮步、石碣、石龙、樟木头等8个镇入围百强。

**6日** 由广州白云机场、中国南方航空公司共同建立的国内首个异地候机楼——东莞城市候机楼开业，该候机楼为客人提供办理登机牌、实时查询航班、现场购买机票、候补机票、一站式巴士往返接送及各大航空公司的增值服务，同时为会员及VIP客人提供专用通道安检、易登机贵宾室等离港服务。

**7—8日** “2005全国电视新闻年会”在东莞市举行。省委副书记蔡东士，中央电视台台长赵化勇，省委常委、省委宣传部部长朱小丹，中央电视台副台长罗明，市委书记、市人大常委会主任佟星，广东南方广播影视传媒集团总裁王克曼、副总裁白玲、张惠健，市委常委、市委宣传部部长江凌等领导出席了会议。

△ 省委副书记刘玉浦莅莞会见中央电视台台长赵化勇一行，市领导佟星、刘志庚、庞国梅、江凌参加了座谈。

**9日** 东亚银行主席兼行政总裁李国宝一行莅莞访问。市委副书记、市长刘志庚，市委常委、常务副市长冷晓明会见了李国宝一行。

**10日** 清华大学新闻与传播学院副院长熊澄宇一行5人在省委宣传部副部长、省文改办主任方健宏等领导的陪同下到莞考察。市委书记、市人大常委会主任佟星，市委常委、市委宣传部部长江凌会见了熊澄宇一行。

11—12日 中共中央政治局常委、国务院总理温家宝莅莞考察。12日到新科电子厂视察。市领导佟星、刘志庚、何嘉琪等陪同考察。

12日 苏州市政府考察团在苏州市副市长江浩的带领下莅莞考察。市委副书记刘树基、副市长李小梅接待了考察团一行。

△ 《东莞日报》报道：由中央财经领导小组办公室副主任杨凌隆带队的中央财经领导小组调研组莅莞调研。

13日 《东莞日报》报道：市委市政府出台《关于解决农村“一保五难”推进农村城市化改造的决定》，该《决定》指出：今后两年将投入67152.88万元（其中市级财政投入47192.43万元，镇区级投入19960.45万元），切实解决农村最低生活保障、住房难、行路难、看病难、读书难、饮水难问题。

△ 吉林省长春市副市长张安顺率领长春经贸考察团一行访莞。副市长周致纳接待了张安顺一行。

△ 首份《中国城市生活质量报告会》发布，东莞以0.899的综合评分位居全国第二。

14日 长安镇举行荣获“中国机械五金模具名镇”、“全国小城镇综合发展水平1000强镇（第三名）”挂牌仪式。市领导佟星、刘志庚、张继雄、许美君、周致纳、陈文敏，中国机械工业联合会常务副秘书长杨学桐等出席了挂牌仪式。

15日 省人大常委会主任黄丽满、省人大常委会副主任李近维等率领的省人大视察组莅莞视察沙角电厂脱硫工程建设情况，市委书记、市人大常委会主任佟星，市委副书记、市长刘志庚，市人大常委会副主任傅照辉、吕兢等陪同视察组进行视察。

△ 深圳机场集团有限公司党委书记、董事长杨进军率领该集团及下属公司高层领导访莞。市委副书记、市长刘志庚，副市长梁国英会见了杨进军一行。

16日 广东省委副书记、省委先进性教育活动领导小组副组长刘玉浦一行到万江区拔蛟窝社区参加该社区东南党支部、非公党支部组织生活会。

△ 江苏省省委常委、省委宣传部部长孙志军率领的江苏省考察团，在广东省委宣传部副部长、省文改办主任方健宏的陪同下到东莞市考察。市委常委、宣传部部长江凌会见了客人。

△ 南非豪登省议长理查德·姆达卡尼率领的豪登省议会代表团一行莅莞参观访问。市委书记、市人大常委会主任佟星，市人大常委会副主任傅照辉、陈国辉会见了南非客人。

18日 全市信访工作联席会议暨“四清理”工作会议在市委礼堂举行。佟星、刘志庚等市几套班子领导出席了会议。

△ 海外华裔中青年杰出人士代表团一行50人到莞参观考察，副市长张顺光接待了代表团一行。

20日 中央党校副校长、博士生导师王伟文教授在东莞市举行专题报告会。市领导佟星、袁李松等出席了报告会。

21日 省民政厅厅长杨华维、副厅长骆招群率领省民政厅有关负责人到东莞市检查民政工作。市委书记、市人大常委会主任佟星等接待了杨华维一行。

23日 《东莞日报》报道：虎门服装于近日新增5个“名牌”。其中东越服装有限公司的“以纯”牌茄克衫类产品获“中国名牌产品”称号，厚街服装公司的“异乡人”T恤、东越公司的“渔绮”针织毛衫、龙的传说公司“绿加”针织毛衫、鸿越服装公司的“依米奴”T恤获“广东省名牌产品”称号。

25日 香港特别行政区行政长官曾荫权，香港立法会主席范徐丽泰率团到东莞市参观访问。市委副书记、市长刘志庚，市委常委、市委秘书长何嘉琪，副市长张顺光等市领导陪同参观。

▲27日 第五届广东现代国际汽车展示交易会在厚街镇广东现代国际汽车展示中心开幕。省人大常委会副主任侣志广、副市长周致纳等出席了开幕式。

28日 东莞市投资120多亿元、历时2年的7条交通大动脉中最后完成的常虎高速、东部快速、环城路及四条主干公路改造正式开通。

△ 东莞图书馆新馆开馆、市青少年活动中心落成启用暨2005年东莞首届读书节开幕典礼在图书馆新馆举行。原广东省政协副主席祁烽、国家图书馆副馆长张彦博、中国科学院文献情报中心副主任戴利华、国家文化部社文图司公共图书馆处处长贾璐、省文化厅副厅长杜佐祥等，市领导佟星、刘志庚、袁李松、黄双福、李毓全、张继雄等，老同志袁康、郑锦滔等出席了典礼。

29日 国家教育部副部长陈小娅莅莞视察。市委书记、市人大常委会主任佟星接待了陈小娅一行，副市长吴道闻陪同视察。

△ 国家自然科学基金会副主任、清华大学软件学院院长孙家广率清华大学软件学院考察团一行到莞参观考察。市委副书记刘树基接待了考察团一行。

30日 首届东莞国际啤酒节在常平镇铁路公园举行。市领导袁李松、黄双福、庞国梅、江凌等出席了开幕式。

△ 第三届广东东莞房地产与建筑装饰材料博览会在东莞国际会展中心开幕。省建设厅副厅长房庆方、市人大常委会副主任吕兢、副市长梁国英出席了开幕式。

△ 据《东莞日报》报道：本年参评全国绿化模范城市评比的城市一共有150余家，东莞市已顺利通过省绿委及全国绿委的预检。并由广东省绿委推荐，参加到最后一轮竞争。

## 十月

5—6日 全国人大常委会副委员长、九三学社中央主席韩启德在省政协副主席、省九三学社主委、省卫生厅厅长姚志彬的陪同下莅莞视察。市委副书记、市长刘志庚和市人大常委会副主任傅照辉、吕兢接待了韩启德一行。

9日 江苏省常州市市委书记范燕青率领常州市党政代表团到东莞市参观考察。市委书记、市人大常委会主任佟星，市委副书记、市长刘志庚，市委副书记、市纪委书记黄双福，市政协副主席周文媛等会见了代表团一行。

11日 由香港观塘区40名区议员组成的考察团在张顺光、游敏达等市领导的陪同下参观了市展览馆及市行政中心区。

12日 省林业厅助理巡视员、省绿委办副主任王惠恒及省绿委办副主任岑苗在副市长李小梅等领导的陪同下检查东莞市创建全国绿化模范城市的有关工作情况。

12—13日 由省人大常委会委员、选举联络人事任免工作委员会副主任黄乃钊带队的省人大代表视察组到东莞市视察“社会治安综合治理”方面的建设办理情况。市委常委、常务副市长冷晓明，市人大常委会副主任冯同恩向视察组汇报了东莞市近年来维护稳定及社会治安综合治理情况。

13日 第七届中国东莞国际电脑资讯产品博览会暨“2005东莞国际科技合作周”开幕。出席开幕式的有国家科技部副部长马颂德、省政协副主席罗富和、中国贸促会电子信息行业分会常务副会长李葆生、中央办公厅科技评委会主任王贵和以及刘志庚、袁李松等市几套班子领导。

15日 由欧中联合商会代表团共同主席、欧盟委员会前主席、卢森堡前首相、现任欧盟委员会传媒主席、欧盟委员会中小企业委员会主席雅克·桑特率领的欧中联合商会高级代表团访问东莞市，在厚街镇共同举办首届欧中（东莞）经贸对接洽谈会。市委常委、常务副市长冷晓明参加了洽谈会。

18日 衡阳市市委书记徐明华率领的衡阳市党政代表团来莞参加合作洽谈周活动。市领导佟星、刘志庚、陈国辉、周文媛会见了陈明华一行。

19日 第四届中国（大朗）国际毛织产品交易会开幕。省政协副主席王兆林，原国家纺织工业部副部长、中国流行色协会会长王曾敬，市领导佟星、刘志庚、冷晓明、陈国辉、周致纳、黎承枝等出席了开幕式。

△ 省全国人大代表专题调研组来莞调研“城市污水处理收费”问题。市人大常委会副主任吕兢、副市长梁国英等与调研组进行了座谈。

21日 香港传媒高层和时事评论员代表团一行莅莞参观访问，副市长吴道闻会见了代表团一行。

22—23日 由中央直属机关工委副书记赵凯带队的中央党校省部领导干部进修班学员，在省委副秘书长谭一鸣的陪同下，到东莞市长安镇考察。市委书记、市人大常委会主任佟星，市委副书记李毓全等接待了进修班学员一行。

23日 《东莞日报》报道：华中科技大学与长安镇共建的国家级实验中心——国家模具重点实验室东莞实验中心落户长安镇。长安是五金模具名镇，1600多家外资企业中有300多家从事机械五金模具业生产，600多家民营企业中也有300多家企业专注机械五金模具的生产和销售，该实验中心的成立将是提升长安镇模具产业科技创新的重要措施。

△ 中共中央政治局委员、书记处书记、中央组织部部长、中央先进性教育领导小组组长贺国强一行在莞召开了“两新”组织先进性教育活动专题调研座谈会。省委常委、组织部部长胡泽君，佟星、刘志庚、李毓全、何嘉琪、庞国梅、莫布兴等市几套班子领导参加了座谈会。

24日 创建全国绿化模范城市通报会在市行政办事中心举行，检查团认为东莞各项硬指标已达模范城市标准，并鼓励东莞还要成为模范城市的示范。市委书记、市人大常委会主任佟星，市委副书记、市长刘志庚，市政协主席袁李松，市人大常委会副主任吕兢，副市长李小梅等出席了通报会。

△ 省人大常委会环资委副主任甘兆炯率领省人大专题调研组一行到莞调研。市人大常委会副主任吕兢、副市长梁国英等向调研组汇报了“治污保洁工程”情况。

26日 在北京人民大会堂举行的全国精神文明建设工作表彰大会上，东莞市被授予“全国创建文明城市工作先进城市”称号。市委副书记、市纪委书记黄双福参加了表彰大会。

27日 东莞迈科科技、广大制冷、科达机电、正业电子、银华饲料、银塑胶、智通实业、恒兴五金电子等8家企业荣获由中国民营科技促进会颁发的创新奖等奖项，市领导在行政办事中心为获奖企业和个人颁奖。

## 十一月

2日 市委十一届三次全会召开。市委书记、市人大常委会主任佟星，市委副书记、市长刘志庚等出席了会议。会议通过《中共东莞市委关于制定全市国民经济和社会发展第十一个五年规划的建议》。

3日 全市第二批先进性教育活动总结大会在市会议大厦召开。佟星、袁李松、黄双福、刘树基、李毓全、张继雄、傅照辉等市几套班子领导出席了会议。

△ 建设部部长汪光焘在省政府副秘书长罗欧、省建设厅厅长劳应勋的陪同下，到东莞市长安镇进行调研。市委副书记、市长刘志庚，副市长梁国英等向汪光焘一行汇报了东莞市及长安镇城镇规划与建设情况。

△ 全市镇（街道）总工会成立大会在石龙镇举行。东莞市32个镇（街道）总工会全部成立，成为全省第一个全部镇区都成立了总工会的城市。省人大常委会副主任、省总工会主席汤维英，省总工会副主席孔祥鸿，市领导佟星、李毓全、许美君等出席了成立大会。

4日 广东省创建区域国际品牌试点工作会议在东莞市召开，东莞市大朗镇因被中国纺织工业协会授予“中国羊毛衫名镇”称号而被选为全省创建区域国际品牌的3个先行点之一。

5日 东莞台商子弟学校举行建校5周年庆典活动。国务院台湾事务办公室副主任王福卿，中央人民政府驻香港特别行政区联络办公室副主任黎桂康，原国台办副主任、海峡两岸关系中心主任唐树备，海峡会驻澳门特别行政区办事处主任张启胜和市领导张顺彩、张顺光、刘发枝等出席了庆典活动。

△ 第五届大京九农副产品食品（常平）交易会在常平镇开幕。省农业厅副厅长潘嘉念，市领导袁李松、李小梅等出席了开幕式。

6日 全国人大常委会委员、全国人大农业与农村委员会副主任舒惠国率队的全国人大农委调研组莅莞调研。市人大常委会副主任赵象明等陪同调研。

9—11日 第七届东莞国际机械、原料及模具、橡塑胶及包装展览会在厚街广东现代国际展览中心举行。市委常委、常务副市长冷晓明参观了展场。

10日 虎门镇举行“全国首届小城镇综合发展水平1000强”、“全国小康建设明星乡镇标兵”和“（全国）军民共建社会主义精神文明先进单位”的挂牌仪式，九届全国政协副主席王文元、市委副书记李毓全、市政协副主席黎承枝等出席了挂牌仪式。

11日 第十届中国（虎门）国际服装交易会开幕。九届全国政协副主席王文元，广东省委常委、常务副省长钟阳胜，原纺织工业部副部长、中国流行色协会会长王曾敬及市几套班子领导刘志庚、袁李松、李毓全、冷晓明等参加了开幕式。

▲12日　东莞市茶山镇南社村入选“中国历史文化名村”。

12—13日　由全国人大常委会副委员长李铁映率队，全国人大常委会委员、财经委副主任委员闻世震为组长，全国人大常委会委员、财经委委员乌日图，全国人大财经委委员刘政，十届全国人大代表徐源远等组成的全国人大常委会《劳动法》执法检查组，在省人大常委会主任黄丽满，省人大常委会副主任黄伟鸿等的陪同下莅莞，对东莞市《劳动法》实施情况进行检查。市委副书记、市长刘志庚，市人大常委会副主任傅照辉，市委常委、常务副市长冷晓明，市人大常委会副主任许美君、赵象明，副市长李小梅等陪同检查。

15日　由云南省原省委常委、常务副省长朱奎率队的云南省副省级离退休老干部赴广东考察团抵莞参观考察。市委副书记、市长刘志庚，市委副书记刘树基，市委常委、组织部部长庞国梅等先后接待了考察团一行。

△　广州军区副司令员欧金谷中将、广东省军区副司令员倪学善少将等莅莞检查冬季征兵工作。市委副书记、市长刘志庚，市委副书记、政法委书记张继雄等接待了欧金谷一行。

18日　由团中央权益部副部长孙毅率队的团中央督查组，在团省委副书记谭君铁、组织部部长陈小锋的陪同下到东莞市督查共青团增强团员意识主题教育活动工作情况。市委常委、组织部部长庞国梅会见了孙毅一行。

△　省档案局专家评审组对东莞市档案馆工作进行全面的考核和评审，评定该馆为省特级档案馆工作目标管理单位。市领导刘志庚、冯同恩、吴道闻、黎承枝等接待了徐大章一行。

△　东莞市区垃圾处理厂首台锅炉成功点火，第一期设计规模为日处理垃圾1200吨，年总发电量2.2亿千瓦时。

21日　由中国科学院工程热物理研究所、东莞理工学院、意大利和瑞典2所大学合作开发的生态工业项目在东莞市举行签约启动仪式。市委常委、常务副市长冷晓明等参加了签约启动仪式。

22日　省委常委、常务副省长钟阳胜为组长的反腐倡廉三项工作第三检查组对东莞市进行专项检查。市领导佟星、袁李松、黄双福、张继雄、傅照辉等出席了检查工作汇报会。

△　广东电子工业研究院在松山湖挂牌成立。原中科院副院长、院士王佛松，中科院院地合作局局长赵勤，中科院计算技术研究所所长、院士李国杰，中国工程院院士倪光南，广东省科技厅厅长谢明权，市领导佟星、冷晓明、吕兢、张顺光、黎承枝等出席了挂牌庆典仪式。

23日　UPS亚太区总裁肯·托罗一行访莞。副市长周致纳接待了肯·托罗一行。

23—24日　市第十三届人大常委会第十次会议召开。市人大常委会副主任傅照辉、张顺彩、陈国辉、许美君、冯同恩、赵象明、吕兢等常委会组成人员出席了会议，市委副书记、市长刘志庚，市委常委、常务副市长冷晓明，副市长张顺光等列席了会议。

△　省委常委、宣传部部长朱小丹一行莅莞调研。市委书记、市人大常委会主任佟星，市委常委、市委宣传部部长江凌向朱小丹一行介绍了东莞市发展群众文化，建设文化新城，促进社会和谐的情况和工作思路。

24日　南亚太地区13国审计长一行访问东莞市。市委副书记、市长刘志庚接待了访问团一行。

△　吉林省原政协主席张岳琦访莞。市委副书记、市长刘志庚，市政协主席袁李松、市政协副主席刘发枝会见了张岳琦一行。

25日　市台商投资企业协会在东莞会展国际酒店举行“以中华心、两岸情，共建和谐东莞”为主题的12周年庆典暨第七届会务干部就职典礼、台商医院奠基典礼、台商会馆大楼开工仪式和东莞台商网站升级系列活动。省委副书记欧广源，中央人民政府驻香港特别行政区联络办公室副主任黎桂康，市委书记、市人大常委会主任佟星，市委副书记、市长刘志庚，市政协主席袁李松，国台办经济局副局长刘军川，原海峡两岸关系研究中心主任唐树备，省人大常委何开波，省台办主任甘兆胜，市人大常委会副主任傅照辉，市委常委、常务副市长冷晓明，市委常委、市委秘书长何嘉琪，副市长张顺光等领导出席了庆典活动。

△　第五届中国（长安）机械五金模具交易会在长安镇开幕。全国人大常委会委员、全国人大农业与农村委员会副主任李春亭，广东省人大常委会副主任李近维，市委副书记、市长刘志庚，广东省经贸委副主任温国辉，市人大常委会副主任赵象明，副市长周致纳等出席了开幕式。

26日　信立国际农产品贸易城在大岭山镇开业。商务部市场体系建设司司长廖建成、农业部市场与经济信息司司长张玉香、国家统计局贸易外经司司长翟志宏以及冷晓明、曾拂星、梁国英等市领导出席了开业仪式。

28日　首期投资规模达8500万美元的东莞美维电路有限公司举行开业典礼。副市长周致纳、张顺光等参加了典礼。

30日　虎门港立沙岛油气化工码头举行动工典礼。市委书记、市人大常委会主任佟星，市委副书记、市长刘志庚，市委副书记李毓全，副市长周致纳等参加了典礼。

## 十二月

1日　中信银行东莞分行举行新大楼落成开业暨升格为总行直属分行庆典仪式。中信银行总行行长陈小宪，市委书记、市人大常委会主任佟星，市委副书记、市长刘志庚，市政协主席袁李松等出席了庆典活动。

△　新疆维吾尔自治区副主席胡伟一行到莞考察。市委副书记、市长刘志庚，副市长吴道闻会见了胡伟一行。

2日　商务部副部长廖晓淇在广东省外经贸厅副厅长招玉芳的陪同下到东莞市调研。市委书记、市人大常委会主任佟星，副市长张顺光向廖晓淇一行汇报了东莞市外源型经济发展情况。

5日　香港九龙城区议会访粤团到东莞市参观访问。市政协主席袁李松、副市长张顺光、市政协副主席游敏达等接待了访粤团一行。

**6日** 国台办主任陈云林一行20人莅莞考察，并召开了广东省台商代表座谈会。省委副书记欧广源，市领导佟星、刘志庚、张顺光等接待了陈云林一行。

**7日** 印尼广肇总会代表团一行18人在总主席陈伯年的率领下抵莞访问。市委书记、市人大常委会主任佟星会见了陈伯年一行。

△ 广东省食品安全督导组莅莞检查。副市长周致纳等向督导组汇报了工作。

**8日** 华中科技大学同济医学院附属东莞医院·东莞泌尿医院开业。全国人大常委、同济医学院院长田玉科，省政协主席陈绍基，原卫生部副部长、中国医师协会会长殷大奎，省人大常委会副主任李近维，市政协主席袁李松，市委副书记刘树基，省卫生厅副厅长廖新波，副市长吴道闻，市政协副主席刘发枝、邝明子等出席了开业典礼。

△ 国家气象局调研组在国家气象局副局长王守荣的带领下到莞调研。朝鲜气象代表团到莞参观考察。副市长李小梅会见了王守荣副局长和朝鲜气象代表团一行。

**10日** 东莞市举行本地电话号码升8位启动仪式。东莞市固定电话（含小灵通）从10日零时起升为8位，原2字头7位电话号码前加拨“2”，其他字头的7位电话号码前加拨“8”。广东省通信管理局局长古伟中，市领导佟星、刘志庚、冷晓明、吕兢、黎承枝等出席了电话号码升位启动仪式。

**13日** 解放军驻韶关某部政委胡玉林大校代表部队向东莞市赠送双拥牌匾。市委常委、常务副市长冷晓明等领导接待了胡玉林一行。

△ 科学馆新展厅正式开放。市委常委、常务副市长冷晓明，市政协副主席邝明子等参加了开放仪式。

**17日** 立陶宛检察代表团在该国总检察长阿尔吉曼塔斯·瓦兰蒂那斯的率领下到东莞市参观考察。市委副书记、市政法委书记张继雄等接待了代表团一行。

**26日** 广东省教育强市督导验收组抵莞。市委副书记、市长刘志庚和副市长吴道闻会见了督导验收组一行。

△ “中国青年留学人员创业园”在松山湖科技产业园正式挂牌。团中央、全国青联、欧美同学会、团省委有关领导，以及市人事局、科技局、松山湖管委会等有关部门领导共同参加了挂牌仪式。

**28日** 东莞市在市体育馆召开2005年度总结表彰大会。佟星、刘志庚、袁李松、黄双福等市几套班子领导出席了大会。

△ 东莞市举行十项重点工程竣工（奠基）典礼。佟星、刘志庚、袁李松、黄双福等市几套班子领导出席了典礼。

△ 韩国电子科技研究院院长金春镐一行到莞参观访问。市委常委、常务副市长冷晓明接待了金春镐一行。

△ 东莞广播电视中心奠基，占地2.7万平方米，建筑总面积7.39万平方米，主楼高二十层。

**29日** 东莞市市属控股公司——东莞发展控股股份有限公司设立的“莞深高速公路收费收益权专项资产管理计划”（简称莞深收益，转让代码为119001）在深圳证券交易所挂牌转让。市委常委、常务副市长冷晓明参加了挂牌仪式。

**30日** 东莞市申报广东省教育强市督导验收总结大会在市会议大厦举行。省督导验收组在通过各种渠道采集信息的基础上，对照《广东省教育强市督导验收标准》，一致认为东莞市已达到省教育强市的标准，省政府副秘书长江海燕、省教育厅副厅长刘育民等督导组成员，市领导佟星、刘志庚、刘树基、江凌、张顺彩、吴道闻、黎承枝等出席了会议。 （曾可兴）

▲ 莞深高速公路

SPECIAL ARTICLES

# 专文

责任编辑：曾可兴
施雪芬

# 抓好“五个坚持”　永葆先进本色

佟　星

在全党开展保持共产党员先进性教育活动，是党的十六大和十六届四中全会作出的一项重大决策，是坚持用“三个代表”重要思想武装全党的一个重要举措，是加强党的执政能力建设的一项基础工程。在新的历史条件下，继续保持党的先进性，关系党执政能力的提高和执政地位的巩固，关系党和人民事业的兴旺发达和国家的长治久安。开展先进性教育，加强先进性建设，要求我们认真学习新时期党的建设理论，紧密联系改革开放和现代化建设的实践，深刻理解党的先进性的丰富内涵，把握先进性的基本要求，增强保持先进性的自觉性。这段时间以来，我认真学习了中央和省委的有关文件精神和规定的必读篇目，进一步深化了对邓小平理论和“三个代表”重要思想的理解，加深了对党的先进性建设的认识，明确了新时期共产党员特别是领导干部保持先进性的要求。结合东莞的实际，我认为推进党的先进性建设必须抓好“五个坚持”。

## 一、坚持学习实践“三个代表”重要思想，从指导思想上体现党的先进性

以反映时代特征和实践要求的科学理论指导实践，是马克思主义政党坚持先进性的根本保证。我们党从诞生之日起就把马克思主义确立为自己的指导思想，并坚持用发展着的马克思主义指导实践，实现指导思想上的与时俱进。在革命和建设时期，我们党以毛泽东思想为指导，团结带领人民取得新民主主义革命的伟大胜利，并取得社会主义革命和建设的巨大成就。在改革开放和现代化建设时期，我们党在邓小平理论指引下，不断推动改革开放和现代化建设，成功走出了中国特色社会主义的新道路。进入新世纪新阶段，以江泽民同志为核心的第三代中央领导集体，提出“三个代表”重要思想。党的十六

大把“三个代表”重要思想郑重地写进党章，作为我们党的行动指南和必须长期坚持的指导思想，再一次实现了历史性的飞跃。“三个代表”重要思想作为对马克思列宁主义、毛泽东思想、邓小平理论的继承和发展，反映了当代世界和中国的发展变化对党和国家工作的新要求，是加强和改善党的建设、推进社会主义自我完善和发展的强大思想武器。始终做到“三个代表”，是我们党的立党之本、执政之基、力量之源，也是我市改革开放和现代化建设取得成功的根本保证。这些年来，我们坚持用“三个代表”重要思想武装党员干部头脑，增强贯彻落实“三个代表”重要思想的自觉性和坚定性；把学习“三个代表”重要思想与贯彻落实中央和省委的方针政策相结合，创造性地开展工作；正确制定经济社会发展战略，实施了“一网两区三张牌”的工作重点，确立了“一城三创五争先”的发展战略和工作思路；以增强党的执政能力为重点推进党的建设新的伟大工程。正是由于我们认真学习“三个代表”重要思想，坚决贯彻“三个代表”重要思想，东莞三个文明建设全面发展，城市面貌日新月异，人民生活水平大幅度提高。实践证明，“三个代表”重要思想作为我们党必须长期坚持的指导思想，是党的先进性的体现，是党和国家各项事业不断发展的根本保证。只要我们坚持“三个代表”重要思想，我们就能团结和带领广大人民在改革开放和现代化建设的伟大进程中，不断地从胜利走向胜利，在中国特色社会主义道路上实现中华民族的伟大复兴。

## 二、坚持以经济建设为中心，从抓好第一要务上体现党的先进性

发展是硬道理，是党执政兴国的第一要务。党领导人民建设社会主义的根本任务是解放和发展生产力，增强综合国力，满足人民群众日益增长的物质文化需要。能不能解决发展问题，直接关系人心向背、事业兴衰，关系到党的先进性能否充分体现。离开了发展这个第一要务，党的先进性就无从谈起。改革开放特别是进入新世纪以来，我们坚持打基础、办实业、走正道的发展路子，把创新贯穿于改革发展的全过程，积极推进体制创新、结构创新、科技创新，致力于营造良好的城市环境、政务环境、营商环境，全面激发经济社会发展的巨大活力和创造精神，东莞的发展取得了巨大成效。2004年与2001年相比，全市生产总值、工业总产值、财政总收入、民营资产总额、出口总额、各项存款余额均三年翻了一番左右，这与我们始终坚持以经济建设为中心，狠抓发展第一要务是分不开的。东莞的实践充分证明，坚持发展是党的先进性的核心问题。生产力是最活跃最革命的因素，是社会发展的最终决定力量。党的一切奋斗都是为了解放和发展生产力，这是我们党始终具有强大生命力、凝聚力和战斗力，始终赢得人民拥护的根本原因所在。我们要承担起历史赋予的光荣使命，必须坚持以经济建设为中心，把保持党的先进性和发挥社会主义制度的优越性，落实到发展社会生产力上，努力抓好发展这个执政兴国的第一要务，聚精会神搞建设，一心一意谋发展，在实践党的先进性中推动发展，在推动发展中体现党的先进性。

## 三、坚持科学发展观，从构建和谐社会上体现党的先进性

坚持以人为本，全面、协调、可持续的发展观，是以胡锦涛同志为总书记的党中央，以邓小平理论和“三个代表”重要思想为指导，深刻总结我国改革开放20多年的成功经验，吸取世界其他国家在发展进程中的教训，从新世纪新阶段党和国家事业发展全局出发提出的重大战略思想。它是我们党对社会主义市场经济条件下经济社会发展规律在认识上的重要升华，是党的执政理念的一个飞跃。牢固树立和认真落实科学发展观，促进经济社会全面协调可持续发展，是全面建设小康社会的必由之路，是党保持先进性的重要体现。构建社会主义和谐社会，是我们党从全面建设小康社会、开创中国特色社会主义事业新局面的全局出发提出的一项重大任务，适应了我国改革发展进入关键时期的客观形势，体现了广大人民群众的根本利益和共同愿望，是在新的条件下提高党的执政能力、贯彻落实科学发展观、更好地推进我国经济社会发展的战略举措。坚持科学发展观，构建社会主义和谐社会，是坚持党的先进性的必然要求。这些年来，我们致力于提高全民思想道德素质，实施新的文化发展战略，加快文化新城和精神文明建设，加快发展社会主义民主政治，推进依法治市，强化社会建设和管理，加强社会治安综合治理，加大构建和谐社会力度，东莞呈现出经济快速健康发展和社会安定和谐的好局面。实践证明，经济发展、社会发展、政治发展和人的全面发展是相互联系、相互影响的，没有社会发展、政治发展和人的全面发展的不断推进，单纯追求经济发展，不仅经济发展难以持续，而且最终经济发展也难以搞上去。落实科学发展观，经济全面发展，社会和谐进步，人民真正得到实惠，任何时候都是我们检验党的先进性的重要标尺。

## 四、坚持立党为公、执政为民，从实现最广大人民的根本利益上体现党的先进性

紧紧依靠人民群众，诚心诚意为人民谋利益，从人民群众中汲取前进的不竭力量，这是我们党充满生机与活力的源泉所在，也是我们党战胜各种困难和风险、不断取得事业成功的根本保证。全心全意为人民服务，立党为公，执政为民，是我们党同一切剥削阶级政党的根本区别，是党的根本宗旨所在。党始终把体现人民群众的意志和利益作为一切工作的出发点和归宿，始终把依靠人民群众的智慧和力量作为一切工作的出发点和归宿。党所进行的一切奋斗，归根到底都是为了最广大人民的利益。因此，作为地方党委，保持党的先进性，必须时刻深怀爱民之心、恪守为民之责、善谋富民之策、多办利民之事，自觉做到权为民所用、情为民所系、利为民所谋，为群众诚心诚意办实事、尽心竭力解难事、坚持不懈做好事，千方百计实现好、维护好和发展好广大人民的利益。这是衡量党的一切工作是非得失的根本标准，也是衡量党的先进性的根本标准。这些年来，我们坚持立党为公，执政为民，各项工作都努力做到“以人为本”，诚心诚意为人民群众谋利益、办实事，千方百计增加群众收入，大力推进全社会共同富裕，想方设法解决群众关心的热点难点问题，使群众收入和生活水平持续大幅度提高，城镇居民人均可支配收入由1984年的690元提高到2004年的20526元，年均增长17.9%；农民人均纯收入由649元提高到9083元，年均增长13.7%。实践证明，我们办事情、做决策，只要心里始终装着群众，关心民生、凝聚民心，尊重民意、集中民智，激发民力、实现民富，就一定能得到广大群众的拥护和支持，我们党执政就有了坚实的基础，就能够不断保持先进性，在应对国内外各种风险和考验的历史进程中始终成为人民的主心骨，在建设中国特色社会主义的历史进程中始终成为坚强的领导核心。

## 五、坚持与时俱进、求真务实，从保持良好作风上体现党的先进性

解放思想、实事求是、与时俱进、求真务实，是辩证唯物主义和历史唯物主义一以贯之的科学精神，是我们党的思想路线和工作作风的核心内容，也是党的优良传统和共产党人应该具备的政治品格。在中国革命、建设和改革开放的长期探索和实践中，我们党形成了许多好的传统，与时俱进、求真务实就是这些优良传统的集中体现。党八十多年的奋斗历程充分证明，什么时候坚持与时俱进、求真务实，党和人民的事业就顺利发展；什么时候背离了与时俱进、求真务实，党和人民的事业就遭受困难和挫折。只有与时俱进、求真务实，才能在党的全部理论和工作中体现时代性，把握规律性，富于创造性，才能保持党的先进性。与时俱进、求真务实是党的活力之所在，也是党和人民事业兴旺发达的关键之所在。这些年来，我们始终强调与时俱进、求真务实，强化居安思危的意识、艰苦奋斗的精神、开拓创新的气魄、实事求是的作风，始终保持了良好的精神状态和工作作风。东莞二十多年的巨大发展，正是广大党员干部和人民群众求真务实、励精图治、艰苦奋斗而取得的。实践证明，坚持与时俱进、求真务实，是东莞人最重要的品格，是一种品牌，一种宝贵的精神财富，也是我市各级党委保持先进性的重要体现。始终坚持解放思想、实事求是、与时俱进的思想路线，大力弘扬求真务实精神、大兴求真务实之风，坚持用时代发展的要求审视自己，以改革的精神加强和完善自己，我们就能够顺应时代进步的潮流，永葆先进性，就能不断开创东莞改革开放和现代化建设事业的新局面。

（原载2005年3月17日《东莞日报》）

▲ 2005年3月2日，东莞市党员干部“保持共产党员先进性”专题学习培训班在市会议大厦举行。图为佟星等市领导率队在重温入党誓词

# 牢记宗旨 执政为民

## ——保持共产党员先进性教育学习心得

刘志庚

开展以实践“三个代表”重要思想为主要内容的保持共产党员先进性教育活动，是党的十六大和十六届四中全会作出的一项重大决策，是提高党的执政能力、巩固党的执政基础、完成党的执政使命的重大举措，是全面建设小康社会、推进中国特色社会主义伟大事业的重要保证。自开展保持共产党员先进性教育活动以来，我严格按照中央、省委和市委的要求，认真学习了有关文件精神和规定的必读篇目，进一步深化了认识，明确了方向，坚定了信念。总的体会是：牢记宗旨，执政为民。具体来说，我有以下三点体会。

### 一、保持共产党员先进性，必须牢记一个宗旨

始终做到立党为公、执政为民，始终保持与人民群众的血肉联系是我们党的优良传统，是保持共产党员先进性的根本问题，是党的先进性建设的核心，也是我们党执政兴国的政治基础。建党以来，我们党之所以屡对强敌而不败，历经磨难而不衰，一步一步实现自己的奋斗目标，始终保持强大的凝聚力、号召力、战斗力，在人民群众中享有崇高的威望，其原因就在于此。时代在转换，社会在转型，体制在转轨，观念在转变，我们党面临的形势和任务在不断发生变化，为人民服务的内容和方式也在不断丰富和发展，但党的根本宗旨始终没有变，也不可能变。作为一名党员领导干部，我认为，必须始终坚持立党为公，执政为民，把实现好、维护好、发展好人民群众的根本利益作为制定政策、开展工作的出发点和落脚点。今年，结合先进性教育活动，我们提出市政府年内要为群众办成十大实事，社会各界对此积极响应。这充分说明，如果我们真正做到权为民所用、情为民所系、利为民所谋，就一定能得到群众的拥护和支持。总之，无论做任何事情，都必须时刻牢记党的宗旨，绝不能伤害群众利益，绝不能与民争利。要妥善协调各方面的利益关系，正确处理人民内部矛盾，积极构建和谐社会，把立党为公、执政为民的要求具体深入地落实到各项工作中去。

### 二、保持共产党员先进性，必须增强三种意识

共产党员的先进性，在特定的历史条件下，外在表现为立足实际、不断争创优势、与时俱进的时代品质。当前，我市共产党员保持先进性，正需要这种品质。因此，我们必须增强如下三种意识：

*一是忧患意识* 当前，东莞和全国、全省一样，经济社会的发展态势非常好。但是我们也碰到了许多困难和问题，比如土地消耗过快，供水、供电无法满足经济增长需要，企业用工短缺；庞大的外来人口导致社会管理压力很大，劳资纠纷矛盾突出，治安形势相对严峻，老百姓对此反应强烈。还有水源污染、大气污染、生态破坏等环保问题也日益突出。这些问题都需要我们充分发挥党员的先锋模范作用，在各个行业、各个领域带头解决。居安思危，思则有备，有备无患。共产党员一定要把长远利益与现实利益、整体利益与局部利益结合起来，为最广大人民群众的根本利益殚精竭虑，绝不能耽于安乐。正如范仲淹所说：“先天下之忧而忧，后天下之乐而乐。”

*二是责任意识* 本世纪头20年是我们可以大有作为的重要战略机遇期，我市结合实际提出了“一城三创五争先”的发展战略和工作思路。我们共产党员要把带领全市人民全面建设小康社会、率先基本实现现代化，看作是我们理所当然的神圣责任。我们不仅要在思想上是先进的，而且要在各个领域的工作当中做带头人。要主动加强理论和业务学习，提升自身综合素质，提高工作能力和水平，在不同的岗位上带好头，具体工作中做到不推诿、不扯皮，以时不我待、只争朝夕的精神，加快推进社会主义现代化建设，朝着既定的目标前进，共同创造我们的幸福生活和美好未来。

*三是创新意识* 与时俱进，开拓创新，是推动社会发展的不竭动力，也是解放思想、实事求是这一党的思想路线的集中体现。改革开放以来，东莞在现代化建设中取得了许多重大突破，形成了一系列行之有效的经验，其中很重要的一个方面，就是坚持大胆试、大胆闯，不断开拓创新。对此，我市广大党员干部和人民群众亲身经历、感受深切。要推进党的建设事业，实现我们的奋斗目标，就必须不断强化每个党员面向未来、开拓进取的创新意识。如果我们思想僵化，故步自封，跟不上时代前进的步伐，那就谈不上保持先进性。我们只有坚持在实践中学习，在学习中提高，与时俱进，开拓创新，才能全面准确地理解和贯彻党的路线方针，才能在人民群众中发挥好先锋模范作用。当前，市政府正扎扎实实推进创新发展模式、创新发展环境和创新发展能力的工作。我们共产党员一定要紧密结合自己的本职工作，善于摆脱思维定势，按照“三个代表”的要求，充分发挥积极性、主动性和创造性，在观念创新上下功夫，在机制创新上下功夫，在方法创新上下功夫，着眼于未来，着眼于新的实践，不断研究新情况，解决新问题，多想新点子，多出新思路，多创新经验，以创新来体现党员的先进性。

### 三、保持共产党员先进性，必须争当五个表率

党的先进性要通过党员的表率作用来体现。新的形势和任务，对保持共产党员的先进性提出了新的更高的要求。通过这次学习，我进一步认识到，共产党员要保持先进性，必须争当五个表率：

一是争当政治坚定的表率　政治上的先进性，是指政治上的清醒、成熟、坚定。目前，我们有的党员意志消沉，对我们党的最终目标认识不清，有的甚至丧失信心；有的组织纪律观念淡薄，有的甚至贪污腐化等等。这些问题都需要我们进一步纯洁队伍，锤炼党性。我认为，只有树立了远大的理想和坚定的信念，才能坚持正确的政治立场和政治原则，才能正确认识和鉴别政治上的大是大非，才能在错综复杂的局势面前选择正确的政治行为方式。我们共产党员任何时候都要从讲政治的角度和高度来观察问题、分析问题、处理问题，始终保持坚定正确的政治方向。

二是争当求真务实的表率　求真务实是辩证唯物主义和历史唯物主义一以贯之的科学精神，是我们党的思想路线的核心内容，是我们党的一项优良传统，也是一名共产党人应该具备的政治品格。到东莞工作以来，我看到东莞欣欣向荣的发展态势和发展前景，也看到东莞发展存在很多迫切需要解决的问题，深感东莞现代化建设的任务相当繁重，自己肩负的担子确实不轻。因此，我带领和倡导各级党员干部，扎扎实实开展工作，认认真真解决实际问题，并提出要“少开会、开短会、开小会、开准时的会、开有准备的会、开有效果的会”，积极改进政府的会风和文风。保持共产党员的先进性，我们必须继续引导广大党员特别是各级党员领导干部，紧密联系现代化建设的实践，坚持讲实话、出实招、办实事、求实效，把工作的着力点真正放到研究解决改革发展稳定的重大问题上，放到研究解决群众生产生活中的紧迫问题上。

三是争当能力出众的表率　能力出众的人不一定是共产党员，但共产党员必须能力出众。近几年来，我们坚持以“三个代表”重要思想为指导，按照中央和省委的要求，全面加强和改进党的建设，切实解决在执政能力方面存在的突出问题，努力把执政能力提高到一个新的水平。比如去年，我们结合东莞的实际特别是基层党组织的工作特点，提出要着重加强五个方面的能力建设，即提高科学决策的能力、提高驾驭发展的能力、提高构建和谐的能力、提高攻坚克难的能力和提高为民谋利的能力。治市理政能力的不断提高，推动东莞不断取得新成绩。2004年，全市生产总值、财政总收入等多项指标均实现了新突破。实践证明，无论是党组织，还是共产党员，如果没有出色的能力和过硬的本领，工作能力不强，业务能力不突出，就谈不上先进性，就不可能成为时代先锋，就不可能带领群众前进。我们保持共产党员先进性，就要在实践“三个代表”过程中不断提高业务工作能力。

四是争当依法行政的表率　坚持依法行政，建设法治政府，是落实我国依法治国基本方略，推进社会主义民主法制建设的重要内容。过去20多年来，东莞在积极发展经济的同时，十分重视加强政治文明建设，各级政府依法行政取得了明显进步。实践证明，坚持依法行政、依法办事，是新形势下政府工作的根本规范，是先进性教育的内在要求。开展保持共产党员先进性教育活动，就要引导各级政府特别是政府中的党员领导干部，充分认识依法行政、建设法治政府的重大意义，增强责任感和紧迫感，带头学习法律、掌握法律、遵守法律，切实提高依法行政能力，善于运用法律手段解决各种矛盾和问题；树立正确的权力观、价值观、政绩观，带头依法办事、按法定程序办事，廉洁自律，克己奉公，自觉抵制各种错误思潮和腐朽思想的影响和侵蚀，积极推进法治政府的建设。

五是争当艰苦奋斗的表率　艰苦奋斗是我们党的传家宝，是共产党人的政治本色，是党的先进性的突出表现。近年来，我市的一些党员干部逐渐丧失了艰苦奋斗的优良传统，产生了“小富即安”、“小富即满”的不良思想，工作怕苦怕累，生活奢侈享受、铺张浪费。他们忘记了我国广大农村还有数千万绝对贫困人口，即使在东莞也有不少弱势群体生活困难，需要帮扶；忘记了党的宗旨和自己作为党员应尽的责任，只顾自己享乐。这些都严重影响了党员在群众中的形象和威望，必须及时纠正。我们要响应胡锦涛总书记在西柏坡学习考察时向全党提出的必须始终谦虚谨慎、艰苦奋斗的号召，认真按照省委九届三次全会提出的“五个力戒”的要求，大兴勤俭节约之风，不铺张浪费，不贪图享受，始终保持共产党员的政治本色。

（原载2005年3月18日《东莞日报》）

▲ 2005年1月19日，东莞市委召开保持共产党员先进性教育活动工作会议暨第一批先进性教育活动动员大会召开

# 以"三个代表"重要思想指导政协工作 永葆共产党员先进性

袁李松

江泽民同志提出的"三个代表"重要思想，科学地回答了新时期把我们党建设成为一个什么样的党和怎样建设党的重大课题。按照"三个代表"的要求全面加强党的建设，始终是我们党生存、发展、壮大的根本任务，是党建工作的长期使命和永恒主题。其核心是要保持党的先进性，永葆党的生机和活力。去年11月，中央作出在全党开展以实践"三个代表"重要思想为主要内容的保持共产党员先进性教育活动，是一项具有重大现实意义和深远历史意义的英明决策。

自中央部署开展这项活动以来，我认真学习了中国共产党章程、胡锦涛总书记在新时期保持共产党员先进性专题报告会上的重要讲话、张德江书记在全省保持共产党员先进性教育活动工作会议上的讲话以及几代中央领导关于加强党的建设的一系列讲话和有关中央文件，通读了《保持共产党员先进性教育读本》等书籍，积极参加有关活动，理想信念得到进一步加强。尤其是3月2日和全市10万党员一起"重温入党誓词、听党课、唱国际歌"，我更深深感到一名共产党员只有树立坚定的理想信念，才能有所作为；只有提高自身素质，才能发挥先锋模范作用。

## 一、坚定理想信念，在政协工作中始终高举团结和民主的旗帜

要保持共产党员的先进性，就必须有坚定的理想信念。理想是指对未来的展望和追求，是一个民族、一个国家、一个政党、一个城市生存发展的方向和动力；而信念是一种思想观念和价值目标，它构成人们自觉行动的动机和精神支柱。树立崇高的理想信念是保持共产党员先进性的根本要求，是共产党员的立身之本和持久的精神力量，也是我们能够不断取得胜利的精神源泉。坚定理想信念，就是要有远大的共产主义理想，有对马克思主义和中国特色社会主义的坚定信念，有崇高的人生目标。这次党中央经过深思熟虑，审时度势作出在全党开展以实践"三个代表"重要思想为主要内容的保持共产党员先进性教育活动的重大决策，是全面推进中国特色社会主义伟大事业的重要举措。

八十多年来，我们党之所以能发展成为拥有6800多万党员的执政党，推翻三座大山、建立新中国；在复杂多变的世界风云中，始终坚持走中国特色社会主义道路，带领全国人民为中华民族的伟大复兴奋勇向前，根本的原因就是我们党始终坚持以马克思主义为指导，始终重视和不断加强对党的先进性建设。就是凭着这个理想信念，我们党带领全国人民昂首屹立于世界之林。相反，缺乏理想信念的支撑，缺乏对党的先进性的追求，就有可能失去民心，失去执政地位，甚至失去政权。20世纪80年代以来，前苏联和东欧国家共产党的垮台，尽管原因十分复杂，但最重要的一条，就是他们失去了自身的先进性，失去了理想信念，背叛了自己的追求。我们决不能忘记这个沉痛的教训。

这些年来，我市党建工作力度不断加大，广大党员普遍树立了坚定的理想信念。他们在我市改革发展和现代化建设的各项工作中发挥了先锋模范作用。但是我们也要清醒地看到，在新形势下，党员队伍中还存在着许多与先进性要求不相适应的问题。一些党员理想动摇，信念滑坡；一些党员事业心和责任感不强，缺乏爱岗敬业精神；一些党员思想境界不高，工作能力不强；一些党员作风不实，形象不佳，等等。之所以有这些问题，归根到底，就是没有树立正确的世界观、价值观和人生观，缺乏坚定的理想信念，缺乏对党的先进性的追求。这样的党员不仅不能有所作为，而且会影响党的威信，损害党和人民的事业。因此，我们要解决这些突出问题，继续保持党的先进性。

回顾过去，本人始终坚定共产主义理想信念，坚持服务广大人民群众，并凭着这个理想信念，几十年来始终站在改革开放和经济建设的第一线，努力团结各方面的力量，不断为家乡的改革开放和现代化建设服务。如今，根据组织的安排，我来到政协，专职从事统一战线工作。我深深明白，虽然地位和工作岗位有了变化，但为人民服务的职责没有变化，共产主义的远大理想和坚持中国特色社会主义的信念没有丝毫动摇。我更要时刻以党员的先进性鞭策自己，不断探索做好政协工作的方式方法。

通过这次先进性教育学习活动，我进一步体会和认识到，在政协工作中只有坚持以"三个代表"重要思想为指导，高举团结和民主的旗帜，牢记这两大工作主题，政协工作才会有坚实的基础，团结和民主的工作才会有正确的政治方向。具体来说，为了保证"三个代表"重要思想在政协工作中的落实，为了在政协工作中始终高举团结和民主的旗帜，我们必须坚持用"三个代表"重要思想为政协的团结和民主工作"引航"；我们必须深入宣传"三个代表"重要思想，促进团结和民主工作的开展；我们必须以"三个代表"重要思想为标准，努力搞好多党合作，不断加强团结民主工作，在工作中永葆共产党员的先进性，为党和人民奉献自己的力量。

## 二、保持共产党员先进性，在政协工作中充分发挥共产党人的先锋模范作用

党的先进性从整体上规定了党员的先进性。党的先进性

要通过党员的先进性和先锋模范作用体现出来。只有保持共产党员的先进性，党的先进性才会有坚实的基础，党的凝聚力和战斗力才有保证。党的历代领导集体在不同时期提出了党员先进性的具体标准。具体说来，共产党员的先进性体现在党的各个发展时期和历史时期也有所不同。比如说，在硝烟弥漫的战争年代，共产党员就是要冲锋在前，退却在后，抛头颅、洒热血，英勇战斗，不怕牺牲；在热火朝天的建设年代，共产党员就是要吃苦在前，享受在后，舍小家、顾大家，自力更生、艰苦奋斗；在日新月异、激情奔涌的改革开放新时代，共产党员就是要奉献在前，名利在后，争先进，创一流，与时俱进，开拓创新。党的先进性凝聚着代代相传的优良传统，蕴涵着时代要求的鲜明特征。同时，党员的先进性体现在每一个岗位每一项工作中，即工作岗位不同，党员先进性的具体标准也各有特色。

今天，认识和坚持党的先进性，必须放在推动当代中国先进生产力和先进文化的发展中去考察，放在维护和实现最广大人民根本利益的奋斗中去考察，这归根到底要看党在推动历史前进中的作用。作为东莞改革开放的具体实践者和参与者，东莞20多年改革开放的进程历历在目。20多年来，在一无技术、二无资金、三无人才、四无经验的情况下，我们东莞共产党人靠着理想信念，团结带领人民群众，克服种种困难，打破种种落后观念和体制的束缚，将东莞建设成为了初具规模的现代化新兴工业城市，实现了从农村到城市、从农业社会向工业社会的大跨越，取得了举世瞩目的成就，在群众中赢得了越来越高的威信。把握规律性，富于创造性，才能保持党的先进性。东莞的实践表明，“三个代表”重要思想是我们党的先进性的具体体现。

作为工作在人民政协中的共产党人，我们要勇于肩负起历史赋予我们的责任，充分发挥先锋模范作用。具体说来，一是要充分发挥政协党组的作用。要依靠党组的集体领导，把握正确的政治方向，我自己更是要认真做好班长，带领党组一班人掌好舵，做好表率；二是要发挥广大政协委员中的共产党员的作用。要让每个党员牢记自己的使命，时时处处展示共产党人的先进性，发挥先锋模范作用；三是要在同非中共党员委员的合作共事中加强合作。要广交朋友，互相帮助，带领大家共同前进，充分展示党的先进性，发挥政协组织人才库、智囊团的优势，为完成好党所肩负的执政任务和历史责任贡献才智，始终保持先进性，充分发挥先锋模范作用，努力完成各项工作任务，不断增强贯彻“三个代表”重要思想的自觉性和坚定性。

## 三、坚持立党为公、执政为民，努力在政协工作中实践“三个代表”重要思想

胡锦涛同志在2003年7月1日的讲话中强调：“‘三个代表’重要思想的本质是立党为公、执政为民。学习贯彻‘三个代表’重要思想必须以最广大人民的根本利益为根本出发点和落脚点。”人民群众的利益是具体的，要努力落实每一项具体政策，解决每一个具体问题，帮助群众克服每一个具体困难。我们党员干部都要深怀爱民之心，恪守为民之责，善谋富民之策，多办利民之事，自觉做到权为民所用，情为民所系，利为民所谋，把实现、发展和维护最广大人民根本利益的工作做好、做细、做实。

作为人民政协的一员，在履行人民政协职能的时候，我们要充分发挥政协的特色和优势，树立良好的形象，努力成为沟通党和人民的桥梁和纽带，积极倾听群众的呼声，反映群众的要求，帮助群众解决面临的生产生活问题。我们要充分发挥政协委员联系面广、代表性强的特点，积极参政议政、反映社情民意，协助党委、政府做好协调关系、化解矛盾、理顺情绪、维护稳定工作。我们要努力做到一切从人民利益出发，诚心诚意为人民谋利益，把共产党员全心全意为人民服务的宗旨，作为共产党员的根本行为准则。

总的来说，我们要积极投身中国特色社会主义的伟大实践，努力运用“三个代表”重要思想指导我们更好地履行政协职能。一是要认真为促进我市社会生产力发展，为我市率先基本实现现代化建言献策；二是要积极为推动我市先进文化的发展和精神文明建设献计出力；三是要自觉维护最广大人民群众的最根本利益，在履行人民政协职能时，以民为本，尊重民意，为民谋利益，从而营造一个立党为公、执政为民的良好社会氛围，努力在政协工作中实践“三个代表”重要思想。

## 四、不断学习、实践、创新，以“三个代表”重要思想指导政协工作的开展

实践没有止境，创新没有止境，学习更没有止境。我们党作为中国工人阶级的先锋队，中国人民和中华民族的先锋队，要适应时代发展和社会变革的新要求，始终保持先进性，不断增强创造力、凝聚力和战斗力，就必须加强学习，善于学习，在学习中与时俱进。如果我们不能通过新的学习和实践不断提高自己，就会落后于时代。

保持共产党员先进性是时代赋予我们的神圣使命。我们只有树立坚定的理想信念，才能认真践行“三个代表”重要思想；只有深刻理解“三个代表”重要思想的本质，才能真正做到立党为公，执政为民；只有坚持终身学习，才能真正做到永葆先进。因此，我们要通过不断学习来提高自己的理论素养和工作水平，通过学习不断创新和前进，从而永葆共产党员的先进性。

具体到政协工作来说，只有坚持践行“三个代表”重要思想，始终以“三个代表”重要思想指导政协工作的开展，才能保持政协工作正确的政治方向，才能提高政协履行职能的成效，才能充分调动各界人士的积极性，共同致力于我市改革开放和社会主义现代化建设的伟大事业。只有这样，政协工作才能有所作为，并且大有作为；也只有这样，政协工作才能融于党的全局工作，并在伟大时代的洪流中发挥应有的作用，为我们国家和民族的繁荣富强作出应有的贡献，为保持党的先进性贡献力量，为我们伟大的时代增光添彩，同时，在时代的洪流中也不断保持我们政协组织的先进性。

（本文选自《先导 先行 先锋——东莞市先进性教育活动领导干部心得体会文集》）

# 全面发展　永葆共产党员先进性

傅照辉

马克思恩格斯在《共产党宣言》中把共产党员的先进性称之为“胜过其余无产阶级群众的地方”，列宁、毛泽东等也常常称共产党员为“特殊材料制成的人”、“是工人阶级的先进分子”。共产党员的先进性是品质、能力、行为的有机统一。共产党员要保持先进性，应该在思想、工作、作风、能力等方面全面发展，走在时代前列，走在群众前面，在普通群众面前发挥模范带头作用，即“平常时期能看得出来，关键时刻能冲得出来，危难时刻能豁得出来。”

## 一、思想上是先锋

我们党是一个有着严密组织和严格纪律的马克思主义政党，它不仅有先进的政治基础和理论基础，而且有先进的纲领、路线、方针和政策。党员的先进性首先体现在思想理论的先进上。共产党员要保持先进性，首先要坚持学习，对党的理论、方针、政策，对国家的法律法规，对党组织的决议、决定，要先于群众学好、学精；同时要带头执行党的路线、方针、政策，带头遵守国家的法律法规。只有自己先吃透、先掌握，才能宣传群众，教育群众，引导群众。为什么有的党员人云亦云、是非不辨，香臭不分，思想上一退再退，不仅拖了党组织的后腿，还成了推进工作的“瓶颈”，原因在于不学习或少学习。当前，就是要学习和实践“三个代表”重要思想，进一步用“三个代表”重要思想去统一意志和行动，凝聚党心和民心，努力维护和发展我市团结奋进的大好局面，推进“一城三创五争先”的各项工作。其次，要坚定理想信念。正确的理想信念，是共产党员的立身之本，有了它才能有崇高的思想境界和道德情操，才能有远大的志向和明确的目标，才能保持旺盛的革命意志和奉献精神。现在有的党员忽视理论学习和党性修养，思想消极，信念移位，觉得“讲理想不如讲实惠”，视理想为“有利就想”，把前途当作“有钱就图”；在入党动机上，把入党单纯视为一种荣誉，没有真正作为一种政治追求；在价值观上，不能正确处理个人价值和社会价值的关系，一门心思追逐名利，攀比阔气，有的甚至在拜金主义、享乐主义、极端个人思想支配下纵情享乐，消耗人生。他们的思想和觉悟不仅远远达不到共产党员的基本标准和起码要求，而且已落后于普通百姓，谈何先进性？再次，要做群众的贴心人。共产党员特别是党员领导干部，对人民群众要常怀敬畏之心，常抱歉疚之情，以人为本，关注民生，凡是涉及群众切身利益的事情，再小也要作为大事来抓，再难也要竭尽全力去办，解民忧民困，时刻把群众的安危冷暖放在心上，在“情为民所系，利为民所谋”中体现先进性。

## 二、工作上是“脊梁”

鲁迅先生说过：“我们自古以来，有默默苦干的人，有为民请命的人，有舍身求法的人，他们是我们民族的脊梁。”我们党所奋斗的一切，都是为了实现好、维护好、发展好最广大人民的根本利益。作为一名共产党员，无论所从事的是何种职业、所处的是何种岗位，都应该在工作上默默苦干，拼命硬干，为民谋利，勇于奉献，争创一流的业绩，成为推动时代的真正的“脊梁”。“空谈误国，实干兴邦”，共产党员的先进性不是空中楼阁，只有在自己的岗位上取得工作实效，才是共产党员先进性最直接、最现实、最具有说服力、号召力和影响力的最好说明。不同部门、不同行业、不同岗位的党员先进性的具体要求有不同的特点，不论在党政机关、科研机构、医院学校，还是在工厂企业、农村基层，都要干一行，爱一行，学一行，专一行，象敬重父母一样敬重自己的职业，像爱护子女一样爱护自己的岗位，要超越工作仅为养家糊口谋生手段的常人境界，把爱岗敬业、多作奉献、服务人民、报效社会作为党员的理想和个人价值的实现，淡泊名利、脚踏实地，在不耀眼、不张扬的工作中透出“先进”本质。

## 三、作风上是榜样

邓小平同志强调指出，执政党的党风问题是有关党的生死存亡的问题。在人民群众的心目中，党的先进性是能够看得见、摸得着、感受得到的。它体现在党为人民办实事、做好事、解难事上，体现在每一位党员工作、学习、生活等方面的作风上。一名党员的作风是否过硬，是否能称为榜样，不仅体现在危险、危难之际，体现在生与死的考验之时，更多的是体现在日常生活和具体工作中，如何对待工作的苦与乐、利益的得与失、权力的公与私等等。共产党员要有好的思想作风，就是实事求是、光明磊落，不搞弄虚作假、阳奉阴违那一套；要有好的工作作风，就是扎扎实实，不搞花架子和形式主义，积极进取，求真务实；要有好的生活作风，就是言行一致，说老实话，当老实人，办老实事，廉洁自律。开展保持共产党员先进性教育，既要着眼于促进工作又要着力于改进作风，共产党员必须恪守政治上跟党走、工作上争上游、经济上不伸手、生活上不丢丑，努力做一个思想上入党、行动上入党的合格党员。

## 四、能力上是标兵

共产党员的先进性既涵盖品质、行为，还涵盖着能力。能力在一定程度上可以看作是品质的延伸，是实现理想，落实责任，塑造形象的保障。没有能力或能力低下，先进性便成为一句空话。共产党员作为社会的一名成员，在社会主义生产和建设中，与同一领域、同一行业、同一岗位的群众相比，能力上应胜出一筹。能力有内在的谋划能力，如思维综合、评价分析等；有外在的实施能力，如组织落实、待人处事等。这些能力的高低直接影响到共产党员保持和发挥先进性。不同行业、不同岗位、不同职务的共产党员要努力做到能职相称，工作在党政机关的要出效率，科研的要出成果，教育的要出人才，企业的要出效益，农村的要带领群众致富。共产党员应该树立强烈的职业责任意识，努力增强自己的职业技能，特别是面对当今知识经济时代、信息时代的大环境，作为执政党的党员，要正视能力不强的问题，努力学习，掌握现代科学技术知识、现代管理知识、现代思维方法，提高从事工作的各方面能力。只有这样，才能以实际行动保持党的先进性，为维护党的光辉形象做出应有的贡献。

SPECIAL SECTION　特载

责任编辑：潘朝明　张锡麟
赖燕江　施雪芬

# 学习标兵　研究追兵　当好排头兵

## ——东莞市党政代表团赴珠三角长三角学习考察报告

（2006年）4月25—28日、5月15—19日由市委书记、市人大常委会主任刘志庚和市委副书记、市长李毓全带队，市几套班子领导和市直部门、镇（街）主要负责同志组成的东莞市党政代表团，先后赴珠三角和长三角学习考察。其中，珠三角之行70多人，考察了广州、深圳、佛山、惠州、中山等5市；长三角之行100多人，考察了上海、杭州、苏州（含张家港、昆山）等3市。考察期间，代表团与8市党政领导进行了深入交流，认真听取了当地经济社会发展情况介绍，查阅了有关参考资料，实地考察了他们在城市规划建设、经济发展、园区开发、社会管理等方面的主要做法和成效。这两次学习考察时间虽短，但代表团成员都感到开阔了视野，增长了见识，看到了差距，受到了震动，形成了合力，增进了友谊，增强了信心。现将有关情况报告如下。

### 一、学习考察的概况

这两次学习考察主要有五个特点：

（一）目的明确，行动迅速。市委、市政府组织这两次外出学习考察，主要目的是为了在全面实施“十一五”规划之际，把各级干部的积极性调动起来，把思维激活起来，把干劲鼓动起来，把东莞的问题和差距找出来，也就是要给各级干部吃“清醒剂”、打“强心针”，使全市上下统一认识，借鉴兄弟城市的先进理念和做法，研究促进东莞发展的新举措，把我市各项工作做得更好。具体来讲，一是开拓视野，转变观念；二是借鉴经验，寻找差距；三是睦邻友好，加强合作，处理好与周边的关系；四是交流工作，密切关系，加强市镇领导、镇街部门之间的交流沟通。为此，在4月15日市人大、政协“两会”结束之后，有关部门马上行动，周密计划，先行踩点，在不到一周的时间内做好了各项准备工作，有关领导及时安排好单位工作，使学习考察活动在4月25日迅速成行。

（二）规格较高，规模较大。在不到一个月的时间内，连续两次组织外出学习考察，而且全市几套班子领导、主要市直部门和各镇（街）的负责同志几乎倾巢而出，成为东莞近年来规格最高、规模最大的一次省内外考察活动。

（三）安排合理，组织周密。4月25—28日去珠三角，“五一”假期休息一周，再工作一周，5月15—19日到长三角。这样分两段安排，做到了工作与学习两不耽搁、两相促进。两次考察，前后8天考察了8个城市，虽然行程紧张，有点走马看花，但由于安排紧凑，参观的都是经过认真挑选的精彩亮点，加上办公室事先准备了丰富详细的参阅资料，所以大家仍然得到了大量新鲜有用的信息。

（四）重点突出，针对性强。这两次考察，我们坚持实事求是，突出重点，所选考察城市及其主要参观点，对于学习借鉴、改进工作很有针对性。到广州我们重点学习发展大产业、大园区的经验，到深圳重点学习推进城市规划建设、发展高新技术产业和自主创新的经验，到佛山重点学习发展民营企业、实施区域整合的经验，到中山重点学习发展特色产业、推进可持续发展的经验，到惠州主要学习引进和发展大项目的经验，到杭州主要学习保护生态环境、推进自主创新的经验，到苏州主要学习发展工业园区、引进高水平外资项目的经验，到张家港主要学习创建全国文明城市的经验，到上海主要学习发展大城市、大产业、大科技、大园区的经验。

（五）热情高涨，反响甚大。一是各位领导干部参与热情高。大家都把学习考察当作是加油充电的好机会，严守纪律，热心参观、记录、思考、讨论，充分展现了东莞干部谦虚好学的良好形象。大家感触很深，都认为“是一次解放思想之行，开拓视野之行，加强合作之行”，“是虚心求教的取经之旅，更是增强信心的动力之旅”。有的同志还说：“到国外学习考察，都比不上这次考察感受到的压力大!”有的同志说：“长三角这几年我没少来，总的感觉是常看常新，越看越新。刚开始来的时候，有些不以为然，后来是有点紧张，现在看是深感震撼，感受到很大的压力。” 有的同志说：“从东莞看东莞与跳出东莞看东莞，确有很大的不同。”有的同志说：“要心服口服承认自己的差距，认认真真地学习人家的经验，去掉我们东莞自满自足的思想，在新的起跑线上，朝着新的目标迈进。”二是被访地区高度重视，积极回应。我们所到之处受到了当地党政领导、干部群众的高规格、高水平的接待安排。通过学习考察，既树立了东莞虚心好学、务实上进的好形象，也加强了同各市之间的深厚情谊，为今后扩大交流与合作打下了很好的基础。省委常委、广州市委书记林树森称赞说：“东莞近年来社会经济发展取得了巨大进步，这次又组织大规模的考察团走出来参观学习，显示了东莞创新发展、科学发展的魄力。”他并表示广州也要尽快组团赴东莞等地学习，还希望进一步加强与东莞在地铁建设等方面的合作。省委常委、深圳市委书记李鸿忠指出：“今后两地要发挥地缘、人缘、亲缘和情缘优势，进一步加强交往、密切合作，互相依靠、互相促进。”惠州市委书记柳锦州也表示，希望进一步加强东莞与惠州在产业发展、基础设施等方面的合作，促进两地实现共赢。三是市民广泛认同支持。无论是外商企业代表、民营企业家，还是老领导老干部或普通市民，都对我们走出去学习考察，给予很高评价，认为很有必要，非常及时，对促进东莞发展再上新台阶具有重要意义。

## 二、学习考察的观感

在学习考察过程中，大家一边参观思考，一边交流讨论。普遍认为，这些年珠三角、长三角几个市的思想解放程度之高，改革开放力度之大，市场机制之活，发展速度之快，发展效果之好，超出我们原来的认识和想像。尽管我市改革开放和现代化建设取得了很大的成绩，但“山外有山、天外有天”，与所考察的8个市相比，我们在很多方面还有较大差距，至少感受到了七方面的压力：

（一）厚实力的压力。经过多年的艰苦拼搏，东莞的综合实力持续提升。在珠三角的广州、深圳、佛山、惠州、东莞、中山等六市当中，去年东莞GDP增幅居首位，工业用电量居首位；出口总额和城市居民收入排第二位；常住人口排第三位；土地面积、GDP总量、财政收入、投资总额、消费总额、各项存款余额、规模以上工业总产值等7项指标排第四位；户籍人口排第五位。另一方面，与广州、深圳相比，东莞的常住人口差不了多少，但经济总量却少得多；与惠州相比，东莞的常住人口多了近一倍，但土地面积不到其1/5；与佛山相比，东莞的经济总量差不了多少，但常住人口约多了一倍；与中山相比，东莞的经济总量是其2倍多，但人口是其4倍多。因此，从多方面综合考察，广州、深圳可以说是明显既大又强，佛山是比较大且强，惠州是大而将强，中山是小而强，东莞是似大不大、似强不强、后劲不足。

再与上海、杭州、苏州相比，东莞综合实力的差距更加明显。上海综合实力在全国大中城市排第一位，2005年实现生产总值9144亿元，地方财政收入1434亿元；杭州综合实力在全国大中城市排第八位，2005年实现生产总值2918.61亿元，是东莞的1.3倍；地方财政收入520.79亿元，是东莞的1.6倍。苏州2005年完成生产总值4026.5亿元，差不多是我市的2倍；地方财政收入316.8亿元，是我市的3 倍。当然，东莞与他们有不可比的地方。但从另一个角度来看，上海浦东新区只有556平方公里、常住人口240万，却实现生产总值2020亿元，地方财政收入155亿元，实力大致与东莞相当。苏州市区1650平方公里、人口225万，实现生产总值1209亿元，地方财政收入135亿元，也与东莞整个市的实力差不多。

（二）大项目的压力。这几个市都注重引进和发展产业关联度大、产业链条长、产业带动作用强的大项目，增强发展后劲。广州有汽车、石化、造船等一大批大项目。惠州有投资43亿美元的中海壳牌南海石化项目、投资200亿元的中国海油惠州炼油项目，吸引的关联产业总投资额已达700亿元。深圳有前来投资的世界500强企业114家，拥有我国自主创新的龙头——华为技术有限公司，2005年实现销售收入453亿元，还有中兴通讯等大公司。佛山有美的公司，去年销售收入450亿元。惠州有TCL集团、德赛电子等一批大企业。杭州有UT斯达康公司，2005年销售收入256亿元。苏州有前来投资的世界500强企业107家，其下辖的张家港市就拥有沙钢、永钢、华芳、国泰等多家产值超百亿元的大企业，其中沙钢集团去年销售收入突破400亿元。上海的大项目就更多更大，引进跨国公司地区总部129家，还有宝钢、上汽等位列世界500强的超大型企业。从我市的情况来看，我们引进的世界500强企业只有45家，销售收入超百亿元的企业只有诺基亚，企业规模普遍偏小，实力较弱，缺乏投资规模大、带动能力强的产业项目。

（三）多创新的压力。这几个市都积极实施自主创新战略，不断完善区域创新体系，提高自主创新能力。广州、深圳、上海、杭州依靠教育、科技、人才、信息、风险投资等优势，在技术和品牌上的自主创新走在全国前列。深圳确立了建设国家创新型城市的目标，着力建设创新型政府，促进创新型发展，提升创新型产业，完善创新型环境。上海市制定了《上海实施科教兴市战略行动纲要》，不断加大科技投入，加快推进公共服务平台建设，加强基础性、应用性科技研究，自主创新能力全国领先。杭州市充分利用自己的环境、人文优势，积极推动自主创新，涌现出UT斯达康、软件产业基地等一批自主创新的龙头。佛山、惠州、中山、苏州，也依靠一批名牌大企业形成了较强的创新能力。而我市企业多属贴牌加工型，“两自”企业较少，创新基础薄弱。

（四）大平台的压力。这几个地方都大力加快园区开发建设，积极探索产业园区化、园区特色化、引资规模化的路子。广州开发区整合了四个国家级园区，实行全国唯一的“四区合一”管理模式，吸引了世界500强企业的投资项目92个，成为全国投资密度最高、单位土地面积产值、利税最大的开发区之一。深圳以11.5平方公里的高新区为龙头，规划建设150平方公里的高新技术产业带，还大力开发建设深港边界高科技工业园。佛山拥有多个国家和省级开发区，尤其南海科技工业园实行“园镇合一”的管理模式，园区面积达256平方公里。惠州有陆地1.12万平方公里，海域4520平方公里，设有国家级开发区大亚湾经济技术开发区（265平方公里），还有仲恺高新技术产业开发区。中山面积只有1800平方公里，但也设有90多平方公里的国家级中山火炬高技术产业开发区。杭州有5个国家级开发区、9个省级经济开发区，去年实际利用外资7.7亿美元，占全市的45%。苏州有5个国家级开发区、10个省级开发区，并设有6个出口加工区。其中，苏州工业园区以占全市4%左右的土地、人口和7%的工业用电量，创造了全市15%左右的GDP、地方财政收入和固定资产投资，2005年实际利用外资比上年增长15%，而土地出让面积减少30%。上海有13个国家级开发区、14个省级开发区。相比之下，我市没有国家级开发区和出口加工区，松山湖科技产业园虽然起点较高，但处于起步阶段，与这几个地方的园区存在明显差距。

（五）优产业的压力。这几个市都大力推进产业结构向高级化、重型化、特色化发展，形成具有较强竞争力的优势产业。广州传统产业、高新技术产业和服务业协调发展，汽车、钢铁、造船、石化等重化工业的支撑作用非常强。深圳的高新技术产业、金融业、物流业、文化产业四大支柱产业形成了明显的优势。惠州的石化产业规模大，带动力强，未来几年内将再造一个惠州。上海的制造业、服务业在全国具有明显的竞争力。杭州的IT产业、软件产业、休闲旅游产业，苏州的IT产业、高科技产业、重化工业规模大，发展快。张家港的钢铁、化工、冶金、物流业十分突出。昆山的电子信息、光电子产业发展迅速，台湾十大笔记本电脑生产厂商有5家进驻昆山，笔记本电脑年产量超1500万台，占全球笔记本电脑总出货量的三成。相比而言，东莞的产业结构过于轻型化，基础产业比较薄弱，整体产业竞争力不强。

（六）新机制的压力。这几个地方都坚持改革创新，不断完善社会主义市场经济体制机制。深圳各项改革都走在全国前列。2005年上海浦东新区被列为全国首个综合配套改革试点区域。广州、杭州、佛山、苏州、张家港通过调整行政区划，形成了巨大的合力。深圳、佛山积极推进政府审批制度、农村管理体制等各项改革，发展的势头十分强劲。张家港市利用政策，创新机制，设立保税区化工品交易市场，把有形市场和无形市场相结合，取得显著经济社会效益。2005年成交200亿元，形成地方财政收入8200多万元。相比之下，近年来我们改革创新步伐明显放慢，一些干部群众安于现状，津津乐道于过去经济发展的成功，缺乏进一步改革的危机感和紧迫感。

（七）好环境的压力。这些地区都非常重视环境建设。一是城市形象好。上海、广州、深圳等在城市规划建设上大气魄、大手笔，高起点规划，高品位设计，高标准建设，高水平管理。苏州大力保护旧城区，从城市建设、文化建设等方面强化其历史文化名城的特色。深圳、中山、张家港凭借综合环境文明优美，进入“全国文明城市”行列。昆山获得80多项国家级荣誉。二是政府服务好。深圳开展“责任风暴”、“治庸计划”，强化政府责任，初步形成了一套比较科学、严密、可操作的行政责任体系。深圳、佛山等设立行政服务大厅，提供“一站式”服务，实行“并联式”审批。苏州积极推行“亲商理念”，吸引了国内外大批投资者。三是生态保护好。惠州通过发展大项目，走出一条经济总量和生活质量提高，但环境污染少、外来人口少的新路子。杭州投入巨资，整治扩大西湖，建设10.08平方公里的西溪湿地公园，创建全国园林绿化城市、国际花园城市，打造休闲之都，不愧为“世界上最适宜居住的地方之一”。苏州的古城、古镇、古村保护力度很大，效果显著。张家港是国家生态城市、国际花园城市、国家卫生城市，非常重视环境保护，沿路都没有黑臭的河水。昆山虽然工业经济和我市一样发达，但生态环境保护得很好，特别是农民集中居住区环境优美、功能齐全。四是治安环境好。最近中央综治委在苏州召开全国治安工作会议，推广苏州治安工作的经验。该市下辖的张家港市土地面积999平方公里，户籍人口88万，外来人口16.9万，今年以来还没有发生一宗路面抢劫案件，市民对治安工作的满意率连续三年达到90%以上。中山有户籍人口140.82万人，外来常住人口103.6万人，但连续三年获得了“全国社会治安综合治理优秀地市”称号，并在2004年获得了国家综治办颁发的“长安杯”。东莞则存在外来人口过多、治安压力大、环境污染严重、劳资纠纷多、安全生产任务繁重等诸多矛盾和问题。

总之，大家深感我们面临“标兵走远，追兵逼近”的严峻形势，如果盲目自满、故步自封，不能实事求是、自加压力、创新创业，标兵将越跑越远，追兵却越来越近，甚至可能后来居上。

## 三、学习考察的启示与打算

学习考察即将结束之际，代表团全体同志还在上海，就结合我市实际进行了认真的座谈讨论。大家认为，学习这些地方的先进经验，至少要从以下九方面入手：

（一）要进一步促进思想解放。这几个市之所以实现快速发展，核心的是他们把解放思想贯穿于整个经济社会发展的全过程，落实到具体行动中。不论是确定工作思路、工作目标、工作重点，还是制定政策、建立机制、解决问题，都具有超常规的思维举措和与时俱进的创新精神。相比之下，目前我市一些干部的发展意识落后了，竞争意识淡化了，思想观念落伍了。在新的发展阶段，我们必须不断学习借鉴深圳、上海的创新精神，苏州的“张家港精神”、“昆山之路”，杭州的“精致和谐、大气开放”精神，切实做到思想真解放、观念真更新。要强化四种意识：一是发展意识。现在区域竞争非常激烈，各地都在争相加快发展。无论是珠三角还是长三角，他们发展的势头咄咄逼人，发展的气魄和速度使我们深受触动。因此，必须在全市上下形成一种不发展不行、发展慢了也不行的强烈的发展观，营造一个求发展、谋发展、快发展的浓厚社会氛围。二是危机意识。这几年，我们保持了较快的发展速度，在全省处于领先地位。但接下来，如果再不转变发展模式，再不提高发展质量，我们发展的空间还会有多大？我们还能不能在激烈的竞争中站住脚，保持现在的位次？这些都是值得我们警醒的问题。各级干部都要对照先进，居安思危，找出差距，认清不足，扎实工作，努力赶超。三是创新意识。要大力提倡敢闯敢试、敢为人先的精神，坚决打破传统的条条框框，放开手脚，认真借鉴，大胆创造，真正使脑袋活起来，办法多起来，路子宽起来，敢于创新，敢于突破，敢于解决棘手问题，创造性开展工作。四是责任意识。要充分认识当前正处于战略机遇期、经济社会转型期、深层次问题多发期、区域竞争加剧期，以对东莞人民高度负责的态度，积极应对，全心投入，切实完成好历史赋予我们的光荣而艰巨的使命。

（二）要进一步推进科学发展。广州、深圳大力发展高新技术产业，中山明确规定建设用地不得超过市域面积的1/3，惠州狠抓大项目建设，杭州着力打造经济强市、文化名城、旅游胜地、天堂硅谷“四张金名片”，苏州坚持“立足于快、服从于好、着眼于新、致力于本”，大力实施转变经济增长方式、提高自主创新能力、建设社会主义新农村和提高市民文明素质“四大行动计划”。这些都是坚持科学发展，落实科学发展观的重要举措。当前，我市面临的资源、环境、人口的压力越来越大，经济高增长与资源紧约束的矛盾越来越突出。我们必须进一步树立和落实科学发展观，推动经济社会科学发展、和谐发展。一是在加快产业升级上做文章。按照“整合、延伸、集聚、培育”的原则，调整优化产业结构和布局。整合，就是要优化和集中资源配置，调整高新技术产业和先进制造业结构，大力发展装备制造业和重化工业，推动加工贸易和“三来一补”企业优化升级。延伸，就是要延伸产业链条，发挥电子信息产业优势，以信息化带动工业化，促进二、三产业的联动发展和产业内部结构优化。集聚，就是要推动加工工业向园区集中，建设家具、服装、毛织等优势传统产业集聚基地，促进产业的集群化和品牌化。培育，就是要着力培育现代服务业，包括金融、物流、会展、商贸、中介等，强化市区、松山湖、虎门港的综合服务功能。二是在合理开发资源上做文章。土地方面，成立土地资源保护利用研究小组，开展综合研究。要加强对全市土地利用的总体规划和功能区分，将全市生态保护线控制在1000平方公里以上。要通过盘活闲置地、清理违法用地、购买异地指标、调整土地规划、开展填海造地、利用地下空间等措施，拓展发展空间。比如，充分利用长安、虎门沿海滩涂，实行填海造地，估计可增加30平方公里土地，为发展物流、重化工业创造空间。还如结合建设轨道交通，发展地下空间，节约土地资源。能源方面，加快电源建设，重点建设大型LNG清洁能源电厂，完善供电网络，大力发展天然气，开发利用太阳能，缓解能源瓶颈。这次在苏州、张家港、昆山等地，到处都看见建筑物顶安装有太阳能设施，而我市太阳能资源比他们更丰富，却很少利用。今后应在这方面加强引导和支持。水资源方面，成立专门工作小组，全面开展东莞水资源问题战略研究。加强引水和供水工程建设，重点建设东江与水库联网储水供水工程，完善城市供水保障体系。三是在加强环境保护上做文章。实施碧水、蓝天、绿地、宜居和绿色GDP五大工程。大力开展水环境综合整治，重点建设36项污水处理工程，突出治理运河、寒溪河、石马河等流域水污染。加强大气污染治理和噪声污染控制，加大机动车尾气污染治理力度。抓好固体废弃物的处理，抓紧建设固体废弃物处理处置设施。加快建设九大环保产业基地，限期搬迁或关闭重污染工业企业。积极创建国际花园城市，加强自然生态保护，确保生态安全。以4个自然保护区和16个森林公园为依托，修复和保育自然生态环境。加强城市绿化和植树造林，全方位推进立体绿化。四是在强化人口管理上做文章。要加强人口调控，通过调整户籍政策，引进一批高级技工和管理人员；通过发展教育和培训，提高一批人口素质；通过健全管理机制，控制一批新增人口；通过产业转移，淘汰一批人口。要认真学习昆山大力构建和谐新老昆山人关系的做法，做好外来员工的教育、管理、服务、维权工作，营造新老东莞人“共处一地、共保安宁、共创繁荣、共树新风”的和谐社会环境。

（三）要进一步优化发展环境。近年来，我市不断加大城乡建设力度，努力完善城市功能，城市形象大大提升。但相对其他城市，还有很大差距，主要表现为“三个滞后”：一是与市区大规模、上档次的规划建设相比，镇区规划建设较为滞后；二是与城市建设的雷厉风行相比，城市管理显得滞后；三是与硬环境的快速提升相比，软环境建设仍然滞后。下来，要突出“三个统筹”：一是借鉴上海、苏州、张家港的经验，统筹市、镇、村规划建设，推进城市建设从市区向全市延伸。着眼于城市规划覆盖全市2465平方公里土地，建立科学完整的市、镇、村规划体系。实行基础设施建设全市一体化，统一布局和统筹建设全市交通、能源、供水、信息等基础设施，重点确保偏远地区、人口密集区的公共服务设施，构筑以中心城区为主体、中心镇为支点的组团式城市格局。特别是要贯彻城市设计的理念，认真开展城市设计，精心塑造城市整体形象。注重建筑单体和群体、建筑物与环境的和谐，引导城市空间、水体、绿地构成有机结合的整体，使整个城市景观更加和谐统一。对重点地段和建筑的规划设计，开展国际招标。二是统筹城市建设与管理，从重建轻管向建管并重转变。推进城市管理强化工程，坚持“从严、依法、长效、民本、标准化管理”，提高城市管理整体效能。深化“四清理”工作，大力改造“城中村”，稳步推进“村改居”工作和农民公寓建设，认真开展农村“五整治”。农民公寓建设方面，要注重学习昆山建设农村新型社区的经验，统筹考虑，要与调整土地利用总体规划联系起来，要与回收改造旧村庄联系起来，要与村改居、撤并村组、合建社区联系起来，要与推进股份合作制、联合建设出租屋既解决农民收入又解决外来劳动者的居住联系起来，与解决农民就业联系起来。推进旧园区改造和功能置换，对不符合城市规划、建设和管理要求，或不符合产业升级要求的旧工业园区，有步骤地进行改造。三是统筹软硬环境建设，在大力改善自然环境和基础设施等硬环境的同时，更加注重软环境的改善。要制定实施进一步优化投资创业环境的政策意见，实现政府与民间、生活与创业、个人创业与整体发展、对外开放与内生创新的和谐，实现“和谐创业”。要改善治安环境。积极借鉴苏州、张家港治安工作经验，实行群防群治，鼓励群众见义勇为，大力整治摩托车和出租屋，实行科技强警，推动警力下沉。要改善人文环境。学习佛山、中山、杭州、苏州、上海等地经验，重视传统文化的保护开发和利用，促进传统文化与现代文明融合，丰富城市文化内涵，增添城市魅力。要以创建全国文明城市为抓手，加强民主法治和精神文明建设，加快发展社会事业，不断提高城市文明程度。要完善就业和社会保障体系，注重维护公共安全，促进社会和谐。

（四）要进一步增强创新能力。一是以政府扶持为动力。要进一步制定和完善激励与保护自主创新的各种政策规定；充分利用每年10亿的财政科技投入，以松山湖为依托，积极开展与国内高等院校、科研机构的合作，共同建立研究院所和产学研基地，大力推动高科技产业孵化器建设；建立完善适应自主创新需要的投融资体系和中介服务体系，真正使我市在自主创新上“硬的够硬，软的更硬”。二是以企业为主体。要把支持民营企业的重点转向研究与开发，引导民营企业建立技术中心、工程中心，加快技术创新，推动民营企业从配套加工、贴牌生产向“两自”企业发展。推进“以民引外、民外合璧”，促进民营企业国际化和外资企业本土化。三是以品牌为突破。要坚持打造自主品牌，积极培育拳头产品，努力提升企业品牌经营水平。四是以人才为根本。要大力培养、积极引进、合理使用高层次专业技术人才，在全社会形成崇尚科学、尊重人才的良好风尚。

（五）要进一步提升引资水平。一是完善引资策略。实施“大企业进入、大项目带动”策略，提高引进项目规模、资金、技术、效益准入门槛，着重引进关联度大、带动力强的龙头项目、产业链和供应链长的核心项目以及税收主导型的企业。二是打造园区平台。从这几个市来看，对城市建设和区域经济拉动作用最大的是园区。他们的发展之所以保持强劲势头，取得重大突破，也正是突出抓了园区这个平台，提高了项目承载能力。实践说明，园区是开放的窗口、工业的载体、招商的战场、经济的增长点、发展的新希望，非抓不可。下来，我们要积极借鉴苏州等市的经验，大力推进园区建设，从提高投资强度、加快开发进度、控制配套用地限度、增加厂房高度等入手，提高集约用地水平。市里重点抓松山湖、东部工业园和虎门港的开发建设，各镇街也要重视建设工业园区，打造招商引资平台，招引符合区域产业发展方向、符合生态工业发展要求的大企业。尤其是电子信息、专用汽车、精细化工等领域的大企业，直接带动产业升级。三是优化引资结构。以制造业引资为主导，把生产性服务业引资作为新的增长点，引导和促进外商投资精细化工、汽车零部件，鼓励外资参与发展金融、物流、商贸和商务服务等服务业，摒弃高消耗、重污染、低水平项目。四是拓展合作形式。选择前景好的企业，支持合资合作，扩大内销，做大做强，提高对地方的贡献率。与外资的合作形式，要逐步从提供土地、收取租金工缴费等层面向参与外资企业的生产经营管理、分享企业利润转变。

（六）要进一步加大改革力度。当前，东莞发展中的很多深层次矛盾和问题，迫切需要通过深化改革去解决、去突破。一是加快政府职能转变。要调整政府部门的职能和编制，着力加强政府在教育、科技、卫生、文化、体育、食品药品安全、安全生产监督、土地监管等方面的公共管理职能。推进公共财政体制改革，管好用好预算内外资金，强化财政的公共服务职能。借鉴昆山机关效率效能建设的经验，实行行政效能评估，以票决方式评议行政不作为、乱作为行为，切实改进机关作风。二是改革行政管理体制。要着力建设法治政府、服务政府、责任政府，提高行政效能和服务质量。尽快建立“一站式”行政服务体系，将各种与企业和群众办事相关的职能部门集中起来，实现现场审批和限期办结。三是深化农村管理体制改革。要继续推进农村股份合作制，加快对全市农村经济结构、行政架构、管理方式和运行机制等的调整和改革，建立起适应城市化进程的农村管理新体制、新模式、新架构。四是完善市场机制。要加快资本、技术、劳动力等要素市场和社会信用体系建设，促进资源优化配置。积极运用价格杠杆确定土地、能源、水资源等各类要素的比价关系，形成有利于资源集约的机制。落实生态补偿、生态修复和控制污染排放的措施，形成有利于污染治理和环境保护的机制。

（七）要进一步加强区域合作。在区域一体化的必然趋势下，近年来珠三角城市纷纷突破行政区域的藩篱，不断强化城市之间的合作，实现了优势互补、合作共赢。深圳和惠州以大亚湾石化项目为契机，共同推进石化产业方面的合作。目前，深圳已初步选址在紧邻大亚湾的龙岗坝光建一个大型精细化工基地，逐步形成两地在石化产业领域的合作新格局，共同打造“深惠经济圈”。广州和佛山正在积极推进一体化，共建“广佛都市圈”，在产业发展、环境保护、交通路网等领域形成了广泛的合作关系。近年来，我市大力加强与外市的合作关系，社会和企业层面的合作越来越密切，但政府层面的合作还不够。要与这些地方建立更密切更有效的沟通协调机制，定期召开政府部门沟通协调会，就双方共同关心的问题交流意见、拓展合作；推动行业协会在行业研究、会员交流等方面进行沟通合作；整合各地资源，以轮流主办的形式共同举办专业招商会和展览会。具体来讲，要加强以下四方面的合作：一是加强基础设施合作。注重与周边地区交通等基础设施的规划、建设和管理工作的协调，加快推进广州东莞地铁、广州深圳沿江高速、珠三角城际轨道交通、东江航道整治等项目的建设，解决好新沙港交通和治安管辖权归属、东江大桥收费站改为单向收费、雁田—鹅公岭路段道路升级改造、凤平路南段与平湖凤凰大道接驳、东深二路与龙岗中心城两条道路的衔接、深圳市大外环高速公路与清凤公路交叉处出入口设置等问题。二是加强环境保护合作。与深圳、惠州、广州协商，建立联合治污机制，推进协调联动，同步治理东江水污染和大气污染。重点解决好博罗县重污染企业污染东莞水质、深圳观澜河流域和惠州潼湖流域治污、深圳龙岗区养殖场废水排入清溪镇契爷石水库等问题。三是加强资源开发利用合作。与深圳、惠州、广州协商，积极保护、合理开发利用江河、土地、海洋等资源，解决好珠江口狮子洋水域管辖和虎门港港政管理、交椅湾养蚝保护区权属、石鼓水库受益分成、东江水利开发利用及水量分配等问题。四是加强产业配套合作。充分利用这些地方的大项目、高科技项目优势，发展与之配套协作项目，如精细化工、汽车配件、仓储货运等。此外，还要加强与港澳的合作和交流。

（八）要进一步研究区划调整。广州、佛山、惠州、苏州等地通过区划调整，产生了巨大的经济社会效应。相对而言，我市行政区划调整多年来几乎处于停滞的状态。当前我市正处于产业升级、经济转型和城市化进程的关键时期，旧有行政区划的弊端日益凸现，越来越无法适应在更高水平上竞争和发展的要求。为此，适时进行区划调整已成为我市经济社会发展的必然选择，也是有效解决我市经济社会发展存在的瓶颈制约，提升发展后劲的重要突破口。要尽快成立研究小组，加强对行政区划调整的可行性研究，在充分论证、条件成熟的基础上稳步实施。

（九）要继续加强考察调研工作。这两次的外出学习，收效很大，使大家充分认识到加强考察调研，对于做好我们的工作大有益处，要求今后不定期组织外出学习考察。学习考察的形式可以多种多样，小规模的、短期性的、专题性的都可以。同时，考察之后一定要形成高水平的考察报告，尤其要有实际可行的对策建议上报市委、市政府。决不能以学习考察之名，行公费旅游之实。另一方面，要注意做好间接调查。毕竟走出去的机会不多，但人家来我市交流考察的很多。我们要借鉴张家港等地的经验，研究改进接待方式。我们接待人家，不要满足于介绍我们的经验，还要注意虚心请教来访者，听取他们的情况，听取他们的意见，真正把人家的来访当作是传经送宝。此外，还要经常留意报刊网络，看看外地有什么好的新经验、新动态，及时发现，及时研究，及时借鉴。

（摘自东委办［2006］44号文）

# 政府工作报告

## ——2006年4月12日在东莞市第十三届人民代表大会第三次会议上

刘志庚

各位代表：

现在，我代表市人民政府向大会作政府工作报告，请予审议，并请政协各位委员和其他列席人员提出意见。

## “十五”时期的工作回顾

过去五年，是我市综合实力强劲扩充、城市形象迅速改变、生活质素大幅提升的五年。在省委、省政府和市委的正确领导下，在市人民代表大会及其常务委员会和市政协的监督支持下，市政府始终高举邓小平理论和“三个代表”重要思想伟大旗帜，全面落实科学发展观，认真贯彻胡锦涛总书记和温家宝总理视察东莞的重要讲话精神，有效实施市委“一网两区三张牌”和“一城三创五争先”的战略思路，与时俱进，开拓创新，主动调整，努力加快发展、率先发展、协调发展，积极适应加入世贸等新形势，顺利战胜“非典”疫情和台风、洪涝等自然灾害，超额完成了市人大会议通过的“十五”计划任务和2005年预期目标，开创了改革开放和现代化建设的崭新局面。

### 一、创新发展模式，城市实力显著增强

我们努力改变以往过度依赖外源型经济、以劳务出口为主、以外延扩张为主的发展模式，不断提高经济增长的质量和效益，城市实力显著增强。

综合实力显著增强。2005年，全市生产总值2182亿元，比上年增长19.3%，五年年均增长20.2%，翻了1.4番，按常住人口计，人均生产总值3.3万元；财政总收入332亿元，比上年增长28.1%，五年年均增长26.2%，其中市一般预算收入104亿元，比上年增长25.8%，五年年均增长27.8%；金融机构本外币各项存款余额3037亿元，五年翻了1.2番。三大产业比例从2000年的3.2：54.9：41.9，调整为1.0：56.5：42.5。在近两年国家统计局的测评中，东莞连续位居“全国综合实力百强城市”的第十二位。

外源型经济实力显著增强。大力实施“外资牌”战略，优化利用外资结构，改进利用外资方式，推动招商引资向招商选资、项目招商向产业招商、圈地招商向节地招商转变。五年新签外资项目6726宗；合同和实际利用外资分别为167亿美元、133亿美元，均比前五年增长1倍。新签大项目增加，项目平均规模扩大。五年新增10家世界500强企业来莞投资，累计达到45家。2005年，全市外贸进出口总额744亿美元，五年翻了1.2番，其中出口总额409亿美元，比上年增长16.3%，五年翻了1.3番。出口商品结构优化，机电产品比重从2000年的60.3%提高到70.8%，高新技术产品比重从22%提高到36.5%。

民营经济实力显著增强。大力实施“民营牌”战略，从放宽投资领域、培育“两自”企业等方面，扶持民营经济加快发展。五年新增私营企业和个体工商户21.4万户，累计注册户数32.2万户、注册资金535.4亿元。民营经济逐步向科技化、外向化、集团化、品牌化方向发展。全市民营企业中，省级、市级民营科技企业五年分别新增277家、870家，累计分别达到296家、1100家；取得外贸进出口经营权的企业1300家；五年新组建私营集团有限公司44家。全市现有中国驰名商标5个、省著名商标74个、中国名牌产品7个、省名牌产品69个，绝大部分属民营企业所有。

公有经济实力显著增强。大力推进公有经济战略性调整，对一般竞争性领域的535户市属企业，完成了以产权制度改革为中心、市属资本退出为主要形式的改革，妥善安置员工3.8万人；对关系国计民生的市属企业，改组为市属全资或控股公司制企业，促其做大做强，企业户数由2001年的11户增加到29户，资产总额由108.8亿元增加到288.6亿元；对集体经济深化改革，加强管理，2005年底全市村组两级集体总资产930.5亿元，净资产715.8亿元，可支配收入151.1亿元，分别比2000年增长82%、87.8%、64.1%。

科技实力显著增强。大力推进科技进步，积极完善科技创新体系，加快发展高新技术产业，运用高新技术改造提升传统产业，科技实力不断增强。松山湖被评为“中国最具发展潜力高新技术产业开发区”，已引进优质企业66家，合同引资67亿美元，其中10家工业企业已经投产，广东电子工业研究院等30家研发机构和科技企业投入运作。五年来，全市的省级高新技术企业新增181家，累计247家；省级、市级工程技术研发中心分别新增9个和20个，累计分别达到12个、33个，广东生益科技建成了全市首个国家级企业技术中心；9个镇成为省专业镇技术创新试点单位。五年经国家和省市批准实施的科技计划项目1143项，获省市级科学技术奖306项，分别比“九五”增加715项、65项。2005年，全市高新技术产业产值1236亿元，专利申请6694件，分别比2000年翻了2.1番和两番。东莞连续两次被评为“全国科技兴市先进城市”。

### 二、创新发展环境，城市魅力显著增强

我们不断优化发展环境，努力把东莞建设成为国内外最适宜创业和居住的城市之一，城市魅力显著增强，先后赢得“中国优秀旅游城市”、“国家卫生城市”、“全国绿化模范城市”、“中国最佳魅力城市”、“中国内地十大最佳商务城市”、“全国城市生活质量排行榜第二名”等荣誉。

人居环境显著改善。大力实施“城市牌”战略，如期实现“五年见新城”目标。五年完成固定资产投资1668亿元，是前五年的4.2倍。建城方面，基本建成城市新区和松山湖科技产业园区，“三位一体”的城市框架初步拉开，依山傍水的城市

格局基本成型，现代化的城市功能日益增强。基础设施网络方面，建成东江大道、东部快速、常虎高速等，新增公路352公里，新改造公路211公里，全市公路通车里程达到2871公里，公路密度达到116.5公里/百平方公里。虎门港于2003年正式对外开放，2005年进出口货物2272万吨，累计引进投资项目24个，合同投资108亿元，报建核准的已有7个深水泊位。五年全市新增日供水能力235万吨；新增主变容量2250万千伏安、输电线路1340公里、发电能力196万千瓦。2005年完成总供电量415.7亿千瓦时，五年年均增长18.5%。建设液化天然气利用工程，市区部分地区实现联网供气。五年新增固定电话用户305.8万户、移动电话用户892.7万户、互联网用户39.1万户，顺利实现固定电话号码升八位。2005年全市信息化综合指数达到71.1。整山方面，关闭采石场189家，复绿采石场65家共99万平方米；基本完成五大森林公园的建设和改造；五年市财政投入林业建设资金6.3亿元，全市林地绿化率由93.8%提高到97.2%，森林覆盖率由30.6 %提高到33.1%。治水治污方面，建成污水处理工程18项，总处理规模307.9万吨/日，2005年底全市生活污水集中处理率为13.2%，市区为72%。开征污水和生活垃圾处理费，动工兴建16座污水处理厂主体工程。建成垃圾焚烧处理工程3项，总处理规模2800吨/日，全市生活垃圾处理率44.5%，市区达到100%。整治重点污染企业，全市取缔各类违法排污企业47家，关闭砖厂206家、水泥厂47家、燃油电厂2家。市区222.5平方公里实现烟尘控制区全覆盖。全市环境质量基本保持稳定。2003年和2004年政府环保目标责任考核连续被省评为优秀。开展“四清理”，加强城市管理，提高了绿化、美化、净化、亮化水平。

市场环境显著改善。深化体制改革，优化市场资源配置。加快建设市场基础设施，完善商业网络，连锁、会展、物流等现代流通业蓬勃发展。全市金融机构不良贷款比例五年下降13个百分点，达到4.8%，属全省最低。完善建筑和产权等有形市场，彻底放开勘察、设计、监理等市场。全面放开网吧、沐足等特种行业经营。认真开展清费治乱减负，五年取消114项收费、降低25项收费标准，每年减轻社会负担4.4亿元。实现了全市公路基本无“三乱”。开展食品药品安全、土地市场、知识产权保护等专项整治行动，严厉打击走私贩私、骗税骗汇、违法用地、制假售假等行为，加强安全生产监督管理，全市安全生产形势基本稳定，取得整顿和规范市场经济秩序的阶段性成效。

政务环境显著改善。结合“三个代表”重要思想、科学发展观、保持共产党员先进性等学习教育活动，建设为民务实廉洁高效的政务环境。改革政府机构，2001年市政府减少7个工作部门，精简了行政编制。改革审批制度，市级行政审批事项从1174项精简到559项。加强行政监察和审计监督，严禁政府工作人员参与“黄赌毒”，严禁收送“红包”，制止铺张浪费。建立实时在线财政预算监督系统，成立市会计核算中心和市财政投资审核中心，积极推行部门预算、国库集中收付制度等改革，规范政府采购、非税收入“收支两条线”、镇（区）财政“三集中”等制度，逐步从源头上铲除腐败滋生的条件。改革了市直单位和镇（区）机关公务用车制度。政府管理和社会服务广泛应用电子信息技术。实行市级新闻发布会和专题新闻发布会制度，进一步接受群众和媒体的监督。市政府连续两年举行“机关作风万人评”，政府机关办事效率得到提高，群众投诉有所减少。

民主法制环境不断优化。全面推进依法行政。市政府五年制定行政规范性文件237件，提请市人大及其常委会审议通过规范性文件14件，办理市人大议案72件、市政协提案903件，做到件件有回复。年年落实市长约请人大代表、会见政协委员制度。加强执法人员上岗培训，健全行政执法责任制，规范行政执法工作。推行村（居）民自治，顺利完成了第二、三届村（居）委会民主选举。广泛开展政务公开。深入进行普法教育。调解、仲裁和法律援助工作有效加强。建立市信访督查专员等制度，落实领导包案制度，积极做好信访工作。严密防范和打击境内外敌对势力，加强流动人员和出租屋管理服务，健全社会治安防范长效机制，深入开展严打整治，五年破获刑事案件4.9万宗，查处治安案件7.8万宗，打掉犯罪团伙4255个，抓获犯罪嫌疑人5.6万人。

## 三、创新发展能力，城市活力显著增强

我们全面实施学习型城市创建、现代市民塑造、城市亲和力强化、城市现代传媒建设、城市文化品牌打造等工程，大力创新发展能力，城市活力显著增强，先后荣获“广东省文明城市”、“全国文明城市创建工作先进城市”、“中国最具经济活力城市”等称号。

体制活力显著增强。在全省较早建立有形土地市场、采矿权市场和土地收购储备制度，全市累计招标拍卖土地使用权132宗，成交金额81亿元；出让石场开采权17宗，收回价款1亿多元；收购储备土地1.5万亩，出库利用1780亩，回笼资金5.7亿元。深化农村体制改革，2004年在全省率先免征农业税，实现农民税费零负担；现有370个经联社和1657个经济社完成股份合作制改造，142个村委会改为社区居委会；推进农业区域化布局、专业化生产和产业化经营，培育国家、省、市级农业龙头企业14家。积极推进文化体制改革，政府管文化、社会办文化的格局初步形成。近两年实行公益文化项目招商，签约151个项目，利用民间资金1.1亿元。组建中国歌舞团东莞分团。启动文物保护机制和文艺创作繁荣机制，成功申报一批国家和省级重点文物保护单位，创作出《玉兰谣》等文艺精品，五年获得省级以上各类艺术奖项386个。改革医疗卫生体制，积极发展民办医疗机构。2005年底，全市合法医疗机构1105个，开放病床1.2万张，专业卫生人员2.2万人，分别比五年前增长22.9%、69.1%和1.4倍。

现代文明活力显著增强。以“现代人、现代生活、现代城市”等主题教育活动为载体，积极贯彻《公民道德建设实施纲要》，大力提高公民文明素质，有效打造“开拓创新、诚信守法、团结务实、勤劳奉献”的东莞精神。优先发展教育事业，五年来市财政教育总投入42.4亿元，改善了办学条件，提高了教育质量，成功创建“广东省教育强市”。建成教育城域网和校园网，小学增设信息技术和英语教育课程。民办教育快速发展。东莞理工学院升格为本科，引进广东医学院，设立博士后工作站1个。2005年高等教育毛入学率54.5%，提前15年实现省提出的基本普及高等教育的目标。五年累计引进各类人才46.3万人，全市人才总量83.9万人，比2000年增长1.2倍。抓好人口和计划生育工作，“十五”期间年均人口出生率和自然增长率分别为10.66‰和6.11‰，低生育水平进一步稳定，人口素质有所提高。

就业创业活力显著增强。建立健全市、镇、村（居）三级就业服务网络，实行多项鼓励和促进就业政策，全面开展城乡统筹就业工作。2003年至2005年，累计补贴5960万元，为2.5万人提供免费或资助性技能培训，帮助4.9万人成功就业。全市城镇登记失业率控制在3%以下。从项目、融资等方面加大扶持力度，鼓励市民创业，民营经济蓬勃发展。建立东莞市留学人员创业园，入园企业40家。

文化活力显著增强。努力塑造开放兼容的城市精神，积极推进传统与现代、沿海与内地、东方与西洋、高雅与通俗等各种不同文化的交汇融合。投入11亿多元，建成玉兰大剧院等一批高水平的文化设施。全市现有村镇文化中心80个、图书馆（室）473个、文化广场447个、电影院和影剧院49间，初步形成市、镇、村（居）三级文化设施网络。广泛开展群众性文化活动，每年举办各类文艺晚会1000多场，各类文艺展览200多次，参与人员10万人次，观众1000万人次，打造了“文化周末”、“都市彩虹”等著名文化品牌。坚持举办“东莞学习论坛”、“东莞读书节”等活动。大力发展群众性体育运动，提高竞技体育水平。莞籍运动员五年获得国际赛金牌16枚、亚洲赛金牌8枚、全国赛金牌100枚、省赛金牌269枚。东莞荣获“全国篮球城市”称号。切实保护外来劳动者和投资者的合法权益。一百多万本地人与数百万外来劳动者、投资者和谐相处，共创繁荣。国防“双拥”、海洋渔业、外事侨务、民族宗教、档案方志、工青妇幼、统计、民政、气象、人防、打私、残疾人等工作，也取得新的成绩。

## 四、坚持为民务实，人民生活显著改善

我们牢固树立正确的政绩观，连续几年组织实施民心工程，全心全意为群众办实事办好事，促使人民生活持续改善，目前已经超过宽裕小康水平，正向殷实小康迈进。

群众收入持续快速增长。2005年城市居民人均可支配收入22882元，比上年增长11.5%，五年年均增长10.1%；农民人均纯收入9842元，比上年增长8.4%，五年年均增长7.9%。城乡居民人民币储蓄存款余额1728.3亿元，五年年均增长20.8%。物价水平基本保持稳定，居民消费水平大幅提高。2005年，全市社会消费品零售总额500亿元，比上年增长17.2%，五年年均增长16.1%。城市居民恩格尔系数27.7%，五年下降4.6个百分点。城市居民每百户家庭拥有家用汽车42辆，五年增加32辆。城市居民人均住房使用面积42.7平方米，五年增加12平方米。

社会保障体系进一步完善。积极完善职工基本养老、基本医疗、工伤、失业和生育等保险制度，推行农（居）民基本养老保险和基本医疗保险。2005年底全市各项社会保险参保者合计962.2万人次，五年增长1.4倍。完善城乡一体化的最低生活保障制度，实现应保尽保，城镇居民和农民最低生活保障标准分别提高到每人每月320元和300元。企业职工最低工资标准调高至每月574元。建立多种救助制度，积极解决困难家庭看病难、住房难、打官司难和子女读书难等问题。

欠发达地区加快发展。五年累计发放扶贫专项资金6.4亿元，扶贫贷款23.5亿元，财政贴息1.97亿元，帮助化解债务15.7亿元，促使欠发达地区生产生活条件大大改善，近年多项经济指标的增长速度超过先发展地区。2005年，81个欠发达村净资产总额18.2亿元，比2001年增长34倍，资产负债率45.6%，下降52.4个百分点，38个村成功脱贫；11个欠发达镇生产总值合计311.6亿元，比上年增长22.3%，比全市增速快1.5个百分点。28个镇全部进入“全国综合实力千强镇”之列，并包揽第一、三、五名。五年来援助市外欠发达地区财物2.24亿元，建设希望学校104所，接收安置就业16.7万人。

各位代表：五年来我们取得的这些成绩，是上级党委和政府以及东莞市委正确领导的结果，是全市人民、广大外来劳动者、投资者和驻莞部队齐心实干的结果，也是与市人大、市政协的监督支持分不开的，是与香港、澳门特别行政区同胞、台湾同胞和海外侨胞以及国际友人的关心帮助分不开的。在此，我代表市政府，向所有参与、支持和关心东莞现代化建设的各界人士，表示衷心的感谢！

五年来，我们在现代化建设中积累了许多宝贵的经验，主要有：第一，必须牢固树立和落实科学发展观。要以邓小平理论和“三个代表”重要思想为指导，确立以人为本，全面、协调、可持续的发展观，推进经济社会协调发展和人的全面发展。第二，必须始终坚持与时俱进、开拓创新的指导思想。要继续坚持打基础、办实业、走正道的优良传统，同时适应新形势，不断创新发展观念和发展思路。第三，必须加快转变经济增长方式。要以调整经济结构为重要途径，以增强自主创新能力为中心环节，以节约能源资源为有效手段，大力转变经济增长方式，努力提高经济增长的质量和效益。第四，必须加快城市化步伐。要坚持高标准规划城市，高质量建设城市，高效能管理城市，高水平经营城市，推进农村向城市、农民向市民转变，增强城市的承载力、凝聚力和辐射力，促使城市发展与经济社会发展相互协调。第五，必须高度重视维护社会的稳定与和谐。要把维护社会稳定作为第一责任，把建设和谐社会作为最高追求，着力解决社会治安、劳资纠纷、出嫁女权益保护等突出问题，大力推进民主法制建设。

回顾过去的五年，我们也清醒地看到，全市经济社会发展中还存在不少突出矛盾和问题。主要是：粗放型经济增长方式没有根本转变，人口资源环境压力较大；自主创新能力亟待提高；产业结构不够合理，现代服务业发展相对滞后；城乡发展和区域发展仍不平衡；社会治安、安全生产形势严峻，社会管理和公共服务有待加强。这些问题，需要我们高度重视，今后重点加以解决。

# “十一五”时期的奋斗目标和主要任务

“十一五”时期，是我市建设现代制造业名城、争取率先基本实现社会主义现代化的冲刺阶段，也是我市加快推进产业升级和城市升级、全面转入科学发展轨道的关键时期。当前，经济全球化与新科技革命深入发展，推动了新一轮国际分工与产业转移。国内改革开放不断深化，产业结构和居民消费结构加快升级，区域协调发展与合作联动进一步增强，经济步入平稳快速的增长周期。我市经过改革开放20多年的建设，具备了率先基本实现社会主义现代化的基础。特别是“十五”期间的大投入、大建设，为新一轮的大提升、大突破奠定了更加坚实的基础。我们必须紧紧把握历史机遇，妥善应对各种挑战，积极开创东莞现代化建设的新局面。

根据市委关于“十一五”规划的建议，市政府组织编制了《东莞市国民经济和社会发展第十一个五年规划纲要（草案）》，提出“十一五”时期政府工作的指导思想是：坚持以邓小平理论和“三个代表”重要思想为指导，全面贯彻落实科学发展观和构建和谐社会两大战略思想，以建设现代制造业名城、率先基本实现社会主义现代化为总目标总任务，深入实施“一城三创五争先”的战略思路，推进“四项工程”，转变发展观念，增强发展动力，提高发展质量，把经济社会发展切实转入科学发展的轨道，建设经济强市、文化新城、法制社会、和谐东莞，实现人民生活富裕安康，确保东莞现代化建设继续走在全省前列。

“十一五”时期我市经济社会发展预期目标是：经济平稳较快发展，生产总值年均增长13%以上，力争五年翻一番；经济增长方式进一步转变，增长质量和效益明显提高，单位生产总值能耗比“十五”期末降低13%以上；经济结构更趋合理，自主创新能力显著提高，产业和城市竞争力明显增强，城乡协

调发展、区域协调发展和空间整合取得重大进展；人与自然和谐相处的可持续发展环境基本建成，现代国民教育体系、科技和文化创新体系更趋完善，文化事业和文化产业更有活力，公共卫生体系更加健全；社会就业更加充分，社会保障体系更加完善，城镇登记失业率控制在3%以内；社会治安和安全生产形势进一步好转，社会更加和谐；市民普遍得到更多实惠，过上更加富足的物质生活和更加健康的精神生活，率先基本实现社会主义现代化。

"十一五"时期的主要工作任务是：

## 一、推进产业升级，建设经济强市

以提高经济增长质量和效益为目标，以调整优化产业结构为主线，以提高自主创新能力为中心环节，着力推动内外源型经济做大做强与融合发展，打造经济强市。

优化产业结构，转变经济增长方式。努力形成以高新技术产业为先导、制造业为支撑、服务业全面发展的产业格局。计划投入约311亿元，完善产业发展基础设施，引进优质产业项目，促进产业优化提升。大力发展高新技术产业，力争"十一五"期末高新技术产业增加值占工业增加值的42%，运用先进适用技术改造传统产业，推动产业高级化和适度重型化。实施"商贸东莞"工程，加强政策引导与统筹规划，提升物流、会展、旅游、批发零售和社区服务等行业的发展水平，壮大研发、会计、法律、咨询和培训等中介服务业，加快发展金融保险业，积极发展利用资本市场，稳步发展房地产业。大力发展都市型农业，投资约5.6亿元，建设10个左右农业生态园区。加快农业科技进步和结构调整，推进农业标准化建设和产业化经营。加强毛织、家具、电子信息、纺织服装、五金模具等产业集群的关联协同与技术创新，壮大特色优势与区域品牌，提升整体竞争力。加快推进松山湖、虎门港和东部工业园的开发建设，构建"三带联动、全面加速"的发展格局。

坚持创新发展，提高自主创新能力。计划投资约95亿元，实施"科技东莞"工程。建立健全技术创新体系，突出培育"两自"企业和建设松山湖科技产业园，侧重在电子信息技术、工业设计与集成技术、资源节约与环保应用技术三大领域，建设创新平台，大力发展高新技术产业，推进高新技术对传统产业的升级改造。加快实施制造业信息化、绿色化和标准化工程。加强国际科技合作和产学研合作。加大知识产权保护力度。加强人才培养和引进，增强自主创新能力。

推进内外融合，扩大对外对内开放。实行招商选资，提高引资质量，重点引进高新技术产业、现代服务业和龙头企业、地区总部以及研发中心、核心技术。实施科技兴贸、名牌带动战略，大力拓展一般贸易和出口市场多元化。优化民营经济营商环境和资本投向，鼓励其发展自主技术和自有品牌，鼓励其与外资企业合资合作经营。推动外资企业实现研发、采购、营销和管理的本土化。实施"走出去"战略。积极参与CEPA、泛珠三角和大京九协作带等区域合作。

## 二、推进城市升级，建设宜居城市

着眼于提高城市竞争力，优化空间布局，增强综合功能，进一步加快城市升级，力争到2010年，城市化水平达80%。

全面推进城市规划、建设和管理的升级。构筑以中心城区为主体、中心镇为支点的组团式城市框架，优化城市空间布局，加强区域统筹规划、功能互补与资源整合。建设现代化的交通、能源、供水、信息等基础设施网络，计划投资约460亿元建设综合交通工程，投资约191亿元建设能源工程，投资约50亿元建设东江与水库联网等储水供水工程，投资约110亿元建设信息化工程。构建城市管理长效机制。高标准完善城市公共设施、公共服务，积极推进平安和谐社区建设。

加快农村城市化进程。推动交通、供水、环保等基础设施向农村延伸，教育、医疗、文化康乐等公共服务向农村覆盖。深化农村综合配套改革，稳步推进"村改居"工作，推进"城中村"的改造和农民公寓建设。认真开展农村"五整治"，即整治旧村、整治农贸市场、整治环境卫生、整治生态环境、整治"六乱"，力争一年初见成效，三年基本达标，五年全部完成。投资6.7亿元解决农村"一保五难"。继续落实扶贫政策，促进欠发达镇村加快发展。

加快建设资源节约型、环境友好型城市。按照废物减量化、再利用、资源化的原则，加强资源综合利用，建立循环经济政策和科技支持体系，完善再生资源回收利用体系，形成低投入、低消耗、低排放和高效率的节约型增长方式。实施"绿色制造、清洁生产"工程。严格执行土地利用总体规划和年度计划，实施土地用途管制，控制建设用地规模，推动城镇用地向中心镇集聚，工业用地向园区集聚，民宅建设向中心区集聚，零散耕地向规模经营集聚。推广环保节约型消费模式。

## 三、推进开放兼容，建设文化新城

以提高市民综合素质为目标，积极建设文化新城，为率先基本实现现代化提供精神动力与智力支持。

大力开展文化建设。投资约23亿元，建设教育基础设施。完善现代教育体系，高水平建设教育强市，使2007年义务教育标准化学校达标率达到100%，2010年户籍人口高中教育毛入学率达到98%以上，高等教育毛入学率达到60%以上。投资约20亿元，建设报业大厦等文化设施。投资约8.2亿元，建设一批体育场馆和体育公园。普及科学知识与文化艺术，广泛开展群众文体活动。

深入倡导现代文明。以"爱国、守法、诚信、知礼"教育为主要内容，深入开展现代公民教育和思想道德建设，倡导现代文明生活方式与行为规范，塑造开放兼容、务实致用、开拓创新的城市人文精神。扎实推进学习型城市的创建活动，全面提升市民的现代文明素质。争取2008年创建成为"全国文明城市"。落实优抚安置政策，开展双拥共建工作，巩固军政军民团结的大好局面。

积极创新文化体制。对国有文化企事业单位实行政事、政企分开和管办分离，优化资源配置，完善文化招商，形成多渠道、多元化的文化投入机制。加快公益性文化体育事业改革，转换机制，优化服务，推动文化、体育与经济、社会、城市和人的发展相融合。

## 四、推进民主法制，建设和谐东莞

按照"民主法治、公平正义、诚信友爱、充满活力、安定有序、人与自然和谐相处"的要求，投资约126亿元，推进和谐社会和平安东莞建设。

完善民主政治。积极推进社会主义民主政治的制度化、规范化、程序化。建立和完善公众参与、专家论证和政府决定相结合的行政决策机制，推进决策的民主化、科学化。健全教育、制度、监督并重的惩治和预防腐败体系，完善法律监督、民主监督和舆论监督，加强审计监督。推进村（居）民自治，完善政务、村务、厂务公开，促进基层民主建设。

建设法制社会。积极推进地方立规和普法工作，提高运用法律手段管理社会事务、化解社会矛盾的能力。严格依法行政，建立和完善权责明确、行为规范、监督有效、保障有力的行政执法体制。

打造平安东莞。全面落实“打、防、管、控、建”的方针，积极推进社会治安防控体系建设。计划投入约9亿元，加强社会治安管理设施建设。建立新的大巡警体制和快速反应机制，开展多种形式的治安联防。充实基层警力，建立新的基层实战体系。实施科技强警，推进治安视频监控系统和金盾工程建设。创新流动人员和出租屋管理体制，落实管理措施。严厉打击经济领域的违法犯罪，坚决扫除“黄赌毒”。

维护社会公平。逐步提高最低生活保障和最低工资标准，建立困难群众医疗、教育、住房、法律等专项救助制度。加强劳动和社会保障执法，保护劳动者特别是外来工合法权益，建设稳定和谐的劳动关系。加强信访工作和矛盾纠纷排查调处，及时合理解决群众反映的问题。维护妇女儿童权益，发展残疾人事业。加强价格（收费）监管，维护正常秩序，促进公平竞争。

## 五、推进民心工程，实现富裕安康

坚持以人为本、执政为民，在加快发展的基础上，抓好一系列直接关系民生的重要工作。

积极扩大群众就业。继续实施城乡统筹的积极就业政策，进一步完善市、镇、村（居）三级公共就业服务网络、劳动信息网络平台和劳动力市场调控机制，建立健全城乡统一的就业管理制度。财政每年安排资金10亿元，主要用于促进本地劳动力就业再就业和自主创业。投资1.1亿元，支持渔港建设和渔民转产转业。

健全社会保障体系。以基本养老、基本医疗、失业、工伤保险为重点，以资金来源多元化、制度规范化、服务社会化为目标，建立健全涵盖全社会的社会保障体系，逐步实现农（居）民社保与职工社保统筹协调发展。构筑和健全城乡统筹的社会救助体系，鼓励发展各类慈善团体和救助基金，做好扶贫济困工作。

完善医疗卫生服务。投入约27亿元，加强全市医疗卫生基础设施建设。建立健全疾病预防控制体系、卫生执法监督体系、医疗救治服务体系和突发公共卫生事件应急处理机制。深化医疗卫生体制改革，进一步健全以公立医疗卫生机构为主体、民营及社会医疗卫生机构为补充的三级医疗卫生服务网络，大力推进社区卫生服务和农村卫生服务，加强药品招投标工作，规范医疗服务收费行为，逐步解决群众看病难、看病贵问题。实现“国家卫生城市”全覆盖。

加强公共安全管理。建立健全重大疫情、重大食品安全、重大自然灾害、重大安全事故、突发事件及社会风险的预警应急机制和公共安全监控体系，构建全市应急联动指挥系统。投资约60亿元建设城市防灾减灾工程，提高防灾减灾能力。建立安全生产长效机制，有效遏制重大事故发生。投资19.8亿元，建设粮食、石油等重要物资的应急储备工程。

建设环保模范城市。实施“绿色制造、清洁生产”工程，建立发展循环经济的政策与科技支持体系。投资约142亿元推进生态环保工程建设，着力实施碧水、蓝天、绿地、宜居和绿色GDP五大工程，力争2007年通过国家环境保护模范城市的考核验收，“十一五”期间基本解决污水和垃圾处理问题。加强4个自然保护区和16个森林公园的建设与管理，建设生态绿城，力争城市人均绿地达到17平方米，城市建成区绿化覆盖率达到45%，陆地自然保护区占国土面积的15%。完善生态功能区划，扩大自然保护区的数量和范围。强化对自然湿地和海洋资源的管理和保护。加强生物多样性保护与生物安全管理。

# 2006年的工作意见

今年是实施“十一五”规划的开局之年。政府工作的总体要求是：坚持以邓小平理论和“三个代表”重要思想为指导，坚持以科学发展观统领全局，坚持“科学发展、稳定和谐、为民务实、提高能力”的工作要求，深入实施“一城三创五争先”的战略思路，着力增强自主创新能力，推进经济结构调整，转变经济增长方式，提高经济增长质量和效益，提高城市品位，为顺利实施“十一五”规划开好局、起好步。

今年全市经济社会发展的主要预期目标是：生产总值比上年增长15%；单位生产总值能耗下降3%左右；市一般预算收入增长15%；全社会固定资产投资总额增长25%；社会消费品零售总额增长14%；外贸出口总额增长15%；实际利用外资增长12%；居民消费价格指数上涨控制在3%以内，城镇登记失业率控制在3%以下；城镇居民人均可支配收入增长7%，农村居民人均纯收入增长6%；人口自然增长率控制在6.1‰以内。为此，必须重点抓好以下工作。

## 一、加强自主创新工作，转变增长方式

增强自主创新能力。认真贯彻全国科技大会精神，大力推进创新型城市建设。充分用好10亿元专项资金，全面启动“科技东莞”工程，推进创新体系建设，提高自主创新能力，促进高新技术产业发展。加快建设松山湖科技产业园。以生产力促进基地为核心载体，努力引进一批国内外著名的研发机构、中试基地。加大对广东电子工业研究院的支持，加紧落实华中科技大学制造工程研究院、中国科学院东莞研究院、莞港生产力促进基地、广东工业设计院等合作项目。加强与国内外科研机构的合作，建设园区的公共信息平台、公共技术平台、检测平台、产权交易平台、认证平台和创业服务平台。推动东莞企业采用国际技术标准，鼓励企业参与行业标准、国家标准和国际标准的制定。积极开展省知识产权试点城市的相关工作，争取全年专利申请量超过7500件。积极开展国家火炬创新实验城市试点工作，共同推进科技型中小企业成长路线图计划合作协议。继续举办东莞国际科技合作周。大力引进人才团队和科研领军人物。

扶持“两自”企业发展。认真落实《关于培育发展自有品牌自主技术企业的意见》和《东莞市企业工程技术研究开发中心管理办法》等文件，大力扶持“两自”企业发展。争取新认定省级民营科技企业超过60家，市级民营科技企业超过200家。继续实施名牌带动战略，加大品牌培育、指导、服务和保护力度。抓好大朗毛织创建国际区域品牌的试点，推动虎门服装、厚街家具等其他区域品牌的创建。

提升制造业发展水平。用好八大支柱产业调研成果，研究制定相应的发展规划和配套政策。大力发展电子信息、电气机械、生物技术、环保和新材料等产业，争取新认定省级高新技术企业超过50家，支持35家工业龙头企业发展，催生一批集研发、生产于一体的大型高新科技企业集团，促进产业高级化。加快发展装备制造业，做大做强20家重点企业，大力发展汽车

和精细化工等产业，加快建设虎门港立沙石化等大型项目，推动产业适度重型化。充分利用高新技术改造传统产业，提升传统支柱产业的竞争力，开展全市产业集群发展规划编制，抓好石龙、大朗两个省级产业集群升级示范区建设，带动全市其他产业集群发展。

优化三大产业结构。积极实施“商贸东莞”工程，大力发展第三产业。加大政策引导和支持力度，继续完善促进商贸流通业发展的有关措施，认真实施城市商业网点规划，优化商业布局。培育发展商贸龙头企业，运用电子信息技术改造传统服务业，大力发展物流、会展、会计、法律、信息等现代服务业，积极壮大文化、体育、旅游等产业。加快筹建东莞市保税物流中心；建设常平大京九物流基地，争取开通东莞铁路口岸至香港的货运直通列车；以虎门港开发和东江航道整治为契机，加快建立水陆联运的现代化航运体系。积极推进会展业的市场化、国际化。深化地方金融机构改革，引进外资金融机构，加大金融创新力度，努力培育并有效利用资本市场。推进“数字东莞”建设。加快发展现代都市农业。市财政安排1亿元，启动麻涌、桥头、中堂等镇农业园区的规划建设，进一步提高农业的规模化和集约化水平。设立专项扶持资金，将土地出让金纯收入的20%用于农业土地开发、农业园区和高标准基本农田建设。市财政安排500万元，力争再培育2至3家市农业龙头企业，发展1家省级农业龙头企业。

## 二、加强城市建设管理，提高城市品位

城建重点从市区向全市延伸。一方面继续强化市区功能。启动中央生活区建设。力争8月前建成东莞理工学院体育中心，年底前建成报业大厦、市委党校新校等一批市属重点工程。动工兴建环城路北环、环莞快速路一期、东莞大道延伸段、松山湖兴园路和同沙环湖路市政连接线等。加强城市配套建设，改善给排水、交通、消防等市政设施和文体康乐设施，实施穿衣戴帽工程，改善城市功能和面貌。另一方面，将城市建设的重点扩展到全市范围。推动基础设施网络向全市延伸，市财政筹集4.5亿元用于镇区联网公路升级改造。完成龙大高速东莞段建设和北王公路改造，启动惠常高速、莞深高速三期工程，续建常虎高速新联支线，改造莞深高速黎光至东莞立交段。做好虎门港项目报批、征地拆迁等工作，加快基础设施建设。东莞东站改造升级工程列入市级重大项目，年内开工建设。做好轨道交通试验段开工的准备。投资14.7亿元，建设输变电工程51项，力争投产37项，新增主变容量494万千伏安。加快建设液化天然气工程。完成东江与水库联网储水供水工程规划设计，加快供水工程建设，力争建成市第四水厂二期管道、市第六水厂一期等工程。投资8.75亿元，完成城乡水利防灾减灾工程135宗。在中心镇优先建设重大基础设施项目，进一步增强其聚集和辐射功能。

基层体制从农村向城市转变。大力推进农村城市化。在全市农村实施“五整治”工程。完善城乡规划，优化生产力空间布局，有效整合土地资源，实现集约利用。大力推进镇区之间的整合与协作，对条件成熟的村组逐步实行合并。完善农民公寓建设有关配套政策，引导农民从分散居住向集中居住转变，稳步回收改造旧村庄。积极稳妥地推进“村改居”，争取上半年基本完成股份合作制改革。继续抓好“八镇百村”示范工程，提高集体经济管理水平。

城市管理从粗放向高效提升。加强市规划局对全市城乡规划编制的统筹职能，增强城乡规划的统筹性，提高规划水平。继续抓好全市各层次规划特别是控制性详细规划的编制和审查，建立科学完整的城市规划体系。精心组织，抓好市重点工程的规划设计。认真完成全市土地利用总体规划修编，严格控制建设用地总规模。继续深化“四清理”工作，推进城市管理强化工程。突出城市交通管理，编制全市公交总体规划，加快客货运输站场建设，完善四条主干公路配套工程和设施建设，打击非法运输，治理超限超载，保护路产路权，保证路面桥梁安全。大力加强市政管理，推进市政管理市场化。开展全市生活垃圾填埋场的评估整治工作，建立健全市、镇、村（居）、组四级市容环卫管理机构，加强市容环境卫生管理。加大价格管理和改革力度，及时查处价格违法行为。整合利用公共信息资源，力争建成工商、国税、地税、质监等部门的企业基础数据共享平台。加快实施移动信息化“八项工程”，提高城市管理智能化水平。规范行业协会管理。深入整顿市场经济秩序。

## 三、加强对外对内开放，增强发展后劲

推动招商引资增量提质。始终把招商引资工作作为重中之重，促进外源型经济发展向规模数量与质量效益并举转变。实施产业招商，把产业关联度大、投资规模大、科技含量高的龙头项目作为主攻方向，积极引进世界500强、跨国公司和国内知名大企业、大集团到东莞设立生产中心、采购中心、研发中心和营销中心。积极落实CEPA第三阶段安排，加强莞港在物流、会展、分销以及产业支援服务业等方面的合作，争取在服务贸易领域形成新一轮的投资热潮。进一步完善重大外资项目协调推进机制，及时解决项目建设过程中遇到的问题。市统筹掌握省下达的新增建设用地年度计划指标，实行统一调剂和集中管理，重点解决首期投资在500万美元以上的项目用地。优化政府服务，促进外资企业增资扩产，支持其扩大内销业务。及时清理不合法的行政许可和收费项目，不断扩大加工贸易合同电子审批和联网监管的覆盖面，积极支持协助台商医院和台商会馆的建设，尽早完成寮步车检场的搬迁。

推动民营经济加快发展。修订完善促进民营经济发展的政策措施，进一步加大扶持力度。继续扩大市场准入，向民间资本开放环保、交通、市政、文教体卫等领域的项目。建立民营企业与外资企业配套产品目录交流机制，引导和鼓励科技型、自主知识产权型民营企业进入外资企业的产业链。做好民营企业融资服务、上市辅导和企业家培训等工作，积极扶持民营企业50强，加快组建民营企业集团。

推动区域合作提升水平。用好泛珠三角、大京九等区域合作机制，继续与香港开展联合招商、联手开拓国际市场等工作，主动与广州、深圳、惠州等周边地区加强合作，协调跨境基础设施建设，共同开展污染防治等工作。用好省有关政策，加强与省内东西两翼及山区合作，稳步建设市外产业转移工业园，腾出我市空间发展高附加值产业。用好国家区域发展战略，全面加强资源、市场、人才等领域的合作，鼓励有条件的企业尤其是民营企业向中西部和东北拓展。用好广交会、东盟博览会等平台，大力开拓国际市场。积极支持和协助企业应对国际贸易摩擦。

## 四、加强人口资源环境工作，促进可持续发展

大力发展循环经济。总结推广石龙创建科技示范镇的经验，推进“绿色制造、清洁生产”。以纺织、漂染、造纸、制革、电镀、化工、食品等行业为突破口，引导培育一批清洁生产和资源综合利用示范企业。坚持开发节约并重、节约优先，大力推进节能节水节地节材工作。加强重点用能企业管理，促

进节能降耗工作。积极推广建筑节能，开发利用太阳能等可再生能源。推动企业进行环境管理体系和环境标志认证，提升工业制成品环保质量。政府机关带头开展节约资源的活动。

加大环境保护力度。污水处理方面，力争8月底动工兴建第二批20项工程，2007年初建成首批16项工程及其截污主干管网，2007年底建成第二批20项工程。垃圾处理方面，力争8月底前动工兴建全市危险废物处理工程和长安、虎门、山区片、水乡片垃圾处理工程；年底建成全市医疗垃圾集中处理中心和全市潲水集中处理工程。启动麻涌、洪梅等9个环保专业基地的建设，迁入一批重点污染企业，实行集中建设、集中治污、集中管理。依法整治全市1252家重点污染企业，做到关闭一批、搬迁一批、管好一批；整治内河涌污染，重点是东莞运河和流经镇、村中心区河段；整治大气污染，下半年全面启动脱硫工程、机动车尾气污染整治工程以及饮食业油烟污染整治工程。

切实加强生态和资源保护。巩固“全国绿化模范城市”成果，创建“国际花园城市”。抓好生态环境建设重大工程。建立东莞市基本生态控制线。建设2.5万亩水源涵养林工程，营造农田林网50公里，道路绿线300公里，山上造林2.5万亩，封山育林20.5万亩，建设城市公共绿地1.5万亩，营造红树林650亩。坚持依法用地、集约用地和按规划用地，全面加强土地资源管理，严格保护耕地，盘活用好闲置土地，严格执行省委关于征地工作的“三条红线”制度，严厉打击违法用地行为。整治复绿已关闭的采石场。严禁非法采沙。加强海洋资源保护与管理。

做好人口与计划生育工作。推进人口和计划生育综合改革，建立和完善“依法管理、村（居）民自治、优质服务、政策推动、综合改革”的管理机制，稳定低生育水平，控制人口增长速度，改善人口结构，提高人口素质。综合治理出生性别比偏高问题。加强流动人口计划生育管理和服务。落实计划生育养老保险制度。

## 五、加强社会综合治理，维护稳定和谐

完善信访工作机制。全面贯彻落实《信访条例》，健全市、镇、村（居）、组（企业）四级信访工作网络，认真排查调处矛盾纠纷，探索建立解决信访问题的长效机制，切实做到调处到位、防控到位、宣传教育到位，从根本上预防和减少群体性事件的发生。

完善治安工作机制。坚持重点防控，切实加强城乡结合部、“城中村”、出租屋和无固定职业流动人员的管理，及时消除治安隐患。坚持专群结合，广泛动员社会参与，整合治安、保安、义务巡逻队等资源，健全群防群治体系。坚持科技强警，积极推广自动报警系统和视频监控系统，年内在全市建成1700个视频监控点，筹建全市情报信息平台，逐步为所有巡逻警车安装全球卫星定位系统，全面提高110快速反应能力。年内招收1000名文职人员用于非执法岗位，从公安机关精简1000名警力下沉到基层，将现有的153个派出所合并为110个，逐步实现全市巡警人数达到民警总数的20%、基层警力达到总警力的85%、576个社区警务室都至少有1名民警专职负责。发挥公交刑警的作用，打击站场和车厢犯罪。加强各种警力协同作战，坚持“严打”整治，从重从快打击“两抢一盗”、黑恶势力以及严重暴力犯罪等。确保年内社会治安状况有明显改善，否则，市政府要向全市人民道歉。

完善就业再就业机制。大力实施“创业东莞”工程，市政府安排10亿元，用于推荐就业补贴、企业岗位培训补贴、技能人才奖励、村（社区）促进就业奖励等。加快建立促进就业创业工作机制，完善积极就业政策体系和配套措施。继续抓好劳动普法执法工作，提高企业法制观念。保护外来劳动者的合法权益。解决外来劳动者当中的高级技术工人和管理人员入户问题。启用全市工资监控、监察信息系统，加快建立企业守法诚信档案制度，推行重大劳动违法行为社会公示制度，抓好源头防范整治，大力查处拖欠工资等违法行为。进一步落实劳动合同制度，督促企业严格执行最低工资保障制度，建立健全劳动力市场工资指导价位制度，完善企业工资分配管理。将劳资纠纷信访情况列入镇村年度工作量化考核评比。

完善社会保障机制。提高农（居）民基本养老保险基础养老金标准，7月起启动农（居）民基本养老保险与职工基本养老保险统筹发展。继续完善职工基本养老、基本医疗、工伤、失业、生育等保险制度，督促全市各类企业依法为劳动者落实参保缴费，适度扩面征缴。健全城乡统筹的社会救助体系，加大对社会救助的财政投入，切实解决农村“一保五难”问题。积极发展残疾人事业。

完善安全生产监管机制。建立健全各项突发公共事件应急预案，提高政府处置突发公共事件、保障公共安全的能力。建设覆盖全市的气象监测警报网络。立足防范，把亿元生产总值死亡率、工矿商贸从业人员十万人死亡率、道路交通万车死亡率等指标纳入经济社会发展考核指标体系。落实安全生产责任制，强化机构、信息和制度建设，健全安全生产网络，加大安全生产公共投入。加大执法力度，大力整治安全隐患，重点抓好学校接送车、采石场、危险化学品、水陆交通、建筑施工、食品药品、人员密集区、出租屋与“三小”场所等专项安全整治。

## 六、加强文化新城建设，促进全面发展

大力弘扬现代文明。认真学习贯彻胡锦涛总书记有关讲话精神，引导干部群众树立“八荣八耻”的社会主义荣辱观。继续深化“爱国、守法、诚信、知礼”的现代公民教育，着力开展“文明东莞三有序”活动，促进全国文明城市创建工作。开展东莞城市精神大讨论。加强和改进未成年人思想道德建设。培养科学文明的现代生活方式，推进农民市民化。努力营造和睦相助、友爱向善、谅解宽容的人文环境，增强城市亲和力，促进多元文化的交融和包容。

推进教育现代化。加大对欠发达镇教育的扶持力度，争取年内新增省教育强镇4个。建立镇（区）教师工资保障机制。全面实行6周岁入读小学。今年秋季新学年开始，全市城乡户籍的义务教育阶段学生全部免收杂费。积极推进联合办学，调整中小学和职业学校的布局，进一步优化教育资源配置。开展全市高中招生考试改革和莞城区小学升初中均衡招生改革。加快示范性普通高中建设，争取6所学校早日成为“广东省示范性普通高中”。大力发展高等教育。推进松山湖虚拟大学园建设。抓好职业教育的调整、充实和提高。挖掘公办学校潜力，扶持和规范民办学校发展，积极解决非户籍常住人口子女入学问题。坚持人才培育和人才引进并举，打造人才强市。

繁荣文化事业和产业。全面推进“图书馆之城、博物馆之城、广场文化之城”建设，继续举办“东莞读书节、东莞学习论坛”等活动，组织实施共享文化阳光工程。完善并经营好市、镇、村（社区）三级文化设施网络，抓好可园传统文化园区筹建工作。扶持重点文学艺术创作项目，鼓励社会办文艺团队，繁荣文艺创作。提高公益文化项目招商效益，规范基层文化建设考评。大力发展企业文化、乡村文化和节日文化，丰富

群众文化生活。进一步放开文化产业经营领域，努力提高文化产业规模化、集约化和专业化水平。积极稳妥推进市属文化单位改革，强化对文化市场的监管，推进文化事业与产业协调发展。积极繁荣发展哲学社会科学事业。

**发展卫生体育等各项事业。**加大投入，全面推进公共卫生“一个机制三大体系”建设，扎实做好艾滋病、高致病性禽流感等传染病和职业病的防治以及食品卫生的监管工作。坚决打击非法行医行为，保障群众的就医安全。深化医疗卫生体制改革，大力发展社区卫生服务和农村卫生服务。抓好群众体育健身设施建设，引导群众参与科学健身活动。努力提高竞技体育水平，争取在今年的省运会上取得好成绩。办好广东省第七届大学生运动会。全面贯彻新修订的《妇女权益保障法》，切实保障妇女和未成年人的合法权益。继续做好国防动员、民兵预备役和双拥工作，争取实现“全国双拥模范城”六连冠。认真做好民族、宗教、外事、侨务、台务、统计、气象、人防、打私、档案、方志等工作。

**加强政府自身建设。**继续推进科学行政、民主行政、依法行政和廉洁行政。大力改进机关作风，加强行政监察，建设电子政务，提高行政效能。加快事业单位机构改革。完善镇村财务管理。深入推进廉政建设和反腐败斗争，集中开展治理商业贿赂专项工作，坚决纠正损害群众利益的不正之风。发扬艰苦奋斗的作风，严禁奢侈享乐和铺张浪费。年内为群众办成十件实事：①明显改善社会治安状况；②全面解决农村“一保五难”问题；③促进城乡基础教育均衡化发展；④建成一批基础设施；⑤保护环境和生态；⑥促进就业和创业；⑦完善社会保障机制；⑧加强农产品质量安全检测；⑨全面启动水利防灾减灾工程建设；⑩保护外来劳动者的合法权益。

各位代表，“十五”的辉煌使我们信心倍增，“十一五”的伟业更使我们豪情满怀。让我们高举邓小平理论和“三个代表”重要思想伟大旗帜，全面贯彻落实科学发展观，把握机遇，迎接挑战，团结拼搏，为全面完成今年和“十一五”的各项工作任务而努力奋斗！

▲ 东莞市第十三届人民代表大会第二次会议在市会议大厦举行

# 政府工作报告

## ——2005年3月23日在东莞市第十三届人民代表大会第二次会议上

东莞市人民政府市长 刘志庚

各位代表：

现在，我代表市人民政府，向大会作工作报告，请予审议，并请政协各位委员和其他列席人员提出意见。

## 2004年工作回顾

过去的一年，我们认真贯彻邓小平理论和“三个代表”重要思想，树立和落实科学发展观，坚持开拓创新、团结拼搏，较好应对了供地困难、水电不足、用工短缺等问题，圆满完成了市十三届人大一次会议确定的各项任务。

——发展观念逐步转变。党的十六届三中全会提出了科学发展观，市第十一次党代会提出了“一城三创五争先”的工作新思路。我们认真学习贯彻，逐步树立起科学发展观和正确的政绩观，主动适应中央加强宏观调控的新形势，积极创新发展模式、创新发展环境、创新发展能力，促进了全市经济社会和人的全面发展。

——综合实力持续增强。全市生产总值1155.3亿元，比上年增长19.6%；固定资产投资427.8亿元，增长34%；社会消费品零售总额389亿元，增长15.1%；进出口总额645.2亿美元，增长24%，其中出口351.9亿美元，增长26.1%；财政总收入259.1亿元，增长25.5%，其中市地方财政收入82.6亿元，增长22.5%；年末本外币各项存款余额2576.9亿元，比年初增长15.2%，各项贷款余额1450亿元，增长16.3%。东莞综合实力跃居中国百强城市第十二位、地级市第一位。

——城市品位显著提升。荣获“中国综合实力百强城市”、“中国最佳魅力城市”、“中国最具经济活力城市”、“中国优秀旅游城市”、“全国双拥模范城”、“全国科技进步先进市”、“全国无偿献血先进城市”、“国家电子信息产业基地”、“国家篮球城市”等称号，还通过了创建“国家卫生城市”的国家考核。东莞在国内外的知名度迅速提高，制造业名城、生态绿城和文化新城的形象深入人心。

——宏观调控取得成效。经济社会在调整中发展，在发展中提高。固定资产投资增速比上年回落32.7个百分点，金融机构贷款余额增速回落12.8个百分点。居民消费价格总水平涨幅控制在3.0%。三大产业比例由上年的3.0：54.0：43.0，调整为2.4：55.4：42.2。全年城镇居民人均可支配收入20526元，增长11.1%；农村居民人均纯收入9083元，增长7.1%。

总结我们的工作，主要是抓好“七个统筹”：

### 一是统筹城乡发展，加快城市化进程

加快城市建设步伐。编制完成中心城区公共停车场等多项规划，审批通过多项镇（区）总体规划和详细规划。建成市行政办事中心、会议大厦、高级中学、图书馆等12项重点工程，组织民间资金建成第一国际、会展酒店等项目，完善了城市新区功能。改造市域四条主干道和市区一批马路，建成松山湖大道、环城路等，新增公路通车里程71公里。投资7.67亿元新建改建供水工程。评出东莞新八景和文物八景，重建修缮部分景点，改善了市容市貌。

加大城市管理和经营力度。实施城市管理强化工程，重点整治卫生、交通等问题。建立市区、镇和跨镇三级公交服务体系，市区城巴线路覆盖环城路以内95%的主干道；26个镇实施镇内公交发展规划，已投放运力771辆。完善土地收购储备工作，全年收购、征用土地333亩，储存总量1.4万多亩。完善有形土地市场交易制度，一级、二级市场共出让、转让6235亩，总成交价30亿元。公开出让17个石场的开采权，总成交价1亿元。公开出让大型立柱广告经营点使用权，收入1087万元。

加快推进农村城市化。重点在8个中心镇开展“村改居”，累计完成100个村的改制，占当年符合改制条件村总数的56.8%。稳步推进农村股份合作制改革，155个村、726个组完成改制，分别占全市总数的27.7%和29.3%。积极推进植树绿化、环境净化和旧村改造工作，全年改造旧村16个，完成拆迁面积3.6万平方米，在建农民公寓村14个，建筑面积126万平方米，入住农户1110户。

### 二是统筹经济增长的速度质量与效益，优化产业结构

推进农业产业化。培育壮大农业龙头企业，新增国家重点农业龙头企业1家、市级2家。全市龙头企业总产值7亿元，带动农户1.8万户。实行粮食工作责任制考评，落实农民种粮直补政策。全年粮食播种面积8.1万亩，总产3万吨。全市农业总产值44.2亿元，比上年增长1.8%。

坚持以信息化带动工业化，以工业化促进信息化。制订经济社会信息化规划，加快建设信息化基础设施，完善全市电子政务平台，建成东莞企业信用网。优先发展以电子信息产业为主导的高新技术产业，大力实施制造业信息化、绿色化和标准化工程，积极应用高新技术和先进适用技术改造提升传统产业，培育印刷、玩具等特色产业，淘汰落后产业。新增省级高新技术企业53家，累计201家；新认定省级民营科技企业70家、市级200家。投入技术改造资金41亿元，重点支持大中型企业、装备制造企业以及电力企业的技术改造。产业发展的质量和效益得到提升。

提高三产发展水平。大力发展现代物流业，抓紧编制商业网点规划。引导会展业健康发展，举办各类展会66场，交易总额350亿元。整合推介旅游资源，改善旅游设施，提高旅游接待能力和服务水平。旅行社增至26家，星级酒店增至85家，其中五星级13家。全年接待游客1131万人次，旅游总收入85.7亿

元。深化地方金融机构改革，引进首家外资金融机构星展银行东莞代表处，发展利用资本市场，防范化解金融风险， 全市金融机构不良贷款率降到7%以下。

## 三是统筹对内发展和对外开放，推进内外源型经济协调发展

掀起民营经济发展新高潮。落实培育发展“两自”企业的政策措施，引导民营企业走“品牌强企”和“科技强企”之路。全市民营企业新创国家级、省级名牌产品和驰（著）名商标41个。向民间资本开放一批环保、交通、能源、文化等项目，建立健全民营融资辅导中心等机构，协助组建民营企业集团30家，累计60家。积极引导民营企业“走出去”，新增民营进出口企业407家、民营境外投资企业2家。年末全市注册个体户和私营企业24.7万户，增长14.2%，注册资金447.9亿元，增长27%；全年上缴各项工商税收45.2亿元，增长34.7%，占全市的19.8%。全市有17家企业入选2004年“中国民营企业进出口百强”，并包揽前三名，3家企业入选“广东省百强民营企业”。

开创外源型经济发展新局面。创新招商方式，主动联合香港等地有关机构，赴国外推介招商。提高引资门槛，严禁擅自建设无项目标准厂房，有效提升了我市利用外资的质量和水平。全年新签外商投资项目1423宗，比上年减少101宗，但合同利用外资41.3亿美元，增长26.9%；实际利用外资30.3亿美元，增长18.4%。新签投资额超千万美元的项目45宗，增加12宗。新增世界500强企业的投资项目4宗。推行加工贸易电子联网监管，完善集中服务日、关贸协调会议等制度，建立与世界500强企业合作协调工作机制，促进了现有企业增资扩产。全年增资扩产项目8487宗，增资合同金额25.9亿美元，分别增长1.8倍 和56.5%。扩大引资领域，引进了港澳服务业投资项目19宗，引进了深圳、上海、天津等市企业投资项目一批。全面落实出口退税改革政策，促进了对外经贸发展。

## 四是统筹区域发展，扶持龙头和中心以及欠发达地区

打造三大龙头。认真贯彻中央宏观调控政策，整合、撤并、压缩全市工业园区，重点开发建设松山湖科技产业园、虎门港和东部工业园。松山湖科技产业园建成100多公里道路沿线的水电、通讯、绿化等工程，建成100多万平方米的公共配套建筑，引进上规模、高档次项目32宗，引进留学生企业和科研机构30家，协议引资10多亿美元。虎门港进一步理顺了各方关系，首个深水码头获得国家核准，引进投资项目8宗，总投资31.2亿元，全年港口货物吞吐量2600万吨，增长10.5%，出入境旅客40多万人次，增长98.2%，征收关税12亿元。东部工业园也积极整合报批。三大龙头的顺利开发，带动了周边地区发展，较好地实现了全市东中西三线联动的战略设想。

扶持欠发达地区加快发展。扶贫工业基地建设方面，发放扶贫贷款9.1亿元，支付贷款贴息6959.2万元，返还用地收费3685.6万元，帮助11个欠发达镇新建厂房81.2万平方米，新增企业190家、投资总额75亿元，为镇级财政增收1.8亿元。基础设施建设方面，发放2840.9万元，支持欠发达村和革命老区改善基本生产生活条件；发放2085万元，支持26个欠发达村开展联合办学。债务化解方面，通过闲置土地处理、债务重组等方式，帮助镇村化解债务4.6亿元，81个欠发达村资产负债率52.2%，下降7.3个百分点，26个欠发达村实现脱贫。结对帮扶方面，帮扶单位共援助欠发达镇村资金2045.3万元，7980名干部参与“千干扶千户”活动，捐助资金641.6万元，解决实际困难4679宗。欠发达地区利用外资和工商税收等多项经济指标的增速，超过先发展地区。

支持中心城镇发展。及时减免和返还各中心镇税费；督促加快编制总体规划，已有7个中心镇的总体规划通过市政府审批；加快建设常虎高速、东部快速和西部干道，支持常平镇改造东莞东火车站广场，增强了中心镇的聚集和辐射功能。

## 五是统筹人与自然和谐发展，建设生态绿城

全面铺开整山工程。按照整体规划、分区建管、保护生态、分期开发、路网先行的原则，建设黄旗山、水濂山、大岭山、大屏嶂、同沙等五个森林公园。全年完成投资3.6亿元，建成车行道路52公里，步行道路39公里，出入口和广场18个，景点17个。

加快建设环保基础设施。编制完成环保规划8项；投资7.9亿元，建成市区污水处理厂二期、樟村水质净化厂等污水处理工程9项，新增日处理能力287万吨；扩建了厚街垃圾焚烧发电厂，完成了市区、横沥两座垃圾焚烧发电厂的土建工程和16家污水处理厂的BOT招标。全市污水处理率提高到12.4%，垃圾无害化处理率提高到9.5%。

加强环保综合整治。清理养殖场3812个、生猪26.8万头，整治内河涌61条（段）共195公里，清拆窝棚窝点3535个共41.4万平方米，复绿采石场90个共9.8万平方米，关闭和拆除水泥厂34家。拒批选址不宜、污染严重的项目431个，实行“三同时”验收项目620个，征收排污费6789万元，查处各类环境违法案件460宗。建成石马河调污工程，有效保护东江水质。扎实推进城乡水利防灾减灾工程建设，被省评为先进。

## 六是统筹改革发展与稳定，构建和谐东莞

坚持以改革促发展。深化企业改革，完成一般竞争性领域市属企业转制39户，支持市属资本全资控股企业做大做强。撤并9家市属资产经营有限公司为1家，着力解决市属关停企业债务等问题。深化农村税费改革，在全省率先免征农业税，实现农民税费零负担。深化财税体制改革，实施全口径预算管理，国库集中收付制度推广到所有政府组成部门及其下属单位。审核财政投资项目159宗，核减不合理支出6.3亿元。深化政府机构改革，理顺职能关系，精简审批事项。改革公务用车制度，拍卖市直单位原有车辆，发放公务交通补贴。清理评比达标表彰项目199个，撤销90个。完成30个单位（项目）的审计监督。推进投融资体制改 革，加强投资管理，遏制盲目投资。深化价格和收费改革，取消行政事业性收费12项，减轻了企业和群众负担。

坚持以稳定保发展。加强公安队伍建设，新增公安编制2700名。狠抓社会治安综合治理，开展打击街头犯罪等多次专项行动，全年侦破刑事案件数比上年增长20.1%，破案率提高3.8%。改革出租屋及租住人员管理模式。落实人口与计划生育工作责任制，全面完成省下达的任务，户籍人口出生率10.86‰，自然增长率5.96‰，计划生育率93.48%。高度重视信访工作，建立处理信访突出问题及群体性事件联席会议制度和信访督查专员制度。落实安全生产责任制，加强宣传和培训，提高注册安全主任和特种工持证上岗率，全年检查和整改各类事故隐患3000多宗，有效遏制了重特大安全事故的发生，

全市安全生产主要指标全面下降。继续整顿规范市场经济秩序。加强食品安全管理，初步建成农产品质量检测体系。坚决打击走私贩私，全年查处案件348宗，案值23.2亿元。清理兑付拖欠农民征地补偿款1.45亿元。清还拖欠和克扣的农民工工资9863万元。清退办理暂住证过程中的乱收费157万元。查处公路“三乱”问题18宗。积极推进征兵、人防、民兵预备役、国防动员教育工作，扎实开展双拥共建。

坚持在发展中求稳定。出台改制企业职工安置配套新政策，保障了企业五类人员、退休干部及其他弱势群体的利益。建立全市统筹的农（居）民基本医疗保险制度。年末全市各项保险参保人数达643.8万人次，比年初增长21.2%。提高城乡居民最低生活保障标准，发放低保金3652万元。帮助630户困难群众修建、改造住房2.8万平方米。市镇公共就业服务机构免费推荐就业2.6万人次，提供免费和资助性就业技能培训8876人次，帮助1.7万多人成功就业。年末城镇登记失业率为1.7%。

## 七是统筹经济社会发展，打造文化新城

加快发展文化事业和产业。创新文化发展观念和工作思路，实施文化与群众、文化与经济、文化与城市的零距离行动。创新文化发展机制，实行管文化与办文化分离。在全国率先举办公益文化项目招商，签约项目73个，金额4360多万元。制订市属六大文化设施筹建运作方案，建立基层文化建设考评制度，促使基层文化建设取得突破性进展，全市有24个镇（区）文化站被评为省特级文化站，比上年增加了1倍。全市举办各类文艺晚会478场、专项文艺比赛225个、文化展览288期，参与人数200多万人次。全市138个文化广场举办广场舞活动1.4万场次，广场推介活动122次，参与人数1000多万人次。创新鼓励扶持文艺创作的政策措施，颁发了首届东莞文学艺术玉兰大奖，设立五大文艺创作基地，本市文艺作品赢得25个国家级奖项和61个省级奖项。加强文物资源的挖掘、保护和整合利用，公布不可移动文物79处及其保护范围和建设控制地带，编印《东莞历代书画选》。加强文化市场管理，全年受理群众投诉举报460宗，出动稽查625次，办结案件392宗。创新舆论宣传方式，开设东莞论坛，开通东莞有线数字电视和东莞电台阳光网站，重点加强了公务员和未成年人等群体的思想道德建设。新闻出版、档案方志等工作也取得新的成绩。

大力实施科教兴市和人才强市战略。组建市科技投资担保公司，为企业解决发展资金2.3亿元，其中科技企业占65%。举办东莞国际科技合作周，组织民营科技企业深入著名高校洽谈，推动了产学研合作。推进创新平台建设，新增省级企业工程技术研究开发中心3个、市级10个、省级企业技术中心2个、专业镇技术创新平台和信息化平台各1个。优化市属学校布局，扩大东莞中学等名校规模。普通高考录取率96.9%，创历史新高，连续两年居全省地级以上市第一位。创建省教育强镇4个。建立人才资本产权激励制度，成立镇（区）人才服务站，增设人事代理点，改善了引智环境。举办第二届东莞发展与百名博士创业洽谈会，建立我市首个企业博士后工作站，加快了引智步伐。全年引进各类人才11.9万人，全市人才总量达到71.2万人。

积极发展卫生体育等社会事业。制订公共卫生体系建设规划，市、镇（区）和医院三方投资，加快建设相应机制、队伍和设施。年末全市持证医疗机构1074家，医疗卫生技术人员2.1万人，床位1.1万张。依法整顿和规范医疗市场，查处和取缔非法行医窝点2241个，清理无证行医人员665人，没收非法行医药品药械价值211.5万元。成功预防高致病性禽流感。广泛开展群众性体育活动，努力提高竞技体育水平，全年举办市级运动会9次，镇（区）、部门级运动会10次。莞籍运动员夺得国际赛金牌49枚、亚洲赛金牌1枚、全国赛金牌34枚、省赛金牌93枚。积极发展体育产业，现有注册体育健身企业500多家，经营项目27个；体育彩票销售收入1.5亿元。积极参与泛珠三角区域合作，与广西北海市结为友好城市。积极开展对口帮扶，援助河池、韶关和新疆、西藏等有关地区财物6765万元，援建学校27所，组织经贸合作项目一批。此外，还顺利推进了外事侨务、民族宗教、工青妇幼、台务、统计、残疾、老龄等工作。

各位代表！过去一年取得的成绩，是上级党委和政府以及东莞市委正确领导的结果，是全市人民、广大外来员工和驻莞部队齐心实干的结果，也与市人大、市政协的监督支持分不开，与香港和澳门特区同胞、台湾同胞、海外侨胞以及国际友人的关心帮助分不开。在此，我代表市政府，向所有参与、支持和关心东莞现代化建设的各界人士，表示衷心的感谢！

在看到成绩的同时，我们也清醒地认识到，我市经济社会发展中仍然存在一些问题，主要是：城市化滞后于工业化、社会发展滞后于经济发展、城市管理滞后于城市建设、人的素质提高滞后于经济社会发展。具体表现为：高消耗、高污染、低效益的粗放型经济增长方式没有根本性转变；资源供求矛盾比较突出，供地、供电、供水、用工不足；经济社会管理任务繁重，尤其是治安、交通、劳动和环保等方面压力很大，等等。对于这些问题，我们将采取更加有力、更加有效的措施，加快解决。

# 2005年工作安排

今年，是巩固和发展宏观调控成果、保持经济社会发展良好态势、实现“五年见新城”目标、加强基层基础建设的关键一年。做好今年工作，对于全面实现“十五”计划目标，为“十一五”经济社会发展奠定坚实基础，具有十分重要的意义。

今年市政府工作的指导思想是：高举邓小平理论和“三个代表”重要思想伟大旗帜，认真贯彻党的十六大和十六届三中、四中全会以及省委九届六次全会精神，全面落实市委十一届二次全会的工作部署，坚持树立和落实科学发展观，坚持加强和改善宏观调控，坚持“抓落实、重提高、促发展”的方针，坚持“一城三创五争先”的工作思路，全面推进社会主义物质文明、政治文明和精神文明建设，确保经济社会全面协调可持续发展。

今年全市经济社会发展的主要预期目标是：生产总值增长15%，地方财政收入增长15%，工业总产值增长18%，固定资产投资增长20%，社会消费品零售总额增长12%，实际利用外资增长12%，外贸出口增长12%，人口自然增长率控制在6.8‰以下，城镇居民人均可支配收入增长8%，农村居民人均纯收入增长5%，居民消费价格总水平涨幅控制在3.8%以内。

抓好今年的工作，必须做好“四篇文章”。一是实施三个创新：继续创新发展模式、创新发展环境、创新发展能力。二是抓住三个关键：经济发展关键在科技，社会发展关键在管理，人的发展关键在教育。三是突出三个重点：巩固农村基层，深化社会管理，构建和谐东莞。四是推进三个转变：转变发展观念，转变政府职能，转变工作作风。

要实现上述目标任务，必须着重抓好“八个提高”：

## 一、转变经济增长方式，提高经济质量和效益

从粗放型向集约型转变。加强和改善宏观调控，实施稳健的财政政策和稳健的货币政策。按照区别对待、有保有压的

原则，把好土地审批和信贷投放两道闸门，控制固定资产投资规模。按照“盘活存量、控制增量、提高质量”的原则，大力推进土地集约利用。依法处理闲置土地，盘活用好存量土地。凡市参与投资建设的道路和轨道交通沿线两侧150米范围内的闲置土地，原则上由市土地储备中心依法收购或收回。实行镇（区）领导班子任期建设用地总额控制。制定用地定额管理标准，实行用地投资强度控制。积极为符合供地条件的建设项目尤其是省市重点项目、影响较大急需上马的薄弱环节项目、高科技高附加值产业项目提供用地。

从直线、高耗型向循环、节约型转变。广泛宣传循环经济的理念，大力实施省市联动“绿色制造、清洁生产”科技示范工程，以化工、漂染、电镀、造纸、家具行业以及工业固体废弃物综合处理利用企业为重点，推广“三废”综合利用、再生资源回收利用和可再生能源利用，培植一批清洁生产示范企业。严格限制高能耗、高物耗、高污染的产业，强制淘汰相关设备和产品。大力倡导节约能源资源的生产方式和消费方式，加快建设节约型社会。建立节水节能制度，研究实行梯级水价电价，推广应用节水节电器具。

从劳动密集型向资金技术密集型转变。严守引资最低限额和禁止擅自建设无项目标准厂房两个门槛，从“招商引资”向“招商选资”转变。加快构建区域创新体系，促进科技进步，提高经济效益。以松山湖科技产业园为依托，集聚国家、省和市科技资源，建设一批综合性服务平台，争取在软件、集成电路和生物医药等领域实现重点突破，加快培育高新技术产业。以东莞理工学院等高校为依托，在通信、微电子、新材料、生物医药等领域新建或扩建一批实验室，推进产学研合作。以专业镇为依托，重点建设家具、服装、物流等一批行业性技术创新服务平台，积极应用高新技术和先进适用技术改造提升传统产业。以科技企业尤其是“两自”企业为依托，组建一批企业工程中心和博士后工作站，提升企业研发能力。

## 二、加快调整经济结构，提高综合竞争力

推动内外源型经济发展协调化。一是推进大开放。实行重点跟踪制度，引导世界500强和国内外其他大企业到我市建立区域总部或投资性公司。用好国家和省市扶持政策，用好广交会平台，鼓励优势企业和产品率先“走出去”。优化服务，引导鼓励符合产业政策的项目增资扩产。不断完善通关设施，增加虎门港一类口岸作业码头，加快建设寮步车检场，组织太平客运口岸搬迁选址论证，争取开通东莞至香港直通货运列车。积极开展加工贸易联网监管系统的开发和试点，对所有加工贸易企业合同实行电子审批，争取对年出口超千万美元的加工贸易企业实施外经贸和海关联网监管。加快转变外贸增长方式，着力推动外贸从注重量的增长向以质取胜转变。积极优化出口商品结构，实施科技兴贸、名牌带动战略，支持有自主知识产权和自有品牌的产品出口，扩大高新技术产品、机电产品、农产品和服务产品的出口，提高传统出口商品的质量和附加值。妥善处理国际贸易摩擦和纠纷。二是推进大融合。把引进外资与提升我市产业结构和技术水平更好地结合起来，引导外资企业扩大本土原材料采购和产品内销业务，引导民营企业提升对外资企业生产经营的配套参与水平，积极开展对引进技术的消化吸收和创新。认真贯彻《国务院关于鼓励支持和引导个体私营等非公有经济发展的若干意见》，继续完善和落实促进民营经济发展的政策措施，提升民营经济整体素质和竞争力。三是推进大合作。积极参与泛珠三角区域合作，拓展发展空间。探索建设产业转移园区。积极参与西部大开发和东北地区等老工业基地的振兴。继续做好市外帮扶工作。

推动产业高级化和适度重型化。提升工业发展层次，重点扶持电子信息、电气机械、纺织服装、家具、玩具、造纸、食品饮料、化工制品等8大支柱产业，提高产业聚集程度，培育一批制造业特色名镇、名企业、名产品、名企业家和名技术专家。优先扶持50家装备制造业重点企业，努力在发展电气机械制造、汽车零配件、精密装备制造和精细化工等方面实现突破。加快发展以光电子、生物医药、新材料等为重点的高新技术产业，争取新认定省级高新技术企业50家、省级民科企业60家、市级民科企业200家。发展大商业，把商业作为未来城市竞争的着力点，加强规划，完善网络，提高档次。搭建大机构，引进跨国公司的采购中心、维修中心、研发中心和营销中心，大力发展以金融、物流、会展、旅游、信息等为重点的现代服务业。改善消费环境，扩大消费需求。认真落实中央一号文件精神，推进农业区域化布局、专业化生产和产业化经营。规划建设麻涌、中堂、桥头等农业生态园区示范点。争取再培育1—2家省级农业龙头企业。继续保护和提高粮食综合生产能力，确保粮食等重要物资的供需衔接。

推动企业规模化和协作化。坚持扶大引强，支持民营企业走优势互补、强强联合的道路，支持组建民营企业集团，引进和培育高科技、高效益、高附加值、高关联度的大项目。坚持扶优汰劣，不断增强中小企业的群体配套能力。用足、用好我市中小企业发展专项资金，推动中小企业技术改造和创新，加快服务体系和信用体系建设，提高中小企业的发展能力。通过广泛的专业化分工和社会化协作，延长和扩展产业链。

## 三、协调城乡发展，提高城市化水平

加强城市规划。成立城市规划委员会，建立和完善控制性详细规划批前公众咨询和批后公示制度；凡未编制控制性详细规划的地块，一律不予办理规划和用地等手续。继续抓好全市性规划和各镇（区）总体规划的编制工作。

加速构筑“三位一体”大市区。抓紧建设重点工程，继续完善城市中心区功能。续建群众艺术馆等10项工程，新建绿色世界公园等18项工程。做好市区、同沙和松山湖三大组团的连接。优化全市资源配置，促进资源向大市区集中。推进成熟社区建设工程，加强社区服务。四个街道办事处各建一个多功能社区服务中心，辖区至少50%的社区各建一个50平方米以上的社区服务站。四个街道办事处及其管辖的社区基本建立社区管理信息系统。

加快完善基础设施网络。供电方面，组织通明、东城等9台发电机组投入运行，新增装机容量152万千瓦；投资30.8亿元建设电网，新增主变容量1097万千伏安、送电线路329千米；加强电力需求侧管理与电源调度。供水方面，修订城市供水规划，抓紧进行东江筑坝与上移取水口两个方案的对比研究，制订并实施东江与水库联网供水方案，建设第二水厂扩建、第四水厂二期和第六水厂一期等工程，争取日供水量新增105万吨；加快建设厚街水道拦污挡潮工程。交通方面，上半年建成常虎高速和东部快速路，完成莞长、莞惠、莞龙、东深四条主干道改造；加快建设西部干道，改造北王、中麻等公路，开工建设环莞快速路一期、惠常高速谢岗段、莞深高速三期石碣段；积极与省协调，落实沿江高速、博深高速东莞段的建设项目；争取年内完成轨道交通的报批立项；加快客货运站场建设和管理；整治东莞水道42公里，报建万吨级港口泊位7个。此外，要加快建设液化天然气工程，加强燃气安全监管；完成固定电话网号码升8位。

加大农村城市化工作力度。稳妥推进农村股份合作制改革，注意防止任何组织和个人平调、侵占、哄抢、私分集体资产，避免造成集体资产流失和新的分配不公。在确保稳定和群众受益的基础上，积极稳妥地把具备条件的村委会改为居委会，并且切实转变其职能，落实各项社会管理和服务工作。继续推进城镇化三项工作，特别要引导农民建新村退旧村，多村合建节能省地型公寓。

## 四、克服薄弱环节，提高经济社会管理水平

堵塞经济管理漏洞。强化财政收支管理。推行镇（区）领导班子工商税收目标责任制。抓好重点税源和税种的监控，加强对娱乐、饮食、建材等行业的税收征管，打击偷逃骗税、走私贩私行为，切实做到应收尽收。纳入预算管理的市直行政事业单位要全面实行国库集中收付制度。完成市财政国库集中支付系统与市人大财经工委联网，主动接受其实时监督。强化国有资产管理，加快完善国有资本营运监管制度。加大对行政事业单位资产和政府物业管理力度。继续整顿和规范市场经济秩序。严厉打击制售假冒伪劣产品，保护知识产权。规范建设工程招标投标各方主体行为，建立建设工程保证担保制度。严厉打击建筑领域违法犯罪行为。深化价格改革，整顿收费秩序。加强地方金融机构监管，发展利用资本市场。加强农村集体经济管理，认真开展清产核资，清理和化解不良债务。启动“八镇百村示范工程”。

推进城市管理强化工程。借鉴先进地区经验，构建城市管理长效机制，改进城市管理。推进市政管理市场化，将下水道清淤、公厕管理、交通信号灯和标志牌管理等项目推向市场。加强建筑施工管理，确保文明施工和安全施工，尽量减少对周边生产生活秩序的影响。完善城市交通规划，加强交通设施建设和维护，撤并路桥收费站。落实公交优先发展战略，合理规划公交专用道，开设特快、直快公交。在部分主要路段增设隔离栏，渠化、改造交通繁杂路口，适当增建人行天桥、地下隧道及配套道路设施。市区增设停车位1000多个，设置停车场自动收费系统。继续整顿和规范运输市场秩序。

加强环境与生态保护。编制完成东莞市环境保护、创建生态绿城、大气污染控制、内河涌整治等规划。全面启动36家污水处理厂的建设，建成市区、横沥垃圾焚烧发电厂和全市医疗垃圾集中处理厂，兴建长安、虎门、清溪三项垃圾处理工程。分三个阶段全面整治养殖业污染，全年清理养猪场4443个、家禽场145个。整治一批重点内河涌污染，争取年底基本消除市区运河等主要河段水体“黑臭”现象。整治工业污染，确保9月底前全市电镀、漂染、造纸、制革四大行业236家重点污染企业全面达标排放。启动“国家环保模范城市”创建工作，力争明年达标。初步建成五大森林公园，营造沿海红树林带，保护生态用地，维护生态平衡。推进国营林场和市属水库管理体制改革。

加强人口与计划生育管理。围绕全面完成年度人口和计划生育管理目标，积极推行人口与计划生育工作综合改革，切实完善计划生育利益导向和层级动态管理机制，重点抓好落实生育节育政策、控制出生人口性别比升高、强化流动人口计划生育管理与服务等工作，稳定低生育水平，提高出生人口素质。

## 五、营造文明法治谅解宽容环境，提高社会和谐程度

提升社会文明水平。以创建“全国文明城市”为龙头，扎实推进群众性精神文明创建活动。进一步加强未成年人思想道德建设。深入开展“爱国、守法、诚信、知礼”现代公民教育和“三现代”教育，大力弘扬东莞精神。

推进基层民主政治建设。进一步健全村（居）民自治机制，推动基层民主政治健康发展。周密安排，统筹兼顾，依法做好村（居）委会换届选举。分批开展村（居）干部培训，提高其理论和业务水平。进一步完善村务公开和民主管理制度。深入开展村民自治示范活动。

大力整顿社会治安。转变“重打轻防”思想，把工作重点、警力配置、经费投入、考核奖惩等转移到预防为主上来。充分发挥人民调解和行政调解的作用，有效化解矛盾。完善出租屋及租住人员管理和服务，深入创建“和谐平安社区”。坚持严打不放松，依法打击严重暴力、“两抢一盗”和黑恶势力等犯罪，坚决清除“黄赌毒”现象。坚持专群结合，把政治强警、素质强警、从严治警和从优待警结合起来，不断提高公安队伍的战斗力；继续增招民警，充实一线警力；充分发动群众参与，推进多种形式的治安联防。试行110、119、122“三台合一”。

认真做好信访工作。积极宣传贯彻国务院新修订的《信访条例》，整合信访资源，建立市信访信息系统，并与省和镇（区）信访信息系统实现互联互通，进一步畅通信访渠道。引导群众依法信访，保护信访人的合法权益，维护信访秩序。进一步完善处理信访突出问题及群体性事件联席会议制度，健全信访督查专员制度、领导包案责任制，抓紧解决信访突出问题。结合“十百千万”干部下基层驻农村工作，各级领导干部要深入排查，积极消除不稳定因素，尽量把问题解决在基层、解决在萌芽状态。

切实加强安全生产。坚持“预防为主”，进一步健全市、镇（区）、村（居）、企业四级安全生产监督管理网络，重点建立镇（区）安全生产监督管理分局。大力推动安全生产工作重心下移，将安全生产责任制度、巡查制度、专项考核制度等全面落实到镇（区）、村（居）和企业，切实提高村（居）和企业注册安全主任持证上岗率。突出对重点企业、重点行业、重点地区的防范和整治，切实消除安全隐患，严防重特大事故发生。有林地的镇（区）要建立专业或半专业森林消防队伍。加强药品和食品质量安全管理，积极防治职业病。

## 六、发展教科文卫体事业，提高市民综合素质

推进科教兴市。加快建设东莞电子工业研究院，继续举办东莞国际科技合作周。统筹协调，改进科技三项基金和技术改造专项资金的分配使用方法，突出重点，提高实效。办好松山湖留学生创业园，建设松山湖大学科技城，争取再引进2—3所具有较强研发能力的大学，加快把松山湖建成全市的教育、科研和中介服务中心。优化教育资源配置，深化教育改革，创建广东省教育强镇12个。市镇财政增加对农村小学经常性教育经费的投入，进一步明确联办学校教育经费的筹措和管理办法。完善中小学收费管理，加强教育经费使用的监管。巩固发展普及高中教育成果，建成东莞中学松山湖学校、莞城三中新校区，争取东莞中学和市实验中学成为广东省第一批国家级示范性普通高中。鼓励有条件的学校实行初中与高中、职业高中与普通高中分离。推进学校素质教育，增强信息技术和英语教育特色。扩大10所省级以上重点中等职业学校的办学规模，继续推进镇办职业学校联合办学工作。规范发展民办教育，进一步解决好外来员工子女上学问题。积极发展成人教育和高等教育，争取全市高等教育毛入学率达53%以上。推进人才强市战略，积极实施育才工程、聚才工程，引进35名专家，提前两年

完成百名专家引进任务。

实施“五大工程”。深入推进学习型城市创建工程、现代市民塑造工程、城市亲和力强化工程、城市文化品牌打造工程和城市现代传媒建设工程，不断提高人的发展能力。加快建设报业大厦、岭南画院等重点文化设施，改造盘活原有文化设施，管好用好新建文化设施。继续深化文化体制改革，撤并组建市文化广电新闻出版局，成立市文化市场综合执法大队，按市场经济体制培育更多文化团体，搞活公益文化事业单位，大力发展文化产业。加强文物博物工作，保护东莞历史文化遗产。实施文艺精品战略，推动高雅艺术与大众文化迅速发展，丰富文化活动。加强文化市场管理，净化文化环境。积极发展哲学社会科学事业。

建设健康城市。完善公益性体育健身设施，发展社区体育，广泛开展群众性体育运动。办好市第六届运动会和全市机关运动会。拓展省运“争金”项目，提高竞技体育实力。科学组织篮球、龙舟等特色体育运动，巩固和发展东莞体育品牌。加紧筹建市体育运动学校新校区。发展体育市场，扩大体育消费，推进体育产业化。加快发展卫生事业，提高医疗卫生水平。落实市公共卫生体系建设规划，加快建设市人民医院新院、中医院、保健院、新涌医院、疾控中心实验综合楼等设施，完善相关工作机制，积极发展社区（村、厂、校）卫生服务站点。联合打击非法行医，规范医疗服务收费和药品购销秩序。加强疾病预防控制，积极防治艾滋病、禽流感等传染病。深入开展创建卫生镇、村（社区）工作，巩固和提高国家卫生城市创建成果。

## 七、推进民心工程，提高人民生活水平

健全社会保障体系。继续落实“十项民心工程”，认真解决群众看病难、子女读书难等问题。继续完善职工和农（居）民养老、医疗等社会保险制度，积极发展商业保险，建设多层次的社会保险体系。大力发展社会慈善事业和社会公益事业，积极探索敬老院的“公办民营”、“公办民助”等形式，争取两年内全市敬老院达到省级标准，五保户集中供养率达到80%以上。降低欠发达镇村低保金负担比例，市镇财政全额承担原由81个欠发达村负担的农民基本养老保险费和低保金；11个欠发达镇基本医疗救助金市镇分担比例由4：6调整为6：4；将基本医疗救助对象的保障范围扩大到五保户、重度残疾人、革命伤残军人、重点优抚对象及其他困难户，将低保家庭在读子女高中阶段的助学金从每年1000元提高到2000元。加大残疾人就业保障金征收力度，切实保护残疾人权益。推进农田水利设施建设，建成东莞大堤达标工程，提高城乡防灾减灾能力。发挥市和镇（区）社会捐助接收站作用，经常性接收社会捐款捐物。

加大扶贫工作力度。落实农村扶贫政策，推进欠发达地区与革命老区的水电路等基础设施建设和联合办学。市财政安排5815万元专项经费，支持全市262个自然村的公路建设，争取年底前村村通水泥公路。增加财政贴息6391万元，继续支持11个欠发达镇发展工业。

扩大就业再就业。加强舆论宣传，改革集体福利分配方式，引导全社会特别是农民转变就业观念。加快实施城乡统一的就业制度，推进农村劳动力转移就业，统筹做好流动就业、涉外就业的管理和服务。强化就业再就业工作目标责任制考核。市财政安排2000万元专项资金，落实再就业技能培训、社保补贴和岗位补贴、小额担保贷款等扶持政策。完善市镇公共就业服务体系，重点加强镇级就业服务平台建设。推广随岗培训、创业培训、订单式培训等有效方式，提高就业成功率。计划全年培训8000人，推荐就业1.8万人。调高企业职工最低工资标准至每月574元，督促企业贯彻执行，畅通投诉渠道，完善法律援助服务，完善工资拖欠预防和监督机制。

坚持为群众办实事。今年要抓好与人民生活密切相关、群众极为关心的10件实事：一是清理违章建筑、乱搭窝棚和养殖业污染，清理无证照经营；二是改善社会治安状况；三是改善供电供水状况；四是改善交通状况；五是初步建成省教育强市；六是提高绿化美化水平；七是建成三项垃圾处理工程；八是建成市农业检测防疫综合大楼；九是加强农民就业服务；十是保护外来员工合法权益。

## 八、强化政府自身建设，提高政府行政能力

重点推进科学行政。在继续抓好经济调节、市场监管的同时，更加注重社会管理和公共服务，切实投入更多的人力、物力和财力。进一步完善公众参与、专家论证和政府决策相结合的决策机制，保证决策的科学性和正确性。认真编制“十一五”规划。改进和完善政绩考核办法，探索建立政府绩效评估体系和经济社会发展综合评价体系。深化政府机构改革，继续推进电子政务建设和事业单位管理体制改革等工作。加强统计监督。建立健全各种监测、预警和应急机制，提高保障公共安全和处置突发事件的能力。扎实开展保持共产党员先进性教育和“理想、责任、能力、形象”教育，完善公务员选人用人机制和考核机制，加强公务员队伍建设。坚持和完善改进机关作风六项制度，提高政府行政效能。切实贯彻精简、高效、节约的原则，大力改进会风文风。

努力推进民主行政。坚持市长约见市人大代表、会见市政协委员制度，坚决落实市人大及其常委会的决议和决定，及时办理人大议案、建议和政协提案，积极支持市政协履行政治协商、民主监督、参政议政职能，主动听取各民主党派、工商联、无党派人士以及各人民团体的意见和建议。加强内部监督，支持监察、审计部门依法独立履行监督职责。加快建立健全新闻发布制度，设立各级新闻发言人，实行市级新闻发布会和专题新闻发布会制度，进一步接受群众和媒体的监督。

全面推进依法行政。认真贯彻国务院《全面推进依法行政实施纲要》。积极配合市人大及其常委会做好地方立规工作。深入开展行政管理体制、行政决策机制、行政执法机制、行政监督机制和法制宣传教育机制等方面的改革。严格按照法定权限和程序行使权力、履行职责、规范行为，做到有权必有责、用权受监督、侵权须赔偿、违法要追究。加快完善《行政许可法》的配套实施制度，推进行政审批制度改革。总结试点经验，在全市实行主要业务审批“一表通”。规范路上执法，确保实现全市公路基本无“三乱”。探索实行政府法律顾问制度。

深入推进廉洁行政。加快建立健全教育、制度、监督并重的惩治和预防腐败体系。坚决纠正农村征用土地、城镇房屋拆迁、企业重组改制破产等活动中损害群众利益的不正之风，严肃查处利用行政权、人事权、审批权等牟取私利的违纪违法案件。坚持艰苦奋斗、节俭办事，严禁奢侈享乐和铺张浪费。

各位代表！面对新的一年东莞现代化建设的美好蓝图，我们深感责任重大而艰巨；看到全市人民对政府的信任和支持，我们又充满了必胜的信心和力量。让我们高举邓小平理论和“三个代表”重要思想伟大旗帜，齐心协力，求真务实，锐意进取，为圆满完成今年的各项任务、加快建设现代制造业名城而努力奋斗！

# 创建国家卫生城市

1992年，东莞市提出创建国家卫生城市（下简称创卫），成立市创卫指挥部。2002年，为加强对创卫工作的领导，成立市长挂帅的领导小组；8月，召开全市创卫动员大会，会议明确了各单位的工作任务，30个创卫责任单位的负责人与市政府签订创卫目标责任书。2004年，市政府重新调整和充实创卫领导小组，由市委副书记、市长担任组长，市委常委、市委宣传部部长和分管城建、卫生工作的副市长任副组长，市政府副秘书长任创卫办主任；市政府从各有关单位抽调52人，充实创卫办的工作人员，组建创卫督导组，按照《国家卫生城市标准》要求将督导人员分成10个专业督导小组，对各单位、各行业和社区的创卫工作进行分类指导、检查督促；6月，市委、市政府再次召开创建国家卫生城市暨整治交通动员大会，强化目标责任制和责任追究制，把各项创卫任务细化、具体化，并分解落实到各有关单位，要求按期完成。

在创卫活动中，东莞市加快城市建设的步伐，建起以市中心广场、东莞大道为代表的新城市中心区；绿化、美化和亮化东江大道、莞樟大道、东城大道等12条市区道路，完善下水道系统，建成市区生活污水处理厂、樟村水质净化厂，全面翻新改造运河和东江大堤两岸，新建文化广场、旗峰广场等10余个城市绿化广场和一大批街头绿化休闲景点，旧城区街道两旁的建筑物进行“穿衣戴帽”等美化、亮化工程。结合村改居工程（村委会改为社区居委会），拆除、改造一批旧村，居民区新建了绿化健身小区。2004年，市政府投入2605.9万元，用于建设粪便处理厂、公厕、垃圾转运站、防蚊闸和果皮箱等环卫设施建设。据不完全统计，莞城、东城、南城、万江等共投入创卫经费5552万元，新建和改造公厕、垃圾转运站43间，修整内街小巷和下水道8600多米，安装了2700多个防蚊设施，购置了一大批环卫设备和果皮箱，完善了城市的基础设施。

截至2004年，新增大朗和塘厦镇创建成为“国家卫生镇”，石碣、厚街、万江、东城和南城等镇（街）创建成为“广东省卫生镇”，茶山、石排和谢岗镇成为“市卫生镇”，长安的锦厦等44个村委会（社区）成为“广东省卫生村”，大朗的洋乌等25个村委会（社区）成为“市卫生村”。东莞市有国家卫生镇7个，省卫生镇10个，市卫生镇9个，省级卫生村97个，省级以上卫生镇占镇（街）总数的54.8%（未计莞城），省级以上卫生村占村委会（社区）总数的17.3%。

2005年1月，东莞市通过国家的调研考核；4月6日全国爱卫会正式发文，命名东莞市为“国家卫生城市”；4月30日举行命名授牌仪式；5月20日，召开创建国家卫生城市工作总结表彰暨2005年爱国卫生工作大会。通过开展创建国家卫生城市活动，改善了东莞市的城市环境，提高人民群众的生活质量。

（施雪芬）

# 创建全国绿化模范城市

1991年，东莞市全面消灭荒山，实现绿化达标，成为广东省第二个绿化达标市，先后获“全国平原绿化先进单位”、“全国造林绿化先进单位”等称号。1994年以来，长安、厚街、常平、清溪等4个镇先后荣获“全国造林绿化百佳镇”称号；虎门南栅、厚街涌口等10个村委会先后获得“全国造林绿化千佳村”称号。1998年起，同时在公路、铁路、河流等交通要道全面实施“绿色通道”工程，以森林生态为主体，营造绿色屏障。1999年起，率先全面停止森林商业性采伐，同时大面积推广种植以乡土阔叶树为主的混交林，先后组织实施一系列林相改造工程，共完成林相改造和森林景观建设9493.33公顷，种植乡土阔叶树700多万株。2003年，围绕建设生态绿城的目标，展开创建全国绿化模范城市的工作，并已通过广东省绿委的检查和公示，由于指标的限制落选。2005年7月，东莞市委、市政府下发《东莞市创建全国绿化模范城市工作方案》，并专门成立东莞市创建全国绿化模范城市领导小组，由市长刘志庚任组长，市委副书记刘树基、副市长刘小梅、副市长梁国英任副组长，各有关职能部门和4个街道办事处等32个单位为成员，下设专门办公室负责各项日常工作，办公室由抽调相关单位的人员组成，成立宣传组、绿化督查组、资料组和后勤组共4个专职小组，并分别于7月14日、9月6日和9月30日3次召开全市创建全国绿化模范城市动员大会和工作会议。

近几年，市财政对造林绿化资金的年度投入平均达到2亿元以上。2004年市财政仅投入建设森林公园的资金就高达5.5亿元，各级政府投入造林绿化的资金达27亿元。虎门镇投资22多万元对广深高速公路虎门出入口周边闲置地进行绿化，补种了马占相思、尾叶桉等树苗38000多株，绿化面积达320亩；长安镇在高速公路出入口周边30亩的闲置地内补种灌木100多株；樟木头镇投资380多万元对樟木头大道中央隔离带及公路两旁绿化带进行全面绿化，绿化面积达到15万平方米，新种植9000多株乔木、6万多株灌木、11万平方米草坪。2005年新建或扩建公路包括东部快速、常虎高速、东深公路、莞龙公路、107国道、莞樟公路，其人行道、中央分隔绿化带、背景林等绿化工程，6条公路的景观绿化工程投入总资金就达9528.2万元，新种植高大乔木8.5万株、灌木9.7万株，新建绿地32000多平方米，新增道路绿线180公里，新增绿色景观5350亩，公路沿线闲置地复绿650亩。新城区建设留足绿地、旧城区建设只拆不建，在保留旧城历史遗迹的原则下，拆旧补绿，以公园、广场建设为板块，达到城市绿地均匀分布的效果，如莞城对东江大道及旧城区内绿化效果较差的路段进行绿化整治，在东江大道种植高6米、胸径30—40厘米的秋枫和爪哇木棉共157株，在西正路、市桥路、东正路和振华路等路段摆设垂叶榕大型盆栽200盆。全市建成大小公园、广场951个，面积2887公顷，市中心广场、坝头公园、金鳌洲主题公园、滨江体育公园、旗峰公园等一大批公园、广场经过新建、改建后呈现在广大市民面前，为广大市民提供了游憩的好去处，营造了良好的人居环境和生态环境。长9.8公里、绿地占72%的东莞大道，长约8公里的松山湖大道，30多公里的环城路，长60公里的滨江大道等一批绿化景观工程相继建成。同时完成了50公里的市区道路的绿化美化改造，改造后绿化覆盖面积比以往增加50%以上。市区道路主干道绿地率达42%，次干道绿地率27%。市区道路每2个月就进行一次全面的换花工程，更换全市道路63个渠化岛、总面积35500多平方米的时花，美化了全市的环境，营造了祥和的气氛。市区内居住新区绿地率达35%以上；旧区绿地率26%以上；学校、医院、休疗养院、公共文化设施、部队、工业企业等单位绿地率达36%以上。据统计，东莞市每年绿化管护费就要投入6333万元资金，其中，市区道路时花摆放及养护需投入1333万元，东莞大道的绿化养护费需投入640万元。

2006年3月31日，在全国造林绿化表彰动员大会上，国务院授予东莞市“全国绿化模范城市”的牌匾。东莞市成为广东省内，继深圳之后第二个获得这一称号的城市。　（施雪芬）

# 创建省教育强市

1996年，东莞市提出创建省教育强市的目标。2000年召开创建省教育强市动员大会。2001年将此工作纳入国民经济第十个五年计划。2005年，把优先发展教育、创建广东省教育强市列入十项民心工程；3月，市委、市政府印发《东莞市创建广东省教育强市工作方案》，成立东莞市创建教育强市工作领导小组；5月，召开冲刺动员大会；12月，广东省教育强市督导验收组正式对东莞创建工作进行督导验收，一致认为东莞已达到省教育强市的标准要求，同意上报省人民政府审批。

2002年以来，东莞市教育经费总投入大幅度增加。2002年，教育总投入20.6亿元，比上年增长28.3%，其中预算内教育经费（含城市教育附加，以下同）12.0亿元，增长45.1%；2003年全市教育总投入33.7亿元，同比增长63.3%，其中预算内教育经费22.7亿元，增长88.8%；2004年全市教育总投入41.7亿元，同比增长23.9%，其中预算内教育经费28亿元，增长23.5%；2005年，教育总投入超过50亿元。同时，为促进教育均衡发展，2002年以来，先后两次提高镇区中小学生人均包干经费拨款标准。2004年，东莞市小学、初中、高中生均教育事业费分别为3543.1元、5458.1元、9135.8元，分别比上年增长24.0%、25.2%、32.2%；生均公用经费分别为888.0元、1580.9元、2769.2元，分别比上年增长2.2%、38.0%、39.5%。此外，中小学教师年平均工资总收入也逐年提高，2002—2004年分别为42087元、50583元、55157元。

2005年，东莞市高等教育毛入学率达54.5%，已经超过广东省2020年实现基本普及高等教育的奋斗目标。截至2005年，全市有幼儿园511所；小学414所；初中94所（含九年一贯制学校45所）；特殊教育学校1所；高中阶段学校63所，其中普通高中（含完中）40所，中等职业学校23所（含职业高中17所，中专学校5所，技工学校1所）；高等院校5所（含电大）。全市在园幼儿11.1万多人，在校小学生48.1万人，在校初中生13.9万人，普通高中在校生5.2万多人，中等职业学校在校生3.3万多人，普通高校本专科在校生4.7万人，残疾儿童少年在校生465人。从2005年秋季起，东莞市还承担了开办内地新疆高中班的任务，首批80名新疆学生已入读东莞高级中学。此外，还有成人高等教育机构5个、乡镇成人文化技术学校32所、职工教育培训基地74个、民办成人教育培训网点1114个。东莞市3—6周岁幼儿入园率城市（城区）为100%，农村为94.1%，小学适龄儿童入学率达100%，适龄残疾儿童少年入学率小学达98.7%、初中达97.8%，小学毕业生升学率为100%，初中阶段入学率为99.9%，高中阶段入学率城市（城区）为100%、农村为91.8%，普通高中升学率为96.5%。2003—2005年，东莞市每万户籍人口升上普通高校人数分别为58.7人、67.7人、77.0人。2005年，普通高中毕业生参加高考1.3万人，第三批B线以上入围1.1万人，入围率达85.2%；全市普通高中考生参加高考录取率达95.0%，在全省21个地级以上市中排名第一。2005年，全市中小学、幼儿园在职专任教师共3.5万人，其中高级职称853人，中级职称7924人；获得国家级、省级荣誉称号的有239人。全市幼儿教师学历达标率为96.7%，大专以上学历占39.3%；小学教师学历达标率为99.9%，大专以上学历占87.2%；初中教师学历达标率为98.7%，本科以上学历占70.8%；高中教师学历达标率为95.7%，研究生程度（含课程班）占5.04%；中职教育教师学历达标率为89.5%，研究生程度（含课程班）占5.1%。

1981年以来，东莞市先后荣获“全国基础教育先进市”、“全国‘两基’工作先进市”、“全国农村教育综合改革先进单位”、“全国普及小学教育先进市”、“全国科教兴国先进市”、“全国特殊教育先进市”、“全国幼儿教育先进市”等称号。截至2005年，东莞市有中高等职业学校23所，其中国家级重点高等职业学校1所，国家级重点中等职业学校7所，省级重点职中2所，全市省级重点以上职校在校生人数占职业教育在校生总数的67.7%。全市有市级以上绿色学校（幼儿园）211所，其中国家级5所、省级50所、市级156所。全市省、市一级中小学共190所，其中省一级学校58所，市一级学校132所；共有省教育强镇23个，达到70%的镇区建成省教育强镇的省教育强市的验收标准。

2006年1月23日，省政府正式下发《关于授予东莞市“广东省教育强市”称号的批复》，明确表示“东莞市多年来努力创建‘广东省教育强市’，已达到了‘广东省教育强市’各项标准，并通过省教育强市督导验收组的验收，同意授予东莞市‘广东省教育强市’称号”，东莞市成为继深圳、佛山、中山之后全省第四个教育强市；2月17日，在东莞会议大厦举行东莞市荣获“广东省教育强市”称号授牌仪式。　（施雪芬）

# 落实科学发展观 实施“四项工程”

2005年7月22日，东莞市召开实施“四项工程”工作会议，市委、市政府审时度势，决定在全市实施“科技东莞”、“商贸东莞”、“平安东莞”、“创业东莞”四项工程，以此为抓手和动力，深入推进“一城三创五争先”发展战略和工作思路的实施。

## 一、实施“四项工程”的必要性、迫切性及其战略意义

（一）实施“四项工程”是东莞市落实科学发展观，推进“三创”战略的主要抓手。东莞市落实科学发展观，关键是要抓好“三创”（创新发展模式、创新发展环境、创新发展能力）工作。在总结一年多来“三创”工作的基础上，市委市政府进一步明确，要把实施“四项工程”作为深入推进“三创”工作战略的主要抓手。一是科技进步是创新发展模式的根本动力。过去相当长一段时间，东莞市靠拼资源的粗放型发展已难以为继，旧有发展模式带来的结构高风险、环境高代价、管理高成本等一系列矛盾和问题越来越突出。要从根本上解决发展中的矛盾和问题，必须依靠科技进步和创新，转变发展模式，改善经济运行的质量和效益。东莞的发展后劲在科技，东莞的可持续发展也在科技。创新关乎东莞兴衰，科技决定东莞未来。二是结构调整是创新发展模式的关键所在。推进经济结构的战略性调整，是经济建设的一项重要任务。通过结构调整，开拓经济发展的新路子，培育新的经济增长点，是东莞市创新发展模式的关键所在。当前东莞市结构调整的重点之一，是大力发展商贸服务业。实践证明，商贸服务业的快速健康发展是加快经济结构调整，保持一、二、三产业协调发展，促进国民经济快速健康发展的基本保证。三是平安稳定是创新发展环境的重要内容。稳定压倒一切。东莞经济要想在更高层次、更宽领域寻求合作、谋求突破，必须以更加安全稳定的社会环境为保障。通过建设“平安东莞”，促进东莞政治、经济、社会的稳定和谐，为加快发展创造良好的环境和条件。四是全民创业是创新发展能力的实现途径。经济发展的历史和现实均表明，培育创业意识，鼓励全民就业创业，是推动经济发展的原动力，是永葆经济活力的源泉。东莞正处在经济社会转型的关键阶段，最需要来自民众、植根基层的就业创业实践。

（二）实施“四项工程”是提高发展水平，增强综合竞争力的迫切需要。当前，区域经济竞争愈演愈烈，已经从以往招商引资的争夺转向科技创新、产业水平、综合环境、人民素质等经济社会发展更深层面的比拼。近年来，东莞的经济社会事业快速发展，但与落实科学发展观、构建和谐社会的要求相比，仍存在许多问题、差距和薄弱环节：一是在科技进步方面，自主创新能力较弱。二是在产业水平方面，第三产业特别是商贸服务业的发展还很不充分。三是在综合环境方面，东莞面临的最突出问题是维持稳定和治安形势比较严峻。四是在人民素质方面，东莞比较薄弱的环节是群众的创新精神和创业能力不强。这种状况如果不改变，东莞在今后的竞争中就会处于被动地位，落后于人，落后于时代。东莞要赢得竞争主动权、赢得未来，就一定要进一步增强实施“四项工程”的责任感和使命感，求真务实，真抓实干，使东莞在今后一段时期保持比较快的发展速度、比较好的发展质量、比较强的发展后劲，不断提高综合竞争力。

（三）实施“四项工程”是坚持以人为本，落实执政为民的具体行动。以人为本、执政为民的核心，就是要认真解决群众生产生活中的实际问题，满足人民群众日益增长的物质文化生活需要，努力促进人的全面发展。奔康致富是民心所求，更好生活是民愿所盼，平安稳定是民意所向，就业创业是民生所需。全面实施“四项工程”，千方百计解决好群众关心的热点难点问题，是广大人民群众的迫切要求，是坚持以人为本、执政为民的集中体现，是促进经济社会全面协调可持续发展的重要保障。全市各级各部门一定要从落实执政为民宗旨、构建和谐社会的战略高度，充分认识实施“四项工程”的重要性和紧迫性，落实好各项工作措施，使东莞经济更加发展、政治更加安定、社会更加和谐、人民生活更加安康。

## 二、实施“科技东莞”工程，建设创新型城市

今后一个时期，东莞市实施“科技东莞”工程的目标和要求是：以加大科技投入为导向，以引进创新、集成创新、自主创新为途径，以产业应用技术研发与推广为重点，建立完善区域科技创新体系，努力走出一条依靠科技进步增强综合实力和竞争力的新路子，实现在培育“两自”企业、加强自主创新、推动科技成果转化、提高产业竞争力等方面的新突破，形成新的产业、技术和经济优势，使东莞成为“两自”企业云集、高新产业群集、科技人才汇集的创新型城市。

实施“科技东莞”工程，重点要抓好如下几个方面的工作：

（一）加大科技投入，构建创新平台。科技决定东莞未来。没有科技投入就没有未来。东莞要大幅度地加大对科技的投入，重点构建创新平台，为科技发展提供服务与支持。一是建立多元化科技投入机制。要加大政府投入力度，引导企业增加科技投入，鼓励支持民间创业投资，建立起以政府投入为引导、企业投入为主体、风险投资为支撑、社会融资为基础的多元化投融资机制。东莞市财政计划从2006年起每年投入10亿元，连续五年共投入50亿元用于科技发展。二是建立行业技术研究开发中心。三是加强科技中介服务机构建设。

（二）抓好园区建设，打造产业载体。实施园区带动战略，使松山湖真正成为科技产业和知识经济发展的旗帜，成为

“科技东莞”的集中体现。一是以松山湖为依托，积极引进研发机构。要按照“研发服务中心、人才教育中心、企业总部中心、高新技术产业基地”的定位，抓紧抓好松山湖的开发建设。二是以松山湖为主体，建立科技产业化基地。三是以松山湖为舞台，大力培养和引进人才。特别要注重吸引高层次科研人员和出国留学人员来东莞投资创业，利用其掌握的先进技术和管理知识缩短东莞市与发达地区在科技、经济、管理等领域的差距。

（三）发展“两自”企业，增强创新能力。一是扶持培育“两自”企业。认真落实《关于培育发展自有品牌自主技术企业的意见》，支持企业开展技术创新活动和品牌创建工作，尽快培育一批成长性高的“两自”企业。引导民营科技企业建立现代企业制度，提高自主创新能力，逐步从来料加工、贴牌加工向自主技术、自有品牌转变。二是鼓励企业建立研发机构。三是推进产学研合作。四是大力发展工业设计。加快建设市工业设计研究院，整合工业设计人才、资源，完善工业设计信息服务网络。

（四）依靠技术进步，推进结构升级。一要积极发展高新技术产业。发挥产业配套优势，加快高新产业向产业链、价值链高端升级，推进从加工装配向设计制造转变。二要加快以高新技术改造传统产业。积极推进制造业信息化、标准化、绿色化，重点推广先进制造技术、工业智能技术、高效节能技术和现代管理技术，提高纺织服装、轻工机械、建筑材料、食品饮料等传统产业的装备水平、技术水平和工艺水平。提高企业开发、生产、销售、服务的质量和效率，增强竞争力。三要发挥科技对促进全面协调可持续发展的重大作用。大力推动人口与健康、资源开发利用、环境保护与生态整治、防灾减灾、社会安全保障、人居环境建设、社会服务和文化体育事业等领域的科技进步，加强农村科技工作，提高农业科技水平，加大科技扶贫力度，促进区域协调发展。

## 三、实施“商贸东莞”工程，推动东莞向工商业城市的战略转型

今后一个时期，东莞市实施“商贸东莞”工程的目标和要求是：按照“工业立市、商贸旺市”的构想，坚持“整合、提升、培源、固本”的八字方针，统筹部署和协同推进商贸服务经济的发展，重点提升商贸服务组织业态，发展一批大型商贸企业，打响一批商贸服务品牌，拓展新的市场消费需求，构建总量平衡、业态先进、结构合理、配套完善、竞争力强的现代化商贸服务业体系，形成大市场、大流通、大服务的格局，大幅度提高商贸服务业的规模、水平和效益，推动东莞从工业城市向工商业城市的战略转型。

实施“商贸东莞”工程，重点要抓好如下几个方面的工作：

（一）抓整合，做大东莞商贸服务业的规模。一是加强布局整合。要认真制订实施东莞市2005—2015年城市商业网点规划，强化对城市主商业中心、城市副商业中心、城镇商业组团、社区商业组合等四级商业功能区，综合型与专业型两类特色商业街，农产品、生产资料、其他商品三类市场以及会展设施、物流基地和星级酒店的发展规划，构建多中心、多层次、均衡分布、相互补充的组团式商业网点总体布局。二是加强结构整合。要大力发展连锁经营。按照组织规模化、管理规范化、信息网络化、物流配送化、服务标准化的要求发展连锁经营，整合供应链，优化价值链。要科学发展大型零售商业，要抓好商业街区的建设。三是加强功能整合。要增强商贸服务业提升城市形象的功能，重点抓好中央商务区的建设，加大中心商业街区改造的力度，增加商业设施的现代气息和文化品位，使之成为展示东莞商贸流通繁荣繁华的重要窗口，成为城市发展的亮点和名片。要增强商贸服务业支持生产发展和支持人民生活的功能。四是加强特色整合。没有特色就没有市场。各城市组团、各镇区发展商贸服务业，必须结合经济、历史、人文等因素，明确功能定位，形成独特的个性和形象。大中型连锁企业、餐饮服务企业、专业化批发零售企业都要努力形成自己的经营特色，以鲜明的特色增强竞争力。

（二）抓提升，提高东莞商贸服务业的水平。必须抓住行业重点，提升发展水平，增强综合竞争力。一是提高批发业发展水平。二是提高物流业发展水平。三是提高会展业发展水平。四是提高商贸企业品牌化、规模化水平。

（三）抓培源，增强东莞商贸服务业的聚射力。一是以富有东莞特色的文化商旅活动聚集人气。二是以“东莞制造”的品牌效应拓展国内外市场。三是以“城市白领”和“中产阶层”为重点把消费引导好。

（四）抓固本，打造东莞商贸服务业的品牌。一要打造诚信品牌。二要打造质量品牌。三要打造服务品牌。四要打造营商环境品牌。

## 四、实施“平安东莞”工程，建设和谐型城市

“平安东莞”中的“平安”，不是仅仅要求治安好、犯罪少的狭义“平安”，而是涵盖了经济、政治、文化和社会各方面宽领域、大范围、多层面的广义“平安”，追求的是民主法治、公平正义、诚信友爱、充满活力、安定有序、人与自然和谐相处。今后一个时期，东莞市实施“平安东莞”的目标和要求是：坚持以人为本、统筹兼顾、标本兼治、整体推进，把三个文明建设和社会治安、安全生产、公共安全等融为一个有机整体，着力构建严密的矛盾纠纷排查机制、有力的长期“严打”机制、完善的治安防控机制、有效的社会管理机制、强大的社会保障机制，努力确保社会政治稳定、确保经济运行稳健、确保治安状况良好、确保社会公共安全、确保人民安居乐业，实现东莞市经济、政治、文化、社会和谐发展，把东莞建设成为和谐型城市。

实施“平安东莞”工程，重点要抓好如下四方面的工作：

（一）强力除恶灭罪，确保治安平安。要全面落实“打、防、控、疏”的方针，努力形成多层次、立体型、全时空的社会治安防控体系，强力除恶灭罪，增强人民群众安全感。一是坚持严打保平安。要认真研究新形势下刑事犯罪活动的特点和规律，不断完善经常性的“严打”工作机制，始终保持对各类严重刑事犯罪的高压态势，坚决遏制刑事犯罪的高发势头，让犯罪分子胆战心惊，让人民群众放心信赖。二是加强防范保平安。强化出租屋和流动人口管理，加强特种行业、娱乐服务等特殊场所的管理，大力开展创建“平安社区”、“平安单位”、“平安镇街”活动，深入开展群防群治，营造全民皆警的治安工作格局。三是依靠科技创平安。抓紧规划建设市域电子监控网，加快建设电子地图、卫星定位、有线无线报警指挥调度通信系统，建设犯罪信息、交通信息、人口信息和刑侦信息等互联共享的综合信息系统，不断提高预防、发现和打击犯罪的能力。

（二）正确处理人民内部矛盾，确保群情平安。一是下大力气做好信访工作，引导群众以理性合法的形式表达利益要求、解决利益矛盾。二是加强矛盾纠纷排查调处。建立健全社会矛盾纠纷调处机制，把人民调解、司法调解、行政调解结合

起来，依法及时合理地处理群众反映的问题。三是妥善处置群体性事件。四是重视维护社会公平。要从法律上、制度上、政策上努力营造公平的社会环境，特别要坚持统筹城乡发展，完善社会保障体系和社会救助体系，加大后进镇村、困难群众的帮扶力度，逐步解决地区之间和部分社会成员收入差距过大的问题，促进社会公平。

（三）加强预警和防范，确保公共平安。一是完善公共安全应急体系。依法制订、完善工作处置预案，使公共突发事件、重特大事故的应急处置走向规范化、法制化。建立健全快速反应系统，有效动员政府组织、非政府组织、社会力量投入应急行动，切实提高全社会应对公共突发事件的能力。二是认真抓好安全生产。建立健全安全生产监管体系，及时排除各种安全隐患，坚决防止重大安全事故。三是强化社会管理和公共服务。要进一步推进政府职能转变，强化政府在教育、卫生、文化、体育、食品安全等社会事业方面的公共管理，改善公共服务质量。

（四）推进经济健康协调发展，确保经济平安。要正确处理速度与质量、结构、效益的关系，始终坚持“好中求快、稳中求进”方针，确保经济平稳健康发展，防止出现大起大落。一是切实提高经济发展的稳健性。建立健全应对技术壁垒、反倾销和产业损害预警的工作机制，提高企业应对非关税壁垒、规避国际经济风险的能力。加快推进财税体制改革，逐步完善公共财政体系，严肃查处非法金融活动和金融犯罪行为，有效防范和化解各类金融风险。二是努力改善生产要素的有效供给。合理开发和集约利用土地资源，加快电源电网建设，加强水资源的保护和利用，加强环境污染治理和生态建设。三是大力整顿和规范市场经济秩序。深入开展“四清理”工作。特别是清理违法用地的问题，要坚决采取严厉措施。依法惩治走私贩私、制假售假、商业欺诈、非法传销等各种经济犯罪行为。打击信息、计算机等新经济领域的犯罪。建立健全价格监测预警机制，规范和维护市场价格秩序。加快社会信用建设，加强质量监管，确保消费安全。

## 五、实施“创业东莞”工程，建设创业型城市

就业是民生之本，创业是富民之道。今后一个时期，东莞市实施“创业东莞”工程的目标和要求是：推动全市新一轮的思想解放和观念更新，以创业就业为主线，落实政策，健全机制，完善环境，扶持农民充分就业，帮助青年大胆创业，促进外来工岗位成才，推动全民就业创业，使东莞成为创业型城市。市委、市政府决定设立创业就业基金，由市财政每年拿出10亿元，连续实施五年。

实施“创业东莞”工程，重点要抓好如下四个方面的工作：

（一）培养全民的创业精神。要大力培育新时期的创业精神，积极弘扬“劳动为本、创业立身”的优良文化，倡导“人人是创业主体，人人是创业环境”的观念，营造创业创新的社会风尚，激活全民创业热情，激发全民创业动力，使创业成为东莞劳动大军的主旋律和最强音。要引导民众破除“等、靠、要”思想，树立自主创业、竞争就业的新观念；树立“处处是创业之地，时时有创业之机”的成才观；增强“走出家门，勇闯市场”的开拓精神；弘扬自强不息，艰苦奋斗、“敢为人先，勇创大业”的奋进精神。要优化创业环境，放宽创业政策，放开创业领域，放手创业实践，保护创业成果，使一切创业愿望得到尊重、创业活动得到支持、创业才能得到发挥、创业成果得到肯定，努力使东莞成为“创业乐园”。

（二）推进农民就业。要把农民特别是失地农民就业率作为各级政府、相关职能部门、基层组织政绩考核的重要内容。要大力推动农民思想观念的转变，树立劳动光荣、创业可敬的观念，丢掉幻想，立足自身，尽快走出一条就业创业之路。要加强对农民就业登记、就业培训、职业介绍和劳动保障调查登记、统计等就业管理工作，重点加强镇区就业服务平台建设，要进一步加大免费技能培训、资助性技能培训和创业培训的力度；要拓展就业渠道和就业领域，大力发展服务业；积极开发公益性就业岗位，优先吸收失地农民就业；要落实就业扶持专项资金，推进农民充分就业；要积极探索集体福利分配方式改革，进一步完善低保制度。

（三）鼓励青年创业。青年是东莞的希望和未来，创业是青年实现自身价值的永恒追求。要弘扬青春创业的时代精神，组织实施“青年创业行动”，使青年成为东莞创业的突击队和主力军。一是要降低创业门槛。加大对青年创业的项目扶持。二是要搞好创业服务，实施青年创业见习计划。加强对青年创业的指导，鼓励青年自谋职业、自主择业、自立创业，提高创业成功率。三是要强化创业激励。通过工资补贴、就业奖励等手段，积极鼓励本地青年到企业生产一线就业，积聚创业条件，提升创业技能。对在创业实践中做出突出成绩的单位和个人进行表彰奖励。

（四）引导外来工岗位成才。要在外来工中广泛开展“我是主人翁，我是东莞建设者”主题教育活动和各种关爱活动，引导外来工爱岗敬业，劳动致富，岗位成才，把外来工塑造成现代产业工人和建设现代制造业名城的生力军。开展“岗位成才、岗位奉献”竞赛活动，开展职业技能培训，着力提升外来工素质，推动职工队伍知识化进程。创造良好的就业环境，加大劳动执法力度，维护外来工合法权益，在全市营造一个关爱外来工、善待外来工、培育外来工的良好氛围。

（张锡麟摘编）

▲ 桥头镇一景

# “四清理”工作

为牢固树立和落实科学发展观，深入推进“一城三创五争先”的发展战略和工作思路，强化社会管理，努力营造民主法治、公平正义、诚信友爱、充满活力、安定有序、人与自然和谐相处的社会环境，2005年4月7日，市委市政府召开全市“四清理”工作会议，决定在全市范围开展以清理违法搭建、清理违法用地、清理整治养殖业和清理整治无证照经营为主要内容的“四清理”行动。

为切实加强对清理工作的组织领导，市委市政府成立了市“四清理”工作领导小组及清理违法用地、清理无证照经营、清理养殖业污染和清理违法搭建等4个专项行动领导小组。市委副书记、市长刘志庚担任市“四清理”工作领导小组组长，市委副书记李毓全，副市长周致纳、李小梅、梁国英分别担任4个专项行动领导小组组长。全市各镇（街）均成立了由镇（街）主要领导挂帅的清理工作机构。

为明确清理工作要求，市政府先后印发了《东莞市违法搭建专项清理工作方案》、《东莞市集中清理无证照经营专项行动工作方案》、《东莞市违法用地专项清理工作方案》和《东莞市畜禽养殖业污染整治工作方案》等政策文件，对清理整治范围、标准和具体要求作了明确规定。

“四清理”工作分四个阶段进行：一是动员摸底阶段（2005年4月7日至4月30日）。市委、市政府、各专项清理行动领导小组分别召开会议，研究布置清理工作；各镇（街）、有关单位和新闻媒体广泛宣传发动，摸底造册。二是集中整治阶段（5月1日至10月30日）。各职能部门齐抓共管，形成工作合力，深入开展清理工作；各镇（街）制定并实施辖区内清理整治行动方案。三是查漏补缺阶段（11月1日至11月30日）。各单位查漏补缺，对薄弱环节进行重点整治。四是检查验收阶段（12月1日至12月31日）。市组成联合检查组，对各单位清理整治工作情况和效果进行检查验收。

清理工作全面展开后，市委、市政府严格依法清理，稳妥推进工作。一是严格履行法定程序。在拆除行动前，派专人入户宣传，提前告知违法业主，并张贴限期拆除通告，要求限期搬离并自行清理；实施强制清理时，拍摄清理过程，并对暂扣的物品进行公证。二是依法突破清理难点。针对闲置地处置这一难题，市政府积极完善有关政策措施，先后出台了《加快处置闲置土地工作方案》、《关于加快收回闲置土地纳入政府土地储备的通知》、《关于加强土地闲置费征收使用管理的通知》等规定，严格依照政策法规进行清理。三是精心实施强制清理。加大环保监测力度，依法对11家持牌养猪场下达限期治理决定书；对不愿关闭且经限期治理不达标的养殖场，组织公安、城建、环保、农业、工商等部门统一行动，坚决依法强制拆除。针对非法网吧、地下加工厂、“三小”场所、无证诊所等社会危害性大、群众反映强烈的“老大难”问题，全市组织开展了三次各为期半个月的集中整治统一行动，对无证照经营现象比较集中的地区进行重点整治，对不符合市场准入条件或拒不补办证照的经营户，采取停水、停电等强硬措施，坚决予以取缔。由于严格依法，组织有力，强制清理工作总体上进展平稳，没有发生因暴力抗法而影响社会稳定的事件。

同时，市委、市政府突出以人为本，维护群众利益。一是出台补偿政策。为保障广大养殖户的切实利益，市政府颁布了《市审批的畜禽养殖场关闭搬迁补偿标准》，全市24个镇（街）也先后制定了具体的补偿措施，对自愿清理的养殖户进行适当的经济补偿。据统计，全市清理养殖业污染补偿资金为3.58亿元，其中，市补助资金1.59亿元，镇（街）补偿资金1.99亿元。二是制定暂缓清理措施。考虑到部分贫困养殖户的生活实际，对位于非禁养区内的生猪存栏量15头以下的属本地贫困户的养殖场，经批准后可暂缓清理。据统计，全市共有11个镇500多个养殖场列入暂缓清理范围，共有生猪10.3万头，家禽206.8万羽。三是积极解决养殖户的生活出路问题。全市各镇（街）纷纷出台政策，支持养殖户转岗就业，安排他们接受免费培训，并优先推荐就业。对生活困难的养殖户，部分镇（街）将他们纳入低保范围，减免其子女学杂费。四是积极疏导，引导无证照经营户规范经营。深入各村委会、市场、商场，采取集中办公、联合审批、上门服务、现场办公等方式，为群众提供“一站式”、“一条龙”服务。清理期间，全市共补办营业执照近7万户，大量无证照经营者走上了合法经营的正常轨道。

检查验收结果显示，除部分清理难点尚未突破、少数镇（街）清理进度稍显缓慢外，全市“四清理”工作总体完成情况良好，基本上达到了预定目标。

违法搭建清理方面：全市共清查出各类违法搭建13.3万宗，清理面积1612万平方米，其中，拆除各类窝棚8791宗，面积166.8万平方米；拆除楼顶阳台搭建物23015宗，面积106.7万平方米；拆除农用棚屋19927宗，面积172.9万平方米；拆除各类垃圾场330个；拆除各种废品回收站1219个。

违法用地清理方面：除闲置地处置外，其他指标全部实现：清查出的各类违法用地全部按“一地一册”和“一地一策”建立了处理台账，总处置率达100%；对符合完善用地手续条件的违法用地，完善手续率达90.1%；对不符合完善用地手续的违法用地进行复耕、复绿，复耕、复绿率达100%；4月7日以来，全市基本保持了违法用地案件零发案率。

养殖业污染整治方面：全市共清理养猪场14901个、生猪205.6万头，分别占摸底数的98.9%和96.8%；清理家禽场983个、家禽724.6万羽，分别占摸底数的94.9%和83%；全年实现削减畜禽养殖污水排放量855.4万吨、粪尿269.4万吨，相当于1000万人口一年的污染排放量。监测结果表明，东莞运河的主要污染指标的化学需氧量和总氮浓度从2005年1月份的每升45毫克、4.96毫克逐步下降为11月份的每升38毫克、4.26毫克；东莞运河及其他内河涌黑臭现象明显减轻，水环境质量和环境景观明显改善。

无证照经营清理整治方面：全市共清理无证照经营110649户，占调查摸底数的141.82%，其中补办营业执照69335户，取缔41314户，立案12526宗；从实地抽查情况来看，全市各镇（街）无证照经营比率均在5%以下，达到历史最低水平；全市市场主体数量在高基数的基础上实现了高增长，已突破35万户，达到351079户，比2002年翻了近一番，居全省第三，仅次于广州和深圳；出台了关于沐足和网吧经营管理的新规定，制定了《清理未登记市场及小饮食等行业无证照经营的实施办法》，有效促成“老大难”问题的解决，全市共清理无证照经营毛织、制衣加工厂1378户，清理小饮食店11071户，清理未登记市场67个。

出租屋、医疗文化和交通运输管理全面加强：创新出租屋管理体制。实施《东莞市出租屋及租住人员管理暂行规定》及13个配套性文件，建立了市、镇两级流动人员和出租屋管理机构。全市出租屋登记备案率保持在98%以上，部分镇（街）达到100%，共登记出租屋80多万间，租住人员200多万人。大力规范医疗文化市场。共出动卫生执法人员15992人次，检查医疗机构7556间次，取缔非法行医网点3466间次，清理无证行医人员3198人，移送公安机关案件78宗；共出动文化执法人员1925人次，开展大规模专项整治8次，检查各类文化主体1453个，取缔“影吧”、“网吧”400多家。大力整顿交通运输市场。共出动执法人员24462人次，检查各类机动车10万多辆次，查缴可疑车2万多辆，其中无牌无证1.2万辆、有盗抢嫌疑的8000多辆，查处挂非粤S车牌的摩托车2.6万辆，公开销毁1.4万辆。

通过近一年的清理整治，东莞市的社会管理工作进一步强化，市场经济秩序进一步规范，治安管理、用地管理、医疗卫生管理以及交通运输管理进一步改善，从而有力地促进了和谐东莞建设。（东莞市“四清理”工作领导小组办公室）

▲ 东莞大道

# NUMBER ONES OF DONGGUAN 东莞之最

虎门大桥

- 包揽全国综合实力百强镇第一、三、五名
- 城市竞争力、生活质量居全国地级市第一位
- 世界最大的玩具生产制造城

责任编辑：潘朝明

【全国综合实力千强镇最多的地级市】国家统计局2005年9月4日公布了全国综合实力千强镇排名，东莞市28个镇全部上榜，是全国千强镇最多的地级市，其中虎门镇名列千强镇第一位，长安镇、塘厦镇分别居于第三位和第五位，常平、厚街、凤岗、清溪、寮步、石碣、石龙、樟木头等8个镇进入百强镇之列。

【全国首评千强镇虎门雄踞第一】2005年9月3—4日，国家统计局从近2万个建制镇进行综合测评，主要从经济发展、就业机会、城市化转型、居住环境、生活质量、教育保障等指标评选，东莞市虎门镇以164.4的综合指数名列千强镇之首，为全国综合实力千强镇第一名。

【家庭汽车拥有率居全国镇级第一】东莞市虎门镇是全国综合实力第一镇，也是东莞市经济最发达的镇区之一，2005年该镇汽车拥有量达5万多辆，每百户家庭汽车超过32辆，汽车拥有率居全国镇级第一位，外界评论虎门镇是“一个汽车时尚的发布场”、“一座生活在汽车上的城市”。

【全国国企出口额列第一名】东莞市外向型经济发达。据海关总署2005年12月20日公布的“全国国有企业出口100强”，东莞市对外加工装配服务公司（2005年1—11月）出口额达99.6亿美元以绝对的优势，名列国企出口额全国第一。

【中国城市竞争力居地级市第一】据《南方日报》2005年12月29日报道，中国城市竞争力研究会对全国287个大中城市（含港澳台）的竞争力进行排位，并公布了“2005年（第四届）中国城市竞争力排行榜，广东省的深圳、广州、东莞、珠海、佛山名列前30位，东莞市竞争力荣居全国地级市之首。1至6位分别是香港、上海、北京、台北、深圳、广州。

【生活质量位居全国地级市第一】据《南方日报》2005年9月20日报道，2005年中国城市论坛峰会日前在北京举行，正式发布了我国首份城市生活质量研究

▲ 虎门镇

报告。北京国际城市发展研究院经两年研究，从衣、食、住、行、生、老、病、死、安、居、乐、业12个方面，对中国内地GDP排名前100位的城市进行评选，东莞市以0.899的综合评分居全国地级市第一位，前五名的城市排位是：深圳、东莞、上海、北京、杭州。

【全国地级市最大的图书馆】2005年9月28日，东莞图书新馆在市中心广场正式落成启用。该馆占地面积1.1万平方米，总建筑面积达4.47万平方米，总投资1.73亿元，是目前全国地级市最大的图书馆。

【全国唯一的镇级CBA比赛场】东莞市大朗镇经济社会各项事业全面发展，特别重视体育事业，于2000年投资3000万元兴建了建筑面积7260平方米、观众席位3800个的大朗体育馆。并于2005年起成为中国男子篮球职业联赛（CBA）比赛场，这是全国唯一的镇级CBA比赛场。代表东莞的“东莞新世纪烈豹队”在主场与全国各队群雄逐鹿。该馆建成后成功承办了全国九运会男篮比赛、第三届中国女篮甲级联赛等。

【东莞台球神童首夺英国锦标赛冠军】2005年12月19日，来自东莞市东英桌球城的小将丁俊辉在英国约克举行的世界台球最高级别的锦标赛中，以10比6战绩首夺冠军，成为历史上第一个捧杯的非英国人，书写了中国人在斯诺克运动史上的崭新一页。

【首创中国新年音乐会在地级市演出先河】2005年12月30日晚，中国爱乐乐团首次移师地级市，在新落成的东莞玉兰剧院演奏新年音乐会，中央电视台、凤凰卫视等多家电视台向国内外现场直播。东莞玉兰剧院位于市中心广场，占地4.4万平方米，总投资达6.18亿元，荣获“中国剧院十大影响力品牌”的称号。

【全国面积最小的镇创造出最大的效益】据《广州日报》2005年10月13日报道，东莞市石龙镇仅有10.38平方公里，是全国土地面积最小的镇。然而，石龙镇2004年却创造了每平方公里工业产值12亿元、出口额1亿多美元、缴纳税收0.39亿元，在全国千强镇中名列59位，是中国电子信息产业基地。

【在全国首设镇区级安全生产监督管理分局】据《东莞日报》2005年5月4日报道，东莞市委市政府高度重视安全生产工作，决定在全市32个镇区设立安全生产监督管理分局，首个管理分局已在虎门镇挂牌成立。

▲ 粤晖园

【国内最大岭南私家园林】2005年11月21日，由农民企业家自己筹资、自行设计建造的国内最大岭南私家园林粤晖园在东莞市道滘镇投入使用。该园占地730亩，投资超过亿元，总建筑面积1万多平方米，汇集了100多个景点，是独具水乡秀色的中国最大私家园林。

【国内首个异地候机楼启用】据《广州日报》2005年9月6日报道，国内首个异地候机楼东莞城市候机楼正式在万江区投入使用，东莞市民在此办理登机手续，直奔广州白云机场安检即可上机，机场方面每小时安排一趟班车往返，市民乘机十分便利。该候机楼于2006年1月也开通了深圳宝安机场的业务。

【世界最大的玩具生产制造城】据中新社2005年5月26日报道，东莞是闻名中外的工业制造业基地，中国拥有8000家玩具企业，玩具出口占全球市场的75%，其中有一半来自拥有4000多家玩具厂商的东莞市，香港每年出口近千亿港元的玩具，70%以上也由东莞制造，东莞成为世界最大的玩具生产制造城。

【中国首家新型消防车生产基地】2005年5月17日，东莞市永强汽车制造有限公司与奥地利卢森宝亚有限公司正式签约组建东莞卢森宝亚永强消防汽车有限公司，专门生产多功能水罐泡沫消防车、多功能抢险救援消防车、化学事故救援车、机场跑道泡沫喷洒消防车、智能型云梯消防车等，成为国内首家新型消防车生产基地。

【全国最大太阳能电池基地】东莞优越的投资环境吸引了国内外企业投资兴业。2005年9月15日，东莞市麻涌镇与中国南极集团签约投资建设中国南极绿色能源产业园区，项目总投资达40亿元人民币，年产值可达90亿元，年税收超过5亿元。该项目建成后，麻涌镇将成为全国最大的太阳能电池生产基地。

【世界最大的雷达生产企业】2005年7月3日，世界上最大的雷达生产企业日本古野电气株式会社电子厂正式在东莞市长安镇开业，首期投资7000万元，主要生产船用电子机器、通信设备，是该企业在海外建立的世界最大的雷达生产基地。

【全球最大灯头企业落户东莞】据人民网报道，2005年9月19日，全球最具规模的灯头制造企业BJB德国集团公司正式在东莞设立百电宝照明配件公司，首期投资100万美元，是该集团在中国内地开办的第一家生产企业，将为国内外供应节能灯具。

【世界首张布印报纸】据广东新闻网消息，2005年1月，以服装制造业闻名中外的东莞市虎门镇，近日发行了世界新闻史上第一张“布印报纸”，该“布报”采用上等布材，以现代工艺印刷制造，首张发行10万份，赠送给国内各大图书馆、博物馆长久收藏。

【全国首家陶艺博物馆】据《南方日报》2005年10月5日报道，东莞市高埗镇重视文化新城建设，投资2000多万元，兴建了建筑面积达1万平方米的唯美陶艺博物馆，展出古典与时尚的陶艺精品，为国内首家陶艺博物馆。

【工业企业就业人员列全省之冠】《南方日报》2006年1月报道，据广东省第一次全国经济普查主要数据公报（第二号）的数字显示，东莞市工业企业就业人员299.55万人，名列全省21个地级市第一位。

【人均住房面积全省最大】据广东省城市调查队2005年5月份公布的消息，东莞市居民的人均住房面积全省最大，达到54.36平方米。此外，拥有住房自主产权比重、拥有单栋住宅比重也是全省最高。

【全省第一供水大户】2005年度，东莞全市总供水量已突破15亿立方米，日平均供水量接近420万立方米，供水量已超过广州、深圳、成为全省第一供水大户。

【全省首家海关保税物流园】2005年12月20日，广东省首家同时拥有公共保税仓库和出口监管仓库的凤岗物流园在东莞市凤岗镇正式开业。该园占地面积3.5万平方米，储存能力达4万立方米，有助提升东莞的产业水平和改善投资环境。

【全省首个全部镇成立总工会的城市】2005年11月3日，东莞市32个镇（街道）设立总工会，成为全省第一个全部镇都成立总工会的城市。此举是工会组织管理体制的一次改革。

【还清工程款居全省第一】据《南方日报》2005年10月5日报道，东莞市在清理建设领域拖欠工程款工作成效显著，总体清欠和政府投资项目清欠均百分之百还清工程款，在全省21个地级市中名列第一。

【华南地区首座汽车滚装码头】2005年5月23日，中国华南地区最大的汽车滚装船专业码头在东莞麻涌镇新沙港区落成。该码头设有15万平方米的汽车堆场，一次可停放1万辆汽车，是华南地区第一座汽车专业码头。

【珠三角最大的农批市场】2005年8月12—14日，首届泛珠三角农副产品交易会在东莞市中堂镇的江南农副产品批发市场举行。该市场在首届农交会就设展位500多个，面积达2.5万平方米，为珠三角最大的农批市场。

【华南最大数字相机生产基地】2005年6月17日，华南地区规模最大的数字相机生产基地——东莞能率科技有限公司在东莞市寮步镇华南工业城开业，该公司由台湾佳能股份有限公司投资5000万美元兴建，占地面积达13万平方米，月产数字相机达到80万台。

【首届广东诗歌节】2005年11月5—7日，首届广东诗歌节在东莞市长安镇隆重举行，来自全国各地的100多名著名诗人济济一堂，召开诗歌高峰论坛、研讨优秀作品、举办诗歌朗诵会等，为广东及东莞的诗歌艺术发展添上浓墨重彩的一笔。

【全省最年轻的作协会员】东莞市清溪中学高二级学生王虹虹擅长写作，作家出版社和北方妇女儿童出版社先后为其出版了长篇小说《娲娘与虹》和中篇小说集《神狼林》，作品真实地反映了20世纪90年代出生的人的内心世界，广东省文艺批评家协会专门举办了“王虹虹奇幻小说研讨会”。2005年10月，王虹虹被吸收进广东省作家协会，成为全省最年轻的作协会员。　　（潘朝明）

▲ 华南MALL主题式购物公园

# 概 况 DONGGUAN PROFILE

东莞市中心广场夜景

■ **名列“全国综合实力百强城市”地级市第一位**

■ **荣获“全国创建文明城市工作先进城市”称号**

责任编辑：刘念宇

## 建置沿革

东莞于东晋咸和六年（公元331年）立县，初名宝安，隶属东官郡。唐至德二年（757年）更名东莞，县治从莞城（今宝安南头）移至到涌（今莞城）。南宋绍兴二十二年（1152年）分东莞的香山镇立香山县（今中山市）；明万历元年（1573年）将东莞守御千户所、编户五十六里立新安县（今深圳市宝安区），东莞地域随之缩小。清沿明制。民国期间，先后隶广东省粤海道、粤中行政区、第一行政区和第四行政区。

1949年10月17日，东莞全境解放。初期属东江行政区管辖。1950年3月，东莞县隶珠江专区。1952年，撤销珠江专区，东莞县隶粤中行政区。1956年2月，撤销粤中行政区，东莞县隶惠阳专区。1958年11月，东莞县曾短期隶广州市。1959年1月，撤销惠阳专区，东莞县划归佛山专区。1963年6月，复置惠阳专区，东莞县又隶惠阳专区。1985年9月，国务院批准撤销东莞县，设立东莞市（县级），仍属惠阳地区管辖。1988年1月7日，国务院批复将东莞市升格为地级市，直属广东省管辖。 （刘念宇）

## 自然地理

【位置·范围·面积】 东莞市位于广东省中南部，珠江口东岸，东江下游的珠江三角洲。因地处广州之东，境内盛产莞草而得名。介于东经113° 31′ —114° 15′ ，北纬22° 39′ —23° 09′ 。最东是清溪镇的银瓶嘴山，与惠州市惠阳区接壤；最北是中堂镇大坦乡，与广州市区和增城市、惠州市博罗县隔江为邻；最西是沙田镇西大坦西北的狮子洋中心航线，与广州市番禺区隔海交界；最南是凤岗镇雁田水库，与深圳市宝安区相连。毗邻港澳，处于广州至深圳经济走廊中间。西北距广州59公里，东南距深圳99公里，距香港140公里。东西长约70.45公里，南北宽约46.8公里，全市陆地面积2465平方公里，海域面积150平方公里。

【地质·地貌】 东莞市地质构造上，位于北东东向罗浮山断裂带南部边缘的北东向博罗大断裂南西部、东莞断凹盆地中。地势东南高、西北低。地貌以丘陵台地、冲积平原为主，丘陵台地占44.5%，冲积平原占43.3%，山地占6.2%。东南部多山，尤以东部为最，山体庞大，分割强烈，集中成片，起伏较大，海拔多在200—600米，坡度30°左右，银瓶嘴山主峰高898.2米，是东莞市最高山峰；中南部低山丘陵成片，为丘陵台地区；东北部接近东江河滨，岗地发育，陆地和河谷平原分布其中，海拔30—80米之间，坡度小，地势起伏和缓，为易于积水的埔田区；西北部是东江冲积而成的三角洲平原，是地势低平、水网纵横的围田区；西南部是濒临珠江口的江河冲积平原，地势平坦而低陷，是受潮汐影响较大的沙咸田地区。

东莞市握东江和广州水道出海之咽喉，有海岸线115.94公里（含内航道），主航道岸线53公里，拥有深水良港——虎门港。

【河流】东莞市主要河流有东江、石马河、寒溪水。境内96%属东江流域，东江干流自东北角惠州市博罗县、惠阳区之间入境后，沿北部边境自东向西行至桥头新开河口；有发源于深圳市宝安区的石马河流入，至企石有企石河流入。至石龙分出南支流后，北干流续流至石滩，与来自广州增城市的支流汇流，经市境的大盛注入狮子洋；南支流斜向西南流经石碣、万江，在峡口接纳来自市境中部的寒溪水，峡口以下有3支较小的支流牛山水、蛤地水和小沙河，自东向西汇入，续流至泗盛注入狮子洋。北干流与南支流之间为东江三角洲的河网区。

【气候】东莞市属亚热带季风气候，日照充足，雨量充沛，温差振幅小，季风明显。2005年，年平均气温为22.7℃。一年中最冷为1月，最热为7月。年极端最高温37.4℃（出现在2005年7月18日），年极端最低温1.8℃（出现在2005年1月1日）。雨量集中在4—9月，其中4—6月为前汛期，以锋雨低槽天气降水为多。7—9月为后汛期，台风降水活跃。2005年降雨量1837.6毫米。受台风、暴雨、春秋干旱、寒露风及冻害的侵袭。

【矿产资源】东莞市内已知矿产有Ⅶ类19种，矿床点66处。其中，金属矿产Ⅲ类8种，矿床点34处：黑色金属矿产10处（铁矿点9处，钛铁矿1处），有色金属矿产23处（铜矿点4处、铅锌矿点4处、钨矿点10处、锡矿点4处、钛矿点1处），贵金属黄金矿化点1处。非金属矿产Ⅵ类11种32处：冶金辅助原料矿产9处（耐火粘土4处、泥炭土4处、石油1处），化工原料矿产14处（黄铁矿点6处、重晶石矿点3处、钾长石矿点4处、石盐矿点1处），建材非金属矿点3处（水泥灰岩2处、水泥粘土1处）。主要分布在东莞中部、南部和东部的山地、丘陵地带。矿产分布分散，无规律。

【动植物资源】东莞市野生动物种类繁多，主要分布于山区和丘陵地带，体型较大的野兽多栖息在东南山区，一般兽类出没于平川、丘陵。主要野生动物有：哺乳类、鸟类、鱼类（134种）、甲壳类和多种贝类、两栖、爬行类、昆虫类等。主要野生植物有：树类114种、竹类23种、内陆水域水生维管束植物48种，水果类40多种、野生中草药89种。内陆水域中常见的浮游生物共8门110属。

▲ 东莞市人民公园一景

【旅游资源】东莞是岭南古邑，东莞博物馆珍藏有村头遗址等新石器时代以来的出土文物，被誉为广东省历史文化名城。东莞是中国近代史的开篇地，虎门销烟揭开中国近代史第一页，存有中外闻名的林则徐销烟池、沙角炮台、威远炮台等抗英古战场遗址，建有鸦片战争博物馆、海战馆等爱国主义教育基地；东莞是东江人民抗日的根据地，大岭山抗日史实陈列馆、榴花抗日纪念亭吸引不少游客瞻仰。东莞又是改革开放的先行地，一座以现代制造业为特色的新兴工业城市日新月异。人文景观丰富，有宋代的黄旗古庙，明代的迎恩门楼、金鳌洲塔、榴花塔、袁崇焕故居，明清时期燕岭摩崖石刻，清代广东四大名园之一的可园等。自然风景优美，有仙鹅湖、绿色世界、清溪山水天地以及珠江口滨海秀色、稻海蕉林、荔红荷香等。旅游、休闲度假设施完善，幽静、舒适、豪华的度假村点缀于秀水青山之间。荔枝、香蕉等新鲜水果四季不绝，虎门膏蟹、白沙油鸭、厚街腊肠、乌头鱼、水鸭、水鱼、“三蛇烩”等美食不胜枚举。（刘念宇）

## 人口·民族·语言

【总人口】2005年东莞市总人口为750.63万人。其中，户籍人口总数为165.65万人，比2004年增加3.68万人，增长2.3%；外来暂住人口584.98万人。全市人口密度3045人/平方公里。

【民族】据2000年第五次全国人口普查计，东莞市普查人口中，汉族人口625.99万人，占总人口的97.12%；少数民族人口18.58万人，占2.88%。

【语言】东莞市境内流行粤方言和客方言。粤语区面积、人口均占全市的绝大部分，客方言主要通行在东南部与惠州、深圳相邻的丘陵地带，约占全市面积的18%。在32个镇区中，纯粤语镇区有石龙、长安、沙田、洪梅、道滘、麻涌、万江、中堂、望牛墩、石碣、高埗、大朗、寮步、茶山、企石、石排、常平、横沥、东坑、桥头等20个。兼有2种方言的镇区中，莞城、东城、南城、厚街、虎门、大岭山、塘厦、黄江、谢岗等9个镇区大部分甚至绝大部分讲粤方言；清溪、凤岗2个镇大部分讲客方言。全市仅樟木头是纯客方言镇。（刘念宇）

## 行政区划

2002年，东莞市行政区划主要变更有：1月，莞城撤销1988年1月起分设的城内区、城外区街道办事处，合并设立莞城街道办事处。11月，万江区街道办事处（1987年10月设立）更名为万江街道办事处。另，2000年3月，东城街道办事处设立；2001年10月，南城街道办事处设立。至2005年底，行政区划情况见下表：

# 2005年东莞市行政区划表

| 镇（街道） | 社区、村委会（个） | 村委会名称 | 社区居民委员会（居民委员会）名称 |
|---|---|---|---|
| 莞　城 | 9 | | 东正　市桥　北隅　罗沙　博厦　细村　兴塘　创业 |
| 石　龙 | 10 | 西湖　忠维　林屋　蒲溪　新维　王屋洲　黄家山 | 中山东　中山西　兴龙 |
| 虎　门 | 31 | | 虎门寨　东方　则徐　大宁　树田　白沙　沙角　怀德　博涌　镇口　村头　新联　九门寨　居岐　金洲　南面　北栅　小捷滘　北面　陈村　东风　武山沙　黄村　南栅　新兴　龙眼　宴岗　三东　赤岗　路东　渔港 |
| 万　江 | 28 | | 万江墟　万江　石美　莫屋　拔蛟窝　黄粘洲　蚬涌　谷涌　小享　滘联　上甲　新村　新谷涌　共联　水蛇涌　大莲塘　牌楼基　严屋　大汾　流涌尾　金泰　曲海　坝头　胜利　官桥滘　简沙洲　新和　新城 |
| 东　城 | 22 | | 岗贝　花园新村　东泰　温塘　桑园　周屋　余屋　鳌峙塘　峡口　柏洲边　上桥　下桥　樟村　梨川　堑头　主山　石井　同沙　光明　牛山　立新　火炼树 |
| 南　城 | 17 | | 鸿福居委会　宏远　胜和　元美　亨美　三元里　篁村　新基　周溪　袁屋边　白马　石鼓　蛤地　西平　雅园　水濂　新城 |
| 中　堂 | 20 | 潢涌　三涌　湛翠　凤冲　袁家涌　吴家涌　鹤田　东泊　中堂　一村　东向　蕉利　槎滘　下芦　马沥　四乡　江南 | 中心　斗朗　红锋 |
| 望牛墩 | 22 | 李屋　望东　扶涌　赤滘　五涌　下漕　上合　聚龙江　望联　洲湾　洲涡　杜屋　寮厦　芙蓉沙　官桥涌　横沥　福安　石排　官洲　朱平沙　锦涡 | 望牛墩 |
| 麻　涌 | 15 | 麻一　麻三　麻四　大步　东太　新基　川槎　鸥涌　华阳　南洲　大盛　漳澎　黎滘 | 麻涌　麻二 |
| 石　碣 | 15 | 石碣　唐洪　黄泗围　西南　单屋　梁家村　沙腰　刘屋　水南　四甲　鹤田厦　涌口　横滘　桔洲 | 城中 |
| 高　埗 | 19 | 冼沙　卢溪　宝莲　塘厦　草墩　护安围　保安围　三联　横滘头　低涌　朱磡　新联　欧邓　芦村　高埗　凌屋　上江城　下江城 | 新创 |
| 道　滘 | 14 | 南城　南丫　闸口　大鱼沙　小河　永庆　北永　昌平　厚德　九曲　大罗沙　大岭丫　蔡白 | 兴隆 |
| 沙　田 | 17 | 中围　和安　大流　泥洲　杨公洲　福禄沙　阇西　民田　先锋　西大坦　穗丰年　大泥　齐沙　稔洲　义沙　西太隆 | 横流 |
| 厚　街 | 23 | 厚街　珊美　宝屯　三屯　陈屋　赤岭　河田　寮厦　汀山　环冈　大迳　新围　桥头　南五　新塘　涌口　双岗　溪头　沙塘　宝塘　下汴　白濠 | 竹溪 |
| 长　安 | 13 | | 长盛　涌头　霄边　咸西　锦厦　新安　乌沙　新民　沙头　上沙　厦岗　厦边　上角 |
| 洪　梅 | 10 | 洪屋基　新庄　梅沙　氹涌　黎洲角　夏汇　尧均　乌沙　金鳌沙 | 洪梅 |

（续上表）

| 镇（街道） | 社区、村委会（个） | 村委会名称 | 社区居民委员会（居民委员会）名称 |
|---|---|---|---|
| 寮步 | 29 | 西溪　凫山　塘边　石龙坑　石步　良边　富竹山　塘唇　向西　横坑　岭厦　新旧围　霞边　上屯　下岭　贝竹园　缪边　牛杨　泉塘　上底　坑口　药勒　刘屋巷　浮竹山　陈家埔　井巷　小坑　长坑 | 寮步 |
| 大朗 | 27 | 高英　洋乌　洋坑朗　松柏朗　黎贝岭　松木山　犀牛陂　水平　宝陂　石厦　杨涌　沙步　新马莲　佛子凹　蔡边　水口 | 大朗　佛新　巷头　屏山　竹山　巷尾　求富路　长塘　黄草朗　大井头　圣堂 |
| 大岭山 | 23 | 太公岭　大塘朗　下高田　连平　鸡翅岭　马蹄岗　金桔　大沙　百花洞　大塘　水朗　杨屋　矮岭冚　颜屋　大片美　梅林　元岭　大岭　新塘　旧飞鹅　大环 | 大岭山　农场 |
| 黄江 | 20 | 刁朗　田美　板湖　胜前岗　玉堂围　社贝　鸡啼岗　袁屋围　合路　北岸　黄牛埔　黄江　黄京坑　田心　龙见田　旧村　长龙　星光　大冚 | 新市 |
| 樟木头 | 9 | | 圩镇　樟罗　百果洞　樟洋　石新　柏地　官仓　裕丰　金河 |
| 清溪 | 21 | 浮岗　上元　清厦　铁松　铁场　谢坑　青皇　大埔　长山头　三中　九乡　三星　渔樑围　厦坭　大利　土桥　重河　松岗　罗马　荔横 | 清溪 |
| 塘厦 | 21 | 沙湖　石马　清湖头 | 塘厦　三局　林村　石潭埔　四村　振兴围　大坪　莆心湖　平山　诸佛岭　桥陇　龙背岭　石鼓　田心　横塘　蛟乙塘　凤凰岗　莲湖 |
| 凤岗 | 12 | 雁田　官井头　油甘埔　凤德岭　塘沥　黄洞　竹塘　竹尾田　三联　五联　天堂围 | 凤岗 |
| 常平 | 32 | 岗梓　塘角　苏坑　袁山贝　金美　还珠沥　朗贝　桥沥　卢屋　九江水　朗洲　陈屋贝　司马　霞坑　漱旧　漱新　黄泥塘　元江元　横江厦　沙湖口　白石岗　松柏塘　上坑　木棆　下墟　板石　田尾　白花沥　桥梓　麦元　土塘 | 常平 |
| 谢岗 | 12 | 黎村　窑山　南面　大龙　大厚　赵林　稔子园　五星　曹乐　谢岗　谢山 | 泰园 |
| 桥头 | 17 | 田头角李屋　朗厦　岗头　屋厦　禾坑　邓屋　邵岗头　东江　山和　石水口 | 莲城　田新　桥头　大洲　迳联　岭头 |
| 横沥 | 17 | 石涌　隔坑　半仙山　田头　田坑　横沥　村头　长巷　田饶步　六甲　村尾　水边　新四　山厦　月塘　张坑 | 恒泉 |
| 东坑 | 15 | 东坑　坑美　角社　塔岗　黄麻岭　初坑　凤大　黄屋　寮边头　长安塘　新门楼　井美　彭屋　丁屋 | 草塘 |
| 企石 | 20 | 铁岗　深巷　湖美　博夏　上洞　江边　旧围　清湖　东平　上截　下截　东山　莫屋　杨屋　新南　南坑　铁炉坑　企石　霞朗 | 宝石 |
| 石排 | 19 | 石排　下沙　福隆　庙边王　沙角　黄家壆　赤坎　向西　水贝　田寮　横山　埔心　谷吓　塘尾　李家坊　田边　中坑　燕窝 | 太和 |
| 茶山 | 17 | 上元　茶山　下朗　横江　增埗　卢边　寒溪水　南社　塘角　博头　冲美　粟边　孙屋　超朗　京山　刘黄 | |
| 合计 | 596 | | |

（民政局供稿）

# 经济发展

【概况】2005年，东莞市地区生产总值突破2000亿元，金融机构本外币存款突破3000亿元，工业总产值突破4000亿元，进出口总额突破5000亿元。连续两年名列“全国综合实力百强城市”第十二位、地级市第一位。全市28个镇进入全国百强镇行列，并获得第一、三、五名。荣获“国家卫生城市”和“全国创建文明城市工作先进城市”称号。

【综合实力再上新台阶】2005年，东莞市在2004年提前实现“十五”目标的基础上，继续加快发展步伐，保持了国民经济快速健康发展的良好态势。全市地区生产总值达到2182.44亿元，同比增长19.3%；工业总产值4422.17亿元，增长22.4%；实际利用外资（旧口径）37.51亿美元，增长23.6%；进出口总额743.72亿美元，增长15.3%，其中出口409.29亿美元，增长16.3%；财政总收入331.91亿元，增长28.1%，其中地方一般预算内财政收入103.97亿元，增长25.8%；全年完成固定资产投资总额461.13亿元，增长25.8%；金融机构本外币存款余额3036亿元，增长17.7%；结售汇顺差161.56亿美元，增长37.9%；全社会消费品零售总额500.01亿元，增长17.2%。

【城市建设再上新档次】2005年是东莞市实现“五年见新城”建设的冲刺之年。东莞市继续加强城市基础设施建设，不断完善城市功能，努力提高城市的承载力和运作效率。先后竣工并交付使用了市图书馆、青少年活动中心等13项重点工程，完成了4条主干公路改造扩建工程，建成了环城路（首期）、常虎高速和东部快速干线。大力推进大屏嶂、大岭山以及水濂山森林公园的整治工程。积极创建全国绿化模范城市，并通过了国家检查团的检查验收；市区污水处理厂扩建工程投产，市区和横沥2座焚烧发电厂建成。全年新增发电装机容量152万千瓦、主变容量742万千伏安、送电线路3434千米，新增日供水能力111万吨。与此同时，三大发展“龙头”建设顺利推进，也有力带动全市经济的发展。截至2005年，松山湖累计引进工业项目23个、留学人员企业40家，合同投资额13.2亿美元，已投产工业企业12家；虎门港港口大道与立沙岛疏港大道建设进展顺利，有7个码头项目获准建设，其中3个已动工，累计合同引资108亿元；东部工业园累计引进项目100多个，合同投资总额3.3亿美元。

【经济社会管理再上新水平】2005年，东莞市进一步转变政府职能，加强制度建设，提高社会管理水平。在全市范围内大力开展“四清理”工作，清理违法搭建1612万平方米，清理违法用地9.5万亩，清理无证照经营11万户，清理生猪199万头、家禽747万羽；强化财政管理，启用实时在线财政预算监督系统和财税库存联网系统，全面清理市直行政事业单位国有资产并完善监管制度，全面审计检查镇区财政性资金，推行税务协管制度；建立起投标资格集中审查制度和建设工程保证担保制度等，规范建设工程招投标各主体行为；认真开展清费治乱减员，取消了37项行政事业性收费，撤并了全市路桥收费站，实现了全市公路基本无“三乱”。

【固定资产投资平稳增长】2005年，东莞市城镇集体及以上固定资产投资额为461.13亿元，增长25.8%。其中基本建设投资完成200.54亿元，增长39.7%；更新改造投资完成50.33亿元，增长6.0%。房地产市场趋旺，全年房地产开发投资129.44亿元，增长13.1%。商品房屋建筑施工面积1124.73万平方米，增长34.1%，商品房屋实际销售面积320.06万平方米，增长25.2%。商品房平均销售价格比上年上升11.2%。

【消费品市场销售稳中趋旺】2005年，东莞市全社会消费品零售总额500.01亿元，增长17.2%。从不同行业看，批发零售贸易业零售430.38亿元，增长17.7%，餐饮业零售69.57亿元，增长14.6%；按销售地区分，市区零售176.77亿元，增长15.6%，市以下零售323.24亿元，增长18.1%；在零售总额中，私营及个体经济零售266.26亿元，同比增长17.9%；社会商品销售总额839亿元，增长17.9%。同时，市场物价总体水平稳中有升，全年居民消费价格总水平上升2.4%，其中食品上升6.5%；商品零售价格总水平上升3.0%。

【外贸出口回升】2005年，东莞市进出口总额743.72亿美元，增长15.3%。其中出口总额409.29亿美元，增长16.3%；进口总额334.42亿美元，增长14.0%。实现贸易顺差74.87亿美元。

【外商投资快速增长】2005年，东莞市全年实际利用外资（旧口径）37.51亿美元，增长23.6%。新签协议项目991宗，下降30.3%；增资协议项目3924宗，增长18.5%。全年合同利用外资（新口径）金额29.80亿美元，增长8.9%，实际利用外资14.68亿美元，增长51.7%。合同规定外商投资额47.52亿美元，增长15.0%，其中新签合约投资额14.60亿美元，下降7.1%；增资项目投资额33.03亿美元，增长27.3%。

【产业结构调整取得新进展】2005年，东莞市三大产业比例由2004年的2.4：55.4：42.2调整为1.0：56.5：42.5，其中第一产业增加值22.54亿元，下降3.2%，第二产业增加值1232.70亿元，增长20.8%，第三产业增加值927.20亿元，增长17.8%。全年实现农业总产值42.05亿元，比上年下降4.8%。全年完成工业总产值4470亿元，增长22.2%。规模以上工业产值占全市工业总产值的88.2%。其中通信设备、计算机及其他电子设备制造业产值增长6.5%，占28.4%，工业产品产销率达99.5%。规模以上工业综合经济效益指数为119.8%。全年工业经济实现利润总额124.35亿元，增长26.8%。全年八大支柱产业实现产值2640亿元，增长17.4%，占全市规模以上工业总产值的67.0%；规模以上工业中轻重工业比例为44：56，重工业所占比重同比下降了0.77个百分点。

【实施品牌带动战略取得新突破】2005年，东莞市全年新增省级以上名牌产品、免检产品、驰（著）名商标50个。截至2005年，全市共有中国驰名商标3个，中国名牌产品7个，国家免检产品13个，省著名商标54个，省名牌产品69个。

【外源型经济取得新发展】2005年，新增3家世界500强企业来莞投资，全市新签外商直接投资项目平均合同利用外资158.67万美元，增长22.2%；服务业项目合同利用外资1.3亿美元，增长65.4%。民营经济发展开创新局面。到2006年2月底登记注册私营企业和个体户超过32.88万户，注册资金累计超过545.82亿元，取得外贸进出口经营权的民营企业累计超过1300家，其中22家企业进入2004年“中国民企进出口百强”

行列。全年认定市级民科企业200家、省级63家，总数分别达到1100家和296家，分别增长22.2%和27.0%。

【人民生活水平进一步提高】2005年，东莞市按照构建和谐社会的要求，积极推动经济社会协调发展，努力实现好、维护好和发展好最广大人民群众利益，使群众得到越来越多实惠，进一步改善了人民群众生活。2005年，全市城乡居民储蓄存款余额1728.28亿元，比年初增长20.7%。全年城镇居民人均可支配收入22882元，增长11.5%，农民人均纯收入9842元，增长8.4%，城镇居民人均消费性支出21768元，增长18.1%；年末全市程控电话用户383.91万户，比2004年末增加102.56万户，增长36.5%；年末移动电话用户1016.41（含充值卡），比2004年末增加160.32万户，增长18.7%；互联网用户52.90万户，比年初增长4.6%。年末城镇居民人均总建筑面积55.5平方米，人均居住面积42.68平方米。2005年城镇最低生活保障线每人每月320元，农村最低生活保障线每人每月300元。全部镇区建立了社会保障网络，纳入城镇最低生活保障范围的有1911户4885人，纳入农村最低生活保障范围的有6705户17426人。（黄素标）

附：2005年中共东莞市委政策研究室领导名录

主任：王检养（2月离任）
　　　温淦荣（3月到任）

## 精神文明建设

【“爱国、守法、诚信、知礼”现代公民教育活动】2005年，东莞市以农民、外来员工和未成年人三大群体为重点对象，突出组织好现代市民素质系列大讨论、编写《东莞市现代市民教育系列读本》、组织“感知东莞、感受东莞、感动东莞”系列实践活动、中华美德系列教育活动、思想道德建设典型宣传等五大系列教育活动。举办了现代公民教育公益宣传片征集和评选活动，评选出优秀作品在电视和广播的黄金时段滚动播出。利用“莞视论坛”、“社区论坛”、“青年论坛”、“农村道德评议会”和学校的主题班会，组织群众进行现代市民素质系列大讨论活动。组织编写了集知识性、教育性、服务性于一体的《东莞市现代公民教育（外来员工）读本》6万册，免费发给外来员工；组织订阅了3万多册《中华道德名言精粹》发放到各镇区和各学校。认真开展“道德名言进万家”活动，与省文明办、省书协联合在东莞市展览馆举行“广东省百名书法家书写中华道德名言”活动，组织全市100多个单位与东莞展览馆开展共建现代公民教育基地活动。8月，省委在东莞市召开了全省现代公民教育座谈会，在会上总结推广了东莞市开展现代公民教育的经验和做法。

【创建全国文明城市工作全面启动】2005年，东莞市围绕市委制定的“2005年成为创建全国文明城市工作先进城市，2008年进入全国文明城市行列”的目标，全面启动创建全国文明城市各项工作。制定了《东莞市创建全国文明城市工作方案》和《东莞市创建全国文明城市工作责任分解表》，成立了东莞市创建全国文明城市工作领导小组及其办公室，先后召开了创建全国文明城市工作动员大会、市文明委专题研究创建文明城市工作会议，并多次召集有关职能部门召开迎检工作会议。组织新闻单位通过专题、专栏、专版、热线节目等形式进行声势浩大的宣传报道，形成强有力的舆论攻势；在市区主干道路和公共场所树立了大批“创建文明城市”大型户外公益广告，并通过竖宣传栏、派发宣传资料、调查问卷、发送手机短信等多种形式，开展宣传教育活动；全市各镇（街）、各单位开展了形式多样的创建活动。2005年10月，在全国精神文明建设表彰大会上，东莞市被中央精神文明建设指导委员会授予“全国创建文明城市工作先进城市”荣誉称号。

【精神文明创建活动】2005年，东莞市根据新制定的《东莞市精神文明创建活动评选表彰工作暂行办法》和《东莞市文明镇村、文明单位、非公企业、文明社区测评体系》等管理办法和评选标准，进一步丰富文明创建的内容，完善文明创建工作机制，提高了文明创建水平。加大创建文明城市工作力度，创建工作取得新的突破，10月，东莞市被中央文明委授予“全国创建文明城市工作先进城市”称号。群众性精神文明创建活动取得了新的突破。10月，在全国精神文明建设表彰大会上，中央文明委授予长安镇、石龙镇“全国文明村镇”称号，授予市邮政局“全国文明单位”称号，授予清溪镇、虎门镇路东村、市法律援助处、发展行东莞分行“全国精神文明建设工作先进村镇和先进单位”称号。2005年12月，广东省委、省政府授予东莞市“广东省文明城市”称号，授予东莞沙角海事处、东莞市人民法院东城人民法庭、东莞出入境检验检疫局、东莞市气象局、广东省电信有限公司东莞市分公司、东莞市华南建设企业集团有限公司“广东省文明单位”称号，授予常平镇“广东省文明镇”称号，授予虎门镇大宁村、长安镇乌沙村、中堂镇潢涌村、塘厦镇凤凰岗村、长安镇咸西村“广东省文明村”称号，授予邓志广“广东省精神文明建设先进工作者”称号。在全市两个文明建设表彰大会上，市委、市政府对在创建活动中成绩显著的先进镇、村和单位进行了表彰，东城区、南城区被授予“东莞市文明镇区”称号，万江区、厚街镇、石碣镇被授予“东莞市创建文明镇区先进单位”称号，石碣镇桔洲村等12个村被授予“东莞市文明村标兵”称号，厚街镇白濠村等18个村被授予“东莞市文明村”称号，市法律援助处等32个单位被授予“东莞市文明单位标兵”称号，松山湖经济贸易发展局等66个单位被授予“东莞市文明单位”称号，虎门镇大宁社区等8个社区被授予“东莞市文明标兵社区”称号，南城区蛤地社区等13个社区被授予“东莞市文明社区”称号。

【健全精神文明工作制度】2005年，东莞市文明委制定了《东莞市精神文明建设委员会成员单位主要职责和工作制度》，对文明委成员单位在全市精神文明建设工作中的职能、作用和具体分工做了详细规定，并通过建立文明委成员单位联席会议制度、文明办定期向文明委成员报告工作的制度、文明委成员单位信息交流及工作情况汇报制度、文明委成员单位联络员制度、文明委成员单位联络员学习和培训制度、文明委成员定期参观学习制度等，形成文明委成员单位相互配合、相互促进的工作格局。（林俊强）

附：2005年东莞市精神文明建设委员会办公室领导名录

主　任：陆世强（8月离任）
　　　　胡毅峰（8月到任）
副主任：宋　媛　龙家玘（10月离任）
　　　　李　娜（10月到任）

# 政　治 POLITICS

东莞市会议大厦

■ 中共东莞市委十一届三次全会、市人大十三届三次会议、3次市政府常务会议

■ 开展保持共产党员先进性教育活动

责任编辑：潘朝明　张锡麟　王彩凤　卢　敏　施雪芬

## 中国共产党东莞市委员会

【中共东莞市委十一届三次全会】2005年11月2日在市委礼堂召开。会议主题是学习贯彻党的十六届五中全会和省委九届七次全会精神，总结2005年工作，回顾总结“十五”时期工作，审议并通过《中共东莞市委关于制定全市国民经济和社会发展第十一个五年规划的建议》，研究部署东莞“十一五”时期的经济、政治、文化、社会发展工作。市委书记佟星代表市委常委会向全会报告了市委十一届二次全会以来的工作，对贯彻党的十六届五中全会和省委九届七次全会精神提出意见。市委副书记、市长刘志庚就《中共东莞市委关于制定全市国民经济和社会发展第十一个五年规划的建议》（讨论稿）向全会作了说明。全会提出今后五年东莞经济社会发展的基本思路和构想为“一条主线、两大任务、三创战略、四项工程、五个成果”，“一条主线”即坚持以邓小平理论和“三个代表”重要思想为指导，全面贯彻落实科学发展观和构建社会主义和谐社会两大重大战略思想；“两大任务”即着力推进产业升级和城市升级；“三创战略”即坚持创新发展模式、创新发展环境、创新发展能力；“四项工程”即实施“科技东莞、商贸东莞、平安东莞、创业东莞”工程；“五个成果”即建成经济强市、文化新城、法治社会、和谐东莞，实现人民生活富裕安康。会议号召全市各级党组织和全体共产党员紧密团结在以胡锦涛同志为总书记的党中央周围，高举邓小平理论和“三个代表”重要思想伟大旗帜，全面贯彻落实科学发展观，振奋精神，扎实工作，锐意进取，开拓创新，为实现“十一五”规划的宏伟目标，为率先基本实现社会主义现代化而努力奋斗！

【重要决策】开展“四清理”工作　2005年4月7日，东莞市“四清理”工作会议召开。会议部署了开展清理违法搭建、清理违法用地、清理养殖业污染、清理无证照经营的“四清理”工作。具体工作目标和内容：清理违法搭建方面，对违法搭建进行综合清理，坚决拆除违法搭建的各类窝棚、临时建筑和洗车场、废品收购点（站）、垃圾场等，建立长效管理机制，提升东莞城市形象和综合竞争力；清理违法用地方面，全面清理违法用地，制定切实措施，促进整顿用地秩序、盘活存量建设用地资源，建立依法、及时、有效监管的机制，规范建设用地管理，提高国土资源对经济社会可持续发展的保障能力；清理养殖业污染方面，大力整治位于禁止养殖区域内的所有养殖场和全市其他范围内未经市环保部门批准以及污染物未能达标排放的畜禽养殖场，消除畜禽养殖业污染，改善环境质量；清理无证照经营方面，通过开展专项治理，查处取缔无照经营、偷税漏税等违法行为，有效解决违章建筑等原因造成无照经营的历史遗留问题，进一步建立和完善无照经营长效监管机制，为社会经济和谐发展创造公平有序的市场环境。为加强对全市“四清理”工作的领导，市委市政府成立了东莞市“四清理”工作领导小组。

实施“四项工程”　2005年7月22日，全市实施“四项工程”工作会议召开。会议主要内容是：深入实施“一城三创五争先”的发展战略和工作思路，研究部署“科技东莞”、“商贸东莞”、“平安东莞”、“创业东莞”四项工程工作，分析上半年经济发展情况，布置下半年经济工作，推动东莞经济社会全面协调可持续发展。实施“科技东莞”工程的目标和要求是：以加大科技投入为导向，以引进创新、集成创新、自主创新为途径，以产业应用技术研发与推广为重点，建立完善区域科技创新体系，实现在培育“两自”企业、加强自主创新、推动科技成果转化、提高产业竞争力等方面的新突破，形成新的产业、技术和经济优势，使东莞成为“两自”企业云集、高新产业群集、科技人才汇集的创新型城市。重点抓好四方面工作：一是加大科技投入，构建创新平台，从2006年起市财政每年投入10亿元，连续五年共投入50亿元用于科技发展；二是抓好园区建设，使松山湖真正成为科技产业和知识经济发展的旗帜；三是发展“两自”企业；四是推进结构升级。实施“商贸东莞”工程的目标和要求是：坚持整合、提升、培源、固本八字方针，统筹部署和协同推进商贸服务经济的发展，重点提升商贸服务组织业态，发展一批大型商贸企业，打响一批商贸服务品牌，拓展新的市场消费需求，构建总量平衡、业态先进、结构合理、配套完善、竞争力强的现代化商贸服务业体系，形成大市场、大流通、大服务的格局，大幅度提高商贸服务业的规模、水平和效益，推动东莞从工业城市向工商业城市的战略转型。重点抓好四方面工作：一是抓整合，做大商贸服务业规模；二是抓提升，提高商贸服务业的水平；三是抓培源，增强商贸服务业聚射力；四是抓固本，打造东莞商贸服务业的品牌。实施“平安东莞”工程的目标和要求是：坚持以人为本、统筹兼顾、标本兼治、整体推进，把三个文明建设和社会治安、安全生产、公共安全等融为一个有机整体，着力构建严密的矛盾纠纷排查机制、有力的长期“严打”机制、完善的治安防控机制、有效的社会管理机制、强大的社会保障机制，努力确保社会政治稳定、确保经济运行稳健、确保治安状况良好、确保社会公共安全、确保人民安居乐业，实现经济、政治、文化、社会和谐发展，把东莞建设成为和谐型城市。实施“创业东莞”工程的目标和要求是：推动全市新一轮的思想解放和观念更新，以创业就业为主线，落实政策，健全机制，完善环境，扶持农民充分就业，帮助青年大胆创业，促进外来工岗位成才，推动全民就业创业，使东莞成为创业型城市。市委、市政府决定设立创业就业基金，由市财政每年拿出10亿元，连续实施五年。

解决农村“一保五难”问题　2005年8月29日，市委、市政府印发《关于解决农村“一保五难”，推进农村城市化改造的决定》，提出从2005年开始，用2年时间切实解决农村存在的“一保五难”（最低生活保障、住房难、行路难、看病难、读书难、饮水难）问题，实施农村城市化改造工程，逐步把东莞农村改造建设成为现代化城市。

**【重要活动】** 保持共产党员先进性教育活动　2005年1月18日，中共东莞市委印发《关于开展以实践“三个代表”重要思想为主要内容的保持共产党员先进性教育活动的实施方案》，确定从2005年1—12月，分党政机关和城市基层、农村两批开展保持共产党员先进性教育活动。第一批：从2005年1月开始，到2005年6月基本结束。包括市直党政机关，人大、政协机关，法院、检察院和人民团体机关，市属企事业单位，党组织关系在东莞的中央、省属驻莞单位及其直属单位，市企业工委直管企业党组织。第二批：从2005年7月开始，到2005年12月基本结束。包括镇（街道）机关企事业单位，组织关系在镇（街道）的中央、省、市驻镇（街道）单位，村、社区（居委会），镇（街道）、村中小学校，镇（街道）辖区内新的经济和社会组织。在每批的半年时间内，各单位集中学习教育的时间，不少于3个月。集中学习教育分三个阶段进行：第一阶段为学习动员；第二阶段为分析评议；第三阶段为整改提高。

开展三项活动，加强农村基层党组织建设　2005年2月23日，市委下发《关于开展三项活动加强农村基层党组织建设的意见》，对深入开展保持共产党员先进性教育活动、“理想、责任、能力、形象”教育活动和组织“十百千万”干部下基层驻农村活动，加强农村基层党组织建设提出具体意见。开展三项活动的总体目标是：把全市农村领导班子建设成为政治坚定、结构合理、团结协调、干净干事、务实为民的坚强领导集体，增强科学决策、驾驭发展、构建和谐、处置矛盾、为民谋利“五种能力”；把全市农村党员队伍建设成为思想解放、顾全大局、崇尚文明、素质优良、争当表率的先锋队。使党员争创“三有一好”，做到有理想、有责任、有能力、形象好；争当时代先锋，成为先进生产力发展的促进者、实践者，成为先进文化的倡导者、传播者，成为最广大人民群众根本利益的维护者、实现者。具体任务：一是开展保持共产党员先进性教育活动，加强农村基层党组织执政能力建设。二是开展“理想、责任、能力、形象”教育活动，充分发挥农村党员队伍的先锋模范作用。三是实施全省组织“十百千万”干部下基层驻农村活动，深入推进固本强基工程。

创建广东省教育强市　2005年5月17日，市委、市政府召开创建广东省教育强市动员大会。市委书记佟星作动员讲话。创建教育强市的总目标是：教育优先发展的战略地位得到巩固，财政教育投入优先安排，教育基础设施不断完善，依法治教水平进一步提升，师资队伍建设得到加强，教育结构不断优化，教育资源合理配置，教育体制改革稳步推进，教育创新成效显著，教育普及程度得到巩固和提高，各级各类教育均衡协调优质发展，教育特色凸显；营造全社会重教兴教的文明风尚和全民学习、终身学习的良好氛围，建立完善的现代国民教育体系和终身教育体系，初步形成满足全市现代化建设需要和人民群众多样化学习需求的学习型社会，办好让人民满意的教育，力争年底70%的镇区建成省教育强镇，并向省申报广东省教育强市，打响“学在东莞”品牌。大会提出下一阶段工作重点为大力推进教育强镇建设、整合优化教育资源、加强教师队伍建设、强化青少年思想道德教育、加大教育信息化工作力度、努力推进学习型社会建设、抓好教育档案资料的收集整理工作。

创建国家环保模范城市　2005年6月2日，市委、市政府召开“6·5”世界环境日新闻发布会暨创建国家环保模范城市及16项污水处理工程BOT项目建设启动仪式，宣布东莞市创建国家环保模范城市正式启动。东莞力争在2007年通过考核验收，实现社会环保意识明显提高、城市文明明显进步、环境面貌和质量明显改善、生产力布局与城市功能布局更趋合理、人与自然和谐共处、经济社会全面协调可持续发展的目标。创建工作着力实施五大工程：一是碧水工程；二是蓝天工程；三是绿地工程；四是宜居工程；五是绿色GDP工程。

创建全国绿化模范城市　2005年7月14日，东莞市创建“全国绿化模范城市”动员大会召开，大会对创建活动进行动员并作出部署。2005年9月6日，召开创建“全国绿化模范城市”再动员会议，总结前一阶段创建情况，与各镇区及相关单位签订创建绿化模范城市责任书，部署落实下一阶段创建活动，提出五点要求：要乘胜前进，再掀创建高潮；要深化管理，巩固绿化效果；要查漏补缺，做好整改工作；要加大宣传，营造更好氛围；要周密部署，确保通过国检。

东莞学习论坛　2005年共举办6期（第五期到第十期）。第五期于2005年3月11日举行，由中央党校经济学部主任王东京教授主讲，内容为当前经济社会发展形势；第六期于2005年5月27日举行，国家文化部文化产业司司长王永章作关于我国发展文化产业的指导思想和基本思路的报告；第七期于2005年7月5日举行，由著名城市竞争力研究专家、中国社会科学院博士、《中国城市竞争力报告》主编倪鹏飞主讲，内容为中国城市竞争力比较；第八期于2005年7月28日举行，外交学院院长、国际展览局主席吴建民作关于我国面临的国际形势专题报告；第九期于2005年9月29日举行，由国务院参事、中国科学院可持续发展战略组组长、首席科学家牛文元作报告，内容为21世纪东莞发展的战略思考；第十期于2005年11月11日，由全国人大常委，北京大学光华管理学院院长厉以宁主讲，内容为“十一五”规划与东莞未来经济走向。

【重要会议】　全市村（居）委会换届选举工作会议　中共东莞市委于2005年3月16日召开东莞市第三届村（居）民委员会换届选举工作动员大会。市领导佟星、刘志庚、李毓全、冷晓明、何嘉琪、庞国梅、江凌、崔建等出席了会议。市委常委、常务副市长冷晓明布置村（居）民委员会换届选举工作，市委书记、市人大常委会主任佟星作动员讲话。会议明确新一届村（居）民委员会换届选举工作从3月16日开始，至6月底结束，并提出做好本次村（居）委会换届选举工作的具体要求。

全市领导干部警示教育大会　2005年9月23日在市委礼堂召开。市委副书记、市纪委书记黄双福主持会议，市委书记、市人大常委会主任佟星作重要讲话。会议重点通报近期市纪委查处的1宗违纪违法典型案件，以案为鉴进行警示教育，并提出加强党风廉政建设和反腐败工作的具体要求。23日下午，与会人员在分组讨论中就如何推进党风廉政建设和反腐败斗争深入开展进行了认真讨论。

市直单位领导班子思想政治建设会议　2005年12月15日在市委礼堂召开。市委副书记、市长刘志庚主持会议，市委书记、市人大常委会主任佟星作重要讲话。会议要求切实把市直单位班子建设成为政治坚定、敢于负责、团结协调、求真务实、奋发有为的坚强领导集体，在全市三个文明建设中发挥好示范带动作用。会议确定2006年为领导班子建设年，具体将通过实施“先锋行动”，使各级领导班子的思想、组织、作风、制度建设得到全面加强，广大党员领导干部的责任、素质、作风、有为得到明显进步。具体抓好三项任务：一是以思想政治建设为重点，加强市直单位领导班子建设；二是以换届选举、优化班子结构为重点，加强镇（街）领导班子建设；三是以巩固先进性教育成果为重点，加强农村基层领导班子建设。

全市2005年度总结表彰大会　2005年12月28日在市体育馆举行。大会全面总结了2005年各项工作，并对表现优异的先进单位、先进镇区、先进村（社区）、先进企业进行了表彰。市几套班子领导、部分老同志出席了总结表彰大会并向获表彰的先进单位颁授奖牌。市委书记、市人大常委会主任佟星作重要讲话，总结五年见新城成绩，对“十一五”时期工作进行动员。市委副书记、市长刘志庚主持大会，市委副书记、市纪委书记黄双福宣读了《中共东莞市委、东莞市人民政府关于表彰2005年度全市先进单位的决定》。

全市经济工作会议　2005年12月29日在市委礼堂召开。会议内容：深入贯彻党的十六届五中全会、中央经济工作会议和省委九届八次全会精神，总结全市2005年工作，研究部署2006年工作。市委书记、市人大常委会主任佟星主持会议并作重要讲话，市委副书记、市长刘志庚介绍2005年经济运行情况，具体部署2006年经济工作。袁李松、黄双福等市几套班子领导出席会议。会议提出2006年各项工作总体要求：紧紧利用好重要战略机遇期，深入实施“一城三创五争先”的战略思路，把自主创新作为“新东莞模式”的内核，着力增强自主创新能力，着力推进经济结构调整和经济增长方式转变，着力加快改革开放，着力提高经济增长的质量和效益，实现又快又好发展，为顺利实施“十一五”规划开好局、起好步，努力推动经济社会发展切实转入科学发展的轨道。

▲ 第十期学习论坛

【市委中心组学习会】 2005年，中共东莞市委中心组共进行12次专题学习，其中6期为参加东莞学习论坛报告会，其他6期分别为：1月17日，学习胡锦涛总书记在中央保持共产党员先进性专题报告会上的讲话；2月25日，学习《中国共产党章程》，围绕开展共产党员先进性具体要求进行讨论；5月23日，学习吴官正在广东考察结束时的讲话精神；8月11日，党纪政纪法纪教育专题学习；11月2日，学习党的十六届五中全会和省委九届七次全会精神；11月29日，学习贯彻落实省委理论学习中心组构建和谐广东专题学习会精神，交流构建和谐东莞专题调研成果。

【市委常委、副市长联席会议】 2005年，中共东莞市委常委、副市长联席会议共召开45次，集体学习中央、省的有关指示精神，讨论全市部分镇区和有关单位的请示、报告，分析研究东莞经济社会发展问题和工作思路，研究部署了全市有关方面工作等。

（何剑华　叶景秋）

**附：2005年中共东莞市委领导名录**

市委书记：佟　星

市委副书记：刘志庚　黄双福　刘树基　李毓全　张继雄

市委常委：佟　星　刘志庚　黄双福　刘树基　李毓全　张继雄　冷晓明　何嘉琪　庞国梅　曾拂星（12月离任）　崔　建（1月到任）　江　凌　欧钜明（1月离任）　王福广（12月到任）

**附：市委秘书长、副秘书长**

市委秘书长：何嘉琪（兼）

市委副秘书长：王检养（2月离任）　吴才华　吴镇成　尹景辉（12月离任）　梁近东（2月到任）　欧林高（2月到任）　张伟华（3月到任）　陈健枝（12月到任）

**附：市委办主任、副主任**

市委办主任：吴才华（4月兼任）

市委办副主任：曲洪淇（5月到任）　谢小薇（5月到任）

## 组织工作

【保持共产党员先进性教育活动】2005年，按照中央和省委的部署要求，东莞市保持共产党员先进性教育活动分城市机关、农村基层两批进行。参加第一批教育活动的有928个党组织、16838名党员；参加第二批教育活动的有2863个党组织、84595名党员。通过开展先进性教育活动，基层党组织明显加强，党员素质明显提高，思想作风明显改观，各项工作明显推进。在教育活动中，各级党组织为群众办实事好事1.8万件，为基层解决突出问题2863宗，建立健全规章制度291项。广大党员在推进“四清理”、“四项工程”和抗击洪灾等工作中，充分展现了吃苦在前、冲锋在前的先进性。思想、干部、人才、基础、制度、队伍“六大保障机制”初步建立，形成了党的建设争先创优新局面。教育活动期间，中央政治局委员、中组部部长贺国强亲临东莞调研指导，对东莞先进性教育活动给予了充分肯定。

【领导班子建设】2005年，东莞市委组织部着力抓好各级领导班子建设，稳妥做好干部选任各个环节的工作。对601名干部进行考察预告，对915名干部进行投票表决，对599名干部进行任前公示，办理干部任免1389人，办理正式任职68人，办理任前备案474人，对125名科级、122名处级干部进行了任前谈话，交流干部81人，改任非领导职务94人；重新建立了市直副处以上机关和镇（街）党政领导班子副职后备人选，按照规定的公推程序，全市共推荐党政副职后备人选232名，其中市直副处以上机关154名，镇（街）78名，女干部47名，党外干部4名；选拔33名市直副处以上单位优秀年轻干部到镇（街）和虎门港挂职锻炼，2名到本省艰苦地区担任县级党政副职；召开了市直单位领导班子思想政治建设会议，总结了市公安局、市财政局、市文广新局、市城建规划局、市城建工程管理局等五个单位加强领导班子建设的经验，研究部署了加强市直单位领导班子建设的各项工作，严格按照《党政领导干部选拔任用工作条例》做好干部工作。全市各级领导班子建设进一步加强，得到了省委组织部干部工作检查组的高度评价。

【干部教育培训】2005年，东莞市委组织部围绕党的执政能力建设和先进性建设，认真贯彻大教育大培训方针。成立了培训工作领导小组，进一步完善部门办班申办制度和全市办班规划制度，加大干部教育培训工作力度，拓新培训内容，拓展培训规模，拓宽培训渠道，增强干部培训的针对性和实效性。举办处级领导干部轮训班、科级干部轮训班、市直中青年干部培训班、党外后备干部培训班、高层次人才研修班、企业创新发展研修班等9期，453名处、科级干部参加了培训；选送35名干部参加省委党校有关主体班、省组织的出国培训班，以及中央和省举办的各类业务培训班、专业短期培训班和EMBA班；会同人事局分24期对全市13487名干部进行了《公务员法》培训；完成了《东莞市镇区领导干部能力建设研究报告》，制定“十一五”期间领导干部全员系统培训方案，做好了“十一五”干部教育培训规划的前期研究工作。

【人才引进】2005年，东莞市委高度重视人才工作，批准成立了人才办，建立健全了党委领导、统分结合、协调高效的人才工作机制，实施人才强市战略。配合中组部、省委组织部开展了有关人才培养、使用、引进等各种专题调研，加强对人才工作新情况新问题的研究分析；围绕东莞“十一五”时期经济社会发展趋势，组织编制“十一五”人才规划；加强人才引进工作，以引进高层次、高素质人才为重点，全方位、多渠道引进人才，2005年新增人才12.7万人，全市人才总量达83.9万人，其中博士生264人（含博士后12人），硕士生4810人，本科生16.9万人，具有高级职称的1万多人，中级职称10.6万人；认真做好外地来莞干部挂职锻炼、驻点调研、跟班学习工作，先后接收安排云南、北京等省内外共3批27名处、科级干部到东莞挂职锻炼和跟班学习。

【固本强基工程】2005年是东莞基层党建年，东莞市委组织部继续推进固本强基工程，组织“十百千万”干部下基层驻农村，安排519名领导干部挂点，选派776名干部驻村，向72个贫困村派出工作组，在班子建设、后备干部培养、经济发展、制度建设等方面帮助基层解决了一些实际问题；开展示范点创建工作，创建示范点128个，其中机关事业单位4个，农村（社区）95个，非公企业29个；开展“红旗党组织”、“优秀基层党支部书记”和“十大农村党员创业标兵”、“十大农村党员就业标兵”“十大非公企业党员敬业标兵”评选表彰活动，创建了1个省级红旗党组织、5个省级先进基层党组织和128个市级示范点；推进农村党组织体制改设工作，改设党总支186个；启动“农村百名党组织书记后备干部”培养工程，经逐级选拔、考核，确定了114名村（社区）党组织书记后备干部人选；创办“东莞市农村党组织书记学习论坛”，坚持每月一期，采取领导讲课、专家辅导、外出参观等形式，对农村党组织书记、村（居）委会主任进行集中培训，共培训1.4万人次；加大“两新”组织党建工作力度，新建“两新”组织党组织473个，发展党员282名，举办“入党积极分子党的基本知识培训班”和“企业党务工作者培训班”，初步制定了联席会议、组织组建、督查考核等党组织工作制度，建立了权益保障、就业扶助、法律援助等激励机制；配合民政部门顺利完成了村（居）民委员会换届选举工作，进一步优化了班子结构。

【干部人事制度改革】2005年，东莞市委组织部研究制定、并以市委文件下发了

《2005—2008年东莞市市直单位和镇区党政领导班子建设规划》、《公开选拔党政领导干部工作试行办法》、《市管干部选拔任用工作操作程序》、《关于重新修订东莞市科级干部管理权限的意见》、《关于市直单位和镇区科处级领导干部任职年龄界限的通知》、《关于党政领导干部辞职从事经营活动有关问题的意见》及《党政领导干部辞职试行办法》等七个文件，提出《关于解决镇区党政领导班子成员级别待遇的建议》，不断完善干部制度改革配套措施。

【干部监督】 2005年，东莞市委组织部认真贯彻《党政领导干部选拔任用工作条例》，加强对干部选拔任用工作的检查监督；贯彻中纪委、中组部等八个部委《关于进一步加强党员干部出国（境）管理的通知》，制定下发《关于切实做好党员干部出国（境）证件集中管理工作的通知》和《关于党员干部使用因私护照出国（境）问题的通知》，进一步规范党员干部出国（境）的管理和审批工作；坚持和完善组织部门与执纪执法机关和审计、人事、信访等有关部门的联席会议制度；坚持“积极稳妥、量力而行、提高质量、防范风险”的方针，不断推进经济责任审计工作的开展，全年共委托市审计局和社会中介组织对10名党政领导干部进行离任、任中经济责任审计。

【组工干部能力建设】 2005年，东莞市委组织部着力加强组工干部能力建设，进一步深化“树组工干部形象”学习教育活动，举办了2期“组工干部学习论坛”，围绕落实科学发展观、能力建设、人力资源管理等问题，加大对组工干部的培训力度；先后在中组部培训中心、国家行政学院开办了2期“组织系统领导干部能力建设专题研讨班”，对全市各镇（街）、市直行政单位分管党群或组织人事工作的领导进行了一次轮训；组织部分镇（街）党群副书记、组工业务骨干到江浙地区考察党建工作；加强理论研讨，围绕组织工作中的新情况和热点难点问题进行课题攻关，在农村发展党员、后备干部培养、党群工作向“两新”组织延伸、社区党建模式等方面取得了一批调研成果，推动了重点工作的开展，促使组工干部在实践锻炼中增长才干，提高素质和本领，队伍保障更加有力。　（市委组织部调研科）

**附：2005年东莞市委组织部领导名录**

部　长：庞国梅

副部长：李秀冰　陈柏南

朱楴明（兼，3月到任）

欧阳贵有

# 宣传工作

【深入实施创新发展能力“五大工程”】 2005年，东莞市委宣传部坚持以邓小平理论和“三个代表”重要思想为指导，贯彻落实科学发展观，紧紧围绕市委、市政府的中心工作，认真组织实施创新发展能力“五大工程”，各项工作都有实质性突破。理论武装工作进一步深化，深入学习十六届五中全会，学习科学发展观和构建社会主义和谐社会重大战略思想；新闻宣传导向有力，出台了三项新闻宣传工作制度，围绕中央、省、市工作大局和工作重点加强宣传，形成舆论强势和浓烈氛围；思想道德建设和精神文明创建活动整体推进，有力促进了和谐东莞建设；文化体制改革步伐加快，文化新城建设再掀高潮；队伍建设切实加强，宣传思想战线凝聚力、战斗力不断增强，整个宣传思想工作呈现出生动局面。

【打造“东莞学习论坛”品牌】 在2004年创办“东莞学习论坛”的基础上，2005年，东莞市委宣传部按照高规格邀请报告人、高水准确定报告主题、高层次组织参会者，并且通过电视报纸等现代媒体进行宣传，强化学习成果辐射转化的要求，继续办好这个载体，全年围绕党的先进性建设、发展文化产业、城市竞争力、国际形势、21世纪东莞发展战略和“十一五”规划等课题，邀请了王东京、王永章、倪鹏飞、吴建民、江瑞平、牛文元、厉以宁等著名专家学者作了六期专题报告，使参加学习的同志用较少时间，获取了更多权威的、前沿的知识和信息，开阔了视野，启迪了思维。由于形式新、观点新、指导性强，激发了领导干部学习的兴趣，取得了良好的效果，也带动了全市党员干部的理论学习。

【加强舆论宣传引导】 2005年，东莞市委宣传部围绕中央、省、市工作大局和工作重点积极主动引导舆论导向。制定了《定期向新闻媒体通报工作制度》、《驻莞记者登记备案制度》和《季度宣传报道指导制度》，进一步完善落实《新闻发言人制度》。切实改进热点引导、舆论监督和突发事件新闻管理三项工作，通过新闻发布会、通气会等形式主动与媒体沟通，以市政府新闻办名义举办了5次新闻发布会。大力宣传东莞市贯彻十六届五中全会和科学发展观、构建社会主义和谐社会的生动实践，精心策划了一系列阶段性宣传战役，重点围绕全面落实科学发展观、构建和谐东莞、先进性教育、提高自主创新能力、抗战胜利60周年，以及创建国家卫生城市、创建全国绿化模范城市、创建全国文明城市、创建教育强市、“四清理”、“四项工程”、“电话号码升八位”、“五年见新城”等主题工作，组织协调媒体联合开展专题新闻宣传总体战。加大对外宣传力度，为全市发展营造良好的宣传舆论氛围。

【加强外宣工作】 2005年，东莞市委宣传部结合市委市政府的中心工作，全方位多渠道对外宣传东莞的新成就、新形象，为东莞经济社会发展营造一个良好的外界舆论环境。2005年，东莞成为莞外主流媒体和境外爱国媒体的报道热点，其中中新社、文汇报等媒体对东莞的用稿量居全省大中城市前列。充分利用全国部分中心城市晚报高层走马珠三角、人民日报调研组来莞、第三届世界广东同乡联谊大会、外国知名媒体（如英国格林纳达广播公司、英国广播公司、英国PILOT制片公司、美国公众电视台等）来莞采访拍摄等重大活动的契机，通过派发宣传册、召开座谈会、推出专版报道、组织参观考察等方式，向媒体高层领导、媒体记者宣传推介东莞。与广东电视台合作的栏目《属于你的东莞》正式启动，直接面对北美、南美和欧洲等五大洲的500万华人每天播出15分钟的节目。制作东莞城市形象宣传片在中央电视台多个频道及国际航班上反复播放，与中央电视台合作拍摄《走遍中国·东莞篇》专题片，展示东莞城市的实力、活力和魅力。

【加强思想道德建设】 2005年，东莞市突出以农民、外来员工和未成年人三大群体为重点对象，加大思想道德建设力度。在全市广泛开展了现代市民素质系列大讨论活动，广泛开展“感知东莞、感受东莞、感动东莞”系列实践活动。深入开展以“爱国、守法、诚信、知礼”为主要内容的现代公民教育活动，举办了现代公民教育公益宣传片征集和评选活动，精心设计印制了4万多张现代公民道德教育宣传海报，在市区主干道路、公共场所等显要位置树立一批现代公民教育的大型公益广告牌，精心编写出版《东莞市现代公民教育（外来员工）读本》6万册，免费送给外来员工，订阅了3万多册《中华道德名言精粹》发放到各镇区和各学校。先后组织了“公民道德日”、“争当遵纪守法好公民”、“共铸诚信、共创文明”、“四进社区”等活动，倡导基本道德规范。组织100多个单位与东莞展览馆开展共建现代公民教育基地活动。认真开展“道德名言进万家”活动，组织广东省百名书法家书写中华道德名言，市民反响热烈。深入开展志愿者服务、献爱心、无偿献血、扶弱助残、扶贫帮困、尊老爱幼等活动，组织群众参与清明节祭扫革命烈士墓，开展“爱国主义教育基地一日游”活动，使人们在参与中思想感情得到熏陶，道德境界得到升华。

【加强舆情信息工作】2005年，东莞市委宣传部成立了舆情调研科，制定印发了《关于加强舆情信息工作的意见》，与北京中搜公司合作建立网络舆论反馈系统，设立4个舆情信息中心，建立了信息员队伍，编发了《舆情信息》、《港台报刊信息》和《舆情信息专报》，为有关领导和部门决策提供参考。去年编印了《舆情信息专报》14期，重点反映境内外媒体和网上对东莞报道的重点内容、社会热点问题等，市委书记佟星等领导多次在专报上作了批示。

【开展构建和谐东莞专题调研活动】按照市委的统一部署，从2005年9月份开始，东莞市委宣传部围绕“宣传文化工作在构建和谐东莞中的责任”，成立了课题调研组，从市直宣传文化系统抽调了70多人，组成4个调研小组，分成多个小分队，深入到全市镇村、机关、学校、企业，历时一个多月，通过召开座谈会、随机个别访谈和问卷调查等方式，掌握了大量第一手材料。经过深入思考，形成了《努力为构建和谐东莞提供精神力量和文化支撑》的调研报告。报告在分析思想领域存在的问题和原因的基础上，找到了宣传思想工作自身存在的薄弱环节，并提出了在构建和谐东莞中宣传思想工作的思路与对策。

【推进文化体制改革】东莞作为全省文化体制改革工作试点市之一，2005年文化体制改革向前迈出了坚实的一步。按照中央和省委的统一部署，合并了原东莞市文化局、东莞市广播电视局和东莞市新闻出版局，于2005年4月份组建了东莞市文化广电新闻出版局和东莞广播电视台，成立了市文化市场综合执法大队和32个镇区文化市场综合执法分队，进一步强化了文化市场综合执法职能。市属几大媒体的改革进入实质操作阶段，制定了《关于推进我市媒体单位改革的实施意见》，实行“企业化管理、市场化运作”和“自主经营、自负盈亏、自我发展”的经营模式，将在2006年全面推行。

【开展文化产业调研】2005年下半年，由东莞市委宣传部牵头，市文化广电新闻出版局和市统计局协助，联合市发展和改革局、市委政研室、东莞日报社、东莞广播电视台等相关单位，在东莞首次开展大规模的文化产业调研。调研结果显示，东莞市2004年文化及相关产业增加值总额达到101.9632亿元，约占当年东莞市GDP总量的9%，已成为一股不可忽视的产业力量。

【加强干部队伍建设】2005年，东莞市委宣传部围绕提高“理论素养、政治意识、创新能力、社会责任”的要求，不断加强干部队伍建设。认真组织全市宣传干部学习十六届五中全会精神和科学发展观、构建社会主义和谐社会重大战略思想，理论素养与政治敏锐性进一步提高。开展先进性教育，在全市新闻队伍、文艺队伍和社科理论队伍开展“三项学习教育”活动，整个宣传思想战线朝气蓬勃，充满活力，干事创业的氛围更加浓烈，作为意识进一步增强。加大干部职工培训力度，对全市理论骨干、中心组学习秘书、文艺创作人才、各镇区宣传委员、宣传干事、文广中心主任集中进行了业务培训。（林俊强）

**附：2005年东莞市委宣传部领导名录**

市委常委兼宣传部长：江　凌

副部长：陆世强

黄永贵（9月离任）

吴维保（4月离任）

麦淦华（4月到任）

## 统战工作

【机构设置】2005年8月，经市编委批准，市委统战部增设港澳社团工作联络科，目前市委统战部内设机构有4个，包括办公室、党派工作科、经济联络科、港澳社团工作联络科。

【开展保持共产党员先进性教育活动】2005年，根据市委保持共产党员先进性教育活动的安排和部署，市委统战部参加第一批保持共产党员先进性教育活动。市委统战部以高度的政治责任感，认真的态度和严谨的作风，扎扎实实地开展党员先进性教育活动。一是深入思想发动，打牢思想基础。市委统战部以抓学习为重点，把加强学习贯穿于先进性教育活动始终，努力以科学理论武装头脑，以科学理论推动教育活动健康发展。组织开展“四会一课一测试”过程中，部领导班子成员身体力行，率先垂范，统战部部长游敏达亲自上党课、作辅导、谈心得，其他党员领导干部与普通党员一样，自觉接受教育，积极交流讨论，认真撰写心得。通过党员领导干部的表率作用和落实学习检查考评制度，全体党员学习态度端正，结合实际紧密，学习效果明显，为深入开展先进性教育活动打下了牢固的思想基础。二是认真分析评议，切实增强党性。部党支部、领导班子和党员个人就近年来的工作和作风，通过各种形式广泛征求意见，查找存在问题。在此基础上，严格按照“四对照、四剖析”的要求认真组织和指导党员撰写党性分析材料。对党员的党性分析材料，党支部严把审查关，逐一提出修改意见，保证了每名党员的党性分析材料都能对号入座、对症下药，切合自身的实际。通过评议意见、个人见面和会上见面，使每位党员对自己在工作作风表现存在的主要问题、今后的努力方向等方面都有了更为全面和清醒的认识。三是自觉进行整改，切实收到实效。部党支部把整改是否落实作为先进性教育活动取得成效的关键，在制定整改方案和措施上，重在联系实际、重在讲求质量、重在取得实效，尤其是把党员群众反映较为强烈、当前能够办好的事情作为整改的重点。在公布整改方案和措施后，通过集中时间、集中精力进行整改，部党支部认真组织实施群众满意度测试工作。经过在部全体党员群众和民主党派专职干部中的测评，很满意及满意率达100%，较好地达到了整改提高、取得实效的目的。四是精心组织“回头看”，巩固教育活动成果。部党支部坚持把“回头看”贯穿于先进性教育活动的每一阶段和全过程，确保先进性教育活动成果落到实处。在开展“回头看”活动中，部党支部和领导班子着重检查每个环节实不实，效果牢不牢，特别是针对党员群众反映比较集中的意见和建议，做到条条有研究，件件有回音，条件具备的马上落实办。市委统战部通过党员先进性教育活动，全体党员党性得到了锻炼，思想和工作作风有了明显的转变，统战各项工作以此为动力有了新的发展和进步，较好地达到了先进性教育活动的目的。

【认真学习贯彻中央5号文件精神】 2005年初，中共中央颁发的《中共中央关于进一步加强多党合作和政治协商制度建设的意见》（简称《意见》）是指导我国多党合作事业发展的纲领性文件，也是统一战线开展党外工作的行动指南。市委统战部从全局和战略的高度出发，认真学习贯彻新时期新阶段党的统战方针政策。一是统一思想认识，认真组织学习中央5号文件精神。《意见》颁发后，市委统战部高度重视，认真开展文件精神和有关辅导材料的传达学习，努力从历史的经验、时代的发展和形势的要求去解读文件的科学内涵。市委统战部坚持把学习贯彻《意见》精神当作一条工作主线贯穿始终，为东莞多党合作事业的进一步发展奠定了坚实的理论思想基础。二是加强宣传研讨，努力使《意见》精神深入人心。市委统战部因势利导，以不同方式，在不同层次的党外人士中广泛开展了《意见》精神的教育引导活动。举办了为期一个月的全市党外后备干部培训班，培训以《意见》为主要学习内容；召开了市民主党派暑期座谈会和党外高级知识分子座谈会，市委副书记李毓全作了关于深入学习贯彻《意见》精神的重要讲话；召开市统战联席会议和市统战信息工作会议学习文件精神，开展和配合各项调研活动联系文件精神。通过深入的宣传教育，《意见》精神在全社会有了基本的认识和了解，为东莞市今后开展多党合作事业形成了广泛的思想共识。

【积极推动多党合作事业不断发展】 2005年，市委统战部认真分析东莞市多党合作事业的历史、现状和发展趋势，以《意见》精神为工作指南，积极开展多党合作事业各项工作。在履行政治协商职能方面，市委统战部加强与市政协的协调配合，继续坚持并不断完善市委领导与民主党派成员联系交友制度、市长与政协委员座谈制度。在履行民主监督职能方面，积极倡导和开辟事前、事中和事后监督，主动听取和传达党外人士对政府行政行为的看法和意见，鼓励和支持党外政协委员在东莞电台《周末访谈》节目上发表意见，发挥舆论监督作用。在履行参政议政职能方面，市委统战部与市委组织部建立了党外干部选拔、培养、任用联席会议制度，制定了“十一五”党外后备干部培训规划方案，进一步从制度层面上确立了党外干部是党和国家干部队伍的重要组成部分，为充实党的执政资源，努力形成全社会建设和发展合力，拓展了人才准备的工作基础。在支持各民主党派开展自身建设方面，市委统战部注重与各民主党派正副主委思想沟通和意见交换，支持民主党派积极稳妥地做好组织发展工作，进一步打牢多党合作的组织基础。市委统战部协调解决了民主党派专职干部配备不足、办公条件和办公经费等问题，为顺利开展工作创造了良好条件，受到了各民主党派的好评。

【加强非公有制经济领域统战工作】 2005年，市委统战部高度重视非公有制经济领域的统战工作，积极探索和研究其内涵和外延，不断巩固和发展传统非公领域统战阵地，使东莞非公领域统战工作有了新的进步和发展。一是主动开展非公领域统战工作的调查研究，为指导当前工作和上级党委出台新的方针政策提供依据。市委统战部根据东莞的特点，开展了以加强党的执政能力建设为导向的非公经济领域统战工作专项调研，完成了《关于新世纪新阶段坚持和改善工商联统战性的思考》的调研课题并上报省委统战部，开展了《东莞市行业协会、商会现状与改革发展》、《东莞市工商联领导班子情况调查》专题调研，协助省委统战部开展了《新的社会阶层统战工作情况》专题调研。通过调研，市委统战部提出对非公经济代表人士和社会新阶层开展思想政治工作的思路、重点、载体和方法，为党委政府提供了建设性的参考依据和对策建议。二是积极指导和帮助各级商会组织开展自身建设，不断增强其影响力和凝聚力。市委统战部主动加强与党委政府的联系，指导和帮助基层商会、行业协会的建立和发展。2005年12月，洪梅镇举行洪梅商会成立典礼，至此全市32个镇（街道）都成立镇级商会。市委统战部通过商会周年庆典、换届选举等时机和建立联系挂钩制度，分析工作形势、化解内外矛盾、疏通各方关系，有力地保证了商会工作运转和作用的发挥。

【开展帮扶公益活动】 2005年，市委统战部引导统一战线成员开展对口帮扶工作取得明显成效。9月，市委统战部、市海外联谊会在新丰县举行七项帮扶工程的奠基、剪彩典礼，其中落成使用的剪彩项目包括新丰县城第一小学许绍伟教学楼、龙江王灿光小学、遥田卫生院业务楼和石角卫生院业务楼，新建项目包括大岭焯辉小学、县城第一小学黄灿坚教学楼和回龙镇卫生院王惠棋楼。两年来，市海外联谊会共为新丰县捐建了9个教育卫生基础设施项目，捐资达340万元人民币，减轻本市财政负担120万元。此外，市委统战部还筹集了50万元计划在乳源县民族实验学校兴建一幢教学楼。2005年2月，中央和省委统战部发出了“爱我西藏支援西藏”阳光计划活动的通知，市委十分重视并做出专门批示，市委统战部会同有关部门搞好宣传动员，加强组织指导，共募集资金16多万元，为配合西藏自治区成立40周年，维护民族团结作出了积极贡献。

【巩固和拓展海外统战工作】 2005年，市委统战部高度重视海外统战的组织领导和工作指导，努力开展卓有成效的海外统战工作。一是充分发挥海外统战各工作平台作用，积极开展和拓展海外联谊活动。2005年，市委统战部利用各种海外统战工作平台，高举爱国主义伟大旗帜，最广泛地团结和联系“三胞”，海外联谊又有了新的发展和进步。为加强与海外莞籍乡亲的团结和联谊，由市委统战部牵头，会同市直有关单位组织代表组团赴新加坡参加第六届世界东安恳亲大会；成功举办了“走进近代史——东莞体验之旅”活动，来自香港48所小学的1800多名学生和200多名教师与东莞1000多名学生欢聚联谊，增强了香港学生对祖国的归属感、认同感和自豪感；首次接待了有香港民主派人士参加的莞籍香港立法会议员回乡观光团。一年来，市委统战部利用各种机会广泛积极地组织和开展各项海外联谊活动，接待海外侨胞、港澳台同胞、海外社团约4千人次，进一步扩大了东莞在海外的影响力，促进了海外统战大团结、大联合的不断发展。二是进一步打牢海外统战工作基础，促进海外统战顺利开展。为进一步加强海外统战工作，推进港澳人心回归工程建设，市委统战部认真开展海外统战工作调研，以高度的政治责任感和历史责任感，主动积极开展大规模莞籍港人、澳人乡情调研工作，从更高的层次和更广的领域为构建和谐提出决策依据，做出贡献。2005年开展了历时数月的资料整理收集、调查核实和分析研究工作，进行了涉及32个镇（街道）、20多个组织团体的调查研究，共整理有关资料十几万份。

（姚进洪）

**附：2005年中共东莞市委统战部领导名录**

部　长：游敏达

副部长：张灿炎　温少生

## 政策研究工作

【概况】2005年，中共东莞市委政策研究室坚持以邓小平理论和“三个代表”重要思想为指导，树立落实科学发展观，紧紧围绕我市“一城三创五争先”的发展战略和工作思路，进一步优化调研环境，健全调研机制，强化调研主功能，提高调研干部素质，打造调研精品，为市领导提供了更好的决策服务。全室全年组织重点课题攻关，撰写了一批高质量的调研报告、方案、综述、情况汇报等各类文字材料120多篇，共约80万多字。其中，《关于推动我市全民创业尤其是农民就业的调研报告》进入领导决策，并被打上“秘密”字样，成为“四项工程”会议的一份重要参阅材料，会议的主题报告亦吸收了该调研报告中相当部分内容。进入领导决策的还包括《关于维护外来工合法权益的若干意见》、《关于加快我市IT产业发展的调研报告》等15篇。市委、市政府主要领导作了批示的有《关于保障我市食品卫生安全的调研报告》、《关于东莞市民营经济发展情况的汇报》、《关于近期我市各部门外出考察报告的综述》等20篇。被中央政策研究室主编的《学习与研究》、省委政策研究室主编的《广东调研》等省级以上刊物采用的有《东莞：迈向现代制造业名城》、《加强领导班子建设 努力构建和谐东莞》等10篇。此外，《新制度经济学视角下的腐败成因分析与反腐败对策探讨》一文获广东省纪委主办的党风廉政建设理论研讨会优秀文章，被省纪委汇编收录。全年共编发《决策参考》27篇，《东莞调研》21期，《省市情资讯》12期，《电传内参》48期，《每日文摘》71期，共约370万多字。

【对策研究上台阶】2005年，市委政策研究室围绕市委市政府“一城三创五争先”的发展战略和工作思路，以及经济社会发展中的热点、难点问题开展调查研究，形成了一批高质量的调研报告，得到了市领导的充分肯定。一是围绕东莞市社会管理状况开展对策调研。形成了《关于我市社会管理状况的调研报告》，该报告得到了市委主要领导的重要批示，全市“四清理”工作会议的主题报告亦吸收了该报告的调研成果。二是围绕“四项工程”开展调查研究。撰写了《关于推动我市全民创业尤其是农民就业的调研报告》、《关于加快我市IT产业发展的调研报告》、《关于促进我市全民就业创业的若干意见》和《我市扶助IT产业发展的若干政策措施》等报告和“四项工程”配套文件。三是围绕市食品安全卫生问题开展调研。形成了《关于保障我市食品卫生安全的调研报告》，得到了市主要领导的重要批示：“这份报告写得不错，纲目清晰，分析到位，有理有据，能够起到统一认识，指导工作，解决问题的作用”。四是围绕维护外来工合法权益问题进行调研。形成了《关于维护我市外来工的合法权益的调研报告》及《关于维护外来工合法权益的若干意见》，这两份材料均得到市委主要领导的重要批示，并印发给联席会议各领导参阅、审阅。五是围绕住房公积金问题开展调查研究工作。撰写了《关于办理市领导批示件的情况汇报》一文，市委主要领导亦作了重要批示。六是围绕人民币升值问题进行调研。形成了《关于人民币汇率制度改革对东莞经济发展影响的分析》（上下篇），为各级党政领导和各职能部门应对汇率改革带来的波动和变化起到了重要作用。

【宏观战略研究有突破】2005年，市委政策研究室与省府发展研究中心、省社科院等院校和机构合作开展了《关于东莞市国民经济和社会发展总体思路和未来展望的战略研究》、《关于东莞市加快发展先进制造业，促进产业升级的对策研究》、《关于东莞市人力资源开发、建立人力资本优势的战略研究》、《关于东莞市中长期发展面临的资源约束和环境承载力问题的研究》和《关于东莞市适度人口发展与调控政策研究》等5个方面的宏观战略研究课题，室领导亲自制订工作方案，带领本室骨干深入各有关镇区和部门进行调研，对形成的初稿提出修改意见，部分报告甚至几易其稿。初稿完成后，还精心筹划了专家评审会，对宏观战略研究报告进行评审，会后对专家发言的主要观点进行了整理归纳，形成了《凝聚各界智慧 解读东莞发展——东莞市经济社会发展宏观战略研究评审会综述》（之一、二、三），市委主要领导作了重要批示：“把有些观点梳理一下，特别是对‘十一五’提出一些新观念，‘四项工程’要有新观念为引导，我市要以大的思路框架里拿出一些新观念新思路的提法，并将思考的成果放进参加省‘创新会议’材料中，省九月份开创新大会”。目前宏观战略研究的重要成果由广东科技出版社公开出版发行。此外，市委政策研究室还与暨南大学封小云教授等专家合作开展了《东莞经济增长方式转变和经济效益提升研究》和《关于东莞外资企业内销问题的调研报告》等课题研究，两项研究均取得实质性成果，其中《关于东莞外资企业内销问题的调研报告》，市委主要领导作了重要批示：“可由市府摘要向海关和省外经贸厅反映一下有关情况，推动这个问题的解决”，政研室主要领导多次到广州向省委政研室领导汇报，终于得到省的重视，确立为2006年省委政研室重点课题之一，上升为由省决策参谋咨询部门立项破解。

【完成市领导交办的重要文稿的写作】2005年，根据市主要领导的指示精神，市委政策研究室撰写了《关于东莞市民营经济发展情况的汇报》、《关于东莞市努力提高自主创新能力提升产业竞争力的情况汇报》等2篇向省委、省政府的汇报材料。为做好参加首届“最佳中国魅力城市交流与合作研讨会”的发言准备，政研室撰写了《关于东莞市新时期魅力城市发展的战略选择》一文。对2005年各部门到先进地区参观考察后形成的经验材料进行集中梳理和归纳，形成了《关于近期我市各部门外出考察报告的综述》。此外，还参与“市委十一届三次全会”主题报告第二部分内容的写作；参与凤岗天堂围信访案及李为民案件剖析反思的调研，形成了《关于谢寿祥上访反映问题的调查情况》、《关于李为民违法违纪案件的剖析与反思》2份材料；参与车改办工作，承担车改动员大会领导讲话稿及相关调研材料稿的写作；参与由省人大副主任李近维负责的“加强党风廉政建设，以良好的党风引领政风和社会风气转变”专题调研，并承担相关调研报告写作；承担市人大常委会《关于东莞市人民代表大会常务委员会讨论决定重大事项听证工作制度》（讨论稿）的修改工作和《关于我市水资源问题的调查报告》提纲的起草工作。

【办好5种室刊，提高决策服务水平】2005年，市委政策研究室对室刊继续充实提高，增强指导性和可读性，得到各界的首肯。一是《决策参考》除了刊发本室完成的15篇调研报告外，还从市内外刊物和镇区部门撰写的文章中摘编12篇调研报告和研究报告。二是对《东莞调研》进行扩版和创新，在每一期的开篇之页增加了“卷首语”和一定数量的图片，起到画龙点睛、图文并茂的作用，收到良好的效果。此外，对《电传内参》进行改版，不断充实《省市情资讯》内容，《每日文摘》还上了市府内部网页。

【加强对基层单位的业务指导】 2005年，市委政策研究室与市委办、市府办共同主办了全市办公室系统业务培训班，邀请了省委政研室的领导讲授调研业务知识，得到了学员们的好评。政研室领导和业务科负责人先后为高埗、厚街、东坑和市国安局等单位提供了专题调研业务辅导和市情报告，受到广泛好评。此外，还采取开展联合课题攻关、帮带的方法，为大朗、塘厦、市劳动局、市公安局等镇区和部门提供业务指导，得到了全市调研工作者的普遍认同。　　（黄素标）

**附：2005年中共东莞市委政策研究室领导名录**

主　任：王检养（2月离任）
　　　　温淦荣（3月到任）

## 直属机关工委工作

【概况】 东莞市直工委是中共东莞市委领导下的市直机关党的工作的派出机构，内设办公室、组织科、宣教科3个职能科室和市直机关武装部及市直机关纪工委。至2005年底，共管理党委30个，党总支部56个，党支部614个，党员12738人。

【开展保持共产党员先进性教育活动】 在学习动员阶段，市直工委严格学习要求，创新教育载体，以静心钻研主动学、专题会议集体学、主题党日实地学、党课教育辅导学、运用典型示范学、开设论坛强化学、结成对子互动学、宣传阵地引导学等灵活多样的形式去激发党员的学习热情及践行“三个代表”重要思想的内在动力。2005年，市直机关127个单位的12370名党员全部参加了学习教育，“四会一课一测试”集中培训的覆盖率就达到100%。

在分析评议阶段，市直工委召开座谈会20多场，发放征求意见表100多份，征集意见建议30多条；开展“一对一”、“多对多”的谈心活动，召开党组织专题组织生活会和民主生活会2场次。

在整改提高阶段，市直工委坚持讲求实效，制定整改方案和措施，抓紧解决突出问题。2005年全市机关党组织共制定整改方案127份，整改措施3.6万多条，落实整改措施1.5万多条。

市直工委担当了协助市委、市政府搞好市直机关单位先进性教育活动的角色。在先进性教育活动中，市直工委派出了5人到市委先进办工作。

【基层党组织领导班子建设】 2005年，市直工委特别注重抓组织和班子建设，共有35个单位进行了换届选举工作，其中党委2个、党总支6个、党支部27个，调整补充了14个单位，新成立党组织45个，其中党委3个、党总支5个、党支部37个。

【固本强基工程示范点创建工作】 固本强基工程示范点是基层党组织建设的有效载体和有力抓手。市直工委按照文件的要求，加大了创建力度。在2005年“七一”表彰大会上，市委办、市农业局、市供销社、市人民医院被市委授予“红旗基层党组织”称号。另外，市直工委向市委基层办推荐了16个党组织为第二批市级示范点创建单位，还重点规范考查了30多个单位的党组织，把他们列为第三批示范点建设重点。

【发展党员工作】 2005年3—4月，市直工委举办了4期入党积极分子培训班，926名入党对象接受了培训。全年市直机关共发展新党员1118名，预备党员转正1041名。另外，市直工委紧抓新党员的后续教育。2005年8月，直工委组织召开了2001—2005年入党的新党员代表交流会，会上有9位新党员作了先进事迹介绍。此外，为做好2005年度的党员统计工作，市直工委于11月底12月初举办了3期党内统计培训班，90名党务干部参加了培训，为统计工作打下了较好的业务基础。

【提高党务干部和党员队伍素质】 为了推动先进性教育活动的深入开展，2005年4—5月，市直工委分别在市农业局、市劳动局、市区检察院召开了直管党委、总支、支部等三个层次的现场交流会，基层党组织负责人和党务干部共120多人参加了交流会，30多人作了经验介绍。为了进一步巩固先进性教育活动的成果，市直工委为机关党员分别订购了《保持共产党员先进性十二讲》和《十六届五中全会导读》，在6月还邀请广东省委党校邱世绪教授作了“加强党的执政能力建设”的专题讲座，市直各党组织班子成员共300多人参加了此次讲座。此外，为了加强党建工作理论研究，市直工委组织撰写了150多篇约50多万字的理论文章，收入《东莞市直机关党建工作论文集》出版并发到党员手中。

【党风廉政建设】 2005年，根据市委、市纪委的安排和要求，市直工委开展了学习《实施纲要》，学习《“三个代表”重要思想和反腐倡廉理论学习纲要》，学习《两个条例》，学习《党员权利保障条例》的活动，参加了市纪委举办的知识竞赛，广大党员干部的反腐倡廉意识进一步增强了。

【“迎七一”活动】 2005年7月，市直工委与市委宣传部联合举办了市直机关“永远跟党走”歌咏比赛，有22个单位组队参加，其中人大常委会领导和人大机关党员也参加了大合唱，影响甚广。市直工委还下发了“关于开展好‘七一’活动的意见”，根据意见的安排和要求，市直机关各党组织开展了各种丰富多样的活动。

【机关体育运动会】 2005年，为落实市委市政府的“一城三创五争先”的工作思路，建设健康城市、体育强市，推动群众体育的深入开展，增强全市机关工作人员的身体素质，丰富机关工作人员业余体育生活，市直工委与市体育局组织举办了机关体育运动会，共有74个单位、2700多人参加了8个项目的比赛。

【市直机关武装部工作】 2005年，市直机关武装部组织了“实兵武装演习”、冬季征兵工作，为机关武装力量的提高，注入了动力和活力。

【市直机关党建工作总结表彰大会】 2005年12月30日，市直工委在市委礼堂举办了2005年度市直机关党建工作总结表彰大会。市直工委书记苏群芳总结了2005年度市直机关党建工作。大会还表彰了50个优秀基层党组织和85名优秀党务工作者，83个2005年度文明科室。市委副书记李毓全参加了大会，并在大会上作了重要讲话。市直机关各党组织代表与受表彰个人共约250人参加了大会。　　（卢肖莹）

**附：2005年东莞市直属机关工作委员会领导名录**

书　记：苏群芳

副书记：李　砺（3月到任）
　　　　邵宏武　殷国群

## 老干部工作

【老干部政治待遇落实】2005年，东莞市老干局认真落实老干部政治待遇。一是组织离退休党员开展先进性教育活动。208名离退休老党员紧紧抓住学习实践“三个代表”重要思想这条主线，完成先进性教育活动学习培训、分析评议、整改提高三个阶段的各项“规定动作”，在先进性教育满意度测评中，群众满意度达到100%。二是坚持工作通报制度。在中秋节和春节，邀请市委、市政府主要领导向老领导、老同志通报全市经济发展、城市建设、环境保护等情况；组织原市、县九套班子老领导参加全市重大庆典活动，如东莞市民营企业博览会、虎门港奠基典礼等。三是组织17名老领导到塘厦学习座谈，征求对市委和市政府的工作建议。四是坚持报刊订阅制度和阅文工作。为全市离休干部每人订阅《老人报》、《秋光》各一份，为党群、转制企业离休干部和转制企业副处级以上退休干部订阅一份《东莞日报》。每月20日为离退休干部阅文日，离退休干部到老干部活动中心都能阅读到中央、省、市的有关文件。五是认真做好发放抗战胜利60周年纪念章和慰问金工作。按上级的要求严格审核东莞市抗日老战士和老同志人员名单，为抗战时期参加工作的离休干部发放抗战胜利60周年纪念章和慰问金。

【老干部生活待遇落实】2005年，市老干局认真落实老干部生活待遇。一是贯彻落实离休干部“三个机制”。2005年，市财政用于离休干部“两费”预算资金1910万元，其中用于支付转制企业离休干部的离休费1460万元，用于支付转制企业离休干部报销门诊费和住院医疗费250万元，用于支付行政、事业单位离休干部报销医疗费200万元，没有拖欠全市离休干部“两费”。二是建立老同志联络员制度。在保持共产党员先进性教育活动过程中，积极采纳老同志意见，建立老同志联络员制度，选出老同志联络员22名，在7月和12月二次召开全市老同志联络员座谈会，加强与老同志的沟通和联络。三是建立80岁以上老同志生日祝贺制度。2005年7月，市老干局为24位异地回莞定居的80岁以上离休干部举办集体生日会，局领导上门为5位易地安置居住在农村的80岁以上离休干部祝寿，同时给15名80岁以上转制企业离退休干部送上生日蛋糕。四是坚持探病慰问制度和困难补助制度。2005年，市老干局去医院探望住院离休干部196人次，送出慰问金20万元，协助处理离休干部的后事35宗。坚持对长期住院、生活有困难的离休干部进行困难补助，今年获助的离休干部52人次，共送出补助金12万元。

【老干部工作调研】2005年，市老干局共召开老同志座谈会、茶话会32次，有400多名老同志参加，联系走访30户老同志，征集意见和建议35条。针对行动不便的离退休党员如何参加组织生活的问题，撰写了调研报告《进入双高期转制企业离退休干部的现状及如何落实好他们组织生活的对策和思考》，对进入“双高”期转制企业离退休干部党员如何过好组织生活进行分析并提出可行性对策。针对离休干部医疗费报销中存在的不安全和不合理因素，市老干局与市财政局、国库支付中心以及东莞工商银行进行多次协商，出台离休干部医疗费报销改革新方案。从2006年1月起，离休干部医疗费报销由原来固定的每月20日报销医疗费改为每周一、三、五上午进行，报销方式由原来的现金结算改为银行卡结算。

【老干部慰问工作】2005年春节期间，根据东莞市委、市政府的布置，市财政拨款130万元对全市835名离退休干部进行慰问；各主管局和基层单位也分别对所属离休干部开展慰问工作，对患病的离休干部进行探访，对生活有困难的老同志或遗孀给予补助，对有困难的70多名离休干部给予关心和照顾。中秋、重阳节期间，组织老同志开展各种有益身心健康的活动。在中秋国庆和春节期间，召开原市县几套班子老领导和易地安置离休干部、转制企业离退休干部茶话会，发放慰问金。

【老干部活动中心】2005年，市老干部活动中心共组织门球赛4次、乒乓球赛5次、象棋赛3次；组织门球队到珠海、湛江等地参加比赛；组织书画组到增城市白水寨大瀑布、从化市“流溪香雪”创作基地、湘西写生；组织摄影组到贵州、云南、江西、湖南等地采风；不定期地举办各种书画、摄影作品展览，2005年共举办展览5次，作品400多件次，学员个人画展1次。为隆重纪念抗日战争暨世界反法西斯战争胜利60周年，在8月份筹办一台“牢记历史，不忘过去，珍爱和平，开创未来”的专题文艺演出，并于8月23日在庆祝东江纵队成立60周年纪念大会上，专场为抗战老战士们表演。10—11月的第二届老年文化艺术节上，组织118位老同志参加舞蹈、合唱、独唱、书画、摄影五大项目的比赛，获得金奖7枚、银奖8枚、铜奖10枚，优秀奖26枚。投入5万多元对音响设备等进行更新改造，同时积极做好招待所的拆除和改建综合服务楼的各项工作，年底，综合服务楼的勘探、图纸设计等前期工作已完成，施工前报建、审批、投标等各项工作已经展开。

【老年大学】2005年，东莞市老年大学坚持“学、教、为、乐”的教学方针，加强教学工作，改进教学环境，增设数码钢琴班，投入6万多元购置20多台电子钢琴，投入4万元购置空调安装课室。全年开设25个班，在校学员685人次，年龄最大的94岁；有4名学员被省老年书画家协会吸收为会员；学员在省、市报刊上发表文章、书画作品10多篇；在全国书画比赛中，有3名学员获得金奖。

【老干部关心下一代】至2005年底，东莞市关心下一代工作组织增加到1141个，“五老”队伍增加到14797人。为配合团市委抓好大学生暑期创业实践活动，组织4512位大学生下到企业、农村和基层2861个岗位上学习实践，发动2527名大学生组成834个专题小组参加不同的社会调查。针对未成年人教育问题，成立家庭教育促进会、读书指导委员会，向省提出净化社会环境、净化文化市场等意见，开展扶贫扶困助学，努力推动有关镇区成立扶贫扶困助学基金会。（陈湘红　洪纲）

附：2005年东莞市委老干部局领导名录
局　长：李福友（8月离任）
副局长：黄程按　郭带娣

## 东莞日报

【新闻报道注重服务大局和关注民生】2005年东莞日报社坚持党的基本路线，积极践行贴近实际、贴近生活、贴近群众的“三贴近”原则，坚持新闻改革创新，在新闻报道的贴近性、服务性方面均取得重大进步。

全力推动先进性教育活动。东莞日报社配合市委、市政府的中心工作，把先进性教育活动的宣传报道列为2005年的工作重点，组成精干的采编力量，采取各版联动的方式，共发稿360余篇。其中要闻版策划了专栏《保持共产党员先进性》，对先进性教育活动进行全程跟踪，为活动的开展营造了良好的舆论氛围。政文部在《理论学习》版面策划了保持共产党员先进性教育专题共10期。周日版还专门开设了《大家谈》专栏，让社会各界就现代公民教育展开大讨论，共出版了48期。《书廊》版也结合自身栏目的特点，从“读书、感怀、学习”的角度策划了多期配合先进性教育活动的专题。市委提出共产党员要“有理想、有责任、有能力、形象好”的具体要求后，报纸开设了《争创“三有一好”，争当时代先锋》专栏，共发稿13篇，及时向广大读者报道东莞市在开展先进性教育活动中涌现出的先进单位和先进党员的典型事迹。为充分反映东莞市先进性教育活动务实的做法，推出专栏《先进性教育见实效》（发稿7篇）和《固本强基在基层》（发稿4篇），深入细致报道了东莞市开展“十百千万”干部下基层驻农村和“理想、责任、能力、形象”教育活动，调动了广大党员参与先进性教育活动，争当先锋模范的积极性。

深入报道“四清理”工作。2005年4月7日，东莞市政府召开专门会议，对在全市范围内开展清理违法搭建、清理违法用地、清理养殖业污染、清理无证照经营的“四清理”工作，全面加强社会管理进行动员部署。报社迅速行动，对此项工作的报道进行了认真的策划，各大版块联动，开设了《开展“四清理”工作，全面加强社会管理》等专栏，对各镇区开展“四清理”行动的动态消息及时报道。每天在二版辟出约1/3版面全面跟进报道，并配发新闻图片，据统计，共发稿280余篇。同时，东莞日报社还刊登系列评论员文章，向广大读者阐述了东莞市当前社会管理面临的新形势及开展“四清理”工作，全面加强社会管理的重要意义，争取了广大群众及党员干部对“四清理”工作的支持。东莞日报社还派出强大采访阵容，从百姓视角关注“四清理”工作的进展，对各镇区开展“四清理”工作的进度及好的经验进行报道，收到良好的效果。

大力宣传现代公民教育活动。东莞日报社配合东莞市广泛开展以“爱国、守法、诚信、知礼”为内容的现代公民教育活动，大力宣传教育活动的重要性和紧迫性，以及这项活动对东莞经济社会发展的深远影响。策划了现代公民教育专题6期，其中包括笔谈2期，专题策划4期，使现代公民教育吸引社会注意力，起到鸣锣开道的作用。

更加主动关注社会民生。2005年，东莞日报社加大力度做好《社会民生》版块，以此为平台，关注民情，反映民意，纾解民困，鞭挞陋习，实现了从星期一到星期五，每天都有社会新闻版块，在社会读者群中产生了较好的影响。在此基础上，设立了“读者连线”栏目，市民通过电话、传真、电子邮件及短信平台向报社提供各种信息，反映社情民意、咨询各种问题络绎不绝。《东莞日报》刊登有代表性的读者留言，关心平民百姓的大小事、家常事，使《民生》版成为读者了解民意，关注民情的重要窗口，深受读者欢迎。《东莞日报》新闻版块为积极有效地宣传党的大政方针，特别推出《议政厅》栏目。《议政厅》是一座政府与市民沟通的桥梁，是政府与普通百姓交流和对话的平台，是东莞市建立和谐社会的新举措，自开办以来，受到社会各界关注，不少读者纷纷来电、来信为建设东莞建言献策，受到东莞市主要领导的好评。

创建省教育强市宣传主动有力。创建省教育强市是东莞市2005年的一件大事，为此，《东莞日报》《教育人才》平台在宣传方面主动配合，并作了长期整体策划。2005年初即策划了“省教育强市创建进行时”专栏。专栏开篇采访了主管教育的副市长以及教育主管部门的有关领导，全面宣传东莞市积极创建省教育强市的方方面面。在东莞市召开创建省教育强镇动员大会的第二天，《教育人才》平台以整版的篇幅详细报道了东莞市在教育方面取得的成绩和存在的不足及努力方向，掀起了一股党政重视教育，大办教育、办大教育的热潮。同时还开辟了“镇区篇”，调动了各镇区加入这一专题宣传的积极性，有凤岗、万江、桥头、大岭山、寮步等镇区积极加入到这一专栏的宣传中，让创建省教育强市、省教育强镇这一话题为群众知晓和关注，形成了一种全市上下积极为创建教育强市共同努力的良好的舆论氛围。《教育人才》平台还关注各个时期的教育话题，如策划了“升学指南”等专题，及时报道中考、高考等群众关心的新闻。

【地方特色更加突出】推出《体育周刊》是《东莞日报》2005年的一大亮点。报纸利用东莞市独特的体育资源——广东宏远篮球队在CBA创造好成绩的机会，继上年底成功推出《CBA王者争霸》后，2005年扩版成《体育周刊》，一周两期、每期四版，全彩色印刷，内容新颖。不仅有本报记者的独家稿件，还有名家特约评论，改变了《东莞日报》以往体育栏目信息量偏少，版面单一的生硬面孔，既吸引球迷、促进球市，又扩大了报纸在读者中的影响。《周日版》的“钟灵毓秀话东莞”、“历史文化大观园”版块开阔视野，充实内容，以其浓厚的地方特色，赢得了读者的青睐，也成了新东莞人了解东莞历史的窗口。用这种方式传承东莞的文化受到多方面的好评，这种做法，上了《人民政协报》的头版，获得了肯定。《副刊》还策划推出了一批人物专题报道，弘扬东莞人在城市文明建设中的进取精神，如：粤曲爱好者以粤曲打开眼界的黄日辉、摩托车修理小店老板的七彩人生、打工妹不断进取的故事、打工作家林灵以及理工学院当兵的女大学生等等。《都市版》还采写了一些问题报道，如黄旗山茶馆、邻里争斗的“十年抗战”、道路不畅的“永远有多远？”等等，引起社会读者的积极反响。此外，《周日版》还努力挖掘东莞本土的民间文化并推出专题报道，如道滘的粤曲专题，关于端午节等传统节日的思考专题等；“食在东莞”栏目挖掘了一批本土传统美食，如腊月印饼、民间松糕、寮步豆酱等，都引起了读者浓厚的阅读兴趣。

【报纸发行再上台阶】2005年，东莞日报社不断优化发行服务，扩大发行量。报社与邮局紧密结合，建立一套新闻采编与动员发行相结合，部门引导与市场推动相结合，以市场推动为主，优化发行服务为切入点的发行机制，较好地拉动了发行的增长。与此同时，增加零售网点，实现零售数量大幅增加，成为报社有效发行的第二渠道。2006年的报纸订阅量（不含零售和赠报）在连年攀升的基础上，再增1万份，发行量继续在东莞地区保持遥遥领先地位。

【报业大厦全面施工】2005年7月，东莞报业大厦全面动工，进入施工以来，克服了连场暴雨、油荒、工程变更等困难，使工程进展顺利。东莞报业大厦坐落于四环路南侧，占地面积15000平方米，建筑总面积3.9万平方米。地上21层，地下2层。工程总投资1.5亿元，计划于2006年底竣工。（陈炜东）

▲ 建设中的东莞报业大厦　张村城摄

**附：2005年东莞日报社领导名录**

社　长、总编辑：叶泽驹
副社长、副总编辑：钟镜铨
副总编辑：张海廷
副社长：黎树根

## 党史研究工作

【协助广东东江纵队纪念馆筹建和开馆工作】 2005年，市委党史研究室积极配合有关部门做好东江纵队纪念馆筹建工作，提供党史资料和人力支持。派出一名主要领导担任筹建领导小组成员，一名副职领导担任筹建办文字文物组组长。协助纪念馆征集并提供一批珍贵文物，修改定稿纪念馆陈列大纲、大岭山抗日根据地旧址文物点文字说明；协助开好大岭山抗日根据地旧址复原论证会；协助市筹建办编写陈列提纲，召开3次老同志和专家代表审稿会。对陈列提纲作了6次修改，把好史实关。为开馆提供一批党史书籍和资料，做好宣传工作和老同志接待工作，受到社会各界好评。

【合作出版纪念抗战胜利60周年专版】 2005年，市委党史研究室与东莞日报社合作出版七期纪念中国抗战胜利60周年专版。撰写《论东莞敌后抗战的历史地位》、《东江抗日根据地研究》、《光辉的篇章 不朽的功勋——东莞人民对中国抗日战争胜利的贡献》、《日军侵莞暴行录》、《日军对东莞经济的侵略》、《东莞受降纪实》等系列研究论文和专题文章，共7万多字。其中《东江抗日根据地研究》入选广东省纪念中国人民抗日战争暨世界反法西斯战争胜利60周年学术研讨会。编辑《东莞党史》期刊纪念抗战胜利60周年专刊。

【编写出版《东莞革命史迹通览》】 2005年，市委党史研究室承担省委党史研究室下达的《广东革命史迹通览》东莞部分的撰写任务，组织人员深入有关镇区及革命文物点调研，采访党史证人，整理、编辑有关史料，出版《东莞革命史迹通览》一书，全书11.6万字，发行6000册，向抗战胜利60周年献礼。

【编写出版《东莞抗日实录》】 2005年，市委党史研究室组织编写《东莞抗日实录》一书。全书由《文献篇》、《回忆篇》、《人物篇》、《研究篇》四部分组成，并附上东莞抗日大事记和一些珍贵的历史照片，共100多万字，其中《回忆篇》精选74位亲历东莞抗战当事人的回忆文章；《人物篇》收录206位人物的简传。在广州、东莞分别召开老同志、省内党史研究专家和东莞市文史工作者3个座谈会，认真核实材料，广泛征求意见，严把质量关。该书具有较高的史料价值，有些文章第一次公开发表，一些珍贵史料也属首次公开披露。这是东莞迄今为止一部比较客观、真实、全面记录东莞人民抗击日本侵略者的史料书，是了解和研究东莞抗日历史乃至华南抗战历史的重要参考资料，也是一部进行爱国主义教育、弘扬伟大民族精神的地方性教科书。此书由中共党史出版社公开出版发行。

【收集整理民主革命时期党史和抗日战争史资料】 2005年，市委党史研究室组织人员先后数次到广州中山图书馆、香港图书馆、广东省档案馆、东莞博物馆、东莞档案馆等单位，查阅了大量历史档案资料和报刊资料，征集了一大批珍贵的东莞地方党史和革命斗争史资料。　（谢向阳）

**附：2005年中共东莞市委党史研究室领导名录**

主　任：叶林滔（8月离任）
　　　　陈立平（8月到任）

## 党校工作

【圆满完成“十五”干部培训任务】 2005年，东莞市委党校（市行政学院、市社会主义学院）共完成市委、市政府下达的计划内干部培训轮训班次54期，共8991人。其中：处级领导干部轮训班1期51人，科级干部轮训班2期155人，市直机关中青年干部培训班1期55人，高层次人才科技管理研修班1期43人，公务员初任培训班（含军转干部岗前培训）6期733人，副科级公务员任职培训班2期134人，依法行政专题研讨班3期88人，人事管理培训班2期138人，党外后备干部培训班1期33人。同时，还完成了市人民警察学校公务员初任培训班6期944人，全市公务员学习《公务员法》培训班29期，共6621人。全年主体班总人数比2004年增长294.86%。另外，全年与市企业工委、市经贸局合作举办“非公”入党积极分子培训班和镇区经贸办主任培训班各一期，共225 人。承接市委办等12个部门18期共3943人的计划外班次的业务培训任务。计划内和计划外办班两项总计74期，13159人。经统计，“十五”期间主体班培训人数达到19390人，计划外办班达到22839人，总计42229人。比“九五”时期的主体班培训7503人、计划外办班16358人和总计23861人，分别同比增长了158%、39%和76%。

【深化教学改革】 2005年是东莞市委党校“教学改革深化年”，主体班教学改革坚持做到“严”、“新”、“实”、“活”，尤其是处级班、中青班、科级班、依法行政专题班等班次进行了各具特色的改革试点，为进一步探索建立具有市级党校特点的主体班教学体系积累了经验。

教学内容改革坚持“三贴近”（即贴近市委、市政府贯彻落实党的路线、方针、政策的战略决策，贴近东莞社会经济发展的重大现实问题，贴近学员的理论和能力需要）原则，理论与实际的联系更加紧密。坚持以邓小平理论和“三个代表”重要思想为指导，以科学发展观统揽教学全局，把市委“一城三创五争先”的发展战略和工作思路以及保持共产党员先进性教育活动的内容贯穿培训规划、课程设置和各门课程当中，并结合东莞市实施科技东莞、商贸东莞、平安东莞、创业东莞“四项工程”的工作部署和市委十一届三次全会的“十一五”规划建议，强化了课程编制水平，在主体班共开设92个专题课，其中有56个新专题课，包括科学发展观、构建社会主义和谐社会、加强党的执政能力建设、党的先进性建设、依法行政等系列专题课，专题更新率达60.9%。全年教师计划内授课2337.5课时，计划外授课369课时，共计2706.5课时，人均教学时数为117.7课时。经评教反映，学员对大多数教师授课情况的评教满意率达90%以上。同时，年初制定了《主体班教学实施方案》，推行模块式教学，以干部能力要求来划分专题，精心设置教学模块、教学单元以及辅导、论坛、报告（领导报告会）、研讨、考察、影像等子模块链，强化了课程的组织实施方案，做到控制质量心中有数。教学改革通过抓重点带一般，整体推进，打造“名课”工程。其中，依法行政专题研讨班设置的依法行政理论研究、行政法律、法规剖析、法院旁听、香港学习考察依法行政实践等5个教学模块，突出了执法部门学员的能力建设要求，既有对宏观政治、法学原理和具体法律条文的理论学习和突出问题的讨论，又有法院旁听行政诉讼案件和走近香港法治实践的体验学习，学员普遍反映“解渴”管用，认为不仅在依法行政理论方面有了大的提高，而且在思维能力、表达能力、解决问题的能力等方面都有了大的提高。

教学方式方法改革贯彻“教师主导、学员主体”要求，教与学的双方互动更加积极。根据“因人施教、因需施教”的原则，各主体班中推行了《主体班教学改革实施方案（试行）》中提出的讲授式教学、研讨式教学、案例式教学、模拟式教学、导读式教学、专业性答疑与综合答疑、学员论坛与专题辩论会、课题研究等八种教学方法。专题班实行小班、圆桌、研讨式教学，基本上做到教师课堂讲课不超过一半时间、学员讨论不少于一半时间（少数课教师讲授不超过一小时），还有“民工荒是否有利于东莞经济发展”、“严格依法行政是否有利于东莞经济发展”、“广东省政府对连平县五大班子的领导重奖是否正确”、“外来工是否应该与本地户籍人口享有同等权益”等辩论会的设置，全面打破了传统的教师讲、学员听的“灌输式”教学。而且，案例式教学在课堂教学上密集使用，具体方式为课堂上首先提供书面研讨材料、社会典型案例或学员在具体执法中遇到的疑难问题，然后展开教师与学员、学员与学员之间的当场思考、互相研讨和共同分析，最后由教师进行点评和小结。

教学组织改革突出开放性培训理念，“请进来”与“走出去”的程度大幅拓展。一方面“请进来”力度为历年之最。市长刘志庚、市政协主席袁李松以及冷晓明、江凌、庞国梅、林明枢等市领导亲临讲课作报告。全年累计外请领导和专家学者28人次，包括陈雪薇、张筱强、倪鹏飞、穆荣平、聂耀东、李江帆、董明、梁桂全等全国知名专家学者。尤其是处级班授课教师认真贯彻市委副书记李毓全关于“进一步探索处级班的教学新模式，可多请一些省内外知名专家学者来校讲课”的指示精神，采取“校外专家为主、校内教师助教”的教学新模式，精选来自中央党校、中国人民大学、中国社会科学院、中山大学、省委党校、深圳市委党校的10位专家来校讲课，形成了该班“名师名嘴荟萃”的高层次、精品式、品牌型讲堂。同时建立起“校外专家师资库”，2005年建库工作初具规模，库内各类专家达204名，其中党建类35名，经济类46名，法律类51名，行政管理类41名，文化建设类31名；其中38名专家已接受东莞市委党校授课邀请。另一方面，“走出去”力度也为历年之最。年内“一校二院”所办的20个班次均强调体验式教学，安排了市内外、省内外的学习考察。其中处级领导干部轮训班赴“长三角”学习考察、市直机关中青年干部培训班赴中国人民大学学习考察、依法行政专题研讨班3期赴香港学习考察、高层次科技人才研修班赴山东大连学习考察、党外后备干部培训班赴国家社会主义学院学习培训、副科级公务员任职培训班2期和人事管理培训班2期赴中山大学学习、科级干部轮训班赴江门市参观考察、公务员初任培训班6期（含军转干部岗前培训班）分别到广州大学城、科技城、深圳市龙岗区油画村、东莞市展览馆、松山湖科技产业园区、茶山镇南社古村、塘厦镇林村农民公寓与高科技民营企业参观考察。而且“走出去”结合体验式教学做到真学有内容、真看不偏题，其中处级班赴上海、苏州、无锡、杭州等地考察时明确要求，紧密结合市委提出科技东莞、商贸东莞、平安东莞和创业东莞“四项工程”的最新工作部署，以学习长三角地区软环境建设中的成功经验（特别是加强城市管理与发展商贸、科技等方面的举措）为主题，设计了8个核心培训课程和软环境建设考察的典型地区。

教学管理改革要求“从严管理、质量为本”，教师与学员的考核更加科学合理。在教师方面，进一步改进了评教的项目，由原来的基本理论基本观点、重点难点、理论联系实际和授课方法教态四项考核改进为观点内容、逻辑结构、信息容量、联系实际、教学方法和提纲课件六项考核，更加紧密地结合教学改革要求和干部学员需求。在学员方面，加强了学员培训考核，从过去单一的书面考核转向书面、思维组织、语言表达、调研实践、纪律要求的综合性考核，其中中青班分为三次考核，依法行政专题班学习成绩由研讨发言占50%、考试占30%、学习心得占20%组成，以此激励学员动脑筋思考问题，锻炼学员临场思维能力和语言表达能力。

**【开展理论调研活动】** 2005年，东莞市委党校理论调研坚持以求真管用为导向，以学以致用、服务东莞为重点，以争创名篇为目标，着重研究科学发展观、构建社会主义和谐社会、加强党的执政能力建设、党的先进性建设等重大战略思想在东莞的实践问题。经统计，全年累计完成科研成果74篇，其中国家级2篇，省级2篇，市级70篇。有1篇论文被省党建学会、省委组织部、省委党校评为“党的先进性建设与和谐社会”理论研讨会论文三等奖。9篇论文入选市委宣传部、市社科联举办的“构建社会主义和谐社会”论文研讨会，其中4篇论文评为优秀论文。有1篇论文成为市政协“构建和谐社会”研讨会发言文章，2篇调研报告被市委政研室评为“优秀调研报告”。完成了《干部教育培训“十五”规划落实情况及“十一五”规划建议报告》和《从我市当前基层党员干部教育培训阵地建设看“两新”组织党员教育问题》并报送市委组织部，撰写《坚持严实新活的培训方针，积极推动市级党校主体班教学改革》经验材料作为全省党校系统第二次主体班教学改革研讨会议材料。同时加强教师科研管理，建立了《调查研究工作管理办法》，组织教师全程跟踪本市第三届村委会换届选举，实行了课题招标和由不同专业教员组的教师组成课题组进行集体攻关等。

【提高理论服务质量】2005年，东莞市委党校在全市保持共产党员先进性教育活动即将铺开之前，将先进性教育活动的党课与党校主体班的党性教育专题一起规划、统筹备课。围绕共产党员如何努力实践“三个代表”重要思想、保持共产党员先进性，如何争创“三有一好”、争当时代先锋，如何进一步改进机关作风、提高整体效能这三个专题，专门挑选组织9名教授、专家撰写党课提纲，经市委先进性教育办审查后转发250份给各教育单位。精心选调5位教师组成了专门的宣讲小组，送出了33场党课和形势报告会，参加听课的单位共60多个约16500人，受到了广泛的欢迎和好评。据统计，全年共派出18位教师到各单位和下基层宣讲117场，听课达21895人次。校刊《东莞党校》全年出版四期，被评为2005年度东莞市优秀内部资料性出版物，其中8月8日《东莞出版审评》如此高度评价：“在东莞众多的连续性内部资料出版物中，《东莞党校》是唯一一份正常出版的、严肃庄重而又具有权威性的社会科学类理论期刊。”并认为其具有宝贵的学术品格，以权威性和导向性为第一品格，探索性和创新性为第二品格，贴近性和指导性为第三品格。

【加强队伍建设】2005年，市编委批复东莞市委党校增加8个事业编制。按照市的统一安排安置了1位军转干部家属，引进了2位讲师。选派11位教师参加中国人民大学、国家行政学院和香港理工大学、中山大学进修培训和跟班学习。选派2人参加市委宣传部工作，1人参加市委先进办工作，2位党员干部参加第一批“十百千万”干部下基层驻农村活动，其中1人被市委党的基层组织建设工作领导小组评为“优秀驻村干部”。着力建设和谐党校，年内组织运动员参加市机关运动会并取得了8个项目的好成绩，团体总分名列B组第6名，获得体育道德风尚奖，个人项目获B组乒乓球男单、女单、男双、女双4个冠军。

【校园软硬件建设】2005年，东莞市委党校新校区建设在7月动工兴建，土建工程在年底封顶，然后进入装修和功能完善的阶段。现有校园在不作大变动的前提下，积极巩固和营造良好教学环境，年内先后维修更新了老化残破的校内水电管道线路设施，对因特大暴雨冲垮的2号楼后的挡土墙工程全面修复和加固。同时，从节约、适用的原则出发，对现有的耐用物品进行造册登记，对新采购添置但暂不使用的饭堂自助餐具、空调设备等物品进行封存保管，确保公用资产的清晰安全和以后搬迁后可延续再用。全年共接待学员住宿人数9051人；学员就餐9591多人次，外请老师35人，比2004年多4000多人次；图书室藏书量首次突破2万册。同时，年初建立和开通了党校网站，全年报道的教学科研信息232页（篇），图片148张，制作DVD教学片33套。建立了学员学籍档案管理软件系统（教务管理数据库）并开始输入“十五”期间培训资料，实行学员信息的电子化管理。购买大量多媒体教学片，设计了约20个多媒体课件的通用模版。

【学历教育服务干部队伍建设】2005年，东莞市委党校学历教育一方面向研究生教育高层次发展，成功承办中央党校在职研究生班，成为广东省首批招收中央党校在职研究生的地级市委党校之一。另一方面大专层次向镇村基层党员干部教育延伸，在大岭山镇和高埗镇举办函授大专教育，积极服务于基层镇村经济社会发展和党员干部素质提高。全年招收1个本科班106人，招收大岭山、高埗镇2个大专班114人；先后有大专2个班120名学员和本科4个班259名学员毕业。截至年底在校学习的有本科班6个班432人和在职研究生班1个班34人。

【开展保持共产党员先进性教育活动】2005年1—6月，东莞市委党校参加了东莞市第一批保持共产党员先进性教育活动，通过这次保先活动，全校党员进一步明确了党校姓“党”的政治方向，增强了勇当先锋的政治责任感；进一步理清了党校名“校”的工作定位，为开创党校干部培训新局面奠定了基础。市委副书记、校长李毓全在党校校委会班子民主生活会上作了讲话，进一步明确和统一了党校事业长远发展的指导思想：一是确立了努力建设成为全省名列前茅的市级党校的奋斗目标。二是确立了党校“严”、“新”、“实”、“活”的办学方针。三是坚定了党校姓“党”名“校”的办学原则。四是明确了党校工作的责任是把握目标、领会要求、融入中心、服务战略、改革创新。同时，还鼓励党校教师要争当“名师名嘴”，争创“名篇名课”。坚持以质量立校、以精品立学、以卓见立论、以名节立身。因此，全校党员自觉积极投身到先进性教育活动中，以先进性建设为抓手，推动了今年党校干部教育培训各项工作的新进展。（甘　雨）

**附：2005年东莞市委党校领导名录**

校　长：李毓全

常务副校长：杨靖波

## 信访工作

【概况】2005年，东莞市信访部门受理群众来信来访来电91203件次，其中市信访局受理16824件次。下半年信访量逐月下降，第四季度市信访局受理的信访总量比第三季度下降29.1%。同时，全市信访部门及时向上级和领导反映群众关注的热点难点和社会动态，为各级各部门了解社情、科学决策提供了重要参考，其中市信访局编印《信访反映》12期，《市长专线电话简报》6期，集体上访动态37篇。

【市领导接访和阅批来信】2005年，东莞市委、市政府领导在每月15日的市领导接访日接待来访群众374批1685人次，占来访批数的16.2%、人数的15.3%；坚持阅批群众来信制度，全年阅批群众来信1172件，占群众来信总量的40.8%，解决了大批重大、疑难信访问题。

【信访大要案领导包案】2005年，东莞市委常委、副市长坚持包案处理信访大案要案，通过召开协调会、约访群众、深入基层调查等形式，较好地解决了一批重大信访案件，市领导包案处理信访案件15宗，各镇区各部门领导包案187宗。

【信访工作会议】2005年3月30日、7月29日分别召开全市信访工作会议。东莞市几套班子分管信访工作的领导，各镇区分管信访工作的副书记、信访干部，各部门分管信访工作的副职领导共200多人分别参加了会议。3月30日的会议传达了全省信访工作会议暨全省《信访条例》研讨班的主要精神，总结上一年全市信访工作和分析信访工作形势，对下一阶段的工作作出部署。7月29日的会议传达贯彻第三次全国集中处理信访突出问题及群体性事件电视电话会议和全省信访工作会议精神，总结上半年全市信访工作情况，交流工作经验，部署下半年全市信访工作。

【信访工作联席会议】 2005年9月16日，东莞市几套班子部分领导，各镇区书记（或镇长）、分管信访工作的副书记，市处理信访突出问题及群体性事件联席会议成员共100多人参加了会议。会议由市委常委、秘书长何嘉琪主持，市委书记佟星、市长刘志庚、市委副书记李毓全作了重要讲话。会议分析了当前全市信访工作形势，研究贯彻落实9月初省信访督查调研组对全市信访工作提出的意见，部署采取措施扭转信访工作的被动局面。

【信访工作座谈会】 2005年11月21日，东莞市几套班子分管信访工作的领导，各镇区分管信访工作的副书记、信访干部，市处理信访突出问题及群体性事件联席会议成员共100多人参加了会议。市委常委、秘书长何嘉琪主持了会议，市委副书记李毓全作了重要讲话。会议传达了全省信访工作座谈会精神，要求抓住主要矛盾，解决好关键和突出问题，做好信访和维护稳定工作。

【上级督查调研】 2005年6月14日，由中纪委派驻民政部纪检组组长张卫忠为组长的中央处理信访突出问题及群体性事件联席会议督查调研组到东莞调研，了解集中处理信访突出问题及群体性事件第二阶段工作开展情况。9月5日，省政协副主席王兆林率省信访督查调研组在莞开展为期三天的督查调研工作。12月8日，国家信访局局长王学军为组长的中央联席会议办公室检查组一行6人到莞检查《信访条例》贯彻落实情况，并督查部分信访案件办理情况。

【《信访条例》学习宣传活动】 2005年，东莞市大力开展《信访条例》的学习、培训、宣传活动，共举办《信访条例》培训班122场次，参加人数28790人次，其中厅级干部30人次，处科级干部517人次，一般干部群众27604人次。4月中旬开始，利用电视滚动播放实施《信访条例》宣传广告，利用报纸登载《信访条例》全文以及《信访条例》知识问答，并于4月15日在各镇区开展《信访条例》现场宣传咨询日活动，解答群众疑问，接受群众反映信访问题。据统计，宣传咨询活动当日，全市共接受群众咨询25208人次，同时还印发《信访条例》小册子34万多份，有关学习资料27万多份，宣传单张10万多份，宣传海报3000多份，张挂各种宣传标语2259条，制作各种宣传专栏1388个，宣传挂框200多个，把《信访条例》发到各家各户，做到家喻户晓。

【“四访”专项整治】 2005年8月至2006年1月，东莞市对集体访、越级访、重复访、异常访等“四访”开展专项治理，分排查交办、调查处理、检查验收、健全机制四个阶段。市处理信访突出问题及群体性事件联席会议办公室排查出的“四访”重点案件，采用条块结合的领导包案方式，由承办镇区领导包案，相关职能部门落实督办领导和督办责任人。

【信访督查】 2005年，东莞市建立健全信访督查制度，并围绕群众反映的信访问题等，进行督查督办。全市全年受理群众来信来访来电办结率为90.4%，其中市信访局的办结率为95.7%。全市继续增强信访督查工作力量，市信访局增设信访督查科，增加4名工作人员编制。全年有两批共9人市直机关新任副处级领导干部到市信访局担任市信访督查专员，他们深入基层督查，妥善解决了一批信访案件，取得较好的效果。 （陈肖敏）

**附：2005年东莞市信访局领导名录**

局　长：张云华

副局长：袁润标　黎雪琴（2月到任）

## 保密工作

【概况】 2005年，东莞市保密组织和广大保密干部按照上级工作部署，坚持“积极防范，突出重点，既确保国家秘密，又便利于各项工作”的工作方针，建立健全党政领导干部保密工作责任制，抓好“查漏补缺工程”、“网络安全工程”、“警钟长鸣工程”，发挥“保安全、保发展”的作用，确保党和国家秘密的安全。市国家保密局依照保密工作目标管理考评标准，报经市委保密委员会同意，评选出石龙镇等67个保密工作先进单位和李建平等69名保密先进工作者，谢岗镇等24个保密工作表扬单位和朱彦章等22名保密工作表扬个人并给予通报表彰。

【保密工作会议】 2005年3月21日，东莞市召开市委保密委员会全体成员会议。会议传达全省保密局长会议精神，分析2004年保密工作情况，审议通过《中共东莞市委保密委员会2005年工作要点》。市委副书记、市委保密委主任李毓全在会议上要求，全市上下要强化保密大局意识、现实意识、责任意识，抓住重点工作，开拓保密工作新局面。

4月1日，召开全市保密工作会议。各单位、各镇区分管保密工作的领导和保密干部共200多人参加会议。市国家保密局长祁日光布置2005年工作：一是进一

▲ 2005年10月12—14日，东莞市国家保密局举办“东莞市经营国家秘密人员岗位业务培训班。”

步提高认识，狠抓工作重点，认真贯彻落实今年各项保密工作任务；二是强化保密管理，实施查漏补缺工程；三是提高技术防范能力，实施网络安全工程；四是开展保密宣传教育，构建警钟长鸣工程；五是加大投入，强化防范管理，提供服务保障能力；六是健全完善保密组织机构，落实责任制，提高保密管理水平。市委常委、秘书长、市委保密委员会副主任何嘉琪出席会议并作讲话。

【党政机关保密大检查】 为规范党政机关保密管理，实施省委保密委提出的“查漏补缺工程”，2005年4—6月，东莞市国家保密局在全市范围开展党政机关保密大检查。4月27日，市委保密委成立了“东莞市党政机关保密大检查领导小组”，负责全市保密检查的统一领导和迎接省检查的组织协调。组长由市委常委、秘书长、市委保密委员会副主任何嘉琪担任，副组长由市政府秘书长、市委保密委员会副主任王道平，市委副秘书长、市委保密委员会副主任吴镇成，市国家保密局长祁日光担任。5月23日—6月1日，在各镇区各单位自查的基础上，市委保密委员会组织两个检查组，分别由吴镇成和祁日光带队，对24个重点单位和7个镇区进行了抽查，共抽查领导办公室15间，保密要害部门部位31个，计算机320台，提出相关整改措施、建议72条。检查内容包括有领导干部保密工作责任制的落实、保密组织机构建设、涉密人员管理、保密制度建设、国家秘密载体管理、计算机及其信息系统的保密管理等方面的情况。6月23—24日，由省委保密委员会委员、省发展和改革委员会纪检书记陈怀珍为组长的省委保密委检查组来莞开展保密大检查，何嘉琪向省检查组汇报东莞市开展保密工作情况。省检查组实地检查市委办、市府办和石龙镇的保密情况，并对东莞保密工作作六方面肯定的同时，提出五点整改意见。8月1日，市委保密委员会通报保密大检查情况，落实省检查组提出的整改措施。

【保密宣传教育】 2005年，为构建保密“警钟长鸣”工程，东莞市国家保密局在全市开展形式多样的宣传教育活动，提高领导干部、涉密人员的保密法制观念。10月，东莞分多个专场组织近1000名领导干部、涉密人员观看保密教育警示案例片。继续巩固市委党校保密教育阵地作用，抓好领导干部和初任公务员的保密教育培训，2005年，市委党校举办7期干部培训班都设有保密教育课程，接受教育人数达733人次。市国家保密局继续办好《保密工作简报》和《保密宣传教育参考材料》两个刊物，2005年共编辑31期，印发7000份；全市订阅2005年《保密工作》杂志1573份，为领导干部、涉密人员提供宣传和学习教育资料。坚持开展一年一度保密宣传教育月活动，9月份是《保密法》颁布纪念月，全市召开保密工作报告会、座谈会近150场，参加总人数约3000人；播放保密宣传教育片110场，观看人数达5万人次。

【保密工作管理】 市国家保密局以保密大检查为契机，明确密件复印、存放的要求，规范各项管理流程。2005年，市国家保密局收到密件11000份，发出10872份；同时，做好为市委领导送阅密件服务，全年送阅密件384份，共920人次，没有发生密件丢失、错发和漏发的现象，确保密件的安全。 2005年4月7日，市国家保密局召开国家秘密载体定点复制单位主要负责人座谈会，听取五家定点复制单位承印国家秘密载体情况，查找存在问题，并现场实地指导，实行年审检查。2005年7月下旬—8月上旬、11月下旬—12月初，为及时总结保密工作经验，促进工作交流和提高，市国家保密局分别召开保密工作半年总结和年终考评座谈会，听取各保密组织贯彻全市保密工作会议情况，开展保密大检查情况、“四五”保密普法教育情况、保密要害部门部位管理情况等。2005年，市国家保密局在市直机关单位内开展保密要害部门部位确认工作。10月份，保密局对要害部门部位进行检查验收。对不合要求的单位，提出整改意见，限期整改。12月，市国家保密局将第一批通过验收的单位上报省局确认。

【国家统一考试保密工作】 2005年，市国家保密局重点加强对各类统一考试的试卷保密室的保密检查。高考前夕，市国家保密局联合教育局、公安局对高考试卷保密室开展检查验收工作。经验收合格，由省保密局颁发《合格证》。中考前，市国家保密局与教育局对32个镇区中考试卷保密室进行检查；在大学英语四六级考试前，又与公安局对东莞理工学院、城市学院、广东医学院的试卷保密室进行检查。经检查，各类试卷保密室基本上符合保密要求，有效地保证了各类考试试卷存放的安全保密。

【政务信息安全保密工作】 2005年，市国家保密局加大对上网信息检查、监管力度，严格落实计算机信息联网保密安全相关规章制度，狠抓涉密计算机的保密管理，规范上网信息审查和审批，坚决杜绝涉密信息上互联网和行政办公网。5月份，全市开展对互联网站检查整顿工作，杜绝传播国家秘密信息的行为。6月，市国家保密局联合有关职能部门对计算机及其网络进行保密检查，重点检查涉密计算机，做到一台不漏，同时抽查部分上网计算机是否存在处理涉密信息问题。全市各级保密组织加大对保密技术防范产品的配置和应用的投入，不断提高防范窃密和泄密的能力，构筑网络安全工程。2005年，市保密局投入25万元购置频谱分析仪，用于检测计算机信息系统电磁辐射。全市各单位和镇区投入46万元，购置保密防范产品一批。

【保密队伍建设】 2005年，市国家保密局抓好保密队伍专业知识的学习培训，在10月12—14日，举办一期经管国家秘密人员培训班，共有132名初任保密员参加培训，学习保密工作基础知识，经考核，全部合格，获得上岗资格。

（袁鸣春）

**附：2005年东莞市国家保密局领导名录**

局　长：祁日光

副局长：李国培

# 东莞市人民代表大会常务委员会

【举行市人民代表大会会议】 2005年3月23—25日，市第十三届人民代表大会第二次会议在市会议大厦召开。会议听取、审议并批准了市政府的政府工作报告、关于市2004年国民经济和社会发展计划执行情况与2005年计划草案的报告、关于东莞市2004年预算执行情况的报告及2005年预算草案、市人大常委会工作报告、市中级人民法院工作报告、市人民检察院工作报告。会议依法选举陈国辉为市第十三届人大常委会副主任；依法选举何碧霞为市中级人民法院院长。会议审议并通过了《东莞松山湖科技产业园区开发建设规定》，通过了关于《提高我市社会管理水平，抓好“三项清理”工作的议案》的决议。会议设立了旁听席，接受50名公民旁听会议的第一次全体会议。

【推进依法治市工作】2005年，市人大常委会始终坚持以开展法制宣传教育为基础，推动依法治市工作深入开展。（1）指导市依法治市工作领导小组办公室做好日常工作。协助召开市依法治市工作领导小组会议，研究进一步推进东莞依法治市工作的措施，对2005年全市依法治市工作进行了部署。协助市依法治市工作领导小组制定了《东莞市2005年依法治市工作要点》。组织"全省依法执政经验交流电视电话会议"东莞分会场的有关工作，并起草了由东莞市依法治市经验交流材料。（2）不断加强督促检查。为落实工作计划，切实推进依法治市进程，组织了对法律援助工作和市公安局依法行政、依法办事情况的检查。6月，与市司法局联合举办了全市民营企业人民调解工作现场会，鼓励民营企业大力发展人民调解会，不断化解社会矛盾，努力构建和谐东莞。8月，为迎接省检查组对东莞"四五"普法情况的检查验收，以市依法治市办为主体，联合司法局对全市普法情况进行检查，指导有关镇区和有关单位做好普法工作；对市第十二届人大常委会于2001年作出的《关于进一步开展法制宣传教育的决议》的执行情况进行了检查验收。（3）继续开展法制和人大制度宣传。一是举办了全市领导干部法制讲座。按照市委关于开展领导干部学习法律知识的工作部署，11月下旬，联合市委办共同举办了全市领导干部法制讲座，邀请了国务院法制办、广东省信访局领导讲授法律知识和信访知识，不断增强领导干部的依法行政意识和执法水平。做好上级人大常委会机关刊物的征订发行工作，并编发《依法治市》简报和印发有关资料，宣传中央、省、市关于贯彻实施依法治国方略的指示精神，宣传各地社会主义民主法制建设的情况和经验。

【实施监督工作】2005年，市人大常委会共听取和审议"一府两院"专项工作汇报11项，进行述职评议4项，组织执法检查、视察6次，实现了监督工作的经常化、规范化和多样化。（1）始终坚持4个原则：一是法定内容与自选内容结合。对于法定议题如财政预算执行情况、代表议案办理的审议不仅不能少，还要不断深化有所发展，并及时根据法律变化的要求增加议题，如社会保险基金预算执行情况。自选工作则着眼于中心工作、政府难点与民生热点。如科技工作紧扣"科技东莞"工程；招标投标法、安全生产法的执法检查则是应基层政府和职能部门的要求开展的；通过检查《母婴保健法》，督促市政府及其卫生行政主管部门进一步整顿和规范医疗市场，推动群众普遍关心的公共卫生体系建设。二是政府工作与两院工作兼顾。通过审议贯彻执行《行政许可法》的情况汇报，促使行政机关全面推进依法行政；通过审议控告申诉工作的开展情况，督促市人民检察院充分发挥法律监督机关作用，促进执法公正，维护社会公平。通过评议市人民法院院长，促进基层法院发挥审判机关应有的作用。三是保持与以往工作衔接。在2004年视察市区道路交通管理情况的基础上，对市交通局长进行评议，进一步推动城市道路交通综合管理水平的提高。为实现2004年审议城市规划工作的延续和深化，听取了市政基础设施建设和管理的专项工作汇报，有力地推动"五年见新城"目标的实现。（2）创新监督途径。常委会坚持在法律规定的框架下，不断探索有利于更好地实现监督权的新办法。一是具化工作流程。常委会制定并实施了跟踪监督制度，从监督意见的形成、送达到整改反馈都有具体要求，保证了监督链的完整。如对医疗废物处理和生活垃圾处理情况等6方面事项进行跟踪监督，要求市政府限期反馈整改情况。二是深化工作内容。为了进一步加强财政预算监督，在建立"实时在线财政预算监督系统"的基础上，结合市财政局每月报送的财政预算执行情况分析进行定期查看，每月不少于2次，并要求有关部门从人大监督的需要出发对该系统进行深度开发，增加综合分析、对比分析和预警功能，从而使人大对财政支出的监督从定期报告的被动性监督转变为实时在线的主动性监督，省在东莞召开了现场会，对这一做法和经验给予高度评价。三是细化工作程序。为规范述职评议工作的开展，更好地掌握被评议对象的依法履职情况，完善了评议公示和民主测评程序，进一步增强了被评议对象的依法履职意识和惧诫意识。（3）追求监督实效。在财政监督工作中，注意发挥审计的作用，督促市政府积极解决审计报告中反映的存在问题，并提出严格执行财经纪律、规范镇一级政府财政收支行为等建议。市政府对此十分重视，专门下发《关于加强我市地方政府债务管理的意见》，从源头上完善了依法理财的工作机制。在向市政府送达的《招标投标法》执法检查报告中，常委会提出了加强制度建设、完善管理措施等4点意见，市政府主要领导亲自批示，要求有关职能部门认真整改，制定了《东莞市规范建设工程招标投标各方主体行为暂行规定》，并实施缩短投标周期、加强投标人资格管理等一系列措施，建筑市场管理不断加强。市城管局根据常委会的审议意见，启动市区污水处理厂中水回用试点工程，并要求各镇区迅速开展中水回用研究。市检察院根据常委会的审议意见，开始实施助检员以上职称的干警参与控告申诉的接访工作。（4）办好来信来访。一年来，共办理群众来信1912件，接待来访1063人次，督促、协调有关部门办结1902件，办结率为99.48%，较好地解决了人民群众反映的实际困难。信访部门还注意总结工作经验，在全省人大信访工作座谈会上进行了交流。

【开展述职评议】2005年，为加强对司法队伍与制度建设、公共卫生、城市交通等群众关心的热点问题的解决力度，市人大常委会开展了对市人民法院院长、卫生局局长和交通局局长的述职评议。为提高评议的针对性，常委会坚持以对口工委为主开展述职评议。为了解市人民法院院长的任职情况，不但与市法院35名同志进行了个别谈话，召开了市法院12名庭室负责人参加的座谈会，而且分别召开两个由市政法系统和市纪委、信访、法制、建设等16个单位领导参加的征询意见会，分片听取了全市32个镇区有关领导和人大代表的意见和建议。在对市交通局局长进行述职评议时，召开了评议工作动员大会，并将评议工作组分两个小组分别召开了8个座谈会，与部分市人大代表，交通局机关科级以上干部及交通系统有关单位、部门运输经营企业负责人、虎门港和松山湖管委会领导、市规划、建设、国土、城管等部门的专家共200多人交流了意见。此外，为提高述职评议工作的覆盖面和层次，常委会也开展了对市人民政府副市长张顺光的述职评议活动，先后与市旅游局、市口岸局、市外事侨务局、市民族宗教事务局、市台湾事务局的正副职领导进行了座谈，到石碣镇、横沥镇、樟木头镇召开了分片座谈会，广泛征询17个镇有关领导同志和部分人大代表的看法和意见，提出在旅游、外事、侨务、对台、民族、宗教工作方面的有益建议。

在评议过程中，常委会注重探索和创新，采用了一些新的方法。一是实施了公示，公开征求对述职人任职情况的意见和建议；二是实施了民主测评，在过去述职评议发放征询意见表的基础上，印制了有多项量化指标的民主测评表，发给述职人所在单位和下属部门的工作人员填写。通过评议，促使市政府及其职能部门重视自身存在问题，不断完善工作程序，改进工作方式，收到了良好的效果。

【讨论决定重大事项】 2005年，市人大常委会结合本市实际，依法行使法律赋予地方人大常委会讨论决定本行政区域重大事项的职权，讨论决定了本市政治、经济、社会管理等方面的一些重大事项。（1）依法作出了关于召开市人大会议、补选市人大代表、财政预算收支变更相关问题等方面的3项决定。根据2005年东莞财政收入预计增长幅度较大、加快虎门港开发建设、配合“四清理”专项行动开展、政策变化和项目进度对部分专项支出造成影响等情况，常委会作出了《东莞市人民代表大会常务委员会关于批准市人民政府提出的东莞市2005年财政预算收支变更的决定》。（2）为继续完善人大常委会的工作程序，在常委会会议上通过了《东莞市人民代表大会常务委员会跟踪监督工作制度》、《东莞市人民代表大会常务委员会讨论决定重大事项公示工作制度》、《东莞市人民代表大会常务委员会拟任命人员任前演说工作制度》、《东莞市人民代表大会常务委员会讨论决定重大事项听证工作制度》等四项制度，在对“一府两院”实施监督、国家机关工作人员任命和重大事项决定程序方面作出了有益的尝试。（3）为增进东莞市与国外城市的互动交流，吸取先进的城市管理经验，进一步提高东莞在国际范围内的影响力，作出了《东莞市人民代表大会常务委员会关于批准东莞市与南非茨瓦内市缔结友好城市的决定》、《东莞市人民代表大会常务委员会关于批准东莞市与希腊萨洛尼卡市缔结友好城市的决定》。

【依法进行人事任免】 2005年，市人大常委会坚持党管干部原则与人大依法行使人事任免权的有机结合，进一步细化提请、审议、表决、任免等环节的程序，实现党内工作程序与常委会法定工作程序的有机结合，保证人事任免工作严肃、规范进行。2005年，常委会共任命47人，其中政府系列7人，两级法院29人，两级检察院11人；共免职25人，其中人大系列1人，政府系列6人，两级法院10人，两级检察院8人；撤销了1名国家机关工作人员职务。常委会进一步健全了拟提请任免事项会前通报制度，通报范围已从常委会党组逐步扩大到专职委员中的党员；完善了会上颁发任命书制度；实施了拟任命人员任前演说工作制度，改变以往拟任命人员与常委会组成人员只见面不发言的单向交流方式，使人事任免工作进一步制度化、规范化。

【开展代表工作】 2005年，市人大常委会十分重视代表工作，努力发挥代表参与管理地方国家事务的重要作用。（1）扎实开展各种常规性代表活动。一是协助组织市长约请市人大代表座谈会。为给代表与市政府及其职能部门进行直接交流创造机会，2005年11月，委托市政府承办了市长约请市人大代表座谈会。会前，由各镇区组织代表围绕座谈会展开深入细致的调查研究，广泛听取群众心声，提出关涉群众生活的意见建议，将代表提出的89件建议进行整理并编印成册。座谈会上，19位市人大代表作了现场发言，得到了市政府主要领导的积极回应和高度评价。二是协助全国、省人大代表开展活动。受省人大常委会委托，市人大常委会于2005年5月下旬组织开展“省人大代表活动日”活动，视察东莞市“四清理”特别是违法搭建清理工作的情况。2005年10月中旬，协助省人大常委会组织的省人大代表视察组视察“社会治安综合治理”方面建议的办理情况；协助东莞市的全国人大代表专题调研组进行“关于保障食品卫生安全问题”的专题调研和省人大常委会组织的“城市污水处理收费”全国人大代表专题调研小组开展调研。三是依法进行代表补选工作和罢免工作。根据工作需要，在市十三届人大二次会议召开前，市人大常委会依法补选了多名市人大代表。同时，根据组织法和代表法的规定，罢免了个别市人大代表的职务。（2）切实加强代表培训。市人大常委会把代表培训工作作为一项重要任务来抓，通过多种形式对本市两级人大代表进行培训，不断提高代表履行职务的能力。根据基层人大的需要，指导基层人大做好市、镇两级人大代表的培训工作，邀请省、市人大的领导为代表进行辅导。按照省人大常委会的要求，在2005年7月份组织了东莞市部分省人大代表分批参加了省人大常委会举办的两期省人大代表培训班，并派出工作人员随行。（3）不断探索代表履职的崭新形式。一是协助组织首个“市人大代表活动日”。2005年10月18日，东莞市首次开展了“市人大代表活动日”系列活动。常委会举办了“人民代表大会制度学习论坛”，围绕人民代表大会制度、人大代表作用等多方面内容进行了深入的探讨。同时，各镇区根据市人大常委会的部署，通过学习座谈、视察、评议、检查、调研、宣传、走访、接访、联系选民、督办议案建议等多种形式，以实际行动贯彻落实中央9号文件精神。二是协助开展市人大代表联系选民试点工作。2004年11月25日，市第十三届人大常委会第四次会议通过了《东莞市人民代表大会代表联系选民工作办法》，从2005年1月1日开始施行。为此，市人大常委会开展了市人大代表联系选民试点工作。在每个片选一至二个镇或街道作为试点，并成立了由常委会副主任牵头的7个试点指导组，对各试点的市人大代表联系选民工作进行指导。

【督办代表议案和建议】 2005年，市人大常委会始终重视代表议案的督办工作，将其纳入年度工作计划，常抓不懈。3月下旬，市第十三届人民代表大会第二次会议通过了关于《提高我市社会管理水平，抓好“三项清理”工作的议案》（以下简称《议案》）的决议。《议案》通过后，市委根据东莞市的实际情况，增加了清理违法用地的内容，合称“四清理”。2005年4月中旬，在全市“四清理”工作会议后，市人大常委会迅速召开了全市人大系统推进“四清理”工作会议，要求各镇（街道）把本镇（街道）的市、镇两级人大代表分成4个“四清理”专项督办小组，与常委会的督办组相对应，形成市、镇两级人大上下联动督办议案的格局，积极参与并推进全市“四清理”工作。2005年5月，在市第十三届人大常委会第七次会议上，听取和审议了市政府关于《议案》办理方案的报告。2005年5月30日至6月2日，市人大常委会组成人员与部分市、镇两级人大代表组成14个视察小组，先后深入全市32个镇（街道），对“四清理”工作进行了分组视察，并形成了详细的视察报告。2005年10月，在首个“市人大代表活动日”期间，市人大常委会委托各镇（街道）组织代表围绕“四清理”工作的情况开展了一系列的活动。此外，主任会议还不定期地听取“四清理”工作的有关情况，并对《议案》督办工作进行研究；常委会四个督办组和各工作委员会也按照职责分工深入调研，切实抓好对口督办。一年来，《议案》办理工作达到了预期目标，进一步提高了东莞市的社会管理水平。

【指导基层人大工作】 东莞是不带县、不设区的地级市，市人大常委会直接联系指导镇人大的工作。2005年，常委会坚持通过多种形式激励基层人大做好工作，促进了基层人大工作的规范化。（1）召开全市基层人大工作座谈会。2005年9月下旬，市人大常委会在高埗镇召开了全市基层人大工作座谈会，会议学习贯彻中央9号文件精神，总结和交流基层人大工作的经验和体会，研究如何进一步加强和规范基层人大工作，更好地发挥基层人大的作用。高埗、石龙、桥头镇人大分别作了经验介绍。会上，还印发了《高埗镇人大工作材料》，供各基层人大在开展工作、建立健全各项工作制度时参考。（2）召开基层人大分片调研会。2005年8月中旬，分片召开了基层人大分片调研会，征询了解基层人大工作的亮点、经验、不足和有益建议。通过调研会，掌握了基层人大工作的现状，为常委会领导开展“构建和谐东莞”专题调研提供了素材，促进了基层人大组织建设的加强和完善。（3）指导镇人大依法开好人民代表大会会议。常委会注意对各镇人民代表大会会议的筹备工作进行指导，帮助其审查会议材料，规范会议程序，提高会议质量。同时，在各镇召开人民代表大会会议期间，安排人员到会进行现场指导。此外，市人大常委会。（4）开展基层人大工作评比活动，总结和推广基层人大工作的经验，调动基层人大干部的积极性。 （袁俊凯）

**附：2005年东莞市人大常委会及其机关领导名录**

市人大常委会主任：佟　星

市人大常委会副主任：傅照辉　张顺彩　陈国辉（3月到任）　许美君　冯同恩　赵象明　吕　兢

市人大常委会秘书长：马灿荣

市人大常委会副秘书长：李卫忠　叶国志　刘智勇　林儒森

**附：市人大常委会各工作委员会主任、副主任**

法制工作委员会

主　任：梁任棉

财政经济工作委员会

主　任：石燕飞

城建环境与资源保护工作委员会

主　任：殷计祥

教科文卫华侨外事工作委员会

主　任：方毓兰

选举联络人事任免工作委员会

主　任：陈柏南

法制工作委员会

副主任：罗连兴　江　流

财政经济工作委员会

副主任：陈耀荣（5月离任）

城建环境与资源保护工作委员会

副主任：朱权胜　王业宽

教科文卫华侨外事工作委员会

副主任：刘学高

选举联络人事任免工作委员会

副主任：莫广华

# 东莞市人民政府

【市政府常务会议】 2005年，东莞市人民政府常务会议共召开3次，讨论了17项有关事项。主要研究部署了以下事项：分析2005年经济形势和部署2006年重点工作；《东莞市2005—2015年城市商业网点规划》问题；修订《东莞市河道堤防管理规定》问题；废止《东莞市城镇住宅小区物业管理服务收费暂行办法》问题；修订《东莞市中小企业发展专项资金管理办法》及其实施细则问题。主要审议了以下事项：《东莞市计划生育家庭养老保险暂行办法》；《东莞市重大行政处罚备案实施办法》；《东莞市奖励举报欺诈冒领社会保险待遇违法行为暂行办法》；《东莞市生猪及其肉品管理暂行办法》；《东莞市新建加油站管理办法》；《东莞市城市规划管理技术规定》；《东莞市互联网上网服务营业场所管理办法》；《东莞市沐足行业登记管理办法》；《东莞市海洋环境保护规划》；《东莞市住房公积金缴存管理办法》。

【市长办公会议】 2005年，东莞市人民政府市长办公会议共召开35次，讨论了279项有关事项。主要研究部署了以下事项：2005年政府工作报告主要任务分解落实问题；市政府2005年为民办实事项目问题；“四清理”工作问题；招商引资工作问题；创建国家卫生城市工作问题；创建全国绿化模范城市工作问题；建立市政府常务会议新闻报道制度问题；修订《东莞市中小企业国际市场开拓资金管理实施办法》问题；典当业发展问题；鼓励和支持民营企业“走出去”工作问题；节约用电工作问题；拍卖业发展问题；加强散装水泥及中转库管理问题；森林防火和山林管理问题；肉食品市场经营管理问题；安全生产工作问题；外地政府驻莞办事机构的管理工作问题。主要审议了以下事项：《东莞市政府办理人大代表议案建议批评和意见的工作制度》和《东莞市政府办理政协委员提案的工作制度》；《东莞市企业博士后工作管理暂行办法》；《关于对建设工程建立保证担保制度的暂行办法》；《东莞市矿产资源规划》；《东莞市装备制造业重点企业认定管理办法》；《关于推进泛珠三角区域合作与发展的实施意见》；《东莞市综合行政执法试点实施方案》；《东莞市生猪及其肉品市场准入暂行办法》；《东莞市五保供养暂行办法》；《东莞市加油站发展布点规划（2006年—2010年）》；《东莞市市直行政事业单位国有资产管理暂行办法》、《东莞市市直行政事业单位国有资产处置管理暂行办法》及《东莞市市直行政事业单位国有资产收益收缴管理暂行办法》；《关于扶持沿海渔民转产转业保持渔区稳定议案的贯彻意见》；《关于加强我市地方政府债务管理的意见》。

【市政府工作会议】 2005年，召开并形成会议纪要的东莞市政府工作会议共61次。主要研究部署了以下事项：市轨道交通建设工作；广东LNG项目东莞段建设问题；投标资格审查问题；消费类电子产品发展有关问题；全市收费站设置用地问题；全市污水处理厂建设问题；环城路电力线改造有关问题；道路交通综合整治工作；市中心广场有关项目及其他市属重点工程项目涉及电网迁移问题；征购土地储备款兑现有关问题；穆斯林饮食店无证照经营整治问题；6项交通重点工程建设问题；市区市政设施维护管养有关问题；整治车辆非法营运有关工作；市重点工程项目办证、征地拆迁有关问题；名牌带动战略工作；迎接国家对我市所有公路基本无“三乱”考核工作；零星税源征管试点工作；爱国卫生工作；学生接送站、接送车管理问题。

【市政府全体（扩大）会议】 2005年2月25日，东莞市政府全体（扩大）会议召开。会议的主要议题是：结合《政府工作报告》的起草，研究谋划2005年的政府工作；学习贯彻中纪委第五次全体会议、省纪委第五次全体会议、国务院第三次廉政工作会议、省政府第三次廉政工作会议及市纪委第三次全体会议精神，总结2004年市政府系统的廉政建设和反腐败工作，研究部署2005年的工作。

【市政府其他重要会议】 2005年，东莞市政府召开的其他重要会议主要有：全市利用外资工作会议；全市市容环境卫生质量工作会议；全市城镇化三项任务工作会议；全市违法搭建专项清理工作会议；全市违法用地专项清理工作会议；全市产业集群工作会议；全市打黑除恶动员大会；全市流动人口和出租屋管理工作会议；全市治理公路三乱工作会议；全市整顿和规范市场经济秩序工作会议；全市市场整规暨食品药品监管工作会议；全市建设节约型社会工作会议；全市创建国家卫生城市工作总结表彰暨2005年爱国卫生工作会议；全市2004年驰名、著名商标表彰大会；全市科学技术奖励大会；东莞市创建广东省教育强市动员大会；东莞市创建全国绿化模范城市动员大会等。

【市政府重要活动】 2005年，东莞市政府举行的重大活动主要有：松山湖主要公共配套设施落成庆典活动；常虎高速、东部快速、环城路（首期）通车暨四条主干公路改造竣工庆典；第七届中国东莞国际电脑资讯产品博览会暨2005东莞国际科技合作周活动；2005年全国龙舟月东莞“世纪滨江”国际龙舟邀请赛暨东莞市“石龙杯”龙舟竞赛活动；首届泛珠三角农副产品（东莞）交易会；市图书馆新馆开馆仪式；市第六届运动会；市第二届老年文化艺术节；市机关运动会；广东电子工业研究院挂牌庆典；虎门港立沙岛油气化工码头动工典礼；东莞市电子缴税入库系统暨出口收汇网上核销系统启用典礼；广东省储备粮东莞直属库奠基仪式；东莞市本地电话升八位启动仪式；市重点工程竣工（奠基）典礼活动等。

【市政府重要决策】 创新发展模式方面：2005年1月，市政府印发《关于进一步加强财政性资金投资零星工程建设项目管理的通知》；3月，市政府颁布《东莞市培育发展自主技术企业实施细则》；5月，市政府印发《东莞市2005年国民经济和社会发展计划》；6月，市府办印发《东莞市培育发展自有品牌企业实施细则》；10月，市政府印发《东莞市加强零星税源征管工作方案》；12月，市政府印发《关于加快我市服务业发展和改革的意见》和《东莞市2005—2015年城市商业网点规划》。

创新发展环境方面：1月，市府办发出《关于切实加强森林资源保护管理工作的通知》，印发《东莞市2005年打假工作方案》；2月，市政府发出《关于调整我市企业职工最低工资标准的通知》；3月，市政府印发《东莞市行政区域界线联合检查及经常性管理实施办法》；4月，市政府印发《东莞市集中清理无证照经营专项行动工作方案》、《东莞市违法搭建专项清理工作方案》和《东莞市违法用地专项清理工作方案》，市府办印发《东莞市2005年打击传销和变相传销行动方案》，发出《关于加强我市散装水泥中转库管理的通知》；5月，市政府发布《关于限期整治畜禽养殖业污染的通告》，印发《东莞市畜禽养殖业污染整治方案》，市府办印发《提升我市工业产业竞争力的实施意见》；6月，市政府印发《东莞市创建国家环境保护模范城市实施方案》，市府办印发《东莞市人员密集场所、“三小”场所、出租屋消防安全专项治理工作方案》；7月，市政府印发《东莞市重点污染企业整治方案》；8月，市政府印发《东莞市创建全国绿化模范城市工作方案》；10月，市府办印发《东莞市打击制售假冒伪劣商品违法行为工作责任制考核办法》和《东莞市打击制售假冒伪劣商品违法行为工作责任制考核评分标准（试行）》，发出《转发省府办公厅转发省打私办关于进一步加强重点地区镇村反走私综合治理工作意见的通知》；11月，市府办发出《转发市海洋渔业局市财政局关于扶持沿海渔民转产转业保持渔区稳定议案贯彻意见的通知》；12月，市政府印发《加快处置闲置土地工作方案》，批转《国家外汇管理局东莞市中心支局关于引导企业规避汇率风险的意见》，市府办印发《东莞市食品生产加工整顿工作实施方案》和《东莞市渡口渡船安全管理专项整治实施方案》。

创新发展能力方面：2月，市政府印发《东莞市科技贷款贴息资金管理暂行办法》；3月，市政府颁布《东莞市专利奖励与资助资金管理办法》及《东莞市专利申请资助细则》、《东莞市专利奖与工业设计奖评奖细则》、《东莞市专利计划项目实施细则》等三个配套实施细则，颁布重新修订的《东莞市科学技术奖励办法》；5月，市政府颁布《东莞市企业博士后管理及资助暂行办法》，印发《关于加强企业科技工作的意见》；6月，市政府印发《东莞市科技型中小企业技术创新资金项目管理暂行办法》；7月，市府办印发《关于加快推进下岗失业人员小额担保贷款工作的意见》。

内源型经济方面：1月，市政府颁发《东莞市市政公用事业特许经营办法》；2月，市政府发布《关于认定2004年度工业商贸龙头企业的决定》；3月，市府办发出《关于做好我市固定资产投资项目清理善后工作的通知》，印发《东莞市2004年度收费综合年审工作方案》；4月，市府办印发《东莞市安全生产责任制考核办法》；5月，市政府发布《关于设立黄唇鱼市级自然保护区的通告》，市府办印发《东莞市装备制造业重点企业认定管理办法》、《东莞市人防重要经济目标普查工作计划》和《东莞市开展评选第二届全省优秀民营企业和优秀民营企业家活动工作方案》，发出《关于加强生猪屠宰和肉食品市场管理的通知》；6月，市府办印发《2005年东莞市食品安全专项整治工作安排》和《进一步开展节约用电工作的意见》；8月，市府办发出《关于修改废品回收经营管理有关规定的通知》和《关于任命安全生产第一责任人和直接责任人的通知》；9月，市府办印发《东莞市消防联席会议成员单位职责和任务》；10月，市政府印发《东莞市危险化学品安全监督管理部门职责》，市府办印发《东莞市装备制造业发展专项技术改造资金管理暂行办法实施细则》；12月，市府办发出《关于修改〈东莞市中小企业发展专项资金管理办法〉的通知》。

外源型经济方面：4月，市政府转发省政府《关于进一步优化投资环境做好招商引资工作若干意见》；8月，市府办印发《东莞市鼓励外商投资产业指导目录》。

城市建设方面：1月，市政府印发《东莞市地名规划（方案）指导思想和原则》和《东莞市市区道路命名方案》，市府办发出《关于限期完善1999年经省确认违法用地补办手续所需前置审批材料的通知》；2月，市府办发出《关于在全市设置标准地名标志的通知》；3月，市政府发布《关于东莞市实施路桥收费年票制有关事项的公告》，印发《东莞市规范建设工程招标投标各方主体行为暂行规定》；4月，市政府印发《东莞市建设工程保证担保制度暂行办法》，发出《关于加强我市“电子警察”监控系统管理问题的通知》；8月，市政府印发《东莞市城市房屋拆迁搬迁补助费、临时安置补助费标准和因拆迁非住宅房屋造成停产停业的补偿标准》；9月，市府办发出《关于加强四条主干公路两旁景观整治工作的通知》，印发《关于进一步加强我市市容环境卫生管理工作的意见》；10月，市府办发出《关于进一步加强全市露天采石场安全生产监督管理工作的通知》、《关于进一步明确责任切实加强土地执法监察工作的通知》、《关于加强旧城改造中“退二进三”地块转经营性用途管理的通知》和《关于加强全市主干公路管理的通知》；11月，市政府发布《2005

年试鸣防空警报的通告》和《关于在全市范围内禁止设置和发布烟草广告的通告》，市府办印发《东莞市地震应急检查工作制度》；12月，市政府发布《关于调整我市污水处理费收费标准的通告》，市府办发出《关于加快收回闲置土地纳入政府土地储备的通知》，印发《东莞市开展城乡规划效能监察实施方案》和《东莞市联合整治车辆非法营运专项工作验收方案》。

文化建设方面：1月，市政府发出《关于增加市镇两级财政对农村小学经常性教育经费投入的通知》；7月，市府办印发《东莞市建设图书馆之城实施方案》；9月，市府办印发《东莞市网吧发证方案》；10月，市府办印发《关于贯彻落实东莞市建设图书馆之城实施方案的意见》；12月，市政府颁发《东莞市互联网上网服务营业场所管理办法》。

政府建设方面：1月，市府办印发《关于贯彻全国全省政务公开工作会议精神的意见》；3月，市政府发出《关于在全市食品药品监督管理部门、广播电视行业开展行风评议工作的通知》；6月，市府办发出《全市开展第三轮行政审批制度改革工作方案的通知》；7月，市政府印发《东莞市市直财政全额供给行政事业单位公房处置工作实施方案》；8月，市府办印发《东莞市"阳光热线"工作暂行规定》、《关于开办"阳光热线"节目的实施方案》和《东莞市财政供给行政事业单位离休干部医疗费用管理办法》；9月，市政府印发《东莞市市直行政事业单位国有资产管理暂行办法》、《东莞市市直行政事业单位国有资产处置管理暂行办法》、《东莞市市直行政事业单位国有资产收益收缴管理暂行办法》；10月，市府办转发《市财政局关于加强我市地方政府债务管理的意见》；12月，市府办发出《东莞市机关事业单位聘用人员管理办法（试行）》。

其他方面：1月，市府办印发《东莞市困难家庭住房保障办法》；2月，市政府发出《关于提高我市弱势群体社会保障水平有关费用分担的通知》；3月，市府办印发《东莞市开展2005年全国1%人口抽样调查工作实施意见》；5月，市政府发出《关于表彰创建国家卫生城市工作先进单位的通报》；6月，市府办印发《东莞市困难家庭住房保障办法实施细则》；7月，市政府印发《东莞市消防联席会议工作制度》和《东莞市消防联席会议联络员制度》，发布《关于禁毒公告》，发出《关于调整我市农（居）民基本医疗保险有关规定的通知》；8月，市政府印发《关于开展人口与计划生育综合改革工作的意见》和《东莞市五保供养暂行办法》，市府办发出《关于做好全市莞籍原农（居）民的农（居）民基本养老、基本医疗保险工作的通知》；9月，市府办发出《关于进一步加强狂犬病防制工作的通知》；10月，市政府印发《东莞市计划生育养老保险暂行办法》，市府办印发《东莞市城乡低保家庭收入核定办法》和《东莞市"119"消防宣传周活动方案》；12月，市政府印发《东莞市社会保险待遇违法行为举报奖励暂行办法》和《东莞市计划生育养老保险暂行办法（修订）》，市府办印发《2005年东莞市流动人员和出租屋管理服务工作考核考评方案》和《东莞市残疾儿童首报登记办法》，发出《关于遏制菜豆中毒事故的紧急通知》和《关于表彰1998—2005年度无偿献血先进单位和先进个人的通报》。

（市府办）

**附：东莞市第十三届人民政府市长、副市长**

市　长：刘志庚

副市长：冷晓明　周致纳　张顺光
李小梅　梁国英　吴道闻

**附：市政府秘书长、副秘书长**

秘书长：王道平

副秘书长：陈林佐　赖源顺　梁　冰
周华驹　朱益民（4月到任）
钟英才（挂任）　黄碧莲
袁绍东　潘新潮

**附：市府办副主任**

副主任：张永忠（5月到任）
黄福泉（8月到任）

## 政府法制工作

**【监督检查《行政许可法》贯彻实施情况】** 为全面掌握全市具有行政许可权部门履行法定职责情况，2005年初，东莞市政府法制局会同市监察局、市人事局联合下发了《2005年东莞市〈中华人民共和国行政许可法〉贯彻实施情况监督检查工作方案》，并于7月11日组成检查组，对全市36个具有行政许可权的部门贯彻实施《行政许可法》的情况进行检查，检查内容包括：学习培训、文件清理、撤销或保留行政许可事项、规范行政许可行为、完善窗口办文、简化规范行政许可程序、试行集中联合办理行政许可等。检查结果表明，行政许可法实施一年多来，全市行政机关都能够按照行政许可法的要求，认真做好实施行政许可法的各项工作，保证了行政许可法的顺利实施，取得了较好效果，但仍存在一些不足和亟待解决的问题：一是实施行政许可和监管工作的力量不足，容易引起行政许可决定超出法定期限和后续监管不到位；二是一些重大行政许可事项缺乏总体规划，未能有效组织实施；三是执法人员的法律意识和执法水平有待提高；四是部分取消审批的事项后续监管有待进一步加强；五是个别审批事项因法律、法规之间规定不够一致，衔接工作未理顺；六是相关配套制度还不够健全和完善。通过检查，强化了市政府对行政机关执法活动的监督，增强了行政机关及执法人员的法律意识，促进了行政机关依法行政。

**【立规与规范性文件审查】** 2005年，市政府法制局共审查市政府规范性文件20件，其中提交市人大常委会审议的2件，市政府制定发布的规范性文件有：《东莞市生猪及肉品管理暂行办法》、《东莞市互联网上网服务营业场所管理办法》、《东莞市五保供养暂行办法》、《东莞市计划生育家庭养老保险暂行办法》、《东莞市农村集体建设用地使用权流转管理办法》、《东莞市农村集体建设用地使用权流转管理办法》等1万件。为掌握市属行政执法机关的重大行政处罚情况，完善内部监督机制，规范行政机关的执法行为，制定了《东莞市重大行政处罚备案实施办法》。市政府法制局还开展了对市政府各部门的规范性文件的审查工作，共审结部门规范性文件草案9件。此外，围绕市委市政府的中心工作，针对本市经济调节、市场管理、社会管理、公共服务及"四清理"等方面的问题，审查法律文件73件，依法提出修改意见，确保文件的合法性、规范性和有效性。办结省人大条例、省政府规章草案征求意见稿18件。

**【执法监督与执法队伍管理】** 2005年，市政府法制局依照《广东省各级人民政府实施行政处罚规定》，切实履行行政执法监督职责，承担市环境保护局报市政府对11家污染企业作出限期治理决定的审查工作，经到现场调查取证，核实污染情况后，报市政府批准，对11家污染企业作出限期治理决定。接受群众行政执法投诉2宗，及时纠正行政违法行为。市政府法制局继续加强对行政执法人员法律知识学习培训，举办行政执法人员培训班7期，（下转209页）

# 东莞市公安局交通警察支队

东莞市公安局交通警察支队截至2005年有民警1388人，负责全市近百万辆机动车、80多万驾驶员和2800多公里道路的交通管理工作。

近年来，东莞市交警部门在市委、市政府和上级公安机关的正确领导下，紧紧围绕预防和减少道路交通事故这个工作中心，以排查治理事故隐患为重点，积极开展各项交通秩序专项整治行动，严惩道路交通违法行为，加大宣传教育力度，全面加强道路交通管理工作，取得了交通事故死亡人数连续4年下降的好成绩。

同时，加强队伍管理，深化警务规范化建设，涌现出了“省警务规范化标兵单位”——车管所、全国优秀人民警察陈志祥、周志明等一批先进集体和个人。2003-2005年，连续三年荣获“广东省道路交通安全目标管理工作先进单位一等奖”。

支队长卢伟琪为群众宣讲交通安全知识

东莞市交警支队办公大楼

公开销毁无牌无证、假牌假证机动车

交警巡逻

# 东莞市中级人民法院

中级法院院长何碧霞在对一批“两抢一盗”重刑犯进行公开宣判

中级法院副院长陈斯在院长接访日接待当事人，为群众排忧解难

全省法院刑事审判工作会议在东莞市召开

两级法院认真开展保持共产党员先进性教育活动

院领导与中层领导干部签订“廉政责任书”

院领导对2005年新录用干警进行岗前培训

中级法院举行新闻发布会，院领导答记者问

中级法院召开党员大会，选举产生第一届中共东莞市中级人民法院委员会委员

全市维稳及社会治安综合治理表彰大会上，中级法院多名干警获奖

中级法院举行拔河比赛，营造健康向上的法院氛围

对外经济贸易大学沈四宝教授来中级法院授课

# 东莞市人民法院

2005年3月，广东省委常委、政法委书记梁国聚（右二），广东省高级法院院长吕伯涛（右三），东莞市委书记、市人大常委会主任佟星（左一）等领导视察东莞市人民法院

东城人民法庭荣获“中国十佳人民法庭”称号

2005年3月，广东省高级人民法院院长吕伯涛(前排左七)，东莞市委副书记、市长刘志庚(前排左八)等省、市领导与东莞市人民法院干警合影

刑事审判庭审现场

诉讼调解——化解矛盾

党员干警认真重读党章誓词

趣味运动会——抗洪人墙

舞蹈《神圣使命》在全国人民法庭工作会议“金色天平文艺晚会”上演出获得好评

# 东莞市检察院

市检察院每年组织干警下乡扶贫，图为副检察长黄文艾看望贫困户

反贪局干警在研究追逃方案

干警在研究分析案情

市检察院有一支英姿飒爽的女检察官队伍，图为刚参加完辩论赛的女检察官

市检察院经常派出干警深入到社区参与群防群治工作

市检察院青年干警肖克家在外出途中勇救翻车受伤的群众，受到省检察院的表彰

# 东莞市市区人民检察院

东莞市市区人民检察院是东莞市人民检察院的派出机构，行使县一级人民检察院的职权，管辖同一行政区域。主要业务是承办全市公安机关侦查的刑事案件的审查逮捕和可能判处有期徒刑、拘役、管制等刑罚的刑事案件的审查起诉工作。

2005年，市区检察院在市委和市检察院的领导下，在市人大的监督和市政府的支持下，坚持以邓小平理论、“三个代表”重要思想和科学发展观为指导，认真贯彻党的十六届四中全会和全国、全省检察长工作会议精神，紧紧围绕改革、发展、稳定大局和强化法律监督、维护公平正义的工作主题，依法严厉打击严重刑事犯罪，全力维护社会稳定；强化诉讼监督，确保司法公正和法律的统一正确实施；进一步加强队伍建设和基层检察院建设，努力提高队伍整体素质和执法水平，各项工作都取得了较大的进步。全年共批准逮捕7812件12126人，提起公诉6466件9586人，以全省检察机关1/100的办案力量，办理了占全省1/10、全国1/100的刑事案件，为维护东莞社会治安稳定、构建和谐东莞作出了积极的贡献，得到了市委和上级检察机关的充分肯定，被市委评为“文明标兵单位”，被最高人民检察院授予“集体一等功”。

2006年5月，省检察院检察长张学军、市委书记刘志庚到市区检察院检查指导工作

被最高人民检察院授予集体一等功

党组成员在研究工作

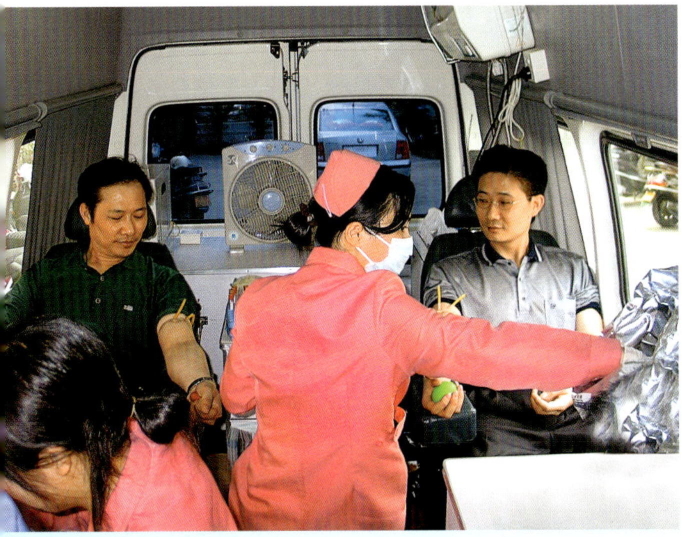

组织干警参加义务献血活动

组织青年党员、团员到大岭山森林公园参加植树活动

庆祝中国共产党成立84周年举办知识竞赛

工会小组进行篮球比赛

检察委员会委员在讨论案件

检察长亲切接待来访群众

# 东莞市司法局

2005年9月1日，虎门司法所被司法部评为“全国模范司法所”，图为省司法厅副厅长杨日华（右二）授牌给虎门镇镇长任洪杰（右三），省司法厅基层处处长张刚（左二）、市司法局长彭启尧（左一）、市司法局副局长吴敏（右一）、虎门镇司法所所长卢炳端（左三）出席了授牌仪式

2005年6月17日，“东莞市民营企业人民调解工作现场会暨虎门镇兴裕富民日夜商场人民调解委员会挂牌仪式”在虎门镇兴裕富民日夜商场举行。图为市委副书记、政法委书记张继雄（右四）、市人大常委会副主任陈国辉（左四）、依法治市办主任陈耀荣（左三）、市司法局局长彭启尧（右三）、市司法局副局长吴敏（右一）、虎门镇委副书记卢伟尧（右二）出席会议

2005年12月，常平镇在全镇范围内开展“送法下乡”法制宣传教育活动，通过现场播放法制知识DVD、派送法律资料、提供法律咨询等方式，在全镇32个村开展活动35场次、派发资料154755份、参与活动人数50250人、咨询人数5126人，接受教育人数达30多万人次。活动重点宣传了《劳动法》、《道路交通安全法》、《信访条例》等法律知识

2005年12月4日，由市委宣传部、市普法办、市广播电视台广播中心主办的东莞市“12·4”大型法制宣传活动在黄江镇裕元工业区隆重举行，图为外来工代表队举行法律知识有奖问答比赛

2005年9月，由市普法办主办、市教育局、文化广电新闻出版局协办、江西景德镇青年艺术团承办的专场法制文艺演出在东莞市各镇区巡回举行，图为法制文艺演出团在洪梅镇文化体育广场演出

# 东莞市公证处

东莞市公证处屡获殊荣

宽敞明亮的办证大厅

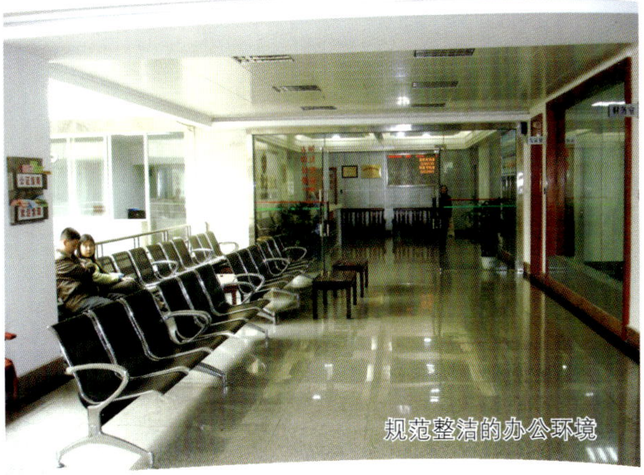
规范整洁的办公环境

热心接待当事人

热情周到的服务

地址：东莞市东城西路189号司法局大楼三楼
电话：0769-22480799
网址：gddz.dg.gov.cn

# 东莞市国土资源局

2005年5月19日，在省国土资源厅厅长林浩坤(左二)陪同下，国土资源部副部长贠小苏(左三)莅临东莞市国土资源局视察指导工作

2005年6月8日，省政协副主席王兆林(左三)莅临东莞市国土资源局视察工作

2005年，全市国土资源系统在省国土资源厅和市委、市政府的正确领导下，以“管得住、用得好”为奋斗目标，以开展“管理升级年”活动为工作主线，以违法用地专项清理为突破口，团结拼搏，开拓创新，取得了明显的成绩。在违法用地专项清理、土地执法监察、规划修编工作、用地保障、节约集约用地、信息化建设、地质矿产工作和日常基础工作方面取得了八个突破，基本实现了“管理升级”的既定目标。上级领导部门和广大群众对东莞市国土资源管理工作给予了充分肯定，2005年，东莞市国土资源局荣获了“全国建设用地审查报批工作先进单位”、“全国测绘系统四五普法先进单位”等称号，连续7年当选市直机关先进单位，连续10年被评为市信访工作先进单位。

市政府高度重视国土资源管理工作，2005年10月14日，东莞市国土工作会议召开，市长刘志庚(中)、副市长梁国英(右一)和市政府副秘书长袁绍东(左一)出席会议

以“管理升级”为工作主线，不断提升国土资源管理水平

严格依法行政，规范地籍管理，不断加强服务。2005年1月12日，东莞市土地登记资料公开查询工作通过国土资源部评审验收

加强信息化建设，提高国土资源管理科技含量。2005年6月9日，东莞市连续运行卫星定位服务系统通过省国土资源厅组织的评审验收

加强农用地分等定级，促进征地制度改革，维护农民权益

日趋活跃、规范的有形土地市场

认真学习先进事迹，加强干部队伍建设。2005年6月29日，省纪委监察厅、省国土资源厅联合组织的陈宏东先进事迹报告会召开

# 东莞市土地储备中心

土地收购储备机制是城市土地集约、高效利用的客观要求；是提高城市建设水平、提高城市竞争力的需要；是改善投资环境和获得城市建设资金的重要措施。对于促进城市土地市场的健康、规范发展，提高政府对城市土地市场的调控能力具有相当重要的作用。

东莞市土地储备中心是东莞市土地收购储备工作的执行机构，受市政府委托，在市城市建设工作领导小组的领导下，实施土地收购、储备以及前期开发准备工作的副处级非盈利性事业单位。其主要职责是：根据市城市建设工作领导小组提出的收购计划，对全市需盘活的存量土地和其他需调整的存量土地适时进行收购；根据土地利用总体规划和城市总体规划以及市场需求，适量储备土地，增强政府对土地供应的调控力度；管理由市政府依法没收和依法收回的闲置、抛荒及其他无力继续开发的土地，并纳入储备土地范围；在市政府职能部门的指导下，做好储备土地的前期开发工作等。

# 东莞发展控股股份有限公司

000828 Dongguan Development (Holdings) Co., Ltd.

管理中心办公大楼

东莞发展控股股份有限公司的前身是广东福地科技股份有限公司，于1997年4月经广东省人民政府批准，由广东福地科技总公司、福民（香港）发展有限公司、东莞市财信发展有限公司、东莞市经济贸易总公司、东莞市银川能源实业公司等5家企业共同发起，以募集方式设立的股份有限公司，主要从事彩色显像管的研发、生产与销售。先后被评为国家科委重点高新科技企业、广东省技术创新优势企业、全国青年科技创新先进集体、东莞市外商投资企业纳税大户，入选中国电子百强、中国上市公司100强企业。

为了实现持续、稳定地发展，公司以国家大力扶持基础产业发展为契机，于2003年实施了资产重组，将彩管资产与东莞市新远高速公路发展有限公司的莞深高速一、二期路产相置换，成功实现了主业的转型。公司名称相应由“广东福地科技股份有限公司”更改为“东莞发展控股股份有限公司”，股票简称由“福地科技”更改为“东莞控股”。

作为珠江三角洲经济、文化最发达的城市之一，东莞市委、市政府提出了“一网两区三张牌”的工作重点、“一城三创五争先”的发展战略，努力将东莞打造成一个现代制造业名城。东莞经济的繁荣，为公司高速公路收费业务的稳定增长创造更有利的条件。同时，公司凭借资本市场这个平台，不断优化资源配置，实施可持续发展战略，充分利用现有的高速公路经营管理经验和优势，在稳健经营和发展的基础上，积极稳妥地涉足高速公路相关产业，不断开辟新的利润增长点，努力为投资者带来更多的投资回报。

副市长梁国英(右二)为东莞发展控股股份有限公司荣获市“文化建设达标企业”奖牌揭幕

石大路收费站荣获省级“巾帼文明岗”称号

繁忙的莞深高速公路

# 东莞市环保局

2005年6月2日，东莞市启动创模及16项污水处理工程全面动工建设

2005年，全市开展畜禽养殖业污染整治，全面改善环境质量

全国人大到东莞市进行水污染防治法执法检查

2005年8月3日，全市维护群众权益，打击环境违法行为专项行动工作会议召开

认真开展先进性教育活动

2006年3月6日，东莞市第二批污水处理厂主体工程及医疗废物处理中心BOT项目招标，吸引了来自全国各地的投标者

市区垃圾处理厂采用焚烧发电技术，日处理垃圾1000吨，总投资3.2亿元，2005年底投入试生产

“6·5”世界环境日新闻发布会

2005年9月，市环保局与团市委联合举办中秋月饼盒回收活动

2005年6月3日，大岭山污水处理厂动工仪式

# 东莞市交通局

① 2006年1月，交通部副部长翁孟勇(中)在市长刘志庚(左)的陪同下到汽车总站检查春运工作

② 2006年1月，市委书记佟星到火车东站视察春运工作

③ 2006年2月，市长刘志庚(中)、副市长梁国英(右)在市汽车总站视察工作

④ 东部快速路总里程28.13公里，2003年5月开工，2005年9月28日建成通车

2005年9月28日，东莞市隆重举行常虎高速、东部快速、环城路(首期)通车暨四条主干公路改造竣工典礼

市交通局扎实开展保持共产党员先进性教育活动，图为局直属机关党委全体党员参加形势报告会

2005年市交通系统开展“公交服务年”活动

2005年市交通局组队参加“永远跟党走”东莞市第二届合唱比赛并取得优异成绩

常虎高速公路主线长41.46公里，2003年1月23日正式动工，2005年9月28日建成通车

东深公路

莞龙公路

# 东莞市公路桥梁开发建设总公司

常虎高速公路

莞深高速公路

东部快速公路

常虎高速公路莞深高速公路互通立交桥

# 东莞市城建规划局

① 2005年4月，东莞市城市规划委员会正式挂牌成立

② 城建规划局局长朱川带领党员干部送规划下乡

③ 来自全国轨道交通方面的领导专家会聚一堂，为东莞发展轨道交通献计献策

④ 2005年8-9月，东莞市规划系统举办了第一届“规划杯”运动会

# 东莞市建设局

将保持共产党员先进性教育与实践“三个代表”重要思想、提高机关服务效能结合起来，是2005年建设局强化服务的一个重要特色。图为建设局党委开展保持共产党员先进性教育活动工作会议现场

市建设局主要职责：

一、贯彻执行国家、省有关城乡建设和管理的方针、政策和法律、法规、规章；草拟相应地方规范性文件和实施办法，并组织实施；组织、指导、协调建设和管理领域内综合性、系统性、长远性重大问题的研究和政策的制定。

二、根据本市国民经济和社会发展的总体规划，研究制定城乡建设和管理的发展战略，编制中长期规划和年度计划；

三、负责建筑业的行业管理；拟定规范建筑市场主体行为、规章制度并监督执行；负责建筑业企业、勘察设计单位、监理单位、质量安全检测单位、房地产开发企业及造价咨询单位资质管理；负责建设行业从业人员管理；负责散装水泥的使用管理；负责进入施工现场建筑材料管理。

四、负责工程质量和施工安全管理；负责房屋建筑拆除工程施工安全管理；负责施工许可管理；负责工程技术管理；负责建设工程项目的竣工验收备案；负责管理建设工程的抗震设计和施工。

五、负责工程造价管理；发布建材价格信息。

六、指导和监督工程招标投标；负责工程招标代理机构资格管理。

七、指导房地产开发经营；负责商品房销售管理；负责商品房预售楼款的监督管理；负责商品房竣工综合验收备案。

八、指导、协调、监督城乡建设；指导协调管理风景名胜区的建设。

九、组织、协调建筑业科技项目的研究开发，指导建设领域科技成果的管理和推广应用；协调、开展建筑业的继续教育和有关培训工作；指导建筑业有关学会、协会工作。

十、指导、协调和管理直属事业单位工作。

不断提高建设管理工作队伍的素质和综合水平，增强综合管理能力是建设事业纵深推进的重要环节。2005年，建设局总结多年学习培训经验，大胆创新，采取“走出去学习”的方式，与清华大学联合举办了城市建设与管理高级研修班

中心广场

# 东莞市城市管理局

东江大道

全省规模最大的水厂之一——市第三水厂平流沉淀池

管养水平居全省前列的市标志性道路——东莞大道

# 东莞市旅游局

2005年3月，首次由市人民政府主办、市旅游局承办的全国旅游界"相聚魅力东莞"旅游联谊活动在东莞市举行，图为活动期间东莞市旅游企业代表与外省市旅游界代表签订合作协议

2005年5月，参加红色旅游泛珠行大型促销专列活动，在贵州宣传时的场景

市旅游局对旅游企业进行安全生产大检查

2005年东莞喜来登大酒店被评为五星级酒店，至此，东莞市五星级酒店达到14家，数量位居全国第三

2005年，东莞市旅游资源开发建设取得新突破。图为我市民营企业投资建设的大型私家岭南园林——粤晖园

# 文化新城

2005年9月28日，以投资1.73亿元、建筑规模在全国公共图书馆中排第七位的东莞图书馆新馆开馆为契机，启动东莞首届读书节，打造读书节文化品牌，全面推进图书馆之城建设。市领导佟星、刘志庆为开幕式剪彩

2005年4月4日，按照中央、省、市关于建立文化市场综合执法机构的统一部署，调整归并市文化局、市广播电视局、市新闻出版局(市版权局)，成立东莞市文化广电新闻出版局(加挂市版权局牌子)

城市中心广场每周五、六举行的“都市彩虹”，通过整合全省大学生艺术演出资源，搭起时尚、青春的广场文化表演舞台，搭起大学生展示风采的艺术平台。“都市彩虹”与老城区“文化周末”，使新城与旧区互动，形成大学校园文化与高雅艺术知识普及相互呼应的文化景象，成为深受东莞市群众喜爱的广场文化活动品牌

2005年玉兰大剧院、东莞图书馆和群众艺术馆等市级文化设施相继落成，与东莞展览馆等采取一个设施一套运作机制的办法，保证功能运作的充分发挥，使这些设施不仅硬件先进而且运作领先，一跃成为真正意义上的国内一流水平

东莞图书馆

玉兰大剧院

# 建设风采

南社“中国历史文化名村”挂牌仪式。南社是东莞市乃至珠江三角洲知名的明清古村落，于2005年9月被国家建设部和国家文物局联合公布为“中国历史文化名村”，成为广东省5个“中国历史文化名村”之一。省建设厅副厅长房庆方和市长刘志庚为南社揭牌

从2004年开始，东莞市实行公益文化活动项目招商，遵循市场化运作、个性化策划、规范化组织、整体化推进、多元化着手、品牌化打造的原则，形成公益文化活动项目社会主办、社会策划、社会筹资、社会承办的全新的社会办文化机制

2001年，东莞市确立了建设文化新城的城市定位和发展战略，以实施学习型城市创建工程、现代市民塑造工程、城市亲和力强化工程、城市文化品牌打造工程、城市现代传媒建设工程“五大工程”为抓手，全面推进文化建设，形成了较为完整的文化设施网络体系、多元化的文化活动体系、多领域的文化精品体系、较大规模的文化产业体系、全面的人口素质建设体系和城市发展的文化支撑体系，构建起文化新城建设的基本框架。截至2005年，以图书馆之城、博物馆之城、广场文化之城“三城建设”为统领，文化新城建设正大力向纵深推进。

2005年11月30日，由中国歌舞团东莞分团（东莞歌舞团）创编排演的、第一部全面展示东莞民俗风情的音舞诗画舞台作品《玉兰谣》，在第九届广东省艺术节上获得剧目二等奖、单项主题词曲一等奖等9个奖项，这也是东莞市第一次在省艺术节上获得多项大奖

群众艺术馆

东莞展览馆

东江纵队纪念馆

# 东莞广播电视台

12月28日，东莞阳光网正式开通

2005年4月4日，东莞广播电视台正式成立。东莞广播电视台是市委宣传部直接领导下的正处级事业单位，实行“事业单位，企业化管理，市场化运作”的管理模式。

一年来，两台成功合并，原东莞人民广播电台、东莞电视台合并组成东莞广播电视台；班子顺利交接，原台长谭满矶调任市委宣传部调研员，黄永贵任台长；广播节目每天延长播出时间7.5小时，增强了贴近性；电视自办栏目采用策划招标的办法，首批推出了11个自办电视栏目；完成新台标征集工作并正式启用新台标；东莞阳光网顺利开通，努力造成东莞第四媒体；东莞广播电视中心被列入全市十大建设项目正式奠基；市有线电视公司通过ISO9000质量认证；面向全国招聘了48名各类专业人才。

建设中的东莞广播电视中心大楼

12月5日，东莞广播电视台公开征集台标，社会反应热烈，收到应征作品5000多件，市委常委，宣传部部长江凌亲自审看应征方案

东莞广播电视台领导班子

中联认证中心
质量管理体系认证证书
东莞市有线电视公司
质量管理体系符合:
GB/T 19001-2000 idt ISO 9001:2000

东莞市有线电视公司通过ISO9000质量体系认证

12月28日，东莞广播电视中心被列入全市十大工程项目举行了隆重的奠基仪式

11月5日，暨南大学新闻与传播学院在东莞广播电视台设立教学与实习基地

# 东莞市教育局

2005年8月，教育部部长周济(左二)在市委书记、市人大常委会主任佟星(左三)，市长刘志庚(左一)，市委副书记刘树基(右一)的陪同下到东莞理工学院视察工作

2004年9月，市委副书记、市长刘志庚(右三)，副市长吴道闻(左二)在市教育局局长杨晓棠(右一)、副局长陈健秋(左三)的陪同下视察东莞中学

青少年活动中心外景

东莞中学松山湖学校全景

中学电脑室

东莞市申报广东省教育强市督导验收总结会

教育部副部长陈小娅（左二）在副市长吴道闻（右二）的陪同下视察东莞中学

2006年2月17日，市长刘志庚从副省长宋海手里接过“广东省教育强市”牌匾

# 东莞理工学院

2005年8月2日，国家教育部部长周济院士一行在广东省人民政府副秘书长江海燕，广东省教育厅厅长郑德涛，东莞市委书记佟星，市委副书记、市长刘志庚等陪同下来学院视察工作

◀ 2005年11月21日，由中国科学院工程热物理研究所联合东莞理工学院、意大利佩鲁大学和瑞典麦兰德隆大学合作开发的生态工业园项目在东莞市行政办事中心举行隆重的签约启动仪式

▶ 学院科研工作再上新台阶，2005年科研经费突破1000万元。学生创新精神和实践能力培养成绩斐然。图为在广西大学举办的中南六省区及港澳特区第二届大学生创新设计与制造大赛现场，学院3件作品均获二等奖

◀ 校园文化丰富多彩、颇具特色

新世纪篮球俱乐部青年队与学院男子篮球队进行友谊赛

东莞理工学院城市学院，是2004年6月经国家教育部正式批准而设立的本科独立学院，截至2005年，共开设“电子信息工程”等28个专业，拥有本、专科学生近5000人。校园占地372亩，校舍建筑面积16万平方米，教学生活设施标准化，后勤服务社会化。

东莞理工学院城市学院是具有独立法人资格的事业单位，法人代表、院长为安少华教授。2005年5月31日，东莞理工学院城市学院董事会成立，选举杨晓西为董事长，安少华为副董事长。图为城市学院董事会一届二次会议会场

# 东莞理工学院城市学院

为推进学院文化建设，扩大师生视野，打造学院文化品牌，学院创设“城市学院大讲堂”，它成为学院文化传播、学术交流的重要阵地。图为中国外交学院副院长曲星教授向全院师生作《国际形势与中国外交》讲座

学术水平直接关系着学院教学质量和办学水平。坚持以教学为中心，以科研促教学，培养高素质人才，是学院办学的基本出发点和指导思想。图为东莞理工学院城市学院学术委员会成立大会暨第一次会议会场

东莞理工学院城市学院(鸟瞰图)

# 东莞市水利局

2005年，东莞水利工作以防灾减灾保安全为中心，以城乡水利防灾减灾工程建设为重点，加大资金投入力度，全面加强水资源的管理、保护和规划工作，有力地推动了东莞水利事业的持续、快速、健康发展。特别是在6月份和8月份，在市委、市政府的领导下，全市人民众志成城，英勇战胜了“6·23”东江洪水和“8·19”特大暴雨。

2005年7月26日，省水利厅厅长周日方（右三）与副市长李小梅（左一）及市水利局的负责人一起研究东莞水利工作

2005年5月24日，市委书记、市人大常委会主任佟星，市委副书记李毓全，在市水利局局长刘伟全的陪同下视察东莞大堤达标建设工程

风景如画的水濂山水库（李伟新 摄）

石碣大桥畅通工程于2004年7月动工兴建，2005年12月完工通车。该工程的建成，对于解决东莞大堤与石碣大桥交叉处交通堵塞问题起了关键作用

在2005年度全省城乡水利防灾减灾工程建设检查评比中，东莞以总分第一的优异成绩荣获全省先进单位一等奖。图为东莞大堤福燕洲围横山田寮段
(李伟新 摄)

# 东莞市经贸局

2005年，经贸局继续以结构调整为主线，以推动工业商贸经济发展为己任，认真贯彻落实市委、市政府“一城三创五争先”和实施“四项工程”的战略部署，着力抓好五个“有效推动”和两个“全力确保”：一是有效推动产业结构调整。加强产业政策研究，深入开展企业技术进步和名牌带动战略工作，有序推进区域经贸合作，抓紧关闭第二批水泥生产企业，指导行业协会加快发展。二是有效推动“商贸东莞”工程的实施。上报了实施“商贸东莞”工程的相关报告和政策建议，完成了《东莞市2005-2015年城市商业网点规划》，进一步夯实了商贸流通业的发展基础；大力发展现代物流、会展、连锁业，引导中高级批发市场改造升级，做好外资商业引进工作，支持开展商贸活动，协助企业开拓市场。三是有效推动中小企业和民营经济发展。抓好中小企业技术进步，推进信用担保体系和服务体系建设，组团参加了第二届中博会。四是有效推动建设节约型社会，发展循环经济。抓好建设节约型社会以及节约用电的总体部署和政策制订工作，积极推行清洁生产及落实资源综合利用减免税优惠政策。五是有效推动整顿和规范市场经济秩序各项工作。加强对全市整规工作的统筹、组织和规划，重点抓好食品药品、保护知识产权、打击各种商业欺诈行为以及开展各类专项行动，加强生猪屠宰、酒类、盐业专卖及拍卖、典当等行业的管理。六是加强经济运行调控，全力确保电力能源供应。七是加强安全生产监管，全力确保全社会经济社会稳定。在全市各级经贸部门的共同努力下，全年各项经贸工作又上了一个新的台阶。

① 市经贸局局长陈桂明（前右一）陪同省经贸委副主任罗坚生（中）在大朗织交会上
② 市经贸局副局长梁经昌（左一）在石龙“国家电子信息产业基地”挂牌仪式上
③ 市经贸局局长陈桂明（左一）会同副局长罗斌（左三）在韶关市新丰县考察
④ 市经贸局局长陈桂明（左二）、纪检组长张炳林（左一）向经贸局先进性教育心得体会获奖者颁奖
⑤ 市经贸局局长陈桂明（左三）会同副局长叶葆华（左四）参观外国知名企业

# 东莞市外经贸局

8月4日，常务副省长汤炳权(左二)莅莞调研期间在副市长张顺光(左一)陪同下参观企业

12月1日，商务部副部长廖晓淇(右四)在副市长张顺光(右三)陪同下听取企业介绍情况

2005年，按照市委、市政府“一城三创五争先”战略思路，全市外经贸工作坚持以科学发展观为指导，不断增强务实意识、忧患意识、决策服务意识和责任意识，不断加大招商引资、优化调整、服务企业、调查研究和外经贸队伍建设力度，千方百计克服资源瓶颈制约、国家政策调整以及国际贸易摩擦不断加剧带来的影响，迎难而上，开拓创新，真抓实干，在各镇区党委、政府和各职能部门及外经贸战线广大干部职工的共同努力下，全市外经贸工作取得了较好的成绩，外源型经济在高基数的基础上继续保持了持续、健康、快速的发展态势。

2005年东莞市外商投资企业代表新春座谈会

按新口径，2005年全市新签外商直接投资项目773宗，同比减少257宗，合同外资金额29.8亿美元(含增资)，同比增长8.9%，实际利用外资金额14.7亿美元，同比增长51.7%。按旧口径，全市新签外商投资项目992宗，同比减少429宗，合同外资金额47.5亿美元(含增资)，同比增长15.0%，实际利用外资金额37.5亿美元，同比增长23.6%。全市吸收外商直接投资荣获全省一等奖和超额完成预期目标奖。

2005年全市外贸进出口总值为743.7亿美元，同比增长15.3%。其中出口409.3亿美元，同比增长16.3%；进口334.4亿美元，同比增长14.0%。实现外贸顺差74.9亿美元。全市外贸出口荣获全省特等奖。

同时，还荣获全省外商投资统计先进单位、口岸大通关建设一等奖、新增世界500强跨国公司投资二等奖和一般贸易出口二等奖。

2005东莞市（韩国）投资推介会

2005在华韩国企业经营支援交流会

# 东莞市农业局

近年来，东莞市农业局认真贯彻农业农村各项方针政策，大力推进全市农业农村经济稳步发展。2005年，全市农业总产值（当年价）42.05亿元，农民人均纯收入9842元。全市大力调整优化农业生产结构，推进农业产业化经营，促进农业逐步向现代农业、效益农业、都市农业方向发展。深入开展农村股份合作制改革，大力开展农村扶贫工作，不断提高欠发达地区自我发展能力。加强农产品质量安全管理，加强动植物疫病防控，确保了人畜安全。进一步抓好农村集体资产管理，实现了资产持续保值增值。

市农业局切实加强党建工作，通过抓好保持共产党员先进性教育活动和固本强基工程建设，进一步提高了党建工作水平。2005年，市农业局直属机关党委被省委授予"广东省先进基层党组织"称号，被市委授予"红旗基层党组织"称号。

2005年12月28日，东莞市农业检测防疫综合大楼奠基。副市长李小梅，市政协副主席、市委统战部部长游敏达出席了奠基仪式

市农业局认真开展保持共产党员先进性教育活动

市农业局切实加强农业科技服务，图为技术人员深入田头开展科技入户活动

市农业局大力抓好农产品质量安全检测体系建设，初步建立了覆盖全市的农产品质量安全检测体系。图为检测人员在认真工作

市农业检测防疫综合大楼效果图

# 东莞市口岸局

2005年2月22日，市口岸局保持共产党员先进性教育活动动员大会召开，会议由市口岸局副局长祁达洪主持，市口岸局党组书记、局长郭水作动员讲话。主席台就座的有市委先进办第十一督导组组长蔡铁华等领导

2005年12月，市口岸局主办了第八届口岸体育运动会。市政府秘书长王道平参加了闭幕式，市口岸局副局长莫国源主持

2005年3月，东莞市口岸局团支部组织口岸查验单位前往清溪镇新农村林场共植“口岸林”。市口岸局局长郭水(右二)与检验单位领导在植树中

2005年3月24日，市行政中心主楼16A室，副市长张顺光征求口岸单位对他本人工作的意见和建议；市口岸局领导班子征求查验单位对市口岸局领导班子的意见和建议

# 东莞出入境检验检疫局

东莞出入境检验检疫局围绕国务院赋予的“忠于职守、勇于负责、严格把关、保国安民”的职责要求，不断提高自检率、覆盖率、检出率等业务“三率”；积极强化应对突发事件的能力、执法把关的能力、服务地方外贸的能力、整体素质与综合能力等“四种能力”；实现了从业务数量的增长到业务多元化发展的结构优化、从被动施检到主动检管、从传统的施检工作模式到检管并重的综合合格评定活动、从业务个体化管理到业务规范化和科学化与自动化管理、从业务大局到业务强局的“五大转变”，为促进东莞社会经济全面快速持续发展做出了积极贡献。2005年，东莞出入境检验检疫局被广东省委、省政府授予“广东省文明单位”称号，被东莞市委、市政府授予“中央和省属驻莞机构先进单位”称号。

为促进企业产品出口，推动地方外贸经济发展，国家质检总局副局长葛志荣（左二）、广东检验检疫局副局长詹思明（右三）、东莞检验检疫局局长詹少彤（右一）等领导深入出口企业一线视察

电子监管暨政策法规宣贯会召开。左二为东莞市委常委、常务副市长冷晓明，右二为广东检验检疫局局长仲德昌，右一为东莞检验检疫局局长詹少彤

继前几年获得“东莞市文明单位”、“东莞市文明示范单位”与“东莞市文明单位标兵”荣誉后，再获“广东省文明单位”称号

积极开展保持共产党员先进性教育活动

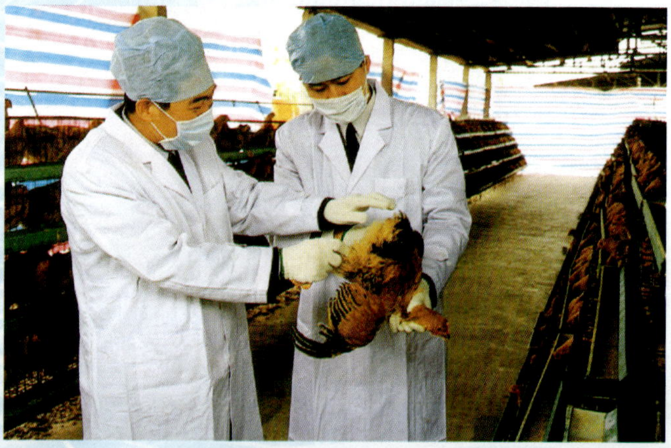

提高应对突发事件的能力，严密防控禽流感

# 东莞市住房公积金管理中心

办公楼外景

2005年，市住房公积金管理中心按照中央经济工作会议关于“努力扩大消费需求，提高城乡居民生活水平”的工作部署，提出以管家的思维管理好资金的理念，大力拓展公积金归集、贷款业务，规范管理工作，提高服务水平，为扩大住房消费，提高居民住房水平发挥了积极的作用。

2005年7月，为进一步方便职工办理住房公积金业务，公积金中心与建设银行协商，将银行办理公积金汇缴、支取业务的窗口也搬进办事大厅。

2006年3月8日，为适应越来越多群众办理住房公积金业务的需要，公积金中心与建设银行设立的新联合办事大厅正式启用。大厅面积比原来扩大五倍，公积金中心办事窗口设置增加一倍，建设银行还新设了住房公积金贷款办事窗口，使个人住房公积金业务真正实现了公积金中心、公积金受托银行都在同一大厅内完成办理的“一站式”、“一条龙”服务，进一步方便了群众。

2005年5月17日，市住房公积金管理委员会召开第四次全体委员会议，会议听取了市住房公积金管理中心工作汇报，并审议通过了市住房公积金2004年度决算、2005年度预算等事项

工作人员热情为客户服务

宽敞明亮的办事大厅

# 中国银行业监督管理委员会

# 东莞监管分局

中国银监会副主席唐双宁、广东银监局局长彭志坚到东莞银监分局视察工作

户外活动

东莞银监分局党委中心组理论学习

# 中国工商银行 东莞市分行

INDUSTRIAL AND COMMERCIAL BANK OF CHINA DONGGUAN CITY BRANCH

2005年11月8日，工行东莞分行隆重举行中小企业融资服务推介会，许下“三年投放一百亿”的承诺

2005年12月29日，工行东莞分行隆重举行个人住房贷款突破100亿元新闻发布会及二手房按揭中心揭牌仪式

工行东莞分行坚持以人为本，注重企业文化建设。图为在2006年分行机关迎春晚宴上，分行领导班子集体向员工祝酒

工行东莞分行一向致力于为社会各界和广大客户提供最快捷、最优质的服务。图为举行2005年度技能竞赛现场

中国人寿保险股份有限公司东莞分公司
China Life Insurance Company Limited Dongguan Branch
成己为人成人达己
CHINA LIFE
INSURANCE COMPANY LIMITED
亚洲寿险公司50强之首
2003、2004、2005年连续三次入选世界500强
中国十大最具价值品牌
中国保险服务市场消费者最满意第一品牌
95519
客户服务专线
www.e-chinalife.com
相知多年 值得托付

有一种关怀就在身边，
从现在到未来，
让保护无处不在！
相知多年·值得托付
中国人寿
CHINA LIFE
客户服务专线：
95519

# 中国农业银行
## AGRICULTURAL BANK OF CHINA

多年来，农业银行一直是国内营业网点最多、网络覆盖面最广、城乡联动优势最为明显的大型国有商业银行。农业银行秉承“以客户为中心”的经营理念，致力于为客户创造最大价值，不断适应市场需求创新金融产品，客户领域横跨国民经济各行业。在农业银行的支持下，许多企业由小到大，由弱变强，双方形成了相互支持、共同成长的紧密伙伴关系。2005年10月18日，农业银行正式推出“伴你成长，中国农业银行”这样一个全新的品牌理念，向全社会表达希望共同成长的愿望。农业银行是一家伴你成长的银行，是专业、合作、不离不弃、并进共赢的“伙伴”。农行东莞分行作为中国农业银行在东莞的分支机构，正不断完善各方面的管理，大力开发高科技金融产品，建立内控长效机制，建设积极的企业文化，伴客户成长，与时代同行。

2005年趣味运动会，员工展现齐心合力、积极进取的精神风貌

庆祝广东省农行存款超4000亿元暨东莞农行存款超300亿元活动

中国银行
BANK OF CHINA
用心如一 诚信百年

（上接160页）培训行政执法人员1193人。2005年，市政府法制局加强了对行政执法证申办的管理，建立申办部门资料档案，办理行政执法证2958个，其中申领1184人，到期换领1774个。

【行政复议与行政应诉】2005年，市政府法制局依法办理了行政复议案件285宗，其中不服社保工伤认定的237宗，不服公安行政行为的10宗，不服劳动教养的8宗，不服交通行政处罚或行政强制措施的8宗，不服劳动监察处理的5宗，不服镇（区）政府不履行保护村民集体福利分配权益的5宗，不服镇（区）政府有关土地权属处理的4宗，不服环保行政处罚的3宗，其他类别的5宗。通过复议案件的审理，既保障了行政机关依法行使职权，又维护了公民、法人和其他组织的合法权益。2005年，市政府法制局共代理市政府行政应诉案件13宗，认真做好应诉工作。维护了市政府的行政权威和合法权益。（丁志刚）

**附：2005年东莞市人民政府法制局领导名录**

局　长：郭瑞华

副局长：陈鸿钧

## 督查工作

【概况】2005年，东莞市政府督查室承担了督查工作、“四清理”工作、人大政协协调及议案、建议和提案的办理工作、《政府热线》办理，以及机关效能投诉处理等多方面的工作。全年共落实领导批示20件，办理各类来文25份，协调会议、安排视察10多次，办理人大政协议案、建议及提案531件，草拟各类文字材料193篇，处理《政府热线》6728封、市民来信90多封，受理行政效能投诉15宗。

【督查工作】2005年，市政府督查室围绕市委市政府的中心工作、市领导批示件、人大政协督办事项，以及群众关心、社会关注的热点问题，健全制度，突出重点，狠抓落实。一是抓紧《政府工作报告》工作任务、十件实事以及市长办公会议决定事项的贯彻落实。制定了《2005年市政府主要工作任务分解表》，把每一项工作具体分解到各位分管市领导和责任单位；并跟踪十件实事落实情况，综合草拟了《十件实事贯彻落实情况》。二是加大领导批示件的办理力度。根据领导批示，协调市劳动局等部门，对东莞市无合同外来工参与社保问题进行了认真研究，提出了具体工作方案；联合市委督查室，对全市废旧物资回收工作进行了深入调研，形成了专题调研报告；与市委督查室等部门，共同协调解决长安、虎门两镇部分村民的土地纠纷问题，避免了群体性事件的发生；配合市纪委，对麻涌和长安的两间工厂的污染整治情况进行了督促检查；与市国土局、高埗镇一道，协调某村的工业用地问题。三是加大对人大重点建议及有关督办工作的跟踪落实。对2005年人大议案以及市长办公会议确定的7件代表建议进行认真督办；根据市人大要求，对东莞市固体废物防治、公共卫生“三大体系”建设、“四五”普法等多项工作进行检查。四是加强社会热点问题的解决力度。根据群众反映，先后对公交车节假日涨价问题、民办中小学有关问题、固定“电子警察”有关问题等进行了专题调研，提出了具体工作意见和建议；协调市环保等部门，对某酒店的扰民和安全等问题进行调解；调查处理了常平某民营企业反映市场垄断的投诉，妥善解决了问题。五是加强全市政府系统的督查工作。召开了全市政府系统督查工作情况通报会，全年共收到部门、镇区上报的《督查专报》599期，比上一年增长28%；全年刊发《督查情况》20期，其中，市委市政府主要领导批示10期，部分工作建议被提交市联席会议研究，转化成市委市政府的工作决策。

【组织协调“四清理”工作】2005年，市政府督查室承担了市“四清理”工作领导小组办公室的日常工作，负责“四清理”工作的组织协调、综合调研和简报编发等工作。一是积极贯彻落实市委市政府关于“四清理”的指示精神。根据市联席会议的会议纪要，印发《关于贯彻落实市联席会议有关精神的通知》6期，向全市各镇区和各专项清理工作小组传达。同时，以简报的形式传达市委市政府主要领导的现场调研和有关讲话精神。二是加强文字综合和简报编印工作。先后以市“四清理”工作领导小组办公室名义草拟、编辑、印发了“四清理”工作月度情况汇报8篇、“四清理”工作简报99期、“四清理”工作领导参阅材料23期以及“全市四清理工作进度排名表”7期，累计137篇。三是有效开展协调工作。协调市委宣传部，研究制定了《全市“四清理”工作宣传报告注意事项》；协调市环保局等单位，草拟了《关于报送对〈东莞养殖场清理考察报告〉处理情况的函》；协调市建设局和黄江镇，积极处理驻黄江部队的违法搭建问题；协调处理“四清理”有关的群众投诉，绝大部分投诉都得到了妥善解决。

【人大政协事项办理工作】2005年，市政府督查室全面接手人大政协事项办理工作后，理顺关系、明确职责、规范程序，高效运作。一是规范人大建议、议案和政协提案的办理工作。协调市人大和市政协，草拟了《东莞市政府办理人大代表议案及建议、批评和意见的工作制度》和《东莞市政府办理政协委员提案的工作制度》，明确了办理时限、程序、责任及其他要求。同时，组织召开了“2005年建议提案交办会”，明确各承办单位的负责人和承办人，要求严格落实各项办理规定，做好登记、分发、催办、拟文、签发、报送、归档、总结、追踪等工作。2005年共承办省十届人大三次会议代表建议2件、省政协九届三次会议提案1件，均在规定时间内办结；办理市人大代表建议90件、市政协委员提案295件，全部按时办理完毕，人大代表建议的满意率为95.6%。二是认真组织市长约请人大代表、会见政协委员座谈会。2005年11、12月，分别组织召开市长约请人大代表和市长会见政协委员座谈会，对会上提出的146件建议和提案及时归纳分类，分发到各有关单位办理。三是做好各类视察、检查活动的协调工作。全年共协调市人大、市政协以及上级人大、政协检查、视察、考察活动10多批次，完成汇报材料10多篇。四是做好向市人大的汇报工作。先后草拟30多份汇报材料，以市政府名义向市人大及上级人大汇报。

【《政府热线》和机关效能投诉工作】2005年，市政府督查室共收到群众来信6728封，回复6632封，回复率98%，比上年提高3个百分点。其中，投诉3330封，已回复3272封，回复率98%，同比提高6个百分点；咨询2866封，已回复2848封，回复率99%，同比提高1个百分点；建议532封，已回复512封，回复率96%，同比提高5个百分点。全年正式受理机关效能投诉15宗，比上年增加2宗，办结12宗。对每一宗投诉，严格按照“六项制度”规定，严肃调查处理，并形成正式的书面材料，推动了全市机关作风建设。（肖必良）

附：东莞市政府督查室领导名录
主　任：朱斌华
副主任：叶立新

## 地方金融管理服务

【概况】2005年，东莞市金融服务办公室在原东莞市地方金融资产管理办公室基础上顺利组建，开始全面履行为广义金融提供服务的工作职责。认真贯彻“一城三创五争先”的发展战略和工作思路，把握促进地方金融改革、稳定与发展的工作主题，不断强化对各类金融机构的管理与服务，坚持“小机构，大服务”的办事宗旨，较好地沟通各金融机构之间、金融机构与有关职能部门之间以及市政府与中央驻莞金融监管部门之间的关系，在服务金融、服务地方经济，协助金融监管部门进一步加强金融监管，防范和化解金融风险等方面，发挥了应有作用。

【金融机构联席会议召开】市金融服务办率先倡导建立全市金融机构联席会议制度。2005年1月及8月，先后组织召开了以促进金融业全面均衡发展、以加强金融内控管理为主题的金融机构联席会议。市委常委、常务副市长冷晓明先后出席了两次联席会议并分别作了题为《与时俱进 开拓创新 继续把东莞金融工作推向前进》、《加强内控 防范风险 促进发展》的重要讲话。在第二次金融机构联席会议上，市委副秘书长、市金融办主任梁近东传达了全省银行信贷风险防范与金融司法保护研讨会的会议精神及佟星书记要求金融机构进一步加大对科技企业信贷投入的重要指示，提出了改进金融服务的工作意见。

【金融动态信息搜集与整理】2005年，市金融服务办注意收集涉及金融改革与发展的政策导向和动态信息，建立并不断完善地方金融动态信息报送制度。6月，在搜集历史资料的基础上，综合市人行、市银监分局、市证券业协会、市保险业协会等单位的意见，撰写了《蓬勃发展的东莞金融》这一调研报告，客观分析了东莞金融蓬勃发展的突出体现及主要原因，提出了促进东莞金融进一步持续健康发展的若干意见，得到市领导及各有关单位的赞同与肯定。

【推动大型建设项目融资方式的创新与突破】2005年，市金融服务办全程参与了市政府与国家开发银行广东省分行就东莞市大型基建项目融资问题的商洽过程，并从维系权利义务对等、加强风险防范等角度对合作方略提出了意见和主张。经市属各有关职能部门的共同努力，市政府于8月份与国家开发银行签订《开发性合作金融协议》，实现了东莞市基础设施、基础产业、支柱产业项目在融资方式上的创新与突破。

【促进资本市场健康发展】2005年，市金融服务办在促进资本市场健康发展方面做了如下四项工作：一是配合省、市有关职能部门共同做好对发展利用资本市场的前期规划工作，先后撰写了《关于东莞市资本市场发展的情况汇报》、《关于东莞市企业上市若干问题的汇报》等多篇调研文章，提出推动企业发展利用资本市场发展的对策建议。二是协助市政府组织召开了“东莞市企业改制上市研讨会”，邀请证券业的专家学者对东莞市企业所关心的资本营运问题进行专题讲演与个别交流，并与深圳证券交易所就共同推进东莞市中小企业上市培育工作签订了《合作备忘录》。三是协调市有关职能部门，将企业上市培育资金纳入市财政预算，计划从2006年起，给予每家新增成功上市的企业以200万元的奖励资金。四是配合省股权分置改革工作，与市国资委一道，督促东莞控股、生益科技2家国有控股上市公司做好股权分置改革的相关工作。

【推动市保险行业协会的筹建与成立】2005年初，市金融服务办收到东莞市保险行业协会筹建人发起单位提交的《关于筹备成立东莞市保险行业协会的申请》及《关于成立东莞市保险行业协会的申请》。在与其他有关职能部门的共同推动下，市保险行业协会于2005年3月份挂牌成立，并在加强东莞市各保险企业的交流与合作，维护保险企业及保险消费者的合法权益，规范保险市场秩序，促进保险业持续、健康、协调发展等方面发挥了越来越重要的作用。

【督促市商行建立长效的资本金补充机制】2005年，市金融服务办督促市商行完善工作机制，一是督促市商行制定切实可行的资本金补充计划，并相应启动增资扩股的法定程序。二是协同市商行、市银监分局赴南京、大连两地的城商行进行学习考察，了解同行在引进战略性投资者及处置不良资产方面的成功经验和有效做法。三是协调市政府成立了市商行不良资产处置工作领导小组，由市委常委、常务副市长冷晓明担任组长，为市商行加快不良资产处置步伐创造有利条件。四是督促市商行启动了引进战略性投资者的会晤和谈判，明确了引进战略性投资者谈判工作的组织架构及其工作职责。

【推动金融机构改进差别化服务】2005年4月，东莞市部分银行业金融机构因对低端客户设置服务门槛而被中央电视台曝光，在一定程度上影响了东莞市金融业的良好形象。市金融服务办随即协同市银监分局召开专门会议，强调银行业金融机构要认真汲取教训，立即采取果断措施，取消服务门槛，切实提高对低端客户的服务水平，确保今后不再发生同类事件。经过督促，使东莞市差别化金融服务朝着科学、合理、人性化的方向稳步推进。

【协调解决影响群众生产生活的社会问题】2005年，市金融服务办为解决影响群众生产生活的社会问题，一是协调解决樟木头“天龙居”花园、莞城“晓翠园”花园的楼宇纠纷问题及市工行守押体制改革引发的员工上访问题，避免了群众性集体上访对机关运作可能造成的冲击。二是协调市人行、市银监分局、市农业局等有关职能部门，研究解决市农信社对村以下各类组织在开立基本账户时所遇问题的具体方案，督促有关部门共同做好村以下各类组织银行结算账户的管理工作。三是配合市信访局召开莞城区东门广场地下停车场水浸车辆赔偿问题的协调会议，促成各有关单位达成了《东门广场地下停车场水浸车辆理赔方案》，稳妥推进有关善后工作。四是配合市纪委对市个别村集体自发开展的融资行为的合法性进行初步调查研究，坚决杜绝金融“三乱”行为。

【制定化解地方金融风险的若干意见】2005年，针对东莞市地方性金融机构不良贷款比例偏高、不良资产处置欠缺有效政策扶持的现状，受市政府委托，市金融服务办在广泛听取各有关职能部门对加快地方金融机构不良资产处置步伐意见及建议的基础上，结合省府办《关于加大力度支持农村信用社清收处置不良资产确保改革试点工作顺利进行的通知》精神，拟订了《关于化解地方金融风险妥善处理地方金融债权的若干意见》，为加快地方性金融机构的不良资产处置步伐创造了诸多有利条件。为进一步加大市农信社不良资产的处置和清收力度，市金融服务办还大力协调处置市农信社不良资产相对滞后的有关镇区及市属有关职能部门，促成市农信社就该社市属企业不良资产处置问题与市国资委等有关职能部门的商洽取得关键性突破，并达成了一揽子解决市属企业历史上拖欠市农信社的不良贷款问题的框架性协议。

【强化地方金融机构运营状况的风险警示】2005年，市金融服务办为及时发现贷款大户潜在的还贷风险，进一步加强了与市人行、市银监分局等金融管理部门的信息沟通与业务联系，并主动派员列席参加地方金融机构的各种活动，及时掌握各种风险动态，建立健全了地方金融机构超千万元大额贷款的业务统计与跟踪分析制度，协同其他金融管理部门定期发布对地方金融机构的风险监管指引，不断强化对地方金融机构客户结构及营运状况的风险警示。

【金融突发性事件的排查工作】2005年，市金融服务办开展金融突发事件的排查工作，一是为了应对南方证券关闭、广东证券被托管事件可能对东莞市造成的冲击，明确了处理该类事件的基本原则和工作要求，制定了风险处置的应急预案，避免行业风险对东莞市金融秩序及社会稳定造成的负面影响。二是大力协助东莞证券公司做好自查、自纠、自救工作。鉴于东莞证券公司存在挪用客户保证金、股东及关联企业占用公司资金、违规对外担保等问题，根据市领导的指示和要求，市金融服务办牵头成立了东莞证券问题联合调查小组，并在征询东莞证券公司主要股东意见的基础上，对公司班子成员采取了必要的组织措施，督促公司领导班子全力做好各种历史遗留问题的处置和化解工作。至2005年底，东莞证券公司的治理整顿工作取得了初步进展，被挪用的客户保证金已全部归位。

【引导金融机构汲取案件教训】2005年，市金融服务办联合市银监分局、市人行，对近年来所发生的金融案件进行全面梳理并形成内部通报，并会同市银监分局、市检察院联合召开银行业金融机构预防职务犯罪防范案件风险工作会议，总结分析近年来东莞市银行业金融机构案件专项治理的经验教训，提出了防范案件风险的工作意见，以督促各金融机构进一步加大工作力度，采取积极措施消除风险隐患，有效遏制金融案件的再度发生。（钟正良）

**附：2005年东莞市金融服务办公室领导名录**

主　任：梁近东（3月到任）

副主任：叶浩鹏

## 打击走私综合治理

【概况】2005年，东莞市共查获走私贩私案件260宗，比上年的348宗下降25.3%；案值48456万元，比上年231605万元下降478%。市检察机关起诉走私案件33件90人。市法院判决走私案件44宗122人。

【打击走私联合行动和专项斗争】2005年，市打私办积极开展打击走私联合行动和专项斗争。一是元旦、春节期间为期2个月的打击走私联合行动。全市共出动缉私和检查人员3260人次，查获走私案件24宗，案值2780万元。主要查获物品有：塑料2100吨，汽车切割件和非法组装车26辆（套），成品油22吨、冻品5吨。二是4月起持续半年的打击走私汽车切割件和非法组拼装进口汽车专项斗争。在市打私办的牵头组织下，共查获案件11起，查获切割件和组装车120多辆（套），全部作了公开销毁处理。各镇区以开展“四清理”整治行动为契机，对各类汽配厂、汽配店、各种棚屋、空置厂房、仓库反复检查、清理，打击非法组装、销售组装车活动。三是在中秋、国庆节期间组织开展了以打击禽畜冷冻品和应节商品走私专项行动。组织各镇区对冷冻库、冷冻品经营店进行了全面清查、登记，查获了一批走私冷冻品。市打私办联合有关部门将200多吨走私冷冻品作了销毁处理。

【反走私综合治理】2005年，在东莞市政府统一领导下，各部门和各镇区各尽其职，推动反走私综合治理不断深入发展。一是加强船舶管理，从源头上打击利用船舶走私行为。交通、渔政、海事、边防等船舶管理部门加强对各类船舶的管理，完善反走私责任制，市打私办联合有关部门开展对“三无”船、假冒粤港澳流动渔船、非法修造船厂等清理专项行动。海关等缉私部门查获利用船舶走私案件仅90多宗，比往年大幅减少。二是加强对报关员和直通车的管理，预防加工贸易渠道走私。外经贸以及海关等部门抓好对外资企业海关报关员资格的考核、年审和评定工作，各部门之间建立报关员信息共享机制，定期将报关员资料及有关动态情况互相反馈，加强宣传教育培训工作，提高报关员的自身素质水平和业务素质水平和自律能力。三是加强市场检查和管理，堵截走私货物的销售渠道。工商、经贸等部门以及各镇区对各类专业和综合市场加强管理，规范经营，打击贩卖私货行为，防止形成私货集散市场。四是加强反走私宣传教育。全年召开两次全市反走私工作会议，在《东莞日报》编发反走私专版，制作电视专题宣传片，出版反走私宣传书刊等等，不断扩大反走私宣传覆盖面，使反走私观念深入人心。五是抓好反走私重点镇村综合整治。根据省的部署，以黄江、沙田作为试点，开展为期一年的反走私综合整治，采取了一系列措施，通过一年的综合整治，两个镇的反走私工作取得明显成效，带动全市反走私综合治理工作跃上一个新台阶。（刘　高）

**附：2005年东莞市人民政府打击走私综合治理办公室领导名录**

主　任：赖源顺（兼）

副主任：林　红　王国雄

## 治理公路“三乱”

【概况】2005年，东莞市治理公路“三乱”督察办公室共办理公路“三乱”投诉53宗，较上年同期下降19%；其中省政府督察队转办案件11宗，同比下降9%。4月份，省政府督察队、省政府纠风办、省交通厅、省公安厅、省林业局联合检查组对东莞市创建所有公路基本无“三乱”工作进行考核验收，认为东莞市认真贯彻落实省政府的工作部署，切实加强对治理公路“三乱”工作的领导，狠抓治理责任制的落实，强化执法队伍的管理，加大标本兼治力度，治理工作取得明显进展。6月份，经省人民政府同意，公布东莞市为实现所有公路基本无“三乱”市。

10月份，广东省向国家有关部门申报实现所有公路基本无“三乱”达标考核验收。为配合省部署做好迎接国家“两部一办”（交通部、公安部、国务院纠风办）检查组对东莞市所有公路基本无“三乱”考核验收工作，11月17日，东莞市召开全市治理公路“三乱”工作会议，各镇区及公安、交通等部门的主管领导参加了会议。会议要求，各镇区、各部门要根据自身的实际情况，认真开展一次自查自纠工作，要按照属地管理和“谁主管、谁负责”的原则，对工作中存在的薄弱环节和工作漏洞进行查漏补缺，采取有效措施，努力解决好存在的问题。对顶风作案搞公路“三乱”的，从重从严处理。国家检查组于12月份来广东省进行暗访检查，其中东莞市是检查的重点地市之一。

（钟志坚）

附：2005年东莞市治理公路“三乱”办公室领导名录

主　任：叶志超

副主任：严锦明

# 人事工作

【机构改革和编制管理】 2005年，东莞市人事局深化行政体制改革，加强机构编制管理，优化资源配置，健全高效的机关效能体系。

综合行政执法试点　经省人民政府批准，东莞被确定为广东省综合行政执法试点城市。为做好试点工作，市机编办制定了《东莞市综合行政执法试点实施方案》。根据省编办对深化行政体制改革和综合行政执法改革工作的布置，将市文化局、广播电视局、新闻出版局合并组建文化广播新闻出版局，并成立一支直属该局管理的文化市场综合执法大队，在各镇区成立32支文化市场综合执法分队；将市安全生产监督管理局从市经贸局分出独立设置，为市政府工作部门，内设执法监察科，增挂市安全生产监督管理局执法监察大队牌子；在市国土局内设执法监察科，加挂市国土资源局执法监察大队牌子。

乡镇事业单位调研　2005年10月，市机编办分别到常平、大岭山、洪梅等三个具有代表性的镇就机构设置和编制配备情况开展调查研究，对这三个镇的行政、事业机构设置和编制配备情况进行分析，形成了《关于常平、大岭山、洪梅等镇机构设置和编制配备情况的调研报告》，为东莞下一轮乡镇机构改革打下了基础。

机构调整　调整出租屋、流动人员管理机构设置，将东莞市出租屋及租住人员管理办公室更名为市流动人员和出租屋管理办公室，将该办公室的正副职领导从原来的副处级和正科级高配为正处级和副处级，并将其内设机构进行调整。对市公安局莞城分局等10个分局的股级刑警队和巡警队升格为副科级刑警大队和巡警大队。对全市派出所的设置进行调整，撤销了9个派出所，新成立了4个派出所，全市现有派出所156个，同时，将所有派出所的正职领导高配为副科级。

事业单位登记管理　2005年4月，市事业单位登记管理局在全市范围举办事业单位网上登记管理培训班，举办9期共800个单位900多人参加，培训率达100%，上线率达100%。2005年全年设立登记的事业单位121个，变更单位法人和其他单位信息的单位370个，注销单位33个。856个事业单位办理了年检，年检率达96%。

【人才引进】 2005年，东莞市人事局加大力度引进高层次、高素质人才，积极实施人才强市战略。

人才资源状况　2005年，全市引进各类人才116643人，按学历层次分：博士研究生14人，硕士研究生621人，本科生35569人，大专生40152人，中专生40287人；按职称层次分：高级职称2750人，中级职称21896人，初级职称38086人，未评职称53911人。引进的116643人中，其中人才市场引进（招聘）111727人，调进1028人，调出303人，接收市外生源大中专毕业生4191人。另有本市生源应届大中专以上毕业生9908人，使全年新增人才数126551人，人才总量达到83.9万人，比2004年底71.2万人净增长12.7万人，增幅达17.8%。东莞的人才总量按学历分，博士研究生264人（含博士后12人），硕士研究生4810人，本科生169461人，大专生293765人，中专生370570人；按职称层次分，高级职称10064人，中级职称105725人，初级职称142442人，未评职称580639人；其中高级人才有13429人，比2004年底的10554人净增长2875人，增幅达27.2%，使东莞的高级人才占人才总量的比例从2004年的1.48%增加到1.60%。

博士后科研工作站　2005年5月，市政府颁布《关于印发〈东莞市企业博士后管理及资助暂行办法〉的通知》，为博士后的管理工作提供政策依据。市人事局加强对已建成的东莞宝丽美化工有限公司博士后科研工作站的管理工作，学习和摸索企业博士后科研工作站管理和服务工作的新经验，推动其他符合条件的企业或单位申报建立博士后科研工作站。确定了大朗迈科电子有限公司、石龙华南药业集团、石碣台达电子有限公司、桥头华夏公司、市人民医院和塘厦易事特集团有限公司为申报建站的重点企业。

百名专家引进工程　百名专家引进工程计划从2003年开始，用五年时间引进百名专家。2005年是实施百名专家引进工程的第三年，市人事局继续推进该工程的实施。通过电视、报纸、互联网等媒体，加大对《东莞市引进人才三个规定》、《东莞市人才发展留学人员专项基金管理实施细则》和《关于加快建设人才资本产权激励制度的意见》等人才政策的宣传力度，努力营造良好的引才环境。在前两年引进65名专家的基础上，2005年再引进41名，三年累计引进106名，提前两年完成引进百名专家的目标任务。

“走出去，请进来”的引智模式　一方面组织东莞企业“走出去”，到高校密集、人才资源丰富的城市举办校园招聘会。2005年11月22日—26日，东莞市第四届校园招聘会在重庆、武汉同时举行，东莞85家知名企事业单位参加了招聘会，两地入场应聘人数达到16000人，愿到东莞就业并达成初步意向的有3150人。另一方面，创造条件把高校“请进来”，积极促成企业与有关高校建立对口关系，让企业成为高校学生的实习、科研基地，吸引更多高素质的人才来莞就业、创业。其中，常平镇的企业已与武汉大学签订合作协议，桥头镇的华夏公司也与清华大学共建实践基地，石碣镇与华中科技大学共建技术创新服务中心。

《东莞市“十一五”人才发展规划》　市人事局认真做好东莞“十一五”人才发展规划的编制工作。《东莞市“十一五”人才发展规划》指出，“十一五”期间将大力实施以“和谐发展，人才宜居”为核心的人才强市战略，有效推进“四大人才工程”（即引才工程、育才工程、用才工程、聚才工程），努力构建东莞人才高地和人才宜居城市，培养造就一支规模较大、素质优良、结构合理，具有较强创新能力的人才队伍，形成东莞人才智力群体的比较优势，为促进经济社会协调发展，率先基本实现现代化提供坚强有力的人才支撑。全市人才总量2008年将达到105.1万人，2010年将达到122.1万人，年均增长7.8%；人才占人口总量的比例达到14.36%（预测2010年东莞市总人口约850万人）。到2010年，高级人才达到2.5万人，占人才总量的2%。学历结构不断优化，研究生学历人才达到0.97万人，占人才总量的0.79%；本科学历人才达到33.35万人，占人才总量的27.31%。在专业技术人才的能级结构中，获得高级职称的达到1.79万人，中级职称的达到19.39万人。

【公务员管理】 东莞市人事局以公务员法出台为契机，切实履行公务员招录、管理、培训、服务等职能，努力建设一支政治坚定、业务精通、作风优良的新型公务员队伍。

公务员法实施 《中华人民共和国公务员法》将从2006年1月1日起施行。为做好公务员法实施前的准备工作，市人事局充分利用报刊、广播、电视、网络等媒体做好宣传工作，努力把公务员法学习好、宣传好。全面开展全市公务员的学习培训工作，共举办了59期培训班，有13487名公务员（含部分镇区依照公务员管理单位的人员）参加了脱产培训，参训率达100%。

录用计划申报 市人事局严格把好按核定编制计划进人关，认真做好国家公务员、机关工作者录用计划申报工作。2005年上半年，省人事厅同意下达东莞录用计划指标709名，其中：公安系统500名，司法系统14名，检察系统22名，法院系统21名，政府系统50名，党群系统15名，依照公务员管理的事业单位87名；下半年下达录用计划指标784名，其中：公安系统500名，司法系统25名，检察系统24名，法院系统82名，政府系统36名，党群系统6名，依照公务员管理的事业单位111名。全年共下达录用计划指标1493名。

考试录用 坚持“凡进必考”，坚持“公开、平等、竞争、择优”的原则，不断探索科学的考录程序和工作方法，努力营造公平诚信的考录环境，为建设高素质、专业化的公务员队伍提供制度保障。2005年全年共有14454人报名，比2004年的8669人增加66.7%。其中上半年有7220人报考，笔试合格入围面试的有1518人，经体检、政审后，机关单位共确定录用对象237名（公安系统不计算在内）。下半年有7234人报名考试。

年度考核 为推进考核工作的科学化、规范化，市人事局进一步提高考核工作的效度，强化考核结果的使用，把它与公务员任用、晋资、辞退、培训密切挂钩。2005年4月，2004年年度考核工作基本完成。参加年度考核的机关工作人员有11417人，其中优秀等次的1495人，占13.09%；参加年度考核的事业单位工作人员有37866人，其中优秀等次的6142人，占16.22%。

培训教育 市人事局坚持以能力建设为重点，进一步加强人才培训工作，认真做好公务员培训和专业技术人员继续教育，努力提高现有人才队伍的整体素质。一方面，按照加强党的执政能力建设的要求，注重提高公务员的依法行政能力、公共服务能力、调查研究能力和学习创新能力，以“四类培训”为主要内容，大规模地开展公务员培训。2005年，共举办公务员初任培训班9期2083人参加，副科级公务员任职培训班2期126人参加，公务员公文写作培训班6期298人参加，军转干部岗前培训班1期147人参加，依法行政专题研讨班3期114人参加，人事管理培训班2期130人参加，《公务员法》培训班59期13487人参加。另一方面，按照大教育、大培训的要求，加大继续教育培训力度，根据《广东省人事厅关于“十五”计划期间开展专业技术人员继续教育公修课培训有关问题的通知》精神，对专业技术人员开展《专业技术人员权益保护》和《知识经济之路》两门公修课的培训考核工作。2005年共培训4期考核了513人，较好地完成了省人事厅关于“十五”计划期间专业技术人员轮训一遍的目标。

【机关事业单位工资分配制度改革】 2005年，东莞市人事局以“建立以人才资本价值实现为导向的分配激励机制”为目标，按照《公务员法》的相关要求，加强调查研究，深入探索，为推进机关事业单位工资分配制度改革做好准备。

工资改革前期准备工作 《公务员法》颁布实施后，公务员将实施职务与职级相结合的工资制度。为做好工资改革的准备工作，市人事局加强调查研究，成立调研小组，到珠海和中山等市开展调查研究工作，为搞好机关、事业单位工作人员工资福利方面的工作提供科学依据，给市委、市政府的决策提供准确的信息和数据。

清理规范津贴补贴工作 市人事局把做好清理规范地方津贴补贴作为改革公务员工资制度和规范公务员收入分配的一项重要措施，根据有关文件精神，与市财政局召开全市清理规范津贴补贴的工作会议，传达全省清理规范津贴补贴工作会议的精神，并及时做好数据的填报汇总上报工作。

【本地生源大中专毕业生就业指导工作】 2005年是全国扩大招生规模后本科生毕业的第三年，东莞生源应届大中专毕业生人数再创新高，总人数达9908人，比2004年增加2.4%。其中，本科生2107人，增长25.6%；专科生4526人，增长2.8%；中专生3257人，比去年减少9.1%。市人事局采取积极有效的措施，努力实现东莞生源大中专毕业生的充分就业和自主创业。做好毕业生报到工作，全年共办理毕业生报到手续8865人，其中本市生源5433（博士1人，硕士23人，本科1354人，大专4020人，中专35人）人；市外生源3432（博士9人，硕士208人，本科3108人，大专97人，中专10人）人。办好大中专毕业生供需见面会，2005年，共举办了5场专场招聘会，先后组织了400多个单位进场招聘，共提供4000个就业岗位，入场求职毕业生20000人次。同时，加强就业指导，转变毕业生就业观念，促进毕业生充分就业。2005年本市生源毕业的整体就业率为76.61%，其中本科生就业率为87.9%，专科生就业率为82.66%，中专生就业率为60.8%。

【职称工作】 2005年，东莞市人事局以业绩、能力为导向，以业内认可和社会认可为出发点，规范评价程序，拓宽服务领域，推进职称制度改革，提高专业技术人才评价机制的科学性和准确性。

职称评审 全年共受理申报职称评审26类专业共3468人，其中申报高级职称887人，申报中级职称2036人，申报初级职称545人。拓宽职称评审领域，委托智通人才培训中心开展职称评审（认定）申报和专业技术资格考试报考的人事代理中介工作，利用智通人才市场、《才富》杂志、《东莞招聘专刊》和job5156人才网为平台，加强职称政策的宣传和职称观念的推广，使“职称”能够在非公有制企业中成为重要的人才评价标准之一。

专业技术资格确认和考试 进一步优化服务手段，认真履行职称确认工作，全年共确认高级职称738人，中级职称529人，初级职称350人。根据《专业技术资格考试违规违纪处理规定》（人事部3号令）政策规定，认真抓好专业技术资格考试的相关工作。2005年，东莞市专业人员资格考试中心共承担30类专业资格考试的报名和考试组织工作，其中在东莞设置考场的职称外语、经济专业、注册税务师、计算机技术与软件（2）等5项考试共有7733人参加，东莞市专业人员资格考试中心组织报名在广州考试的质量、土地登记代理人、咨询工程师等25项考试共有1945人参加，计算机应用能力考试20批312场共有30888人参加。

职称普查、建库、换证 市人事局从2003年开始对全市持有专业技术资格和执业资格证书的专业技术人员进行普查、建库、换证工作。由于全市专业技术人员数量多、分布广、流动性大，这项工作延续至2005年6月底基本完成。2005年全年普查信息录入1337人，办理换证278人。职称数据库累计普查录入52071人，累计办理换证27488人。

【人才服务工作】2005年，东莞市人事局强化人才市场管理，创新人才管理模式，营造良好的人才环境。

人才服务站建设 经过两年多的努力，全市32个镇区人才服务站都做到了“三有”，即有场地、有人员、有制度，并逐步开展各项人才业务，如常平、虎门、长安、桥头等镇人才服务站，已全面开展了全镇范围的人才调研，建立镇人才库，为各类人才办理入户、档案挂靠、人事代理等业务，办理职称评审的前置手续审核。人才服务站的建立和逐步完善，将有利于把人事人才工作领域由国有经济延伸到非国有的外资、民营单位，为他们办理人才引进、档案管理、职称评审、入户、子女入读、出国境等手续，提供贴身的、一站式的人才服务。

人才市场建设 严格把好人才市场的报批关，使全市的人才市场得到合理布局，科学发展，各人才市场在人才资源配置中的基础性作用得到充分发挥。2005年全市共有人才市场13家，新增2家，新设立人才咨询服务点5个。为促进中介组织的依法经营，市人才服务中心加强对人才市场中介行为和安全经营的监管力度，除对人才市场日常的经营活动进行指导、协调、监督管理外，着重加强对大型专场招聘活动的管理，根据各人才市场的申报，协调制定全市大型招聘会的计划安排，并对招聘会实行全程跟踪，实行人流控制和安全责任人制度，使招聘活动按计划执行、有序开展。严格打击各种违法行为，维护市场秩序，增强法治意识，营造诚信环境。全年共处理群众对人才市场违规经营行为的投诉4起，并进行了严肃查处，维护了我市人才市场的信誉，保障了求职者的合法权益。

人才招聘会 及时把握人才市场发展的现状和规律，消除人才流动中的城乡、区域、部门、行业、身份等限制，积极推动人才和用人单位两个主体进入市场，2005年，全市各人才市场成功举办人才招聘会650多场次（其中本市生源毕业生就业专场招聘会5场），参加招聘单位96575个次；入场应聘1072058人次，应聘成功450316人，其中市内流动人才275339人，引进市外人才111727人（按学历分：硕士研究生323人，本科生31235人，大专生39918人，中专生40251人；按职称分：高级职称2623人，中级职称21552人，初级职称37918人，未评职称49634人）。

人事代理 做好人事代理服务工作，全年办理人事代理3562人，其中单位委托代理2989人，个人委托代理573人。至2005年底，累计人事代理总数11443人，其中单位委托代理9876人，个人委托代理1567人，代理单位550个。做好企事业单位和市转制企业人事档案接收工作，全年共接收擅自离职、事业单位辞职（辞退）、企业转制等人员人事档案1108份。做好集体户籍人口管理工作，全年共办理集体户入户2325人，办理集体户迁出228人，死亡注销3人。现集体户籍人口总计6760人。共办理特聘人才工作证204人，按学历分，博士研究生51人，硕士研究生29人，本科生100人，大专生23人，中专生1人；按职称分，高级职称115人，中级职称55人，初级职称9人，未评职称25人。

【军队转业干部安置和服务工作】2005年，东莞市人事局严格按照妥善安置、合理使用、人尽其才、各得其所的原则，千方百计地把军队转业干部接收好、安置好、培训好、使用好、管理好。

军转干部接收安置 2005年，省军转办移交东莞接收军转干部229名。经审查，其中符合接收安置的军转干部227名（另外2名因其配偶购房入户故不符合接收条件）。市人事局根据中央和省的军转安置政策，以及2005年东莞的安置原则和工作思路，对这227名军转干部进行安置，其中安排到市属行政单位的161名（其中公安系统110名），市属事业单位12名，镇属事业单位24名，省属行政事业单位22名，省属企业单位2名；其中双向选择的158人，指令性分配的63人，自主择业的6人。

企业军转干部维稳 2005年1月，市人事局下发了《东莞市企业军转干部生活困难补助申请表》到各市属资产经营公司，由军转干部本人申请补助，所在企业和资产经营公司审查。根据申请，及时为生活困难的企业军转干部发放补助金，合计全年共为62名军转干部发放补助金55.98万元。

企业军转干部数据库 根据全省企业军转干部问题工作骨干培训班暨数据库建设工作会议精神，为及时完成东莞企业军转干部的信息采集、数据汇总与数据上报工作，市人事局在企业军转干部数据库建设领导小组的领导下，严格把关，督促落实信息采集工作，做好信息跟踪和数据汇总工作，确保了全市企业军转干部数据库建库工作按时、按质地完成。根据统计，全市现有市属企业军转干部357人，镇属企业军转干部29人，中央及省属企业军转干部242人，合计628人。（黎燕嫦）

附：2005年东莞市人事局领导名录

局　长：朱榜明

副局长：谢卓和（4月离任）　叶松柏

黄少文（8月兼任）

莫达兴（8月到任）

机编办主任：谢卓和（4月离任）

朱榜明（7月到任）

机编办副主任：李照光

纪检组组长：黄慧红（3月到任）

人才中心主任：方贺仔

人才中心副主任：陈柏林

事业单位登记管理局局长：刘丽芬

# 外事·侨务工作

【因公出国（境）管理服务】2005年，东莞市外事侨务局积极支持和帮助东莞市民营企业到港澳发展。据统计，全年共为民营企业办理往返港澳通行证4699人次。根据东莞市对外交往与港澳特区交往的实际情况和工作要求，市外事侨务局严格出国（境）审批手续，调整有关行政审批项目的管理办法。根据省纪委转发中央纪委等八部委《关于进一步加强党员干部出国（境）管理的通知》精神，市外事侨务局专门印发《关于贯彻省府办公厅进一步做好因公出国赴港澳审批管理工作的报告》，进一步规范了通行证和因公出国护照的管理工作，并会同市纪委、市委组织部等部门对党员干部出国（境）管理工作进行了专项检查，对机关单位和各镇区的因公赴港澳通行证及因公出国护照进行一次全面的清理和登记，并做好各单位因公出国（境）审批领导签名备案工作，坚决贯彻执行一人一证件制度，不交旧证件不发新证。在便民服务方面，市外事侨务局于2005年2月20日开始试行邮寄办证。通过邮政局寄送，缩短了办理证件时间，提高了工作效率，并减少了送办材料的人力资源与交通费用，节省了工作成本。全年共办理因公出国（境）团组3094批，10652人次（含民营企业4699人次）；办理来华外国人入境签证申请1030人次，受理外国学生来华读书申请32人。

【外事接待工作】2005年，市外事侨务局接待外国访问团在地域上及社会结构层次上都具有广泛性和代表性。在地域上，访问团来自欧美、南美、亚洲、非洲、大洋洲、南太平洋地区等世界各地；在社会结构层次上，外宾中有来自国家、省、市级政府官员，议会、党派及企业界等社会各界人士。国际著名的非营利机构科爱赛国际学校集团就主动表示该校有意在莞成立分校；澳门德国商会前来考察，计划建麻油澳门工业园；智利伊基克市市长亲自率团，邀请东莞市参加南美洲首届中国商品博览会，市长刘志庚亲自会见了代表团。9月25日，香港特别行政区行政长官曾荫权、立法会主席范徐丽泰率香港特区立法会议员珠三角访问团一行100多人来莞访问，香港前律政司长梁爱诗评价东莞为“一个丰富的城市，具有良好的发展前景”。11月22日，世界500强企业UPS亚太区总裁肯·托罗一行4人访问东莞。通过参观考察，肯·托罗对东莞产生了浓厚的投资兴趣。随着CEPA的签署、粤港澳间合作不断加强，香港、澳门特区政府及民间团体来莞访问频繁，如香港民建联、香港自由党、香港工业总会、澳门经济财政司、港澳小学生代表团等。2005年，市外事侨务局共接待国内外各类宾客共236批7450人次，其中港澳36批3895人次；内宾93批2052人次，包括中央、省市以及中国驻外使领馆及外交机构宾客；外宾107批1603人次，其中外国驻华使领事团46批414人次，外国团组36批1125人次。

【外国媒体来莞采访】2005年来东莞采访的外国及港澳记者团体15批64人次。有美国《亚洲华尔街日报》、美国CNN驻京记者站、美国《商业周刊》、加拿大《国家邮报》、日本NHK、韩国放映公司KBS、意大利FBC等。2005年外国媒体关注的热点问题是：东莞市经济发展、城市建设、民工短缺、用水用电、劳工待遇等。除了热点问题外，外国媒体还对东莞的善举趣闻等问题产生了兴趣，韩国放映公司KBS专程采访拍摄三星影像公司为东莞白内障老人捐赠活动，俄罗斯国家电视一台采访拍摄东莞健康老寿星范玉庭生活及其养生之道。从来访外国新闻媒体采访内容来看，有一半是针对春节过后广东省普遍面临民工荒的问题而来，对此，市外事侨务局积极慎重地做好外国记者的接待工作，引导他们进行正面的采访报道。

【友城和友协工作】2005年，东莞市对外友好协会参加第八届全国地方友协工作交流会后，制定了“3321”总体战略，即三个服务：“服务于国家总体外交、服务于东莞经济建设和社会发展、服务于东莞日益增长的国际交往需求”，坚持三大工作目标：“优化对外交往格局、开拓对外交往渠道、营造良好对外开放环境”，重点实施两大战略：“大友协战略、友城拓展战略”，不断开拓一个新的领域：“城市形象推介工作领域”。2005年12月27日召开了全市友协企业（公司）理事座谈会，对如何开展好新形势下的对外交流活动、开展“走出去”和“请进来”、拓展海内外合作领域等问题进行了探讨，各位理事通过积极讨论，对议题和友协的工作提出了有一定建设性的意见。2005年，市领导先后多次率考察团赴南非、希腊等国，东莞与南非首都茨瓦内市、希腊萨洛尼卡市先后达成了缔结友好城市意向书；3月6—11日希腊萨洛尼卡省省长帕那佐提斯·森马迪斯率团来莞访问，并与东莞华南MALL等企业达成合作项目。萨洛尼卡省省长返回希腊的之后，市人大常委会就批准东莞市与希腊萨洛尼卡市和南非茨瓦内市缔结友好城市。全国友协已正式批准东莞市与希腊萨洛尼卡市缔结友好城市。

【贯彻全国、全省侨务工作会议精神】2005年5月20日，东莞市召开侨务工作会议，传达全国和全省侨务工作会议精神，总结5年来的侨务工作情况，表彰全国、全省侨务工作先进单位和先进个人，市外事侨务局侨务科、虎门镇侨务办公室和市外事侨务局陈国良等分别被评为全国侨办系统“先进集体”、“先进个人”和“广东省侨务工作先进集体”。市外事侨务局还针对全市近年来镇（区）侨务干部轮换快，素质参差不齐的情况，组织了市19个重点侨乡共21名侨务干部参加了省侨办、省侨联开办的“全省侨务干部培训班”。

【国内、国外侨务工作】*在开展国内侨务工作方面：*一是宣传贯彻“侨法”。2005年，东莞市各级侨务部门通过召开各级侨务工作会议、举办侨务干部培训班，利用各种媒体，多形式、多渠道开展对《中华人民共和国归侨侨眷权益保护法实施办法》、《广东省拆迁城镇华侨房屋规定》、《广东省华侨捐赠公益事业项目监督管理办法》等一系列的侨务法律法规宣传活动。二是加强侨务信访工作。2005年共收到海外侨胞、港澳同胞及归侨侨眷的信访案件55宗，其中受理来信33宗，来访20宗，来电2宗。已办结54宗，办结率达98%。三是关心归侨侨眷生活。2005年，东莞市各级侨务部门以“三个代表”重要思想为指导，主动关心归侨侨眷生活，帮助他们解决在生活、工作中存在的困难，常平、虎门、大岭山、高埗、樟木头、石龙等镇（区）利用中秋节、春节，对当地的贫困归侨侨眷开展慰问活动。同时，想方设法把一些无亲无故的孤寡老人送到镇办敬老院，让他们安度晚年。四是推进侨力资源互动。2005年4月12日至16日，香港东莞工商总会一行15人在市外事侨务局的陪同下，经考察后决定捐赠30万元资助凤田小学新综合楼的建设；2005年8月市外事侨务局、虎门镇社会事务办陪同旅港乡亲张淑蓉一行前往韶关市曲江区大塘中心小学考察。经过考察，张女士捐助30万元，成立“曲江区大塘中心小学张淑蓉女士奖学金”。五是开展侨资企业调查。市外事侨务局根据国务院侨办和省侨办的有关部署和要求，于2005年8月展开了侨资企业调查工作。由于工作认真细致，据省侨办反馈的情况得知，东莞市这次侨资企业的调查工作受到了国务院侨办的表扬。六是加强对外宣传。2005年，市外事侨务局为配合市委对外宣传工作，主动邀请《广州日报》、《南方日报》、《羊城晚报》、中国新闻社等媒体前来采访报道，扩大了侨务宣传的影响力。在第三届世界广东同乡联谊大会在港召开的当天，利用香港《大公报》向广大与会乡亲宣传了东莞的经济、文化等方面的情况。

*国外侨务工作方面：*2005年东莞市组织赴新加坡参加第六届世界东安恳亲大会和出席了第三届世界广东同乡联谊大会。9月下旬，市侨务访问团赴澳大利亚、斐济、新西兰3个国家开展为期10天的联谊活动。访问期间，访问团出席了由东莞市政府和中山市政府各捐资15万元共同兴建的斐济逸仙学校牌楼的落成典礼活动，受到了中国驻斐济使领馆以及东莞、中山两地旅斐济乡亲的热烈欢迎。据统计，2005年市外事侨务局引荐了“全球华文媒体采风团”、“海外华裔中青年杰出人士华夏行访问团”、“香港工商界人士考察团”等10多批共500多人前往松山湖科技产业园进行参观考察。巴拿马中华总会副会长黄伟文来莞商贸考察，与厚街2家木材贸易商行达成合作意向，并愿意在厚街投资经营木材加工厂。2005年共邀请接待了20多批

1000多人次的企业家、工商社团来莞参观考察。

【华文教育】 2005年，东莞市外事侨务局共举办两期华裔青少年夏（冬）令营活动，人数共40人。8月举办了加拿大温哥华华裔青少年夏令营活动；12月举办了新西兰、斐济华裔青少年冬令营活动。10月，市外事侨务局在全市范围内开展了华文教育工作的调研活动。至2005年底，在莞就读的华侨华人子女、港澳台同胞的子女人数有1062人。

【海外社团】 东莞人的海外社团以地缘性组织（即同乡会）居多，截至2005年，已知的海外社团组织约有60个，其中港澳台社团32个，海外社团占28个。在28个海外社团当中，其中马来西亚14个，新加坡1个，英国1个，美国4个，加拿大3个，斐济1个，苏里南1个，大溪地1个，澳大利亚1个，新西兰1个。这些会馆大多成为了乡亲在外联络的主要站点，成为敦睦乡谊，联系乡情，扶危济困，发扬华人精神的团体。2005年11月21日，经东莞市委常委、副市长联席会议讨论，作出了“要走出侨务工作的新路子，建立与海外东莞同乡会的联系制度，对资金充裕的加强联系，资金不足的由市财政拿出计划予以适当支持”的决定。同时，也决定在2006年度财政预算中可增加150万元，专项用于支持运作较困难的同乡会。

【保持共产党员先进性教育活动】 2005年，东莞市外事侨务局作为第一批先进性教育活动的单位之一，根据上级部署和要求，迅速成立了市外事侨务局先进性教育活动领导小组和办公室。在学习动员阶段，着重完成好“四会一课”的“规定”动作。做到高标准、严要求，对照《党章》和“三个代表”重要思想，结合本单位实际，制定了保持共产党员先进性的六条标准：树立社会主义观念，做自觉实践“三个代表”重要思想的模范；树立群众观念，做全心全意为群众服务的模范；树立争先创优观念，做奋发拼搏、开拓创新、创一流业绩的模范；树立终身学习观念，做不断提高素质、增强服务本领的模范；树立法纪观念，做依法行政、清正廉洁的模范。开展主题实践活动中认真做好“自选”动作，积极开展“十百千万”干部下基层驻农村和“一把手”进驻挂钩乡镇活动，局先进性教育活动领导小组成员赴企石镇旧围村展开调查研究活动共4次，并提出“请进来”、“走出去”4项帮扶建议和措施。在分析评议阶段，共发放征求意见表170多份，组织党员召开各类座谈会15次，个别访谈200多人次，征求意见与建议共有103条。全局广大党员干部按照“自己找，广征求；本人查，深剖析；个人挖，相互提；大家评，组织审”的方法和步骤，做到“问题找的不准不全不放过，原因分析的不深不透不放过，措施制定的不实不细不放过”。通过参加学习讨论，同志们提高了对党的认识。有3位同志向党组织递交了入党申请书。　（苏庆华）

附：2005年东莞市外事侨务局领导名录

局　长：卢治邦

副局长：谭何女

　　　　谢玉华（8月到任）

## 侨联工作

【组织建设】 2005年，按照中央、省、市委的统一部署，东莞市各级侨联认真开展保持共产党员先进性教育活动，狠抓侨联组织建设。一是加强理论学习。2005年，市各级侨联深入学习贯彻中共十六届四中、五中全会和广东省委九届七次全会精神以及中共东莞市委十一届三次全会精神；认真学习贯彻胡锦涛关于侨务工作的重要讲话、中国侨联七届二次全会、广东省侨联八届二次常委会的精神。二是组织开展各种业务学习培训班。一年来，各级侨联采取多种形式和途径，组织各种有关宣传侨务法规的学习班和培训班共40多期，参训干部达1600多人次。市侨联于2005年8月25日在厚街镇举办了全市基层侨联干部培训班，参加培训的侨联干部达640多人，培训班还邀请了中国侨联副主席李本钧作了题为《加强和改进新时期侨联群众工作》的报告和广东省外办副主任于敏向大家分析了当前国际形势以及中日关系问题；另外，市侨联还在7月份组织了全市各镇区侨联干部前往内蒙古考察侨情。三是加强侨联基层组织建设。2005年，东莞市各级侨联积极响应中国侨联“组织起来，活跃起来”的号召和贯彻落实广东省委关于实现“五有”（有组织、有队伍、有经费、有阵地、有活动）的要求，全市各镇区侨联抓住各村（居）委会换届的时机，进一步健全和完善了各村、居、街道办侨联基层组织建设，实现了基层组织网络全覆盖。

【为经济建设服务】 2005年，在引资方面，市各级侨联直接或间接引进投资项目160宗，引进资金超过3.2亿元；接受侨界捐赠的公益事业款项6000多万港元。2005年，市侨联积极响应由中国侨联倡导的“侨心工程”活动，发动广大爱国爱乡华侨华人、港澳台同胞积极参与活动。一年来，经全市各级侨联搭桥牵线捐建的侨心学校共10所；组织资助教科项目27个；资助贫困学生954人。其中：7月份，市侨联成功促成了香港同胞为内蒙古鄂尔多斯达拉特旗稽亥图乡捐建“侨心小学”的爱心工程。

【为华侨服务】 2005年，市侨联先后开展了关于为回流华侨华人解决实际困难专题调研活动、关于摸查新老侨胞及统计侨联信访情况的调研活动以及各种扶贫调研活动等20多次，并分别向有关部门报送了《建立族谱网络信息库，凝聚海外华侨心》、《推行领导干部职务消费货币化改革是从源头上预防和解决腐败问题的一项重要举措》、《打好侨牌，构建和谐东莞》及《关于在两新组织中建立侨联组织的情况调查》等多篇调研论文和工作信息超过20多篇。市侨联通过做好来信来访工作，切实为侨办实事办好事，2005年，全市各级侨联受理信访案件306件，办结290宗，办结率达95%。市侨联继续参加市扶贫办开展的“千干扶千户”活动，到大朗镇宝陂村进行“一帮一”的扶助困难户工作，开展上门慰问归侨困难户等活动；2005年春节期间，前往清溪镇等6个镇区，慰问27位归侨侨眷困难户；9月12日，在高埗镇召开市水乡片归侨侨眷和港澳属代表中秋座谈会。

【参政议政】 2005年，市各级侨联积极参政议政，充分发挥侨界人大代表和政协委员参政议政、民主监督职能作用，利用人大、政协渠道，依法解决侨界关心的热点、难点问题，做好提案、议案工作。市侨联利用市政协会议和市长会见政协委员座谈会的机会，把“关于加大力度发展成人继续教育，努力提高劳动者综合素质的建议”、“提高东莞人素质，倡导社会文明”、“关于搞好东莞治安综合治理的几点意见”和“打好侨牌，努力构建和谐东莞”等提案上报市政府和市政协。

【宣传联络工作】 2005年，为响应中国侨联关于开展“文化交流年”活动的决定，市各级侨联在拓展海内外联谊活动中，开展了以弘扬中华优秀文化为主线的一系列丰富多彩的文化活动，其中，1月26日，市侨联参加了由中国国际广播电台在东莞制作一个主题为“侨乡今日情谊浓”春节特别节目的录制工作，向海外侨胞拜年问好，以宣传侨乡，加深与海外侨胞的情谊，促进侨乡的社会与经济的发展，展示美丽东莞新形象，节目在2月8日（大年三十）晚，向全球华侨华人、港澳台同胞广播。2005年，市各级侨联接待上级、兄弟省、市侨联领导和港澳乡亲、海外侨胞共1万多人次；市侨联积极参与海外同乡会、宗亲会、华侨社团举办的活动和香港东莞社团举办的各项春茗活动，组团出访人数达1000多人次。其中，2005年11月，市侨联联合市委统战部、市外事侨务局共同组织全市各级统侨干部、港澳台莞籍社团的334名代表，赴新加坡参加第六届恳亲大会暨新加坡东安会馆成立130周年庆典活动，后赴马来西亚和泰国分别拜访了泰国中华总商会和马来西亚吉隆坡雪隆东安会馆等当地的爱国华人社团，既宣传了东莞改革开放的成就和发展前景，又加强了与海外莞籍乡亲的联谊，凝聚了侨心，广泛地团结和争取了爱国爱乡力量。（潘伟强）

**附：2005年东莞市侨联领导名录**

主　席：蒋小莺
副主席：祁树基　梁佳沂（兼）
　　　　王惠棋（兼）
秘书长：祁树基（兼）

## 接待工作

【概况】 2005年，东莞市接待处本着“以人为本、热情大方、周到细致、勤俭节约”的工作原则，安排接待的内宾、港、澳、台、侨团体共422批23886人次,其中中央领导27批，省（部）级领导169批，部队领导50批，港澳台重要客人10批，地、县级226批，副省部级领导379人。

中央领导接待：2005年来莞视察的中央领导规格高，批次多。中共中央政治局常委、国务院总理温家宝，中共中央政治局常委、全国政协主席贾庆林，中共中央政治局常委、中纪委书记吴官正及中央政治局常委李长春分别来莞视察、指导工作。中央政治局委员、广东省委书记张德江4次来莞。今年来莞的还有原中央政治局常委全国政协主席李瑞环，原中央政治局常委、纪委书记尉建行，全国人大副委员长李铁映、蒋正华、韩启德，中共中央政治局委员、中组部部长贺国强，全国政协副主席郝建秀、廖晖、张思卿，原中央军委副主席、国防部部长迟浩田，原全国人大副委员长李锡铭，原全国政协副主席赵南起、杨汝岱、叶选平、王文元，原解放军政治部主任于永波等。

港澳台接待：2005年高规格的港澳台代表团批次人数增多。香港特别行政区行政长官曾荫权率立法会议员一行147人、国民党副主席江丙坤一行分别来莞参观。

【接待规范化】 2005年，按照市委、市政府提出的新要求，市接待处结合接待工作中出现的实际情况，分别在接待处工作规范、接待处职能、接待方案审批制度、接待处档案综合管理办法等方面进一步完善接待制度建设。制定了接待工作制度汇编，使接待工作和程序更规范、更科学。在接待工作中编制《接待手册》，让客人清晰了解在莞行程安排、住房安排、东莞概况等情况，给客人带来极大便利，得到了上级领导和各地宾客的一致好评。

【支部建设】 以保持共产党员先进性教育为契机，抓好支部建设。在2005年开展的先进性教育活动中，市接待处提炼出“在接待工作中保持共产党员先进性”的具体要求：人人争先，不甘落后；斗志昂扬，积极向上；任劳任怨，默默奉献；周到细致、热情大方；无微不至，勤俭节约。在“十百千万”干部下基层活动中，选派钟海波到中堂镇袁家涌村挂职任村支部副书记。市接待处班子领导多次深入袁家涌村了解情况，协助村委会提高农村基层党建工作。年底，袁家涌村实现脱贫，钟海波被评为“优秀驻村干部”。（罗焕平）

**附：2005年东莞市接待处领导名录**

处　长：任新合
副处长：刘庆佐　张庆祥　尹志雄

## 机关事务管理

【管理工作】 2005年，东莞市机关事务管理局加强管理工作。一是拓展管理职能，顺利完成了对市机关幼儿园和市政府采购中心的接管工作，进一步扩充了管理职能，拓宽了服务范围。二是创新饭堂管理模式。把饭堂管理作为民心工程和形象工程来抓，切实转变管理观念和管理模式。从2005年3月开始，将行政办事中心饭堂由原南北海港承包经营改为自主经营，严把饭堂采购关、卫生关、质量关和服务关，丰富了用餐品种，提高了膳食质量。三是完善财务和固定资产管理。建立健全会计账务，确保资金安全；定期开展财务总结分析，切实加强财务监管；积极配合市资产清理核查小组开展固定资产清理工作，进一步优化资源配置，规范经营管理；积极配合市审计局对机关事务管理局有关工作的审计，并根据审计意见认真落实整改措施。四是积极推进公房改革。根据市政府清理公有住房的有关文件精神，联合市财政局、市房管局，克服重重困难，顺利完成200多套公房的调查、统计和回收工作。

【服务工作】 2005年，市机关事务管理局加强服务工作。一是营造一流的办公环境。年内协调各镇区完成会议大厦挂墙饰画63幅，邀请著名画家为各类会议室绘制作品20多件，提升了行政办事中心和会议大厦的文化品味；全年在行政办事中心和会议大厦内外摆设花草3000多盆，绿化、美化了机关办公环境；完成了市委礼堂天花板、木地板和行政办事中心领导办公室地板翻新工程，更换了市委礼堂部分陈旧设备；对市委大院武警生活区、公共洗手间进行彻底整治，消除了卫生死角。二是创造舒适的生活环境。加强机关住宅小区配套设施建设，完成了幼儿园、管理楼、游泳池、会所等工程，完成了小区地面车位划分、交通标识施工等工作。在机关住宅小区引进商场、餐厅、茶艺馆、药房、银行等，打造多功能生活区，提供完备的生活服务；大力整治小区环境，解决了机关住宅小区周边噪音、交通安全等问题，加强了宿舍区的绿化管理工作。三是出实招、办实事、办好事，解决了一批热点、重点、难点问题。如：积极向财政申请解决机关住宅小区房产证办证经费，组织专人加紧办理房产证；加班加点完成机关住宅小区住户的契税缴交工作，为广大能享受旧的契税政策优惠的业主节省了一大笔的办证费用。加强红山等5个宿舍区的公共设施维护、保养；将改造红山宿舍区水质工程，改善住户生活用水质量，以及加强红山宿舍的车辆管理、治安防范摆上议事日程，部分工作已进入施工阶段；认真研究规划增建停车场，协调市有关部门尽快落实方案，切实解决行政办事中心停车难的问题；四是机关后勤服务社会化程度进一步提高。如通过向社会招标的形式，引进专业的物业管理公司，对机关住宅小区进行市场化管理；同时，广开渠道，为机关住宅小区引进银行、药店、自选商场、餐厅等商家，既方便了广大住户，又推动了机关后勤服务职能的社会化和市场化。

【保障工作】 2005年，市机关事务管理局进一步加强保障工作。一是加强了市委大院和行政办事中心的安全保卫工作，进一步增强安全意识，健全安全机制，充实安全队伍，积极预防和妥善处置群体性事件，全面提高了安全防范和安全保障能力。全年共协同有关部门妥善处置群众上访1700批次、1万多人次，有效保障了市委大院和行政办事中心的办公安全。二是加强了会务保障。及时做好会场的管理、布置和会前准备工作，全年共提供优质高效的会议服务4000多次，其中会议大厦主会场使用了40多次、大中型会议室使用了380多次，确保了各级各类会议的顺利召开。三是加强了公务用车保障。为与全市车改工作顺利衔接，管理局对车队进行了配套改革，组建了有偿服务组（B组），进一步规范公车配置、保障出车安全、提高服务能力。全年车队A组共派车1400多台次、行驶110多万公里；B组共派车4200多台次，行驶90多万公里，租车服务单位达140多个，代财政增加了收入。车队的维修服务中心既为车队的用车安全提供有效的保障，也节省的维修费用的开支，同时也为广大机关干部的车辆维修、清洗提供方便。四是充分发挥财政代管职能，切实加强代管单位的行政经费保障和干部职工的生活保障。2005年，共办理现金和转账业务2000多单，办理直接支付66单；同时做好代管单位干部职工年终奖、季度奖发放以及住房租金、水电费代收工作等等。

市机关事务管理局工会由于工作出色，被市总工会评为2005年度工会工作先进单位。（王惠娴）

**附：2005年东莞市机关事务管理局领导名录**

局　长：翟耀东（8月到任）
副局长：黄伟青　黄少峰（7月离任）
　　　　卢福华（10月到任）

## 经协工作

【概况】 2005年，市政府经协办接待内地党政经贸代表团及扶贫考察团114批1819人次；审核并上报市政府批准设立了9个各地政府驻莞办事机构。被省政府评为“广东省民族团结进步模范集体”，市委、市政府评为“2005年度扶贫工作先进单位”，市委办、市府办评为“2005年度全市档案工作先进单位”，市委政研室评为“东莞市2005年度调研工作先进单位”，莞城街道办事处评为“2005年度东莞市莞城人口和计划生育工作先进单位”，档案综合管理达到省一级标准。

【组织考察调研】 2005年2月28日—3月4日，为学习国内城市从政府角度做好区域合作交流的经验，由市政府副秘书长陈林佐带队，市府经协办与市委政研室、市工商联、市数码协会等部门组成学习调研组，专程赴上海、杭州、武汉三地开展学习调研。6月21—24日，针对当前镇街属地管理及驻莞办事机构运作中存在的一些问题，市政府经协办会同市公安局、市计生局、市劳动局，深入到莞城等7个镇街进行调研，并向市委市政府提交调研报告，引起了市政府的重视。市长刘志庚主持的第22次市长办公会议对此专门进行了研究，要求全市要高度重视各地政府驻莞办事机构的管理工作，以互助互利为出发点，充分发挥其在东莞市推进经济建设和维护社会稳定中的积极作用，并以市政府办公室的名义下发《关于进一步发挥外地政府驻莞办事机构作用的通知》，明确了各镇街、各相关部门和各地政府驻莞办事机构的职责。4月5—7日，针对《关于做好我市与韶关市乳源县新丰县及广西河池市对口帮扶工作的意见》将于2005年到期，市政府经协办专门赴广州市、深圳市和珠海市进行调研，通过与穗深珠在资金投入、措施等方面的对比分析，提出了保持现有帮扶力度，继续保证援助帮扶资金等建议，受到市委市政府的重视，并提交到市联席会议讨论，使东莞市今后对外帮扶工作的做法得到明确。7月20—25日和10月21—27日，市政府经协办分别随同由市政府副秘书长陈林佐、市政协副主席黎承枝带队，市委办、市府办、市委组织部、市财政局等部门组成的代表团，两次赴西藏林芝考察调研，提出了援助项目既体现东莞支援效果，又让当地农牧民受惠；引进市场机制，促进经贸合作，实现双赢等建议，被市委市政府采纳，并以文件形式加以明确。6月16—17日，针对驻莞办事机构流动党员提出纳入当地管理的要求，市政府经协办专门赴广州协作办、驻深工委，对如何加强流动党员管理进行调研。

【加强协调服务】 2005年，市政府经协办为驻莞办事机构编内人员办理《工作居住证》41个，继续帮助驻莞机构协调好与当地政府、部门的关系，解决实际困难，维护权益。先后组织保持共产党员先进性教育活动、巡查、中秋联谊等一系列活动来加强沟通，增强驻莞机构人员的凝聚力。积极协调湖南省政府驻莞办事处和宁远县政府驻莞联络处，分别协助莞城和东城的公安分局，妥善解决两起涉及湖南籍人员较大规模的群体性事件，受到东莞市有关镇街和部门的好评。

【召开驻莞办事机构总结会议】 2005年12月15日，市政府经协办在行政办事中心召开各地政府驻莞办事机构总结会议。各地政府驻莞办事机构在编人员及全市有关部门、各镇区分管领导共120人参加会议。会议对工作突出的湖南省驻东莞办事处、湖南省宁远县人民政府驻东莞联络处、广东省兴宁市人民政府驻东莞联络处、河南省周口市人民政府驻东莞办事处、重庆市开县人民政府驻东莞办事处、贵州省天柱县人民政府驻东莞联络处、广西壮族自治区河池市人民政府驻东莞办事处、广西壮族自治区上思县人民政府驻东莞联络处等8个先进办事机构进行表彰。市政府副市长李小梅到会并作了讲话，介绍了东莞市2005年的经济和社会的发展情况，并对各地政府驻莞办事机构多年来对东莞市的大力支持表示感谢，希望东莞市与各地政府驻莞办事机构加强沟通，促进彼此共同发展，同时希望各地政府驻莞办事机构多了解东莞，并协助做好东莞的社会治安综合治理工作，保持社会稳定。

【促进大京九协作】 2005年9月23—25日，市政府经协办派员赴河南商丘市参加大京九经济协作带联络处主任会议，在会议上为第五届大京九农副产品食品（常平）交易会的招商工作做宣传；10月25—26日，刘学聪主任随市政府副秘书长陈林佐赴河南省商丘市参加大京九经济协作带第八届市长联席会议，会议上市政府经协办代表东莞市提交了第七届市长联席会议以来的经济协作工作总结，就如何加强京九沿线城市合作提出了建议；11月6—8日，第五届大京九农副产品食品（常平）交易会隆重举行，总成交额达15亿元，市政府经协办会同常平镇积极做好来自15个大京九成员城市的党政经贸团的接待工作。

【协助举办洽谈会】2005年，市政府经协办积极协助杭州市、湖南郴州、娄底、河南周口、新乡、河北保定、广西北海、内蒙古乌海、广东兴宁9个市在莞成功举办较大规模经贸洽谈、推介会，共协调组织近1000家企业、2000多人参加。特别是3月18日，针对杭州软件业发展迅速、东莞市IT硬件完善的特点，主动配合东莞市的产业升级，首次与杭州市经合办合作组织IT企业对接，举办了“东莞—杭州经济合作洽谈会”。杭州市所辖县区及其20多家知名软件企业、东莞市东部工业园所属镇区、松山湖产业园区、市旅游局、市工商联、市数码协会有关领导及100多名企业家参加了洽谈会。洽谈会上演示介绍了松山湖高新技术产业园和东部工业园两大园区的投资环境；7月7日，友好城市广西北海在东莞举行投资环境暨合作项目推介会，市政府经协办与市民营办、市外经贸局、市经贸局、市旅游局、市台湾事务局、市工商联积极配合，组织了东莞200多名企业家参加，东莞市政府副市长梁国英出席推介会并作了讲话，此次推介会共签约36个项目，投资总额43亿元，这些项目涉及电子、旅游、房地产等多个领域，其中东莞的项目8个；11月22日，兴宁市政府在东莞举办兴宁市（东莞）投资推介暨经贸洽谈会，市政府经协办积极配合，组织了东莞市政府部门领导和企业家100多人参加，东莞市政府市长刘志庚出席了会议，副市长李小梅到会并作了讲话，此次投资推介会共签约12个项目，签约投资额达6亿元。

【经济合作与交流】2005年6月5—12日，市政府经协办随广东省、东莞市党政、经贸代表团分别赴海南、贵州、云南三省考察学习；6月28日，随同市委副书记刘树基到友好城市广西北海市进行访问，双方市领导的互访进一步增进了两地友谊；10月18—21日，随市人大副主任傅照辉赴广西南宁参加第二届东盟博览会。另外，还积极贯彻落实广东省委、省政府关于山区及东西两翼与珠三角联手推进产业转移意见的精神，7月10日促成东莞市石碣经贸考察团赴粤东山区兴宁市考察，寻求双方合作的途径。

【对口帮扶广西河池市】2005年，东莞市全面落实全国扶贫开发工作会议精神，突出帮扶重点，取得新进展，其中财政帮扶资金重点实施“整村推进”，改善基础设施条件；镇街、企业组织援建希望学校、捐资助学，促进教育事业发展；相关部门大力开展经贸、旅游、劳务、支教和社会捐助等进行全方位的帮扶。据不完全统计，2005年东莞市无偿捐赠河池市的资金和物资3050万元，其中东莞市财政无偿援助584万元；援建希望学校16所，资金470万元；资助困难学生1964人；有组织接收劳动力1.8万人；两地党政部门互访81批471人次；促成经贸合作项目4个，协议投资2.45亿元，其中有2家东莞企业落户河池·东莞工业园区，经贸帮扶迈出了新步伐。

【省内帮扶】2005年东莞市积极落实省委省政府关于扶持山区经济发展的有关精神，从财政资金支持、劳务输出、支教、捐资助学、经贸产业化发展等各方面对口支持韶关市的乳源、新丰两县，取得明显的成效。援助韶关市、乳源和新丰三县资金和物资折价共2251万元，超额完成省下达任务的一倍，其中援建希望学校10所，资金320万元；捐助新丰县“6·18”特大洪灾救灾款100万元；有组织接收劳动力1.21万人。

【援疆援藏】2005年，东莞市援助西藏林芝县资金和物资1025万元，其中财政援助资金925万元；援助新疆哈密75万元。

【支援三峡库区】2005年，东莞市认真贯彻党中央、国务院和省委、省政府关于支援三峡库区经济社会发展规划的部署，积极开展互访交流，加强经贸合作。9月23—26日，东莞市派出由市府经协办刘学聪主任带队，有市旅游局、市教育局等单位和民营企业家组成的代表团，参加重庆巫山县举行的“第二届森林旅游节”和重庆万州市举行的“2005三峡库区（重庆）对口支援暨经贸洽谈会”，考察了一批旅游和经贸项目。截至年底，东莞美利登时装（香港）有限公司、东莞杰艺玩具制品有限公司分别在库区投资服装制造、玩具加工等行业，共投资1250万元。

【保持共产党员先进性教育活动】按照上级安排，上半年扎实开展保持共产党员先进性教育活动。在市第二督导组及市府办直属机关党委的具体指导下，市政府经协办支部领导带头，精心组织，圆满完成各项任务。有三个特点：一是创新了形式。将部分各地政府驻总办事机构的15名流动党员纳入市政府经协办支部参加学习；二是领导以身作则，措施到位；三是联系工作实际，取得了实效。制定了以“三个抓好”（抓好党员队伍建设，抓好制度建设，抓好各项服务）为目标的整改方案。市政府经协办的创新做法得到了上级组织的肯定，经市府办直属机关党委的推荐，市政府经协办支部书记刘学聪被市委评为优秀基层党组织书记。

【参加“十百千万”干部下基层工程】2005年，市政府经协办选派1名干部参加“十百千万”工程驻寮步镇西溪村任村支部副书记，经协办领导6次深入西溪村和寮步镇进行调研指导工作，驻村干部除帮助做好基层组织建设等方面工作外，为西溪村招商引资2宗，总投资达1650多万元，每年创收200多万元，解决西溪村收不抵支的问题，另外，还为寮步镇引进一建材市场项目，计划总投资5000万元，首期2000万元，每年可增收200万元。市府经协办的驻村工作受到寮步镇委的高度评价。（刘金燕）

**附：2005年东莞市政府经协办领导名录**

主　任：刘学聪

副主任：陈　俊

## 无线电管理

【概况】2005年，东莞市无线电管理办公室积极开展共产党员先进性教育，进一步规范各项规章、制度，利用多种媒体加强有关移动通信基站电磁辐射的宣传，加大台站监管力度。全年共发放执照4036个，其中新办执照3572个，年审及换发、补发执照464个，办理4家厂商共17种产品的型号核准，办理各种业务文件212份。全年共完成检测任务150宗，发放电磁环境检测报告28份，GSM检测报告19份，CDMA检测报告4份，对讲机检测报告2份。处理各种无线电投诉54宗，其中处理群众投诉32宗，处理干扰投诉22宗；其中接受电话投诉1宗，群众直接或来信投诉48宗，由信访部门转办的投诉5宗，办结率达100%。

【无线电管理】 2005年，根据新的收费标准，市无线电管理办公室重新印制了新版业务手册，编印《无线电管理法律法规》和《无线电管理办事指南》，按照市政府颁布的《关于实行改进机关作风六项制度的决定》的精神，重新编制了《东莞市无线电管理办公室工作制度汇编》，使各项规章制度更加完善，工作人员有法可依，办事群众有法可循，办事流程公开化、透明化，提高了服务水平。

2005年，市无线电管理办公室成功承办全省无线电管理主任工作会议，常务副市长冷晓明、秘书长王道平到会作了重要讲话。9月，国家无线电管理局局长张胜利、副局长谢飞波在省无线电管理办公室主任曾超鹏的陪同下先后来莞视察工作，详细了解了东莞市无线电管理办公室的机构队伍建设、设施建设和政风建设等情况，认真巡视办事窗口、监测室和检测设备，询问有关办事程序等，并认真观看了市无线电管理办公室与市电视台联合录制的《法制纵横—基站辐射不足惧》节目对东莞市无线电管理的工作给予了高度评价和充分肯定。

【无线电发射设备销售市场专项整治】 2005年，市无线电管理办公室根据省政府的要求经市政府同意联合工商、质监部门联合发文在全市范围内联合开展了无线电发射设备销售市场专项整治工作。由市府办主管领导主持召集3家单位负责人召开整治工作会议，确定了几个重点地区的大型电子通信产品的交易市场作为这次检查的重点。成立了以市无线电管理办公室主任为组长、市工商和质监的副局长为成员的领导小组，下设2个检查组负责此次行动。

2月1日，工商、质监和市无线电管理办公室检查人员会同电视台拍摄人员、技术鉴定专家共25人，分成2个小组对长安、莞城、常平、樟木头等镇的多个无线电产品销售集散地及规模较大的无线电设备销售商进行了实地检查，发现了几十家、甚至上百家经营无线电发射产品的商铺。联合检查组检查了销售企业的经营资格，对未经型号核准和假冒伪劣的无线电发射设备进行了鉴别，对发现福建省核发的型号核准证也及时向省做了汇报，工商部门现场依法暂扣了设备，由质监部门追查其产品源头。3月23—24日，联合检查组再次对城区和东城区范围内的14家销售无线对讲机的店铺和公司进行了检查。在这两次联合检查行动中共查处无型号核准和假冒伪劣的对讲机816台、与之配套的充电器214个及假冒伪劣电池一批，总价值约25万元。从这次全省行动中已查获的1600台的情况来看，东莞市查处816台，占全省总量的1/2。通过对无线电发射设备销售市场的清查，达到了加强无线电发射设备管理，打击假冒伪劣产品，从源头上预防和减少无线电干扰事件发生，维护空中电波秩序，保障民航飞行安全的目的，无线电发射设备销售市场秩序明显好转，取得了很大成效。

【公众移动基站整治】 2005年6—8月，为贯彻落实国家、省无线电管理办公室关于公众移动基站设置使用管理和整改工作的有关精神，市无线电管理办公室在全市范围内开展了对GSM、WCDMA、CDMA、小灵通等各种公众移动通信基站的整改工作。对辖区内的移动通信基站进行检测，并受省的委托负责对惠州、河源两市移动通信基站基站进行抽查检测。

根据各电信运营商自查上报的情况，市无线电管理办公室于8月19—28日对东莞市、河源市、惠州市的各种移动通信基站进行部分随机抽查测试，通过测试没有发现基站的有关技术参数超过国家标准，基站的电磁辐射的数值也符合国家电磁环境辐射卫生一级标准，基站整改工作取得了阶段性的良好成果。

【电磁辐射宣传工作】 2005年，市无线电管理办公室与东莞电视台“法制纵横”栏目联合录制“基站辐射不足惧”专题节目，于8月23日晚19时40分首播并连续播放一周，该节目通过对基站和一些日常电器电磁辐射的现场比较测试，消除了群众对电磁辐射的恐惧心理，达到较好的宣传效果，得到市委市政府主管领导的肯定和表扬。该节目被东莞电视台推荐到广东省电视台播放。

此外，还在《东莞日报》刊登基站抽检的检测结果，在政务公开栏刊登中华人民共和国国家标准GB9175-88《环境电磁波卫生标准》（中华人民共和国卫生部1987-12-22批准，1989-01-01实施），向全社会通报电磁辐射的真实数据，解除群众的困惑，保护合法的通信基站，消除社会不稳定因素。

【政治思想建设】 2005年1—6月，在全市开展的保持共产党员先进性第一批教育活动中，市无线电管理办公室党支部紧密联系无线电管理工作实际，精心组织，周密安排，扎实推进，顺利地完成了三个阶段的各项任务，并取得了显著的成效。市无线电管理办公室党支部已被市委及市府办党总支定为第二批“固本强基”工程基层示范点。（李凯扬）

**附：2005年东莞市无线电管理办公室领导名录**

主　任：刘国新

## 小汽车定编

【小汽车定编业务】 2005年，东莞市小汽车定编办共受理定编单位申请932份，核发定编证1097个；核发许可证1363个；受理定编年审5801个；重新核编工作全面完成；至6月底，受理未列编单位申请2088份，核发使用证2340个。主要从两个方面着手，一是科学设置窗口职能。明确窗口分工，根据受理业务的类别，各司其职，尽力做好本分，提高办事效率；明确各级权限，结合联网审批程序的使用，规范受理审核程序，逐级核对，确保资料准确无误，提升业务办理质量。二是针对部分单位人员编制及机构设置的变化，进行再核工作。市小汽车定编办全体工作人员时刻保持对相关政策的敏锐性，本着实事求是和认真负责的态度，与时俱进，结合部分单位机构设置和人员编制变化的最新情况，在重新核编全面完成的基础上及时地再次核实系统内各单位在编人数及定编车辆数，使指标向生产、管理第一线倾斜，向特殊工作部门倾斜，保证相关部门的用车需求。

【配合“车改”相关工作】 为了进一步探索和推进公务用车改革，从源头上预防和解决腐败问题，2005年，全市行政事业单位推行公务用车制度改革，取得了明显成效。东莞市车改实行三步走的方案：第一步，从2004年10月起在全市市直机关单位铺开；第二步，2005年初，部分镇区作为试点开展车改工作；第三步，2005年9月起在所有镇区全面铺开。至年底，32个镇区车改已全面完成。期间，市小汽车定编办一直致力于协助车改工作，包括：做好核实统计，为车改提供了准确的数据资料；做好冻结拟车改单位相关业务的冻结工作，防止了国有资产的流失，保证了车改工作的有序进行；注意听取了各部门和社会各界的意见，不断研究和解决车改中出现的新问题，为车改领导小组提供有益建议，改进工作；做好车改拍卖车的过户处理工作，统计归档。

【调整小汽车定编审批事项】根据省的有关文件指示，2005年6月起，取消集体企业和未列编管理单位购买小汽车管理事项。东莞市的集体企业和未列编管理单位众多，该行政审批事项的调整牵涉范围大，影响面广，为了确保上述规定的贯彻落实，市小汽车定编办高度重视，多次召开会议，详细部署，及时、周全地做好相关工作：

一是组织全体工作人员认真学习《行政许可法》及《粤府令第87号》等各相关文件，领会精神，明确规定，统一思想。

二是按照行政审批事项的调整规定，完善相关管理制度，调整窗口分工，并以此为契机，对集体企业和未列编单位的资料进行梳理归档。

三是加大宣传力度，将相关通知通过媒体予以公示，积极主动地向办事人员讲解该规定的内容和相关业务的变更，做到宣传到位、解释到位。

四是做好相关职能部门的衔接协调工作，积极与公安车管部门联系，明确工作移交的范围、时间，为部分企业性质的界定提供协助。

【小汽车定编数据核查】自小汽车定编计算机管理软件升级改造后和实施三级定编办计算机联网工程后，东莞市小汽车定编工作逐步走上程序化、标准化和规范化的轨道，工作效率和服务质量有了很大的提高。由于原系统数据库存在数据不完整、不标准和错漏等问题，直接影响了工作效率和服务质量。2005年，为响应省的号召，市小汽车定编办对东莞市小汽车定编系统内的所有资料数据进行一次全面核对，并将出错单位清单上报省予以更正。通过该次查漏补缺，为新的定编管理系统提供最可靠的数据资料，使定编工作的开展更加规范化，科学化。

2005年，市小汽车定编办被评为全省定编系统先进单位。　（张健良）

**附：2005年东莞市小汽车定编办公室领导名录**

主　任：黄福泉（8月升任市府办副主任）
副主任：黄淦昌

## 行政审批制度改革

【概况】2005年，在第三轮行政审批制度改革中，东莞市56个市直单位基本完成了继续清理行政审批事项工作，并制定了审批事项调整送审方案报市审改办。市审改办负责指导、协调和汇总工作，第一轮会审工作由市府办牵头，市监察局、市发改局、市机编办、市府法制局、市服务中心、市民间组织中心等单位参加联合会审。12月底第一次会审各单位送审方案与初审意见情况如下：审改方案事项总数单位自报为737项，初审意见为776项；行政许可事项单位自报为439项，初审意见为288项；非行政许可事项单位自报为166项，初审意见为53项；按一般业务管理事项单位自报为70项，初审意见为282项；取消事项为55项；增补事项行政许可为21项，非行政许可为18项。市审改办已把市意见反馈各单位，各单位对照标准和要求进行研究。

【市直部门依法行政观念增强】2005年，东莞市各单位认真学习、严格执行《行政许可法》，按照国务院和省政府的改革要求，按照市政府的部署，在第一轮改革和第二轮改革的基础上，继续清理和调整行政审批事项，开展第三轮审改。市直各部门有“五个观念”明显增强：一是依法观念明显增强，依法律法规行政、按程序办事都认真落实在岗位职责的具体工作中；二是全局观念明显增强，在继续清理和调整行政审批事项的工作中片面强调本单位权利的意见大为减少；三是协调观念明显增强，多数部门对凡是涉及相关部门的审批事项，能主动与相关部门沟通意见协商处理；四是服务观念明显增强，很多单位对关系公共服务的事项通过加强电子政务建设，搭起“便民平台”；五是职能观念明显增强，过去是部门重行政审批权力、轻职责效能发挥，现在是即使没有行政许可审批权更重视本部门职能责任的落实。

【结合实际开展审改工作】2005年，东莞市第三轮审革认真贯彻党的十六大和十六届四中、五中全会精神，按照市委“一城三创五争先”工作思路，市审改办从实际情况出发，行政审批制度改革做到“五个结合”：一是与贯彻实施行政许可法，规范行政审批行为相结合；二是与搞好机构改革，落实部门职责职能工作相结合；三是与改进机关作风，提高公务员工作效能结合；四是与加快电子政务建设、提升政府公共服务相结合；五是与转变政府职能，规范行业协会和中介组织工作相结合。

【审批事项逐个落实】2005年，东莞市审改第一阶段工作，各单位组织人员对每个职能科室的审批事项逐个落实：

落实五种需保留的审批事项：一是对依据法律、行政法规、国务院决定设定的行政许可事项和非行政许可审批事项；二是对依据省人大制定的地方性法规设定的行政许可事项；三是对省政府第三轮审改颁布决定保留的行政许可事项和非行政许可审批事项；四是对在市政府第65号令和市政府［2004］1号文中列出，但不属省政府第三轮审改颁布决定保留的行政许可事项或非行政许可审批事项，做好分别处理工作，对有法律、行政法规依据，明确由市级政府审批的事项，都做好保留工作；五是关于终审权在国家有关部门或省政府的审核事项，如果法律法规明确需经省、市有关部门“审核同意后上报”的行政许可事项。

对于依法规取消审批的事项也要落实好。一是对法律、行政法规、国务院决定没有明确设定的，又不属于地方权限可以保留的行政许可事项或非行政许可审批事项；二是对国务院、省政府明确保留，但没有明确实施机关为市级行政机关,或实施主体为国家有关机关并无明确委托市级行政机关实施的行政许可事项（含审核事项）；三是对省政府第三轮审改颁布决定取消的行政许可事项或非行政许可审批事项；

规范镇区政府审批行为。对市人民政府第65号令委托或下放镇区政府或市直部门分局的审批事项，根据《行政许可法》的有关规定予以规范，原则上取消镇区政府或市直部门分局的审批主体资格，改由镇区政府或市直部门分局收件，市直部门审批。

完善其他类型审批事项的处理方式。一是对涉及资金分配、国有资产管理、税收优惠、外事管理、人事管理等非行政许可审批事项，原则上予以保留，按一般业务管理。二是对涉及固定资产投资项目的行政许可事项，根据2004年7月22日国务院通过的《国务院关于投资体制改革的决定》的有关规定做好清理。对该“决定”中，“涉及固定资产投资项目的行政许可仍按国务院现行规定办理”的规定，对照有关的国务院现行规定做好清理。三是关于终审权在国家有关部门或省政府的审核事项，如果法律法规没有明确要求省、市级有关部门“审核”，或法律法规中没有明确要求由省、市级有关部门“审核同意后上报”的，但实际工作中又需要进行审核工作的，为保证工作的平稳开展，一律按“保留，不列为行政许可事项、按一般业务管理”的方式处理。

处理好职能转移事项的工作。对由行政机关转移给行业协会和中介组织的事项中，法律、法规没有授权转移的事项，先收归行政机关管理；对下放、转移事项中的非行政许可审批事项，按照合法、合理和效能的原则予以重新清理，提出处理意见；对目前暂无相应行业组织或中介机构的，按省政府要求的做好过渡期工作。

【以电子政务建设促进政务公开】2005年，东莞市第三轮审改全面贯彻落实《行政许可法》，坚持以电子政务建设促进政务公开，把规范审批行为与促进服务效能相结合，做到“五个提高”：

规范全市政府网站的建设，提高网上政务公开的水平。市信息中心加强对全市政府网站政务公开工作的指导和支持，做好相关的咨询和技术服务工作，全年有29个镇区和74个单位新开通了政务网站，各单位原有的政务网站在公开内容和服务水平上也有了较大的提高。

全市网上行政办公系统升级，提高全市电子政务专网的管理水平。在完善原有办公系统的基础上，加快网上行政办公系统的推广应用。把加强镇区政务网络中心建设，作为市直部门与镇一级单位的接入连接点，为今后全市电子政务行政服务网络的全面联网和资源共享打好基础。

加强信息化服务系统建设，提高行政公共服务水平。2005年，全市有多个单位加强了行政审批与公共服务一体化信息系统的建设，市财政局实行离退休人员统发系统、劳动服务中心的就业服务系统提供网上就业服务、林业局办公内网、市社区管理信息系统、市卫生信息网、安全生产监督管理综合信息网络系统。市委组织部、市广电局、市房管局等一批单位的信息网连接到市行政办公系统上开展相关的服务应用；市水利网上审批业务系统、图书馆管理系统、东莞政法网络等信息化应用系统，扩大了信息化服务面。

加强电子政务建设的宏观管理和协调，提高信息化规划水平。市信息中心通过广泛调研、论证，完成了《东莞市2004—2010年国民经济和社会发展信息化规划》，对东莞信息化的未来发展作了全面的规划，为推进全市电子政务建设发挥了重要的指导作用。

建设企业信用网，提高政府部门的业务信息化服务水平。按照省的统一要求，工商、国税、地税、质监、银行等有关部门，建立东莞市的企业信用信息系统，与省信用平台实现互联互通，通过互联网对外发布企业信用信息，为公众和企业提供一个快捷查询企业信用状况的渠道，为企业和投资者服务。2005年，东莞市企业信用网已建成并向社会开放。（翟春瑶）

附：2005年东莞市行政审批制度改革领导小组办公室领导名录

主　任：王道平（兼）
副主任：叶德标

## 档案工作

【概况】2005年，东莞市档案局（馆）坚持树立和落实科学发展观，认真履行档案事业行政管理和档案保管利用两种职能，以创建省特级档案馆为契机，全面加强局（馆）的各项工作。2005年11月18日，市档案馆顺利晋升为省特级档案馆，成为全省地级市中第6个省特级馆，为东莞市档案事业发展“十五”规划划上了一个圆满的句号。

【档案工作会议】2005年3月29日，全市档案工作会议召开，传达全国档案局长馆长会议精神和全省档案工作会议精神，总结近年来全市档案工作，研究部署2005年全市档案工作。各镇区、市属有关单位、省属有关单位分管档案工作的领导和工作人员共300多人参加了会议。省档案局徐大章局长、市政府吴道闻副市长出席会议并分别讲话，充分肯定东莞市档案工作所取得的成绩，动员和激励全市档案工作者扎实工作，与时俱进，开拓进取，围绕中心，加强服务，不断开创全市档案工作的新局面。

【档案行政管理】2005年，市档案局（馆）加强对各镇区、各机关、企事业单位档案工作的监督和指导，以深入开展档案综合目标管理活动为手段，推动全市档案工作健康发展。至年底，全市100%镇区、55%市直机关共170多个单位档案综合目标管理达到了省二级以上标准；100%村委会（社区）建立了档案工作，有160多个村委会（社区）实现了档案工作目标管理省一级以上认定。另外，重点工程、民营企业等各个领域的档案工作都取得了新成绩。

【档案馆事业】2005年，市档案馆共接收文书档案17438卷、20455件，比2004年增长32.6%；按要求重新整理不规范档案11222卷，电脑输入文件级目录70162条。发出了《关于认真做好实物档案移交工作的通知》，共接收实物档案77件。全年共接待查阅利用档案者1358人次，提供利用档案资料6005卷、1493件，并为各有关单位提供利用照片档案96张。开展了馆藏档案抢救工作，2005年共对29851卷、25551件档案进行了消毒处理。

【馆藏档案珍品展】2005年，市政府投资20万元，举办以反映东莞市改革开放以来面貌变迁和瞩目成就为主题的《馆藏档案珍品展》，共展出展品208件，成为市民了解东莞文化历史和经济发展的又一窗口。自11月18日正式开放以来，共接待参观者16批246人次，受到社会各界的一致好评。

【档案宣传教育】2005年，市档案局（馆）利用各种时机，借助社会性宣传媒体开展档案宣传工作。东莞电视台对东莞市召开全市档案工作会议、全省档案宣传工作会议在东莞召开、市档案馆晋升省特级档案馆等重要档案工作活动给予了报道。《南方日报》、《羊城晚报》、《东莞日报》、《粤档信息》、《广东档案》、《中国档案报》等报刊共刊登了17条有关东莞档案的信息。加强档案工作人员培训工作，与省档案局联合举办了2期档案人员上岗培训班，共培训档案工作人员193人；举办村级档案人员培训，共培训档案人员95人。

【已公开现行文件利用工作】2005年11月，市委办、市府办联合印发了《转发省委办公厅省政府办公厅关于进一步做好已公开现行文件利用工作的意见的通知》，指定市档案馆为东莞市政务信息公开场所之一，要求各镇区、各市直单位配合市档案馆做好已公开现行文件的移交工作。为建立已公开现行文件利用工作机制，市档案局（馆）印发了《关于填报已公开现行文件利用工作分管领导及工作人员名单的通知》，要求各单位明确负责已公开现行文件利用工作的领导和联系人。2005年底，市档案馆共有已公开现行文件8547份，提供利用1941份；其中，2005年接收已公开现行文件1489份，提供利用432份。

【档案信息化建设】2005年，东莞市档案信息化工作进一步向前推进，完成了对档案信息化建设项目调研、需求分析等一系列工作，并开始进行了电子文件在线接收和实时归档的探索和尝试。东莞市档案局（馆）公众网站全面改版，内容更加丰富，为广大市民利用档案信息资源提供更方便、快捷的服务。

【东莞市档案事业发展“十一五”规划】　在全面完成档案事业发展“十五”规划主要任务的基础上，市档案局（馆）根据《广东省档案事业发展“十一五”规划》和《东莞市国民经济和社会发展“十一五”规划基本思路》，认真编制了东莞市档案事业发展第十一个五年规划。经市委常委、副市长联席会议决定，《东莞市档案事业发展“十一五”规划》列入全市国民经济和社会发展十一个五年规划中的一个专项规划。　（黄晓静）

**附：2005年东莞市档案局领导名录**

局（馆）长：张秀枝（5月离任）
成洪生（8月到任）

副局（馆）长：成洪生（8月离任）
吴汉成

## 地方志工作

【制定《东莞市地方志事业发展“十一五”规划》】　2005年，根据省地方史志办的布置，结合东莞的实际，市志办拟定了《东莞市地方志事业发展“十一五”规划》，就未来五年东莞市地方志工作的指导思想、发展目标、发展思路、发展任务、发展的保障措施等作了科学的规划，以文件的形式报东莞市发展和改革局，争取列入全市“十一五”规划的专项规划或规划纲要中。

【编纂出版《东莞年鉴》2005年卷】　2005年1月19日，市委办、市府办转发“《东莞年鉴》2005年卷编纂规划与实施意见”。2005年3月，《东莞年鉴》2005年卷编纂工作正式启动。编纂工作得到了各级领导的大力支持，市委、市政府主要领导百忙中不忘关心年鉴的编纂工作；副市长吴道闻、市政府秘书长王道平等对年鉴编纂问题及时作出重要指示，对年鉴篇目、送审稿、彩页图片等关键内容严格把关、仔细审阅；中国版协年鉴研究会、广东年鉴社的领导及市领导欣然题词祝贺《东莞年鉴》创刊五周年；各镇区、各有关单位部门领导安排专门人员负责组稿工作，并亲自审阅稿件，严把稿件质量关。年鉴编辑部全体工作人员团结协作，在确保质量的基础上加快进度，认真做好撰稿、组稿、审稿、编纂、排版、校对等各个环节的工作。9月8日，《东莞年鉴》2005年卷正式出版发行。全书共105万字，全面、系统、翔实地记载了2004年东莞市政治、经济、文化和社会各项事业的基本情况，突出反映全市人民在市委、市政府的正确领导下，落实“一城三创五争先”发展战略，开展保持共产党员先进性教育活动，建设现代制造业名城、文化新城和生态绿城的前进步伐。新增“莞台交流”篇目，突出反映东莞特色。同时，《东莞年鉴》2005年卷制作了多媒体光盘，随书赠送。

【召开修志专题会议】　召开全市地方志工作会议。2005年3月29日，市政府在会议大厦召开全市地方志工作会议。志鉴编委会成员、各镇区党政办主任、各单位部门分管领导和志鉴撰稿员共250人参加。副市长吴道闻和市政府副秘书长朱益民出席会议。副市长吴道闻对市志办所取得的成绩表示充分的肯定，并对今后的修志任务提出具体的要求。市志办主任潘朝明全面总结了东莞市2004年修志编鉴工作，并具体布置2005年的工作任务。

召开镇区分志稿评议会。2005年5月19日，市志办在市行政办事中心主楼会议室召开镇区志稿评议会，全市32个镇区的修志主管领导和业务骨干近80人参加会议。会议以评点《东莞市志·寮步镇（1979—2000）》为主题，由寮步镇首先介绍志稿的撰写过程、做法和体会，南城、茶山等镇区积极发言，会议研讨气氛浓厚。市志办主任潘朝明就如何严把“四关”（政治关、史实关、体例关、文字关），提高志稿质量提出具体要求。

召开部门分志稿评议会。2005年6月30日，市志办在市行政办事中心主楼会议室召开部门分志稿评议会，全市62个部门的修志主管领导和业务骨干参加了会议。评议会以评点市教育局、市外经贸局、市物价局3个部门的分志稿为主题，并请工作相对滞后的单位上台发言，提出追赶工作方案。市志办主任潘朝明分析了部门分志稿存在的问题，提出了解决方法。

召开财政全额供给单位编修部门专业志座谈会。2005年11月14日，市志办在市行政办事中心主楼会议室召开第一批19个财政全额供给行政事业单位编修部门专业志所需经费问题座谈会。市政府副秘书长朱益民到会对修志工作提出要求，并表示市政府将对第一批19个单位给予每个单位5万元的补助用以启动修志工作。市外经贸局、统计局、物价局、海洋与渔业局、卫生局、外事侨务局等就如何利用补助经费发表意见。市志办主任潘朝明从体例、篇幅以及记载的断限等方面的要求，向与会者分析了编修部门专业志的重要性和必要性。

召开《东莞市邮电志》编修协调会。2005年12月13日，市志办在市行政办事中心会议室召开《东莞市邮电志》编修协调会。市政府副秘书长梁冰到会作动员讲话，全市7大邮政电信运营商修志主管领导和业务骨干参加会议，研究布置编修工作方案。与会单位表示将在东莞电话升8位的大好形势下，决心编修好第一本记载东莞邮电事业发展历程的志书。

【接待和指导】　2005年4月1日，中国版协年鉴研究会会长许家康在广东年鉴社社长韩松、广西年鉴社社长黄瑞禄等的陪同下莅临东莞检查指导工作。许家康对东莞市年鉴编纂工作所取得成绩表示肯定。2005年7月5日，省史志办副主任谭云龙、处长杨兵一行7人到东莞指导工作，联系志鉴上网事宜，并到大岭山镇检查指导基层修志工作。同时，2005年市志办先后协助凤岗镇、财政局、工商联（总商会）等镇区单位举办修志业务培训班，提高修志人员思想认识和业务水平，为修志工作开展奠定了坚实的基础。2005年市志办积极开展对单位部门专业志编修情况的调查，用不同的方式深入到人事局、军分区、口岸局、经贸局、劳动局、档案局、财政局、海洋与渔业局、工商联（总商会）、邮政局、人民银行等单位、部门开展调研工作，了解进展情况，指导修志工作。

【审核志稿】　2005年市志办在抓紧审核《东莞市志》分志稿工作的同时，先后完成了《东莞市长安镇志》、《东莞市桥头镇志》、《东莞市万江区志》、《东莞市黄江镇志》、《东莞市横沥镇志》等镇区志的三审，《樟木头镇志》与《石排镇志》的初审。部门专业志部分，完成了《东莞市工商联志》、《东莞市气象志》与《东莞市口岸志》的三审，《东莞市建设志》与《东莞市卫生志》的初审。村志、企业院校志部分，完成了《东莞市凤岗镇油甘埔村志》的三审，《塘厦镇振兴围村志》、《塘厦镇清湖头村志》、《塘厦镇大坪村

▲ 2005年3月29日，东莞市召开地方志工作会议暨年鉴表彰大会

志》、《东莞市塘厦人民医院志》等初审。2005年市志办累计完成9部志书近300万字的三审，和8部志书近150万字的初审工作。

【召开年鉴编纂表彰大会】 2005年3月29日，藉庆祝《东莞年鉴》2005年卷获得两项全国一等奖，市政府在市会议大厦召开全市地方志工作会议暨年鉴编纂表彰大会。会议由市政府副秘书长朱益民主持，副市长吴道闻作动员讲话，市委副秘书长吴镇成宣读关于表彰《东莞年鉴》先进单位、先进个人、优秀文稿的通报，并举行隆重的颁奖仪式。省史志办主任陈强到会并讲话，肯定了东莞在编鉴修志中所取得的成绩。市志办主任、《东莞年鉴》执行主编潘朝明代表年鉴编委会全面总结编纂《东莞年鉴》五年来取得的主要成绩、经验和做法。

【年鉴发行】 2005年9月8日，《东莞年鉴》2005年卷正式出版发行，当天下午市志办在市行政办事中心十三楼举行了《东莞年鉴》2005年卷出版媒体见面会，省、市和香港等地10多家新闻媒体的记者参加采访报道。广东年鉴社社长韩松到会祝贺，并对《东莞年鉴》2005年卷给予较高评价。市志办主任、《东莞年鉴》执行主编潘朝明介绍了《东莞年鉴》2005年卷的编纂情况，并就年鉴发行、篇目创新等内容回答了记者的提问。2005年，《东莞年鉴》增加了向人大及政协“两会”代表、委员的发行，发行渠道由原来的14个扩大为15个。《东莞年鉴》2005年卷分别赠送给市几套班子领导及市委办、市府办有关科室近100本；赠送给省五套班子领导和省直有关单位200多本；赠送给国家及省、市档案局、图书馆、博物馆收藏共40本；赠送镇区和市直有关部门主要领导及国内外来宾近550本；赠送给“东莞发展研究会”、海外联系机构等共60本；扩大省内外城市年鉴的交流范围，寄送书300多本；赠送给彩页宣传单位和撰稿员近600本。同时，扩大征订范围，充分发挥年鉴的社会价值。

【编纂地情丛书】 2005年，由市志办与有关单位部门联合承办编修的《党和国家领导人在东莞》、《五年见新城——东莞市二十一世纪初城市建设巡礼》、《东莞市大型外资企业集锦》、《东莞民营企业风采》、《东莞市星级酒店荟萃》、《东莞建市二十年——（1985—2005）》等6卷地情丛书编纂工作进展顺利。其中《党和国家领导人在东莞》、《东莞民营企业风采》已送出版社审核，正准备出书；《五年见新城》、《东莞市大型外资企业集锦》、《东莞市星级酒店荟萃》等3卷地情丛书也已完成排版，正紧张地进行审稿工作。特别是《党和国家领导人在东莞》一书，市委书记、市人大常委会主任佟星两次作批示，要求高标准、高质量编好此书，并就编纂范围提出具体指示。

【提升服务水平】 2005年，市志办充分发挥自身职能作用，积极利用地情资源、图文资料等服务经济、服务社会、服务基层。据统计，先后为长安镇、桥头镇、横沥镇、凤岗镇、党史办、劳动局、莞城中心小学、羊城晚报驻东莞记者站等单位提供查阅服务，接待群众查阅10多批，受到群众好评。

【完成上级交办任务】 2005年，市志办按时保质保量地完成了市委、市政府交办的《中国城市年鉴》、《广东年鉴》、《广东省百科全书》、《广东省防灾减灾年鉴》和《当代中国城市》大型画册的文字组稿、彩版认刊和推广发行等任务。其中：《广东年鉴》组稿1万多字10个彩版，代发行220本；《中国城市年鉴》组稿6000多字4个彩版，代发行200本，受到上级部门的好评。同时，在国情书、省情书上宣传东莞，扩大了东莞的知名度。

【办好《志鉴工作动态》】 2005年，市志办出版《志鉴工作动态》12期，每期400份。在通报工作信息的同时，《志鉴工作动态》注重加强业务知识、理论知识和经验方法的介绍，并积极开展志鉴业务的研讨和交流，促进了志鉴工作的发展，受到各级领导和地方志工作者的好评。

【制作2006年“东莞八景挂历”】 2005年11月18日，由市志办主任潘朝明牵头策划制作，以东莞年鉴编辑部名义编辑的2006年“东莞八景挂历”出版发行。挂历图文并茂地介绍了“东莞新八景”、“东莞文物八景”、“东莞古八景”等内容，展示了东莞深厚的历史文化底蕴和魅力，受到各级领导和社会各界的广泛好评。

【加强自身队伍建设与各地交流】 2005年，市志办加强政治理论学习和志鉴业务交流，定期组织全体工作人员学习政治理论和业务知识，提高认识，统一思想，为修志工作奠定基础。坚持每周例会制度，有效地提高全体人员的业务水平，大大地激发了学习积极性。开展交流学习活动，采取“走出去，请进来”的办法，交流工作经验，取长补短。积极开展与珠三角城市的业务交流，10月21—22日，全体人员赴中山市参加中山、东莞、惠州、清远四市举行的年鉴业务研讨会；12月8—9日，全办人员到佛山市三水区参加2005珠三角城市年鉴运动会，取得1金3银3铜的好成绩。坚持开展体育活动，每周三下午下班后组织全体人员登山或打乒乓球、羽毛球等，在增强员工体质的同时提高干部队伍凝聚力。 （卢　敏）

**附录：2005年东莞市地方志编纂办公室领导名录**

主　任：潘朝明

# 流动人员和出租屋管理服务

【推行管理新模式】截至2005年，东莞市登记在册的流动暂住人口600多万，约占全省流动人口总数的四分之一，其中居住在出租屋的约200万人，约占全市流动人口总数的三分之一。全市共登记备案出租屋28.2万栋（套）116万间（出租单元），办理登记备案手续269087份，办证率达到98.9%。

2005年，东莞市积极探索流动人口和出租屋管理新模式，努力创新管理办法。一是加强登记备案，实施首次征税。2005年是历史上首次开征出租屋租赁税，应征税出租屋229390户，应征税出租屋面积4758万平方米，全市房屋租赁税收总额2.3亿元，其中各镇区管理服务中心（站）代征3900万元，征税率达95%；二是对流动人员和出租屋管理实行村民自治，全市有90个村（居）委会开展自治试点；三是引入物业托管，实行社会化服务。经市政府同意，引入广东省华侨物业管理公司，开展出租屋有偿托管业务，为出租屋主和流动人员提供专业化服务，截至2005年，全市有3000多间出租屋实行托管；四是由屋主为租住人员购买人身意外伤害险。2005年12月，针对出租屋租住人员而开设的人身意外伤害险在长安、樟木头两镇试点，据悉此种保险在全国尚属首次。

【构建综合信息平台】东莞市在国内率先研发流动人员和出租屋管理服务软件系统。在2004年投入85万元完成软件系统前期开发的基础上，2005年增加投资75万元，完善流动人员和出租屋管理服务信息平台。至2005年6月底止，全市32个镇区的流动人员和出租屋管理服务中心和588个村一级的管理服务站全面装上电脑管理软件，全市镇区一级电脑实现联网，有利于全面掌握基本情况。

【机构调整】为进一步健全工作机构，完善管理体系，2005年8月，经市委、市政府批准将流动人员和出租屋合并统一管理。同时，市调整充实了流动人员和出租屋管理服务工作领导小组，成员单位从原来15个增加至22个；领导小组下设市流动人员和出租屋管理办公室，按正处级对待，人员编制增加5人；全市各镇区相应调整充实领导小组及其下设的流动人员和出租屋管理服务中心；各村（居）委会成立管理服务站，构建全市管理网络。

【开展清理排查行动】2005年8月全市各镇区开展为期4个多月的流动人员和出租屋清理排查行动。全市参与行动的人员有206772人次，共清理排查出租屋223139栋（套），约占全市出租屋总数80%，其中清理排出“三小”出租场所31885栋（套），登记租住人员1343505人，催办暂住证1185968份，排查出重点人员11827人、重点户3666户，其中发现犯罪嫌疑人611名，消除各种治安、消防、计生、食品安全隐患一大批。

【全市流动人员和出租屋管理服务工作动员大会召开】2005年8月26日，全市流动人员和出租屋管理服务工作动员大会召开，参会各级干部1400多人，会议总结了一年多来的工作，认为全市管理工作整体开局良好，初步探索出符合东莞实际的新路子。得到中共中央政治局委员、省委书记张德江的批示肯定。积极推进管理主体从以单一部门（公安）为主向政府（市出租屋及租住人员管理领导小组）主导的综合管理转变，管理机制从以条（部门）为主向以块为主的转变，管理职能从部门分散管理向委托集中管理转变，管理制度从不规范到规范转变，收支管理从部门自收自支向统收统支转变；认真落实领导管理架构，落实管理队伍，落实经费保障，落实各项工作，落实宣传发动；重点实施信息化管理、“两证”（《房屋租赁证》、《暂住证》）管理、税费管理、管理方式和综合治理；提高服务水平，有效改善租住环境和出租屋市场发展环境。要求下阶段工作要以构建综合管理信息平台为突破口，以全面改革工作机制、创新管理办法、规范管理、优化服务为重点，不断开创工作新局面。（林展人）

**附：2005年东莞市出租屋及租住人员管理办公室领导名录**

主　任：赖源顺（兼）

# 中国人民政治协商会议东莞市委员会

【市政协十届二次全体会议】市政协十届二次全体委员会议于2005年3月22—24日在东莞市城区举行。

3月22日上午，市政协十届二次会议开幕大会在市会议大厦主会场举行。副主席黄良轩主持开幕大会。主席袁李松作政协东莞市第十届委员会常务委员会工作报告。副主席朱伍坤作政协东莞市第十届委员会常务委员会关于十届一次会议以来提案工作情况的报告。副主席陈文敏宣读了对市政协优秀（表扬）提案和承办提案先进单位进行表彰的决定。会议对政协东莞市第十届委员会第一次会议以来的22件优秀提案、13件表扬提案和10个承办提案先进单位进行了表彰。市委、市人大、市政府、市纪委、东莞军分区、市中级人民法院、市人民检察院领导出席大会表示祝贺。大会首次邀请50位社会各界代表人士参加旁听。会后，市政协召开了部分旁听人员座谈会。下午，全体市委常委应邀参加委员的分组讨论，听取意见。

3月23日上午，全体市政协委员列席市人大十三届二次会议，听取市政府工作报告和有关报告。

3月24日上午，市政协十届二次会议举行大会发言，由副主席周文媛主持。市委副书记、市纪委书记黄双福，副市长吴道闻出席大会听取意见和建议。市各民主党派、工商联、无党派人士及港澳委员的代表在会上作了发言。下午，市政协十届二次会议闭幕大会在市会议大厦主会场举行，袁李松作了题为《同心同德 团结一致 为建设和谐东莞作出新贡献》的讲话。大会通过了市政协十届二次会议决议。

【市政协常务委员会会议】市政协十届五次常委会议　2005年3月9日，市政协在常委会议室召开十届五次常委会议。会议由主席袁李松主持，全体副主席、秘书长、常委出席了会议，各专门委员会副主任列席会议。市委常委、常务副市长冷晓明向与会人员作了关于《政府工作报告》（征求意见稿）的起草说明。与会人员对《政府工作报告》进行了协商讨论，提出了意见。会议审议通过了市政协十届二次会议《议程》（草案）、《日程》（草案）、《中国人民政治协商会议东莞市第十届委员会常务委员会工作报告》（草案）、《中国人民政治协商会议东莞市第十届委员会常务委员会关于十届一次会议以来提案工作情况的报告》（草案）、《市政协常委会2005年工作要点》（草案）和《市政协各专门委员会2004年工作总结和2005年工作计划》（书面），并通过了刘银燕因工作调离东莞而辞去市政协十届委员职务的请求，协商增补徐诠清为市政协十届委员。

市政协十届六次常委会议 2005年3月23日，市政协十届六次常委会议在会展国际大酒店召开。会议由主席袁李松主持。副主席刘发枝、周文媛、游敏达、陈文敏、黎承枝、邝明子、朱伍坤，秘书长黎锦辉和常委共48人出席会议。会议审议通过了市政协十届二次会议提案审查情况报告（书面）和市政协十届二次会议决议（草案）。

市政协十届七次常委会议 2005年7月26日，市政协召开十届七次常委会议。会议由主席袁李松主持。副主席黄良轩、周文媛、游敏达、陈文敏、黎承枝、邝明子，秘书长黎锦辉，市政协常委，各专门委员会副主任，各镇（区）政协小组组长，市各民主党派、工商联负责人等100多人参加会议。副市长梁国英应邀出席了会议。会议听取了市政协人口资源环境委员会、经济委员会、社会和法制委员会、教科文卫体委员会、文史资料委员会关于视察“四清理”工作开展情况的专题汇报。市政协主席袁李松就市政协积极推进“四清理”工作作了讲话，号召委员们切实履行政协职能，为“四清理”工作的顺利开展多建言献策。副市长梁国英对市政协关心支持市委市政府开展“四清理”工作表示感谢，并充分肯定了委员们就推进“四清理”工作提出的意见和建议。

市政协十届八次常委会议 2005年9月20日，市政协十届八次常委会议召开，市政协主席袁李松主持会议，副主席黄良轩、刘发枝、周文媛、游敏达、陈文敏、黎承枝、邝明子、朱伍坤，秘书长黎锦辉和市政协常委等48人出席会议。市政协各专门委员会副主任、各镇（区）政协小组组长列席会议。会议审议通过了《政协东莞市第十届委员会常务委员会关于调整专门委员会设置的决定》及《政协东莞市第十届委员会常务委员会关于任命各专门委员会正副主任的决定》，决定将原有的七个专门委员会（即提案委员会、经济委员会、人口资源环境委员会、教科文卫体委员会、社会和法制委员会、港澳台侨委员会、文史资料委员会）调整合并为五个新的专门委员会（即提案委员会、经济委员会、教科文卫体和文史委员会、社会法制和人口资源环境委员会、港澳台侨委员会）；并任命罗丹琳等为各专门委员会正副主任。会议协商通过增补丁林枝、李福友、沈新娥（女）、张冲、邵全展、黄子成为市十届政协委员，并接受张志民、莫满群、王敏智等辞去政协东莞市第十届委员会委员职务的请求。会议决定撤销李奔华、何万新的委员资格。

市政协十届九次常委会议 2005年12月9日，市政协十届九次常委会议召开，会议主要内容是对构建和谐东莞进行理论研讨。市政协主席袁李松主持了会议，副主席周文媛、游敏达、陈文敏、黎承枝，秘书长黎锦辉，各专门委员会主任，副秘书长以及市政协常委，市各民主党派、工商联和有关人民团体负责人及市政协部分委员近百人出席会议。市委常委、市委宣传部部长江凌，东莞理工学院党委副书记王江水，市委党校常务副校长杨靖波等应邀出席会议。市政协委员以及各专门委员会、各镇（区）政协小组，市各民主党派、工商联、有关人民团体，市委党校、东莞理工学院等有关单位向大会提交书面发言稿共60篇。大会听取了市各民主党派、市委党校、东莞理工学院、市政协社会法制和人口资源环境委员会以及部分委员等11个单位和个人的专题发言。江凌在会上就构建和谐东莞的重大意义和当前要突出研究解决好的几个问题作了讲话。

【专门委员会工作】 提案委员会 十届二次会议以来，共收到提案317件，立案302件，创下历史新高。提案委员会一年来主要开展了以下的工作。一是倡导精品意识，努力提高提案质量。印发《提案参考提纲》，及时召开市政协各参加单位的提案征集座谈会，努力提高提案质量。二是健全规章制度，推动提案工作的“三化”建设。制定了《政协东莞市委员会关于进一步加强提案工作的意见》、《东莞市政协关于主席会议督办重点提案的实施办法》、《东莞市政协优秀提案评选表彰暂行办法》等工作制度，进一步规范了提案工作的运作程序。三是强化创新意识，推动提案工作深入开展。运用《东莞政协》宣传提案的性质、地位、特点、作用，走访东莞理工学院的委员以及承办提案数量较多的职能部门，开通网上提交提案系统，选择部分提案上传到东莞阳光网的“政协议政厅”和刊登在东莞日报《政协之声》栏目，不断创新提案办理工作。四是加大督办力度，推动提案办理落实。坚持主席会议督办重点提案，促进提案办理落实、到位。组织对我市的城乡统筹就业情况进行了视察，提出了6点意见和建议。

经济委员会 一年来，共组织各类活动10多次，参加活动的委员100多人次，形成视察报告1篇，研讨及发言材料17篇，提出提案30多件。主要工作包括：就东莞市违法搭建专项清理工作情况进行了视察，并形成视察报告；参加全省各市经济委员会主任经验交流会议，以及由省政协主办的“进一步加强我省沿海经济带发展”的学术研讨会；主持召开了两次全市商会会长、民营企业家座谈会，提出了一些关于发展镇（区）经济和扶持民营经济发展的意见和建议。

教科文卫体和文史委员会 一年来，教科文卫体和文史委员会积极围绕市政协的中心工作，选准角度，开展了如下的工作：一是积极开展调研视察。围绕市委的中心工作，开展了医疗和黑网吧无证经营、东莞电话升位的工作进展情

▲ 市政协构建和谐社会理论研讨会

况、东莞科技馆工作进展情况等专题视察。二是为文化新城建设献计出力。承担了“东莞香港书画名家邀请展”、“构建和谐东莞——东莞市政协委员书法美术作品展”和政协友谊杯（东莞）网球邀请赛的具体举办工作。继续与东莞日报社合作做好出版“东莞历史文化大观园”的工作，一年来共出版24期，并在《中国政协》上介绍了开展该栏目的工作经验。出版《袁崇焕研究论文集》、《可园张氏家族书画选》、《邓植仪文集》等书。三是加强与同行的交流。协助省政协教科文卫体委员会做好关于“高新技术产业”、“群众看病难”的调研视察，先后接待了中山大学、广东省社科院明清史研究所、香港大学、广东人民出版社、广东省博物馆、广东省考古所等专家学者。

社会法制和人口资源环境委员会　重点是做好以下三项工作：一是为推动东莞经济社会的可持续发展，就清理违法用地、清理畜禽养殖业污染等专题进行了3次视察。二是参与省政协主办的研讨会。参加省政协召开的加强对流浪乞讨人员管理工作的研讨会和建设绿色广东研讨会，分别提交了书面材料。三是接待全国政协和各地政协来莞调研、考察，通过互相交流，吸收了关于加强专门委员会自身建设方面的经验。

港澳台侨委员会　结合专门委员会自身的特点，重点工作主要有以下四个方面。一是召开正副主任座谈会，就如何做好第四季度工作、如何加强与本会委员的沟通联系等进行了认真的研究。二是结合市委、市政府的中心工作，组织了2次视察，就大岭山镇经济发展情况以及虎门港近期建设和未来发展情况，提出了意见和建议。三是加强与各界人士的团结联谊。四是积极参与扶贫助学，动员委员积极参与东莞对口扶贫工作，为东莞贫困学生捐资助学，港澳委员在去年共捐赠建成4所卫生院和4所小学。

【市长会见政协委员座谈会】 2005年11月24日，市长会见政协委员座谈会在市政协一楼多功能会议厅召开。市委副书记、市长刘志庚，市委常委、常务副市长冷晓明，副市长周致纳、张顺光、李小梅、梁国英、吴道闻等领导面对面听取了委员的意见和建议。座谈会收到委员和有关单位的发言材料共58篇。大会听取了市各民主党派以及部分委员的专题发言。与会的市长、副市长认真听取了各位政协委员的发言后，对其中一些具体问题进行了回应。刘志庚在讲话中充分肯定了市政协开展的工作，并通报了去年市长会见市政协委员座谈会委员建议的办理情况，市政协十届二次会议委员提案的办理情况以及2005年东莞市经济社会发展情况和2006年的工作设想。

【新年茶话会】 2005年1月18日，市政协召开2005年迎春茶话会。市几套班子领导佟星、刘志庚、李毓全、张继雄、张顺彩、吴道闻、刘洪芳，以及市政协正副主席、全体委员、历届正副主席、历届专职常委、正副秘书长和历届政协委员联谊会理事近400人出席了茶话会。茶话会由副主席黄良轩主持。市委书记、市人大常委会主任佟星到会讲话并祝酒。市委副书记、市长刘志庚通报了东莞过去一年来的经济社会发展情况。市政协主席袁李松在会上总结了市政协一年来的主要工作情况。市政协副主席、民进东莞市委主委黎承枝代表市各民主党派在会上作了发言。

【港澳委员新春座谈会】 2005年2月21日，市政协主席袁李松、原主席李汉松、副主席游敏达、秘书长黎锦辉赴港召开市政协历届港澳委员新春座谈会。中联办副主任黎桂康，原全国政协委员陈瑞球，全国政协委员梁国贞、王国强，原市政协副主席张念平和市政协历届港澳委员出席了新春座谈会。袁李松主持会议并作讲话，充分肯定了港澳委员在东莞“三个文明”建设中发挥的重要作用，转达了市委、市政府的亲切问候和良好祝愿，希望港澳委员继续发扬爱国爱港爱乡的优良传统，认真履行政协委员职责，为东莞发展大计建言出力。黎桂康、李汉松、游敏达也在座谈会上作了讲话。

【“贺中秋、迎国庆”茶话会】 2005年9月13日，市政协、市委统战部联合举办2005年“贺中秋、迎国庆”茶话会。市领导佟星、刘志庚、黄双福、李毓全、张继雄、冯同恩、吕兢、莫布兴，市政协正副主席、老领导及全体委员、历届政协委员联谊会会员、社会知名人士代表、市政协文史资料通讯员等各界人士近500人出席了茶话会。副主席游敏达主持会议。市委书记、市人大常委会主任佟星在茶话会上致祝酒词。主席袁李松就今年上半年以来市政协的主要工作进行了总结。市委副书记李毓全代表市委、市政府向大家通报了东莞2005年以来“三个文明”建设方面的情况。市政协常委、民建东莞市委筹备组组长周楚良在会上代表各民主党派发言。

【调研视察】 视察重点工程建设情况　2005年5月25日，市政协常委会组织视察东莞东部快速干线和常虎高速公路两项重点工程建设情况。市政协全体正副主席，常委，市各民主党派、工商联负责人参加视察。视察组全线视察了东部快速干线和常虎高速公路建设情况，听取了市公路桥梁开发建设总公司关于东部快速干线和常虎高速公路两个重点工程建设情况的汇报，并对如何进一步搞好这两项重点工程建设提出了一些积极的意见和建议。

视察“四清理”工作情况　市政协人口资源环境委员会、社会和法制委员会、经济委员会、文史资料委员会和教科文卫体委员会在6月中旬和7月上旬，分别就清理养殖业污染、违法用地、违法搭建、网吧和医疗无证经营等情况，分赴5个镇区进行专题视察，并在市政协十届七次常委会议上，作了专题汇报。

“构建和谐东莞”调研　根据市委的统一部署，市政协在9月组织了4个专题调研小组，由市政协领导带队，分别深入到全市32个镇（区），进行“构建和谐东莞”的调研。这次调研活动历时一个多月，共召开各种座谈会近20个，访谈对象多达400人次，内容包括坚持和完善中国共产党领导的多党合作和政治协商制度、发挥城乡基层自治组织等各种组织的积极作用、促进镇区经济协调发展、全面贯彻民族宗教侨务对台政策等方面，并形成了4个调研报告报送市委。这些调研成果得到市委的重视。主席袁李松和副主席黄良轩分别在市委举办的“构建和谐东莞”专题学习会上作了发言。

视察重点提案落实情况　2005年9月30日，市政协正副主席、正副秘书长和专门委员会正副主任，以及有关重点提案承办单位领导、提案者到寮步镇新旧围村“低保”对象家，了解市委市政府、镇委镇政府重视“低保”困难家庭实施救助制度的情况，现场视察重点提案《关于建立特殊困难群众救助体系的建议》的落实情况，并到寮步镇敬老院视察。

【召开各民主党派、工商联负责人座谈会】 2005年市政协健全了政协党组与各民主党派、工商联负责人联系的制度，坚持每季度召开一次各民主党派、工商联负责人座谈会，交流意见。座谈会先后在沙田、高埗、虎门、厚街4个镇召开。市政协领导在会上通报全市经济发展及政协工作情况，并邀请当地领导介绍本镇发展近况，帮助民主党派和工商联更深刻地了解东莞发展的新形势。

【推进“四清理”工作座谈会】2005年4月28日，推进“四清理”工作座谈会在市政协一楼多功能会议厅召开。市政协主席袁李松，副主席黄良轩、刘发枝、周文媛、游敏达、陈文敏、黎承枝、朱伍坤，秘书长黎锦辉，部分常委及专委会副主任、各镇（区）政协小组组长，各民主党派、工商联负责人出席了会议。虎门、常平、大岭山、大朗等4个镇的政协小组组长在座谈会上发言，介绍开展“四清理”工作的做法和体会。袁李松在会上作了动员讲话，要求全体市政协委员在推动“四清理”工作中发挥积极作用。会议还宣读了致全体市政协委员的《倡议书》。

【老干部党支部换届】2005年6月5日，市政协离退休老干党支部召开支部换届会议。会议选举产生新一届支委会，李汉松当选为老干支部书记。市政协主席袁李松、副主席刘发枝、秘书长黎锦辉到会祝贺。

【举办构建社会主义和谐社会专题报告会】2005年9月20日，中共东莞市委和市政协在市会议大厦二楼报告厅联合举办构建社会主义和谐社会专题报告会。报告会由市委副书记李毓全主持。中共中央党校副校长、博士生导师王伟光教授应邀作了题为“正确处理人民内部矛盾，构建社会主义和谐社会”专题报告。市领导佟星等出席报告会，市政协全体委员，市各民主党派正副主委，全市各镇区、市直有关单位的分管领导一同听取了报告。通过参加报告会，与会者更准确地把握“构建和谐东莞”的内涵，提高了运用科学理论认识和分析实际问题的能力。

【接受中央新闻单位采访团的采访】2005年9月22—23日，由人民日报、新华社、中央人民广播电台、中央电视台、中国国际广播电台、法制日报、中国日报和人民政协报等12家中央和香港新闻单位组成的赴粤采访团一行22人在全国政协委员、全国政协办公厅研究室主任卞晋平的率领下来莞，就东莞经济社会发展情况和东莞市政协开展工作的情况进行采访。市委书记、市人大常委会主任佟星就东莞经济社会发展、市委支持市政协开展工作的情况接受了中央新闻单位采访团的采访，并对市政协的工作给予了高度的评价。市政协主席袁李松向采访团介绍了市政协工作情况。

【召开主席会议督办重点提案座谈会】主席会议督办重点提案座谈会于2005年9月30日召开。市政协主席袁李松，副主席黄良轩、刘发枝、周文媛、游敏达、陈文敏、黎承枝、朱伍坤，正副秘书长，各专委会主任，有关重点提案承办单位领导、提案者出席了会议。袁李松主持会议并作讲话。会上，市民政局、市民营办、市建设局等承办单位领导汇报了重点提案办理情况，提案者对重点提案的办理情况发表了意见。

【书画展览】“东莞香港书画名家邀请展”　2005年11月19日由市政协、香港书法爱好者协会、岭南画院主办，东莞市美术家协会协办的东莞香港书画名家邀请展在市博物馆举行。市政协秘书长黎锦辉主持了开幕式。副主席黄良轩、刘发枝、黎承枝，市政协原主席李汉松、郑锦滔，原副主席张念平，原市人大常委会副主任周季和，部分政协委员，香港书法爱好者协会有关人士，市美协、市书协有关领导和会员等100多人出席了开幕式。黎承枝和张念平分别作了讲话。书画展于12月1日移师至香港大会堂展出，引起较大的反响。

“构建和谐东莞——东莞市政协委员书法美术作品展”　2005年12月30日，市政协举办的“构建和谐东莞——东莞市政协委员书法美术作品展”在市政协大楼二楼大厅举行开幕式。市政协主席袁李松，副主席黄良轩、刘发枝、周文媛、游敏达、陈文敏、邝明子、朱伍坤，市政协老领导李汉松、郑锦滔、杜奕宽、陈矛、黄发、李永康，市人大原副主任周季和以及部分政协委员100多人出席了开幕式。邝明子致开幕词。这次展览共展出市政协委员、联谊会会员、社会知名人士的书画作品77件。展览以“和谐”为主题，表达了作者对魅力东莞的赞美以及构建和谐东莞的追求。

【党组学习中心组】2005年，市政协党组理论学习中心组坚持集中学习的制度，着重开展了中共中央《关于进一步加强中国共产党领导的多党合作和政治协商制度建设的意见》、深化对社会主义市场经济内在要求和运行特点的认识、增强民主意识和法制观念、把握文化发展的规律和趋势等6个专题学习活动。通过学习，形成理论联系实际的良好学风，发挥政协党组在政协中的领导核心作用，认真贯彻落实市委的工作部署。

【开展保持共产党员先进性教育活动】2005年1—6月，按照中央保持共产党员先进性教育活动的总体要求和市委保持共产党员先进性教育活动的部署，市政协机关有计划有步骤地深入开展保持共产党员先进性教育活动的集中学习教育，经过充分准备、广泛发动，认真开展学习动员、分析评议、整改提高阶段的各项工作，取得了较好的成效。根据在先进性教育活动中征集的意见，制定了《市政协机关保持共产党员先进性的具体要求》和《市政协机关先进性教育活动整改方案》，提出了51项整改措施，进一步完善了机关的工作制度，理顺科室之间的工作关系。建立了学习日制度，通过开展形式丰富的专题学习活动，提高工作人员的思想素质和业务素质。政协机关形成了爱岗敬业、团结务实、乐于奉献、奋发有为的良好风气。2005年，市政协办党支部被评为市直机关党建工作先进单位。在“十百千万干部下基层”活动中，市政协办公室被市委评为驻村先进单位，受到大会表彰。

【2005年全国政协领导来莞调研视察】1月18—29日，原全国政协副主席赵南起一行7人在省政协常委施业辉等的陪同下来莞视察，参观了松山湖科技产业园区、东莞理工学院松山湖校区。

2月5—18日，原全国政协副主席杨汝岱到莞视察，参观了长安信泰光学有限公司和市展览馆。

2月7—14日，全国政协副主席郝建秀来莞视察，并参观了常平、黄江以及松山湖科技产业园和市行政办事中心。

7月24日，全国政协副秘书长陈洪一行4人来莞召开座谈会，就“落实贾庆林主席、王忠禹副主席把《中国政协》杂志办成学习型刊物的指示”听取意见。市政协副主席周文媛接待了客人。市政协秘书长黎锦辉、副秘书长莫淑华和办公室有关人员参加座谈会。

9月2—5日，原全国政协副主席王文元来莞出席2005年全国强镇发展论坛开幕式，并参观可园博物馆、市行政办事中心、虎门威远炮台、沙角炮台和松山湖科技产业园。

11月8—9日，全国政协委员、中国科协副主席陆延昌率全国政协人口资源环境委员会“节电问题”专题调研组一行12人来莞调研。

11月9—11日，原全国政协副主席王文元来莞视察，并出席了虎门镇荣获“全国首届小城镇综合发展水平1000强（第一名）”、“全国小康建设明星乡镇标兵”、“全国军民共建社会主义精神文明先进单位”等称号挂牌仪式和在虎门镇黄河时装城举行的第十届中国

（虎门）国际服装交易会开幕式。

12月12—20日，全国政协副主席张思卿来莞视察，参观了松山湖科技产业园、石碣袁崇焕纪念园、石龙金沙湾公园、可园。期间，张思卿还专程到市政协办公大楼参观，并与机关全体同志合影留念。（赖少瑜）

**附：2005年东莞市政协十届委员会主席、副主席**

主　席：袁李松

副主席：黄良轩　刘发枝　周文媛　游敏达　陈文敏　黎承枝　邝明子　朱伍坤

**附：秘书长、副秘书长**

秘书长：黎锦辉

副秘书长：罗丹琳　冉红宇　莫淑华

**附：专门委员会主任、副主任**

提案委员会

主　任：罗丹琳

副主任：李秀冰　周华驹　詹文光　叶松柏　李　勇

经济委员会

主　任：张盛昌

副主任：刘伟全　黄冠球　庄树高　袁志强　欧阳南江　梁经昌　陈广钊

教科文卫体和文史委员会

主　任：丁林枝

副主任：陈健秋　谭满矾　邹　联　陆世强　梁帝祺　蔡一平　李岚生

社会法制和人口资源环境委员会

主　任：李福友

副主任：吴才华　彭启尧　谢松锡　吕琦元　张灿炎　吴湛辉　何镜清

港澳台侨委员会

主　任：卢治邦

副主任：沈新娥　蒋小莺　何跃沛　温少生　戴松林　梁　麟

**全国政协委员和广东省政协委员**

全国政协第十届委员会委员：张顺彩

省政协第九届委员会委员：袁李松　游敏达　陈文敏　吕　兢　张玉其　陈伟洪

## 中国共产党东莞市纪律检查委员会

【机构设置】2005年，中共东莞市纪律检查委员会和东莞市监察局合署办公，履行党的纪律检查和政府行政监察两种职能，对市委、市政府全面负责。内设9个职能室：办公室、党风廉政建设室、执法监察综合室、第一纪检监察室、第二纪检监察室、案件审理室、信访室（举报中心）、教育研究室和干部室。

【重要会议】2005年1月17—20日，中央纪委党风室在东莞市召开领导干部廉洁自律工作座谈会，贯彻落实中央纪委第五次全会精神，研究2005年领导干部廉洁自律和党风廉政建设责任制工作。2月1日，中共东莞市纪律检查委员会（以下简称市纪委）召开第三次全体（扩大）会议，传达贯彻中央纪委、省纪委第五次全体会议精神，总结2005年党风廉政建设和反腐败工作情况，部署2006年工作任务。3月31日，市纪委召开2005年落实党风廉政建设和反腐败专项工作任务暨行风评议动员大会，研究落实2005年党风廉政建设和反腐败专项工作任务，并对深入开展民主评议行风活动进行动员部署。7月15日，市纪委、市监察局召开全市纪检监察工作座谈会，传达省纪检监察工作座谈会精神，总结上半年工作，对下半年工作进行部署。8月25日，市纪委邀请中央纪委宣教室副主任李本刚，为全市第三期领导干部党纪政纪法纪教育培训班作学习贯彻《建立健全教育、制度、监督并重的惩治和预防腐败体系实施纲要》的专题辅导报告。9月23日，市委召开全市领导干部警示教育大会，认真剖析樟木头镇原镇长李为民在担任塘厦镇副镇长、镇长期间挪用公款、参与境外赌博的案件，及时对全市领导干部进行警示教育，并制定强化对镇（街）党政领导干部监督管理的措施。10月18日，省人大财经委、省财政厅、省信息产业厅、省监察厅在东莞市召开广东省推进建立"实时在线财政预算监督系统"现场会，会上介绍了东莞市推行建立"实时在线财政预算监督系统"的经验。12月13日，省纪委在东莞召开全省农村基层党风廉政建设工作座谈会，与会各市代表交流了贯彻落实全省农村基层党风廉政建设工作会议精神的经验做法。

【领导干部廉洁自律】2005年，东莞市各级领导干部严格执行领导干部廉洁从政各项规定，大力治理"五股歪风"，切实解决党风方面存在的突出问题。把禁止接受和赠送"红包"纳入党风廉政建设责任制考核的范畴；强化对各级领导干部执行人事纪律情况的监督；对在职处级以上领导干部配偶、子女及其配偶从业规定情况作了认真的登记填报和核查；将领导干部本人及其直系亲属举办婚丧喜庆事宜列为领导干部个人重大事项，实行事前报告制度；严肃处理10名党员干部参与赌博问题，其中，6人被开除党籍，4人被行政开除，1人被行政撤职。清理审核152项全市性评比达标表彰活动项目，撤销120项；认真清理党员干部出国（境）问题，建立健全了党员干部出国（境）审批报告、证照管理等制度；完成领导干部拖欠公款、党政机关事业单位用公款为个人购买商业保险问题的整改处理工作，其中清退为个人购买商业保险涉及的公款40.47万元；完成市直机关经营性资产清理审核工作。进一步加强农村基层干部廉洁自律工作，举办村（居）干部党纪政纪法纪教育培训班和"村（居）党组织书记学习论坛"，增强村（居）干部的廉洁自律意识。

【查处违法违纪案件】2005年，东莞市纪检监察机关共受理群众来信来访和电话举报1518件（次），立案80件，结案64件，其中查处5万元以上的大案22宗，要案1宗；处分违纪人员81人，其中，处级干部5人，科级干部18人；通过办案挽回直接经济损失9012.2万元。重点查处了市建材工业总公司党委书记、总经理朱牛奶失职案，樟木头镇原镇长李为民在担任塘厦镇副镇长、镇长期间挪用公款、参与境外赌博案，市商业银行中堂支行原行长吴丽森贪污案等一批大要案。注重健全办案制度，把依纪依法办案贯穿到立案、调查、审理、处分、执行等各个环节。注意剖析典型的违纪案件，完善规章制度，较好发挥了查办案件在治本方面的作用。

【解决损害群众利益突出问题】2005年，市纪委围绕农村征用土地、城镇房屋拆迁、企业重组改制和破产中损害群众利益，以及拖欠农民工工资、企业违法排污等问题开展专项治理。严肃查处了9宗村、组干部违法用地的案件，12名村、组干部受到处理，其中移送司法机关2人；建立城镇房屋拆迁工作管理责任制，确保拆迁过程公开、公平、公正，顺利完成拆迁建筑总面积60多万平方米；6家市属企业顺利完成改制，妥善安置员工1149人（含退休人员）；及时兑现拖欠建筑业农民工工资1634.91万元；处理违法排污企业97家，市纪委还会同有关部门对省挂牌督办的东莞市两家重点污染企业落实整治情况进行督查。实行“两免一补”政策减轻学生家长负担1631.15万元，及时纠正违规收费行为5宗。继续在镇（街）级以上医院实行药品集中招标采购，2005年集中招标采购药品10.79亿元，让利给患者8835.9万元；集中采购医用耗材1890.1万元，节约资金253.4万元；全市医疗卫生单位拒收和上交“红包”、药品“回扣”共2902人次，金额47.42万元。落实治理公路“三乱”责任制，把原来的25个路桥收费站调整撤并为17个，纠正公路“三乱”问题15宗，通过省的考核验收成为所有公路基本无“三乱”市。在食品药品监督管理部门、广播电视行业开展民主评议行风活动，满意和基本满意率分别为97.3%、97.7%。在东莞广播电视台开办“阳光热线”节目，促进政风行风建设。组织实施“十百千万”干部下基层驻农村活动，推动农村基层干部作风建设。

【源头治理腐败工作】 2005年，市纪委在全省较早全面完成了市直单位和镇（街）机关的公务用车制度改革工作，市直单位和镇（街）机关共成功拍卖公务用车2066辆，成交价总额21748.4万元，比拍卖底价总额高出25.5%，车改后平均每年公务交通费用比车改前节约28.3%。全市第三轮行政审批制度改革工作扎实推进，按计划完成了改革前期阶段的清理行政审批事项工作。继续推进财政管理制度改革，对预算单位实行全口径预算管理，对全市所有预算单位全面实行国库集中支付制度，建立“实时在线财政预算监督系统”，市人大能实时监督市财政每一笔资金的使用情况，省人大、省纪委在东莞市召开现场会对该系统进行总结推广。规范建设工程项目招标投标制度，在全市范围开展建筑领域专项整治行动，加强对建设工程招标投标活动的监督管理，市建设工程交易中心完成工程招投标383项，中标总金额59.90亿元，比预算平均下浮13.26%。修改完善土地交易的有关制度和办事流程，全市有形土地市场土地使用权招标、拍卖、挂牌出让土地46宗，成交金额26.47亿元，政府收益4.82亿元；办理土地使用权交易和交易鉴证476宗，成交金额30.93亿元，政府收益3.12亿元。健全产权交易规则和监管制度，全市产权交易中心成功竞价转让交易69宗，成交3.88亿元，比底价增值44.98%。完善政府采购制度，建成东莞市政府采购招投标服务大厅，完成市、镇两级政府采购3446项，采购金额14.61亿元，比采购预算节约2.11亿元，节约率为12.62%。进一步推行政务公开工作，全年在《东莞日报》刊登政务公开栏143期（总892期），公开的单位和镇（街）扩大到110个；《东莞市人民政府公报》发行了12期（总30期）；大力拓展电子政务，加强全市政务网站群建设，全市共有80个部门和29个镇（街）设立政务网站。扎实开展村务公开工作，设置村务公开栏1598个，召开村务发布会100多次，建立健全村务公开制度1001项，实行村务公开工作量化考核制度。全面推进各类企业厂务公开工作，全市国有（集体）企业和事业单位100%实行厂务公开；全市6952家非公有制企业实行了厂务公开。积极推行干部人事制度改革，对915名干部的任免全部进行投票表决，对599名干部进行任前公示，通过公开推荐程序选拔市直机关副职后备人选154名、镇（街）党政副职后备人选48名。

【党风廉政宣传教育工作】 2005年，市纪委在全市范围深入开展保持共产党员先进性教育活动和“理想、责任、能力、形象”教育活动，加强党的执政能力和先进性建设，增强党员干部拒腐防变能力。以“自觉接受监督、密切联系群众”为主题，集中开展纪律教育学习月活动，全市共举办专题辅导讲座10场，专题电教片放映600多场。举办第三期领导干部党纪政纪法纪教育培训班，加强对各级领导干部的反腐倡廉教育。大力开展学习贯彻《中国共产党党员权利保障条例》活动，家庭助廉教育活动，以及廉政文化活动。以反腐倡廉为主题的戏剧《局长家事》、《浓浓的米酒》分别在全国和省的评比中获奖，协助省纪委摄制的专题片《长安之路》也广受欢迎。

【党内监督工作】 2005年，市纪委落实党风廉政建设责任制，实行责任分解，明确责任单位和落实工作的目标措施；严格执行责任追究制度，对因失职渎职负主要领导责任的石碣法庭庭长彭填堆等11人进行处理。健全诫勉谈话制度，市纪委进行诫勉谈话19人（次），其中处级干部6人（次）。全市各级领导全面实行述职述廉制度，其中2005年村党支部换届前，组织全市的村主要负责人在规定范围内开展述职述廉。认真落实领导干部个人重大事项报告制度，实行领导干部家属子女出国留学、定居情况报告制度，进一步加强对各级领导干部的监督管理。健全领导干部经济责任审计制度，2005年对镇（街）和市直单位8名主要负责人进行了任期经济责任审计。

【行政监察工作】 2005年，市纪委认真贯彻行政许可法，着重加强对全市各单位贯彻实施行政许可法的监督检查，规范行政许可行为。加大查处重大责任事故力度，2005年查处重大安全生产事故3宗。加强行政效能建设，全市共设立行政效能投诉中心61个，行政机关办事效率和服务水平不断提高。2005年共受理行政效能投诉334件，已办结267件，办结率为79.94%；追究责任人员16人，其中15人被给予诫勉教育，1人被调职并扣发奖金。

【构建惩防腐败体系】 2005年，市委高度重视惩治和预防腐败体系建设，中央《建立健全教育、制度、监督并重的惩治和预防腐败体系实施纲要》、省委《广东省建立健全教育、制度、监督并重的惩治和预防腐败体系实施意见》下发后，市委结合实际制定了《东莞市建立健全教育、制度、监督并重的惩治和预防腐败体系实施办法》，确立到2007年建成具有东莞特色的惩治和预防腐败体系基本框架。市纪委及时把《实施办法》提出的工作任务和措施分解到有关的市直部门，提出了抓落实的时间进度和要求。各地各部门把贯彻落实这三个系列文件作为反腐倡廉工作的重中之重，制订实施方案，创新体制机制，推动各项工作的开展。

【要事记】 2005年5月21—22日，中央政治局常委、中央纪委书记吴官正，中央纪委常委、秘书长干以胜，中央纪委常委吴玉良等中央、中央纪委的领导，在中央政治局委员、省委书记张德江，省委副书记、省长黄华华，省委副书记、省纪委书记王华元等领导陪同下，来莞视察工作。5月30日，吉林省人大常委会原副主任任俊杰、省政府副秘书长王尔智一行来莞了解开展公务用车制度改革情况。6月6日，省人大常委会副主任李近维一行来莞进行“加强党风廉政建设，以良好党风引领政风和社会风气转变”的专题调研。6月24日，中央纪委原副书记刘丽英在省纪委常委、秘书长蒋乐仪陪同下来莞参观考察。7月8日，中央纪委监察部网上举报培训班学员来莞参观学习。7月11日，浙江省委副书记、省纪委书记周国富一行在省纪委副书记梁灿盛陪同下来莞参观考察。8月19日，省委副书记、省纪委书记王华元在省纪委副书记赵振华、省委副秘书长曹南才及省政法委、省公安厅的有关负责人陪同下来莞检查指导工作，重点了解东莞市的党风廉政建设和社会治安综合治理情况。8月28—29日，甘肃省纪委副书记樊佩君一行来莞参观考察。9月19日，黑龙江省纪委副书记杨德录、浙江省监察厅副厅长谢双成、天津市纪委常委汤海南一行来莞参观考察。11月9—24日，省委常委、常务副省长钟阳胜，省纪委副书记、省监察厅厅长江青彝率省委检查组一行来莞检查中央《实施纲要》和省委《实施意见》、党风廉政建设责任制、《党内监督条例》贯彻落实情况。（黄朝东）

**附：2005年东莞市纪委领导名录**

纪委书记：黄双福

纪委副书记：莫布兴　刘洪芳　洪讲厚

纪委常委：黄双福　莫布兴　刘洪芳

洪讲厚　陈锦洪　罗乐英

叶柏茂　何念瑶

**附：2005年东莞市监察局领导名录**

监察局局长：莫布兴

监察局副局长：罗乐英　赖鸿就　高北伦

## 民主党派

【市民革】2005年，民革东莞市委员会发展新成员3人，至2005年底，市委会共有成员45人，主要分布在医疗卫生、文化艺术和教育界，其中市人大常委1人，市政协常委、委员4人。2005年，市委会以建设“学习型”参政党为目标，开展了学习十三届五中全会、中共东莞市委十一届三次等会议精神及中央5号文精神的学习活动，不断加强党员的思想政治理论学习。同时，市委会积极为实施“一城三创五争先”战略思路及构建和谐东莞建言献策。2005年共提交提案14件，其中有1件被列为重点督办提案；提交《打击非法行医，清理非法医疗机构，保障人民群众的健康和生命》等人大议案3个；在市长会见委员座谈会、市政协构建和谐社会理论研讨会及“人大活动日”中各提交发言材料1份；参加“周末访谈”节目3期，较好地发挥了参政议政的作用。

2005年，民革东莞市委员会注重落实以人为本的科学发展观，坚持以扶助困难群体和发挥界别优势为着力点，为群众办实事办好事。同时，民革东莞市委会在医疗卫生、文化艺术和教育等方面为东莞的建设作出了贡献。此外，市委会继续开展助学活动，资助韶关市乐昌两名贫困在校大学生。（黎丽香）

**附：2005年民革东莞市委员会领导名录**

主　委：李岚生

副主委：余　毅　何环珠

【市民盟】2005年，中国民主同盟东莞市委员会（下称市民盟），下设10个支部，盟员总数135人，比2004年增加12人（其中转入8人，新入盟4人）。成员中88.8%具有中高级职称。其中，教育界87人，占总数的64.4%；医卫界13人，占总数的9.6%；其他届别占26%。有市政协副主席1人，市政协常委2人，政协委员6人，市人大常委2人，市人大代表1人，市特约四员等8人次。

2005年，市民盟积极参政议政，提案总数创历史最高。在市政协十届二次会议上，市民盟提交提案12件，比2004年增加50%，委员提案25件，比2004年增加108%，其中，《关于节约用水保护水资源的建议》、《关于大力加强东莞本地农民教育培训的建议》、《整合教育资源，加大基础教育，把东莞教育建成教育强市的建议》3件提案还被列为2005年重点提案；市政协十届一次会议上市民盟提交的提案《关于进一步加大社会治安整治力度的建议》在市政协十届二次会议上获优秀提案奖。

2005年，市民盟做了大量工作，为政协十届二次会议准备大会发言材料2份，为市长会见政协委员座谈会准备了发言材料2份，为市政协构建和谐东莞研讨会撰写论文2篇，发言总数创历史最高。同时，还积极参加有关部门组织的视察活动和周末访谈等活动。

2005年，市民盟继续为建设高素质参政党地方委员会而加强自身建设，积极参加各种政治理论学习，如学习中共十六届五中全会精神，民盟九届四中全会精神，中央5号文精神和新《国家公务员法》等；积极参加市组织部、市统战部和市社会主义学院联合举办的“东莞市后备干部培训班”的学习，市统战部举办的民主党派暑期学习班，省民盟和省社会主义学院联合举办的“民盟广东省委地方专职干部培训班”学习。通过学习，进一步提高了对《中共中央关于进一步加强中国共产党领导的多党合作制度和政治协商制度建设的意见》和《中共中央关于制定十一五规划的建议》的认识，对市民盟参加东莞多党合作和政治协商的实践和参政议政的各项工作起到了指导性的作用。

2005年，市民盟继续做好盟内三大特色活动（全体盟员活动、骨干活动，老盟员活动），增强了盟员的凝聚力；并协助广东盟省委召开地方工委（东片）会议，有10个地方盟市委领导在东莞参加了会议，会议取得了圆满的成功；2005年市民盟有8个支部到期换届，横沥支部在换届时，还组织盟内医生在大岭山进行义务诊疗活动，免费为群众提供医疗咨询，受到大岭山镇政府和群众的称赞。在日常工作中，市民盟不断关心老盟员，探望生病盟员，使他们感受到盟组织的温暖。2005年盟员获国家、省、市各项奖励共27人次。

（洪晓杨　王雪萍）

**附：2005年民盟东莞市委领导名录**

主　委：朱伍坤

副主委：黄文忠　梁永钦　李奎山

【市民建】民建全称中国民主建国会。2005年，市民建继续展开民建东莞市委的成立筹备工作，实行建章立制，完善管理，强化组织建设，提升队伍素质。全年共发展成员5人，比2004年增长10.2%；新设立一个活动小组，共4个活动小组。成员主要分布在经济界、教育界和法律界，其中，大专以上学历占92.6%，中、高级技术职称占88.9%，平均年龄46.2岁；市民建有广东省人大代表1人；有市政协十届委员5人，其中常委2人；有市“特约四员”4人。

2005年，市民建继续围绕市的中心工作和社会热点、难点问题积极进言献策，重点在“构建和谐社会”、“民营企业融资问题”、“创新我市投融资体制”等方面展开调研。在东莞市深入推进“一城三创五争先”发展战略上出谋献策。全年共向政协十届二次会议提交了12件集体提案、5件个人提案、一篇大会发言。其中，“关于在我市推广银行‘缴费一本通’便民服务的建议”、“改善民营企业融资环境，促进民营企业做大做强”两件提案被列为重点提案；向市政协十届一次会议提交的集体提案《合理利用资源，提高城区道路通车能力》被评为优秀提案。全年共有5人次参加了三期“周末访谈”节目；在“市长会见政协委员、民主党派负责人座谈会”上作题为“创新投融资体制，创建‘科技东莞’，增强我市核心竞争力”的发言；在“市政协构建和谐东莞理论研讨会”上作题为“关心外来员工，构建和谐东莞”的发言。多次参加中共东莞市委、市政府、市政协和有关部门召开的民主协商会、情况通报会以及视察活动，在“保持共产党员先进性征求意见座谈会”、“四清理”工作座谈会和“东莞十一五规划征求意见”座谈会上提出意见和建议。

为提高成员素质、建设高素质参政党，市民建以纪念民建成立60周年为契机，组织全体会员学习会章、会史以及组织全体会员到井冈山革命根据地参观学习，体会不朽的井冈山精神。12月，隆重举行“中国民主建国会成立60周年纪念大会”，回顾民建成立六十年来走过的光辉历程。（罗建锋）

**附：2005年民建东莞市委筹备组领导名录**

组　长：周楚良

副组长：陈广钊　蒋金花

【市民进】2005年，是中国民主促进会（简称市民进）成立60周年，亦是市民进取得丰硕成果的一年。全年，市民进共发展新成员7名，转入2名，转出1名。至年底，共有会员64人，大学以上学历的共有51人，占79.7%，高级职称24人，占37.5%，平均年龄44岁。市民进有特约审计员1名，教育督导员1名。市政协副主席1名，政协常委1名，政协委员3名，市人大代表1名。

2005年，市民进成员积极参议参政，向市政协共提交了13份提案，其中，《建立东莞反倾销预警机制》被选作市政协的重点督办提案，另外，2004年的《加强节约用水，建节约型社会》被评为市优秀提案。市民进副主委李勇在市政协十届二次大会上，作了题为《东莞经济发展面临的挑战与对策探讨》的发言，在11月份的市长会见政协委员座谈会上作了题为《全面构建和谐东莞的建议》的发言，并在5月12日的民进省委举办的议政调研课题论证会上作了《关注反倾销问题》论证课题。5月，莞中支部的占少云、梁聚峰、张兰等三位老师参加市政协和东莞电台举办的“周末访谈”节目，就东莞的治安问题提出自己的见解。9月，东莞市委会参与了民进省委关于非公有制经济发展文化产业情况的调研。10月25日，卢红参加了东莞市委举办的征求“十一五规划”意见座谈会。

为了让新入会的会员进一步了解本会的会章、会史，明确作为民进新会员的权利和义务，增强民主党派成员的责任感、使命感、荣誉感，提高政治素养和参政议政能力，做一个合格的民进会员。民进市委会部分领导和近两年加入的会员参加了民进省委7月18—20日在东莞桥头举办的新会员学习班，学习关于中共中央（2005）5号文的几个问题；民进与中共长期合作共事的光荣历史；新会章和民进的优良传统等。2月，李勇参加了统战部组织的党外干部学习班。为了加强后备干部队伍建设，提高中青年骨干会员的政治修养和理论水平，使其更胜任党派工作，市民进派卢红参加了6月27—30日省委在广州举办的2005年中青年骨干培训班。卢红的论文《公民的人文素质是构建和谐东莞的基础》在东莞市“构建和谐东莞”理论研讨会上被评为优秀论文。（黎清华）

**附：2005年民进东莞市委领导名录**

主　委：黎承枝

副主委：李　勇

【市农工党】2005年，农工民主党东莞市委员会（简称市农工党）有党员88人，其中医卫界为66%，科技、教育界分别为10%、12%，其他界别为11%；具有中高级职称的占总人数的86%；有农工省委委员1人，省政协委员1人，市人大代表2人，市政协副主席1人，市政协常委委员2人，市政协委员3人，市第三届特约监察员、特约检察员、特约审计员、特约教育督导员各1人。

2005年，市农工党以思想建设为核心、以组织建设为基础、以制度建设为保障进一步加强自身建设，不断增强参政党的意识和政治责任感。结合中国农工民主党成立七十五周年，举办了学《意见》学《党章》学《读本》知识竞赛活动；还邀请中共东莞市委副书记刘树基和广东省社会主义学院副教授肖莉为农工民主党全体党员分别作《东莞市全面建设小康社会与市场经济的关系》、《学习中央5号文件精神，推荐多党合作事业发展》的学习报告。

2005年，市农工党认真履行参政党职能，围绕中共东莞市委、市政府的中心工作积极参政议政，向市政协十届二次会议提交了《加强交通整治，创新发展环境》、《关于提案办理的几点意见》、《关于莞龙路扩建延伸至桥头的建议》、《再一次建议推迟中小学生到校时间，切实减轻学生负担，保证中小学生身心健康》4件提案。其中《加强交通整治、创新发展环境》和《再一次建议推迟中小学生到校时间，切实减轻学生负担，保证中小学生身心健康》提案被市政协确定为主席督办重点提案。担任市政协委员、市人大代表的农工党员提交提案、议案18件。市农工党2004年的《建议开展心理健康教育》获市政协优秀提案奖。在十届政协二次会议上，市农工党做了《加强交通整治，创新发展环境》的发言；在市长会见政协委员座谈会上，主委陈文敏代表市委会做了《高度重视东江大堤沿岸的统筹规划，建设文化风景观光长廊》的发言；市政协常委党员李光霞代表专委会做了《实施科技东莞，加快东莞科技中心的建设》的发言；市政协委员党员汪莹做了《关于加强市两级法院建设的几点意见和建议》的书面发言；在市政协构建和谐社会理论研讨会上，秘书长赫喜华代表市农工党做了《实现可持续发展、构建和谐东莞》的发言；市农工党还提交了《大力发展循环经济，建设资源节约型社会》和《关注外来工，构建和谐东莞》的书面发言。主委陈文敏、副主委赖建强、秘书长赫喜华还分别就自己提案《关于加强公共汽车和出租车管理的建议》、《关注外来工生殖健康和教育》、《发展循环经济，建设节约型社会》等内容参加了市政协举办的《周末访谈》电台直播节目，与有关职能部门的同志一起展开了热烈的讨论，并接听解答群众热线电话。

2005年，市农工党积极鼓励党员钻研课题。农工党员在省、国家级刊物（会议）上发表论文30多篇；在省、市科技多项科研课题立项并获奖；多名农工党员被评为先进工作者。（赫喜华）

**附：2005年农工民主党东莞市委会领导名录**

主　委：陈文敏

副主委：赖建强

【市致公党】2005年，中国致公党东莞市支部委员会有成员41人，其中归侨7人，侨眷侨属9人，港澳台属5人，少数民族1人，其他有海外关系19人；具有中高级职称32人，平均年龄43.6岁，大部分成员分布于教育界和科技界。成员中现任市政协常委1人、政协委员4人、市特约检察员1人、市侨联委员会顾问1人、市政府采购监督员1人、市食品药品执法廉政监督员1人。

2005年，围绕中共东莞市委市政府提出的“一城三创五争先”的工作思路和实施“科技东莞、商贸东莞、平安东莞、创业东莞”四项工程的战略部署，支委会组织全体成员积极参政议政、建言献策，共提交提案17件，其中集体提案6件，个人提案11件。其中集体提案《关于建立房地产交易服务中心规范房产交易的建议》、《关于进一步加强对外来务工人员工伤及职业病防治、救助的建议》和黄蔚然个人提案《规范和完善物业管理，创建和谐平安东莞》获市政协2005年度优秀提案奖。在市长约见政协委员座谈会上，支委会领导作了“调动一切力量，共同创建平安东莞”的发言。支委会还组织部分成员参加市电台“周末访谈”栏目，就“食品安全”、“公民意识教育”等问题进行探讨、出谋献策。

2005年适逢中国致公党成立80周年，支委会在市博物馆举办了以“同舟共济、致力为公”为主题的图片书画展，出席揭幕仪式的有致公党广东省委副主委吴毅、市政协主席袁李松等省市有关单位领导及嘉宾、成员约90人。

中国致公党是以归侨、侨眷中的中上层人士为主组成的政党，具有鲜明的“侨”字特色。做好海外联谊工作，联系、团结广大侨眷，是致公党的重要工作之一。2005年，市致公党通过各种形式接待来访海外亲友、华侨、外宾、港澳台同胞共100多人次，成员出国出境探亲访友、参观考察、交流学习10多人次。主委戴松林随以副市长张顺光为团长的东莞代表团参加在香港举行的“第三届世界广东同乡联谊大会”，成员毛艳姣参加在马来西亚举办的“亚太文化财富论坛暨2005年亚太最具创造力华商领袖颁奖”典礼。

2005年，支委会成员在省、国家级刊物上发表论文、文章共10多篇，获得各类奖项10多项，其中成员陈树良获得“全国先进工作者”称号，黄蔚然被致公党省委评为“优秀党员”，罗晓虹论文“东莞市区土壤酸雨污染特征分析及控制”获中国环境学会“六五世界环境日优秀论文奖”，冯炎红执教的1500米和5000米长跑项目，获“省大学生冬运会”男、女第一名的成绩，等等。

（郑燕娟）

**附：2005年致公党东莞市支部委员会领导名录**

主　委：戴松林

【市九三学社】2005年，九三学社东莞市委会新发展6位成员，正高职称1人、副高职称2人、中级职称2人，市委会机关1人。2005年底，九三学社东莞市委会共有成员56人，其中，工程技术界27人，占48.22%；医药卫生界13人，占23.21%；高等教育7人，占12.50%；政府机关4人，占7.14%；新阶层及其他界别5人，占8.93%。高级职称44人，占78.57%；有市人大代表1人（担任人大常委会副主任），省政协委员1人，市政协委员4人，其中常委1人。担任市特约四员3人。

自身建设方面　2005年，市委会加强理论学习，及时学习重要文件、重要会议精神。围绕《中共中央关于进一步加强中国共产党领导的多党合作和政治协商制度建设的意见》文件精神等开展专题学习活动。市委会正、副主委参加“东莞学习论坛”报告会、民主党派暑期座谈会等活动，并及时向全体社员传达精神，促进学习。主委吕兢在民主党派负责人暑期座谈会上作题为《正确认识民主党派的性质 建设新时期合格的参政党》的发言。

2005年，市委会以促进团结、和谐，提高参政议政热情和能力为基点，组织全体成员活动6次，包括迎春联欢活动；惠州参观学习活动；东莞市“两会”精神传达活动；松山湖参观学习活动；河源学习考察活动；重庆参观考察活动等。

参政议政方面　2005年，市委会发挥自身优势，积极参政议政。在中国人民政治协商会议东莞市第十届二次会议上，市委会向大会提交提案11件，其中《建立多种形式人民调节组织 齐心合力构建和谐东莞》被列为主席督办的重点提案。副主委何镜清在政协全会上作题为《创新发展环境 构建和谐东莞——关于我市出租屋和租住人员管理的建议》的大会发言。市委会举办两期市政协和东莞电台的“周末访谈”节目，分别就东莞中医药事业发展和素质教育开展进行讨论。在“市长会见政协委员座谈会”上，副主委王旭珍作题为《科学规划 积极引导 促进“商贸东莞”健康发展》的发言。在市政协“构建和谐东莞理论研讨会”上，副主委王旭珍代表市委会作题为《促进农村经济可持续发展的几点思考》的发言，市政府、市政协的领导对市委会的发言给予高度评价。此外，副主委何镜清参加中共东莞市委关于征求《中共东莞市委关于制定全市国民经济和社会发展第十一个五年规划的建议》意见的座谈会和副主委王旭珍参加《人民政协报》贯彻五号文采访座谈并作发言。副主委何镜清参加了市政协“坚持和完善共产党领导的多党合作和政治协商制度，促进各政党、各阶层、各团体、各组织等方面关系的和谐”专题座谈会。

社会服务方面　社员立足本职，在科技、医卫、教育等战线上为东莞的建设作贡献。副主委何镜清被评为107名“全国优秀律师”之一；周爱军受聘为“世界中医药联合会肝病专业委员会”理事、广东省康复医学会理事；杜鑫静写的《初中生诚信状况调查对科学教育的启示》一文获得2005年中国科技辅导员协会论文评比一等奖，并收入中国科协2005年学术年会论文集；李建云在东莞电视台“东华名医”专栏节目作“牙周病的预防和治疗”专题讲座。其次，市委会响应社中央、社省委第十七届“国际科技与和平周”活动号召，组织医务人员和东莞东华医院合作，到广东省龙门县龙江、左塘两个镇进行大型义诊活动，受到当地群众的欢迎和好评。

（鲁　宇）

**附：2005年九三学社东莞市委会领导名录**

主　委：吕　兢

副主委：何镜清　王旭珍

## 市总工会

【保持共产党员先进性教育活动】2005年，市总工会机关把先进性教育活动作为加强自身建设的一项重点工作来抓。在教育活动期间，对机关工作人员进行职位轮岗，制订机关各部室工作计划，建立12项机关内部管理制度，完善工会财务和经费审查制度，召开全市建设职工之家现场会、党建带工建工作会议、厂务公开民主管理工作培训班，举办“五一”节系列纪念活动等，使教育和工作“两不误、两促进”，党员的综合素质明显提高，机关的战斗力明显增强。

【镇（街道）总工会建制全面完成】2005年11月3日，市总工会在石龙镇举行全市镇（街道）总工会成立大会，省人大副主任、省总工会主席汤维英，市委书记、市人大常委会主任佟星等省市领导参加揭幕仪式。2005年，镇（街道）工会全面改为镇（街道）总工会，村工会改为村工会联合会，走在全省和全国的前面。

【工会组建力度加大】2005年4月，市总工会与市委组织部联合在长安镇召开党建带工建工作会议，部署新一轮工会组建。各镇（街道）以此为契机，加大力度，对组建对象进行排查摸底，有计划地开展工会组建工作。一年来，全市新建工会组织1474家，新发展会员16.8万人。截至年底，全市已建工会组织20262家，会员258.2万人。

【“职工之家”创建】2005年3月，市总工会在横沥镇召开全市建设“职工之家”现场会，营造建家工作的良好氛围。各镇（街道）、局（总公司）工会积极行动，把建家活动作为一项重点工作来抓，召开动员会，制订实施方案，完善工作制度，开展检查验收。一年来，全市验收为“合格职工之家”的基层工会有998家。横沥联志玩具厂等3个单位荣获“全国模范职工之家”称号，东江水务公司工会工程部工会小组等3个工会小组荣获“全国模范职工小家”称号。

【开展“员工满意企业”活动】2005年，市总工会组织各镇（街道）结合实际有计划、有步骤地开展“员工满意企业”活动。众多镇（街道）评选工作已形成了制度，既抓新评企业，又对已评企业进行复评，提高员工满意企业的质量。一年来，全市有8681家企业开展了此项活动，已验收挂牌的有2099家，全市已挂牌的企业达3900家。

【推行厂务公开民主管理】2005年4月，市总工会在横沥镇举办两期全市厂务公开民主管理工作培训班，组织1800多名镇、村、企业工会干部现场培训，推广横沥联志和长安美泰两家企业的厂务公开工作经验。据不完全统计，全市开展厂务公开的非公有制企业有6952家，公开面占已建工会企业数的50.6%，使职工的知情权、参与权得到较好的落实。

【推进依法维权工作】2005年，市各级工会围绕职工最关心、最直接、最现实的利益问题，主动维权、依法维权、科学维权。一是积极推进平等协商签订集体合同工作，规范企业劳动关系。全市签订集体合同的企业有14679家，覆盖职工188.9万人。二是积极协调劳动关系，化解各类劳资矛盾。劳资纠纷做到及时发现、有效控制、妥善处理。全年各级工会共调解处理劳资纠纷6000多宗，全市发生的劳资纠纷案件比上年明显减少。三是积极开展《劳动法》、《安全生产法》执法检查。对企业存在的无故克扣工资、漠视安全生产和劳动保护、侵犯职工人身权利等侵犯职工合法权益的突出问题坚决予以纠正。四是积极加大维权工作的宣传力度。举办《广东省工资支付条例》活动、外来工权益宣传咨询系列活动、不同形式的劳动安全和职业病防治知识培训班、讲座、专题报告会等，提高职工的自我保护意识。

【解困和帮扶工作】2005年，市各级工会尽心竭力为职工解难事，特别是对困难职工的帮扶；市、镇（街道）工会困难职工帮扶中心及企业职工互助基金会，对困难职工实施不同形式的帮扶活动，在做好城镇职工帮扶救助的同时也把外来员工纳入帮扶救助范围。一年来，全市各级工会共帮扶困难职工18092人，金额达638万元。为解决特困职工家庭子女读书难问题，市总工会号召各级工会开展“金秋助学”帮扶活动，共帮扶特困职工家庭198户，发放助学金166.7万元；建立工伤探视制度，对因工致伤的职工进行慰问；对患大病、重病的职工和劳动模范予以慰问，共慰问51人，金额达23.4万元。

【组织“五一”节等系列活动】2005年，市总工会抓好“五一”节庆祝活动，4月27日举行全国劳模赴京欢送会；28日上午举行有500多名各界劳动者参加的庆五一茶话会；28日晚举行庆祝五一国际劳动节暨劳动模范颁奖晚会，歌颂劳动者的光辉节日等。一年来，各级工会举办了许多有自身特色的工会活动，如组织企业参加“永远跟党走”大合唱活动；开展“创建学习型组织、争做知识型职工”活动；开展“百万职工魅力新东莞游”活动；组织企业外来员工开展“读书学习，争做新东莞人”演讲比赛活动；承办广东省“粤港澳”安全知识选拔赛活动；动员全市1100家企业、60多万职工开展“安康杯”竞赛活动，长安集团公司和联志玩具礼品公司获得全国优胜企业；开展以经济技术创新为主要内容的劳动竞赛活动，抓好劳模评选，弘扬劳模精神，通过新闻媒体加大对劳模和先进集体事迹的宣传报道，营造学赶先进的良好社会氛围。

【办好工会专版】2005年，市总工会坚持办好《东莞日报》工会专版，报道工会工作的动态和经验，宣传劳动法律法规和工会工作知识，成为东莞市工会宣传教育的一个重要平台和窗口。围绕每个阶段工会的重点工作和职工的热点问题编辑出版工会专版，坚持每月一版一专题，全年共编辑专版12期。

【加强工会自身建设】2005年，市总工会完成市工会女职工委员会换届工作，充实市女职工委员会；召开有600名劳动模范参加的市劳模协会会员大会，产生市劳模协会第二届理事会；完成劳模档案管理软件的研发工作，对全市劳动模范进行重新核实和登记；以市委文件转发市总工会贯彻尉健行年初视察东莞讲话精神的实施意见，推动工会工作发展；市总各部室切实转变工作作风，加强调查研究，对本部室业务工作开展专题调研，共完成调研报告12份、情况汇报18份；市总机关对历年档案资料进行全面清理和升级达标，加强工会基础工作；增设“经费审查办公室”；经过市总工会的协调和筹备，香港工联东莞咨询服务中心于2月8日挂牌成立。“五一”前夕，市总工会机关被全国总工会授予“全国模范职工之家”光荣称号，是2005年全国唯一一个获此殊荣的地级市总工会。（郭富春 陈伟鹏）

**附：2005年东莞市总工会领导名录**

主　席：许美君

常务副主席：马凤彪

副主席：张盛昌　黎卓荣

## 共青团市委

【概况】2005年，东莞市有共青团员134830人，占全市14至28周岁青年总数的25.2%，其中，学生团员为93358人，占总数的69.2%；有基层团委187个，其中，一级团委67个，镇区团委32个，厂局团委19个，市属学校团委18个；二级团委120个，学校团委74个，新经济组织团委18个；基层团总支748个，团支部3757个；推优3584人，推优入党1535人。在2005年，东莞市团系统获得了多个奖项。在集体奖项上，团市委被市委、市政府评为“2005年度市直机关先进单位”，东城职业中学团委被团中央评为“全国五四红旗团委”，万江区拔蛟窝社区被团中央、民政部、建设部和国家工商行政管理总局评为“全国青年文明社区”，长安集团公司团委、常平镇团委、塘厦镇团委、电信局团委被团省委评为“广东省五四红旗团委”，莞城区东正社区团支部被团省委评为“广东省五四红旗团支部标兵”，长安镇品质电子制造厂团总支、虎门镇政府机关团支部、万江区中心幼儿园团支部、市公安局收容教育所团支部、市电信局城区分局团支部、厚街医院团总支、茶山自来水公司团支部被团省委评为“广东省五四红旗团支部”；同时，也取得了很多个人奖项；郭东林被团省委授予“广东青年五四奖章”，梁国沛被团中央授予“全国优秀共青团员”称号，曾伟明、香晓棠、袁灿怀、梁肇兵被团省委授予“广东省优秀团干部”称号，吴静雯、陈建华、徐健强被团省委授予

"广东省百优团支部书记"称号，叶慧贤、马千里、方志权、林宇川、曾燕文、陈晓龙、章希凡、刘仁恭被团省委授予"广东省优秀共青团员"称号。

【"青春暖流"系列活动】 2005年，团市委、市青志协在常平镇启动了"青春暖流"情系外来青工行动，并于1月5日在火车站、汽车站设点为外来青工提供交通信息咨询，帮助运输部门维持秩序，争取安排外来青工返乡专列和长途专线汽车等服务。1月20日，团市委联合有关部门在东莞东站进行2005年"青春暖流"行动启动仪式暨优秀外来青工专列出发仪式，拉开了全省各级团组织开展"青春暖流"行动的序幕。团中央书记处书记杨岳、团省委书记邓海光、市委副书记李毓全、团市委书记李庆新等领导为专列揭牌并为外来青工送行。杨岳书记、邓海光书记等领导还在市委常委、市委秘书长何嘉琪陪同下到常平镇南新塑胶厂慰问生产一线的外来青年员工。"青春暖流"行动中，全市各级团组织还为外来工开通文化直通车、健康直通车和普法维权直通车，开展丰富多彩的文化活动和提供各种医疗等服务。整项活动持续了1个多月，共为外来青工服务30多万人（次）。

【共青团东莞市第十四届二次全委（扩大）会议】 2005年2月3日，团市委召开第十四届二次全委（扩大）会议，来自全市各镇区、厂局、市属学校的团委书记超过100人参加了会议。市委副书记李毓全出席会议并作重要讲话，肯定了团市委在2004年工作中取得的优异成绩，并寄语东莞共青团和广大团员青年要昂扬志气、增强底气、体现大气。在会议上，团市委书记李庆新也作了题为"全面实施'重镇强村、活支兴团'战略，与时俱进推动全市共青团工作新发展"的专题讲话。团市委的全体委员讨论并通过了《关于全面实施"重镇强村、活支兴团"战略，为加强党的执政能力建设服务的决定》，会上，还表彰了一批2004年度共青团工作先进单位和优秀基层团干部。

【全市学校团委集中换届选举】 2005年3—5月，全市学校团委进行了集中换届选举工作。根据《团章》和《中国共产主义青年团基层组织选举规则（暂行）》的规定，到期换届的学校团委有54个，其中，52个参加了此次集中换届，另外2个由于特殊原因推迟换届。换届后教师团委委员共有213人，增加了44人，增幅为26%，副书记61人，增幅为69.4%，班子成员的平均年龄由换届前的29.2岁下降到27.3岁，下降了1.9岁，本科学历比例提高了7.5%。本次集中换届优化了学校团委的班子成员结构，增强学校团组织的创造力、凝聚力和战斗力，促进了全市学校团工作的全面发展。

【举办多种活动】 2005年，团市委继续深入推进创"号"争"手"活动，并取得了很好的成绩。3月28日，团市委、市创"号"争"手"领导小组命名表彰64个青年集体为"东莞市青年文明号"，授予119名青年"东莞市青年岗位能手"称号，激励青年集体和青年投身创"号"争"手"活动，推动全市四项工程建设的蓬勃发展。11月，团市委以增强团员意识、岗位创新成才为主题，在各行业、市属厂、局中广泛开展技能大赛、技能培训、岗位能手和岗位技能展示活动，安排和布置开展青年岗位能手技能大赛活动。2005年4月30日，团市委、市青联联合市文明办、东莞日报社、东莞广播电视台主办的"青春东莞，魅力新城"——军地青年五四大型歌会在东莞市体育中心篮球馆隆重举行。佟星、刘志庚、袁李松、李毓全、冷晓明、张顺彩、刘洪芳等市几套班子领导和驻莞部队的领导出席了歌会。全市各基层团组织青年代表、市青联委员、市青企协会员、历届杰出青年、港澳青年代表等5000多人现场观看了歌会的精彩表演。东莞电视台并进行了全程现场直播。演出以丰富多彩的文艺节目，展示了当代青年朝气蓬勃、奋发向上的精神风貌。

4月30日—5月7日期间，团市委在绿色世界组织了以"教育"和"欢乐"为主题的东莞青年欢乐节。有来自全市32个镇区超过3万名青年参加了欢乐节，欢乐节通过青年才艺表演，青年文化作品展示，知识竞赛等一系列特色鲜明、主题突出、构思新颖的活动，为东莞外地和本地青年提供了一个展示风采、进行文化交流、接受"爱国、守法、诚信、知礼"现代公民教育的平台，搭起了一座健康、文明的交友桥梁，增强各界青年特别是外来青年对东莞的认同感、归属感和自豪感。

"六一"节前后，东莞市各级共青团和少先队组织开展书画摄影展、手抄报展览、合唱比赛、游园、拔河比赛、颁奖大会、文艺演出等一系列形式多样、丰富多彩的庆祝活动，少先队员们以新世纪主人翁的风貌欢度了属于自己的"六一"儿童节。

在暑假期间，团市委、市关工委联合开展2005年东莞市大学生暑期实践行动。本次行动得到各基层团委的高度重视，其中，清溪镇和石排镇团委还召开了创业实践行动动员大会，邀请了省市镇领导为大学生作了动员讲话。这次大会取得了好的成效。全市2.3万多名在校大学生中有近1.3万人参加了此项活动，其中，有4500多名大学生到企业、农村基层进行为期两周至一个月的劳动实践，有9500多名大学生参加了130多场创业讲座或企业家访谈，有2500多名大学生参加了专题社会调研，形成调研报告471篇，提出建议共2200多条。这项活动取得圆满的效应，使学生满意、家长乐意。还得到了企业支持，社会认可。全市各基层团委还通过积极探索，积累了许多宝贵的经验和做法。

6月12日，由团省委、省维稳及综治委预防青少年违法犯罪工作领导小组联合主办，团市委、市禁毒办承办的2005年广东省青少年"拒绝毒品、共建和谐"宣传教育活动在虎门镇林则徐纪念馆拉开序幕。省委政法委副秘书长、省禁毒办主任陈少波，团省委副书记王晓，市委副书记、政法委书记张继雄，市政法委副书记、市禁毒办主任袁万荣，团市委书记李庆新等领导出席了活动。来自虎门、长安、厚街等镇区的800多名外来青工和青少年学生参与了拒毒集体签名，并参观禁毒知识图片展和禁毒现场咨询等活动。

7月21日，团市委、市少工委联合组织樟木头、黄江等10个镇区的400多名少先队员、到宝山75234部队开展为期一天的少年军校少先队军事夏令营活动。本次活动主题为"挑战自我，争当小军人"少年军校少先队军事夏令营活动。通过开展主题教育，参观团史馆，观看军体操表演，进行军事游戏和实弹射击等活动；培养青少年艰苦奋斗的精神，进一步提高青少年的思想道德水平和增强青少年的爱国情怀。

8—10月，团市委承办东莞市首届读书节系列活动之一的"读书格言征集和读书格言书法比赛"活动。全市共有53629人次参与本次活动，其中有35168位青少年学生和4695位社会人士参与了各镇区格言征集分组赛，通过分组赛，团市委评出青少年组191条，公开组85条优秀格言作品进入全市比赛。有10104位青少年学生和3662位社会人士参与各镇的书法选手选拔赛，有92名青少年学生和72名社会人士进入全市的集中比赛。整个活动规模宏大，场面热闹，取得了良好的社会效应。

9月，按照团中央的统一部署，团市委在全市开展了以学习实践“三个代表”重要思想为主要内容的增强共青团员意识教育主题教育活动。全市各级团组织围绕增强意识、健全组织、活跃工作的要求，周密部署、狠抓落实，精心组织了“举团旗、戴团徽、唱团歌、学团章、交团费、过团日”、“18岁成人宣誓”、“我为团旗添光彩”、“我是团员我光荣”和“我优秀我入团，我入团我更优秀”等一系列贴近团员青年实际的主题活动，共有11多万团员和4000多个基层团组织参加了这次活动，通过这一次活动，团员意识得到了很大的提高。

10月13日是中国少年先锋队建队56周年，全市各少先队组织开展国旗下的讲话、队知识竞赛、中队主题会、演讲比赛等形式多样、丰富多彩的纪念活动，以自己独特的方式庆祝少先队的节日。在纪念少先队建队56周年之际，团市委、市教育局和市少工委联合授予莞城区少先队总部等12个单位为“东莞市先进少先队总部”；万江区少先队总部等20个单位为“东莞市达标少先队总部”；虎门镇沙角小学少先队大队等38个单位为“东莞市少先队红旗大队”；授予邓紫琪等10名同学为“东莞市十佳少先队员”称号；授予祁晓怡等100名同学为“东莞市优秀少先队员”称号。

10月18日是市第十个18岁成人宣誓教育活动日，全市各所学校在团市委、市教育局、市青联和市学联的布置下，围绕“实践青春誓言，共建和谐东莞”的主题，在18岁青年中广泛开展青春誓言、青春寄语征文、读书格言征集、科技创作、才艺展示、保护母亲河、志愿者服务等一系列的活动。通过活动，切实加强广大青年学生的爱国主义教育和公民责任意识教育。会议设置了南城、东城、万江、长安、石龙和莞城一中、实验中学等7个示范会场，其他镇区为分会场。开展了形式多样、丰富多彩的教育活动。

11月3日，团市委召开全市“两新”组织团建工作座谈会，决定在全市“两新”组织中深入开展争创“百号千手”（即评定和授予100个“青年文明号”、100名“青年岗位能手”）活动。这次活动以“百号千手进两新，和谐共创新业绩”为主题，分市、镇两级进行。活动的主要目的：力求达到展示风采、促进发展、服务青年、活跃工作。活动的基本原则是坚持党建带动，借势推进；坚持青年为本，促进生产；坚持分类指导，循序渐进；坚持典型示范，广泛参与；坚持大胆创新，务求实效。活动分宣传动员、组织创建、总结表彰三个阶段进行，共历时4个月。

2005年是郑和下西洋600周年，为此，团市委、市少工委和东莞海事局联合举办“认识海洋、了解海事、热爱祖国”等一系列青少年爱国主义教育活动。在活动启动仪式上虎门镇中心小学十佳少先队员易慧同学向全市广大青少年儿童宣读了“拥抱蓝色国土，建设海洋强国”的倡议书，随后《少先队员》杂志还聘请了东莞市110名“十佳百优”少先队员为红领巾小记者，并在仪式上向代表颁发了小记者证。活动仪式结束后，少先队员们登上了海事执法船，进行海事执法观摩，随船对东莞市沿海海域进行执法巡航，了解水上交通安全监督管理的手段和范围，加深对海事管理重要性的认识。随后，少先队员们还参观沙角部队，观看了该部队的军营荣誉室并观看军队操表演。通过这次活动，使少先队员们增进海洋意识，激发广大青少年的爱国热情。

12月10日，团市委和市学联组织全市学校团委主要骨干和学生会主席近300人到宝山部队开展“军团旗、青春情”——2005年东莞市学生团干培训班暨军事日。当天，团市委还聘请参加活动的学生团干为“东莞市青少年网”特邀通讯员，并颁发了通讯员证。同时举行重温入团宣誓仪式，深化团员青年对“我优秀我入团，我入团我更优秀”的感性认识。通过活动，让同学们进一步了解共青团知识和国防知识，体验军事生活，激发了学生的爱国热情，引导他们为建设经济强市、文化新城和和谐东莞而努力奋斗。

12月12日，团市委、市青联组织全市各界青年代表开展了“了解海洋、认识海事、热爱祖国”主题海事活动。活动中，青年代表参观了沙田镇城市建设、虎门港港口建设，了解东莞未来的发展，并乘坐海事执法船，前往广州南沙港，参观全国目前最大的一艘海事巡逻船——“海巡31”船，一睹“海事航母”的风采。青年代表还与船上官兵开展联谊交流活动，并向“海巡31”全体官兵赠送了一批书籍，以丰富官兵的文化生活。

2005年12月，团中央、教育部、公安部、全国少工委举办了“中国少年儿童平安行动”，东莞市塘厦第一小学荣获“平安校园（社区）”组织奖，寮步实验小学少先队大队辅导员廖道本老师获“平安使者”称号，常平中心小学任嘉琪同学被授予“平安好队员”称号。该次活动对引导广大少年儿童提高自护意识，增强自护本领，引导全社会关注和预防少年儿童受到意外的伤害，共同营造少年儿童健康成长的良好社会氛围有很大成效。

**【青年志愿服务】** 2005年3月，是“青年志愿者统一行动月”，团市委牵头开展多种丰富多彩的青年志愿服务活动，共有5000多名青年志愿者为10多万群众提供志愿服务。3月9日，团市委以“为同一条河，献同一份爱”为主题开展了保护母亲河团队活动，引导广大青少年关注东莞生态环境，共同建设绿色家园。在植树节前后，团市委组织全市共1万多名青年志愿者、团员青年植树近10万株。

2005年12月5日，是第20个“国际志愿者日”，结合2006年是东莞市志愿者行动实施10周年，团市委、东莞志愿者协会，集中开展“志愿东莞，共创和谐”的主题活动，深入街道社区、工厂企业和公共场所，开展扶困助残、晚会表演、环保节约、普法宣传、便民服务、志愿者宣誓仪式等活动。

**【青年对外交流】** 2005年4月，团市委组织青志协与澳门青年志愿者协会联合开展莞澳青年志愿者交流活动，50名莞澳青年志愿者组成帮教团到东莞监狱开展帮教活动，并与服刑人员签订帮教协议和进行联欢交流。另外，在4月上旬，台湾高雄市西子湾国际青年商会一行16人，在会长陈俊男的率领下来莞参访。团市委书记李庆新主席和陈俊男会长代表两会签订缔结友好的《缔约书》并互换纪念品。5月中旬，“粤苏4+4青商合作联盟”在江苏江阴市隆重举行峰会，团市委副书记陈慧贞率东莞市青年企业家代表参加了峰会，推动经贸互动，促进人才与项目、技术、信息、资金的多元对接，为推进泛珠三角的区域经贸合作迈出了关键性的一步。6月末至7月初，团市委组织全市青年学生参加“爱我中华——两岸四地青年大汇聚”文化科技探索之旅交流活动。7月15日，团市委与粤港青年举行交流促进会并在市会议大厦主会场举办《燃点青春创未来，成功密码讲座》，全市共有基层团干部和香港青年1300多人参加学习。全国政协委员、中华全国青年联合会副主席黄英豪，全国政协委员、广东省青年联合会副主席、粤港交流促进会主席龙子明分别就目标为本、团队精神作专题演讲。11月10日，东莞市青联与茂名市青联签订缔结友好协议，进一步推动两市青年在经济、文化、科技等领域的交流与合作。11月中旬，团市委、市青联、市学联组织中学生代表赴港参加“认识祖国，认识香港”中学生交流活动，12月底，组织20名学生运动员参加在香港举办的为期3天的心系奥运——首届两地青年学生“同一颗心”田径运动会。

【清明祭扫活动】2005年是红军长征70周年、抗战胜利60周年，为此，在清明前后，团市委、市教育局和市少工委联合组织全市中小学生广泛开展“继承先烈志，弘扬中华魂”清明祭扫活动。塘厦镇团委、东莞理工学院和莞城中心小学等分别结合当地实际，组织学生到塘厦革命烈士纪念碑、大岭山烈士园和人民公园等爱国主义教育基地进行祭扫活动，并重温了入团、入队誓词。长安镇团委开展“纪念抗战胜利60周年，缅怀革命先烈”主题团队活动，组织学生团员和少先队员登录“中华人民抗日战争纪念馆”、“血铸中华”和“民族魂”等网站，以敬献鲜花和留言等形式凭吊革命先烈。据不完全统计，清明前后，全市共有30多万名少先队员、团员学生参加了慰问烈士家属、国旗下讲话、召开主题班会、出版专题宣传栏黑板报等各种形式的纪念活动。

【“显爱心”工程】2005年4月中旬，市青联、市学联、市少工委和市邮政局联合开展“百万青年念亲恩，构建和谐显爱心”活动，印发40万张爱心明信片，免费向全市青少年和外来青工派发，并向全市青少年发出倡议，希望广大青少年以一张明信片、一束鲜花、一声问候、一句祝福等多种方式，感谢母亲，做一名“爱国、守法、诚信、知礼”的现代公民。倡议书得到了各大中小学青少年和外来青工的积极响应，全市有206间学校32万多名学生和近8万名外来青工积极参与活动，向母亲寄去一份节日的问候和祝福。

【东莞市十佳十杰青年协会成立】2005年4月26日，由共青团东莞市委、市青联、市文明办、东莞日报社、东莞广播电视台联合主办的第八届“东莞市十大杰出青年”评选活动评选结果揭晓。方克洪、古松英、苏卫东、李国根、陈艳芳、陈晓慧、黄志和、梁惠权、程发良、蔡达标从148名申报人、20名候选人中脱颖而出，成为第八届“东莞市十大杰出青年”。构建和谐东莞是本次评选活动的新内涵。评选活动强调青年融洽，和谐共处，突出开放性、包容性和广泛性，从而使青年和谐作为构建和谐东莞的一项新内容。本次活动，凸显出两大亮点，一是东莞首次将“十杰”和“十佳”两项评选合二为一，统称“东莞市十大杰出青年”评选，外地青年和本地青年一样参评“十杰”；二是一改过去由单位或人民团体推荐的单一方式，增加了个人自荐的推选方式。据不完全统计，通过各种方式参与评选活动的市民达70多万人次。4月下旬，东莞市杰出青年协会成立，该会是在共青团东莞市委和东莞市青年联合会领导下的由东莞市历届十杰十佳青年自愿结成的群众组织。市杰出青年协会的成立将为更好地团结、凝聚青年，进一步发挥杰出青年的榜样示范作用，为东莞经济社会发展作出积极的贡献。

【倡导就业创业新风】2005年，为配合市委市政府实施“创业东莞”工程，6月18—19日，团市委、市青联、东莞广播电视台、市青企协、市杰青协会、市青志协和市学联举办首届东莞市青年就业创业交流招聘会暨首届青年兼职就业招聘会。市委常委、常务副市长冷晓明，市关工委常务副主任黄沛伦等领导出席了开幕式。团市委把招聘会与推进农村青年就业、实施大职中学生创业实践行动、内地农民转移就业等结合起来，着力从五个方面倡导青年就业创业新风。一是着力营造就业创业氛围。本次招聘会为两天，共有816家企业提供超过1.32万个就业岗位。其中，兼职岗位1200个，共有4.3万人次入场，成功应聘者近万人，而且所有兼职岗位全部招聘完毕，创下了基业人才市场参会企业数和提供就业岗位数、成功招聘数的最高记录。二是着力转变就业创业观念。团市委以《就业·创业·未来》为主题，联合莞视论坛节目，举办青年企业家创业论坛，邀请青年企业家及人力资源专家用个人创业经历、成功心得、人生感悟来“现身说法”，与求职青年对话，激发求职青年的就业信心和创业热情。三是着力提升就业创业技能。团市委一方面组织编印了《东莞青年就业服务手册》5000册和《东莞青年企业家创业访谈》10000册，免费印发给广大青年，帮助广大青年了解就业相关政策，掌握求职对策，提升就业技能；另一方面，举行了两期“东莞青年就业创业大课堂”，邀请著名企业的人力资源部资深专家作报告。以青年成功应聘和失败应聘的个案进行分析，讲解求职技巧及如何端正求职心理等问题。四是着力拓宽就业创业渠道。团市委将暑期兼职推向市场，改变以往计划式安排的做法，让青年到人才市场为自己暑期实践作安排，促进创业就业市场化。五是着力激励企业支持青年就业创业。全年，团市委只表彰30家“东莞市支持青年就业工作先进企业”，激励全市广大企业不断开辟更多的就业岗位，帮扶青年就业创业，为促进青年在就业创业中成长成才，营造良好的外部环境。

【召开“重镇强村、活支兴团”战略交流研讨会】2005年6月27日，团市委在东莞市万江区召开“重镇强村、活支兴团”战略交流研讨会，就当前全市共青团组织如何深化“重镇强村、活支兴团”战略，进一步巩固党执政的青年群众基础作了专题研究和探讨。团省委组织部部长陈毅军、团市委书记李庆新、万江区党委书记陈志超等领导参加了研讨会。这次研讨会，有来自全市各镇区、厂局和市属学校团委书记，十四届团市委委员、候补委员和部分基层团组织负责人共80多人参加。

【举办全市基层团干培训班】2005年7月15日，团市委举办全市基层团干培训班，着力以共产党员先进性教育活动为动力，推进团的工作，深入实施“重镇强村、活支兴团”战略。市委组织部副部长、市委先进办副主任欧阳贵有和团市委书记李庆新分别作辅导报告。全市一级团委书记、各镇区学校团委书记、少先队总辅导员、各村团（总）支部书记和市直属机关各团（总）支部书记共800多人参加了培训。

【市长与青年企业家座谈会】2005年8月10日，团市委、市青年企业家协会联合举办“市长与青年企业家座谈会”。会议由团市委书记李庆新主持，市委副书记、市长刘志庚与全市40多名青年企业家协会会员代表进行亲切座谈。会上，刘志庚市长介绍了东莞经济发展形势和民营企业发展情况，并勉励青年企业家们要抓住机遇，积极创业，为建设现代制造业名城作出贡献。青年企业家代表还与市长就引进人才、留住人才，政府服务等多方面交流了意见和建议。

【东莞市青年企业家协会第三次会员大会】2005年8月10日，东莞市青年企业家协会第三次会员大会隆重举行。全市180多名青年企业家和镇区团委书记参加了会议。团市委书记李庆新，副书记陈慧贞、叶淦奎和市民间组织管理中心副主任汤建辉等领导出席了会议。会议听取并审议了第二届理事会工作报告，修改并通过了《东莞市青年企业家协会章程》，选举产生了第三届理事会，并发出《青年创业行动倡议书》。在第三届一次理事会议上，选举产生第三届理事会会长、副会长、秘书长。李旭亮当选为新一届理事会会长。在东莞市青年企业家协会举行成立十五周年志庆暨第三届理事会就职典礼上，市委常委、常务副市长冷晓为新当选的正副会长颁发当选证书。

【东莞市青联第四届委员会第一次全体会议】2005年9月15日，东莞市青年联合会第四届委员会第一次全体会议隆重召开。市领导袁李松、李毓全、冷晓明以及省青联、市妇联领导出席了会议，对会议的胜利召开表示了热烈的祝贺，高度评价了五年来市青联工作取得的显著成绩，指明全市青联工作的发展方向，并对全市青联工作提出了殷切的期望和更高的要求。会议总结了第三届市青联的主要工作，提出了新一届青联今后五年的工作思路。会议经过充分酝酿和民主选举，产生了市青联第四届委员会常务委员会。

【东莞市青少年网改版】2005年10月，团市委对东莞市青少年网进行了全面更新和改版。网站页面更加美观大方，栏目分类更加清晰；网站的技术含量明显提高，做到图、文、声并茂，实现了信息的动态管理；增加基层信息报送、信息搜索、文件上传等功能，使得基层信息报送更畅通，网站维护更便捷。网站改版后，网站信息更新明显加快，网站内容日趋丰富，日浏览量逐日增多。

【开展保持共产党员先进性教育活动】2005年2月16日，团市委邀请原市人大常委会主任王贺畴为全体机关干部举行保持共产党员先进性教育专题学习讲座，提高全体机关干部对开展先进性教育活动的紧迫性和重要性的认识。3月上旬，团市委组织开展"千名团干部谈共产党员先进性"活动，这是团市委机关党员先进性教育与发动团系统广大党员参与先进性教育结合起来的举措，全市各级团干中正式党员、预备党员、入党积极分子以座谈会、讨论、书面交流等形式进行党团员先进性的大讨论和交流。3月15日，团市委、市少工委组织团市委机关党员干部、镇区团委书记、少先队总辅导员以及学校团队干部共160多人，到大岭山抗日战争革命纪念碑开展"继承革命传统、弘扬革命精神、永葆党员先进本色"主题教育活动。团队干部代表向革命先烈敬献了花圈，还特邀大岭山镇老领导李培森向团队干部讲述大岭山抗日战争的英雄事迹，让他们感受革命烈士的英雄气魄，为他们上了一堂生动的爱国主义教育课。

【东莞市委十一届三次全会精神学习会】2005年11月3日，团市委召开东莞市委十一届三次全会精神学习会，团市委机关全体干部以及全市一级团委书记等共70多人参加了会议。这次学习会掀起了一股学习市委十一届三次全会精神的热潮。全体共青团干部还认真学习了佟星书记的讲话、刘志庚市长对规划的说明和东莞的"十一五"规划。他们把学习全会精神与贯彻实施的"重镇强村、活支兴团"战略结合起来，重点开展好五项工作：一是开展增强共青团员意识主体教育活动；二是举办争创"百号千手"活动；三是推进青年就业创业行动；四是提高共青团工作信息化程度；五是开展"青春暖流"行动，为困难群众和外来员工办实事。

【举办全市中小企业融资业务推介会】2005年11月8日，东莞市青年企业家协会与中国工商银行东莞分行联合举办全市中小企业融资业务推介会。市委常委、常务副市长冷晓明，中国工商银行广东省分行行长黄明祥、团市委副书记陈慧贞、市青企协会长李旭亮等领导嘉宾出席了推介会，来自全市500多家企业代表参加了推介活动。在推介会上，中国工商银行东莞分行行长沈晓东郑重承诺：2005年推出全新的中小型企业服务品牌——"弘业贷款"，将会在三年内向优质的中小企业发放贷款100亿元。市委常委、常务副市长冷晓明作了重要讲话，肯定了工商银行创新服务推出的"弘业贷款"将对中小型企业产生很大的推动作用。会议期间，青年企业家代表还与工商银行代表进行了面对面的交流，就双方下一步合作进行了一系列的讨论磋商。

【东莞市青少年网络文化节】2005年12月20日上午，"青春东莞·魅力宽带"东莞市青少年网络文化节开幕式在团市委隆重举行。副市长吴道闻以及组委会各成员单位领导出席了本次活动。通过举办青少年网络文化节，激发了广大青少年学习网络科技知识的兴趣与热情，倡导了网络文明，营造一个健康向上的网络环境。

【海外学人考察团来莞考察】2005年12月26日，中国青年留学人员创业基地在松山湖东莞留学人员创业园正式挂牌。100多名海外学人与团中央、全国青联、欧美同学会、团省委有关领导，以及市人事局、市科技局、松山湖管委会等有关部门的领导参加了挂牌仪式。北京、大连、东莞三地成为第一批"中国青年留学人员创业基地"。

【倡导互助互爱】2005年，是推进爱心助学行动，实现爱心助学行动由扶贫向扶优的转变的重要一年。年初，团市委选择了全市10个欠发达的镇（区），拨给每个镇（区）10万元的帮扶资金进行爱心助学，资助对象主要是品学兼优的贫困学生。同时，团市委还做好海外联谊会爱心助学金发放工作。在1月，东莞市海外联谊会用38名海外侨胞捐资的123.24万元与团市委联合设立东莞市首个"海外侨胞爱心助学金"，团市委资助东莞市358名成绩优秀的中小学贫困学生顺利完成学业。11月，中国青少年发展基金会、中国篮球协会、广东宏远俱乐部以及安踏公司等多个部门与团市委联合开展了爱心助学活动。帮助大岭镇大塘小学建立宏远CBA希望体育室和希望图书室，并向该学校捐赠一批体育用品。其中，广东宏远俱乐部捐赠扶持资金20万元。另外，团市委是继续扶持紫金县东莞希望小学。12月，是紫金县东莞希望小学成立十周年校庆，值此之际，团市委向该学校捐赠了5万元，继续做好了对该学校的支持帮扶工作。

（共青团东莞市委）

**附：2005年共青团东莞市委领导名录**

书　记：李庆新

副书记：陈慧贞　叶淦奎

## 市妇联

【女性素质工程】2005年，市妇联全面实施"女性素质工程"。全市举办计算机、会计、美容、烹饪等各类技能培训班，有23万多农村妇女接受教育；发动325名农村低学历女青年参加会计、金融、工商管理等大、中专学历班的学习；发动女科技工作者积极参与第四届青年科技学术交流会，在79篇获奖论文中有52名女科技工作者参与撰稿或独立撰稿的论文获奖；9月，举办基层妇女干部培训班，全市有900多名妇女干部参加。

【东莞女性讲坛】2005年9月，市妇联正式启动“东莞女性讲坛”。全年共举办两期，深受广大妇女欢迎,成为向广大女性传播先进文化知识、更广泛地团结各行各业女性、增强妇女工作影响力的重要阵地。

【“巾帼建功”活动】2005年，东莞市创建国家级“巾帼文明岗”2个、省级“巾帼文明示范岗”5个、市级“巾帼文明示范岗”50个。

【妇女就业工程】2005年，市妇联评选表彰了63名“创业好母亲”，促进妇女就业创业。全市66800多妇女接受职业技能培训，11800多人实现就业再就业。

【欢乐赢家·绿色家庭大赛】2005年，市妇联联合有关部门参与广东“欢乐赢家·绿色家庭大赛”活动，并承办东莞初赛和东莞巡回赛，全市有27户家庭参加比赛。石龙镇曾祥贵家庭表演的《贝贝逃生记》在省的总决赛中获得单项和谐奖，代表广东省参加中国第三届家庭文化艺术节闭幕式的演出，获得全国妇联、文化部、中央电视台联合颁发的“最佳表演奖”和“才艺奖”。

【家庭助廉教育活动】2005年，市妇联联合市纪委开展“家庭助廉教育报告会”、“家庭助廉演讲比赛”等家庭助廉教育系列活动。

【“学习之家”评选活动】为配合2005东莞首届读书节活动，东莞市各级妇联上下联动，开展“学习之家”评选活动。全市评选出镇级“学习之家”1606户，市级“学习之家”50户。

【普法维权活动】2005年，“三八”维权周期间，东莞市各级妇联上下联动，开展“千社区百万户学法暨拒赌拒毒签名承诺”活动。全市近10万人参加签名承诺活动，印发宣传资料14万多份。通过举办学习培训班、大型宣传咨询活动、派发宣传小册子以及借助主流媒体等形式宣传《妇女权益保障法》，印发15万册。

【积极参与社会综合治理】2005年，东莞市各级妇联受理来信来访来电1517件，接访群众760多人次，办结1500多件。各级妇联深入开展“无毒村”、“无毒社区”的创建活动，继续发挥好“四禁”（禁黄、禁赌、禁毒、禁邪）组织的宣传、教育、帮教作用。2005年6月，市妇联、大朗镇妇联在大朗镇联合召开禁毒宣传教育大会，900多名干部群众和学生参加。

【积极推动“两个规划”实施】2005年，市妇联联合有关部门研究制定《东莞市贫困孕产妇管理及救助办法》、《东莞市贫困孕产妇求助资金管理办法》，推动“降消”（“降低孕产妇死亡率和消除新生儿破伤风项目”，简称“降消”）项目稳步实施；成立市“防拐”（“中国预防以劳动剥削为目的的拐卖女童和青年妇女项目”，简称“防拐”）项目指导委员会，确定试点区，组织有关人员参加省、市项目相关知识和技能培训，制定行动计划，开展基线调研。10月19日，组织召开东莞市妇女儿童工作会议，推动解决两个规划中重点难点问题。制定“两个规划”中期评估工作实施意见，成立评估领导小组、监测统计组和专家评估组，组织有关人员参加培训，为“两个规划”中期评估做好准备。

【“双合格”宣传实践活动】2005年，市妇联通过举行启动仪式、印发倡议书、开展征文评选活动、参与制作“六一”莞视论坛节目等宣传活动，营造“为国教子，以德育人”的良好社会氛围；筹建家庭教育促进会和成立家庭教育讲师团，组织家庭教育专家到各镇区巡回讲座78场，有近7万名家长接受教育。11月18日，组织召开全市家庭教育表彰大会，表彰一批家庭教育先进集体和先进个人。（“双合格”即争当合格家长、培养合格人才）

【巾帼助困行动】2005年，市妇联联合市儿童福利会和市女企业家协会先后在春节、4月中旬和“六一”期间组织开展慰问单亲特困母亲家庭活动，为230户家庭送去慰问金和学习、生活用品。10月，与市女企业家协会联合启动“爱心助学一帮一”活动，资助118名儿童的学业。全年全市各级妇联共筹集扶助资金313万多元，扶助贫困家庭3355户。

【基层组织建设】2005年，市妇联与市直工委联合出台《关于建立健全市直机关单位妇女组织的意见》，建立健全市直机关单位妇女组织。积极推动妇代会主任进入村（居）“两委” 2005年，全市90%的村（居）两委选配了女干部。开展“两新”组织（即新社会组织、新经济组织）妇女组织建设情况专题调研，积极促进妇女组织向“两新”组织延伸。

【横向交流与合作】2005年，市妇联协助市女企业家协会开好第三届会员代表大会，完成换届选举工作；与市女企业家协会成功举办下岗女工就业现场招聘会；与市妇女工作者联谊会举办“庆中秋”茶话会；与香港东九龙居民委员会近千名母亲举办莞港母亲心连心庆母亲节联欢晚会等，加强与泛珠三角地区妇女姐妹和台商协会妇联会的联谊交流。

（黄子炎）

**附：2005年东莞市妇联领导名录**

主　席：喻丽君

副主席：李银娣　谭素红　郭瑞华（兼）

▲ 东莞市中心广场

# 莞台交流

THE INTERCOMMUNION BETWEEN TAIWAN AND DONGGUAN

大陆首家台商子弟学校

- 莞台经贸稳步增长
- 莞台交往向纵深发展
- 为台商服务力度加大

责任编辑：刘念宇

## 莞台经贸

2005年，市委台办围绕做大做强台资外源型经济的工作思路，加大做好稳定台资工作力度，莞台经贸稳步增长。据统计，全市新签台资项目327宗，同比减少158宗，合同利用台资金额11.29亿美元，同比减少12.7%；实际利用台资13亿美元。在新签台资项目中，其中三资企业297宗，同比减少144宗，合同利用台资金额93415万美元，同比减少13%；来料加工企业30宗，同比减少14宗，合同利用台资金额19513万美元，同比减少10.8%。全市新签投资总额超1000万美元的36宗项目中，台资有10宗；增资项目投资总额超1000万美元的74宗项目中，台资有21宗。截至2005年，全市累计引进台资项目6468宗，合同投资总额111.2亿美元，其中已投产的台资项目5408宗，实际引进台资81.7亿美元。投资额超过1000万美元的台资项目有199宗，台湾上市公司在东莞市的投资项目100多宗。5月19—20日，市委台办组织200多名台商代表参加在江门市举办的粤台经济技术贸易交流会，共签订贸易货单1.67亿美元，投资项目47宗，其中投资总额超过1000万美元的项目有10宗。在交流会期间，副市长张顺光还代表东莞市委、市政府宴请了出席交流会的台商代表。 （黄仕强）

## 莞台交往

2005年，市委台办积极发挥“东莞台商”品牌优势，推动莞台交流向纵深发展，主动联系和推动有意向的单位组团赴台，并通过多种渠道协助团组快速、稳妥地办理赴台考察交流手续。全年共组织赴台交流团组20批120人次，同比增长25%；受理赴台技术培训人员82宗264人，已批准74宗252人，同比分别增长23%和9%；办理赴台探亲186人次，同比增长49%。

2005年，莞台交往呈现出新态势：

一是团组多，内容广，交流项目专业化，目的性强。市委台办协助市金融办、口岸局、公路局、文化局和东莞理工学院等组团赴台进行了金融、交通、文化、教育学术交流，有力推动了莞台两地在各领域的合作。

二是莞台两地青少年、教育界互访频繁。4月8—10日，台湾高雄西子湾青年商会一行16人在会长陈俊男的带领下访问东莞，并与东莞市青年联合会签订结成友好协会协议。5月28—29日，以常务副会长杜国良为团长的台湾青商总会一行24人访问东莞，与东莞市青年联合会、东莞市青年企业家协会等进行了友好交流。6月1日，台湾31名高中学生来莞与东莞台商子弟学校和东莞中学交流。6月27—29日，台湾长庚大学应市委台办和东莞理工学院的邀请，再次组织20多名师生来莞与东莞理工学院学生交流，并参加了在东莞理工学院举办的中国元代文化学术讲座和两岸学生研讨会；10月14—23日，东莞理工学院杨晓西一行8人应台湾中原大学的邀请，赴台参加“第一届两岸能源与环境永续发展科技研讨会”，两岸专家学者40多人以及台湾中原大学工学院近100名师生参加了研讨会，会议决定第二届研讨会于2006年8月在东莞理工学院举行。会后，杨晓西一行又参访了台湾长庚大学、华梵大学、成功大学、长荣大学、中山大学和义守大学等高校，以及台塑关系企业麦寮工业园等台湾工业企业和研究机构。

三是文化、体育交流迈出大步。2005年1月25日至2月2日，市委台办联合市文化局、市文联举办了“当代猫王”李苦寒作品暨中国画名家藏品展，并积极发动市台商协会会员参观画展。8月1—8日，市委台办和市文化局积极推动以尹玉湘为团长的东莞市书画家代表团一行8人赴台湾进行书画艺术交流。在台期间，代表团受到台湾中华两岸文化艺术基金会、中国孔学会、中华书学会的热烈欢迎，并与台湾艺术大师、书画界人士一起泼墨挥毫，切磋书艺、共叙情谊。返莞后，全体团员创作了一批作品，举办“心中的宝岛、笔下的情怀——东莞市书画代表团访台汇报展”，并出版画册。6月11日，由中国篮球协会、市委台办和市体育局主办的“2005海峡两岸女篮亲情赛”在市体育馆开锣，中国女篮以82：74战胜台北女篮，数千名台商及台资企业员工观看了比赛。这是两岸女篮首次在大陆举行的友谊赛。

四是台湾慈济会、扶轮社等社团多次来莞。市台商协会妇联会、横沥、沙田等镇台商分会的换届选举活动分别邀请了台湾慈济会、扶轮社等社团来莞交流，加深了这些社团对大陆、对东莞的认识。（黄仕强）

## 台湾事务

【主管机构】中共东莞市委台湾工作办公室、东莞市人民政府台湾事务局（一个机构，两块牌子）为市委、市政府主管台湾工作的办事机构，2005年内设秘书科、经济科、联络交往科。核定人员编制13名，其中行政编制9名，事业编制4名。

【为台商服务】2005年，市委台办加大服务台商力度，做好稳定台商工作。全年共协调处理了涉台案件近300宗，其中重点妥善处理了台商林文柱、杨明宗被害案和陈德淑、王基仲等纠纷案；协调市公安局处理了5宗临时来莞旅游、考察的台胞被抢案，快速为台胞办理了一次性出境签注；引导市台商协会及其分会举办了35场涉及海关、税务、劳动等法律的讲座或座谈会；发挥外商联络小组协调会议的作用，协调有关部门为台商解决保安服务费、社会保险和台胞证签注等20多个问题。

1月18日，市委台办、市经贸局和广发证券公司联合举办了“资本荟萃，制造名城”的企业资本运营经验座谈会，邀请了深圳证券交易所、广发证券投资银行和上市公司等负责人为东莞上百家有意进行资本运营的企业作经验介绍。市委台办还引导和协助富邦银行、中国工商银行东莞分行举办了专门面向台商的金融推介会。

2月22日，市委台办商请市政协邀请了台商代表张汉文、邱全成、曾纪坚和林志猛列席旁听了市政协十届二次会议。市委台办还就授予台湾同胞荣誉市民称号的问题走访了东莞部分台商和广州、佛山等市台办，形成书面报告提请市委、市政府。

为解决东莞台商子弟学校外出乘车难的问题，从2004年底开始，市委台办多次到潢涌村和周边镇进行实地考察公交路线，协调东莞市交通局、东莞市公共汽车公司和中堂镇公共汽车公司增开两条公交车路线延伸至学校。2005年6月，市交通局同意增开两条公交车路线，并要求市公共汽车公司和中堂镇公共汽车公司保证公交车班次的密度。

11月24日，国台办副主任王富卿等人莅莞看望台商，并与市台商协会副会长以上人员进行了亲切的座谈。市委副书记李毓全和市委台办领导参加了座谈。

12月5—6日，国台办主任陈云林、副主任郑立中一行11人莅莞考察调研，并与广州、深圳、东莞等9市的台商代表近40人就推动两岸经贸交流与合作、成立海峡两岸农业合作试验区、开发横琴岛、两岸三通、台商人身安全和台资企业在内地上市等问题进行了探讨，并参观了台升家具有限公司、雅新电子有限公司和东莞台商子弟学校。省委副书记欧广源，市领导佟星、刘志庚、何嘉琪、张顺光等热情接待了陈云林一行。

12月14日，国土资源部副司长束克欣、国台办副局长刘建中等5人就土地政策及土地利用问题莅莞调研，并与市有关部门、镇区领导和台商代表进行了座谈。副市长梁国英、市委台办和市国土资源管理局有关负责人参加了座谈。

12月15—17日，国台办在东莞召开南方五省六市台商投资协调工作会议。广东、云南、广西、贵州、海南五省和广州、深圳、东莞、珠海、汕头、惠州六市的台办负责人与会，并听取了国台办投诉协调局副局长刘建中就投诉协调局的成立和运作的情况介绍。省台办主任甘兆胜、副市长张顺光热情接待并宴请了与会代表。

【推动台商医院建设】2005年，市委台办积极协助市台商协会就建设台商医院项目选址、用地指标、地价等问题与有关部门进行反复考察和评估，并成立专责小组，指定专人负责，多次召开会议分析研究。由于台商医院是中外合资形式，在筹建过程中遇到了设立建设资金汇入类型、确定土地使用权移交补偿合同签订等问题。为进一步加快台商医院项目建设，市委台办主动到市外汇管理局、市土地储备中心等了解情况，并将有关情况报告市政府。经市联席会议讨论决定，同意市台商协会以境外“国际医疗集团有限公司”的名义与市土地储备中心签订合同。11月25日，市台商协会在协会12周年庆典系列活动上举行了台商医院奠基典礼。有关筹建工作正有序进行。

【协助解决台商会馆建设用地】2005年，在确定建设台商会馆方案可行后，市委台办积极协助筹建台商会馆。由于台商会馆占地跨越东城区和南城区，加上用地指标问题没有得到解决，台商会馆建设并未按进度如期进行。为加快台商会馆建设，根据市政府分管领导的指示，7月1日，市政府副秘书长周华驹召集市委台办、市发展改革局、市规划局、市国土局、市外经贸局以及市台商协会等部门人员就台商会馆用地指标等问题召开了协调会议。经会议研究，决定市台商协会可向市政府申请特批追加用地指标，协调东城区和南城区交界地块置换使用。经市委台办协调市国土局，解决了台商会馆用地指标和土地拍卖底价问题。截至2005年，台商会馆的筹建工作正有序进行。

【对台宣传】2005年，市委台办积极加强对台宣传队伍建设，加大对台宣传力度。全年共发送宣传稿件35篇、图片20幅。5月，市委台办分6个片区召开对台宣传通讯员及各镇区台商分会秘书人员座谈会。市委台办还积极主导和策划《东莞日报》、《常平》报对常平台商多年支持资助东莞市青年周锦华治疗白血病的事迹进行了特别报道，引起社会强烈反响。（黄仕强）

## 在莞台商、台胞机构

【东莞市台商投资企业协会】 东莞市台商投资企业协会自1993年9月29日成立，发展到2005年底止有会员3454家，是中国内地会员最多的台商社团组织。市台商协会下设海关商检、妇女联谊、公益事务、政法劳动等11个功能委员会和1个“马上办中心”，积极为会员企业服务。2005年，市台商协会为台商解决咨询、海关、税务等事务共12715宗，为社会公益事业捐资捐物约1400多万元。

1月29日，73名身穿印有“2005东莞台协春节包机首航成功”字样的红色马甲的东莞台商参加了海峡两岸春节包机首航式，其中57名东莞台商又继续乘坐原来的包机返回广州，体验了“广州早餐，台北午餐，东莞晚餐”的全新旅程。

2月26日，市委台办、市台商协会和中国移动东莞分公司联合举办了2005年东莞台商春茗酒会，省台办副主任张科，东莞市领导刘志庚、袁李松、傅照辉、张顺光、游敏达和东莞台商代表以及中国移动东莞分公司员工代表近1000人出席了酒会。酒会上，市台商协会还捐资60多万元给印度洋海啸灾区。

10月3—7日，市台商协会举办了第十届“台协杯”高尔夫球锦标赛，共有20支台商代表组成的高尔夫球队及嘉宾1250人参加，参赛人数为历届之最。

10月25日，市台商协会捐资35万元给汕尾市东涌镇民群村，帮助铺设自来水管，解决生活用水。另外，市委台办还引导市台商协会、市台协妇联会和台商为望牛墩石排村捐助钱物近12万元，用于扶助贫困村民，解决贫困学生学费。11月12日，市台商协会桥头分会举办千人无偿捐血献爱心活动，参加捐血的台资企业员工达1120人，采血量达36.93万毫升，捐血人数和捐血量较前两年的总和多。桥头台商分会会长梁辉崇也因积极发动和组织人员进行捐血而荣获全国“无偿献血促进奖”。这是全国第一位荣获“无偿献血促进奖”的台商代表。

2005年，市台商协会及其分会分别举行了换届选举活动。市委台办从3月开始就开展筹划工作，深入镇区政府、分会听取意见和建议，加强对市台商协会及其分会换届选举工作的指导和管理，避免在选举中出现随意性和不和谐的现象。市委台办还要求各镇区政府派出一名干部担任台商分会的副会长，以加强与台商分会的沟通，配合台商分会做好会务和管理工作。9月30日，市台商协会召开了第六届换届选举大会。郭山辉、蔡俊宏连任第七届会长和监事长，大会还选举出7名常务副会长和22名副会长。

11月25日，市台商协会举办了以“中华心，两岸情，共建和谐东莞”为主题的12周年庆典暨第七届会务干部就职典礼、台商医院奠基典礼、台商会馆大楼开工仪式和东莞台商网站升级系列活动。省委副书记欧广源、中央驻香港联络办公室副主任黎桂康、国台办经济局副局长刘军川、原海峡两岸关系研究中心主任唐树备等中央、省、市领导和台湾地区的知名人士江丙坤、蒋孝严等以及台商代表共1100多人出席了庆典活动。国台办主任陈云林、国民党主席马英九、亲民党主席宋楚瑜分别为市台商协会12周年庆典题词致贺。

【东莞台商子弟学校】 2005年，东莞台商子弟学校健康、稳定发展，在校学生人数由2000年创办时的500多人增加到1449人，其中60%的学生来自东莞的台商家庭，其余的分别来自珠江三角洲的其他地区。教职员工人数也由创办时的143人增加到275人。为锻炼学生技能，培养学生团队合作精神，学校新建了占地19400平方米，设有行政中心、露营区、营舍等设施的生命力学习营地。4月23日，学校首次为该校高二级和高三级共70名学生举行了成年礼；6月10日，学校为342名学生举办了第五届毕业典礼，其中幼儿园41名、小学130名、初中137名和高中34名，省台办、省教育厅和市委台办、市教育局等部门领导出席了典礼；6月1日，台湾地区的台北第一女子高中、台师大附中、新竹高中和新竹女子高中等4所学校共31名学生到莞，分别与东莞台商子弟学校、东莞中学等进行了交流，并参观了东莞新城市中心等市容市貌。9月12日，学校创办了《心桥教育电子双周刊》，有“校园快报、课程教学、亲师频道、学生作品、营地传真”等栏目，刊载教职员工和学生教学及学习成果，同时也将学校办学理念及成果向家长汇报。9月19日，在市委台办的带领下，台商子弟学校的190名师生到北京拜会了国台办。受到国台办主任陈云林、副主任孙亚夫和教育部港澳台办公室副主任张栋等领导亲切接见。在京期间，学生们还参观了北京大学、清华大学、人民大会堂。11月5日，学校举办了5周年庆祝活动，国台办副主任王富卿、中央驻香港联络办公室副主任黎桂康、原海峡两岸关系研究中心主任唐树备等中央、省、市领导以及台湾地区原“教育部部长”杨朝祥等台湾地区的知名人士莅临致贺。12月22日，学校举办了第五届“云南少数民族学生奖助大会”，奖助云南民族大学、云南师大、云南民族中学、云南民族中专和昆明师专等5所学校300名少数民族学生。

【东莞市台胞台属联谊会】 2005年，东莞市台胞台属联谊会为加强两岸人民交往和服务台胞台属做了大量工作，全年新吸收了31名会员，共有会员180名。1月10日，市台联会藉新春来临之际创办出版了第一期《东莞台联》会刊。4月3—6日，市台联会邀请台北东莞同乡会14人回莞参访，市政协副主席游敏达和市委台办主任何跃沛、市侨联主席蒋小莺等先后会见了参访团。参访团在莞期间，市委台办和市台联会积极向他们宣传国家的对台方针政策，并陪同他们参观了樟木头镇、常平镇、虎门镇等市政建设及台资企业等。4月14日，市台联会组织22名理事就如何开展台联会等工作前往湛江市台联会进行学习。4月15日，市委台办和市台联会组织城区片的台胞台属举行了学习《反分裂国家法》座谈会。7月11—18日，市委台办和市台联会积极动员台北东莞同乡会组织了5名台湾莞籍大学生参加全国台联在北京举行的“2005年台湾大学生青年夏令营”活动。11月25日，市台联会派员与台北东莞同乡会代表组成东莞代表团参加了在新加坡举行的第六届世界东安恳亲大会。2005年，市台联会共接待来莞台胞40多人次，向台湾同胞寄送《东莞乡情》900份、《东莞台联》会刊300份，并分别召开东莞山乡片和城区片的台胞眷属座谈会。 （黄仕强）

## 台资企业选介

【源兴科技（东莞）有限公司】 源兴科技（东莞）有限公司成立于1997年7月，是专业生产计算机显示器及其基板的大型台资企业，属台湾光宝集团源兴科技股份有限公司。公司位于石碣镇西城区，工厂面积13万平方米，员工约2800人，月产彩色显示器92万台以上，居世界第五位，拥有Dell、HP、IBM、Gateway等享誉全球的客户群，每年销往亚太区的产品约占总产能60%，销往美洲及欧洲的产品约占总产能的20%及

15%，每年纳税额约900多万元，出口额5000万元。

公司所产的彩色显示器于1997年10月获得国际通行的ISO9002质量体系认定；1999年5月公司通过ISO 14000环境体系认证；2003年11月通过OHSAS18000认证并达成与ISO14000、ISO9000的三体系整合。

台湾源兴科技股份有限公司成立于1989年，1995年在台湾上市。1997年7月开始生产彩色显示器，2001年9月投产液晶显示器，2003年10月开始生产液晶电视。

【华容电子（广东）有限公司】 华容电子总公司于1983年在台湾高雄成立；1997年在台湾上市；1998年在东莞市石碣镇成立华容电子（东莞）有限公司；2000年在东莞增资更名为华容电子（广东）有限公司，并于2001年分别成立华磁电子（东莞）有限公司和华昶电子（东莞）有限公司；另在中国上海、美国、德国、日本、泰国等地区和国家也分别成立分公司。

华容电子（广东）有限公司的注册资金为1307万美元，总投资达2900万美元，占地面积近1.6万平方米，厂房面积近2万平方米，有员工约1000人。主要产品有塑胶薄膜电容器等，在全世界同行业排名第二（仅次于松下公司），产品全部销往亚洲、美洲、欧洲等市场。主要客户有菲利浦、通用、光宝、台达等，并得到客户的一致认可和好评。公司重视产品的研发，分别在高雄、台北、东莞、上海、泰国等地区和国家成立研发机构。公司已通过ISO9001、T2-9000、QS-9000、ISO-14001等4个认证。

【富港电子（东莞）有限公司】 富港电子（东莞）有限公司属台湾地区正崴精密工业股份有限公司（已在台湾地区上市），投资方公司是（英属维尔京群岛）富港工业有限公司，其属下在东莞投资的公司有：富港电子（东莞）有限公司、富港电子制品厂、富士林电子（东莞）有限公司。1997年12月在东莞市东坑镇成立独资企业富港电子（东莞）有限公司，公司投资额为7500万美元，其中设备资金2700万美元、流动资金1330万美元。1997年公司自购用地10万平方米，自建厂房面积98000平方米，宿舍面积86000平方米，员工达7000多人，主要生产连接器、连接线、信号转接器、电线、电脑连接线、变压器、电源供应器、电源转换器、充电器等10多个品种，年产量分别为连接线1500吨、连接器100吨、电脑连线1100吨、电线8000吨、电源供应器100万台、充电器3500万台等。产品主要供应ACER（台湾地区）、NEC（日本）、IBM（美国、英国、意大利）、MOTOROLA、NOKIA、HITACHI、SONY、MICROSOFT、ALPHA、APPLE及松下电器等。公司主要使用自动插件线、自动组装线、卧式成型机、立式成型机、多轴绕线机、SMT贴片生产线、自动检测系统。生产制造工艺在制造业界中属于世界先进水平。公司管理通过了环境管理ISO14000、品质管理ISO9000、QS9000、TL9000和职业健康安全管理系统OHS18001和美国的UL、欧盟的CE、中国的3C、日本的PES、韩国的MIC、英国的BSI及实践认证系统ISO17025等技术认证。

【东莞璋泰五金制品有限公司】 东莞璋泰五金制品有限公司是由台湾万益集团（该集团公司下属企业有璋轧钢铁股份有限公司、璋泰五金制品有限公司、璋亿五金制品有限公司、万益五金制品有限公司）于1993年7月在东莞市清溪镇新金山工业区投资成立的独资企业，投资总额达1893万美元，其中设备资金1270万美元，流动资金623万美元，有员工200多人，自购用地32000平方米，自建厂房面积达21000平方米，主要生产家具、自行车、婴儿车、雨伞、运动器材等配套焊管件，加工裁剪冷热铁件、镀锌板、矽钢片等，年产各种焊缝管12万吨，冷热轧铁件镀锌铁件、矽钢片等8万吨。公司通过了ISO9000品质管理认证。

【东莞翊凯电器制品有限公司】 东莞翊凯电器制品有限公司由九霖国际股份有限公司（英属维尔京群岛）于1996年3月在清溪镇投资成立，1997年10月正式投产，公司投资总额达2515万美元，注册资本1006万美元，其中货币资金528.5万美元，设备和其他投入477.5万美元。有员工2300多人，其中工程研发人员有150多人，公司自购用地12万平方米，自建厂房35.7万平方米。年产计算机机箱400万台、键盘800万个、鼠标800万个、计算机音箱200万对、电源供应器350万台、液晶显示器20万台等，产品主要销往美国、英国、意大利、法国、日本、西班牙、澳大利亚等地区。公司通过了品质管理（ISO9002）、美国的UL和FCC、加拿大的CSA、德国的TUV、欧洲的CE等技术认证。

【春雨（东莞）五金制品有限公司】 春雨（东莞）五金制品有限公司是台湾地区春雨集团（台湾上市公司）于1995年8月在东莞市大朗镇松木村投资成立的台商独资企业，注册资本6448.2万美元，至2005年投资总额达5422.8万美元，其中设备资金3096万美元，流动资金2326万美元；有员工达446人，自购用地206337平方米，自建厂房面积达81600平方米；主要生产螺丝、螺帽、五金件等，产品商标为“雄狮”，年产量分别为螺丝2600吨、螺帽7900吨。公司生产制造工艺在本行业中属于世界先进水平。企业管理通过了ISO9001：2001、ISO/TS16949：2002等技术认证。产品供应美国、德国、印度尼西亚、加拿大、日本等。

（黄仕强）

**附：2005年市委台办领导名录**

主　任：何跃沛

副主任：曾民盛

▲“台湾街”——厚街珊瑚路，长五六百米，有台商开设经营的餐饮店40余家，占整条美食街店铺的70%以上，台湾味浓郁

# 政 法 POLITICAL AND LAW AFFAIRS

■ 实施“平安东莞”工程

■ 开展严打整治斗争

责任编辑：曾可兴 卢 敏 施雪芬

## 政法·综治工作

【实施“平安东莞工程”】2005年，为认真落实科学发展观，构建平安和谐东莞，市委、市政府根据新阶段的新要求，决定在全市实施“平安东莞工程”，力争通过几年的努力，促使社会治安实现五个明显的目标：一是打击犯罪的能力明显提高。二是社会面防控能力明显增强。三是治安重点地区复杂面貌明显改观。四是违法犯罪得到明显遏制。五是群众安全感明显改观。为此，市委政法委及时代拟了《关于实施“平安东莞工程”的意见》和《东莞市“平安东莞工程”实施方案》，成立了实施“平安东莞工程”工作领导小组，下设办公室，负责组织协调实施“平安东莞工程”各项工作的开展。各镇区按照市的部署，结合实际，制定具体的实施方案，将目标任务、工作要求层层分解，落实到有关职能部门和各社区，并将“平安东莞工程”的工作情况作为年终考核奖惩的重要内容。“平安东莞工程”正在全市如火如荼地开展。

【维护社会稳定】2005年，东莞市政法各部门坚持“工作在前，预防为主”的方针，进一步规范突发事件、群体性事件处置工作预案，健全事件指挥协调机构，提高快速反应和处置能力。全年配合党委、政府及有关部门排查化解群体性事件苗头429起，妥善处理各类群体性事件143起，尤其在严防涉日示威游行活动中，妥善处置涉日示威游行事件2起，及时劝阻、制止苗头19起。及时平息影响较大的常平镇“5·18”、塘厦镇“6·14”事件，成功化解“6·10”大朗镇、“11·28”常平镇外地摩托车搭客司机通过派发传单，相互串联，预谋发动的大规模非法聚集反日示威行动。积极推动集中处理涉法涉诉上访问题工作的开展。一年来，对照标准，中央、省交办的4宗案件全部作结案息诉处理，东莞市的6宗案件全部办结，4宗息诉，按照省部署的开展集中排查处理涉法涉诉信访老户问题活动，东莞市排查出谢寿祥等6宗信访老户案件亦基本妥善解决。调解各类民间纠纷15210宗，成功14799宗，调处成功率97.3%，防止民转刑案件31宗。

【严打整治斗争】2005年，东莞市大力加强和创新社会治安综合治理工作，维护了社会治安秩序，通过继续保持对各类违法犯罪的严打高压态势，切实把严打整治斗争贯穿始终，全市社会治安状况有了一定的改善，达可控范围之内。全年全市公安机关共立刑事案件44641宗，破13682宗，查处治安案件12490起，打掉各类犯罪集团1932个，抓获各类犯罪嫌疑人16309人。全市刑事拘留15432人，提请逮捕11692人，劳动教养1502人，治安拘留13646人，移送起诉11211人。两级检察院全年共批捕各类案件7861件12212人，同比增长21%和24%，提起公诉7066件10951人，同比增长18%和16%。两级法院受理刑事案件7710件，同比增长18.31%，其中新收7676件，同比增长18.2%，审结7690件，同比多1207件，结案率增长0.26%。市中级法院全年共召开11场公开宣判执行大会，对118名罪犯进行了公开宣判。

【治安防控网络建设】 2005年，一是为落实科技强警战略，东莞市社会治安视频监控系统建设起好步，迎头赶上，莞城、南城、虎门、樟木头、长安等镇区率先安装社会治安视频监控高速球、摄像枪488支。市各级党政机关、银信、博物等重点部位和各住宅小区、企业单位都建有相对独立的视频监控系统，共计设有监控摄像探头15607个，并力争通过三期建设，在5年内完成10万个监控点的建设任务，争取跨入全省先进行列。东莞政法信息网工程建设纳入市财政预算，目前视频会议室和线路连线已完成，信息网的主要设备已通过安装测试。二是强化社会面防控。针对东莞市街面犯罪突出的实际情况，市委、市政府投入大笔资金为公安机关购买100辆开放式警用巡逻车专门用于大城区路面巡逻；市公安局把不少于三分之一的警力投入到街面，实行定人、定时、定岗、定责的巡逻责任制和武装巡逻、便衣伏击相结合的巡逻方式，强化街面巡防工作；组织1万名巡逻治安员、2万名村（居）治安员和8万名保安力量参加社会防范工作，强化社会面防控；发挥13个治安工作站的堵截作用，堵塞犯罪分子运输赃物的渠道。社会面防控得到切实的强化。

【“见义勇为”得到大力表彰】 2005年，东莞市涌现出一大批见义勇为的好人好事，12月1日，市委副书记、市长刘志庚，市委常委、市公安局长崔建亲自到南城医院看望因见义勇为而负伤的湖北青年郭富，市长刘志庚指出“东莞绝不能让英雄的血白流，全市人民要学习郭富的见义勇为精神”，提出对于见义勇为人员“政治上要有更高荣誉，生活上要优先照顾，在经济上要奖励”。省、市各新闻媒体热切关注、广泛宣传，见义勇为好市民的事迹在社会各界形成深远影响，大大鼓舞了人民群众参与维护社会治安工作，坚定了广大干警、治安队员打击犯罪的决心。一年来，全市共有30名见义勇为人员受到市见义勇为基金会的奖励和表彰。

【大力打击黑恶势力活动】 2005年9月12日，樟木头、凤岗、塘厦、谢岗、清溪等5个镇率先开展了“打黑除恶”专项行动，市里成立了行动指挥部，各镇区制定了工作方案，通过调查摸底，逐一疏理，长线跟踪，集中优势警力，对寻衅滋事、敲诈勒索等带有黑恶势力的犯罪活动和以地缘、亲缘为纽带拉帮结派结伙作案的犯罪团伙进行了重点打击。共打掉涉黑涉恶犯罪团伙22个，抓获成员249人。

【扫除“黄赌毒”】 2005年，东莞市维稳及综治委下发了《关于坚决扫除“黄赌毒”社会丑恶现象的意见》，坚持不懈地扫除黄赌毒，净化社会风气。查处涉黄案件203起492人，查处利用六合彩等各类赌博案件938起3179人，收缴赌资135.52万元，破获毒品犯罪案件210宗391人；查处毒品违法案件3005起4390人，收戒吸毒人员3276人，复吸转劳教593人。

【大力整治摩托车】 2005年，东莞市通过开展流动检查，重点检查非粤S号牌摩托车和无牌无证、假牌假证摩托车。对查扣的无合法手续、超过法定时限仍无人认领的摩托车予以集中销毁，严防非法摩托车返流到社会上，畅通交通秩序，提升东莞城市形象。全年全市共查缴、查处非粤S号牌摩托车10万余辆，集中销毁非法摩托车10350辆。全市交通事故四项指标较2004年分别下降了11.29%、6.67%、10.49%和7.23%，其中交通事故死亡人数减少65人，超额完成2005年广东省对东莞市道路交通事故死亡人数减少的要求。

【为经济建设提供法律保障】 2005年，东莞市公安机关共立经济案件451宗，破案439宗，涉案金额53.6亿元，抓获犯罪嫌疑人362人。市人民检察院全年受理贪污贿赂等各类经济犯罪案件初查73件，立案侦查23件24人，侦查终结23件24人，受理渎职侵权案件41件，立案3件6人，为国家集体挽回经济损失214.23万元。基层法律工作持续发展，共担任常年法律顾问1208家，民事诉讼代理1790宗，审办合同见证7254件，避免或挽回经济损失14163.91万元。律师队伍在规范中不断壮大，全市律师人数达651人，共担任常年法律顾问1426家，办案总数达11168宗，办理非诉讼法律事务13391宗。公证业务有了拓展和规范，办证总数达53971件，同比增长4%。法律援助工作再创佳绩，共受理刑事指定辩护案件1801宗，共为困难群众节省律师费用730.8万元，接待来访群众和解答法律咨询9025人次，为18913人提供了法律服务。

【整顿特殊行业】 2005年，东莞市针对东莞市存在的出租屋经营无牌无证旅店（钟点房）、影吧、网吧、酒吧、发廊、电话超市等情况，建立公安、工商、卫生、文化、综治等部门的联勤工作机制，适时采取联合行动，进行集中清理整顿，做好开业发证情况登记备案，加强日常治安管理，努力减少和消除治安隐患。全年共查处违规违法娱乐服务场所410间。

【队伍建设】 2005年，东莞市政法各单位结合开展“理想、责任、能力、形象”、开展保持共产党员先进性教育，进一步增强了广大干警的政治业务素质，队伍建设取得了新的成绩。一

▲ 2006年1月10日，全市政法工作会议在市会议大厦召开。

是大力抓好各级领导班子建设，增强整个警队的凝聚力和向心力。政法委班子得到了充实，继续坚持实行政法各单位的联络制度。政法各单位领导班子从思想上、工作上、作风上、方法上、创新上抓落实，作出模范带头作用的表率。二是以提高干警业务素质为目的，抓好教育培训工作。三是以夯实基层队伍为目标，加强基层派出所、交警中队、法庭、司法所建设。（王伟南）

**附：2005年东莞市委政法委领导名录**

市委政法委书记：张继雄

市维稳及综治办主任：陈　波

## 审判工作

【概况】2005年，东莞市两级法院围绕“公正司法，一心为民”指导方针和“公正与效率”主题要求，切实抓好审判工作、执行工作及其他各项工作，成绩显著，充分发挥了法院的审判职能作用。2005年，东莞市两级法院共审结案件43536件，比上年上升3.81%；解决诉讼标的64.25亿元，比上年上升7.91%。再审占已生效判决的0.15%，远比全省的0.31%低。其中，中级法院共审结案件6604件，结案率为94.8%，同比上升2%。2005年全省法院法官人均办案75.48件，其中东莞两级法院法官人均办案241.8件，是全省的3.2倍。两级法院工作得到市委和上级法院的充分肯定，2005年，两级法院共有23个集体和26人（次）受到国家级、省市级的表彰奖励。中级法院在全省中级法院综合考核中成绩突出，被省高级人民法院授予“2005全省中级法院年度工作先进单位”称号，被省高级人民法院荣记集体三等功一次；市人民法院先后被评为“全国法院思想宣传工作先进单位”、“全省优秀法院”；市人民法院东城人民法庭先后被授予“全国指导人民调解工作先进法庭”、全国法院“十佳法庭”、广东法院“青年文明号”等荣誉称号，并被省高级人民法院荣记集体一等功；市中级人民法院立案庭、市人民法院东城人民法庭被省高级人民法院评为广东法院“青年文明号”；市人民法院塘厦人民法庭被省高级人民法院记集体二等功；市中级人民法院民一庭被省高级人民法院记集体三等功；东城人民法庭庭长苏卫东被最高人民法院授予“全国模范法官”称号，并荣获“广东省青年五四奖章”；市中级人民法院法警支队吕伟东被最高人民法院授予“全国法院司法警察工作先进个人”。

【加强刑事审判】2005年，东莞市两级法院新收刑事案件7676件，比上年同期增长18.20%。共审结“两抢一盗”案件4519件，处理犯罪分子7193人；审结故意杀人、故意伤害案件1240件，处理犯罪分子1631人。判处五年有期徒刑以上刑罚的犯罪分子1808人，重刑率为18%；依法从快审理了李久清贩卖毒酒案件、熊旭东入户抢劫并致5人死亡抢劫案、曾文长故意杀人并将被害人眼珠挖出的故意杀人案等一批社会广泛关注的重大刑事案件。同时，针对刑事案件大幅度增长、审判任务非常繁重的状况，两级法院采取有效措施，通过强化“铁案”意识、不断完善办公自动化、改革庭审方式、在看守所附近设审判法庭等多种方式，极大地提高刑事审判效率与质量，全年审结了7690件刑事案件，比上年同期多1207件，结案率达99.74%；人均结案达284.8宗，市法院刑庭法官刘树棠使用简易程序一年结案达942宗，结案数居全省法院刑事法官前列。

为积极发挥刑事政策功能，提高群众的知法守法意识，东莞两级法院先后在城区、黄江镇、石龙镇、桥头镇等地召开了11场声势浩大的宣判大会，对118名罪犯进行了公开宣判，全市数万人参加了宣判会，各级新闻单位进行了广泛宣传报道，推动了“平安东莞”的建设。

【妥善审理民商事纠纷案件】2005年，东莞市两级法院共受理民商事案件26363件，比上年同期增长1.06%；审结24350件，解决诉讼标的金额达44.7亿元，比上年同期上升6.35%。在开展民商事审判中，针对东莞市劳资纠纷、交通事故和损害赔偿纠纷等案件较多且案件升幅较大的情况，民事审判法官认真组织学习和研讨，找出应对措施，及时审结大量的纠纷，维护了社会的稳定。

妥善处理民事纠纷案件。一是注重调解工作，努力实现案结事了。在严格遵循“合法、自愿”原则的前提下，落实从立案到执行实施“全程调解”的工作要求，化干戈为玉帛。2005年两级法院民商事案件调解和撤诉率达34.8%。二是推进专业化审判，提高效率和质量。成立了专门的劳动争议案件合议庭和交通事故赔偿案件合议庭，选派具有丰富审判经验的审判人员集中审理劳动争议案件和交通事故赔偿案件，摸索出一套简易、快捷、规范的审理模式。2005年审结劳动争议3915宗，审结交通事故赔偿案件2848宗。三是审慎处理重大敏感案件，全力维护社会和谐稳定。在审判工作中特别重视对各类群体性“敏感”纠纷案件的处理，注意排查不稳定因素，加强与有关部门的协调，做深入细致的法制宣传和说服教育工作，坚决防止在审判工作中出现危害社会、影响恶劣的群体、突发性事件。如在审理有“东莞市商业龙头企业”称号的东莞市虎门章业商贸有限公司为被告的系列案件中，由于法院及时介入并作细致调解工作，稳定了工人和债权人的情绪，有效地控制了事态的发展，使得该系列案件顺利审理终结。2005年，两级法院审结三人以上群体性民商事、行政纠纷案件2470件，涉案诉讼标的额达9.92亿元。及时处理有可能酿成群体上访事件、突发事件20多次，维护了当事人的合法权益和正常的社会秩序。

公正审理商事纠纷案件。2005年，两级法院充分发挥商事审判调处社会经济关系，维护社会经济秩序良性运行的优势，及时公正审理了大量知识产权纠纷、合同纠纷和公司纠纷等商事案件。2005年两级法院审理知识产权案件93件，诉讼标的额达1048万元；审理合同纠纷案件17427件，诉讼标的额达38.69亿元。

积极稳妥开展涉外案件审理。2005年两级法院共审理各类涉外案件1593件，涉及英国、美国、日本、韩国、葡萄牙及港澳台地区，结案数占全省法院审理涉外案件总数的28.23%，收结案数均居全国法院的前列。通过积极稳妥开展涉外商事案件审理，增强了吸引外资能力，对东莞市打好外资牌提供了良好的涉外司法保障。

【维护监督依法行政】2005年，东莞市两级法院共受理行政诉讼案件376件，比上年同比上升14.29%。共审结367件，比上年同期多51件，结案率上升1.56%。两级法院行政审判人员在工作中不断强化大局意识，注意正确处理好党的领导与依法审判的关系，正确处理好经济建设与依法行政的关系，正确处理好国家、集体、公民三方利益关系。充分发挥行政审判是“官”“民”矛盾的“化解器”和“减压阀”的作用；强调行政裁判的延伸作用。对于行政机关具体行政行为和程序合法的，依法维持，并做好原告的服判息诉工作；对一些有瑕疵的行政行为，综合考虑社会效果，依法灵活运用审查标准，并在宣判时提出司法建议，防止行政机关再出现类似的问题；对于违法或不当的行政行为，坚决予以纠正，依法作出变更或撤销具体行政行为的判决，在判决书中说明撤销、变更的原因，督促行政机关及时改正。通过公正审理行政诉讼纠纷，充分发挥了行政审判职能作用，有效保护了公民、法人和其他组织的合法权益，维护和监督了行政机关依法行使行政职权，在推进依法治市、依法行政工作中发挥了重要的作用。如中级法院审理的张长富诉太平海关一案，是我国第一宗卧底线人告行政机关悬赏索赔案件，法律对此无明确规定，其他法院亦无处理先例，但法官们通过虚心学习，认真分析，依法公正审结了此案，当事人双方都服判，真正做到案结事了，取得较好的法律效果和社会效果。

【加大执行工作力度】2005年，东莞市两级法院共受理执行案件12053件，同比增长10.94%，执结10530宗，为当事人实现债权金额达19.55亿元，分别比上年增长6.07%和11.67%。面对日益增加的执行工作压力，两级法院执行局进一步深挖执行潜力，创新执行工作的思路、措施和方法，力保人民群众合法权益的及时实现。一是加大主动调查力度，成效明显。二是加大“边控”力度。两级法院进一步加强与公安、海关、边检等部门的合作，全年共采取20多次“边控”措施，解决执行标的600多万元，有效打击了境外债务人故意不履行法院裁判、恶意拖欠债务的行为。三是采取驻点办案措施。两级法院实行执行力量下移，将执行人员分成若干小组，要求执行员每周至少有3天时间驻留辖区，连续作战，集中执行，节省了司法资源，提高了执行效率。四是加大媒体曝光力度。2005年共曝光恶意赖债者400余人。五是推广使用执行令状。对劳动争议、工伤、交通事故损害赔偿、抚养等涉及人身权的执行案件，一改以前发执行通知，再给被执行人一定自动履行期限的方式，直接发出执行命令，责令被执行人即时给付，缩短了办案期限。六是开展专项执行会战。对社会反映强烈的拖欠工人工资等执行案件，集中优势兵力进行执行会战，2005年两级法院共受理拖欠工人工资类执行案件1618宗，执结1550宗，为工人追回被拖欠工资3602.78万元。为使一些“老大难”案件尽快执结，两级法院还主动邀请政府、公安、工商、金融及新闻媒体等单位配合行动，较快地执结了一些执行阻力较大的案件，收到了良好的社会效果。2005年市法院被省法院授予“解决执行难先进集体”荣誉称号。

【完善内部监督机制】2005年，东莞市两级法院进一步加大案件质量内部监督力度，根据省法院有关文件精神，研究制定《案件质量监督管理实施细则（试行）》，形成审判业务部门直接监督，审判监督部门间接监督，审判委员会统一组织协调，政工人事、立案信访、司法统计等部门配合联动的完整的监督管理体系，促进了案件质量的提高。

【落实司法为民方针和措施】2005年，东莞市两级法院继续把“司法为民”作为法院一项重要工作来抓。在开展保持共产党员先进性教育活动和专项整改活动中，把是否贯彻好省法院42项司法为民要求，是否解决“三难”（打官司难、申诉难、执行难）作为重要的自查内容，在群众关注的热点、难点问题上，落实各项便民、利民、为民措施，取得了较好的成效。

加强窗口建设，解决立案难。2005年，两级法院按照“大服务”的理念，以方便群众，提高效率为着眼点，从细微处入手，把立案场所建设成为综合的公众服务大厅，真正实现法院办事“一站式”、“一条龙”服务，体现了司法为民思想，彰显了司法文明。针对窗口工作的特点，对前来立案的当事人，实行“一次性全面解答”，避免当事人多次往返。针对东莞外来劳工多，推行双休日立案、来信立案、24小时电话预约立案。具体来说是推出了立案窗口便民、利民的三个“五”：一是始终做到五个“心”即：热心、耐心、细心、诚心、爱心。二是做到“五个一样”。即：对干部和群众一样热情；对外地和本地人一样依法办理；对年青和年老的一样态度；对衣着好坏一样看待；对来访次数多和来访次数少的一样认真负责。对待群众做到诚恳接待、态度和蔼、耐心解答、热情服务，让群众“忧心而来，满意而归”。三是推出四项便民、利民措施：制定并公布服务承诺制度；对当事人和来访群众实行首问责任制；对窗口工作人员实行岗位“三定”制度，即：定岗、定人、定责；指引明确，方便群众，如在立案窗口处张贴来信立案的邮编、地址、假日预约立案电话、并将庭领导手提电话作24小时值班电话公布；在立案大厅处放有饮水机、纸杯和复印机，供当事人饮用和免费复印材料。另外为了增强当事人的诉讼意识和有效监督法院工作，还为立案群众准备了《立案常识指引》和多种《诉讼宣传资料》小册子。在法院大堂显示屏中滚动播放《东莞市中级人民法院服务承诺》、《人民法院民事诉讼风险提示书》等。

严格执行诉讼费收费标准，积极开展司法救助。为贯彻好司法为民措施，两级法院在严格执行诉讼费收费标准的同时，坚决执行“收支两条线”规定。与此同时，两级法院按照最高人民法院《关于对经济确有困难的当事人予以司法救助的规定》和省高院的相关规定，对经济确有困难的当事人，尤其是涉及老弱病残、下岗职工等追索赡养费、抚养费、抚恤金、养老金以及交通事故、医疗事故、工伤事故或其他人身伤害事故的受害者追索医疗费用和物质赔偿等诉讼案件，依法缓交、减交或免交诉讼费用，以确保当事人都能获得司法救助。让经济困难的当事人也打得起官司。2005年，两级法院共对1648宗案件的当事人给予司法援助，共减、缓、免交诉讼费771.54万元。此外，对涉及民生问题的追索劳动报酬、赡养费、抚养费、医疗费、人身损害赔偿等案件，法院坚持优先立案、优先审理、优先执行的原则，依法维护好弱势群体当事人的合法权益。2005年中院立案庭被团省委授予“全省青年文明号”。

加快申诉案件审理进度，解决申诉难。为了切实解决“申诉难”问题，两级法院按照“有申必立，有申必复”的要求，采取措施，加快办案速度，较好地发挥了其发现问题、解决纠纷、维护民权的重要作用，解决了来访群众所反映的问题，取得了较好的社会效果。通过采取设立院长接待日、合理统筹办案资源，实行案件跟踪催办制度，突出个案审理及变革制约进度的工作方法，从制度上解决申诉、再审难问题，使申诉案件办案效率明显提高。2005年，两级法院共受理申诉、申请再审案件643宗，审结599宗，分别比上年增长30.43%和33.11%。

【强化调研和培训】2005年，东莞市两级法院继续坚持“培育专家型法官、打造学习型法院”的建院方针，坚持以人为本，通过鼓励干警攻读更高学历，提高整体理论知识水平；通过邀请著名专家、学者来法院讲学，为审判实践提供智力支撑；通过举办新录用干警岗前培训班、司法考试特训班，储备法官后继力量；通过建立大调研格局，调动干警的学习钻研热情。2005年，法院干警撰写的学术论文被国家、省、市各类报刊采用77篇。在全国法院系统第十七届学术讨论会上，有5篇论文分别荣获全国及广东省优秀论文奖，获奖总数在全省各中院中名列第三。在与人民法院报联合举办的“东莞杯涉外民商事审判有奖征文”活动中，市法院共在人民法院报发表相关论文9篇，其中有3篇论文获奖。

【加强队伍建设】 2005年，东莞市两级法院以深入开展的保持共产党员先进性教育活动和“规范司法行为，促进司法公正”专项整改活动为契机，狠抓队伍建设，积极探索构建新型法院文化。

大力加强领导班子和党建工作，增强队伍战斗力。两级法院党组在加强自身建设的同时，大力加强队伍建设，通过定期谈心、召开工作汇报会、组织外出学习考察等方式提高中层领导干部政治业务素质，增强责任意识。2005年，市中级人民法院和市人民法院分别选举产生了机关委员会，进一步规范和加强党建工作，把支部建在审判一线部门，完善各项规章制度，使队伍的战斗力日益增强。

进一步整章建制，规范司法行为。在专项整改活动中，两级法院对2004年的制度汇编进行清理，重新修改制定了部分规章制度，逐步建立起科学、完善的案件流程管理机制、案件质量监督管理机制、岗位责任目标考核奖惩机制、违法违纪责任查处机制，使法院规范化建设步入良性运行轨道。

积极探索新型法院文化，营造良好的工作氛围。2005年，两级法院积极探索构建新型法院文化，以团委、妇委为主体开展一系列的文化和体育活动，陶冶干警思想情操，激发干警工作热情，营造良好的工作氛围。

【强化廉政制度的完善和落实】 2005年，东莞市在贯彻、落实党中央廉政建设《实施纲要》过程中，市中级人民法院制定了纲要的《分解方案》，把工作重点放在廉政制度的完善和落实上。加强对评估拍卖工作、财务工作的监督。有针对性开展廉政教育，对新上任的领导干部和法官进行任前谈话，组织新招录的干警上廉政教育课，对群众投诉反映较强烈或有苗头性问题的人员进行警醒谈话。两级法院坚持小题大做、实事求是、严肃慎重的态度，对每一件信访投诉都认真查处，做到有信必复，有问必答。

【强化外部监督机制】 2005年，东莞市两级法院在规范内部监督机制的同时，进一步强化法院的外部监督机制。一是主动接受党委领导和人大及社会各界的监督。有关重大事项和重大案件主动向市委、市人大汇报，并利用各种机会采取各种形式向各级人大代表征求意见和建议。为了规范、健全人大代表联络工作机制，制定了《督促检查工作制度》及《人大机关、人大代表监督案件督查登记制度》，实现人大联络工作的科学化、规范化和制度化。二是坚持司法监督制度。2005年两级法院集中邀请20名人大代表旁听案件8次，并聘请52名人大代表为司法监督员，帮助抓好审判工作和队伍建设。

【加强宣教工作】 为加强法制宣传效果，不断提高全民法律意识，两级法院充分利用审判资源优势，通过公开报道典型案件、召开新闻发布会等多种形式，以案说法，以案普法，开展法制宣传教育。2005年，两级法院在人民日报、中央电视台、法制日报、东莞日报等报刊、电台、电视台等媒体发表新闻604篇，与东莞电视台合作制作“法庭直击”、“法制纵横”节目17期，与东莞广播电台合作制作“与法同行”节目10期。对“年度十大案件”、“特大拐卖儿童团伙案”、“东莞首例制售假酒案”等重大新闻题材积极进行组织策划，组织新华社、人民日报、法制日报、南方日报、广东电视台等各大新闻单位进行实地深入采访报道，扩大了宣传效果。　　（陈斯　李哲）

**附：2005年东莞市中级人民法院领导名录**

院　长：陈国辉（3月离任）
　　　　何碧霞（3月到任）
副院长：井源绿　黄锡明
　　　　陈　斯（5月到任）

## 检察工作

【严厉打击刑事犯罪】 2005年，东莞市检察机关围绕着打造“平安东莞”目标，针对社会治安突出的问题，严厉打击各种严重刑事犯罪。全年共受理公安、海关缉私局提请批准逮捕刑事犯罪嫌疑人12959人，经审查，批准逮捕12212人，同比增长24%；受理移送审查起诉12987人，提起公诉10951人，同比增长16%。突出打击严重危害广大人民群众生命、财产安全的杀人、伤害、抢劫、绑架、黑社会性质组织犯罪和重大盗窃等恶性犯罪；抓住塘厦镇和常平镇的灭门惨案、陈建华等17人色诱抢劫案、吴刘敏等9人涉黑团伙案等社会影响恶劣的大案，从快从严办理，有力地遏制犯罪分子的嚣张气焰，维护了社会治安。坚持惩办与宽大相结合，对未成年人犯罪及成年人的初犯、偶犯、过失犯分别不同情况采取轻缓的刑事政策，从宽处理，有效地维护了社会稳定。如茶山镇某磁带厂走私一案，对涉嫌犯罪逃避审判可能性不大的厂长谭某做出取保候审决定，保障该厂的正常运作，达到法律效果与社会效果的统一。

【反贪污贿赂、渎职侵权工作】 2005年，东莞市检察机关共立案侦查贪污贿赂等职务犯罪案件23件24人，其中大案22件，占立案总数的95.6%，属建筑、卫生、金融系统和侵吞国有资产的职务犯罪案件18宗18人，占立案总数的72%，案值100万以上的6件7人，最大的案值达8000多万元。为国家挽回经济损失4400多万元。重点查处了一批人民群众反映强烈的行业腐败犯罪，如建筑行业的石竭大桥建设工程师杜某、副总指挥何某串通投标、行贿案，金融系统的工商银行长安支行刘志广挪用公款184万元，医疗系统的凤岗医院外一科主任胡文杰收受药品回扣案（该案成为东莞市首例医生因收受药品回扣被判刑的案件），收到震慑职务犯罪的预期效果。渎职侵权部门重点查办破坏社会主义市场经济秩序的渎职犯罪，案件侦查终结6件9人，为国家挽回经济损失214.23万元。积极开展个案协查工作，协助外地检察机关查办案件166件，追捕犯罪嫌疑人16人。

【预防职务犯罪工作】 2005年，东莞市检察机关按照党中央《建设健全教育制度监督并重的惩治和预防腐败体系实施纲要》的要求，结合实际，突出重点，打防宣治相结合，大力开展职务犯罪预防工作。一是营造声势，构筑不想为的舆论环境。通过各单位派发宣传手册1.75万份、海报1万张，设立大型户外廉政广告牌100多面，在电视台播放违法犯罪案件电视专题片，组织5100名单位干部上法制教育课等形式，形成规模化、立体化、全方位的宣传教育攻势。二是发动举报，形成不敢为的社会环境。出台《东莞市建筑领域违法犯罪举报奖励办法》，发动群众举报，及时发现违法违纪线索，仅建筑领域的举报线索就有26件，已立案查处2件，有效震慑犯罪。三是完善制度，建立不能为的制度环境。对投资1.1亿多元的松山湖中心区地下人防及湖景花园等20多项工程进行重点清查，结合清查发现，提出建议，使建设局进一步完善制度，规范建筑市场秩序。

【民事行政检察】 2005年，东莞市民事行政检察部门认真受理当事人不服民事、行政裁决的申诉，在做好息诉服判工作的同时，对确有错误的裁决，依法抗诉或提请抗诉，切实维护当事人的合法权益。全年共受理民事、行政申诉案件253件，促成和解3件，息诉92件，提出抗诉2件，提出再审检察建议4件，法院采纳3件；向法院提出检察建议4件，维护公民的合法权益。

【监所检察】 2005年，东莞市监所检察部门加强对刑罚执行和管理活动的监督，确保全市3个监管场所1.4万多名在押人员继续实现监管安全“四无”（无安全事故、无非正常死亡、无脱逃、无狱内案件）。全年共发出超期预警1200人次，审查减刑、假释和保外就医3017宗，处理在押人员控告申诉73件，约见在押人员谈话420次，提出监督建议4件，保持无超期羁押。

【控告检察】 2005年，东莞市控告检察部门认真贯彻新《信访条例》的精神，积极主动地为来访群众排忧解难，连续16年被评为全市信访先进单位。全年共受理人民群众来信来访1331件次，同比上升32%；主动协助有关单位化解群众矛盾38起，同比上升23%；转交反贪部门案件线索51件，立案17件，成案率33%，同比上升240%；检察长接待来访群众75批119人次，批阅信件412件。

【刑事申诉工作】 2005年，东莞市刑事申诉检察部门坚持有错必纠与做好服判息诉工作并重原则，立案复查刑事申诉案件12件，改变原处理决定2件，做好服判息诉工作9件，受理赔偿案件9件，作出赔偿5.75万元，切实维护当事人的合法权益。

【检察技术工作】 2005年，东莞市检察技术部门注重科技鉴证对刑事检察工作的推动，法医部门受理法医文证审查案件475宗，同比上升71%；办理法医检验鉴定案件120宗，同比增加118%；参加死刑临场鉴定7次76人、尸体检验18件，活体检验101件。

【检察队伍建设】 2005年，东莞市检察机关根据干警学历高、年轻化、思想活跃的特点，不断加大队伍建设力度，有效增强队伍的综合能力。一是深入开展“强化法律监督、维护公平正义”和“理想、责任、能力、形象”等主题教育活动，坚持理论学习与典型教育相结合，抓反面教训，剖析问题根源，引以为戒，促使干警加强世界观、价值观、人生观的改造，牢固树立执法为民思想。二是突出科学管理，着力提高中层领导干部的管理水平。先后选派32名中层以上干部前往清华大学接受现代管理知识培训；组织中层以上干部32人，分别前往北欧和澳洲，开展业务交流，学习先进管理理念。进一步完善责任追究制度，强化责任观念。三是以创建学习型检察院为平台，全面提高干警综合素质。全年组织干警221人次到北京、广州、大连等地参加高层次业务培训班；邀请专家、学者举办各类专题讲座6场，举行培训会20场，辩论赛9次；协助高检院成功举办“首届国家高级检察官”论坛；成立23个学习、兴趣小组（如书画、英语沙龙、演讲等）和文体活动小组（如乒乓球、桌球、登山、游泳等），丰富干警业余生活，提高干警的文化专业修养和身体素质。截至2005年底，全市检察干警中具有研究生学历的33人；本科学历的260人，占干警总人数的95.4%，同比上升12.4%。共发表调研文章158篇，同比上升14%，其中国家级采用22篇，省级采用36篇，有7篇入选各类学术研讨会，并有5篇获奖。司法考试再创新佳绩，85名干警参考，26人通过，通过率30.6%，通过人数和通过率连续三年名列全省检察系统前列，其中考分400分以上6人，干警黄浩荣以439分的高分成为广东省司法考试状元。受上级检察机关和各级党委、政府等部门表彰的集体和个人共89项次，其中副检察长黄文艾被省检察院记个人一等功，严迎春被评为“全国维护妇女儿童权益贡献奖”，市区检察院被省检察院评为集体一等功。 （缪伟栋）

**附：2005年东莞市人民检察院领导名录**

检察长：林明枢

副检察长：钟炳权　黄文艾　叶惠英

## 公安工作

【概况】 2005年，东莞市公安机关牢固树立和落实科学发展观，以打造“平安东莞”为目标，以开展“先进性教育”、“大接访”和改革警务工作为主线，精心组织开展一系列专项打击行动，大力强化城市治安管理，积极探索、改革和创新警务运作机制，推出改革公安工作的措施，狠抓公安基层基础工作，全面加强公安队伍建设，确保全市社会治安大局的稳定。

【公安工作改革】 2005年，东莞市公安局围绕实施“平安东莞”工程的部署，创新进取，提出改革公安工作的十二项措施，包括：改革现有的巡警模式，建立新的大巡警体制；改革现有的指挥中心接处警工作模式，建立新的快速反应机制；改革现有的机关化运作模式，建立新的基层实战体系；改革现有的人事管理模式，建立新的队伍管理机制；改革现有的执法审批模式，建立新的高效执法体系；改革现有的公安科技应用模式，建立新的大科技体系；改革现有分散的作战模式，建立新的联合作战体系；改革现有的治安管理模式，建立新的监管机制；改革现有的工作指导模式，建立新的分类指导机制；改革现有的群防群治模式，建立新的群防群治体系；改革现有的思想政治工作模式，建立新的思想政治工作体系；改革现有的公安宣传模式，建立新的公安宣传机制。通过十二项改革，使全市公安工作有突破性的发展，为东莞公安事业的长远发展打下坚实基础。

【“大接访”工作】 2005年，东莞市公安局认真学习贯彻新修订的《信访条例》，精心部署开展“大接访”活动，紧紧围绕“人人受到局长接待，件件得到依法处理”的总目标，狠抓落实，确保每宗信访案件得到依法处理，切实解决群众信访问题。全年受理群众来信来访3545件次，办结3403件次，办结率为96%。通过“大接访”活动，打牢了广大民警执法为民的思想基础，消除了一批社会不安定因素，规范了执法行为，密切了警民关系，赢得了社会各界和人民群众的信任和支持。

【加快视频监控系统建设】 2005年，东莞市公安局制定全市社会治安视频监控系统“三步走”的总体规划和相应的技术方案，率先在莞城、南城、樟木头、长安等镇区筹集2700多万元资金，安装社会治安视频监控高速球50个、摄像枪488支，并在全市各级党政机关、金融网点等重点部位和各住宅小区、企业单位建立了相对独立的视频监控系统，共设有监控摄像探头15607个。这些视频监控系统在监控社会面、预防和打击犯罪、维护社会稳定等方面发挥了明显的作用。

【强化监督考评】 2005年，东莞市公安局以开展“规范执法行为，促进执法公正”专项整改活动为契机，强化公安内部执法监督和加强公安法制建设，达到“依法、廉洁、便民、高效”的目标。编制《东莞市公安基层民警执法手册》，明确各项执法的法律依据和操作规程，重点开展制止刑讯逼供专项活动，并成立督导组对重点整改单位进行“帮扶督促”和专项检查。建立东莞市公安局执法工作基础平台，在“东莞市执法与执法监督系统”的基础上，将系统功能进一步延伸至接报警、行政许可等方面。建立交通事故处理信息系统，对交通事故预防和处理进行全方位预警及全过程监督。在东莞公安综合信息网上开办“法制网校”，通过网络互动的方式提高民警的法律素质。

【严厉打击刑事犯罪活动】 东莞市公安机关继续保持严打整治的高压态势，以打击集团性、系列性犯罪为主，组织开展侦破命案、打击“两抢一盗”、粤鹰等专项打击行动，取得扎实战果。全年共破获刑事案件13682宗，同比上升23.52%，其中破获命案375宗，破案率达85.8%；打掉犯罪团伙1932个，抓获犯罪嫌疑人16309人，移送起诉11211人，劳动教养1502人，治安拘留13646人，全年破获“两抢一盗”案件6987宗，打掉“两抢一盗”犯罪团伙1147个，抓获“两抢一盗”犯罪嫌疑人7418人。

【治安管理】 2005年，东莞市公安机关以开展“四清理”工作为契机，充分发挥治安行政管理的职能作用，全年共查处各类治安案件12490宗，处理违法人员20692人。进一步深化枪支、民爆器材和剧毒物品的安全管理工作，全年共收缴炸药10公斤、火雷管208枚、导火索23米、烟花爆竹1172箱，收缴非法购买剧毒化学品223公斤，销毁过期爆破器材4815公斤。全面加强特种行业和公共娱乐场所的管理，严格落实娱乐服务场所登记备案制度和违规淘汰制度，落实管理责任制和责任追究制度，全年共查处违规违法娱乐服务场所410间；多次组织开展清理整治机动车修理、废旧物资回收、通讯器材销售、金银首饰等场所的专项行动，及时发现和打击处理违规违法行为，堵塞治安管理的漏洞。抓好金融系统和重点要害部门的安防保卫工作，对全市113个新开业或搬迁、改建的金融网点进行了检查验收，并核发《金融机构安全合格证》。顺利完成217宗大型群众文化体育活动的安全保卫工作。此外，公安机关还对31名见义勇为的群众进行了表彰奖励和慰问。

【群防群治】 2005年，东莞市公安机关加强全市治安联防组织的规范化管理，加快治安员的统一服装及办证工作。挖掘和利用社区资源，对辖区治安、保安、治保会以及治保积极分子、门卫、护厂人员等群防队伍，实行集中规范管理、分工协作、各负其责的社区防范工作机制。在群众中广泛开展防范宣传教育，提高社区群众的防范意识，充分发动和依靠群众，开展邻里守望、看楼护院、联户联防、店面互防等自防活动。积极开展对社区青少年的法制教育和社区内刑释解教人员的跟踪帮教工作。

【户政管理】 2005年，东莞市公安机关共办理户口迁移23285人，其中本市人口市内迁移3730人，外市县人口迁入19555人；办理大中专毕业生入户8677人，军队转业、安置、退伍入户827人，华侨、港澳台同胞回乡定居入户44人。完成申领、换领、补领第一代居民身份证16773张，签发临时身份证13129张；从4月份起，全市停办第一代居民身份证，集中力量换发二代证工作，全年共受理二代证1138800张，发放证件972035张，提前2个月完成省公安厅下达60万张的制证任务，加快推进户政管理工作信息化建设，建成数据“集中存储”式人口信息管理系统，实现全市人口信息系统实时联网办公，保证人口信息数据的质量。人口信息数据的报送工作，在全省报送公安部人口信息数据排行榜中名列第二名，在全国第一批122个地级以上城市人口信息数据报送工作中名列第20名。配合“村改居”工作，办理农业户口集体转居民户口9786户，合计30998人。为社会各界及群众提供人口信息查询，全年共查询人口信息25346人次。按时保质完成一年一度人口统计年报工作，及时纠正户口登记中重登、漏登及差错等问题。

【流动人口管理】 2005年，东莞市公安机关为加强对流动人口的管理工作，各公安分局分别增设流动人口管理股，配置相应管理人员，改变以往流动人口管理机构不健全，经费和人员不足的局面。配合市出租屋及流动人员管理办公室制定《东莞市出租屋租住人员人身保险实施方案》。继续做好《广东省居住证》的受理和发放工作，全年共办理《广东省居住证》40个。按上级要求圆满完成全市暂住人口统计工作，2005年6月，全市统计暂住人口5849785人，比去年增长20.13%，其中男性2746833人，女性3102952人。全市现有出租屋308295间，入住暂住人口181.62万人，占全市暂住人口总人数的31.05%。

【出入境管理】 2005年，东莞市公安机关继续简化办证程序，开展网上受理、流动窗口服务、邮政快递等便民利民业务，提高办事效率，全年共签发各类出入境证件、签证（注）842994个，比2004年增加14.76%。其中，公民出国（境）证件、签注780093个，包括因私护照及加注20070个，大陆居民往来台湾通行证及签注565个，赴港澳定居1359人，赴港澳探亲签注13441个，赴港澳商务签注20354个，个人赴港澳旅游签注723586个，团队赴港澳旅游签注718个；外国人签证3205人次，外国人居留许可5038人次，台湾居民来往大陆通行证及签注54029个（停留签注3227个，多次签注30741个，居留签注2686个，暂住签注16616个，一次有效台胞证759本），入出境通行证670人次。

【道路交通管理】 2005年，东莞市公安交警部门继续以预防和减少道路交通事故为中心，积极开展各项交通秩序专项整治行动，不断提高交通管理执法水平和服务水平。一是全力以赴做好事故预防工作。采取签订责任书、对事故上升单位及时预警、机关科室挂点帮扶重点中队和加大事故多发点段排查治理工作力度等一系列措施减压道路交通事故，全年共发生一般以上道路交通事故7120宗，死亡910人，受伤8642人，直接经济损失919万元，其中死亡人数同比减少65人；二是会同有关部门组织开展了“斩棘行动”、“粤鹰行动”、打击“两抢一盗”、“双超”行动及整治校园周边交通环境等一系列专项行动。规范了学生接送车和危险化学品运输车辆的管理，从严查处超载、超速、无证驾驶、酒后驾驶等严重交通违法行为。一年来，共查处交通违法行为65万多宗，治安拘留3790人，刑事拘留425人，吊销驾驶证161本；三是积极探索勤务制度改革。根据交通流、事故特点、道路状况以及道路施工的变化情况调整警力部署，实行定人、定时、定岗、定任务和定责任的“五定”责任制，提高路面见警率和民警管事率，不断加大监控管理力度；四是深化交通安全宣传进农村、进社区、进学校、进家庭、进企业"五进"宣传教育活动。免费向群众发放宣传资料30万份，并与报社、电视台、电台等新闻单位合作"交通违法曝光台"、"交通违法直击"等栏目，多次参加政府阳光热线栏目，现场解答群众提出的问题；五是加快交通指挥中心和"电子警察"建设的步伐。有20个镇（区）安装了"电子警察"，计划2006年安装的有8个镇。

【机动车和驾驶员管理】2005年，东莞市交警支队进一步拓宽服务领域，大力推广委托车行代发汽车牌证工作，并在车管所办事大厅专门设立"保险办理"窗口；全面启用车管绩效考核监督管理系统，方便群众查询车管业务办理结果、车辆违法信息及机动车和驾驶人简要信息。全面推广无纸化考试、桩考仪考试和路考仪考试，实施机动车驾驶人城市道路考试，严把考试关；实行考验员轮流监考制度，完善考试业务台账，加强对考验员的监督考评；制定了《东莞市机动车检测站管理规定》，与各检测站签订责任书，落实责任制，把好检测关，同时加强对全市驻站民警和检测站工作人员的业务培训，提高业务人员的整体素质。2005年，全市共办理机动车注册登记67521辆，其中汽车67355辆，摩托车166辆；办理初学、增驾驾驶人69816人，其中摩托车驾驶人11996人；办理机动车年检388877辆。截至2005年，全市机动车驾驶人798086人，机动车保有量达到1184646辆。其中，汽车406577辆，摩托车775838辆，其他2231辆。

【队伍管理】2005年，东莞市各级公安机关坚持从严治警、依法治警的方针，提高队伍的正规化管理水平，增强队伍凝聚力和战斗力。一是加强领导班子建设，调整公安专项编制。对部分公安分局领导班子进行了调整，配齐基层派出所领导班子，在广泛调研的基础上，对公安系统的专项编制重新调整分配，调整后，市公安局机关人员编制数为328名，直属单位人员编制数为1278名，派出机构人员编制数为9023名，机动编制数为108名；莞城、虎门、东城等10个公安分局分别成立副科级建制的刑事警察大队及治安巡逻警察大队；增设信访科，成立市公安局刑警支队公交大队。二是强化队伍素质建设，有计划、有组织地开展民警培训工作，共15580人次参加各种培训，开展大练兵工作，形成长效练兵机制。三是招收民警920人，接收军转干部108人；妥善做好地方民警转制工作，共有672名地方民警转制为国家公务员。

【立功创模】2005年，东莞市公安系统共有19个单位立集体二等功，46个单位立集体三等功，19个单位受嘉奖；共有2人立一等功，33人立二等功，417人立三等功，977人受嘉奖。其中，长安公安分局沙头派出所被评为"2003—2004年度全国优秀公安基层单位"；李德和、刘润林、周志明等被评为"2003—2004年度全国优秀人民警察"；梁均耀被评为"2001—2004年度全国社会治安综合治理先进工作者"。

（李泽林　李寒来　曾伟侨　王飞　刘树安　周晓锋　文毅峰　胡启志　韦懿伦）

**附：2005年东莞市公安局领导名录**

局　长：欧钜明（3月离任）
　　　　崔　建（3月到任）
副局长：卢锡光　谢松锡　陈伟强
　　　　利焕祥　张　宇（5月挂职）
　　　　李泽林（12月到任）
　　　　李伟雄（12月到任）
　　　　梁建柱（12月到任）

## 消防工作

【概况】2005年，东莞市消防支队全面提升火灾防范能力，大力推进城市消防基础设施建设，增强城市抗御火灾的能力，159个社区（含工业园区）初步建立了社区群防群治的消防网络，常平、大朗、松山湖、凤岗、塘厦、麻涌6个镇区的消防规划通过了市政府审批。制定了《广东省公安消防部队安全管理若干规定》。加强岗位练兵和执勤训练，提高部队的抢险救援能力，成功组织对虎门口花村燕子绣花厂火灾、中堂江南冷库火灾、樟木头宝山工业区出租屋火灾等重大火灾事故的扑救，并多次开展抗洪等抢险救援。2005年，市消防指挥中心、特勤队、中心区消防站相继奠基，消防船投入建造，沙田水上中队开始筹建，还集中开展了针对人员密集场所、"三小"场所、出租屋、易燃易爆场所、医疗卫生系统等的消防安全专项整治，积极消除火灾隐患，确保了东莞连续5年没有发生特大火灾事故。

【消防监督】2005年，东莞市加强消防安全制度建设，建立了《东莞市消防联席会议工作制度》、《东莞市消防联席会议联络员制度》、《东莞市消防联席会议成员单位职责和任务》等一系列制度。加大消防安全检查监督力度，2005年全市消防部门共出动警力5284人次，检查了2300余家场所，发现火灾隐患702处，发出《责令限期改正通知书》277份，发现和根治了一大批火灾隐患。进一步落实消防安全责任制度，市、各镇区政府任命了33名消防安全责任人，全市到村一级签订了679份的消防安全责任书，村一级与企业签订了1397份消防安全责任书。

【消防宣传】2005年，东莞市深入开展消防宣传，基本达到机构健全、制度完善、人员落实、器材到位、活动经常、宣传有力的标准。2005年，消防支队加大消防安全宣传力度，筹资50万元印制了近13万张消防宣传挂图，与邮政局联合发行了10万份消防宣传明信片，与出租屋管理办公室联合印制了40万份消防知识宣传画册，每季度还印制2万份《东莞消防报》，均向群众免费发放。

（潘　瑛）

**附：2005年东莞市消防支队（消防局）领导名录**

支队长：张小宏（2月到任）
政　委：肖明玉

## 边防工作

【侦破案件】2005年，东莞市边防支队加强辖区路面治安防控，加大海上巡查力度，积极开展严打整治"冬季攻势"、"百日行动"、"猎狼"、"春雷"、"粤鹰"等行动，有力打击了违法犯罪活动，全年共破获刑事案件480宗，查处治安案件1200多宗，查获走私案件8宗，缴获香烟2118条、冷冻肉品13.23吨，棕油11.44吨，切割汽车45辆、发动机250台、汽车配件500吨，总案值约3000万元。抽调部队官兵2000人次配合公安机关进行专项保卫任务、打击"两抢一盗"和大城区清理整治摩托车专项行动，共盘查嫌疑人员1300多人次、制止冲卡事件2次、查扣摩托车1083辆、其他机动车41辆，抓获各类违法犯罪嫌疑人200多名，当场制止犯罪和救助群众50起。

【边防部队管理】 2005年7月，东莞市边防支队在辖区开展“三访四见”活动。“三访”即访贫问苦、访疾问难、访外（外来人员）问弱（弱势群体）。官兵们在日常生活中通过广泛、深入地走访辖区群众，提高见警率；在执法过程中杜绝冷、硬、横、推等现象；亲近群众，贴近生活，拉近警民间距离，使群众对边防官兵有信任感、依托感，主动提供线索，配合治安防范工作，达到让人民群众看见、敢见、愿见、想见的“四见”效果。自活动开展以来，边防官兵深入辖区，走村串户，与群众谈心、交流，主动倾听群众意见，为群众排忧解难。共出动官兵达14205人次，车辆7010辆次，船艇222艘次，发放了警民联系卡38000张；走访码头238个次，停泊点225个次，养殖场125个，特种行业1035个次，常住人口10万人次，外来人口268139人次。进行“四防”宣传1177次，开展治安工作座谈会23次，海上巡查110次，整治治安问题26个，调解纠纷466次。有效增进了与群众感情，促进了执法执勤和维稳工作。年底，太平水上派出所、虎门派出所和虎门水检站被评为“基层建设先进单位”。（和玉昌）

**附：2005年东莞市边防支队领导名录**

支队长：陈　源

政　委：李建南（3月到任）

## 司法行政

【队伍建设】 2005年，东莞市司法行政系统以科学发展观统领司法行政工作，在建设“平安东莞”、构建和谐社会中发挥积极的职能作用。认真贯彻落实市委、市政府和省司法厅的各项决议，重点抓了几项教育活动：抓好保持共产党员先进性教育活动；做好“理想、责任、能力、形象”教育活动第一阶段工作；开展“规范执法执业行为，促进执法司法公正”专项整改活动；在公证队伍中开展教育规范树形象活动。组织学习先进典型，深入学习李冠芬、吴光林、黄映东等同志的先进事迹；按省司法厅的要求，组织全市司法行政系统干部职工向全省司法行政系统获全国先进工作者称号的4位同志学习。全市司法行政队伍的政治、业务素质明显提高。

【普法教育和法学教育】 2005年是全面实施“四五”普法规划的最后一年，也是开展全民法制宣传教育20周年。东莞市司法行政机关有计划、有步骤地推进各项工作的开展，大力加强对重点对象的法制宣传教育，努力提高公民的法律意识和法律素质。

积极开展妇女法制宣传教育。3月6日，东莞市妇联、市普法办等多家单位在市文化广场联合举行“千社区百万户学法暨拒赌拒毒签名承诺活动”。虎门、横沥、塘厦、大岭山、凤岗、万江、南城等镇区也纷纷响应，开展大型的法律咨询宣传活动。

抓好青少年法制教育。一是全面落实中小学法制教育计划、教材、课时和师资。二是继续落实法制副校长工作。截至2005年底，全市490所公办中小学全都聘请了法制副校长，137所民办中小学中已有72所聘请了法制副校长，聘请率为52.69%。法制副校长每学期坚持到任职学校上1—2次法制课，并在转化后进生、预防青少年违法犯罪、整治校园及周边治安环境等方面做了大量工作。

加强外来员工的法制教育。一是与有关职能部门联合发文，对外来工法制教育的内容、形式、方法、措施及目标作具体要求，并组织监督落实。二是编印《东莞普法》、《法制宣传挂图》等资料，派发到企业、社区张贴。三是在全市各大车站、码头、公园等外来员工出入较多的场所建起26个12.5米×2.5米高规格的法制宣传栏。四是举办法制文艺巡回演出。9月，由普法办出资主办，市教育局、文化广电新闻出版局协办，景德镇市青年艺术团承办的法制文艺演出在全市进行40场巡回表演。五是在黄江裕元工业区举办东莞市“12·4”大型法制宣传活动。

9月5—6日，省“四五”普法检查组第六组到东莞市检查验收“四五”普法工作实施情况，对全市“四五”普法的成绩给予充分肯定。

【公证工作】 2005年，东莞市公证处公证员由7名增至9名，公证辅助人员38名，全年共办理各类公证60685件，同比增加6.5%，其中国内经济公证34015件，国内民事公证19627件，涉外经济公证5件，涉外民事公证4607件，涉港民事公证1660件，涉台民事公证771件，取得较大的经济和社会效益。为方便群众办证，每个双休日都照常对外接待。对年老病残人申办公证，公证人员亲自上门办证，全年共计办理210件；为配合市政府公车改革制度的施行，无偿义务到现场办证64件；为配合市政府执行政府采购法，无偿义务办理招投标公证和竞争性谈判公证380件；对下岗工人和困难户实行减免公证费，办理公证68件，减免公证费计35万元。

2005年，市司法局、市公证处按照司法部和省司法厅的部署，认真组织开展公证队伍教育规范树形象活动，提高公证队伍素质，规范公证内部管理，规范公证执业行为，对存在问题进行深入整改，树立公证新形象，为《公证法》的出台和实施做好准备。

【律师工作】 2005年，东莞市共有47家律师事务所，其中公职律师事务所1家，乡镇律师事务所3家，合伙律师事务所42家，合作律师事务所1家。全市有执业律师656人，同比增长20.81%。律师业务方面，2005年全市律师担任常年法律顾问1426家；办理刑事案件2496宗，民事案件6543宗，行政案件328宗，非诉讼法律事务13391宗，律师费收入

▲ 东莞市中级人民法院

11159万元。

2005年，市司法局在巩固2004年对律师队伍集中教育整顿的基础上，按照省司法厅的部署，开展律师工作规范化建设。3月21日，召开全市律师工作会议；4月，学习市司法局联合市中级人民法院、市人民法院印发的《关于规范律师事务所实习人员、辅助人员参与民事诉讼辅助工作的通知》精神；6月，组织学习《广东律师工作规范化建设实施意见》，专门邀请省司法厅律管处调研员刘绍含就省厅律师工作规范化建设实施意见向122名律师所合伙人作详细讲解，并制定《东莞市律师工作规范化建设实施方案草案》，明确全市律师工作规范化建设的重点；6—11月期间，市司法局组织全市律师队伍开展“规范执法执业行为、促进执法司法公正”专项整改活动，在各律师所积极响应下取得效果；11月28日至12月4日，市司法局进行总结验收。

【法律援助】2005年，东莞市法援处共受理刑事指定辩护案件1624宗，受理民事法律援助案件578宗，接待来访群众和解答法律咨询8245人次，接听“12348”热线电话5313人次，答复并处理群众来信13封，共为16916人提供法律服务，为困难群众节省社会律师费用约660.6万元。2005年，市法援处被全国妇联和中央文明委分别授予“全国巾帼文明示范岗”、“全国精神文明建设工作先进单位”荣誉称号，主任陈树良被评为“全国先进工作者”。

2005年，市法援处在继续加强弱势群体维权工作的基础上，狠抓规范化建设，继续在服务程序、岗位职责、监督制约等方面扩大规范化建设；完善档案管理制度，做好案件材料的整理和归档；强化热线便民功能，扩容“12348”热线，修订补充相关制度，进一步明确热线值班员职责，规范重大、紧急事项的转移、分流工作流程；完善社会律师义务值班制度，实行律师党员周六、日值班；实行受援群众座谈会制度，每季度邀请部分受援群众召开座谈会，了解他们的受援情况和困难，征求意见和建议，及时总结经验，改进工作。

2005年，市法援处更加注重创新发展。一是健全法援机构网络。全国首个在武警系统成立市武警支队涉军法律服务站；开展创建全国“巾帼文明岗”活动，设立妇女法律援助服务中心；增加石龙办事处人员、经费等多方面的投入，狠抓制度建设。二是创新法援宣传手段。创刊《东莞法援》对外宣传手册；扩大《法律援助手册》、《法律援助条例》等宣传资料；制作以法律援助为宣传主题的明信片并寄给受援群众；举办、参加大型的法律咨询和法制宣传活动；与东莞电台联合制作“聚焦法援”节目并于每周三播出；全年报刊登载有关法援的消息（报道）共计34条，其中《东莞日报》以《法律援助处：引导困难群众依法维权共创平安东莞》为题刊出整版报道。三是每周五开通“法援直通车”，在全市外来工较为集中、但尚未设立法律援助办事处的镇区巡回宣传法律援助、提供法律咨询，并为符合法律援助条件的群众现场办理审批手续，方便尚未设立法援办事处的镇区的外来工寻求法律援助。

【基层法律服务】2005年，东莞市司法局为71名法律服务工作者、32家法律服务所办理年审工作，对违反规定在东莞市部分镇区开展业务的外地律师或法律服务工作者进行彻底的清理。全市32家法律服务所为1208家单位担任常年法律顾问，同比增长32%；解答法律咨询25534人次，同比增长25%；民事诉讼代理1790宗，同比增长0.9%；合同见证7254宗，同比减少10%；避免和挽回经济损失14163.91万元。

【人民调解】2005年，东莞市有人民调解委员会815家，调解员4556人。全年共发生民间纠纷15210宗，全部都进行了调解，调解成功14799宗，成功率为97.3%。防止民间纠纷转化为刑事案件31宗；防止自杀8宗，全市未发生因调解不及时或调解不当而引起的恶性案件。调解工作较好的单位均获荣誉称号：3月，东坑镇井美村调解主任卢妙霞被司法部授予“标兵人民调解员”光荣称号；9月，虎门司法所被司法部评为“全国模范司法所”；12月，凤岗司法所被省司法厅评为“全省司法行政系统先进集体”。

2005年，市司法局按照省司法厅实施规范化建设“三年”计划（2003—2005）的部署，继续狠抓司法所建设工作。9月29日，在厚街举办全市人民调解工作暨司法所规范化建设会议；7月19—21日，举办全市人民调解员培训班，有400多名新任调解员参训；10月和11月，分别组织两批共21名司法所长及业务骨干参加省司法厅举办的培训班。2005年，在探索人民调解工作新路子方面做了些工作，如探索在民营企业建立人民调解委员会，建立“大调解”的格局。6月17日，在虎门镇举行“民营企业人民调解工作现场会暨虎门镇兴裕富民日夜商场人民调解委员会挂牌仪式”。全年全市共成立82家民营企业调委会。

【安置帮教工作】2005年，东莞市司法局加强与综治成员单位间的协作，设定“两步走”安置帮教工作方案。一是通过市安帮办与监狱、劳教所联系，及时纠正释解通知书上人名、地名不详或有误等问题，弄清释解时间已过仍不见人员回归的情况；二是通过基层组织［即镇区安帮办、村（居）一级安帮小组］与监狱、劳教所联系，主动把跟踪帮教工作提前，避免脱管、漏管。为进一步建立长效机制，要求各镇区安帮办在接到市安帮办的释解通知书后及时通知村（居）一级安帮小组，由其及时指派帮教人员，并与被帮教人签订《帮教合约书》。9月，制定《东莞市刑释解教人员安置帮教工作管理制度》，进一步完善工作例会、信息反馈、工作检查和档案管理等制度，落实帮教措施，收到良好效果。10月19—20日，派出人员参加省司法厅举办的“安帮软件系统培训班”。2005年，全市“回归”人员的帮教率达100%，安置率达78%，有效地遏制“回归”人员的重新犯罪。

【司法鉴定工作】2005年，东莞市司法鉴定工作按照“布局科学、管理到位、发展有序”的工作思路，注重调查研究、发展机构、规范管理和舆论宣传，积极稳妥开展司法鉴定工作，取得显著成效。截至2005年底，全市已有73名司法鉴定技术人员，有5个门类8家司法鉴定机构：法医临床和法医病理司法鉴定所1家、建筑工程造价司法鉴定所1家、建筑工程质量司法鉴定所2家和司法会计鉴定所4家。各司法鉴定所全年共完成司法鉴定业务492宗，业务总量同比增长88.5%。其中法医临床司法鉴定业务441宗，同比增长104%；司法会计鉴定业务39宗，同比增长2.6%；建筑工程质量司法鉴定业务9宗，同比增长28.5%；建筑工程造价司法鉴定3宗。广大司法鉴定执业人员在工作中表现出高尚的职业道德和过硬的技术本领，鉴定结论采信率达到100%，在构建和谐社会中发挥积极作用。（王晓河　陈　洋）

**附：2005年东莞市司法局领导名录**

局　长：彭启尧

副局长：吴　敏　孔庆威　严继宗

# 地方军事 LOCAL MILITARY AFFAIRS

四环路

■ 争创"全国双拥模范城"

■ 第四次防空警报试鸣活动

责任编辑：何　青

## 东莞军分区

【党委班子建设】 2005年，东莞军分区按照"三个代表"重要思想、科学发展观和"十六字"方针加强班子建设，集体领导意识进一步增强，班子成员之间关系比较融洽，没有个人说了算或议而不决、决而不行的现象。党委委员参与意识比较强，积极为党委决策出主意、想办法，共同维护党委班子的领导权威。注重抓好理论学习落实，始终把理论学习作为加强党委班子建设和部队全面建设的基础性工程来抓，按计划完成了党委中心组带机关的四个专题理论学习，重点学习了江泽民国防和军队建设思想、科学发展观、构建和谐社会、十六届五中全会精神和军委胡锦涛主席一系列重要论述。

【思想政治建设】 2005年，东莞军分区始终把加强军分区思想政治建设、确保官兵政治合格、确保党员永葆先进要求作为首要任务来抓。在大力开展"培育战斗精神、提高打赢能力"教育、坚持从严治军教育、"四反"教育的基础上，重点抓了保持共产党员先进性教育。党委作出了保持共产党员先进性六项公开承诺，总结的"苦学、静学、勤学、实学"经验被省军区转发。

【民兵预备役建设】 2005年，东莞军分区进一步修改完善了防空袭、反袭扰、信息作战等各类预案，完成了民兵整组和民兵预备役专业分队的组建工作。党委先后4次召开议训会议，形成了"党委议训、主官抓训、官兵参训、军地重训"的良好局面。全年共训练民兵2330名。各专业、各镇（区）均能按要求落实训练人员、时间、内容和质量，合格率达98%。一年来，民兵应急分队先后出动38批约1520人次，完成了扑灭山火、维护社会治安、平息社会事件等任务，受到了市各级领导的好评。为检验民兵应急分队建设成果，7月12日组织了"安全—005"千名民兵实兵演习，共演示了"反恐行动"、"野战救护"、"技术保障"、"扑灭山火"四个课题。市五套班子领导、市国防动员委员会成员和各镇（区）领导观摩了演习，给予了充分肯定。中央电视台七频道新闻节目进行了专题报道。

【党管武装工作】 2005年，兼任东莞军分区党委第一书记的东莞市委书记、市人大常委会主任佟星和兼任东莞国防动员委员会主任的东莞市委副书记、市长刘志庚等市领导，经常过问武装工作情况，带头参加重大军事活动，并现场办公解决武装工作中的实际问题。镇（区）党委、政府和有关部门都把党管武装工作落实到具体实事上，正确处理经济工作与武装工作的关系，保证武装工作的顺利开展。全市通报表彰了武装工作成绩优异的7个标兵武装部和25个先进武装部，表彰了32名优秀专武干部和56个先进民兵营，并给成绩优异的4名武装部长（副部长）记三等功一次。

【征兵工作】 2005年，东莞市制作10万张宣传单、2000多份挂图和出动60多台宣传车进行了征兵法规、政策的宣传。11月1日，在石碣镇和石排镇组织了征兵报名第一天现场会，收到了较好的宣传效果，全市再次掀起"当兵热"。对

▲ 东莞军分区

2736名初检合格的应征青年进行体检，有650名应征青年达到了体检政审“双合格”，共有580名青年应征入伍。

【后勤保障】 2005年，东莞军分区加大国防训练基地和基本设施建设力度。国防基地训练大楼和附属楼进入室内装修，射击馆已封顶，修理所已完工，武器库已交付使用。投入180多万元对军分区办公楼、宿舍楼、机关饭堂和招待所进行“压边戴帽”、室内装修和环境改造，进一步美化了营院、完善了功能。向省军区报领了价值83万元的野战医疗战备箱和帐篷等一批战备物资。利用演习之机，对医疗野战救护保障分队和汽车抢修分队进行了集训，有效提高了保障能力。

【双拥工作】 2005年，东莞军分区与市政府共同研究制订了《现役军人免费乘坐市内公共汽车规定》、《烈军属、团以上干部子女报考市内学校优先录取规定》等，协调地方政府安排100名随军家属就业，协调驻东莞部队种植“爱民林”1000多亩，继续扶助35名贫困学生上学，与地方有关部门共同调解军人军属涉法问题16宗。年底，军分区参加市政府组织的年度工作测评，在中央和省属驻东莞机关中再次评为优秀单位，受到市委、市政府的表彰。　（张光辉）

**附：2005年东莞军分区领导名录**

党委第一书记：佟　星（兼）

司令员：王福广

政治委员：曾拂星（10月离任）

　　　　　卢广海

## 武警东莞市支队

【概况】 根据2005年5月30日总队《关于体制编制调整改革有关问题的通知》，武警东莞市支队编制调整，由原来的团级六类支队升为团级三类支队。2005年，支队在总队党委及东莞市委、市政府的正确领导下，在市政法委、市公安局的具体关心、帮助下，牢固确立和全面落实科学发展观，认真贯彻总部、总队党委决策部署，坚持依法从严治警，狠抓经常性工作落实，部队建设稳中有进，以执勤、处突为中心的各项任务圆满完成。全年共有2个单位分别被总队评为先进党支部、先进团支部；2个中队被总队评为先进中队；机关后勤处被总队评为先进后勤处；20名官兵荣立三等功。

【党委班子建设】 2005年，武警东莞市支队党委“一班人”始终把强化“两个武装”作为班子能力建设的根本任务和基本途径，坚持落实“四个一”，做到了在磨合中加强团结，在学习中提高理性思维能力，在实践中增长才干，班子成员的政治意识、大局观念、思维能力得到加强。认真落实党委中心组理论学习制度，党委机关的理论素养有所增强。党委机关扎实开展“保持共产党员先进性、提高‘四个本领’”教育活动，有效促进了先进性建设。认真落实民主集中制原则，推行专家咨询、重大问题表决制度，增强了党委决策的民主化、科学化和制度化。“一班人”团结、奋进、干事业，理性思维和统筹协调能力有较大进步。加大对敏感问题监督力度，在干部调整、士官选改、战士考学提干等敏感问题上，坚持“公开、公平、公正”，党风廉政建设成效明显。坚持以人为本、狠抓干部队伍教育管理，选准配强党支部班子尤其是主官，从端正风气入手，刹歪风、树典型、疏怨气，扎实开展“暖人心、稳人心、鼓人心”十项活动。下大力解决转业干部就业和随军家属安置工作，干部队伍责任心、事业心明显增强，风气有了明显好转，整体素质有了较大提高。

【军事训练】 2005年，武警东莞市支队以新《军事训练与考核大纲》、《中国人民武装警察部队军事训练规定》为依据，坚持“四个贴近”，突出体能、技能、智能和信息化训练，部队的军事技能有了较大的提高。针对部队训练实际和执勤处突任务的需要，下发年度军事训练工作指示，制定首长机关、基层警官、机动中队、执勤中队训练计划，确保部队训练在大纲的要求内有序运行。利用网络对基层训练进行不间断的检查，促进了干部的跟班作业和训练秩序的正规。针对执勤分队因训练场地受限、人员难集中、重点课目难完成、教学能力水平有限等原因造成的偏训、漏训、粗训现象组织勤训轮换，区分不同训练对象、层次，抓好训练内容落实，官兵整体素质有较大提高，全支队基本按计划完成军事训练任务。全年共培训新兵146人，总评成绩良好，合格率达95%。预提指挥士官训练效果明显，在一支队教导队集中训练时被评为“先进区队”，骨干基本具备“三能四会”能力。反恐训练尖子比赛取得优异成绩，12人被总队评为“训练尖子”。全支队训练工作安全无事故。

【执勤与处突】 2005年，武警东莞市支队紧紧围绕总部提出的“以人为本、信息主导、正规执勤、确保安全”的执勤工作思路，进一步规范执勤秩序、提高执勤能力、完善执勤设施，狠抓各项执勤战备工作落实，中心任务完成出色。截至12月30日，共完成临时勤务165起276批次，共出动兵力30714人次。其中警卫勤务26起，出动兵力4731人次；处突勤务9起，出动兵力1950人次；安全保卫勤务24起，出动兵力2662人次；处决勤务6起，出动兵力669人次；押解勤务70起，出动兵力932人次；配合公安机关打击“两抢一盗”勤务29起，出动兵力19620人次，检查摩托车85890辆、查扣涉嫌机动车8849辆，抓获犯罪嫌疑人45人；打击黑营运点勤务1起，出动兵力150人次，查扣非法营运汽车45辆，摩托车300余辆，抓获犯罪嫌疑人6人。

【行政管理】 2005年，武警东莞市支队深入贯彻依法从严治警方针，严格落实条令条例，深化解决“五个重点问题”，重点问题整治效果明显，部队内部安全稳定。一是严格落实条令学习日制度。4月份，部队开展了条令学习月活动，进行考核评比验收，促进条令学习教育经常化、制度化，培养官兵行为高度自觉。二是认真落实《机关、基层正规化管理规定》。组织机关和基层分队对照“两个规定”逐条逐款抓落实，机关、基层正规化建设有明显进步。10月份，支队在两个中队分别召开正规化管理现场会，使全支队官兵的正规化意识明显增强。三是加大管控力度。加强对外出学习、看病住院、探亲休假和“小、远、散、直”人员的跟踪管理，实行外出人员管理跟踪卡登记制度。四是突出“五个重点问题”的治理。突出抓好重点人员、重点时节、重点部位和倾向性问题治理，重点整治干部酗酒宵夜、分心走神滥交友、打麻将赌博和私自开车等难点问题，加强涉密场所、资料、电脑、网络和移动通讯工具的管理，确保涉密载体安全。编制《枪弹管理资料汇编》，继续抓好“日检查、周自查、月通报、季讲评、年表彰”、“五大责任制”和《安全工作奖惩规定》等有效安全制度的落实，堵塞了枪弹管理上的漏洞。8月份，在驾驶员队伍中开展作风纪律教育整顿，对驾驶技术进行复训和补训，有效地消除了安全隐患。五是突出抓好士官队伍管理。8月份，利用两周时间分批对支队全部士官进行整训；9月份，组织全体士官进行评档定格，推行士官岗位竞选制，对不适应本级工作的坚决淘汰和调整，对严重违纪违规的士官坚决清出士官队伍，调动了士官积极性，增强了工作责任感和紧迫感，促进骨干作用的发挥。同时严格执行按编定位，将没有担任实际职务的士官充实到执勤一线，保障了执勤力量。

【思想政治工作】 2005年，武警东莞市支队始终把思想政治建设摆在首位，坚持用党的创新理论武装官兵，落实课题牵引和理论学习制度，科学发展观在部队建设中的指导地位更加牢固。深入开展保持共产党员先进性教育活动，广大党员政治信念更加坚定。扎实抓好“强化警魂意识，培育战斗精神，永远做党和人民忠诚卫士”主题教育，把主题教育与学唱忠诚卫士组歌、践行忠诚卫士誓词结合起来，与基层保持共产党员先进性教育活动结合起来，与履行执勤、处突任务结合起来，注重运用支队信息化建设成果和东莞丰富的文化社会资源，进行多媒体教学，开展“走出去、看一看，请进来、讲一讲，坐下来、议一议”活动，增强了教育的针对性和实效性。结合驻地环境任务实际，支队进行了“四反”教育、苦乐观教育、政策法纪教育等经常性教育。根据武警广东省总队总队长牛志忠、政治委员朱凤云的批示，在担负“严打整治”任务的官兵中开展执勤“收心教育”，把在外执勤作为拒腐防变的主阵地，确保任务完成后，官兵不出问题。开展学唱“忠诚卫士组歌”、“百部优秀影视光碟下基层”活动，坚持为基层放电影50余场，举行春节文艺晚会和迎国庆篮球赛，活跃了部队气氛，激发了官兵士气。支队先后投入150多万元用于基层文化设施建设，各中队开通了饭堂小广播，图书室、荣誉室装修一新，官兵人均拥有书籍30余册。积极开展预防犯罪工作，与东莞市司法局联合成立了法律服务站，为10多名官兵提供了法律咨询；配合总部保卫部侦破了1起杀人案件，协助兄弟单位处理涉法问题8起。

【拥政爱民工作】 2005年，武警东莞市支队双拥工作以实现东莞市争创双拥模范城“六连冠”为新目标，紧紧围绕军民共建社会主义精神文明这一主题，结合驻地东莞的实际，深入扎实地进行拥政爱民教育，开展双拥共建活动，支队积极参加和支援地方建设、扶贫帮困、抢险救灾等工作。与驻地社村、学校、车站等单位建立了7个共建点，适时利用节日或休息时间为驻地街道打扫卫生，看望慰问孤寡老人；积极支持东莞市社会公益事业，为灾区及贫困地区群众捐助3次，参加捐助人数共766人，捐款27989元，捐助衣物被褥等，折款约23965元；并参加东莞市精神文明建设“青春献东莞”五四大型文艺表演、市九运会开幕式表演等大型活动。在东莞市创建全国绿化模范城市过程中，积极主动参加清理垃圾、种植绿化等活动，受到市委、市政府领导的表彰。支队被市委、市政府评为“中央和省属驻莞机关先进单位”。年内未发生警民纠纷事件，为东莞市争创全国“双拥模范城”做出了应有的贡献。

【后勤管理】 2005年，武警东莞市支队紧紧围绕保中心、保生活要求，严格依照《纲要》、《后勤规范化建设与管理标准及考评办法》，认真抓好经费、物资、车辆、枪弹、房地产等工作的规范化管理。认真贯彻“肇庆现场会”精神，加大“五配套”建设力度，着力打牢部队物质基础，后勤综合保障能力大幅跃升。一是加强预算和标准经费管理。坚持“严格程序、限额管理、包干使用、定期检查”的要求，杜绝克扣、截留、挪用问题的发生；狠抓制度落实，强化资金管理。严格落实收支“两条线”，抓好预算外经费管理，所有基层单位财务管理达到了“三好五无”要求。二是加强后勤应急保障力量建设，着力提高“保中心”能力。及时建立了后勤应急保障分队，制定了应急保障预案，加强应急训练。为后勤应急保障各分队购买配置了一批应急物资，购置防弹运兵车三辆及一批反恐装备器材，提高了应急保障能力。三是严格伙食管理。严格落实伙食管理五项制度，加强对伙食费开支的管理。积极推进社会化保障，既确保了给养员采购途中安全，又防止了质次价高、短斤少两等问题的发生。四是进一步规范了枪弹管理。每月组织一次枪弹管理检查，对枪弹管理坚持逐点走到、逐库查到、逐枪摸到，不留死角。中队兵器室依托电视监控系统实施监控，严格落实“双干双锁”、“双干联签”、“三铁两器”、“五同”制度，严格落实枪弹安全管理责任制，实行定人、定位、定责任、定奖惩的管理责任制，武器装备完好率达到98%以上。五是严格车辆使用管理。严格落实车辆派遣、使用管理、车场日制度，重点抓好“五位一体”联管责任制，坚持干部带车，落实车辆出场前、回场后的安全检查制度，较好地消除了安全隐患，全年共出动车辆4100余台次，行程27万多公里，车辆安全运行无事故。六是下大力气抓好“五配套”设施建设，采取新建、扩建、改造三种方式重点解决营房问题；先后为各中队的班排宿舍、饭堂安装了空调，维修改造了晒衣场，添置了学习桌椅等生活设施；为加快支队信息网络建设，支队投入110多万元购买了100部液晶屏电脑及电脑桌椅等设施，建成支队计算机培训中心，重点建设中队局域网，为各中队班排配置电脑，实现了网络到班、信息到兵。全年共投入营房及“五配套”设施建设资金3000.5万元。　（尹　楠）

**附：2005年武警东莞市支队领导名录**

支队长：黄天云
第一政治委员：崔　建
政治委员：曾凡荣
副支队长：张士文
副政治委员：王惠龙（6月到任）
参谋长：黄志华
政治处主任：王惠龙
　　　　　　曹竹清（6月到任）
后勤处处长：冯　智

## 人民防空

【指挥通信建设】2005年，为做好军事斗争人防应急准备，东莞市人民防空办公室坚持以指挥通信建设为先导，把指挥通信建设作为“龙头”优先发展，用组织指挥和通信警报建设带动和促进人防建设全面发展，大大地提高了人民防空应急能力。一是完善了《东莞市防空袭方案》；二是建立了单边电台数传网和人防移动指挥通信中心；三是开展了重要经济目标普查；四是加大了警报建设力度，2005年安装防空警报器72台，安装区域由城区逐步向镇区延伸，有效地增强了防空警报音响信号的报知率和覆盖率；五是成功组织了第四次防空警报试鸣，11月18日上午10时，随着副市长梁国英一声令下，安装在莞城、东城、南城、万江、寮步、大朗、常平、虎门、长安、松山湖等镇区的159台固定防空警报器，13台车载移动警报器，以及市电视台、广播电台同步发放警报信号，民用通信系统（手机、小灵通等）同时发送防空警报试鸣短信，试鸣活动取得了圆满成功。

【人防工程建设】2005年，东莞市人民防空办公室按照“长期准备，重点建设、平战结合”的方针，坚持“以建为主，以收促建”的原则，突出抓好结合民用建筑修建防空地下室，确保了人防工程面积稳中有升。全年共受理人防报建57宗，人防报建面积达25万平方米，收取易地建设费1200多万元。同时，还在全市开展了人防工程普查工作，积极探索以普通地下室改建人防地下室来增加人防工程数量的路子，提高战时人防工程的“即用率”。

【机关“准军事化”建设】2005年，东莞市人民防空办公室认真贯彻人防机关“准军事化”建设纲要，按照“政治坚定、业务精湛、纪律严明、作风过硬、廉洁高效”的要求，扎实有效地开展机关“准军事化”建设。以开展党员先进性教育为契机，加强了队伍的教育和管理，提高了全办干部、职工的政治素质，改进了工作作风，推进了勤政廉政。一是提高认识，夯实了“准军事化”建设的思想基础；二是加强“软、硬”件建设，营造了“准军事化”建设的良好氛围；三是抓好“三个结合”（即与队伍建设相结合、与业务建设相结合、与上级赋予的职责任务相结合），不断提高“准军事化”建设的水平。　（叶春华）

**附：2005年东莞市人民防空办公室领导名录**

副主任：林炎隆（主持全面工作）
　　　　周建子　刘俊廷

▲东部快速路

# 城建·环保

URBAN CONSTRUCTION· ENVIRONMENTAL PROTECTION

东莞市人民公园

■ 重点工程盘点

■ 城市管理局挂牌运作

■ 总供电量居全省前茅

责任编辑：赖燕江

## 城市规划

【概况】 2005年是东莞市贯彻落实市委市政府“五年见新城”工作目标的冲刺年，也是“十五”计划的最后一年。五年来，东莞的城市规划体系得到完善，规划编制水平有了提高，规划管理力度有所加强，规划实施成效比较显著，城市规划的先导、主导、统筹作用日益显现。2005年，东莞市成立了城市规划委员会；通过并颁布实施《东莞市规划管理技术规定》；围绕轨道交通的立项报批编制完成了《东莞市市域总体规划》、《东莞市轨道交通建设规划》、《首期工程可行性研究及R1、R2、R3线预可行性研究》、《东莞市域交通发展规划》、《东莞市轨道交通客流预测研究》、《东莞市轨道交通沿线土地利用专题研究》、《东莞市轨道交通工程勘测》、《东莞市轨道交通首期线路影响评价报告》等技术文件；全市28个镇总体规划的审批工作基本完成；全市各镇近期建设区域控制性详细规划的编制和审批全面铺开；完成了环城路二期、广园连接线、环莞快速路一期、望牛墩连接线、滨江西路（万江至道滘）、松沙路（松山湖至同沙）、东莞大道怡丰都市——第一国际段人行隧道、四环路元美公园——海关大楼段人行隧道、广深高速公路沿线景观整治等市属重点基础设施工程的规划方案和施工图设计；完成了市中心广场完善工程、会展西绿地工程、中心区消防站、市广电中心、行政办事中心停车楼等中心区完善工程的规划方案；完成了人民医院新区、市气象探测基地、德育教育基地、教师进修学校、可园博物馆、岭南画院、文化艺术院等一批市属重点公共设施的方案设计；完成了银瓶嘴森林公园、绿色世界城市公园等城市公共绿地的规划方案。

【东莞市城市规划委员会成立】 根据《广东省城市控制性详细规划管理条例》的要求，东莞市于2005年4月正式成立了城市规划委员会（以下简称“规委会”）。刘志庚市长担任规委会主任委员。第一届规委会由31名委员组成，其中15名是公务代表，包括市领导和相关部门的主要负责人；另外16名为专家和公众代表，由市人大、政协、科协、理工学院以及各专业职能部门、协会推荐，按照自愿、公开、公平、择优的原则进行推选，涉及规划、交通、建筑、工程、环境、地理、文化艺术、教育、社会经济、法律等多个专业领域。城市发展战略规划、市域城镇体系规划、城市总体规划、分区规划、专项规划、控制性详细规划等的草案和调整方案、城市重大项目的选址、城市重点地段以及对城市景观有重大影响的建筑物、构筑物的设计方案均需提交规委会审议。另外，规委会还制定了旁听制度，每次召开会议均接受普通市民的旁听申请，旁听室设在规委会会议室旁边，采用电视屏幕进行现场直播，旁听人员可以清楚看到规委会会议现场，听到规划介绍、审议、表决的全过程，并随时向工作人员提问和反馈意见建议，初步建立起公开、公正的城市规划决策制度和互动机制。2005年，规委会共召开了三次会议，审议了规委会办公室人员组成、《东莞市城市规划委员会工作细则》、《东莞市城市规划管理技术规定草案》、《东莞市人民医院新院规划设计招标方案》、《道滘镇总体规划》、《高埗镇总体规划》、《南城东片区控制性详细规划》、《东莞市市区排水截污工程专项规划》等项目。

【《东莞市城市规划管理技术规定》制定】2005年，为提高东莞市城市规划建设水平,实现城市规划编制和管理的标准化、规范化、法制化，市规划局根据东莞市的实际情况，参考了北京、上海、广州、深圳等发达城市规划管理方面的现行标准，制定了《东莞市城市规划管理技术规定》，经市政府批准同意，于2006年1月1日起施行，适用于东莞市行政区范围内各类建筑工程（包括临时建设工程），共11章66条。第一章“总则”阐述了制定本规定的依据和效力范围；第二章“城市用地分类”以国家规范为依据，根据东莞建设用地的实际情况，将建设用地分为10大类、52中类、77小类，并明确各类用地的适建范围；第三章“城市公共设施”规定了城市工程建设中应配置的公共设施及其配置标准；第四章“建筑容量控制指标”对各类建设用地的开发强度规定了控制指标；第五章“建筑间距”对建设用地中新建和改建的建筑之间的日照间距作了详尽的规定；第六章“建筑物退让”对沿城市道路、河道、铁路、电力线路保护区和建筑用地界线的新建建筑的退让距离做了规定；第七章“建筑物的高度控制”对沿城市道路两侧和文物保护单位建设控制地带内新建和改建建筑做了高度控制的规定；第八章“建筑基地内的绿地控制”对各类建设用地内的绿地率制定了控制指标；第九章“建筑基地出入口和停车位控制”对建筑基地机动车出入口的方式和距离作了规定，并较详细地对各类建设工程配建停车位的数量规定了指标要求；第十章“其他特殊补充规定”对当前东莞房地产建设中出现的新问题，而国家规范未涉及到内容做了规定；第十一章“附则”对相关用词说明、名词解释、计算规则、计算案例、建筑间距、离界距离、市主要道路两旁建筑退缩控制要求等进行了补充说明。

【轨道交通筹建】根据轨道交通立项报批的要求，2005年，市规划局基本编制完成了《东莞市市域总体规划》、《东莞市轨道交通建设规划》、《首期工程可行性研究及R1、R2、R3线预可行性研究》、《东莞市域交通发展规划》、《东莞市轨道交通客流预测研究》、《东莞市轨道交通沿线土地利用专题研究》、《东莞市轨道交通工程勘测》、《东莞市轨道交通首期线路影响评价报告》等技术文件，并就上述专题召开了多次专家研讨会和评审会，其中《东莞市轨道交通建设规划》已上报省有关部门待批。与此同时，市轨道办组织技术骨干到广州、深圳、重庆、香港等城市学习经验，到各镇区深入实地调查研究，就会展中心、石龙、虎门等中心枢纽站的城市空间与轨道交通一体化规划设计进行初步探讨，为东莞市轨道交通的立项报批做好各项前期准备工作。

【控制性详细规划全面铺开】为贯彻实施《广东省城市控制性详细规划管理条例》，2005年，东莞市大力推动控制性详细规划的编制与审批工作。据统计，全市32个镇区2005年计划编制控制性详细规划约150个，其中市区四个区和虎门、常平等镇基本做到了控制性详细规划全覆盖。至2005年底止，全市完成了136个控制性详细规划初步成果的编制工作。已批准的7项市区控制性详细规划——莞城区、东城南片区、东城光明片区、东城牛山片区、万江中心片区、万江万龙片区、万江坝头片区全部上网公示。

【环城路二期规划】环城路二期位于东莞市中心城区北侧，西起环城路一期谷涌立交，经万江、中堂、高埗、石碣、东城等镇区，东至环城路一期温园立交，道路全长18.6千米，与已经建成通车的环城路一期共同组成全长47.5千米的市中心城区环城快速路。环城路二期规划红线宽度80米，为四幅路型式的城市快速路，全线采用全立交全封闭型式，设计车速80千米/小时。采用近远期结合的方式实施，近期完成主线部分，双向六车道。

【滨江西路规划】滨江西路位于东莞水道的西岸，连接万江区和道滘镇，是新建道路。建成后将与万江的河畔路、滨江南路连为一体，在东莞水道西岸形成一个连贯的滨江景观带，将市区的城市景观延伸至道滘镇。

滨江西路起点连接万江区河畔路，向西下穿环城路，终点连接道滘镇沿江路，全长约3.4千米。道路红线宽度24米，双向四车道。

【松沙路规划】松沙路起点位于同沙环湖路，终点连接松山湖兴园路，全长8.9千米。其中新建段7.9千米，为双向两车道，路宽12米；旧路改造段1千米，为双向四车道，路宽42米。建成后将把主城区两个重要生态景观——松山湖和同沙水库连为一体，打造市区生态景观轴线，促进主城区空间资源的整合。

【东莞大道第一国际至怡丰都市段人行隧道】东莞大道为双向十车道（主道六车道辅道四车道）的城市主干道，道路交通繁忙，行人过街需求较大。为方便行人过街，确保行人和车辆行驶的安全，根据“市区人行过街设施完善工程选址草案”，市规划局组织对东莞大道第一国际至怡丰都市段人行隧道进行方案设计。该人行隧道平面呈工字形布置，主通道垂直于东莞大道，两端设双向梯道（共四处），主通道长98米，净高3米，净宽6米；因受埋设于东莞大道辅道下污水管埋深的限制，主通道地面最大埋深约9米。

【广深高速公路东莞段周边环境及景观整治规划】广深高速公路是联系广州、东莞、深圳和香港的重要通道，其中东莞段经过多年的风雨洗礼，再加上沿线一些建筑的无序建设，部分路段呈现出“脏乱差”的现象，与东莞市的经济实力和时代要求极不相称，亟须进行环境整治。广深高速东莞段全长50多千米，途经长安、虎门、厚街、南城、万江、道滘、望牛墩、中堂、麻涌9个镇区，其中在长安、虎门、厚街、南城、道滘、望牛墩、麻涌设有出入口。2005年，市规划局组织开展了《广深高速公路东莞段周边环境及景观整治规划》，工程的主要目的是：整合原有道路两边景观，包括清理、拆除单层简易建筑；修饰原有建筑立面；优化原绿化带，美化护坡等，以全方位提高景观品质，创造一条环境整洁、绿化繁茂、视线舒朗、富有特色的景观游览线。具体整治内容分为四类：一是清理、拆除，拆除道路两侧约100米范围内的单层简易建筑、烂尾楼、杂乱的广告牌和字牌、室外杂乱放置的空调机、建筑立面上杂乱的管线、无用途的构件、高速公路施工时遗留下的围栏，清洗装饰较好的墙面和多灰尘建筑；二是绿化整治，采用点、线、面的绿化造景手法，针对不同特征地段的植物进行分类改造；三是设置遮挡屏，当工厂建筑离道路较近而无法清理、拆除以及植物遮挡的情况下，选用硬质遮挡屏进行遮挡；四是建筑和构筑物改造，包括工厂建筑、住宅建筑以及人行天桥、出入口建筑、收费站等公共设施，保持现有建筑风格、建筑结构和建筑材料，仅对立面进行处理，统一色彩，使建筑成为和谐统一的整体。

【送规划下乡】结合开展“保持共产党员先进性”教育活动，市规划局发动广大党员群众送规划下乡。在已经为对口扶贫村——横沥张坑村义务编制规划的基础上，2005年，市规划局第七党小组又义务为横沥贫困村——水边村义务编制规划，帮助该村抓住东部快速路通车以及东部工业园建设的发展机遇，科学规划、利用土地资源，从而将科学发展观带到农村，实现科学脱贫致富。

（梁颖贤）

附：2005年东莞市城建规划局领导名录
局　长：朱　川
副局长：叶伟南　卢沛超　欧阳南江

## 国土资源管理

【概况】2005年，东莞市国土资源系统在省国土资源厅和市委市政府的正确领导下，以“管得住、用得好”为目标，以开展“管理升级年”活动为主线，以违法用地专项清理为突破口，团结拼搏，开拓创新，取得了显著的成绩。荣获了“全国建设用地审查报批工作先进单位”、“全国测绘系统四五普法先进单位”等称号，连续7年当选市直机关先进单位，连续10年被评为市信访工作先进单位。

【清理违法用地】2005年，东莞市经过8个多月的专项清理，全市违法用地问题基本理顺，进一步盘活了存量建设用地资源，节约集约用地和依法用地的长效机制初步建立。具体来讲，实现了五个量化标准的预定目标：一是违法用地得到了全面清查，按照“一地一册”和“一地一策”要求，建立了工作台账，总处置率达100%。二是对符合完善用地手续条件的违法用地，依法组织完善手续，处置率为90.1%。三是对不符合完善用地手续条件的违法用地进行复耕、复绿，处置率100%。四是集中消化处置一批空闲土地，占应处置数的23.5%。五是4月7日以来，全市基本保持了违法用地案件零发案率。

通过这次清理，进一步理顺了土地管理机制，把土地管理从部门行为上升为各级政府的行为。市政府与镇（街）签订了《国土资源管理责任书》，出台了《关于进一步明确责任切实加强土地执法监察工作的通知》，明确镇（街）辖区内发生各类土地违法行为的，镇（街）政府一把手为主要领导责任人，分管国土工作的领导为第二领导责任人；镇（街）内发生违法用地行为的，要追究领导责任，对国土管理工作年度检查考核不合格的镇（街），实行“三停一抵扣”的用地政策。市国土资源局与各国土资源分局也签订了《土地执法监察责任书》，把土地执法监察工作的属地责任前移到分局。

【土地执法监察】增强依法管地、用地观念　2005年通过清理违法用地和加强土地执法监察，东莞市上下达成了严格土地管理的共识，各级党委政府进一步认清了土地资源家底、增强了保护资源、节约用地的紧迫感和责任感，依法用地、从严管地的良好社会风尚初步形成。

改进提升了监察手段　利用卫星影像资料开展土地执法检查是土地执法监察的新手段。市国土资源局从2004年底着手组织卫片监测，2005年完成了各项技术性的基础工作，出台了相关制度和操作方法，从2006年开始，全市的卫片监测转入经常性工作，在预防、发现和查处土地违法行为方面必将发挥重要作用。

严厉查处了违法案件　全市加大违法用地的查处力度，建立了土地违法案件司法移送制度。2005年，全市共立案查处了7宗典型违法用地案件，5名违法责任人被追究刑事责任，4名相关责任人被追究党纪政纪责任。通过违法案件的严肃查处，达到了查处一案、震慑一方、教育一片的效果。

通过责任分解和利用高新科技手段，“责任分工明确化、监察网络立体化、执法检查制度化”的土地执法监察长效机制基本建立。

【规划修编】2005年底，东莞市土地利用总体规划修编大纲顺利通过国土资源部组织的专家评审，规划修编转入正式实施阶段。

开展“四查清四对照”，做好规划修编前期工作　开展了城市化建设与土地需求关系、农用地耕地管护与生态环境保护、土地整合和国内外规划对比等专题研究，编制了《东莞市土地利用总体规划修编大纲》等10个文本和图册。这次修编改进了方式、程序，很好地回答了如何在人地矛盾突出地区开展规划修编的问题，《规划大纲》获得了专家们的一致高度评价，国土资源部将按东莞市修编模式指导全国东部地区规划修编工作。

明确了规划修编的总体思路　规划大纲围绕建设现代制造业名城的城市定位，在指导思想上突出五个观念：一是突出“以科学发展观为指导，以保护耕地为前提，以节约集约用地为核心，以控制建设用地规模为目标”的修编指导思想；二是突出土地空间置换，通过建设用地腾挪，拓展发展空间；三是突出以质折抵耕地，通过提高耕地质量，折抵建设占用耕地面积；四是突出区域统筹发展；五是突出生态环境保护。在具体措施上，明确了五个“抓手”：一是抓“四整四聚”，即整合城镇用地，城镇建设向中心镇集聚。整合工业用地，工业建设向园区集聚。整合农村住宅，民宅建设向中心区集聚。整合零散耕地，耕地保护向规模经营集聚。二是抓统筹区域发展。按城市规划的空间结构，用地重点向市区、8个中心镇、松山湖、虎门港、东部工业园和市重点工程倾斜。三是抓以质折抵耕地。整合部分农村居民点改造为耕地，整治耕地，提高质量。四是抓科学核定用地规模，按4：4：2规划控制以及用地方式转变等提出新增用地量规模，基本能保障今后用地需求。五是抓整山治水，提高生态质量。国家评审组、市领导和相关部门都高度认同，规划大纲修编理念符合东莞市实际，具有很强的操作性和科学性。

精心组织，赢得了时间　市政府成立以市长为组长的土地规划修编领导小组，多次就重大问题作出决策，有力地保障规划大纲修编顺利进行；同时成立规划修编技术小组，加强部门协作，及时公布信息，广泛听取意见，增强修编透明度，及时完成规划大纲编制和评审任务。东莞市率先在全国地级市通过国家评审，为尽快铺开规划修编工作和早日按新规划审批用地赢得了先机，并为彻底解决本市现状用地规模紧缺、耕地和基本农田保护任务量大、重点工程项目选址布局与规划不协调等问题提供了条件。

【用地保障】2005年，东莞市国土局贯彻区别对待、有保有压的原则，严把供地关口，保障全市发展用地。

从指标上全力保重点　抓住机遇，及时从其他市购买年度结转指标1333.33公顷，弥补年度用地指标不足的缺口。积极争取省支持，优先下达本市经营性用地指标370公顷，有力保障了大市区、松山湖、虎门港等重点项目用地。

从调整上全力促落实　通过“规划、地块、选址”三个调整，促进项目落实。全年共有21个镇区申请了规划调整，通过落实调整，完成了20个污水处理厂、5条主干道路等市镇重点建设项目用地的预审和批次报批工作。

从结构上全力扶商贸　“商贸东莞”工程是推动东莞市向工商业城市转型的战略举施。为保障“商贸东莞”工程用地，本局提请市政府出台了《关于加强旧城改造中“退二进三”地块转经营性用途管理的通知》，明确了政策程序，优先安排经营性用地指标。同时，积极支持旧城改造“退二进三”形成的土地向发展物流业倾斜。据统计，全年共举行了6期拍卖会和18期国有土地使用权挂牌出让，成交52宗、面积161.53公顷，总成交价34亿多元。

【节约集约用地】2005年，东莞市国土局节约集约用地有新举措，促进了用地水平有新提高。

抓好“统”　统筹安排年度计划指标，统一调度指标资源。市委市政府决定，从2006年起，省下达的新增建设用地年度计划指标由市统筹掌握、统一调剂、集中管理，专门用于解决首期投资在500万美元以上的项目用地；500万美元以下的项目用地，由各镇（街）立足内涵挖潜，盘活消化存量土地解决；镇（街）规划期内结余年度指标可以有偿转让。

注重“挖”　深挖用地潜力，全力盘活闲置土地。全市存量建设用地潜力大，闲置土地多，结合违法用地专项清理，全力以赴组织开展闲置土地处置。市政府下发了《加快处置闲置土地工作方案》和《关于加快收回闲置土地纳入政府土地储备的通知》，进一步明确了处置的范围、方式、步骤和配套措施。按照“卫片、图斑、实地、处置意见、责任人”五结合的要求，逐宗调查落实，建立了“一地一策”的处置台账。至2005年底，已完成了台账总数的23.5%，为下一步集中处置奠定了基础。

规范“转”　即推进集体建设用地流转，提高集体土地利用效率。《广东省集体建设用地使用权流转管理办法》颁布后，本市及时出台了配套的《实施办法》，并选择长安镇为试点，在全市铺开。集体建设用地将参照国有土地使用权出让、转让、出租、抵押等方式实行公开流转，除不可以进行商品住宅开发外，可用于加油站、酒店旅游设施等其他经营性项目，必将促进集体经济的快速发展。

【信息化建设】完成了数字化测量的数据采集工作　2005年，东莞市共完成地形测量2103平方千米，除去部分高山、水域外，基本覆盖了全市范围；共完成地籍调查94万宗884平方千米，地籍测量转入内业工作。

构建了全市基础地理空间框架　完成了“东莞市连续运行卫星定位服务系统”和“东莞市高精度三维大地测量基准的研究与建立”两个项目的建设，并通过了省组织的专家技术鉴定。项目成果整体达到了国内领先水平。这些成果为建立“数字东莞”地理空间框架奠定了高精度的空间定位基础。

搭建了信息化建设的整体平台　成立了市国土资源信息中心，保证了人员到位。中心机房、核心网络等信息化建设的硬件设施基本齐全。1：500地形图数据建库标准通过了专家组评审；完成了数据库管理系统主框架开发，完成了1：10000土地利用总体规划数据、行政区划界线、2004年底遥感监测原始变化图斑数据的整理入库，完成了1：500共305平方千米数据的内业处理工作，基本完成电子政务系统第一期开发。

【地质矿产】2005年，东莞市国土局编制实施了《东莞市矿产资源规划》，出台了《东莞市矿产资源开发利用年检暂行办法》，完成了《东莞市地质灾害防治规划》和《东莞市重要地质灾害隐患点防灾预案》，规章制度得到健全。深入开展了为期近半年的矿产资源执法检查工作，责令存在问题的4家采石场限期整改。组织投入复绿资金4000万元，累计完成复绿面积18万平方米。通过开展东莞市地质灾害调查与防治规划工作，基本查明本市地质灾害发生的种类、规模、易发区等情况，编制了防治规划和防灾预案，对全市84处地质灾害隐患点、危险点逐一进行了排查，向有关单位或个人发放了地质灾害明白卡，签订了防灾减灾的责任书。

【土地管理日常基础工作】2005年，东莞市国土局在“管理升级年”活动的推动下，各项日常基础工作有了新的进步。

耕地保护　严格执行基本农田保护“五个不准”和“六个不报批”，建设占用耕地连续8年实现占补平衡，基本农田保护任务得到落实。

征地管理　省厅出台《关于试行征地补偿款预存制度的通知》后，市国土资源局联合市财政局等部门制定了具体操作办法，专门设立征地补偿款预存专户，确保征地补偿款能及时足额兑现。

地籍管理　全年办理土地使用权登记9万宗；核定土地权属界线2000多条，核发集体土地所有权证1000多本；调处权属纠纷等案件22宗；土地登记资料公开查询1892次。土地登记自我举证工作在虎门和寮步两镇试点的基础上向全市铺开。

土地储备　全年共收购储备土地24.07公顷，向市场供地共109公顷，回笼资金3.5亿元，实现土地增值收益2.5亿元。至2005年底，土地库存量为860.13公顷。

测绘管理　完成省市重点工程地籍测绘15平方千米，竣工测量25平方千米，地形测量60平方千米。地图市场监管力度进一步加大，建立了国家版权意识宣传教育与地图市场监管工作联席会议制度，更新出版了东莞市地图。

窗口办文　窗口办文、服务承诺和政务公开进一步完善，全年共收文18万件，比上年增长60%，98.5%兑现服务承诺。

土地信访　认真实施新《信访条例》，及早排查土地信访案件，化解土地矛盾，提高土地违法案件的受理、办理、督办工作的质量和效率。全年共受理土地信访434宗，宗宗有落实。其中配合国家信访局专案督办组妥善处理2宗督办案件。

班子队伍建设　按照市委的统一部署，开展了保持共产党员先进性教育活动，广大党员干部在岗位上发挥了先锋、先行、先导作用。按照国土资源部和省厅的要求，开展了“完善体制、提高素质”教育活动。在全系统连续三年开展“素质教育”、“优质服务”、“深化服务”活动的基础上，开展了“管理升级年”活动，把全面升级队伍管理作为“四个升级”目标之一狠抓落实。全体副科以上干部参加了省、市举办的依法行政学习班。认真抓好党风廉政建设工作，严格按照中央、省、市的要求，建立健全党廉制度，把任务分解到每个局领导班子成员，努力建立健全教育、制度、监督并重的惩治和预防腐败体系。　（喻运青）

**附：2005年东莞市国土资源局领导名录**

局　长：刘润荣

副局长：陈润池　邓耀桃

　　　　叶绍焜（8月到任）

纪检组长：刘　杰（8月到任）

# 城市建设

【工程质量管理】工程施工图设计文件审查　2005年，东莞市建设局通过利用网络和报纸将违反强制性条文的设计单位及人员向社会公示等措施，至12月底，顺利完成5638项施工图设计文件审查工作，面积为3514.71万平方米，其中违反强制性条文项目数为2074项，占36.78%，平均每项工程违反的强条数从第一季度的1.03条下降到第四季度的0.31条。通过严抓施工图审查工作，解决了工程设计中的不少问题，使全市工程勘察、设计质量得到了稳步的提升。

施工许可工作　2005年1—12月共办理施工许可2202项（含补办），合共造价109.48亿元，建筑面积达1829.76万平方米。

质量监督　截至12月底，全市共办理工程质量监督2992项，监督总建筑面积2435.98万平方米。其中市属工程21项，建筑面积49.05万平方米；市镇二级监督的工程236项，建筑面积462.95万平方米。全年共审核工程竣工技术资料1438项，共发出工程预警通知书18份，工程整改通知书195份，局部停工通知书36份，并对严重违规的11项工程有关责任单位不良行为作出行政处罚。市属工程完成竣工验收425项，其中已送建设局办理验收备案336项；镇区属工程完成竣工验收1013项，其中已送建设局办理验收备案546项。

预拌混凝土的使用范围和质量管理　按有关规定对预拌混凝土的原材料、生产、使用等方面进行了监管。同时充分发挥混凝土协会的作用，组织混凝土生产企业对质量管理、生产控制等方面的交流，以及施工企业的使用预拌混凝土施工要点、难点的培训等，敦促预拌混凝土生产企业自身做好质量跟踪、技术服务，确保产品质量符合使用要求。2005年全年共完成混凝土结构抽芯检测工程项目5641项，其中全部合格工程项数4245项，合格率75.25%；抽取芯样总数23718个，其中合格芯样个数21559个，合格率90.90%。

工程质量创优活动　与市建筑业协会组织开展2005年市优良样板工程和市双优工地评选工作，经现场检查评选出41项市优良样板工程，并推荐其中18项申报省优良样板工程，申报数量为全省第二，其中12项通过初评，评选出21项市双优工地，10项工程通过省双优工地评选。另外，由虎门建设发展有限公司承建的丰泰花园酒店工程将于明年申报国家鲁班奖。该工程在10月1日前已进行竣工验收备案，并已获省安全生产、文明施工优良样板工地、省优秀设计三等奖，创鲁班奖各项工作也得到落实，争取在2006年创下东莞市历史上首项鲁班奖工程。

【文明施工管理】在建工程安全生产季度检查　2005年，东莞市建设局在建工程安全生产季度检查1年进行4次，共检查在建工程258项。其中绝大部分为镇区一级监督工程，达到优良4项，发出暂时停止施工通知书9份，发出施工企业限期整改通知书93份。

施工现场垂直运输设备管理　共组织实施垂直运输设备检测3878台，检测合格并履行备案登记手续3134台，总合格率80.1%。其中塔式起重机358台，检测合格率96%；施工电梯93台，检测合格率98.9%；物料提升机3427台，检测合格率78.7%。检测和备案登记结果表明，东莞市塔式起重机、施工电梯、物料提升机等垂直运输设备的安全管理和使用状况明显好转，但物料提升机存在的安全问题仍然较多，个别建筑工地特别是镇区一级监督的建筑工地的物料提升机逃避监管、逃避检测、擅自使用的现象依然存在。

建设系统"安全生产月"活动　4月18日，市建设局向全市各镇区规划建设办公室、各施工企业、监理公司下发了《关于在全市建设系统认真开展"安全生产月"系列活动的通知》，组织开展了一系列为加强建筑安全生产监督管理，切实防止工程建设重大安全事故发生的建设系统"安全生产月"活动，大力宣传国家、省、市安全生产方针、政策、法律、法规和国家强制性技术标准、规范，推广安全生产的先进典型和先进经验。组织征订一系列安全生产宣传教育用品，免费发出各类安全生产宣传招贴、壁报、挂图和书籍共2000多套，并组织全市建设系统各单位、各企业广泛组织工作人员包括现场作业人员积极参与竞赛活动。

专项施工方案整治　一是召开建筑工程安全专项施工方案知识讲座，部署开展专项施工方案整治。组织各镇区规划建设办、各施工企业、监理公司等有关人员共800多人参加了在东城区文化中心召开的"建筑工程安全专项施工方案知识讲座"。二是组织安全生产文明施工优良样板工地参观活动。组织各镇区规划建设办、各施工企业、监理公司负责人和安全生产管理人员参观了东莞市健升大厦工程施工现场，学习该工地先进的管理经验和做法。整个参观人数共2000多人。

建筑意外保险和安全生产文明施工措施费用单列工作实施情况　从2003年9月1日起东莞市全面试行建筑工程安全生产、文明施工措施费用单列制度。从2005年7月1日起，凡在本市行政区域内的所有建筑工程（包括新建、扩建、改建和拆除工程）开工前，施工企业必须依法为工程施工作业人员、管理人员等办理建筑意外伤害保险。为使此项工作得以顺利贯彻落实，市建设局对施工企业进行了跟踪和抽查。据不完全统计，至2005年12月底，全市监督工程落实安全生产、文明施工措施费用单列的工程项目约900多项，落实费用的比率约为60%，不排除存在建设单位和施工单位在私下另有约定的情况。在办理意外伤保险方面，全市办理建筑意外伤害保险的工程项目约1800多项，办理率约为97%，保险费用总额达1170多万元。

开展"双优工地"评选　与市建筑业协会完成了市安全生产、文明施工优良样板工地（简称市"双优工地"）的评审工作，共组织参与对全市申报市"双优工地"评选的47项工程进行了初评，经评审获市"双优工地"称号21项，有10项通过省"双优工地"初评。根据评审情况，2005年全市各施工企业申报评选和通过市双优工地初评的项目数量与去年同期基本持平，参加评选的工地发挥了很好的样板和带头作用。

【建筑市场秩序管理】2005年，东莞市建筑市场和施工现场的"两场联动"量化考核管理模式正式实行。在这个基础上，市建设局通过大量的调研，又创新推出了一系列市场管理制度，使整个市场管理体系更趋科学和完善。

规范建设工程招标投标各方主体行为　一是建立投标人投标资格集中审查制度，规范招标人行为。成立投标资格审查委员会，对利用政府财政性资金投资建设的、国有企事业单位投资建设的以及集体经济组织投资建设的招标项目，实行投标资格集中审查制度，招标人在单项建设工程中不再进行投标人资格审查。投标资格审查委员会定期受理投标人的资格审查申请，集中组织审查，确定《东莞市投标人资格名录》，对投标人实行动态管理。二是规范各种招标行为。明确各种不同中标方式，严格限制招标人对投标文件作废标处理的行为。三是规范投标行为。实行投标人固定投标员进场投标制度，建立建筑业企业信用档案制度和中标后的跟踪管理制度，按统一规定和标准，及时、准确记录企业的基本信息、经营活动中与信用有关的行为，并供社会查询。四是严格监督管理。加强对招标投标过程中违法违纪行为的检查、调查，落实责任追究。作为市政府工程投标资格审查委员会办公室，在通过组织西部干道投标人的资格集中初审试点获得成功后，全面受理并组织了本市政府工程投标资格审查。截至2005年12月31日，共受理840家企业的申请，共计有663家企业通过资格审查；并经市政府工程投标资格审查委员会批准公布。

实行“两场联动”量化考核制度　为了贯彻落实《东莞市规范建设工程招标投标各方主体行为的暂行规定》，确保建设工程依法实施，保证工程质量和施工安全，市建设局通过多年的努力，研究制定了建筑企业“两场联动”的量化考核标准，于2005年8月16日下发了《关于实行建筑市场和施工现场联动管理的通知》实行企业动态管理制度，并印制了《东莞市建筑市场行为检查用表》，实行对建筑市场和施工现场联动量化考核管理，并成立了建筑市场和施工现场联动督查小组，对全市工程建设项目（重点是在建工程项目）开展联动督查。对建设工程各方主体不良行为严肃查处，实行扣分，并发出责令改正通知书或停止违法行为通知书，并根据累计扣分总额对企业及执业人员作限期停止在东莞参加招标投标或承接新的工程任务的处罚。

加强工程承发包管理　为切实解决建设工程承发包环节出现的各种问题，市建设局下发了《东莞市建设局关于加强工程承发包管理的实施意见》，明确了工程价格界线，包括合同价款、追加（扣减）合同价款和其他款项；加强了工程进度款管理；要求规范用工；保证工资支付；进一步完善了竣工验收及验收备案以及加快了实现工程结算。这个实施意见的施行，从根本上、制度上建立起防范发生新的拖欠的机制。该制度的建立，对解决建设领域拖欠问题起到了非常积极的防范作用，得到省建设厅在全省解决拖欠会议上的公开表扬。

推行工程保证担保制度　为进一步完善东莞市建筑市场管理体系，保证建设工程合同的订立和履行，建立预防拖欠工程款及纠纷的市场化、法制化运行机制，市建设局完善了投标保证担保、承包商履约保证担保、业主（发包人）工程款支付保证担保、承包商付款保证担保（保证分包商、材料设备供应商、建设工人等各项费用、价款和工资等款项支付）、工程质量保修保证担保等6个方面建设。进一步规范建筑市场的行为，有助解决拖欠工程款和拖欠工人工资的问题。至12月底，全市共办理5家银行、15家专业担保公司备案。已办理备案的企业或银行相关资料也已在办事大厅上公布。

【有形建筑市场管理】　2005年1月1日至12月31日，市交易中心共办理招标登记393项，其中市财政投资工程152项，镇区及其他单位工程184项。投标385项，预算价69.25亿元，中标价60.07亿元，平均下浮13.25%，中标价比预算价减少9.17亿元；其中市财政投资工程174项，预算价33.33亿元，中标价29.45亿元，下浮11.65%，中标价比预算价减少3.88亿元；镇区工程投标105项，预算价15.47亿元，中标价13.10亿元，下浮15.28%，中标价比预算价减少2.36亿元；其他单位工程投标105项，预算价20.45亿元，中标价17.52亿元，下浮14.32%，中标价比预算价减少2.93亿元。招标投标工作对建设工程的质量保障作用和社会效益进一步体现。

【建设领域清欠工作】　为维护社会稳定，保障建设各方利益，贯彻落实国务院电视电话会议精神，切实解决本市建筑领域清理拖欠工程款和农民工资，市建设局成立了“清欠办公室”，具体负责全市清欠工作的组织、协调、联络和监督检查。“清欠办公室”由分管建工的副局长担任主任，4名专职人员负责清欠具体工作，兼职人员配合清欠工作，实行分片包干责任制。同时，要求各镇区参照市的做法，成立镇清欠办作为解决属地范围内拖欠问题专项工作的机构，配备3名专兼职人员，负责本镇区的清欠工作。市、镇两级清欠办做到清欠责任明确，任务层层落实。截至12月底，全市已完成偿还工程款32100.5万元，农民工工资1734.91万元，偿还率均达100%，清理进度居全省第一。

【培训教育】　2005年，东莞市建设局一是开展岗位培训和继续教育。加强对基层专业技术人员的培训，特别是对关键岗位从业人员的岗位培训，先后举办了中级施工员、质安员、项目经理、预算员、资料员培训班（半脱产）各一期，培训总人数900人。

二是加强职业技能培训。改变传统请进来集中培训的方式，与企业联合，以企业为平台，以在建工程项目为载体，送教到企业、送教到基层，按照“谁用工、谁培训、谁受益”的原则，全面开展建筑行业8大工种（木工、瓦工、抹灰工、油漆工、防水工、钢筋工、混凝土工、架子工）的初级工职业技能岗位培训工作。

三是开展短期培训。举办了一期“商品混凝土施工技术短训班”，约300人参加；为配合注册建造师的考试，7月中旬举办了二级注册建造师考前强化培训班，培训人数343人。

四是抓好行业管理人员培训。为提高建设系统各级领导干部的管理水平和业务素质，提升科学决策能力、驾驭全局能力和开拓创新能力，使科技兴建、管理强建工作得到进一步加强，9月上旬，市建设局与清华大学联合办学，组织各镇区规划建设办公室主任、中心镇分管建设镇领导和市建设局部分局长、科长约50人参加“清华大学东莞市城市建设与管理高级研修班”。

五是开展建筑工人安全知识普及免费教育培训。组织人员制定了《东莞市建筑工人安全常识普及教育读本》，试行了对部分工地实施免费、直接到工地的安全知识普及教育培训。其中，至11月底，完成了对厚街、大朗、东城、长安、桥头、凤岗等镇区共17个建筑工地的培训

▲ 东莞市中心广场

工作。共培训建筑工人3800多人。

【违法搭建专项清理工作】 2005年，东莞市违法搭建专项清理工作小组办公室按照市委、市政府的部署，在清理工作领导小组的指导下，精心组织，科学安排，将专项清理细分为5个工作步骤：4月底进行动员培训，5月份进行调查摸底，6至9月份进行清拆行动，10月份进行自查整改，11至12月份组织验收。12月1日，验收工作全面结束，全市调查登记在案的违法搭建物（共13.3万宗，1633万平方米）已基本清理完毕，折合50分满的得分在49—49.8之间，全市32个镇区和松山湖管委会顺利通过。对验收过程发现的问题，如市属工程的工地工棚问题、驻莞部队和省属单位的违法搭建问题、农用棚屋的回潮问题等，也已与有关部门紧密协调和对相关镇区加紧督导当中，以尽早彻底扫尾。

为使违法搭建清理工作实现长治久安，通过大量调研和借鉴学习，组织草拟了《东莞市城市市容和环境卫生管理办法》，并上报市有关部门审定。

（李叶安）

附：2005年东莞市建设局领导名录

局　长：黄志安

副局长：郑辉常　方毓佳　黎小成

许　斌　韩金田

## 防震减灾

【地震群测群防网建设】 2005年，东莞市地震局确立新建市气象台、凤岗镇白玉山矿泉水厂、中堂镇东腾盐矿、大岭山林场、清溪林场、沙田镇穗丰年渔场等地震宏观观测站；同时，对民间已开展地震前兆监测活动进行规范管理，把虎门中学、沙田镇东方明珠学校开展多方位电磁波监测点纳入到群测群防网中，使群测群防开展范围覆盖全市各片区；观测形式包括生物异常，地下水异常，气象异常，电磁异常，和地声、地光、地气、地动等其他异常，形成地下、地表、地上三维立体宏观异常观测网络。各地震宏观观测站于年底前完成挂牌，并正式开展地震群测群防工作。

【抗震设防检查】 2005年，市地震局结合市建设局开展的季度在建工程质量安全检查活动，分批分季度组织对全市各镇（街）在建工业与民用建筑工程进行抗震设防质量专项检查。共组织三批对全市32个镇（街）64项在建工程进行检查。检查情况表明，自对抗震设防实行规范管理后，全市在建重要工程均按规定开展地震安全性评价或地震动参数复核结果进行抗震设防，一般工程基本达到地震基本烈度区划图或地震动参数区划图规定的抗震设防要求，但是，部分工程在抗震措施施工方面存在不足。市地震局及时向城建办人员、建设单位、施工单位和监理单位提出要求，明确整改事项，并把检查情况及存在问题通报全市。

【地震安全性评价管理】 2005年，市地震局按照《防震减灾法》赋予的监管职能，进一步规范地震安全性评价工作的管理。一是《行政许可法》实施后，积极探索管理新机制，按照市场运作准则，建立备案管理制度，确保地震安全性评价单位依法开展工作；二是通过开展抗震设防专项检查、加大行政执法检查力度，建立办事窗口、加强服务意识等措施，有效推进建设工程地震安全性评价的开展；三是为保证地震安全性评价成果使用，进一步加强与有关中介机构的协调、联系，依法对建设工程的抗震审查工作提出要求，从“结构审查”环节进行严格把关，明确每一项重要工程都要依据《建筑抗震设计规范》、《工程场地地震安全性评价报告》和《关于建设工程场地地震安全性评价成果使用规定》，科学、合理进行抗震设防。2005年，全市开展地震安全性评价的建设工程，范围涉及房地产、农民公寓、办公大楼等高层建筑，以及交通、电力、学校、医院、体育等行业的重要公共建筑，使地震安全性评价工作开展与全市工程建设形势相适应。

【防震减灾宣传】 在印度洋大地震、大海啸发生后，市地震局为引导市民加深对地震灾害破坏性的认识，减轻民众对地震事件的恐慌心理，让市民更多地了解和认识防震减灾工作的重要意义。在科普进步月、防震减灾宣传周活动期间，通过市电视台、《东莞日报》、《东莞建设》、《东莞建设科技》等媒体宣传，以及在城区、高埗文化广场开展防震减灾知识普及活动，向市民详细介绍地震及地震海啸的相关知识，及一些地震应急基本知识，并介绍市防震减灾三大体系工作情况和市地震监测设施建设与应急手段配备。

为了提高旅游、建设等相关行业人员的防震意识，1月，与市旅游局、市消防局共同举办“旅游企业‘防灾自救’知识讲座”，以印度洋大地震、大海啸为背景，向八十多间酒店、旅行社的负责人及导游近300人进行防震避震的知识宣传。

对中小学生，结合中小学校开展的第二课堂活动，向望牛墩、中堂、沙田、厚街、虎门、长安、石碣、石龙等八个镇区共派发中学生读本《地震·防震·法规知识问答》8000本、小学生读本《认识地震》10000本，使学生在学习中不断丰富地震科普知识。对社区民众，在城区市桥居民委员会草塘居民小组建立防震减灾社区宣传示范点，组织开展宣传活动，精心制作了地震科普宣传栏，通过张挂彩图等一系列通俗易懂的方式，向居民重点宣传家庭应急避震知识。

【震害预测项目实施】 2005年，市地震局完成市区基础资料调查难点工作。在省地震局的大力支持和指导下，从3—10月，调查组对市中心区内96870栋建筑物进行普查，共计建筑单元13万个，建筑面积14820万平方米，其中重点抽查1300栋，建(构)筑物普查工作基本完成，重点抽查工作接近预计工作量一半。此外，经与城管、交通、电力、通信等十多个部门积极沟通，基本完成了供水、电力、公路等多个生命线和容易发生次生灾害系统的基本信息和灾害应对措施的资料收集工作。

根据工作需要，在原确定的市中心区50平方公里工作区基础上扩大约20平方千米。6月，将建议呈报市防震抗震救灾工作领导小组会议进行审议。领导小组成员在充分讨论后，认为扩大工作区，符合东莞市实际，同意增加所需经费按照省、市级投入比例，分别向省地震局和市财政进行申请。8月，省地震批复同意增加配套项目经费；9月，经市委常委、副市长联席会议讨论后，批复同意增加项目经费，并纳入年度财政预算安排。

【应急基础建设】 2005年，东莞市地震局坚持有备无患的原则，进一步抓好地震紧急救援工作。一是推进重点城市地震应急技术系统建设，完成了市地震应急指挥节点建设；二是按照市委、市政府的要求，牵头会同市发展与改革局、民政局、安全生产监督局制定《东莞市地震应急检查工作制度》，经市政府审定后，下发至各镇（街）贯彻执行；三是根据中国地震局《关于做好地震应急基础数据收集工作的通知》和省地震局《广东省地震应急基础数据库建设总体规划》的安排，结合东莞市区震害预测工作的开展，完成市区范围内应急基础数据的收集工作，取得阶段性成果。

【编制防震减灾“十一五”规划】 从2004年11月起市地震局编制东莞市防震减灾“十一五”规划，2005年10月完成规划送审稿。在编制规划前期阶段，市地震局积极加强与编制规划主管部门协调，将防震减灾“十一五”规划纳入到市25个重点专项规划中。并加强与省地震局沟通，确定东莞市“十一五”期间的工作目标、主要任务和重点工程，使东莞市“十一五”防震减灾工作能满足全国、省防震减灾工作总体要求。8月12日，组织召开规划专家论证会，邀请省地震局领导、业务处室与有关专家，市发改局、建设局、科技局领导对规划进行论证，并获得通过。根据专家、领导们提出的修改意见和建议作了进一步修改，保证规划科学、合理、规范。9月13日召开的第31次市委常委、副市长联席会议讨论通过，市政府批复同意将东莞市防震减灾“十一五”规划重点工程纳入市国民经济和社会发展第十一个五年规划，并按项目实施进度确定年度预算计划，报市财政局审核后列入年度预算安排。（冯永权）

**附：2005年东莞市地震局领导名录**

局　长：盘绍凤

## 城建工程管理

【概况】 2005年是“五年见新城”的冲刺之年，也是市属重点工程建设全面加速、成果丰硕的一年。市城建工程管理局全年共承建重点工程34项，其中完成15项，包括玉兰大剧院、科技馆、图书馆、青少年宫、群艺馆、海关大厦、绿化广场、中心广场商业设施、环城路（首期）、坝头路改造、东升路改造、环城路至广深高速道滘连接线、可园中学、博厦桥北桥改建、植物园（首期）。在建6项，包括市委党校新校、理工学院体育中心、报业大厦、四环路万道立交、环城路至广深高速石鼓连接线、环城路北环。筹建13项，包括市人民医院新院、广电中心、中心区消防站、东莞体育运动学校、环莞快速路（一期）、行政办事中心停车楼、市中小学德育基地、市教师进修学校、东莞水道滨江西路市政及景观、环城路至广深高速望牛墩连接线、松山湖兴园路至同沙环湖路连接线、环城路至广园东快速连接线、市区检察院办案技术楼。初步统计，全年共完成竣工建筑面积29.9万平方米，新建和改造道路35.5千米。2005年市城建工程管理局被评为“市直机关党建工作先进单位”、“全市预防职务犯罪工作先进单位”。

【工程投资控制】 2005年，市城建工程管理局坚持严格执行市政府批复的投资概预算，在保证工程质量和使用功能的前提下，严格控制工程投资，尽量少花钱多办事，千方百计为纳税人和政府省钱增效。重点实行“三降”：一是优化设计降低成本。坚持从“源头”抓起，严格按照市政府批准的工程预算，实行限额设计，对设计超预算5%或因设计错漏导致单项工程增加费用50万元以上的，按合同规定扣减设计费。同时，大胆优化设计方案，节省工程造价，通过优化设计方案全年共节省投资500多万元。二是公开竞价降低成本。严格执行国家招投标规定，坚持所有工程、设备采购都按规定在市建设工程交易中心和政府采购中心进行公开招投标，国家没有规定的也尽可能公开招标。全年共完成招投标163项，招投标率达100%，累计中标金额12.35亿元，其中有预算价或最高限价的中标价比预算价或最高限价下浮8.9%，节省建设资金1.18亿元，特别是绿化工程、土方工程平均下浮率达40—60%。三是严控变更降低成本。充分发挥财务专责小组、工程变更审核小组以及各职能科室的作用，严格工程变更程序，严把工程变更审核关，防止因工程变更而增加投资。全年共对1900多份工程变更进行了严格审核，不同意变更的有236份。为进一步减少人为因素，堵塞管理漏洞，着手开展现场“零签证”的试点，从而更加有效地控制工程投资。从2005年完成结算的15项工程看，总概算价为14.6亿元，结算价为10.9亿元，结算价比概算价节省投资3.7亿元，节省25.4%。

【工程质量管理】 2005年，市城建工程管理局坚持不断强化质量创优意识，狠抓质量管理，全力打造优质工程。重点强化“三关”：一是强化设计质量关。实行设计监理，利用专业技术人才的优势，对设计图纸、方案进行严格审查，及时纠正设计中存在的错漏缺项，确保设计图纸的质量。二是强化现场监控关。实行全程跟进，施工前对施工单位和现场监理的资质、施工方案以及施工材料设备等严格审查，资质不好、方案不行、材料不合格的坚决不准进场施工；施工过程中要求施工单位严格按照施工程序和计划精心组织施工，还聘请资深技术顾问或邀请专家研讨，及时解决施工过程中出现的技术难题。三是强化质量督查关。在原有质量监管体系的基础上，专门成立工程质量安全督查组，作为局内设专职小组，实行专职专人负责，对工程质量采取预防巡视、突击检查、定期通报、质量讲评等办法，进行监督检查，有效地保证了工程质量。全年没有发生一宗重大质量安全事故，会议大厦室内装饰工程设计和施工双获国家“建筑装饰奖”，展览馆幕墙已通过国家“装饰金奖”初评。

【工程档案管理】 2005年，市城建工程管理局制定了相应的工程档案管理的制度和流程，加强了对工程设计、施工、监理过程以及征地拆迁、立项报建、招投标、设备材料、工程变更、验收结算资料的收集整理，至今共收集了374个单位工程、4600多卷工程资料，案卷总长度达7600 厘米。其中，2005年向城市管理局移交市政工程竣工档案约450卷，向机关事务局、展览馆等业主单位移交竣工档案约700卷，向市城建档案馆移交行政办事中心及会议大厦竣工档案约330卷。同时，加强工程声像档案管理，对工程开工前、建设中、建成后的情况进行全程拍摄记录，共收集了60多个工程项目1万多张图片，并进行了系统的电脑化管理和整理造册，其中有200多张被市志办、交通局、公路局、东莞日报社、市交警支队等单位作为宣传图片，市城建工程管理局还利用这些图片资料编印了画册《城建铸辉煌》。

【重点工程盘点】 环城路（首期）竣工通车。西起谷涌立交，东至莞樟立交，分为西环、南环、东环三段路，全长28.8千米，投资估算31.7亿元，路宽60—100米，双向八车道带辅道，车速为80千米/小时。沿线设有两座钢管拱特大桥和9座互通式立交桥，与莞穗大道、莞太路、新万道路、东莞大道、莞长路、松山湖大道、莞樟路、温园路及莞龙路、广深高速公路、莞深高速公路等干道相连。2002年9月26日正式动工，2005年4月28日建成通车。

可园中学竣工使用。位于莞城区博厦坭田，投资估算1.48亿元，用地面积62460平方米，校舍总建筑面积75480平方米，分为教学办公区、生活区、体育运动区。整个新校区的规划、设计和设施设备均按省一级初级中学标准实施与配备，建有现代化的实验室、功能室，以及标准的篮球场、足球场和400米塑胶跑道田径场，每个教室都安装有功能齐全的多媒体设备。规划容纳3300名学生就读。2004年11月11日开工建设，2005年8月30日竣工交付使用。

玉兰大剧院投入使用。位于鸿福路南侧，中心区中轴线西侧，投资估算6.18亿元，占地面积3.6万平方米，建筑面积4.4万平方米，容积率1.06，绿化面积近1.3万平方米，绿化率37%。建筑物的主要体形是螺旋形的圆锥体，内设有歌剧厅、实验剧场及其他配套服务设施。歌剧厅主要用于歌剧、大型交响乐演出，还设有池座、楼座、包厢等座位共1600座，面积为2350平方米，设有座位可移动的及位置可调整的舞台；实验剧场使用功能以室内音乐为主，兼顾带小型交响乐、合唱、时装秀等，地上舞台面积为2100平方米，地下舞台面积为900平方米，还设有池座、贵宾座等座位数共400座，面积为950平方米；配套服务设施包括排练房、休息厅、快餐厅等。2003年8月13日开工，2004年5月18日通过基础地下室结构验收，2004年12月30日通过主体结构验收，2005年12月28日全部竣工，成为东莞市最高的艺术表演中心，也是目前华南地区规模最大、设备设施最先进的剧院，荣获“中国剧院十大影响力品牌”称号。

图书馆建成开放。位于鸿福路南侧，中心区中轴线东侧，投资估算1.73亿元，占地面积2.7公顷，建筑面积4.5万平方米，容积率1.42，建筑密度35%，绿化面积6000平方米，绿化率23%。设计总藏书量450万册，阅览座位3000个，网络节点3000个。共划分读者活动区、文献服务区、新技术应用开发区、业务办公区及行政办公区、大型购书中心、配套设施区、停车场等七大功能区，是打造“图书馆之城”的有效载体。2002年9月12日动工，2005年9月28日竣工投入使用。

青少年宫建成启用。位于四环路北侧，中心区中轴线南端，投资估算1.33亿元，总占地面积为3.6万平方米，建筑面积为3万平方米，容积率0.91，绿化面积近2万平方米，绿化率58.4%。该中心造型新颖独特，主体结构由一层地下室、四层裙房和左、右两侧各八层的塔楼组成，南、北两侧分设有下沉广场，东面为游泳池和戏水池，西面为露天剧场。中心内设有500座剧场和文艺表演室、美术书法室、科技展览室、图书阅览室等功能室，是青少年教育培训、兴趣学习、文娱体育的良好活动场所。2002年10月8日正式动工，2005年9月28日正式对外开放。

科学技术博物馆正式开馆。位于鸿福路南侧，中心广场中轴线西侧，投资估算1.94亿元，占地面积4万平方米，建筑面积3万平方米，容积率0.69，绿化面积1.3万平方米，绿化率达34%，展览面积达14405平方米。整个建筑分为梭形主体建筑及方形辅助建筑两部分。主体建筑内包含常设展厅、球幕影院及管理研究用房三部分，三者合围成一个中庭布置。辅助建筑为单层，其内设临时展厅及公共科普教育内容，其屋顶为室外展场。主体建筑及辅助建筑分地下一层，地上四层。地下一层为设备用房、快餐厅、地下车库及制作车间等；一层为展厅、中庭、大厅、科普活动区、会议室及办公用房；一层夹层为科普活动教育及设备用房；二层为展厅、400座报告厅、办公用房；二层夹层为球幕影院、办公及设备用房；三层为展厅及办公用房；四层为办公及科学家俱乐部用房。2002年9月25日正式动工， 2005年12月28日建成对外开放。

群众艺术馆主楼投入使用。位于鸿福路南侧，中心区中轴线东侧，由原科技大楼改造而成，投资估算4478万元，改建后占地面积2.06万平方米，建筑面积1.5万平方米。总楼19层，首层为办证厅；二层为市文广电新局信息服务中心；三层为综合排练厅、多功能厅，可作为会议及小型演出使用；四层为举办艺术沙龙的绿地花园休闲区，还设有图书室及小型会议室；六层为美术工作室、美术辅导室、电脑设计培训室及资料室；七层为音乐辅导室、器乐辅导室，还设有录音室；八层为少儿艺术培训中心，设有美术室、音乐室、舞蹈室、器乐室等，其他楼层为文化系统有关部门行政办公用房。2004年12月24日正式动工，2005年12月28日完工投入使用。

海关大厦竣工。位于四环路以南，南城科技路与东莞大道间，行政文化中心区景观轴线的南端。投资估算1.14亿元，总占地面积为1.8万平方米，建筑面积为2.6万平方米，容积率1.42，绿化面积6500平方米，绿化率36.4%。大厦建筑高度为98.9米，设地下一层和地上二十二层。地下一层和地面架空层主要用作设备用房和室内停车库，平台以上三层为裙房，北侧与主楼相连的裙房主要用作报关大厅，南侧为附楼裙房，主要用作职工餐厅、招待客房和会议中心；四层至二十层为海关主楼，作为办公用房；二十一层为多功能厅，二十二层为电梯机用房。2002年9月19日正式动工，2005年12月28日竣工。

坝头路改造竣工通车。位于东莞市城区西部，连接东江大道和运河西三路，全长0.59公里，投资估算1505万元，主要对现有水泥混凝土路面加铺沥青混凝土路面、加宽路面、增设路灯照明系统和完善道路设施。道路红线宽30米，双向四车道，车速40千米/小时，车行道为16米宽的沥青混凝土路面，人行道为花岗岩板砖。2003年8月10日动工，2005年12月28日竣工通车。

东升路改造竣工通车。西起东城路路口，东至寮步镇莞樟路，全长4118米，投资估算1.19亿元。主要是将原双向四车道改为双向六车道，包括车行道部分加铺沥青、更新人行道铺装，统一设计道路景观，管线下地、更换照明路灯等。2004年10月4日开工，2005年12月28日竣工通车。

环城路——广深高速道滘连接线竣工通车。西南起广深高速公路道滘出口，东北接环城路西环新万道立交，改造段长约1.88公里，投资估算4990万元。改造后道路等级为城市快速道，路宽60米，主车道为双向六车道，两侧带8米宽的辅道，路面结构为沥青砼路面。该工程于2005年4月13日正式动工，2005年12月28日竣工通车。

绿化广场建成开放。位于东莞市新城市中心区国际会展中心西侧，投资估算3700万元，总用地面积约17万平方米，商业用房建筑面积约6600平方米，绿化、景观占地面积16.3万平方米，绿化覆盖率大于70%，以硬铺装、小品、绿化、停车场为主。该工程于2005年5月5日动工， 2005年12月28日完工对外开放。

中心广场南段完善工程完工。位于东莞市新城市中心区中心广场南段，投资估算8000万元，总用地面积约118000平方米，商业用房建筑面积约22000平方米，景观占地面积约90000平方米，建筑密度约10%，绿化覆盖率大于30%，以硬铺装、小品、绿化、停车场为主。2005年5月5日动工，2005年12月28日竣工。

博厦桥北桥改建完工。位于可园路上跨运河处，与运河东二路、西二路相交，主要是对旧桥拆除重建，新建桥面积1461.2平方米，拆除旧桥的面积998.4平方米，投资估算500万元。新建桥梁为钢架拱桥，全长49米，桥宽25.6米，车行道宽14.5米，调头车道宽3.5米，北侧自行车道与人行道宽5米。2005年7月4日动工，2005年12月底基本完工。

植物园（首期）基本完工。位于东莞市区南部，五环路边，北接东莞大道，东连绿色大道，西侧、南侧被水濂山公园围绕，主要是由原绿色世界城市公园改造而成。总占地面积约3.9平方千米，其中有水面51公顷，总投资约5亿元。规划建设迎宾绿廊、绿化精华、风情农庄、叠翠绕溪、果香绿带五大景区，其中一期工程包括绿色大道、环境一期工程和片区支路工程，绿色大道全长3.9千米，设计四车道；一期环境工程占地约62万平方米，总体分为迎宾绿廊、序景区及停车场、绿化广场、镜湖、歌舞广场、大草坡和水趣园七大部分，各景点以铺装、建筑、水体、绿化为主，大草坡绿地率达99%。2005年8月2日动工，一期工程于2006年春节前竣工开放。（冯卫民　朱文君）

**附：2005年东莞市城建工程管理局领导名录**

副局长：丁海潮（主持全面工作）
　　　　刘裕昌　李天海

## 房产管理

【房地产权登记发证】2005年，东莞市房地产权登记41594宗，核发房地产权证37333份。

【房地产交易】2005年，市房管局办理商品房和二手房交易25751宗，其中商品房17022宗，二手交易8729宗；交易面积348.6万平方米，其中商品房交易面积208.64万平方米，二手交易面积139.96万平方米；交易金额75.93亿元，其中商品房交易金额59.53亿元，二手交易金额16.40亿元。

商品房买卖合同备案45330宗，同比增长20.96%；面积529.80万平方米，同比增长24.33%。商品房按揭26257宗，同比增长5.23%，面积287.43万平方米。

【房产抵押登记】市房管局办理房产抵押登记11999宗，抵押面积2059.93万平方米，同比增长12.49%，抵押合同金额192.50亿元，同比增长9.94%。

【物业管理】2005年，市房管局加强物业管理资质认证制度。共核准符合资质的物业管理企业94家，其中物业管理企业三级资质22家，暂定三级资质72家，并对一级资质3家和二级资质1家进行初审同向上申报。对外市物业管理企业进行准入备案管理，全年共对11家外市企业进行了准入备案。共举办了物业管理企业经理岗位证书培训班2期，物业管理员班2期，参加培训人员共500人次。

全市被广东省建设厅评为“2005年度广东省物业管理示范住宅小区”3个：三正半山豪苑、碧湖花园、新世纪添一居。被建设部评为“2005年度全国物业管理示范住宅小区”2个：东田丽园、峰景高尔夫别墅区。

【房地产中介服务管理】2005年，市房管局审批符合资质的房产中介服务机构46家。实行对《房地产经纪机构资质证书》的年审制度，不符合资质的机构不能通过年审，连续两年年审不及格的吊销其资质证书。本年度年审合格的房地产经纪机构136家；不合格（含未年审）房地产经纪机构共91家。共举办6期东莞市房产经纪人岗位培训班，房产经纪人考试合格547人；共举办4期房产经纪人继续教育培训班，考试合格327人。

【直管公房管理】2005年，莞城、石龙、虎门3个镇（街）直管公房面积共43.1万平方米，其中莞城19.22万平方米，石龙17.95万平方米，虎门5.93万平方米。维修公房面积7.63万平方米，其中莞城4.02万平方米，石龙2.14万平方米，虎门1.47万平方米。维修资金326.58万元，其中莞城172.52万元，石龙52.49万元，虎门101.57万元。收取租金1184.22万元，其中莞城607.46万元，石龙395.55万元，虎门181.21万元。

【出租屋管理】2005年6月，市房管局参与南城、长安两个流动人员和出租屋信息化管理试点的工作，对两个试点的工作人员和出租屋管理员进行培训授课。参与对全市出租屋管理系统电脑操作员的培训授课，受训人次达1300多人次。参与各镇（街）开展的部门联合检查行动，对出租屋的治安、消防、房管、计生、税务等情况进行检查和隐患整治。

参与《东莞市出租屋信息管理系统》的组织开发和相关表格的设计工作。该系统在各镇区投入使用后，可将全面摸底、日常巡查走访采集的出租屋和“三小场所”及流动人员的信息整理分类录入，建立资料齐全的综合信息库。

2005年，在办理《房屋租赁证》方面，针对农村大量出租屋未办理房地产权证的实际，东莞市创造性地实施一年有效期的《出租屋登记备案回执》与《房屋租赁证》共同使用制度，极大地提高了全市出租房屋的登记备案率。市房管局共办理《房屋租赁证》和《出租屋备案回执》269087份，同比增长30.58%，出租面积3679.37万平方米，同比增长107.09%。全市登记备案率保持在95%以上，部分镇区达到100%。

【住房解困】2005年，东莞市制定《东莞市困难家庭住房保障办法》、《东莞市困难家庭住房保障办法实施细则》、《东莞市解决农村“住房难”实施方案》。

2005年，市房管局分别以人均面积为10平方米、15平方米、18平方米对全市困难户进行了调查统计，分别登记在册。至2005年，按东莞市的住房解困标准（人均住房面积少于18平方米的困难家庭），住房特困户家庭共1085户，其中城镇有175户、农村有910户；其它经济困难无法解决住房问题家庭2159户，其中城镇有838户、农村有1321户；制定东莞市的租赁住房租金标准：镇中心区10元/平方米，镇中心区外7元/平房米，廉租住房租金1元/平方米；重新统计了东莞市农村住房困难户的情况，其中危房解危的308户、919人，面积12982.68平方米；集中建设廉租住房的涉及88个村（居）委会，3304个困难户、11450人，建筑面积206100平方米；砖房改造的830户、2235人的38396.34平方米；对无房户、人均住房面积少于18平方米的低保户、困难户共933户、3196人采取租赁住房补贴及租金核减的方式进行解困。

【房改工作】2005年，东莞市办理公房出售审批手续248套，面积1.99万平方米，公房出售收入95.59万元。2005年全市住房津贴发放5583人，发放资金7287.5万元。

【信息化建设】2005年11月，市房管局启动房地产产权档案数字化工作，将全市近60万份纸质档案全部数字化。

加强电脑硬件建设，以满足东莞市未来十年产权档案数字化的需要。对东莞市房产管理局公众网站进行改版，扩充网站内容，提供表格下载、业务咨询、业务办理服务，市民可以通过网站了解到东莞市房产相关政策法规、知识、业务办事流程等。

2005年开发了房产测绘业务管理系统、公房管理信息系统。

【房产测绘】为进一步加强商品房面积测算的管理，2005年东莞市制定了《关于加强商品房面积测算的通知》，为规范东莞市房屋面积测算、减少商品房面积纠纷提供了有效保证。开发了《东莞市房产测绘管理软件》并在全市房管部门推广使用，进一步提高了测绘的准确性及规范化。对32个镇的房管部门的测绘技术人员进行技术培训，举办了两期培训班，参加培训人员共73人次，加强了测绘队伍的建设。

【东莞市房地产价格评估专家委员会成立】为规范东莞市房地产估价行为，公平、公正处理房地产估价纠纷，维护估价当事人的合法权益，2005年9月26日，成立了东莞市房地产价格评估专家委员会，有19名成员。（张敬东）

**附：2005年东莞市房产管理局领导名录**

局　长：黄连进

副局长：陈康宁　陈旺南　熊裕新

## 住房公积金管理

【概况】2005年，东莞市住房公积金管理中心按照中央经济工作会议关于"努力扩大消费需求，提高城乡居民生活水平"的工作部署，提出以管家的思维管理好资金的理念，大力拓展公积金归集、贷款业务，规范管理工作，提高服务水平，为扩大住房消费，提高居民住房水平发挥了积极的作用。

住房公积金归集量有较大提高　2005年新增归集10.69亿元，同比增长45.64%；累计归集27.41亿元，余额20.98亿元，同比增长53.33%。2005年缴存新开户人数4.93万人，同比增加73.02%，至2005年底归集人数达14.13万人。

住房公积金贷款实现稳步增长　2005年发放贷款2201户、5.22亿元，分别同比增长22.89%、15.71%；累计发放7359户、16.44亿元。余额12.89亿元，比2004年底增长38.56%；贷款余额占归集余额的比例为61.43%。住房公积金贷款楼盘分布较广，已在27个镇区，220个楼盘开展了贷款业务。

住房公积金提取有明显增长　2005年职工提取住房公积金3.39亿元、20405人次，分别同比增长117.99%、115.20%；累计提取6.43亿元，占归集总额的23.46%。

【住房公积金保值增值】2005年3月17日，根据人民银行下发的《中国人民银行关于调整商业银行住房信贷政策和超额准备金存款利率的通知》，东莞市对住房公积金存款专户利率进行了调整。其中，公积金中心在公积金受托银行专户内沉淀资金改按单位存款相应期限档次利率计息，年活期利率为0.72%。按照《人民币利率管理规定》，对2004年度职工个人账户内的住房公积金余额，公积金中心要按三个月定期整存整取存款利率1.71%的年利率付息给缴存人，导致银行支付给公积金中心的存款利率低于公积金中心支付给缴存人的利率的现象。针对这个情况，公积金中心在3月份首次把2亿元沉淀资金转为一年期的定期存款，年利率为2.25%。公积金中心全年共转存了11笔定期存款。根据市住房公积金管理委员会年初确定的国债购买计划，公积金中心还积极联系各银行全年共购买三年期凭证式国债12500万元，并在中央债券结算公司开立丙类账号用于购买记账式国债，但由于2005年的记账式国债利率大大低于同期定期存款利率，暂未购买。充分运用沉淀资金存定期和购买国债，比原来只存活期存款多产生了600多万元的收入，扭转了利率倒挂带来的不利影响，使住房公积金沉淀资金更好地实现增值保值。

【住房公积金归集管理】2005年，公积金中心进一步加大在报社、电视台、电台等新闻媒体中对住房公积金有关政策的宣传力度，制作播出了住房公积金各项政策和做法的电视宣传广告，取得了明显的效果。还以处理群众投诉为平台，加大归集力度，促进企业不断增强依法经营的意识，自觉为职工缴存住房公积金，并重点做好大企业的开户缴存工作，起到了明显的带动和促进作用。

2005年6月，中国进出口额最大的企业之一东莞三星电机有限公司经过与公积金中心及公积金受托银行多次沟通，主动依法建立住房公积金制度，为3770多名职工缴交住房公积金，成为东莞市2005年缴存住房公积金人数最多、规模最大的外资企业。2005年，公积金中心经办市长专线、领导信箱信件、和市督查室转达的咨询8宗，投诉7宗，阳光热线1宗，网上回复咨询765条，比2004年增长98.7%。公积金中心办结率达100%。

【住房公积金贷款管理】2005年，为有效防范资金风险，公积金中心根据国家宏观调控政策及房地产市场的变化，出台了一系列管理措施，进一步加强了住房公积金贷款管理，改善了对办事群众的服务。

调整住房公积金贷款额度占房价比例　为保障中低收入住房需求，同时控制住房不合理消费，减少贷款风险，公积金中心紧密结合实际拟定了《关于住房公积金贷款额度占房价的比例的有关规定》报管委会讨论通过，于2005年6月30日以东府办发［2005］507号文下发。主要内容是：按套内建筑面积计算，商品房每平方米单价分三档，即低于5000元（不含5000元）的、5000元（含5000元）至6000元（不含6000元）的、超过6000元（含6000元）的，最高贷款额度分别不得超过房价的70%、60%、50%。此规定的出台防范了高房价带来的风险，使住房公积金贷款更多地向中低收入家庭倾斜，对全市房价的调控起到一定的作用。

调整组合贷款额度　市住房公积金组合贷款业务自2004年开办以来，对满足干部职工超过住房公积金贷款额度的贷款资金需求，改善住房条件起到了显著的作用。根据房地产市场的发展和越来越多借款人的要求，2005年7月，公积金中心与建设银行协商，下发《关于调整住房公积金组合贷款中商业贷款额度的通知》，对住房公积金组合贷款中商业贷款额度由原来最高不超过10万元调整为最高不超过20万元，从而进一步扩大了本市住房公积金贷款业务。

开展差别化服务　2005年9月13日，公积金中心组织本市11家较大规模的房地产开发企业召开了主题为"提升住房公积金贷款服务质量"的座谈会。各家房地产开发企业对公积金中心改进服务，加快贷款审批效率和放款速度，提出了许多好的建议和意见。12月，公积金中心、建设银行与万科、金地、宏远、光大4家房地产开发企业经过充分磋商，签订了《住房公积金贷款差别化服务合作协议》，对借款人购买商品房申请住房公积金贷款实行先放款后补办抵押手续的做法，使单笔贷款审批放贷时间由原来平均一个半月缩短到半个月左右。

【完善内部监管制度】2005年，公积金中心制定了《东莞市住房公积金管理中心资金运行内部监督管理制度》。明确了单位资金运行的程序、相关部门和人员的责任，制订了监督管理的措施，体现了住房公积金资金运行统一管理、专户存储、专项使用、安全运作、岗位不相容、社会监督等原则，使住房公积金资金运行更加安全、高效。

【建设部领导莅莞调研】 2005年9月14日，由建设部、财政部、人民银行、银监会组成的住房公积金专项督查调研组到东莞调研、检查工作，期间听取了东莞市住房公积金管理和业务发展现状的报告，并就住房公积金的缴存比例、贷款程序及购买国债情况等调研内容进行了交流讨论。建设部住房公积金监督管理司姚运德副司长对东莞市住房公积金管理机构规范的运作模式，快速的发展业绩给予了充分的肯定和高度评价，并要求东莞进一步拓展住房公积金的缴存面，维护职工合法权益；进一步提高住房公积金的使用率，同时加强防范贷款风险；进一步加强制度建设，研究探索新的发展思路。不仅争当全省先进，也要争取排在全国地级市前列，为全国住房公积金事业做出贡献。

【提高服务效率】 2005年7月，为进一步方便职工办理业务，公积金中心与建设银行协商，将银行办理公积金业务的窗口也搬到办事大厅，真正实现了公积金业务"一条龙"服务的联合办公。

简化开户手续 单位开户缴存时，按《条例》规定需要单位先到公积金中心办理缴存登记备案手续，然后去银行开户。公积金中心在实际操作的过程中，省去了单位到公积金中心开户前备案的手续，单位直接到就近的建行网点办理开户，然后由银行收集开户资料定期送交公积金中心。

简化提取审批手续 在办理公积金提取的窗口，对符合提取条件的职工直接审批，做到"立等可取"。在同一大厅内，个人提取住房公积金银行转账业务也可以当场办理完结。

简化贷款办理手续 2005年10月，公积金中心对借款人在借款期间申请延长、缩短借款期限或提前还款，提出了简化办理手续，使借款人免除来回奔波和时间的浪费，由原来办理需10个工作日缩短到当天办理，基本上实现现场完成所有手续。 （石海娇）

附：2005年东莞市住房公积金管理中心领导名录

主　任：秦庆祖

副主任：温远军　李庆星

## 市政管理

【城市管理局挂牌运作】 根据东莞市机构编制委员会《关于印发〈东莞市城市管理局职能配置、内设机构和人员编制规定〉的通知》，在东莞市市政公用事业管理局基础上组建市城市管理局。市城市管理局是主管全市市政、环境卫生、园林绿化、城市供水、燃气、城市管理的市人民政府组成部门。2005年3月16日，市城市管理局正式挂牌运作，实现了管理范围由以市区为主转变为覆盖全市市域范围；管理重点由以市政、园林绿化、环卫等工作的事务管理为主转变为以城市管理、行政执法为主，市政、园林、环卫、供水、供气等行业协调发展；管理手段也由以往的事务性管理方式为主转变为以行政审批、资质管理等行政性管理、行业管理方式为主。

【园林环卫】 做好"创绿"迎检工作 2005年，市政局在东莞市争创"全国绿化模范城市"活动中，市城市管理局积极做好"三路一广场"的补种复绿工作。其中中心广场补种乔木50株；东江大道补种棕榈植物650多株、造型植物400多株、绿篱1800多平方米；东莞大道两侧空地种植马占相思5346株、蟛蜞菊约5346平方米，长度约3千米；东江大道旁闲置地也种植了乔木（含棕榈植物）760多株，袋苗15790多袋，为东莞市顺利通过国检考核打下了坚实的基础。

环卫管理力度进一步加大 制定了《东莞市环境卫生质量标准（试行）》，针对全市不同路段和区域，确定了一至四级的清扫保洁作业规范和质量标准。编制完成《东莞市中心城区环境卫生规划》并通过专家评审。推动建立健全市、镇（街）、村（社区）、村（居）民小组四级市容环卫管理机制。积极落实了门前三包责任制和上门收运垃圾制度。积极开展全市环境卫生大检查活动，2005年开展了两次全市市容环境卫生大检查，使得全市32个镇（街）500多个村（社区）的市容环境卫生实现了检查"全覆盖"。

环卫基础设施逐步完善 市区"创卫"范围内原有公厕已全部完成改造，部分垃圾转运站也改造成压缩型，新建的28座公厕已竣工17座，新建的22座压缩式垃圾转运站已竣工14座。横沥垃圾焚烧发电厂于2005年7月投入试运行；2005年完成市区垃圾焚烧发电厂主体工程。

继续推进实施市政环卫设施市场化、监理制 市区主干道的环卫保洁、绿化养护已全部投标，市场化率达100%；"五路一广场"的路灯照明、市区一、二期灯光夜景、运河两岸灯饰和市区市政设施维修先后实行了市场化、监理制管养，取得良好成效；全市30%的镇中心区环卫保洁作业实行市场化、监理制，公厕、垃圾中转站、"牛皮癣"清理、河涌水面保洁等也逐步实现市场化。

【市政建设和管理】 加强市区排水管理 2005年，市政局推动实施排水许可工作，完成了《东莞市城市排水管理办法（送审稿）》；开展市区道路的清淤工作，完成了东莞大道、松山湖大道等主要道路的管道清淤，市区清淤长度约有24千米。建立了气象预警机制，加强了日常下雨巡查，落实应急抢险机制，先后对莞城二中、中心广场电房及地下通道、东莞大道高速立交桥下等多个地方进行了及时有效的抢险工作，特别是确保了莞城二中考场高考及中考的顺利进行。针对新开河流域严重内涝开展了市区道路雨水口整治工程和市区道路下水道清淤工程，完成莞城二中片区排涝工程的管道敷设及清淤工作。

市政设施运行良好 进一步提高道路通行率，完善审批程序，制定维护方案，规范了市区临时占用、挖掘道路和管线管理；市区45个路段实行单边或双边停车，合计增加汽车停车位3485个，完成了10000多平方米标线翻新。完成了市区37座市政桥梁的检测评估工作。市区市政设施维修率先实行市场化、监理制管理，取得良好成效，2005年共维修沥青路面10000多平方米，修复雨水口、雨污水井盖265套。

【供水】 近年来，随着东莞市经济的高速发展，供水量也迅猛增长。据不完全统计，2005年，东莞市供水量达 15.5亿吨，比2004年同期增长10.7%，随着一批供水工程的陆续完工，全市供水紧张局面得到了进一步缓解，提高水质和加强供水安全工作提上议事日程。

供水工程建设 一批市、镇供水工程陆续竣工。市第四水厂二期工程于2005年11月份竣工，已向莞城、南城等镇（街）供水；市第六水厂一期工程正在紧张施工中。另外，完成东城自来水厂扩建工程、常平镇第二水厂工程、松山湖加压泵站二期工程、高埗第二水厂工程土建工程、万江水厂扩建工程等一系列供水工程。全年全市新增供水能力111万立方米/日。

组建东江及大型水库源水水质监测网络 为及时掌握水源的污染动态，提高对水质恶化的应变能力，2005年1月，本局组织东江下游11家供水企业，建立了水源水质监测网络，每日收集东江及松木山、同沙等大型水库的水质监测数据。监测网共设监测站1个、监测点12个，包含监测项目达12项。网络自2005年3月正式运作，为本局掌握东江及部分水库的水源水质提供了可靠的数据。

加强新技术的研究应用以提高水质 为有效解决水源恶化带来的水质安全问题，市城市管理局积极推进全市日供水量2万立方米以上的水厂完成投加高锰酸钾、石灰乳的设施工作，已完成该项工作的水厂共有石龙黄州水厂等7家水厂。同时，市城市管理局还委托哈尔滨工业大学和广东省建筑设计研究院开展了“东莞市供水水源（东江）水优化混凝及除污染处理技术研究”工作，选择中堂水厂、东城水厂和市第五水厂开展为期10个月的优化混凝除浊、除铁锰及重金属实验室模拟试验，该项试验工作已于2005年9月份基本完成。

【供气】2005年，东莞市全年供气量已达63万吨。结合本市燃气行业的特点，围绕“狠抓安全、稳定市场、积极推广、优质服务”四个方面积极开展各项管理工作，不断将东莞市燃气行业的各项工作向纵深推进。

健全燃气管理机制 进一步完善了本市燃气管理办事程序，重新修改完善燃气管理办事程序及相应备案登记表格，实现审批许可制度向备案登记制度转变。认真编制《东莞市燃气工程技术暂行规定》，规范燃气工程建设。各镇（街）加快燃气专项规划编制工作，市城市管理局组织了东坑镇、桥头镇、虎门镇燃气专项规划和九丰LPG工程初步设计、市域电厂天然气供应工程初步设计等项目的评审会。

实行“飞行式”检查，规范市场秩序 对全市液化石油气储配站开展了不定期、不定时、不定人的“飞行”式突击检查，全市共检查了液化石油气储配站23家，查处违规充装钢瓶53个。关闭位于居民小区旁的鸦叫尾气站，消除燃气重大危险源。坚决打击“黑瓶、黑气”和查处各类违规建设、违规经营，对相关镇街多宗无证照经营及违规经营进行了查处，共缴获违规销售钢瓶770个。

全面推广LNG利用工程 在全市大力推广应用LNG，提倡新建管道工程采用LNG为气源，推广LNG撬装式瓶组供气的应用。全年新铺设天然气市政管网49.3千米，其中中压管网46.8千米，高压管网2.5千米；新增居民用户20796户，新增工商业用户60946方/日，新增投入使用200立方米LNG卫星站1座。

【城监城管】2005年，市政局继续推进“城市管理强化工程”，全面加强队伍建设，大力提高城市管理水平，加强对“脏、乱、差”的整治工作，积极配合市“四清理”工作，努力营造洁净、舒适、和谐、有序的城市环境，有效地提升了东莞市的城市形象。

各项执法工作的执法力度明显加大 据不完全统计，综合查处各类违章案件共6315宗。其中共查处人力三轮车1755辆、违章广告956宗、淤泥渣土污染道路177宗、市容卫生105宗、城市绿化66宗、环境保护26宗、占道经营1213宗、乱摆乱卖1242宗、乱停乱放乱堆放369宗、市政设施13宗、建筑管理91宗、发出违章建筑限期通知书86张、停工通知书20张。

积极参与“四清理”工作 抽调骨干参与全市违法搭建清理工作，有力地配合各镇街拆除市、镇建成区范围内以及在建筑物楼顶、阳台等违法搭建的窝棚、临时建筑和洗车场。在查处未经许可从事燃气经营的无证照经营行为中，专门下发了《关于集中整治无证照经营燃气专项行动的通知》，组织开展二次为期半个月的集中整治的统一行动，全面开展查处燃气企业无证照经营行为，对无证照经营燃气的坚决取缔，严厉处罚。

（林剑雄）

**附：2005年东莞市城市管理局领导名录**

局　长：何伟森（9月离任）
　　　　钟耀祥（9月到任）
副局长：钟耀祥（9月离任）
　　　　萧细流（5月到任）
　　　　朱旭根

## 东江水务有限公司

【概况】2005年，东莞市东江水务有限公司（以下简称水务公司）重点通过加强管理、加快供水工程和水厂供水管网联通建设，取得了较好的经营业绩，完成了市委市政府布置的任务，为东莞市持续发展的供水需求提供了保证。随着第五水厂二期、第四水厂二期工程分别在7月份和11月份投产，下半年整体提高了供水的能力，日总供水能力达235万立方米，比2004年增加45万立方米，2005年总供水量创下新纪录，全年达7.3亿立方米（含供横沥原水3092万立方米），最高日净水供水量为210.6万立方米，使受水镇区基本上摆脱了用水紧张的局面，取得了良好的经济效益和社会效益。2005年水务公司被东莞市评为供水标兵企业、党建工作先进单位、工会先进单位、安全生产先进单位、被全国总工会授予模范职工小家称号。

【企业内部管理】2005年，东江水务有限公司成立由主要领导担任组长的规章制度整编小组，对公司的制度进行全面整编，拟出了企业管理制度框架，各项工作按照制度有序地进行。

建立了公司每周例会制度，使各项工作得到落实和追踪。从公司实际出发，对原架构进行了合理调整。针对公司众多的技术领域，跨部门成立了由专业技术人员组成的各类技术小组，担任各项招标和设备管理、维护工作。

加快办公自动化建设。2005年水务公司成立了信息自动化管理部，以低投入实现了办公自动化。该系统的应用提高了办公效率、降低了办公费用、公司领导还可随时随地审批文件；水务公司还建成了远程抄表系统、公司网页和电子邮件系统，树立了对外宣传窗口，提升了公司形象，增加了公司的知名度。

【党建工作】2005年，东江水务有限公司按照市委、市城管局的统一布置，认真组织全体党员参加了市第一期保持共产党员先进性教育活动，收到了良好的效果，达到了预期目的，提高了党员的思想认识，增强了党支部的凝聚力和战斗力。

【企业文化建设】2005年，东江水务有限公司在企业文化建设方面作了一些探讨，包括组织专业学习培训、编辑出版企业内部刊物《东江水务》，开展文娱活动等等。公司领导班子带头，在公司营造了一种讲学习、讲正气、讲真话、讲大局、多沟通的气氛，使公司逐步形成一种健康活泼氛围。

【重点供水工程建设】2005年，第四水厂二期供水工程（日供水量为45万立方米）基本建成通水。主体工程自2004年4月开工后，2005年6月基本完成厂区建设，10月进行调试，11月初顺利通水到南城区宏远管网；二期管道工程（DN3000—1800）全长约35.5公里，2005年12月已基本施工完毕。第四水厂二期供水工程全线通水后，彻底解决了虎门、厚街镇区的供水不足，也保障了水乡片的用水增长。

第五水厂西取水泵房投产。西取水泵房设计日取水能力为60万立方米，水泵采取进口与国产相结合。2005年7月12日3台国产水泵通水，2005年11月26日3台进口水泵通水，工程正式完工，运行良好，取水量达到设计要求。

第六水厂一期供水工程(日供水量为50万立方米)全面开工建设。厂区一期净配水厂工程从2005年6月开工以来，厂区各工艺构筑物和附属构筑物主体工程紧张施工，进展顺利。2005年，土建工程、工艺、电气完成5.5%；一期输配水管道（DN2600—2000）全长约37公里，2005年已竣工47.9%，12月完成寒溪河沿线A、B、C三段输配水管道招标工作。

松山湖临时加压站扩建投产。由于松山湖园区、大岭山、长安镇用水需求不断增大，原松山湖临时加压泵站已不能满足需求。水务公司2005年4月扩建松山湖临时加压站，10月竣工，调试正常后，12月初正式通水，扩建后加压站日供水能力为15万立方米。通过泵站，提高了中西部镇区的输水管水压，增加了供水量，有效缓解了长安、大岭山镇的用水紧张状况。

【学习《城市供水水质标准》】2005年二季度，国家建设部颁布了新的《城市供水水质标准》，最新检测要求增至101项。东江水务有限公司水质监测站（下称监测站）先后派出多批次技术人员参加国内、省内有关的学习和交流，进一步明确了实施新《城市供水水质标准》要求和努力的方向。2005年9月，监测站还为水务公司员工举办了《城市供水水质标准》专题讲座，使大家对新《城市供水水质标准》有更深入的了解，对当前的水源污染，如何按水质新标准进行给水深度处理、保障供水安全有了更全面的认识。

【东江水质监测】2005年，东莞市东江水质监测站对东江水源的监控发挥了重要作用。1—3月东江仍受咸潮上溯影响，监测站继续保持每日每小时（非常时期半小时）取样化验1次和对水质、出厂水进行72项全分析，确保东莞市民安全用水。

2005年监测站为完整掌握东江水源锰的变化规律和污染现状，先后3次对东江河惠州至第三水厂吸水点的河段进行系统调查，取得了初步结果；并开展了对东莞市三大水库水质的检测工作，为东莞市备用水源的选择和保护提供重要依据。

【安全生产和供水应急方案】2005年，东莞市东江水务有限公司重点加强安全生产，建立防范体系。由于东江水源不断受到污染，为保证安全供水，三大水厂根据水源水质不同时期的变化，对制水工艺进行了改进，分别增加了投加高锰酸钾工艺、投加活性炭工艺及投加石灰工艺，保证了东莞市民在一些特殊时期都能安全用水。公司还对偏远的泵站安装了与当地公安部门联网监控的闭路电视，有效地保障了员工生命安全和工作环境安全。

通过松花江、广东省北江污染事件，公司根据《城市供水水质管理规定》及《东莞市供水管理暂行办法》，初步拟制了供水应急方案，并对员工强化各类安全知识的学习和培训。

【业务拓展】按照市委、市政府的指示，东莞市松山湖供水公司（下称公司）于2005年1月20日成立，4月1日起代管松山湖科技产业园区的供水系统。根据园区的实际情况，迅速建立管理架构，制定规章制度和规范业务办理程序，使公司运营走上正常；公司加强供水管道巡查，整改绿化喷灌系统，规范绿化用水、环卫用水、临时用水管理，大大地减少了园区用水浪费，供水回收率由50%提高到85%左右，经济效益明显提高；通过对松山湖园区供水管网进行科学改造后，基本上不再发生因爆水管而造成大面积停水事件。2005年松山湖供水公司被授予市文明科室。

【污水处理】2005年，市区污水处理厂污水处理排放全面达标；日处理污水10万立方米二期工程6月20日通过了市环保局验收；投资687.66万元日处理20万吨的厂区消毒工程，2005年5月完成了工程、设备招标，6月初正式施工，12月30日竣工。

2005年，樟村水质净化厂根据首期工程试运行暴露出的问题，进行全面整改。由于任务重、时间短，为保证对运河污水的连续处理，樟村水质净化厂实行不停产整改，及时成立了以工程技术人员为骨干的整改工作小组，积极配合有关部门进行整改设备招标采购，监督土建施工。2005年12月，全厂的整改工程设计基本完成，设备招投标也基本完成，主要设备如：污泥浓缩机、污泥离心机及辅助设备安装调试完毕，转入正常运行。土建安装工程全部开工，部分单项工程竣工。经过整改，进一步完善生产工艺流程，日处理能力从130万立方米提高到210万立方米。　（周永坚）

**附：2005年东莞市东江水务有限公司领导名录**

董事长：罗沛强
总经理：黎泽钧
副总经理：唐　旭

## 城市供电

【总供电量居全省前茅】2005年，东莞年完成供电量415.66亿千瓦时，同比增长11.48%。其中：省网供电342.26亿千瓦时，同比增长7.07%；地方电厂发电73.4亿千瓦时，同比增长37.98%。全市供电量达10亿千瓦时以上的有13个镇，其中：达40亿千瓦时的有长安镇（41.87亿千瓦时）、达30亿千瓦时的有虎门镇（30.93亿千瓦时）、达20亿千瓦时的有4个镇（厚街、塘厦、常平、清溪）、达10亿千瓦时的有7个镇（街）（东城、莞城、石碣、大朗、寮步、凤岗、大岭山）。完成售电量396.58亿千瓦时，同比增长13.22%。实际新增报装容量291.49万千伏安，同比增长9.85%。电网综合电压合格率97.48%，城市用户供电可靠率99.893%。

【保电工作】2005年是东莞市近10年来供电形势最为严峻的一年，全市供电负荷8次创新高，最高负荷达707.9万千瓦，增长13%；最大日供电量1.45亿千瓦时，增长11%。在东莞用电需求快速增长及电力电量双缺的压力下，东莞供电局制定并执行了多项保供电措施，千方百计保证全市电力供应。主要措施：完善需求侧管理。在认真总结往年需求侧管理工作经验的基础上，进一步深化、细化、优化错峰用电实施方案，结合轮休、避峰、自觉错峰三大手段，形成“政府主导、供电部门主抓、客户主动配合”的联动机制，做到“限电不拉路，错峰不减产”。加快大用户负荷管理系统建设进度（全市已安装5232户），认真执行新峰谷电价，运用价格杠杆实现移峰填谷。

在实施错峰用电的形势下，2005年全市供电量仍在高基数上保持了两位数的增长，电网最高负荷率达91.5%，平均负荷率82.66%，用户自觉错峰率99.47%；全年线路侧强制错峰1747条次，同比降低78%。

【供电安全生产】2005年，东莞供电局始终坚持“安全第一，预防为主”的方针，深入落实南方电网公司1号令和安全生产三大规定，与“违章、麻痹、不负责任”三大敌人作坚决的斗争。全局实现了2个百日无考核事故记录，电网安全形势总体平稳。主要措施：一是强化电网技术改造，全年计划技改项目（含单购）455项，完成438项；计划修理项目（含日常维修）248项，完成240项；二是加强生产设备运行管理，精心编制迎峰度夏方案，认真落实各项度夏措施，统筹安排电网运行方式、备用容量、设备检修计划和紧急事故应急处理等工作，加强设备基础管理、缺陷管理及反事故措施工作；三是层层签订安全生产责任书，把安全责任落实到人、落实到位；四是加强安全生产宣传教育，使全体员工充分认识到安全生产形势的严峻性，在全局形成领导重视、部门支持、全员参与、齐抓共管的安全氛围；五是将安全工作的重心下移，注重加强一线员工的培训教育，举办“两票”技能、危险点分析预控、“两票”专题和安全规程等多项培训；六是加强班站建设，积极开展“安全生产月”和“管理人员与生产班站挂钩共建安全班站”等系列活动，夯实安全生产基础；七是认真开展农电系统安全性评价工作，并已在长安、厚街、塘厦、东城、清溪、常平、横沥、麻涌8个试点单位开展了安评工作；八是强化安全监督工作，组建安全监察队伍。经过全体员工的共同努力，2005年东莞供电局被南方电网公司评为“迎峰度夏先进单位”，被市委、市政府评为“中央和省属驻莞机关先进单位”。

【电网建设】2005年是东莞市历史上承担电网建设任务最重、电网投产规模最大的一年。东莞供电局认真贯彻落实南方电网公司袁懋振董事长、广东电网公司吴周春总经理、黄建军书记及市委佟星书记、副市长周致纳等领导关于做好电网建设的有关指示精神，主动争取政府和规划、城建等部门的支持，将电网规划纳入城市规划，确保各项工程高质高效如期建成投运。主网部分：全年完成电网投资21.01亿元（含省配网投资7.59亿元），投产110千伏及以上输变电工程25项，其中500千伏工程1项，220千伏工程7项，110千伏工程17项，新建成110千伏及以上输电线路313.77千米、主变容量727万千伏安。特别是500千伏莞城变电站2、4号主变扩建、220千伏板桥变电站GIS改造这两项省重点工程的提前投运，为迎峰度夏打下了坚实基础。配网部分：广东电网公司投资部分完成投资7.59 亿元，建设10千伏线路 1053 千米，建设与改造低压线路 423千米，更换（新装）电能计量表 3660 只，改造配电房76间，安装无功补偿 51390 千米，改造台区135个；农电机构资金部分共批复资金2.15亿元，建设与改造10千伏线路1053千米，低压线路 423千米，新装及更换配变128台容量共6.75万千伏安。至2005年12月底，东莞在运行的110千伏及以上变电站共105座，其中500千伏变电站3座、220千伏变电站19座、110千伏变电站83座。主变总容量达3178.2万千伏安，110千伏及以上输电线路长度2489.3千米。

【供电服务】2005年，东莞供电局坚持“优质、方便、规范、快捷”的服务方针，按照“完善、规范、巩固、提高”的总体要求，不断创新优质服务。一是创新服务形式，拓宽宣传渠道。利用各种媒体大力宣传、引导科学用电、节约用电、错峰用电工作；全年共召开58次（共1365人）客户代表座谈会，与客户建立了良好的沟通互动机制；为客户提供短信服务，全年“95598”服务热线共发送信息近30万条，让客户及时了解用电信息，做好生产安排。二是创新服务内容，提高服务层次。坚持“群众用电无小事”的服务理念，积极提供个性化、差异化和多元化的服务。考虑到一些特殊行业对供电可靠性的要求较高，东莞供电局在负荷允许的情况下，适当调整这部分企业的错峰安排，尽量减少用户的经济损失。三是创新监督手段，确保服务质量。充分发挥“95598”服务热线的监督作用，全年“95598”热线的电话呼入量达15万多个，做到事事有跟踪，件件有落实；全面接受舆论监督，积极参与市广播电台“阳光热线”活动，局领导亲自听取群众意见，耐心解释，及时答复，收到良好成效。经回访，用户对供电部门的满意率达99.4%。

【经营管理】2005年，东莞供电局严格执行南方电网公司2号令，坚持依法经营，注重管理出实力，向管理要效益。主要措施：一是加强财务管理。根据上级关于加强资金集约化管理的要求，全面实施资金收支两条线管理，自7月份全面实施收支两条线工作以来，本局每月的资金计划完成率均达到广东电网公司的考核要求；完善预算管理，严格执行预算管理细则，对每一项资金使用做到“事前掌握、事中控制、事后监督”；加强经济责任审计，及时将审计发现的问题和整改意见反馈给相关单位，限期整改，跟踪落实，促进企业依法经营。二是狠抓降损节能工作。积极推行“四分”线损管理，推广使用S11型低损耗配电变压器，做好代表月线损理论计算工作；成立线损检查小组，加强对各基层单位线损管理工作的检查监督；加大打击窃电力度，采取有效的技术防范措施，减少管理上的“跑、冒、滴、漏”现象，全年共查处窃电案件18起，涉及窃电量479万千瓦时。2005年，全市综合线损率为4.59%，同比下降1.46个百分点。三是加快电能表轮换工作进度。完成了全市14000多个普工专变计量点的多功能表轮换工作；完成轮换单相机械表37.76万只，三相机械表4.66万只。四是加强农电系统的管理工作。加大对农电资产及农电运行费用使用情况的监督力度，制定了东莞市农电机构《固定资产管理细则》、《会计核算实施细则》和《会计基础管理制度》，规范资金管理及使用；积极开展“五部一室”职能部门专项培训、抄核收人员培训等工作，明确农电系统的岗位职责，规范报装通电等业务流程，提高农电系统的管理和服务水平。五是做好单位名称变更。2005年6月，根据广东电网公司要求，该局进行了工商登记变更，由原“广东省广东集团有限公司东莞供电分公司”更名为“广东电网公司东莞供电局”。

【队伍建设】2005年，东莞供电局一是坚持“严爱结合带好队伍”的理念，加大人才的吸纳、聘用和教育培训工作。全年共组织举办各种岗位技术技能、管理知识等培训107期，参加培训8246人次；组织有关人员外出参加培训班89期，参加培训252人次；举办技能鉴定培训20期，参加培训573人次。二是认真开展“四好”领导班子创建活动。成立创建“四好”班子领导机构和工作小组，制定详细的工作方案，加强领导班子成员深入基层开展调查研究工作。三是继续调整充实各级领导班子，按照“忠诚、能干”的原则，把德才兼备、干实事的同志充实到各级领导班子中来，改善了各级领导干部队伍的文化、专业和年龄结构，各级领导班子的凝聚力和战斗力明显增强。

【先进性教育活动】在东莞市委的统一部署和安排下，东莞供电局参加了市第一批先进性教育活动，活动时间从2005年1月1日至6月13日。在先进性教育活动期间，供电局党委带领全体党员干部认真完成规定动作，并结合供电企业特点，努力创新自选动作，坚持边学边改，切实做到“学习、工作两不误、两促进”。4月底，《人民日报》、《光明日报》及中央电视台等10多家主流媒体到220千伏板桥变电站GIS改造工程现场进行了采访和报道。供电局党委被广东电网公司评为“先进基层党委”，城区配电营业部党支部被评为“先进基层党组织”，多名同志被授予“优秀共产党员”、“优秀党务工作者”称号。

【电力建设“十五”回顾】 进入21世纪的五年来，在市委、市政府“一网两区三张牌”、“一城三创五争先”等工作思路的正确指引下，东莞的经济取得了长足的发展，对电力的需求越来越大。为切实当好地方经济发展的先行官，东莞供电局在南方电网公司、广东电网公司及市委、市政府的正确领导和大力支持下，开展了大量工作，为东莞“十五”期间经济高速增长充分发挥了电力先行的作用。“十五”期间，全市累计完成供电量1576.37亿千瓦时，比“九五”期间的595.15亿千瓦时增长1.6倍，总供售电量在全省位居前列；年供电平均增长率达18.5%，2001年供电量突破200亿千瓦时，2003年突破300亿千瓦时，2005年突破400亿千瓦时。共完成电网投资97.88亿元，投产110千伏及以上输变电工程138项，其中500千伏工程10项，220千伏工程30项，110千伏工程98项；新投产主变容量2250.35万千伏安，是“九五”期末1035.5万千伏安的2.2倍，相当于新建原有2个东莞电网的主变容量；新建输电线路1339.66千米，是“九五”期末1370.77千米的近1倍，相当于新建一个原有输电网。其中，共有10项工程被列入省重点输变电工程。至2005年底，东莞电网110千伏及以上变电站达105座，其中有72座实现无人值班，基本解决了东莞电网“卡脖子”问题。（刘燕明）

**附：2005年广东电网公司东莞供电局领导名录**

局长、党委书记：祁寿枝
党委副书记、纪委书记：祁福才
副局长：卢永昌　许国强　李铭钧
工会主席：麦志伟

## 环境保护

【环境质量状况】 2005年，东莞市环境质量总体水平稳中转好。城市空气质量保持良好水平，酸雨频率有所下降。地表水环境质量有所改善，东江东莞段水质达到优良水平，水质符合国家地表水Ⅱ类标准；市区饮用水源水质达标率为100%；东莞运河水质污染逐步减轻；声环境质量保持良好。

城市空气质量　市区空气环境质量良好，二氧化硫、二氧化氮和可吸入颗粒物浓度均符合国家二级标准，降尘符合广东省标准。二氧化硫年平均浓度值为0.039毫克/立方米，符合国家大气环境质量二级标准（0.06毫克/立方米）。二氧化氮年平均浓度值为0.051毫克/立方米，符合国家大气环境质量二级标准（0.08毫克/立方米）。可吸入颗粒物年平均浓度值为0.082毫克/立方米，符合国家大气环境质量二级标准（0.10毫克/立方米）。灰尘自然沉降量年平均浓度值为6.91吨/平方公里·月，符合广东省标准（8吨/平方公里·月）。

城市降水　全年降水PH平均值为4.07，比上年度下降0.40个PH单位；酸雨出现频率为65.7%，比上年度下降了3.9个百分点。

城市饮用水　饮用水源水质保持良好，东江（石龙南、石龙北）两个断面水质指标符合国家地表水Ⅱ类标准，整体水质状况为优；市区饮用水源（樟村断面）水质达标率为100%。

城市声环境　在市区建成区范围内，主要交通干线的道路交通噪声昼间等效声级平均值为67.9分贝，比上年度下降了0.1分贝，符合国家标准。市区区域环境噪声昼间等效声级平均值为55.7分贝，符合国家标准，总体上市区声环境质量保持良好。

【环保基础设施建设】 扎实推进污水处理工程建设　至2005年底，全市累计投入12.8亿元，建成污水处理工程18项，总处理规模307.9万吨/日（其中：一级处理277万吨/日；二级处理30.9万吨/日），全市生活污水处理率为13.2%，市区为74.8%。全面落实《东莞市污水处理工程建设规划》，计划至2007年6月，投入70.9亿元，分两批建成36座污水处理厂，总处理规模为208.5万吨/日。主体工程建设方面，首批16家污水处理厂（总处理规模为90万吨/日），于2005年6月启动建设。配套截污主干管网工程建设方面，2005年初，邀请来自全国各地的28位知名专家，举行了首批16项截污主干管网工程初步设计专家预审；3—4月，组织开展镇区征求意见工作；7月，组织开展专家评审；10月，组织开展工程施工图审核。12月12日召开的第43次市委常委、副市长联席会议讨论通过了首批16座污水处理厂截污主干管网建设工程招标方案以及第二批20座污水处理厂（处理总规模为118.5万吨/日）主体工程BOT项目招标方案，全面铺开各项招标工作。

加快垃圾处理工程建设　至2005年底，全市累计投入7.6亿元，建成垃圾处理工程3项，总处理规模达2800吨/日，全市生活垃圾处理率为44.5%，市区处理率为100%。2005年7月建成横沥垃圾焚烧发电厂，投入2.9亿元，处理规模1200吨/日；2005年底建成市区垃圾焚烧发电厂，投入3.2亿元，处理规模1000吨/日。综合考虑到原规划所定的垃圾处理方式、选址及垃圾产生量出现新的变化，邀请国家环保总局华南环境科学研究所调整工程建设规划。同时，为保障垃圾处理工程建设和运营的资金，按照“产生者付费”和“保本微利”的原则，会同物价、财政、城管等部门制订《东莞市垃圾处理费征收使用管理办法》（送审稿），提高收费标准，明确征管主体，规范使用管理，确保垃圾处理费专款用于设施建设、运营。

推进全市医疗垃圾集中处理中心建设　按照统一收集、统一运输和统一处理的方式，加快了医疗垃圾集中处理中心（含病死畜禽处理）的筹建工作。协同市人大市政协、市规划局、卫生局、国土局、农业局等部门，先后8次到厚街、虎门、黄江、塘厦、大朗、谢岗等镇现场调研和协调，确定选址在黄江镇刁朗村簕竹岭。12月12日召开的第43次市委常委、副市长联席会议讨论通过了《东莞市医疗废物处理中心BOT招标方案》，计划于2006年1月5日开展招标工作。

筹建全市潲水处理工程　随着东莞市清理养殖业污染工作的不断深入，畜禽养殖数量和规模大幅度减少，养殖业污染明显减轻，但同时也带来东莞市公共饮食服务场所产生的大量潲水无法消化处理的问题。2005年第14次市委常委、副市长联席会议要求抓紧研究潲水收集和处理办法，加快筹建全市潲水处理厂，有效消除潲水处理不当造成环境污染，从源头上防止养殖业污染反弹。10月底，市环保局组织开展了全市潲水产生量情况调查，共调查餐厨垃圾产生单位（不含居民）32900多个，初步统计餐厨垃圾产生量约1060吨/日，摸清了全市潲水产生源头及基本情况，为建设全市餐厨垃圾无害化处理厂提供重要依据。2005年12月6—16日，组成调研小组前往北京、上海、广州、佛山等市考察潲水集中处理项目考察，广泛了解各地对潲水处理的做法、经验，为筹建东莞市潲水集中处理工程提供参考依据。2005年12月6—16日东莞市餐厨垃圾处理项目在《中国环境报》、中国环保产业网、中国东莞网等媒体正式发布招标公告，共有10家项目公司报名。建设潲水集中处理工程，从源头上杜绝潲水乱排乱放造成的环境污染问题，从源头上杜绝“潲水猪”、“潲水油”的生产条件，切实保障环境卫生和食品安全。

【全面开展环境综合整治】 开展重点污染企业整治　2005年7月，市政府印发了《东莞市重点污染企业整治方案》，重点对全市电镀、漂染、造纸、制革、洗水、印花等六大行业1252家重点污染企业按“关闭一批、搬迁一批、管好一批”的工作思路进行分类整治。一是开展重点污染源全面达标工作。在对全市达标企业进行全面的摸底调查的基础上，确定了236家重点污染源达标企业名单，对未达标企业要求全面整改；对已全面达标的重点污染企业进行“一企一档”管理，作为重点污染源全面达标验收和加强监管的资料和依据。二是加强现场监测监管。共完成对1252家重点污染企业的现场检查和监测工作，将按法律程序对不能稳定达标的企业下达限期治理通知书，经限期治理仍不达标的，坚决予以关闭，有效减轻污染负荷。三是启动在线监控监测系统建设。制定实施了《东莞市重点污染企业污染治理设施在线监测（监控）系统建设工作方案》。第一批16家企业的污染治理设施在线监测（监控）系统建设正在进行中，水质监控项目包括出水流量、COD、PH、视频，烟气监控项目包括烟气流量、烟尘、二氧化硫、氮氧化物、视频等，预计于2006年3月投入运行，为东莞市的环境监督提供一个科学管理的平台。四是规划建设常平、大朗、长安、虎门、沙田、洪梅、望牛墩、中堂、麻涌等9个环保专业园区，搬迁一批重污染企业（生产车间）入园，实行集中建设、集中治污、集中管理。至年底，完成了麻涌、虎门两个工业园区的初步评估工作。

开展养殖业污染整治　市委、市政府将畜禽养殖业污染整治列为2005年“四清理”工作之一。市政府印发了《东莞市畜禽养殖业污染整治方案》和《关于限期整治畜禽养殖业污染的通告》，先后四次组织召开畜禽养殖业污染整治专题工作会议，按照全面清理、突出重点的原则，坚决关闭位于禁止养殖区内的所有畜禽养殖场；全面清理禁止养殖区外所有未经市环保部门审批以及污染物不能达标排放的畜禽养殖场。市直各有关部门、各镇区人民政府及有关部门迅速、全面、深入地组织开展行动，积极采取有效措施，广泛筹集补偿资金，大力化解群众矛盾，稳步推进清理整治工作，取得了良好的预期效果。至年底，全市共清理养猪场14901个、生猪205.6万头，分别占摸底数的100.5%和99.9%；清理家禽场983个、家禽742.6万羽，分别占摸底数的96%和82.5%；清拆养殖场配套设施面积共770.28万平方米。全年实现削减畜禽养殖污水排放量855.4万吨、粪尿269.4万吨，折合COD（化学需氧量）约6.3万吨，年削减的污染物相当于1000万人口的污染物排放量，水环境质量和环境景观明显改善。据11月份监测结果表明：东莞运河的溶解氧改善幅度较2004年同期提升了8倍，氨氮指标改善了43%，其他主要超标的水质指标也有明显改善，运河黑臭现象明显减轻，周边环境景观及环境质量明显改善。

开展内河涌污染整治　按照省委、省政府关于珠江综合整治的总体部署和具体要求，东莞市加大了内河涌污染整治力度。市委、市政府决定从2005年下半年开始，从污水处理费中专项列支4.5亿元，全面整治总长为285公里的主要内河涌，着力解决流域水污染问题，最大限度地消除水体“黑臭”现象。同时，由于樟村水质净化厂正式运营、养殖业污染全面清理、各镇区污水处理厂和截污管网建设已陆续展开，已具备了全面治理东莞运河、实现东莞运河水体变好的条件，市环保局联合水利、城管、建设等部门，从10月份开始，着手开展东莞运河的综合整治工作，聘请中国环境科学研究院调查运河水质污染和污染源情况，并完成了东莞运河水质污染整治工作方案。

开展空气污染防治　大力防治机动车尾气污染。严格执行《东莞市关于禁止使用含铅汽油的规定》，全面禁止使用含铅汽油。加强与公安交警部门联合执法，规范机动车年检手续，加强路检和流动检测，共路检汽车4025辆、摩托车2028辆，有效控制了机动车尾气污染；深入跟踪督促沙角电厂脱硫。多次协同人大代表、政协委员等到现场查看，加强跟踪督促沙角电厂脱硫工程建设进度，至2005年底，沙角电厂群已经有2套燃煤机组安装使用了脱硫设施。其中，沙角A电厂5号机组烟气脱硫装置于2004年4月投入运行；沙角C电厂3号机组脱硫装置2005年12月投入运行，采用石灰石/石膏湿法脱硫（FGD）工艺，进行100%烟气量处理，达到90%以上的脱硫效率、99%以上的除尘率。其余机组脱硫工程已全面开工建设。

开展噪声污染防治　全面加强对社会生活噪声、交通噪声、建筑施工噪声污染的巡查和监督管理，特别是在高考、中考期间，多次派员现场执法，严防噪声干扰考生的作息，保证考试工作顺利进行；积极查处商场为招揽生意举行活动而造成的噪声污染问题。同时，进一步加强与其他职能部门的沟通协调，落实部门职责，共同防治噪声污染。

【扎实开展环保专项行动】2005年是国家开展环保专项行动，巩固三年成果、建立和完善长效机制，逐步创新环境监管体制的关键一年。按照国家、省的统一部署，东莞市切实贯彻落实以人为本的理念，及时召开了动员会和协调会，组织了6个联合现场检查组，通过精心组织，周密部署，强化督导，真查实纠，深入开展了维护群众权益，打击环境违法行为专项行动。环保专项行动期间，全市总共出动执法人员5665人次，夜间集中突击检查13次，检查企业2191家，立案查处环境违法企业172家，已结案的有168家，结案率为97%。一是开展纺织印染行业专项检查。市镇两级检查组共出动300多人次，通过现场检查、抽样调查、跟踪复查等多种形式，对东莞29家省重点纺织印染企业进行了专项检查。检查结果表明，东莞29家省重点纺织印染企业废水排放总量近8万吨/日，环保设施总投资约2.7亿元，治污设施完好率、运转率均达到96%以上，做到稳定达标排放。二是开展集中式饮用水源保护区专题检查。组织了三个专项执法检查组，赴企石、石龙、万江和厚街等镇（街），对东莞市集中式饮用水源保护情况进行了专题检查。长安、虎门和黄江等镇（街）也按省、市的要求进行了自查。检查结果表明，东莞市东江流域和主要饮用水源保护情况良好，符合省的规定要求。三是开展重点污染行业专项检查。联合监察、工商等七个职能部门，组成六个专项行动检查组，历时三个月，采取明察暗访、日常监察、联合执法和夜间突击检查等形式，重点对电镀、漂染、造纸、制革、洗水、印花等六大污染行业的污染情况、火电厂脱硫工程和水泥企业整治情况进行专项检查。

【着力提升环保管理水平】 完善环保管理机制　一是强化源头管理。2005年，市环保局严格贯彻《环境影响评价法》和《建设项目环境保护管理条例》，认真落实环境影响评价制度、“三同时”制度、排污收费和排污许可证制度。2005年，全市共审批建设项目28396个，环评执行率100%，拒批不符合产业政策、选址不宜等污染项目97个；全市共验收“三同时”项目883个，合格项目767个，一次验收达标率为86.9%；全市共核发排污许可证485份，其中核发临时排污许可证106份。全市共开征排污收费单位11646家，开出收费金额1.225亿元，入库金额1.163亿元，入库率为95%，二是提高服务水平。严格执行窗口收件、分组分片审批、科室领导逐级核签、跟踪督办、窗口发件等工作程序，落实一个窗口收件回复、收审分开、跟踪督办、限期审结等制度，确保按规定、依期限完成。三是加强现场执法。进一步加大现场执法监督频次，强化环境监督职能，尤其是增加对“四纯两小”和限期治理企业的监理频次，全年共现场检查重点污染企业2770家次。四是加强环境监测。市环境保护监测站共开展废水、废气、噪声、ISO14000监测等共7573家次，监测数据3万多个，完成了100多期的监测报告书编写及上报工作。

提高绿色创建水平　一是加强绿色学校创建工作。2005年共有2所学校（幼儿园）被命名为全国家绿色学校（幼儿园），18所学校（幼儿园）被命名为广东省绿色学校（幼儿园），39所学校（幼儿园）被命名为市级绿色学校（幼儿园）。至2005年底，东莞市绿色学校（幼儿园）的总数达到226所，创建绿色学校工作形成蓬勃发展的势头。市环保局还荣获“全国绿色学校创建工作优秀组织单位”称号。二是加强绿色社区创建工作。步步高小区、常平东田丽园被评为首批“全国绿色社区创建活动先进社区”（全省获此称号仅10个）。宏远金丰花园等3个社区评为“全省绿色社区”。在2005年第二届全国环境教育教学作品大赛中，东莞市共有59人获奖，获奖人数在全国各城市中名列前茅。市环保局由于组织得力，被授予“优秀组织单位奖”。

加大环境宣传教育力度　2005年6月2日，市环保局组织开展了“6·5”世界环境日新闻发布会暨创建国家环境保护模范城市、16项污水处理工程BOT项目建设启动仪式；联合团市委组织开展了首次“同享绿色中秋，共建美好家园”2005年中秋月饼盒回收活动，共回收月饼盒139728个，所得款项13128.5元，全部捐献给常平镇患有地中海贫血的钟子健小朋友作为治疗费用；在植树节期间，组织开展了榴花公园植树活动，以及主题为“人人参与，从我做起，清洁东莞大行动”的清洁黄旗山活动，取得良好的宣传教育效果。同时，围绕东莞市环保中心工作，充分发挥各新闻媒体的作用，积极营造良好的舆论氛围，2005年，《东莞日报》、《珠江环境报》等媒体刊登东莞市环保新闻130篇。此外，还编印了简报66期，广泛宣传市环保局的环保动态，对提高广大群众的环保意识具有积极的推动作用。

加大信访工作力度　切实深化落实胡锦涛总书记“情为民所系，权为民所用，利为民所谋”的精神，从群众意见最多、最渴望解决和改进的问题入手，全面强化服务意识，积极维护群众利益。2005年，全市环保系统共接到群众投诉8151宗，其中市局3477宗，分局4674宗。市环保局立案受理3312宗，已办结 3105宗，办结率为93.5%。通过实实在在的工作，为群众解决了问题，有效密切了干群关系，受到群众的支持和好评。（曾　鸣）

**附：2005年东莞市环保局领导名录**

局　长：吴湛辉

副局长：叶羽翔　刘国军　赖以坚

▲ 东莞市“6·5”世界环保日新闻发布会

# 交通·邮电

TRANSPORTATION·POSTS AND TELECOMMUNICATIONS SERVICE

东莞东站

- 公路全面升级
- 整治东莞水道
- 固定电话号码升8位

责任编辑：何　青
王彩凤

## 交通运输

【概况】2005年，东莞市交通工作围绕“一城三创五争先”的发展战略，以构建现代化城市交通体系为工作重心，加快完善城市交通规划，加快交通基础设施建设，加快建立现代综合运输体系，着力提高交通公共服务能力、交通市场监管能力和交通部门行政能力。建成常虎高速、东部快速，完成四条主干公路升级改造，全市公路总里程达2870.8公里，公路密度达116.5公里/百平方公里，居全国地级市前列；港口新建5000吨级以上泊位1个，1千吨级泊位3个，新增吞吐能力152万吨；2005年完成公路、水路客运量3.36亿人次，旅客周转量118.53亿人公里，货运量5127万吨，货物周转量32.94亿吨公里，港口吞吐量2280万吨，全年完成交通规费征收16.45亿元。

2005年，东莞市交通局被评为市“十百千万”干部下基层驻农村工作先进单位、市信访工作先进单位、全省交通系统“四五”普法先进集体，并先后在省、市廉政工作会议上作了典型发言；局直属机关党委被评为先进党委，局工会被评为先进工会；厚街分局被授予市文明标兵单位称号，交通工程质量监督站、莞城分局、桥头分局、南城汽车客运站被授予市文明单位称号；局办公室被评为市办公室系统先进单位，局工程管理科、运管处行政科、港务局港务管理科被授予市直文明科室称号；公共汽车有限公司及黄江分公司、南城汽车客运站、宏伟水上港澳运输有限公司、龙威客运有限公司被评为市安全生产先进单位。

【春运工作】2005年春运期间，东莞市公路、水路和铁路共发送长途旅客539.3万人次，同比增长16.3%。其中，公路发送469.2万人次，同比增长17.9%；水路发送3.6万人次，同比增长2.9%；铁路运输66.5万人次，同比增长6.6%。市公汽有限公司、长城客运有限公司、城巴运输有限公司完成市内客运量为2105.2万人次，同比增长22%；节后，公路和铁路疏运回流旅客362.1万人次。2005年春运期间，东莞市春运组织能力明显提高，春运期间共投入营运客车8275辆，应急运力400辆，为历年最多；春运配套设施更加完善，市汽车客运总站、南城汽车客运站等重点站场规模扩大，较好地解决了春运高峰期旅客相对集中的矛盾；部门间的沟通配合得到加强，各镇区、铁路部门、职能部门与运输企业之间加强了联动和协作，保障了道路畅通和行车安全、克服了恶劣天气的影响、减少了道路交通事故；春运宣传报道得到加强，省市各大媒体的积极配合，增强了动态信息的反馈，突出了以人为本的理念，促进了民工的有序流动，营造了良好的春运氛围。整个春运期间，东莞市旅客运输零事故、没伤亡、无滞留。

【完善交通规划】2005年，东莞市交通局全面启动了《东莞市公路网规划》、《公路客货运输站场布局规划》、《公路水路交通“十一五”发展规划》、《公共交通总体规划》、《水运发展规划》、《东莞水道等五大河口区通航海轮航道规划》、《整治东莞水道创建文明样板航道规划》和《东莞市镇区联网路升级改造方案》等交通八大规划的编制工作，基本确立了以建设“公路主通道、水路主航道、港站主枢纽”为重点的一体化交通发展总体框架。

【交通基础设施建设】2005年，东莞市交通局突出高速公路、快速路网建设和主干公路升级改造，如期完成常虎高速（主线）、东部快速建设及四条主干公路改造工程，动工建设龙大高速、西部干道和北王公路、G107中堂泥紫桥、S358清溪铁场路段改造工程，启动莞深高速三期、惠常高速谢岗段建设和石大公路、中麻公路等主干公路改造的前期工作，协调落实沿江高速、博深高速、从莞高速和深圳外环高速东莞段的建设项目。积极协助、配合港口、航道基础设施建设，首个深水码头5＃6＃泊位及6个其他码头项目正式动工；完成码头建设项目投资7300万元，建成千吨级以上泊位4个，并对主要进港航道进行了疏浚；全面整治东莞水道创建文明样板航道，累计完成投资213万元，辖区航道维护标准水深保证率、年通航保证率、航道尺度维护正常率和航标维护正常率均达到100%。

【交通结构调整】2005年，东莞市交通局鼓励和引导规模较大的企业进行结构调整，加快交通部门职能转变，发挥行业自律作用，协助企业组建行业协会；推进交通事业单位提高资质、调整职能，进一步明晰关系、明确职责。华利运输集团正式挂牌，批准组建佰通和新长运2家企业集团；批准组建出租车协会、维修协会，正在筹建道路客运、道路货运、危货运输和驾驶员培训机构等多家行业协会；南城汽车客运站被省定为一级站；市交通规划勘察设计所取得公路设计单位乙级资质，更名为“设计院”；东莞市船舶引航站的机构编制获市批准。

【“公交服务年”活动】2005年，东莞市交通局深入开展“公交服务年”活动。公交运力投放加快，服务覆盖面扩大，城巴线路达48条，车辆543辆；镇内公汽线路139条，车辆1034辆；逐步投放快速公交134台和出租车1200辆。交通科技投入加大，信息化水平提高，重点建设了交通监控中心、运政管理信息化系统和营运客车GPS系统。实行服务质量承诺和完善社会监督，所有企业和站场向社会公开承诺，运管部门加强监督检查，建立快速有效的服务质量投诉处理机制，共对195辆车采取了停业整顿、办班培训等措施，共处理投诉事件4293宗，初步形成了政府监管、行业自律、社会监督的共创机制。

【道路管养】2005年，东莞市交通局扎实推进道路景观整治。共清理违法广告标牌8057块，清拆违章搭建物828处、64430多平方米，清理违章堆积物2万多立方米，清理违法架设管线一批，发出整改通知书534份；查处超限超载运输车辆2175辆，大吨小标车辆2267辆。顺利撤并路桥收费站，按照“合理布局、总量控制、统贷统还、债务不转移”的原则，于3月31日顺利撤并市内25个收费站，调整为在市周边设置9个双向收费站和7个单向收费站，试行年票制；草拟并经市政府颁布实施《东莞市非经营性收费公路车辆通行费“收支两条线”管理暂行规定》，加强对车辆通行费的管理。推行公路联网收费，东莞市境内的常虎高速、广深高速和莞深高速，与中江高速、江鹤高速和广珠东线六条高速公路正式开通联网收费；G107国道的江南、松安两个收费站开通“绿色通道”；谢岗收费站被确定为全省第一个普通公路联网收费试点站，在全省率先推行普通公路联网收费工作。进一步明确和理顺公路管养关系，对公路管理局和地方公路管理总站管养的公路进行了调整，市区内3条县道调整为城市道路，10条乡道升级为县道，明确“公路管理局负责管养国道、省道等过境公路，地方公路管理总站负责管养县道公路，城市管理局负责管养环城路以内的所有道路，各镇区负责当地乡道公路的建设和管养”，公路养护平均好路率达87.4%，超过省下达指标。

【交通市场管理】2005年，东莞市交通局以市统一部署开展“四清理”行动为契机，大力整治运输市场秩序，切实加强港口、航道管理。一方面抓住源头管理，严格把好行政许可、制度建立、资质评定、行业年审、人员培训等关口，制定了《粤港澳直通营运客车管理规范》、《机动车驾驶员培训机构申办条件和程序》、《出租小汽车驾驶员上岗服务手册》等，核发《港口经营许可证》40个，取消了1家危运企业和35辆危运车辆的经营资格，完成各类从业人员培训4267人，建立班车客运标志牌档案3000个，帮助企业建立健全车辆技术档案9000个、从业人员档案近2万个。另一方面抓住动态监管，落实基层分局辖区管理职责，积极开展各专项整治行动；并争取到各级政府和有关部门的支持和配合，市政府牵头成立专门的领导小组和行动机构，开展了声势浩大的整治车辆非法营运专项行动；同时，规范出租车候客点和货车待货停车场的建设，在长安镇召开现场会，探索建立打击非法营运长效机制。一年来，共查处各类违法违章经营行为的客车2130辆、货车3511辆、摩托车21582辆、机动车维修店765间、驾培学校7间、客货运输服务业10间；查处各类港口违章经营行为26宗。

【交通行业安全生产】2005年，东莞市交通局健全安全生产制度，分解落实安全生产责任，抓好安全生产的关键环节，基本建立起分级落实的行业安全生产责任网络。先后制定了《道路危险货物运输安全专项整治工作方案》、《公路交通事故多发排查治理工作方案》和《乡镇渡口渡船整改撤并方案》；先后组织开展了“五一”、“十一”黄金周和春运安全生产大检查，继续深化道路客运、危运企业、公路危险路段、危桥及承载力不足桥梁、乡镇渡口渡船和港口航道安全等专项整治。2005年，共发现并消除车辆事故隐患3362宗，对3家危货运输公司作限期整改处理；排查道路安全隐患313处，拆除违章桥下建筑4964平方米；投入1020万元用于更新交通安全设施，投入2363万元对旧桥、承载力不足桥梁和地下通道进行维修改造，完成4艘渡船和2个渡口的更新改造；组织安全生产培训1060人次，夯实了安全生产管理的基础。

【保持共产党员先进性教育活动】2005年，东莞市交通局按照市委的统一部署，全系统深入扎实地开展了保持共产党员先进性教育活动，坚持抓理论武装、抓主题实践、抓创新载体、抓作风转变、抓制度规范，教育活动讲求创新、讲求实效，实实在在为基层为群众办了23件好事实事，推进了17项交通工作的重大进展，群众测评满意率达100%；在“十百千万”驻村帮扶活动中，驻村干部和广大党员真帮实扶，实实在在为帮扶村解决困难，受到市委的肯定和表彰；140多名干部职工顺利完成在职大专班的毕业考试和论文答辩，实现所有45岁以下交通行政执法人员具有大专以上学历的目标；整个教育活动在提高党员素质、加强基层组织、服务人民群众和促进各项工作等四个方面取得了实效，为加强交通系统党组织建设和党员教育管理探索了经验。

【队伍建设】2005年，东莞市交通局认真学习贯彻落实《建立健全教育、制度、监督并重的惩治和预防腐败体系实施纲要》，结合行业实际，加强基础设施建设领域的预防腐败工作，配合市政府投标资格审查委员会，对进入东莞市公路建设市场的投标申请人进行了集中审查，确定了投标人资格名录；加强工程项目监督管理，监督工程项目20个，检测评定项目10个。加强和完善财务管理制度建设，实行会计委派、集中会审制度，将32个分局划分由8个会计进行统管；对交通局及所属36个财政全额供应单位全面进行了经营性资产清理，对3个分局进行了经济责任审计；建立省非税征收系统；规范交通执法执勤车辆管理，32个分局顺利进行了车改。优化队伍结构，充实队伍力量，规范队伍行为，公开招录公务员14名，实施干部职工交流轮岗37人，提拔任用干部14名，充实交通分局股室机构，任用54名基层股长级干部；全系统35个执法单位全部通过省政府对东莞市实现所有公路基本无“三乱”的考核和检查验收。

（梁树明）

**附：2005年东莞市交通局领导名录**

局　长：韩任海

副局长：李沛森　叶伟雄　周金岱
　　　　孔繁斌

## 路桥建设

【概况】 2005年，东莞市公路桥梁开发建设总公司根据市委、市政府工作部署，全力冲刺“五年见新城”目标。全年共承担了12项省、市重点工程，其中，续建完工项目有常虎高速主线、东部快速以及莞龙、东深公路改造、莞深高速大坪立交工程；新建完工项目有新设置收费站工程；新开工项目有北王公路改造工程、西部干道工程；筹建项目有惠常高速东莞段、莞深高速三期石碣段、常虎高速公路新联支线、莞深高速上屯立交；完成工程投资30.1亿元，比2004年增加18.5%。

总公司及控股的子公司全年路桥费总收入9.91亿元，其中：

全年非经营性一级公路收费收入4.68亿元，其中，年票收入2.92亿元，次票收入1.76亿元（因收费站撤并，新设收费站未建成使用，次票收入大幅减少，比2004年同期下降20.49%）。路桥收费实行“收支两条线”管理，根据省人民政府令34号的规定，提取必要的管理和养护费用，其余全部用于偿还公路建设的贷款本息。

经营性高速公路项目路桥费收入5.23亿元，营运里程达到98.198公里，其中，莞深高速公路一、二期、三期东城段47.64公里，龙林高速公路9.1公里，常虎高速公路主线41.458公里（为2005年新增营运里程）。

2005年，东莞市公路桥梁开发建设总公司荣获了市直机关“党建工作先进单位”，市“安全生产先进单位”等奖项。市路桥收费所雁田收费站荣获市“精神文明创建单位”。东莞发展控股股份有限公司石大路收费站获市“巾帼文明岗”、“五四红旗团支部”，黎光收费站获市“青年文明号”称号。为适应工程建设管理需要，经市机构编制委员会批准，增设合同管理科和拆迁管理科。现设有办公室、人事监察科、财务科、收费管理科、技术开发科、建工科、质检科、合同管理科和拆迁管理科等9个科室。

【路桥建设】 2005年，东莞市公路桥梁开发建设总公司以“每建一条公路，工程质量都要有新的提高”为要求，建立健全施工、监理、项目管理处、总公司总工办和省、市质监站五级质量监督管理体系和重点工程同步预防职务犯罪工作体系，开展技术创新，提高工程管理水平，提升工程质量，创建优质廉政工程。7月23日，省交通厅厅长张远贻视察常虎高速，指示要认真总结常虎高速公路建设经验，省交通厅将向省委、省纪委领导汇报，有必要作为地方建设高速公路的典型向省交通系统推广介绍。

建设科技公路　2005年，东莞市公路桥梁开发建设总公司把科技攻关作为提高路桥建设工程质量、确保优质工程的重要手段，在路桥建设中大力推进技术创新。一是注重运用科技管理手段。东部快速、常虎高速引进了公路项目建设管理系统专业软件，把工程建设全面管理与计算机信息网络技术有机结合起来，为业主、监理和施工单位三方面搭建了快速、准确、全面的信息化管理平台。常虎高速通过HCS公路项目建设管理系统，建立了造价台账制度，随时跟踪造价总台账和各标段分台账的有关数据，为工程建设进展、正确决策提供准确依据。二是注重技术攻关。常虎高速五点梅互通A线桥上跨广深高速，为小半径斜弯预制“T”梁桥。为解决吊装施工难度大问题，聘请了具有资深经验的桥梁吊装专家担任技术咨询，先后召开2次专题研讨会，提出3个比选方案，最后确定桁架吊装方案。东部快速路寒溪河特大桥主桥三跨，全长750米，主跨长度达120米，水深达21米，在施工中采用高桩水中墩承台工艺，解决河水深、水中难作业的难题。三是以科研课题研究，推进技术创新。在东部快速路进行桩网复合地基研究，并进行有效的监控，解决软土地基处理问题。针对雨季沥青路面施工难以保证质量的问题，通过技术研讨，采用阳离子乳化沥青稀浆封层作为下封层，保证基层施工车辆行驶时不受损坏，增强沥青路面抵抗水损害能力。对常虎高速机电、照明、安全工程，进行业主、设计、监理、施工单位联合设计，提高工程建设的效率和质量。

建设自然和谐公路　2005年，东莞市公路桥梁开发建设总公司认真落实科学发展观，努力建设精品公路。一是加强环境保护，构建生态公路。在工程设计时，充分利用自然条件，少占农田，节约土地，加强环境保护、水土保持。线路反复比选优化，以符合城市总体规划。常虎高速采取多修隧道多架桥，少深挖少高填的方法，维护山体的自然平衡，桥隧总长占线路全长的38%；边坡防护上，综合运用挂三维网喷播植草、喷混植生、直接铺植草皮等方法实行绿色保护。二是强调道路桥梁美学，工程精益求精。采用预应力技术，工厂化生产各种规格、尺寸的梁板，对各种结构物进行瘦身、优化。交通工程方面，标志牌采用大尺寸、大版面的设计方案，突出、醒目，标志牌的内容反复征求有关部门意见，增加人性化的色彩，保证行车安全和实用。三是优化路网结构，注重公路衔接配套。注重高速公路、快速路、主干公路的出口与其他公路配套连接，合理布局互通立交、桥梁、涵洞、通道，优化路网，改造平交路口为互通立交或大型跨线桥，提高现有路网的通行能力和利用效率。

【公路全面升级】 2005年9月28日，市委、市政府在常虎高速公路大岭山镇杨屋村路段举行常虎高速、东部快速、环城路（首期）通车暨四条主干公路改造竣工庆典，标志着“五年见新城”城市交通基础设施实现了全面升级。其中常虎高速、东部快速以及四条主干公路中的莞龙、东深公路由东莞市公路桥梁开发建设总公司负责组织建设。

常虎高速公路　为省重点工程，工程起于东莞市虎门镇，五点梅主线起点接广深高速公路，新联支线起点接广深高速公路及省道S358（虎门轮渡公路）通往虎门港，两线在花灯盏合拢，起点线型呈Y型，经大岭山林场、大岭山、松山湖科技产业园区、大朗，终于常平镇朗洲村（接东深公路S255）。常虎高速主线长41.458公里，新联支线长11.571公里，合计总长53.029公里，项目总投资约46.9亿元。沿线设东深、东莞火车东站、常平、莞樟、莞深、松山湖、龙大高速、大岭山、五点梅、新联等互通立交；全线设分离式隧道两座，单洞总长2.971公里，隧道宽14.5米；设特大桥10座、大桥35座，桥梁总长约18.638公里（不含匝道桥），桥隧总长20.123公里，占线路全长的38%。采用双向六车道高速公路标准，设计车速120公里/小时。工程分期建设，一期工程包含主线及支线隧道工程共44.459公里于2003年1月23日举行动工仪式，主线于2005年9月28日建成通车；支线工程剩余8.57公里作为二期工程尚在建设当中。常虎高速公路沟通东莞东西两翼，是连接虎门港与常平铁路枢纽的快捷通道，与建设中的东莞至惠州高速公路一起构成横贯珠江三角洲腹地的东西向交通主动脉，并将东莞市内的国道G107、省道S255、S256、S357、S358及广深高速、莞深高速、龙大高速等8大主干路有机联成一体，完善了高速公路网布局，实现了公、铁、水路多种运输方式相互衔接，对改善交通条件和投资环境，促进东莞经济的进一步发展具有重要意义。

东部快速干线　工程起于寮步上屯（接松山湖大道），经茶山、横沥、石排、企石等镇，终于桥头镇桥新大道（接省道S255），建设总里程28.13公里（其中快速路21.23公里，城市主干路6.9公里），预算总投资10.94亿元，于2003年4月28日举行开工仪式，2005年9月28日建成通车。全线为双向六车道，设计车速为80公里/小时，共有主线桥梁33座，其中设置了寮步、石步、茶山、横沥、石排、水边等6座互通式立交。中央分隔带及道路两侧景观绿化、照明、交通工程同步实施。东部快速干线是东莞市快速交通路网中的东西走向主干路，沟通了东部工业园与城市中心区，进一步完善东莞市快速路网结构，有效改善东莞市中部和东部地区投资环境，有力带动沿线各镇经济快速发展，促进城市化发展进程。

东深公路　即省道S255东莞段，纵贯桥头、常平、樟木头、塘厦、凤岗等镇，是东莞市东部山区最重要的南北向交通干线。改造工程起于桥头镇龙桥大桥南岸，向南走新线至桥头石水口后，沿旧东深路改造，经常平、樟木头，在塘厦林村另辟新线至凤岗，于凤岗海关附近接回东深旧路，建设总里程49.845公里（其中新建公路31.6公里，旧路改造18.4公里），批准概算13.996亿元。全线采用双向6或8车道一级公路标准，设计车速80公里/小时。全线设置邓屋、东城大道、林清、凤清、龙平、围兴路等6处互通立交；共有桥梁34座，其中特大桥2座，大桥12座，中小桥20座。工程于2004年4月29日举行动工仪式，2005年9月28日建成通车。

莞龙公路　属省道S120的一段，是东莞北部镇区沟通市区的主干路。工程起于东城区，经茶山、石龙，终于石排燕窝，改造里程14.802公里，批准概算2.876亿元。全线采用双向8车道一级公路标准，设计车速80公里/小时。全线设置大桥1座，中桥2座，下穿铁路框架桥1座。工程于2004年4月29日举行动工仪式，2005年9月28日建成通车。

【路桥收费站撤并实施】　根据省人民政府粤府函［2004］343号、省物价局粤价函［2004］632号和市人民政府东府办复［2005］162号、东府［2005］53号文件精神，从2005年3月31日零时起，东莞市路桥收费站撤并方案正式实施，东莞市范围内试行机动车路桥通行费年票制；实行年票制后，按照“统一管理、合理布局、总量控制、统贷统还”原则，撤并全市原有的25个收费站，重新布局，调整为在全市周边设置18个收费站，撤销曲海大桥、大王洲大桥、高埗大桥、寮步、石排、状元笔、大板地、望东、樟木头、常平、峡口、企石等12个收费站，在与周边市的交界处设置塘厦、黄江、江南大桥、桥东大桥、石碣大桥、石龙南桥、石龙南二桥、谢岗、沙田等9个双向收费站和大水坑、雁田、长安、黎光、桥头、田寮、燕窝、黄涌、麻涌等9个单向收费站，对过往的非东莞籍车辆收取车辆通行费（次票）。此后，经省政府和省交通厅批准，东莞市雁田双向收费站由东莞市负责收费管理，不再设置大水坑收费站；撤销沙田收费站，委托虎门渡口轮渡收费站代收东莞市双向收取途径该路段的非东莞籍车辆的车辆通行费（次票）；国道G107线东莞长安收费站和深圳塘下涌收费站合并设置，并更名为松安收费站，由东莞市负责深圳往东莞方向的收费管理。

根据全市路桥收费站撤并方案，东莞市公路桥梁开发建设总公司所辖的峡口、寮步、曲海、望东、状元笔等5个市属收费站撤销，并进行拆除；保留雁田、塘厦、松安、谢岗、麻涌等五个收费站；新建沙田、黎光、潢涌、田寮、燕窝、桥头等6个收费站，并对松安收费站进行迁移。实行路桥年票制后，市路桥收费所推行银联POS收费系统，与公路规费征收部门联合设置服务窗口，增开虎门、常平、黄江、主山、万江等征收点，方便车主购票。市路桥收费所成立新设置收费站建设管理处，做好各新设收费站建设管理工作，燕窝站于12月1日建成收费，黄涌收费站于12月31日建成收费。结合新设置收费站建设，对所辖11个收费站进行普通收费公路全省联网收费改造，谢岗收费站作为全省第一个普通公路电子不停车联网收费试点站于2005年11月下旬试行联网收费。

收费站撤并后，根据省政府的决定，省审计厅对纳入东莞市车辆通行费年票制的21个收费站（其中东莞市公路桥梁开发建设总公司管辖的有10个）截至2005年3月底收费还贷情况进行了审计，并出具了审计报告。审计报告确认了纳入东莞市车辆通行费年票制的还贷基数，并同意新设、迁移收费站以及莞长、莞龙、东深、莞惠、北王公路改造等项目投资，待项目工程办理竣工验收及决算手续，经省交通主管部门审批，报省审计厅审计后，纳入东莞市车辆通行费年票制还贷基数一并还贷。审计报告指出：东莞市各收费站能按照《广东省非经营性收费公路车辆通行费“收支两条线”管理办法》第四条有关“非经营性收费公路项目的收费站收取的车辆通行费……全额纳入专户，实行‘收支两条线’管理”的规定，按规定的时间将收费金额全额上缴市财政专户，收费站对财政返拨的资金能按规定用途使用。

【开展上市公司资本经营工作】　2005年8月10日，东莞发展控股股份有限公司控股股东福地总公司和东莞市公路桥梁开发建设总公司签订了《股权划转合同》，福地总公司将其所持有的总股本的51.43%的股权，无偿划转至东莞市公路桥梁开发建设总公司。本次股权划转理清了上市公司的管理关系，提高了管理效率。东莞市公路桥梁开发建设总公司充分借助上市公司资本运作这一平台，深化资本经营，增强上市公司实力、活力、竞争力和全公司经营发展能力。表现在：一是为扩大上市公司主业，发挥上市公司现金流充裕以及资产负债率低的特点，完成上市公司收购莞深三期东城段以及龙林高速，实现主营业务的快速稳定增长，改善了东莞市公路桥梁开发建设总公司子公司新远公司

▲ 东莞大道与环城路交汇

的资产负债结构。二是东莞发展控股股份有限公司开辟新的融资模式（全国第一家采用资产证券化进行低成本融资），通过广发证券发起成立莞深高速公路收费收益权专项资产管理计划，募集公司收购莞深高速三期东城段和莞深高速龙林支线所需部分资金5.8亿元，实现上市公司高速滚动式发展，并有效地实现股东权益的最大化。三是上市公司解决了股权分置。通过股权分置改革，实现了全体股东的利益取向的一致化，并以缩股作为对价方式，提升了公司的内在价值，奠定了上市公司发展基础。2005年，东莞发展控股股份有限公司通行费业务继续保持了稳定的增长，实现主营业务收入4.64亿元（莞深高速公路一期、二期、三期东城段和龙林高速）、主营业务利润2.94亿元、净利润2.24亿元，同比2004年分别增长13.08%、14.62%、3.21%。

【常虎高速公路分公司成立】 为适应常虎高速公路通车营运的需要，2005年，东莞市公路桥梁开发建设总公司子公司东莞市新远高速公路发展有限公司设立了常虎高速公路分公司（简称“常虎高速公路分公司），并完善了营运公司的架构和人员配备。常虎高速公路分公司成立以后，积极开展人员培训和联网收费调试等工作。经省物价局、省交通厅批准，常虎高速公路设东深、东莞东站、常平、莞樟、松山湖、大岭山、新联等匝道收费站对过往车辆收取通行费。常虎高速公路主线于2005年9月28日建成通车，并于当晚10时正式联网收费，开通使用的收费站有东深、常平、莞樟、松山湖、大岭山等5个收费站（其他收费站将陆续开通），至2005年底共收费0.3298亿元，取得了较好的经济效益和社会效益。常虎高速公路分公司成立后，逐步建立健全了党支部以及工、青、妇等党群组织，扎实开展各项文明创建活动。

【保持共产党员先进性教育活动】 按照市委部署，2005年上半年，东莞市公路桥梁开发建设总公司扎实开展保持共产党员先进性教育活动，公司党委及直属4个党支部（总支）、215名党员参加了学习教育活动（其中含有27名外聘工程技术人员党员）。根据“三有一好”的要求结合路桥事业工作实际，形成了适合路桥工作特点的党员先进性标准和要求，即“有奉献路桥事业的理想，有为民造福的责任，有建设优质工程的能力，有干净干事的良好形象”。先进性教育活动中，总公司党委根据自身存在的问题，制定整改方案，在四个方面进行认真整改：加强内部协调，在提高工程建设管理的效率上下工夫；强化设计管理，在促进项目建设管理水平上下功夫；增强创新意识，积极探索项目建设管理新模式、资本经营新路子；进一步重视科技和人才工作，加强人才的选拔、培养，开展科研攻关、科技创新，在促进企业进步上下工夫。通过扎实开展先进性教育活动，提高了全公司党员素质，基层组织建设得到加强，促进路桥建设事业发展。

【东莞市新照投资有限公司成立】 根据省交通厅2004年7月2日印发的《工作会议纪要》（二十七）精神，2005年2月，由东莞市公路桥梁开发建设总公司子公司东莞市新远高速公路发展有限公司与照滔有限公司的国内公司按63：35的股比合作组建了“东莞市新照投资有限公司”，负责东莞常平至惠州惠东高速公路东莞段的投资建设和经营管理。东莞常平至惠州惠东高速公路东莞段为省重点工程，工程起于东莞市谢岗镇与惠州交界处（与拟建的惠州惠东至东莞常平高速公路惠州段相连），向西经谢岗镇、樟木头镇终于常平镇（与已建成通车的常虎高速公路相接）。东莞市新照投资有限公司成立后积极开展项目运作。2005年，主要完成了项目公司组建、项目申请核准及相关的评估、勘察设计管理等三个方面的工作。

（姚庆保）

**附：2005年东莞市公路桥梁开发建设总公司领导名录**

总经理：钟旭堆

副总经理：黄锡培　王启波　廖志文　尹锦容

## 公路养护管理

【概况】 2005年，东莞市公路管理局围绕市委、市政府“一城三创五争先”战略思路和局制定的年度工作目标，坚持管养并重，注重抓班子建设，抓人才队伍建设，继续加大重点公路工程建设、公路养护、路政管理和公路规费征收等工作力度，完成了年度公路“建、养、管、征”等各项工作任务，以实际行动推进了东莞市“建城、修路、整山、治水”等重大举措的顺利实施。2005年，局机关党委被评为市党建工作先进党委；局被评为市“十百千万”干部下基层优秀驻村工作组和计划生育、信访、保密、调研、档案工作先进单位；被省公路局评为全省公路系统勤政廉政先进单位和政研工作先进单位。在全市第一批党员先进性教育活动中，群众对公路局开展保持共产党员先进性教育活动和落实整改的总体满意度达到99.45%。

12月1日，市公路管理局正式成为市政府直属单位；12月29日，成立了东莞市公路管理局党组。3月31日，公路局大板地收费站撤站，全站100多名工作人员得到及时分流和安置。

【路桥建设】 2005年，东莞市公路管理局完成了“三路一桥”公路改造建设工程。市属重点工程项目莞长、莞惠公路改造扩建工程于9月28日实现全线贯通；泥紫桥扩建工程于5月26日正式动工，（2006年1月8日完工通车）；S358惠庙线黄泥塘至铁松路段扩建工程于10月进场施工。

莞惠公路是省道357线东莞境内路段，工程由原来双向4车道混凝土路面改造扩建为双向6车道改性沥青混凝土路面，按平原微丘区一级公路的标准，同时参照执行城市道路相关标准进行设计。工程于2004年4月29日正式动工，线路改造起于莞城东门桥，沿线经过寮步、东坑、大朗、黄江和樟木头5镇区，止于樟木头镇官仓桥。全长40.138公里，省交通厅批复的概算金额为8.665亿元，其中建安工程费用为6.667亿元，实际中标建安工程费用为5.757亿元。工程对沿线16座三、四类危桥进行拆除重建，扩宽加固1座大桥（官仓大桥），新建6座地下行车通道，新增8座跨线桥和1座掉头匝道。

莞长公路是国道107线东莞境内路段。工程由原来双向4车道混凝土路面改造扩建为双向8车道改性沥青罩面，按平原微丘区一级公路的标准，同时参照执行城市道路相关标准进行设计。工程于2004年4月29日正式动工，线路改造起于东城区岗贝路口，沿线经过东城、大岭山和长安三个镇区，止于长安黄朗二桥。全长31.95公里，省交通厅批复的概算金额为9.289亿元，其中建安工程费用为6.923亿元，实际中标建安工程费用为6.586亿元。对沿线10座三、四类危桥进行拆除重建，扩宽、加固1座大桥（莲花大桥），新增4座跨线桥和3座互通立交。

泥紫桥改建工程。工程由原来双向6车道改造扩建为双向12车道沥青罩面，工程投资880万元，全长101.5米，桥宽56米，该工程于5月26日正式动工。（2006年1月10日完工。）

省道358线清溪镇黄泥塘至铁松段扩建工程。工程由原来双向2车道混凝土路面改造扩建为双向6车道改性沥青罩面，按平原微丘区一级公路的标准，工程总投资3100万元，全长5.107公里。

【公路养护】2005年，东莞市公路管理局负责管养的国、省道年平均好路率达到91.4%，比省下达的指标提高10.4%，公路桥梁状况保持常年良好水平。全年共修复水泥路面破碎板16475平方米，沥青路面1540平方米。并加大投入对公路“黑点”和公路安全设施进行治理，推进“安保”工程。加设公路标志牌353个、防撞墙1250米、示警桩2150根，新增或补划路面标线13000多平方米，安装波形板、防护栏3500米，完善公路里程牌、百尺桩750块，修复沙井盖435个。

根据省交通厅《关于东莞市调整公路管养有关问题的复函》，6月，东莞市公路管理局与东莞市地方公路总站完成省、县道公路对换移交工作，重新划分管养范围，明确由公路局专职负责管养国、省道。其中国道1条、省道6条，总长345.706公里，比对换前增加了40多公里；根据公路管养任务的调整情况，公路局分别在S120和S255沿线建设麻涌、企石、桥头和金凤凰4个养护所。（从2006年1月1日起正式接管对换路段的养护管理工作。）

【路政管理】2005年，东莞市公路管理局结合迎“国检”、“治超”、“四清理”和道路景观整治等专项工作，坚持依法行政，依法治路，加大宣传力度，规范内部管理，改革审批制度，加强监控管理，杜绝了公路“三乱”现象的发生。年内共清理整治公路两侧违法建筑、搭建物380多处，拆除非公路标志、标牌、广告招牌3863块，拆除横幅彩旗2866面；查处污染公路车辆139台；整治违法设置平交路口24个；查处违章超限超载运输车辆2175台；查处泥头车318辆；处理损坏公路设施案件37宗；拆除非法埋设管线80余宗。通过综合整治，车辆超限、超载等违法违规行为得到有效遏制，公路管理秩序得到明显好转。

【规费征收管理】2005年，东莞市公路管理局各种公路规费实征9.9亿元，其中汽车养路费实征8亿元，对比2004年增收1亿多元，增长了15.12%，客运附加费实征1.19亿元，路桥费0.7亿元。2005年路费征稽所通过宣传法规和催缴路费等手段，强化公路规费征收法规宣传，提高车主缴费自觉性，追缴拖欠车辆养路费2500多万元；通过增设征费咨询服务、开办银行刷卡征费服务、扩大征费网点，延长上班时间等，方便车主随时办理交费手续，确保车主交费方便快捷。通过强化纪律意识和服务意识，认真改进服务态度，不断提高收费服务质量，积极开展创“青年文明号”活动和“创一流队伍、创一流管理、创一流服务、创一流业绩”活动，确保了收费任务的圆满完成。

（郑汝静）

**附：2005年东莞市公路管理局领导名录**

局　长：陈南桂

## 海事管理

【概况】2005年，东莞辖区船舶进出港签证26.2万艘次，货物吞吐量6011.2万吨，其中，危险品货物吞吐量1157.9万吨。一年来，东莞海事局共检查船舶32053艘次，其中查处“三无”船舶153艘次，查处超载船舶816艘次，检查码头（渡口）3342座次，海船安检140艘次，河船安检1241艘次，PSC检查56艘次，人均验船吨位28020巡航里程30591海里，参加检查11946人次。2005年共发生水上交通事故3宗，死亡11人，沉船2艘，损失12.5万元，水上交通事故四项指标与2004年同比分别为：持平、+266.7%、+100%、-73.2%，东莞辖区水上交通安全形势基本稳定，全年共征收规费2421.18万元，各项工作取得了显著成绩。2005年，东莞海事局被评为“广东海事局党建先进单位”、“东莞市2005年安全生产先进单位”，东莞海事局机关党支部被评为“东莞市直属机关党建工作先进单位”，沙田海事处党支部被评为“广东海事局优秀基层党支部”，东莞海事局政务中心和沙田海事处被评为“广东海事局文明执法示范窗口”，沙田海事处先后被评为“全国模范职工小家”、“广东省文明单位”，中堂海事处被评为“东莞市文明单位”；肖伟如被评为全国海员系统金锚奖，吴远扬被评为广东海事局优秀共产党员，吴远扬、肖伟如、王锦坤被评为广东海事局2004—2005年度先进个人。

【海事执法巡查】2005年，东莞海事局采取一系列措施，有效监管，标本兼治，抓好水上安全监管工作。一是加强现场监管力度，制定了《东莞海事局执法巡查大队工作管理制度》和定期会议制度，进一步明确了局执法巡查大队及各片区执法巡查大队的职责和工作关系，不断完善现有的监管网络，进一步扩大监督覆盖面，提高监管的效能，切实强化现场有效监管。针对“三无”、超载和不办签证等违法船舶多利用非正常上班时间出来活动的特点，采取“弹性工作时间、区域联合行动”加大打击力度，取得了很好的效果；评估确定了辖区内的龙威客运公司等10家重点船舶单位、金明石化码头等12个重点码头船舶、东莞水道等5个重点航段和春运、台风期间以及重大节假日等5个重点时段，明确监管工作要求，落实了主管领导、责任部门和责任人；二是加强船舶安全源头管理，密切注意天气变化，及时通过GPS短信功能、宣传栏等形式提前向各船舶和航运单位发布安全信息，加强水上水下施工作业审核把关等；三是加强应急值班，提高水上应急反应能力。认真做好节假日、非上班时间的应急值班，进一步完善水上应急预案，加强快速反应队伍的建设和实战演练，提高对水上险情或事故的快速反应能力和处置能力；四是认真做好各项专项整治行动，深入开展春运、渡口渡船专项整治、百日安全无事故活动、联合安全大检查、雾航安全专项检查、沿海小海船专项整治等各项专项整治行动；五是做好传统的龙舟竞赛活动和枯水期船舶航行安全信息发布，加强现场监管，认真排除安全隐患，确保水上平安。

【船舶管理】 2005年1月1日，东莞海事局获交通部海事局授权正式对外轮开展PSC检查，全年共完成PSC检查船舶56艘，沿海船舶安检数140艘，内河船舶安检数1241艘次；做好船公司审核管理工作，指导航运公司做好安全管理体系申请审核工作；做好国际航行船舶进出口岸审批工作，全年共审批国际航行船舶445艘次，其中外国籍船舶386艘次，临时靠泊非开放码头进行“一船一报一批”的国际航行船舶50艘次；推广应用内河船舶“海事通”卡签证收费系统，全年共发放“海事通”卡1206张；严把船舶登记关，全年共办理船舶所有权登记149艘次，国籍登记155艘次，抵押权登记17艘次，光船租赁登记1艘次，变更登记46艘次，注销登记135艘次，核发最低安全配员证书385份。

【危防管理】 2005年，东莞海事局积极探索危险品管理和水上加油管理的长效机制，辖区危险品运输安全形势基本稳定，没有发生溢油事故。组织了“13G研讨会”、“立沙岛建设项目业主座谈会”；参与了国家环保总局等六个部门组织的“2005年海洋环境保护专项执法检查”；开展了船舶载运危险货物和水上加油站安全专项整治活动，全年共清理取缔非法加油船舶9艘、责令停业5艘、限期整改1艘，布点规划内的12个加油站已获批准开工建设。查处3宗违法运输危险品事件，滞留载运危险品船1艘次；开展了“辖区溢油应急力量的备案登记”工作，应急反应力量备案登记2宗；完成10个港口建设项目的危防环境影响和安全评价审核工作。2005年共核发船舶防污文书152份，CLC证书1份。

【船员管理】 2005年，东莞海事局严格执行船员考试的有关规定，严肃考场纪律，确保各种考试顺利进行。全年共举办内河船员适任证书考试4期，参加考试船员285人；内河包装危险货物船舶船员特殊培训及发证4期，参加考试船员32人（新增业务）；内河客船特殊培训考试1期，参加考试船员10人（新增业务）；港澳航线考试2期，参加考试船员44人，内河延伸航线考试7期，参加考试船员155人。严格按照《办理船员证件管理规则》的要求，明确岗位职责，严格把关，至11月份，共签发船员适任证书到期换证582本，签发船员服务簿579本。开展船员违法记分工作，并运行广东海事局船员考试、评估和发证质量体系和内河船员管理系统（网络版）。

【船舶检验】 2005年，东莞海事局共受理船舶建造检验36艘，初次检验4艘，营运检验638艘次（全局营运检验共878艘次），合计408429总吨，253619.1KW，1306客位，审图83套。在船舶检验工作中，严格执行国家规范，严格检验工作程序，对船舶吨位、载重线、主机功率等严格按检验法规、规范进行把关，竭诚为行政相对人服务。一是对新建造船舶、500总吨及以上的自卸砂船稳性采用《船舶静力学及稳性衡准系统V4.0》程序复核。二是对辖区内的渡船检验技术资料进行了清查，对无倾斜试验报告的粤石龙渡0001补做了倾斜试验，对营运中增加固定压载的粤石龙渡0006船重新核算稳性。2001年以后建造完工的未盖批准章的客渡船图纸一律重新进行审核，确保客渡船技术档案的真实、完整。三是对辖区油船，特别是装载航空煤油的沿海海船的检验工作，每次都抽派有经验的验船师到场检验，确保检验到位和保证检验质量。四是根据东莞辖区的实际情况开展船舶开工前检查工作，下发了《关于加强船舶开工前检查的通知》，扎实开展对船厂的焊接工艺、主机安装工艺、舵系安装工艺、螺旋桨安装工艺等的认可工作。逐步完善船厂的自检制度和阶段报验制度，确保新建船舶从设计、施工到完工的质量符合船检法规、规范的要求。五是对全市15个渡口、23艘渡船渡运摩托车的情况进行了调研，提出了适合东莞实际的检验发证要求，形成了《关于客渡船载运摩托车检验发证问题的意见》指导检验发证工作。六是认真做好更新改造的渡船的检验工作，东莞有5艘渡船更新、改造。在提供广东省交通厅标准客渡船图纸外，主动解决船东、设计部门提出的问题，使建造的渡船更适合东莞渡口的实际渡运需求。此外，对辖区船舶进行了全面梳理，共有27艘船舶列入专项治理名单，完成了25艘船舶的附加检验，对发现的诸如图纸未盖批准章、实船与图纸不符、证书与图纸资料不符、焊接质量等问题进行了整改，确保东莞籍船舶，尤其是转入东莞的外籍船舶安全技术条件符合船检法规、规范的要求，遏制劣质船舶流入水运市场。

【服务地方经济】 2005年，东莞海事局支持虎门港建设，为港口新增码头建设项目提供优质服务，使码头有关项目建设顺利实施。全年参与码头立项审批12项，通航安全评估15次，水工作业审批67宗，发布航行通告84次，环境安全评估12宗。为7座申请对外开放码头提供了有效的法规咨询服务。支持地方交通建设，为8座桥梁建设提供有效监管服务。加强虎门港作业区码头施工作业的审批和监管，确保有关码头建设和施工安全。开辟电煤水路运输“绿色通道”，为电煤运输提供良好的服务环境和便捷的通关手续，保证电煤运输的畅通，促进了地方经济的稳步发展,得到了上级、地方政府和社会各界的充分肯定。东莞市委书记、市人大常委会主任佟星对东莞海事局“十五”时期的工作作出了重要批示：“东莞海事局成立五年来为东莞经济社会发展作出了重要贡献，特别是从东莞的实际出发，创新工作思路，提高服务水平，加强队伍建设，确保了辖区内安全形势稳定，赢得了上级和社会的好评。希望你们再接再厉，认真树立和落实科学发展观，为东莞水运经济发展作出新的更大贡献。”

【基础设施与信息化建设】 2005年，东莞海事局积极争取上级、地方政府、有关部门、有关单位的支持，加大了装备、基建和信息化建设的步伐。一是全面完成了监督船艇的更新换代工作，新建2艘监督船和1艘大马力巡逻快艇，至此，全局共有监督船8艘，平均船龄7.75年，监督艇10艘，船艇的平均航速达18.5节，实现了每个海事处至少配备2艘工作船艇、1辆海巡车的监管要求，海事监管装备的硬能力水平跃升到了一个新台阶。二是中堂海事处办公楼建成投入使用，石龙海事处业务用房的建设项目获部批准，莞城海事处业务用房工程全面完成，长安海事处业务用房和工作船靠泊点工程已完成工可并上报，得到市口岸局的大力支持，落实了沙田培训基地培训楼项目的建设用地；对局办公大楼外墙、大堂、总值班室、档案室、会议室、停车场、篮球场等进行了改造，局办公大楼的面貌和办公环境得到了大大的改善。三是对现有的ADSL二级网络组网形式升级为2M的光纤网，安装海事处一级视频会议系统，海事处政务大厅安装监视系统。更新购置电脑、打印机等办公设备，逐步对原老式电脑和打印机进行更新换代，提高信息化管理的水平。

【规范化管理】 2005年，东莞海事局加强规范化管理。一是对原ISO9001-2000质量管理体系进行了改版，重新调整和明确了部门岗位职责分工，完善各项规章制度，简化工作流程，11月22日通过方圆标志认证中心的外部审核。做好与广东海事局船员和船检两个质量管理体系的有机连接，规范化管理的水平进一步提高；二是不断规范内部管理。严格执行政府采购的有关规定，严格执行建设项目招投标规定，完善和加强了车辆、日常办公用品的管理，开展增收节支活动，严格执行财务管理规定，加强对固定资产、账户、票据、现金以及规费征收各个环节的监管，财务管理进一步规范；三是开展执法监督以及工作落实、工作纪律等督查，定期通报督查发现的问题，跟踪督促整改落实。

【海事队伍建设】 2005年，东莞海事局坚持以提高队伍整体素质为目标，全面加强海事队伍建设，取得了新的成效。一是加强局机关和海事处两级班子的建设，创建学习型班子，构建民主、团结、协调的班子，全面提高领导能力和水平，促进海事行政执法能力和水平的提高。二是围绕提高队伍的整体执法水平，加强专业培训。举办了质量管理体系知识讲座、船舶“管用养修”知识讲座以及各种类型的业务培训班6期、参加培训174人次；选派海事执法人员参加广东海事局举办的海事处处长、现场执法人员、党员骨干等各类专业培训班共43班次；继续抓好海事管理专升本和海事管理网络硕士在职教育；加强人才梯队的建设，发挥高层次人才的带动作用，开展了各专业的学术研究探讨，组织大家撰写论文，并将优秀论文39篇汇编成册。队伍的专业文化结构明显改善，队伍的整体素质有了新的提高。三是进一步深化人事制度改革，推行外聘人员、后勤服务人员、船员的分类管理。四是推行海事处区域归并整合改革，将原7个海事处1个办事处归并4个海事处实行片区管理，并组建片区执法巡查大队，通过改革，优化了资源配置，形成了行政执法的内部制约机制，有效解决了条块分割的问题，增强了应急反应能力，增强了现场监管力量，提高了监管效率。

【党风廉政建设】 2005年，东莞海事局围绕努力打造负责任行业部门、追求社会满意度最高的目标，进一步落实党风廉政建设和反腐倡廉工作。一是开展共产党员先进性教育活动，圆满完成了先进性教育活动的各项任务。在整个教育活动中，全局共发放各类征求意见表1500份，召开各类座谈会37次，举办大型辅导讲座9次，为群众办实事41件，发放群众满意度测评表179份，群众满意度达98%，使先进性教育活动真正成为群众满意工程。二是加强党风廉政建设和海事作风建设责任制的落实，通过召开理论研讨会、中心组学习、开展纪律教育学习月活动、举行廉政签名仪式、签订《廉政承诺书》、发放《廉政告示》及《家庭助廉倡议书》等多种形式进行廉政教育，让干部职工清楚应该做什么，不应该做什么，形成了个人、家庭、社会齐倡廉的良好局面，让人不想贪；通过加强制度的完善，预防不廉洁行为的发生，让人不能贪；通过加强内部和外部监察网络的完善，加强执法督查，让人不敢贪，从而营造了党风廉政和海事作风的良好局面。三是进一步理顺了组织机构和管理关系，党支部由原来10个调整到8个；通过不断完善党务目标管理制度，实现了支部工作年初有计划，目标有量化，过程有跟踪，年终有考核；通过召开党委扩大会议，不定期对支部书记进行培训，不断提升他们的党务工作能力；通过制定和实施《中共东莞海事局机关委员会发展党员工作程序》、《中共东莞海事局机关委员会入党公示制度》两个制度，进一步规范了党员发展工作，保证了新党员质量；通过推行党务公开，全体党员更好地了解和参与党内事务，进一步增强了全体党员的民主意识和政治责任感，密切了党群关系，更好地发挥了党员的主动性、积极性和创造性；通过建立和完善党建网站，实现了党务信息的实时传送；根据广东海事局党委的统一部署，按照“一部一牌”的要求，各党支部均提出了切合自身实际的品牌创建活动。

【精神文明建设】 2005年，东莞海事局积极探索“执法为民、服务社会”的新思想、新途径、新方法，注重示范作用，注意推广经验，逐渐形成了“选好载体，典型引路，以点带面，保障中心”的文明创建工作思路。一是牵头组织东莞市口岸局等五个政府部门和50多家港航单位联合举办了“港航海事一家亲，同心协力谋发展”主题活动，进一步拉近了与服务相对人的距离，促进了港航单位对安全工作的重视，构建了海事与港航和谐共处的氛围，保证了海事中心工作的协调可持续发展。二是在纪念郑和下西洋600周年之际，与团市委联合举办了“认识海洋，了解海事，热爱祖国”的主题活动，200多名青少年参加此项活动，充分利用各种宣传媒介，广泛宣传海事工作，向社会展示东莞海事风貌和形象。三是为共同维护辖区水上安全形势，东莞海事局党组织积极融入并服务到海事中心工作中，与当地基层党组织开展共建水上安全活动。四是通过政务公开，便民措施的落实，创造了公开、公平、高效的政务环境，为建设“阳光海事”打下坚实基础。五是发挥工会的桥梁、纽带作用，继续办好每月职工生日活动，关心困难职工，慰问一线执法人员，组建东莞海事局业余艺术团，每逢重大节假日组织丰富多彩的文体活动，增强了职工的自豪感和归属感。（林旭文）

**附：2005年东莞海事局领导名录**

局　长：吴远扬

副局长：罗锡均　欧阳锦强

　　　　王锦坤（12月到任）

纪检组组长：马　娟

## 航道管理

【概况】 2005年，东莞航道局以整治东莞水道创建文明样板航道和开展保持共产党员先进性教育活动为载体，全力推进东莞航道建设，实现了年度总体目标，三个文明建设齐驱并进，辖区航道维护标准水深保证率、年通航保证率和航道尺度维护正常率均达到100%；航标助航作用明显，一类标、重点标和沿海标维护正常率均达100%；全年征收航养费1462万元，完成省局下达收费任务的121%，增长1.3%；辖区航道安全畅通；计生“五率”达标；精神文明建设取得新成绩：东莞航道局先后被市人民政府评为“2005年度全市安全生产先进单位”，被省航道局评为全省航道系统劳动竞赛“全优航道单位”、“广东省航道局第一届职工运动会优秀组织奖”，被市直工委评为

“2005年度市直属机关党建工作先进单位”，被市总工会评为“2005年全市工会工作先进单位”。

【整治东莞水道】2005年3月18日，东莞市政府召开了整治东莞水道创建文明样板航道动员会，对整治创建工作进行了再动员、再部署。交通部专门为此会发来贺信。4月8日，东莞市整治东莞水道创建文明样板航道起步工程施工图设计经专家评审通过；8月24日，经公开招标和市政府批准，广州航道局为航道整治起步工程施工中标单位，中标价为1106万元；按合同规定，航道整治起步工程施工期为6个月，从2005年9月6日至2006年3月5日止；11月9日，航道整治起步工程正式开工。航道整治起步工程主要包括炸礁、疏浚、补坝、航标、清挖散石及打捞沉船。截至2005年12月25日，完成炸礁17354立方米，占合同总量的35.78%，完成疏浚26050立方米，占31.14%，完成航标17座，占18.28%，打捞沉船（共5艘）则于11月底全部完工，补坝、清挖散石工程暂没开工；另外，工程报告、航道航标遥控遥测系统已完成初步设计，并报主管部门审批；航道码头、航道站房建设也加紧征地和设计工作。整治东莞水道创建文明样板航道工作得到了广东省交通厅领导的高度重视。2005年，广东省交通厅厅长张远贻、副厅长徐欣、纪检组长、广东省创建文明样板航道领导小组组长王志荣等厅领导分别视察了东莞水道。

【航道维护与管理】2005年，东莞航道局在日常维护工作中，严格执行和落实航道水深探测、扫床制度，及时处理沉船事故。1月15日，太平水道发生沉船事故，东莞航道局接到报告后立刻组织人员赶往现场，做好航道保护工作，对该河段的标志全面进行了检查，沉船打捞完毕后，对沉船水域进行硬式扫床，确保该河段航行安全畅通。5月份，东莞水道万江河段发生因船舶吃水超过该航道的维护水深致船舶搁浅沉船事故，东莞航道局先后组织人员对该河段进行三次扫床，在第三次扫床时探明在超过正常维护水深河床处有碍航物，立即向上级报告，并在上级业务部门指导下，打捞出一条长约30米、宽1.1米的吸沙钢管，排除了隐患。一年来，对辖区桥梁施工、新建码头、沉船打捞等水域进行扫床26宗；处理沉船事故5宗，船舶搁浅事故1宗，打捞沉船4艘；完成航道炸礁、改道等测量10多项，为社会提供测绘服务40多宗；辖区航道安全畅通。

【航标维护与管理】2005年，东莞航道局维护标志452座，标灯660盏，一线职工人均维护标志30座、标灯44盏。主要是加强重点河段航标设置维护和对施工水域、危险标志工作的巡查管理；由于7、8月份仙村大桥区航标人为破坏厉害（破坏5次，损失航标灯器30盏），东莞航道局专门对仙村大桥桥区的标志加装了防护铁丝网，桥区鸣笛标、桥涵标、桥柱灯全部灯壳螺丝改为不锈钢专用工具螺丝；同时做好一年一度的航标大保养工作；积极配合东莞水道创建文明样板航道工作，为炸礁工程抛设标志16座。一年来，共抛设临时标志49座（不含建桥等时间较长的设标），代维代管桥涵标达118座，标灯450多盏，处理航标被碰事故29宗，更换浮标架5座，更换管线标灯灯泡88盏，辖区航标维护正常率：一类标100%，重点标100%，沿海标100%，航标技术状况符合质量标准要求，助航作用明显。

▲ 峡口水闸鸟瞰图

【抗洪抢险】2005年6月，东江流域发生了二十年一遇的特大洪水，石龙水文站发布水位超警戒水位，东莞辖区航道发生大面积浮标移位、电池或灯器受浸、部分浮标流失等航标失常情况，尤其东莞水道标志失常严重。为确保洪水期航道安全，东莞航道局及时启动了《东莞航道局防洪应急预案》。洪水过后，为在第一时间恢复航标正常，航道部门采取五大措施，一是加强领导，提高认识，把恢复标志工作作为防汛工作的中心工作，继续坚守岗位，做好“保人、保船、保标”工作；二是领导亲临抗洪一线，现场指挥，连续作业，全面开展标志抢修工作；三是全局动员，相互配合，全力以赴，确保辖区所有失常标志能在第一时间恢复正常；四是确定注意岸标基础和分局站房石砌挡土墙为防患重点，提出相关要求，切实保证职工安全。五是做好航标器材的保障工作，确保抗洪复标所需。通过以上措施，东莞航道局仅用三天时间就基本上完成了辖区浮标的检查及恢复工作，保证了航道的安全畅通。

【船舶维护与管理】2005年，东莞航道局严格按照《机务管理办法》的标准要求，加强对船舶的维护和管理，保障生产的需要。一是加强船舶的日常维护。更换了粤道政1308船排气管，更换了粤道政1303船水泵一个，更换了粤道政1306、粤道政1308艇螺旋桨及尾轴油封各一套。二是完成在册船舶航次普查。按照省局要求，完成了6艘在用船舶2002—2004年船舶航次调查工作，并及时将调查资料整理上报和归档，为进一步加强东莞航道局船舶管理工作提供了详实的资料。三是做好船舶更新换代工作，新建5.5m、90匹玻璃钢执法快艇一艘；作价处理了已到使用年限的粤道政1301船。一年来，由于工作到位，措施得力，在册船舶机电设备及配套设施处于良好技术状态，期末船舶完好率100%，联检优秀率100%。

【航养费征收】2005年，东莞航道局针对部分大吨位船舶停航或转让外地经营以及海事部门暂停代征规费等新情况，继续加强与海事部门的沟通，在沙田、太平、麻涌三个海事处设点派员驻点收费，收到良好效果，截至11月底，三个驻点共收规费148万元；二是加强收费基础管理，努力提高收费窗口服务水平。“窗口”承担了90%以上的收费任务，有32家船舶公司近400艘船通过窗口缴费，全年“窗口”共完成收费1089万元；三是转变稽查方式，提高稽查效率。一年来，检查船舶211艘次，追收航养费428,788.69元，滞纳金15,781元。2005年，东莞航道局共征收航养费1462万元，完成省局下达收费任务的121%，与上年同期对比增长1.3%。

【安全生产】2005年，东莞航道局坚持“安全第一，预防为主”方针和“管生产必须管安全”的原则，全面落实主要领导一岗双责的安全生产责任制，年初局机关与各科室和直属单位层层鉴定安全责任书，一级对一级负责，安全生产落实到岗位，具体到人，形成纵向到底，横向到边的系统安全网络。强化安全生产教育培训，7月份，组织“二长二员”共32人进行了为期二天的安全知识培训，进一步提高职工安全生产意识和安全操作技能；做好安全生产检查和事故隐患整改工作，在8·7大兴矿难后，及时对全局船舶、码头、站房等工作场所进行一次全面检查，检查中对19个已近到期的干粉灭火器送消防部门更换药剂，对其中3个较残旧钢瓶进行重新购置更换；在做好日常安全生产检查的同时，还积极开展“春运”、“黄金周”和“安全月”等专项检查，全年共处理安全隐患40多宗；积极开展安全专项整治工作，督促业主解决了东莞水道石碣大桥、跨倒运海南水道马沥大桥等15座大桥的桥涵标设置工作，由于波浪冲刷及淤泥回流影响，造成低水位时船舶无法安全停靠，及时对航政所码头进行了疏浚，排除了隐患。另外，东莞航道局还积极落实安全生产评价工作，成立安全生产评价工作领导小组，组织人员对全局航道、航标、船舶、站房、码头、作业过程、安全管理、公共安全等方面进行了深入的调查，初步摸清了全局安全生产工作现状，并制定了相应的对策措施。

【行业管理】2005年，东莞航道局认真贯彻执行《行政许可法》，继续深化航道行政审批制度改革，按部门职能，进一步合理划分航政所与航管科职能，将水上水下施工审批划归航管，由航管负责全面审批、航政负责现场监管，进一步提高了办事效率。一年来，在审批方面，共完成“三河”建筑物审批42宗，行政管理发函40份，完成水上水下施工审批62宗，发布航道通告12次；在监管方面，执法巡查航道103天，出动执法人员476人次，巡查航道2331公里，处理未办理水上水下施工证案件23宗，未报批工程案件7案，未设标案件3宗，损坏标志案件1宗，施工完工未清理航道1宗，有效地保护了航道资源，巩固了航道养护成果，保障了航道安全畅通。

【三个文明建设】2005年，东莞航道局根据航道单位的特点，积极开展保持共产党员先进性教育活动，创新教育“自选动作”，推出一家三代服务航道基层的张燕儒先进党员典型，被市委先进性教育领导小组作为全市典型代表进行专访，并在东莞电视台制成专辑播放，起到了宣传航道行业、航道人的良好作用，并在党员中掀起“学习身边人，办好群众事”主题活动；以教育为载体，进一步抓好职工思想教育工作，组织党员撰写党性分析材料，其中东莞航道局王海林撰写的《努力实践“三个代表”重要思想，加快航道事业发展》被市委编著的《先导、先行、先锋》丛书收录；叶锦丁撰写的《强化政治理论学习，提高履行职责能力，建立长效保持共产党员先进性机制》获得市委先进办优秀论文奖。加强精神文明和纪检监察建设，组织党员干部深入学习“二个条例”，开展对照“两个务必”“五个力戒”找差距专项教育；加大对航道基建工作的全程监察工作，在东莞水道文明样板航道工程建设等工程中严格执行双合同制，全年没发生一起违纪违规行为；实施“文明服务窗口”创建活动，认真落实首问责任制、办结时限制、服务承诺制、公示制等制度，努力提高服务质量，方便办事群众。2005年，东莞航道局对外服务窗口被省航道局授予“广东省航道系统文明服务窗口”荣誉称号。创新载体，开展“以党建带工建”活动。七一组织党员到博罗东江纵队纪念馆参观，接受爱国主义再教育。市运会期间，组团参加了象棋、羽毛球等项目的竞技。组队参加全省航道系统第一届职工运动会。一年来，东莞航道局对口扶贫捐款57500元，捐赠衣物883件，助学2000元，探病号13人次，节日发放慰问金48700元，同时，组织女工外出学习、短休78人次。　（李文峰）

**附：2005年东莞航道局领导名录**

党组书记：王海林

局　长：陈天锦

副局长：许宏辉（6月离任）

总　工：岑祖强（党组成员）

## 中国邮政

【概况】2005年，东莞市邮政局积极贯彻落实科学发展观，力求在创新中优化，在优化中发展，全年共实现业务收入6.07亿元，比2004年增长12.01%。在业务发展同时，东莞市邮政局着力推进精神文明建设，获得了“全国文明单位”、“全国邮政用户满意企业”、“市文化建设达标单位”等称号。

【业务发展】2005年，东莞市邮政局通过建立储蓄大客户经理制、加强内控管理、强化营销宣传等有力措施，使各项业务均取得了优异的成绩。至年底，邮政储蓄余额突破了60亿元。特快专递业务继续保持快速增长的势头，“卡哈拉”、“次晨达”、“全夜航”等业务开始呈现品牌效应。配合有关政府部门和结合窗口办事流程，东莞市邮政局开发了政务类文件速递新业务，为市民在办理资料、证照等传递业务时提供了方便。函件业务取得较好发展，全年共开发账单业务18项，利用邮政资源成功配合东莞市政府向国家邮政局申请了东莞专用邮资图案，宣传东莞城市新形象；积极参与“和谐东莞”建设，与东莞联通联合开发了100万枚企业员工拜年卡。报刊发行也取得了好成绩，通过加强渠道建设、优化组织作业、强化投送时限管理，重点党报党刊订阅呈现增长趋势，代理发行的《东莞日报》订阅突破8万份。代办业务出现新增长点，成功接入联通、移动电子充值业务，与铁路部门联手推出了“电话订票，邮政送票”业务，方便了群众尤其是外来工购票返乡。

【能力建设】2005年，东莞市邮政局通过网点优化、作业优化，能力建设得到加强。完成了长安、厚街、塘厦、樟木头等4个分局新局房建设；优化、调整部分形象差、面积小的网点，建成了30个服务功能完善、形象好的核心网点；争取到国家、省邮政局和银监局支持，获准新增50个邮政储蓄网点，至年底，网点建设已完成过半。加强了投递网运行效率，初步完成市镇邮路的优化、调整，正式开通了7条早班《东莞日报》、《参考消息》等报纸专运邮路，每天提前2个小时将《东莞日报》、《参考消息》报送到各镇分局，为早报早投提供有力的邮运支撑；分拣封发业务，通过整合内部作业资源，加强作业计划性和简化流程，制定并实施了《全市封投生产场地标准化建设设置标准》等措施，逐步改善投递生产环节的工作环境，有效增强了封投的协调配合，提高了投递效率。

【企业管理】2005年，东莞市邮政局在加强企业管理上，重点做了四大方面工作。一是加强财务管理。推行全面预算管理，对各项具体成本的预算执行情况进行逐月分析、实时监控，建立了预警、预告制度；实行成本费用支出的标杆管理，规范和控制各项成本支出；开展速递和储蓄专业模拟核算工作。二是完善绩效考核体系。制定实施了《东莞市邮政局劳动生产率考核办法》，将劳动生产率纳入考核指标体系；加大经济杠杆调控力度，将人工成本计划同工资总额、劳务费、代办业务酬金等捆绑起来，其中将工资总额和劳务费计划纳入经营责任制考核；将人工成本集中发放的范围由在岗职工和聘用工的工资总额逐步扩大到劳务工的劳务费。三是加强安全管理。加大安防设施投入，推进金库集中监控工程建设，开展金库和邮储网点安防整治工程，推进干线押钞外包试点工作；建立"三级风险"管理制度，明确各级单位和相关责任人的职责；加强安保培训教育。四是加强法律、审计监察、培训等基础性工作，进行合同审计。

【服务质量】2005年，东莞市邮政局在提高服务质量方面有了新突破。制定《东莞市邮政局进出口邮件通信质量考核办法》、《东莞市邮政局通信质量、服务质量管理和监控岗位主要职责》、《投递质量考核办法》等规章制度。并在此基础上，创新检查方法，实施二级单位交叉检查，利用信息技术检查，变单一的检查人员检查模式为检查人员检查、管理岗位监控的检查方式，大大提高了质量检查效率，服务质量有了较大的提高，全年用户满意度得分达到90.32分。

【员工队伍建设】2005年，东莞市邮政局在加强员工队伍建设方面，采取了多种措施。开展了管理、营销、投递、技术等业务培训，对领导班子进行多次执行力专题培训，加大对基层班组培训力度，举办多次投递、邮政营业班组长日常管理培训；加强骨干人才的培养和引进，评选了33名第四届优秀中青年，制定《东莞市邮政局优秀聘用工、劳务工享受特殊津贴评选办法》，组织评选首届优秀聘用工和劳务工，共评出优秀聘用工20名，优秀劳务工99名，并给予物质上的奖励，新招收应届本科大学毕业生31名。

【先进性教育活动】2005年2—6月，东莞市邮政局开展了保持共产党员先进性教育活动，按要求完成了理论学习、分析评议、整改提高三阶段任务，党员参与率达100%。这次教育活动，东莞市邮政局结合实际工作，学习了王顺友、李力锦等邮政员工先进事迹，要求党员在工作态度、纪律、技能、质量、业绩等方面都要比普通群众做得更好一些，通过活动，东莞邮政解决了一批群众关心的热点、难点问题，并取得了良好的效果。（刘颂东）

**附：2005年东莞市邮政局领导名录**

局　长：陈明志

副局长：王毅燕　管伟红　辛永宏

## 中国电信

【概况】2005年，广东省电信有限公司东莞市分公司（以下简称东莞电信）贯彻乘势而上的理念，实施精确管理、开展精确营销、强化绩效考核、创新服务水平，确保全面完成各项通信生产任务。从网络质量和服务工作管理方面提高服务水平，努力塑造世界级现代电信企业品牌，并获得"广东省文明单位"称号。2005年，中国电信的业务拓展取得了成效。至年底，固定电话用户总数接近350万户，数据用户超过30万户；财务收入超过46亿元，收支差超过24亿元；企业纳税达10.07亿元，其中地税1.67 亿元，国税8.4亿元。

【固定电话号码升八位】2005年，东莞电信作为东莞市固定电话业务的主导运营企业，承担了电话号码升位的工作任务。召开动员会，成立领导小组和5个专业小组，建立600多名专业人员组成的技术攻坚团队和客户服务团队，做好升位可行性调研、网络调整、技术改造和升位宣传等大量前期准备工作；组织了全网预升位、各运营商之间的联网测试、中国电信网内测试和3次升位模拟演练。

2005年12月10日凌晨，东莞市顺利完成了电话号码升八位工作，为东莞的经济发展和社会发展作出了不可磨灭的贡献。

【提高服务质量】2005年是东莞电信服务年，东莞电信从强化企业服务文化、创新服务内容、提升服务手段、完善服务渠道等方面入手，提高服务质量，提升用户满意度。主要体现在四大方面：第一，开展"贴心关怀，用心服务，合力保存激增"、"诚信营销，服务达标，打造企业品牌"、"网络同优，客户无忧，全面提质提优"、"以人为本，争先创优，营造服务文化"四大主题活动，使企业服务理念深入人心，企业服务文化更趋浓厚，让客户满意的经营服务理念深入到全体员工心中。第二，创新服务内容，提出了更快、更周到、更贴近客户、更人性化、更个性化、服务内容更全面的新八大服务承诺，受到了广大群众的欢迎。第三，完善各项制度，理顺各项工作流程，采用先进的技术手段，精确服务管理，保证新八大承诺的兑现。第四，从客户体验入手，进一步完善并强化以渠道为主体的客户服务体系，健全内外结合的服务管控网络，有效地提高公司服务工作的总体水平，客户满意度不断得到提高。

【提升网络质量】2005年，东莞电信着重打造一流的网络，从提供一流的网络质量服务入手，全年共投入近10亿元的资金进行网络建设和网络维护；创建AAA高水平的网络服务标准，并提高网络建设管理，加强前后台快速联动作用，保证市场需求的满足和网络的高效安全运行；至年底，公司固定电话交换机容量、ADSL容量有明显增长。

【业务发展】2005年，东莞电信贯彻落实"保存量、促增量"的经营思路，充分发挥业务优势，围绕组合营销策略和宽带、小灵通、固话、公话增值等重点业务，全力开拓市场，业务发展卓有成效。全年新增固话近10万户，宽带10万户，电话用户累计突破350万户。

【企业文化建设】2005年，东莞电信通过四方面做好企业文化的建设工作。一是打造温馨的工作环境，通过体育比赛、文艺表演等灵活多样的工作形式和内容，有效舒缓了广大员工的工作压力，增强员工对企业的归属感。二是建设进取的工作心态，通过在《广东电信》杂志、东莞电信信息网、OA系统以及各级媒体，大力宣传企业在市场竞争、业务发展中的先进经验和感人事迹，从而进一步增强了企业的凝聚力和向心力，扩大了影响力。三是促进观念和技能的提高，通过开展劳动竞赛、合理化建议和技术创新等活动，进一步强化员工的市场意识、竞争意识、转型意识，促进广大员工适应市场变化更新自身技能。四是强化企业文化建设，紧紧围绕企业的中心工作，通过加强企业文化宣贯、开展企业文化培训、建立和完善文明行业相关制度、落实各项制度考核等措施，进一步加强企业文化建设。2005年，东莞电信获得了“广东省文明单位”称号。（刘小敏）

**附：2005年广东省电信有限公司东莞市分公司领导名录**

总经理、党组书记：徐　丛
副总经理：师惠群　黄　杰　魏　刚
副总经理、工会主席、纪委书记：柳河鹏

## 中国移动通信

【概况】2005年，中国移动广东东莞公司（以下简称“东莞移动”）以科学发展观为指导，贯彻“强化集团客户信息服务，推进企业一体化管理”的经营战略，在传统的话音业务之外，积极推进移动信息化，着力于数据业务、新业务的开拓和发展，探索服务营销渠道新模式，加强精品网络建设，全面推行管理创新，截至2005年底，网络容量和用户数分别超过900万户和800万户，并先后荣获“东莞市2005年度企业办文化先进奖”、“东莞市文明单位”和“东莞市文化建设先进企业”等荣誉。

【推进移动信息化】2005年，东莞移动积极响应“坚持以信息化带动工业化，以工业化促进信息化”的产业结构政策，推动移动信息化项目，为政府、企业、事业单位、社区、学校及其他社会团体和广大客户提供实用、有效、优质的信息化产品服务，包括“电力抄表”、“关信通”、“短信追逃系统”、“120急救车定位服务”、“教育通”等，有力地推动了东莞市的信息化进程。

【发展数据业务】2005年，东莞移动在传统话音业务之外，大力发展数据业务。在全省率先推出了“拇指大富翁”、“彩信优惠券”业务，并积极推广“彩信”、“彩铃”、“手机报纸”、“手机电视”和“号簿管家”等多种数据业务，让客户体验信息生活，享受多元化的信息服务。

【探索渠道新模式】2005年，东莞移动进一步完善和延伸渠道体系，在全省率先创建了“流动沟通100”服务厅，4台流动服务车于9月投入试运营，基本具备全品牌运营的能力。同时，开发启用短信服务厅，既增加了现有的服务渠道，又满足部分客户的需求和降低企业的运营成本。

【推行管理创新】2005年，东莞移动积极创新管理模式，创建和谐人才成长环境，建成了绩效管理的完整体系和平台，成功开展全员工作环境测评，并在此基础上开展各工作团队的反馈提升活动，全面改善工作环境。创新物资采购模式，通过制定标准化的物资采购流程，提高了物资采购效率，实现了采购管理的流程化、制度化和信息化。仓库实现了电子化管理，使仓库管理从自行管理迈向专业管理。强化财务监控与效益管理，完善了营业款监控体系，保证营业款及时、安全回收，建立了全面的财务核算复核机制，有效地降低了财务风险，加强资金和成本的预算管理。

【加强文化与作风建设】2005年，东莞移动积极开展企业文化“显性化”传播工作，通过传播员工周围真人真事来潜移默化地影响大家。积极参与东莞市政府组织号召的各类公益活动，为构建文化新城作贡献。重视作风建设，开展了保持共产党员先进性教育活动，联系实际、讲求实效，通过全体党员、党支部、党小组的三级联动，采取多种学习形式确保教育活动的覆盖率达100%。纪检安保工作常抓不懈，纪检监察从“构筑教育、制度、监督三者并重的惩防体系”出发，通过落实廉政制度、强化效能监察、加大审计力度，积极拓宽监督检查渠道，加强党风廉政建设。加强安全检查和隐患整改工作，实现安全生产从突出整治转向常防常治。（黄　颖）

**附：2005年广东移动通信有限责任公司东莞分公司领导名录**

总经理：吴勇明
副总经理：谢惠仪　江　通　陈永快

## 中国联通

【概况】2005年，中国联通有限公司（下称中国联通）东莞分公司坚持以市场为导向，以用户需求为核心，不断开展技术和业务创新，在东莞电信服务领域创出了新的业绩，业务从最初单一的GSM移动通信业务发展成为一个拥有移动电话（GSM、CDMA）、IP电话、193长途、165互联网、数据专线等多项业务的电信服务大公司。截至2005年，中国联通已建成了以莞城、虎门、常平、樟木头、石龙为中心的5大区域营销服务中心，23家自有营业厅，70余家合作营业厅，数百个营业终端和上千个售卡网点，服务网络遍布东莞各镇区。2005年，东莞联通还推出利用最新双模技术精心打造的“世界风”GSM\CDMA双模手机，推出基于CDMA 1X平台开发的以“UNI”为总品牌的无线数据业务，实现手机看电视、手机收发邮件、高速无线上网等功能，引领用户进入移动商务、移动娱乐等为主要标志的全新移动通信时代。同时，中国联通启动CDMA业务社会化、创业者之声等工程，把最新的通信科技带来的便利普及到广大用户，并取得了较好的效果。2005年7月，坐落于行政文化中心西侧的东莞联通综合办公楼——联通新时空大厦顺利开业。

【客户服务】2005年，中国联通继续秉承“一切以用户为中心”的服务宗旨不断丰富业务。施行“即买即通”、“低柜台”、“客户经理一对一”等多种概念新颖、体现亲情的人性化服务。围绕“畅通网络、诚信服务”活动主题，在公司内部落实并教导员工如何进行服务承诺，增强服务主动性和提高客户服务感知质量。随着网络建设的不断完善和优化，东莞联通推行了公司内部“畅通网络”服务承诺制度。把网络投诉原规定在48小时内解决加快到24小时内解决，同时，给投诉用户明确回复。不仅能为用户提供更便捷、更优质和更完善的通信服务，而且迅速提升了中国联通在客户心中的感知形象。（熊恩铭）

**附：2005年中国联通东莞分公司领导名录**

总经理兼党委书记：沙治全
副总经理：刘　春　王　柱　杜仁秀
党委副书记：李创宁

# 松山湖·虎门港 SONGSHAN LAKE·HUMEN PORT

虎门港沙田作业区

- 松山湖主要公共配套设施落成
- 虎门港5号、6号泊位开工建设

责任编辑：赖燕江

## 松山湖科技产业园区

【概况】东莞松山湖科技产业园区（以下简称松山湖）位于大朗、大岭山、寮步三镇之间，面积72平方千米，有近8平方千米湖面。

2005年园区工业企业开始陆续建成投产，全年实现工业总产值20.08亿元，其中规模以上工业总产值19.39亿元，工业销售产值17.25亿元，工业产品产销率92.34%。出口总额1.89亿美元。税收总额7142.37万元，其中地税收入6294.09万元，国税收入848.28万元。金融机构人民币存款余额9.11亿元，集体企业存款8.76亿元，城乡居民储蓄存款余额3445万元。

【《东莞松山湖科技产业园区开发建设规定》】2005年3月23日，东莞市十三届人大二次会议审议通过了《东莞松山湖科技产业园区开发建设规定》。《东莞松山湖科技产业园区开发建设规定》明确了松山湖走新型工业化道路的发展方向，对松山湖的目标定位、企业项目准入条件、产业政策和产业发展方向、土地管理制度和生态环境保护等作出详细规定，将松山湖的开发建设纳入法制化、规范化管理的轨道。

【选商引资】2005年，松山湖管委会坚持“走出去，请进来”，积极与英、法、德、美等国驻穗领事馆联系沟通，加强与英中贸易协会、日本贸易振兴会、大韩贸易振兴公社等著名投资咨询顾问团体和中介机构交流对话，广泛宣传推介松山湖。组织招商小分队出境招商，先后在美国、加拿大、法国等国举办招商推介会，不断提高松山湖在海内外的知名度。坚持高起点、高标准、高质量、高效益方向，坚持以“新产业、新能源、新材料、新工艺”为重点，立足长远，择优选资。全年共引进广东易事特电源股份有限公司、国祥制冷工业股份有限公司、东莞晶广半导体有限公司等11个工业投资项目；涉及生物科技、新材料、电子信息等领域；合同引进资金总额约4.78亿美元，其中购地自建项目3.46亿美元，租赁厂房项目1629万美元，研发及总部项目9330万美元；实际利用外资5675万美元，同比增长38.24%；增资扩产项目2个，增资额2210万美元。至2005年底累计引进工业投资项目26个，其中世界五百强投资项目5个。

在做好选商引资工作的同时，松山湖管委会积极做好企业跟踪服务，协助企业解决供水、供电、通讯、员工居住生活等实际问题，协助企业申请办理有关外经审批、工商注册、规划报建和消防验收等审批事项，加快企业投产步伐。全年共有广东生益科技、天弘科技、艾利和电子、威雅光电、佐川润滑科技、一胜百模具等8家企业正式投产，金威啤酒、精刻电子、新能源科技等3家企业试产，其他企业正加紧建设。

【设施建设】城市规划　2005年，开展了松山湖北部工业城规划调整编制工作，完成《城市设计及控制性详细规划》初步成果。基本完成了北部工业城设计及控制性规划、研发区修建性规划、中心区城市设计、控制性规划和环保规划，组织编制了园区的交通规划。

市政设施建设　进一步完善了园区

交通标志牌，共建设各类标志牌400套。启动了一期路灯和一期交通讯号灯的建设，建成路灯2000座，在园区14个主要路口安装了交通讯号灯。完成了北部工业城A区、C区生活区的建设，引进了超市、自助银行、便利店、餐厅等商业配套，满足企业员工的生活需要。对北部工业城各路段景观绿化进行了美化改造，新建绿化面积27万平方米，绿化改造面积100万平方米。

公共配套设施建设　10月25日，行政办公区举行简单而隆重的启用仪式，松山湖管委会及其直属单位正式搬入办公。留学人员创业大厦、广东电子工业研究院办公楼、中心公园等公共配套设施也相继建成投入使用。生产力大厦、图书馆、学术交流中心、凯悦酒店、寄莲公寓等已基本建成，正在进行内部装修，将于2006年陆续投入使用。

【搬迁及国土管理】2005年，松山湖管委会加强与周边镇村的沟通协调，一揽子解决大朗镇、大岭山镇的征地拆迁历史遗留问题；深入了解搬迁村村民就业情况及入园企业的人才需求，帮助搬迁村村民解决就业问题，提供就业岗位100多个；继续做好宣传解释工作，化解少数村民的抵触情绪，全面推进园区搬迁工作。至2005年底，8个搬迁村有5个搬入新居，其余即将落成；52家搬迁工厂中有51家已拆迁。

在此基础上，松山湖管委会逐步开展国土管理工作，加强与市国土资源局协调，理顺土地管理审批的程序。完善园区经营性用地、工业项目用地、学校用地等手续，按照项目建设要求组织用地报批。以卫星影像图片为蓝本，编制出版了5000份松山湖地图。开展房产管理的业务培训，为全面开展园区房产管理做好准备。

【教育事业】2005年8月31日，东莞中学松山湖学校举行开学典礼，面向全市招收的初一和高一年级近1000名学生参加了典礼。东莞中学松山湖学校是东莞市第一所公办民助学校，占地面积30多万平方米，总建筑面积14.72万平方米。学校设有小学、初中、高中三个学部，共计108个标准班。小学部将于2006年秋季对外招生。至2005年底，园区东莞理工学院、广东医学院、东莞中学等三所学校全日制学生15603人，教师1160人。

2005年11月，东莞中国著名大学科技城迁入松山湖，整合为松山湖虚拟大学园。东莞中国著名大学科技城始建于2000年，首批与26所院校签订的五年合作协议于2005年10底到期。针对东莞中国著名大学科技城的发展现状，松山湖管委会认真借鉴深圳虚拟大学园的成功经验，重新明确工作思路、发展定位，认真做好发展规划，将其整合为松山湖虚拟大学园，力求使其发展成为产学研合作的平台。全年共引进中山大学、武汉大学、华中科技大学、上海交通大学等12所高校的工作机构。

【园区社会管理】劳动管理　2005年，松山湖管委会继续以建筑工地上的劳资纠纷、工程纠纷等为管理重点，加强对施工单位、企业用工和工资发放等方面的监督，及时排查各种不稳定因素，坚持事前预防与事后处置并重的原则，狠抓信访案件的处理，切实维护劳动者的合法权益。全年共受理来访来电80多宗，其中以劳资纠纷和工程款纠纷70宗，占总数的87.5%。已办结75宗，办结率为93.8%。

“四清理”工作　按照市委市政府的指示精神，松山湖管委会成立了违法搭建专项清理工作小组，精心组织违法搭建清理的各个环节，深入到各个工地、边界等地了解情况，做好思想工作。至2005年底，园区的违法搭建物已经基本清理完毕，共拆除违法建筑物383处，面积约11万平方米，拆除率99.95%。

市政管理　加强城市管理行政执法力度，严厉查处污染道路、乱倒垃圾、破坏园区市政设施和景观绿化等行为。做好垃圾中转站、收集站的前期建设工作，充实环卫队伍，对园区内主要路段进行全天候清洁，较好地保持园区道路路面清洁。

社会治安综合治理　连续开展了打击“涉车盗抢”、“两抢一盗”及“骄阳”、“冬日”、“粤鹰”等犯罪专项行动，全年共破获治安案件15宗，依法处置27名违法嫌疑人；破获刑事案件案48宗，抓获犯罪嫌疑人48人，打掉犯罪团伙7个。加强交通管理，全年查处各类交通违法35573宗，暂扣车辆2706辆，治安拘留8人次。

【东莞市留学人员创业园】2005年，东莞市留学人员创业园先后参加了中国（南京）国际人才交流会、2005 中国海外学子辽宁（大连）创业周、深圳高交会以及第八届广州流交会，成功举办了“2005年海外学人回国创业周”和六期“松山湖博士论坛”，扩大创业园的影响力和知名度。至2005年底，累计引进40家留学生创业企业，注册资本4000多万元，涉及生物医药、新材料、软件开发、电子信息、精密制造和咨询服务等领域。全年成功实现产业化的企业有5家，其中2家销售额超千万。建有纳米材料实验室、动物实验室、光电实验室等10个实验室。有19个项目被认定为东莞市高新技术项目，10个项目取得国家专利，16个项目正在申请国家专利。

2005年12月26日，东莞市留学人员创业园与团中央共同建设的“中国青年留学人员创业基地”正式挂牌，并与东莞多家IT企业开展合作。

【松山湖主要公共配套设施落成】2005年1月11日上午，松山湖主要公共配套设施落成庆典活动在松山湖行政办公小区举行。市几套班子领导，市直副处以上单位主要领导，各镇区党委书记、镇长（区办事处主任），退休老干部，外商代表、民营企业代表以及新闻媒体代表等共约500人参加庆典活动。

庆典仪式由市委副书记、市长刘志庚主持，副市长、松山湖管委会主任张顺光向来宾介绍了落成的行政办公区、商务办公区、生产力促进基地和中心公园的情况。市委书记、市人大常委会主任佟星致辞。他指出，松山湖是东莞市落实科学发展观，创新发展模式、创新发展环境、创新发展能力的示范区，是实施科教兴市战略和人才强市战略的基地，是推进产业结构升级的龙头。他要求，松山湖今后要坚持高起点、高标准、高质量、高效益的方向，把好产业准入关、规划建设关、土地管理关和环境保护关，确保松山湖全面协调可持续发展。

随后，市几套班子领导启动礼炮按钮，整个仪式进入高潮。仪式结束后，领导嘉宾分别参观了行政办公区、商务办公区、学术交流中心、中心公园等公共配套设施。

【广东电子工业研究院开业】广东电子工业研究院是广东省科学技术厅、东莞市人民政府和中国科学院计算技术研究所共建的省级电子信息产业公共技术平台。2005年4月30日，东莞市人民政府与中国科学院计算技术研究所正式签约，在松山湖共建广东电子工业研究院。

经过半年多的筹备，11月22日，广东电子工业研究院正式挂牌成立。原中国科学院副院长、中国科学院院士王佛松，中国科学院院地合作局局长赵勤，中国科学院计算所研究所所长、中国科学院院士李国杰，中国工程院院士倪光南等专家，广东省科技厅厅长谢明权，东莞市几套班子领导佟星等出席了挂牌庆典。“中国科学院计算技术研究所东莞分部”、“中国科学院计算研究所东莞博士后工作站”、“中国科学院计算技术研究所东莞集成电路设计实验室”等也同时挂牌。

挂牌成立后，广东电子工业研究院各项工作开展顺利。已组建电路设计团队、RFID无线射频识别团队、空间地理信息GIS团队、应用系统开发项目组等几大研发团队，有研发人员40多人。已建成电路设计与实验平台、电子元器件质量检测平台，并与香港应用科技研究院、华南理工大学软件学院、台湾国立科技大学等达成多个科技项目的合作意向。

【开展保持共产党员先进性教育活动】 2005年上半年，按照市委市政府的部署，围绕省委张德江书记提出的争创“三有一好”的要求和市委佟星书记对松山湖党员干部提出的“干净干事、创新创业”的要求，松山湖工委认真开展保持共产党员先进性教育活动，精心组织学习教育，广泛征求群众的意见，扎实推进整改，解决园区开发建设中的突出问题，并以先进性教育活动为契机，切实加强园区的各项管理。

加强财政管理。理顺园区财政与松山湖控股有限公司的财务关系，逐步建立园区公共财政体系。树立“经营”理念，积极开源节流。全面实行国库集中收付、土地收益资金专人专户专账管理，强化政府采购和合同资产管理，加大财政投资审核力度和财务运作监管力度，确保财政资金的安全透明运作和投资效益。加强预算单位和园属企业的财务监管，完善园区会计委派制度，强化会计集中核算。

加强工程建设管理。规范建筑工程管理制度，抓好工程招投标管理，严格执行施工单位资质审查监管。坚持规划先行，严格审核工程设计方案，控制造价，尽量减少工程漏项和变更。加强现场施工单位管理，抓好现场签证验收和工程竣工验收，实行工程管理奖惩制度，确保园区各项工程的质量、进度和投资效益。

【领导关怀】 2005年1月17日，原全国人大常委会副委员长李锡铭一行视察松山湖。

1月20日，全国政协副主席赵南企一行视察松山湖。

2月10日，原中共中央政治局常委、中央书记处书记、中纪委书记，全国总工会执委会主席尉建行一行，在广东省委副书记、省纪委书记王华元等省、市领导陪同下视察松山湖。

2月11日，中共中央政治局常委李长春一行，在中共中央政治局委员、广东省省委书记张德江等省、市领导陪同下视察松山湖。

2月12日，中共中央政治局常委、全国政协主席贾庆林一行，在中共中央政治局委员、广东省省委书记张德江等省、市领导陪同下视察松山湖。

2月13日，全国政协副主席郝建秀一行视察松山湖。

2月19日，原中央军委副主席、国务委员兼国防部长迟浩田一行视察松山湖。

2月24日，广东省委常委、组织部部长胡泽君一行视察松山湖。

3月8日，希腊萨罗尼卡省省长帕那佐提斯·森马迪斯一行考察松山湖。

4月25日，广东省副省长许德立率“建设绿色广东”调研组一行到松山湖调研。

5月19日，国土资源部副部长贠小苏一行视察松山湖。

5月23日，广东省副省长游宁丰一行视察松山湖。

6月21日，江苏省委书记李源潮一行视察松山湖。

8月2日，国家教育部部长周济一行视察松山湖。

9月4日，全国政协原副主席王文元一行视察松山湖。

9月27日，科技部火炬中心主任、科技型中小企业技术创新基金管理中心主任梁桂一行视察松山湖。

10月13日，科技部副部长马颂德一行视察松山湖。

12月15日，全国政协副主席张思卿一行视察松山湖。 （方志权）

**附：2005年东莞松山湖科技产业园区管理委员会领导名录**

管委会主任：张顺光（兼）

管委会常务副主任：尹景辉（12月离任）

陈建枝（12月到任）

## 虎门港建设

【规划设计】 为加快推进虎门港各港区市政基础设施工程的开发建设，2005年，经过深入调研后，管委会理清思路，有计划地启动了一系列的相关设计工作，如虎门港服务大楼设计、西大坦港区首期市政基础设施工程设计、新沙南港区首期市政基础设施设计等工作，至2005年底，部分设计工作已得到市政府的批准，并已开展施工图设计，力争尽快动工建设。本着实用、美观的原则，虎门港管理委员会多次组织设计单位对虎门港服务大楼设计方案进行了修改，2005年10月，该方案基本确定，设计面积2万平方米，投资约8000万元人民币。

【基础设施建设】 港口大道是虎门港的重点工程，经过一系列紧张有序的前期准备工作，施工单位于2004年12月底全部进场施工。在各方面的共同努力下，港口大道的建设工作得到了较快的推进，2005年12月，港口大道沙田镇中心区路段已正式交付使用。此外，在沙田镇的支持和配合下，立沙岛疏港大道也已进场施工，至2005年底，第一标段共完成约1642.3万元，约占合同额的57.9%；第二标段共完成约1080.1万元，约占合同额的46.5%。

【立项报批】 虎门港沙田港区5号、6号泊位得到核准是虎门港报批工作的新起点，根据港口发展的一般规律，集装箱码头需具有4个以上泊位才能发挥规模效应，提高综合竞争力。为全面推进沙田港区二期工程泊位的立项报批工作，使立项报批工作取得更大、更新的突破，管委会认真地总结5号、6号泊位报批的成功经验，并制定详细而可行的报批计划。经过扎实有效的准备，二期工程泊位项目申请报告、防洪（纳潮）影响评价、项目的环境影响评价、通航安全论证等工作已基本完成，为项目成功报批奠定坚实的基础。

在扎实开展二期工程泊位项目报批工作的同时，为加快推进落户企业的立项报批工作，管委会积极与相关企业进行交流，并及时、全面地为企业提供各方面的支持，如整理项目立项报批详细流程供企业参考、提供技术支持、协助与相关职能部门开展协调工作等，周到、热情地为企业服务，使企业的报批工作能更快地向前推进。在双方的不断努力下，落户企业的报批工作已取得突破性的进展，截至2005年10月底，已有省粮库、同舟、三江、海湾、东洲、九丰等六个码头项目分别获得国家、省、市有关部门的批复和核准，前期筹备工作基本就绪，即将进入动工建设阶段，其中，位于沙田港区立沙岛作业区的九丰能源、同舟化工、东洲等三个项目已于2005年11月底正式动工。上述六个项目总投资达32亿元人民币。另外，阳鸿码头、联兴码头及麻涌煤码头也已进入上报审批阶段，累计投资达12亿元人民币。

【招商引资】随着虎门港开发建设力度的不断加大，投资环境的不断优化，虎门港日益成为社会各界关注的焦点，有意投资建设虎门港的企业更是纷纷通过各种渠道了解虎门港的最新发展情况，期望获取更多、更详尽的信息。2005年，已有100批次400多人前来虎门港了解招商引资信息及洽谈业务。考虑到虎门港岸线及后方土地是不可多得的宝贵资源，必须严格按照合理、有序的原则，释放有限的资源，为此，管委会在筛选、比较投资企业的过程中，严把实力关、规划关，要求落户虎门港的企业必须是符合虎门港总体布局规划、具有雄厚实力、能发挥龙头企业效应的知名大型企业，2005年虎门港新签合同金额19亿元人民币。

【5号、6号泊位建设】虎门港沙田港区5号、6号泊位是虎门港首个获得国家发改委核准建设的项目，其建设不仅是虎门港建设的重中之重，也是市委市政府所重点关注的关键工作之一。为加强对5号、6号泊位建设工作的管理，经过严谨、认真的研究，管委会积极引进在码头建设管理方面具有丰富实践经验的项目管理公司参与该项目建设的管理工作，力求通过引进优质、高效、专业、规范的港口建设施工管理新模式，高起点、高质量完成工程建设。在管委会领导的精心部署下，相关工作人员克服码头建设经验较为缺乏，工程建设程序较为繁杂，牵涉面广等种种困难，创造性地开展各项工作，该项目的工程设计及审查、工程招标（分监理标和光板码头标）、环评报告编制及评审、通航安全技术论证及评审、防洪评价及评审、水利补救措施、安全预评价及评审等工作均已全面启动，至2005年底，部分工作已顺利完成。

在有关部门的严格监管下，该项目的施工监理及工程（光板码头）施工招标的中标单位相继产生。2005年11月1日，评标委员会一致推荐上海华申工程建设监理咨询有限公司为施工监理招标第一候选人；2005年12月21日，评标委员会一致推荐中港第四航务工程局为工程（光板码头）施工招标第一候选人，该项目是东莞市第一个进行公开招投标的港口工程，也是单项招标金额最大的一个标，受到全国港口工程界的广泛关注。

在与虎门港5号、6号泊位合作方新加坡港务集团（简称PSA）的谈判中，管委会根据市政府对该项目的指示，在符合国家有关政策规定的前提下，为同时满足双方在合作条件、资金、时间、项目报批、工程建设等方面的要求，与PSA集团进行了三十多轮的谈判，至2005年底，双方已达成共识，正按照国家有关规定申报合资建设。

【立沙岛整岛开发】立沙岛位于沙田镇的北部，面积约20平方千米，四面环水，具有相对的区域独立性，符合油气化工等危险品储运的特殊要求，便于集中储运和统一管理，海岸线长近10千米，水深条件好，土地资源丰富，是兴建码头泊位和油气仓储设施的最佳选择。为进一步优化东莞市的产业结构、增强城市竞争力，为东莞市经济的可持续发展增添更强、更持续的动力，市委市政府高瞻远瞩，提出了依托港口优势，对立沙岛进行整岛开发的重要决策，决定以立沙岛为载体，采用“三统一分”（统一规划、统一建设、统一管理、利益分成）的模式，大力发展重化工业，使其早日成为珠三角乃至华南地区的重要大型石化基地。为进一步加大立沙岛的整岛开发力度，不断完善投资环境，管委会根据市委市政府的统一部署，积极配合落户企业开展动工建设前的筹备工作，至2005年底，部分企业已具备进场施工的基本条件，正式启动建设。

【东莞市保税物流中心（B型）筹建】2005年7月11日，经第22次市委常委、副市长联席会议讨论决定，东莞市保税物流中心的建设选址正式从松山湖迁移到虎门港，由虎门港管委会单独申报东莞市保税物流中心（B型）。2005年8月5日，为保证工作顺利、协调开展，市政府决定调整市保税物流中心建设工作领导小组成员，由副市长周致纳担任组长，虎门港管委会常务副主任刘宁任副组长，下设办公室，由刘宁同志兼任办公室主任，办公室工作人员由虎门港管委会抽调人员组成。机构的调整与完善为东莞市保税物流中心（B型）的申报与建设提供了重要的保障。

东莞市保税物流中心，位于沙田西大坦港区物流基地内，规划建设面积1.18平方千米，首期开发0.46平方千米，在各相关部门的配合下，管委会正有条不紊地开展相关的申报工作，保税物流中心（B型）可行性研究报告（申报版）、物流基地控制性详细规划、保税物流市场调研等工作已全部完成。2005年10月7日，广东省人民政府已正式批复同意东莞市在虎门港设立保税物流中心（B型），表明东莞市统筹发展现代物流业及其保税物流中心的举措得到省人民政府的大力支持，为东莞市保税物流中心（B型）最终获得国家的批复奠定了坚实基础。

【征地拆迁】随着落户企业项目的立项报批工作相继完成，动工建设前期工作基本就绪，为尽快交付土地供企业使用，启动建设，管委会加大工作力度，克服种种困难，加强与相关镇区及村委会的沟通、协调，深入了解村民的实际情况，从村民的利益出发，采取切实有效的措施，协助村民解决在征地拆迁中遇到的问题。在各有关镇区、村委会及广大村民的支持和配合下，征地拆迁工作取得了较大的成效，2005年共完成征地1032.824公顷，为立沙岛油气化工码头、虎门港中心服务区、麻涌港区等建设的顺利启动奠定基础。

【机构设置】2005年8月17日，为理顺及完善虎门港控股有限公司的职能设置，市政府下发文件批复同意虎门港控股有限公司的组织架构设置方案，设置总经理1名，常务副总经理1名，副总经理、总会计师、总工程师、总经济师若干名，总经理助理1—3名，设置行政人事部、财务部、港口工程部、市政工程部、物流开发部、经营发展部、投资管理部等7个职能部门。

（莫肖玲　黄伟彬）

**附：2005年东莞市虎门港管理委员会领导名录**

管委会主任：周致纳

管委会常务副主任：刘　宁

# 对外经济 FOREIGN ECONOMY

旗峰公园

■ 利用外资保持增长

■ 积极应对国际贸易磨擦

责任编辑：刘念宇

## 对外贸易经济合作

【利用外资保持增长】2005年，按新口径统计，东莞市新签外商直接投资项目773宗，同比减少257宗，合同利用外资金额29.8亿美元，同比增长8.9%，实际利用外资金额14.7亿美元，同比增长51.7%。按旧口径（含来料加工项目），2005年全市新签外商投资项目992宗，同比减少429宗，合同利用外资金额47.5亿美元，同比增长15%，实际利用外资金额37.5亿美元，同比增长23.6%。全市吸收外商直接投资荣获广东省一等奖和超额完成预期目标奖。

2005年，全市利用外资项目投资规模不断扩大，按新口径，全市新签项目合同利用外资金额平均为158.6万美元，比上年增加48万美元，增长43.4%。其中新签项目投资总额超千万美元的有36宗，比上年减少5宗，合同利用外资金额3.1亿美元，占全市合同利用外资的10.3%。

全市制造业合同利用外资28.5亿美元，占全市合同利用外资的95.6%。全市服务业合同利用外资1.3亿美元，同比增长65.4%。全市增资项目有1138宗，同比增加303宗，增资金额17.6亿美元，占全市合同利用外资的59.1%，增资项目投资总额超千万美元的有52宗，同比增加18宗，合同利用外资金额8.2亿美元，占全市合同利用外资的27.6%。

外资来源仍以港台为主，欧盟、新加坡投资增幅较大。全市来自香港的外资为15.2亿美元，同比增长11.4%，占全市合同利用外资金额的51.3%；来自台湾的合同外资9.3亿美元，同比减少13%，占全市合同利用外资金额的31.4%；来自欧盟、新加坡的合同利用外资分别为0.8亿美元、0.66亿美元，同比分别增长145.2%、135.7%，分别占全市合同利用外资金额的2.6%和2.2%。

2005年先后有3家世界500强企业在东莞市投资了5个项目，合同利用外资金额2739万美元，同比增长32.6%。分别是：麻涌镇的马士基集装箱工业有限公司、万江区的东莞百安居装饰建材有限公司、寮步镇的世高钢铁有限公司、茶山镇的爱德华（东莞）电子报警设备有限公司、松山湖的东莞住矿电子浆料有限公司。截至2005年底，已有45家世界500强在东莞市设立了74家企业。

【外贸出口不断扩大】2005年，东莞市外贸进出口总值743.7亿美元，同比增长15.3%，其中出口409.3亿美元，同比增长16.3%；进口334.4亿美元，同比增长14.0%。实现外贸顺差74.9亿美元。全市外贸出口荣获广东省特等奖。

2005年全市加工贸易进出口675.8亿美元，同比增长14%，占全市进出口总值的90.9%，其中加工贸易出口391.6亿美元，加工贸易进口284.2亿美元，均增长14%。一般贸易出口17.6亿美元，同比增长106.3%。机电产品出口289.9亿美元，同比增长16.2%，占东莞市外贸出口总值的70.8%；高新技术产品出口149.4亿美元，同比增长9.9%，占全市外贸出口总值的36.5%。2005年全市外商投资企业进出口423.5亿美元，同比增长17.5%，占全市外贸进出口的57%，其中出口235.3亿美元，同比增长20.8%，占出口总值的57.5%；进口188.2亿美元，同比增长13.7%，占进口总值的56.3%。民营企业进出口总值100.1亿美元，同比增长18.5%，占全市外贸进出口的13.5%，其中出口56.2亿美元，同比增长23.9%；进口43.9亿美元，同比增长12.2%。

2005年美国、香港、欧盟（25国）、日本和中国台湾依次列东莞市进出口贸易伙伴的前五位，进出口总值分别为147.0亿美元、119.5亿美元、87.8亿美元、83.9亿美元、81.9亿美元，同比分别增长12.1%、14.6%、20.5%、10.6%、10%。

【台资企业】截至2005年底，东莞市已投产的台商投资企业达5408家，占全市已投产外商投资企业总数的34.55%，主要涉及电子电器、机械、纺织服装、食品、塑胶五金、化工等行业，累计合同利用台资110.6亿美元，占全市累计合同利用外资的26.7%；累计实际利用台资81.7亿美元，占全市累计实际利用外资的28.4%。按新口径，2005年全市新签台资项目297宗，合同利用台资9.3亿美元，其中新签合同外资金额超千万美元的台资项目有10宗。

【外商联络小组协调会议和集中服务日活动举行】2005年，东莞市分别在石碣、桥头、清溪、南城、洪梅、长安、石排、常平、凤岗、万江、麻涌等镇区举行了11次外商联络小组协调会议和集中服务日活动。东莞市外商联络小组协调会议和外商投资企业集中服务日活动每月10日（节假日顺延至第一个工作日）举行。协调会议主要通过定期召开会议形式举行，由市外商投资企业协会、台商投资企业协会在会前分别收集和提交需要协调解决的问题，涉及问题的职能部门在会上解答，事后书面反馈。集中服务日活动主要通过现场办公形式，组织涉及外资企业管理的17个职能部门的领导和业务骨干为企业解答疑难问题，提供咨询服务。不能现场解答或办理的，由主管部门填表承诺跟进。2005年协调会共讨论问题62个，涉及国家政策、通关、治安、收费、环保等方面，大部分问题都先后得到了协调解决。集中服务日共接受外商咨询近1000人次。

【外商投资企业代表新春座谈会召开】2005年2月21日，东莞市召开2005年东莞市外商投资企业代表新春座谈会，市几套班子领导与在莞投资的世界500强企业、出口大户、投资大户、纳税大户及绿卡企业共300多名外资企业代表欢聚一堂，共商发展大计。

市委书记、市人大常委会主任佟星，市委副书记、市长刘志庚等领导参加了座谈会。座谈会上，刘志庚代表市委、市政府通报了东莞市2004年社会发展、经济建设的情况，介绍了2005年东莞市整体工作计划，并感谢广大外商一直以来对东莞社会经济建设的贡献，希望外商代表今后继续扎根东莞，不断增资扩产，引荐更多的朋友来莞创业，为东莞的繁荣昌盛作出更大的贡献。他还诚挚地表示，东莞的发展，无论过去、现在或将来，都离不开广大外商的参与、关心和支持。衷心希望各位外商继续关注东莞的发展，把东莞作为第二故乡，在提高东莞吸引力和竞争力等方面，不断提出宝贵意见和建议。希望外资企业扎根东莞，不断做大做强，加快企业研发体系建设，增强自主创新能力，提高企业效益。希望外资企业充分发挥海外联系广泛的优势，更好地推介东莞，带来更多更好的项目投资东莞，提高东莞利用外资的质量和水平。

市外商投资企业协会、台商投资企业协会以及香港伟易达集团、东莞雀巢有限公司、太阳诱电（广东）有限公司等已在东莞市投资落户的外商代表在会上作了发言。

【全市利用外资工作会议召开】2005年9月1日，全市利用外资工作会议召开，市委副书记、市长刘志庚出席会议并作重要讲话。

刘志庚总结分析了东莞市当前外经贸发展形势，并研究部署了下阶段全市外经贸工作。他说，今后东莞市外经贸工作的总体要求是：以“三个代表”重要思想和科学发展观为指导，深入实施“一城三创五争先”发展战略，始终坚持以招商引资为中心，以优化营商环境和加强整体推介为突破口，努力推动东莞市由招商引资向招商选资转变，由项目招商向产业招商转变，由圈地招商向节地招商转变，不断提高外资贡献率、资源利用率和自主发展能力，开创外源型经济发展新局面。通过分析东莞市外源型经济和内源型经济发展、承接产业转移与产业对外转移、土地紧缺与土地闲置、资源瓶颈与产业升级之间的关系，指出招商引资仍然是东莞市今后一段时间的中心工作，要认真研究新形势，坚持用新思路、新机制、新办法解决当前招商引资工作中的矛盾和问题，要突出重点，狠抓落实，着力抓好六个方面工作：一是围绕“大中心”抓责任，二是缓解“大制约”求突破，三是主攻“大项目”促提升，四是促进“大环境”再优化，五是推进“大合作”求实效，六是拓宽“大宣传”促招商。

【招商推介与经贸交流】2005年，东莞市进一步调整招商引资思路，不断加大招商引资力度，开展了一系列招商推介与经贸交流活动。

参加粤台经济技术贸易交流会　2005年5月19日，副市长张顺光率领东莞代表团及市台商投资企业协会会长郭山辉等210位岛内台商，参加了广东省在江门市举办的2005年粤台经济技术贸易交流会。期间，东莞代表团广交台商朋友，并与台商进行了经贸洽谈，共签订贸易货单1.67亿美元，其中出口5080万美元，进口1.16亿美元；签订投资项目47个，外方出资总额达1.8亿美元，其中投资总额超千万美元的项目有10个。

东莞市（韩国）投资推介会系列活动在韩国举行　2005年6月15日，由东莞市政府与大韩贸易投资振兴公社联合举办的“2005东莞市（韩国）投资推介会”在韩国首尔举行，副市长吴道闻率东莞代表团出席了推介会。来自韩国工商界180家企业的250多位韩国客商，以及市外经贸局、黄埔海关、市国税局、市地税局，麻涌、寮步、常平、东坑等镇有关负责人参加了推介会。期间，30多位有投资意向的韩国客商与市外经贸局、麻涌、寮步、常平、东坑等镇以及黄埔海关、市国税局、市地税局就具体投资事宜进行了“一对一”的对口洽谈，现场气氛十分热烈。随后，副市长吴道闻一行以及各镇小分队分别前往首尔、釜山、水原等地拜访了大韩贸易投资振兴公社、松波区商工会等组织，以及已在莞投资的韩国三星视界总部和15家有意到东莞投资的企业，就加强双方合作和在东莞投资等问题进行了探讨，并达成了初步共识和投资意向。

参加粤港经济技术贸易合作交流会　2005年7月7—9日，副市长张顺光率团参加了广东省在香港举办2005年粤港经济技术贸易合作交流会。期间，共有90多家公司和商行到东莞市摊位参观洽谈，代表团接洽外商近200人次。东莞市共签订外资项目55宗，其中合同46宗、协议4宗、意向5宗，合计利用外资3.45亿美元；进出口贸易成交额为3.48亿美元，其中出口2.54亿美元。广东宏远集团公司等5家企业还参加了网上贸易推介。

**举办东莞投资营商环境说明会** 2005年8月31日，东莞市政府在香港举办“东莞投资营商环境说明会”，副市长张顺光率团出席。珠三角外国驻港商会委员会、香港澳洲商会、香港新西兰商会、香港新加坡商会、香港法国工商总会、香港德国工商总会、香港丹麦商会以及丹麦驻香港总领事馆、新西兰贸易发展局等机构的30多位代表应邀出席了说明会。

张顺光在会上向与会嘉宾介绍了东莞的投资环境和改革开放二十多年来所取得的成就；介绍了外资企业在东莞发展的现状和市委、市政府今后的发展思路，并着重推介了松山湖科技产业园、虎门港开发区及东部工业园，希望更多的外国企业，特别是高新科技企业和商贸企业到东莞投资、营商，共谋发展。会上，张顺光还即席回答了与会者提出的问题。

**北美系列经贸活动** 2005年10月13—25日，副市长张顺光率东莞代表团参加了广东省举办的活动。此次活动是粤港两地政府首次联手在北美地区开展的大型推介活动。期间，东莞市经贸代表团现场接待了近600名客商。10月14日下午，东莞市与广东美国商会在美国三藩市联合举办了“东莞投资营商环境座谈会”，IBM、GE等知名企业以及来自广东美国商会的20多名美国企业代表出席了会议。10月20日，东莞市政府与香港特别行政区投资推广署、香港贸易发展局联合在加拿大多伦多举办了“香港——东莞推介会”。300多名加拿大企业、商会组织负责人出席了会议。

**参加第九届“投洽会”** 2005年9月8—11日，东莞市随广东代表团参加了在厦门举行的第九届中国国际投资贸易洽谈会。洽谈会期间，前来东莞市展位参观、了解投资环境和询问投资政策的有美国、加拿大、德国、马来西亚、香港、台湾及国内等中外客商，其中不少是慕名前来，他们都对东莞表示出极大的兴趣。一些客商当即表示今后有机会将到东莞考察投资环境和寻求投资机会。展览期间，香港投资推广署、新加坡国际企业发展局、新西兰投资促进局等投资促进机构的高层也来到东莞展位参观和进行交流。

**参加中小企国际市场推广日活动** 2005年11月21—23日，市外经贸局、外商投资促进中心组团参加了在香港举办的“2005中小企国际市场推广日活动”，石龙镇和东坑镇也随团参展。期间，不少日本、新加坡、马来西亚、印度、土耳其、加拿大、法国和西班牙等国外客商慕名到东莞展位参观，咨询投资环境和投资项目。东莞代表团还与同在馆内设展的德国总领事馆、香港意大利商业联合会、香港美国商会、香港澳大利亚商业协会、泰国香港贸易协会和新加坡工商联合会等外国领事馆或商（协）会进行了洽谈。

**参加广东国际旅游文化节旅游招商会** 2005年11月26日，副市长张顺光率东莞市分团参加了由国家旅游局和广东省政府在广州举办的“2005广东国际旅游文化节旅游招商会”。东莞市充分利用旅游文化招商平台，共签订了外商投资项目和意向9宗，累计投资总额达1.6亿美元，累计合同利用外资5105万美元，其中服务业吸收外资成为了东莞市本次招商的重点，共签订服务业项目及意向5宗，合同外资达4468万美元，占87.5%。

**东莞经贸代表团赴澳大利亚、印尼、泰国开展经贸活动** 2005年11月2—18日，市委书记、市人大常委会主任佟星率东莞市经贸代表团参加了广东省在澳大利亚、印尼、泰国举办的经贸活动，并分别组织举办了“2005东莞—昆士兰经贸合作交流会”、“2005东莞—印尼经贸合作恳谈会”、“2005东莞—泰国经贸合作恳谈会”。东莞市签约总额达9.78亿美元，包括外商投资项目62宗，投资总额1.05亿美元；贸易成交金额8.73亿美元。东莞东澳环保新材料有限公司与澳大利亚比澳格股份有限公司签订了增加投资额2680万美元的合同，这是东莞市首个由中方出技术、外方出资金的大型外商投资合作项目。东莞市玉兰墙纸有限公司、广东步步高电子工业有限公司也分别在大会上签订了1000万美元和1500万美元的出口合同。此外，东莞市还与澳大利亚、印尼、泰国的客商达成了一批出口贸易货单，累计金额达4.1亿美元。

**东莞企业走向国际研讨会在莞举办** 2005年12月15日，香港贸易发展局、东莞市外经贸局和东莞市民营办在厚街喜来登酒店联合举办了东莞企业走向国际研讨会，东莞市200多家民营企业参加了研讨会。副市长张顺光参加会议并作了讲话。香港贸易发展局介绍了在港设立公司程序及香港税制等，让民营企业家们进一步了解香港的营商环境。数位香港专业人士就如何利用香港贸易平台走向国际等话题作了专题讲座，通过列举实例与东莞市的民营企业家进行经验交流。

**“2005在华韩国企业经营支援交流会”在莞举行** 2005年12月20日，由韩国产业资源部、中国商务部及东莞市政府联合主办的在华韩国企业经营支援交流会在东莞市举行，商务部外资司司长胡景岩，省口岸办主任、省外经贸厅副厅长招玉芳，东莞市副市长张顺光，韩国驻中国大使馆商务参赞金东善及韩国产业资源部、中国韩国商会等相关部门负责人及在华韩企负责人出席了会议。交流会上，东莞市劳动、海关、外经贸、税务、财政等相关职能部门还现场回答了韩资企业提出的问题，增强了韩企在莞的投资信心。这是该交流会继在北京、青岛、上海、沈阳举办之后首次在东莞市举办。

**【东莞市第一家CEPA独资零售商业企业设立】** 2005年6月8日，经国家商务部批准，香港OK便利店有限公司在东莞市设立外资企业——东莞利亚便利店有限公司，投资总额为6000万元，注册资本为3000万元，经营范围为零售日用百货、文化用品、体育娱乐用品、五金、交电产品、个人通讯器材、粮油制品、烟草酒类、食品、饮料、副食调味品、图书、报纸、杂志（国家有专项规定的商品另行报批）；兼营饮食、洗衣、代客冲印等便民服务；经营及自营所销售商品的进口仓储、加工、配送业务、组织国内商品出口，可开设300个便利店。东莞利亚便利店有限公司是自CEPA实施以后第一家在东莞市设立的外商独资零售商业企业，其设立为外资更多更好地进入东莞市的商业领域起到了示范作用。

**【国家商务部配额许可证事务局莅莞进行专题调研】** 2005年7月22日下午，国家商务部配额许可证事务局局长陈鹏一行莅临东莞市，就输欧纺织品配额实施后对东莞市的影响进行专题调研，省外经贸厅有关处室、市外经贸局相关业务科室负责人，东莞丝绸进出口公司、常平朗贝洗水厂等6家企业代表参加了座谈。

**【韩国国家均衡委员会委员代表团到访】** 2005年6月22日，韩国国家均衡委员会委员代表团，包括园长（相当我国司级）宋道基、韩国部分市市长、韩国产业大学教授以及韩国驻广州领事馆代表等一行12人访问市外经贸局，与代表团就东莞的人才资源、教育政策、地区差异等问题进行了交流沟通，对增进韩莞之间的经贸交流合作起到积极的作用。

【常务副省长汤炳权莅莞调研外经贸工作】 2005年8月4日，常务副省长汤炳权来到东莞市调研外经贸工作。汤炳权在调研中指出，东莞的外源型经济稳健发展，并实现了质的增长、结构的优化及效益的提升，总体发展势头很好，为全省的发展作出了贡献。

他希望东莞增强机遇意识，抓住CEPA、泛珠三角区域合作、东盟一体化等历史性机遇，不断提高对外开放水平及经济国际化程度；增强忧患意识，妥善解决国际贸易争端，不断化解因国际油价提升引发的成本上升、能源与人才缺乏等制约因素；增强创新意识，解放思想、更新观念、与时俱进、开拓创新，不断提高对外开放水平，做大做强外经贸。

他还建议东莞要注重结构调整和增长方式的转变，注重优化治安、法治、通关等综合环境，注重创新招商方式，注重鼓励现有企业增资扩产，注重培育外经贸发展新亮点，注重解决发展制约因素，注重推进区域合作，注重提高应对国际贸易摩擦能力，注重实施人才战略，注重统筹国内发展与对外开放，努力形成内外源经济互补互促、协调发展的新格局。

在莞期间，汤炳权一行还前往长安镇参观了长安品质电子厂、金宝电子（中国）有限公司、东莞长安乐依文半导体装配测试厂等企业。参观中，汤炳权一行对这些企业以人为本的发展理念及其在东莞增资扩产的做法表示赞许，并祝愿他们做大做强，在东莞取得更好的发展。

【商务部副部长廖晓淇莅莞调研】 2005年12月1日，商务部副部长廖晓淇率团到东莞市就外源型经济发展进行调研。与在莞投资的10多家港资企业和台资企业代表进行了座谈，了解企业在东莞投资发展的情况以及CEPA政策实施以后的影响，深入了解企业在发展过程中遇到的问题和困难。座谈会上，廖晓淇对东莞市外源型经济予以充分肯定。他指出，东莞在外源型经济的带动下，经济发展和城市面貌发生了巨大变化。特别是近年来，东莞市在服务企业、服务外商方面实施的一系列制度和措施取得了明显的成效，值得推广。他希望东莞充分发挥临近港澳的区域优势，利用好CEPA政策发展外资服务业，进一步提升加工制造业的附加值，延伸产业链条；要从追求利用外资的数量向追求质量与效益并重转变，进一步扩大高新技术产品的出口。对于企业发展，他也希望企业增强创新意识，从“东莞制造”向“东莞创造”转变，创新品牌，提高产品质量，进一步开拓国内市场，利用好国内、国外两个市场。

在莞期间，廖晓淇一行还参观了东莞裕元制造厂、东莞新科电子厂和松山湖科技产业园区。

【积极应对国际贸易摩擦】 中国加入WTO后，外国对中国商品实行反倾销、反补贴的案件不断增多。东莞市外贸出口在不断增长的同时，涉案企业和产品也逐渐增多。为发挥政府的经济指导作用，加强对进出口公平贸易工作的组织领导，保障全市企业参与正常的国际竞争，协助企业积极应对国际贸易摩擦，促进全市进出口贸易顺利开展，2005年6月，市外经贸局成立了以分管局领导为组长的东莞市反倾销工作领导小组，同时下设联系小组，联系小组成员由市外经贸局相关科室负责人及各镇区外经办负责人组成，其主要职责是向企业宣传应对反倾销的重要性，提供反倾销信息，协助企业积极参与反倾销应诉和调查，帮助解决企业在反倾销应诉和复议中遇到的问题和困难。2005年共协助企业参与反倾销应诉案9宗，涉及家具、劳保鞋、强化木地板、可刻录光盘、烧烤架等产品。

【促进外商投资】 2005年，外商投资促进中心共接待了来自美国、日本、韩国、德国、英国、意大利、丹麦、土耳其、新加坡、香港等10多个国家及地区20多批前来东莞考察投资环境的客商120多人次，积极推介东莞的投资环境，紧密跟进的投资项目涉及电子信息、汽车配件、家具、鞋材、建材、化妆品、环保食品等多个行业，增强了投资者对东莞的认识和在莞投资的信心，并成功引进了美国肯尼斯（亚洲）有限公司和日本住矿电子浆料有限公司等企业在莞投资。

【筹建“投资·东莞网”】 为强化网络招商方式，更好地向外界宣传东莞的投资环境，外商投资促进中心通过加强与市信息中心及有关网络公司的联系，积极筹建“投资·东莞网”，2005年8月底进入测试阶段，10月底正式开通投入试运行。“投资·东莞网”作为市一级的宣传推介平台，设置有中文、英文、日文和韩文等4个语言版本，内容包括“走进东莞、投资动态、投资服务、投资信息和投资热线”5大板块，全方位对外宣传东莞的城市形象和营商环境。

【组织参加第97届、98届广交会】 2005年，东莞市参加第97届、98届广交会的筹备、组织及管理工作由外商投资促进中心负责，使东莞更多企业通过广交会平台“走出去”开拓国际市场。第97届春交会，东莞共有83家企业参展，摊位达189个，签订出口成交总额2.33亿美元；第98届秋交会，参展企业81家，摊位190个，出口成交总额2.48亿美元。两届交易会参展的“两自”企业逐届增加，司贸文具、嘉利电器、中玲制衣等3家企业还连续两届被选入品牌展区。

【办理纺织品出口证件】 2005年以后，由于WTO纺织品配额一体化规定及欧美等国家对中国纺织品多次“设限”，国家商务部对纺织品出口管理政策调整较大。为节省办证时间，降低企业办证成本，经过东莞市外经贸局积极争取，商务部决定在东莞市伸延纺织品出口自动许可证打印终端，并同意广东省外经贸厅授权东莞市外经贸局为东莞地区纺织品出口企业就地打证和发证，具体工作由市外商投资促进中心承担。2005年，外商投资促进中心共办理纺织品专用产地证11700多份，纺织品出口自动许可证72000多份，出口欧盟十类纺织产品配额证600多套，临时出口许可证600多份。

【16家外资企业入选2004—2005年度中国最大的500家外商投资企业】 在商务部公布的2004—2005年度中国外商投资企业500强排行榜中，东莞市有16家企业入选。与上年度比较，本年度东莞市入选企业数量持平，其中东莞华强三洋马达有限公司、东莞汉华光电有限公司、先锋高科技（东莞）有限公司、金宝电子（中国）有限公司和东莞华强三洋电子有限公司等5家企业为新入选企业。从销售收入来看，东莞市入选企业均有较大幅度增长，但有7家企业排名下跌。　（杨荣　柳景蛟）

**附：2005年东莞市对外贸易经济合作局领导名录**

局　长：黎桥根

副局长：杨东如　游匡正　黄冠球

纪检组组长：周伦辉

**附：2005年东莞市外商投资促进中心领导名录**

主　任：叶国柱

## 2005年跨国公司在莞投资情况

| 序号 | 企业名称 | 投资方式 | 投资者 | |
|---|---|---|---|---|
| | | | 中方 | 外方 |
| 1 | 东莞雀巢有限公司 | 独资 | | 雀巢公司 |
| 2 | 新科电子厂 | 来料加工 | | 香港新科实业有限公司 |
| 3 | 桥头安迅电子厂 | 来料加工 | | 赏益发展有限公司 |
| 4 | 东莞石龙粤龙光学制品厂 | 来料加工 | | 香港环球光学制品厂有限公司 |
| 5 | 东莞三星电机有限公司 | 独资 | | 韩国三星株式会社 |
| 6 | 东莞兴宝化工有限公司 | 合资 | 东莞拆船轧钢工业公司 | 兴宝国际工业有限公司 |
| 7 | 东莞麦当劳食品有限公司 | 合资 | 广东三元麦当劳食品有限公司 | 麦当劳（香港）有限公司<br>美国特立华州麦当劳公司 |
| 8 | 东莞力达电机有限公司 | 独资 | | 力达电机有限公司 |
| 9 | 东莞住商益安金属制品有限公司 | 合资 | 东莞市东海实业集团公司 | （香港）住商益安五金有限公司 |
| 10 | 东莞太平洋邓禄普制衣有限公司 | 合资 | 东莞市虎门龙眼乡镇企业发展公司 | 太平洋邓禄普制衣有限公司 |
| 11 | 东莞川电钢板制品有限公司 | 独资 | | 香港正广达有限公司 |
| 12 | 东莞杜邦电子材料有限公司 | 独资 | | 杜邦（中国）集团公司 |
| 13 | 金霸王（中国）有限公司 | 合资 | 东莞市华信实业公司 | 金霸王公司 |
| 14 | 东莞仁孚大华汽车服务有限公司 | 合资 | 东莞市溢华贸易有限公司 | 溢华实业有限公司 |
| 15 | 三井高科技电子（东莞）有限公司 | 独资 | | 三井高科技（香港）有限公司 |
| 16 | 国民淀粉化学（广东）有限公司 | 独资 | | 国民淀粉 |
| 17 | 新科磁电制品厂 | 来料加工 | | 香港新科实业有限公司 |
| 18 | 东莞理光爱丽美事务机有限公司 | 独资 | | 香港理光爱丽美有限公司 |
| 19 | 东莞诺基亚移动电话有限公司 | 合资 | 东莞市南信实业发展有限公司 | 诺基亚（中国）投资有限公司 |
| 20 | 东莞铁和金属制品有限公司 | 独资 | | 日铁商事株式会社 |
| 21 | 可口可乐装瓶商生产（东莞）有限公司 | 合资 | 东莞市华信实业公司 | 太古可口可乐香港有限公司 |
| 22 | 东莞石龙京瓷光学有限公司 | 合资 | 东莞市石龙粤龙实业公司 | 日本京瓷株式会社 |
| 23 | 汤姆逊多媒体（东莞）有限公司 | 独资 | | 汤姆逊亚太投资有限公司 |
| 24 | 东莞日技金属加工有限公司 | 外资 | | 香港日技有限公司 |
| 25 | 广东联合光学仪器有限公司 | 合资 | 凤凰光学股份有限公司 | 佳能（中国）有限公司<br>台湾佳能企业股份有限公司 |
| 26 | 东莞宝田化工有限公司 | 合资 | 东莞市沙田对外经济发展总公司 | 兴宝企业有限公司 |
| 27 | 东莞华强三洋电子有限公司 | 合资 | 深圳华强集团有限公司 | 日本三洋电机株式会社 |
| 28 | 西斯尔（广东）岩棉制品有限公司 | 独资 | | 西斯尔（亚洲）投资有限公司 |
| 29 | 新科影音制品厂 | 来料加工 | | 香港新科实业有限公司 |
| 30 | 恩倍福显示器（东莞）有限公司 | 独资 | | （香港）恩倍福股份有限公司 |
| 31 | 东莞佳汇视讯电子厂 | 来料加工 | | 香港佳汇电子有限公司 |
| 32 | 东莞华强三洋马达有限公司 | 合资 | 深圳华强集团有限公司 | 日本三洋电机株式会社 |
| 33 | 东莞喜威液化石油气有限公司 | 合资 | 东莞市燃料工业总公司<br>东莞市经济贸易总公司 | SHV南中国有限公司 |
| 34 | 罗门哈斯电子材料（东莞）有限公司 | 独资 | | 希普励亚洲有限公司 |
| 35 | 东莞百音电子有限公司 | 独资 | | 百音控股有限公司 |
| 36 | 东莞长安时力电子厂 | 来料加工 | | 香港新科实业有限公司 |
| 37 | 粤龙办公设备制造厂 | 来料加工 | | 京瓷美达工业（香港）有限公司 |

金额单位：万美元

| 2005年出口总额 | 同比（%） | 投资总额 | 外资金额 | 设立时间 | 所在地区 | 所属跨国公司名称 | 2005年度全球排名 |
|---|---|---|---|---|---|---|---|
| 2255 | 23.70 | 7489 | 5702 | 1988.10 | 南城区 | 雀巢（瑞士）Nestle' | 43 |
| 4018 | 64.50 | 898 | 2740 | 1988.10 | 南城区 | 日本东京电气化学工业公司（TDK） | |
| 1587 | 49.30 | 114 | 65 | 1990.9 | 桥头镇 | 美国宝德信人寿保险 Prudential finanical | 183 |
| 8115 | 170.80 | 2727 | 2983 | 1992.3 | 石龙镇 | 京瓷（日本）Kyocera | |
| 30480 | -12.96 | 15980 | 5410 | 1992.7 | 寮步镇 | 三星（韩国）Samsung | 442 |
| 17 | -93.10 | 500 | 400 | 1992.10 | 沙田镇 | 伊藤忠（日本）Itochu | 348 |
| | | 375 | 197 | 1993.4 | 莞城区等 | 麦当劳（美国）McDonald's | 314 |
| 1327 | 17.50 | 2183 | 2183 | 1993.6 | 塘厦镇 | 通用电气（美国） General Electric | 9 |
| 12 | -84.80 | 1549 | 645 | 1993.7 | 沙田镇 | 住友商事（日本） Sumitomo | 313 |
| | | 65 | 52 | 1993.11 | 虎门镇 | 澳大利亚太平洋邓禄普公司 | |
| 28 | -2.48 | 2066 | 1072 | 1994.1 | 长安镇 | 川铁商事（日本）Kawasho | |
| 2503 | 56.80 | 1350 | 540 | 1994.3 | 南城区 | 杜邦（美国）E.I.Du Pontde Nemours | 188 |
| 5684 | 9.41 | 8973 | 0 | 1994.7 | 南城区 | 美国吉列公司 | |
| | | 97 | 59 | 1994.7 | 南城区 | 怡和（香港）Jardine Matheson | |
| 269 | 9.90 | 1127 | 564 | 1994.8 | 长安镇 | 三井（日本） Mitsui | 148 |
| 1700 | 48.52 | 1740 | 1040 | 1994.9 | 虎门镇 | 帝国化学（英国）Imperial Chemical Industries（ICI） | |
| 16862 | 59.00 | 3643 | 3750 | 1994.12 | 南城区 | 日本东京电气化学工业公司（TDK） | |
| 3792 | -6.48 | 97 | 97 | 1995.1 | 长安镇 | 理光（日本） Ricoh | 356 |
| 115055 | 13.90 | 12930 | 3724 | 1995.5 | 南城区 | 诺基亚（芬兰）Nokia | 130 |
| 21 | -53.20 | 1770 | 1000 | 1995.6 | 南城区 | 新日铁（日本） Nippon Steel | 157 |
| 521 | 8.86 | 12885 | 0 | 1995.7 | 南城区 | 可口可乐（美国）Coca-Cola | 257 |
| 3866 | -65.30 | 6418 | 4809 | 1995.8 | 石龙镇 | 京瓷（日本）Kyocera | |
| 15990 | 1.77 | 2609 | 1460 | 1995.9 | 塘厦镇 | 法国汤姆逊公司 | |
| 7 | 109.00 | 740 | 500 | 1995.11 | 常平镇 | 住友商事（日本） Sumitomo | 313 |
| 0 | 0.00 | 430 | 89 | 1995.11 | 长安镇 | 佳能（日本）Canon | 154 |
| 19 | -83.40 | 965 | 885 | 1995.12 | 沙田镇 | 伊藤忠（日本）Itochu | 348 |
| 13182 | 7.34 | 6640 | 1095 | 1995.12 | 塘厦镇 | 三洋电机（日本）Sanyo Electric | 237 |
| 384 | 25.00 | 1504 | 1052 | 1995.12 | 石龙镇 | 西斯尔（亚洲）投资有限公司 | |
| 551 | -50.40 | 689 | 510 | 1995.12 | 南城区 | 日本东京电气化学工业公司（TDK） | |
| 20674 | -29.70 | 2630 | 1310 | 1996.3 | 清溪镇 | 日本电气公司（日本） NEC | 96 |
| 29502 | 7.80 | 937 | 715 | 1996.12 | 大岭山镇 | 皇家飞利浦电子（荷兰）Royal Philips Electronics<br>伟创力（新加坡）Flextronics International | 375 |
| 52448 | 23.60 | 1400 | 420 | 1996.12 | 塘厦镇 | 三洋电机（日本）Sanyo Electric | 237 |
| | | 1630 | 1464 | 1997.6 | 东城区 | SHV Holdings（荷兰） | 352 |
| 2101 | 68.29 | 810 | 617 | 1997.12 | 东城区 | 罗门哈斯Rohm and Hass | |
| 1531 | -0.75 | 572 | 572 | 1998.6 | 南城区 | 先锋电子（中国）投资有限公司 | |
| | | 407 | 305 | 1998.9 | 长安镇 | 日本东京电气化学工业公司（TDK） | |
| 29 | -93.90 | 2610 | 1091 | 1999.4 | 石龙镇 | 京瓷（日本）Kyocera | |

续上表

| 序号 | 企业名称 | 投资方式 | 投资者 | |
|---|---|---|---|---|
| | | | 中方 | 外方 |
| 38 | 东莞长安日华电子厂 | 来料加工 | | 阿尔卑斯电子香港有限公司 |
| 39 | 广东福地日合偏光器件有限公司 | 合资 | 广东福地彩色显像管股份有限公司 | 丸红株式会社和丸红香港有限公司<br>日本合成化学工业株式会社 |
| 40 | 东莞佳汇电子厂 | 来料加工 | | 香港佳汇电子有限公司 |
| 41 | 飞利浦半导体（广东）有限公司 | 独资 | | （荷兰）飞利浦电子中国有限公司 |
| 42 | 最上（东莞）电子有限公司 | 独资 | | 最上香港有限公司 |
| 43 | 东莞茶山宏日电容器厂 | 来料加工 | | 香港AIC有限公司 |
| 44 | 阿克苏诺贝尔涂料（东莞）有限公司 | 独资 | | 阿克苏诺贝尔涂料国际有限公司 |
| 45 | 清溪三清半导体厂 | 来料加工 | | 三洋半导体电子（香港）有限公司 |
| 46 | 东莞肯德基有限公司 | 独资 | | 百胜（中国）投资有限公司 |
| 47 | 先锋信泰（东莞）光学有限公司 | 合资 | 先锋电子（中国）投资有限公司 | （日本）十和田电机株式会社 |
| 48 | 先锋高科技（东莞）有限公司 | 合资 | 先锋电子（中国）投资有限公司 | 日本先锋株式会社 |
| 49 | 大岭山双叶机械厂 | 来料加工 | | 双叶科技有限公司 |
| 50 | 东莞石龙京粤光学制品厂 | 来料加工 | | 香港环球光学制品厂有限公司 |
| 51 | 洪梅富士通电装电子厂 | 来料加工 | | 富士通电装国际有限公司 |
| 52 | 东莞石龙粤龙电磁离合器厂 | 来料加工 | | 香港达机有限公司 |
| 53 | 东莞三星视界有限公司 | 独资 | | 三星电管（香港）有限公司 |
| 54 | 大岭山铃鹿富士施乐电器厂 | 来料加工 | | 富士施乐远东有限公司 |
| 55 | 京瓷美达办公设备（东莞）有限公司 | 合资 | 东莞市石龙粤龙实业公司 | 日本京瓷美达株式会社 |
| 56 | 东莞百悦电子有限公司 | 合资 | 先锋电子（中国）投资有限公司 | 百音控股有限公司 |
| 57 | 日立金属（东莞）耐磨合金有限公司 | 独资 | | （日立）金属株式会社<br>日立金属（香港）有限公司 |
| 58 | 日立化成工业（东莞）有限公司 | 独资 | | 日立化成工业株式会社 |
| 59 | 东莞沃尔玛百货有限公司 | 合资 | 深圳国际信托投资公司<br>东莞市东湖实业总公司 | 英属维尔京群岛沃尔玛中国有限公司 |
| 60 | 三井高科技（广东）有限公司 | 独资 | | 三井高科技（香港）有限公司 |
| 61 | 爱德华（东莞）电子报警设备有限公司 | 独资 | | 通用电气太平洋有限公司 |
| 62 | 东莞能率数码产品有限公司 | 独资 | | 佳能企业股份有限公司 |
| 63 | 日立蓄电池（东莞）有限公司 | 独资 | | 新神户电机株式会社 |
| 64 | 麦德龙物业管理（东莞）有限公司 | 独资 | | 麦德龙国际参股有限公司 |
| 65 | 东莞长嘉电子有限公司 | 独资 | | 长野日本电气嘉利电子有限公司 |
| 66 | 东莞长安新科电子制品厂 | 来料加工 | | 香港新科实业有限公司 |
| 67 | 东莞能率科技有限公司 | 独资 | | 佳能企业股份有限公司 |
| 68 | 东莞长安新科磁电制品厂 | 来料加工 | | 香港新科实业有限公司 |
| 69 | 日立金属（东莞）特殊钢有限公司 | 独资 | | 日立金属株式会社<br>日荣钢材株式会社 |
| 70 | 日立粉末冶金（东莞）有限公司 | 独资 | | 日立粉末冶金株式会社 |
| 71 | 东莞马士基集装箱工业有限公司 | 独资 | | 马士基集装箱工业公司 |
| 72 | 东莞世高钢铁有限公司 | 独资 | | SK NETWORKS 有限公司<br>昌正有限公司 |
| 73 | 东莞百安居装饰建材有限公司 | 独资 | | B&Q（CHINA）B.V. |
| 74 | 东莞住矿电子浆料有限公司 | 合资 | 上海住矿电子浆料有限公司 | 住友金属矿山股份公司 |

| 2005年出口总额 | 同比（%） | 投资总额 | 外资金额 | 设立时间 | 所在地区 | 所属跨国公司名称 | 2005年度全球排名 |
|---|---|---|---|---|---|---|---|
| 8596 | 40.50 | 3500 | 1013 | 1999.4 | 长安镇 | 日本阿尔卑斯电气公司 | |
| | | 2174 | 304 | 1999.7 | 南城区 | 丸红商事（日本）MaruBeni | 185 |
| 2340 | 17.80 | 2950 | 769 | 1999.8 | 大岭山镇 | 皇家飞利浦电子（荷兰）Royal Philips Electronics<br>伟创力（新加坡）Flextronics International | 375 |
| 16170 | 69.30 | 10828 | 1870 | 2000.1 | 黄江镇 | 皇家飞利浦电子（荷兰）Royal Philips Electronics | 116 |
| 100 | 49.75 | 550 | 550 | 2000.2 | 塘厦镇 | 日本先锋公司 | |
| 1571 | 31.60 | 195 | 64 | 2000.3 | 茶山镇 | 日立（日本）Hitachi | 23 |
| 2409 | 94.27 | 900 | 450 | 2000.4 | 大岭山镇 | 阿克苏·诺贝尔（荷兰）Akzo Nobel | 380 |
| 965 | -28.90 | 2383 | 576 | 2000.5 | 清溪镇 | 三洋电机（日本）Sanyo Electric | 237 |
| | | 1200 | 0 | 2000.8 | 莞城区等 | 百事公司（美国）Pepsi co. | 172 |
| 598 | -12.37 | 1300 | 850 | 2000.8 | 长安镇 | （日本）十和田电机株式会社 | |
| 49110 | 40.64 | 5100 | 2720 | 2000.11 | 寮步镇 | 日本先锋株式会社 | |
| 457 | 605.81 | 1909 | 295 | 2001.4 | 大岭山镇 | 丰田通商（日本） Toyota Tsusho | |
| 130 | 191.20 | 458 | 79 | 2001.5 | 石龙镇 | 京瓷（日本）Kyocera | |
| 2922 | 97.40 | 62 | 40 | 2001.9 | 洪梅镇 | 富士通（日本）Fujitsu | 99 |
| 126 | 72.17 | 100 | 44 | 2001.9 | 石龙镇 | 京瓷（日本）Kyocera | |
| 65848 | -6.40 | 8749 | 3370 | 2001.11 | 厚街镇 | 三星电子（韩国）Samsung Electronics | 39 |
| 5129 | 12.60 | 4121 | 4097 | 2001.11 | 大岭山镇 | 施乐（美国）Xerox<br>富士（日本） Fuji Photo Film | 381<br>227 |
| 32370 | 31.72 | 8500 | 3582 | 2001.12 | 石龙镇 | 京瓷（日本）Kyocera | |
| | | 24 | 21 | 2002.2 | 南城区 | 日本先锋公司 | |
| 12 | 256.10 | 382 | 333 | 2002.4 | 茶山镇 | 日立（日本）Hitachi | 23 |
| 140 | 471.80 | 4893 | 2443 | 2002.6 | 茶山镇 | 日立化成工业株式会社 | 23 |
| | | 620 | 217<br>403 | 2002.6 | 莞城区 | 沃尔玛 （美国）Wal-Mart Stores | 1 |
| | | 2583 | 1033 | 2002.8 | 长安镇 | 三井（日本）Mitsui | 148 |
| | | 25 | 25 | 2002.10 | 茶山镇 | 通用电气 （美国）General Electric | 9 |
| 50 | 20.00 | 500 | 300 | 2003.4 | 长安镇 | 佳能（日本）Canon | 154 |
| 914 | 2832.70 | 1730 | 710 | 2003.5 | 茶山镇 | 日立（日本）Hitachi | 23 |
| | | 1200 | 500 | 2003.5 | 万江区 | 麦德龙（德国）Metro | 42 |
| 2 | -99.80 | 347 | 244 | 2003.5 | 凤岗镇 | （日本）NEC | 96 |
| | | 9131 | 5268 | 2003.7 | 长安镇 | 日本东京电气化学工业公司（TDK） | |
| | | 5000 | 1800 | 2003.12 | 寮步镇 | 佳能（日本）Canon | 154 |
| | | 6257 | 654 | 2004.4 | 长安镇 | 日本东京电气化学工业公司（TDK） | |
| 0.4 | | 1113 | 596 | 2004.5 | 茶山镇 | 日立（日本）Hitachi | 23 |
| 158 | | 1850 | 950 | 2004.6 | 茶山镇 | 日立（日本）Hitachi | 23 |
| | | 4950 | 1650 | 2005.5 | 麻涌镇 | 马士基集团A.P.Moller-Maersk Group | 189 |
| | | 1000 | 500 | 2005.7 | 寮步镇 | 鲜京 | 117 |
| | | 1250 | 500 | 2005.10 | 万江区 | （英国翠丰集团）kingfisher | 438 |
| | | 179 | 64 | 2005.12 | 松山湖 | 住友商事（日本）Sumitomo | 313 |

**附：市外经贸局审批业务办事指南**

一、审批事项

加工贸易项目（合同）

二、办理审批所需资料

（一）“三资”企业的设立。

1.办理其合同、章程、可行性研究报告的审批手续，报批时，请企业提供的资料包括：

（1）主管部门关于设立外商投资企业的请示；

（2）项目签署文件；

（3）企业名称预先核准通知书；

（4）企业董事会成员名单；

（5）中外双方（如是独资企业，则只需提供投资方）的法律文件和资信证明文件及法定代表人的身份证明文件；

（6）投资方的董事会决议。

2.在签订生产合同前，向市外经贸局补交的资料：

（1）涉及开发土地或自建厂房的，需补交市国土资源局对该项目的意见；

（2）市环保局对有关项目的审批意见；

（3）市公安消防局对该项目验收合格的意见；

（4）社会保险登记证复印件（附正本核准）。

（二）来料加工企业的成立。

1.主管部门提交的新签协议意向书；

2.中外双方签署的来料加工协议；

3.外方的法律证明文件和资信证明文件；

4.外方法人代表资料和外方签约人身份证影印件。

三、办事程序

（一）设立“三资”企业。投资者（或其协作方）到市工商局申请核准外商投资企业的名称后，除高危的易燃易爆项目和第一类重污染型项目外的其他项目，可以直接到市外经贸局办理其合同、章程、可行性研究报告的审批手续。经批准成立的企业，必须在签订生产合同前，向市外经贸局补交相关资料。

（二）成立来料加工企业。除高危的易燃易爆项目和第一类重污染型项目外，可以备齐相关资料直接到市外经贸局办理。（以上内容可参见http://www.dgboftec.gov.cn）

## 2004—2005年东莞市名列中国最大的500家外商投资企业

| 排名 | 企业名称 | 销售收入（万元） |
|---|---|---|
| 110 | 东莞三星视界有限公司 | 631197 |
| 164 | 东莞福安纺织印染有限公司 | 491496.38 |
| 174 | 东莞华强三洋马达有限公司 | 472740.82 |
| 214 | 京瓷美达办公设备（东莞）有限公司 | 399307.62 |
| 224 | 台达电子电源（东莞）有限公司 | 387988.61 |
| 278 | 东莞汉华光电有限公司 | 314963.7 |
| 297 | 先锋高科技（东莞）有限公司 | 297469.75 |
| 301 | 东莞德永佳纺织制衣有限公司 | 295028.99 |
| 315 | 东莞科泰电子有限公司 | 285739.46 |
| 350 | 东莞广通事务机有限公司 | 262887.18 |
| 374 | 恩倍福显示器（东莞）有限公司 | 248965.21 |
| 379 | 金宝电子（中国）有限公司 | 246207 |
| 391 | 东莞华强三洋电子有限公司 | 238369 |
| 410 | 东莞沙田丽海纺织印染有限公司 | 227822.18 |
| 412 | 高效电子（东莞）有限公司 | 227530.91 |
| 445 | 东莞华新电线电缆有限公司 | 214158.65 |

▲东莞华强三洋电子有限公司

## 贸促工作

【出证认证】2005年，东莞市贸促会共签发原产地证近14000份；认证外贸单据46份；代办使馆认证664份，比2004年增长20.9%；签发国际商事证明书803份，增长72%；EDI网上签证1313份。为方便企业办证，在樟木头镇设立“东莞市贸促会原产地证东部受理处”，为樟木头、凤岗、清溪、塘厦、谢岗、黄江镇的三资企业的出口产品办理原产地证。根据企业需要，6月份联合广州尊网公司及香港工业总会东莞分部为香港驻莞企业举行网上签证业务培训班，共有10家企业20多名代表参加。

【会务与信息联络】2005年，市贸促会共接待20个来访团体156人次，组织企业与考察团进行对口洽谈。先后组织企业参加由广东省贸促会举办的“中国——马来西亚商务洽谈会”、“中国企业在欧共体商标注册与保护专题讲座”、“韩国京畿道——广东省优秀企业洽谈会”、“智利广东经贸交流会”、东莞市贸促会举办的“粤港两地经贸合作情况座谈会”、广西玉林贸促会举办的“第二届广西中小企业商机博览会”和龙永图主讲的“2006年国内外经贸形势分析报告会”。同时，协助组织东莞企业参加广东省国际商会的活动，并推荐有关优秀民营企业参加广东省国际商会，成为理事单位。

【展览举办】2005年，东莞国际会展中心共举办16场展览，参观人数近30万人次。其中国际性大型展览会有：“第七届中国东莞国际电脑资讯产品博览会”、“第三届中国（东莞）国际鞋类、皮革制品配件与生产技术展览会”和“第二届中国东莞国际针织工业——毛衣、刺绣、服装及技术展览会”。

4月21—24日，由广东省贸促会、东莞市贸促会、德国杜塞尔多夫展览（中国）有限公司和香港雅式展览服务有限公司联合举办的“第三届中国（东莞）国际鞋类、皮革制品配件与生产技术展览会”在东莞国际会展中心举行。本届展览面积达1.8万平方米，共有350家国内外参展商参展，吸引了海内外的专业买家达18702人，其中来自海外的买家占25.5%，分别来自美国、加拿大、德国、英国、法国、意大利和中国香港、澳门和台湾等40个国家和地区。

【东莞市家具协会】在协助企业开拓市场方面，先后于2005年3月和8月组织部分家具企业参加广州国际家具展，并于10月和11月组织企业组成代表团考察台湾、泰国的家具市场；在交流与协助方面，全年共接待来自加拿大、美国、俄罗斯等国家和地区的家具行业考察团、采购团30多个，引导前往考察会员企业近100家；联合有关行业权威部门成立“东莞英辉集团”，旨在以此为平台，为中小家具生产企业寻找终端销售渠道。

【指导东莞家具企业应诉“中美家具反倾销”】2005年2月，东莞市家具协会成立反倾销应对办公室，引导涉案企业通过正确的途径自救，委派专人负责家具反倾销及其他贸易摩擦工作。4月22日，联合广东省外经贸厅、东莞市外经贸局、海派律师事务所就“反倾销应对和2006年度行政复审”召开专题讲座。6月10日在东莞篁胜酒店召开第一次企业和律师见面会，帮助企业正确填写问卷。6月17日，国家外交部政研司司长杜起文一行4人专程来东莞调研家具企业受反倾销影响的情况，东莞市家具协会组织了台升、时兴等有代表性的企业参与座谈。11月底，加拿大生产商对中国居家家具申请特别保障措施，要求寻求关税和配额的保护。12月12日，东莞市家具协会组织企业参加“家具反倾销复审辅导会”，并邀请美国著名律师到会讲解。

【东莞市玩具协会】2005年，先后组织企业参加《国家玩具安全技术规范》强制标准培训、“香港设计、珠三角制造”论坛、“企业知识产权保护与管理策略研讨会”、“广东省名牌产品申报工作座谈会”、“社会标准调研座谈会”和“第四届珠三角会议”；7月，组织企业前往日本参加玩具展览；8月，开始出版《东莞玩具》月刊。

【东莞市电子协会】2005年，实施品牌带动战略，协助石碣镇申报“中国电子信息产业名镇”。石碣镇于7月13日获中国电子商会授牌，成为中国第一个“中国电子信息产业名镇”；协助企业拓展国际市场，组织企业参加香港春季电子展览及美国消费电子协会在华代理机构合作，有选择地组织电子企业参加2006年1月5—8日在美国拉斯维加斯举办的国际消费电子产品展览（CES）；成立联合统采机构，组织大型团膳公司、烹饪公司、餐饮公司等饮食服务企业实行农副产品联合统采；牵头与东莞市联合统采贸易有限公司于11月28—30日组织举办了“UTS全国农副产品采购招标大会”，共有400多家大型供应商和采购商参加；委托东莞市太平洋计算机科技有限公司、TCL电脑科技公司等专业公司推出信息网络、网吧项目的策划、设计安装、设备配送、营销推广、运营培训等全方位服务平台，并于12月举办了“INC东莞信息网络网吧服务展示会”；先后于11月和12月举办“无铅化电子组装技术研讨会”和“2005首届标准服务业发展战略合作论坛”2场专题研讨会。

【东莞市皮革鞋业协会】2005年，组织企业参加由商务部、法国经济财政和工业部等部门主办的“第二届中国中小企业博览会暨中法中小企业博览会”，加强企业与国外同行的交流；11月，接待印度鞋业工业商会代表团来访，陪同代表团参观虎门虎威实业有限公司、厚街誉升鞋业有限公司等相关企业，为两地企业的合作打下基础；还会同厚街劳动分局、厚街劳务大市场主办的“2005中国鞋业精英人才交流大会”，并同时组织了首届“东莞鞋样设计（出格）师精英评选大赛”。

【承办第七届电博会】2005年10月13—16日，第七届中国（东莞）国际电脑资讯产品博览会举行。这届电博会继续由中国国际贸易促进委员会电子信息行业分会与东莞市贸促会共同承办，保持国家级定位。参展企业达150多家，展位近500个，展场面积达13000多平方米。吸引了40000多名专业观众进场参观，分别来自美国、法国、英国、德国、澳大利亚、加拿大、土耳其、西班牙、印度、巴基斯坦、新加坡、泰国和中国香港、澳门、台湾等近30个国家和地区及国内各省市。这届电博会集产品展示、贸易订货、学术研讨、投资洽谈与技术合作为一体。展会与“2005东莞国际科技合作周”在同一时间举行，使得展览内容更丰富，突出“东莞制造”向“东莞设计”的转变过程，提升了展会品牌的含量。

【先进性教育活动】根据东莞市委具体部署，东莞市贸促会2005年1月19日成立由支部书记黄创新任组长的先进性教育活动领导小组。下设办公室，由专门人员担任主任、材料员和联络员。东莞市贸促会保持共产党员先进性教育活动于2005年2月21日正式展开。整个活动分学习动员、分析评议、整改提高三个阶段进行。学习动员阶段，东莞市贸促会先后召开学习动员大会、组织观看电教片《郑培民》、开展“百题测试”、“一名党组织书记讲一次党课”、先进性教育活动“四会”等活动。分析评议阶段，通过开展谈心活动、撰写党性分析材料、召开民主生活会、组织生活会征求群众意见等形式，查摆出个人、单位存在的问题，并以书面形式反馈回个人。整改提高阶段，广泛征求意见，认真剖析存在问题，从加强党员的教育管理、加大支部建设力度、加强制度建设等方面落实具体整改措施。通过开展先进性教育活动，东莞市贸促会的凝聚力得到提高。

【十百千万干部下基层】 按照东莞市委统一部署，东莞市贸促会2005年1月派出干部李暖居随工作组进驻望牛墩镇洲涡村工作。一年的基层工作中，驻村干部协助洲涡村村委加强农村基层领导班子建设，顺利完成4月的村委换届选举工作；按照要求，完成“四清理”工作；参与6月洲涡村的抗洪抢险工作；协助与望牛墩镇公共汽车有限公司签订协议，由洲涡村出资，为当地中学生办理乘车月卡，解决学生上学和放学的交通问题。（谢海燕）

附：2005年中国国际贸易促进委员会东莞市支会领导名录

会　长：黄创新

## 口岸工作

【概况】 东莞市口岸局（正处级）是代表市政府规划、建设、管理东莞口岸和协调处理口岸问题的职能部门。内设办公室、业务、财务3个科室，下设太平、沙田、凤岗、常平、长安、篁村、麻涌7个正科级口岸分局，下辖东莞市港澳货运车辆检查场管理服务中心（正科级事业单位）和东莞市口岸建设发展有限公司。

截至2005年，东莞市政府累计投资超过10亿元，建成和开通了7个口岸。其中虎门港口岸和东莞铁路口岸为一类口岸。二类口岸5个（太平、沙田、莞城、麻涌、中堂进出口货物装卸点），纳入口岸管理的东莞市港澳货运车辆检查场4个（凤岗、长安、篁村、虎门〈监时〉车检场），其中凤岗车检场是全国最大、最繁忙的二线车检场。

东莞口岸设立的检查检验单位有：东莞海关（正处级），下设常平办事处（副处级）；太平海关（正处级），下设沙田办事处（副处级）；黄埔海关驻凤岗办事处（正处级）；黄埔海关驻长安办事处（正处级）；东莞出入境检验检疫局（正处级），下设太平、长安、凤岗、沙田、常平5个副处级办事处；东莞边防检查站（正团级），下设常平、沙田2个副团级边防检查站；东莞海事局（正处级），下设沙田、太平2个副处级办事处和莞城、长安、中堂、麻涌、石龙、沙角6个正科级办事处；广州海事局沙角海事处（正处级）。

【寮步车检场建设主体工程完成】 为缓解市区交通压力，市政府拨款1亿多元用于篁村车检场搬迁到寮步镇重建工程。该车检场设计日通过能力为3000车次。截至2005年，寮步车检场口岸各单位的办公区、生活区、查车台、出入口工程、道路及配套设施等主体工程已全部完成，附属工程也进入了紧张施工阶段。

【虎门港口岸查验单位远程监控信息光纤高速通道建设方案启动】 2004年，为解决查验单位与各开放码头电子监控系统连接问题，经与虎门港口岸各检查检验单位磋商后，市口岸局牵头提出虎门港口岸检查检验单位监控信息光纤高速通道的建设方案，经请示市政府，同意由市财政拨款393万元用于该项目的建设。2005年，已完成了第一阶段的设计方案，相关项目工程正组织招标中。

【成立东莞市口岸新增作业码头查验配套设施建设协调领导小组】 “十一五”期间，市政府计划逐步加大虎门港的建设投入，麻涌新沙南、沙田立沙岛、沙田西大坦岸线将新增一批作业码头，其中沙田西大坦5、6号泊位于2005年5月动工建设，立沙岛油气化工码头于2005年12月1日动工。截至2005年，在虎门港口岸对外开放水域范围内完成立项或正式动工的2000吨级至5万吨级的码头泊位有12个，设计通过能力超过900万吨。为统筹解决有关在建码头查验配套设施的规划和建设问题，成立了以副市长张顺光为组长，驻莞查验单位和虎门港管委会等单位的主管领导为成员的东莞市口岸新增作业码头查验配套设施建设协调领导小组。

【虎门港口岸增加作业码头并对外开放】 为适应东莞市外源型经济的发展需要，2005年，沙角A电厂煤码头、沙角B电厂煤码头、沙角C电厂煤码头、马士基码头、鸿辉码头、中兴船务有限公司码头等纷纷提出申请，要求纳入虎门港口岸范围并对外开放。东莞市口岸局根据国函［2002］120号文的精神及各码头建设情况，分期分批报省人民政府审批，各项工作正在落实中。

【向省政府申请开行东莞至香港货运直通列车】 东莞市口岸局经广泛论证，并与广州铁路（集团）公司、广深铁路股份有限公司和香港九广铁路公司等多次协商，拟订了《关于开行东莞至香港货运直通列车的方案》，经商驻莞查验单位同意后，于2005年10月25日以市政府名义向省人民政府上报了《关于申请东莞铁路（客运）口岸增加货运功能的请示》。

【篁村车检场通关效率提高】 2005年，在充分听取了香港各运输公司代表对篁村车检场通关工作的意见和建议的基础上，东莞市口岸局协调海关等部门，实施了“增加武警人手，延长施封时间”和“待查车辆持卡进场，其他车辆在建设路施封、验封通关”这两项措施，使通关效率大大提高，通关环境得到进一步改善.

【开展口岸调查研究】 2005年，东莞市口岸局开展的调研课题主要有：协助省政府口岸办落实中央编办交办的调研事项，对影响通关效率的各种因素和收费项目进行调研；协助海关总署、省政府口岸办，对东莞铁路（客运）口岸恢复承担北京、上海至九龙直通旅客列车检查检验任务的可行性进行调研；协助广东省人民政府口岸办公室对东莞市各车检场通关情况进行调研等。（蒋先友）

附：2005年东莞市口岸局领导名录

局　长：郭　水

副局长：莫国源　姜　伟　袁沛洪

## 太平海关

【概况】 2005年，太平海关不断提高把关服务能力，全年共监管进出口货运量558.59万吨，货值58.89亿美元，出入境人员472812人次；加工贸易备案企业182个，备案合同数7075份，备案合同金额123.30亿美元；查获走私违规案件216起；走私违规罚没入库5011万元，入库

## 1996—2005年东莞口岸入出境综合情况表

| 项目<br>年份 | 入出境旅客（人次） | 增长率 | 进出口货物（万吨） | 增长率 | 入出境货运车（辆次） | 增长率 | 入出境船舶（艘次） | 增长率 |
|---|---|---|---|---|---|---|---|---|
| 1996 | 404096 | 9.3% | 983.7 | 33.9% | 1136648 | 30.4% | 12544 | 34.8% |
| 1997 | 474746 | 17.5% | 1209.7 | 23.0% | 1318776 | 16.0% | 18019 | 43.6% |
| 1998 | 500910 | 5.5% | 1386.6 | 14.6% | 1382559 | 4.8% | 18686 | 0.2% |
| 1999 | 584465 | 16.7% | 1727.8 | 24.6% | 1609459 | 16.4% | 15108 | -19.1% |
| 2000 | 591080 | 1.1% | 2002.3 | 15.9% | 1910679 | 18.7% | 14888 | -1.5% |
| 2001 | 663278 | 12.2% | 1996.02 | -0.3% | 1925266 | 0.8% | 15652 | 5.1% |
| 2002 | 707217 | 6.6% | 2284.9 | 14.5% | 2178164 | 13.1% | 15308 | -2.2% |
| 2003 | 608458 | -14.0% | 2373.28 | 3.9% | 2318857 | 6.5% | 15899 | 3.9% |
| 2004 | 859203 | 41.2% | 2474.89 | 4.3% | 2563166 | 10.5% | 18496 | 16.3% |
| 2005 | 908845 | 5.8% | 2199.12 | -11.1% | 2415887 | -5.7% | 16906 | -9.7% |

税款22.11亿元。

【税收征管能力提高】 2005年，太平海关发挥好通关部门的职能作用，加强规范申报、价格审核、原产地认定等工作，堵塞漏洞，价格磋商有效率达到75%。通过深入开展宣传走访工作，对大型企业实施便捷通关服务，并为其设立纳税大户休息室等，改进了通关环境，涵养了税源，吸纳新税源企业13家，税款超过1000万元。简化通关流程，清理修改了通关审单、税费等环节的7项作业流程，节省企业通关时间。实行税收任务分解制度，将税收任务进行细化并切块分解到相关部门，实现了压力的分解和传递。在太平海关政务网实行税收进度实时监控。积极追缴欠税，加强减免税设备监管，防止税款流失。周密部署加工贸易企业自查补税专项行动和综合治税专项稽查行动，取得明显成效。

【打私能力增强】 2005年，太平海关通过加强风险分析，强化了各业务环节在发现、查缉、防范走私中的基础性作用，现场查获的涉嫌走私违规案件共650余宗，同比大幅提高，移送经刑事立案案件共有4宗。健全与缉私部门的联系配合机制，提高了整体打私效能。加强对企业的风险管理和分类管理，年内共对电子、塑料等商品开展稽查68项，其中完成常规稽查37项，建账检查31项；对7家大型企业进行了常规稽查，对30家企业进行了实地核查。成立机动查缉队，对各监管现场的进出境货物及运输工具进行不定期的突击检查，加大打击走私违规活动的力度。在自查补税期间，联合缉私部门开展"以打促税"专项行动，收效良好。以内外勤分离和成立加工贸易核查科为契机，加强对加工贸易企业的风险预警和分析，加强下厂核查的针对性，年内共对730家企业进行下厂核查，向缉私部门移交走私违规线索110宗，案件估值6700万港元。加大行邮渠道的查缉力度，旅检现场年内查获的涉嫌走私违规案件共24起，同比增长60%。违规物品的查缉工作也有了新的突破，查获了恐龙化石、土沉香等违禁物品。

【通关效率提高】 2005年，太平海关成立风险管理科，建立健全企业风险分析综合数据监控系统，为现场业务科室和后续监管部门提供更有针对性的风险信息，不断提高风险处置的命中率。完善查验机制，增强了实际查验的有效性。结转科、通关科切换单证流转系统后，单证质量和通关效率明显提高，删单量下降近30%。进出口船舶管理更加规范，基本实现了对来往港澳小型船舶安装GPS系统。在协勤武警的密切配合下，认真落实"5＋2"工作制和24小时预约通关，解决了企业在周末出货难的问题。结合地方特色，开通了香港机场至虎门宏业货柜码头的干线业务，货物的运输时间从原先的几天缩短为几个小时。与广东现代国际展览中心签订备忘录，开辟展览品的"绿色通道"，提高了监管效率。

【加工贸易改革】 2005年，太平海关加大了联网监管的推广工作及电子账册的审核工作力度，联网监管企业达到66家，电子备案企业15家，加工贸易信息化管理的步伐加快；进一步完善了备案计算机时效监控系统，提高了单证流转环节的实时监控能力，继续深化深加工结转窗口作业模式改革，人均日审核报关单量由原来的120份提高到200份左右，工作效能显著提高；作为黄埔海关加工贸易内外勤分离试点单位，于8月1日正式成立了加工贸易核查科，提高内外勤作业的专业化、集约化程度，加强实际监管力度和避免了重复下厂、多头下厂。　（周　莉）

**附：2005年太平海关领导名录**

关　长：黄运城

副关长：吴玉应　顾恪怡　杨晓勇　秦健衡

## 东莞海关

【概况】 2005年，东莞海关共征收税款21.5亿元。全年审批减免税共8850宗、12.1亿美元；审批合同备案手册28391份；核销合同26285份；监管车（船）共397280辆（列艘）次，进出口货物447万吨，进出境人员565067人次，快件6154920件。办理审核各类报关单（含深加工结转、余料结转）153.8万份，记录条数360.1万条。

【通关环境改善】 2005年，东莞海关结合关区实际，积极采取措施，进一步改善东莞市外贸投资软环境，大力支持地方经济发展。一是按照"管得住，通得快"的要求，全面修订业务操作规程，规范操作，堵塞漏洞，简化程序，提高通关效率。二是推行便捷通关措施，为多家纳税大户提供个性化服务，设立“A类大型企业窗口”和“应税货物便捷通关窗口”，对关内首批32家纳税大户实行无特殊原因不查验制度，应税货物车辆不过夜制度和车场过夜车辆日报告制度，一般情况下车辆当天申报，当天放行完毕。三是加强各部门之间的联系配合，方便企业快速通关。在龙通码头实施“5+2”工作制，车检场延长作业时间，从早上8:30至晚上23:00对出口车辆进行不间断工作，方便了企业车辆进出，缓解了报关车辆长时间排队等候的状况，提高了通关速度，受到口岸局、香港司机总会及各企业的广泛好评。四是与多家大企业签订了《合作备忘录》。五是充分发挥出口监管仓、保税仓的作用，有效解决东莞地区企业生产的货物“香港游”的问题，为企业节约了成本。

【监管业务改革】2005年，东莞海关推进业务改革，切实做好实际监管。一是推行量化管理。启用深加工结转单证流转系统，对结转业务的量化管理成效显著，内外反映良好。二是建立自查自纠内控机制。通过业务科自查、监察部门监督检查和接受上级监控、督察审计等，及时发现问题，及时整改。三是开发应用“备案单证作业管理系统”、“核销环节管理监督系统”，启用结转环节“单证流转系统”，加强管理、化解廉政风险；圆满完成海关总署确定的H2000电子手册试点工作任务，试点企业已达30余家；按时完成总关下达的15项商品三级单耗核定工作；联网监管工作进展顺利，成功为50多家企业开出电子账册，累计进出口总值58.98亿美元；四是采取措施加强快件监管，开展电子产品、非野生牛羊皮和服装等高风险货物快件监管专项治理行动，建立快件商品价格资料库。五是加强旅客检查工作及铁路转关货物的监管，共监管进出境旅客565067人次，同比增长14.38%。

【打击走私力度加大】2005年，东莞海关注重建立走私动态分析预警机制，规范企业行为，加强各业务部门与缉私部门的联系，打击利用深加工结转环节进行“空转”、“假转”、“倒卖指标”等加工贸易渠道的走私违法行为，加大打击旅检渠道“水客”走私的力度，积极开展缉毒工作，加大知识产权保护力度。

【横向联系加强】2005年，东莞海关密切与地方政府、有关单位的联系沟通。主动向地方政府、财政、外经、口岸、公检法等部门通报情况，取得理解与支持；定期召开报关行、报关组和企业座谈会；与报关协会及外商、台商企业协会、海外联谊会等建立良好的沟通机制，积极推动关企对话；增强主动服务意识，由关领导带队到各镇区宣传海关政策法规、送服务上门。年内走访关区的28个区镇，进行座谈和现场咨询活动达60多场次，参加人数超24000人，派发宣传小册子20000余份，收到良好的效果。

【党风廉政建设】2005年，东莞海关重视内外监督，着力加强党风廉政建设。一是惩防并举，抓好海关人员“6项禁令”的落实，健全制度，建立科室自查自纠制度。二是重视班子建设，狠抓“6项责任”的落实，重点开展廉洁从政教育、警示教育、法纪教育，教育广大关员学法、知法、懂法、守法，不断提高拒腐防变和抵御各种风险的能力。三是注重综合治理，加强外部监督。积极加强与东莞市纪委、检察院、法院和检验检疫局等部门的横向沟通联系，定期召开联席会议；重新聘请33名义务监督员，制定《东莞海关义务监督员管理办法》；向外界发放600份调查问卷，现场设9个“关员服务态度评议箱”，了解海关对执行政策、廉政规定和作风态度、工作效率等方面的情况；拓展违纪线索来源，坚决查处违法违纪案件。2005年共移交东莞海关缉私分局企业走私线索8条，全关干部共拒收“红包”81人次。

（施　琼）

**附：2005年东莞海关领导名录**

关　长：邵全展

副关长：张　明　李鸿昌　李永新　钟宏文　郑　忠

## 检验检疫

【检验检疫事业发展】2005年，东莞检验检疫局共检验检疫出入境货物205.3万批（比2004年同期增长3.5%），货值405亿美元（同比增长9.9%）。签发普惠制产地证25.4万份，签证商品金额92.5亿美元，按5%的受惠率计算，可为东莞地区出口商品降低国外关税约4.6亿美元。签发一般原产地证17.8万份（同比增长8.4%），签证商品金额79.9亿美元；签发中国—东盟自由贸易区优惠原产地证81份，签证金额83.3万美元；《曼谷协定》优惠原产地证90份，签证金额60.35万美元。完成外商投资财产鉴定100批，金额达9684.24万美元，查出高价低报和低价高报共75批，共为国家和企业挽回损失571万美元。检出1207批不合格进出口商品，总值约882万美元，另查出以旧充新的进口设备62批。截获进境植物害虫总数3544批（同比增长62.6%），其中一类危险性害虫50批，二类危险性害虫152批，三类危险性害虫2批，其他有害生物3340批。监测体检8371人次，预防接种317人次，发现各类疾病病例1320例。

2005年，东莞检验检疫局被广东省委、省政府授予“广东省文明单位”称号，被东莞市委、市政府授予“中央和省属驻莞机关先进单位”（下转353页）

▲ 虎门港沙田作业区货运码头

# 共青团东莞市委员会

“青春东莞　魅力新城”——军地青年五四大型歌会

市长与青年企业家座谈会

青春暖流——市委副书记李毓全与外来员工亲切交谈

首届东莞市青年就业创业交流招聘会暨首届青年兼职就业招聘会

“认识海洋、了解海事、热爱祖国” 青少年爱国主义教育活动

东莞青年欢乐节千名志愿者宣誓大会

# 东莞市委党校

2005年6月，市委副书记、市长刘志庚为处级领导干部轮训班作报告

党校参加了东莞市第一批保持共产党员先进性教育活动，图为市委副书记、市委党校校长李毓全为党校全体党员讲党课

全市公推党政处级副职领导后备人选考试在党校举行。图为市委副书记、市委党校校长李毓全和市委常委、组织部部长庞国梅等领导实地巡查

党校举办了依法行政专题班，图为该班赴香港培训学习期间考察香港廉政公署情形

# 东莞市人民政府经济协作办公室

市府经协办组织召开2005年各地政府驻莞办事机构工作总结大会。会上对湖南省政府驻东莞办事处等8个先进办事机构进行了表彰

2005年1月，市府经协办主任刘学聪陪同市春节慰问团到广西河池市慰问贫困村

市委先进性教育第二督导组组长邹金生参加市府经协办保持共产党员先进性教育活动学习心得交流会

东莞市人民政府经济协作办公室在2005年紧紧围绕市委、市政府提出的年度工作任务，认真落实开展保持共产党员先进性教育活动，积极参加与内地特别是大京九经济协作带和“泛珠三角”区域合作、经济协作，加强各地政府驻莞办事机构的管理和工作指导，大力开展对广西河池、西藏林芝、新疆哈密以及韶关市新丰、乳源两县等地的扶贫工作，在用好、落实好市委、市政府扶贫资金和项目的基础上，积极发动各镇区和社会各界参与对外扶贫工作，全年累计用于扶贫资金及物资折价6400.59万元，成绩斐然。2005年被省政府授予“广东省民族团结进步模范集体”，被市委、市政府评为“2005年度扶贫工作先进单位”，被市委办、市府办评为“2005年度全市档案工作先进单位”，被市委政研室评为“东莞市2005年度调研工作先进单位”。

2005年10月26日，市府经协办主任刘学聪陪同市政府副秘书长陈林佐出席在河南商丘市召开的大京九经济协作带第八届市长联席会议

至2005年10月，东莞市出资1500万元在三年内帮助林芝县完成小康村配套建设、鲁朗镇小集镇改扩建、米瑞大蒜基地建设等6类16项帮扶项目

2005年底被广东省人民政府授予“广东省民族团结进步模范集体”

# 东莞市民营经济发展协调办公室

2005年1月20日，全市民营经济工作会议

东莞市民营经济发展协调办公室（以下简称“市民营办”）是根据《中共东莞市委、东莞市人民政府关于促进民营经济发展的若干意见》（东委〔2001〕31号）成立的依照国家公务员制度管理的事业单位，按正处级别部门待遇管理对待，是市政府专司民营经济发展的综合协调服务机构，并负责全市民营经济发展领导小组联席会议的日常工作。市民营办内设综合科和协调督导科，下设东莞市民营经济服务中心，对外增挂东莞市民营企业投诉中心的牌子，内增设投诉科。

市民营办的主要任务是制订民营经济发展的中长期规划和年度计划，提出解决民营经济发展中存在问题的对策和促进民营经济发展的政策措施；协调有关部门对民营企业提供高效率的行政审批服务；对各项促进民营经济发展的政策措施跟踪协调、督促落实；受理民营企业投诉；承办市委、市政府交办的事项等。

2005年9月15日，全市民营经济发展领导小组联席会议

2005年9月20-21日，市民营经济第十一个五年规划调研座谈会(万江)

2005年9月27日，民营企业家代表与部门领导座谈会

2005年11月10日，贯彻国务院“非公经济36条”——东莞民营企业家征求意见专题会

（刘捷 摄）

# 东莞市民政局

① 2005年“八一”期间，市委书记、市人大常委会主任佟星到东莞军分区慰问
② 2006年1月，市委副书记、市长刘志庚，市委常委庞国梅慰问敬老院老人
③ 市委常委、常务副市长冷晓明到市儿童福利院观看少儿才艺大赛
④ 全市民政工作会议
⑤ 村民自治和社区建设总结表彰大会

# 东莞市人口计生局

2005年8月1日，国家人口计生委主任张维庆视察东莞市人口和计划生育工作情况。图为国家人口计生委主任张维庆（右二），副省长雷于蓝（左一），市委书记、市人大常委会主任佟星（右一）、市委副书记、市长刘志庚（左二）就人口和计划生育工作亲切交谈

2005年8月12日，东莞市出生缺陷干预工程启动暨广东医学院附属生殖医学中心挂牌剪彩仪式在市计生服务中心举行。图为东莞市委副书记刘树基（右二）、广东医学院党委书记高志青（左二）、省人口计生委副主任刘银燕（右一）、东莞市副市长吴道闻（左一）为广东医学院附属生殖医学中心揭幕

2005年新春伊始，副市长李小梅与市政府副秘书长、市人口计生局局长黄碧莲，副局长徐诠清、曾瑞微在一起商讨全市人口和计划生育工作情况

2005年9月30日晚，东莞市人口计生局、市计划生育协会、万江区联合在万江金鳌广场举办“婚育新风进万家文艺晚会”。晚会通过文艺表演的形式，共同唱响“婚育新风进万家”的主旋律。图为市政协副主席陈文敏（左四），市政府副秘书长、市人口计生局局长黄碧莲（左六），副局长徐诠清（左二）、曾瑞微（右五），万江区党委书记陈志超（左三），区计生分管领导、党委委员、副区长吴淑萍（左八），原市计生委主任张欢（左七）等市、区领导与演员们一起谢幕

# 东莞市国家税务局

东莞市国税局于1994年9月底税务机构分设后成立，在2005年规范机构设置后，全系统局机关设置12个行政科室，2个直属机构；33个派出机构。全系统在职干部695人，管辖全市纳税户151860户。2005年组织工商税收收入达184.98亿元（含海关代征38.29亿元），同比增长22.2%，其中国内税收收入146.7亿元，同比增长19.48%，形成市财政收入32.19亿元，同比增长21.76%，为国家和东莞市的社会经济发展作出了积极的贡献。

全市国税系统征管工作会议

东莞市电子缴税入库系统暨出口收汇网上核销系统启用典礼

开展大型的税法宣传咨询活动

参加全市第二届合唱比赛荣获金奖

# 东莞市地方税务局

东莞市车辆税收征收方式调整启动仪式

签订东莞市首例预约定价安排，涉外税收管理迈上一个新台阶

与东莞市人大代表、政协委员举行税收恳谈会

为外商投资企业作最新税收政策宣讲

举办税法咨询活动

# 东莞市工商行政管理局

广东省创建区域国际品牌试点工作会议在莞召开

2005年4月，市长刘志庚前往市工商局视察工作

全市清理无证照经营工作会议

市局机关人员参加市机关运动会载誉归来

消费者为表谢意上门赠锦旗

# 东莞市质量技术监督局

大力开展保持共产党员先进性教育活动

省质监局、市政府领导参加新办公大楼揭牌仪式

2005年，是东莞质监系统认真落实科学发展观，质监事业取得较大发展的一年。全系统广大干部职工在省质监局和市委、市政府的正确领导下，始终坚持以邓小平理论和“三个代表”重要思想为指导，牢固树立和认真落实科学发展观，认真落实“三服务”工作方针，以开展保持共产党员先进性教育活动为契机，在抓好党风、政风、行风和廉政建设的同时，食品生产加工环节安全监管、特种设备安全监察、质量、计量、标准化、打假治劣和技术机构建设都取得了较大进步，进一步促进了东莞质监事业的发展，为打造质量强市，建设现代制造业名城做出了积极的贡献。2005年12月，市质监局再次被市委、市政府评为“2005年度中央、省属驻莞机构先进单位”。

食品巡查员对食品生产加工企业进行巡查

执法人员对特种设备进行现场安全监察

举办2005年总结表彰大会暨2006年迎春团拜会

环境优美的产品质量检测实验室

东物集团
DONG WU JI TUAN

# 东莞市物资集团有限公司

开展全员培训，提高整体素质

接受ISO国际质量标准认证机构的审核

东莞市物资集团有限公司是由东莞市物资总公司改制成立，其前身为东莞市(县)物资局，创立于1958年，1984年进行了机构改革，确定为物资局、物资总公司一套班子两个牌子的机构，开始向市场化、企业化方向转变，逐步形成了一个以物资贸易为主，综合经营，产业多元化的集团企业。

2003年进行了产权制度改革，完成了企业改制，组成了以内部职工持股为主、产权多元化的股份制企业集团。集团下属的8家全资子公司为：广东省东莞市化建有限公司、东莞市东物剧毒化学物品有限公司、东莞市东物危险物品运输有限公司、广东省东莞市民用爆破器材专卖有限公司、东莞市金属材料有限公司、东莞市广南沥青有限公司、广东省东莞市旧机动车交易中心有限公司和东莞市物资再生利用有限公司。主要经营产品和项目有：有色、黑色金属、化工建材、沥青、橡胶及制品、民用爆炸物品、剧毒化学物品、汽车、旧机动车的交易、评估、拍卖、废旧物资回收、废旧机动车回收（拆解）和危险化学品运输配送业务。

2005年，公司通过了ISO9001:2000国际质量管理体系认证，并以过程控制的方法建立、实施并保持公司的服务质量管理体系的持续改进和提高，控制经营服务全过程，确保顾客满意，塑造公司形象，打造服务品牌，通过实施有效的管理，创造更好的经济效益和社会效益。

功能齐全的“一站式”旧机动车交易大厅

集团重新布局的位于东城下桥的旧机动车交易中心外景

东莞市物资集团有限公司
地址：东莞市城区运河东三路38号
电话：22383616
传真：22383262
邮编：523012
法定代表人：陈灿光

中国烟草

# 广东省东莞市烟草专卖局
# 广东烟草东莞市有限公司

纪检组组长汪利(右三)及有关干部对物流配送中心主任竞争人员进行面试

全体党员参加先进性教育活动工作总结大会。东莞市局(公司)先进性教育活动圆满结束

副局长郭正光(左四)带领专卖人员在市城区文化广场进行了保护知识产权法制宣传教育活动

局长、总经理刘恒建(正中左)传达省局(公司)局长经理座谈会议精神，纪检组组长汪利(正中右)也作了重要讲话

东莞市局(公司)筹建组13名成员在听取投标者自述后，通过无记名投票方式选出中标单位

# 东莞盐业总公司

东莞盐业总公司每年按照国家下达的食盐计划进行购进、调运，负责全市的生产、运销及经营储存业务。公司拥有6000平方米的仓储设施，全自动化小包装生产线3条，年生产力达3万吨，配备年运输能力达10万吨的盐业产品配送中心。

东莞盐业总公司总经理伍甲增在挂牌仪式上发言

▲ 东莞市“食盐专营零售部、零售店”挂牌仪式

◀ 小包装精制盐全自动生产线

# 东莞市长安医院

院长 孙厚和

东莞市长安医院是一所集医疗、预防、保健、康复、教学、科研为一体的综合性医院，为国家二级甲等医院、爱婴医院，并列为东莞市社会保障局定点医院，是长安镇的医疗、预防、保健中心。医院环境优雅，设备先进，技术力量雄厚。医疗服务已辐射到周边市镇。

医院屡获殊荣，2001年被授予省“百家文明医院”，2002年被省评为“行风建设先进集体”和“巾帼文明示范岗”；2004年被评为“广东省高等医学院校教学医院”，并多次被东莞市卫生系统评为“先进单位”。

医院占地面积2.1万平方米，建筑面积6.6万平方米，业务用房面积5.7万平方米；工作人员700余人，其中副主任医师以上专业技术人员65人，主治医师108人，开放病床500张，年门（急）诊量100余万人次，年住院1.8万余人次，年手术例达1.1万人次。医院近几年业务量每年以较大的比例增长，除了诊治大量的常见病、多发病外，不断引进和采用多种新技术，成功诊断、治疗和抢救了许多危重病例、疑难病例，形成了以创伤急救、骨科、产科为重点系列特色专科，承担大、中专医学院校的临床教学任务和基层卫生技术人员的进修培训任务。医院每年均开展10余项新技术项目、发表有价值的医学论文20余篇。

医院建有13层的门诊大楼和10层的住院医技楼，设施齐全，功能完善，环境舒适优雅，全院实行电脑网络管理，为病人提供温馨服务。

医院义诊

# 塘厦医院

门诊大楼

住院大楼

塘厦医院始建于1958年，是集医疗、预防、保健、康复、科研、教学于一体的二级甲等规模的公立非盈利性医院。

医院院区占地5.25万平方米，建筑面积4.5万平方米，固定资产1.5亿元，开放床位438张。2005年有员工740多人，其中高中级职称人员160多名。设有行政部、业务部、信息财务部及办公室、政工科、医务科、护理部、科教科等9个职能科室；设有急救中心、内科、儿科、妇产科、中医科、普通外科、神经外科、骨科、手外科、ICU、新生儿监护病房以及预防保健科、仁爱中心、体检科等16个临床科室和检验、放射、超声、CT、病理等11个医技科室；下设2个分院和10个社区健康服务中心。

医院拥有5000余万元的仪器设备，如螺旋CT、多普勒彩超、全自动生化仪、高压氧仓等。

医院人才济济，技术实力雄厚。在业务进步和管理创新上取得了长足发展，先后成功地开展和完成了人工全髋关节置换术、肺叶切除术、食道癌切除术、肾盂切开取石术、断肢（指）再植术、拇指再造术、前列腺电切术、体外心脏起博器安装、重度农药中毒抢救等病例的治疗和康复，推行了“一长三部”制医院管理新模式，并逐步建成以信息为先导的数字化医院。

医院坚持“以人为本”的办院宗旨，奋力打造闻名医院，取得了辉煌业绩。1995年被评为爱婴医院，2000年被定为社会保险定点医院，2003年被授予广东省高等医学院校教学医院。2001年被评为东莞市文明单位，2002－2005年连续被评为东莞市卫生工作先进单位。

电话：0769—87728333—3003　传真：0769—87729732

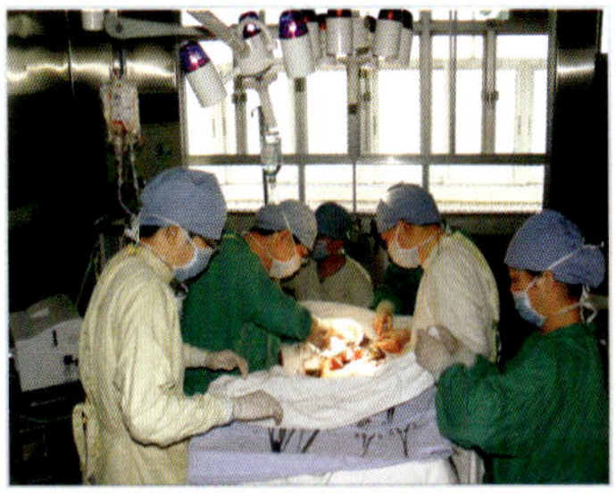

园林式医疗环境　舒适的行政办公环境　外一科(普通外科)开展手术

# 莞城区

▲ 2005年10月1日，历时三年建设的地王广场顺利开业

◀ 八达路香港风情街，2005年12月如期竣工，并进入装修阶段

## 城市建设

**八大工程竣工典礼**

2005年2月2日，莞城区举行八大工程竣工典礼。副市长吴道闻、市教育局局长杨晓棠、市政局副局长翟崇碧，市文化局党组成员董红以及区党委书记梁近东等领导出席了竣工庆典

**文化周末启动**

2005年4月15日，由莞城区党委联合东莞市委宣传部、东莞市文化广电新闻出版局、东莞广播电视台、东莞日报社、东莞市文联六大部门共同主办的"文化周末"晚会在文化广场报告厅正式拉开帷幕。省文化厅副厅长、广州交响乐乐团团长余其铿亲自为800多名现场观众进行讲演。市委副书记、市纪委书记黄双福，市委副书记刘树基，市委常委、市委宣传部部长江凌以及莞城区党委书记王检养等领导观看了演出

## 文化教育

**千角灯颁奖晚会**

2005年4月23日，"文化周末"第二期举行主题为"山花烂漫愉景璀璨"——千角灯大型颁奖晚会在文化广场报告厅举行，旨在庆祝"千角灯"荣获中国民间文艺"山花奖"灯彩类金奖第一名以及荣膺"中华第一灯"殊荣。晚会上，中国文联内联络部主任赵长青向副市长吴道闻颁发"千角灯"获奖金牌，中国民协副秘书长黄美荣向市委副秘书长梁近东颁发了"中华第一灯"的奖牌，省文艺家协会副主席、秘书长罗学光为"千角灯"制作艺人张佛颁发"绝艺薪传"纪念牌，区党委书记王检养为勤上灯饰集团、愉景集团、翰森投资集团分别颁发了纪念牌匾

**殷承宗钢琴音乐会**

2005年5月28日，"文化周末"第七期殷承宗钢琴音乐会在文化广场报告厅隆重举行，晚会邀请了著名钢琴演奏家、作曲家殷承宗以及被西方媒介称为世界最佳女指挥郑小瑛参与演出，市委书记佟星，市委常委、市委宣传部部长江凌，区党委书记王检养等领导观看了演出

**教师节慰问**

2005年9月8日，市委副书记李毓全、市纪委副书记莫布兴、市教育局副局长王旭辉在区党委书记王检养、区党委委员翟万朝的陪同下来到莞城区中心小学进行教师节慰问，并对莞城区教育工作给予充分肯定

**实验小学建校16周年庆典**

2005年10月28日，莞城实验小学举行了建校十六周年暨新教学楼落成庆典活动，副市长吴道闻、市教育局副局长陈健秋、区党委书记王检养等市、区领导出席了庆典大会

**易好家开业**

2005年1月15日，易好家东莞店和铭可达东莞店正式开业。区党委委员黄婉珍、李耀辉、单志雄出席了开业仪式

**天虹商场开业**

2005年1月1日，愉景东方威尼斯广场、东莞天虹商场和东莞顺电商场开业。市委副书记刘树基，市委常委、秘书长何嘉琪，市人大常委会副主任冯同恩，副市长周致纳等市领导以及莞城区领导班子全体成员出席了开业仪式

商业发展　社会治安

**打击"两抢一盗"行动**

2005年7月7日，在全市打击"两抢一盗"专项行动誓师大会后，莞城区于当晚在维稳及综治办牵头组织下开展全区统一清查行动。市委常委、市公安局局长崔建,市公安局副局长卢锡光，市交警支队队长黄远泉，区党委书记王检养，副书记、办事处主任杜沛游，副书记、公安分局局长梁均耀等领导亲临一线检查指导工作

**天虹商场消防演习**

2005年7月26日，市公安消防支队第一大队在莞城区天虹商场组织举行了大型消防演习。市消防局局长张小宏，区党委委员、办事处副主任张锐均出席了活动

2005年1月8日上午，莞城科技园青年中心挂牌

2005年6月8日，莞城科技园园区职工签名拒毒

# 园区建设

2005年12月2日，莞城区社保局为园区企业举行知识培训讲座

2005年12月29日，各镇区兄弟团委来莞城科技园青年中心参观学习

莞城科技园外景 （莫泽坚 摄）

# 石龙镇

2005年，在市委、市政府“一城三创五争先”和“四项工程”工作思路的指导下，石龙镇委、镇政府带领全镇人民，求真务实，锐意进取，较好地应对了供地不足、油电紧缺等困难，经济社会各项事业取得了较好的发展。这一年，石龙镇的发展观念逐步转变。面对有效工业用地不足的困扰，积极创新发展理念，提出并实施了“抓城市建设促经济发展，抓商业调整促经济转型，抓园区开发促实力提升，抓科技创新促产业升级”四大发展路向，为继续保持平稳健康发展描绘了蓝图，确立了思路。这一年，石龙镇的综合实力持续增强。全年完成地区生产总值35亿元(不含市属以上企业)，比上年（下同）增长10.26%；工业总产值135.12亿元，增长11.82%；金融机构各项人民币存款余额71.66亿元，增长8.96%；城乡居民储蓄存款余额56.86亿元，增长10.72%。综合实力入选全国首届小城镇综合发展水平1000强第59位。这一年，石龙镇的城市品位显著提升。先后被确定为国家电子信息产业基地、广东省产业集群升级示范区，荣获全国文明镇、东莞市科技进步特等奖、东莞市环卫绿化工作先进镇区等殊荣。

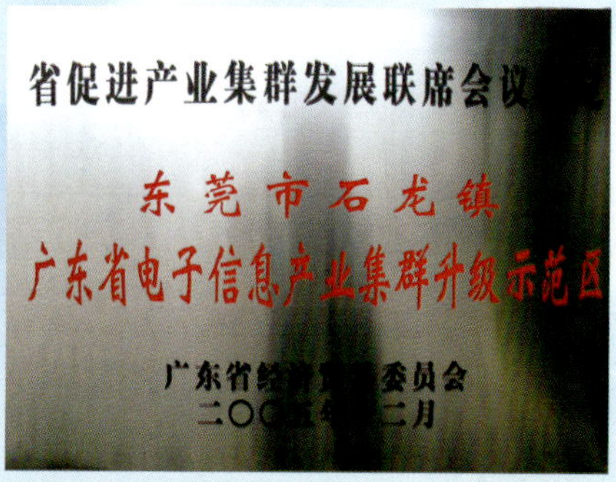

石龙古镇图

金沙夜景

石龙新貌

金沙湾广场

东莞市“石龙杯”龙舟竞赛

# 新维村发展历程

Annals

东莞市石龙镇新维村位于广深路中段石龙火车站旁，总面积13万平方米，全村人口520多人，外来人口约5000多人。

新维村始于清朝咸丰十一年（1861年）。改革开放前，是一个人多地少，收入低的贫穷落后村。

改革开放以来，新维村党支部和村委会抓住机遇，锐意进取，带领全村群众艰苦创业，团结拼搏，村集体经济长足发展，文化事业兴旺繁荣，基层党建工作和村民自治稳步发展。

截至2005年，村集体经济收入2009万元，村民人均分配收入12836元，集体资产总额8968万元，成为村级财政"零"负债的殷实小康村，成为全市的文明村标兵和文化建设达标村。村党支部连续10年被镇党委评为"先进党支部"，多次荣获"东莞市先进基层党支部"称号。2004年，被确定为"东莞市固本强基层工程示范点"。

新维村有着深厚的文化底蕴，在村民生活进入小康水平以后，更加注重满足村民的精神需求，丰富村民的精神文化生活。村里每年的文化事业经费投入占村可支配财政收入的3%以上，2004年还制定了《石龙镇新维村文物保护管理规定》，保护和整修历史文化遗产。村里建设了小公园、篮球场、文化活动中心等设施，成为全市首批文化建设达标村。还被评为"先进安全文明小区"、"无毒小区"、"文明村""卫生村"。

HUANAN

# 用健康见证 精彩未来

www.zspcl.com

Abrief Induction to Huanan Pharmaceutical Group.

## 集团简介

广东华南药业集团集医药的科研、生产、销售为一体，致力于现代制药和生物技术开发的优秀高新技术企业。集团占地面积9万平方米，从制剂工艺、生产设备、管理系统自控化到能源控制、环保等均实现了医药生产现代化。2005年被国家科技部评定为“国家火炬项目高新技术企业”。

1979年创始，拥有国家准字号生产批文300多个，涵盖了药物制剂的20多种剂型。先后荣获的国际奖项3个，国家奖项12个，省市奖项30个。在全国建立了40多个办事处和营销网点，与商业渠道、医院、药店建立了稳定和良好合作关系。

“众生牌”评为广东省著名商标，“众生丸”、“众生复方血栓通胶囊”、“华南银翘解毒液”评为广东省名牌产品。

广东华南药业集团 GuangDong HuaNan Pharmacy Ltd. 广东众生药业股份有限公司 广东华南药业有限公司

# 虎门镇

HUME

2005年2月12日，中共中央政治局常委、全国政协主席贾庆林在中共中央政治局委员、广东省委书记张德江的陪同下视察虎门

全国政协副主席董建华到虎门视察

第十届中国(虎门)国际服装交易会开幕仪式

虎门镇——“全国千强镇第一名”挂牌仪式

“助学育才、功荫千秋”虎门镇举办助学捐款晚会

党员重温入党誓词

开展先进性教育，送学上渔船

冬季送兵

虎门镇举办珠三角友好城镇年会

世界顶尖超模大赛选手云集虎门

镇政府重奖“以纯”公司

虎门国际布料交易中心

外商捐赠学生接送车

小学生签名拒毒

大学生暑期社会实践活动

组织学生到鸦片战争博物馆参观

文化盛宴

宣誓成人

东城区
光大·城市·未来
Sunshine enterprise,City,Future

# 万江区

水岸魅力

金鳌洲主题公园

华南Mall

2005年6月，省委副书记欧广源、市长刘志庚到万江区视察

2005年2月市委书记佟星、市长刘志庚到万江区视察

东莞市城市候机楼

房地产发展迅猛

金鳌古塔

龙舟竞渡

丰富多采的广场文化

东莞市汽车总站

繁华的商业

莞穗大道

美丽的夜景

# 南城区

第一国际

水濂湖公园

宏远篮球队获CBA总冠军

银丰中华美食街

彭公台

水濂山森林公园

蚝岗博物馆

绿色世界城市公园鸟瞰

南城区阳光第五小学

Winnerway
宏远

广东宏远集团有限公司的前身——东莞市宏远有限公司成立于1987年12月，创始人：陈林，1993年12月组建了宏远集团，公司坐落于东莞市新城市中心区内。经过近二十年的发展，现已初步形成了以工业区开发经营为基础，房地产、药业为龙头，体育产业、服务业、国际贸易等产业相配套发展，跨地域、多元化经营的发展格局。

宏远篮球

宏远大厦

宏远地产

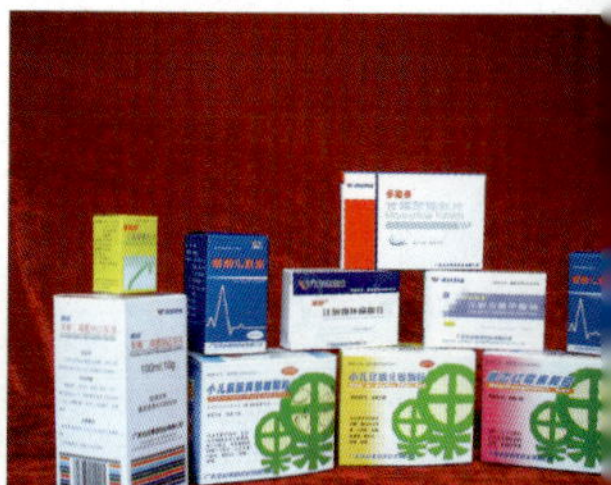

宏远药业

地址：广东省东莞市宏远工业区　电话：0769-22414228　传真：0769-22412529

# 桥头镇

东莞市金胜教育投资有限公司与北京师范大学联合办学签约仪式

省教育强镇授牌仪式

创建国家卫生镇汇报会

第二届桥头荷花艺术节开幕典礼

镇区新貌（李炯钦 摄）

# 田头角村

丰富的村民文化生活

田头角广场

田头角村元宵节游会

田头角村位于桥头镇西部，与常平镇接壤，距东莞火车站3公里路程，交通便利。辖区面积为1.2平方公里，下辖4个村民小组，常住人口750人。

改革开放以来，该村充分发挥人缘、地缘优势，以大力引进外资、发展民营企业为突破口，引进香港、台湾、日本、新加坡及民营企业30多家，主要产品有电子、服装、手袋、家具、五金、塑胶等，产品畅销世界各地。

近年来，该村三个文明建设有了长足的发展，村民的生活水平不断提高，建立了村民养老、医疗保险制度。社会治安稳定，村民安居乐业。2005年，集体收入682万元，人均收入9426元。

今日的田头角村，交通四通八达，基础设施完善，是内外客商投资置业的理想地方。

田头角商业街

田头角工业区

# 禾坑村

禾坑村委会大楼

禾坑村地处桥头镇西部，与常平镇相连，属东莞市东部工业园区规划范畴。面积1.5平方公里，地理位置优越，交通便利，西面毗邻东莞火车站，靠近东深主干路、东莞东部快速路，距离常虎高速常平出入口不到十分钟车程。2005年，常住人口986人，外来员工5000多人，现有外资企业、民营企业30多家；主要涉及塑胶、电子、五金、毛织、手袋、玻璃制品、运动制品等行业。全村工农业总产值5220万元，集体经济纯收入548万元，人均收入8192元。

禾坑村人以真诚的服务态度，和谐的社会环境，包容各方文化的胸怀，接纳国内外客商前来投资办企业。

禾坑永盛针织厂

禾坑铣钼厂

禾坑宝利高电子有限公司

# 中堂镇

## 领导视察

2004年12月，东莞市委书记、市人大常委会主任佟星到中堂镇视察

2006年1月市委副书记、市长刘志庚到中堂镇视察

## "城市化"水平不断提高

107国道中堂段改造建设

中堂镇中心区横二路

槎滘22万伏变电站

滨江公园

# “专业镇”发展令人鼓舞

江南农副产品批发市场

中堂镇大力调整产业结构，成功地把20家水泥厂拆除，关闭了一个洗水漂染环保产业园，大力打造“农副产品、造纸、五金”专业镇。成功举办首届泛珠农交会，省五金商会进驻中堂，并被省批准为“造纸专业镇”。2005年全镇共建厂房物业48万平方米。

金波罗电业科技有限公司

东日集团大楼

东上钢材

金洲纸业

日之泉物流

通用五金商业步行街

潢涌工业园

# "商贸中堂"带动明显

中堂镇成功举办泛珠农交会后，农副产品流通基地的地位基本确立，吸引了大批客商前来洽谈投资。成功带动UTS联合统采机构、全国最大的水产批发市场——湛江霞山水产品市场等一大批物流企业强势进驻中堂。华润超市进驻南国雅苑、海雅百货进驻东港城等。

农交会现场

湛江霞山水产品东莞恳谈会

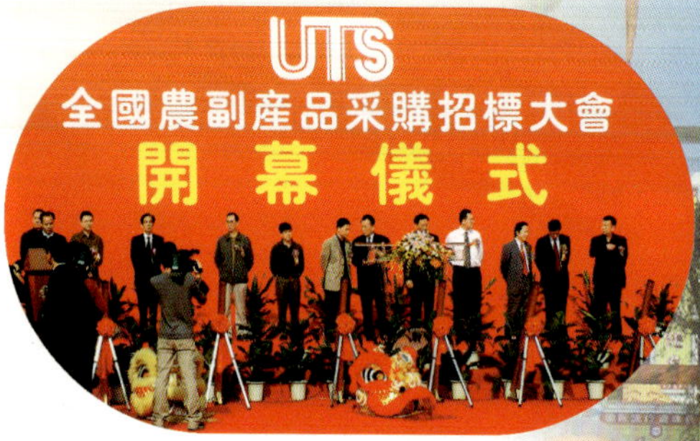


UTS采购会开幕

首届泛珠农交会开幕

中天商贸广场

## “商住中堂”格局展现

为促进房地产的健康发展，中堂镇将新中心区规划为高档商业网点，重点建设一批星级酒店、大型房地产以及商场项目。鸿富花园、中天南国雅苑、莞都国际花城等。

南国雅苑开盘现场

正在建设的鸿富酒店

鸿富花园

南国雅苑

## 文教体育成绩喜人

中堂镇文教体育取得了令人欣喜的成绩。教育，连续两年取得每万户籍人口升大学比例和升本科比例两项全市第一的好成绩；龙舟，在石龙国际邀请赛上夺得双料冠军；篮球，在市运会上力压群雄，荣获冠军；游泳，陈少平获得多枚世界锦标赛金牌，文化，“东江水、中堂情”电视晚会享誉东莞，得到市领导、群众的广泛好评。

中堂龙舟队获得石龙国际龙舟邀请赛传统龙和标准龙双料冠军

文化高地直播车“东江水、中堂情”暨庆祝“首届泛珠三角(东莞)农交会”电视晚会

中堂男子篮球队获市运会“新世纪杯”篮球赛冠军

# 东坑镇

东坑镇荣获“全国敬老先进单位”称号

黄屋村被市评为文明标兵村

“卖身节”射水狂欢——洒一身吉祥

“双节敬双亲”暨庆祝建国56周年文艺晚会

（上接304页）称号，机关党委被东莞市直属工委授予“党建工作先进单位”称号，党组书记詹少彤被评为“东莞市优秀基层党组织书记”，机关第一党支部、常平办事处党支部、凤岗办事处党支部被评为“广东检验检疫局先进基层党支部”，4人被评为“广东检验检疫局优秀共产党员”。工会被评为“工会工作先进单位”，团委被评为“东莞市五四红旗团委”，妇委会被授予“东莞市女职工安康保障工作先进单位”称号。局办公室和沙田办事处被评为“东莞市直机关文明科室”，快核中心被评为“东莞市青年文明号”，沙田办事处被评为“广东检验检疫系统青年文明号”，3人被评为“广东检验检疫系统青年岗位能手”。

【检验检疫质量确保】2005年，东莞检验检疫局继续加大凭证报检专项稽查力度，确保一线业务工作质量。设立电子数据稽查岗位，进一步完善电子数据管理。深入开展工作质量专项检查，消除工作质量隐患。1月，成功承办由国家质检总局、铁道部、卫生部、公安部和海关总署五部委联合组织的京九/沪九直通车公共卫生突发事件处置演习，为进一步建立和完善应对突发公共卫生事件长效机制、提高应变处置能力积累了经验。4月1日，正式启用位于南城临时停车场的检验检疫专用查验设施，口岸现场检出率大幅提高，有效避免不合格产品流入国内，防止疫情疫病传入境内，同时也对少报、瞒报等逃避检验检疫行为起到了严厉的打击作用。5月，由一把手牵头主持、分管局领导带队，组织办公室、人事科、综合业务科、技术中心、服务中心等部门负责人，集中对5个办事处进行了基层调研，进一步推动了基层办事处内部管理和业务管理的规范化。

【检验检疫电子监管系统推广应用】2005年，东莞检验检疫局全面推广应用出口产品电子监管系统。截至2005年，东莞地区共有74家企业顺利运行出口产品电子监管系统，产品范围包括工业品、木质包装、动植物产品、食品4大类，基本实现了商品种类的全覆盖。全年通过电子监管系统处理的业务达8900多批。3月，开始实施进境口岸电子检验检疫监管工作，在东莞龙通码头、沙田荣轩码头、沙田海腾码头、沙田国际码头、虎门宏业码头5个码头设置电子监控系统，对进口废料等敏感商品的到港、开柜、查验、消毒等工作进行全程监控。7月中旬，上述5个码头的进境视频监控系统验收完毕并正式开始运行。电子监管系统的应用，促进了检验检疫监管工作质量与工作效能的双提高，同时也为企业带来了更便捷的通关服务。

【进出口商品检验】2005年，东莞检验检疫局大力加强出口服装检验监督管理工作，进一步强化对出口服装禁用偶氮染料、甲醛等成分的检测，严格按照企业的不同管理类别实施抽检或者批批检验。截至6月，共对2256批（1434.84万件、价值3642.63万美元）列入加强检验的出口服装进行现场检验，查获多起伪报出口国别来逃避检测以及多报、虚报出口数量的违规个案，并依法进行了行政处罚，有效遏制了不如实申报的违规行为。

严格做好敏感商品的检验监管工作，进一步完善进口塑料和金属材料等工业原料的对比实验和建档工作，使检验和管理相协调。

加强出口包装产品质量的源头管理，并在此基础上将出口运输包装性能鉴定结果单有效期由3个月改为半年，在方便企业的同时确保了检验管理工作的有序。

严把废料工作质量关，严格落实凭证报检制度以及相关查验工作规范，坚持对进口废金属原料批批实施放射性检测，确保工作质量。

继续加大涂料备案工作力度，对进口室内装修用涂料严格落实“3C”制度，检出并禁止进口4个品牌15种型号的超标室内装修用涂料。

强化进口石材放射性检测，检出超A类进口石材7批，对其中4批超C类的进口石材作退港处理。

切实做好进口旧机电产品检验工作，共检验进口旧机电产品2332批，查获62批以旧充新的货物，较2004年有所下降，表明以旧充新的情况得到了有效的遏止。

加强食品安全卫生项目专项检查，迅速开展对苏丹红、酸性橙Ⅱ工业染料的清查行动，经对样品进行检测，没有发现含苏丹红、酸性橙Ⅱ的进出口食品。

【动植物检疫】2005年，东莞检验检疫局强化出口木制工艺品检疫监管，对生产木质工艺品的企业进行了全面检查，制定严格的监管措施，同时积极帮助企业改进生产工艺，加强内部质量监管，促进企业产品顺利出口。

积极构筑有效的外来有害生物防范体系，制定《东莞市防范外来有害生物传入工作实施意见》，受到市委、市政府的肯定。加强对外来有害生物检疫，全年共截获进境有害生物3544批，同比增加62.6%。加强口岸检疫工作，严防红火蚁的传入传出，组织人员对辖区内口岸办事处、果园、木质包装处理厂、蔬菜基地、码头和港口的疫情进行排查，加强对来自疫区的货物、集装箱和运输工具检疫，并做好消毒杀虫工作，对携带红火蚁风险较高的出口货物和运输工具实施严格的检疫工作。

严密防控高致病性禽流感，迅速出台有效措施，从强化对注册场巡查、加强实验室检测以及出入境旅客查验、加强快件检验检疫等10个方面加强防范，确保供港澳注册饲养场的安全。加大出口冰鲜冷冻家禽监管工作力度，对家禽加工厂和养殖场实行“一对一”的挂靠制度，指导养殖场严格执行用药制度，确保禽场禽流感免疫100%。

继续做好活猪检验检疫工作，对每个猪场实行“狠抓源头、定期采样、抽查监管、责任到人”的监管模式，注册场猪只全部进行猪链球菌免疫，未发现有猪链球菌病，有效保证了供港澳活猪质量稳定，2005年供港澳活猪的批次及数量同比增长13%和14%。

积极配合海关、打私办等有关部门做好肉类产品打私工作，共查获走私肉类产品9批、68.2吨，处理走私肉类产品3批、333吨。

【卫生检疫】2005年，东莞检验检疫局进一步加强对出入境集装箱、货物、船舶的检疫查验和卫生监督，并把来自疫区以及易携带病媒昆虫的货物、集装箱作为检疫查验重点，有效防止病媒生物随货物、集装箱和船舶进出口岸。2005年从入境集装箱中检出病虫害7037个标箱。加强对口岸的传染病监测和卫生监督工作，强化对口岸区域内饮食服务行业的卫生监督，有效预防食物中毒事件以及其他食源性传染病的发生。

【认证认可及日常监督管理】2005年，东莞检验检疫局继续做好分类管理评审工作，共对188家企业进行分类评审。加强出口质量许可证管理，共受理311家企业申请，其中233家通过现场评审并获得证书。加强对获证企业的日常监管，9—10月，集中对2002—2003年获得出口玩具质量许可证的150家企业及其产品实施了监督检查，确保出口玩具质量许可制度的落实和出口玩具的质量。积极做好卫生注册（登记）管理工作，共受理63家企业的卫生注册（登记）申请，有57家出口食品企业通过评审并获得证书，其中注册企业53家，登记企业4家。截至2005年，东莞地区共有出口食品获证企业138家，其中注册123家，登记15家。加强日常监督检查，7月，组织6个监督检查小组对东莞地区82家出口食品获证企业（获新证不足6个月的除外）进行“拉网式”监督检查。加大行政执法力度，整顿打击违规行为，共受理行政处罚案件149宗，涉案金额4921.40万元，罚款金额151.37万元。

【科技兴检】2005年，东莞检验检疫局积极推动“科技兴检”战略的实施，加快“科技强局”建设步伐，取得了丰硕的成果：1人获广东检验检疫局“科技兴检奖”一等奖，6人8个子课题获“科技特别贡献奖”，3项科技项目获“科技兴检奖”，4篇科技论文获“优秀科技论文奖”；先后5次组织稿件60篇参加专题学术征文活动，并在《检验检疫科学》开设论文专栏一期。积极开展科研攻关，扶持地方农产品出口，《荔枝高效保鲜技术研究》被列为2004年东莞市科研发展专项资金项目，科研项目首次获得地方科技部门立项，并获得2005年东莞国际科技合作周“产学研合作在东莞”案例大赛三等奖。

积极加强信息化建设和管理工作。初步形成了立体的网络安全防护体系，进一步完善内网管理，加快外网建设步伐，办公自动化系统进行了重新开发，逐步实现了从简单的信息发布到以电子化管理为核心的办公平台的转变。不断推广应用新的电子化服务，使终端管理系统和电子传真系统在全局范围内得到了推广。

强化实验室建设，全面提高实验室的综合实力。实验室检测业务稳步增长，全年完成实验室检验检疫业务26331批，完成检测307471项次。3月，综合技术中心向中国实验室国家认可委员会递交实验室认可申请书，6月接受评审组的现场考核，9月6日正式获得认可证书。这次认可是综合技术中心整体申请CNAL认可，申请范围覆盖了生物、化学、机械、动物检疫、植物检疫等5大检验领域，申请认可检测的产品/产品类别共38类458项，标志着东莞检验检疫局实验室建设进入了一个新的阶段。

【服务地方外贸扩大出口】2005年，东莞检验检疫局通过走访政府相关部门和外贸企业、发放调查问卷、召开企业座谈会和宣贯会等多种形式，主动“送政策”上门，进一步加强了与企业的沟通协调。3月，于凤岗镇、黄江镇召开检验检疫政策法规宣贯会，吸引辖区内200多家企业共400多名代表参加。6月，组织400多家企业共600多人举办了欧盟两项电子指令“WEEE/ROHS”研讨会，及时做好应对措施。

改革产地证签证管理模式，加大对一般原产地证及曼谷、东盟相关协定优惠原产地证明书的扶持力度，《〈曼谷协定〉优惠原产地证明书》、《中国——东盟自由贸易区优惠原产地证明书》等互惠原产地证实现了零的突破并不断增加。

加大帮扶力度，积极推动木质包装检疫处理企业实施国际标准。1月，组织12名植检技术人员对东莞地区所有从事木质包装检疫处理工作的23家企业进行了全面的检查审核，指导企业结合有关国际标准对存在的不符合项进行整改，并顺利获得广东检验检疫局批准取得了木质包装标志加施资格证。1—12月，经检疫处理的木质包装达16万批455万件。积极推进“四个一千”工程，各业务科室组织技术人员深入企业达100多人次，对企业起到了有效的帮扶作用。

【检验检疫基础建设】2005年，东莞检验检疫局加快基础设施建设。4月，南城车检场检验检疫专用查验设施投入使用。6月，龙通码头办公室开始运作，其中检验检疫办公场地460平方米，另有约250平方米的出入境货物检疫处理区以及40平方米的查验平台。强化行政管理，10月，顺利通过了广东省档案综合管理省特级认定评审小组考核，成为东莞地区中央、省属驻莞机构中首个获得档案综合管理“省特级”称号的单位。加强后勤保障工作，进一步加强安全保卫工作，为长安办事处、凤岗办事处安装了闭路监控报警系统。9月，与东莞市公安消防局联合举行大型消防演习并取得圆满成功。

【共产党员先进性教育活动】2005年，东莞检验检疫局上下齐心，开拓创新，真抓实干，积极开展保持共产党员先进性教育活动。1月26日，成立以党组书记和纪检组长为正副组长的先进性教育活动领导小组，设立先进性教育活动办公室，为开展好这次活动提供了组织保证。局党组明确提出了“有理想、尚学习、守法纪，严把关、优服务、求效能，勇创新、善发展、构和谐”东莞局共产党员先进性的具体要求。整个教育活动切实做到领导到位、认识到位、理论武装到位、宣传工作到位、群众参与到位和监督到位、整改工作落实到位等“六个到位”，全局党员按照“重在联系实际、重在讲求质量、重在取得实效”的要求，全面完成了先进性教育活动的各项目标任务。活动过程中共收到征文、心得体会近300篇；在内部网开辟了活动专栏，收到文字信息77条和图片信息211张；共出版《先进性教育活动工作简报》55期；《中国国门时报》、《东莞日报》共七次报道了东莞检验检疫局的教育活动情况；编印《东莞局先进性教育活动巡礼》，集中展示了东莞检验检疫局先进性活动的教育过程和成果。全局共召开各类座谈会46个，走访企业和相关单位53家，发放征求意见表2056份，征求意见范围包括了党内和党外、机关和基层、在职和离退休、正式职工和临聘人员、政府相关部门、口岸兄弟单位和主要工作对象，共收集到意见和建议591条。经综合，制定整改意见26条，均按计划进行了整改。

（熊培华）

**附：2005年东莞检验检疫局领导名录**

局　长：詹少彤

副局长：钟其浪　梁嘉斌　程开宇　兰　敏

纪检组长：何荣桢

▲ 凤岗车检场

# PRIVATE ECONOMY 民营经济

■ 民营经济增长幅度明显

■ 个体工商户数据全省第二

责任编辑：刘念宇

## 民营经济

【民营经济增长幅度明显】截至2005年，东莞市个体工商户、私营企业登记注册户数达322141户，比2004年增长30.5%；注册资金达535.4亿元，比2004年增长19.6%。2005年，个体私营经济完成工业总产值（当年价）427.7亿元，同比增长27.2%，占全市当期完成工业总产值的9.7%；个体私营经济实现商业消费品零售总额266.3亿元，同比增长17.9%，占全市消费品零售总额的53.3%；个体、私营企业上缴税收总额55亿元，同比增长21.7%，占全市总税收的18.8%。截至2005年，全市民营科技企业资产总额达145亿元，比2004年增长25.2%；全年实现技工贸收入292亿元，比2004年增长21.2%；2005年新增市级民营科技企业200家，累计达到1100家，比2004年增长22.2%；新增省级民营科技企业63家，累计达到296家，比2004年增长26.7%；省级民营高新技术企业累计达到119家，占全市高新技术企业总数的48.2%，比2004年增长32.2%。截至2005年，全市取得外贸进出口经营权的民营企业累计1334户，比2004年增长64.7%；2005年，民营经济进出口总额100.12亿美元，同比增长18.5%，占全市进出口总额30%。民营经济资产总额突破1800亿元。

【民营经济产业集群优化提升】2005年，大朗镇的毛织产业集群被批准为广东省创建区域国际品牌3个试点单位之一后，又被确认为第一批广东省产业集群升级示范区；虎门镇服装产业集群已形成由企业集群、市场集群、店铺集群、业者集群、客户集群、运输集群、配套集群和产品集群等8个集群构成的集群体系，并成功举办“第十届中国（虎门）国际服装交易会”；长安镇继续举办“中国（长安）机械五金模具交易会”，并于2005年获得“中国机械五金模具名镇”的殊荣；厚街名家具展览会成为全球三大家具专业展览会之一，并于2005年被国家商务部列为重点支持展览项目。

【个体工商户数据全省第二】截至2005年，东莞市个体工商户达到29.3万户，仅次于深圳市（35.8万户），超过广州市（28.5万户），居全省第二位。

【民营企业新增中国驰名商标和国家名牌产品】2005年，东莞市东越服装有限公司和东莞市奇声电子实业有限公司共2家民营企业的商标被评为中国驰名商标。东莞市东越服装有限公司的“以纯”夹克衫和东莞市步步高电子通讯设备有限公司的“步步高”电话机（复评）共2个产品被评为国家名牌产品。截至2005年，东莞市民营企业已拥有4个中国驰名商标和6个国家名牌产品。

【外向型民营企业屡获殊荣】在2005年国家商务部公布的“2004年中国民营企业进出口百强企业”名单中，东莞市共有22家民营企业入选，进出口额达73.8亿美元，占百强进出口额的38.7%。其中有5家位居前十名，东莞机械进出口有限公司和东莞市旗峰对外贸易有限公司分别位居第一、第二名。在2005年6月省政府表彰的百家外向型民营企业中，东莞市共有13家民营企业获“突出贡献奖”，10家企业获“贡献奖”。

【民营企业（家）入围省级优秀民营企业（家）名单】 在2005年省政府开展的第二届优秀民营企业和优秀民营企业家评选中，东莞市有广东省东莞机械进出口有限公司、广东步步高电子工业有限公司、东莞市沙田顺发畜禽实业有限公司、东莞市东越服装有限公司等4家民营企业入围广东省优秀民营企业名单；广东名冠集团有限公司董事长莫志明、广东志成冠军集团有限公司董事长周志文、广东省东莞电机有限公司董事长黄进安共3名民营企业家入围广东省优秀民营企业家名单。

【全市民营经济发展领导小组联席会议召开】 2005年9月15日，东莞市在市委礼堂召开全市民营经济发展领导小组联席会议，会议学习贯彻了张德江书记对东莞市民营经济发展的批示，传达了全省促进民营经济发展联席会议的主要精神，高度肯定了东莞市民营经济发展的成就和民营经济工作的成效。会议提出民营经济“四个坚持”的发展思路，即坚持以自主创新促提高，坚持以品牌经营促提高，坚持以结构调整促提高，坚持以资源整合促提高。会议要求努力推动民营经济实现“五更一高”，即民营经济规模总量更大、产业结构更优、创新能力更强、制度管理更好、企业素质更高、不断提高民营经济发展水平。全市民营经济发展领导小组46个成员单位主要领导、32个镇区分管领导、市金融服务办公室以及市民营融资辅导中心主要领导参加了会议。

【首部以民营经济主题的地情丛书出版】 2005年，《东莞市民营企业风采》画册出版，该书由中共东莞市委、东莞市人民政府主办，东莞市民营经济发展协调办公室和东莞市地方志编纂办公室共同承办，这是东莞市首部以民营经济为主题的地情丛书。重点展示了32个镇区民营经济发展概况和近130家民营企业创新创业的发展情况，全书设“图表、关怀篇、专文、荣誉篇、风采篇、战略篇、政策篇”等7个篇目，共19万字，为社会各界和海内外人士了解和研究东莞民营经济提供了全面和翔实的资料，为地方史志积累了历史资料，并为人们全面了解东莞市民营经济发展提供了有益的帮助。

【民营经济首次列入全市五年发展规划专题】 2005年，东莞市首次将民营经济列入全市五年发展规划的专题，即列入“十一五”规划，并由东莞市民营经济发展协调办公室负责编写工作。东莞市民营经济发展协调办公室成立了专题编写小组，重点了解市民营经济在产业结构调整、行业发展、技术创新、品牌建设、资本市场建设、人力资源开发和管理等方面的发展和规划情况，同时，借助重点高校的智力资源，联合开展企业调研，以问卷调查等方式全面了解民营企业未来发展战略、企业投资方向、自身内部建设和管理等情况。东莞市民营经济“十一五”规划于2005年底完成并上报，规划提出要通过实施“观念创新、体制创新、技术创新、管理创新、品牌创新、人才创新”等六大战略，力争用5年的时间，到2010年底实现民营经济主要经济指标比“十五”期末翻一番，民营经济结构战略性调整取得重大进展，特色制造产业加快发展，民营科技创新体系基本建立，企业品牌创新取得突破，民营经济服务体系基本建立等主要目标。 （陈　刚）

**附：2005年东莞市民营经济发展协调办公室领导名录**

主　任：彭日东

副主任：谢美恩　刘国康

## 工商联

【概况】 2005年，东莞市工商联（总商会）发挥桥梁和纽带作用，引导广大非公有制经济代表人士走“爱国、敬业、守法”的道路；引导民营企业提高自主创新能力，加快民营企业创品牌的步伐，为壮大民营经济实力作出积极贡献。至2005年底，东莞市工商联（总商会）共有镇区商会32个，行业商会2个，会员3518个，有12个基层商会建立了党支部，105个会员企业建立了党组织，234个企业建立了团组织，344个企业建立了工会组织。会员中担任全国人大代表1人，市人大代表22人，担任省政协委员5人，市政协委员45人，会员中受市级以上表彰的有53人，会长张玉其还被评为全国劳动模范。2005年市工商联选派节目《永远跟党走》参加广东省首届民营企业文艺汇演获得“优秀组织奖”，所办刊物《东莞民企》被广东省工商联授予“2005年度广东商会优秀报刊”称号。

【工商联八届四次执委扩大会议召开】 2005年1月24日，市工商联（总商会）召开了八届四次执委扩大会议，工商联（总商会）正副会长、特邀顾问、常委、执委共140人参加了会议。会议传达省工商联执常委扩大会议精神，审议并通过了《东莞市工商联（总商会）2004年工作报告和2005年工作安排》、《关于增选东莞市工商联（总商会）第八届执行委员会委员、常务委员的建议》，增选了16名常务委员和27名执行委员，会议上还表彰了16个先进商会和22名优秀商会秘书。

【为会员服务办实事】 2005年，市工商联及基层商会共举办学习会、座谈会170次，参加人数5657人次，举办讲座、研讨会108次，参加人数4001人次，举办、参加各种培训班42个，参加人数2455人次；协助会员解决经济纠纷，维护会员合法权益 34起，涉及金额1815万元；为会员企业办理出国出境证照356人次；协助申报民营科技企业35个、科技项目37个；协助11家企业申请自营进出口权；为会员企业人员办理专业技术资格报考手续106人次，共有83人获得相应专业技术资格证书；转发中央、省、市有关扶持民营企业发展的政策法规文件13篇，印发15000份，使会员企业及时了解、熟悉、掌握东莞市有关民营经济发展的方针政策。市工商联还通过《东莞民企》、《情况简报》、《工作信息快报》，及时向市委、市政府和会员企业反映工作情况，提供经济信息，推介企业发展的经验。

【参政议政】 2005年，市工商联共向人大、政协提出议案4份，提案15份，向各级党政部门提出建议48份，其中被采纳或引起重视的有33份，报送调研材料、情况反映、专题信息116份，在省市新闻媒体发（播）各类文章16篇，很好地履行了参政议政的职能。其中《关于我市民营企业上市问题的思考》被评为东莞市优秀调研文章，《重视民间组织的培育发展和规范管理，发挥行业商会（协会）的作用》、《浅谈民营企业在构建和谐社会中应发挥的作用》等调研文章受到好评；《关于整治东坑内河的建议》的议案和《群防群治，加强社会治安综合治理》的提案引起了市委、市政府的重视，并予以采纳。

【商会队伍发展壮大】 2005年，市工商联主动与各镇区委、政府联系，把筹建基层商会工作作为一项重要工作来抓，成立了最后一个镇级商会——洪梅商会，至2005年年底，全市32个镇已全部成立了商会组织，会员总数达3518个。常平、大朗、东坑3个商会建设了商会大厦，全市已规划土地并且着手筹建商会大厦的有寮步、中堂、茶山、石碣、樟木头、企石、黄江、道滘、石排、麻涌、清溪、万江等商会，常平、高埗、桥头、沙田、樟木头等商会通过物业租赁等方式有了较为稳定的经济来源。

【开展社会公益活动】2005年，市工商联积极引导会员为社会公益事业、光彩事业的发展作无私的奉献，先后发动总商会特邀顾问、正副会长、直属会员和各基层商会会员捐款，帮助东南亚海啸难民、帮助企石镇企石村脱贫、支援西藏建设和市慈善会成立、帮助广东部分受洪灾地区重建家园；为帮助解决东莞市零就业家庭的生活困难，市工商联组织会员企业提供就业岗位；发动会员到广西、龙门等地区投资办企业，帮助贫困、落后地区的经济发展和解决当地群众就业。据不完全统计，2005年各商会、会员对文化体育、扶贫助学等各项慈善事业捐款达4809万元，捐助兴建学校、医院6所。

【加强对外交流】2005年，市工商联进一步加强与国内外工商界的联系，广泛开展交流活动，先后有欧中联合商会等来自境内外的80多个考察团共1800多人到访，比2004年增加30%。并与欧中联合商会、成都商会、衡阳市商会结为友好商会。在做好接待工作的同时，市工商联积极组织民营企业家走出去，先后组团56个，组织会员企业参加各种商务考察、贸易洽谈、展销会等各种经贸活动1347人次，参加市政府组织的第二届泛珠三角经贸合作洽谈会、组织会员参加第八届世界华商大会、组织会员到云南、四川、广西、陕西等地进行商贸活动，共签订各种投资项目、合作协议16个，合计金额2.8亿元。还组织会员520人次参加政府举办的各类招商活动25次，共协助政府引进项目13个、资金1.39亿元。

【“东莞商会网”开通】为了让世界更好地了解东莞民营经济的发展，2005年，市工商联在原“东莞市总商会网”的基础上，重新确定了网站制作维护的公司，将“东莞市总商会网”更名为“东莞商会网”重新开通，通过网站向外发布东莞市民营经济的重要信息、重点招商项目、企业推荐、政策法规以及为会员企业提供真实可靠、有价值的市场信息等，使网站成为服务东莞市民营企业的一个窗口。

【贯彻、学习《意见》】国务院《关于鼓励支持和引导个体私营等非公有制经济发展的若干意见》（简称《意见》）出台后，市工商联及时将文件转发到各基层商会，要求基层商会认真组织会员学习。2005年3月29至4月8日，市工商联分三个小组走访了谢岗、沙田、茶山等多个基层商会和会员企业，开展访千家民营企业活动，向会员宣传《意见》，到会员企业了解情况，与会员企业座谈，广泛听取民营企业的意见和建议。2005年4月22日下午，在高埗镇唯美陶瓷工业公司召开了市工商联（总商会）会长会议，学习贯彻《意见》；2005年7月8日，在会展国际大酒店市工商联举办了基层商会会长培训班。由中国民营经济研究会会长保育钧和市政协主席袁李松为近200名镇区商会会长及优秀企业家授课，重点学习了《意见》的内容、意义和作用，介绍了当前国际国内经济发展的状态和形势，并重点分析了东莞市在经济发展强势下面临的机遇和挑战，使学员们明确了企业发展的方向，坚定了办好企业、办大企业的信心。

【开展保持共产党员先进性教育活动】2005年1月19日，东莞市开展了保持共产党员先进性教育活动，作为第一批先进性教育活动单位，市工商联以保持共产党员先进性教育活动为契机，努力加强机关党支部的队伍建设。按照市委先进办要求，市工商联机关支部共组织了各种会议和讨论会、学习会、形势报告会、心得交流会等9场，并组织党员到会员企业中与会员企业的党员一起过主题党日活动。向工商联（总商会）正副会长、特邀顾问和基层商会派发《关于征求对市工商联党员干部的意见和建议的函》，向工商联机关全体党员、群众派发《党员征求意见表》，开展“访千家民营企业”活动。通过先进性教育活动，理顺了工商联机关党支部与总商会支部的关系，成立了工商联总支部，增强了战斗力；重新修订了《东莞市工商联（总商会）规章制度汇编》，建立和完善了党组工作制度、党支部生活制度、各部室工作职责、执常委、会长会议制度、机关办公会议制度、机关内务管理制度、机关政治学习制度、考勤制度、财务管理和接待制度、联络挂钩制度等10个制度，使工商联机关的工作正常化、制定化；增强了党员服务会员的责任感和使命感，明显增强了党组织的凝聚力、向心力、战斗力，基本达到了市委提出的“提高党员素质、加强基层组织、服务人民群众、促进各项工作”的目标要求。（梁　达）

**附：2005年东莞市工商业联合会领导名录**

会　长：张玉其

党组副书记、副会长：卢寿维

常务副会长：何伟光

▲ 东莞商会大厦

# 工业·商业 INDUSTRY · COMMERCE

东城步行街

■ 工业经济效益提高

■ 现代物流业发展加快

■ 安全生产形势趋于稳定

责任编辑：何 青
黄文挺

## 工 业

【概况】 2005年，东莞市生产总值达2182.44亿元，同比增长19.3%，增速比全省高6.8个百分点，是珠三角地区增长速度最快的城市。工业总产值达4422亿元，同比增长22.4%；社会消费品零售总额500.01亿元，同比增长17.2%，比全省高2.2个百分点；外贸进出口总额743.72亿美元，同比增长15.3%，其中出口总额409.29亿美元，同比增长16.3%；全社会固定资产投资完成562.08亿元，同比增长31.4%，比全省高15.1个百分点，位居珠三角地区首位。

【工业生产平稳增长】 2005年，东莞市实现规模以上工业总产值3812.8亿元，同比增长20.2%，比全省高0.7个百分点；规模以上工业增加值941.77亿元，同比增长23.2%，比全省高6.2个百分点。工业增加值增速高于产值增速3个百分点。

重工业拉动效应增强。2005年，全市规模以上重工业完成产值2192.90亿元，增长21.7%，增速比轻工业快3.1个百分点；占规模以上工业总产值的比重为57.51%，比轻工业高15.02个百分点，轻重工业比例由2004年的1：1.20调整为2005年的1：1.35（全省为1：1.29）。重工业对工业增长的贡献率达60.78%，同比提高了7.89个百分点。

民营工业加快发展。全市民营工业实现产值667.59亿元，增长29.67%，比全市工业增速快7.24个百分点，比外资型工业快7.73个百分点，民营工业占全市工业总量的15.10%，比重同比上升了2.14个百分点。

【工业经济效益提高】 2005年，东莞市规模以上工业企业实现销售收入3664.01亿元，同比增长17.3%；利润总额108.85亿元，同比增长18.3%，比全省高15.12个百分点。全市规模以上工业经济效益综合指数为114.87，同比提高4.57个点。全员劳动生产率（按增加值计）为5.28万元/人，同比增长15.41%。能耗水平有所下降。2005年东莞市工业用电以11.36%的增速支撑了工业22.4%的增长，每万元工业产值耗电746.95千瓦时（不含自发电），同比下降22.79%。规模以上工业万元产值能耗0.36吨标准煤，同比下降0.06吨标准煤。

【产业结构进一步优化】 2005年初，东莞市确定了电子信息制造业、电气机械制造业、纺织服装制造业、家具制造业、玩具制造业、造纸及纸制品制造业、食品饮料制造业以及化工制品制造业等工业八大支柱产业。2005年工业八大支柱产业规模以上工业总产值2617.49亿元，同比增长23.32%；占全市规模以上工业总产值的68.65%，对工业增长的贡献率为77.43%；实现利润总额64.66亿元，同比增长29.80%。高新技术产品产值预计达900亿元，同比增长26.6%，占工业总产值的20.41%，同比增加1.37个百分点。大型龙头企业贡献突出，全市产值超10亿元的工业企业共55家，同比增加11家，完成产值1634.35亿元，同比增长28.04%，占全市工业总量的36.95%，对工业增长的贡献率为43.35%。

【提高自主创新能力】 2005年，东莞

市继续加强推进企业技术进步和名牌带动战略工作，促进企业提高自主创新能力。加强以企业为主体的技术创新体系建设。市经贸局成功推荐2家企业的2个项目列入广东省技术创新重点项目计划，并得到有关的省财政资金支持；协助广东福利龙复合肥有限公司技术中心通过认定，成为市第四家省级企业技术中心；会同市科技局、发改局等部门，组织有关专家评审确定了10家条件较成熟的企业组建市级企业工程技术研发中心，有效促进了技术创新成果产业化。市经贸局引导企业积极申报省、市技术改造专项资金项目。2005年全市有2个项目共获得省财政技术创新资金扶持220万元；3个项目参加粤港关键领域重点突破项目招标和技术改造项目招标活动中标1160万元；4个项目共获得省财政挖潜改造资金扶持450万元，其中2个项目被评为广东省“双优”技术改造工程重大节能与资源综合利用优秀项目；1个项目承担省结构调整任务并获得省财政资金200万元。2005年，东莞市制定了《东莞市装备制造业发展专项技术改造资金管理暂行办法实施细则》，安排了500万专项资金扶持了一批装备制造业重点企业技术改造项目；除此之外，还安排了1500万元，重点支持八大支柱产业企业、工业商贸龙头企业、“两自”企业等进行技术改造。大力开展名牌带动战略工作。全年共新增中国名牌产品1个，省名牌产品30个，国家免检产品19个，中国驰名商标2件，省著名商标20件。

【产业集群发展】2005年，东莞市经贸局贯彻落实《东莞市推进产业集群发展战略的意见》文件精神，积极推进产业集群发展。一方面组织开展考察、调研，认真筹备构建产业集群的发展规划及配套政策；另一方面抓好产业集群发展典型，组织申报石龙镇电子信息产业集群、大朗镇毛织产业集群成为省第一批广东省产业集群升级示范区。同时将产业集群和区域品牌结合来抓，大朗镇毛织产业集群被省选择作为全省三个创建区域国际品牌试点地区之一。此外，石龙生产力促进中心被省信息产业厅认定为省级电子信息产业培训基地，长安镇被中国机械工业联合会授予“中国机械五金模具名镇”称号。

【区域经贸合作】2005年，东莞市积极贯彻落实广东省政府《关于我省山区及东西两翼与珠江三角洲联手推进产业转移的意见（试行）》文件精神，石龙镇率先与韶关市始兴县合作共建产业转移工业园，被认定为全省三个省产业转移工业园之一，至2005年底已有2家企业签订了入园投资合同。东莞市经贸局还对东莞东坑（乐昌）产业转移工业园的认定申请进行了初审，报市政府同意后向省申报。市经贸局积极组团参加区域经贸合作活动。组织本地数百家企业和数千客商参加了第二届泛珠三角区域经贸合作洽谈会和第二届中国中小企业博览会暨中法中小企业博览会，还对2004年底在第三届珠江三角洲地区与山区经济技术合作洽谈会上签订的项目加强跟踪，督促落实。

【水泥行业整治】2005年，东莞市继续深入整治全市水泥生产企业。市经贸局加强了水泥生产企业的检查力度，并协同市财政局落实了补偿款划拨工作，在2005年底完成了全市共两批47家立窑水泥生产企业全部关闭的目标。此外，根据《东莞市水泥粉磨站建设规划意见》精神，积极引导有关企业改建或新建符合规划意见的水泥粉磨站。针对水泥行业中新出现的散装水泥中转库问题，市政府出台了《关于加强我市散装水泥中转库管理的通知》，规范了散装水泥监督管理工作。

【保障电力和成品油供应】2005年，东莞市电力供应持续紧张，电力最大缺口达190万千瓦。全年完成供电量415.66亿千瓦时，同比增长11.48%，总供电量在全省仅次于深圳，位居地级以上市第二位。最高负荷达到707.9万千瓦，同比增长13.2%；最大日供电量达1.45亿千瓦时，同比增长10.87%。市经贸局协同市供电局狠抓落实，加强用电需求侧管理。全市线路侧强制错峰拉路同比减少4000多条次，同比降低72%，自觉错峰率99.5%。加大电网建设力度，全年完成电网投资22.03亿元，投产110千伏及以上输变电工程30项，新建成主变容量727万千伏安，是历来电网建设规模最大的一年。大力支持地方电厂发电，省、市财政分别拿出1.8亿元和1.5亿元给予补贴，缓解了地方电厂的资金困难，全年地方电厂发电量同比增长37.96%，高于省网供电量增幅30.89个百分点，地方电厂发电量的增量占全市网供电量增量的47.16%。成品油市场供应方面。针对8月中旬汽油供应紧张的局面，市经贸局积极协调和争取省经贸委大力支持，采取有力措施，保障重点单位用油，全市成品油供应快速回复平稳。不断完善成品油市场管理，市经贸局修订并报市政府颁布了《东莞市新建加油站管理办法》；经市政府同意，向省有关部门上报了《东莞市加油站发展布点规划》（2006—2010年）。

【推进建设节约型社会工作】2005年，东莞市召开了全市建设节约型社会工作会议，对全市认真做好建设节约型社会工作进行了全面动员和具体部署。开展了一系列以“全民动员，共建节能型社会”为主题的形式多样的“节能宣传周”活动。市经贸局起草了《东莞市建设节约型社会发展循环经济的实施意见》上报市政府，提出了东莞市建设节约型社会发展循环经济的指导思想、总体目标、重点工作及实施措施。2005年在省经贸委、省科技厅、省环保局、省财政厅联合对全省63家清洁生产先进单位给予的表彰奖励中，东莞市的广东中成化工股份有限公司和东莞金洲纸业有限公司荣获“清洁生产企业奖”。市经贸局还指导广东华南药业集团有限公司等6家企业开展清洁生产。2005年2家企业成功申请资源综合利用减免税项目，令享受资源综合利用减免税优惠政策的企业达到13家，每年减免增值税和所得税近千万元。　（周伟钊）

## 商贸流通

【概况】2005年东莞市委、市政府提出了在全市实施“商贸东莞”工程的发展战略和“整合资源、优化结构、规范发展、提升水平”的发展要求，并出台了《东莞市2005—2015年城市商业网点规划》，促进东莞市商贸流通加快发展，推动东莞从工业城市向工商业城市转型。2005年，东莞市社会消费品零售总额达500.01亿元，同比增长17.2%。其中批发零售贸易业零售430.38亿元，增长17.7%；餐饮业零售69.57亿元，增长14.6%。社会商品销售总额839.01亿元，同比增长17.9%。至2005年底，全市工商注册登记的批发零售贸易企业和个体商业户19.38万个，比上年同期增加了4.49万个。

【商业网点规划出台】2005年12月30日，由东莞市经贸局会同东莞市规划局主编的《东莞市2005—2015年城市商业网点规划》（下称“《规划》”）经市政府同意正式批准实施。《规划》的编制从公开投标到最终颁布实施历经一年半，其间反复征求市直有关部门、各镇区、相关行业与专家的意见，还根据市委常委、副市长联席会议研究讨论结果，进行修改完善。《规划》的出台贯彻落实了商务部关于做好地级市商业网点规划工作的要求，为东莞市大力发展现代流通业提供了明确而详尽的总体纲领，对全面实施“商贸东莞”工程、推动东莞由工业城市向工商业城市转变具有重要的促进作用。《规划》中提出，到2015年东莞市将建成以“一主八副”商业中心为主导，以城镇商业为支撑，以社区商业为基础，以各类商业街为特色，市场结构合理、业态优化，电子商务功能完善的商业网点体系，形成商贸服务业、会展经济、物流基地与现代制造产业相互促进、协调发展的繁荣局面。其中，“一主”是指建设一个以莞城、东城、南城和万江主要商圈为核心的东莞市商业主中心，“八副”是指发展松山湖、虎门、常平、厚街、塘厦、长安、樟木头、石龙八个商业副中心。《规划》主要对由城市商业主中心、城市商业副中心、城镇商业组团、社区商业组合四级商业功能区构成的东莞市商业网点进行总体布局，重点是在明确“一主八副”商业发展定位和商业中心区范围的基础上，提出鼓励发展和限制发展的方向，并适度调控营业面积3000平方米及以上的零售网点、营业面积10000平方米及以上的商品交易市场、物流基地、专业会展场馆和四、五星级酒店等大型商业设施的新建和发展。

【专业市场建设】 2005年，东莞市有各类综合市场与专业市场843个，总面积逾500万平方米。其中专业市场（包括零售与批发）231个，占各类市场总数的27.4%，比上年增加7.4个百分点；上万平方米的专业市场有62个，比上年增加9个；总面积达185万平方米，同比增长52.9%。在行业分布较完善、发展较成熟的基础上，2005年东莞市专业市场体系进一步向专业化、技术化方向发展。东莞市信立农副产品批发中心于2005年迁址升级为东莞信立国际农产品贸易城，规划占地70万平方米，设有调味品、蛋品、粮油、冻品、土特产、副食糖酒、生鲜等七大交易专区，市场总投资超过8亿元。2005年底信立农贸城上报市经贸局的“信立农批市场信息系统技术整合改造与智能物流配送平台建设”项目获得东莞市技术改造专项资金资助，成为商贸流通领域技术改造的示范企业。

【零售网点发展】 2005年，东莞市有3000平方米以上的大中型商场218个，面积230万平方米，其中2005年新落成营业的有华润万家生活时尚中心、海雅百货、彩怡百货等一批高档次的现代化综合商场。全市连锁经营门店总数逾4000家，民营连锁门店发展迅猛，美宜佳便利店、嘉荣购物广场、天福便利店等民营连锁店已成为社区商业一个重要的组成部分。东莞市美宜佳便利店有限公司获得商务部核准为广东省“万村千乡”市场工程试点企业，东莞市东城东泰社区被商务部评为“全国社区商业示范社区”。

【现代物流发展】 2005年，东莞市的物流业发展日益加快。全市运输、邮电业实现增加值115.01亿元，比上年增长10%。全市工商登记成立运输、仓储等相关物流企业（包括经营部、服务部、办事处等）1593家。物流基地建设初具规模。常平大京九物流基地已建成了黄埔海关快件监管中心、常平会展中心和相关批发市场项目。其中快件监管中心占地70多亩，总投资约7000万元，进入中心处理快件的客户已达500多家，包括联邦、DHL、UPS等国际知名快递公司。市经贸局加大引导与服务力度，支持物流企业发展，一是组织物流企业参加“第二届粤港物流合作洽谈会”，展示了东莞市物流企业的实力和风采的同时，使全市物流企业了解到国际物流最新发展态势，更为莞港物流两地物流企业开展优势互补合作构建了良好基础。二是组织编制出版了《东莞物流服务指南》（2005年版），为宣传东莞市物流业发展状况、推广全市物流企业搭建了一个良好平台。三是组织各物流监管企业召开了物流协会筹备会议，初步讨论了协会成立的主要事项，积极推动物流行业自律发展。 （周伟钊）

## 会展业

【概况】 随着东莞经济的持续健康发展，会展业取得了长足的进步，不论是专业展览场馆的规模、专业展览会的数量和质量，还是全国性、国际性会议的数量，都在广东省排在前三位，成为国际初步知名的会展城市。

2005年在省、市工商局登记的展会共64个。截至2005年，东莞市工商登记经营范围涉及展览及相关行业的企业约200家，其中展览专业企业36家。东莞市已经拥有具有国际先进水平的现代化专业展览场馆，培育了部分高水平的名牌展会，吸引了不少原来在广州、深圳甚至香港等地举办的展会转移到莞举行。全市拥有3个专业的现代化展览场馆——广东现代国际展览中心、东莞国际会展中心、常平会展中心。广东现代国际展览中心可展出面积为10万平方米，2005年共有展会26个；东莞国际会展中心可展出面积为2.75万平方米，2005年共有展会11个；常平会展中心可展出面积为1.05万平方米，2005年共有展会8个。此外还拥有6个综合类展览场地——东莞市体育馆、厚街名家具展示厅、虎门黄河时装城、大朗毛织贸易中心、长荣国际机械五金广场、长安商贸城模具五金广场，这些综合型展览场地成为专业展馆的有效补充，一般每年主要举办一次当地特色产业类的展览会、交易会。

会展经济的直接受益者首先是参展企业和专业会展企业所代表的整个产业，专业会展对产业聚集的推动作用主要表现在以下方面：

与特色产业相互促进 一方面，成功的展会具扩大市场规模、推动产业聚集，促进地方经济和特色产业发展的强大功能，如国际名家具（东莞）展览会、中国（虎门）国际服装交易会、中国（长安）机械五金模具交易会、中国（大朗）国际毛织产品交易会等。另一方面，特色产业对会展业的支持和基础作用也是显而易见的：在厚街广东现代国际展览中心举办的东莞机械展，4年内从1万多平方米发展到6.5万平方米，吸引了众多国外参展商，该市庞大的专业观众群为参展商带来良好的参展效果；此外，东莞线路板业的较大市场，也是吸引香港线路板协会举办的国际线路板及电子组装展，从广州移到东莞举办的主要原因。

在全国乃至国际上崭露头角 在市委市政府的大力支持下，东莞市展览场馆不断加快专业化、国际化步伐。如厚街镇结合全市经济与城市建设的有利条件，把会展业作为支柱产业来发展，以广东现代国际展览中心为基地，各行各业通力合作，努力把厚街打造成为“中国展览名镇”，取得显著成果：广东现代国际展览中心于2004年9月被国际展览业最权威的全球展览业协会（UFI）吸纳为展馆类正式会员；国际名家具（东莞）展览会被列为2005年国家商务部重点支持的展览项目，这是广东省唯一入选的项目，也是全国家具行业入选的唯一项目，并于2005年6月也通过UFI的国际认证；2005年7月，广东现代国际展览中心第二次被评为“中国会展业最佳展览场馆”。这些都标志着东莞市会展业在某些领域上已具有国际先进水平，在全国乃至国际会展业界已取得席位，这也是我国及国际会展业界对东莞展览业成果的肯定。

【国际名家具（东莞）展览会】第十四届名家具展于2005年8月17—21日在广东现代国际展览中心举行。这届展会规模为20万平方米，其中木工机械、原辅材料展览面积近2万平方米，参展商707家。为期5天的展会，共接待专业买家87160人，创下历年同期海外买家数量新高。这届展会显现以下特点：

海外买家持续上升　这届展会吸引全球五十多个国家的8510名买家，是历届8月份名家具展海外买家到会最多的一届。其中，欧洲和印度的客商增长最多，尤其是欧洲买家，取得30%以上的增长。这届展会是名家具展通过UFI国际认证后的首届展会。

内外销两旺　这届展会成交活跃，内外销两旺。例如，成都浪度沙发是第一次到名家具展参展，他们不仅如愿结识了一批欧美客户，还一举签下50多个货柜的出口单；温州的繁华家具公司也是首次来名家具展参展的企业，展会头两天便与众多客商签订了在东北开设30多个专卖店的协议，到展会的最后一天，该公司所有的展品全部售出。

展品水平普遍提高　这届展会进行了展品评奖。评委们对参展产品给予很高的评价，尤其是在设计方面，个性的东西增多，更好地体现了品牌的魅力；同时，更多的海外设计师活跃在中国的家具企业中，也带来更多风格的原创设计。中国家具业的整体水平有了质的提高，在家具的生产工艺方面，绝大部分产品已经可以满足国际市场的要求。

“家具营销总部”受业界热捧　名家具展的国际影响力日益提升，使之更具品牌凝聚力，规模扩大到20万平方米后，展位仍然供不应求。为顺应中国家具产业发展的需求，结合名家具展的发展，厚街镇政府投资亿元，改造家具大道，建设“国际家具营销总部”，借助珠三角强有力的产业支撑，打造一个世界级的家具制造基地、展览基地、研发中心和营销中心。展会期间，许多外地企业纷纷到组委会了解进驻厚街的条件、要求，表达了强烈的投资意愿。

名家具展经7年发展，从4万平方米的区域性展览会，发展成为亚洲规模最大、中国最具代表性的专业家具展，并且一举通过全球展览业协会（UFI）的国际化认证。名家具展有力地促进中国家具出口的同时，也对国内著名企业产生强大的吸引力和凝聚力，逐渐成为中国品牌集中度最高的专业家具展。

【中国（虎门）国际服装交易会】第十届国际服交会于2005年11月11—15日在虎门镇举行。这届服交会展场涵盖全镇服装区28个分会场，总展场面积30多万平方米，10000多个展位。主会场黄河时装城展馆面积18400平方米，展位数815个，共设服装展位630个、辅料展位50个、机械展位135个。参展企业中本地品牌的占70%、外地品牌的占30%。

为丰富交易会的服装文化内涵，这届服交会邀请全国最具知名度和影响力的新丝路模特公司全程参与交易会的16场时装表演，并举办多项服装文化活动：一是举办3场高规格的中国服装财富论坛；二是举办全国10大卖场，10大零售商评选和虎门服装10年10大服装界影响人物评选活动；三是举办10周年主题酒会；四是组织两台大型晚会。

这届服交会以国际化和专业化为前提，洋溢着浓郁的国际味，主会场黄河时装城815个标准展位被来自各国的商家囊括；28个分会场的上万个服装及面辅料店铺同时敞开大门迎接来自世界各国的来宾，向世界展示海内外服装最新的时尚潮流和国际化、专业化、品牌化的发展趋势。国际服交会为海内外参展商以及业界人士参展参会、交流合作，为海内外服装企业提升自身形象、提升品牌知名度搭起了大舞台。

【中国（东莞）国际电脑资讯产品博览会】参见“对外经济·贸促工作·承办第七届电博会”。

【中国（长安）机械五金模具交易会】第五届中国（长安）机械五金模具交易会于2005年11月25—28日在长安镇长荣国际机械五金广场举行。这届交易会展位总面积5万平方米，吸引来自国际、港澳台和国内共562家机械五金模具知名企业参展，其中来自国际（18家）占3%，港澳台（60家）占11%，市内参展企业（335家）占59%，市外的国内参展企业（149家）占27%；共设1000个展位，其中往届交易会的老客户占70%，各项主要指标都比上一届增长超过20%。这届交易会主要展示全国范围内及海外机械、五金工具及模具产品。展会显现以下特点：

规格高　这届交易会由中国机械工业联合会、广东省经贸委和东莞市人民政府主办，长安镇人民政府、东莞市五金机械模具行业协会和方达集团承办。参展产品丰富且技术含量较高，相当部分是国内外知名企业。本届交易会秉承了前四届交易会“上档次、具规模、效益好、服务好”的宗旨，呈现起点高、品种多、分类细、专业强的崭新面貌。

充满活力　主要体现有四点：一是参展活跃。由于前几届交易会良好的社会效应，这届交易会参展商积极踊跃报名参展，比上年提前一个月完成招展工作。二是媒体宣传报道活跃。各大媒体高度关注，中央电视台、香港商报、东莞日报、新浪网等40多家新闻媒体进行展会跟踪报道。三是专业观众参观活跃。许多同行业协会、东莞各镇区商会以及广州、深圳、佛山等地的大企业和机械五金产业专业人士等组团来参观。四是交易会期间活动内容充满活力。交易会开幕典礼、主题文艺晚会和方达国际五金奖隆重的颁奖典礼成为这届交易会的主要亮点。

永不落幕的专业市场展会　事实证

▲ 广东现代国际展览中心

明，通过举办中国（长安）机械五金模具交易会，大大提高长安镇五金模具产业的知名度和行业地位，带动了专业市场的商贸流通，吸引了大批有实力的知名企业进驻专业市场或到长安镇投资，从而推动长安镇专业市场的建设和特色行业的发展。

**【中国（大朗）国际毛织产品交易会】** 第四届织交会于2005年10月19—23日在大朗镇举行。这届织交会由中国贸促会纺织行业分会、中国毛纺织行业协会、东莞市人民政府主办，广东省纺织协会、东莞市纺织服装行业协会、大朗镇人民政府承办，是一次规格高、规模大、影响广、成果丰硕的国际毛织行业盛会。共设展位1800多个，展场面积12万平方米，分毛针织服装、纱线、机械3个展区。织交会期间，共有来自瑞士、德国、日本等国家和台湾、香港等中国地区以及浙江、江苏、辽宁、北京、上海等20多个省、市的600多家知名企业参展，展示毛织服饰风采和毛织服饰国际化、专业化、品牌化的发展态势。

这届织交会为广大海内外客商搭建了促进交流、开展贸易的平台，吸引来自美国、加拿大、俄罗斯、意大利、日本、韩国等世界各地的专业采购商进场开展贸易活动。

这届织交会成为我国毛纺织新技术及信息交流与合作的重要舞台。期间举办了由国内纺织业专家主持的专业论坛，传递了国际毛织服装最新的发展趋势及相关信息。举办了毛织服装设计大赛和毛织服装模特大赛等。

这届织交会还成为本土民营毛织企业展示实力、获取信息的重要途径。南华、兴锋、成就、安康等4家大朗民营毛织企业分别举行了品牌发布会，显示大朗民营毛织企业走品牌化经营道路的坚定决心，展现大朗毛织产品技术、质量、款式与时俱进的迷人魅力。

在这届织交会闭幕式上，组委会表彰了一批荣获突出贡献奖、最佳展位设计奖、科技进步奖的企业和热心公益的企业。

大朗织交会已成为国内外毛织行业具有较大知名度和影响力的经贸盛会，为国内外毛织商家、企业提供了重要的交易平台，创造了众多商机，对大朗毛织业的发展起到了良好的促进作用。

**【第七届东莞国际机械及原料展暨东莞国际橡塑胶及包装展】** 于2005年11月9—12日在厚街广东现代国际展览中心举行。展会由香港讯通展览公司主办，作为华南最大规模机械展再次显示了“东莞制造”的非凡魅力。这届展会的规模比上年增长38%，达65,000平方米，参展公司1000家，其中海外展商占51%；为期4天的展会，吸引近10万海内外买家、同行参观，继续保持华南地区规模最大、档次最高的机械展龙头地位。展会配合华南地区工业特色，各式展品同台竞技，世界知名的三菱、东洋、东芝、瑞士阿奇夏米尔等50多家参展企业也参与其中。

这届展会为广东现代国际展览中心首个国际展品海关现场监管便捷服务的展览会，海关为展会开辟“绿色通道”，免收担保金，派专人到展馆现场查验展品。因此，国际展品通关时间由以往的两周缩短为一周，同时也为主办方简化了报关手续。该展会于第四届迁至广东现代国际展览中心举办，凭借主办单位丰富的办展经验和以“工业伙伴，外贸平台”为定位的广东现代国际展览中心的优质服务，最近四届展会的规模和影响力不断提升。　（王婉玲）

## 中小企业发展

**【宣传《中小企业促进法》】** 2005年，东莞市中小企业局继续加大《中小企业促进法》宣传力度，通过在全市各大报刊、《东莞经贸》内部刊物、经贸网站上宣传以及下发文件等多种形式，广泛宣传、普及《中小企业促进法》知识，提高企业对《中小企业促进法》的认识，营造重视、鼓励、促进中小企业发展的社会氛围；同时召开各种座谈会，交流各地区贯彻实施《中小企业促进法》的经验做法。

**【信用担保体系建设】** 2005年，东莞市中小企业局通过加强对全市信用担保业的引导和管理，促进东莞市信用担保体系健康发展。市中小企业局在总结全市担保业发展情况和工作经验的基础上，制定出2005—2006两年东莞市信用担保业发展规划，强化政府宏观引导职能，保障信用担保行业有序健康发展；大力指导行业自律发展，推动信用担保企业完善现代企业内部管理制度和风险防范机制等制度，逐步发展成为信用记录、信用评价、信用担保相结合的社会化信用机构；做好备案管理，完善对信用担保行业的监管职能。2005年东莞市信用担保体系建设取得明显成效。全市信用担保机构的业绩位居全省第三，截至2005年底，全市15家信用担保公司共累计为本地企业和个人提供信用担保92.27亿元；2005年度的信用担保金额为55.18亿元，同比增长84%；其中为工业商贸企业提供融资担保22.02亿元，同比增长141%。信用担保资金的注入，有效帮助解决中小企业融资难问题，为促进中小企业健康、快速发展发挥了重要的作用。据统计，2005年全市受保中小企业共新增销售额78.24亿元，新增税收37.98亿元，新增就业岗位80151个。

**【中小企业专项资金】** 2005年，东莞市中小企业局充分利用省、市中小企业发展资金扶持、引导全市中小企业加快发展。市中小企业局通过深入发掘项目，组织推荐了一大批中小企业申报省、市中小企业发展专项资金。全市共有12个项目获省中小企业发展专项资金725万元，其中4个技术改造、技术创新项目获245万元，该批项目总投资达6130万元，项目达产后预计产值达4.78亿元，利润4112万元，税收2195万元；1个人才培训项目获10万元；7个信用担保体系建设项目获470万元，较上年增长62%，占全省总扶持资金的22%。其中康华信用担保公司的申报项目获140万元，其“鼓励到山区东西两翼开展业务”项目更是全省唯一一个给予补助的扶持项目。同时，市中小企业局加强对中小企业发展专项资金落实情况的监管工作，组织对全市获2004年省财政扶持中小企业发展专项资金的到位情况进行调查，确保专项资金按时到位。

**【中小企业博览会】** 2005年，东莞市继续组织中小企业和客商参加了在广州举办的第二届中国中小企业博览会暨中法中小企业博览会（以下简称“中博会”），取得了丰硕的成果。在该届中博会上，共组织了电子信息、汽摩配件、鞋帽箱包、美容化妆、纺织服装、家用电器、食品饮料、医药、陶瓷等9大行业110家企业参展，展出展位235个，其中包括唯美陶瓷、步步高电子、新虎威鞋业、以纯服装、金娃食品等知名企业。通过中博会，不仅充分展示了东莞市中小企业和特色集群产业的风采，还促进了东莞市中小企业加强国内外投资贸易与技术合作，据统计，东莞市参展企业达成合同金额共5.69亿元，意向、协议金额共7.07亿元，主要集中在家电、电子、服装、食品医药等行业。

**【推动乡镇企业发展】** 2005年，东莞市中小企业局积极推动乡镇企业发展。一是做好全市乡镇企业信息统计工作。组织各镇区统计人员进行统计、整理，定时向省乡镇企业局和市统计局报送了2004年东莞市乡镇企业统计年报和财务年报；每月、每季按时向有关部门报送乡镇企业有关经济指标报表。二是完善报表制度。一方面建立了乡镇企业主要经济指标反馈表制度，将全市各镇区主要经济指标数据反馈回各镇区作比较参考，不但加强了镇区间业务交流，而且通过反馈审核提高报表准确性。另一方面在全市范围内建立农产品加工业动态信息联系制度，及时反映东莞农产品加工业的发展动态和存在问题，并将有关情况及时报送国家农业部。三是加强指导服务。指导镇区使用乡镇企业统计软件，加强统计数据的处理能力；指导乡镇企业建立健全原始记录、统计台账及各项统计管理制度，促进统计工作规范化。成功组织东莞市金娃食品工业有限公司申报2005年全国乡镇企业创名牌重点企业。密切关注乡镇企业发展情况，加强与基层乡镇企业管理人员的联系沟通，及时把握乡镇企业发展动态和存在问题，并进行及时的跟进和处理。2005年东莞市乡镇企业发展情况良好，市中小企业局的工作也受到上级部门的肯定和赞扬，市中小企业局被评为“全国乡镇企业系统统计先进集体”，并有2人分别被评为“全国乡镇企业系统优秀统计工作者”和“全国乡镇企业系统优秀财会工作者”。（周伟钊）

## 整顿和规范市场经济秩序

【保障食品药品安全】 2005年，东莞市政府印发了《2005年东莞市食品安全专项整治工作安排》，各部门、各镇区认真贯彻落实，重点整治粮、肉、蔬菜、奶制品、豆制品、水产品、饮料、酒、儿童食品和保健食品等食品市场秩序，保障全市食品卫生安全。市工商部门开展各种食品专项整治行动23次，查获含“苏丹红一号”色素调味品430公斤、有问题食品89.66吨、食盐32.45吨、饮料（含桶装水）2.28万瓶、散装白酒5.75吨、瓶装酒2.40万瓶。市卫生部门开展流通领域食品添加剂、餐饮业食盐使用、凉茶生产经营等食品安全专项整治行动，查获无牌无证食品添加剂、过期食品饮料、不合格碘盐一批。市质监部门开展“查应节产品，保两节市场”、“苏丹红”、饮用水、儿童食品等专项检查行动，检查食品生产加工企业400家，查办食品案件199宗，查获假冒伪劣食品货值211万元。市经贸部门切实履行对肉食品、酒类、盐业市场的监管职能，草拟并由市政府下发了《关于加强生猪屠宰和肉食品市场管理的通知》、《东莞市生猪及其肉品管理暂行办法》、《关于转发东莞市盐业网络建设实施意见的通知》等一批政策文件，加强对肉食品、盐业等市场秩序的宏观政策规范作用。全年进场定点屠宰生猪3083520头，定点屠宰率达80%；查处私宰违法行为1453宗，没收私宰猪肉及其产品219.60吨，行政罚款22.50万元；组织指导和协调全市盐业网络建设的实施，全市完成了1个配送中心、39个食盐专营零售部的设置工作；检查酒类经营企业116家，查获假冒伪劣国产高档酒、洋酒共2013瓶，货值为79.22万元，行政罚款10.02万元；查处制售假盐案件1.32万宗，查获非法盐产品463.98吨。市烟草专卖局加大卷烟市场打假力度，查处未在合法渠道进货和无证运输卷烟案件共152宗，查获卷烟6.50万条，案值352万元，捣毁制假窝点11个，现场查获卷接机16套32台，烟支728万支。市食品药品监管局深入开展“药品放心工程”，会同有关部门联合开展清理药店“坐堂医生”非法行医、整治制售假冒藏药、医疗器械重点监管品种专项检查、“保两节”专项打假、保健食品和化妆品专项整治、重点医药产品检查等多个专项行动。全年共检查药械单位980家、化妆品经营企业（包括美容院）90家、保健食品经营企业240家，处理投诉举报案件190宗，作出行政处罚271宗，没收违法药械1200箱（件），标值53万元，罚没款147万元，规范全市医药市场秩序。

【保护知识产权】 2005年，东莞市按照工作方案的要求，各职能部门分工合作，以保护商标权、著作权、专利权为重点内容，认真开展保护知识产权专项行动，坚决打击各种侵犯知识产权的违法行为。市工商部门查处各类商标侵权案件148宗，涉外商标案件51宗，没收侵权商标标志56.70万件，没收、销毁侵权商品56.25吨。市文化广电新闻出版局开展清查书刊发行市场、印刷市场、电子出版物市场等专项行动，捣毁非法音像制品批发窝点57个、非法书刊批发窝点27个，收缴翻版盗版音像制品、电子出版物23.08万张（套、盒）、翻版盗版书刊33.05万册。市知识产权局协助省局处理专利侵权纠纷13宗，并开展流通领域专利打假行动，抽查了大城区6家药店的1.3万件商品，发现16种商品有“未缴费终止”、“有效期届满终止”和专利标志不规范情况，对全市几十家医药连锁销售单位发出整改通知。东莞海关加强进出口货物的查验，查获涉嫌侵犯知识产权案件9宗，总值136.18万元。

【打击商业欺诈】 2005年，东莞市政府印发了《东莞市打击商业欺诈专项行动工作方案》。各职能部门各司其职，密切配合，以整治虚假违法广告、打击非法行医和商贸活动中的欺诈行为为重点，严厉打击各种商业欺诈行为。市工商部门查处制售假冒伪劣商品、仿冒包装装潢、虚假广告等商业欺诈类案件469宗，其中查处虚假广告案件20宗，没收违法广告印刷品4.26万张，清拆违法户外广告牌706块。市卫生部门检查医疗机构8364间，其中责令改正398间，吊销《医疗机构执业许可证》4间，责令停止执业3845间；没收药械价值 2488.84万元，没收违法所得1.14万元，罚款12.18万元。市经贸局会同有关部门成立全市打击商贸活动中欺诈行为专项行动领导小组，建立专项行动部门协调机制，制订了《东莞市打击商贸活动中欺诈行为专项行动工作方案》。市质监部门大力打击水泥、气瓶和酒楼“短斤缺两”的商业欺诈行为。市外经贸局大力整治不规范经营三资企业，引导企业以真实价格申报合同，并协同海关开展对加工贸易逾期合同手册的清理工作。

【“四清理”行动】 2005年，在东莞市“四清理”工作领导小组的统一领导下，有关部门、各镇区狠抓“四清理”工作。工商、环保、建设、国土部门分别在“清理无证照经营”、“清理养殖业污染”、“清理违法搭建”、“清理违法用地”工作中积极发挥牵头作用。全市共清理无证照经营110649户，占调查摸底数的141.82%，其中补办营业执照69335户，取缔41314户，立案12526宗。全市共清理生猪养殖场14901个、生猪2056729头，清理家禽养殖场983个、家禽7426824羽。全市登记在案的违法搭建物已全部清理完毕，其中拆除违法搭建物100921宗，面积1025.99万平方米；完成整改31849宗，面积606.94万平方米。而违法用地也得到全面清理，已全部建立起“一地一册”和“一地一策”工作台账，其中完善用地手续3256宗，面积5.94万亩；对不符合完善用地手续的违法用地进行复耕、复绿，共2253宗，面积3.56万亩；集中消化处置空闲土地2.7万亩。

【工商领域特殊行业市场管理】2005年，东莞市经贸局贯彻执行省经贸委《关于实施商务部〈拍卖管理办法〉有关问题的通知》精神，规范拍卖企业的经营行为，并在专题调研的基础上提出促进全市拍卖业健康有序发展的措施建议。配合市委督查室、市政府督查室及有关部门开展对全市废品回收行业的调研工作，切实履行对报废汽车回收行业的监管职能，加强对旧机动车行业的监管力度，规范全市报废及废旧行业的市场秩序。加强对典当行业的指导服务，制定了2005年的典当行业发展规划，做好典当行业年审与新增、变更的初审上报工作，同时积极促进典当行业间的学习交流，召开了2005年全市典当业工作会议，并组织全市各典当行有关人员赴华东地区的典当行进行考察学习。推动传统工艺美术发展，市经贸局深入调研了全市传统工艺美术行业，包括被誉为“中华第一灯”的千角灯及其制作者，向市政府作了关于传统工艺美术发展现状与发展前景的专题汇报，并组织市直有关部门和有关镇区的文化站召开了保护和发展传统工艺美术研讨会，致力保护东莞市传统工艺美术，促进传统美术事业繁荣与发展。

【企业治乱减负工作】2005年，东莞市继续以服务市场主体、优化企业发展环境为目标，以加大源头治理力度、非公有制企业治乱减负和整治垄断行业乱收费为重点，标本兼治，惩防并举，深入开展企业治乱减负工作。一是进一步健全各级企业治乱减负工作机构，推动落实镇一级减轻企业负担联席会议制度和村一级减轻企业负担工作监督员制度；二是加大力度整治和优化企业生产经营环境，从财政拨出240多万元的资金补助出租车和客运班车，为受燃油价格影响严重的公交行业减轻负担；三是积极开展非公有制企业治乱减负专项治理,继续加强乡镇企业治乱减负工作；四是加大从源头上预防和治理公路“三乱”力度，全面开展建立绿色通道工作，使合格鲜活农产品实现快捷、低成本流通；五是继续深入开展“查基层单位、查薄弱环节、查突出问题”的“三查”活动，加大监督检查和执法力度；六是加强制度建设,推进企业治乱减负工作走上法制化轨道；七是继续完善投诉机制，对企业和群众反映突出的问题及时治理整顿。据统计，全年共减轻企业和群众负担达1.4亿元。（周伟钊）

## 安全生产

【安全生产形势平稳好转】2005年，东莞市按照“打好基础，抓住重点，落实责任，依法监管”的基本思路，结合本地安全生产实际，逐步健全安全生产监管制度，落实安全生产责任制，深化安全生产专项整治，积极开展安全生产大检查，大力排查、整改和消除事故隐患，加大事故的调查处理和督查工作力度，调整充实各级安全生产监督管理机构和力量，加强安全生产宣传教育和培训工作，有效地遏制了重特大事故的发生，全市安全生产形势平稳好转。全年共发生各类事故7164起，死亡970人、受伤8659人，直接经济损失956.067元，与上年同期相比分别下降11.3%、4.99%、10.7%和23.4%。事故死亡总人数下降，与上年同期相比共少51人。其中，共发生道路交通事故7120宗，死亡人数为910人，与上年同期相比分别下降11.3%和6.7%；共发生水上交通事故4宗，死亡人数为11人，与上年同期相比分别上升33.3%和266.7%；共发生工矿商贸企业事故27宗，与上年同期相比下降15.6%，死亡人数31人，与上年同期相比上升24%；全年共发生火灾事故13宗，死亡18人，与上年同期持平。

【健全安全生产监管机构】2005年，为适应社会经济快速发展的形势，进一步加大安全生产监管力度，东莞市率先在镇区一级成立安全生产监督管理分局（副科级单位）。各镇区安监分局为市安全生产监督管理局派出机构，人、财、物下放给镇区管理，以镇区管理为主，业务上接受市安全生产监督管理局指导。自2005年4月28日虎门镇安监分局率先挂牌成立起，至11月18日莞城区安监分局最后一个挂牌成立，全市32个镇区安监分局全部在2005年完成挂牌，并落实了机构设置、人员编制等有关方面工作安排，进一步健全了东莞市安全生产监管机构，完善安全生产管理队伍，有力推进全市安全生产工作顺利开展。

【完善落实安全生产责任制】2005年，东莞市安全生产责任制得到进一步的落实，制度建设等基础工作进一步夯实。一是建立安全生产责任体系，全市安全生产事故控制目标得到层层落实。全市实行了安全生产事故控制目标管理制度，提出事故起数增幅控制在5%以内、各类事故死亡人数增幅控制在6%以内的安全生产事故控制目标，并逐级签订责任书，将安全生产控制指标层层分解下达，一级抓一级，逐级抓落实，建立了覆盖全市的安全生产控制指标责任体系。市政府下发了《关于印发东莞市安全生产责任制考核实施办法的通知》，全市32个镇区全部与各自所属村（居）委会和企业签订了安全生产责任书，全部658个村（居）委会，共18461家企业明确了安全生产责任人，15443家企业建立了安全生产责任网。二是加强制度建设。经市政府同意印发了市安委会工作细则、市安委会成员工作会议制度、安全生产责任制考核办法、安全生产季度和专项大检查制度等规章制度，还制定了《东莞市安全生产2005—2010年规划》，使安全生产监督管理工作制度化、程序化。市安监局还制定了《剧毒化学品生产、储存批准审批程序》、《剧毒物品使用单位核准工作制度》、《危险化学品包装物、容器定点生产申办程序》等一系列工作制度，还与安监分局签订了《安全生产行政执法委托书》，规范安全生产监管具体工作。三是抓好动态跟踪和监管，建立并完善预警机制，对超标镇区和部门及时通知，同时抓好专项督导工作。四是加强安全生产责任制考核工作。6月，广东省政府考核组对东莞市安全生产第一责任人市长刘志庚以及东莞市安委会主任副市长周致纳进行了安全生产责任制考核，对东莞市安全生产工作予以充分肯定。

【高危行业安全生产专项整治】2005年东莞市继续深化以高危行业为重点的安全生产专项整治工作，进一步巩固了专项整治成果。

*危险化学品专项整治方面* 根据《东莞市危险化学品安全监督管理部门职责》，各部门分工明确，共同抓好全市危险化学品安全监管工作，以市内4家化工厂、4家加油站（库）、17个渡口为重点监控对象，将其纳入市、镇、村重点监控视线，督促企业加强管理，落实安全措施，消除事故隐患，完善应急救援预案，协调解决安全生产的突出问题。检查出东莞市宏德化工有限公司等8个特大安全隐患单位，责令其马上关闭或搬迁。继续做好危险化学品生产，经营许可证审查、发放及监管工作。市安监局全年共受理危险化学品生产企业安全生产许可证申请333份，检查企业283家，

完成初审并报省办证大厅119家；共审查申报危险化学品经营许可证（乙种）项目104份，核发经营许可证（乙种）62个，办理变更31个；初审危险化学品经营许可证（甲种）项目的初审148份，检查加油站、油库140多家（次），共发出《整改指令书》50多份并实施跟踪复查和验收，通过初审上报省局的有137家，办理变更的有9家。进一步规范剧毒化学品（含液氯）使用单位的监督管理工作。全年新发《东莞市剧毒用品使用储存证》及办理重新核准使用品种、数量的变更手续共70宗；共抽查剧毒化学品使用单位70多家，并查出违法购买剧毒化学品行为1宗，存在较大安全隐患1家，都依法作出相应的处理。开展危险化学品行业安全标准化管理试点工作，在沙田镇和道滘镇选择一间电镀厂和加油站定为试点单位，通过检查验收，2个试点单位的安全生产管理软硬件的配备和制度的建立情况符合规范化标准，标志着东莞市危险化学品行业安全标准化工作取得一定进展。

道路交通安全专项整治方面　通过深入开展事故多发路段、安全隐患路段的排查治理和整治"双超"等措施，消除道路交通隐患，促进道路交通安全秩序明显好转。一是开展客运交通安全专项整治。全市共开展了"五一黄金周"和"十一黄金周"两次安全生产大检查，共检查了客运企业72家，客运站场42家，分别占总数的85.4%和93.3%。共检查客运班车498辆，查处违法违章车辆90辆，对13个违章经营的客运站（场）发出违法违章处罚通知书。在整治车辆非法营运方面，全市共出动执法人员1013人次，查获非法搭客的摩托车308辆次，非法营运车辆（小四轮、小面包、蓝牌车）116辆次，其他违法违章车辆391辆次，整治车辆非法营运工作取得了明显成效。二是开展路面行车秩序整治。全市共出动执法人员近19万人次，查处各类交通违法行为58万多宗，其中机动车超速18.2万辆次，超员违法行为3792宗。各路段"双超"违法行为明显减少，由"双超"导致的交通事故宗数和死亡人数分别比上年同期下降14.2%和29.9%。危险化学品运输企业整治方面，通过严把危运企业准入关，开展危运企业专项整治，积极排查和消除危运企业安全隐患。市交通系统在全市危运企业安全专项整治中，共检查了63家危运企业，1236部危运车辆，3226名危运从业人员，检查出存在安全隐患的危运企业21家、危运车辆108辆、危运从业人员6名，取消了32辆车的营运资格，共查出安全隐患120宗，处理安全隐患110宗。中小学校周边交通秩序整治及安全管理方面，制定并实施《全市学生接送车辆整治方案》，加强学生接送车辆违法行为的查处工作，全年共检查学生接送车3046辆（次），查处学生接送车违法行为546宗。三是开展危险路段整治。对全市两处省级督办事故多发路段进行综合治理，收到了明显的效果，无重大交通事故再发生。2005年初，在全市范围内排查出16处事故多发点段，交警、公路、交通、安监部门对这些点段的整改情况进行跟踪，整治完成率达90%以上。2005年，市财政共投入1020万元用于交通安全设施建设和维护，其中修建、改建道路中间及路两旁防撞栏1.7万米，加设标志、标线、减速带2.5万平方米，建造安全警示桩1.7万支，增设警示灯139个；投入87万元消除道路交通黑点，确保道路安全畅通。

公众聚集场所消防安全专项整治方面　通过深入开展自查自纠、社区消防规划和公共消防基础设施建设等措施，大力消除人员密集场所和"三小"场所安全隐患，逐步建立了"安全自查、隐患自改、责任自负、接受监督"的消防安全管理机制。大力开展公共聚集场所、"三小"场所消防安全专项整治。全市共检查酒店、宾馆、沐足、商场等公众聚集场所1230多家，共发现隐患360处，发出整改指令书310份，整改隐患350处。全年消防部门共出动警力5284人次，检查场所2300家，发现火灾隐患2702处，发出《责令限期改正通知书》277份，消除火灾隐患2354处。同时对全市的消防安全重点单位进行了全面核对，新增重点单位1578家，取消86家，全市消防安全重点单位已达6293家。全年共处罚33宗存在隐患逾期未改案例，责令停止使用、停业18家，罚款108.65万元。对存在重大火灾隐患的单位责令停止施工、停止使用、停产整顿的行政处罚，进一步促使消防安全责任制的落实。

露天采石场安全专项整治方面　市安监局制定了《东莞市深化露天采石场安全生产专项整治实施方案》，会同国土、环保、公安及有关镇区安全办、环保分局等职能部门，对全市采石场进行了全面的安全生产专项整治，到期关闭7家。在安全生产标准化管理方面，制定了《东莞市露天采石场安全生产规范化管理标准》，并于9月中旬在全市采石行业推广实施。全市露天采石场全年仅发生一宗伤亡事故，杜绝了重特大安全事故的发生。

特种设备专项整治方面　市质监局以"杜绝重大事故、遏止严重事故、减少一般事故"为目标，在全市范围内开展了专项整治活动，共出动安全监察执法人员1853人次，现场检查各类企业、公用事业单位1010家，发出安全监察指令书491份，封停、拆除带病运行特种设备110多台（套），整改企业421家，现场调查处理投诉举报案件62宗，进一步提高了特种设备使用的安全可靠性。

同时，全市水上交通、水利设施、建筑施工、旅游场所、农业、电力、燃气、环境卫生、社保、邮政、广播电视等行业和领域的安全专项整治进展顺利，都收到预期效果。

【开展安全生产大检查】　2005年，东莞市政府、市安委会共组织了4次季度大检查及多次专项大检查行动。一方面，汕头"6·10"火灾事故后，各部门认真履行职责，积极行动，排除隐患，在全市范围内联合组织了一次以商场、市场、宾馆、酒店等公众聚集场所，以及电影院、网吧等文化娱乐场所为重点的安全检查，共出动1474人次、592车次，检查从业单位1684个，检查企业档案640户，发现有效前置审批的18户，责令办理变更登记16户，取缔无照经营298户，捣毁非法经营点92户；发现安全隐患147处，发出限期整改通知书138户，责令停止经营活动174户；查处案件197宗，罚款金额28.15万元，查扣用于非法经营的电脑681套及上网设备一批。另一方面，

## 2005年东莞市安全生产情况表

| 指　标 | 事故宗数（宗） | | | 死亡人数（人） | | |
|---|---|---|---|---|---|---|
| | 2005年 | 2004年 | 同比（%） | 2005年 | 2004年 | 同比（%） |
| 工矿企业事故 | 27 | 32 | -15.6% | 31 | 25 | 24% |
| 较大火灾事故 | 13 | 13 | 0% | 18 | 18 | 0% |
| 道路交通事故 | 7120 | 8026 | -11.3% | 910 | 975 | -6.7% |
| 水上交通事故 | 4 | 3 | 33.3% | 11 | 3 | 266.7% |
| 合　计 | 7164 | 8074 | -11.3% | 970 | 1021 | -4.99% |

各镇区都相继开展了以“三小”场所、公众聚集场所、易燃易爆行业、危险化学品企业和劳动密集型企业为重点整治对象的专项行动，对发现的事故隐患坚决落实整改。据初步统计，全年共出动安全生产检查24800人次，检查企业5600家，发出整改指令书3117份，整改隐患1219处。（周伟钊）

附：2005年东莞市经济贸易局领导名录

局　长：陈桂明
副局长：梁经昌
　　任洪杰（3月离任）
　　罗　斌（5月到任）
　　叶葆华（5月到任）

## 东糖集团有限公司

【概况】2005年，东糖集团有限公司企业规模和经济效益进一步提高，集团总资产增加至38亿元，同比增长16.61%；全年实现主营业务收入达28亿多元，同比增长25.74%；实现利润同比增长1.22%。

【糖业持续快速发展】2005年，东糖集团有限公司继续对广西来宾东糖凤凰有限公司、广西来宾东糖迁江有限公司进行平衡改造扩产。凤凰公司由日榨7000吨扩产至9000吨工程于9月完成并开榨投产；迁江公司也扩产至日榨12500吨，产生了较好的经济效益。2005年继续加强炼糖生产，全年总计加工原糖与上年同期对比增长100.202%。积极拓展糖产品深加工业务，与广东中轻南方炼糖纸业有限公司共同投资成立了“东莞市中轻糖业有限公司”，生产精幼砂糖、单晶冰糖，2005年已开始生产厂房的基建工程。年底收购山西大同一家甜菜糖生产企业。

【技术改造效益明显】2005年9月，东糖集团有限公司与广西来宾东糖有限公司共同投资设立“广西来宾东糖纸业有限公司”和“广西来宾东糖生物科技有限公司”，其中来宾生物科技公司投资500万元建设的生物肥生产线已开始试产。纸业公司9.8万吨浆纸工程项目建设按部就班地进行。热电二期150MW工程调试完成后于9月18日并网发电成功。省属重点技改项目“改造锅炉除尘系统项目”4月15日顺利通过省经贸委、市经贸局组织的竣工验收。该项目自2004年3月投入使用以来，最大处理烟气量超过1000000立方米/小时，每月减少烟尘排放量0.936万吨，产生了较好的环保、经济和社会效益。2004年开始的酵母技改工程于2005年10月完成投产，产能和效益都得到提高。

【培训与管理】2005年，东糖集团有限公司为提升领导干部和员工素质，提高管理水平，分阶段、分层次对员工加强培训。从7月22日至9月2日，利用星期五下午对中层助理及以上管理人员开展“创建学习型组织，提高综合管理能力”的培训；11月4日举办公司管理人员拓展培训，增强了员工的纪律观念、规则意识和管理技能及沟通技巧、团队合力。面对公司不断发展的现实，为提高集团公司人力资源综合管理水平，10月启动人力资源管理电子信息化项目。

【保持共产党员先进性教育活动】2005年，按照市委的部署，东糖集团有限公司党委参加了东莞市第一批保持共产党员先进性教育活动。在历时5个月的活动中，东糖的183名共产党员结合自己工作实际，经学习动员、分析评议、整改提高三个阶段，撰写学习笔记和心得体会3294篇，接受“理想、责任、能力、形象”教育，征求到各种意见1575条，联系实际解决了保险、住房公积金、餐厅饭菜质量和其他一些生活福利等员工关心的热点问题。党员们按照公司要求积极带头参加开源节流、科技进步月、安全生产月等活动，促进了公司各方面工作的开展。

【企业文化建设】2005年8月19日，东糖集团有限公司召开了集团公司工会代表大会，针对企业转制的新形势，提出了“维权、服务、教育、动员、协调”的“十字”工作新要求。

随着公司规模的不断壮大，品牌形象也同步提升。2005年，在广东生产力发展研究会、广东最具影响力品牌论坛组委会等组织的评选中，东糖集团有限公司入选“广东十大最具影响力品牌”、“广东食品行业十大最具影响力品牌第二名”和“广东食品行业十大最具综合实力第三名”。

2005年是东莞糖厂建厂70周年，公司值此开展厂庆征文、书画摄影展、拔河、乒乓球、地掷球等丰富多彩的系列文体活动，既弘扬了东糖文化，又丰富了员工业余生活。继续实施奖学助学，对2005年考取并入读大学本科的19位公司员工子女分5000元和3500元两个档次给予奖励。（姜合萍）

附：2005年东莞市东糖集团有限公司领导名录

董事长：陈尧燊
总经理：李锦生

## 供销合作联社

【概况】2005年，东莞市供销社紧紧围绕市委市政府“一城三创五争先”的工作思路，以发展为改革兴社的第一要务，切实转变观念，转变作风，深化改革，调整结构，真抓实干，开拓创新，各项工作取得了喜人的成绩。2005年，全系统经营总额84.4亿元，同比增长122%；创税2643万元，同比增长51%；经济效益大幅增长，同比增长57%；员工收入同步提高。“十五”期间，全系统历史债务减少了10.48亿元，固定资产增加了1.2亿元，资产负债率下降了37.37%。引进了各类人才641人，增加员工1588人，增加就业岗位6648个。全系统有大型购物中心、商场16家，分店45间，大型专业批发市场9个，总营业面积30.2万平方米（其中2005年新增营业面积近6万平方米），共有各类经营网点1000多个。

【贯彻“商贸东莞”工程】2005年，东莞市供销社积极贯彻落实市委“商贸东莞”工程，结合本系统实际，以统一品牌为突破口，加大调整结构力度，大力发展商贸服务业。在巩固了食盐、烟花爆竹、农资化肥等传统经营商品的同时，进一步发展了专业市场业、餐饮服务业、代理代销业、物业经营业等新型业态。新开了凤岗供销社永盛购物商场、茶山供销社茶园购物商场增埗店、长安供销社新世界购物广场沙头店、愉康便利超市石井市府公务员小区店和长安涌头店等，改造建成了虎门粤华童装批发城、大岭山供销社商厦等一批品牌形象工程。

【废品经营】2005年，东莞市供销社认真贯彻市委市政府主要领导重要批示精神，把废品回收经营管理工作作为工作的重中之重抓紧抓实。一年多来，做了大量行之有效的工作，理顺了关系，落实了制度，强化了管理，规范了经营，维护了废品回收市场正常的经营秩序，促进了废品回收行业健康、有序发展，有效遏制了涉及废品回收行业的违法犯罪活动，促使社会治安明显改善。结合“四清理”工作，规范了废品回收站点的建设，有效扭转了脏、乱、差、散的形象，社会环境得到优化。同时，中堂等8个水乡片的基层供销社废品回收公司为当地纸厂收购废纸274.4万吨，既保障了纸厂正常生产，又为他们减轻生产成本3.55亿元。

【全省供销合作社工作会议在东莞召开】2005年11月22日，省政府在东莞市召开全省供销合作社工作会议。与会人员有省有关厅局领导，各地级市、部分县（市）分管供销社领导，各地级市、部分县（市）供销社主任等250多人。中央委员、全国供销合作总社党组书记、理事会常务副主任周声涛，广东省委副书记欧广源，副省长李容根以及省政府、省供销社、市政府有关领导出席了会议。会议上，东莞市人民政府副市长周致纳代表东莞市作了经验介绍，与会代表还实地参观了虎门供销社粤华童装批发城、长安供销社钻石广场、沙头综合服务店、市果菜副食批发交易市场等。

【“三个文明”建设】2005年，东莞市供销社在经济快速发展的同时，“三个文明”同步发展。市供销社被省供销社评为全省供销社系统综合业绩先进单位特等奖、被市统计局评为全市统计工作先进单位；市社工会被市总工会评为2005年度工会工作先进单位；茶山供销社被授予东莞市“文明标兵单位”称号；市社被市委定为“固本强基”工程市级示范单位；市东日公司罗念槽被市委评为优秀基层党组织书记；市社直属机关党委召开了纪念中国共产党成立84周年暨表彰大会；市社在东莞市机关运动会上取得了优异成绩；供销社合唱团参加市第二届“永远跟党走”合唱比赛荣获金奖；在东莞市外来员工“读书学习，争做新东莞人”演讲比赛中，长安供销社外来员工胡红平和东日有限公司黄庆豪代表市社夺得二等奖。

【协会工作】2005年初，东莞市供销社成立了东莞市合作经济发展协会，成功举办了“改革与发展”理论研讨会和“商贸东莞”工程专题研讨会；年底，筹备成立了东莞市再生资源回收利用协会，进一步加强了行业的协调和管理。

【领导关怀】2005年，中华全国总社党组书记、副主任周声涛，广东省委副书记欧广源，全国总社副主任赵显人，广东省副省长李容根，东莞市委副书记、市长刘志庚，东莞市副市长周致纳等领导先后到市供销社视察工作，对市供销社改革发展所取得的成效给予了高度评价。

（莫志良）

**附：2005年东莞市供销合作联社领导名录**

主　任：廖奕辉
副主任：叶加胜
助理调研员：房玉强

## 零售商业

【市场活跃】2005年，东莞的零售市场持续活跃，需求不断扩大，市场进一步细分，各类专卖店不断出现，各种业态并存，连锁经营领域向多种业态渗透；外来零售品牌不断涌入，市场竞争更为激烈，在推动行业提升的同时带来巨大竞争压力。

本土企业中经营大店的时尚电器、永正购书中心、华美乐建材、悦华百货等分别开出多家新店；杏林春凉茶门店总数达到190间，中式快餐“真功夫”突破100家并继开拓华东市场后进入华北市场，便利店“美宜佳”、“天福”、“星瀚上好”、“家和”门店总数分别达到680家、300家、190家和127家。新进入的品牌有：超市百货类的“天虹商场”、“铜锣湾百货”、“华润万家”、“天河城”、“海雅百货”、“中华百货”、“新一佳”、“大福源”、“好又多”等，家居类的“百安居”，便利店类的“7-Eleven”、“OK”，家电类的“顺电”、“苏宁”、“永乐”。“沃尔玛”、“家乐福”再觅得新店地址，英国“特思购”也首次签约东莞。截至2005年，“国美”、“苏宁”、“永乐”在莞共开设14家店。5月中旬，章业万货突然倒闭；有10多年经营历程的美新电器和飞跃电器先后退出家电零售市场。

【品牌与人物】2005年3月，“美宜佳”、“杏林春”、“真功夫”、“嘉荣”、“大新”、“富升”、“美新”等20家企业被市政府评为“2004年度东莞市商贸龙头企业”；9月，文一实业有限公司获得中国商业联合会颁予的“2004年中国商业名牌企业”称号；11月，真功夫餐饮管理有限公司董事长蔡达标被中国连锁经营协会评为“2005中国连锁人物”；11月，嘉荣商场店内的智能信息查询系机作为零售技术创新案例受到中国连锁经营协会的推介。

【章业万货倒闭事件】2005年5月16日上午9点，东莞市虎门章业商贸有限公司位于虎门、常平两家“章业万货”大卖场突然停业，随后，其位于虎门的20多家便利店也关门停业。大批供应商和员工聚集在虎门、常平两地，商讨如何拿回章业所欠他们的货款和薪金。章业拖欠供应商相当数量的货款，其中开出了部分空头支票，拖欠扣压员工部分工资及押金。事件发生后，虎门、常平两地政府介入善后处理工作，筹集数百万元资金发放给章业的被欠薪的员工，并对被拖欠货款的供应商及现库存商品进行登记。

【零售行业协会工作述要】2005年，东莞市零售行业协会做了大量的工作：一是举办论坛演讲讲座，办好刊物，搭建会员间交流平台。2月召开会员大会，邀请市经贸局局长陈桂明作东莞商贸形势报告；4月举办“税务知识讲座”；9月举办“零售商如何正确处理消费者投诉讲座”；9月举办“2005东莞零售论坛”，以提升企业核心竞争力为主题，邀请真功夫餐饮、文一·红叶集团、永正购书中心、天和百货的企业高层作演讲。为多家企业高层交流互访参观牵线搭桥，提供帮助。继续办好刊物《东莞零售》和《简报》，4月起增设《零售行业动态》。二是反映业内意见，发挥协会在政企沟通中的桥梁作用；参与社会活动，树立健康向上的社会形象。2005年初，针对东莞零售结构存在的问题向市经贸局反映调整意见；4月，会长叶志坚作为东莞市城市商业网点规划评审专家成员之一参加《东莞市2005—2015年城市商业网点规划》的评审工作。参加市经贸局组织的行业协会秘书长培训、佛山市产业集群考察和行业协会浙江考察活动；配合市经贸局做好规范零售交易秩序的调查；组织会员参加市消委会举办的“3·15消费者权益保护日”宣传咨询活动；11月协办“珠江三角洲经济发展与流通现代化大型研讨会”。三是组织参观考察，学习先进经营管理模式。6月，组织会员到浙江的宁波、杭州、义乌等地考察，参观天一广场、银泰百货、义乌小商城等当地著名企业，与业界商家座谈交流，加深了解和沟通。11月，组织会员企业参加在北京召开的“第七届中国连锁业会议暨连锁店

展览会”。 （袁灼文）

附：2005年东莞市零售行业协会领导名录

会　长：叶志坚
副会长：刘锦棠　房玉强　蔡达标
　　　　王健康　梁仲华　张展飞
秘书长：朱　平

## 物资集团有限公司

【概况】2005年，东莞市物资集团有限公司全体员工在集团公司董事会和经营班子的精心组织带领下，面对激烈的市场竞争，坚持不懈地把发展经营放在首位，以促进公司可持续发展为目的，以扩大物资贸易为主线，合理整合内部资源，加强各项制度建设，健全激励机制，推进员工素质培训，化解矛盾，提升企业管理水平。对外强化营销公关，改善供求关系，优化公司经营环境，促使集团公司在2005年主要经济指标获得了全面的提升，全年完成物资购进、销售和利税指标，分别比上年增长了52%、42%和39%。一年来，各公司按照集团的总体要求，结合本公司的实际情况，在经营管理上各有所长、独具特色：东物剧毒公司在错综复杂的市场竞争中，形势判断准确，开拓业务措施得力，抓好经营增长点，经营管理到位，压费用、保效益，有措施、有办法，购、销、利等各项指标都有大幅度的增长，实现了该公司成立以来的大跨越；再生公司重视市场信息和公关工作，内部分工明确，管理有序，员工团结奋进，精神面貌好；化建公司在巩固和发展民爆经营的管理上更上一层楼，同时注重开拓一般性竞争业务，通过联合经营和强化技术应用服务，使环氧树脂、固化剂、胶粘剂等系列产品的经营方面初步打开了局面，并获得了多项化工经营的地区代理权；旧机动车交易中心立足于竞争，掌握市场动态，及时把握机遇，在集团公司的倾力扶持下，完成了旧机动车交易“一站式”的硬件设施建设，改善了经营环境，为加快发展创造了有利的条件；广南公司在把握机会，开拓市场，跟踪工程方面做了大量的工作，在湖沥青的推广销售和技术服务方面，员工刻苦钻研业务知识，学用结合，也取得了较大的进步。

【通过了ISO9001：2000国际质量管理体系认证】2005年，东莞市物资集团有限公司在经营管理方面日渐规范，通过强化以财务为核心的各项管理和制度建设，应用计算机NC—ERP财务管理和物流管理软件系统，使财务管理、物流管理更加规范，提高了工作效率和管理质量，提升了整个集团的管理效能档次。集团在2005年8月通过了中物联联合认证中心的审核，取得了ISO9001：2000国际质量管理体系认证证书。

【强化安全生产管理】2005年，东莞市物资集团有限公司从集团领导到全体员工树立了保安全就是保效益的安全观，集团上下齐抓共管，认真贯彻落实“预防为主，安全第一”的方针，强化管理，落实责任。在安全生产工作年度检查评比中，集团财务部和旧机动车交易中心被评为集团公司安全生产先进单位。东物剧毒化学物品有限公司和民用爆破器材专卖有限公司被市政府授予东莞市2005年度安全生产先进单位，至此，集团公司实现了连续13年无安全责任事故发生，为优化集团公司的经营环境，促进经营发展创造了良好的条件。

【三个文明建设】2005年，东莞市物资集团有限公司在党的建设方面，完成了保持共产党员先进性教育活动的工作任务，活动的各项要求得到了落实，公司全体党员积极投身教育活动，坚定了理想信念，党员的素质不断提高、党性不断增强、党员形象不断提升，精神面貌和工作态度焕然一新，通过先进性教育活动密切了党群关系，提高了党组织威信。同时，集团党总支和各公司支部还结合保先活动进行了换届选举，进一步巩固了党组织在企业中的政治核心和战斗堡垒作用。工会工作也按照市委、市总工会的要求，紧密围绕党组织的工作目标，以“党建带工建，党工共建”，结合企业自身特点，充分发挥全体员工的聪明才智和创造精神，不断开拓进取，强化自身建设，突出维权、参与和创新职能，推进职工素质工程、推进企业文化建设、增强凝聚力和战斗力，为保持企业的和谐稳定，促进经营发展作出了贡献，被市总工会评为2005年度东莞市工会工作先进单位。 （王　昕）

附：2005年东莞市物资集团有限公司领导名录

董事长兼总经理：陈灿光
董事、副总经理：谢敏生
董事、财务总监：萧小萍
监事长：钟锦辉

## 烟草专卖

【概况】2005年，东莞市烟草专卖局（公司）卷烟销售18.75万箱，同比增长5.63%；销售收入21.19亿元，同比增长8.95%；销售毛利4.32亿元，同比增长33.75%；实现税利4.30亿元，同比增长37.04%；完成税收1.98亿元，同比增长39.44%。同时会同各职能部门联合行动，查处制假烟窝点11个，案值728万余元，查处无证运输25宗，案值190.50万余元，查处未在当地烟草批发企业进货127宗，案值161.50万余元，各类案件罚没款共77万余元；查获YJ-23卷接机13套（26台），YJ14-22卷接机3套（6台），烟支676万支，烟丝32900公斤；抓获制假分子106人，拘留27人，已逮捕22人。

【专卖管理工作】2005年，东莞市烟草专卖局（公司）一是采取多种形式，不断加大卷烟打假工作力度。通过进一步完善联合打假长效机制和推广卷烟打假宣传挂图的形式，使卷烟打假的专业性同卷烟打假的群众性有机结合，发挥群策群力的效果。侦破“4·27清溪特大团伙制假案”和“9·3大朗特大烟机制假案”，东莞市烟草专卖局（公司）受到省公安厅及省烟草专卖局发文通报表扬。二是不断加大卷烟市场的监管力度，强化卷烟零售终端的管理。在全市的“四清理”专项行动中，共查出无证经营户6140户，清理整顿1169户，共查获违法经营的各类卷烟11430条，新发零售许可证314个。三是从商流、物流、资金流、信息流等方面对卷烟经营过程实行监控，以避免卷烟体外循环现象的发生。

【网建水平提升】2005年，东莞市烟草专卖局（公司）从组织管理、物流管理、商流管理和信息化管理等方面不断推进和完善网建工作。至2005年底，电话订货成功率达96.26%、电子结算成功接近90%、货源品种结构及数量分配合理、每周拜访零售户一次，明码标价已完成前期工作、协议销售已部分试行，2006年全面推广。信息化已在卷烟销售业务系统、电话订货系统、客户关系管理系统得到全面应用。省局（公司）网建检查组经全面检查后充分肯定了东莞市烟草专卖局（公司）的网建工作水平全面提高。

【物流配送工作】 2005年，东莞市烟草专卖局（公司）为解决东莞烟草场地不足、设备落后、分拣配送效率不高的问题，局（公司）成立筹备小组筹建南城物流中心。整体装修通过市政府成立的建筑工程交易中心公开招标，确定工程承建商及造价。设备及专业工程通过代理公司主持召开招投标会，由供应商及承建商当场演示及报价，筹备组成员以无记名投票方式决定设备供应商及专业工程承建商。所有工程均遵循“公开、公平、公正”的原则进行招标投标，并通过董事会及党组批准后进行。东莞烟草南城物流中心的内部装修及设备采购招标投标工作于10月26日顺利结束，12月底基本完成室内装修及设备的调试工作。业务科、营销部及所属的四个分货点在12月底搬进新址经营。

【内部管理工作】 2005年，东莞市烟草专卖局（公司）进行了规章制度修订、强化员工培训、竞争上岗以及完善财务运作机制等一系列工作。一是提高队伍素质工作紧抓不放。局（公司）定期对稽查员、营销员、送货员、驾驶员、安全员进行培训，营销员通过考试，分别领取初级、中级及高级资格证书。《新闻写作与公文处理》培训班，为进一步规范企业内部办事程序，提高办事效率创造条件。对物流中心主任一职采用竞争上岗的方式进行，使一批主办人员在考试过程中得到磨炼，使优秀的员工充实到管理队伍。省局统招分配的4名专业人员，为企业人员结构注入新的元素。二是对内部监督的工作常抓不懈。在财务上能严格按照《会计法》、《会计准则》的规定做账，从银行账到会计账都实现电算化，为管理层及时提供经营及资金运行情况。三是充分发挥工青妇的作用。局（公司）建立起基层工会组织，召开了广东烟草东莞市有限公司第一次职工代表大会。按《工会法》规定，有关人员在会上总结2005年经营情况及布置2006年工作计划，公布南城物流中心的装修及设备采购情况。四是加强安全管理工作。为强化对普发性和突发性事件的预防和处理，公司制定了事故预警方案和紧急事故处理方案。

（邓建超）

**附：2005年东莞市烟草专卖局（公司）领导名录**

局长、总经理：刘恒建

副局长：郭正光

纪检监察组组长：汪　利

## 食盐专卖

【概况】 2005年，东莞盐业总公司按照国家下达的食盐计划进行购进、调运，负责全市食盐的生产、运销及经营储存业务。公司拥有6000平方米的仓储设施，全自动化小包装食盐生产线3条，年生产能力达3万吨，配备年运输能力达10万吨的盐产品配送中心。

【产品质量监控】 2005年，东莞盐业总公司坚持质量第一的方针，严格遵守国家《食用盐》（GB/5461—2000）标准的要求，坚持专盐专用。在生产质量方面，公司严格把好产品进出库关，坚持不合格产品不能进入车间加工分装，对每批原盐采取进库前、投料前、分装后的“三步到位式”半定量检测。公司设专职质检人员对产品随时进行抽样检查，并按规定时间抽样送卫生防疫部门检验，小包装食盐抽检合格率达100%。

【完善食盐销售网络】 2005年，东莞盐业总公司为贯彻落实《食盐专营办法》及《东莞市盐业网络建设实施意见》，维护食盐市场正常秩序，保证合格碘盐的供应，按照省总公司《关于加快我省盐业网络建设的决定》，坚持食盐专营和食盐计划管理的原则，对全市食盐供应商进行全面检查备案后，按布局合理、方便群众的要求，逐步推进食盐销售网络建设，先后在长安、塘厦、常平、寮步、望牛墩、南城等镇建立了六个分公司，在各镇区挑选39个申请者签订协议书作为食盐专营零售部，并根据供应商经营信誉在全市范围内设置280多个零售店。在销售网点的管理上，实行区域管理责任制，加强食盐市场巡查访销工作，进一步理顺食盐的流通渠道。

2005年，东莞盐业总公司已经建成了集服务配送于一体的食盐销售网络化的经营模式，有效地防止非食用盐、非碘盐和不合格碘盐流入食盐市场，确保人民群众食用合格的碘盐。

【协助职能部门维护食盐市场稳定】 2005年，东莞盐业总公司协助职能部门维护食盐市场稳定，在东莞市经贸局举办的各镇区经贸办主任及盐业执法人员参加的盐业管理培训班上，公司有关人员结合多年的实际工作经验，介绍中国盐业管理的有关政策法规和盐业执法程序，及东莞销区近年查处食盐制假售假的有关情况。公司派出市场巡查人员对东莞销区的各农贸市场、副食批发市场进行巡查，发现制假售假行为，及时向有关职能部门举报，还同市经贸局、市卫生局联合下发了《关于加强食盐管理的通知》，进一步明确机关、企事业单位、食堂、餐饮店的购盐渠道。

（冯伟刚）

**附：2005年东莞市盐业总公司领导名录**

总经理：伍甲增

副总经理：欧阳根　夏广海

## 石油分公司

【概况】 东莞石油分公司是中国石油化工股份有限公司属下国有企业，全称为“中国石油化工股份有限公司广东东莞石油分公司”。2005年，东莞石油分公司拥有加油站133座，其中水上加油站6座，公司加油站分布在东莞市32个镇区，为成品油用户提供油品服务。公司下设油品经营部18个，在32个镇区各设经营点，为终端客户提供油品配送服务。拥有樟村油库，仓容1.9万吨，还有与香港华润石化（集团）公司合资成立的东莞华润石油化工股份有限公司（虎门威远油库），该油库仓容5万吨。樟村油库和威远油库均由计算机系统调控，实现油品装卸、计量自动化。此外，拥有油罐车40多部，在樟村油库设调度中心，对油罐车进行统一调度指挥，资源配置装运和销售配送能力强。上半年，公司参加东莞市第一批保持共产党员先进性教育活动，共产党员的先锋模范作用进一步加强。8月上旬，东莞出现成品油资源紧缺，东莞石油分公司加大资源调配力度，加大自采，弥补资源不足，尽最大能力保障东莞工农业生产用油和群众车辆用油，发挥了成品油主渠道作用。公司坚持“质量合格、数量准确”的宗旨，提高服务质量，强化规范化管理。2005年公司销售总量突破80万吨，同比增长14.6%，增幅在全省16个地市公司排名第一。

（刘中华）

**附：2005年东莞石油分公司领导名录**

经　理：吴征燃

书　记：何观洪

# 农业·水利 AGRICULTURE·WATER CONSERVANCY

东江大堤万江段

■ 防治高致病性禽流感

■ 五大森林公园建设基本竣工

■ 抓好水利防灾减灾重点工程建设

责任编辑：张锡麟　王彩凤

## 农业农村工作

【概况】 2005年，东莞市进一步加大农业结构调整力度，推进农业产业化经营，加大扶贫开发力度，抓好农产品质量安全管理，加强农村集体经济管理，大力推进农村股份合作制改革，促进农业农村经济平稳发展，农民收入稳步增长。全年农业总产值（当年价）42.05亿元，比上年减4.84%；农民人均纯收入9842元，增长8.36%。

【种植业】 2005年，东莞市农作物总播种面积27377公顷，比2004年减少3439公顷；种植业总产值10.72亿元（当年价），比上年减5.6亿元。全年粮食播种面积4206公顷，总产2.02万吨，比上年分别减1208公顷和1.02万吨。蔬菜总播种面积21036公顷，总产46.02万吨，比2004年分别减2325公顷和7.19万吨。水果总面积11790公顷，比上年减435公顷，其中荔枝5557公顷，香（大）蕉5030公顷，龙眼624公顷，其他水果579公顷；水果总产15.13万吨，比2004年减2.41万吨，其中香蕉12.4万吨，荔枝2.1万吨。

【畜牧业】 2005年，东莞市全面开展畜禽养殖业污染整治，全市畜禽存栏大幅度缩减。年末生猪存栏21.41万头，家禽存栏241.95万只，比上年减少72.74%和30.27%。由于清拆大量养殖场，生猪提前出栏上市，当年畜禽产量及产值都有所增加。全年生猪出栏227.38万头，家禽出栏1262万只，分别比去年增加37%和15.46%。畜牧业总产值24.25亿元（当年价），增加21.31%；肉类总产量17.17万吨，增加17.44%。

【农村股份合作制改革】 2005年，东莞市完成改制工作的经联社和经济社有370个和1657个，分别占全市村组两级经济组织总数的66.2%和68.1%，莞城、万江、东城、南城、凤岗、塘厦、大朗、长安、道滘、虎门、中堂、清溪、麻涌、望牛墩、高埗、洪梅等16个镇街基本完成改制。在开展改革过程中，东莞认真处理“出嫁女”利益诉求问题。到年底，全市已完成股份制改革的村级经联社和组级经济社中（莞城、万江、东城、南城四个街道办事处除外），“出嫁女”分别有10739人和9368人，有95.8%和93.9%按政策规定获得配股；“出嫁女”子女分别有10097人和9235人，有90.6%和87.3%按政策规定获得配股。先行改制的莞城、万江、东城、南城四个街道办事处村级经联社和组级经济社按政策规定获得配股的“出嫁女”分别占38.9%和36.5%，获得配股的“出嫁女”子女分别占9.4%和7.3%。

【农村股份合作经济组织】 2005年，改制后的东莞农村社区合作经济组织相应改为农村股份合作经济组织，为加强管理，市农村股份合作制改革工作领导小组办公室协调银行、工商、技监等部门，做好合作经济组织银行基本账户开设、机构代码证办理等工作，及时为股份经济组织办理换发农村股份合作经济组织登记证。农村股份合作经济组织在镇人民政府（区办事处）指导下组建，报经市农业局核准登记，由市人民政府制发登记证。农村股份合作经济组织申请登记时，对法定代表人、组织成员、董事会成员、股本结构、资产负债、土地资源等状况进行申报，经审核后，对符合条件的准予登记并颁发农村股份合作经济组织登记证。到年底，全市已登记的股份经济组织有977个，占已改制经济组织总数的48.2%。

【防治高致病性禽流感】2005年，东莞市在做好查漏补针、疫情诊断监测、清洁消毒、检疫监督、防疫物资储备和培训宣传工作基础上，重点抓好散养户家禽免疫、交易市场检疫监督和家禽疫病监测等三方面工作。散养家禽免疫方面：市防治高致病性禽流感指挥部办公室于11月21日印发了《关于抓好散养家禽防疫工作的通知》（东禽防办［2005］2号），全面布置散养家禽防疫工作。至12月底，全市共对规模化养殖场家禽278.89万只、小型养殖户和民居散养家禽81.11万只落实了免疫措施。交易市场检疫监督方面：11月下旬，市农业局与市工商局人员到东城、常平、凤岗三个家禽批发市场进行检查。市工商局、农业局联合向三个家禽批发市场发出了限期整改通知书，要求各市场限期落实调整市场内部结构，实施畜禽分存、人禽分居等整改措施。家禽疫病监测方面：市兽医防疫检疫站加大家禽监测数量，10月下旬至12月底共对7600多个家禽样品实施禽流感等疫病监测。由于措施落实，东莞市全年没有发生高致病性禽流感疫情，也没有发生人感染禽流感病例。

【猪链球菌防控工作】2005年7月，四川省资阳、内江等地发生部分农民感染Ⅱ型猪链球菌病例。按照农业部、省农业厅防控猪链球菌会议精神，东莞市农业局迅速开展一系列防控工作。一是加强对储藏、经营肉品的冷库、超市的巡查，对来自四川疫情发生地的肉品实施封存并抽样送检，共抽检样品308份，对检测不合格的2279公斤冻肉迅速实施无害化处理。二是抓好流通环节畜禽查验证和消毒工作，全市32个镇街动物防疫机构从动物防疫物资储备中调拨消毒药1.17万公斤，对牲畜定点屠宰场、大型肉品冷库、小型养猪场和生猪散养户等重点场所进行消毒，消毒面积157.49万平方米。三是布置镇街对辖区内生猪商贩、牲畜屠宰加工从业人员培训，讲授辨别患病猪只知识和屠宰加工过程中的防护知识，全市共培训当地生猪商贩、牲畜屠宰加工从业人员6150人，派发了《人畜共患病防控知识》小册子7215本。由于反应迅速，措施落实，全市没有发生人感染Ⅱ型猪链球菌病例，也没有发生生猪感染Ⅱ型猪链球菌病例。

【红火蚁防控工作】2005年1月10日，经广东省植物检疫站鉴定，首次确认东莞市局部地区发生红火蚁疫情。为此，东莞市政府迅速成立了以李小梅副市长为总指挥的红火蚁疫情控制应急指挥部，32个镇街和相关职能部门相应成立疫情控制小组，切实加强防控工作领导，并制定《东莞市红火蚁疫情控制应急预案》，明确了疫情确认和报告的程序、应急机构和各职能部门的职责、应急响应、保障措施和疫情封锁、控制及扑灭措施等。全市深入开展红火蚁疫情普查，加强红火蚁科普知识宣传培训，建立红火蚁发生点档案，在疫情发生点反复进行扑杀。通过落实防控措施，全市红火蚁疫情得到有效控制，大部分防治区域红火蚁种群密度明显下降，发生区群众正常生产生活，没有出现公众不安现象，社会秩序稳定。

【特大洪灾救灾复产工作】2005年6月和8月，受高空槽和强西南季风影响，东莞市两次出现强对流天气和持续高强降水，部分镇街出现了严重的洪涝灾害。全市有8.42万亩和4万亩农作物受到不同程度的损害，造成直接经济损失7992.06万元和和5026.73万元。灾情发生后，有关部门第一时间深入灾区第一线了解灾情，加强灾后技术指导。市委市政府按照农民自救为主、政府救助为辅的原则，在充分发动灾农开展生产自救的基础上，按绝收香蕉、蔬菜每亩分别补助200元和80元，受灾香蕉、蔬菜每亩各补助50元和30元的标准，由市财政安排828.3万元农业救灾复产专项补助资金，对全市受灾的农户给予补助，主要用于购买种苗、肥料、农药等农业生产资料，迅速恢复受灾较严重的香蕉和蔬菜生产。

【农村扶贫工作】2005年，东莞市农村扶贫工作保持良好的势头。11个欠发达镇各项税收总额31.5亿元，镇本级可支配财政收入21.2亿元，比2004年分别增长34.1%和35.4%。81个欠发达村的经营总收入2.46亿元，比2004年增长20.4%；经营纯收入7552万元，增长66.1%；总资产33.5亿元，增长10.6%；总负债15.3亿元，减少3.2%；净资产18.2亿元，增长25.5%；资产负债率45.6%，下降6.6个百分点；38个欠发达村实现脱贫。全市主要抓好以下几方面：一是加快扶贫工业基地建设。全年为11个欠发达镇支付扶贫贷款4.68亿元，支付贴息1.1亿元。11个欠发达镇以扶贫工业基地为载体，吸引国内外资本9.13亿元，引进企业96家，新建厂房83.35万平方米。为欠发达镇村办理了2391亩土地的用地收费返还手续，返还用地收费3850万元。二是改善基础设施条件。市财政安排5815.21万元专项资金，支持24个镇街117个村委会的262个自然村新建水泥公路95.55公里；安排100万元，支持5个欠发达村新建或修缮卫生站面积1770平方米。三是化解不良债务。通过以地抵贷等方式，11个欠发达镇化解集体债务1.41亿元，81个欠发达村化解集体债务1.01亿元。全市资不抵债的欠发达村减少至6个，81个欠发达村的平均资产负债率首次降至50%以下。四是加大教育经费投入。市政府将教育经费包干标准由原来的每个学生每年500元提高到800元，并将小学生人均教育成本由原来的2000元提高至3042元，欠发达村新增的教育经费差额全部由市、镇两级财政负担。2005年市、镇财政为欠发达村增拨教育补助经费2614.89万元，市财政为实施联合办学的22个欠发达村发放校舍建设补助经费4398万元。五是实施结对帮扶。帮扶单位为欠发达镇村援助帮扶资金1545.78万元，全市共有10126名干部参与“千干扶千户”活动，为困难户赠送慰问金679.02万元，捐赠价值209万元的生活物资，为困难户解决就业、住房、就医、子女读书等实际困难8447宗。

【农村集体资产管理】2005年，东莞市理顺集体资产管理机构，开展“八镇百村示范工程”建设，大力推行农村出纳专职化管理，加强农村审计工作指导，抓好清产核资，认真开展农村集体收益分配年报、季报、农户记账、农民收入预测调查等统计分析工作，推进了农村集体资产和财务管理规范化，提高了农村集体资产管理水平。年末，东莞村组集体两级资产总额929.6亿元，比上年增长7.6%；净资产超亿元的村有221个，增加23个；资产负债率23.8%，上升1.0个百分点；集体经营总收入120.6亿元，增长8.2%，经营纯收入72.5亿元，增长6.8%；纯收入超千万元的村有204个，增加7个。

【农村集体经济审计】2005年，东莞市在全面开展村干部任期经济责任审计的基础上，针对组级资产监管和债权管理较为薄弱的状况，选取石碣镇横滘四村和虎门镇怀德下庙两个经济合作社作为市级常规审计试点，指导各镇街对下辖

10%的村小组进行常规审计和债权专项审计。全市共完成617个村小组的常规审计和32个村的债权专项审计，审计金额91.85亿元，发现问题2152个，提出处理意见及建议2145条。全面落实了575个村（居）委会、424个村民小组干部任期经济责任审计问题整改，其中要求纠正处理的问题累计有2293个，已进行纠正处理的有2100个；要求以后不再出现类似问题的有1734个，整改后减少到412个；要求退回款项总额372.93万元，已全部退还给村组集体。

【农村出纳专职化管理】 2005年8月，经市政府同意，市农业局出台了《关于推行农村（社区）集体经济组织出纳岗位专职化的意见》，提出用一年时间全面推行农村出纳委派制或聘任制，建设一支素质高、业务精、责任心强的专职农村出纳队伍，进一步规范货币资金管理，确保农村集体资产安全。出纳委派制，是由上级管理部门按照下管一级、就地任职的原则进行委派，即各村组出纳人员原则上由本村组常住居民担任，村级出纳员由镇街委派，组织关系隶属镇街，工资报酬由村上缴镇街统一发放，待遇标准由镇街确定；组级出纳员由镇街或所在村（社区）委派，组织关系相应隶属镇街或村（社区），待遇标准由镇街或村（社区）确定。出纳聘任制，是由村组提出本单位专职出纳员的人选，经镇街集体资产管理部门审核资格并统一考核后，由所属集体经济组织与出纳员签订聘任合同，待遇由聘任单位自行确定。至年底，东城、万江、道滘、石碣、麻涌、大岭山、桥头等7个镇街基本完成了出纳专职化管理工作。

【科技兴农战略】 2005年，东莞市大力推进科技兴农战略。科技服务方面：市农业局积极开展"科技之春"和科技入户活动，全市举办了11次大型的科技下乡集中服务活动，开展各类农技培训班242期，培训4万多人次，派发各种资料11.9万份。农机推广方面：认真贯彻落实省扶持农机发展的议案，举办了6次农机化作业现场演示会，向农民提供农业机械化技术、政策法规咨询；扶持建设清溪安华园花场、麻涌大步香蕉合作社农业机械化示范基地，加强农机示范推广；认真落实农机购机补贴政策，按照补贴25%—30%的标准，对70台套农机进行购机补贴，补贴资金35.8万元。科技项目管理方面：大力抓好科技成果转化示范基地建设，加快农业科技成果转化。市农业科学研究中心"糯米糍荔枝丰产稳产关键技术研究"等4个项目通过市级以上科技成果鉴定或验收；市种子站参与的"苦瓜杂交制种技术的应用与新品种的示范推广"等2个项目获得广东省农业技术推广奖，一等奖和三等奖各1个；市植物园"优质生态公益林的构建研究"等7个项目获得东莞市科技进步奖，其中一等奖1个，二等奖3个，三等奖3个。

【农业检测防疫综合大楼奠基】 2005年3月，市政府工作报告提出将建设东莞市农业检测防疫综合大楼列入为群众办实事的十件大事之一。农业检测防疫综合大楼选址在南城区板岭，项目投资1200万元，总用地面积26600平方米，建筑面积6800平方米，主要承担农畜产品质量安全检测、水产品质量检验、动物防疫检疫等功能。大楼由市农业局组织建设，在完成选址立项、外观设计、场地清拆、地质勘探工作后，于2005年12月28日奠基。

【革命老区建设】 2005年，东莞市支持欠发达老区建设资金600万元，帮助20个镇（街）、33个老区村（组）解决实际问题。其中369万元用于19个老区村（组）的道路交通建设，修建道路19.67公里，帮助2.68万人解决行路难问题；118万元用于支持8个老区村（组）解决饮水难问题，铺设水管22.9千米，解决了7860人的饮水难问题；68万元用于4个老区村的环境改造，修建排水渠4150米，涉及群众7100人；45万元用于2个老区村（组）的卫生站建设，修建卫生站1900平方米，解决了3050多名群众的看病难问题。

【农业龙头企业认定】 2005年12月，经市农业产业化联席会议认定，东莞市广利食品进出口有限公司成为东莞市第四批农业龙头企业。经复核，东莞市祥远种养有限公司、东莞市特威畜牧有限公司等2家企业不符合认定标准，取消"东莞市农业龙头企业"资格。至年底，全市农业龙头企业总数14家，当年总产值12.25亿元，农产品交易额15.3亿元。

【农业名牌产品认定】 2005年9月，经广东省名牌产品（农业类）推进委员会审议通过，东莞市太粮米业有限公司太粮牌大米、东莞市金燕粮油食品有限公司金燕牌米粉、东莞市星河生物科技有限公司玉龙洞牌金针菇、东莞市永益食品有限公司凤球牌鲍鱼汁、沙田顺发畜禽实业有限公司沙田顺发牌猪配合饲料5个农业类产品被确认为广东省名牌产品。目前全市共有8家企业13个产品获评广东省名牌产品（农业类）称号（不含水产类）。

【动物狂犬病集中免疫月活动】 为有效控制狂犬病的发生和传播，2005年9月，市农业局组织各镇街开展动物狂犬病集中免疫月活动。免疫月期间，全市共出动动物防疫人员2000多人次，发放狂犬病疫苗22240瓶，对43528只犬和1330只猫实施了狂犬病免疫，发放《犬类（宠物）免疫证》35980本。

【农产品质量安全检测】 2005年，东莞市、镇、市场三级农产品质量检测机构对各类农产品的检测抽检样本数215.3万份，比2004年增加了47%，其中蔬菜抽检样本203.4万份，"瘦肉精"抽检样本2.6万份，动物疫病检测抽检样本9.3万份。共销毁不合格果蔬产品90多吨，对检出不合格的995头生猪进行无害化处理。

【农产品质量安全信息管理】 2005年，广东省农业厅在东莞市设立农产品质检信息管理系统应用试点，并于10月份正式运作。试点以东莞市农业局作为数据中心，市农业检验监测所作为检测中心，东莞市果菜副食交易市场、虎门富民农副产品批发市场、大京九农副产品中心批发市场、东莞市蔬菜产地检测站等4个单位作为检测站，实施网上报送农产品质量安全信息。该信息管理系统的应用，有利于主管部门对各级检测机构开展的日常检测活动进行监控，便于收集、分析和处理各类农产品质量信息。东莞市农业检验监测所与上海博纳新技术研究所合作建成东莞市农产品质量安全监控系统，该系统以东莞市农业检验监测所为数据中心，与镇区检测机构、主要生产基地及大型农副产品批发市场检测机构联网，对各类检测数据进行网上传送，并对各级检测机构的工作情况以及各地农产品质量状况进行实时监控。至2005年底，已有10个镇区试运行。

【农业信息化】 2005年，东莞市大力推进农业信息化建设，通过完善东莞农业信息网，建设农村信息服务点，加强信息员队伍建设等措施，加快农业信息化步伐。市农业局规划了虎门、长安、石龙、桥头等10个镇街和单位作为农村基层信息服务点，加强基层农业信息的收集和服务。市农业技术推广服务中心对东莞农业信息网进行了升级改版，建立农产品质量安全子网站和农业信息网虎门子网页。加强对信息员队伍的建设，全市农业信息员队伍发展至190人，其中40人在农业部“一站通”网站进行了注册登记。

【农业标准化工作】 2005年，东莞市农业标准化工作在各有关单位的努力下稳步推进。市农业局组织制定了糯米糍荔枝、桂味荔枝、东莞香蕉、甜玉米及蓝塘猪种猪等5个特色农产品地方标准，建立麻涌镇大步村香蕉标准化生产示范点、大岭山镇糯米糍荔枝和桂味荔枝标准化生产示范点、市种子研究所甜玉米标准化生产示范点和市畜牧科学研究所蓝塘猪种猪标准化生产示范点，探索标准化生产实施办法和组织形式。同时，加强检查督促，落实建设措施，抓好无公害商品猪、糯米糍荔枝、无公害蔬菜等3个省级标准化示范区的建设。

【农资打假】 2005年，东莞市农业局在开展常规农资执法检查的同时，突出抓好春耕、秋收时节两次大型的综合执法行动，全年共检查农资企业530间次，累计出动执法人员1732人次，立案查处违法案件36宗，没收了一批违法生产和经营的农资产品，货值3.34万元，其中种子28.25公斤，农药17.74公斤，肥料12.65吨，兽药1.23吨。

【东莞市农业局被评为全国农村固定观察点系统先进观察点】 2005年9月，东莞市农业局被国家农业部评为全国农村固定观察点系统先进观察点，是广东省10个固定观察点中唯一一个获得此项荣誉的固定观察点。1984年，根据中共中央政策研究室、农业部和省的部署，中央在寮步石龙坑村建立农村固定观察点。固定观察点由东莞农业委员会负责实施调研工作，2001年市机关机构改革后，转由市农业局负责实施。20年来，调查人员每年两次深入石龙坑村对100户固定观察户进行调查，调查内容包括农户生产和生活情况、农民现金收入情况、农村劳动力流动情况、农户存粮情况和农户市场信息情况等。收集调查数据后，认真做好统计分析工作，及时把资料上报给全国农村固定观察点办公室，为中央决策提供有参考价值的资料。

【农机安全监理】 2005年，东莞市农业局对全市历年来农机车辆及其驾驶员登记档案进行了清理核实，共核实全市已发牌证拖拉机4537台，农用车39台，驾驶证2986个。根据省农业厅和省公安厅的部署，把应划归公安局管理的99份农用车驾驶员档案资料移交市公安局。同时，对全市的拖拉机培训机构进行了一次全面的检查清理，根据农业部第41号令关于农机主管部门及其安全监理机构不得举办或者参与举办拖拉机驾驶培训学校驾驶培训班的规定，暂停市农机监理所以及镇街农机站开办的拖拉机驾驶员培训工作，推进拖拉机驾驶员培训走向社会化。 （刘宠杨）

**附：2005年东莞市农业局领导名录**

局　长：胡荏光

副局长：何肖弟　谢国文　李小帆　叶锦锐

## 海洋与渔业

【概况】 2005年，东莞市海洋与渔业局以科技创新和增创海洋与渔业经济新优势为战略目标，进一步强化海洋综合管理、资源与环境保护、加快渔业结构调整、推进产业化经营，海洋与渔业继续呈现良好的发展态势。全市海洋经济总产值达到260亿元，比上年增12%。渔业经济总产值21亿元,同比增5%；水产品总产量6.8万吨，同比减5%；水产品总产值达6.3亿元，同比减6.9%；渔业人均纯收入达到11，350元（其中捕捞渔民人均纯收入5400元）同比增3%。

【海域综合管理】 2005年，东莞市海洋与渔业局坚持“主导产业优先、重大项目优先、重点工程优先”的用海原则，重点控制围海填海等改变海域自然属性的项目审批，有效杜绝违法用海和严重破坏生态资源环境的用海项目。大力宣传贯彻《海域使用管理法》，规范发“证”模式，强化海域使用金征管，全年共受理用海项目申请15个，发放海域使用权证书11本，新用海项目发证率、海域使用金征收率均达到100%。全面启动了《东莞市海洋经济发展规划》的编制工作。加强了调研汇报和与有关部门的协调，积极协调《东莞市海洋功能区划》报批过程中遇到的问题。完成了《东莞市海洋环境保护规划》（评审稿）编制工作，并通过了市政府组织的有关专家的评审。建设海域管理信息系统，海域使用管理进一步规范科学。以虎门港开发区为核心的海洋经济发展势头良好，海洋交通运输、海洋化工、滨海旅游等一批新的海洋产业群正在形成。虎门港引进项目24个，投资总额107亿元。沿海产业带与松山湖科技产业园、东部工业园形成了东莞市东、中、西部地区“三线联动”的发展格局,进一步推动市域经济的协调均衡发展，海洋经济正成为东莞市沿海区域经济的新增长点。

【资源与环境保护】 2005年，东莞市海洋与渔业局加强海洋生态保护力度，在珠江口虎门海域设立了市级黄唇鱼自然保护区。加强海洋环境监测，首次对沙角电厂排污口等5个站位点进行了动态监测，加强了对近岸海域6个省控水质监测点的趋势性监测和养殖区渔业环境监测。建立了全市赤潮监视网络，首次

▲ 海洋执法　张志坚摄

向社会发布了2004年东莞市海洋环境质量公报。加大增殖放流力度，在珠江口和东江河段人工增殖放流刀额新对虾苗1200万尾和淡水鱼苗500多万尾。进一步规范全市经营利用水生野生动物发证及年审工作，加强对非法捕捞活动的打击查处力度。进一步规范港口和船舶污染管理，加强对海砂开采、海洋倾废的监督管理。

【渔业结构调整】 2005年，东莞市海洋与渔业局稳步推进捕捞渔民转产转业，全市共拆解渔船54艘，转业渔民110人，捕捞生产渔船从上年的1021艘、37700吨和95434千瓦下降到2005年的898艘、33151吨和88051千瓦。渔港基础设施不断完善，市镇两级共投入750多万元用于渔港基础设施建设，重点整治了沙田先锋港区的护岸工程和改造了虎门旧渔港码头。水产养殖结构进一步优化，逐步形成了以龟鳖类、鳗鱼、奥尼鱼、观赏鱼、咸淡水鱼类等特色产品优势产业带，全年养殖面积12万亩，产量4.5万吨，其中龟鳖类养殖3000亩，境外发展养殖9000亩。全面实施龙头带动与品牌战略，促进产业化经营，积极组织全市渔业企业参加国内外渔业博览会，扩大优势水产品的市场占有率，东莞市广东绿卡实业有限公司生产的“绿卡牌”乌龟苗又获得“广东省名牌产品”称号。休闲渔业日渐成为一项新兴产业，全市观赏鱼养殖面积已达3000多亩。2005年，东海水族有限公司举办了首届中国金鱼文化巡回展，启动了全民族对“国鱼”文化的认识。2005年，虎门、沙田、望牛墩等镇都新建了水产品加工企业，延长了产业链，提高了附加值，带动了周边养殖农户的发展。

【水产品质量管理】 2005年，东莞市海洋与渔业局一是完成了市渔业质量监督检验站“三合一”实验室规划选址工作，招聘了一批专业知识高、业务能力强的技术人员，购置了一批检测仪器。二是制定和下发了《2005年东莞市水产品质量安全管理实施方案》，积极组织开展水产品质量安全专项大检查，对孔雀石绿、呋喃唑酮、氯霉素、乙烯雌酚等项目进行有效检测。三是大力推广科学养殖和标准化生产，重点加强环境监测、饲料和鱼药等投入品的管理。四是扎实开展健康养殖技术培训，推广标准化无公害生产技术，2005年核发养殖证140本，面积1092亩。五是积极做好水产病害的测报和防治工作。

【科教兴海、兴渔】 2005年，东莞市《线纹尖塘鳢全人工繁养殖技术及产业化技术开发》科研项目有新的突破。完成了《尖塘鳢（笋壳鱼）的生物学及养殖概况》、《线纹尖塘鳢的胚胎发育过程研究》、《池养线纹尖塘鳢仔、稚鱼的形态发育》、《尖塘鳢线粒体DNA12SrRNA基因序列分析》等多篇论文。《施尔乐酶解蛋白粉在水产养殖生产中的推广应用》项目在珠三角地区取得较好的经济效益和社会效益。民营科技企业逐渐崛起，逐步建立起以中华鳖苗等优势主导水产品的良种繁育、生产基地。积极开展科技服务活动，促进渔业经济质量和效益的提升。年内全市原良种养殖覆盖率已达到85%，渔业科技贡献率达63%。

【海洋与渔业执法管理】 2005年，东莞市海洋与渔业执法管理工作再创新局面，队伍执法能力得到进一步提高，群众依法生产意识得到进一步提高，渔业资源得到有效保护和恢复，海域使用进一步规范和科学。一是加强法制宣传，营造了依法治渔（海），以法兴渔（海）的良好氛围，群众的法律意识明显增强，违法违规案件大幅减少。二是加强能力建设，深入贯彻执行《行政许可法》，大力推行政务公开和社会承诺制，全面简化审批程序和办事程序，进一步提高了队伍依法行政和依法办案能力。三是认真抓好海监执法示范工作，深入开展“保护蓝色国土”、“海盾2005”等一系列专项执法行动，检查用海项目71个，查处海洋违法违规案件15宗，规范了群众的用海行为，维护了东莞市海洋开发的利用秩序；四是进一步加强了渔政执法管理，顺利完成伏季休渔任务，严厉查处“三无”渔船和各种违法违规行为，一年来共检查各类渔船835艘次，检查酒楼、水产品市场75处，查处违法违规案件24宗，铲除滩边罟35个、迷魂阵12800米，没收和放生了鲟鱼、胭脂鱼、花鳗鲡、中国鲎等一批水生野生动物；五是健全了渔业安全生产领导机构，完善了渔业安全生产责任制度，强化了渔业安全生产监督手段，落实了责任追究、关口前移、力量下沉等措施，保障了渔民群众的生命财产安全。

（周　君）

**附：2005年东莞市海洋与渔业局领导名录**

局　长：张月忠

副局长：祁　伟　叶玉培

# 林　业

【概况】 2005年，东莞林业局认真贯彻中共中央、国务院《关于加快林业发展的决定》和广东省委、省政府《关于加快建设林业生态省的决定》，积极响应市委、市政府提出“大种其树、大搞绿化”的号召，紧紧围绕建设生态绿城的战略目标，坚持科技兴林，依法治林，实施林业重点工程建设，强化森林资源保护和管理，大力推进城乡绿化一体化，全力以赴创建“全国绿化模范城市”，林业工作取得了显著成效，生态环境得到进一步改善。

【“创绿”工作】 2005年，东莞市再次申报创建“全国绿化模范城市”。市委市政府重新调整了创建“全国绿化模范城市”领导小组，由市委副书记、市长刘志庚任组长，进一步加强创建工作的领导，召开了多次工作会议，部署“创绿”工作。市委书记佟星、市长刘志庚、市委副书记刘树基、副市长李小梅等市领导亲自检查“创绿”工作的进展情况，促进了“创绿”工作的开展。通过“创绿”工作，进一步提高了林业工作的社会地位和影响力，提高了广大人民群众对植树绿化的积极性和主动性。“创绿”期间，市创绿办采取各种办法宣传林业工作，共播出“创绿”新闻113条，播出公益广告1448条次；东莞日报共刊登创绿专版20多个，创绿的各类新闻报道（图文）总数达330多篇；印发、出版了33期共33000份《工作简报》；发放调查问卷8万份，回收率99.95%；印制创建活动系列宣传海报2.5万套7.5万份，张贴在机关、工厂、学校、医院、村（居）委会、住宅小区和大街小巷；在城区和各镇区主干道两旁、立交桥和人行天桥、各村委会悬挂“创绿”宣传标语达3084幅，主要道路、高速公路出入口设置115个大型广告牌，在全市的城巴、出租车上张贴“创绿”宣传标语11700条，市区及主要镇区设置灯杆广告14838幅，悬挂彩旗21030多条；通过中国移动东莞分公司、中国联通东莞分公司和中国电信东莞分公司分别向广大手机用户共发出1949万条短信；派发创建温馨倡议书150多万份。通过宣传，在全市范围内营造了爱绿、植绿、护绿，弘扬绿色文明的浓厚氛围。国检团对东莞市“创绿”宣传工作给予了充分肯定，

▲ 旗峰公园一景

称赞东莞市“在绿化宣传上声势之大，形式之多，效果之好，在近几年全国也是少见的，上上下下形成了共同的绿化价值观”，并勉励东莞要成为全国绿化模范城市的示范。

【山上造林】 2005年，东莞市森林生态建设做到“计划落实、资金落实、种苗落实、队伍落实、措施落实”，取得了可喜成绩。据统计，全市2005年共完成山上造林25285亩，占计划25124 亩的101%，其中纳入边境形象工程、自然保护区和森林公园景观改造工程的单位共完成山上造林21902亩，省属樟木头林场完成造林3383亩。经年终检查验收，全市造林成活率基本达到95%以上，年底保存率达到93%以上，苗木生长势头良好。

【水源林保护】 2005年，东莞市林业局全面开展水源保护区林相改造规划，对疏林、残林，采用更新的方式进行改造，对树种单一的纯林，采用补植套种的方式进行改造，对荔枝、龙眼等经济林进行回收，改种乡土阔叶树种，共营造水源涵养林10136亩；其次，大力营造红树林工程，逐步恢复东莞市“海上森林”景观，净化水资源环境。2005年共种植红树林面积695亩。

【全民义务植树】 在2005年3月12日植树节期间，东莞市林业部门加大宣传力度，把全民义务植树与创建“全国绿化模范城市”、建设生态绿城结合起来，以提高适龄公民义务植树尽责率为突破口，抓住“全社会办林业”这个中心，以义务植树、部门绿化、企业造林建设为重点，推进全社会办林业向纵深发展，营造了植绿、爱绿、护绿、兴绿的浓厚氛围。3月10日，市几套班子领导、市林业局机关干部、军分区官兵、万江中学师生等共400多人一起到万江区阳光海岸公园参加义务植树，种下胸径5—20厘米的绿化风景观赏树3000多株；3月30日上午，市委书记佟星、市长刘志庚等市领导和军分区领导率领武警、边防、消防和驻莞部队共2000多人到水濂山森林公园营造“拥军拥政林”，共植树10000多株。在市领导的率先垂范下，全市各镇区、各单位、各企业积极响应，投入到绿化美化家园的行动中。市林业局结合保持共产党员先进性教育活动，组织机关党员、大岭山林场全体党员共150多人，于3月8日在国营大岭山林场开展主题为“留下绿色足迹”的植树活动，共植树100多亩8000多株；团市委联合城区志愿者协会共500多人在榴花塔公园参加植树活动，共植树2000多株；东莞中学组织师生共250人到大屏嶂林场参加义务植树活动，共植树1000多株；东莞三星电机有限公司、中脉科技公司共同组织员工300多人在企石镇参加义务植树活动，共植树100多亩8000多株，建立了“三星林植树基地”等等。据统计，2005年全市参加义务植树96.35万人，义务植树尽责率达到96%，完成总株数312.22万株，其中：植树287.49万株、植绿篱12.58万延长米、铺草坪12.15万平方米，完成市计划（300万株）104%；四旁植树共植乔木68.61万株、灌木184.67万株、铺草坪12.34万平方米。

【森林公园建设】 2005年，东莞市林业局紧紧围绕市委、市政府提出“整山”的工作部署，坚持“产权不变、整体规划、统一协调、分区建管”四个方针和“突出生态、强调保护、分期开发、路网先行”四个原则开展整山工作。年底，黄旗山、同沙、大岭山、水濂山、大屏嶂五大森林公园主要进出口建设、园内路网建设、窝棚清理、景观树种套种、山体修复等工程已基本竣工，即将对外开放。据统计，2005年全市五大森林公园共建成出入口广场9个，车行道125.7公里，步行道82公里，完成路网绿化125.7公里，完成交通设施配套125.7公里，完成林相改造25402亩，完成石场复绿2个、面积94亩。

【城乡绿化美化】 2005年，东莞市各镇区、各部门高度重视绿化建设，采取以点带面、以线带片、点线面结合手法，实行规划建绿，见缝插绿，筑路辟绿，拆房建绿，园区扩绿，街道补绿，单位增绿，家庭养绿，形成了多层次的绿化格局。至年底，全市新增绿化景观面积1542公顷，其中新增公共绿地景观266公顷、道路绿地景观523公顷、闲置土地绿化面积753公顷、石矿场复绿65个共113公顷。各镇区注重绿化美化，在行政区域生活区，除种植大量的乔木外，都注重修建公园广场或街头小景，营造带有城市文化内涵的绿化景点、绿化带、绿化区。全市新增公园、广场、街头小景42个，面积266公顷。其中规模较大的行政中心绿化公园已基本完成，增加绿化景观面积37公顷。2005年，对新建或扩建的环城快速路、东部快速路、东江大道、常虎高速、东深公路、莞龙公路、107国道、莞樟公路等道路进行了绿化景观建设，新增道路绿线226.8公里。

【科技兴林】 2005年，市林业局协同市林业科学研究所重点开展了“东莞季相变化树种的选择及其造林技术研究”、“脆肉荔枝引种试验研究”、“热带、亚热带林果种质资源的收集和开发利用”、“矮种白千层快速组培繁殖”、“东莞市市区污水处理厂废渣—污泥的利用开发的研究”等一系列课题的研究。其中，“脆肉荔枝引种试验研究”成果获得东莞市科技进步三等奖，“粤引无核荔”通过了广东省农作物品种审定委员会组织的品种认定，有10篇科技论文在《中国果树》、《园艺学报》等科技杂志上发表。由于成绩突出，市林业科学研究所获得了省林业局“全省林业科技工作先进集体”称号，有一人获得“全省林业科技工作先进个人”称号。

【林地保护】2005年，在林地保护管理工作中，东莞市林业局采取宣传和执法相结合的手段，确保全市现有林地不被占用，不受破坏。全年经市林业局勘查审核的征占用林地项目共有58宗，面积6376亩，上缴省财政森林植被恢复费2568万元；全面完成了全市有林业用地的24个镇（区）、7个国营林场（所）以及松山湖科技产业园等32个单位的林地林权登记换发证的内外业务工作，核实申请登记换发林权证2339宗，面积72.61万亩，占全市林地面积83.88万亩（省属樟木头林场除外）86.6%，换发的2339本林权证全部下发到全市各地，为东莞市林地开发利用提供了合法依据。

【野生动物保护和管理】2005年，为配合做好高致病性禽流感防控工作，市林业局联同森林公安分局重点开展了“秋季行动”、“冬季行动”等打击破坏野生动物资源违法犯罪专项行动。全年共收缴保护野生动物19093只（头），其中国家二级保护31只，省重点保护5100只，“三有”（即有益、有科研价值、有经济价值）保护动物13962只。市林业部门还进一步加大对野生动植物保护的宣传、管理力度，完善野生动物驯养繁殖、经营利用和运输管理办法，对全市的野生动物交易市场、野生动物驯养繁殖场和经营利用单位进行彻底清理整顿，重新审核发证，采取经营检查与专项打击相结合，严厉打击非法猎捕、驯养繁殖野生动物和非法收购、出售、运输野生动物及其产品的违法犯罪活动。2005年共审批销售梅花鹿产品报告并发放经营利用准许证8宗，办理驯养梅花鹿项目1宗，审核进出口木材加工项目6宗，进出口野生动物产品加工项目2宗。

【森林病虫害】2005年，东莞市林业局主要做好松材线虫病、椰心叶甲、尺蠖虫害、薇甘菊等病虫害的防治工作。2005年，全市松材线虫病发生面积有1.03万亩，其中采用生物防治面积1.5万亩，化学防治清理疫木80206株，消毒处理疫木2900立方米。同时，加强了对其他森林病虫害的防治工作，组织了1.5万多包椰甲清对1万株棕榈科植物进行了挂包治理；开展尺蠖虫害防治面积10750亩；实施薇甘菊防治面积2.1万亩。

【森林防火】2005年，市林业部门认真全面落实防火领导责任制、加大防火宣传力度、严格野外火源管理、加强区域联防、完善防火队伍建设、营造生物防火林带等各项防火措施，切实抓好森林防火工作。2005年重点加强了防火宣传教育和完善防火机构队伍建设。市防火办分别购买了防火牌、宣传光碟、画册、海报及扑火教材发放到各国营林场和有山林的镇（区），提高广大群众的防火意识。对国营林场部分老弱病残的护林员进行了更换补充，增强扑火队伍力量，并实行专群组合，组建了地方各类森林消防队伍，其中凤岗、清溪、大朗、寮步等镇组建了15人或15人以上的扑火应急队伍。2005年发生山火1宗，过火面积500亩，山火受害率0.58‰，没有超过省下达的双控指标。　（刘宇红）

**附：2005年东莞市林业局领导名录**

局　长：罗松茂

副局长：陈　坚　胡炽海　詹惠航

## 水　利

【概况】2005年，东莞水利工作以防灾减灾保安全为中心，以城乡水利防灾减灾工程建设为重点，加大资金投入力度，全面加强水资源的管理、保护和规划工作，有力地推动了东莞水利事业的持续、快速、健康发展。特别是在6月份和8月份,在市委、市政府的领导下，全市人民战胜了“6·23”东江洪水和“8·19”特大暴雨。

【三防工作】2005年6月18日，东江流域连续普降暴雨，局部特大暴雨，东江沿线各站点水位持续上涨，加上西江、北江洪水的顶托，东江下游东莞河段出现18年来最高水位，达到4.17米，超过警戒水位0.17米，沿海潮水位创历史新高，东引运河出现近年来少有的高水位，全市防汛抗洪形势严峻。全市上下在市委、市政府的领导下，准备充足，反应及时，指挥有力，行动迅速，措施到位，确保了东莞重点堤围没有出现溃口、中小型水库没有出现垮坝、没有出现人员伤亡，受灾群众得到妥善安置，社会秩序稳定，取得了抗洪抢险和救灾复产工作的阶段性胜利。8月19日，东莞受南海热带辐合带影响，普降大暴雨到特大暴雨，降雨量普遍超过100毫米，降雨量最大的石龙镇达到366毫米。受大面积高强度暴雨的影响，全市各镇区都不同程度出现内涝和水浸的情况。市委、市政府下发了《关于切实做好防御暴雨灾害的紧急通知》，及时有力地指导全市开展防御暴雨灾害的各项工作。各级三防指挥部门迅速启动《防汛紧急预案》，加强防洪调度，采取有效措施降低东引运河水位，确保内涝迅速排出。各级领导深入到抢险第一线，靠前指挥。有关部门立即动员起来，深入各受灾点，送上粮食、衣被等生活用品，及时安置受灾群众，开展灾后恢复生产、卫生防疫等工作，维护社会稳定。

【城乡水利防灾减灾工程】2005年，东莞继续抓好城乡水利防灾减灾重点工程建设。其中，东莞大堤达标建设作为全省城乡水利防灾减灾工程建设项目，市委、市政府决定提高达标建设标准，第四期工程48公里按照沿江大道标准（双向4车道、堤面总宽23米）重新规划，进行堤路结合达标建设。工程总投资概算达7.45亿元。截至2005年底，第四期工程38个标段中有26个标段完成合同投资90%以上。路灯工程已完成52%。沿途景观绿化项目正计划开展招投标工作。石碣桥畅通工程段至企石段除东坑一标与石洲桥交叉处300米外，已全面完成混凝土路面。桥头段除个别标段外基本完成路面工程。常平段基本完成了土方工程。挂影洲围达标建设也是全省城乡水利防灾减灾工程建设项目之一，2005年度完成达标堤长14.94公里，累计完成28.5公里，投入建设资金2.03亿元，另有4.75公里已投标堤段正在紧张施工。由于东莞2005年度水利防灾减灾工程建设成绩突出，被省委、省政府授予“2005年度广东省城乡水利防灾减灾工程建设先进单位一等奖”，这已是东莞2004年以来第二次荣获此殊荣。

【冬春水利基本建设】2005年冬以来，东莞市各镇区和市属水利工程单位大规模开展了冬修水利建设。据统计，2005年度全市冬修水利共完成面上水利工程123宗，投入资金4.7亿元，全市共完成土方1217.63万立方米、石方63.69万立方米、混凝土40.97万立方米，加固维修江堤100.38公里，小型水库除险加固13座，疏通河道56.9公里，加固闸窦111座，改善灌溉面积7.6万亩，改善治涝面积36.96万亩。

【水利信息化建设】水利信息化是水利现代化的重要标志。在2005年，东莞市以三防指挥系统为核心的水利信息化建设步伐不断加快：三防指挥系统已经完成整个系统的初步设计；会商指挥中心正在开展招投标工作；委托水利部珠江水利委员会技术咨询中心负责进行的《东莞市三防指挥系统水利基础信息代码规则及代码编制和决策支持系统综合数据库资料收集整编录入建设项目》调研工作基本完成；继全面完成横岗水库大坝安全自动化监测系统建设后，茅輋水库大坝安全自动化监测系统建设也基本完成，松木山水库大坝安全自动化监测建设项目正在加紧建设之中；完成了东引运河水面线研究工作，《东引河设计洪水水面线计算报告》组织了专家评审。在办公自动化方面，将网上办公系统延伸到水利局下属各单位，并实现了办公网络的保密安全升级，走在全省水利系统的前列。

【水政水资源管理】2005年利用“世界水日”和“中国水周”的机会，东莞市水利系统广泛、深入开展《广东省河道采砂管理条例》的专题宣传工作。在此基础上，坚持文明执法，依法办案，加强完善执法巡查制度，加大执法力度，努力维护了东莞市正常的水事秩序。全年共查处水事案件62宗，其中现场纠正53宗，立案处理 9宗，其中处理违法采砂船只5艘、处理非法抽取地下水企业4家，共处罚款11万元。为贯彻落实《广东省河道采砂管理条例》，进一步打击违法采砂行为，根据省水利厅的统一部署，市水利局于5月8日至6月8日开展了“东莞市开展河道采砂专项整治行动月”活动，重点加强了对东江石排、企石、桥头河段违法采砂行为的巡查监督，对东江桥头至石龙河段、东江北干流、南支流河段的违法采砂行为进行了整治，对两岸的违章建筑进行了清理。根据形势发展的需要，结合东莞实际，市水利局会同有关部门在充分调查研究的基础上，对现有的《东莞市河道堤防管理规定》进行了必要的补充和修改，形成了新的《东莞市河道堤防管理规定》（修订草案），并经市政府常务会议讨论通过，在年底提请市人大常委会审议。在加强水政执法的同时，市水利局还着力推进取水装表计量工作，作为当前东莞水资源统一管理工作的关键环节。工作重点是全市镇属以上27家自来水公司，建立了取水计量档案，确定了日常抄表联系制度。与此同时，认真做好取水许可证年审、换证工作，2005年共审验取水许可证441套。

【水利规费征收工作】2005年，东莞市各项水利规费收入达5.67亿元，比上年增长28.7%，其中堤围防护费5.39亿元，水资源费0.21亿元，分别比上年增长30.2%和16.7%。

【水利工程管理体制改革】根据《广东省水利工程管理体制改革实施方案》的要求，东莞市于2005年4月全面启动了水利工程管理体制改革工作，经市政府批准，成立了以李小梅副市长为组长的东莞市水利工程管理单位体制改革领导小组，下设办公室（设在市水利局）。近一年来，市水利局委托水利部发展研究中心编写《东莞市水利工程体制改革实施细则》，并先后完成了水管体制改革的各项调查和分类定性工作，各改革对象单位完成了本单位的定岗、定员、养护费用的测算工作，完成了市属各工程管理单位体制改革方案的审查工作。12月份，制定《东莞市水利工程体制改革实施细则》（征求意见稿）印发到各有关单位。

▲ 东江大堤樟村段

【东江供水水源保证工程前期工作】2005年，该项目除环境影响评价报告外，其他工作已经全部完成，包括：工程勘察、流量（水质）测验数。11月19日市水利局组织召开项目咨询会议，邀请来自水利部珠江水利委员会、省水利厅、省水文局的9位专家组成的专家组对项目科研成果及项目立项程序等事宜进行了咨询。专家一致认为，工程建设非常必要和迫切，工程规模基本合适，工程方案布局基本合理，尽快协调各方面关系后，争取早日立项。

【水资源综合规划编制工作】2005年，市水利局完成了《水资源调查评价》、《水资源开发利用情况调查评价》、《需水预测》、《水资源保护规划》、《节约用水规划》、《供水规划》和《水资源配置》等专题的编制评审，并加紧进行配置阶段的其他工作，根据省水利厅的检查结果，东莞水资源综合规划工作进度走在全省各地级市前列。另外，为加强饮用水安全保障工作，市水利局启动了东莞市饮用水源地安全保障规划编制工作。

【东江水库联网供水工程规划方案】2005年，为解决东莞今后相当长一段时间内的水资源短缺问题，优化水资源配置，合理调整全市供水布局，经市政府同意，市水利局在开展水资源综合规划的基础上，对东莞中部及沿海片供水状况进行了分析和规划，并委托水利部珠江水利委员会设计院完成了《东莞市中部及沿海片原水供水工程初步规划方案》。该方案以实现全市水资源优化配置，完善供水保证体系，建立“蓄、引、提、供、用”协调统一的水资源配置网络为目标，以现有各水厂取水工程和现有分区供水水库工程为基础，将松木山、水濂山等9座中小型水库串联起来，以松木山水库为调节枢纽，纳入全市供水系统，并与现有供水系统协调衔接，与现有水厂联合调度，在东江干流黄大仙河段增设集中补水引水口，从引水口提水经新设专用供水管路与松木山水库相连接，从而形成东江与当地水库联调的水资源优化配置网络。供水方式由原来的东江多口争水向集中补水、多水源供水转变，确保供水安全。3月7日召开的2005年第6次市委常委、副市长联席会议研究并同意此规划方案，要求由市水利局牵头市其他部门加紧做好方案细化后尽快付诸实施。（钟志明）

**附：2005年东莞市水利局领导名录**

局　长：刘伟全

调研员：卢棣梁

副局长：陈汝钦　陶　谨　张国麟　倪佳翔

## 气　象

**【天气气候】** 2005年东莞市天气气候主要特点是暴雨、洪涝、雾霾多，高温、干旱、台风少。高温天气来得早、走得迟，"秋老虎"天气明显。全年降雨量为1837.6毫米，属于正常略多年份。降水时空分布不均，阶段性明显，其中汛期（4—9月）降雨量为1692.9毫米，占全年降雨量的92%；第四季度降水只有6.2毫米，不到常年同期一成，出现较明显的秋冬连旱。年平均气温22.7℃，比历年平均值22.3℃高出0.4℃，最高气温37.4℃（出现在7月18日），最低气温1.8℃（出现在1月1日）。

**【气象灾害】** 热带气旋　0510号强热带风暴"珊瑚"是2005年唯一一个影响东莞市的热带气旋，其8月13日中午在汕头登陆后给东莞市带来6级大风，没有造成强降水。

干旱　2004年9月下旬到2005年4月，2005年10—12月，东莞市降水严重偏少，秋冬春连旱现象明显。

暴雨洪涝　2005年汛期（4—9月）东莞市强降水天气频繁，共出现28场（含局部性）暴雨。5月25日，莞城地区出现局部性大暴雨，03—04时一个小时的雨量达109.3毫米，刷新了东莞有气象记录以来1小时降雨量的历史最高纪录。6月14—15日，20—22日，全市出现连续性暴雨过程。由于暴雨过程正好遇遇天文大潮，同时东江上游又适逢强降水，东莞市出现近30多年来少见的洪涝灾害。8月19—20日，全市大多数镇区遭遇2005年以来最强降水袭击，石龙气象自动站测得366毫米的日降水量，为东莞市历史上第二大日降水量。这次强降水造成直接经济损失约1.7亿元，死亡1人。

低温寒害　2005年的寒害主要发生在年初的低温冰冻。受较强冷空气影响，1月份东莞市出现低温天气3天，元旦最低气温1.8℃，为有记录以来最冷的元旦。元旦前后部分地区出现冰冻，是多年来所罕见。2月份东莞市出现2次低温阴雨天气过程。3月份多阴雨天气，气温偏低1.2℃，是1994年以来最冷的三月。

大雾　2005年的雾日数为9天，是20多年来雾天最多的一年。

灰霾　2005年东莞市共有140天出现灰霾，是有记录以来第二大值。

**【气象现代化建设】** 2005年，东莞市气象防灾减灾民心工程完成了标准气象观测场设计、地址勘界、青苗赔偿等工作，地质勘探已经开工。市气象台6月份成功安装了一套新一代多普勒雷达远程终端实时接收系统，可以实时接收到广州多普勒雷达的70多种天气产品，如同东莞市自己拥有一部雷达；7月建成与省局相连接的视频会商系统，实现了全省实时视频会商，大大提高了东莞市台风、暴雨等气象灾害的联防能力。9月13日，市委市政府联席会议通过市气象局报送的《东莞市自动站气象网规划》，决定投资1000多万元建设覆盖全市的气象综合观测体系。2005年已完成了在市委大院、市中心广场等5个地方增建气象自动站的任务，使东莞市气象自动站总量达到22个。

**【气象"十一五"规划】** 2005年，市气象局编制的《东莞市气象事业发展"十一五"规划》写入了《中共东莞市委关于制定全市国民经济和社会发展第十一个五年规划的建议》并纳入了《东莞市"十一五"规划纲要》，其中市城乡气象防灾减灾工程和自动站气象网共计投资5400万元，已经市委市政府批复同意开始组织实施。

**【气象业务水平提高】** 2005年，市气象局按照广东省气象局"业务质量年"有关标准，狠抓观测和预报业务质量，加强了科研和业务培训，促进了业务质量的提高。在全省短期天气预报"比武"中，东莞市气象局在全省21个地级市气象局中排名第五，何春燕获得个人比武第四名。在提高业务质量的同时，市气象局不断提高气象服务水平。一是始终把气象防灾减灾决策服务放在首位，大力加强决策服务能力。全市副处级以上领导干部在关键天气期间都能第一时间接收到气象部门的信息服务。二是扩大气象服务覆盖面，不断满足群众日益增长的对气象信息的需求。2005年新版气象网站（www.dg121.com）投入试运行，全市接受气象服务的用户已接近300万户。三是做好重大活动、重大工程建设的服务。四是做好专业用户的气象服务。至年底，市气象局与10多个行业和领域的200多个专业用户签订了服务合同，每天提供图文并茂的专业气象信息服务。

**【气象执法规范化】** 2005年，市气象局以防雷安全检查为载体，全面开展防雷执法工作，加大防雷设施安全检测工作力度，市政府首次召开全市防雷安全工作会议。进一步贯彻执行《通用航空飞行管制条例》和《施放气球管理办法》，施放气球管理工作已正式步入依法管理的轨道。

**【领导视察】** 2005年11月26日、12月8日，中国气象局副局长许小峰、副局长王守荣先后率领业务调研组在省气象局局长余勇的陪同下来东莞开展调研活动。调研组肯定了东莞市气象局的发展思路及所取得的成绩，并提出了更高的发展要求。12月8日，朝鲜气象代表团来莞参观访问，副市长李小梅会见了王守荣副局长和朝鲜气象代表团一行。

**【荣誉】** 2005年，东莞市气象局被广东省委、省政府授予"广东省文明单位"称号，被市委、市政府评为2005年度中央和省属驻莞机关先进单位，被广东省气象局授予"2005年度全省气象部门目标管理优秀达标奖"、"气象业务管理奖"等。市气象局党支部被"市直工委评为市直机关党建工作先进单位"。市气象局办公室被市委办和市府办评为"2005年全市办公室系统办文工作先进单位"、"2005年全市党委和政府系统信息工作先进单位"，市局气象台被评为"市直机关文明科室"。（何春燕）

**附：2005年东莞市气象局领导名录**

局长、党组书记：贾天清

副局长、党组副书记：陈明先

纪检组长：陈润全

### 2005年东莞市气象资料表

| | |
|---|---|
| 雨量（毫米） | 1837.6 |
| 平均气温（℃） | 22.7 |
| 日照时数（小时） | 1737.3 |
| 暴雨日数（日） | 28 |
| 热带气旋（个） | 1 |
| 低温（日） | 3 |
| 霜日（日） | 1 |

TOURISM

# 旅游业

虎门大桥

■ 旅游节庆活动不断

■ 粤晖园开业

责任编辑：何 青

【概况】 2005年，东莞市旅游业实现旅游总收入90.72 亿元，同比增长5.86%，其中旅游外汇收入2.8 亿美元，同比增20.27%；全市接待游客总人数1156万人次，同比增长2.18%，其中过夜游客 735 万人次，同比增长3.15%，过夜境外游客143万人次，同比增长15.72%。全市新增旅行社5家，非法人分社3家，旅行社总量发展到34家，其中国际社5家，具有法人资格的旅行社31家，不具有法人资格的分社3家，旅行社营业部115个。截至2005年底，星级饭店的数量达88家，其中五星级14家，四星级22家，三星级27家，二星级23家，一星级2家。

【旅游行业管理】 2005年，东莞市旅游局对涉嫌非法经营旅游业务的营业网点进行了明察暗访，并联合市公安、物价等部门的工作人员，组成联合行动小组，对非法经营点进行了几次较大规模的查处行动，共查处非法经营旅游业务的网点5个，并按有关规定进行了相应的处罚。按照规定的程序和要求，对旅行社涉嫌超范围经营旅游业务情况进行了检查，并根据具体情况，给予了相应处理，较好地维护了旅游市场的经营秩序。大力开展整治旅游饭店蓝牌车辆的非法营运工作。9月，东莞市旅游局配合交通部门，成立了酒店行业联合整治专责领导小组，重点对饭店蓝牌车辆非法营运，饭店安排、使用非法营运车辆载客，为非法营运车辆提供经营方便及对合法出租车辆“卖位”、“收月租”等行为进行联合整治，收到了较好的效果，维护了东莞市作为“中国优秀旅游城市”的良好形象。

2005年，市旅游局通过部门联动、市镇结合、联合督查等方法，对全市旅游企业的安全生产工作进行了监督检查，有力地促进了安全工作的开展。全年，市旅游局组织的较大型的督查活动有四次：一是“两会”期间对四、五星级饭店的消防安全检查。二是黄金周前旅游安全专项检查。三是对旅游景区（点）设施设备安全情况的检查。四是对旅游企业安全生产制度落实情况进行检查。通过检查，进一步增强了企业和从业人员的安全生产意识，企业安全生产工作得到了较好落实。

2005年，市旅游局建立了高效的投诉受理和处理机制，使各类旅游投诉案件得到了及时受理。在黄金周期间实行24小时接听旅游投诉、咨询电话。对重大旅游投诉案件，市旅游局积极会同政府相关部门，进行从快从严处理，切实维护了旅游企业和游客的利益。全年共接到各类咨询、投诉电话150次，其中有效投诉27起，共召开投诉协调会3次，投诉结案率100%。

【旅游资源调查与“十一五”旅游发展规划编制】 2005年，东莞市旅游局对全市旅游资源调查工作基本完成，正在整理编写《东莞市旅游资源汇编》，建立东莞市旅游资源资料库。《东莞市城市旅游设施优化研究》已经提交有关部门决策参考，为发展城市旅游奠定基础。市旅游局还从东莞市旅游业的发展现状、面临的形势和全市“十一五”旅游发展规划的发展思路和主要发展目标等几方面入手，完成了东莞市“十一五”旅游发展规划的编制工作。

【旅游节庆活动】 2005年，东莞市旅游局以举办节庆盛事活动作为整合旅游资源，加强合作与交流、宣传“魅力东莞”旅游品牌的抓手。全年节庆盛事活动不断，有东坑二月初二“卖身节”、全国旅游界“相聚魅力东莞”旅游联谊活动、石龙国际龙舟邀请赛、桥头荷花艺术节、樟木头香港人旅游节、谢岗登山节、东莞美食节、常平国际啤酒节、樟木头观音山健康文化节、粤港澳旅游界“相聚魅力东莞”旅游联谊活动等。频繁的节庆盛事活动，整合了旅游资源，加强了旅游合作，拓展了旅游市场，丰富了旅游文化，繁荣了旅游经济，推介了旅游品牌，提升了城市形象。其中3月4—5日，由市人民政府主办、市旅游局和市旅游协会承办的全国旅游界“相聚魅力东莞”旅游联谊活动取得了圆满成功。在联谊活动中，举行了东莞市旅游局、旅行社与其他城市旅游局、旅行社关于旅游合作、旅游扶贫、红色旅游、无障碍旅游等协议签约仪式和东莞市“最佳旅游礼仪小姐”颁奖仪式。这次活动以“相聚魅力东莞，加强旅游合作”为主题，进一步宣传了东莞市城市形象，提升了东莞市旅游在全国旅游界的地位，加强了东莞市与全国旅游界的交流与合作，创新了东莞市旅游宣传促销的模式。东莞市政府已经下文，借每年春季广州国际旅游展销会召开的机遇，由市政府每年定期主办一次“相聚魅力东莞”旅游联谊活动。12月28—29日举行的粤港澳旅游界“相聚魅力东莞”联谊活动，推介了粤晖园和华南mall欢笑天地等东莞新景区（点），进一步加强了粤港澳旅游界的交流与合作。

【旅游促销】 2005年，东莞市旅游局在城市旅游形象整体促销上力度明显加大，以“魅力东莞”为主题，针对海内外客源市场主动出击，参加了印度出境旅游展、广州国际旅游展销会、莫斯科国际旅游展、中国国内（桂林）旅游交易会、“活力广东”号红色旅游泛珠行大型促销专列活动、第十九届香港国际旅游展览会、北京国际旅游博览会、广东大型旅游促销活动（北美）、中国国际旅游交易会、广东国际旅游展暨泛珠旅游大促销等促销活动，进一步扩大了“魅力东莞”旅游品牌在全国的影响。配合省旅游局举办广东国际旅游文化节，圆满完成了组织1000名海外嘉宾出席开幕式的任务，东莞市设计制作的花车和花船也成为文化节巡游队伍中的亮点。市旅游局在原来“魅力新东莞”折页的基础上，调整增添新内容后，印制出“魅力东莞”折页；从东莞旅游发展的社会经济背景出发，印制了介绍东莞旅游业总体情况的《魅力东莞画册》；根据东莞城市最新的布局，再版了《东莞市旅游交通图》；以东莞市中心广场和松山湖高科技产业区为设计主图，印制了“魅力东莞”手提袋；编印了《魅力东莞旅游指南》，全面介绍东莞“吃、住、行、游、娱、购”六大旅游要素。

【保持共产党员先进性教育活动】 2005年1月中旬至6月上旬，东莞市旅游局参加了全市第一批开展保持共产党员先进性教育活动。东莞市旅游局党组和机关党支部高度重视，精心筹划，严密组织，扎实工作，圆满完成了先进性教育活动学习动员、分析评议、整改提高三个阶段的各项规定动作，并针对旅游行业的特点，重新制定了公开、公正、公平的办事制度，规范了办事程序和健全了各项制度，有力地推动了东莞市旅游业的发展，做到了先进性教育与日常工作两不误、两促进，取得了良好的效果，机关队伍建设迈上了新台阶。

【协会建设】 2005年，东莞市旅游协会在成立短短的一年多时间里，单位会员发展到186家，下设5个专业委员会。市旅游协会还积极协助旅游局主办各类大型旅游活动。

2005年，市旅游饭店协会单位会员达到114个，除原来的长安、厚街、常平等三个镇区分会外，还新成立了大朗分会，使协会的机构进一步得到健全。2005年市旅游饭店协会相继举办了饭店财务管理、餐饮管理、工程管理、现代饭店创新管理、旅游饭店法律知识等不同层次、不同类型的培训班。为配合星评工作，提高待评饭店的管理和服务水平，市旅游饭店协会还进行了“点对点”培训。

【粤晖园】 粤晖园位于东莞市道滘镇，于2005年开业，距离市中心约15公里，广深高速、107国道可通达；是集岭南民俗风情、岭南古建筑艺术、园林艺术、陶瓷艺术、雕刻艺术、戏曲艺术、影视艺术、珍藏艺术为一体的综合性旅游度假区。

园区占地约50公顷，紧靠东江支流，引东江水，园内河、湖、溪、涧纵横穿插，水域广阔，占总面积30%。园区共有108个景点，楼馆、亭台、水榭、曲廊等均为仿古建筑，由23座白石桥将各个景点串联。其中可以静态欣赏的有各个建筑群，芥子苑的盆景、假山、锦鲤，繁文馆的收藏，诗廊的字画、雕刻等；供动态欣赏的有南韵馆的歌舞表演，月湖居的粤曲表演，颐乐广场的“麒麟引凤”表演等。可以互动的项目有：水上划船、古代集市、儿童乐园、岭南民俗节目等。

园区以“传播岭南文化”为己任，积极参与岭南文化事业的合作与推广，先后成为“广东省珠江文化研究会学术交流中心”、“广东中华诗词学会创作基地”、“中国戏剧文学学会影视创作拍摄基地”。 （胡 平）

**附：2005年东莞市旅游局领导名录**

局　长：李善奴

副局长：黄淦培（10月改任调研员）

　　　　吴根培

▲ 榴花公园

# 东莞市星级饭店名录

| 编号 | 酒店名称 | 星级 | 电　话 | 传　真 | 邮　编 | 地　址 |
|---|---|---|---|---|---|---|
| 1 | 银城酒店 | 五星 | 22818888 | 22818108 | 523070 | 南城区银丰路 |
| 2 | 三正半山酒店 | 五星 | 87799333 | 87793456 | 523616 | 樟木头镇石新大道 |
| 3 | 凤岗金凯悦大酒店 | 五星 | 87759888 | 87759388 | 523690 | 凤岗镇凤深大道66-68号 |
| 4 | 龙泉国际大酒店 | 五星 | 85188688 | 85113855 | 523907 | 虎门镇连升路金洲段 |
| 5 | 豪门大饭店 | 五星 | 85117888 | 85111445 | 523907 | 虎门镇港口路 |
| 6 | 丽城假日酒店 | 五星 | 83398888 | 83397893 | 523560 | 常平镇隐贤山庄大道8号 |
| 7 | 嘉华大酒店 | 五星 | 85928888 | 85923888 | 523949 | 厚街镇家具大道口 |
| 8 | 富盈酒店 | 五星 | 85888888 | 85888889 | 523940 | 厚街镇107国道赤岭路段 |
| 9 | 索菲特御景湾酒店 | 五星 | 22698888 | 22256586 | 523129 | 东城区迎宾路8号 |
| 10 | 莲花山庄 | 五星 | 85538388 | 85538662 | 523850 | 长安镇莲花山 |
| 11 | 长安海悦花园大酒店 | 五星 | 85318888 | 85539788 | 523850 | 长安镇霄边管理区 |
| 12 | 长安国际酒店 | 五星 | 85333333 | 85332222 | 523850 | 长安镇锦绣路1号 |
| 13 | 石龙金凯悦大酒店 | 五星 | 86188888 | 86183288 | 523325 | 石龙莞龙公路西湖路段 |
| 14 | 喜来登大酒店 | 五星 | 85988888 | 85996616 | 523400 | 厚街镇S256省道莞太路段 |
| 15 | 寮步金凯悦大酒店 | 四星 | 83326328 | 83212223 | 523400 | 寮步镇教育路1号 |
| 16 | 华侨大酒店 | 四星 | 22118888 | 22113888 | 523000 | 城区运河西二路 |
| 17 | 文华大酒店 | 四星 | 85911111 | 85592666 | 523949 | 厚街莞太路新塘路段 |
| 18 | 珊瑚大酒店 | 四星 | 85826888 | 85813988 | 523960 | 厚街镇107国道莞太路段 |
| 19 | 东莞宾馆 | 四星 | 22222222 | 22214494 | 523000 | 城区东正路11号 |
| 20 | 江龙大酒店 | 四星 | 85838888 | 85812788 | 523962 | 厚街镇107国道旁 |
| 21 | 新都会酒店 | 四星 | 87713333 | 87717833 | 523616 | 樟木头镇维多利商业大道38号 |
| 22 | 君爵酒店 | 四星 | 22288888 | 22278036 | 523040 | 万江区石美广深路 |
| 23 | 宏远酒店 | 四星 | 22418888 | 22814630 | 523070 | 南城区宏远大厦 |
| 24 | 汇美大酒店 | 四星 | 83918888 | 83818288 | 523560 | 常平镇中元路9号 |
| 25 | 花园酒店 | 四星 | 87799888 | 87180208 | 523618 | 樟木头镇南城广场 |
| 26 | 长安酒店 | 四星 | 85532388 | 85532482 | 523850 | 长安镇中心107国道旁 |
| 27 | 桥头莲湖度假村 | 四星 | 83341868 | 83342222 | 523520 | 桥头镇碧莲路 |
| 28 | 司马假日酒店 | 四星 | 83391888 | 83392332 | 523560 | 常平镇司马管理区 |
| 29 | 新世纪酒店 | 四星 | 83338888 | 83336668 | 523560 | 常平镇常平大道8号 |
| 30 | 梵尔赛酒店 | 四星 | 83816888 | 83813888 | 523560 | 常平镇下墟梵尔赛路 |
| 31 | 厚街海悦花园酒店 | 四星 | 85885888 | 85831837 | 523960 | 厚街镇厚街大道东 |
| 32 | 华翔国际酒店 | 四星 | 83728888 | 83729999 | 523478 | 横沥镇瑞康路 |
| 33 | 汇源海逸酒店 | 四星 | 85244888 | 85244333 | 523925 | 虎门镇虎门大道 |
| 34 | 业丰大酒店 | 四星 | 83113888 | 83103928 | 523770 | 大朗镇金朗大道23号 |
| 35 | 万盈酒店 | 四星 | 88828888 | 88825888 | 523130 | 麻涌镇麻涌大道 |
| 36 | 中汇文华大酒店 | 四星 | 88788888 | 88783333 | 523270 | 高埗镇振兴路 |
| 37 | 石龙宾馆 | 三星 | 86613333 | 86617617 | 523326 | 石龙镇绿化中路2号 |
| 38 | 广彩城酒店 | 三星 | 22402088 | 22404196 | 523070 | 南城新基工业区 |
| 39 | 石碣豪华大酒店 | 三星 | 86633333 | 86634298 | 523290 | 石碣镇新城区 |
| 40 | 金湖酒店 | 三星 | 87721000 | 87720260 | 523710 | 塘厦镇塘厦大道南 |
| 41 | 莲城酒店 | 三星 | 85536888 | 85534688 | 523847 | 长安镇莲峰路口 |
| 42 | 厚街假日酒店 | 三星 | 85593883 | 85598668 | 523960 | 厚街镇桥头 |
| 43 | 乌沙大酒店 | 三星 | 85548888 | 85549988 | 523850 | 长安镇乌沙环东路 |

续上表

| 编号 | 酒店名称 | 星级 | 电 话 | 传 真 | 邮 编 | 地 址 |
|---|---|---|---|---|---|---|
| 44 | 黄江假日酒店 | 三星 | 83362888 | 83362036 | 523750 | 黄江镇黄江大道3号 |
| 45 | 西湖大酒店 | 三星 | 22822888 | 22822788 | 523070 | 南城区西平 |
| 46 | 明苑度假村 | 三星 | 85122918 | 85105138 | 523918 | 虎门镇金龙大道南 |
| 47 | 盛御酒店 | 三星 | 86111888 | 86110128 | 523325 | 石龙镇西湖大道1号 |
| 48 | 篁胜渔村酒店 | 三星 | 22482288 | 22496632 | 523070 | 南城区胜和路11号 |
| 49 | 宝石大酒店 | 三星 | 86662188 | 86662328 | 523500 | 企石镇振华路1号 |
| 50 | 恒丰酒店 | 三星 | 83343333 | 83346333 | 523520 | 桥头镇恒丰新村2号 |
| 51 | 西湖酒店 | 三星 | 86112288 | 86111668 | 523325 | 石龙镇西湖区 |
| 52 | 金岛山庄 | 三星 | 87729018 | 87729020 | 523710 | 塘厦镇128工业区 |
| 53 | 绿洲酒店 | 三星 | 88832788 | 88839668 | 523170 | 道滘镇振兴路156号 |
| 54 | 沙头酒店 | 三星 | 85418888 | 85543888 | 523850 | 长安镇107国道沙头村 |
| 55 | 华通城大酒店 | 三星 | 86732288 | 86782269 | 523700 | 企石镇湖滨南路 |
| 56 | 丰田酒店 | 三星 | 87772888 | 87772970 | 523699 | 凤岗镇雁田管理区 |
| 57 | 丽江酒店 | 三星 | 88872888 | 88873333 | 523287 | 高埗镇捷达工业村13座 |
| 58 | 嘉福海港酒店 | 三星 | 88682888 | 88682718 | 523981 | 沙田镇新中心区 |
| 59 | 中明酒店 | 三星 | 88883368 | 88811767 | 523220 | 中堂镇新兴路1号 |
| 60 | 乐怡酒店 | 三星 | 85823888 | 85823928 | 523962 | 厚街镇康乐北路 |
| 61 | 万江篁胜酒店 | 三星 | 22186888 | 22705950 | 523042 | 万江区107国道拔蛟窝路段 |
| 62 | 莱莉雅酒店 | 三星 | 87507888 | 87507999 | 523690 | 凤岗镇雁田丰田新村 |
| 63 | 东逸酒店 | 三星 | 85396388 | 85396288 | 523847 | 长安镇莲峰路103号 |
| 64 | 德信酒店 | 二星 | 83385118 | 83385118 | 523448 | 东坑镇东兴路 |
| 65 | 金澳花园酒店 | 二星 | 22496966 | 22496966 | 523008 | 莞城东城大道金澳花园A座 |
| 66 | 新城酒店 | 二星 | 85586378 | 85816389 | 523962 | 厚街镇东风二路33号 |
| 67 | 金华利酒店 | 二星 | 87777336 | 87777386 | 523708 | 凤岗镇油柑埔沙岭村 |
| 68 | 福威酒店 | 二星 | 22819118 | 22811323 | 523071 | 城区莞太路南城路段 |
| 69 | 耀豪酒店 | 二星 | 88865333 | 88863588 | 523981 | 沙田镇中心区 |
| 70 | 雅兰酒店 | 二星 | 85180008 | 85186008 | 523900 | 虎门镇金捷大道 |
| 71 | 东海酒店 | 二星 | 83335484 | 83917114 | 523560 | 常平镇东元路1号 |
| 72 | 银星酒店 | 二星 | 83987333 | 83987717 | 523560 | 常平镇木抡大道9号 |
| 73 | 雄狮大酒店 | 二星 | 83332198 | 83334678 | 523560 | 常平镇振兴路1号 |
| 74 | 永丰酒店 | 二星 | 83938999 | 83933893 | 523573 | 常平镇板石 |
| 75 | 天鹅湖酒店 | 二星 | 83338388 | 83903833 | 523562 | 常平镇天鹅湖路8号 |
| 76 | 丽华酒店 | 二星 | 83339888 | 83336688 | 523560 | 常平镇东兴三街5号 |
| 77 | 盈丰酒店 | 二星 | 83333333 | 83332988 | 523556 | 常平镇振兴路 |
| 78 | 新港大酒店 | 二星 | 83331000 | 83334984 | 523560 | 常平镇新市一街6号 |
| 79 | 荔香楼酒店 | 二星 | 83331138 | 83330336 | 523560 | 常平镇新市场路 |
| 80 | 悦华大酒店 | 二星 | 83336888 | 83336688 | 523560 | 常平镇东兴路275号 |
| 81 | 海霞酒店 | 二星 | 83815111 | 83815222 | 523560 | 常平镇板石霞村 |
| 82 | 昇平酒店 | 二星 | 83812888 | 83818318 | 523560 | 常平镇中元街 |
| 83 | 冠城酒店 | 二星 | 83337788 | 83337733 | 523560 | 常平镇中元街常平广场三、四楼 |
| 84 | 龙源大酒店 | 二星 | 85551028 | 85558039 | 523925 | 虎门镇107国道北栅路段 |
| 85 | 恒安酒店 | 二星 | 88868868 | 88682066 | 523981 | 沙田镇横流区 |
| 86 | 海月酒店 | 二星 | 85926888 | 85939936 | 523947 | 厚街镇涌口海月公园侧 |
| 87 | 悦凯酒店 | 一星 | 83398808 | 83913856 | 523560 | 常平镇东元东路28号 |
| 88 | 冠华酒店 | 一星 | 83330908 | 83338633 | 523560 | 常平镇霞村路口 |

# 东莞市旅行社名录

| 名称 | 类别 | 许可证编号 | 地址 | 电话 | 传真 | 邮编 |
|---|---|---|---|---|---|---|
| 市国际旅行社 | 国际社 | L-GD-GJ00065 | 东城大道188号新华大厦3楼 | 22458168 | 22473428 | 523000 |
| 市中国旅行社 | 国际社 | L-GD-GJ00066 | 南城区元美路华凯广场A座2楼 | 22218288 | 22859997 | 523019 |
| 广东国泰国际旅行社 | 国际社 | L-GD-GJ00189 | 城区新芬路66号 | 22232168 | 22229068 | 523000 |
| 市康辉国际旅行社 | 国际社 | L-GD-GJ00190 | 城区东纵大道1号 | 22488666 | 22484333 | 523000 |
| 市腾龙假日旅行社 | 国际社 | L-GD-GJ00205 | 莞太路79号腾龙大厦二楼 | 22341888 | 22347708 | 523009 |
| 市青年旅行社 | 国内社 | L-GD-GN00240 | 城区新芬路42号（科书博广场内） | 22239388 | 22228961 | 523007 |
| 市泰平旅行社 | 国内社 | L-GD-GN00002 | 虎门镇龙泉商业广场七楼 | 85223236 | 85112748 | 523900 |
| 市石龙旅行社 | 国内社 | L-GD-GN00055 | 石龙镇绿化中路二号 | 86613888 | 86626323 | 523320 |
| 市丰行旅行社 | 国内社 | L-GD-GN00092 | 城区罗沙路126号金沙大厦 | 22388863 | 22388989 | 523000 |
| 市讯通旅行社 | 国内社 | L-GD-GN00128 | 城区莞太大道5号 | 22498698 | 22479786 | 523009 |
| 市明珠旅行社 | 国内社 | L-GD-GN00247 | 南城区莞太路8号 | 22335888 | 22300700 | 523000 |
| 市阳光旅行社 | 国内社 | L-GD-GN00179 | 城区和阳路1号 | 22209988 | 22694408 | 523003 |
| 市南北旅行社 | 国内社 | L-GD-GN00414 | 城区新芬路36号 | 22112222 | 22110672 | 523000 |
| 市志诚旅行社 | 国内社 | L-GD-GN00413 | 东城南路联和大厦609 | 22666777 | 22661189 | 523000 |
| 市华南旅行社 | 国内社 | L-GD-GN00440 | 新城市中心区簪花路18号华南建设大厦 | 22481078 | 22453913 | 523071 |
| 市四海旅行社 | 国内社 | L-GD-GN00481 | 城区东城大道东平街223号 | 22339888 | 22339998 | 523000 |
| 市南方观光旅行社 | 国内社 | L-GD-GN00482 | 莞太路口6号二楼 | 22502788 | 22508366 | 523011 |
| 市华夏旅行社 | 国内社 | L-GD-GN00483 | 南城区元岭路4号 | 22386666 | 22385828 | 523001 |
| 东莞市广之旅旅行社 | 国内社 | L-GD-GN00581 | 城区东纵大道东湖花园第7座第1层 | 22348363 | 22348193 | 523000 |
| 市景鸿旅行社 | 国内社 | L-GD-GN00586 | 东城区东城南路联和大厦8楼 | 22326888 | 22326222 | 523001 |
| 市君爵万邦旅行社 | 国内社 | L-GD-GN00587 | 万江区石美君爵酒店内 | 22277777 | 22287912 | 523040 |
| 市开心假日旅行社 | 国内社 | L-GD-GN00604 | 新城市中心区稻花村16栋3号 | 22800111 | 22900188 | 523071 |
| 市实际旅行社 | 国内社 | L-GD-GN00605 | 石碣镇城东区银星路4巷1号 | 86312228 | 86312228 | 523291 |
| 市东华旅行社 | 国内社 | L-GD-GN00606 | 东城区东城东路5号东华大厦 | 22083333 | 22367139 | 523007 |
| 市汇源旅行社 | 国内社 | L-GD-GN00607 | 虎门大道汇源海逸酒店1楼 | 85244888 | 85244333 | 523907 |
| 市新华旅行社 | 国内社 | L-GD-GN00629 | 虎门镇金洲北坊新区2号 | 85710530 | 85185288 | 523900 |
| 市现代旅行社 | 国内社 | L-GD-GN00711 | 新城市中心区菊香苑34幢 | 22427222 | 22427333 | 523000 |
| 市金旅假期旅行社 | 国内社 | L-GD-GN00712 | 厚街镇深水坑路嘉逸楼 | 85087788 | 85087000 | 523940 |
| 市粤晖旅行社 | 国内社 | L-GD-GN00713 | 道滘镇外环工业大道罗沙路段 | 88387111 | 88382623 | 523170 |
| 市南方阳光商务旅行社 | 国内社 | L-GD-GN00776 | 虎门黄河时装城八楼 | 85181777 | 85229747 | 523900 |
| 市自游易旅行社 | 国内社 | L-GD-GN00797 | 城区东城西路138号泰丰大厦 | 22388137 | 22852138 | 523000 |
| 广之旅东莞分公司 | 国际社 | 非法人分社 | 莞城东湖花园第7座 | 22347870 | 22348193 | 523000 |
| 深圳国旅东莞分公司 | 国际社 | 非法人分社 | 东城区岗贝旗峰路1号国泰大厦902室 | 22311313 | 22480808 | 523000 |
| 省中旅东莞分公司 | 国际社 | 非法人分社 | 莞城东城大道东平街223号景怡酒店1楼 | 22338328 | 22339998 | 523000 |

## 东莞市主要旅游景点名录

| 名 称 | 地 址 | 电 话 | 传 真 | 邮 编 |
|---|---|---|---|---|
| 鸦片战争博物馆 | 虎门镇解放路88号 | 85512065 | 85527770 | 523900 |
| 威远炮台 | 虎门镇威远岛 | 85527154 | 85527770 | 523910 |
| 沙角炮台 | 虎门镇沙角 | 85563429 | 85527770 | 523936 |
| 海战博物馆 | 虎门镇威远岛 | 85500322 | 85507115 | 523910 |
| 可园博物馆 | 城区可园路32号 | 22223600 | 22242151 | 523017 |
| 东莞展览馆 | 新城市中心区鸿福大道97号 | 22834001 | 22834008 | 523888 |
| 隐贤山庄 | 常平镇丽城大道6号 | 83398888转隐贤山庄 | 83395787 | 523565 |
| 观音山森林公园 | 樟木头镇石新区 | 87785986 | 87182273 | 523635 |
| 冠和博物馆 | 樟木头镇莞惠大道中心广场商场三楼 | 86269189 | 86267388 | 523618 |
| 旗峰公园 | 城区旗峰路 | 22463895 | 22461595 | 523000 |
| 虎英郊野公园 | 东城区迎宾大道 | 22663531 | 22610787 | 523129 |
| 榴花公园 | 东城区峡口 | 22690577 | 22690577 | 523008 |
| 袁崇焕纪念园 | 石碣镇水南村委会 | 86300062 | 86303212 | 523306 |
| 华南MALL | 万江区万道路三元盈晖大厦 | 88778850 | 22430055 | 523043 |
| 南社古民居 | 茶山镇南社村 | 86641098 | 86645122 | 523380 |
| 蒋光鼐故居 | 虎门镇南栅村 | 85225868-113、100 | 85225988 | 523000 |
| 粤晖园 | 道滘镇粤晖路1号 | 88389263 | 88386688 | 523186 |
| 广东东江纵队纪念馆 | 大岭山镇大王岭村 | 85651000 | 85655236 | |
| 水濂山森林公园 | 南城区水濂山森林公园 | 22678983 | 22678983 | 523085 |
| 市人民公园 | 市城区公园路1号 | 22221792 | 22221792 | 523007 |

▲ 观音山森林公园

# FINANCE · TAXATION 财政·税务

东莞市图书馆

■ 财政预算收入突破300亿元大关

■ 税收收入不断增长

责任编辑：潘朝明

## 财政工作

【概况】东莞市财政局是市人民政府组成部门的正处级行政单位，主管财政收支、财政政策、财务会计、财政监督和行政事业单位国有资产监督管理工作，内设15个职能科室，下辖5个事业单位，局机关总编制人数91人。

2005年，东莞市财政局按照市十三届人大二次会议审议通过的预算，严格依法理财，努力增收节支，深化财政各项改革，强化财政监督管理，提高财政收支管理效益，全年预算收支计划完成情况良好，促进了经济社会全面协调可持续发展。2005年全市中央省市三级预算总收入332亿元（含海关税收）。其中：上划中央193.5亿元，增长24.9%；上划省34.5亿元，增长12.2%；市一般预算收入104亿元，完成预算109.4%，增长25.8%。

【财政收入在高基数上实现了新突破】2005年，东莞市上下紧紧抓住发展第一要务，深入实施“一城三创五争先”的战略思路，全市各项主要经济指标均保持了双位数增长，为财政增收奠定了坚实的基础。在此基础上，全市各级各部门牢固树立三个意识，狠抓收入。一是强化责任意识。全面推行工商税收目标责任制，把税收收入作为镇区领导班子工作实绩量化考核的重要指标，强化了收入征管责任，调动了镇区抓税收收入的积极性和主动性。二是强化创新意识。结合“四清理”行动，在镇区和村（居）委会成立税务协管机构，加强对零星小额税源的征管，从机制上防止漏征漏管；调整和优化税收征收方式，开发应用电子缴税入库系统，实现财税库行横向联网和信息共享，充分发挥税务、银行和政府职能部门的作用，既方便了纳税人，又从机制上强化了税收监管。三是强化法治意识。加强税源管理，突出抓好偷漏税现象较多的重点行业、重点税种和重点环节的检查工作，努力营造公平、公正的税收环境，推动东莞经济社会全面协调可持续发展和财政不断增收。2005年东莞的中央、省、市预算总收入历史性突破300亿元大关，市一般预算收入超过100亿元，增长25.8%，比全省平均水平高6.9个百分点，增幅在珠三角地级以上市中连续五年名列第一。

【推动经济社会协调发展取得了新进展】2005年，东莞市财政支出142.1亿元。其中：基本建设支出35.7亿元，实施了一批市级重点工程，全面推进城市建设，城市基础设施全面升级，确保了“五年见新城”目标如期实现。支持科技与经济发展支出4.3亿元，大力支持虎门港、松山湖科技产业园和东部工业园开发建设，使一港两园成为东莞招商引资的新平台；发挥财政贴息资金的引导作用，支付扶贫工业基地贷款贴息1.1亿元，帮助11个欠发达镇累计获得贷款23.5亿元，吸引社会资金94.7亿元，11个欠发达镇发展速度明显加快，发展后劲明显增强，2005年工商税收收入增幅高出全市平均水平4.8个百分点；积极贯彻落实扶持外贸政策，全年出口退税53亿元（市财政负担1.7亿元），科技兴贸专项资金和中小企业国际市场开拓资金支出0.15亿元，有力促进了出口增长和外贸企业做大做强；充分发挥经济科技发展基金、科研发展专项基金、企业技术改造资金和名牌战略专项资金的导向作用，增强了企业自主创新能力，提升了经济发展的质量和水平。教育支出13.5亿元，重点加大了对农村义务教育的投入，整合优化教育资源，为创建广东省教育强市提供了财力保障。社会保障支出9.4亿元，进一步完善了城乡一体化的社会保障体系，弱势群体的社会保障水平明显提高。主要项目是：投入2亿元，用于新建人民医院；投入0.5亿元，建设公共卫生三大体系；投入1亿元，支持农民养老、医疗和低保事业发展，81个欠发达村原由村负担的农民基本养老保险费和最低生活保障金由市镇财政承担，扩大了基本医疗保险覆盖面；投入0.09亿元，为低保家庭在读子女提供助学金（小学生每人每年800元、初中生每人每年900元、高中生每人每年2000元、大学生每人每年5000元），帮助7076名适龄青少年解决读书难问题；投入0.2亿元，加强就业服务，帮助1.1万人完成技能培训、1.6万人成功实现就业或再就业。扶贫支出2.1亿元，解决9.3万人的行路难和1.13万人的看病难问题，改善了落后地区和困难群众的基本生产生活条件。环境保护支出3.5亿元，支持关闭污染严重的水泥生产企业，全面清理禽畜养殖场，加大污染治理力度，生产生活环境得到进一步改善。公检法司支出14.7亿元，重点加大治安防控体系建设和开展除恶灭罪行动的投入，提高了政法部门保护人民群众生命财产安全的能力。

【公共财政管理体制改革迈出了新步伐】一是东莞市在2005年将国库集中收付制度改革扩大到所有由市财政全额供给的市直行政事业单位，提高了财政资金运行的透明度，有效防止了截留、挤占、挪用财政资金等行为的发生，全年节约公用经费0.6亿元。二是进一步深化部门预算改革，以信息技术为依托，建立健全财政供养人员基础信息库，完善行政事业单位定额管理，夯实了预算编制基础，提高了预算编制的规范性和科学性。三是继续加大政府采购力度，政府采购的规模和效益都有了新的提高。2005年全市政府采购总金额14.6亿元，增长19.7%，比单位预算节约2.1亿元，节约率12.6%。四是积极推进文化、科教、体育等社会公共事业管理体制改革，稳妥推进新闻媒体单位运营机制改革，激发了内在活力，开创了财政资金带动社会资本发展社会事业的新路子。五是改进镇区税收分成结算办法，将按年度结算改为按季度结算，调动了镇区抓税收收入的积极性，缓解了镇区经济社会建设资金紧张的状况，较好发挥财政资金的时间效益。

【财政监督管理取得了新成效】一是东莞市在2005年不断加强财政性基建投资评审工作，全年共核减17.3亿元，其中：最高限价核减4.6亿元、概算核减0.8亿元、预算核减0.6亿元、结算核减11.3亿元，有效控制了投资规模，节约了财政资金。二是根据《中共广东省委办公厅 广东省人民政府办公厅关于做好地级以上市党政机关事业单位经营性资产清理工作的通知》的要求，对全市230户市直党政机关事业单位经营性资产进行了全面清理核查，摸清了家底。同时，根据资产清理过程中发现的问题，有针对性地制定政策措施，连续出台了《东莞市市直行政事业单位国有资产管理暂行办法》、《东莞市市直行政事业单位国有资产处置管理暂行办法》和《东莞市市直行政事业单位国有资产收益收缴管理暂行办法》，使行政事业单位国有资产从购置、分配、使用、处置到收益收缴全过程的监督管理都有法可依，有效堵塞了资产流失的漏洞，并逐步实现资产合理配置和有效使用。三是积极开展财政支出绩效评价试点工作，对11个欠发达镇财政贴息扶贫开发贷款资金使用的经济效益和社会效益进行了评价，进一步提高了理财水平。

【接受人大预算监督有了新举措】为了加强人大对财政预算执行的监督，根据中共中央政治局委员、广东省委书记张德江关于"财政部门要与人大财经委员会联网，每一笔财政支出都要让人大知道"的指示精神，参照省人大与省财政厅的做法，市财政部门在2004年开发建设的财政预算国库信息化系统的基础上，在2005年3月建立了与市人大联网的"实时在线财政预算监督系统"，实现了人大与政府预算日常信息共享。通过该系统，市人大可以随时查询市财政国库集中支付的所有数据，实时掌握市财政每一笔财政支出的去向乃至整个财政预算的执行情况，使人大对财政支出的监督由以往周期性的报表监督转变为实时同步的电子信息监督，由对结果的监督转变为涵盖各环节的全程监督，由过去在年初和年中听取预算执行情况报告，或发生重大预算变动后审议预算调整方案的被动性监督，转变为实时在线的主动性监督，不但有力地约束了各部门、各单位的支出严格按预算执行，而且可以及时防止不合法支出的发生，有效推进了党风廉政建设，使政府工作进一步走向规范、公正、高效。

【镇区财政财务管理出台了新制度】东莞市为了进一步规范和加强镇区财政性资金管理，防止财政性资金游离于财政监管之外，切实从源头上预防和遏制腐败现象，促进党风廉政建设，根据市人民政府《关于全面开展镇区财政性资金审计检查工作的通知》的精神，组织了100多名审计工作人员，从2005年9月起对32个镇区2004年1月至2005年6月的财政运行情况进行了全面审计检查，进一步弄清了镇区财政的家底和财政运作的安全性、合规性、有效性，如实掌握了镇区财政管理的现状，并针对镇区财政性资金监管和债务管理中存在的薄弱环节，出台了《关于进一步加强镇区财政管理的决定》和《关于加强我市地方政府债务管理的意见》等制度，为进一步规范镇区财政财务管理、防范政府债务风险打下了制度基础。

【队伍综合素质有了新提高】按照中央、省、市关于第一批先进性教育活动的要求，2005年上半年，东莞市财政部门把先进性教育活动列为2005年重要的政治任务和重中之重的工作来抓。按照市委市政府开展保持共产党员先进性教育工作的部署，围绕先进性教育的目标要求，立足实际，坚持高标准、严要求，求真务实，真抓实干，高质量完成了学习动员阶段、分析评议阶段和整改提高阶段的工作，取得了实实在在的成效，达到了预期的效果，使先进性教育活动成为群众满意的工程，得到了市委领导、市委先进办及广大财政干部、群众的好评。先进性教育活动的有序开展，有力地加强了党的先进性建设，促进了全市财政系统党员干部素质明显提高，促进了各级党组织建设明显加强，促进了广大财政党员、干部为人民服务的宗旨观念明显增强，促进了各项财政工作的开展。（刘惠林）

**附：2005年东莞市财政局领导名录**

局　长：方棣梅（5月离任）
　　　　詹文光（5月到任）
副局长：陈锐康　罗军文　王锐江
纪检组组长：叶照兴

## 国家税务

【税收收入稳步增长】2005，东莞市国

税局以科学发展观统领税收工作全局，紧紧围绕“完善机制，强化征管”的工作主题，不断夯实征管基础，深化信息化应用，规范税收执法，强化执法监督，加强干部队伍建设，税收收入持续稳步增长。全年实现工商税收收入184.98亿元（含海关代征38.29亿元），同比增长22.2%，其中国内税收收入146.7亿元，同比增长19.48%；形成市财政收入32.19亿元，同比增长21.76%，圆满完成省局和市委市政府提出的增长目标。

强化税源控管　加强重点税源管理，对家具、服装、造纸、毛织和小五金等五大重点行业开展税源税负情况调查；完善零散税源征管，配合市政府，在全市范围内建立起市、镇、村（居）三级税务协管体系；重新明确对非正常户管理有关规定，加大对非正常户的监控力度和失踪纳税人的查处力度；继续强化“以票控税”和纳税评估工作，进一步完善“四小票”的审核比对管理；大力推进纳税评估工作，对增值税申报异常企业和成品油零售单位等开展增值税纳税评估，同时积极探索内资及涉外企业所得税纳税评估方法，充分运用所得税汇算清缴软件的分析功能和税务审计方法，及时发现和处理纳税人申报过程中的异常情况，有效促进了增值税和企业所得税的征管。

抓好各税种管理　一是完善增值税各项管理。加强新办商贸企业一般纳税人的认定及征收管理工作，严把“四种抵扣凭证”的抵扣审核关，加大力度对达到一般纳税人标准的小规模纳税人进行认定清理。抓好对全市7人以上工业企业和公司类商贸企业申报方式的调整，全年共6000多户小规模纳税人由“双定”征收改为自行申报方式。二是顺利完成2004年度企业所得税的汇算清缴工作，规范中介机构出具企业所得税汇算清缴查账报告制度。三是抓好车购税征管。全年共办理各类车辆70684台，征收车辆购置税87860万元。

加快出口退（免）税审办　进一步完善出口退（免）税管理机制，简化审批手续，并试行出口退税网上预审核，提高审核质量和效率；开展出口货物退（免）税专项检查，查找和解决管理过程中存在的问题和不足，规范出口退（免）税管理各项制度；针对部分企业2004年转关出口货物报关单收集滞后的问题，积极加强与海关、外经贸局等部门的沟通联系，协助企业加快单证收集进度；加强对出口企业的宣传辅导，通过举办退税业务培训班，参加外商投资企业集中服务日，在国税网站上开展退税咨询等形式，促使出口企业加快出口退（免）税申报进度。全年该局共办理出口退（免）税53.06亿元，同比大幅增长27%；其中退税24.96亿元，“免抵”调库28.1亿元。

【税收执法和服务水平不断提高】2005年，市国税局努力打造执法规范化、服务高效化的“服务型税务”，实行依法治税和优化服务双管齐下，在严格执法的同时不断提高文明服务水平，构建征纳关系和谐、融洽的税收环境。

加强执法检查和监督　抓好税收执法专项检查，先后组织开展了贯彻落实《税收征管法》及其实施细则、出口退（免）税专项检查和年度税收执法大检查，规范税收执法行为。加强日常税收执法监督，组织对执法人员的日常执法行为、处罚程序、文书使用、税务行政许可等进行经常性的监督，及时发现和纠正执法偏差。认真开展税务执法监察，从一般纳税人认定、税务稽查、贯彻落实国家有关税收优惠政策等方面对执法单位进行执法监察，确保国家税收政策法规的贯彻到位。

打击涉税违法行为　开展行业专项检查，通过纳税评估与约谈、普查与重点检查相结合的形式，共检查相关企业132户，发现有问题企业62户，补罚税款合计1676万元，有效规范了行业经营行为，整顿了经济税收秩序。继续完善“一级稽查”，集中力量查处大要案件，推行主查责任制，完善税收保全措施，努力提高调账、查账和补税罚款入库的质量，有力打击了各类涉税违法行为，全年查处案件639宗，补罚合计3.52亿元。与检察、公安、地税等部门实现工作机制衔接，建立联席会议制度和信息通报制度，加大办案合力。

加强税收宣传和纳税服务　拓宽宣传渠道，利用外商、台商协会刊物刊登最新的税法政策和服务流程，搭建一个覆盖全市范围，深入外商企业的税收宣传平台。进一步优化税收服务，简化办税程序，推广排队叫号系统，加快推进网上办税建设。

【信息化建设深入发展】2005年，市国税局在巩固信息化建设成果的基础上，努力抓深化、拓展和提高，依托信息化手段提高征管效率，促进税收管理水平上新的台阶。

深化数据分析和应用　提升三大系统整合运行效果，有效促进资源共享利用；完善并推广以“一户式”系统和决策支持系统为重点的数据综合应用平台，通过两大系统对征管数据进行查询、统计和分析，大大提高了数据的分析应用水平。

推广应用电子缴税入库系统（ETS）按照上级工作部署，在全市推广应用ETS系统，切实抓好培训、试点和与银行、金库的协调工作，促进了税、银、库之间的信息资源共享，基本上实现了缴税入库自动化和征收无纸化，从而降低征收成本，提高征管效率和服务水平。

不断提高硬件管理水平　在全系统33个基层分局推广应用215台终端系统，以集群形式进行集中管理。做好将原有的城域网升级改造为加密传输方式的前期准备工作，进一步提高网络数据传输的安全性。购置电脑、路由器等新设备，优化网络及硬件资源配置，改善车辆购置税办税环境，大大加快了国税局信息化建设的步伐。

【内部管理进一步规范】2005年，市国税局结合规范机构设置工作，进一步加强领导班子建设，切实规范和强化内部管理，促进税收各项工作高效运转。

规范内部机构设置　重新划分和明确了机关各部门的责任分工，理顺内部管理架构。同时，抓紧落实规范机构设置后的各项配套措施，切实做好人员的思想教育工作，保持队伍发展的稳定性，确保新机构的协调顺利运作，进一步提高行政管理效能。

健全领导班子管理制度　认真制定局党组会议制度、局长办公会议制度和局务会议制度，进一步健全领导决策机制，为科学决策提供了制度保证。深入落实领导班子民主生活会制度，切实抓好会前学习、会中查摆问题、会后整改提高三个阶段工作，保证领导班子的健康发展。

完善内部管理机制　完善基层分局量化考核制度，使考核更加客观、公正地评价基层分局的整体工作情况；严肃各项财务管理制度，开展内部审计工作，加强对调任、转任领导干部所在单位财务收支及相关经济活动的监督检查，完善了系统财务、基建、政府采购以及公车拍卖管理等各项制度；加大对公务员的录用调配、职务任免和出国出境审批等的监督检查力度，促使全系统内部管理日趋规范。

【队伍素质不断提高】2005年，市国税局深入开展以保持共产党员先进性为中心内容的教育活动，不断强化思想政治工作，切实抓好干部队伍建设和党风廉政建设，促进工作作风的进一步改进，推动队伍综合素质不断提高。

进一步加强思想政治工作　在全系统党员干部中深入开展了保持共产党员先进性教育和“三有一好”教育活动。专门成立了教育活动领导小组，制定了实施方案，通过召开动员大会、组织集中学习、观看电教片、开展共产党员先进性标准大讨论、举办先进性教育活动座谈会、深入开展自我剖析和民主评议、制定和落实具体整改措施等丰富多彩的活动形式，扎实稳妥地推进“学习动员、分析评议、整改提高”三个阶段工作。同时，结合先进性教育活动，在全系统开展了为期一个月的爱岗敬业专题教育活动，促使队伍在思想观念、职业道德、廉政勤政和服务意识等方面有了明显提高。

继续抓好干部素质教育　举办了全系统科级以上干部封闭式知识更新培训、计算机中级证书（NIT）培训、税务查账技能培训、出口退税业务操作培训、全员综合业务技能培训等一系列培训班，切实增强了领导干部的执政能力，提升了税收业务人员的专业技能。

深入推进党风廉政建设　深入学习贯彻《建立健全教育、制度、监督并重的惩治和预防腐败体系实施纲要》和省局的实施意见，积极开展纪律教育月活动和警示教育。严格落实领导干部廉洁自律各项规定，对基层分局领导班子实施巡视检查制度，强化对领导干部的监督管理。突出抓好“两权”监督，加强对征管、稽查、发票供应、退税、所得税汇算清缴和办税窗口服务等六个重要环节的监控。加大社会监督力度，推行“一书一卡”，进一步发挥社会特邀监察员的作用，切实加强预防职务犯罪工作。（王茵茵）

**附：2005年东莞市国税局领导名录**

党组书记、局长：利巨强

党组成员、副局长：刘丹

党组成员、副局长：祁雄

党组成员、副局长：杜志康

党组成员、总会计师：傅平辉

党组成员、总经济师：谭岳华

党组成员、纪检组长：邓进强

## 地方税务

【概况】　东莞市地方税务局为广东省地方税务局领导的直属机构，内设9个职能科室、6个直属行政单位和2个事业单位，下设29个税务分局，主要负责营业税、企业所得税、外商投资企业和外国企业所得税、个人所得税、房产税、资源税、车船使用税、城市维护建设税、城镇土地使用税、土地增值税、印花税等14个税种的征管和社会保险费、教育费附加、文化事业建设费、堤围费、残疾人就业保障金、水资源费（部分镇区）等6项规费的征收工作。截至2005年底，全系统共有在编干部职工692人，其中，大学本科以上学历481人，占69.51%；大专学历189人，占27.31%；党员335人，占48.41%。

2005年，市地税局以组织收入为中心，推进依法治税，强化科学管理，优化纳税服务，加强队伍建设，圆满地完成各项税收工作任务，被东莞市委、市政府评为中央和省属驻莞机关先进单位、东莞市电子缴税入库系统建设工作先进单位。截至2005年底，全市共有地方税务登记户161676户，其中内资企业43329户，外商投资企业7492户，个体工商户108280户，其他2575户。

【组织收入】　2005年，市地税局组织税费收入合计165.53亿元，同比增长26.87%，其中税收收入107.32亿元，同比增长25.48%，历史性地突破了100亿元大关，位居全省各市地税系统组织税收收入的第四位，仅次于广州、深圳、佛山；社保费收入49.49亿元，同比增长27.12%，征缴率达到99.6%；堤围费、教育费附加、文化事业建设费及残疾人就业保障金等收入8.72亿元，圆满地完成了各项税费收入任务。

税源控管　完善税务登记管理制度，加强与工商、国税登记信息的交流和比对。从5月开始在全市范围内开展大规模的税源普查工作，对2761户重点税源户、11575户内资企业、12783户变动企业、1747份个人所得税申报资料进行调查、分析并撰写分析报告。加强重点税源管理，将2004年税款年入库额超过100万元和每个分局纳税前20名纳税户列为重点税源监控对象。

税收征管　认真做好内外资企业所得税汇算清缴，继续推行由中介机构代理汇算清缴并出具查账报告制度。2004年由市地税局负责征管企业所得税的外资企业亏损面为26.9%，同比下降6.15个百分点，首次降到三成以下；内资企业亏损面为18.86%，同比下降12.9个百分点。加强个人所得税征管，继续推行个人工资薪金全员申报制度和核定最低计税工资标准的做法，规范个体经营者的税收管理；组织开展外籍人员个人所得税专项检查工作，共查出应补税外籍个人323人，查补总收入3398万元，应补缴个人所得税税款及滞纳金加罚款合计576.8万元。全面整顿和规范星级酒店行业的税收征管，对全市47户四星级以上酒店企业和大型饮食企业建立征管台账，加强申报审核。受监控的47户企业全年缴纳税款1.88亿元，比上年同期增缴3425万元，增长22.27%，其中两户企业全年缴纳税款超过1000万元。开展税务质疑约谈工作，于5月份对123户外资企业实施税务质疑约谈，调增企业应纳税所得额2.4亿元，平均每户调增195万元。

规费征收　积极加强与社保、财政等部门的沟通联系，调整社保费的解缴入户流程，建立健全重点费源监控制度，强化社保费催缴并加大强制征缴力度，全年共移送法院强制征缴68户，涉及欠费金额784万元。认真做好堤围防护费征收工作，落实好残疾人就业保障金征收及欠费催缴工作，全年堤围防护费收入5.39亿元，同比增长30.08%；残疾人就业保障金收入1.87亿元，同比增长345.80%，较好地完成各项规费征收任务。

【依法治税】　2005年，市地税局按照“内外并举，重在治内，以内促外”的工作思路，有力地推进依法治税工作进程，全社会纳税意识不断增强，税收法治环境进一步优化。

依法行政　认真贯彻落实《全面推进依法行政实施纲要》，对贯彻落实行政许可法情况进行全面自查。认真处理税务行政诉讼案件4宗，维护征缴双方的合法权益。认真组织开展税收执法检查，积极配合财政、审计等部门，加强对税收政策执行和落实情况的监督。

整顿税收秩序　认真开展“四清理”专项工作，大力清理漏征漏管户，全年共新办税务登记39669户。加大税务稽查工作力度，认真开展以废旧物资回收经营企业、外籍人员个人所得税、房地产行业为重点的地方税收专项检查工作，以厚街镇为试点开展以饮食、旅店、娱乐业、家具业和房地产业为重点的税收区域专项整治工作，有效规范了行业的税收管理。全年共查处涉税违法案件（含基层分局检查案件）789宗，查结率为97.21%，查补税款入库及滞纳金加罚款9572万元。对达到追究刑事责任标准、涉嫌犯罪的5宗涉税违法案件依法移送公安机关作进一步处理。大力打击假发票，联合市公安局经侦支队，共同查处了3宗制售假发票案，查获假发票220多种，共计42990份，端掉制假窝点3个，抓获涉嫌犯罪人员9人。

反避税　制定反避税工作制度，促进反避税工作的制度化、规范化、专业化。积极开展预约定价工作，与汤姆逊多媒体（东莞）有限公司成功签订东莞市首例预约定价安排。全年开展反避税专案检查7宗，已完成反避税案件4宗，调增应纳税所得额1744万元，追补涉外企业所得税160万元。

税收宣传　坚持每月推出一期《东莞地税》报，与东莞电视台合作开办每月一期的税收宣传电视固定栏目《地税热线》。与人大代表、政协委员举办税收恳谈会，使社会各界更好地理解支持税收工作。与东莞电视台合作制作《法制纵横》节目，曝光偷逃税案件，震慑涉税违法犯罪行为。举办税法知识竞赛，大力普及税法知识。

【效能建设】2005年，市地税局通过加快信息化建设，不断创新并优化税收管理方式，大力推进税收科学化、精细化管理，税收管理效能不断提高。

新一代税收征管信息系统上线　按照全省地税系统"大集中"工程上线工作安排，市地税局通过做好业务调整、征管数据清理核对和整理迁移、宣传解释及人员培训等前期准备工作，于11月14日成功实现了全省新一代税收征管信息系统的上线运行，通过不断进行完善和优化，提升运行效率，保证税收征管工作的有效衔接和税款的征收入库。

电子缴税入库系统建设和应用　从2005年初起，根据市政府的统一规划，市地税局配合财政、人民银行等部门做好电子缴税入库系统（ETS）开发建设工作。该系统于11月14日与新税收征管信息系统同步在市地税局上线启用，实现税款征收无纸化、税款解缴一体化和税收对账电子化，方便纳税人缴纳税款，确保税款快速、安全、足额收纳入库。

改进车辆税收征收方式从2005年6月1日起，市地税局对车辆税收征收方式进行了调整和优化，通过税务、银行和交警三方实时联网，实行车辆税收由地税审核纳税申报、由农信社代收税款、由交警部门电子把关的征收方式，纳税人在全市任何一个农村信用社网点缴交车辆税费后便可办理车辆年审，方便纳税人缴纳税款，有效地堵塞车辆税费征管漏洞，增加地方税收收入。

税务协管　从2005年初起，市地税局根据市政府的要求，认真做好实施税务协管、加强个体零星税源征管工作的可行性探讨和调研。在此基础上，市政府于2005年7月起选取东城和大朗两个镇区实施税务协管工作试点，全市其他镇（区）也于年底前逐步铺开税务协管工作，在镇（区）一级成立税务协管中心，在村成立税务协管站，协助税务部门对辖区内的各类零散税源及个体工商业户进行管理，建立长期、高效的协税护税机制。

【纳税服务】2005年，市地税局全面启动纳税服务工程，建设服务型地税机关，全年共受理纳税人各类纳税咨询投诉事项22757宗，办结率为99.98%。从2005年10月起推行局领导接访日制度，已完成3次接访日工作。积极开展个人所得税业户端申报软件使用培训推广、技术产业相关税收优惠政策讲座、最新税收政策宣讲会等各类型纳税知识培训工作，开展直接的、面对面的纳税辅导。完善办税服务厅功能，在办税服务厅设置具备手写输入功能的电子触摸屏，供纳税人查阅各项涉税信息；在部分分局试点安装排队叫号机，方便纳税人缴税。

【队伍建设和党风廉政建设】2005年，市地税局按照"收好税，带好队"的要求，大力抓好队伍建设和党风廉政建设，地税队伍素质大大提高，精神面貌焕然一新。

领导班子建设　市地税局强化党组中心组学习制度，积极开展创建"团结、廉洁、开拓"三好班子活动。深入推进"一把手工程"建设，组织科级"一把手"53人到清华大学进行领导干部公共管理高级研修班学习。对74位基层分局领导进行计算机操作培训。全面贯彻落实《党政领导干部选拔任用工作条例》，公开民主推荐选拔了8位正科级领导干部以及13位副科级领导干部。

干部队伍建设　认真学习贯彻《中华人民共和国公务员法》，于2005年12月组织全系统671名公务员分三期参加与市人事局共同举办的新公务员法培训并全部通过考核。认真做好公务员公开招考工作，择优录取了69名国家公务员。加强学历教育，不断提高系统人员的学历层次，鼓励干部职工参加各类职称考试，提高业务技能。加大培训力度，认真组织外商投资企业转让定价及预约定价培训讲座、"大集中"上线培训、各种专业知识培训等，不断提高干部的综合素质。

党风廉政建设　深入开展反腐倡廉教育，认真组织学习《建立健全教育、制度、监督并重的惩治和预防腐败体系实施纲要》，落实"廉政教育日"制度，观看廉政教育片，到法院旁听案件庭审，举办预防渎职犯罪专题讲座。加强制度建设和落实，重新制定工作人员出国（境）管理实施办法，严格审查赴澳门申请；规范基层分局财务开支审批，强调各分局一把手不能直接分管财务工作；采取措施禁止基层分局门前收取现金税费。加强监督检查，实施全员廉政承诺，认真组织开展内部审计、执法监察和巡视检查。积极开展"纠风"工作，预防和杜绝损害纳税人利益的行为，狠刹"四股"歪风，落实专项清理，开展政风行风评议。

精神文明建设　全面启动救急济难互助金，全系统768人踊跃参加了救助金管理，积极为身处困境的税务人员排忧解难。认真抓好党、团、工、青、妇工作，组织参加了全省地税系统"争创'三有一好'、争当地税先锋"演讲比赛以及全市机关运动会。2005年，全系统涌现出一大批先进单位和先进个人，其中虎门税务分局被国家人事部、国家税务总局授予"全国税务系统先进集体"荣誉称号，市局团总支被团市委评为"五四红旗团支部"。　（黎雪波）

**附：2005年东莞市地方税务局领导名录**

局　长：刘茂坤

副局长：马致远　莫灿洪　尹进城

纪检组长：黄　真

总经济师：叶　胜

总会计师：黄见洪

▲ 东莞大道

# 金融业

BANKING

■ 货币信贷运作状况平稳

■ 本外币存款余额突破3000亿元

责任编辑：刘 丹

## 银行业

【概况】2005年，在国家贯彻落实科学发展观、巩固宏观调控成果、宏观经济保持良好发展态势，各行各业持续稳定发展的大背景下，东莞市金融总量继续壮大，货币信贷运行情况平稳。至2005年底，全市银（信）网点1261个，金融从业人员1.51万人。

2005年12月末，全市本外币各项存款余额3036.77亿元（美元汇率：8.0702，下同），比年初增加456.12亿元，增长17.67%。其中企事业单位存款884.76亿元，比年初增加100.65亿元，增长12.84%；储蓄存款余额1796.69亿元，比年初增加282.41亿元，增长18.65%。受人民币升值压力的影响，2005全市外币存款比年初减少9746万美元，下降 7.07%，余额为12.81亿美元。2005年末，全市本外币各项贷款余额1540.48亿元，比年初增加105.68亿元，增长 7.37%。存贷款比例为50.17%，比年初减少6.11个百分点。外汇贷款余额4.95亿美元，比年初减少0.47亿美元，下降8.59%。银行存差达到1496亿元，银行资金充裕，流动性好，银行支付能力强。全年累计净回笼现金196.75亿元，同比增加回笼56.70亿元，回笼幅度提升40.49%。

银行结售汇继续保持大额顺差，2005年全市银行结售汇顺差突破160多亿美元，比2004年增长37.9%，有力地支持了全市外贸出口工作。2005年，全市银行盈利稳步增长，全市银行整体盈利比2004年增长24%。多数银行盈利继续排在全省本系统前列。2005年末，全市金融机构不良贷款比例比2004年底下降了0.66个百分点，不良贷款率已降至5%以下。

【信贷投放】2005年，东莞市本外币各项贷款缓慢增加，增幅下滑的趋势没有从根本上得到缓解。与存款快速增长的情况不同，2005年末，全市本外币各项贷款余额1540.48亿元，同比增加105.68亿元，增长7.37%，比2004年末少增加97.31亿元，增幅较2004年末下降8.91个百分点。

受国有银行股份制改造和银监会对商业银行资本充足率要求的影响，各家银行都在对贷款管理模式进行修整，在信贷风险控制方面不断完善。个别银行的贷款审批权还在进一步上收，大部分银行对新增授信从严控制，对存量贷款采取减少授信、提高利率、增加抵押品或清户退出等政策，其结果导致了贷款整体增长缓慢的情况出现。

2005年，东莞银行的信贷投向也体现了“有保有压”的调控原则，表现为投向钢铁、电解铝、水泥、汽车、纺织等生产企业贷款余额8.50亿元，比2004年末减少3.31亿元，下降28.00%；而投向能源、交通、通讯等基础设施和投向煤、电、油、运等基础产业的贷款余额213.59亿元，比2004年末增加22.39亿元，增长11.71%，占全部新增贷款的21.19%。

按企业规模分类，大型企业贷款余额219.84亿元，比2004年末增加19.04亿元；中型企业贷款余额437.18亿元，比2004年末增加45.49亿元；小型企业贷款余额443.69亿元，比2004年末减少23.06亿元。继广发行成立“民营融资辅导中心”后，2005年9月份，工行成立“小企业贷款管理部”，专事对小企业的贷款服务，为加快小企业贷款的市场拓展，11月还举办了小企业贷款推介会，取得良好的效果，仅当月新增小企业贷款6.1亿元。到2005年底，该行小企业贷款余额已达28亿元。

【资产质量】2005年，东莞市各金融机构采取多种措施加大不良贷款回收、处置力度，通过依法清收、整体处置抵债资产等手段，努力降低不良贷款。全市不良贷款比例比2004年下降0.66个百分点，达到5%以下。

【票据融资】2005年，东莞市银行承兑汇票余额为114.46亿元，比2004年增加75.82亿元，全年全市银行累计签发汇票117.02亿元，比2004年增加172.64亿元；贴现余额为30.6亿元，同比增加11.29亿元，全年累计发生额178.89亿元，同比增加65.33亿元。

【金融服务】2005年，东莞市各金融机构大力推进金融服务基础设施建设，完善金融服务体系，为金融生态环境建设提供动力支持。

全面加强金融服务的电子化建设，金融服务专业化进一步提高。一是在东莞市政府组织领导下，由人民银行东莞中支牵头协调财政、国库、地税、商业银行等部门，仅用6个月的时间完成了东莞市电子缴税入库系统建设，并投入使用，实现了财、税、库、行等部门间的横向联网，实现了政府预算收支单位之间的系统整合与实时业务信息化处理，大幅提高了财政拨款与税款入库速度，为广大企业和个人缴纳税费提供快捷便利的金融服务，促使我市金融信息化建设又上新台阶。二是加快现代化支付系统的建设，确保资金清算汇划高效和安全。在上级行的统一部署下，积极推进人民银行各项业务系统建设，圆满完成了中央银行会计集中核算系统、大额支付系统、人民币银行结算账户管理系统的推广运行任务，实现银行结算账户电子化和网络化管理，大幅度提升东莞资金清算效率。

圆满完成了东莞市个人信用信息基础数据库的建设推广工作，推动了信用基础建设，稳步构筑社会征信体系。

有效开展银行结算账户清理核实工作，共清理核实核准类账户9.6万户，非核准类对公账户17.4万户，个人结算账户1867万户，撤销不合规定账户3.1万户，进一步完善银行账户管理。

突出重点，做好“出口收汇网上核销系统”的推广应用工作，实现网上核销全面普及，全力推进电子政务。人民银行东莞中支通过报刊宣传、座谈会、通知等多形式、多渠道加强网上核销业务宣传，扩大网上核销的影响和社会认知度，并以专题报告的形式向市政府和政府领导汇报网上核销业务的开展情况。市政府专门牵头召开了东莞市电子缴税入库系统暨出口收汇网上核销系统启用典礼，再次扩大了网上核销的社会影响。在大力宣传的同时，分批分次对全市出口企业进行网上核销业务培训，共举办培训班46期，对全市3600家企业的3800多名核销员进行了培训。还创办了“网上核销教室”，为企业提供网上核销业务再培训，成立“网上核销巡回服务组”，深入企业提供系统安装、技术支持、业务指导等上门服务，开通“网上核销快捷通道”，实现网上核销业务随到随办，解决了企业排队轮候之苦。受到企业的一致欢迎与好评，圆满完成了企业培训工作。

各金融机构创新能力增强，金融服务呈现多元化。工行创新服务模式，成立现金清点中心，加大对客户的服务力度，取得良好的效益；建行紧扣“理财”主题，加大对重点产品和新产品的营销宣传和推广力度，先后推出“易得利”、“汇得盈”、“吉祥传单”等特色业务，以满足不同客户对特色产品的需求。同时还根据客户需求邀请萧灼基、龙永图等知名学者举办了“中国宏观经济形势分析与应对策略”论坛和外贸形势专题分析会等，提高对客户的综合服务水平。广发行成立“财智广发俱乐部”、在东莞中学松山湖校区发行广发——松山湖校园联名卡，与东莞移动公司合作在东莞第一家推出手机钱包业务。交通银行开办“双利理财账户”业务。（叶足汝）

## 中国人民银行东莞市中心支行

【货币政策】2005年，人行为加强和完善金融宏观调控，东莞中支全面、准确贯彻执行金融调控政策，提高货币政策执行的水平和效率，促进了地方经济、金融的协调、有序、健康、持续的发展。

充分发挥和改进信贷政策“窗口指导”作用，促使货币信贷平稳合理增长。进一步完善金融形势分析报告制度，全市银行行长联席会议制度，辖区货币信贷工作会议制度，以及与地方金融服务办公室的沟通协调机制，并通过一系列货币政策传导机制，及时向政府、各商业银行传达人民银行货币信贷政策意图和取向，为市政府制定经济金融政策提供参考意见，同时引导金融机构支持经济结构调整。2005年各金融机构执行货币政策的效果良好，局部过热行业的信贷投放得到较好控制，全市信贷结构性矛盾呈现缓和趋势，地方经济在金融信贷支持下协调平稳快速发展。

认真落实利率市场化改革措施，加强对利率和汇率的管理和监测。针对人民币汇率调整和汇率形成机制改革措施的出台，结合东莞外向型经济发展特点，率先建立人民币汇率机制改革对经济金融影响的监测机制，密切关注东莞广大外向型企业对汇率的预期和动向，深入挖掘汇率改革中存在的问题，及时提出政策建议，供上级行参考。出台《关于引导企业规避汇率风险的指导意见》，报市政府批转至各相关部门，帮助企业理解政策内涵，采取有效措施规避汇率风险，受到政府和企业的好评。

【外汇管理】2005年，人行东莞中支通过创新外汇业务手段，解决东莞外汇业务量日益繁重以及人手严重不足的问题，提升外汇管理效率。鉴于东莞地区资本外汇业务量日趋繁重，人员配置与业务量发展不相匹配的现状，进一步简化资本项目审核手续，提高政策可操作性，加快业务处理效率，加快业务系统、电子化系统的推广，提高监管效率。在日常外汇管理工作中，人行东莞中支切实转变外汇管理观念，寓管理于服务之中，组织制定《国家外汇管理局东莞市中心支局2005年服务规划》，开通中心支局网站，完成出口收汇核报系统、国际收支系统的升级，切实做好网上核销系统和外资外汇验资询证管理系统的推广和应用，全力提升外汇服务水平。强化对银行办理外汇业务的指导和监管，认真贯彻落实新出台的外汇管理政策，加强对政策实施效应的分析和评价，积极开展专题调研，提高外汇服务政策理论水平。

【金融稳定】2005年，人行东莞中支从维护辖区金融改革、发展和稳定大局的高度出发，积极探索金融稳定机制，改善辖区金融生态环境。

以支持农信社改革为重点，加快推进金融企业改革，大力引导金融企业稳健发展。认真组织实施农村信用社改革试点的资金支持工作，严格对东莞市农信社增资扩股真实合规性和资本充足率真实性进行审查，完成对东莞市农信社专项票据发行申请的审核，会同东莞银监分局对农村信用社股本金规范、贷款形态认定、不良贷款处置、成本费用控制和法人治理结构强化等方面进行了现场检查，完善央行专项票据发行后对农信社的考核监督机制，切实推动农信社明晰产权关系、完善法人治理结构、强化约束机制；建立国有商业银行股份制改革定期报告制度，密切关注工商银行可疑类贷款剥离工作，做好跟踪，推进辖内国有商业银行分支机构改革步伐；就城市商业银行即将进行的重组改革展开专题调研，并及时提供政策指导。

以加强与地方政府的协调沟通为突破口，努力推进辖区金融生态环境的改善。2005年，人行东莞中支加强与地方政府、金融办的协调沟通，努力争取地方政府的支持配合金融工作，努力改善辖区金融生态环境。顺利完成东莞市财税库行横向联网系统、出口收汇网上核销系统推广应用和个人信用信息基础数据库的建设，使人行东莞中支在地方政府的地位得到进一步的提升，真正树立了人民银行在辖区的新权威。

加强横向协调协助机制建设，规范金融执法行为，创新手段，努力构建辖区金融稳定机制。一是建立健全与地方政府各部门的横向协调协助机制，构建金融稳定机制。在履行反洗钱工作职能方面，人民银行东莞中支进一步探索建立金融监管部门反洗钱工作协调机制和地方反洗钱工作协作机制，与东莞市公安局建立地方反洗钱协调机制，并通过签订《东莞市公安局、中国人民银行东莞市中心支行关于可疑交易线索核查工作的合作规定》和《反洗钱合作备忘录》，成功建立了东莞市反洗钱地方协调机制和联合办案的新模式，进一步创新和丰富反洗钱合作模式，构建辖区反洗钱紧密型合作机制，并以此构筑起反洗钱工作平台，协同市公安局开展“断流行动号”行动，成功摧毁了一个大型地下钱庄交易网络；二是从规范金融执法行为入手，在各项执法检查中不断探索完善执法操作行为，以依法行政重树人民银行新权威。《行政许可法》实施以来，人行东莞中支在开展金融执法行为中，严格按照规定程序开展执法检查并进行行政处罚。特别是在开展行政处罚上，在上级对具体的行政处罚的指导不是很清晰的情况下，人行东莞中支结合实际进行深入的探索和研究，创造性地提出符合实际的工作指导意见。在反洗钱现场检查和处罚工作实践中创造性地总结出在反洗钱现场检查和处罚工作中应遵循“四、三、三”原则：即要准确判断四种情形、全面把握三个方面以及注意三个环节，为更好地开展反洗钱检查和执法工作提供了指导。对空头支票进行处罚中，及时制定了《中国人民银行东莞市中心支行空头支票行政处罚操作规程》，严格规范处罚操作，增强处罚的可操作性，既避免了涉诉风险，又重新树立了人民银行的新权威。

【货币发行和金银管理】2005年，人行东莞中支加强货币管理，做好发行基金调拨工作，保障市场现金供应。配合《中国人民银行假币收缴鉴定管理办法》，深入开展反假人民币工作，协助公安机关全力打击制贩假币犯罪活动，维护人民币的信誉；2005年全市共收缴假币272697张，面值达1443万元；加强发行库安全管理和货币押运安全管理，确保国家资金安全。维护了人民币信誉。

【经理国库】2005年，人行东莞中支认真履行人民银行经理国库的职能。全年共收纳和报解各级预算收入304.62亿元，其中中央预算收入140.44亿元，省级预算收入34.55亿元、市级预算收入129.63亿元；共办理各级预算收入退库54.74亿元、地方预算拨款120.92亿元，无风险事故发生，得到地方政府和财税部门肯定和赞扬。同时积极做好国债发行、兑付工作。（叶足汝）

**附：2005年中国人民银行东莞市中心支行领导名录**

行　长：陈玉海
副行长：吴灼均　麦延厚
纪委书记：张晓青
工委会主任：刘凯文

## 东莞银监分局

【概况】2005年，东莞银监分局坚持以科学的发展观统领全局，坚持“管法人、管风险、管内控、提高透明度”的监管理念，以维护辖区银行业安全稳健运行为中心，积极引导辖区银行业金融机构建立风险管理长效机制，大力推进改革与创新，促进了辖区银行业的和谐健康发展。

至2005年末，全市银行业金融机构各项存款余额3036.77亿元，比年初增加456.12亿元，增长17.67%；各项贷款余额1540.48亿元，比年初增加105.68亿元，增长7.37%；不良贷款比年初减少4.19亿元，不良率比年初下降0.66个百分点；实现利润44.92亿元，比去年增加8.69亿元，增长24.01%。

【开展案件专项治理】2005年，东莞银监分局把案件专项治理工作作为一项重点工作，督促辖内银行业金融机构以建章立制为基础，以监督检查为手段，以强化责任追究为保障，不断提高操作风险的管理能力，取得初步成效。一是以案说法，警示教育。深刻剖析近两年辖区案件的案发原因，并通报各银行业金融机构，增强金融从业人员的内控意识和案件防范意识。二是强化问责与激励并举，引导银行业金融机构强化审慎经营意识，建立案件防范长效机制。三是制定下发《关于进一步加强辖内银行机构案件专项治理工作的意见》，提出要从制度、监督、技术、人员和管理等五个方面，着力构建起立体的案件防范体系。四是与市有关部门共同建立预防职务犯罪工作机制，齐抓共管，实现对辖区银行案件的综合治理，收到较好效果。

【推动银行业改革与开放】2005年，东莞银监分局积极推进辖区银行业金融机构改革：一是顺利完成市农信社统一法人改革试点工作。5月19日，东莞农村信用合作联社正式开业，作为全省首家进行统一法人体制改革的农信社，市联社的开业意味着东莞市农村信用社改革征程翻开了崭新的一页，更是国务院加快推进农信社改革步伐的又一个成功标志。二是积极推动市国有行在改革中不断完善管理机制，引导各国有行进一步提高风险防范意识和风险管理水平，推动改革逐步到位。三是积极引进外资金融机构，支持全市银行业对外开放。2005年，东亚银行和恒生银行在东莞设立代表处，至此，全市已有外资银行机构三家，银行业格局日趋多元化。

【突出法人监管重点】2005年，东莞银监分局切实负起属地监管责任，认真做好法人机构监管工作。

督促市商行及时补充资本和不断完善法人治理。一是推动市商行增资扩股工作取得实质性进展。明确要求市商行董事会必须把资本达标作为2005年的首要工作来抓，以及就市商行引入战略投资者可行性形成分析报告报市政府。二是督促市商行继续完善和落实“三会一层”的有关议事程序和规则，建立良好

▲ 金源中心

的权力制衡机制，明确各自的职责。

积极推进市信托公司信息披露和风险防范，提升公信力。一是妥善解决市信托为松山湖科技工业园区贷款提供13.45亿元超额担保问题。二是对市信托信息披露年报公告实施同步跟踪和核查，确保其按照银监会要求的时限、格式和内容在指定报刊上进行披露，使该公司的信息披露工作基本做到了真实、准确、完整。

指导市农信社整章建制，在发展中防范化解风险。认真审视市农信社统一法人后现行各项内部管理规章和制度的健全性和可操作性，补缺堵漏，做到制度不留空、管理没有盲点，尤其对新业务准入必须制度先行、内控先行。同时，指导市农信社优化整合机构网点，对一些经营效益差、内控不健全、存在安全隐患的机构网点进行撤并处理，提高农信社的发展能力。

【保东莞金融安全】2005年，东莞银监分局一直将保金融安全作为头等大事来抓，为东莞经济发展保驾护航。一是积极化解“天龙居”及“晓翠园”楼盘按揭贷款风险。一方面对风险事件进行连续跟踪，牵头各债权银行与市政府、建设局、公安等部门协商解决方案，力求将贷款损失和社会影响降到最低程度。另一方面及时作出风险提示。督促各银行业金融机构要切实树立审慎意识和风险意识，采取有效措施，防范当前按揭贷款面临的操作风险、市场风险、假按揭风险、回购风险、法律风险和政策风险。二是关注贷款收缩而伴随的新增不良贷款问题，提示风险并提出监管意见。三是引导辖内股份制商业银行树立规模、效益与质量协调发展的经营理念，加强内控建设，强化稽核监督，坚持规范经营。四是协同有关部门打击信用卡黑中介，维护良好的信用卡用卡环境。及时向辖内各金融机构通报有关信用卡黑中介的作案手法，作出风险隐患提示，提示各发卡行关注电子银行业务风险。同时积极搭建信息交流平台，与公安、工商部门紧密配合，共同研究制定打击黑中介活动的初步方案，给黑中介沉重的打击，各发卡行堵截了约200宗通过涉嫌黑中介的申办卡业务。

【提高金融服务水平】东莞银监分局成立以来，一直注重引导辖区银行业金融机构提高金融服务水平，努力营造和谐的金融环境。一是推动解决银行差别化服务问题，促使各国有行进行整改，杜绝对小额客户设置业务门槛行为，在创效益的同时，积极承担社会责任，银行服务秩序及质量得到明显改善，低端客户金融服务矛盾得到有效缓解。二是完善服务体系，提高服务能力。成功争取下半年增设邮储网点50个，并按照“稳步发展、分期推进”的原则，实行成熟一个、增设一个，确保邮政储蓄网点安全、稳健运行，有效缓解了邮储网点服务供需矛盾。三是加强窗口指导和风险提示，引导银行业金融机构建立风险管理长效机制。2005年，先后对两家地方法人金融机构贷款集中问题、辖区银行机构1—4月存贷款增速同比下降问题、贷款规模收缩问题、市农信社不良贷款抓降问题等多个金融运行中的集中问题发出窗口指导和风险提示，提出风险防范的对策建议。四是关注及支持银行业务创新。积极创造有利于银行业创新的外部环境，在风险可控、制度先行的前提下，鼓励银行业金融机构业务创新。简化办事程序，审查办理有关银行机构外汇担保及理财、代销基金、代办保险、中小企业贷款等多项中间业务备案手续，提升了辖区银行业的综合竞争能力。

【加强内部管理】2005年，东莞银监分局始终把内部管理作为“第一要务”抓实抓好。一是健全各项工作制度，落实工作责任制，提高行政管理水平及办事效率。二是着力健全信息工作制度，做好信息调研工作，为有效履行监管职责提供服务。三是扎实开展共产党员先进性教育活动。同时，结合先进性教育活动的开展，抓好领导班子建设及党员发展工作。四是加强党风廉政建设，增强反腐拒变能力。逐级签订党风廉政建设责任书，印发《廉洁自律提示函》，落实领导干部报告个人重大事项规定》的有关要求，加强对领导干部的廉政教育和管理。通过组织员工观看录像，推行现场检查廉政监督卡制度等多种方式宣传廉洁从政的要求，要求干部职工“干净干事，廉政从业”，在各银行业金融机构聘请廉政监督员，开展行风评议活动，切实加强对党风廉政建设的外部监督。通过抓好党风廉政建设，干部职工依法监管、廉洁自律意识得到显著提高。（萧启亮）

**附：2005年中国银行业监督管理委员会东莞监管分局领导名录**

党委书记：庄树高
局　长：任庆华
副局长：黄巨文　吴梦夏

## 中国农业发展银行

【概况】2005年，是农业发展银行改革和发展的一年，农业发展银行东莞市分行认真完善信贷政策，拓展业务空间，加大筹资力度，防范化解风险，粮食购销储备信贷业务大幅增加，不良贷款实现“双降”，各项业务保持良好增长态势。各项贷款余额31844万元，比年初增加4518万元；各项存款余额突破亿元，达到10048万元；2005年实现利润209万元，2004年经营利润为-211万元，同比增加利润420万元,实现了扭亏为盈的经营目标；各项贷款应收利息1464万元，实际收回1482万元，连续5年收息率都达到或超过100%；应收贷款14218万元，实际收回14218万元，收贷率达到100%；资金运用率较高，全年资金运营率达98.5%，是广东省农发行系统效益及各项考核指标完成较好的二级分行。

【转变经营理念】为适应改革和发展的需要，农发行东莞市分行适时调整了工作思路，把提高效益、保本微利经营、实现可持续发展作为首要工作来抓。一是创新存款管理模式，挖掘存款增长点，先后为企业开办了协定存款、定期存款等多种存款方式，使存款突破了亿元大关。二是立足传统政策性业务，积极审慎拓展新业务。对商业性贷款的开发，并不急功近利，而是首先通过发放政策性的储备粮贷款逐步介入，2005年投放的加工企业调销贷款725万元和流转调销贷款800万元，在当年投放当年收回，达到产生了效益，也保证了质量良好效果。三是发掘新的效益增长点。2005年是农发行保险代理业务的起步年。全年共完成代理保额20565万元，代理保费收入20万元，实现代理手续费收入3万元，在贷款业务仅占全省3%的情况下，农发行东莞市分行保险业务收入却占全省12%，实现了开户企业新投保项目100%由农发行代理的目标。

【优化信贷资产】 为了进一步优化信贷资产，2005年农发行东莞市分行一方面减少地方储备贷款风险，积极参与东莞地方储备粮管理，协助市政府与所有承储企业签订承储合同，明确储备粮的单价，监督地方粮食风险基金到位情况，使在全省地市分行中规模数最大的东莞粮食风险基金7500万元，每年均能依时足额到位，使农发行东莞市分行贷款比例接近90%的地方储备粮贷款连续多年实现贷款零风险。另一方面加强存量不良贷款的盘活工作。对不良贷款中的建仓贷款和审计认定的企业不合理占用贷款，农发行东莞市分行在2005年利用企业改制的良机全额收回逾期的建仓贷款和不合理占用贷款，超额完成上级行下达的收回不良贷款任务。

【培育团队精神】 2005年，农发行东莞市分行坚持围绕"人"字做文章，继续深入挖掘员工潜力，继续营造具有农发行特色的团队精神，加大队伍的管理力度，创造和谐的工作氛围，把东莞农发行整合成一支极具战斗力的团队。一是以活动为载体，既丰富职工业余生活，又提高队伍战斗力。二是组织员工参加社会实践活动，增强集体荣誉感。三是规范内部管理，建立协作机制，从制度上对岗位之间、部门之间的相互配合提出了更高的要求，充分发挥团队精神。

【提高员工综合素质】 2005年，农发行东莞市分行，在全体党员、干部职工中开展反腐倡廉学习教育活动、警示教育、职业道德教育等多项的思想政治教育活动，特别是扎实开展了为期四个多月的以实践"三个代表"重要思想为主要内容的保持共产党员先进性教育活动。全体干部职工的思想觉悟有了明显的提高，爱岗敬业、遵纪守法的自觉性有了明显的加强，领导干部的工作作风有了明显的改进。另一方面，抓好干部职工业务知识培训和学习。使广大干部职工及时掌握本岗位的业务新知识，如"大额支付系统的应用"、"综合业务系统的应用"、"信贷新业务操作规程"等一些专业性较强业务知识的培训，有效地提高全行干部职工的业务技能，及时更新业务知识，不断提升员工的整体素质。

【健全内控制度】 为了充分发挥制度的监督保证作用，努力防范案件发生，2005年，农发行东莞市分行继续在完善和加强内部管理工作方面下工夫，并着手开展对现行执行的各项规章制度进行全面的整理和汇编。市分行没有发生任何重大责任事故、没有出现违法犯罪行为或违规违纪行为。 （叶小云）

**附：2005年中国农业发展银行东莞市分行领导名录**

行　长：黄建平

副行长：何国坚　朱云标

## 中国工商银行

【概况】 2005年，是中国工商银行东莞分行在新的历史起点上，加快发展，开创各项工作新局面的一年。全年本外币各项存款、贷款分别比年初净增61亿元、17.4亿元，经营利润首次成功突破11亿元，达到11.38亿元，比2004年增加1.24亿元，综合经营效益考核连续第6年在全国工行地级市分行中排名第一。

【各项业务全面发展】 在负债业务方面，2005年，工行东莞分行深入挖掘客户需求，综合利用各类金融产品，拓宽资金来源，广泛开展核心竞争力项目，通过对客户分层次服务管理，提高网点经营管理效率和运作水平，网均吸存能力全面提升，全年实现人民币对公存款净增21.13亿元，人民币储蓄存款净增42.88亿元，创下了历史新高。

在资产业务方面，2005年，工行东莞分行大力推进中小企业信贷业务发展，提出了"三年投放一百亿"的宏伟目标，至年底客户总数比年初净增140户，累计贷款余额达到28.49亿元。同时继续实施住房信贷精品工程，个人住房贷款余额于2005年12月16日首次突破100亿元，占东莞市存量个人住房按揭贷款余额的35%，稳居东莞市金融同业首位。

在中间业务发展方面，工行东莞分行加大营销力度，市场开拓全面开花。一是突出营销模式和产品的创新，全年信用卡新发卡量达2.5万张，直接消费交易额近30亿元，均比2004年有大幅度提升。二是电子银行业务稳步扩张，企业网上银行交易额达到584.9亿元，企业网上银行代理业务收入大大增加。

工行东莞分行在扩大存、贷款规模的同时，突出强调了质量作为银行生命线的重要性，上下联动，通过调动一切可以调动的力量，采用一切可以采用的方式，全力压降不良贷款，实现不良贷款率比年初下降2.24个百分点，资产质量持续优化。

【经营结构趋于优化】 在收入结构方面，2005年，工行东莞分行中间业务收入稳步增长，从2004年的1.09亿元升至2005年的1.67亿元，增幅达53.2%，各项中间业务发展均取得历史最好成绩。在信贷结构方面，2005年，分行中小企业贷款余额占比升至9.8%，个人贷款占比升至43.3%，住房开发贷款和票据业务比重也逐步提高，前两项贷款业务成为拉动贷款增长的中坚力量。在客户结构方面，优质公司客户贷款余额占法人客户贷款比例比2004年末有所提高，个人优质客户数量也稳步增长。

【各项改革不断深入】 2005年上半年，工行东莞分行顺利完成了股份制改造的"三项"准备工作，摆脱了多个历史包袱：一是集中力量，多法并举，一举完成可疑类、损失类不良贷款以及非信贷不良资产的剥离组卷工作。二是协调上下，积极做好不良贷款的清收处置工作，2005年共清收、转化、处置不良贷款总额1.44亿元。三是完善非信贷资产管理，对全行资产（包括固定资产、低值易耗品）进行清理确权，保障资产安全。

同时，工行东莞分行进一步深化财务管理体制改革，完善成本约束机制，调整资源配置方式。一是进一步发挥财务资金的杠杆作用，完善了工资和经营费用分配办法，引导支行实现存贷款业务与中间业务的协调发展，提升资产质量。二是财务管理向精细化、集约化方向发展，在费用分配办法上更加细化，在管理上更加集中，由原来的"财务事后核算"模式逐步改变为"事前预算、财务部门全过程参与监督”的模式，节约了成本，提高了效率。

在人事制度改革方面，一是加大激励考核力度，制定《季度奖励费用分配办法》，遵循“总量控制，切块考核，按季下达，自主分配”的原则进行季度奖的分配，体现了“员工薪应其能、酬应其劳、奖应其绩”的现代经营管理理念以及“共创共享”的企业文化，大大增强了对部门和员工的激励力度。二是把招收高学历人才与机制性减员相结合，不断优化员工队伍的结构和素质。一方面继续奉行人才兴行战略，本科以上人员占比从17.8%上升到22.9%；另一方面，实现了守押体制社会化改革。

【内控机制不断完善】 2005年工行东莞分行加强对各级人员的管理，落实支行主管业务副行长上班时间到营业厅办公的规定；进一步加强违规违纪制度建设，严禁赌博行为；深入开展案件专项治理活动，从严治行；把依法合规大检查工作和整改落实工作做细，开展“依法合规大检查回头看”的活动；积极开展内控评价工作，提高基层行处对内控管理工作的重视程度，努力从源头上防范违法违规行为；创新开展网上操作评价，使员工操守评价起到真正作用。

【企业文化建设】 2005年，工行东莞分行深入开展了保持共产党员先进性教育活动，进一步改进领导干部作风，努力创建“四好”班子，全面提高各级经营班子整体工作水平；通过领导干部到基层带班，组织慰问困难员工，积极开展有益身心的文体活动等，不断增强员工凝聚力；积极加强员工思想政治教育工作，分层次组织业务技能培训，全面提升员工的综合素质；继续改进机关作风，使部室与部室之间，支行与部室之间的协作能力不断加强。（常　庆）

**附：2005年中国工商银行股份有限公司东莞分行领导名录**

行　长：沈晓东

副行长：周正光　黄少卿　罗健强　陈淦林　危　芳　梅　超

纪委书记：黄桂秋

## 中国农业银行

【概况】 2005年，中国农业银行东莞分行按照“树立科学发展观，转变经营观念，突出业务重点，加快结构调整，严格控制风险，全面提升业务经营管理水平”的总体工作思路，加大市场拓展力度，加快结构调整，强化内部管理，各项业务保持了良好的发展势头。至2005年底，各项存款余额达341亿元，同比增长20%；各项贷款余额达170.7亿元；累计国际结算量35.8亿美元，同比多增12.6亿美元；中间业务收入达1.8 亿元，同比增长33%，占营运净收入的13.4%；实现利润6.7亿元，同比增长19%。

【完善网点建设与管理】 为适应经济环境的变化，近年来，农行东莞分行加大了网点改造调整的力度，对各支行的网点数及网点布局作出了较大的调整，2005年完成了11个重要网点的整体装修改造和28个网点的局部改造。至2005年底，全行共有103个网点，分布在全市28个镇4个区和松山湖开发区。改造后的网点宽敞明亮，有为中高端客户服务的贵宾区，为外来务工服务的汇兑区。并设立了现金区、非现金区、自助银行区、理财区、汇兑专区等功能区域，确保满足不同层次客户的需要。

为规范网点管理，农行东莞分行开展了大规模的营业网点分层服务普查和网点规范化服务普查，并对网点的标准服务礼仪和用语、网点内外的卫生状况、营业厅内外的摆设、规范化服务的监督落实、投诉处理机制等作出了详尽、具体的规定，通过普及培训、以点带面、严格监督等手段，在全行推广服务规范化，使网点的服务质量有了实质性的提升。

同时，农行东莞分行还加了对ATM等自助设备的经营管理，重新明确了各相关部门职责，从放开门禁系统、安排专人负责、保证开机率、取现能力和及时保障等各方面提出更具体的要求，并且加强对柜员机的加钞、换打印纸、安全管理等环节的监督，保证自助设备的正常运行，发挥营业网点的延伸功能，为广大客户提供全天候的服务。

【加大科技开发力度】 2005年，农行东莞分行加强科技创新手段，大力培植电子化金融业务产品，运用科技改造提升传统业务，广泛推广应用新技术、新产品、新成果，加强了对客户的服务手段。一是因应市场需求推出电子化金融产品，如2005年底，共开通ATM机187台，为广大客户的小额现金存取业务提供自动服务，给商户现金交易带来很大方便；为解决民工汇款拥挤问题开发出“汇款易”；2005年投入852台，使省外来莞务工人员不出厂区即可办理业务。二是开发各种应用管理系统，满足客户需求，提高服务客户的效率与质量，更好服务客户。如为客户开发的征地补偿管理系统，给客户提供了很大的便利；内部应用的个人贷款管理系统、个人理财综合管理系统、保险中介服务票据应用管理系统等，实现资源共享，大大提高了办事效率。三是建设ABIS网络终端，将网点前台终端传统的串口连接方式，建设成先进的TC/PIP网络连接。这是一种新型业务终端网络系统，实现前台业务终端的远程维护和管理，解决了传统前台终端多环节、多种设备连接方式带来的维护难、故障多的问题，使前台业务系统的维护和管理效率有了大大提高。

【建立内控长效机制】 2005年，农行东莞分行通过查堵漏洞，建立内控长效机制，进一步加强了对内控风险的管理。一是查找内控漏洞，完善规章制度。对已经普遍推行的制度，结合新的实际进行全面梳理和有效性测试，重点分析各项检查中发现的薄弱环节，杜绝管理“断层”和风险控制“盲区”。制定和下发各类业务的风险点提示及防范要点指引，有效指导员工重点加强对易发多发案件部位、环节的防范。二是加快监督制约机制的完善，通过完善对领导干部的权力制约和监督机制、强化监督检查、改变监管手段等，有效发挥了监督检查对风险的监控作用。三是完善考核机制，严肃处理有关责任人，狠刹违章违纪歪风。四是根据员工队伍现状，制定了员工培训规划，通过建立完善员工培训激励约束机制，建立分工明确、协调高效的培训工作联系制度，通过建立以行内兼职教师为主体的全行师资队伍，通过有计划、分层次、多形式的培训，减少操作风险、能力风险和道德风险。同时通过优化人力资源配置资源、优化物质资源配置、优化技术资源配置，全面加强人防、物防和技防，切实提高内控管理能力。

【积极建设企业文化】 为增强企业凝聚力，活跃职工的业余文化生活，推动企业文化建设，2005年，农行东莞分行开展了一系列活动：一是大力开展“创学习型组织，争做知识型员工”活动，引进多样化、开放化的培训方式，针对不同岗位人员构建多样化、开放化的培训体系，丰富培训方式，将读书自学与员工素质教育更紧密的结合起来，不断激励更多的员工岗位成才、自学成才；二是紧紧围绕改革发展，组织各项业务技能竞赛活动，包括国际业务综合竞赛、个人业务技能比赛以及金融新产品设计大赛等，通过比赛，激励广大员工勤奋好学，提高综合业务素质；三是组织举办形式多样的文体活动，如参加全省农行系统书画摄影比赛，举办新春游园晚会，参加广州日报足邀请赛，参加东莞市文化直播车的演出活动，举办职工趣味运动会等，活跃了员工的文化生活，陶冶了员工的思想情操，增强了团队精神和工作的责任感、使命感，较好地促进了良好企业文化氛围的形成。

（罗　焱）

**附：2005年中国农业银行东莞分行领导名录**

行　长：林　章

副行长：叶国健　麦建红　李小伟
尹相华　王胜利（9月到任）
李连胜（6月离任）

调研员：梁达人

## 中国银行

【概况】2005年是中国银行股份制改革重要的一年，全年实现税后利润58772.39万元，人民币各项存款余额3516958万元，同比增长1.22%；人民币各项贷款余额2044538万元，个人消费贷款余额758552万元，净增151242万元，增幅为24.9%；各项外币存款余额49217万美元，各项外汇贷款余额20443万美元，进出口结算业务总量1026128万美元，同比增长24.18%，资产质量进一步得到改善，全口径不良比率2.17%，比去年底下降0.14%。

【狠抓内控建设】2005年，是中国银行东莞分行的“内控建设年”，东莞中行将内控制度的建设完善作为重点工作，采取多项措施切实强化内控合规管理。一是创新内控管理方式。投入运行“内部控制管理系统”，组织业务骨干成立网点检查小组，以不定期到网点直接接手工作等多种方式，突击检查网点日常制度的落实情况，预防金融案件发生。二是全力做好两次经营性网点大检查工作和“内控建设回头看”活动。三是继续强化网点操作性风险管理。不断深化网点主任轮岗代职制度和网点风险评级体系，在全辖基层网点聘请一批兼职内控监督员，延伸内控工作触角。四是进一步加强银企对账工作。五是针对年内OFP系统、反洗钱操作系统、930一日多价项目系统等多个新系统相继投产的情况，及时加强相关岗位员工的新业务、新系统培训力度，尽可能减少新系统带来的冲击。六是在继续做好网点“三防一保”工作的基础上出台《中国银行东莞分行大楼安全保卫工作管理规定》，进一步规范机关内部安全保卫工作，消除各类安全隐患，保证股改期间的安全稳定。

【推进人力资源管理改革】2005年，是中国银行东莞分行人力资源管理改革的关键时期。东莞中行严格遵循良好公司治理机制要求和总行、省行相关工作部署，一方面启动职位聘任工作，以公平、公正、公开的方式，经过个人申报、民主评议、组织考察和任前公示等规定程序，对分行部门及辖内支行正副职、中级专业技术岗位、部门助理经理、助理、辖内支行主任等近300个职位进行了重新聘任；另一方面平稳完成了分行部室调整设置和职能划分工作，并进一步明确各部门职能分工、内部岗位职责。此外，有步骤地开展全行员工的劳动合同变更和续签工作，实现了员工劳动关系的平稳过渡。

【配合做好股改各项准备工作】2005年，中国银行东莞分行继续积极配合做好股改前的各项准备工作。一是认真做好股改尽职调查工作，按时保质地完成股改尽职调查资料的收集、整理、上报工作；二是积极推进机构更名换证工作，确保机构合规经营；三是组织全辖清产核资工作；四是完成上市物业评估资料、信息等的提供工作，保证账务处理的规范性；五是固定资产的确权工作取得了重大突破。

【先进性教育活动】中国银行东莞分行从2005年7月19日起，在全辖范围内深入开展了保持共产党员先进性教育活动。结合教育活动的相关要求及本行实际，严格、规范地完成了三个阶段十三个环节的指定动作，并举办银行内控监督典型案件分析会、“预防职务犯罪”专题讲座、组织“从严依法治行，强化内控管理”主题征文活动、重温员工守则、知识竞赛等自选动作，基本达到了“提高党员素质，加强基层组织，服务人民群众，促进各项工作”的目标要求。此外，还认真落实《建立健全教育、制度、监督并重的惩治和预防腐败体系实施纲要》，坚持从严治党、从严治行和“标本兼治、综合治理”的方针，深入开展反腐倡廉教育，强化中心学习组制度、领导干部任前谈话、诫免谈话、廉政谈话、警示谈话等制度，进一步加强党风廉政建设，加强领导干部廉洁自律工作，并充分发挥风险评审委员会、内控管理委员会、集中采购评审委员会、资产处置委员会的职能和作用，从源头上预防和治理腐败问题，构筑了一道坚固的反腐倡廉思想和制度防线。

【加强企业文化建设】2005年，中国银行东莞分行采取多项积极措施，加强“以人为本”的企业文化建设，致力培养一支长期忠诚的员工队伍。一是创新培训模式，提高培训效能。一方面投入运行集“理论学习、模拟环境、实际环境”于一体的分行培训中心，另一方面充实培训内容，因材施教，因岗施教，组织开展不同层次、不同岗位、不同形式的培训，提高培训效能。二是组织系列企业文化活动，加强员工的沟通与交流，增强团队合作精神，有效增强企业凝聚力。

（陈湘华）

**附：2005年中国银行东莞分行领导名录**

行　长：杨　洁

副行长：丁暖容　陆　涛　钟国军

纪委书记：张丹敏

## 中国建设银行

【概况】2005年，中国建设银行股份有限公司东莞市分行以客户为中心，以市场为导向，以提高盈利能力和综合竞争力为目标，各项工作取得了可喜的成绩。截止2005年12月31日，各项业务指标为：全口径存款余额405.48亿元，比年初新增58亿元；各项贷款余额为107.97亿元，比年初新增10.2亿元；实现中间业务收入15,134万元，比年初增加3,792万元；全年实现考核利润62,511万元，经济增加值28,449万元。

一年来，建行东莞市分行获得的主要荣誉有：城区支行营业部被团中央评为全国“青年文明号”，金月湾理财中心被总行评为“十佳个人理财中心”之一，并被建行广东省分行评为“2005年度先进集体”。

【提高综合竞争力】2005年，建行东莞市分行深入市场和客户，努力创新产品和服务，不断满足客户需求。以“理财”为主题，加大了产品创新和推广力度，通过举办外汇业务与产品推荐会和“中国信保建行融资产品座谈会”，以及向客户推出个人通知存款“易得利”、“汇得盈”、“吉祥存单—新春贺禧”和“吉祥存单—金题榜名”定活两便储蓄存单业务等产品，进一步提升为客户“融智”水平，满足客户对特色产品的需求，如对公务员发放金融服务卡，在其工资单中开辟“每月理财精选”栏目等；加大对市政基础建设的支持力度，包括对路桥、虎门港等大型基础设施的贷款投放；邀请著名经济学家萧灼基、博鳌亚洲论坛秘书长龙永图、著名保健专家洪昭光教授等到莞举行专题报告会，与当地大型连锁商场合作推出“VIP客户购物日”活动，组织“龙卡，我的运动生活”和“龙卡杯”读书节知识竞赛等主题宣传营销活动，加强与客户的沟通。

【全面提升服务水平】 2005年，建行东莞市分行采取一系列措施，全面提高客户服务质量和水平，形成了“齐心抓服务、人人争标兵”的良好工作氛围。一是开展“网点建设年”活动，提升网点服务形象。一年来，该分行共对19个网点进行装修改造，在14个网点设置了VIP贵宾理财区，网点布局更合理，服务环境更完善；以通过ISO9000质量认证为契机，加强对网点服务标准的管理，通过制定《营业网点服务行为指南》、《营业网点管理标准化制度》等制度和措施，以及开展员工服务行为规范培训和柜台业务知识与服务技能大赛等，推动了网点服务水平上新台阶。二是开展“服务从心开始”活动，加大服务的监督与管理。通过开展“我为服务献千言”活动、聘任“优质服务监督员”、实行“柜员技能等级评定”、开展“十佳个人理财窗”、评选网点“优质服务流动红旗”和“优质服务之星”等，着力提高客户满意度。三是在个人和对公营销队伍建立“230工程”，全年累计举办各类培训30多次，培训人次2000多人次，其中取得RFP（注册财务策划师）国际认证资格的有6人，准AFP（个人金融理财师）国内认证资格的有8人，准RFP（注册财务策划师）国际认证资格的有40人，建立了一支专业技术过硬、业务知识全面的理财专家队伍，为市民提供优质、高效的理财服务。

【提高基础管理水平】 2005年，建行东莞市分行紧紧围绕总行提出的战略纲要，严格管理、科学发展，不断提高基础管理和内部控制水平。一是实行“大会计”体制改革，从组织和流程上夯实内部管理基础，实现内控管理和运行的高效、有序进行。二是通过组织开展“两反两防”活动，深入贯彻和落实银监会提出的防范操作风险13条意见等措施，将安全运行工作常规化、制度化，改运动式推进为理性思考，建立健全安全运行体系。三是稳步推进押运外包工作，实现守押社会化、专业化。四是实施“两准”制，通过在全分行内建立以垂直管理为特征、更加贴近市场的新型业绩评价与激励机制，建立全行统一框架内、但在单元内相对独立的人力配置、业绩考核和费用分配体系，提高人力费用和团队业绩的市场契合度，以此达到提高管理效率、营销效率和资源配置效率，打造核心竞争力的目的。

【党建工作】 2005年，建行东莞市分行根据上级党委的统一部署，本着“高度重视、精心组织、严格操作、确保质量”的原则，以“三个代表”重要思想为主线，全面开展学习动员、分析评议和整改提高三个阶段工作，持续有效地开展保持共产党员先进性教育活动；对先进性教育活动中群众反映的整改事项，采取一系列有针对性的措施，开展“服务、规范、自律”大讨论活动，扎实开展“回头看”活动，努力巩固与扩大整改成果。同时，通过努力消灭党员空白点、加强纪检监察、每季度开展一次“四百”活动等，全年共消灭党员空白点6个，新发展党员26人，加强了对基层党组织的建设，强化了对关键要害队伍的监管，提高了党风廉政建设水平。

（罗旭林）

**附：2005年中国建设银行东莞市分行领导名录**

行　长：刘　军
副行长：卢国锋（3月离任）
　　　　张伟华（4月到任）
　　　　周楚良　葛新华
纪委书记：王　瑜
行长助理：戴雪里

## 广东发展银行

【概况】 2005年，广发东莞分行全面贯彻总行“确保稳定、确保安全”精神，积极配合总行改革重组部署，围绕分行“一个统领、三个着力”指导思想开展工作，深入开展先进性教育活动、全面加强基础管理、狠抓案件专项治理，创新服务、大力开展知识营销，各项业务平稳发展，风险防范能力、对地方经济社会发展的配套服务能力进一步增强。

2005年10月25日，北京人民大会堂，在中央文明委举办的全国文明城市评选表彰活动中，广发东莞分行被授予“全国精神文明建设工作先进单位”荣誉称号。

2005年，广发东莞分行还获得了“市保密工作先进单位”、“市档案工作先进单位”、“市电子缴税入库系统建设工作先进单位”及广东发展银行总行“先进基层党组织”、“五四红旗团委”等多项荣誉称号。

2005年全年经营利润在广发系统省内分行中排第一位。

【新奥广发燃气IC卡】 2005年6月，广发东莞分行和东莞新奥燃气有限公司联合推出“新奥——广发燃气IC卡”，这是广发东莞分行继1999年联合市社保局推出东莞市第一张金融智能卡——社保IC卡之后，推出的东莞市第二张金融IC卡。

该卡是为东莞市广大天然气用户提供方便燃气支付及优质服务的智能卡，是一个非常人性化的创新产品，贴近生活、贴近群众，贯彻了便民、利民的理念。该卡为磁条、IC复合卡，集中了广发理财通卡和东莞市新奥燃气有限公司各自的客户及资源优势，用户在享受广发理财通卡原有卓越金融服务功能的同时，也可拥有东莞市新奥燃气公司提供的方便、安全、环保的管道燃气服务。燃气IC卡用户可以通过柜员机、网上银行或银行网点将其资金存入储蓄账户，通过所居住小区的圈存机将资金圈存到智能卡，完成购气过程。为保证向天然气用户提供方便、安全、快捷的金融支付服务，在“新奥——广发燃气IC卡”投产的同时，广发东莞分行在其辖下福民支行成立了“东莞市燃气IC卡金融服务中心”，主要受理燃气IC卡申领、现场业务咨询、客户信息反馈、现金购气和提供示范操作、热线电话服务等，为客户提供一站式服务。

【手机钱包】 2005年12月，广发东莞分行与东莞移动公司强强联手，整合双方资源优势，在东莞首家推出“手机钱包”业务。这是一项全新的个人移动金融服务，它能够帮助用户实现手机号码与银行卡账号绑定，并通过手机短信等操作方式，随时随地享受个性化、快捷的金融服务。手机钱包第一期开通的主要业务包括：移动话费查询缴纳、银行卡余额查询、购买数字点卡等。“手机钱包”开创的移动支付方式实现了银行支付结算方式的新跨越，是一个贴近生活、方便市民的创新，对推动全市的信息化建设、推动全民消费支付观念的转变、推动投资环境优化有良好的促进作用。

【风险排查】2005年，是金融系统的案件专项治理年，广发东莞分行深入开展案件专项治理工作，在全行范围内开展了六项风险排查活动，努力提高操作风险防范能力。一是对全行的银企对账等关键环节进行拉网式检查，二是对各支行的贷款进行风险排查，三是对不良资产进行逐户逐笔排查，四是对银证转账、“薪＋薪”B计划进行专项业务检查，五是每周至少一次对辖内2家支行实行突击检查，对支行的柜台结算、安全保卫进行飞行检查，六是出纳管理中心定期或不定期对支行开展现金库存大检查。

【制度建设】2005年，广发东莞分行进一步健全各项规章制度：一是制定《严禁员工赌博暂行规定》，与全行员工及其家属签订《禁赌责任书》；二是严格实行问责制，制定《关于进一步加强内部管理、完善问责制的规定》及《员工违规行为处罚程序》；三是实施新的印章管理办法，支行的行政公章统一收归分行办公室管理，集中控制风险；四是制定《网点业务操作规范》，对现有的会计、出纳、储蓄操作核算管理的各项内控规定进行了整合；五是制定《柜员等级评定实施办法》，完善一线柜员准入、退出机制；六是成立出纳管理中心，制定《出纳管理办法（暂行）》，规范出纳工作，防范出纳业务风险；七是制定《营业间突发事件应急预案》等10个应急预案。

【强基工程】2005年，广发东莞分行深入开展“规范广发——支行管理强基工程”建设活动，全面加强基础管理。2005年3月18日，广发东莞分行召开“规范广发——支行管理强基工程”建设会议，全面拉开了强基工程的序幕。在建设活动中，具体抓了以下工作：一是严格执行支行行长和业务管理部门负责人岗位轮换和强制休假制度，对44名中层干部进行了岗位轮换，对19名中层干部进行了强制休假，并对轮换岗位、强制休假的支行行长进行了任期稽核；二是全面开展管理级员工“走动式管理”，分行班子成员带头，定期到基层岗位体验日常业务操作；三是召开三个层次“规范广发——支行管理强基工程”阶段经验交流会；四是加强对支行行长的指导，先后召开支行行长党性分析材料评议会、“全面提升管理绩效，培养优秀支行行长”动员大会，分析影响支行绩效的“三大教训”和提升管理绩效的“八大经验”，制定并印发《支行行长内部管理工作指引》。

【稽核专员制】为提高稽核工作的专业性、独立性，全面提升稽核检查有效性，广发东莞分行从2005年7月份起试行稽核专员制度。稽查重点由合规化的事后检查向事前风险揭示转变，稽查专员在关注操作规范性和合规性的基础上，更多侧重风险揭示，针对被稽查网点综合情况，概括性地反映问题，并向相关业务部门提示风险，提供指导意见，督促整改落实。2005年下半年，四大稽核专员共现场检查145次，发出整改意见71条，被检查单位基本按整改意见进行整改。

【知识营销】2005年，广发东莞分行广泛开展“真情理财”大学堂、社区行、理财沙龙等系列活动，深入东莞住宅小区和村镇，宣传理财知识、引导市民投资理财，全年共有22个支行举办了30余场社区行活动，特别是樟木头教师节活动、道滘支行反假币防诈骗家庭理财宣传活动等在当地镇区取得了良好的宣传效果，使广发行的社会影响进一步深入到镇区和农村；广发金融分析中心针对经济金融运行中的热点问题进行研究，由金融学博士研究生执笔编发《大客户参阅》，全年共编发12期共12000份，寄送给客户作为决策参考；2005年2月，成立了“财智广发”精英客户俱乐部，同时编印《财智广发》刊物，通过会刊交流、专题讲座、“财智论坛”等知识营销方式，为广大企业提供知识和资讯服务。

【先进性教育】2005年7月中旬到11月上旬，广发东莞分行44个党支部、382名党员一个不漏参加了先进性教育活动。党委成员分片开展了“下基层、上党课、听意见、办实事”活动，听取基层意见，共征得全行党员群众、行外客户意见建议278条；认真落实整改措施，切实解决突出问题，较好地解决了一大批关系群众、客户及员工利益的问题。通过深入开展先进性教育活动，全体干部职工精神面貌焕然一新，工作作风更加扎实，办事效率明显提高，服务水平全面提升，勤政廉政更为突出，真正做到了“三不误、三促进”。

【企业文化】2005年，广发东莞分行进一步加强员工培训与人才开发，积极营造和谐企业文化。“活力广发”石龙培训中心共举办了14期培训班，培训人数达450多人次；分行部门组织业务培训155期，共培训4589人次；全年全行共组织员工培训5039人次，人均4.4次。与暨南大学联合举办银行管理MBA核心课程教育，全年共开办了4期课程，帮助中层干部提升理论知识水平和经营管理水平。

加强活力广发企业文化建设，一是建立分行人力资源部对全行员工、分行纪检监察室对重要岗位人员、分行检查部门与被检查支行岗位人员三类谈话制度。人力资源部对全行18个部室39家支行1000多名员工进行了一对一的谈话。二是贯彻落实中秋家访制度，各部门、各支行组织对全体员工进行家访，39家挂点支行的部门总经理分别对支行班子成员进行家访，全面了解员工家庭情况、员工八小时以外的生活状况，帮助其解决存在困难。三是创办《活力广发》行刊，全年共出版11期，行刊已成为诠释经营理念、沟通全行业务动态的平台，成为员工分享工作和生活感悟的平台，在增强全行凝聚力方面发挥了较大作用。四是利用内部网站“文化广场”，宣传全行企业文化，为全行员工提供电子交流平台。（伍春花）

**附：2005年广东发展银行东莞分行领导名录**

行　长：黄志豪

副行长：朱　超　卢少斌　曾泽夫

行长助理：黄志军（5月到任）

## 中信银行

【概况】中信银行东莞分行成立于1999年3月12日，2005年10月升格为总行直属分行，同年11月由中信实业银行东莞分行更名为中信银行东莞分行。东莞分行总部由原莞太路旧址迁移到东城东路星河传说IEO一号楼。目前，中信银行东莞分行已有分行营业部、南城支行、长安支行、常平支行、塘厦支行5个营业网点，2006年还计划在石碣、虎门建立支行，将初步形成辐射东莞主要镇区的网点格局。

2005年，中信银行东莞分行坚持稳

健合法经营的原则，树立现代金融意识和强化管理的经营理念，积极贯彻“管理规范、稳健发展”的经营思路，紧紧围绕行领导提出的“巩固、发展、提高”的战略部署，以建设一流的商业银行为奋斗目标，竞争力和盈利能力都不断提高，在东莞市金融同业中保持人均存款、人均贷款、人均创利三项第一。

截止到2005年末，中信银行东莞分行资产总额达到849212万元，比上年增加210012万元，增幅为32.9%；本外币存款余额折合人民币725881万元，比上年增加117785万元，增幅为19.4%；各项贷款余额为419238万元，比上年增加31560万元，增幅为8.14%；国际结算业务量为29866万美元。

【加快业务发展】 2005年，在提高服务水平和加强内部管理的基础上，中信银行东莞分行大力拓展各类业务，取得良好经营业绩。零售业务方面，着力发展零售银行策略，主要是增设营业网点和打造高素质的零售队伍。通过公司联动、全员推动、产品拉动、专业促动，推进储蓄存款余额的增长。通过专项产品营销、中信贵宾客户理财、发展零售信贷业务、信用卡业务、自助银行等业务来构建统一的零售服务平台，服务广大客户。公司业务方面，发挥对公的优势，确立重点目标客户群，巩固目标客户；在保持传统优势的同时，不断改进营销手段，进行产品创新，合理配置资源，全面提升对公业务的核心竞争力；同时开展各类对公业务竞赛，激发员工积极性。国际业务方面，研究贸易融资新业务，增加国际业务的新品种；整合国际业务部的资源，充实国际业务人员，搭建营销和柜台业务结合的“大国际业务部”的组织架构，为国际业务的大发展搭好平台，增强国际业务竞争力。信贷业务方面，在积极推动贷款业务发展的同时，优化信贷结构，确保资产业务处于合理的水平，鼓励客户经理主动选择“双优”客户。中间业务、资金业务有了进一步发展，资金营运效益进一步提升。

【加强风险控制】 2005年，中信银行东莞分行坚持效益重于速度的理念，严抓资产质量，提高抗御风险能力，追求长期稳定的利润收益。建立风险管理委员会和信用审批委员会，健全贷款由集体决策、专家审查的审批制度，实行集体决策机制，实行“统一授信，主线管理；差别授权，分类操作；专业分工，组合营销；全程控制，责任到人”的授信和风控制度，加强贷后管理，落实专人跟踪调研，有效地控制授信风险。

【加强内部管理】 2005年，中信银行东莞分行不断提高内部管理水平，为业务稳健发展提供支持与保障。会计管理上，严格执行会计准则、会计制度，建立有效的会计控制系统，加强辖内往来账户、现金出纳、系统柜员的管理，严格遵守印押证三分管、现金收支授权审批和操作流程，做到不相容岗位相分离。在财务管理上，严格执行总行的财务核算、业务操作、帐务处理、成本核算、财产管理、印押、凭证保管领用等制度，把所有业务及各个业务的处理环节都贯穿于财务制度的监督之下。进行专项检查，完善相关制度和操作，规范操作流程、完善制度建设、消除风险隐患、提高内部管理水平和驾驭风险的能力。2005年全行无任何内部案件发生。健全和完善规章制度。根据总行的各项业务制度、财务和管理制度的要求，结合东莞本地业务的发展需要，先后制定了公司业务、零售业务、考核制度、分配制度、内部管理等方面超过六十项规章制度和实施细则，使各项业务发展有章可循、有据可依，整个银行呈现业务发展迅速、内部管理规范的良好局面。

【人才队伍建设】 2005年，中信银行东莞分行树立“人才立行”的思想，不断加强人才队伍建设，成立以来未流失一名重点人才，同时还吸收了大量专业人才充实干部队伍，对发展业务和强化管理发挥了重要作用。2005年，招收了80名专业知识扎实，从业经验丰富的骨干人才，补充到业务和管理部门，满足业务发展和加强管理的需要。并在全行形成“保护人才、留住人才、吸引人才”的科学人才管理机制，使人才能够各施所长，发挥主动性和积极性。

（王　琢）

**附：2005年中信银行东莞分行领导名录**

行　长：彭周福

行长助理：欧见平　王志雄　徐　众　刘健斌

## 东莞市商业银行

【概况】 2005年，东莞市商业银行继续深化改革，强化内部管理，加快结构调整，优化人力资源配置，积极防范和化解不良资产风险，加快业务拓展步伐，各项业务健康发展，取得了较好的经营业绩，存款增幅、利润等主要经营指标创历史新高，综合竞争力进一步提升，综合经营指标在全国城市商业银行中继续保持前列。

至2005年12月底，东莞市商业银行辖下102家支行，正式员工1720人。资产总额为397.93亿元，比年初增加79.85亿元，增长25.10%；各项存款余额为348.51亿元，增加64.89亿元，增长22.88%；贷款余额（含贴现）为177.80亿元，增加11.16亿元，增长6.70%；实现拨备前利润4.83亿元，比上年增长20.48%。

【努力改善资产质量】 2005年，东莞市商业银行资产质量进一步改善，不良贷款绝对值和占比进一步下降。按五级分类标准，不良贷款余额比年初减少2.37亿元，下降1.72个百分点。在资产质量改善方面，东莞市商业银行重点抓了以下三方面的工作：一是抓不良贷款的清收工作，强化清收责任制，通过实施“清收计划”，加大对不良贷款的清收力度，取得了比较好的效果。二是抓抵债资产的盘活、变现工作，重点通过招标、委托拍卖、协议出让等不同手段进行处置变现。三是大力发展资金业务和中间业务，积极推进业务多元化发展战略，优化资产结构，提高资产收益水平。四是调整发展战略，调整优化信贷资产结构，分散经营风险，提高收益率。

▲ 东莞市商业银行

【努力提高市场竞争力】 2005年，东莞市商业银行围绕“加快市场化进程，努力提高综合竞争力”这个中心，继续深化改革，努力提高市场竞争力。一是积极推进增资扩股工作，启动引进战略投资者工作，以提高本行资本充足率，优化股权结构，引进先进的管理经验和技术；二是大力培养安全、健康的风险文化，调整风险监控架构，提升风险管理水平；三是调整信贷管理体制，以提升本行信贷审批的专业化水平，提高信贷管理效率和控制风险的能力，更好地适应市场发展的需要；四是加快业务发展步伐，以业务结构调整优化为突破口，调整业务发展战略；五是全面推出客户经理制及相关配套制度，改进业务营销机制；六是积极推进人事系列制度改革、调整：实施“三定”工作，推行考核机制；建立以岗位价值为基础、以考核结果为依据、具备激励约束作用的现代薪酬管理体系。　（周洪英）

**附：2005年东莞市商业银行领导名录**

董事长：廖玉林
监事长：王国栋
行　长：卢国锋
副行长：张　涛　张孟军

## 农村信用合作联社

【概况】 截至2005年12月底，东莞市农村信用合作联社本外币各项存款余额561亿元，比年初增加81亿元，增幅为16.9%，各项贷款余额为308亿元，比年初增加17亿元，增幅为5.8%；不良贷款余额为5.34亿元，比去年末下降8.46亿元，不良贷款比例为1.74%，比去年末下降3.02个百分点。2005年全年累计实现利润总额5亿元，比2004年增长32%。东莞市农村信用合作联社属下金融服务网点674个，员工3800多人，存贷款余额连续9年位居全市金融机构之首。

【业务指标取得可喜成绩】 2005年，东莞农村信用社以全面深入推进商业化经营为中心，以提升商业化经营的层次和内涵，防范内源和外生性各种风险为主线，各项业务指标取得可喜的成绩。一是存款净增量创历史新高。全市农村信用社各项存款余额为561亿元，比上年底净增81亿元，是1996年底行社“脱钩”以来最大的净增量。二是不良贷款降到历史新低，全市农村信用社不良贷款比率为1.74%，按五级分类的不良贷款比例为3.22%，比2004年底下降3.65个百分点，为1996年底行社“脱钩”以来的最低点，不良贷款比例之低更是达到国内部分股份制商业银行或国际知名银行同一比率档次。三是国际业务发展取得历史性突破。全市农村信用社累计完成国际结算量比上年同期增长54%。外币储蓄存款余额市场占有率位居全市第2位，仅次于中国银行。四是中间业务发展创历史最高水平。在东莞农村信用社代收代付委托单位近5000家，代理户数近150万户，比2004年有了较大的增长。五是银行卡业务规模与效益进一步提高。累计发行银联卡75万张、工资卡76万张，总发卡量为151万张，刷卡金额再创新高。2005年，东莞农村信用社获得了“东莞市文明单位标兵”称号，获得了“广东省农村信用社2005年综合考核一等奖”和银联总部颁发的“最佳合作伙伴”荣誉。

【构建现代企业制度】 2005年是东莞农村信用社深化体制改革，完善法人治理结构，进一步探索构建现代金融企业的第一年。按照银监会、人民银行的要求，在统一法人体制改革取得阶段性成果的基础上，进一步完善法人治理结构，努力构建现代企业制度。

一是建立健全社员代表大会、理事会、监事会等“三会”管理制度和议事规则。二是依法合规召开“三会”会议，有效行使“三会”权力。2005年，东莞市农村信用合作联社共召开三次社员代表大会，通过了《东莞市农村信用合作联社章程》、三会议事规则等规范性文件，选举了第一届理事会、第一届监事会成员，构建了“三会”架构。“三会”会议均严格按照章程规定的程序、议事规则召开，有效履行了“三会”的职能。三是健全理监事会下设专业委员会的相关制度。根据银监会相关文件的要求，在已建立及完善社员代表大会、理事会、监事会“三会”制度的基础上，在理监事会下分别设立了决策、薪酬、风险管理和审计委员会，并拟定了各专业委员会的具体实施办法。四是建立统一的授权授信制度。紧紧抓住改革管理体制、转换经营机制、提升经营绩效等中心环节，出台了《东莞市农村信用合作联社授权管理暂行规定》，进一步完善了约束和激励机制。

【为客户提供周全服务】 2005年，东莞农村信用社提出了“提升服务内涵，为客户提供周全服务”的优质服务理念，努力提升服务质量，为客户提供最优质的金融服务。

一是根据全市各网点所在地区的经济情况以及所服务对象的不同层次，对营业网点进行功能分区、增加大户室、增加服务窗口、增加业务推广员等，务求让客户享受宾至如归的感觉。

二是调整网点营业时间。农村信用社根据网点所在地区的生活习惯、治安情况，进一步调整网点的对外营业时间，务求在一定的工作时间内为社会提供更优质的金融服务。东莞农村信用社以朝九晚五上班模式为重点，与综合柜员制相结合，灵活安排每个网点营业时间，至2005年底，全市农村信用社已对80%以上的营业网点进行了营业时间的调整，得到了广大客户的好评。

【培育贷款品牌】 一是培育按揭贷款业务品牌。2005年，东莞农村信用社重点选择开发商实力强、定位合理、购买人群成熟、地理位置好，销售运作能力强的优质项目进行拓展。至2005年底，开办按揭业务的楼盘达70多个。

二是培育中小民企贷款品牌。东莞农村信用社支持的民企客户超过5000户，信贷资金投放的行业由较早的生产加工、交通运输，发展到现在教育、医疗、电力、环保、零售等多行业。近几年，东莞农村信用社向民企新投放信贷资金逐年增长，每年支持民企的信贷资金占比超过50%。2005年，东莞农村信用社在支持民企方面，无论是客户数量或是信贷资金投放量，均居各金融机构首位，已逐渐成为东莞农村信用社主要的业务品牌之一。

【提高信贷资产质量】 2005年，东莞农村信用社不断创新手段，切实降低不良贷款的余额和比例，实现了不良贷款比例的稳步下降。东莞农村信用社顺利取得农村信用社改革试点专项中央银行票据，全部用以置换东莞市农村信用合作联社的不良贷款。同时，根据《广东省农村信用社改革试点资金支持方案实施与考核细则》的有关要求，并结合实际情况，东莞农村信用社制定了专项票据所置换不良贷款的保全及清收计划，对通过票据资金置换到账外的不良贷款进行管理及清收，并针对每笔不良贷款制定详细的清收计划，尽最大努力清收已置换的不良贷款。一是加大清收不良贷款奖罚力度，调动员工的工作主动性与积极性；二是对逃废债企业进行曝光，严厉打击逃废债行为；三是积极利用广东银监局将东莞作为广东农信社实行以县市为单位的统一法人试点的契机，切实做好信用社金融债权的维护，清收工作；四是加大依法收贷和以物抵债力度。

与此同时，东莞农村信用社在2005年通过建立健全各项信贷管理制度，切实防范和化解信贷风险，如继续加大对不良贷款的非现场监控力度，完善对不良贷款及有问题贷款的预警制度；进一步完善贷款管理制度，规范贷款的管理，加强对贷款的审批程序、贷后检查及催收、操作流程等方面的规范管理；推进“贷款五级分类”，真实反映信贷资产质量；重申授权授信机制和明确中长期贷款的审批权限。

【加强电子化建设】2005年，东莞农村信用社通过加强电子化建设，为业务发展提供可靠的技术平台，为经营管理决策提供快速、准确、及时的解决方案。一是开发建设信贷管理系统，规范信贷业务管理，建立客户信息库，加强综合统计分析，建立预警监控系统，有效整合风险控制、统计查询、业务考核三大功能。二是开发大额支付系统。大额支付系统的上线，标志着东莞农村信用社的综合业务系统与全国支付业务“高速公路”的成功对接，这对畅通结算渠道，提高金融服务水平具有重要的意义。三是启用个人征信系统，是全国农村信用社系统中最早启用个人征信系统的农村信用社之一。

【宣传工作】2005年，东莞农村信用社在形象宣传、业务宣传等方面进一步加大了力度。首先在整体形象宣传上，东莞农村信用社综合利用电台、电视台、报纸等传播媒体，对社会公众充分展示经营业绩、市场占有率等，使东莞农村信用社的社会知名度得到进一步提高。其次在具体业务的宣传上，重点宣传国际业务、银行卡业务、代收代付业务等，使社会公众进一步了解农信社的业务范围和服务功能。通过整体形象和具体业务产品的配套宣传，东莞农村信用社作为“东莞人身边的银行”的形象更加突出，进一步深入人心。

【员工综合素质建设】2005年，东莞农村信用社高度重视人才培养与素质建设工作，初步建立了人力资源开发、培育与管理的体系。市联社不断加强与深化员工教育培训工作，从纯粹的岗位培训向人力资源开发转变，基本完成了年初所制订的培训计划，大大提高员工专业技能与综合素质。

【构建和谐农信】2005年，东莞农村信用社借党员先进性教育活动之机，致力打造平安和谐农信。一是组织实施对高级业务主管以上管理人员德、能、勤、绩的测评工作。二是启动“爱心工程”，扶贫济困，使生活确实遇到困难的员工能得到实实在在的帮助。

（周浩球）

**附：2005年东莞市农村信用合作联社领导名录**

理事长：何沛良
监事长：关锦荣
主　任：陈锐强
副主任：叶满林　王庆辉　朱小伟
　　　　刘晓东

## 东莞信托投资有限公司

【概况】2005年，东莞信托投资有限公司在国家实行宏观调控、银监会继续加强对信托行业监管的环境下，一方面加强内控制度建设，提高风险管理水平，盘活自有资产，提高资金效益；另一方面以“依托东莞，服务东莞”作为企业价值观核心，积极拓展业务，充分发挥信托联结产业市场、资本市场、货币市场的多平台优势，支持东莞的基础设施和重点工程建设、镇区经济发展，扶持农业发展，探索出一条社会效益和经济效益相得益彰的共赢之路。

至2005年底，公司自有总资产58261万元，总负债1041万元，净资产57220万元；管理信托资产54.83亿元。全年利润总额为6070万元，实现税后利润4133万元，人均创利156万元，位居全市金融机构前列。

【支持东莞创建和谐社会】至2005年底，东莞信托投资有限公司为东莞基础设施建设提供贷款17.96亿元，支持东莞的道路、供水、口岸建设；结合镇区经济发展实际，为全市28个镇区提供贷款27.27亿元，其中对11个欠发达镇区发放专项工业基地建设贷款8.56亿元，促进了欠发达镇区的经济发展；大力支持“四清理”专项治理工作，共向全市发放养殖业清理贷款8190万元，有力推进专项治理工作。

【调整经营战略】2005年，东莞信托投资有限公司在充分分析东莞经济发展形势及行业动态的前提下，提出由融资为主转向投融资结合、投资为主的经营理念，确立以强化资产管理、积极寻找优质投资项目的总体发展战略，进一步完善内控制度建设，提高风险管理能力，合理运用自有资金，提高资金效益，培育新的利润增长点，为公司可持续发展打基础。

【集合信托项目成为理财亮点】2005年东莞信托投资有限公司到期的5个集合资金信托项目圆满结束，项目收益均达到或超过了预期，为投资者实现收益2056万元，公司实现佣金收入564万元。其中福民大厦集合资金信托项目收益良好，两年期收益率达26.8%，高出预期收益一倍以上。是目前为止公开披露的全国同类房地产投资信托项目中收益率最高的一个。新推出3个集合资金信托贷款项目，募集资金9,115万元，其中分别募集2500万元、3000万元支持东坑、横沥两镇的基础设施建设，缓解了资金周转困难的局面。

【资产管理得到加强】2005年，东莞信托投资有限公司努力规范信托业务的管理，落实贷款三查制度，不断提升资产管理水平。加强对不良资产的处置，通过对贷款抵押物进行诉讼等方式盘活和回收不良资产5011万元，不良贷款率下降为4.90%，比年初下降0.79个百分点；同时，按照委托人的意愿，通过转让、出租等方式盘活代管物业，为委托人回笼资金4210万元。为提高资金使用率，化解外汇风险，公司完成外汇资本金1500万美元及历年利息的结汇，避免随后人民币升值带来的200多万元汇兑风险，为公司拓宽自有资金投资领域提供了充裕的资金头寸。全年，公司自有资产利润率达到10.51%；所管理的信托资产为委托人实现收益33033万元。

【完善内控制度】2005年，东莞信托投资有限公司进一步完善授权机制，调整董事长、总经理的审批权限，对各项业务审批制度进行修订。根据业务发展和监管政策不断加强的需要，完善制度建设，制订了突发事件应急预案，修订了风险委员会制度、业务审批制度、已核销贷款管理办法、呆账准备提取管理办法、担保业务管理办法等多项制度，按照新颁布的《信托业务会计核算办法》执行新会计制度，正式启用新财务软件系统，彻底实现分账核算。

【培训信托经理人团队】 2005年，东莞信托投资有限公司为打造一个综合素质良好的信托经理人团队制订了培训计划，对全体员工进行公文写作、财务管理、资产管理、专业软件操作等培训，提高员工综合素质。完善激励机制，鼓励员工各展所长，争当先锋，发挥潜能和创造力。组织形式多样的户外活动，丰富业余生活，增加员工交流。加强党支部建设，积极开展保持共产党员先进性教育活动和纪律教育月活动，增强了公司的凝聚力。 （邓志权 冯 杰）

**附：2005年东莞信托投资有限公司领导名录**

董事长：温锦坚
总经理：何锦成
副总经理：刘绮澜
副监事长：王兆鹏

## 中国人民财产保险股份有限公司东莞市分公司

【创新业务发展模式】 2005年，人民财产保险东莞市分公司认真开展理赔质量年活动，坚持规模和效益协调发展，调整和加强业务发展措施，使业务得到稳定发展，风险得到有效控制，取得了保费总收入4.61亿元的良好成绩。

根据总公司“突出一条主线，抓好两个关键，实现两大目标”的任务要求，分公司坚持“效益第一”的经营指导思想，积极推进业务结构的调整，创新业务发展模式。对一些效益不理想的险种业务进行改良和加强承保管控；加强与保险中介的联系和合作；加强与汽车品牌店的合作关系，提高服务形象；加大业务发展奖励力度，调动基层展业积极性。

【开展理赔质量年活动】 2005年，人民财产保险东莞市分公司认真按照总公司理赔质量年活动的要求，建立起理赔快速通道，设定赔案处理时限，5万元以下赔款当场现金支付；加强现场查勘，增加现场查勘人员，分片负责，使现场查勘率有了显著的提高；加快赔案理算速度，疏通理赔环节，提高赔案处理效率；加强了95518专线的管理，充分发挥其窗口和调度职能和作用；建立了车辆定损拆检点，实行集中拆检，提高定损的真实性和准确性；对事故赔案建立医疗审核，挤压医疗赔案的水分。经过整顿理赔服务，挤压理赔水分，市分公司的赔付质量有了显著的提高，赔付率明显得到控制。

【顺利通过总公司检查验收】 2005年，人民财产保险东莞市分公司按照总公司下发的《三个中心操作指南（2005版）》等三个文件的要求，对“三个中心”建设进行全面的强化整改。经过全公司员工的共同努力，分公司在承保管理、理赔/客户服务管理、财务管理、数据质量管理、基本建设、信息技术等方面认真地进行了全面的整改，并顺利通过总公司的检查验收。使分公司的业务管理和经营管理水平得到了进一步提高。

【领导班子进行全面调整】 2005年8月，人民财产保险东莞市分公司的领导班子进行全面调整。以钟诚为分公司总经理的新领导班子组成以后，立即明确班子成员的分工，与基层建立挂钩联系点，积极采取一系列有效措施，改善了员工的福利，调整业务布局，稳定公司员工队伍，增强员工的信心和士气，鼓励发展业务，使员工对公司的前景充满希望，凝聚力得到进一步加强。

（张 红）

**附：2005年中国人民财产保险股份有限公司东莞市分公司领导名录**

党委书记、总经理：钟诚（9月到任）
党委委员、纪委书记、副总经理：
杨松柏（8月到任）
党委委员、副总经理、工委主任：
黄健超
总稽核：黄桂伦
党委委员、纪委书记、工委主任：
邹小萍（9月离任）
党委委员、副总经理：
杨志钊（9月离任）

## 中国太平洋财产保险股份有限公司

【概况】 2005年，中国太平洋财产保险股份有限公司荣获“全国消费者放心单位”、“全国实施卓越绩效模式先进企业”称号，被中国质量协会授予“中国用户满意鼎”和“中国质量鼎”。

中国太平洋财产保险股份有限公司东莞中心支公司，始终坚持“诚信天下、稳健一生”的经营宗旨，坚持依法稳健经营，专业规范服务，积极参与激烈的市场竞争，抓住加快发展的一切机遇，有的放矢地做好各项工作，唱响主旋律，打好市场主动战，实现了业务规模与经营效益的同步增长。2005年完成年度保费计划任务101.38%，与2004年同比，增长20.8%，净增保费0.45亿元。

【加强员工队伍建设】 2005年，太平洋财产保险东莞支公司打开公司大门，广纳社会有志之志，共图发展大计。一是通过招聘应届大学毕业生，引进外省保险人才加盟，实行增员奖励制度等措施，实现了员工队伍大发展的目标。二是建立公开、公平、公正、合理的人力资源管理体系，完善各类激励机制，打破干好干坏都一样的薪酬政策。另一方面打破了正式业务员与非正式业务员之间流动的障碍，建立起多层次的业务晋升和淘汰体系。三是逐步建立起有效的培训体系。通过组织开展各种各样的职前培训，主管培训以及一系列的专业培训，确保了大部分新进人员迅速成长，并成为公司有用之人。四是广泛组织开展劳动竞赛活动，充分调动业务人员的工作热情和实现自我价值的创造力，大力促进了业务发展。

【提高服务质量】 2005年，太平洋财产保险东莞支公司在资信程度较高，服务意识到位的汽车维修单位进行公开招标，使之成为支公司的“机动车辆网络成员服务单位”。主要目的是为了优化和整合客户资源，做到优势互补，使广大爱车一族得到更温馨、系统性的服务，满足机动车辆客户多层次的服务需求。通过搭建“机动车辆网络成员服务单位”的平台，让广大车主感受到“机动车辆客户服务网络”成员所提供的无微不至的关怀，通过个性化，差异化，专业化的服务，真正享受到价格优惠、免费洗车、紧急救援等多项保值、增值、超值服务的实惠和便利，保障客户的经济利益不受损失，让客户感受到保险公司不惜赔，不乱赔，保障客户的合法权益不受侵犯，促进服务，留住客户，树立和强化双方的品牌，创造竞争优势，以此来创造更大的经济效益和社会效益。2005年，东莞分别于5月25日及8月19日遭受了两次历史以来最大的水灾，东莞大部分地区遭受水浸，造成支公司大面积标的车辆受损，支公司由总经理室带头，组成三个理赔应急小组，分片连夜赶赴现场对受损车辆进行施救和快速处理，采取特事特办的办法，在支公司“机动车辆网络成员服务单位”大力协同下，对这些受损标的车辆在最短时间内进行了处理及赔付，深得广大客户的好评，同时也对支公司的服务质量进行了一次最好的检验。

【规范服务行为】2005年，太平洋财产保险东莞支公司利用各种会议、培训等机会不断向员工灌输服务理念，使大家都充分认识到，在各家保险公司的产品、价格差异不大的情况下，高效、优质的服务才是真正赢得客户、赢得市场的关键所在。为了提升服务水平，支公司制定《员工言行规范与行为准则》，开展了“文明服务月”活动，掀起了为客户服务的新热潮，在“文明服务月”活动中，对柜面窗口人员进行各类评选，自觉接受客户监督，取得了非常好的效果。

【调整险种结构】2005年，太平洋财产保险东莞支公司按照上级公司的要求，针对车险业务占比过高、险种单一、风险集中、业务结构不合理的问题，继续推进业务结构战略性调整。在调整过程中，一手抓发展，即积极发展非车险业务，特别是大力发展有效益险种，努力提高业务增长质量；一手抓调整，即改变车险业务占比过高的状况，并保证车险业务稳步健康发展，避免因实施业务结构调整而出现业务滑坡的现象，从而仅保证了经营效益，又促进了非车险业务不断发展。　（赵克伟）

**附：2005年中国太平洋财产保险股份有限公司东莞中心支公司领导名录**

总经理：郭振雄
副总经理：张秀娟　何晓东
工会主席：温月光

## 中国平安财产保险股份有限公司东莞分公司

【概况】中国平安保险股份有限公司是中国第一家社会主义股份制保险企业，公司总部设在中国深圳。2003年2月，经国务院批准，公司完成分业重组，更名为“中国平安保险（集团）股份有限公司”，形成了以保险为主，融证券、信托、投资、银行和海外业务为一体的紧密、高效、多元的集团控股经营架构。2001年10月，在《资本》杂志评选的“中国最佳服务品牌”中，荣膺“最佳保险服务”称号。2001年至2004年，公司连续四年在由北京大学与《经济观察报》举办的“中国最受尊敬企业”评选中，作为唯一一家保险企业榜上有名。2004年6月，中国平安保险（集团）股份有限公司首次公开发行股票在香港联合交易所主板正式挂牌交易，公司股份名称“中国平安”，股份代号2318。在2005年末揭榜的“2005年最有影响力品牌”评选中，中国平安荣登十大最具影响力品牌榜，成为最有人气的金融品牌，同时在“首届中国消费者最喜爱品牌”民意调查中，被推选为“中国保险服务市场消费者最满意最喜爱品牌”。

中国平安财产保险股份有限公司东莞分公司于1993年7月成立，同年9月对外营业，是直属总公司管理的二级机构。2005年7月14日，经中国保险监督管理委员会批准，公司正式由中心支公司改建为分公司。

10多年来，东莞平安经营规模不断扩大，业务品质逐渐提升，经营管理水平稳步提高。2005年，在东莞的市区、长安、虎门、中堂、石龙、厚街、常平、塘厦、清溪等地均设立了分支机构。公司经营险种200多个，本着“信誉第一、效率第一、客户至上、服务至上”的宗旨，迅速、公平、准确地为出险客户理赔。年保费收入由1993年的720万跃升至2005年的3.04亿。截至2005年底，已累计为社会各界提供了3500亿元的风险保障，支付各类保险赔款金额达7亿多元，为支持东莞国民经济发展、社会稳定和人民安居乐业作出了应有的贡献。

在大力拓展业务的同时，东莞平安始终以“回馈社会、建设国家”作为自己的企业使命，信守的诺言，认真践行企业公民的职责，倡导并弘扬“企业公民”的理念并努力付诸实施，在慈善教育、红十字公益、灾难救助等方面承担广泛的社会责任。2002年，东莞分公司举行“红色之旅”活动，共向韶山希望小学捐款1万余元；2003年，东莞分公司向东莞市红十字会捐赠采血车1台，价值30万元；在2004年震惊全球的印度洋海啸灾害中，东莞平安积极响应东莞市有关部门和总公司号召，发动员工奉献爱心、慷慨解囊，共募得捐款28052.5元；东莞平安每年均举行义务献血活动，2005年8月，积极组织全体员工开展无偿献血公益活动，大家踊跃行动，积极参与，共计无偿献血逾55000毫升，平安用无私关爱和满腔热血履行了“携手慈善、共创和谐”的社会主题。

（蔡大伟）

**附：2005年中国平安财产保险股份有限公司东莞分公司领导名录**

总经理：姜文超
总经理助理：韩　健　王立夫

## 华安财产保险股份有限公司

【概况】华安财产保险股份有限公司是经中国人民银行批准，于1996年10月18日正式创立的一家专业性保险公司，总部设于深圳，主要经营各种财产险、责任险、信用保证险、农业险、意外伤害险和短期健康险业务。截至2005年，华安保险经中国保险监督管理委员会批准，已开设北京、上海、深圳、广东、湖南、福建、广西、江苏、四川、浙江、大连、山东、重庆、云南、陕西、辽宁、江西、山西、天津、安徽、湖北、河南、宁波、黑龙江、河北等25家分公司和300余家下设机构。2005年，是华安历史上重大变革的一年，也是华安历经重重困难、艰难拼搏的一年。华安保险东莞中心支公司认真贯彻“利润生存、服务至上、规范经营、创新发展”的十六字方针，以改革为动力，以发展为方向，坚持以改革促发展，以发展化风险，本着“责任、专业、奋进”的经营理念，公司全体员工以自强不息的斗志、拼搏创新的精神，艰苦卓越地谱写了东莞华安的新篇章。

险种创新　华安保险以产品创新为突破口，以承担社会责任、发挥社会保险职能为己任，取得了很好的成绩。2004年7月，华安保险推出全国首个“利率联动”的保险产品——华安金龙收益联动型家庭财产保险，在全国率先对利率上调做出回应，引起了各界的广泛关注。2005年2月，华安保险在全国各地同时推出为餐饮业主度身定做的一揽子综合保险产品——食客安心餐饮业综合保险，该产品为政府分摊责任，为餐饮业主转嫁风险、为食客提供安全保障，弥补了市场上餐饮业综合保险的空白，一经推出就引起了政府、监管机构、卫生部门、餐饮业主和广大食客的高度赞赏和肯定。2005年11月，针对日趋蔓延的禽流感疫情，华安保险又在全国范围内推出“禽流感无忧疾病保险”，旨在以保险的方式帮助人们抵御禽流感疫情可能产生的对人们身体健康和生命安全带来的风险，险种推出后，即受广大客户好评。积极配合市委市政府工作，在市政府牵头下，开发“出租屋租住人员人身意外伤害保险”，2005年12月9日，市政府办公室正式发文，同意从2006年起在长安镇试点并逐步向全市扩展，这将大大改善东莞社会治安。这些以“责任”为先的险种的到了广大客户的一致好评！

服务优质　2005年，华安保险东莞中心支公司为全面贯彻落实总公司“比出险客户亲人早到三分钟”理念，狠抓服务质量，倾力打造东莞车险最优服务体系，并于2005年10月28日正式成立客户服务中心。这对东莞中心支公司来说有着里程碑的意义。在11月初总公司抽查各分支机构的客服质量行动中，东莞中心支公司在全系统排名第二，得到了总公司和广大客户的广泛好评。　（赵铁桥）

**附：2005年华安财产保险股份有限公司东莞中心支公司领导名录**

总经理：王卫军

## 中国人寿保险股份有限公司东莞分公司

【概况】 2005年，中国人寿保险股份有限公司东莞分公司在规模与效益兼顾的指导原则下，业务发展再次取得辉煌成就，总保费达到9.5亿元，并以其卓越的服务品质、良好的品牌形象及具有竞争力的产品，依然保持着东莞寿险市场的领导地位，市场份额达60%。

1月17日晚，公司在御景湾酒店宴会厅举行2005年新春团拜会，市委副书记刘树基、常务副市长冷晓明、市政府秘书长梁冰，省公司纪委书记陈梅等市、省领导以及来自全市各地、各界的客户朋友共200余人应邀出席团拜会。

【业务精英受到表彰】 2005年3月29日，中国人寿保险东莞分公司参加省行业协会在广州中山纪念堂召开的“2004年度广东省优秀保险代理人和优秀员工表彰大会”，陈艳梅、林海英、张建成、余凤怀获“优秀代理人奖”，张宝增、王彦明获“优秀员工奖”。

【“创业好母亲”入选】 2005年5月20日，市妇联、市文明办、市广播电视台、东莞日报联合举办的东莞市“创业好母亲”评选活动揭晓，中国人寿保险东莞分公司业务精英陈艳梅伙伴成为东莞保险行业唯一入选者。在颁奖大会现场，《南方日报》记者采访陈艳梅并作专题报道。

【荣获国寿全国系统“最佳效益奖”】 2005年6月份，中国人寿保险东莞分公司荣获中国人寿保险股份有限公司2004年度大中城市业务考核评比“最佳效益奖”。叶炯炫总经理代表公司出席总公司在北京召开的表彰大会。

【第四届职工运动会】 2005年8月19日至9月3日，中国人寿保险东莞分公司成功举办了第四届职工运动会，共举行了羽毛球、乒乓球、中国象棋、拔河、4×100米接力赛、50米游泳、二人三足、登山等8个项目的比赛，参赛运动员、裁判员及工作人员达500余人。

【“传递爱心，走进山区”活动】 2005年8月底，公司派出慰问团，与东莞市电视台摄制组来到广西壮族自治区河池市巴马向阳小学，开展“中国人寿‘传递爱心，走进山区’特备活动”，向该校师生赠送扶贫物资，并拍摄活动第一部分专题节目。9月27日上午，公司组织25位员工参加在东莞电视台演播厅举行的活动第二部分电视节目录制活动。两部分专题电视节目先后于10月23日和30日在东莞电视台“欢笑天地《儿童乐园》”节目中播出，节目播出后，受到了社会各界、特别是客户朋友的好评。

【保险知识进社区】 2005年10月22日，中国人寿保险东莞分公司在全市范围内拉开“保险知识进社区”活动的序幕。本次活动的宗旨是在全社会更广泛地普及保险知识，增强社会公众的风险防范意识，深化人们对保险现代功能的认识，并以此为契机，树立东莞保险业诚信服务的良好形象。

【“星光大道”群星闪耀】 2005年二季度开始，中国人寿保险东莞分公司在市区东纵大道推出“星光大道”工程，具体内容是，公司在城区东纵大道沃尔玛至天和商场路段两侧灯箱广告上，发布专门设计制作的由业务精英个人形象照片和公司品牌形象资讯内容构成的宣传海报，从而形成东莞国寿精英的“星光大道”。该工程的实施，是公司为推动业务发展，创新精英激励模式、提高精英激励档次，依托公司良好的平台和品牌优势，提升业务精英个人品牌形象而推出的一项有力举措，受到了广大业务精英、客户朋友和社会各界的热情欢迎和高度评价。

【迅速理赔】 2005年12月21日，中国人寿保险东莞分公司迅速办理一宗赔案，并将保险金人民币10万元送到收益人手中，受到客户及塘厦镇公安分局领导的好评。投保人东莞市塘厦镇某公司当场向国寿东莞分公司赠送“保险楷模，诚信典范”锦旗一面，以表达对国寿东莞分公司信守承诺，快速理赔的感谢。

【先进性教育活动】 2005年8月1—10月底，中国人寿保险东莞分公司开展了以学习实践“三个代表”重要思想为主要内容的保持共产党员先进性教育活动，通过学习教育、分析评议、整改提高三个阶段的教育活动，使全体党员充分认识到“保持共产党员先进性”的重要性和必要性，增强了党员队伍和党组织的创造力、凝聚力、战斗力，达到了增强党性、群众满意、促进发展的目的。

【魏礼江主席莅莞】 2005年12月20日，国务院驻中国人寿保险（集团）公司监事会魏礼江主席，在中国人寿广东省分公司郑冬总经理的陪同下，莅临东莞分公司调研。魏主席对东莞国寿成立以来所取得的成绩给予了充分肯定，并即兴挥毫，写下“规范经营，科学发展”八字赠予东莞分公司，勉励东莞国寿再接再厉，创造更加辉煌的业绩。

（周先桂　严传彪）

**附：2005年中国人寿保险股份有限公司东莞分公司领导名录**

总经理：叶炯炫

副总经理：邓镇良　丁全汝

工会主席：赖俭华

总经理助理：何志超

## 中国太平洋人寿保险股份有限公司东莞中心支公司

【概况】 中国太平洋人寿保险股份有限公司，是经中国保监会批准成立的经营各类人身保险业务的全国性股份制商业保险公司。作为第一家全国性股份制商业保险公司，太保公司分支机构遍布全国，并在香港设有子公司，在纽约、伦敦设有代表处。太保集团秉承“诚信天下，稳健一生”的企业核心价值观，依法稳健经营，规范管理，积极为客户提供完善的服务，在国内外享有良好声誉。

1995年以来，太保集团2次被世界权威资信评估机构——标准普尔公司评为世界保险企业200强，1999年列第48位、2000年列第45位；2000年、2001年及2002年连续被国际商业信誉质量评估和颁奖组织——“商业创新方向（BID）”国际组织授予“国际质量金星奖”、“国际质量白金奖”及“国际质量钻石奖”，并给予CC100全面质量管理认证；2003年太保公司再次获得该组织授予的“欧洲国际质量技术杰出钻石奖”。2004年1月，在中国消费者协会、中国质量协会和清华大学中国企业研究中心等三家机构开展的2003年“中国用户满意度”调查中，太平洋保险品牌获得总体满意度最高的评价，太保公司在总体满意度、品牌形象、性能价格比、方便性、服务态度、工作效率、保险种类、服务便捷性等8项评价指标中，7项排名第一，表现出中国消费者对太保公司品牌、产品和服务的高度认可。2005年底，太平洋寿险与全国顶级私募基金——凯雷投资集团及美国金融巨头保德信集团强强联手，极大提升了公司核心竞争力，太平洋寿险必将成为国际一流的专业寿险公司。

中国太平洋保险公司1992年在东莞地区设立分支机构，1995年在东莞地区专业经营人身险业务。2001年分业经营以来，太平洋寿险东莞中心支公司始终以市场为导向，坚持“诚信、稳健、专业”的经营理念和“以人为本、崇尚团队、激励竞争、效率公平”的管理理念，强化企业文化建设，提升客户服务满意度，业务发展持续、稳定、健康。业务一年上一个台阶，保费收入从分业当年的8600万增加到2005年的1.4亿，人力资源也从当年的120人增至450人。2005年，太平洋寿险东莞中心支公司支付各类保险赔款金额达900多万元，为东莞市社会安定及经济发展做出积极的贡献。　（陈建玲）

**附：2005年中国太平洋人寿保险股份有限公司东莞中心支公司领导名录**

总经理：湛汉明

副总经理：邝建光　曾　勇

## 美国友邦保险有限公司东莞支公司

【概况】友邦保险为美国国际集团的全资附属机构，该集团是世界保险和金融服务的领导者。友邦保险是东南亚最大的人寿保险集团，其分公司、附属公司及联营公司遍及中国内地、香港、澳门、台湾地区以及马来西亚、泰国、新加坡、汶莱、关岛、印尼、越南、印度、菲律宾、日本、韩国、澳大利亚和新西兰等国家。友邦保险以其庞大的保险营销员队伍为主的多元化销售渠道，为客户提供一系列全方位的寿险产品及服务。

1992年，作为第一家获准在中国经营保险业务的外资公司，美国国际集团通过旗下的友邦保险在上海设立分公司，经营寿险及非寿险业务。到2005年，友邦保险作为国内领先的外资保险公司，先后已在中国内地的上海、广州、深圳、佛山、北京、苏州、东莞、江门等八个城市设立了分支公司，为当地市民提供一系列人寿保险产品及服务。十几年来，友邦保险在中国不断蓬勃发展，成就斐然。友邦保险率先将LOMA（国际寿险管理协会）考试引入国内，以提升员工的专业水准。友邦保险也是第一家将寿险营销员制度引入国内的保险公司。该制度已被国内绝大多数的中资和外资寿险公司广泛采纳，并成为其首要的营销方式。多年来，友邦保险在国内的各分支公司始终保持两位数的增长幅度，显示了友邦保险作为一家首屈一指的外资保险公司的竞争力和实力。

2005年8月，《经济日报》报道的“2005年金融服务指标性品牌”调查中，友邦保险被公众认为最值得信赖、综合印象最好、实力最强的外资保险服务机构；2006年1月，由中国权威调研及财经机构主持的“2005中国最具影响跨国企业评选”中，友邦保险从800家入围的在华著名跨国企业中脱颖而出，荣膺“2005中国最具影响跨国企业”称号，成为唯一上榜的金融机构；2006年2月，由和讯网主持的70万网民投票评选的“2005年度财经风云榜”上，友邦保险“连中三元”，荣获“2005年度最受信赖的寿险公司”、“2005最受信赖的外资寿险公司”及“2005最受欢迎的保险产品”称号。

【创下骄人业绩】2002年11月7日，美国友邦保险有限公司进驻东莞；3年来，美国友邦以其完善的管理和营运机制、专业的培训与服务、强烈的社会责任感赢得了东莞消费者的认同和信赖，也为东莞保险业带来了值得学习和借鉴的经验。正是这专业而诚信的服务，3年来友邦东莞实现了业务的飞速发展。业务总量成倍增长，各类保险业务的增幅均在两位数以上，显示了一个财务稳健的公司的蓬勃发展的趋势。友邦东莞从入驻之初的1个营销服务部，拓展到3个营销服务部，分别设在城区、虎门、常平；保险营销队伍也由刚成立时的从零开始，发展到现在具有专业素质的近500名持证业务精英及近100名的内勤员工；经营的业务险种也不断推陈出新，2005年新推出了意外险、年金险等多种保险，赢得了市场的肯定和客户的青睐。

【企业文化建设】2005年，友邦东莞在业务发展的同时，不忘企业文化建设，友邦东莞确立了“以人为本，以客为尊”的企业文化内涵，积极开展团队建设，树立员工主动、创新、合作的精神。注重培训专业的代理人，百分之百地通过代理人资格考试；严格按照保监会的规章制度，管理代理人队伍；季度性地开展座谈、宣导活动，让公司员工在推进业务发展的同时，不忘社会责任；开展客户联谊活动、事业说明会和专业的讲座等，提供多样化的渠道让客户感受友邦的服务；到敬老院、儿童福利院开展慰问走访活动，积极开展员工“献爱心”活动，友邦东莞的友爱诚信形象赢得了广大东莞市民的称赞。　（林美娟）

**附：2005年美国友邦保险有限公司东莞支公司领导名录**

总经理：刘健基

业务发展总监：李正本

## 东莞证券有限责任公司

【各项业务发展迅速】2005年，是东莞证券有限责任公司的规范发展年。至2005年12月底，公司的客户保证金独立存管方案顺利通过广东证监局组织的专家评审。这标志着东莞证券已成功实现客户资金的封闭运行、集中管理和实时监控，具备较为完善的内控机制和风险管理能力。

2005年，公司经纪业务稳健发展，各项业务创新发展迅速，公司市场竞争力进一步加强。

公司深沪两市A、B股及基金、权证成交额为306.9亿元，公司交易量在东莞地区市场的占有率近60%，占据龙头地位。

基金代销业务发展良好。至2005年底，公司共与南方、易方达、中银国际、银信长利、大成、银华、融通、汇添富、巨田、兴业等十家基金公司签署总体代销协议代销其旗下各开放式基金。

手机炒股业务满足了客户对移动交易方式的需求。2005年4月，公司开通手机炒股业务，为客户提供移动式的证券交易方式，满足了现有客户群对移动交易方式的需求。银证通业务快速发展，银证通开户量增长率达到50%。

积极推动新业务的开展。2005年，沪深证券交易所不断推出新的业务品种和制度创新，权证、ETF和买断式回购等新产品相继登场，基金通、基金场内申购赎回等新交易方式陆续推出。公司相继取得了买断式回购业务资格、权证买入代理资格、基金场内申购赎回资格、上证基金通等资格。并下发了相关交易制度安排，帮助客户更方便的投资新产品和熟悉新规则。

完成了东莞地区最早的证券营业场所的搬迁——东莞证券莞太路证券营业部由原经营场所莞太路胜和大厦搬迁至莞太路时代创展中心，并于2005年10月10日正式在新址营业。搬迁后的莞太路营业部，以更好的环境、更专业的服务为投资者服务。

至2005年底，公司拥有10家证券营业部、10家证券服务部，经营网点覆盖东莞市各经济发达镇区以及上海、深圳等城市，证券投资者累计开户数超过20万户。

投资银行业务良性发展。2005年，投资银行完成了股权分置改革项目伟星股份（002003）、广东榕泰（600589）、深圳特力（000025）3家；另完成首分发销、副主承销、财务顾问、辅导、股份改组等一批项目。逐渐成为公司重要利润增长点。

2005年6月1日，公司成为从事股权分置机构改革保荐工作的45家保荐机构之一。截至2005年底，公司保荐的上市公司股改项目通过率为100%。公司保荐的股改项目数在2005年参与股改的54家保荐机构中名列第16位，在中小券商股改项目承做家数排名中名列前茅，确立了一定的市场地位和影响。

【健全完善规章制度】 2005年，东莞证券有限责任公司对各项制度进行汇编，进一步规范业务流程，建立独立存管组织体系，完善内控制度。东莞证券营业部实现了集中交易系统上线，公司建立了完善的集中交易系统、法人清算系统；集中交易后，不但提高了交易速度，而且在风险控制、管理、数据三方面实现集中，提高了交易的安全性和风险控制、防范能力。制定《客户交易结算资金管理制度汇编》，有效保证了清算效率和安全性，防范清算风险，为公司下一步申报规范发展类券商夯实了基础。　（杜绍兴）

### 东莞证券营业网点表

| 网点名称 | 地　址 | 服务热线 |
|---|---|---|
| 莞太路营业部 | 东莞市莞太路南城路段22号时代创展中心五、六层 | 22455333 |
| 运河西路营业部 | 东莞市运河西一路梨川东盛大厦裙楼四楼 | 22680633 |
| 虎门营业部 | 东莞市虎门镇龙泉商业广场五楼 | 85105005 |
| 东坑服务部 | 东莞市东坑镇中兴大街建行大楼一楼 | 83389005 |
| 大朗服务部 | 东莞市大朗镇金丽大道15号文化街二楼 | 83317988 |
| 高埗服务部 | 东莞市高埗镇振兴南路156号 | 88879951 |
| 石龙营业部 | 东莞市石龙镇新城区聚龙湾首期二楼 | 86114388 |
| 石碣服务部 | 东莞市石碣镇新城区光明路8号 | 86321618 |
| 长安营业部 | 东莞市长安镇长盛西路惠如楼首层 | 85535348 |
| 常平营业部 | 东莞市常平镇振兴三街168号汇众生活广场四楼 | 83813555 |
| 黄江服务部 | 东莞市黄江镇江海城富海大道70号社保一楼 | 83631818 |
| 塘厦营业部 | 东莞市塘厦镇文化新村35号二楼 | 87727911 |
| 凤岗服务部 | 东莞市凤岗镇兴贸东路拔骏大厦三楼 | 87752999 |
| 清溪服务部 | 东莞市清溪镇香芒西路108号广东发展银行二楼 | 87319669 |
| 厚街营业部 | 东莞市厚街镇康乐北路 | 85826318 |
| 桥头服务部 | 东莞市桥头镇桥光大道（电信局斜对面） | 83450098 |
| 东城服务部 | 东莞市东城区红荔路108号花园商贸广场8层 | 22622988 |
| 东泰服务部 | 东莞市东城南区友谊商贸城三楼 | 23061900 |
| 深圳营业部 | 深圳市福田区华强南路华阳街鹏福楼二楼 | （0755）83623288 |
| 上海营业部 | 上海市长宁区仙霞路437—439号 | （021）62741633 |

## 光大证券有限责任公司

【概况】 光大证券股份有限公司是国务院直属的大型跨国企业集团——中国光大（集团）总公司控股的全国性综合类证券公司，为全国十大券商之一。公司注册上海浦东，目前，公司注册资本24.45亿元人民币。公司以中国光大集团雄厚的实力为依托，以国内、香港两个市场为主战场，公司秉承“提升客户价值，造就员工未来”的核心价值观和“诚信、创新、卓越、共享”的经营理念，在经纪业务、投资银行业务、自营证券、分析研究、基金等业务领域，取得了骄人的业绩。

公司是首批5家获得资产管理业务资格的券商之一，秉承“价值、稳健”的投资风格，坚持“价值挖潜、精选个股、适度集中、波段操作”的投资策略，成为国内推出首只集合理财产品——阳光集合理财管理计划，同时，于2005年10月又获得权证交易业务资格。

光大证券东莞营业部是光大证券公司全资设立的分支机构，位于东莞市商业、文化中心——东莞经贸中心四楼，营业面积5000平方米，并拥有大型地下停车场，交通及停车极为便利，装修美观、大方，环境优雅，设有50多间豪华贵宾室、机构操盘室和多个专户厅，设施先进、齐全，集投资、娱乐于一体。电脑网络配备了最先进的COMPAQ及IBM服务器，使用千兆光纤技术，深、沪高速单、双向卫星通讯系统，行情、成交快捷，并建立有网络热备份系统和数据安全系统，配置有与电脑网络联网的多媒体音像系统，并在厚街部设有服务部。光大证券东莞营业部本着服务客户、回报社会的宗旨，以优雅的环境、一流的设施、优质的服务、规范的管理赢得了广大客户的信赖，被中国证券业协会评为2000全国优秀营业部，2004年被评为全国金融系统思想政治工作优秀单位。自1998年3月收购建行证券部组建至今，坚持以客户为中心，以优质服务为主导，狠抓规范，细化管理，一年一大步，综合竞争力得到了全面的提升，在东莞树立了良好的光大形象和品牌，各项经营指标保持连年大幅增长的好势头。1998—2005年连续8年被公司授予“先进营业部”光荣称号。在东莞证券市场中成交量连续多年排行第一，并跃进全国证券行业前100名。

【科学决策指挥】 2005年，光大证券东莞营业部领导班子协调性好，分工明确，总经理除全面对营业部进行组织领导与管理外，还亲自分管后台业务，一名副总经理分管客户部、咨询部，一名总经理助理协助总经理抓全面工作，并兼管理厚街服务部工作。由于班子分工明确，营业部各部门之间业务流转通畅，员工敬业精神也不断增强，保证了优质服务活动的顺利进行，提升服务水平。

【完善标准化服务体系】 2005年，光大证券东莞营业部以满足客户的基本服务需要与个性化需要为目标，为客户提供周到、细致、便捷的服务，努力建立标准化体系与个性化服务体系，根据业务发展需要，为客户提供网上交易、电话委托、金证手机短信系统、场内自助委托、“银证通”存折炒股等齐全的交易手段，并与建、农、中、工四大商业银行联网开通银证转帐业务。在业务方面，已开通深、沪交易所的A股、B股、基金、国债、企业债券、可转债、权证交易、债券回购以及三板市场、开放式基金代销等所有交易品种，同时还提供代客理财、财务顾问、资产重组、配股承销、新股发行及承销等全方位的专业服务。

【发展网上业务】 2005年，光大证券东莞营业部积极推广网上交易等非现场业务，不断完善营业部网页的服务内容和服务手段，通过电视、报纸、现场演示和上门服务等途径扩大宣传。营业部网上交易采取两套备份系统：恒生和核心备份系统，为股民提供方便、快捷、安全的操作系统。　　（陈爱章）

**附：2005年光大证券有限责任公司领导名录**

总经理：代卫国

副总经理：罗　辉

## 广发证券

【概况】 广发证券股份有限公司是国内首批综合类券商之一，已连续十一年进入全国十大券商行列，2005年，注册资本20亿人民币，在全国各地拥有78家营业部，21服务部，公司控股广发北方经纪、广发华福、广发基金及广发期货，集团化架构初步形成；公司现有员工1628人，其中博士、博士后及在读博士35人，硕士研究生290人，公司以集中的人才优势享有中国证券行业“博士军团”的美誉，是中国金融企业首批获得国家人事部批准设立“博士后流动站”的企业。

广发证券一贯坚持“稳健经营，规范管理”的经营原则，高度重视健全内部管理体制和完善风险防范机制，已形成一套具有自身特色的、合乎证券业规范运作要求的制度化管理体系；公司致力于为客户提供创造性服务，在二级市场上，公司在部分地区推出的“薪加薪”和“储蓄增值加速器”业务，而且均实现了较高的年收益率，真正实现了客户、券商与银行的多赢局面。公司业务网点分布全国各地主要大中城市，形成了立足广东，深入全国，拓展海内外的战略格局。公司先后取得深交所，上交所等多个机构会员资格并在上述机构拥有82个席位。2004年11月获得中国证监会授予创新试点资格的优质证券公司之一，首批推出了创新投资理财产品。广发证券正力争通过三、五年的努力，使广发证券成为一家资产优良、管理规范、经营稳健、特色鲜明、竞争力强、可持续发展，具有相当影响力和知名度的大型投资银行，争取为中国资本市场的发展做出更大贡献。

广发证券股份有限公司东莞业总部组建于2002年12月，是广发证券在东莞地区的代表，下辖虎门、中堂、东城、长安4间证券营业部，东莞业务总部秉承：“知识图强，求实奉献”的广发精神，以“人无我有，人有我优”为服务方针，为投资者提供专业个性化的高效理财服务；同时为企业客户提供IPO、企业债券发行承销等投资银行服务。

东莞业务总部下辖的虎门营业部成立于1994年，是广发证券在东莞地区最早设立的营业部，也是东莞地区最早的几家营业部之一，其前身是广东发展银行东莞分行下属的营业部。经过12年的艰苦努力，广发证券与中国资本市场同步成长，先后在东莞地区增设了中堂、东莞东城和长安三家证券营业部，初步成了东莞地区的战略布点，为下一步的业务拓展打下坚实的基础。到2005年12月，广发证券东莞业务总部托管资产超过20亿、开户数达4.18万户、累计税利总额超过一亿元。

早在1997年6月，东莞业总部率先在东莞地区开通了“网上证券交易系统”，使股民足不出户就享受券商全方位的服务，实现了投资者“把大户室搬回家”的愿望；“网上保证金自助转账”和“电话保证金自助转账”业务，更解决了投资者保证金存取不便的难题。2002年12月，充分发挥广发证券的技术优势，率先实现“集中交易”，同时推出全市统一委托咨询电话：961133。先进的技术和管理为进一步开发产品，改善服务水平提供了更为宽阔和稳固的平台。

2004年1月，发广发证券东莞业务总部与广发银行东莞分行合作，在“储蓄增值理财计划”的基础上，推出了“薪加薪”业务，为厌恶风险、缺乏投资渠道的广大储户开创了安全性好、收益性高、流动性强的理想储蓄替代产品，真正实现了客户、券商和银行三方的共赢，行到了广大投资者的认同。2005年东莞业务总部与总公司投行部合作成功开发了资产证券化项目——“莞深收益计划”，是深交所资产证券化项目的第一家。　　（林兰兴）

**附：2005年广发证券股份有限公司领导名录**

总经理：周培胜

# 经济管理 ECONOMIC MANAGEMENT

东莞市文化广场

■ **编制"十一五"发展规划**

■ **第一次全国经济普查**

■ **确保食品、药品安全**

责任编辑：卢　敏　施雪芬

## 发展和改革

【"十一五"规划编制工作】2005年初，市发展和改革局根据国家及省有关"十一五"规划编制要求，向市委、市政府提交了《东莞市"十一五"规划基本思路》，并经市委常委副市长联席会议审定，作为编制"十一五"规划的指导性文件。6月底将《规划纲要》初稿和各专项规划印发给市领导、老同志、各部门、各镇区以及省有关部门领导和高校专家书面征求意见。在此期间，联合专家和有关部门举办了"企业激励机制与绩效评估设计"经济论坛，邀请300多家外商企业和民营企业参加，收集反映东莞市企业发展状况的有效数据。8月，先后召开6场镇区座谈会，5场市直机关座谈会和老同志座谈会，直接听取各方面的意见。9月底，召开专家座谈会，邀请省委政策研究室、农办、科学院、社科院、科技厅及中大、华师、华农等专家学者对东莞市的"十一五"规划建言献策。党的十六届五中全会和省委九届七次全会、市委十一届三次全会召开以后，根据会议关于制定"十一五"规划建议的精神，吸收各方面的意见，再次进行认真的修改、补充和完善，形成《纲要》草案。《东莞市国民经济和社会发展第十一个五年规划纲要》已按时基本完成，将按程序提交市十三届人大三次会议审议通过。

【年度发展计划编制和实施工作】2005年，市发展和改革局组织编制了《2005年东莞市国民经济和社会发展计划》。确定2005年东莞市经济社会发展的主要预期目标。为确保实现预期目标，提出了具体措施：落实宏观调控政策；加快新型工业化步伐，促进经济增长方式转变；发展"两自"企业，促进内外源经济协调发展；加快基础设施建设；加强各项管理，统筹城乡发展；完善社会主义市场经济体制；统筹发展各项社会事业，构建和谐社会等。经市第十三届人民代表大会第二次会议审议批准。2005年东莞市综合实力强劲扩充，全市生产总值2182亿元，比上年增长19.3%，五年年均增长20.2%，翻了1.4番，顺利完成各项计划指标。

【经济分析、监测与加强政策指导】2005年，市发展和改革局加强对经济分析和监测的基础性工作。在常规性分析调研方面，撰写了《2005年首季宏观经济形势分析》、《2005年上半年经济发展形势分析》和《2005年前三季度经济形势分析》等报告；在宏观调控调研方面，形成《关于我市小火电机组的调研报告》和《东莞市电力建设情况报告》；在建设项目调研方面，撰写《关于深圳、广州、成都、南充汽车加气项目的调研报告》、《东莞科技产业发展专题研究报告》、《加快发展生产使用和生活消费型服务业，推进经济社会协调发展》和《促进欠发达镇经济发展，构建和谐东莞》；会同其他部门，撰写《东莞土地开发利用和保护情况报告》、《东莞市创新利用外资战略研究报告》、《东莞市文化产业发展规划报告》、《东莞市非公有制企业民间资金情况典型调研汇报》和《关于我市企业用工短缺的调查报告》等系列报告。根据上级精神和东莞市经济发展实际，制定《东莞市鼓励外商投资发展产业指导目录》、《关于加快我市服务业发展和改革的意见》、《关于推进泛珠三角区域合作与发展的实施意见》等各种政策意见。

【固定资产投资管理】2005年，市发展和改革局优化投资结构，加快产业升级，着力引导社会投资，发展高新技术产业，巩固提高电子信息、电气机械等优势产业，改造提升服装、家具等传统支柱产业，发展汽车零配件、精密装备制造和精细化工产业，扶持和鼓励农业、教育、文化、卫生投资等。2005年市发展和改革局共办理固定资产投资项目立项1868项，项目总投资达366亿元，比上年增长6.8%。其中：新建项目1094项，总投资320.7亿元；补办项目774项，总投资45.3亿元。具体情况如下：

【建设项目招投标及重点项目管理】2005年，市发展和改革局全面开展固定资产投资项目招标范围、招标组织形式和招标方式的核准工作。加强经营性项目和限制类项目的管理，严格按照国家和省的产业政策，结合东莞市经济发展的状况，积极引导产业投资方向，促进东莞市产业结构合理化。对于不使用政府财政性资金投资的项目，一律不再使用审批制，区别不同情况采用核准制和备案制，简化了审批手续和程序，提高了服务水平和办事效率。对于符合政策、资料齐全的项目即到即办，最迟在五个工作日内办结。2005年，共核准招标项目371项，总投资135.45亿元，其中：核准公开招标346项，投资87.35亿元；核准邀请招标25项，投资48.1亿元。积极做好超过东莞市审批权限项目的上报、跟踪和协调工作，争取得到上级部门的较快审批，如跟进上报国家和省发改委核准的东莞步步高手机项目、虎门港四个深水石化码头项目、东城东兴电厂项目、港口大道工程、环城路工程、东莞市四条主干公路改造工程等；协调广深沿江高速公路、广深港客运专线、广州至深圳轨道交通、LNG管道工程和东莞市轨道交通等省市大型重点项目；帮助市星河生物科技有限公司和开普互联信息有限公司申请到国家和省高技术产业化项目配套补助资金；召开了东莞市域天然气汽车加气站项目评估会；及时跟进市委党校新校、市人民医院新院、市体育运动学校等市属重点项目的前期各项工作。做好东莞市列入省2006年重点建设项目计划的申报工作。其中：申请列入重点建设项目计划的项目18项，投资总额152.4万元，2006年计划投资58.8亿元；申请列入省重点预备项目计划的项目22项，投资总额468.9亿元。

## 2005年东莞市经济社会发展的主要预期目标

| 指标名称 | 计算单位 | 绝对数 | 增长（%） |
|---|---|---|---|
| 全市生产总值 | 亿元 | | 15 |
| 全社会固定资产投资总额 | 亿元 | 507 | 20 |
| 社会消费品零售总额 | 亿元 | | 12 |
| 外贸出口总额 | 亿美元 | 390 | 12 |
| 实际利用外资 | 亿美元 | | 12 |
| 居民消费价格指数 | % | 103.8 | 3.8 |
| 城镇居民人均可支配收入 | 元 | 22168 | 8 |
| 农村人均纯收入 | 元 | 9537 | 5 |
| 全社会用电量 | 亿千瓦时 | 430 | 15.6 |

## 2005年市发改局项目立项汇总表

表一：　　单位：亿元

| 行业类型 | 投资额 | 个数 | 投资额同比增长（%） |
|---|---|---|---|
| 房地产业 | 127.25 | 64 | 428.29 |
| 厂房设施 | 108.67 | 1423 | －38.57 |
| 工业 | 29.14 | 175 | 2.48 |
| 能源交通通讯 | 27.26 | 21 | －16.73 |
| 市政设施 | 25.66 | 30 | －27.89 |
| 服务业 | 21.11 | 53 | 14.02 |
| 文教卫生及福利 | 8.84 | 22 | －41.89 |
| 机关团体设施 | 2.01 | 13 | 94.6 |
| 农林牧渔 | 0.12 | 1 | 100.00 |
| 其他行业 | 15.96 | 66 | 58.37 |

表二：

| 项目类型 | 投资额 | 个数 | 投资额同比增长（%） |
|---|---|---|---|
| 房地产投资 | 127.25 | 64 | 428.3 |
| 生产性投资 | 165.18 | 1620 | －30.6 |
| 服务性投资 | 29.95 | 75 | －11.2 |
| 市政设施投资 | 25.66 | 30 | －27.9 |
| 其他投资 | 17.97 | 79 | 61.7 |

【成功申报国家经济综合开发示范镇】2005年，市发展和改革局密切跟进以麻涌镇作为试点的示范镇项目申报工作。经过多方努力和协调配合，麻涌镇示范项目获国家发改委批准，成功争取到国家、省和市三级配套专项资金以及相应的政策扶持，对改善麻涌镇的基础设施，优化投资环境，拉动地方经济社会发展起到有力的促进和示范作用。

【粮食市场管理】2005年，市发展和改革局严格执行粮食市场准入制度，大力整顿粮食市场。制订严格的粮食收购资格认定制度，从10月份开始，办理了41个单位的《粮食收购许可证》。建立了一支近百人的粮食执法队伍，实行粮食监管属地管理。5月，开展了全市非国有粮食企业执行国家粮食统计制度情况抽查行动的抽查工作。会同市工商、物价、质监等部门到粮食批发市场进行监督检查，规范粮食市场流通秩序。通过举办各类型的培训班、悬挂宣传标语、张贴宣传画、深入企业讲解等形式，广泛开展《粮食流通管理条例》的宣传工作。继续健全粮食市场预警机制，加强与全国各大粮食批发市场、主产粮区和销售网点的联系，及时掌握粮食产、销、调、存和价格动态，重点监测常平、樟木头两个粮食批发市场，每月上中下三旬分别出一期粮情简报，作为粮食宏观调控的决策参考。东莞市粮食流通改革工作得到国家粮食局的肯定，在全国粮食流通体制改革现场经验交流会上作了典型发言。

【保障军粮供应】2005年，市发展和改革局严格执行《军粮供应管理暂行办法》，实现军粮供应规范化、制度化，做到保障供应、合理安排、优质服务，按时、按质、按量、按品种保证驻莞部队粮油供应。建立一套行之有效的军粮供应管理和质量检查制度。

【粮食储备管理及粮库建设】2005年，市发展和改革局周密细致地规划和开展储备粮轮换工作，会同财政局编制市镇储备粮轮换计划，委托广东华南粮食交易中心进行竞价交易，建立储备粮出入库质量检验制度，所有采购的粮食必须经市中心化验室检验。完成全市轮换销售56305吨，轮换采购及新增任务采购77651吨。规范粮食储备管理，提高粮食储备保管人员的业务和技术水平，实行持证上岗。坚持春秋两季粮食普查工作，切实抓好安全防火保卫和化学药剂的管理。东莞市连续四年实现“四无粮仓”100%，实现“四无”单位100%。6月下旬，市发改局及时指导基层粮所做好抗洪抢险工作，确保国家粮食不受损失。抓好粮库建设，扩大粮食储备能力。东站粮食储备库扩建进入施工阶段，麻涌角美粮食储备库进入设计阶段，莞城粮食储备库进入选址阶段。另外，投入资金306万元，完成对东站粮库等20个粮库的维修工作。（冯淑敏）

附：2005年东莞市发展和改革局领导名录

局　长：简钧钰

副局长：郑锦堂　袁东平　梁应科　王钊鸿

## 统　计

【统计优质服务】2005年，东莞市各级统计部门围绕党委政府的中心工作和领导关心的重大问题，积极开展统计调研分析工作，先后完成了东莞城市建设项目征拆补偿情况、厂房建设项目和道路修建情况、东莞科技发展现状、经济社会事业发展情况、“十五”与“九五”对比情况、东莞教育发展状况、东莞农村劳动力就业状况、电子资讯制造业情况等问题调查研究，并形成综合性和专题性统计分析报告，得到有关领导和部门的重视和肯定。根据领导和社会公众的需求，编印了《东莞统计快报》、《东莞统计月度报告》、《珠江三角洲十二市区主要经济指标》、《东莞发展动态》等统计资料；编辑出版了《东莞统计摘要》、《东莞统计年鉴》等书刊；完成《东莞市统计局关于2004年国民经济和社会发展的统计公报》的编制发布工作。其中市统计局撰写的统计分析报告被评为全省优秀统计分析报告一等奖有1篇，二等奖2篇，三等奖1篇。与此同时，加强对宏观经济运行的监测预警，协助有关部门、兄弟市区和社会公众做好各种统计资料的咨询服务工作，统计服务的整体功能得到有效发挥。

【统计制度方法改革】2005年，市统计局积极推进统计制度方法改革，有效提高统计数据质量。一方面，认真贯彻落实国家和省统计局的工作部署，确保国家和省的各项重大改革任务落实到位。一是严格执行国家和省GDP核算和发布制度。利用第一次全国经济普查数据，参照国家和省统计局的核算原则和方法，制订《东莞市经济普查年度GDP核算方案》，实施对2004年东莞市各镇区GDP下算一级制度，同时在农业、工业、科技、商贸、房地产、建筑业等专业数据实施下管一级制度，进一步提高统计数据质量。二是全面推行新的工农业发展速度计算方法。以推行农村MPPS抽样调查为切入点，进一步整合农村抽样调查网点，规范农业产值核算方法；同时，对规模以上工业采用生产法与收入法相结合的方法计算增加值，并采取积极措施解决因计算方法的改变而造成统计数据的差异过大。三是大力推进农村固定资产投资统计改革，对农村非农户投资50万元以上项目实行超级汇总；进一步规范批发零售贸易和餐饮业直接汇总和小样本抽样调查方法；继续做好连锁企业和星级住宿业统计工作；组织实施新劳动力抽样调查方案。另一方面，根据国家和省统计局有关统计制度方法改革的要求，结合地方实际，积极探索符合东莞经济社会发展需求的统计改革新路子。主要是研究探讨可持续发展指标体系，试行增加反映结构调整、经济效益、科技进步、生活质量、可持续发展和社会全面进步等方面内容的指标；开展《在市级进行绿色GDP核算的可行性及制度、方法体系研究》，完成有关课题的理论基础研究；开展东莞社会发展水平综合评价核算体系的研究和评价工作，完善社会科技统计制度，加强对人口、科技、教育、体育、文化、卫生等产业统计；完善镇村两级领导班子工作实绩量化考核办法，对个别指标体系作出适当的修改和调整；研究建立服务业抽样调查制度，夯实第三产业核算基础；巩固城镇住户调查扩户工作，启动城镇住户调查改革试点。

【依法统计】2005年是“四五”统计普法规划实施的最后一年，东莞市各级统计部门以“四五”普法检查验收为契机，开展形式多样的统计普法宣传教育。组织开展了以“学习宣传统计法律法规，推进统计法制建设”为主题的统计法制宣传活动；结合第一次全国经济普查的开展，认真做好《统计法》特别是《全国经济普查条例》这一新统计法规的宣传学习和贯彻落实工作，全民的统计法律意识有了进一步的提高。加大对各类统计违法案件的查处力度。开展以贯彻落实统计年报和定期报表制度为主要内容的统计巡查工作；加强对《统计法》、《全国经济普查条例》、《东莞市统计管理办法》等法律法规贯彻执行情况的检查工作，依法查处了东莞市金业电子科技有限公司等5家企业瞒报统计资料的违法行为。与此同时，认真做好《统计法》修改的意见征求或建议工作和统计“四五”普法各项验收工作，顺利通过了省统计局和市普法办对市局的检查验收，连续5年被省统计局评为依法统计先进单位。

【统计信息化建设】2005年是东莞统计信息化建设步伐迈出大步的一年。东莞市宏观经济决策系统项目主体工程已趋完成。全新设计的东莞统计信息网（内部版和公众版）内容更为丰富翔实，形式更为新颖美观，功能更为齐全完善，不仅整合了历年乃至最新的东莞市统计资料，而且有关数据资料都能以数据分析表或图表的形式展现出来，提供不同权限不同层次的服务功能。与此同时，东莞市统计网上直报系统工程已经上马，并成功进行了需求分析和单一来源招标工作。此外，成功采购了trafax网上传真系统，完成了一批主流配置的高性能台式电脑的采购工作，进一步充实了数据录入室的硬件设备，顺利完成第一次全国经济普查和1%人口抽样调查等大型调查数据处理工作。

【第一次全国经济普查】根据国务院关于开展第一次全国经济普查的总体部署，2005年，东莞市各级普查机构和普查指导员以高度的责任感、严谨的工作态度，动员近5万名普查工作人员，经历了普查登记、审核录入、质量评估、数据汇总及上报、数据质量抽查验收等环节，完成经济普查年度GDP下算一级工作，取得圆满成功。普查结果显示，2004年末，全市共有从事第二、三产业活动的单位4.09万个，比2001年第二次基本单位普查（同口径数）增加5450个，增长15.37%。其中，企业法人单位3.26万个，增加6032个，增长22.7%。个体经营户25.9万户。通过经济普查，进一步摸清了东莞市第二、三产业发展规模、结构和效益等情况，尤其初步查清了一直以来缺乏统计数据支撑的服务业发展状况，为今后完善GDP核算奠定了坚定的基础。普查和核算的结果更加客观真实地反映了东莞改革开放以来经济社会发展所取得的成果，为科学制定“十一五”规划提供了重要的参考依据。东莞市经普办等6个单位被授予全国先进集体荣誉称号，常平镇经普办等10个单位被授予全省先进集体荣誉称号。

【1%人口抽查】 2005年，市统计局顺利完成东莞市1%人口抽样调查前期准备、试点、抽样、小区划分、宣传动员、培训、摸底、现场登记、复查、事后质量抽查、调查表编码和验收、数据处理和审核等各项任务，主要做了五项工作：一是组织开展人口抽查的现场登记和复查工作。访问每一户家庭，查遍每一个单位，登记每一个人，填好每一个项目，并切实把工作的着力点放在抓好总人口、出生人口、死亡人口、流动人口等重点指标上，加大登记复查力度，努力提高数据质量。二是积极配合搞好登记复查阶段的宣传动员工作。开展形式多样的宣传报道，营造出良好的社会氛围。三是切实做好调查表编码工作。采取边编码边审核边验收的办法，突出重点，严把质量关，确保如期录入数据。四是顺利完成事后质量抽查工作。根据调查小区地图确定的范围，采取入户重新登记的方式，逐户逐人对抽查对象等内容进行现场询问调查。五是按时保质完成数据录入、审核和上报工作。按照数据处理实施方案，圆满完成全市人口抽样调查数据的录入、审核工作。

【统计队伍建设】 2005年，东莞市统计系统广大党员干部以开展“理想、责任、能力、形象”教育活动和“十百千万”干部下基层驻农村活动为载体，克服工作任务重、时间安排紧等因素，妥善处理好学习与工作的关系，认真做好先进性教育活动学习动员、分析评议、整改提高三个阶段的各项工作，确保学习和工作“两不误、两促进”。通过开展先进性教育活动，使统计系统广大党员干部普遍受到了一次深刻的党性党风再教育，牢固树立全心全意为人民服务的宗旨，不断增强政治意识、大局意识、创新意识、忧患意识、务实意识和作为意识；加深了对“三个代表”重要思想和科学发展观的认识和理解，明确了新时期保持共产党员先进性的具体要求，自觉增强做好新时期统计工作的紧迫感、责任感和使命感；提高了广大统计工作者的政治思想素质和促发展能力，不断增强统计队伍的创造力、凝聚力和战斗力；促进了机关作风建设，弘扬求真务实之风，加强调查研究，维护干净干事形象。为巩固和发展保持共产党员先进性教育活动成果，在完成“规定动作”的基础上，结合争创“三有一好”，争当时代先锋等主题实践活动，精心做好“自选动作”。组织了全局党员干部参观大岭山抗日根据地旧址和东莞市展览馆，重温革命历史，切身感受东莞不平凡的发展历程，振奋了精神，坚定了信念；组织了全局党员干部赴汕尾市统计局学习黄永定的先进事迹，增强做好新时期统计工作的责任感和使命感；组织开展了丰富多样的文化体育活动，编导并选送优秀节目参加全省统计系统文艺汇演，弘扬了统计文化，增强了队伍的凝聚力和战斗力。与此同时，组织了一系列扶贫助困献爱心捐助活动，为促进社会和谐作出了统计人应有的贡献。（钟锦漩）

**附：2005年东莞市统计局领导名录**

局　长：吕琦元

副局长：李水庭　陈志田

## 物价工作

【居民消费价格总指数上升】 2005年，东莞市居民消费价格总指数与2004年比（下同）累计上升2.4%。其中，消费品价格指数累计上升3.0%；服务项目价格指数上升0.4%。主要运行特点是：一是呈“先高后低”的态势，上半年平均上涨2.9%，尤其2月份上涨4.6%，达到全年最高峰；下半年涨势较平缓，平均上涨1.9%，全年最低点是8月份，上涨1%。二是结构性特点突出，居民消费价格指数涨幅主要来自食品类、居住类的上涨。食品类价格累计上涨6.5%，直接拉动居民消费价格总水平上涨2.22%，受基础原材料价格上涨、政策性调价等因素的影响，居住类价格上涨2.6%，其中液化石油气价格上涨8.3%。居住类价格的上涨，直接推动居民消费价格总水平上涨0.41%。主要工业消费品价格继续走低，衣着类价格下降5.5%，娱乐教育文化用品及服务类价格下降0.3%，医疗保健和个人用品类价格下降4.1%。三是居民消费价格指数全年均为正增长。

【生产资料价格出现较大波动】 2005年，从具体走势来看，东莞市生产资料价格波动幅度较大。其中，以钢材和水泥为例，1—3月，钢材价格出现全面持续上涨，角钢、圆钢、螺纹钢和线材四种钢材综合平均价格最高为3875元/吨。4月份，钢材价格开始回落，至12月份，角钢、圆钢、螺纹钢和线材四种钢材综合平均价格降至3175元/吨。水泥价格先跌后涨。1—3月，水泥价格略有下降；至3月底，当地主销普通425号袋装水泥最低跌至340元/吨，累计下降15%；从4月份起，水泥价格开始回升，至12月，当地主销普通425号袋装水泥为400元/吨，与2004年同期持平。

【价格调控】 2005年，为稳定市场价格总水平，市物价局严格执行国家发改委和省物价局关于暂停出台政府提价项目的规定，在1—5月期间禁止出台政府定价和政府指导价提价项目。同时，落实了国家、省对粮食的最低收购价格政策，对化肥等农资生产、运输的优惠政策和价格干预措施，如对化肥出厂价实行最高限价；对化肥销售环节实行作价差率控制；对化肥生产企业实行优惠电价等。

【液化石油气价格监管】 2005年，东莞市受国际原油市场供求偏紧及油价上涨等因素的影响，液化石油气自9月以来供应紧缺，价格持续上涨。14.5公斤瓶装液化石油气最高零售价从年初的74元，逐步升到12月底的94元，涨幅为27%，创历史新高。

为保持液化石油气价格的基本稳定，市物价局加强对液化石油气价格的监管。首先，密切注视液化气市场供求及价格变化情况，先后9次调整（3降6升）民用瓶装液化石油气销售中准价格和4次（1降3升）调整商住小区管道液化石油气销售价格。重申送气费标准（首层2元，上楼每层加0.5元），防止有些经营单位利用送气费提高标准乱收费；同时，开展液化石油气的专项检查，对违反规定乱涨价、乱收费的行为，依法查处。

【电价改革】 2005年，按照省物价局

的部署，市物价局三次调整市工商业电价：一是1月1日起调整大宗工业峰谷电价；二是4月1日起再次调整大宗工业峰谷电价，扩大峰谷电价差，并将普通工业电价纳入峰谷电价范围；三是6月1日起，全面调整大宗工业、普通工业和商业电价，平均每千瓦时上调2.86分。在调整电价的同时，考虑供电缺口大、燃料价格居高不下的实际，为鼓励企业多发电，市物价局对燃煤电厂实施煤电价格联动办法，调整市电厂上网电价，并于5月、10月、11月先后三次对市地方燃油电厂2004—2005年的发电亏损进行补贴，补贴总金额为33057.94万元（其中：省物价局补贴 17787.94万元，市政府补贴15270万元），有效解决电厂燃眉之急。

【大城区用水同类同价实现】2005年，市物价局在全面调整大城区（包括莞城、东城、南城、万江）各类用水价格的基础上，经市政府同意，实现大城区范围内同一用水类别同一价格，同时，也促进了大城区范围内供水企业对直接供水的用户实行装表到户、抄表到户和计量收费进程，为大城区实现阶梯式计量水价制度打下基础。

【区间汽车客运票价实行政府定价】从2005年6月1日起，市物价局会同市交通部门对全市区间汽车客运票价实行政府定价管理，并制定相关的管理范围、营运车辆类型、票价计价办法、票价优惠办法、票价申报程序、明码标价要求及监督管理规定等，由市物价部门对市内区间汽车客运票价制定具体价格。并规定各经营企业不得随意调整票价，节假日期间未经物价部门批准不能上浮票价，有效地减少乱涨价现象的发生。

【中小学“一费制”收费标准理顺】2005年，市物价局会同市教育局、市财政局制定《东莞市中小学“一费制”收费标准调整方案》，5月13日召开东莞市调整中小学“一费制”收费标准听证会。经市政府同意，从2005年秋季开学起，对全市中小学“一费制”收费标准作了调整。调整后的新标准是：小学：省一级学校、市一级学校、县一级学校和普通学校普通生书杂费每生每学期分别为355元、325元、310元和285元，借读生则分别为1010元、930元、885元和805元，其中课本资料费为100元；初中：省一级学校、市一级学校、县一级学校和普通学校普通生书杂费每生每学期分别为535元、495元、470元和430元，借读生则分别为1160元、1070元、1020元和930元，其中课本资料费为160元；普通高中：省一级学校、市一级学校和普通学校学杂费每生每学期分别为1150元、1060元和965元，其中课本资料费为220元；职业高中：国家级重点职中、省级重点职中和普通学校的高耗专业学杂费每生每学期分别为1650元、1450元和1255元，一般专业分别为1430元、1285元和1145元，其中课本资料费为240元。

【民办学校择校费取消】2005年，为规范民办学校的收费行为，市物价局向市政府提出取消民办学校择校费的请示，经市政府同意，自2006年秋季起，取消民办学校择校费。

【价费调定】2005年，市物价局对市有关项目的价费进行了审定：一是审定城巴及镇内客运票价。从4月1日起，除通往松山湖的3条城巴线路继续实行分段计价外，其他线路按照行驶里程长短实行不同票价；同时，还核定11个镇73条线路的镇内公共汽车票价。二是审定新奥管道天然气相关收费。出台了东莞市管道天然气工程安装收费标准，服务项目分为安装、检修和服务三大类，明确相关收费标准。三是审定民办学校（幼儿园）收费。共对64所民办幼儿园和82所民办中小学校的收费进行审核并核发收费许可证。四是审定了滨江体育公园等公园及东莞科技馆、东莞展览馆的门票价格。

【清费减负】2005年，市物价局贯彻落实近年国家、省、市出台的取消行政事业性收费项目和降低收费标准等政策措施，加大清费治乱减负工作力度，全年共取消37项行政事业性收费，一年可减轻企业和群众负担1910万元。其中，涉及行政许可的行政事业性收费24项；涉及行政审批的有12项。此外，还取消了劳动部门的外出人员就业登记卡费。

在取消收费的同时，开展收费综合年审工作，对全市10个镇区的劳动（培训）、计生服务、交通、环保、房产管理、有线电视等单位及强制性停车场、民办学校、村（居）委会的收费执行情况进行了重点检查。全年共核（换）发收费许可证3886个，收费员证2462个。

【涉及出租车各项收费的清理和整顿】东莞市为缓解成品油调价对出租车司机的影响，确保出租车行业的稳定，从2005年9月开始，全面清理整顿涉及出租车的各项收费，落实“公路客运附加费”、“公路运输管理费”和“驾驶员年检费”等3项收费减免措施，重申“汽车综合性能检测”属自愿性质，任何部门和单位不得利用行政手段强制检测、强制收取“汽车综合性能检测费”。同时，要求出租车公司适当下调出租车承包费或挂靠费，减轻出租车承包者的负担。

【路桥收费年票制实施】2005年，路桥收费年票制方案经市政府同意并经省政府批准后，市物价局协同交通部门落实路桥收费站的撤并和年票制出台的前期工作，保证了路桥收费年票制在3月31日零时起实施。

【价费公示进社区工程推行】为规范社区价格收费行为，提高社区价格收费透明度，市物价局于2005年7月份分别在莞城区罗沙社区、市机关干部住宅小区设立“社区价费公示”和“住宅小区价费公示”的试点，并于8月向全市全面铺开。至2005年底止，全市232个社区基本按要求在公共场所张贴了由市物价局统一印制的公示牌，清楚列明有关公示内容的具体价格或收费项目、计算单位、价格水平或收费标准、服务内容、收费范围、定价形式、定价或收费依据（批准机关及文号）、收取对象、价格举报电话等。部分物业公司也已按要求实行

▲ 可园中学

了收费公示。

【价格监督检查】2005年，市物价局加大价格监督检查力度，在配合省物价局开展电信收费、教育收费等专项检查的同时，结合当地实际，开展了节日期间价格收费、药品和医疗服务收费、成品油价格、价格欺诈等一系列价格专项检查活动。在国庆期间开展的汽车客运票价专项检查中，依法对擅自提高票价的7家客运公司分别给予4.5万元至7.8万元不等的罚款（共罚款33.2万元）；在药品和医疗服务收费专项检查中，对存在自立项目或提高标准收费、重复收费和变相多收费等违规行为的8家医院进行立案处理，依法没收其违法所得98.5万元上缴国库；在成品油专项检查中，对个别标价行为不规范和擅自加价销售油品的经营企业进行了经济处罚，共没收违法所得13296.99元，罚款39890.97元；在价格欺诈专项检查中，对个别自行印制并使用未经物价监督检查机构监制的标价签的商场给予罚款3000元的处罚。全年共查处价格违法案件56宗，实行经济制裁743.51万元，其中：没收违法所得213.96万元，罚款38.59万元，退还用户490.96万元。共受理价格投诉884宗，已办结795宗，办结率达92.76%，维护了群众的合法权益。

【价格宣传】2005年，市物价局运用报纸、广播、电视等新闻媒体宣传价格政策，传递价格信息，反映价格动态。在《南方日报》、《羊城晚报》、《广州日报》、《南方都市报》、《东莞日报》、东莞广播电视台报道价格信息200多条。向市委办信息科报送价格政务信息65条，被采用14条；向市纪委监察局报送了纪检监察信息29条，被市纪委监察局采用9条，被省纪委采用1条；编印《东莞物价》26期；继续抓好文件上网工作，把所有能公开的文件在网上公开，方便社会查阅，增强价格政策透明度。

【推进"阳光行政"】2005年，市物价局重视新闻舆论监督，对新闻媒体反映的价格收费问题，及时派员跟踪调查，并将处理结果向媒体反馈。如对多家媒体披露的酒店多收茶位费问题、村委会乱收清洁卫生费问题、加油站乱提价问题等，该局立即派员与媒体记者一起调查核实，责令违规单位立即纠正价格违法行为，退回多收款，并依法给予罚款处理。对市府督查室及东莞广播电视台"阳光热线"栏目转来的反映价格问题的信函，实行专人登记、专人办理，并在规定时限内回复，做到事事有答复，件件有回音。

【价格认证】2005年，市物价局价格认证中心认真履行对涉案赃物进行价格鉴定的职能，全年共为公安、司法机关进行涉案赃物价格鉴定1万宗，涉及金额1.15亿元，为公安、司法机关对刑事案件定罪量刑提供了客观公正的价格依据，为打击犯罪、创建平安东莞发挥了积极的作用。全年所出具的1万份价格鉴定结论书均未出现复议的现象。2005年12月，价格认证中心被国家发展和改革委员会评为"全国先进价格认证中心"。

【人员管理制度完善】2005年，针对价格执法工作实际，市物价局着重从八个方面规范价格执法人员行为，要求价格执法人员必须做到：执行价格监督检查公务，必须有两名或两名以上检查人员同行，并出示价格监督检查证件。执行价格监督检查公务期间，不得向被查单位提供个人联系电话，确需联系的只能提供单位电话。在检查中如发现被查单位存在违规行为，要立即循级报告，其中，违价行为涉及面广、影响程度严重的，须向局长报告；违价行为涉及面较广、影响程度较严重的，须向局主管领导报告；违价行为只是局部、影响程度一般的，向所长报告。在检查中如发现被查单位存在违规行为，在定性准确的基础上，必须在7个工作日内下达行政处罚告知书。开展价格监督检查时，应事先拟定检查范围和检查时限，并报经局主管领导同意，不得随意更改。对群众投诉案件的处理应事先经所长同意，未经批准，不得擅自行动；对专项检查的内容应事先制定计划并报局主管领导批准，检查时不得擅自变更。不得泄露投诉人资料；不得借办案之机为自己和亲友谋取任何形式的利益。严格执行局的"六不准"规定。

莫杰英被国家发展和改革委员会评为2004—2005年度全国农产品成本调查工作优秀个人。　（罗德泉　叶慧敏）

**附：2005年东莞市物价局领导名录**

局　长：卢启邦

副局长：莫淦泉

储建国（9月转任调研员）

## 工商行政管理

【工商行政管理工作再创辉煌】2005年，市工商局抓住重点，锐意进取，各项工作取得了新的突破，在各镇区、各部门的无记名投票评选中，再次高票当选为"中央、省属驻莞机关先进单位"。

【整治无照经营】2005年，清理无照经营被纳入全市"四清理"中心工作，由市政府牵头，从4月份起开展了为期9个月的大规模清理整治无照经营行动。作为牵头部门和主力军，市工商局集中全系统力量，协调有关部门简化办事程序，开展集中办公、现场办照、上门服务，引导经营户领照经营，先后组织了三次大规模的集中统一行动，对不符合市场准入条件或拒不办理证照的无照经营活动进行强势清理，并针对毛织、制衣、小饮食、未登记市场等无照经营老大难问题，多次主动与有关部门进行协调沟通，形成专题调研报告向市委、市政府汇报，直接促成沐足、网吧经营权的放开和老大难问题的解决。整治期间，全市共清理无证照经营110649户，其中补办营业执照69335户，取缔41314户。

【流通领域商品质量监测】2005年，市工商局重点运用抽检和曝光两个手段，加强流通领域商品质量监管。一是加大对市场、超市、大型食品批发部等重点领域和食品、家电、儿童用品等重点商品的抽检力度，将抽查的方式从抽查商品为主调整为以抽查经营单位为主。二是出台实施《商品质量监测抽查信息公布制度》和《商品质量监测（抽查）后处理指导意见》，通过新闻发布会、报纸专栏等形式，及时向媒体发布质量监测抽查信息，公布存在严重质量问题的经营单位，建立起对抽查结果的分析评价机制。7月，首次发布质量监测抽查信息，就抽查商品名称、销售单位、生产企业、质量状况和不合格项目等情况在《东莞日报》及省驻莞媒体上公布。一年来，共组织抽查32次，是2004年的2.5倍，涉及小食品、小家电、儿童玩具等20类商品5012批次，经营单位1465户，在各大媒体上公布商品质量监测情况14期。

【市场安全监管】2005年，市工商局坚持"从严监管，服务地方"的原则，组织开展对易燃易爆、采石场、加油站等重点行业，"三小"场所、公共聚集场所、集贸市场等重点场所进行全面摸底和专项整治，并对酒店、卡拉OK、桑拿沐足等安全隐患较大的服务性行业，一律停发筹建期营业执照，对其他类型企业则继续保持原有做法但有针对性地加强巡查监管。全面铺开市场食品准入管理工作，探索实施“场厂挂钩”、“场地挂钩”的购销挂钩经营模式。截至2005年底，作为样板的80个试点市场、超市已基本建立食品准入制度。

【市场经济秩序整顿和规范】 2005年，市工商局继续加大执法力度，维护市场经济秩序。一是开展创建无传销社区（村）活动，协同市委政法委对32个镇区的打传工作进行重新评定，由市政府与各镇区重新签订责任书，进一步明确了打传的属地管理责任。一年来，共查获传销和变相传销窝点41个，遣散涉嫌人员近500人。二是开展保护商标专用权专项行动以及为期一年的“打虚假，树诚信”广告专项整治，发布了第一期媒体广告监测报告，并对户外广告、医疗广告、药品广告等进行重点查处。一年来，共检查经营户2415个、各类商品交易市场588个、广告5638条次，查处各类商标侵权案件150宗，广告违法案件120宗。三是对非法拼（组）装车、走私贩私、商业欺诈、制售假冒伪劣商品等违法行为进行重点打击，将整治范围扩展到了电子商务领域，查处利用网络从事不正当竞争案件9宗，实现了市工商局该类案件零的突破。一年来，工商部门共办结各类违法违章案件16088宗，较上年增长2.4%。

【企业登记管理】 2005年，市工商局从落实大堂值班制度、着装管理制度、办事公开制度、首问责任制度和限时服务制度“五项制度”着手，全面加强登记窗口的标准化建设。重新梳理近几年的登记改革措施，编印《企业登记工作指南》，印制新的登记表格样式在各登记注册大厅公示，使工作人员做到“有指南可依”，办事群众“有范例可循”。简政放权、简化年检资料，将年检审核权分层下放到科员和分局办事员一级，除外商投资企业外，其他企业免提交审计报告。一年来，全市共新登记注册各类市场主体98794户，是上年的2倍；共有1360户企业享受了即来即办的免实质性年检待遇。截至2005年底，全市市场主体已达353266户，比上年同期增长25.95%，较2001年底翻了一番，居全省第三。

【商标管理】 2005年，市工商局召开全市驰名著名商标表彰大会，首次以市委、市政府名义向获驰名商标企业颁发50万元的现金奖励。争取市委、市政府支持，将表彰制度化，定于每年的“4·26世界知识产权日”前后，对市新认定的驰名、著名商标等自有品牌企业进行表彰。利用大朗毛织具备打造区域品牌潜力的特点，积极促成“大朗毛织”被确定为全省创建区域国际品牌的试点。按“大展会驻点，小展会巡查”的原则，先后在厚街家具展、大朗毛交会、东莞电博会、长安机械五金模具交易会等大型会展中设立商标知识产权投诉点。一年来，全市新增中国驰名商标2个，广东省著名商标20个；截至2005年底，全市已有中国驰名商标5个，广东省著名商标74个。

▲ 工商执法检查

【消费者权益保护】 2005年，市工商局指导消委会建立消费维权快速反应联动机制，得到16个职能部门和8个大型行业协会的积极参与。推动消费维权工作由事后救济向事前引导转变，与东莞电台合作，开办名为“消费之声”的电台消费维权专题节目，每周定期选取一个消费投诉较集中、消费者较关心的专题，以专家访谈问答的形式，解释消费误区及消费难题，阐明消费维权的程序和方法，并现场接听、解答消费者的咨询和投诉。 （袁 洪）

附：2005年东莞市工商局领导名录

局　长：袁志强

副局长：黎自力　范燕彬

王争光（7月到任）

陈仕全（7月到任）

陈汉康（7月离任）

邓罗深（7月离任）

# 质量技术监督

【源头食品安全监管】 2005年，东莞市质监局始终把食品生产加工环节安全监管作为各项质监工作的首要任务，从源头上严把食品质量卫生安全关。3月，在全省质监系统率先成立食品安全监管办公室，组建成18人的食品巡查队伍。采取授课、研讨和现场实习相结合的方式，对食品巡查员进行为期1个月的上岗前培训，全面学习质量、计量、标准、特种设备和检验检测等业务知识。把全市32个镇（区）分成三大监管片区、六个监管分区，每个片区、分区都明确责任人，制作区域监管分布图、企业分布图、行业分布图、区域责任人员图，把源头食品安全监管责任分解、落实到每一家企业和相关工作人员。

建立健全“六项制度”，完善食品安全监管机制　一是巡查制度。根据不同类别的企业，确定巡查频次，名牌、免检产品企业每年巡查一次，条件较好的A类企业半年巡查一次，条件一般的B类企业每季巡查一次，条件较差的C类企业每月巡查一次，2005年出动食品巡查员5096人次，巡查食品企业1274厂次。二是监督检验制度。同一企业生产多个品种的，监督检验基本全部覆盖。加大食品监督抽查频次，对重点监管的食品和企业，每季度每种产品监督抽查一次。简化不合格后处理程序，加大不合格后处理力度。2005年对1459家企业的2719

个批次食品进行监督抽查，合格率为77.86%，对344家企业进行不合格后处理，现场复查249家，移送稽查部门处理46家。三是市场准入制度。把好食品生产许可证的申请受理、现场审查和证后监管关，对大米等旧5类食品企业重点加强证后监管，对肉制品等新10类食品重点做好执法检查和查处工作，全面启动糖果制品等13类食品市场准入工作。全年受理申请211个单元，其中110家企业的129个单元已获证，51个单元已上报但尚未获证。四是打假责任制度。把食品打假列为2005年打假工作的重点，严厉打击生产加工假冒伪劣和有毒有害食品违法行为，开展含“苏丹红”食品、桶装饮用水、儿童食品、烧腊食品和白酒等食品专项执法检查。全年立案查处食品案件164宗，同比增加48宗，端掉食品生产窝点10个，查获货值190多万元。五是普查建档制度。综合多种信息渠道，及时掌握、更新全市食品生产加工企业信息，建立纸质和电子档案，实施动态、分类管理。东莞市共有食品生产加工企业1334家，其中A类企业60家、B类企业575家、C类企业172家、前店后厂式企业527家。六是政府回访制度。主动向市政府汇报全市源头食品安全的新情况、新问题，向镇（区）政府通报当地食品生产加工业的状况，共同研究存在的突出问题和监管难点，提出意见和建议，在地方政府的组织领导下，开展区域性、行业性食品安全专项整治，2005年对长安、常平、东城等20个镇（区）进行回访。

实施“十百千万”工程，开展食品安全专项整治　制定《东莞市质监局开展食品专项整治“十百千万”工程实施方案》，确定6个重点监管区域、8类重点监管产品和111家重点监管企业，用2—3年时间分五个阶段进行整治。2005年市质监局成立食品专项整治工作领导小组，召开全市食品专项整治工作会议，782家食品生产加工企业现场签订《食品质量安全承诺书》，对冷冻饮品、果冻、米制品、调味品、饮料、饼干、肉制品和糖果等重点监管产品，白沙（油鸭）、新湾（咸鱼）、茶山（饮料）、麻涌（白酒）等重点监管区域以及111家重点监管企业进行专项整治。尤其是白沙村和新湾村，经过专项整治，油鸭生产企业的环境和设备大大改善，部分企业取得了或正在办理营业执照，16家咸鱼加工店均办理了营业执照。

完善“四个监管网络”，加强城乡结合部食品安全监管　制定每月信息报送制度，增设食品行业协管员。全市32个镇（区）、617个村（居）共设立32名食品安全负责人、32名食品安全联络员和636名食品安全监督员，发动食品行业设立38名食品行业协管员，全市约5000名出租屋管理人员纳入食品安全监管网络。

加大食品安全宣传力度，提高监管人员和广大群众的食品安全意识　把国家、省、市有关文件和相关的法律法规汇编成册，印制了3000本《食品质量安全监管手册》，派发给食品巡查员、镇（区）和村（委）两级食品安全联络员、监管员和协管员，作为日常监管工作和学习参考资料。印制了5000份食品安全宣传海报，分发到全市32个镇（区）、617个村（居）和城乡结合部，张贴在醒目位置，广泛发动人民群众踊跃举报投诉生产假冒伪劣和有毒有害食品违法行为。

【特种设备安全监察】2005年，市质监局十分重视特种设备安全监察工作，坚持每季度研究分析全市特种设备的安全运行状况，加强领导，全市特种设备安全运行状况良好。把市特种设备检验所35名一线检验人员和局机关18名食品巡查员纳入兼职安全监察员队伍，完善专、兼职相结合的安全监察网络。组织力量认真清理、核实特种设备动态管理信息系统的数据，核查锅炉、压力容器8000多台，以东城区、洪梅镇、高埗镇为突破口，清理核查特种设备700多台，确保特种设备数据全面、真实、准确地反映全市特种设备数量增减、安全技术状况、受检和隐患整治情况。

严格规范行政许可，把好特种设备安全准入关　从申请受理、鉴定评审到审查发证等各个环节，严格按照规定条件和办事程序，认真把好特种设备安全准入关。2005年安装告知锅炉1064台、压力容器334台、压力管道450个单元，核发锅炉使用证817个、压力容器使用证4553个、压力管道使用证670个。特种设备告知共7169台（套），其中电梯5426台、起重机械1724台、厂内机动车770台、游乐设施19台。

加强现场监察和行政执法，打击违规行为　对厚街、沙田、道滘等镇213家压力容器使用单位进行现场安全监察，打击无证使用压力容器行为，发出安全监察指令书135份。对25家锅炉安装单位的安装施工现场进行现场监察，对存在先安装后告知、安装人员身份不符、无安装质量记录等严重问题的，责令限期整改，打击违规安装行为。把气瓶充装单位和电站锅炉使用单位列为重大危险源的重点排查监控单位，全年现场安全监察两次以上。2005年发出安全监察指令书491份，立案查处特种设备案件131宗，成功查处一宗无证安装大案要案，涉案金额达149万元。

加强公共聚集场所特种设备和大型游乐设施安全检查，预防安全事故发生　按照“安全第一、预防为主”的安全工作方针，对辖区内客运索道、大型游乐设施以及学校、医院、商场、大型住宅区等公共聚集场所使用的电梯进行安全大检查，结合“五一”黄金周、“六一”儿童节、“十一”黄金周对客运索道、大型游乐场所的特种设备进行专项检查，特别是华南Mall大型游乐场，从设备来源、安装、管理、从业人员、使用等各个环节严格把关，帮助华南Mall建立健全安全管理体系，严格落实各项监管措施，确保游乐设施安全运行。

加大宣传力度，提高企业和社会的特种设备安全意识　一是在东莞日报政务公布栏公开特种设备有关内容5次，包括特种设备安全监察部门的职能、办事程序、获得行政许可资格单位的名单和有关法律法规；二是在局信息网站公开获得电梯安装改造维修许可资格、锅炉安装许可资格、气瓶检验资格、气瓶充装资格、压力管道安装资格单位名单；三是“六一”儿童节前夕在华南Mall游乐广场举办以“关爱生命、关注特种设备安全”、“为了孩子的快乐、为了明天”等为主题的大型游乐设施现场咨询会；四是在“全国安全生产月”期间，参与市大型宣传咨询日活动，专门印制了大量宣传画、图片和手册派发给现场群众，展示液化石油气钢瓶等实物，宣传《特种设备安全监察条例》等法律法规和安全知识。

【发挥综合管理职能】2005年，市质监局把名牌、免检产品工作作为质监部门落实市委、市政府实施“四项工程”、培育发展“两自企业”的重要工作来抓。一是通过召开座谈会、推荐会，组织企业开展宣传活动，邀请新闻媒体宣传报道等方式，加大宣传力度；二是全程跟踪评价过程的各个环节，及时采取相应措施，解决突发问题；三是印制《名牌免检工作手册》、《创名牌工作指导意见》和《企业申报省名牌工作指引》等资料，免费派发给企业，指导企业申报名牌、免检产品；四是动员9个镇（区）以政府名义召开名牌产品表彰会议，表彰奖励名牌产品企业，推动名牌、免检工作在镇区的深入开展。2005年东莞市新评1个、复评1个共2个中国名牌产品，新评19个、复评1个共20个国家免检产品，新评24个、复评4个共28个广东省名牌产品。国家免检产品的新评数量多于历年总和，广东省名牌产品的新评数量比2004年翻了一番，接近历年总和。

开展重要技术标准试点工作，顺利通过国家专家组验收 2005年是重要技术标准试点工作的冲刺年，市质监局全面落实各项试点任务，得到国家专家组的充分肯定，顺利通过验收。在家具、服装、毛针织品三大特色行业中选择15家企业，开展技术标准示范工作；在三大特色行业中研制了15个技术标准，其中纳米服装通过省地方标准立项，办公家具、藤器家具和纳米服装正在申报国家标准立项；构建IT产业技术标准体系。建立东莞市贸易技术预警系统，建成东莞市贸易技术壁垒预警网站；全面铺开企业标准化人才培训工作，培训企业人员达10800人次。

加强计量和标准化工作，夯实企业质量技术基础 在计量方面：水表、煤气表首次强检工作步入正轨，全年送检水表37575个、煤气表30064个；以颁布实施《定量包装商品计量监督管理办法》为契机，大力开展定量包装商品的宣传和计量监督检查工作，4家企业169个产品获得“C”标志证书；完成32家企业77人计量检定员资格核准（复查）、34家企业66个项目计量标准器具核准、11家企业18个系列产品制造计量器具许可证核发、2家企业4个系列产品修理计量器具许可证核发、79家企业三级计量保证体系和2家企业二级计量保证体系确认工作。在标准化方面：对已备案的737家企业的1574个食品企业标准进行清理；采用国际标准备案17家企业21个产品，企业产品执行标准登记1497家企业2990个产品，企业产品标准备案407家企业749个产品，产品标志登记备案456家企业4393个产品；重点对12个饼干系列标准、腌腊肉制品卫生标准和《广东省优质籼稻谷》等强制性标准进行宣贯，免费培训270家企业的337名标准化工作人员，对13类食品的生产企业进行标准宣贯及指导；对石碣蔬菜标准化示范区推行国家、行业标准，积极推进农业标准化工作。

开拓质量技术培训工作，提高企业的专业技术水平 加强与镇（区）政府、镇（区）质监站的合作，具备条件的镇（区）独立举办培训班，尚不具备条件的镇区采取“先报名，后集中办班”的办法，使质量技术培训工作广泛深入到基层；加强与石龙培训基地、高培进修学院等社会办学机构的合作，形成“学锅炉到石龙”、“学叉车到高培”等各具特色的培训项目；开发新的培训项目，完善实际操作环节，严把师资审查关，全年举办各类培训班127期，培训人员8368人次。

调整调查服务工作思路，开展特种设备作业人员普查 东莞市的特种设备数量多，特种设备作业人员的数量和流动性大，无证上岗、违章操作的现象时有发生，近年来发生的特种设备安全事故中，80%以上均因特种设备作业人员违章操作所致。2005年，市质监局调整调查服务工作思路，把工作重点转向特种设备作业人员专项普查，从10月开始，用近1年的时间，以镇（区）为单位，全面摸清和掌握全市特种设备作业人员的状况，实施动态管理。

【加大执法把关力度】 2005年，质监局综合多种渠道的信息，对全市生产企业抽查名单进行排查，进一步扩大监督抽查覆盖面，2005年抽检企业3300家，比2004年增加262家，抽检产品7592批次，平均合格率为83%；把整改复查与执法抽查结合起来，严格执行不合格后处理程序，对严重不合格、拒绝整改或复查仍不合格的企业坚决移送稽查部门查处，全年发出整改通知书511份，移送稽查部门立案查处企业117家；在东莞日报政务公布栏和局网站公开2005年的前三季度监督抽查情况，公告合格企业308家，曝光严重不合格企业69家，加大质量公告力度；对人造板产品、农资产品、收录放音机、电线电缆、木器漆等产品进行专项整治，开展危险化学品及其包装容器生产企业普查。

加大执法打假力度 市打假办充分发挥综合协调作用，多次到塘厦镇做协调、指导工作，塘厦镇成功摘除广东省打假重点区域“帽子”；制定了《东莞市打击制售假冒伪劣商品违法行为工作责任制考核办法》和《东莞市打击制售假冒伪劣商品违法行为工作责任制考核评分标准（试行）》，并报市政府印发实施。市质监局稽查大队深层次落实政企联合打假机制，积极受理名优企业和代理公司举报投诉，维护名优企业和消费者的合法权益，为名优企业挽回经济损失358万。继续加强与公安、法院、检察院等部门的合作，移送公安机关案件4宗，刑拘5人，刑判1人。充分发挥12365举报投诉电话作用，接到举报投诉电话2031个，受理案件499宗，为消费者挽回经济损失400万元。全年出动执法人员3319人次，查办各类案件965宗，同比增加191宗；立案查处案件541宗，同比增加77宗；端掉制假窝点67个，查处物品总值1199万元，没收物品总值246万元，作出行政处罚899万元。

开展计量和标准化执法，打击短斤缺两和无标生产行为 在计量执法方面：对餐饮企业、瓶装石油气充装（代充）企业和水泥生产销售企业进行专项计量执法检查，立案查处58宗，其中无证制造、修理计量器具3宗。标准化执法方面：对全市282家危险化学品生产企业开展消灭无标工作，对922家无标生产企业发出办理企业产品标准备案通知。

【技术机构建设】 2005年，东莞市质量计量检测业务平稳增长。全年完成检验报告20414份，其中定期监督检验7617份，委托检验12797份；完成计量器具检定12.7万台（件），受检企业21484家。加大对仪器设备的投入，共采购仪器设备187台（套），包括EMC项目群体、ICP、气相色谱仪、流量计检定装置、高频信号发生器、超纯水系统等一批高值高标准的大型仪器，价值1173万元；完成实验室搬迁，重新规划建设食品化验室，配备P2级生物安全实验室；继家具产品后，玩具产品取得CQC认证委托检测资格。

完成特种设备检验任务 2005年，完成特种设备（不含常压槽罐车）检验41811台次，同比增长13.3%，其中检验机电类特种设备28307台，同比增长20.2%，检验承压类特种设备13504台次；校验安全阀门18625只，同比增长23.8%；检测水样12639份，与2004年基本持平；检验导热油样304份，同比增长两倍多；检验常压槽罐车1011台，同比增长14.8%。

标准与编码业务量大幅度增加 2005年，为87791个单位办理组织机构代码证的申办、变更、换证、年检和注销等手续，同比增长38%；为39226个单位发放IC卡，全市80%已办理代码证的单位申领IC卡。新增条码注册企业331家，同比增长41%；办理条码续展企业385家，订制原版胶片5860张，同比增加1680张；完成6家条码印刷企业认定及5家认定企业的复认工作。为522家企业提供标准制（修）订咨询服务，制（修）订企业标准874份。为1700家企业提供了标准文献服务，与105家企业签订咨询服务协议。

（林祖军）

附：2005年东莞市质量技术监督局领导名录

局　长：袁厚枝

党组书记：张活力（9月到任）
副局长：邓志波　刘东兴　曾邱萍

## 食品药品监督管理

【保持共产党员先进性教育活动】2005年，市食品药品监管局在整个先进性教育活动中，共编发15期先进性教育活动《工作简报》，出版2期宣传专栏和1期学习心得交流专栏；在局政务公开网上开辟宣传专栏；充分利用新闻媒体进行宣传报道，扩大影响在切实抓好“规定动作”的同时，还积极做好“自选动作”，如组织全系统在职党员上街开展合理用药知识宣传为主要内容的主题党日，丰富教育活动的内容。群众满意度100%，受到督察组的高度赞赏。

【民主评议行风活动】2005年，作为民主评议行风活动两个受评议单位之一，市食品药品监管局按照市政府纠风办和省局行评办的统一部署，围绕“争当全省食品药监系统排头兵”的工作思路，狠抓党风、政风、行风建设。11月，经全市300名行风评议团成员背靠背、无记名的投票评议，以97.3%的满意率，高票当选满意单位。

【食品安全】2005年，市食品药品监管局积极组织协调相关部门在全面推进食品放心工程的基础上，继续深入开展食品安全专项整治，取得明显成效。

综合监管　不断完善东莞市各项食品安全制度，市、镇两级签订《东莞市食品安全工作责任书》；认真办理政协提案；积极发挥信息综合作用，初步建立东莞市食品安全信息联络网络，编发13期《东莞市食品安全工作信息》，受到省食品安全督查组的充分肯定。

组织协调　协调各职能部门共同制定2005年东莞市食品安全专项整治工作安排。组织开展对各镇区整治无证照生产加工食品工作的督查以及儿童食品检查、国庆前夕食品安全综合大检查等专项整治。

食品安全宣传　在市食品药品监管网站上开设“食品安全”栏目及相关网站的链接，方便群众及时了解国家有关食品安全的政策和动态；编印《食品安全常识100问》宣传册，仅“3·15国际消费者权益日”当天就派发了6000多本；与东莞日报合作，将《食品安全常识100问》的内容逐条刊登在东莞日报每周四《食在东莞》栏目上。

食品安全调研　组织开展对中小学校（幼儿园）集体食堂卫生安全管理的基本状况、镇区商场超市、食品批发市场和学校周边小卖部儿童食品的销售概况以及对在镇区设置食品安全管理机构的调研。

【医药市场秩序整顿和规范】2005年，市食品药品监管局在重点加强对以出租屋为重点场所，以藏药、蒙药代销品种等为重点品种，以个体诊所、专科门诊等医疗机构为重点单位的日常监管的同时，集中人、财、物组织开展医疗机构购进和使用的骨科植入器械等重点监管品种、联合清理药店“坐堂医生”非法行医、联合清查违法违规经营含可待因复方制剂等专项行动，有力地配合了全市“四清理”工作的开展。全年共组织出动3750多人次，检查全市32个镇区的药械单位980家，化妆品经营企业（包括美容院）90家，保健食品经营企业240家，处理投诉举报案件190宗，做出行政处罚271宗，没收违法药械1200箱（件），标值53万元，得到上级和有关部门的充分肯定。2005年，市食品药品监管局被评为“禁毒工作先进单位”和“打假工作先进单位”称号。

【促进食品医药产业发展】2005年1月1日，市食品药品监管局开始受理保健食品、化妆品审批业务，全年共为16家化妆品生产企业、3家保健食品生产企业和2510家保健食品经营企业核发《卫生许可证》。继续实行贴身服务，跟踪指导，开辟“绿色通道”，帮助企业办理注册手续。全年新办医疗器械生产企业16家，医疗器械经营企业30家，发一类医疗器械产品注册证24份；药品制剂生产企业2家，药包材生产企业1家；为5家新办药品批发企业、1374家零售药店核发《药品经营许可证》。

【GSP认证】2005年，按照国家有关规定，东莞市所有药品零售企业需在年底前通过GSP（药品经营质量管理规范）认证。由于申报认证的县以下药品零售企业的经营企业差、人员素质低、认识不到位，存在畏难和观望情绪，市食品药品监管局通过大力宣传国家有关GSP认证工作政策和要求，使企业充分认识认证的重要性和迫切性；通过上门抓帮扶，积极开展咨询、现场指导、培训等形式，提高企业的积极性。全年共受理2376家药品零售企业（含复查企业数）的GSP认证申请，其中，2074家企业通过现场检查，核发证书1901家，完成既定认证任务。

【特殊药品管理】2005年，市食品药品监管局完成了对罂粟壳零售经营企业和医疗用毒性中药材配方经营企业的资格认定工作；结合省特药流通监管网，对特殊药品经营企业进行全面的现场检查，查缺补漏；建立完善医疗机构的特药管理档案。

【药品不良反应及药物滥用监测】2005年7月，“广东省药品不良反应监测中心东莞工作站”挂牌成立，进一步完善药品不良反应监测网络，全年上报药品不良反应监测报名132份。组织对市强制戒毒所的药品使用情况的检查，每月督促戒毒所将药品滥用监测调查表及二类精神药品使用情况调查表汇总上报，全年上报调查表2699份。东莞工作站被省药品不良反应监测中心评为“2005年度先进工作站”。

【教育培训工作】2005年，市食品药品监管局立足经营企业实施GSP认证的契机，有针对性地开展多种形式的教育培训工作。全年共计开办各类培训班50期，超过6500人参加了培训。把握最后一年报考驻店药师的机会，全年报考驻店药师人数超4400人，突破历史最高峰，位列全省地级市第一。

【改革和完善“窗口”建设】2005年初，市食品药品监管局创新窗口建设，采取七项改革措施，突破传统办事窗口为机关“收发室”的管理模式。一是提升办事“窗口”的地位。把办事“窗口”从隶属办公室单列出来，成为一个独立部门，受局领导直接领导，抽调相关业务科室骨干充实到“窗口”，实行现场办公；二是充分授权办事“窗口”。把原由各科室履行的当即办理的37项行政审批、行政办理事项前移到“窗口”，部分行政办理事项由“窗口”负责人和工作人员现场审批、现场办结，真正把“一站式办公”、“一条龙服务”落到实处；三是实行不停顿办公制。做到群众的事未办完不下班；四是加快建设行政许可网络操作系统，推进网上受理、网上审批；五是把受理投诉举报和接受群众咨询服务的职能归并到“窗口”，方便群众投诉举报和案件快速处理；六是增加大厅坐椅，添置饮水机，方便群众排候和休息；七是继续推进首问负责制、限期办结制的落实，提高“窗口”的服务水平和服务形象。

同时，在市药检所建立技术监督受理“窗口”，做到收、检分离。通过创新“窗口”建设，落实行政许可、审批事项前移工作，有效提高行政效能，加快了办事速度。受理大厅被评为市直机关2005年度“文明科室”。

【药品零售企业信用等级分类管理】2005年1月，市食品药品监管局为确保公平竞争，保证药品质量，实现科学管理，制定和实施了《东莞市药品零售企业监督管理规定（暂行）》，正式推行药品零售企业信用等级分类标准和管理办法。根据几年来的记分检查情况，把全市药品零售连锁企业和零售药店划分为“诚实守信”、“一般守信”、“警示”和“严重失信”四个等级，全面实行分类管理。7月6日，市食品药品监管局召开全市药品流通企业诚信建设表彰大会，公开表彰4家“诚实守信”和18家“一般守信”等级的连锁企业，并将企业的等级划分结果在网上和报刊上公布。药品流通企业信用体系建设的开展，极大促进了企业自律。

【基层食品药品监管机构创建】2005年，为保证食品药品安全监管全覆盖、不缺位，市食品药品监管局决定在虎门、常平、塘厦、石龙等四镇设立基层监管机构。其中，虎门工作组已于10月19日率先挂牌成立，成为全省乃至全国首个驻镇食品药品监管工作机构。

【共建“生物性能检测实验室”】2005年6月，省医疗器械质量监督检验所与市药检所就共建“生物性能检测实验室”达成合作意向，成为全省首家由省市合作共建的“生物性能检测实验室”。11月，双方就共建实验室布局和设备进行最后协商，标志着两所共建实验室进入实质性启动阶段。生物性能检测实验室的建立将大大加强东莞市药械监管的技术支撑作用和技术服务能力。

【药品检验】2005年，市食品药品监管局药检所积极配合稽查分局，加强针对性抽验工作，重点对药品批发、零售连锁配送总部和医疗机构制剂室进行跟踪抽查。全年完成药品抽验1764批次，其中，监督抽检总数为1178批次，合格率90.2%。

【食品药品宣传下基层】2005年，市食品药品监管局深入开展“食品药品宣传下基层”活动，宣传国家有关药械、保健食品、化妆品监管的政策法规，食品药品监管工作职能和识别假劣药械、保健食品、化妆品等。活动累计分发《食品安全常识100问》、《药品安全常识100问》、《医疗器械安全常识100问》等宣传册达4万册。（叶建荣）

附：2005年东莞市食品药品监督管理局领导名录

局　长：钟新力
副局长：李泳雪（9月离任）
谢　超　尹锡棋（3月到任）
张钰英（12月兼任）
纪检组长：张钰英（4月到任）

## 审　计

【概况】2005年，东莞市审计局共有在职干部职工46人，其中：本科学历32人，大专学历12人；获中级以上职称25人；在职干部中有党员32人；机关编制50名，其中：行政编制31名，事业编制14名，工勤编制5名。设有办公室、财政金融审计科、行政事业审计科、固定资产投资审计科、经贸审计科、经济责任审计科。

全年共完成审计和审计调查单位（项目）42个，查出违规行为金额10955万元、损失浪费360万元，应归还原渠道资金3146万元，核减多计工程款和建设成本3265万元，促进上交财政2784万元。提出加强管理的建议128条被采用，促进建立健全制度5项，向上级有关部门提交审计报告和信息30篇。市审计局被评为2005年度市直机关先进单位。

【本级预算执行审计】2005年，市审计局加强公共财政审计，着力推进依法高效理财。审计了财政局、地税局、林业局等9个部门单位的预算执行和其他财政收支情况，以及基建支出预算执行情况。审计中，以规范财政管理、优化财政支出结构、提高财政资金使用效益为着力点，加强对“收支两条线”、政府采购、国库集中支付等管理制度的落实情况的跟踪监督。一是着力强化对财政资金使用有效性的审计，促进财政资金使用效益。审计发现年末结存大额镇区税收分成款，停留时间长，一定程度上影响使用效益；以前年度结存的政府采购专项资金4132万元未及时清理；逾期周转金贷款有9682万元未收回；三大森林公园建设项目进展缓慢，2004年度预算列支21433万元，但实际支出6202万元，造成资金闲置。二是着力加强对财政收入的征收管理审计，促进依法治税。通过审计，促使1691万元的税收收入依规入户，对扩大企业所得税带征范围、稽查处理力度不够等问题依规提出了整改意见，维护了财政收入征收管理秩序和环境。三是着力维护预算法的严肃性，促进依法理财。查出606万元的财政性收入未及时、足额征缴入库，违规收费3项，涉及违规收入28万元；部分单位违反预算安排经费支出和项目支出，涉及资金2867万元。市审计局注重预算执行审计运用成果的提升，为市委市政府创新公共财政体制，为人大审议、监督财政预算执行情况提供重要的决策依据。

【基本建设项目审计】2005年，市审计局从完善投资管理、节约财政资金入手，切实强化重点建设项目审计，促进规范投资行为，提高投资效益。开展了对财政预算基建支出的审计，查出部分工程未依规公开招投标，部分建设项目未及时进行工程结算和竣工决算等问题，进一步规范了财政基建资金的投向、管理和使用。实施对莞深高速公路附城至莞龙路立交段、东江大道、望沙一级公路、机关干部住宅小区等5个建设项目竣工决算审计，着力检查有无超规模、超标准、多计工程款、违规招投标、管理混乱、质量效益低下等问题，审计完成投资额250823万元，发现部分工程多计工程款和建设成本，发包不合规，工程项目因管理不完善、不规范造成增加项目投资等问题，促进了有关部门建立健全相关制度，加强对财政投资工程管理，保障建设资金的安全、有效使用。

【经济责任审计】2005年，市审计局坚持部门领导干部经济责任审计与部门预算执行审计、镇区领导干部经济责任审计与财政决算、专项审计相结合，切实强化对权力运行的监督。根据市委组织部的委托，市审计局对8名领导干部（人员）开展了任期经济责任审计，共查处领导干部负主管责任的违规金额1782万元。一是加强政府债务审计，从实行绩效评价制度入手，加大对政府性债务的监督制约力度。审计中，把政府债务管理和偿债能力分析纳入审计与评价的重要内容，认真分析政府债务的规模、构成、资金投向及其使用效益，增强领导干部债务风险意识，规范举债行为，防范债务风险。二是加强财政管理制度落实效果的审查力度，堵塞管理漏洞，促进提高财政管理水平，从源头上预防和遏制腐败。通过审计，促使35415万元收入和16451万元支出纳入镇年度财政决算，部分在单位列收列支的财政资金纳入镇级财政管理；促使有关部门单位将1186万元收入和779万元支出统一核算。此外，还查出大额应收款未登记入账且部分拖欠多年、财政财务管理有待加强等问题。三是加强对企业经营管理的审计。发现个别企业违规发放贷款，代企业向银行借款，占用信托资金用于国债回购和拆借资金等问题。四是更加注重严格审计执法。查处了应缴未缴税款216万元，违反“收支两条线”管理制度、未依规上缴市财政资金698万元，违规账户6个，以及违规收费、未依规进行政府采购、违规投资商铺等问题。

【效益审计】2005年，市审计局坚持“实行财政财务收支的真实合法审计与效益审计并重”，紧紧抓住经济管理和政府管理的重点环节开展效益审计，逐步加大效益审计的分量。一方面，以节约建设资金、促进提高工程管理质量为出发点，把开展建设项目效益审计作为效益审计最直接、最有效的突破口，开展对长安车检场建设项目效益审计。审计中严格把住投资决策、工程管理、结算、运营等关键环节，加强审计分析评价，发现项目由于管理不善、决策失误等导致多付工程款，土地利用率偏低、车检场功能不齐全、收费方法及监控不够科学谨慎、损失浪费等影响项目效益的问题，审计后提出了追回多付工程款、建立完善的数码监控管理办法、改进收费方式以及加强与有关部门的沟通协调、提高通车效益等多条行之有效的审计意见。另一方面，以提高财政资金使用效益为出发点，首次实施对重点财政专项资金效益审计。主要是围绕实施“科技东莞”工程，推进科技自主创新，开展“科技三费”效益审计；围绕统筹“三农”工作，促进农村和谐协调发展，开展扶贫贷款资金效益审计调查。在其他专项审计中，全面加大财政资金营运效益性的监督力度和行政经费成本的分析评价力度。

【专项资金审计】2005年，市审计局把维护最广大人民群众的根本利益作为各项工作的出发点和落脚点，更加关注和顾及群众最直接的、最现实的利益问题，将失业保险基金、农村合作医疗资金、扶贫资金、医疗救济金等这些“民生资金”作为审计工作的重点监督对象。通过审计，促进纳入财政专户管理资金629万元，促使88万元的专项资金得到及时拨付，纠正虚报冒领金额71万元、挤占挪用金额12万元，揭示残疾人事业发展资金筹集欠力度、部分医疗设备未充分发挥使用效益等问题，通过加大审计整改落实力度，提高了专项资金的管理水平和使用效益，促使资金运用成果惠及最广大人民群众。积极配合开展对非经营性收费公路还贷基数核定工作和镇区财政性资金审计检查、行政事业单位经营性资产专项清查等工作，为政府宏观决策、促进社会经济和谐协调发展服务。

【企业审计和社会审计业务质量检查】2005年，市审计局加强企业审计和社会审计业务质量检查，维护企业资产安全。对市电子工业总公司、东江水务有限公司、市水泥厂、市属企业资产管理情况开展了审计或审计调查。审计促进企业补缴税金1021万元，核实企业不良资产20多亿元，揭示了未及时收缴改制企业国有资产收益10624万元、闲置资产达8092万元，暂不改制企业对投资项目的管理有待加强、账外资金423万元、有待清理的职工集资款1891万元等问题。审计后提出4条综合性意见被采纳，促进加强和完善市属企业资产管理，防止资产流失，增强资产活力，提高资产效益。

2005年，市审计局对2家社会审计组织的审计业务质量进行检查，发现部分项目审计未依规实施必要的审计程序、一些重要事项的审计取证不够充分等问题，提出了整改意见。通过检查，促其增强执业意识，加强内部质量控制，提高审计业务质量水平，特别是增强今后对国有企业审计的质量观念，保证国有企业改革公平公正进行。

【内部审计】2005年，市审计局加大对内部审计工作指导检查的工作力度，促进内审工作更加制度化、规范化发展，取得了明显成效。一是突出重点，加强对内审人员的业务培训，举办了2期共有500多名内部审计人员参加的业务培训班，有效提高内审人员业务素质。二是加强调研沟通，积极做好筹备成立市内部审计协会的工作。三是大力开展全市内部审计工作检查评比，加强内审工作的指导监督。据不完全统计，2005年1至11月，全市镇区、市直部门单位共完成内审项目2474个，查出违规行为金额7736万元，促进增收节支6264万元，查出损失浪费1843万元，提出建议意见被采纳2803条，被采纳审计报告761篇，充分发挥了内审工作在加强内部管理、提高社会经济效益、促进廉政建设等方面的作用。市委书记、市人大常委会主任佟星对市审计局加强内部审计工作给予充分肯定，并作出重要批示。

（何建东）

**附：2005年东莞市审计局领导名录**

局　长：祝楚钦

副局长：李常永（9月离任）　梁渠森

# 国有资产监督管理

【市属企业改革】2005年，市属企业改革的主体任务虽已完成，但仍有部分企业未实施改制。为全面完成市属企业改革的任务，市国资委按照“既要积极推进改革，努力降低改革成本，又要维护职工合法权益，保持社会稳定”的原则，狠抓剩余市属企业的改制工作。工作中，狠抓调查研究，周密设计改革方案，着力保持改革政策的连续性和稳定性，充分考虑历史和现状的基础上妥善处理各种遗留问题，依法处理涉及职工切身利益的事项，认真抓好改革政策宣传解释和思想政治工作。2005年，通过采用资产赎买及关停等形式，共对10户企业实施了改制，妥善安置企业职工895多人。

【关停企业遗留问题处置】前几年，市国资委为维护东莞市社会稳定，对209户市属企业作了关停处理，优先处理企业职工的安置分流问题，但对其历史遗留的复杂债务未予以清算，债务停了但销不了。为盘活关停企业的资产，理顺其债权债务关系，防止市属资产流失，确保各方合法权益，2005年市国资委督导有关资产经营公司对关停企业的债权、债务进行了登记、核查和整理造册，对部分资不抵债的企业按法定程序进行了破产清算，并委托市产权交易中心对其资产进行公开拍卖。

【市属资产监管】2005年，市国资委狠抓市属资产监管，力促市属资产保值增值，严防市属资产流失。一是切实抓好企业国有产权登记工作，夯实国有资产监管基础。对企业发生国有资产占有、变动、注销等事项的，督导企业按规定进行登记，并据此向企业核发企业国有资产产权登记证；对已进行产权登记的企业，认真开展产权登记情况年度检查工作。二是认真抓好国有资产统计评价工作，为国有资产监管工作建立起准确的基础数据。布置和完成国有资产年度统计报表汇审工作；完成2004年度城镇集体企业、集体金融企业报表的布置、收集、汇总工作。三是抓好市属资产收益管理工作，做到应收尽收，切实维护市属资产权益。对原赎买改制企业剥离的应收不良资产加大清理力度。明确要求各企业要对应收款继续追收，并确保债权的可追索性。同时，要求资产经营公司要对所属企业应收款情况进行造册汇总，以便及时掌握应收款项的追收动态情况。对已追收回笼的资金，要求其及时收缴，对未追收到的款项，要求其督导企业加大追收工作力度；狠抓转制企业赎买金收缴工作。对部分未缴齐赎买金的企业，向其发出催缴通知，催其履行转制合同，缴齐剩余赎买金；加强暂借给转制企业的周转金回收工作，对逾期未归还的，责成其及时归还，并按约定收缴相关利息。

【政府资源性、基金性资产监管】2005年，市国资委协同有关部门对政府资源性资产，如各种特许经营权（网吧特许经营权、出租车及线路；车牌号码、广告牌等）开展拍卖、竞投及合同签订工作；对政府性基金逾期借款进行调查了解和核实处理等。

【镇区公车改革】2005年，市国资委组织中介评估机构对各镇区公用车辆进行评估；协同拍卖机构组织对各镇区车辆进行拍卖。截至2005年底，全市镇区公用车辆改革工作顺利完成。

【优势企业做大做强】2005年，市国资委大力促进市属资本从一般竞争性领域退出和劣势企业退出市场的同时，加大扶持东莞市国民经济关键领域或行业的重点市属企业（全资或控股企业），采取措施，促其做大做强，充分发挥市属资本的控制力、影响力和带动力。一是通过国有股权划拨、重组置换、联合等灵活途径，促进重点市属企业不断发展壮大。二是通过调配补充资本金、重组上市等途径，帮助解决一些有自主知识产权、有核心技术的重点市属企业发展的资金瓶颈制约问题，促其尽快实现规模化经营。三是积极协助重点市属企业解决业务展开中遇到的阻滞问题。

【转制企业的问题处理】2005年，市国资委针对转制企业反映房地产更名过户难、退休和失业人员移交社区管理难、企业属地管理难、东府［2001］87号文出台前的转制企业衔接处理难等问题，加大协调解决力度。专门召集九大资产经营公司及部分企业负责人座谈，听取和汇总企业的意见和建议，积极与有关部门磋商、研究转制企业房地产更名过户的解决办法，报市政府待批复实施；对转制企业离退休人员移交社区管理问题专门召集有关企业负责人座谈，认真听取企业的实际困难，积极协助其解决有关问题；积极鼓励有条件的转制企业实现内部第二次股权，促进股权尽量向经营班子或企业管理骨干过渡。

【抓好企业改革的稳定工作】2005年，市国资委认真贯彻信访条例，切实畅通信访渠道，对企业职工有关企业改革政策、企业转制资产处置和职工安置等方面的信访事项，认真予以处理。全年共妥善处理了爆竹厂退休人员生活补助费、柴油机厂转制、华大员工安置等30多例群众信访问题，促进社会的稳定；完成第四批“五类人员”审核认定工作。2005年上半年，协同有关部门对一批申请“五类人员”资格的人员进行资格认定，共认定27人符合“五类人员”资格；与多个部门协商，制订有关文件妥善处理涉及改制企业职工利益的一些突出问题，包括：改制企业失业人员生活补助费增发问题、十二大行政性总公司人员行政工龄时间的计算、改制企业下岗员工生活补助发放的组织和核实等。

【股权分置改革】2005年，市国资委开展对市3家国有控股公司（广东生益科技股份有限公司、东莞发展控股股份有限公司、成都博讯数码技术股份有限公司）的股权分置改革工作。截至2005年底，完成对广东生益科技股份有限公司、东莞发展控股股份有限公司2家股份公司的股权分置改革方案的上报工作，并基本酝酿成熟成都博讯数码技术股份有限公司的股权分置改革方案。

【产权交易市场建设】2005年，市国资委充实产权交易中心的人员力量，进一步健全和完善产权交易的制度，狠抓业务拓展。全年通过市产权交易中心共完成产权交易63宗，成交额为37812万元。其中，国有产权交易项目9宗，交易额1808万元；市属产权交易项目50宗，交易额35943万元；民营产权交易项目4宗，交易额61万元。同时，完成市公共汽车线路经营权和出租小汽车经营权招标、镇区公务用车车改的评估和拍卖、市网吧特许经营权抽签等几个重大项目的交易工作。

【市国资委成立】2005年上半年，在市属资产管理委员会办公室的基础上，东莞市人民政府国有资产监督管理委员会（简称市国资委）正式成立。市国资委是东莞市人民政府特设机构，代表市政府履行国有资产出资人职责，依法对所出资企业的国有资产进行监督管理，实现国有资产保值增值。（刘海滨）

**附：2005年东莞市人民政府国有资产监督管理委员会领导名录**

主　任：梁建新

副主任：罗淦英　陈锡稔

▲ 东城大道

SCIENCE AND TECHNOLOGY

# 科学技术

东莞市科学技术博物馆

■ 高新技术产业发展加快

■ 信息化综合指数居于全省前列

责任编辑：何　青

## 科学技术

【高新技术产业】根据统计快报，2005年东莞市高新技术产业产值1535亿元，占全市工业总产值（以下均按经济普查后数据4410亿元计算）的34.7%；高新技术产品产值1062.4亿元，占全市工业总产值的24.1%；全市新增省级高新技术企业53家，总数达到247家，高新技术企业总产值797亿元，占全市工业总产值的18.07%。

【民营科技事业】2005年，东莞市新认定民营科技企业200家，省级民营科技企业63家，全市市级、省级民营科技企业总数达到1100家和296家，民科企业中省级高新技术企业119家；在全市民科企业中，技工贸收入292亿元，比上年增长21.2%，总资产145亿元，比上年增长25.5%。

【制造业信息化工程】2005年，东莞市科技局继续大力实施制造业信息化工程，综合考察评估全市60家示范企业，推荐确定一批省、市制造业信息化示范企业，广东生益科技股份有限公司成为广东省唯一一家国家重点信息化示范企业；集中在电子、服装、家具、毛织、机械五金等重点行业，推广应用C3P、ERP、电子商务和网络化制造四大系列技术，选择65家企业实施制造业信息化重大示范项目；形成创实、深兰、思远、太平洋、汇多等企业自主研发的ERP系统10多套；培育中介机构6家、服务企业960家、培训中心5家和培训机构4家，举办培训班505期，培训人数超过13万；12月，东莞市制造业信息化工程顺利通过国家制造业信息化工程重大项目管理办公室专家组的验收。

【制造业绿色化工程】2005年，东莞市科技局继续实施“绿色制造，清洁生产”省市联动工程，组织召开《东莞市清洁生产规划纲要》课题验收会，组织8家企业申报省级清洁生产计划项目；与东莞市经贸局、环保局联合起草了《东莞市实施清洁生产工程的若干意见》。

【制造业标准化工程】2005年，东莞市科技局继续大力实施制造业标准化工程，研究起草《东莞市技术标准战略专家库管理暂行办法（征求意见稿）》，联合举办“东莞市IT产业技术标准体系建设研究座谈会”，组织开展东莞市IT产业技术标准体系建设专项调研，综合形成《东莞市IT产业技术标准体系项目调研报告》，组织申报一批IT产业重要技术标准试点企业；研究出台《东莞市专业镇技术标准试点实施方案》和《东莞市专业镇技术标准试点管理办法》，确定大朗、石龙、厚街、虎门4镇区作为第一批重要技术标准专业镇；加大制造业标准化宣传培训工作，刊发《东莞市重要技术标准工作简报》2期，制作《莞视论坛：技术标准与东莞经济发展》等一系列工作专题片；11月，东莞市制造业标准化工程顺利通过由科技部、国家质检总局、国家标准委组织“重要技术标准研究”专项地方试点评审专家组验收。

【科技投融资体系建设】2005年，东莞市科技局继续推进科技投融资体系建设，积极推动东莞市科技投资担保有限公司（下称东科投）的增资扩股工作，专门成立筹备工作小组，提出可行性研究报告和具体实施方案，先后召开4次增资扩股动员大会，初步确定增资股东；截至2005年12月，东科投共办理各类贷款申请242笔，申请担保贷款金额10.23亿元，比上年同期增长137.35%；公司累计担保金额约为6.24亿元，比去年同期增长197%；累计已担保约177笔，累计已担保企业或个人约95户，担保余额为3.13亿元；其中科技型企业约占80%，该比例与上年同期相比进一步提高，体现了公司支持科技型企业的经营宗旨。东科投达成总额超过2000万元的科技项目投资意向，涉及电子信息、新材料、生物医药、现代农业和民用核技术等多个领域；同时，与国家开发银行广东省分行签订东莞科技型中小企业贷款担保合作协议，国家开发银行为东莞科技型中小企业提供总额50亿元和首期4—5亿元的贷款额度，联合打造东莞科技型中小企业融资平台。

【促进实施科技东莞工程】 2005年，围绕东莞市委、市政府实施科技东莞工程，建设创新型城市的重大决策，东莞市科技局在充分调查研究的基础上，起草了《关于实施科技东莞工程建设创新型城市的意见（送审稿）》，要以创建国家火炬创新试验城市为契机，以企业为主体，以引进消化吸收再创新为主要模式，以产业应用技术研发与推广为重点，以产学研合作和对外科技合作为途径，以知识产权为纽带，建立完善区域技术创新体系，努力走出一条有东莞特色的自主创新的新路子，实现在创新体系建设、科技人才汇集、核心技术掌握、“两自”企业培育、产业集群升级等方面的新突破，形成技术、产业和经济的领先优势，使东莞成为创新资源集聚、创新主体活跃、创新产业发达、创新机制灵活和创新环境优越的创新型城市。东莞市科技局还研究起草了《东莞市科技计划项目管理暂行办法》、《关于促进技术引进创新的实施办法》、《关于加强“两自”企业培育的实施办法》、《关于加快科技基础条件平台建设的实施办法》、《关于鼓励科技企业孵化器发展的实施办法》、《关于促进科技风险投资事业发展的实施办法》、《关于加强产学研合作的实施办法》、《关于鼓励发展集成电路和软件产业的实施办法》、《关于促进工业设计的实施办法》、《关于推进制造业信息化工程的实施办法》、《关于推进制造业标准化的实施办法》和《关于推进制造业绿色化工程的实施办法》等12个专门配套政策。

【广东电子工业研究院建设】 2005年，东莞市科技局积极推动广东电子工业研究院省级创新平台的筹备运营。4月，东莞市政府与中科院计算技术研究所签订合作协议，积极推动与香港应用技术研究院、国家信息产业部第五研究所、华南理工大学、台湾国立科技大学等海外科研机构达成有关专业实验室、检测研发平台的合作共建意向，并与波讯电子、龙昌国际、太平洋计算机、正业电子、深圳合华等市内外有关科技企业，就卫星机顶盒项目产业化及模具设计等项目达成合作意向。11月，广东电子工业研究院举行正式挂牌典礼，基本实现“六个看得见”，即看得见整体形象、基本功能、技术依托、整合局面、整体规划和高素质团队。

【专业镇技术创新试点】 2005年，东莞市科技局继续加速建设专业镇创新平台，与广东省科技厅签订《省市联动推进专业镇（区）建设协议书》，分别组织樟木头、中堂商贸服务业、造纸专业镇技术创新试点单位，全市省级技术创新专业镇已经达到9家，分别是石龙互联网综合应用、虎门服装、长安五金电子、厚街家具、大朗毛织、石碣电子信息、常平物流、樟木头商贸服务业和中堂造纸。东坑、茶山镇也分别提出了建设电子电器、食品等专业镇技术创新试点。在组建石龙科技创新中心的基础上，继续推动专业镇创新平台建设工作，其中包括石碣电子信息技术创新服务中心、大朗毛织行业技术创新中心和虎门服装技术创新中心，东莞长安模具特色产业基地更成为东莞市第一个广东省火炬计划特色产业基地。

【科技交流合作】 2005年，东莞市科技局成功举办2005东莞国际科技合作周，重点推出东莞国际教育科技与器材展览会、东莞国际环保科技与设备展览会、东莞杯“全国工业设计大赛”作品展等四项展览活动；策划组织科技外交官论坛、中美（东莞）知识产权论坛、2005美国现代教育科技讲座、2005第二届中国（东莞）IT产业高峰论坛之数码化提升生产力研讨会、瑞士精密制造技术及设备专题讲座、创新工业设计、建立自主品牌等7场高规格、高水平的专题论坛；推出系列专题活动，包括以“创新设计、潮起东莞”为主题的“东莞杯·全国工业设计大奖赛优秀作品展”和“产学研合作在东莞方案·案例大赛”。持续开展产学研合作，组织一系列与北京大学、清华大学、华中科技大学、天津大学、上海交通大学、哈尔滨工业大学、中山大学、华南理工大学、中科院广州分院、四川大学、成都电子科技大学等数十所国内著名高等院校、科研院所的产学研合作走访活动。其中，在组织部分科技企业赴重庆、成都和东北地区高校走访的基础上，专门组织30多所国内高校院所在东莞石碣、常平两地，与全市200多家企业开展配对洽谈活动，取得明显成效。此外，还积极安排合作项目签约仪式，有数十所国内大学、科研机构和一大批市内科技企业参加配对洽谈活动，有30多个项目在合作周现场签约。大力拓展对外科技合作，其中以与瑞士的合作尤为突出，具体包括Deco-China项目（中瑞精密零部件加工企业合作网络建设）、精密手表测试设备共同研发与本地化制造项目、Softcust项目（瑞士软件中国本地化项目），其中基于Deco—China项目，“中瑞精密零部件加工企业系统”东莞虚拟企业组织构建及IT支持、“中瑞精密零部件加工企业合作网络”服务平台已获得国家、省的项目经费支持，这一系列项目合作已经引起国家科技部和省科技厅的关注。

【科技综合业务管理】 2005年，东莞市科技局组织参加“2005年广东省关键领域重点突破项目”招投标工作，共有银禧塑胶、开普互联、华大机械等3家企业，合计3个项目中标，分别是“新型环保低烟无卤阻燃电线电缆料”、“基于Linux的数据交换和应用支撑中间件”和“高效、高性能螺杆式混炼挤出设备”项目，项目中标金额1130万元。组织申报市科技贷款贴息项目11项，其中沙田顺发、华南药业、五星太阳能、银华饲料、三联塑料、英科水墨、南方宏明和瑞德丰生物科技等8家企业，合计8个项目，获市贷款贴息资助100万元，带动全社会投入4780万元。认真落实《东莞市科学技术奖励办法》及其实施细则，完善评奖机制，组织申报2004年度科学技术奖103项，其中符合受理条件97项，比上年增长18.3%，评选出科技奖励项目共75项，奖励金额高达341万元，比上年增长130%；组织一批项目申报省科技进步奖，共获奖8项，其中《“5+2”社会保险管理与服务系统》获一等奖，实现历史性突破。按照国家关于科技型中小企业创新资金“地方先立项，国家后立项”的改革要求，研究起草《东莞市科技型中小企业技术创新资金项目管理暂行办法》，每年市财政安排500万元，大力优化科技型中小企业创新资金项目管理模式；成立2家服务机构，组织全市20多家企业参加2005年度国家创新基金项目申报培训班，共有10个项目获得地方资金立项，立项支持总额470万元，有3个项目获得国家创新基金项目支持，立项支持总额195万元，其中，南方宏明“片式单层瓷介电容”项目获得贷款贴息支持85万元；东瑞计算机“中瑞零件加工企业合作网络”项目、意普万工程塑料“高性能高分子结构材料—汽车尼龙进气歧管材料”项目分别获得无偿资助55万元。

2005年，共完成国家、省、市级科技计划项目的申报工作，共组织申报项目450多项，立项的省级以上科技计划75项，共获资助2972万元，市级各类科技计划项目300多项；认定登记技术合同50项，技术合同金额4058.21万元，技术交易金额2522.05万元，获免税金额124万元。

【科技馆布展工作】 2005年，东莞市科学技术博物馆开展了展品检查、部分展品整改、展品安装调试和布展装修、影视片和软件整改、展品文字翻译审查五方面工作，顺利完成了展品的监制和安装调试及相关配套工作。做好市场调查、认真制定标书、依法组织招标和严格验收质量，认真开展好大量的采购招标和商务设施招商工作，共完成招标文件80多套，组织大型招标活动80多场，签订合同120多件。重点围绕科技馆展厅内布展施工和协助城建工程局做好展厅外土建与内装工程“两大重点”，完成了布展施工工作。设立营运筹备部，重点围绕制度建设、员工培训、宣传策划和开馆仪式，做好开馆前的营运筹备工作。完成10万字的《规章制度汇编》；举办了消防安全知识技能培训、新员工岗前培训、全员科技馆基本知识培训、展教员展品操作技能培训、展品安装调试要点培训、展教员讲解礼仪培训等多场培训；采取报纸文章宣传、电台采访、电视台专题片、科技知识手机短信互动和举办推介会等形式，加大宣传策划工作力度；出色完成12月28日科技馆开馆仪式的各项筹备组织工作。

▲ 东城中路

## 知识产权

【概况】 2005年，东莞市共申请专利6694件，授权专利3117件，专利申请量、授权量位居全省第四。

【专利奖励资助和执法工作】 2005年，东莞市知识产权局充分发挥专利工作职能作用，研究起草和以市政府名义颁布实施了《东莞市专利奖励与资助资金管理办法》，重点完善专利申请资助、专利奖励和专利计划项目实施三方面的政策，全年共受理外观设计专利资助166项，实用新型专利资助43项，发明专利资助32项，PCT专利资助4项，国家发明专利资助3项，累计资助金额30多万元；组织市级专利奖评选工作，组织专家评选出专利金奖1项，专利优秀奖15项；确定市专利重点企业50家；配合省立案调处专利纠纷案件13宗，终止2宗；开展流通领域专利打假行动，抽查13000多件商品，对1000多家药店发出整改通知。

【知识产权宣传培训工作】 2005年，东莞市知识产权局联合东莞电视台、东莞日报社、东莞电台等媒体力量，集中在“4·26”期间重点宣传报道知识产权的方针和政策，其中包括在东莞日报开辟专题版面宣传专利政策、案例以及企业专利建设情况；在东莞电台《周末访谈》栏目组织有关专家学者、企业精英和政府官员集中探讨知识产权话题；在东莞电视台开设专题论坛，研究讨论知识产权发展形势；分镇区举办工业设计与知识产权保护知识普及培训班24场，组织38人参加由清华大学公共管理学院和中国专利保护协会联合举办的知识产权专门人才培训班，以及包括“欧美知识产权保护与中国企业知识产权战略实务研讨会”、“企业知识产权保护高级研讨班”、“东莞市民营企业专利司法保护实务知识讲座”、“东莞市企业专利保护高级培训班”等，累计培训超过4500人次。

【知识产权服务体系建设】 2005年，东莞市知识产权局重点鼓励专利代理服务机构做大做强，发挥知识产权培训中心、知识产权促进中心的作用，成立知识产权保护协会。重点代理机构代理能力快速提高，当年的代理量有较大增幅。知识产权培训中心作用得到发挥，组织全市大型知识产权培训班、报告会和讲座30多场。市知识产权促进中心开始发挥作用，组织开展专利知识产权战略研究、中美（东莞）知识产权论坛等重大知识产权活动。市知识产权保护协会完成筹备工作，获批准成立，发展企业会员82家，主要提供知识产权预警与援助、搭建企业之间、企业和政府交流的平台。

【知识产权试点、示范工作】2005年，东莞市知识产权局围绕重点区域、行业企业开展专利知识产权试点示范工作，2005年被批准成为省知识产权试点城市和广东省专利信息服务平台建设试点市，新认定5家省级知识产权优势企业、10家市级专利试点企业、50家市级专利重点企业和市家具协会、市电子行业协会2家市行业专利制度建设试点单位。（钟靖平）

附：2005年东莞市科学技术局（知识产权局）领导名录

局　长：叶景图

副局长：连希波　梁凤鸣　严沛荣

副调研员：蔡瑞良

　　　　　吴贻昀（11月到任）

## 信息化工作

【概况】2005年，东莞市信息中心以科学发展观指导信息化工作，发扬求真务实和开拓创新的精神，提高电子政务的管理水平，组织实施信息化带动战略，全力推进电子政务建设，以抓应用求实效为核心，切实推进信息资源融合和信息技术的应用，优化全市的信息化应用环境，以电子政务促进行政体制创新，全面提高全市信息化水平，开创了东莞市信息化工作的新局面。

【信息化综合指数】2005年，东莞市信息化综合指数达71.14%（按常住人口计算），比上一年度增长1.11个百分点，居于全省的前列，达到率先基本实现现代化要求的信息化综合指数为60%以上的要求。

【固定电话网号码升8位】2005年，东莞市圆满完成固定电话网号码升8位工作。在广东省通信管理局和东莞市委、市政府的高度重视和精心组织下，统筹协调各大电信运营商和相关部门，经过方案制定与评审、设备改造、单机测试、联网测试、全网演练等一系列工作，在12月10日圆满完成了东莞本地电话网号码升8位的各项工作，使东莞市电话号码资源跻身国际大城市的行列，拓展东莞市信息化发展的基础和空间。

【电子政务网络平台建设】2005年，东莞市信息中心从信息化和电子政务发展的需要出发，着重加强信息化基础设施建设。加强对现有应用系统、设备、数据的升级和运行维护工作，建立健全机房管理制度和值班制度，确保全市政务网络的安全畅顺；继续做好镇区网络升级、电信裸光纤和广电环网建设，完善政务网络平台。完成了集中存储、备份系统的管理维护工作，发挥信息中心作为全市电子政务数据存储备份支撑中心的作用；同时完成互联网邮件系统、企业信用信息网、短信息平台、内部文件服务等多个应用系统的维护管理工作；开展电子政务数据共享目录、电子政务数据中心、市民邮箱等工作的初期考察和技术准备工作，为开展更深层次的电子政务建设打好基础。

镇级网络中心建设取得进展，全市有24个镇区已使用了三层交换机并接入电信100M线路，19个接入广电的100M线路，32个镇都已接入电信2M帧中线路线。

【“中国东莞”网站改版】2005年，东莞市信息中心坚持以电子政务促进政务公开，取得较大的成效。按照《行政许可法》的要求，规范全市政府网站的建设，提高网上政务公开和服务公众的水平。加强对全市政府网站的政务公开工作的指导和支持，做好相关的咨询和技术服务工作，各单位原有的政务网站在公开内容和服务水平上也有了较大的提高。

以“网站群”架构对“中国东莞”网站进行改版和整合全市政府部门网站，基本完成了改版的后台开发、测试和正式发布前准备工作，推出新版“中国东莞”网站的测试版，征求市民意见，为中国东莞网站全面升级打好基础。

以市民和企业的需求为导向，形成网上办事的目录体系、发布体系和处理体系，为实现跨部门的“一站式”电子化公共服务提供技术支持；逐步实现通过统一的数据交换平台进行网站信息与部门业务数据的交换，为解决东莞市政府部门网站各自为政、网站平台不统一、政务信息共享程度差、信息发布不规范、信息管理监督功能差等问题提供了技术保障。

【网上行政办公系统】2005年，东莞市信息中心在做好全市OA系统的日常维护工作的同时，完成了全市行政办公系统WEB版的升级工作并推出使用，对全市76台OA服务器的配置及应用数据库进行更新工作，升级了6650位OA用户的个人邮箱和1807个部门邮箱，以及每台服务器16个应用数据库的更新，使网上

### 2005年东莞市信息化综合指数主要指标

| 指标名称 | 项目指数 | 按权重指数 | 实际指标 | 权重% |
|---|---|---|---|---|
| 综合指数 | | 71.14 | | |
| 国际互联网的网络终端数/百人 | 10 | 2.5 | 65万户 | 25 |
| 电话机（含移动电话、充值卡）/百人 | 100 | 25 | 1400.3万门 | 25 |
| 广播人口覆盖率 | 100 | 12.5 | | 12.5 |
| 电视人口覆盖率 | 100 | 12.5 | 60万户 | 12.5 |
| 城镇居民每百户拥有电脑数 | 100 | 12.5 | 114台 | 12.5 |
| 城镇人均年交通、通信、娱乐、教育、文化服务消费占总消费比重 | 49.1 | 6.14 | 49.1% | 12.5 |
| 2005年末常住人口 | | | 650万 | |

注：1. 超出100%的指标，按100%计。城镇居民每百户拥有电脑数108台，按100计入指数。
2. 2005年常住人口按650万计。
3. 年末电话数包括：程控电话383.9万户，移动电话（含充值卡）1016.4万户。

办公系统的界面和功能更加完善。改版后东莞市网上行政办公系统，同时支持LOTUS客户端和浏览器，在功能上还增加了手机短信答复会议通知、在个人通讯录中群发短信和邮件等新功能，同时会议管理、公文办理、车辆管理、系统权限管理、用户管理等程序的功能亦得到加强及完善。2005年共完成3000多名人员的ID注册及修改工作，越来越多的单位利用OA系统辅助日常办公。

【信息化管理和服务】2005年，东莞市信息中心协调有关职能部门，做好涉及全市的电子政务应用系统的应用推广工作，其中涉及的系统包括房屋管理局培训测绘系统、远程审批系统、财政国库系统、民政局的婚姻登记系统、市直工委党内信息系统、出租屋管理系统等。全年共对东莞市国土资源电子政务系统、科技局电子政务系统、劳动力资源决策分析系统、市交通局道路运政管理信息系统、规划局公共网站改版方案等10个项目进行了技术审核。

贴近部门和镇区的工作需要，全面推进各部门的信息化应用。继续推进东莞市网上行政办公系统的应用和电子政务技术培训，全年举办各种电子政务培训班15期，培训时间共27天，500多人次参加了培训。（陈　钊）

附：2005年东莞市信息中心领导名录

主　任：刘　杰

副主任：谭永康　香伟文

# 科学技术协会

【开展科技服务】2005年，市科技咨询服务中心联合清华大学的专家教授，对东莞市中小企业进行咨询诊断，对200多家企业，200多个高层企业管理人才提供了有针对性的管理培训，就200多个企业提交的现实案例作了有效的解答，既为企业之间的相互交往搭建平台，又为企业在发展过程中碰到的重大问题和困难提出了专家分析意见，给企业的发展提供了智力支持。

实施好“厂会协作行动”，组织市直有关各学会与企业、镇、村建立联系。市环境科学、计算机、水产、机质协、制冷空调等学会与企业续签合作协议26项，通过发挥科技团体的优势，直接为企业、农户提供各种技术服务，为企业、农户新增经济效益1750多万元。还通过在企业中推广应用质量管理小组活动，组织科技成果展示，促进企业的观念更新、技术更新和管理更新，增强企业竞争力和创新能力。

倡导和发动学会、企业科协开展“讲理想、比贡献”竞赛活动以及提合理化建议，参与企业技改、科研攻关、技术创新等活动。全市科协组织全年共提合理化建议1500多条，被采纳981条，新增经济效益2511万元；会员主持的技革技改和研发活动540项，新增经济效益1亿8千多万元。

市直各学会和镇区科协也加强开展科技服务活动，发挥基层科协组织的优势。如市机质协协助东华机械有限公司大力开展QC质量管理活动，帮助提高了该公司在活动管理制度、组织宣传发动、安排培训指导、建立激励管理机制、加强过程质量跟进等方面的工作水平，在短时间内完成了20多个课题成果，部分还获得市级的表彰奖励。如，东坑镇科协在3月举办了《现代工业工程理论与实践——企业诊断与效率改善》科技专题讲座及科技项目推介会议。邀请清华大学教授刘大成，清华大学科技开发部副主任万荣等专家，为镇内各企业负责人、外商代表、台商协会、民营商会正副会长等200多人讲解工业工程与效率诊断的内涵、效率与效益的博弈与均衡、产业集聚、对现场改善需求的分析、企业诊断中的问题分析方法、企业效率改善及成功案例企业分析等，同时，万荣针对东坑以电子、服装为主导产业的外向型经济的特点，分别从电子、信息、环保、能源、材料五方面作了项目推介，深受企业负责人的欢迎和好评。石龙镇科协及科技办与广东工业大学、华南理工大学联合在石龙镇分别设立了广工、华工石龙镇研究生工作站，针对石龙镇企业在生产研发方面碰到的技术难题进行研究解决。2005年，该研究生工作站为石龙镇企业泽龙线缆厂、石龙自来水公司、思源环保公司、富华电子、开普互联公司等20家企业解决了二十个技术难题，有力地推动了企业技术创新。

全年各科协组织开展科技咨询、技术服务等活动1200多项次，产生经济效益3600多万元。

【学术交流】2005年，东莞市科协联合科技局、经贸局召开第七次全市技术创新经验交流会。9月16日，技术创新经验交流会在千强镇之首虎门镇召开，市领导、主办单位领导、各镇区分管科技工作的负责人和各界企业代表以及市直学会、镇区科协的有关人员共200多人参加，有13家企业做了现场经验交流。

2005年，东莞市科协主动承办了由市委办、市府办主办的洪昭光教授大型健康教育报告会。在广东省科协、中国科协的支持下，市科协邀请了洪昭光教授来莞传经送宝，7月在东莞会议大厦举行了面向市直机关科级以上干部1600多人的大型健康教育报告会。

11月25日，市科协联合团市委、市妇联举办了东莞市第四届青年科技学术交流会，会议在市委礼堂举行。经过35名专家一个多月的严格评审，共评出青年优秀科技论文79篇，其中一等奖论文6篇，二等奖论文22篇，三等奖论文51篇，在会议上作了表彰。市建筑学会副理事长欧阳南江在会议上作了《香港轨道交通的经验及启示》的学术报告。

各学会相继邀请相关学科的国内外领先水平的专家学者前来讲学，取得较好的效果。如，东莞市中医学会与广东省中医药学会、广东省中西医结合学会在东莞会展国际酒店联合主办了“2005年国际骨科新技术论坛暨骨关节病研修班”，有东莞、广州各大医院400多名医护人员参加本次学术大会。邀请了美国、新加坡及中国的台湾、香港、北京、上海及天津等地的骨科专家到会交流，包括有中国工程院院士戴魁戎、钟世镇，台湾高雄医科大学校长教授王国照、香港大学教授陆瓞骥、美国骨科专家Dr. Louis Kwong、新加坡国立大学Dr. Sabjit、Dr. Lai Choon Hin等著名专家，还安排了国内外专家与市中医院的骨科专家通力合作，进行现场手术演示和讲解，与会代表们通过多媒体传送，同步观摩、学习手术整个过程。

东莞市建筑学会两度邀请了教授王铁梦主讲了《钢筋混凝土结构裂缝控制学术报告会》，有800多人参加；邀请了教授高小旺举办《建筑结构监测与鉴定学习班》，有240多人参加；邀请院士何镜堂举办了《教育建筑理念、实践及展望》讲座，有150多人参加。市预防医学会举办了“狂犬病防治和维尔博使用”等七个学术研讨会，举办20期培训班，参加学员830人。市护理学会邀请了中华护理杂志总编、中华护理学会教育部主任刘苏军、中华护理杂志的资深编辑及编审谢贞、王红丽等教授来莞举办《护理科研与论文写作培训班》，为东莞市31家医院共421名护理人员做专题培训。

市科协专门设立了重点学术资助制度，对重点学术活动加大支持力度。2005年出资6万元资助了市建筑学会、花卉协会、护理学会和中医学会的几项重点学术活动。

2005年，全市科协组织共举办学术交流活动875次，共9万5千多人参加，组织出外参观学习391次，6136人次参加；全市科协组织发动会员撰写论文共11635篇，其中在国际性刊物或会议上发表的有18篇，在全国性刊物或会议上发表有420多篇，在省级刊物或会议上发表有650多篇；共组织科技研讨会300多场，组织生产现场指导200多次。

【科普阵地与大众媒体】2005年，东莞市有多个单位踊跃申报科普教育基地的评审。11月，经过市科协、市科技局、市教育局三家单位联合严格验收评审，认定了第二批符合要求的科普基地三个，分别是：东莞市博海环保资源开发有限公司、厚街镇专业技术学校实用技术实验室、常平镇振兴中学生物地理园。至2005年底，东莞市共有市级科普教育基地8个

2005年，南门广场科普宣传栏，展出科普知识7期，科普内容20多种。各市科普教育基地结合实际开展讲座、展览等相关的科普活动，如观音山森林公园古树博物馆科普基地邀请专家举办了《恐龙灭绝之谜》和《石头的学问》两场科普讲座，参加人员达1200多人次。东莞电视台“科普大篷车”节目播放达20小时，各镇电视台也积极开辟“科普大蓬车”的科普专题栏目，今年共播放了12期。清溪镇在文化广场开展了“科普大篷车”现场播放活动，观看人数达3000多人。同时拓宽科普内容和形式，提高公众素质。如市科协征订了《依靠科学，防治流脑》科普挂图50多套，将中国科协、广东省科协下发的《警惕你身边的毒物》、《青少年科学与技术素养》等一系列科普挂图340多套，广州市科协编印的科普挂图《认识鲨鱼、保护鲨鱼，别吃鱼翅》100套，利用科普宣传栏在公共场所、学校做宣传，并送到各镇区张贴宣传。还征订《点击科学——社区科普知识读本》300本，洪昭光教授编写的《让健康伴随着您》2385本，赠送给市直机关干部和各镇区党政领导。

【科技进步活动月】2005年5月13日，东莞市委常委、常务副市长、东莞市科协主席冷晓明为“科技进步活动月”作了启动仪式的电视讲话。在科技进步月期间，东莞市科协围绕“科技以人为本，促进社会和谐”的活动主题，组织科技、卫生、体育等有关部门，组织专家、科普志愿者在城区文化广场、高埗镇、莞城东正社区举行大型的科普集市、科技咨询、义诊、科技下乡活动，深受广大干部和群众的欢迎。同时，首次开创了科普进社区、科普进企业、科普进校园等新形式、新内容。5月15日至7月20在互联网上举办了首届“网上科普知识竞赛”活动，采用新方式、新手段、新渠道普及科学知识，不断提高公众的综合科学文化素质。活动期间，各镇区也组织科普集市10场，派发科普宣传资料3万多份，同时开展学术交流科普讲座374场次。据统计，全市共举办科普集市15场，接受咨询者达1万多人次；召开科技报告会、表彰会12场；组织科技研讨会60多场；组织科技成果展示会17场、技术讲座170场；传播各类实用技术近103项；发放各种资料26万份、科普挂图5800多套、科普录像片500多套；组织电视台、电台、报刊设立科普知识专栏56个，约有16万多人次参加。

【科普影视进校园活动】2005年，东莞市科协为了贯彻《中华人民共和国科学技术普及法》，积极实施《2001—2005年中国青少年科学技术普及指导纲要》，加强青少年科普工作，东莞市协助广东省科协于5月26日在沙田镇东方明珠学校启动了全省千场“科普影视进校园”活动。由市科协和镇区宣传科教办联合组织，在全市开展千场“科普影视进校园”活动。市科协刻录了《如何成为一名科学家》等10套科普影片共393张发送到各镇区，在中小学校、幼儿园播放。有的学校同时举办科普知识竞赛、科普讲座、科普小品文写作、科普演讲以及科技小制作展览等系列活动，在东莞市中、小学校营造浓厚的科普氛围，提高了青少年科学素质。

【“全国科普日”活动】2005年，东莞市科协根据中国科协将9月17日定为“全国科普日”的要求，9月16日，东莞市科协、东莞科学馆、樟木头镇科协在樟木头观音山森林公园古树博物馆科普教育基地举办了《科学发展观——人与自然和谐发展》大型科普展览。展出展板200块，并以展览内容为题材，编写了100多道题目开展现场有奖问答，收到了较好的展览效果。各镇区还组织各中小学校、幼儿园，播放科普影片、开展科普图展、参加科技创作大赛等科普活动。9月17日，市科协组织医务人员深入到社区和村为50岁以上老人开展义务咨询和体检，发放《高血压的防治》等各类健康知识宣传资料、赠送药品，义诊活动受到广大居民的欢迎和赞扬。9月25日，市科协组织各市直学会、科普志愿者、专业科技人员110多人到大岭山镇开展科普集市活动。这几次活动共有近2万人参观了科普展览和现场咨询，发放科普资料、画册1万多份。由于活动成效显著，东莞市科协被中国科协授予“全国科普日活动先进单位”的荣誉称号。

【青少年科技工作】2005年，东莞市科协、东莞市教育局、东莞市青少年科技教育协会、东莞市科学馆以及各镇区科协，不断加强青少年科技素质培训工作，着力培养青少年的科学思想和科学方法，提高青少年的创造性思维和操作能力。2005年举办的市青少年科技创新大赛参加人员踊跃，收到科技创新项目176个，科技实践活动54个，科幻绘画600幅。评出获奖的创新项目86个，其中一等奖15个、二等奖34个、三等奖37个；获奖的科技实践活动20个，其中一等奖5个、二等奖7个、三等奖8个；获奖的科幻绘画120幅，其中一等奖30幅、二等奖40幅、三等奖50幅，总共230件。

7月，在日本大阪举行的第九届机器人世界杯（RoboCup）全球总决赛中，东莞市东方明珠学校代表队代表中国获得胜利，摘取了中学组一对一对抗的世界冠军，这是广东省、东莞市首次在这项赛事中取得世界冠军的称号。

2005年东莞市青少年科技工作成绩显著。各有关部门组织青少年参加全国、全省各项青少年科技竞赛，共获全国一等奖或第一名12项，二等奖或第二名6项，三等奖或第三名7项，获全省一等奖或第一名30项，二等奖或第二名40项，三等奖或第三名52项。

【科技培训】2005年，东莞市委组织部、东莞市科协继续联合开展农村党员基层干部科技素质培训工作，同时联合镇区有关机构举办卫生、健康、法律、文化等方面的知识培训。各镇区科协向广大农村党员、基层干部开展经济管理、外经业务、实用技术、市场经济等知识培训，推广种养新技术、新品种、新农药。2005年全市应培训的农村党员、基层干部工作15375人，已培训12089人，其中党员9727人，干部2362人，开展种植、养殖等讲座和现场指导，举办企业管理、电脑等其他各类培训班165场次，建立党员、干部示范户313户，树立“一品一村”样板村27个，推广农业种养技术29项，组织各种种养技术协会、研究会32个，印发教材48000多份。

东莞科技进修学院、东莞市翻译服务中心和市直各学会充分发挥自身优

势，积极开展科技培训和继续教育工作，大力举办各类技术培训班、技能培训班。一年来，举办外语培训班7期，培训了1540多人，高等学历教育培训在校生1200多人，短期培训班600个，培训53600人。

【科协组织建设】 2005年，东莞市镇区科协组织架构大大得到完善和巩固。各镇区基本上由分管科技工作的主要领导担任科协主席，宣传科技办或农办主任任秘书长，负责科协的工作。2005年以来，虎门、东城、万江、高埗、石碣、道滘、寮步、大朗、清溪、桥头等镇相继召开新一届科协代表大会，选举了主席、副主席、委员，聘任了正副秘书长，使科协工作走上规范化、制度化的轨道。目前，已有25个镇区科协组织建设工作完成。

2005年，东莞市委办转发了东莞市科协《关于在非公有制企业中建立和发展科协组织的意见》。4月27日在大朗镇政府召开了镇区科协秘书长工作会议，提出了镇区下一阶段工作重点，希望加强组建企业科协工作。莞城、石龙、麻涌、虎门、厚街、大朗镇都积极开展组建非公有制企业科协工作。如，大朗镇科协通过调研、考察，最终选定在三家民营高科技企业里成立两个企业科协。一个是东莞市迈科科技有限公司，主要生产二次电池，共有员工3000多人，高级职称10人，中级职称40人，初级职称和技师上百人，并与天津大学合作在公司建立博士后工作站，科研优势明显；另一个是东莞市泰美隆纤维材料有限公司与新纶纤维材料科技有限公司通过协商决定联合建立科学技术协会，两家公司都是以研发生产纤维材料为主，技术人员众多，研发能力强。此外，虎门镇科达计算系统工程有限公司、万江镇粤铭激光技术有限公司、厚街镇金河田实业有限公司、麻涌镇信力橡胶、华兰海电子有限公司等也成功组建企业科协。全市共新增了8家非公有制企业科协，实现了企业科协建设的突破发展。

2005年，全市科协组织积极为科技人员服务，解决各种困难，为科技人员解决了住房困难问题419人次，帮助解决家属就业人员393人，帮助解决子女读书386人，帮助解决夫妻分居人数284人，帮助解决职称人数468人。

【推荐与表彰先进】 东莞市通过2004年开展的首届优秀科技工作者的申报、评审工作，经东莞市委常委、副市长联席会议批准，共有10名杰出的科技工作者获选为首届“东莞市优秀科技工作者”。这一终身荣誉由市政府授予，在2005年年初市科协的六届四次全委会上举行了表彰仪式，并给予了一定的物质奖励。同时奖励表彰市直学会优秀挂靠单位14个，先进科协组织41个，先进农技会11个，优秀科技学术论文73篇，优秀科技建议10项，先进工作者63人，先进科普工作者65人。

根据中国科协关于推荐2005年度先进的通知和东莞市实际情况，东莞市科协向省科协推荐了市科协、虎门镇、石碣镇等7个科普宣传栏为全国示范科普画廊，大朗镇科协和市荔枝学会理事长陈衬喜为全国农村科普工作先进集体和个人，莞城东正社区梁丰为全国“科教社区”活动先进个人。10月份，大朗镇科协荣获“全国农村科普工作先进集体”、陈衬喜荣获“全国农村科普工作先进个人”的荣誉称号。11月，东莞市科协、大朗镇、虎门镇和石碣镇的科普宣传栏荣获“全国示范科普画廊”。

【东莞科学馆】 *新科普展厅开放* 2005年5月，东莞市委、市政府把科学馆一二层交回作为科普展厅使用。由于东莞市科学技术博物馆正在建设中，为了避免两馆展览内容重复，东莞科学馆认真学习东莞科技博物馆的布展方案，同时派人到中国科技馆、黑龙江科技馆等几个有特色的科技馆参观学习，研究展览主题方案，确定设立的展品。经多次研究讨论和专家论证，东莞科学馆确定了“基础科学、生命与健康、公共安全”为展览主题。为此，科学馆对所有旧展品进行筛选，淘汰一些比较破旧的，将其余的旧展品进行重新包装改造；根据力求创新的原则，科学馆重新设计制作了许多新展品，在展品设计过程中，充分考虑展品的趣味性、参与性、启发性，通过有趣的游戏形式，形象地向观众诠释科学道理；在展示形式上，大量采用光电、计算机仿真、自动控制等现代化技术手段，使观众感觉科学技术的亲和力，觉得科学技术就在身边，就在自己的日常生活中，这样可以加深观众对科学的兴趣，使科学馆的教育得到深化。

科学馆与施工单位经过半年多的艰辛工作，终于在12月上旬完成了科学馆一、二层新展厅的布展工作。12月13日，科学馆举行了盛大的新展厅开放仪式。广东省科协专职副主席汤世华、东莞市委常委、常务副市长冷晓明、广东省科学馆馆长蔡延钊、东莞市政协副主席邝明子、东莞市财政局局长詹文光及东莞市科协领导等出席并启动了开放仪式。东莞科学馆新展厅的开放，标志着东莞市科普工作迈上了一个新台阶。

*科普巡展工作* 2005年，由于展厅扩建暂停开放，东莞科学馆积极做好科普巡展工作，与各镇区、企业、社区及学校联系，将科普展览送去巡展。一年来举办了《科学发展观》、《世界物理年》、《环保漫画》、《世界知识》等专题展览，巡展参观人数达5万多人次。

*青少年天文科普工作* 东莞科学馆天象厅坚持对学校和青少年开放。为了加强天文科普知识的推广，科学馆重新改造馆内天文台。天文台内部改造装修完成后，将原来牛顿式望远镜更换为更加有利于观测活动的KN-154型全自动跟踪折射式天文望远镜，并配备计算机自动找星系统、高级数码照相机，电视摄像机及屏幕显示系统，还有多台小型天文望远镜。2005年10月29日和11月5日开展了两场大型的天文观测活动，同时举行天文科普知识讲座，并播放天文科普知识影片等等，有100多名青少年和父母们参加了此次活动。（张 可）

**附：2005年东莞市科学技术协会领导名录**

主　席：冷晓明

常务副主席：梁帝祺

# 社科工作

【东莞市社会科学联合会第二次代表大会召开】 2005年12月8日，东莞市社会科学联合会第二次代表大会召开。大会提出哲学社会科学的任务，要不断加强对东莞市“十一五”时期经济社会发展战略问题的对策研究，加强对东莞市面临的发展态势和竞争格局的比较研究，加强对当前经济发展和社会管理中面临的新问题的调查研究，加强对东莞市改革发展经验的理论概括和科学总结。大会要求，哲学社会科学工作者要坚持服务全市工作大局，在深入研究宣传“三个代表”重要思想、科学发展观和构建社会主义和谐社会上下工夫，在深入研究事关东莞发展全局的重大问题上下工夫，在深入开展哲学社会科学知识的宣传普及上下工夫，为市委市政府决策提供理论服务，为东莞改革开放和现代化建设提供精神动力和智力支持。广东省委宣传部副部长蒋斌，广东省社科联党组书记、主席颜泽贤，广东省社科联党组副书记、副主席李蒲弥，广东省政府发展研究中心副主任李惠武，东莞市委副书记、市纪委书记黄双福，东莞理工学院党委副书记、院长杨晓西等出席会议。东莞市社科联所属学会、协会、研究会，高校科研机构、市直各部门单位、各镇（街）代表共180多人参加了大会。大会选举产生了新一届领导班子，陆世强当选为主席，王思煜当选为专职副主席，安少华、杨靖波、温淦荣、吕琦元、陈斯、黎高明、陈立平当选为兼职副主席。

【《东莞社科论坛》出版】 2005年，为了适应哲学社会科学发展的需要，东莞市社科联将原《东莞论丛》改名为《东莞社科论坛》，由不定期刊改为季刊，每年出版4期，推出了一批新的栏目。《东莞社科论坛》坚持以马列主义、毛泽东思想、邓小平理论和“三个代表”重要思想为指导，牢固树立和落实科学发展观，坚持“二为”方向和“双百”方针，紧紧围绕东莞经济社会发展的大局开展基础理论研究和应用对策研究，开展社科理论学习、宣传、研究和普及工作。《东莞社科论坛》坚持以求真、求实、求新为特色，贴近实际，贴近生活，贴近群众，力求理论性、应用性、地方性和创新性的有机统一，力求办出风格，办出特色，多出精品，多出成果，努力把《东莞社科论坛》办成理论宣传的窗口、社科研究的平台、党政决策的参谋和工作实践的导航。《东莞社科论坛》重点刊登对东莞经济社会发展进行战略性和前瞻性研究的文章，刊登对东莞市经济、政治、文化、和谐社会建设等多个方面进行理论思考和研究的文章，刊登挖掘剖析群众关心的热点难点问题的专题调研文章，刊登探讨工作实践的对策性和应用性研究文章，为市委市政府科学决策服务，为东莞市经济社会发展服务，为基层和社科工作者服务。

【加强社科理论研讨】 2005年，东莞市社科理论工作者围绕学习贯彻构建社会主义和谐社会重大战略思想，认真开展理论研讨活动，撰写《构建和谐社会要聚焦三大群体》一文，入选广东省“科学发展观与构建和谐广东大型理论研讨会”，《构建和谐东莞与我市现代型社会整合机制的建立》一文，入选市政协“构建和谐东莞的理论研讨会”。市委宣传部、市社科联在全市组织开展“构建和谐东莞”理论征文，共收到论文95篇，评选出优秀论文30篇。这些论文对如何构建和谐东莞进行了多维度、多层次、多侧面的思考，提出许多有针对性和建设性的对策建议，对构建和谐东莞的各项工作有较直接的推动作用。

【开展社科普及工作】 为了深入贯彻落实中共中央《关于进一步繁荣发展哲学社会科学的意见》和广东省委、广东省政府《关于进一步繁荣发展哲学社会科学的决定》，根据省委宣传部、省社科联的要求，2005年10月16—22日，东莞市举办首届“东莞市社会科学普及周活动”，社科普及周活动以“弘扬人文精神，构建和谐东莞”为主题，举办了系列专题报告会8场，开展“走近社会科学”百种全国优秀社科图书展销活动，新闻媒体进行深入宣传报道，积极宣传普及社会科学知识，营造崇尚科学的良好氛围和社会风气。

【社科论文获省政府首届社科优秀成果奖】 2005年，中共东莞市委党史研究室主任陈立平撰写的《东莞率先基本实现社会主义现代化的研究》，获得广东省政府首届哲学社会科学优秀成果奖三等奖，成为东莞市第一篇获得由省政府颁发的哲学社会科学优秀成果奖励的论文。这次以省人民政府名义颁发的省哲学社会科学优秀成果奖，属建国以来全省首次。论文探索了东莞市社会主义现代化建设的一些重大理论和现实问题，在研究课题、研究方法和研究内容上均有所创新，具有一定的理论和实践意义。 （林俊强）

**附：2005年东莞市社科联领导名录**

主　席：陆世强

专职副主席：王思煜

▲ 东莞市绿化广场

# EDUCATION 教育

东莞市第一中学

■ 建成“广东省教育强市”

■ 教育教学质量不断提高

责任编辑：刘　丹

## 普教事业

【概况】2005年，东莞市普教系统以创建广东省教育强市为重点，全力推进各项创建工作，各项教育事业都取得了新的进步。幼儿教育健康发展，优质幼儿园不断增多；“普九”水平不断提高，本市户籍适龄少年入学率为98.4%，初中毕业生升学率达94.1%，升入各类高中阶段学校就读的学生有28753人，普通高中在校生与中等职业教育在校生的比例为6：4；成人教育持续发展，全年培训量达50.40万人次。成人高考报名人数为22442人，实考21004人，录取19014人，比上年增加1364人，考生录取率为90.5%。高等教育自学考试报考总人数为57515人次，报考人数在全省21个地级以上市中名列第三。中小学德育工作继续得到加强和改进，中小学生日常行为规范的养成教育、纪律教育、法制教育取得明显成效，全市中小学生犯罪率继续保持为零。2005年底，东莞顺利通过了省教育强市的督导验收，如期完成了市委、市政府下达的创建任务，成功建成广东省教育强市。

【教育教学质量不断提高】2005年，东莞市初中和小学的教育教学质量不断提高。初中毕业生中考参考人数为33592人，报考率达97.96%，六科文化课原始平均分为456分；优秀率为35.4%，合格率为70.30%。小学毕业自查，语文、数学、英语的合格率也比上年有所提高。东莞学生在国家和省组织的各类学科竞赛中，共有647人次获奖。学生身体素质不断增强，运动竞技水平不断提高，在各级体育竞赛中均取得优异成绩。

普通高中毕业生参加普通高考，第一、二、三批入围共11196人，入围率达85.2%，比上年提高6.68个百分点，其中总分800分以上5人（6人次），700分以上326人，第三批A线（省线）以上入围人数6455人；中等职业技术学校考生入围共4103人，入围率90.75%，比上年提高20个百分点。普通高中考生被全国普通高等院校录取12461人，录取率为95%，连续三年名列全省第一，录取人数比上年增1705人，增幅15.8%，其中被本科院校录取5161人，比上年增1157人，增幅28.9%。每万户籍人口当年升上普通高校人数（不含中职考生升学人数）为76.97人，升上本科人数为31.88，以上两项指标均名列全省第三。2005年，全市普通高等院校本专科在校生44390人，每万户籍人口普通高校在校生274人年，超出省平均值162人（省平均值为112人）。中等职业技术学校考生被普通高校高职班和高职院校录取4356人，录取率为96%，录取人数比上年增535人，增幅为14%，录取考生数占全省高职录取总数的13.61%。2005年，东莞户籍人口高等教育毛入学率为54.5%，超过广东省定2020年基本实现普及高等教育（高等教育毛入学率50%）的奋斗目标。

【教育投入】2005年，东莞市教育总投入为50.19亿元，比2004年的41.68亿元增加了8.51亿元，增幅为20.4%。其中，财政性投入为32.41亿元，比2004年的27.58亿元（含教育费附加）增加了4.83亿元，增长17.5%。教育财政性投入占全市GDP的比例为1.48%。

加大对经常性教育经费的投入　2005

年，市政府将村级小学按学生人数核拨的教育经费包干标准从每生每年500元提高到800元，并继续加大对村级办学单位教育经费差额补助。2005年，市财政按学生人数核拨的教育包干经费为28517.1万元，加上按困难程度下拨的困难村办学补助经费4086.41万元和增加村级教育经费补助2080.35万元，2005年市财政对镇区的经常性教育经费投入为34683.86万元，比2004年的26301.79万元增加了8382.07万元，增长31.87%。

加大校舍建设的投入 2005年，东莞公办学校基建总投入为10.32亿元，比2004年的9.15亿元增加了1.17亿元，增长12.8%。全年新建、扩建、改建学校80所（含跨年度建设学校），总建筑面积66.6万平方米。至2005年底，小学生均校舍面积8.7平方米，中学生均校舍面积18.3平方米。

加大对各类公办学校教育装备的投入 2005年，财政对全市各类公办学校教育装备的总投入为13566万元，其中投入电教、信息类装备10583万元，图书资源类设备1070万元。至2005年底，全市各类公办学校教育装备总值达89049万元，比上年度的77166万元增加了11883万元，增长15.4%。

【建成广东省教育强市】 2005年3月，市委、市政府印发了《东莞市创建广东省教育强市工作方案》，成立了东莞市创建教育强市工作领导小组，全面统筹、指挥、协调督办、落实创建教育强市的各项工作。5月17日召开了东莞市创建广东省教育强市动员大会，动员全市上下进一步统一思想，提高认识，扎扎实实做好创建教育强市的各项工作，确保今年东莞顺利成为广东省教育强市。2005年全市先后有40所学校评上了市一级学校、23所学校评上了省一级学校；共有大岭山、桥头、寮步、凤岗、黄江、道滘、万江、塘厦、樟木头、清溪、横沥、高埗、石碣等13个镇区顺利建成省教育强镇。至年底全市省、市一级中小学共190所，其中省一级学校58所、市一级学校132所；共有省教育强镇23个，达到70%的镇区建成省教育强镇的省教育强市的验收标准。2005年12月，广东省教育强市督导验收组正式对东莞创建工作进行督导验收，一致认为东莞已达到省教育强市的标准要求，同意上报省人民政府审批。

【改革招生考试制度】 一是改革莞城小学毕业生升读初中的学位分配方案。2005年，东莞市采取“指标到校与电脑派位相结合”的办法，将东莞中学初中部、莞城二中和莞城三中的招生指标，按莞城小学毕业生的比例分配到各小学，其中东莞中学初中部的60%招生指标由各小学根据毕业生德智体综合表现择优推荐，余下毕业生则通过电脑派位安排到东莞中学初中部、莞城二中和莞城三中，从而初步平衡三所学校的生源素质。二是改革高中阶段学校招生录取方法。按照新课程改革的要求，2005年高中阶段入学考试采取等级制形式，公布学生标准分，按学生标准总分录取，同时规定报考面向全市招生学校的考生还需加考英语口语，并计入考试总分，从而进一步推进素质教育深入开展。

## 2005年东莞市普通高考（3+x）录取情况表

单位：人

| 年份 | 普通高中毕业生数 | 参加高考考生数 | 省线入围人数 | | | 录取人数 | | | 录取率（%） | 每万常住人口升大学比例 | | |
|---|---|---|---|---|---|---|---|---|---|---|---|---|
| | | | 总数 | 其中 | | 总数 | 其中 | | | 东莞 | 全省 | 在全省地级以上市排名 |
| | | | | 本科 | 专科 | | 本科 | 专科 | | | | |
| 2005 | 12223 | 13145 | 6455 | 4367 | 2088 | 12461 | 5161 | 7300 | 95 | 76.97 | 43.79 | 3 |

【三所市属学校更名】 根据市有关会议精神，2005年7月10日，市教育局在省市媒体发布《莞城一中、莞城二中、莞城三中公开征集新校名启事》，社会各界积极参与本次校名征集活动，截至8月10日，共收到来自市内外的应征方案150多件。经市委常委、副市长联席会议讨论通过，9月6日莞城一中更名为东莞市第一中学；莞城二中更名为东莞市玉兰中学；莞城三中更名为东莞市可园中学。

【普通高中教育资源不断优化】 2005年，东莞市有普通高中（含完中）40所，其中完全中学33所，独立普通高中7所，在校生52283人。东莞不断优化高中教育的资源配置，鼓励初高中分离、普通高中和职业高中分离办学，努力扩大高中阶段学校办学规模，提高办学效益。加快东莞中学等8所申报广东省国家级示范性普通高中的建设，指导各有关学校做好迎接省督导验收评估的准备工作。从2005年秋季起，东莞还承担了开办内地新疆高中班的任务，首批80名新疆学生已入读东莞高级中学。同时，东莞中学松山湖学校高中部开始招生，首批招收高一年级12个班级，大大增加了东莞市优质普通高中学位数量。

【中等职业教育】 2005年，东莞市有独立设置的中等职业学校23所，其中普通中专4所，技工学校1所，职业高中学校18所，另有10所普通中学附设了职业高中班。全市有国家级重点中等职业学校9所（含市技工学校）、省级重点中等职业学校1所，全市进入国家级、省级重点中等职业学校就读的学生人数占中职教育在校生人数的60%。全市有6所小规模的镇办职业中学参与第四期联合办学，参加学生人数有615人，四期累计参加职业学校联合办学的学生人数达2051人，较好地实现了职业教育资源共享。全市中等职业教育招收新生12455人（不含省属、跨市中专学校在东莞招生人数），毕业生9930人，在校生32758人（不含在外市中职学校就读学生人数），每万常住人口中等职业教育在校生的比例位居全省前列。全市中等职业学校有教职工2117人，其中专任教师1560人，高级教师186人，中级教师790人，教师学历合格率达90%。

2005年中职学校应届毕业生报名参加3+1高职考试的有4521人，被录取人数达4356人，录取率达96%。全市中等职业学校毕业生当年就业率（含升学）达94%以上。

【高质量巩固普九成果】 2005年，东莞九年义务教育不断向均衡化优质化发展，联合办学和建设规范化学校工作都取得可喜成绩。全市小学共有414所,比去年减少84所；在校生480923万人，比上年增加了32627万人；适龄儿童入学率达100%，本市户籍毕业生升学率99.9%；有完全中学33所，初级中学49所，九年一贯制学校45所，初中在校生138761万人，比上年增加12475万人，本市户籍适龄少年入学率为98.4%，辍学率为0.33%，以上各项指标均达到或超过国家和省的要求。

2005年，本市户籍初中毕业生有30553人，升入各类高中阶段学校就读的学生有28753人，其中普通高中17947人，职业高中7011人，普通中专2715人（其中省中专422人，市中专2293人），成人中专53人，技工学校1027人。初中毕业生升学率达94.1%，比去年提高0.8%。普通高中在校生与中等职业技术教育在校生的比例约为6：4。

【幼儿教育】2005年，东莞市幼儿园有511所（其中公立集体办园194所，民办园317所），三至六周岁在园（班）幼儿111330人，入园（班）率达94.7%，比上年提高0.2%。绝大部分镇区基本普及三年学前教育，取消学前班，实施6周岁入小学。全市幼儿园教职工12567 人，其中园长、教师共7676人；幼儿园教师学历达标率为96.7%，其中幼儿教育专业毕业约占86%，大专以上学历占39.3%。幼儿园园长持证上岗率约为95%。又有230人参加了保育员岗位技能考核，通过率为70%，教职工素质有较大提高。全市新增省一级幼儿园1所，市一级幼儿园23所；共取得6 项省级教育科研成果和优秀论文奖，有21项获市的科研成果和优秀论文奖，有25项市级立项课题。

【特殊教育】2005年，市教育局认真落实全省特殊教育工作会议精神，着力抓好特殊教育学校和随班就读工作，特殊教育得到进一步发展。全市“三残”儿童少年在校生有465人，适龄残疾儿童少年入学率为98.2%，其中盲、聋和弱智儿童少年入学率分别为91%、93.6%和99.5%。东莞市不断加大资金投入，逐步完善东莞启智学校的现代化设施配置，使该校绿化、美化、净化的校园环境和齐全的硬件配套设施能够满足特殊儿童学习和生活需要。市教育局还认真总结加强特殊教育学校建设与管理工作的经验，在全国特殊教育工作会议上进行交流。

【民办教育】2005年，市教育局坚持“积极鼓励、大力支持、正确引导、依法管理”的方针，推动和规范民办教育的发展。至2005年底，全市经省、市教育行政部门批准开办的民办中小学有163所，比2004年的124所增加了39所，其中小学层次的有99所，初中有12所，九年一贯制学校有41所，高级中学有2所，完全中学有1所，从幼儿园到高中层次的民办学校8所；批准开办的民办幼儿园、托儿所有298所，比2004年的256所增加了42所。全市民办中小学和民办幼儿园在校生达33.1万人，其中，民办中小学在校生达26.7万人，民办幼儿园在园幼儿6.4万人。经批准的163所民办中小学中，有142所为专门招收流动人口子女的民办学校。

【成人教育】2005年，东莞市各级政府继续加大对成人文化技术学校的投入力度，共投入1380万元用于新建、扩建成校校舍，添置教学办公设备、图书资料等，各镇区成人文化技术学校的教学及办公条件均得到不同程度的改善。全市32所镇区成校共有专职教师194人，兼职教师570人，教学设备、图书总值1753.85万元。

2005年，樟木头、道滘、寮步、黄江、清溪、大岭山、万江、石碣等8个镇区的成人文化技术学校顺利通过市级示范成人文化技术学校评估，全市省级示范性乡镇成校达到7所，市级示范性乡镇成校达到17所。至12月底，全市有29个镇区成人文化技术学校与华南农业大学、华南师范大学、中山大学、东莞理工学院等高校联合举办成人本科、大专班，专业开设有师资类、经济管理类、金融类等，在学人数本科2022人，大专6939人；参加劳动力转移等各类短期培训373000人次。

2005年，各类成人教育培训开展顺利。全市成人教育社会力量办学机构数量保持平稳，到12月底共有476所。全市民办培训机构年培训量13.1万人次。

【东莞市广播电视大学】2005年，东莞广播电视大学共招收学生2032人，开设有会计、法律、工商管理、行政管理、教育管理、小学教育等6个本科专业和英语、法学、电子商务、市场营销等8个专科专业，在校生4800多人。

2005年5月，省教育厅评估专家组对东莞广播电视大学“中央电大人才培育模式改革和开放教育试点项目”进行总结性评估。专家组认为该校“基本教学设施、设备较完善和先进；教学模式的改革取得了一定的成果，教学效果比较理想”。评估成绩在全省21个地级市及直属单位分校中排名第8，是学校成立以来参加电大系统评估工作取得的最好成绩。

【青少年学生思想道德建设】2005年，市教育局结合“爱国、守法、诚信、知礼”现代公民教育活动，大力加强和改进中小学校风建设，促进文明、进取、和谐、有序良好校风的形成。一是大力开展爱国主义教育。在全市中小学开展了“魅力东莞行”活动，并与市展览馆合作，组织全市学生免费到东莞展览馆参观。二是大力开展中小学校风建设。与市新华书店有限公司合作，开展优秀作品进校园活动，与市电影公司合作，开展优秀影片进校园活动，并开展了中华诗词名篇电视朗诵会和中小学生现场作文比赛活动。开展了全市班主任培训工作，实施了“班主任能力建设计划”。出台了禁止教师从事有偿家教的文件，开展“崇教厚德、为人师表”主题教育活动。开展了“千师访万家”活动，增强了学校与家庭的沟通和情感交流。三是大力加强法制和禁毒教育。4月份，召开了全市法制副校长工作会议，增强了法制副校长开展工作的积极性。召开了学校及周边地区治安综合治理工作会议，全面加强了学校内部及周边地区治安综合治理的工作。扎实开展禁毒教育活动，全市在校中小学生没有一人出现吸毒现象。四是认真抓好学校安全工作。3月28日，与市交警支队等有关部门在东城职中召开道路交通安全宣传教育“五进”活动现场会；10月25日，配合市交警支队在市可园中学召开“交通安全宣传周”启动仪式。同时，协同相关部门组织了两次全面的安全工作大检查，有效地预防各类安全事故的发生。

【艺术教育】2005年，市教育局对全市各镇区各学校进行艺术教育专项督导检查，有效地促进了学校艺术教育工作的开展。举行了2005年小学、幼儿园学生“魅力新东莞”美术作品展评和东莞市首届中小学声乐艺术比赛，展示了东莞学校艺术教育的成果。

9月28日，总投资1.6亿元，建筑面积3.2多万平方米的东莞市青少年活动中心正式投入使用。中心内设学习培训、科技展览、体育娱乐、文艺表演功能区，开设音乐、舞蹈、美术、体育、科技、外语、文学等教育培训班，为东莞艺术教育开展提供了新平台。

【体卫工作】2005年，市教育局加强对学校体育工作的调研督导，对全市各学校的体育课程建设和学校体育新课程标准的实施情况等进行调研督导。7月份，举行全市中学生田径比赛，有5人1队6次打破6项市中学生田径纪录，有61人达到二级运动员标准。8月份，横沥中学乒乓球队代表省参加全国第九届中学生运动会，获得男子团体第三名、男子双打第三名和女子团体第五名。11月，省中学生乒乓球赛在东莞横沥镇举行，横沥中学乒乓球队代表东莞参赛，获得男子双打第四、女子双打第三和女子单打第三。3月，市教育局组织了广大师生参与“爱国卫生月”的各项活动，同市卫生局、市卫生监督所、市疾控中心联合组成检查组，对东城、厚街等10个镇区的小学、幼儿园入学新生预防接种查验补种工作进行抽查工作。

【课程改革】 东莞作为省基础教育课程改革实验区，义务教育课程改革实验已经进行了三年多，取得了丰富经验。市教育局召开各年级各学科新教材教法分析会，并邀请了课程评价专家作专题报告，使教师们对课程评价有了更深一步的认识。2005年3月11日，市中学语文新课程专家论坛在东莞群英学校隆重举行，邀请了中央教科所研究员、全国中语会副秘书长张鹏举教授，全国中语会副会长、湖北省教研室副主任、著名特级教师史绍典，分别做了题为《语文个性化教学与学习方式的转变》、《新课程背景下的文本解读》的专题学术报告。

2005年东莞又启动了普通高中新课程改革实验。举办了全市高中新课程改革实验经验交流会和高中新课程改革专题报告会；8月24—25日，高中化学新课程改革实验教师培训班邀请人民教育出版社、课程教材研究所化学室编审李文鼎老师作“高中化学新课程必修模块教材分析”专题讲座；华南师范大学李佳教授作“高中化学课程标准解读”专题讲座。10月26日，邀请了省实验中学特级教师罗易做作文教学专题讲座，有420多名高中语文教师参加。

【信息技术教育】 2005年，东莞信息技术教育水平进一步提高，成功举行东莞市首届义务教育阶段信息技术教师综合教学能力评比活动和东莞市小学生计算机程序设计竞赛活动。在第十一届全国青少年信息学奥林匹克竞赛分区联赛中，取得历史最好成绩，高中组获全国一等奖6人（同时获免试保送大学资格）、全国二等奖4人、省三等奖7人；普及组获全国一等奖3人、全国二等奖3人、省三等奖10人。在2005年广东省小学信息技术优质课、教学设计评选活动中，获得教学设计一等奖3项，二等奖5项，总成绩在参赛地级市中名列第一。在第六届全国中小学电脑制作活动中，获得全国一等奖1个、全国二等奖4个、全国三等奖1个。

【英语教育】 2005年，东莞市高中阶段学校招生考试规定，凡报考东莞中学、市实验中学等面向全市招生学校的考生必须参加英语口语考试，采取人机对话

▲ 东城中学

的形式，共有22284名考生参加，占全市考生总人数的三分之二。高中阶段学校招生考试英语科平均分达84.2，再次在全省名列前茅；2005年高考东莞的英语平均成绩首次进入全省前六名。为加强教师的交流，提高教师的教学能力，5月，市教育局在市实验中学举行了全市英语选修课程学术报告暨教学经验交流会，7月，又派出42名中小学英语骨干教师赴英国参加为期近3个月的培训。2005年英语特色学校的创建工作又有新的进展，市教育局分别举办了多场创建英语特色学校成果展示会，共有10000多名学生和1000多名中小学教师参加了活动，在全市掀起创建英语教育特色的热潮。

【教育信息网络不断完善】 2005年，东莞市各镇区以创建省教育强市为契机，加大对教育的投入，为各学校添置信息技术设备，有力推动了数字化校园建设进程。全市共有181所学校建成校园网，比上年增加75所；全市公办中小学共有教学计算机45871台，比上年增加13927台，生机比达7∶1，教师办公计算机14042台，师机比达1.4∶1。全市有140多所学校连入东莞教育专网，比上年增加70多所。全市已有250多所中小学开展了信息技术与学科教学整合的研究，共建立了150多个学科资源库和网站；共有国家级现代教育技术实验学校1所，省级20所，市级54所。

【成人高考】 2005年，东莞市成人高考报名人数22442人，其中专科升本科8251人，高中起点本科65人，高中起点专科14126人，报名总人数继续保持较高水平，在全省21个地级以上市中排列第二位。今年成人高考录取人数共19014人，比2004年增加1364人，按实考人数21004人计算，2005年东莞成人高考录取率为90.5%。录取总人数中东莞户籍考生有11303人，占录取总数59.4%。

2005年成人高考全市共设立东莞理工学院城市学院、东莞中学、东莞中学初中部、莞城二中等18个考场，共753个试室。为了营造良好的考风考纪，考试组织机构通过新闻媒体宣传考试有关规定，加强对考生的诚信教育和考风考纪教育。同时做好试卷安全保密工作，加强对监考员的培训，防范考试违纪舞弊行为的发生，为广大考生提供公平、公正的考试环境。

【自学考试】 2005年，东莞市参加自学考试报考总数为57515人次，报考总科次为122073科次，报考人数继续保持较高水平，在全省21个地级以上市排列第三位。全市共设12个考场，394个试室，其中东莞监狱考场，有267名服刑人员参加考试。为了方便考生，市考试中心采用网上报考、电话报考和现场报考方式，共设立了东莞市广播电视大学、长安成人文化技术学校、塘厦成人文化技术学校3个现场报名点。

为做好考场的硬、软件建设，市财政投入第二期专款140多万元建设国家教育统一考试考场电子监控系统，全市现有14个考场安装了电子监控系统，并与省考试中心的监控网汇接，可实行远程网上巡考。

【教师队伍建设】 2005年，东莞市普教系统有公办教职工21495人，其中专任教师20766人，具有高级职称的809人，中级职称的7458人。小学、初中、普通高中、职业高中教师的学历达标率分别为99.87%、98.72%、95.7%、89.53%；小学教师大专以上率为87.19%，初中教师本科以上率为70.79%。

2005年，全市共接收793名高校应届毕业生，其中研究生14人，本科605人，专科174人。引进外地教师353人，其中高级职称50人，中级职称140人。通过高级专业技术资格评审147人，中级专业技

术资格评审1273人，初级专业技术资格评审358人，大中专毕业生初次认定1405人。参加在职学历提高考试，被录入攻读硕士学位的18人，本科2010人、专科340人。2005年，在中小学教师中，正在攻读教育硕士学位的138人，正在参加本科进修的4821人，参加专科进修的1442人。

为进一步规范学校的管理，共遴选21名中小学校长参加省组织的校长高级研修班；共组织了175名中小学校长、园长和后备干部参加任职资格培训。共派出了211名教研员、中小学、幼儿园骨干教师参加省组织的各类业务专项培训；共遴选出42名骨干英语教师赴英进行为期两个月的强化培训。邀请国内知名专家、教授为744名教师进行各类业务专项强化培训；启动中小学班主任全员培训计划，邀请著名教育学者为3000多名班主任学员进行讲学。为抓好基础教育各学科课程改革师资培训，今年共对3209名教师进行课程试验后续培训，对新任课程改革学科的1214名教师进行业务培训。为推进信息技术教育工作的发展，今年组织了36间学校1000名教师进行了“英特尔未来教育”项目的系统培训。为配合搞好教师资格认定工作，为88人补修了教育学、心理学；为588名新任教师举办了新任教师见习期转正培训。

【教育科研】 2005年，东莞的科研成果无论在数量或质量上都继续稳居全省的前列。东莞申报广东省2005年教育创新成果奖项目共139项，其中获奖31项，占全省获奖45.6%；在广东省第五届普通教育教学成果评奖中，东莞获奖4项（均为二等奖）；在广东省教育学会2005年度学术论文评比中，共有208篇获奖，其中一等奖5篇，二等奖20篇，三等奖66篇。经省教育厅审批立项的课题9项，经市教育局审批立项的课题210项。（杜润江）

附：2005年东莞市教育局领导名录

局　长：杨晓棠

副局长：陈健秋　王任槐　黄金海　王旭辉

纪检组组长：黄健勇

## 东莞理工学院

【概况】 东莞理工学院是一所综合性全日制普通高等院校。1990年经广东省人民政府批准筹办，1991年7月经国家教委批准先行招生，1992年4月经国家教委批准正式建院，2002年3月经国家教育部批准变更为普通本科院校。诺贝尔物理学奖获得者杨振宁博士任名誉院长，东莞市委副书记刘树基兼任院临时党委书记，博士生导师杨晓西教授任院长。

2005年，学院有松山湖校区（主校区）和莞城校区。松山湖校区坐落在松山湖科技产业园区内，占地1500亩，校区环境优美、依山临湖、建筑独特、气势恢弘。莞城校区占地372亩，湖光山色交相辉映，主体建筑似鲲鹏展翅，充满生机。

学院坚持社会主义办学方向和面向地方、服务基层的办学指导思想，植根于改革开放的前沿和社会经济迅猛发展的莞邑大地，一直在较高起点上发展。学院实行教学、科研、生产三结合，普通高等教育、成人高等教育、岗位培训三结合，政府、社会、学校三结合的办学方针，积极探索多形式、多层次、多规格、多渠道的办学模式，走出了一条具有地方特色的办学路子。2005年设有软件学院（含计算机科学与技术系、计算中心、数学教研室）、电子工程系、机电工程系、建筑工程系、化学生物工程系、工商管理系、经济与贸易系、中文系、政法系、外语系、体育系、艺术系、师范教学部、成人教育学院共14个教学机构；图书馆、网络中心、学报编辑部、后勤集团等教辅、研究、后勤、产业机构；另有工业产品电脑设计中心、纳米能源环境与材料研究中心、东莞发展研究中心等直属机构。该院共开设有6个学科门类，20个本科专业以及40个专科专业，面向全国招生。2005年9月，普通本、专科生9885人，成人教育学生8378人。

学院办学条件和教学设施日臻完善。到2005年，松山湖校区校舍面积33万多平方米；图书馆藏书（含电子图书）983383册，拥有期刊总数（含电子期刊）10946种，已全部实行计算机管理，并备有光盘检索系统；直接用于教学的计算机1783台，多媒体教室座位数8067个，教学科研仪器设备7739万元；拥有标准田径运动场、各类球场、学生活动中心和礼堂等一整套文化体育活动场所；校外教学实习基地86个。

2005年，在10个省（区）招收全日制本科学生1612名，在广东省共招收全日制专科学生学生754名。普通毕业生1579人，实现总就业率达98.2%；成人高等学历教育毕业生3083人。

【党建与思想政治教育】 2005年，东莞理工学院开展了历时4个多月的党员先进性教育活动，群众测评的满意度达97.8%。

党的建设工作进一步加强。按照有关条例，选举产生了学院16个党总支（直属支部）委员会和46个党支部委员会，并成立了分党校。中共东莞理工学院城市学院委员会也于12月成立。2005年，发展预备党员596人，办理预备党员转正161人，在校生党员比例为6.9%，比去年同期增加4个百分点。院党委被市直工委评为2005年先进党委。

【教学管理】 2005年，东莞理工学院教学管理进一步制度化、规范化。成立了学院教学督导组；评审立项各类教研教改项目113项；举行升本以来第一次青年教师讲课比赛；在教学单位设立教研室，加强基层教学管理力量；创建新的实验教学管理机构——实验教学中心，为今后的实验室管理和实验教学改革与管理搭建了新平台。

2005年，学院制定或修订教学管理文件50份，实验教学和实验室管理管理文件 29 份，进一步夯实教学管理基础，出台《东莞理工学院精品课程建设实施方案》、《东莞理工学院“创新人才培养计划”实施方案》等文件，创新教学管理，标志着学院教学管理制度化规范化和科学化建设迈上新台阶。

教学管理成果方面，学院电子电工实验中心被评为省级实验教学示范中心，标志着学院的专业建设和实验室建设实现历史性突破。

【师资队伍建设】 2005年，东莞理工学院共引进教授20人，博士37人，其中已到校工作的教授10人，博士21人。在引进的博士中，65%毕业于211工程院校，引进教授中85%具备硕士或以上学历学位，且平均年龄为42.8岁。同时，学院高度重视对教师的培养，出台《东莞理工学院继续教育暂行规定》。2005年认定职称50名，其中7人获正高级职称，16人获副高级职称。全院教师队伍中具有正高职称69人、副高职称166人，具有高级职称的教师占教师总数的比例为38.8%；具有博士学位的教师66人，硕士学位教师285人，分别占教师总数的比例为10.9%和47%。

理工学院出台《东莞理工学院收入分配调整方案》等制度，于9月启动了首次岗位聘任工作；首次推行教职工按学年度考核；加强了学院人事制度建设。此外，理工学院还获准成立学院中级职称评审委员会，入库委员89人。

【科研工作】 2005年，东莞理工学院获立项科研项目37项。其中，国家自然科学基金项目1项，863项目（子项目）1项。立项科研经费突破1000万元。“东莞市清洁生产科技中心”市级研究平台获准落户该院，项目总经费3000万元，市财政将在3年内拨款1500万元给予支持。

科研成果和专利数量有新的突破。组织通过鉴定科研成果3项，组织通过科研项目验收1项。获市科技进步奖一、二、三等奖各1项。获授权发明专利2项，获授权实用新型专利1项，申请发明专利2项。

理工学院先后组织承办“2005东莞科技合作周第二届中国（东莞）IT产业高峰论坛”、“欧盟合作项目启动签字仪式暨合作项目研讨会”、国家自然科学基金委委托的“工程热物理学科发展战略研讨会”。

理工学院还与华南理工大学签订合作培养硕士研究生协议，挂牌成立了“华南理工大学东莞研究生培养基地”。

【学生工作】 2005年，东莞理工学院重视校风、学风建设，校园文化氛围浓厚。举办2005东莞理工学院校园文化巡礼；进一步推进“爱国、守法、诚信、知礼”现代公民教育；开展一系列志愿服务和社会实践活动；召开了大运会青年志愿者动员大会，大运会志愿服务工作将全面展开；进一步完善助学和奖学机制，总奖励人数比例超过全院在读学生人数的30%，同时采取切实措施关心扶助贫困生。

2005年，学院在各种赛事中，取得了丰硕成果。在广东省第一届大学生艺术展演活动中，获普通组一等奖2个、普通组二等奖1个、普通组三等奖12个；在第八届“挑战杯”华南MALL广东大学生课外学术科技作品竞赛终审决赛，获省三等奖学生4项；在广东省大学生创新设计与制造大赛中，学院学生的作品获二等奖1个、三等奖1个；在“中南六省区港澳台第二届大学生创新与制造大赛”中，3件作品获二等奖；学院田径队在“菲普莱杯”2005年广东省大学生田径锦标赛获乙组团体第三名。

【城市学院】 2005年5月，东莞理工学院城市学院召开了董事会成立大会暨一届一次会议，选举产生第一届董事会，审议通过《东莞理工学院城市学院董事会章程》，明确董事会领导下的院长负责制的管理体制。12月，成立中共东莞理工学院城市学院委员会。

城市学院实行全员聘任制，进一步改革人事分配制度，实现“按劳取酬、优质优酬”。2005年，新聘（调）进教职工117人，其中正高职称7名，副高职称12名，博士5名。

2005年，新增“社区管理与服务”、“安全生产管理”等专业，专业设置涵盖工、理、文、艺等6个学科门类。2005年共招收学生2617人，其中本科1070人，专科1547人。

（李忠红 陈宝华）

**附：2005年东莞理工学院领导名录**

临时党委书记：刘树基

临时党委副书记、院长：杨晓西

临时党委副书记、纪委书记：

钟剑辉（10月离任）

临时党委副书记：王江水

临时党委委员、副院长：安少华

邹晓平

## 广东医学院东莞校区

【历史沿革】 广东医学院是广东省省属高等学校，始建于1958年，其前身是中山医学院湛江分院，1964年更名为湛江医学院，1992年易名为广东医学院。1982年成为全国首批获得学士学位授予权的院校之一，1985年获得硕士学位授予权，2002年获得同等学力硕士学位授予权。1991年获广东省高等学校办学水平评估一等奖，从“八五”计划开始，连续三个五年进入省属重点建设院校行列，为广东省九所重点建设大学之一。

东莞校区，是广东医学院响应省委省政府建设教育强省和文化大省的号召于2002年开始创建的，2003年2月正式动工，同年首届新生入学，2005年末在校学生人数为6512人，其中2003级1494人，2004级2104人，2005级2914人。

【教学基础设施】 广东医学院东莞校区占地总面积为72.27万平方米，生均占地面积达107平方米；学生宿舍建筑面积为9.65万平方米，生均宿舍面积达14.30平方米；行政用房面积为1.10万平方米；图书馆面积2.66万平方米，生均图书馆面积达3.94平方米；运动场面积3.46万平方米，生均运动场地面积达5.13平方米。

2005年，东莞校区有多媒体教室座位数7889座，每百名学生配多媒体教室座位数121.2座，语音实验室15个，共1016座，每百名学生配语音实验室座位数15.6座，拥有教学用计算机1475台，每百名学生配教学用计算机台数22.65台。有教学型实验室18个，其中生物化学与分子生物学实验室为“广东省高校教学提高型重点实验室”，基础医学实验教学中心被评为“广东省高等学校实验教学示范中心”。2002年以来，学校先后投入630万元用于实验室改造，投入5,750万元购置各类教学仪器设备。截止2005年8月，学校教学科研仪器设备总值达1.11亿元，生均教学科研仪器设备值11,579元，新增教学科研仪器设备所占比例为15.9%。实验仪器设备装备水平在省属医学院校中处于前列。

学校注重文献资源建设，年文献购置经费逐年增加，藏书量也有较快增长。东莞校区馆藏文献总量为511070册，其中纸质文献总量511070册，电子文献总量339135册。生均纸质文献量78.48册、生均年进书量2003年至2004年分别为20.09册、39.13册和52.25册。

【院系及专业设置】 2005年，广东医学院东莞校区有基础学院、第一临床学院、第二临床学院、检验学院、护理学院、公共卫生学院、药学院、人文与管理学院、成人教育学院等9个二级学院和社会科学部，拥有1所全国百佳、三级甲等直属附属医院，9所非直属附属医院，49所临床教学（实习）医院。

学校设有临床医学、医学检验、医学影像学、口腔医学、预防医学、法医学、生物医学工程、信息管理与信息系统、护理学、药学、公共事业管理、劳动与社会保障、英语、应用心理学、等十多个专业，涵盖医、管、工等学科门类。其中临床医学专业和医学检验专业是广东省高校名牌专业。

【接受本科教学工作水平评估】 2005年11月12—18日，国家教育部委派的本科教学工作水平评估专家组对医学院进行为期7天的本科教学工作水平评估，专家组一行14人于11月12日首先到达东莞校区进行评估，受到了全体师生员工的热烈欢迎，专家组对学校的办学成绩给予了高度的肯定。通过这次评估，进一步促进了学校的教学及管理水平。

（颜大胜 黄祖辉 李文杰 梁志勇）

**附：2005年广东医学院东莞校区领导名录**

党委书记：高志青

院　长：罗少军

副院长：周克元（主管全面行政工作）

侯小慧 黄 钢（5月份到任）

李永全 郑学宝 林木生

CULTURE

# 文　化

东莞市玉兰大剧院

■ 文化行政管理体制改革

■ 东莞图书馆新馆开馆

■ 玉兰大剧院开业

责任编辑：张锡麟　王彩凤

## 文化广电新闻出版

【概况】2005年，东莞市文化广电新闻出版局被评为市直机关先进单位。4月28—29日，粤港澳文化合作第六次会议在东莞召开。《南方日报》2005年11月24日头版头条对东莞市文化新城建设的新举措、新成效进行了报道。12月20—21日，全省群众文化经验交流会在东莞市召开，会议安排一天时间考察参观东莞市文化建设的亮点。中共中央政治局委员、省委书记张德江在东莞市《关于东莞文化新城建设情况的报告》上作出重要批示："东莞市高度重视文化建设，积极探索，大胆实践，取得了明显成效，积累了宝贵的经验。"对东莞市文化新城建设工作给予了充分的肯定。

【文化行政管理体制改革】2005年，东莞市按照上级的统一部署，积极稳妥地进行行政体制改革。一是建机构。按照"三定"方案，组建东莞市文化广电新闻出版局和东莞市文化市场综合执法大队，并于2005年4月4日挂牌成立。制定并组织实施各镇（区）文化市场综合执法分队组建方案，通过镇（区）党委推荐、局党组考察、审核，选拔分队长（副分队长）人选，确定过渡人员，落实经费和设施，筹建各镇（区）文化市场综合执法机构。二是转职能。把职能转变作为机构组建的工作目标，将行政决策和行政执行的职能相对分开，建立起对社会各类组织的考评机制、对文化事业的扶持机制、对文化产业的解放机制、对文化市场的监管机制，强化政府对文化发展的政策调节、市场监管、社会管理和公共服务。三是明运作。按层级管理的原则，将领导工作按一把手、分管领导和科室主要负责人三个层次分工负责，第一个层次是一把手，定方向；第二个层次是分管领导，抓落实；第三个层次是科室主要负责人，干工作。人人有职责、人人明操作，做到各司其职，各负其责，形成运转协调、行为规范、高效有力的机关管理和运作机制。四是配人员。分"到局"、"到科"、"到岗"三个步骤，在工作需要的前提下，充分尊重个人意愿，妥善安排好每个人的工作岗位，保证人心凝聚、队伍稳定。五是立规矩。根据三局合并后新的运作方式、新的职能配置、新的工作要求，制定了涵盖领导制度、工作制度、管理制度、依法行政制度、考评制度等五方面制度的《东莞市文化广电新闻出版局工作手册》，将所有机关行为置于制度约束之下。经过严密的组织实施，顺利地完成了行政管理体制改革的各项任务。

【文化工作思路及措施】2005年，东莞市文化广电新闻出版局围绕创新发展能力"五大工程"，把握时代发展趋向，提出了"十个转变"的工作方针，推进文化零距离行动和文化新城建设。按照既定的工作思路，制定了一系列实施方案和办法，着力将认识转化为实践，将思路转化为行动，围绕目标分解任务，按照任务制定措施，落实措施取得成效，努力实践文化工作目标、任务和途径。一在目标任务上落实。制定《东莞市建设图书馆之城实施方案》，图书馆网络建设全面铺开；推出读书节和"东莞学习论坛"总体工作方案，知识传播的平台搭建起来；推出《东莞市建设博物馆之城实施方案》，博物馆体系建设正在兴起；出台《东莞市建设广场文化之城实施方案》，多元的文化活动体系开始呈现。二在动力机制上完善。制定《东莞市2005—2006年公益文化活动项目招商实施方案》，出台《东莞市公益文化活动项目招商暂行管理办法》，社会办文化步入规范；完善镇（区）、村（社区）、企业（单位）三个类别，标兵、先进、达标三个档次的定期、量化和定级的考评制度，政府文化管理体制建设得到推进。三在发展基础上夯实。面向全国招考人才，人才队伍逐步充实；制定推出各类文化市场管理办法和系列执法业务运作制度，有序开展网吧发证工作，较为健全的文化市场监管体系开始形成。

【拓展文化工作领域】 2005年，东莞市文化广电新闻出版局遵循“文化的内容是知识，文化的本质是精神，文化的手段是艺术”的理念，下大气力扭转文化工作较多地停留在“吹拉弹唱、写字绘画”，甚至搞几场晚会、展览，造造声势的畸形状况，努力营造知识传播、精神培育、艺术普及三大领域齐头并进的工作局面，不断丰富文化工作内涵，全面发挥文化工作的功能作用。一是围绕“知识”这一文化的内容，将文化领域向知识传播拓展。在构建知识传播载体上，以东莞图书馆新馆建设为契机，全面铺开图书馆网络建设，建立了漫画馆等10个“馆中馆”、80个图书流动车服务站，10个镇（区）、学校、企业图书馆纳入总分馆体系，在全国首创24小时自助借还服务，研制开发了图书馆集群网络管理平台，使“一馆办证、多馆借书”和“一馆借书、多馆还书”在东莞成为可能。在改进知识传播方式上，通过举办“读书节”、“东莞学习论坛”、“图书馆服务宣传周”等系列活动，引领知识传播，培育城市学习风气。在完善知识传播机制上，通过“书香之家”评选、外来员工“读书学习，争做东莞人”演讲比赛以及读书知识竞赛等活动，表彰了一批读书家庭和学习标兵，建立了榜样引领、激励驱动等各类学习型组织的创建机制。二是把握“精神”这一文化的本质，将文化领域向精神锻造拓展。2005年，新建8座博物馆，出版《东莞文物图册》，向国家文化部申报麒麟舞非物质遗产保护，成立道滘青少年粤剧培训中心，承办第七届中国民间文艺“山花奖”·麒麟大赛，举办粤剧黄金周以及各镇（区）龙舟大赛、客家山歌比赛等民间艺术活动近200场次，民风民俗得到挖掘、弘扬。充分发挥东莞展览馆、鸦片战争博物馆、袁崇焕纪念园等场所的阵地作用，利用抗日战争胜利60周年纪念，东江纵队纪念馆开馆的有利时机，大力开展爱国爱乡、奋发图强的民族精神教育活动。通过开展企业文化调研，企业文化活动，企业文化建设考评，推动企业文化建设，营造多元文化和谐共处的人文环境，增强外来人员对东莞的“精神家园”感。开展文化下乡、广场大家唱、广场舞会等活动，使群众有好书读、好戏看、好歌唱、好地方去，基层文化网络进一步健全，城市亲和力不断增强。三是利用“艺术”这一文化的手段，强化艺术普及。以广场文化之城建设为契机，大力推进乡镇文化、社区文化、企业文化向纵深发展，群众参与热情空前高涨，艺术氛围分外浓烈。每周六举办的以高雅艺术和知识普及为特色的“文化周末”和每周五、周六举办的整合全省大学艺术演出资源、时尚现代的“都市彩虹”，长安、大朗分别承办的首届广东省诗歌节、第四届广东省画展，常平大剧院举办的一系列高档次的艺术活动，为群众带来了高雅艺术享受。市举办的“永远跟党走——东莞市第二届合唱比赛”5000多人参加，是东莞市有史以来参与人数最多、规模最大的一次比赛。“东莞市‘度香亭’杯粤曲大赛”参与人数也超千人。2005年，全市共举办各类文艺晚会512场，专项文艺比赛322场，文艺展览240期，参与人员达220万人次；广场舞活动1.3万场次，参与人数达1000多万人次；送电影下乡3790场次，图书下乡310次，演出下乡650场次。

【公益文化活动招商规范】 2005年，东莞市按照市场化运作、个性化策划、规范化组织、整体化推进、多元化着手、品牌化打造的方向，规范文化招商步骤、监管以及文化活动的开展。一方面，分步骤规范招商操作。整个招商工作分三步实施。第一步，筛选招商项目。2005年初，组织申报纳入文化招商的项目，对项目进行筛选，确定将90个公益文化项目整合推向社会。第二步，向社会征集有“卖点”的项目活动方案。4月中旬，第一次走出东莞，分别在广州、深圳、东莞三地召开公益文化活动项目发布会，并在《南方日报》等媒体公开发布招商信息，建立东莞文化招商网，引起了全省各地以及北京、上海等地的文化中介公司和艺术团体的广泛关注，共征集到75个优胜活动方案。第三步，以“卖点”方案进行文化招商。通过进行主办方、策划方、投资方三方洽谈，确定策划方案，签订合作协议，落实资金投入，保证了活动的开展。另一方面，按制度规范承办行为。出台了《东莞市公益文化活动招商暂行管理办法》，聘请了律师事务所和会计师事务所，完善了协议条款，规范了筹措资金、资金使用、演员邀请、演出组织以及场地布置等承办行为。与此同时，强化政府服务。出台了公益文化活动投资广告宣传优惠办法，组织了策划方、活动主办方与投资企业进行面对面的交流，等等。公益文化活动招商的规范，极大地提升了文化招商的效益。推出的90个公益文化活动项目成交78个，金额达6200多万元，比2004年增长了50%。

【基层文化建设考评制度】 2005年，东莞市文化广电新闻出版局按照创新发展能力“五大工程”的新要求，通过反复征求意见，对原来的考评方案、考评项目和指标体系进行调整和补充，增加了文化建设标兵、先进学校和标兵、先进、达标医院考评标准。分标兵、先进、达标三个档次，镇（区）、村（社区）、企业（单位）三个类别，涵盖文化设施建设、文化活动开展、文化资源挖掘、保障措施落实等各方面的考评指标体系。通过定参评培养对象和参评等级，组织相关部门审核和实地验收、考评领导成员会议最终审定等程序，共评出1个文化建设先进镇（区）、7个达标镇（区）、13个复查合格镇（区），18个先进村（社区）、76个达标村（社区），11个先进企业、66个达标企业，73个先进学校，6个先进医院、24个达标医院等295个单位，通过考评，基本形成了基层文化建设努力有方向、学习有榜样，你追我赶、比学赶帮的良好局面，使基层文化建设步入了规范、快速发展的轨道。

【文艺创作】 2005年，东莞市文化广电新闻出版局按照《东莞市文学艺术创作和文学艺术奖励专项资金使用管理办法》，组织重点文学艺术项目、文艺作者个人出书和展演的资助、社会办文艺团（队）的扶持，以及获省级以上文艺奖项再奖励和群众文艺创作年度评奖的申报和评审，文艺创作取得了丰硕成果。一是专业创作有突破。中国歌舞团东莞分团（东莞歌舞团）围绕东莞题材创编的表现东莞民俗风情的大型音舞诗画《玉兰谣》参加广东省第九届艺术节，获得剧目二等奖，主题曲词曲一等奖等九个奖项，这是东莞第一次在省艺术节上获得多项大奖，第一次获得省艺术节单项最高奖；创编的《南国春来早》在众多应标单位中脱颖而出，被确定为省军民春节联欢晚会中标单位，这是省军民春节联欢晚会举办20年来第一次由广州以外的市一级单位承办。二是业余创作获硕果。常平创编的小品《三个和尚的故事》参加中国曹禺戏剧奖小品小戏评选分获剧目二等奖、编剧奖、导演奖、优秀演员奖；东莞市选送的舞蹈作品获广东省首届岭南舞蹈大赛3金3银1铜的好成绩，居全省各市首位。2005年，全市各类业余文艺作品参加省级以上重点文艺竞赛活动，取得25个国家级奖项和227个省级奖项的好成绩。三是民间艺术得提高。莞城区的“千角灯”荣获第七届中国民间文艺山花奖·民间艺术奖金奖，被誉为中华第一灯；樟木头创编的《麒麟戏钱鼓》获第七届中国民间文艺山花奖；长安业余粤剧团创编了七场大型现代粤剧《铁血传奇》。四是创作基地建设上轨道。东莞（虎门）相声小品创作基地创编了相声剧《发叔的故事》；东莞（塘厦）打工歌曲原创基地组织创作一批优秀打工歌曲，组织编印了打工歌曲选集；同时，常平戏剧小品创作基地、道滘粤剧曲艺创作基地和清溪客家山歌创作基地正加紧筹建。五是艺术团队建设有起色。中国歌舞团东莞分团（东莞歌舞团）共演出78场（次），创编的“共享文化阳光”走进企业文艺晚会，受到企业热烈欢迎。与此同时，扶持了长安业余粤剧团、大朗大井头荔香粤剧团、风之旅乐队等社会办艺术团（队）建设。至2005年底，全市共有各类文化活动队伍1576支，文艺协会近200个。

【博物馆事业】2005年，东莞市政府出台了文化建设规划和配套政策，全面启动了博物馆之城建设，结合东莞传统文化、社会结构和产业特点，建设有东莞地方特色的各类专题博物馆，着力构建起市、镇、村（社区）三级博物馆网络。至2005年底，全市博物馆共有16座，其中，新建成8座，另有5座正在建设，是东莞市有史以来博物馆事业发展最为迅猛的一年：在省内依托文物最丰富、展览档次最高的抗战类专题博物馆——广东东江纵队纪念馆开馆，特色浓郁的史前遗址博物馆——蚝岗遗址博物馆主体建筑竣工，全国第一个举重类专题博物馆——石龙举重博物馆落成，全省最具产业特点、与产业发展结合最紧密的企业办博物馆——唯美陶瓷博物馆即将开馆，可园博物馆新馆的筹建及其基本陈列《张敬修与可园》、《二居与可园》和《岭南传统园林与建筑》已进入展览脚本的修改定稿阶段。与此同时，落实了文物保护各项工作，征集到文物精品311件，组织8万人开展“万人畅游博物馆”活动和广泛的宣传，吸引了广大市民对博物馆之城建设的关注和参与。2005年9月，茶山南社村被国家建设部和国家文物局联合公布为“中国历史文化名村”，成为广东省仅有的五个“中国历史文化名村”之一。

【文化市场管理】2005年，东莞市在加强文化市场管理中，坚持“放”字当头，“严”字紧跟的方针，放开文化市场经营，保障文化市场秩序，创造了良好的文化市场环境。一是公开、规范文化市场审批。出台了《东莞市文化广电新闻出版局办事指南》，对所有78项行政审批审核事项，包括每一项业务的审批审核流程、依据、权限、程序、时限、申报条件、申报材料做了详细明确的规定，并向全社会公开，营造了透明、公平、公正的文化市场条件。二是有序开展网吧发证。按照“总量控制”、“公开、公平、公正”、“抬高门槛、鼓励连锁、终端监控、严厉处罚”的原则，结合全市各镇（区）经济发展水平、人口数量和市场需求，规划网吧布局，通过媒体公布网吧发证信息，采取公开抽签的方式分配400个网吧经营指标，在全国开创了以公正、透明方式开放网络文化市场的先河。三是严格文化市场执法。坚持执法大队查处与镇（区）监督相结合，常规巡查与专项检查相结合，保证执法机构依法、高效运转。2005年，共出动执法229批次，1040人次，检查各类文化经营主体或活动621个次，缴扣或暂扣各类物品数量63595件，收缴各类罚款174000元，取缔非法“影吧”209家、“黑网吧”210家，非法安装接收卫星电视用户5个，捣毁非法音像制品批发窝点6个、非法书刊批发窝点5个。

【文化设施建设】至2005年底，东莞市共投资超过15亿元的市级文化设施——玉兰大剧院、东莞展览馆、东莞图书馆和群众艺术馆等均在国内同类设施中硬件处于前列。采取一个设施一套运作机制的办法，保证新建设施的功能作用充分发挥，使这些设施，不仅仅硬件先进，而且运作领先，一跃而成为真正意义上的国内一流水平。比如，玉兰大剧院，采取“政府补贴、目标监管，经营方自主经营、自负盈亏”的经营管理模式，由北京保利影剧院管理有限公司承包经营。“北京保利”品牌的引入，使玉兰大剧院一开始就跻身国内一流剧院的水平。又比如，东莞图书馆新馆，实行总分馆制，推行“以读者为中心”的服务理念，力求达到“集中使用资金投入，合理组织专业分工，统一业务规范管理，最大实现资源共享”的目的，实现了从传统的借阅式图书馆向数字化多功能城市中心图书馆跨越。与此同时，着力抓好设施的延伸，引导镇（区）加大文化设施建设力度。2005年，全市共有村镇图书馆（室）470个、文化广场395个，文化设施占地总面积700万平方米，建筑总面积230万平方米，初步形成了以文化中心、文化广场为主要阵地的设施网络。

【文化队伍建设】2005年，东莞市进一步加强文化队伍建设。一是抓整合。三局合并后，大抓队伍整合，不仅仅从制度上约束，从运作上规范，而且努力造就共同的追求和信念。以事业凝聚人，以干活为中心，以实干为风气，以能干为尺度，给想干事的人以机会，给在干事的人以条件，给干成了事的人以荣誉，引导干部职工把思想集中在想干事上、能力体现在会干事上、目标落实在干成事上；以文化教化人，大力培育诚信文化、包容文化、干事文化、创新文化、人本文化，充分发挥文化的感染力、导向力、带动力，引导大家都做一个纯粹的人、有作为的人。二是抓提升。以“保先”活动为契机，按照提高政治素质、思想素质、业务素质“三个素质”，激发工作热情、工作激情、工作豪情“三个情”，调动工作积极性、工作主动性、工作创造性“三个性”，增强凝聚力、生产力、竞争力“三个力”，实现观念先进、目标先进、机制先进“三个先进”的“五个三”的总体要求，锤炼党性，提升境界，增强能力。三是抓充实。在2004年第一次面向全国招考人才的基础上，又推出90个岗位面向全国纳贤。共招来了61名试用人员，其中高级职称9人，中级职称1人，研究生7人，本科51人，文化队伍得到进一步充实。

【文化产业】2005年，东莞市政府按照“放开、搭台、造市、引导、服务”原则，破除束缚文化产业发展的障碍，推动文化产业做大做强。“放开”，就是在国家政策法规允许的范围内，放宽市场准入，坚持谁投资、谁所有、谁受益的原则，推进文化投资主体多元化和社会化。“搭台”，就是文化行政部门从文化经营领域中退出来，把舞台、空间、市场让给社会，搭建一个社会办文化的平台。“造市”，就是加强舆论引导，培育人们的文化消费意识，鼓励社会团体和广大群众购买文化产品和文化服务，增强文化再生能力。“引导”，就是落实中央和省、市有关文化配套政策，大力扶持大众传媒业、图书音像业、文化旅游业，重点拓展文艺演出业、艺术培训业、艺术品交易业，引导规范文化娱乐业、网络文化业、文化中介业。“服务”，就是简化审批程序，规范办事制度，健全行业协会，加强行业自律，为社会办文化创造良好的政务环境。通过“十字方针”的贯彻落实，促进了文化产业起步发展，初步形成了门类齐全、规模较大的文化产业体系。至2005年底，全市共有卡拉OK歌舞娱乐厅263间，大众化歌舞厅67间，音像经营单位703个，经营演出业务的剧场、酒吧96间，录像放映场所165间，电影放映单位27间，印刷企业2975家，书店518家，电子出版经营单位74家，美术品经营店115家。

【东莞图书馆新馆正式开馆】 2005年9月28日，建筑面积4.5万平方米，建筑规模在全国省市级公共图书馆中排第七位的东莞图书馆新馆正式开馆。新馆设立了“漫画图书馆”、“粤剧图书馆”、“IT图书馆”、“台湾书屋”等10个特色专题馆，在全国首创24小时自助借还服务。以新馆开馆为契机，围绕“营造书香东莞 建设文化新城”的主题，成功举办了2005东莞首届读书节。读书节期间，共举办各类读书活动近300项，其中重点活动18项，受众人群达200多万人次，中央、省、市各媒体累计刊发近1500条新闻和专题报道，在东莞掀起了读书求知、读书成材的热潮。同时，“东莞学习论坛”在东莞图书馆新馆正式启用，“专题报告会”、“周末讲座”和“都市沙龙”三个系列知识讲座全面推开。

【玉兰大剧院正式开业】 2005年12月28日，投资6.18亿元的东莞玉兰大剧院正式开业。玉兰大剧院是东莞标志性文化建筑，硬件设施档次在全国首屈一指，舞台设备处于世界领先水平。12月31日，玉兰大剧院上演“东莞移动之夜”2006中国新年音乐会作为首场演出，该音乐会是中国每年由中央电视台向全世界直播的唯一一台国家级新年音乐会，以前仅在北京、上海、广州三个城市举办过，在地级市举办尚属首次。2006年1月1日开始，玉兰大剧院首演季推出俄罗斯国家剧院芭蕾舞团《胡桃夹子》、《天鹅湖》，俄罗斯国家交响乐团《新年音乐会》，土耳其舞之王Ney舞蹈团大型音乐舞蹈史诗《舞之王“热情之火”》、云南映象文化发展有限公司大型原生态歌舞集《云南映象》，中国杂技团大型情景魔术晚会《魔法传奇》等高雅艺术精品。

【广东东江纵队纪念馆开馆】 2005年9月，是中国人民抗日战争和世界反法西斯战争胜利60周年。“南粤锦绣工程”的重要项目、文化新城建设的重要设施、爱国主义教育的新阵地——广东东江纵队纪念馆于中国人民抗日战争和世界反法西斯战争胜利60周年纪念日正式开馆。该馆以省级文物保护单位大岭山抗日根据地旧址为依托，由市财政投资3000万元，大岭山镇政府提供土地和配套设施，占地面积53300平方米，建筑面积近4000平方米，是华南地区规模最大、设施档次最高、展览设计最精、依托文物最丰富的抗日战争题材专题性博物馆。同时，东莞市还举办了纪念中国人民抗日战争和世界反法西斯战争胜利60周年大会暨文艺晚会，为抗战老同志颁发了纪念章。

【东莞群众艺术馆大楼启用】 2005年底，东莞群众艺术馆大楼工程全面完成。位于新城区，建筑面积7149平方米，活动场所面积6309平方米。12月26日，东莞市文化广电新闻出版局、东莞市文联、东莞市文化市场综合执法大队、东莞群众艺术馆迁往新大楼办公。东莞群众艺术馆大楼与新城区融为一体，不仅为文化新城建设再添新亮点，同时也标志着文化广电新闻出版办公基础设施的规范化和现代化，对塑造文化广电新闻出版系统良好形象、提高文化行政效能具有重要意义。

【广播电视管理工作】 2005年，按照全国文化体制改革的统一部署，东莞市广电行业进行了“管”和“办”的分离，将原广电局的各项行政管理职能归并到市文化广电新闻出版局，广播电视具体宣传和经营业务划归广播电视台（站），广播电视台（站）接受市文化广电新闻出版局行业管理。从有利于行业发展，有利于依法行政出发，通过不断改善行政服务来履行职能，创造了良好的政务环境，达到了中央和省关于广电管理职能只能加强，不能削弱的要求。2005年开展了广电系统行风评议，满意率97.7%。行风评议，是对全市广电行业的一次政治教育、一次业务学习、一次运作规范和一次水平提升，促进了“管”、“办”协调，形成了“管”“办”运转顺畅、关系融洽的行业整体形象。起草了《东莞市广播电视网管理暂行办法》，修订了《东莞市广播电视运行安全应急预案》，促进了广电传输覆盖网络的建设，实现了广播电视的安全播出。利用广电网络搭建公安远程监控网，推进了文化广电资源的整合利用。

【印刷复制业】 2005年，东莞市不断推进印刷业做大做强，使其逐步发展成为东莞的一个重要的新兴产业。2005年，举办了第五届东莞市印刷业协会会员联谊会、2005年东莞印刷精品展，促进了“印在东莞”品牌的打造。截至2005年底，全市共有各类印刷企业2975家，约占广东省的1/4，印刷从业人员超过10万人，年印刷工业总产值达160多亿元，多项经济指标在全省乃至全国都居于前列。全年加工境外出版物出口总数18101种、31507.2634万册，加工境外包装装潢以及其他印刷品总量9.2亿公斤，其中外单是东莞印刷企业的重要业务来源，特别是牛津、剑桥、朗文等国际知名出版公司的出版物为东莞市一些外资企业的基本业务来源，已构成了以外资印刷企业为龙头，带动民营企业比翼齐飞的集印前、印刷、印后、印刷耗材及设备供应服务等相对完备的产业体系，印刷技术和设备的应用水平处于领先地位，东莞实际上已成为中国南方重要印刷基地之一。为培养印刷专业人才，2005年9月10日东莞理工学校“装潢设计与印刷”班（中专学历）开班，开创了东莞市印刷职业教育的先河。

【社会办出版业】 东莞市民营资本雄厚，民营经济活跃。2005年，在全市的1088个各类书刊和电子出版物销售网点中，民营资本投资的比例达97%以上，占绝对优势，产生了良好的社会效益和经济效益。全市拥有众多国际性的现代化企业，他们在企业发展中，非常重视企业文化的培育，注重利用企业文化引导共同价值取向，营造共同价值追求。企业内刊凭着受众集中、信息专业、渗透性强、编办灵活的优势，成为企业文化的重要载体，成为东莞市出版业的“生力军”。据不完全统计，2005年底，东莞市有连续性内部资料出版单位73家，其中企业内刊编辑出版单位45家，一次性企业内刊上百种，年出版量数百万册（张）。在全国内刊的评选中，东莞市企业内刊多次摘金折桂。《创维营销》、《虎彩人》在2005年第四届全国优秀企业内刊评选中获特等奖，《立德之风》、《东越之声》、《生益》、《光大》分获一、二等奖，《才富》获"2005年度中国百佳优秀企业内刊"称号。

【版权事业】2005年，东莞市文化广电新闻出版局对全市进出口光盘版权和内容合法性的审核工作达740宗，涉及进出口光盘总数为8.61亿张（盒），涉及生产总值18.39亿元。稳步推进政府部门软件正版化工作。调整"东莞市出版物鉴定委员会"，充实力量，全年为机关、企事业单位和市民提供出版物和音像制品的鉴定涉及出版物超过180种。发挥"广东省版权保护联合会东莞办事处"的作用，为版权人、企业经营者、市民提供法律法规咨询；鼓励著作权人实行"作品自愿登记"；使服务工作向着专业化、常规化的方面发展。对日益增多的版权纠纷，以严格、高效的办案作风，竭力担纲企业著作权权益的保护神，树立版权行政管理部门的公信力。

【发行网络】2005年，东莞市着力推进发行业提升壮大。据不完全统计，至年底，全市共有图书市场1个（在虎门），电子出版物市场3个（在莞城），各类书报刊和电子出版物销售网点1088个，其中营业面积在5000平方米以上的大型书城7个，营业面积1000—5000平方米以上的大型书城10个，营业面积1000平方米以下的综合书店有451个，邮政书报亭559个，电子出版物发行单位61个，形成了遍布城乡的发行网络。

【2005年东莞市文化新城建设十件大事】2005年，随着东莞市建设图书馆之城、博物馆之城、广场文化之城实施方案正式出台，文化新城建设深入推进；东莞市文化广电新闻出版局、东莞市文化市场综合执法大队、东莞广播电视台成立，文化管理体制改革迈出新步伐；东莞图书馆新馆正式开馆，"2005东莞首届读书节"成功举办，"东莞学习论坛"正式启用，东莞读书学习品牌初步形成，城市读书学习风气逐步养成；玉兰大剧院正式开业，"东莞移动之夜"2006中国新年音乐会全球直播，首演季高雅艺术精品荟萃，东莞城市形象极大提升；广东东江纵队纪念馆隆重开馆，东莞市纪念中国人民抗日战争和世界反法西斯战争胜利60周年系列活动反响强烈；东莞歌舞团省军民春节联欢晚会夺标，音舞诗画《玉兰谣》在第九届广东省艺术节创佳绩，东莞文化影响力不断扩大；南社荣获"中国历史文化名村"至高荣誉，东莞市历史文化资源品牌打造创造佳绩；"文化周末"、"都市彩虹"、"共享文化阳光"推出，东莞广场文化活动品牌化打造取得新突破；采用抽签方式，公正、透明、有序开展网吧发证工作，开创全国开放网络文化市场的先河，为创新文化市场管理作出有益探索；公益文化活动项目招商和基层文化建设考评步入规范，社会办文化、政府管文化格局进一步形成。

【2005年东莞市直文化广电新闻出版系统十件大事】东莞图书馆新馆正式开馆，"2005东莞首届读书节"成功举办，"东莞学习论坛"正式启用，东莞读书学习品牌初步形成，城市读书学习风气逐步养成；东莞市文化广电新闻出版局成立，文化管理体制改革迈出新步伐；玉兰大剧院正式开业，"东莞移动之夜"2006中国新年音乐会全球直播，首演季高雅艺术精品荟萃，东莞城市形象极大提升；广东东江纵队纪念馆建成开放，东莞市公有博物馆体系进一步完善；东莞歌舞团省军民春节晚会夺标，音舞诗画《玉兰谣》在第九届广东省艺术节创佳绩，东莞文化影响力不断扩大；组建市文化市场综合执法机构，促进行政决策与行政执行相对分开，建立起完善的文化市场执法网络；采用抽签方式，公正、透明、有序开展网吧发证工作，开创全国开放网络文化市场的先河，为创新文化市场管理作出有益探索；《东莞市文化广电新闻出版局工作手册》、《东莞市文化广电新闻出版局办事指南》出台，文化广电新闻出版工作步入规范化、制度化轨道；粤港澳文化合作第六次会议、全省群众文化建设经验交流会首次在我市召开，东莞文化工作受到充分肯定；第二次面向全国招考文化人才，文化广电新闻出版系统人才队伍进一步充实。（沈志攀）

**附：2005年东莞市文化广电新闻出版局领导名录**

局　长：吴维保
副局长：蔡建勋　董　红　黎寿康
党组成员、市文化市场综合执法大队大队长：黄贵田

## 文学艺术

【概况】东莞市文学艺术界联合会（以下简称文联）下属10个协会。市文联在组织协会开展各种展演、创作活动的同时，积极协助各协会、各镇区成立文艺协会分支机构，不断培养艺术人才，壮大文艺队伍。截至2005年，全市各镇区共成立了文艺社团分支机构（分会）150个，其中作家协会分会14个、摄影家协会分会31个、书法家协会分会27个、美术家协会分会12个、音乐家协会分会12个、戏剧曲艺协会分会23个、舞蹈协会分会22个、硬笔书法协会分会4个、中华诗词学会分会5个。共有市级会员1970多人，省级会员267人，国家级会员58人。2005年为了迎接东莞市文学艺术界联合会第六次代表大会的召开，市文联属下的10个文艺协会完成了换届选举工作，使各协会新一届理事会的领导能力和组织力量加强，年龄结构更加合理，专业水平有所提高。

【东莞市文学艺术界联合会第六次代表大会】2005年12月23日，东莞市文学艺术界联合会第六次代表大会在市委礼堂隆重召开。东莞市委副书记、市纪委书记黄双福作重要讲话，市委常委、市委宣传部部长江凌致辞，广东省文联党组成员、专职副主席吕成忠等出席了大会。市文联党组书记、市委宣传部副部长麦淦华作题为《开拓创新，真抓实干，努力开创东莞文艺事业新局面》的工作报告，认真总结回顾了第五届文联委员会的工作，明确了今后工作的总体目标和任务。大会讨论通过了新的文联章程，选举产生了第六届文联委员会和新一届领导机构，麦淦华当选为东莞市文联主席，林岳当选为常务副主席，李应梅、何环珠、陈锦波、岑诒立、周汉标、黄泽森、詹谷丰当选为兼职副主席。

【文艺活动】2005年，在文化新城建设的进程中，东莞市广大文艺工作者积极参与各种文艺活动，市文联和各协会发挥自身优势，举办了一系列专业性的文艺节庆、演出、展览、培训、采风、评奖活动。据不完全统计，全年各协会举办各类文艺活动200多项。为了配合文化新城建设，市作家协会主办了"信立农信杯"爱我魅力新城征文活动，并

出版了征文作品集《爱我魅力新城》；5月，举办了纪念安徒生诞辰100周年暨王虹虹作品座谈会，对推动儿童文学创作起到了积极作用；11月，由市作家协会参与策划的首届广东省诗歌节在东莞市长安镇举行，有来自国内160多位学者、诗人参加；市青年诗人郑小琼参加《诗刊》社主办的第21届“青春诗会”，引起全国诗歌界的关注。2005年4月，市书法家协会作为广东省两个代表团之一参加中国书法家协会召开的首次全国工作经验交流会；5月，东莞市书法家代表团赴浙江绍兴参加全国最佳魅力城市书法联展系列活动；7月，参与主办了广东省百名书法家书写中华道德名言活动。市戏曲协会承办了第二届广东省政协“四洲杯”粤港澳粤曲演唱大赛东莞赛区的比赛。

【艺术交流】2005年5月，著名作家、中国报告文学学会、中国散文学会副会长、鲁迅文学奖评委周明来访，为东莞市的文学创作提出了许多宝贵的建议，并吸收市作协黄少峰为中国散文学会会员。6月，市作家协会邀请中国作协副主席陈建功及鲁迅文学奖评委来访，为东莞市的文学事业发展构架桥梁。8月，市文联、东莞文学艺术院考察组赴湖南、浙江、江苏、河南四省考察，对加强文联和各协会的工作提供了有益的启示和新的思路。8月，市书法家协会代表团应中华两岸文化艺术基金会会长之邀访台，促进了两岸的书法艺术交流。

【艺术培训】2005年，市作家协会深入基层举办小说、散文、诗歌、报告文学的创作辅导，并对部分作家的作品进行研讨，使一批中青年作者崭露头角，他们的作品引起省内外文艺界的瞩目，成为文艺创作的生力军。清溪镇16岁少年作家王虹虹创作了大量童话作品，成为广东省最年轻的作协会员。9月，市美术家协会聘请广州美术学院教授、原油画系主任杨尧举办了为期两年的“油画风景高级研修班”，为培养高级创作人才创造了良好条件；为了迎接数码时代的挑战，市摄影家协会举办了多期数码摄影培训班，并组织影友800多人次参加中国摄影函授学院的学习班，700多人获得结业证书。

【创作成果】据不完全统计，2005年东莞市文联各协会在省级以上赛事获奖和入选作品达520多项（件）。全市共出版14部文学作品。打工作家何真宗、柳冬妩、黄吉文、林灵分别获得由团中央主办的全国“鲲鹏文学奖”诗歌类一、二、三等奖，报告文学类二、三等奖；在广东省委组织部、广东省作协、《南方日报》《羊城晚报》主办的“争创三有一好，争当时代先锋”征文比赛中，东莞市作家杨双奇、胡海洋、何真宗分别获金、银、铜三项奖牌；柳冬妩的作品《在城市里跳跃》获中国文联文艺批评奖文学类三等奖；此外，市作协长安分会、桥头分会分别获“全省镇级文学创作先进单位”荣誉称号，厚街、清溪被授予“全省镇级文学创作表扬单位”荣誉称号；2005年市书法家协会入选全国各种书法大赛的作品共33件、入选省级书展作品74件，获等级奖6件；市美术家协会入选全国美展作品共11件，获铜奖1件，入选全省美展作品58件，获等级奖8件；市摄影家协会的会员在全国第20届摄影艺术展览中实现了国家级展览奖牌的零的突破，在国际影展中获金奖3幅，银奖5幅，铜奖10幅，在国家级影展中获奖100多幅，在省级影展中获奖300多幅；市舞蹈协会创作的少儿舞蹈《擦、擦、擦》荣获第三届“小荷风采”全国少儿舞蹈展演“小荷之星奖”，在岭南舞蹈大赛中获得了3金、3银、1铜的优异成绩。市戏曲协会长安业余粤剧团继《思源》、《思进》之后，又创作了大型现代长剧《铁血传奇》。

【《东莞文艺》杂志】东莞市文联主办，主编邓慕尧，副主编詹谷丰。《东莞文艺》杂志立足东莞，面向社会，贴近生活，主要刊登小说、诗歌、散文、纪实文学等作品，努力为读者提供丰富多彩的精神文化食粮。主要栏目有：《白玉兰》（纯文学作品）、《旗峰传真》（纪实文学）、《金鳌洲》（镇区文学）、《他乡寻梦》（打工文学）、《凤凰台》（旧体诗词）、《芳草地》（校园文学）、《文化广场》（演唱文艺）、《故事林》（通俗文学）等。2005年，《东莞文艺》编辑部为东莞市的文学创作提供了一个学习、交流的平台，努力发现优秀的作品，积极挖掘、扶植文学新人。

【《南飞燕》杂志】东莞市文联主办，主编邓慕尧，副主编胡海洋。《南飞燕》杂志是一份综合性打工刊物，也是东莞唯一的打工期刊，是全市600多万外来员工倾诉心声的精神家园。主要栏目有纪实、情感、生活、文艺四大版块。2005年，《南飞燕》积极反映外来工的工作、学习和生活情况，扶植优秀的外来工文艺人才，培养了一批打工作家。

【东莞文学艺术院】东莞文学艺术院于2005年3月成立，是全国首家地级市文学艺术院，是市文联属下的公益性事业单位，编制5人，院长由市文联常务副主席林岳兼任，经费由市财政全额核拨。12月28日，东莞文学艺术院工程举行奠基典礼，院址在可园旁，占地面积5000平方米，建筑面积7000平方米，由作家工作室、学术报告厅、培训教室及其他配套性服务设施组成，预计于2007年建成使用。该院以文学、影视、戏剧、小品、歌曲等文本创作为主，兼容文艺研究、培训、文化产业发展等相关领域。其功能定位为“创作、研究、培训、产业”四位一体，即：聚集优秀创作人才，催生优秀文学艺术作品的创作高地；研究东莞文学艺术创作，提升创作能力的研究阵地；面向社会普及文学艺术，培育创作后备力量的培训基地；驱动文艺作品转化为艺术产品，进入流通领域的产业园地。其主要任务为：第一，面向全国招聘各类文学艺术创作人才，开展各门类的文学艺术创作生产，强化作家和作品的全程跟踪管理，在选题立项、作品修改、出版包装和宣传研讨等环节上实行“一条龙”服务。第二、在全国文学艺术创作的大背景下，针对东莞地区的文学现象，系统性地研究东莞作家的创作和作品，寻找和把握文学人才成长的规律，及时向外推介优秀作者和优秀作品。第三、开展创作培训，发现、培育和扶植本地文学艺术创作人才；举办普及性与提高性的文学艺术讲座，提高业余作者的创作水平，提高市民审美情趣和欣赏水平。第四、探索文化产业的发展途径，寻求艺术与市场的切合点和进入方式，拓宽有偿培训、中介服务、影视制作的经营渠道，争取实现社会效益和经济效益双赢。该院还聘请了中国著名文艺评论家雷达任名誉院长。

（唐晓瑜）

**附：2005年东莞市文学艺术界联合会领导名录**

主　席：黄永贵（9月离任）
　　　　麦淦华（9月到任）
常务副主席：萧庆强（7月离任）
　　　　　　林　岳（8月到任）

SPORTS·HEALTH

# 体育·卫生

滨江体育公园

■ 宏远男篮卫冕CBA总冠军

■ 公共卫生事件应急处理机制完善

责任编辑：张锡麟　王彩凤

## 体育事业

【概况】2005年是《体育法》和《全民健身计划纲要》颁布实施十周年，也是东莞市体育事业快速、健康发展的一年。东莞市成功举办了第六届运动会和机关运动会。全市主要公共体育设施新增179个，约3410万平方米。东莞籍运动员2人2次获2项世界赛冠军，2人1队4次获4项亚洲赛冠军，13人13次获12项全国赛冠军，共获得国际赛金牌6枚、全国赛金牌13枚、省青少年锦标赛46枚金牌。在国家集训队运动员8人，在省队集训运动员39人。

【全市举行迎春长跑活动】2005年1月12日，东莞市一年一度的迎春长跑活动在全市范围举行，共约50万人参加。来自各行各业3万余人云集在市人民公园主会场参加了全程约3000米的长跑活动。市领导刘志庚、张顺彩、赵象明、梁国英、吴道闻、刘发枝、黎承枝、朱伍坤等参加了迎春长跑。上午8点，市长刘志庚亲自鸣发令枪，并领跑了全程。一年一度的迎春长跑，全面展示了全市人民昂扬向上的精神面貌，营造了科学健身、追求健康的社会氛围。

【第三届全国羽毛球俱乐部（非职业）赛在东莞举行】2005年4月22日，“全球通杯”第三届全国羽毛球俱乐部（非职业）赛在东莞五星羽毛球馆开幕。东莞新奥燃气五星羽毛球队在混双、男单告负的不利情况下，连扳三局，最终以总成绩3：2成功卫冕，至此，东莞市已经连续两年夺得全国羽毛球俱乐部（非职业）赛的冠军。

【宏远队成功卫冕CBA冠军】2005年4月24日，在南京举行的04—05赛季CBA总决赛由广东宏远队与江苏南钢队对阵。经过五盘苦战，宏远队最终以总比分3：2成功卫冕冠军。第五场生死决战，宏远队在一度落后16分的不利形势下，凭借朱芳雨连续投入3个3分球，最终以107：96战胜江苏南钢队，捧回首座至尊宝鼎，成为CBA历史上第二支成功卫冕的球队。

【东莞市连续第七届获评“全国游泳之乡”】2005年4月26日，由国家体育总局主办的2001—2004年度“全国游泳之乡、先进游泳池馆”表彰大会在山东烟台召开，东莞市连续第七届获评“全国游泳之乡”。

【东莞首个多功能体育公园建成】2005年5月1日，滨江体育公园正式对外运营开放。开放时间每天9时至22时。滨江体育公园地处万江区坝头路段，公园占地面积18.69公顷，投资近1.83亿元。公园布局分四大板块，包括室外活动场地、室内活动场地、休闲绿地和江滨观光带。室外活动场地设有足球场、网球场、篮球场、门球场和水上活动区。水上活动区含两个50米的标准泳池、两个25×25米的泳池及一个儿童戏水池；室内运动场包括羽毛球场、乒乓球场、壁球场、台球室等多项健身运动的体育综合馆。滨江体育公园是东莞首个集运动与休闲、观光于一体的多功能公园。10月滨江体育公园被国家体育总局评为“全国优秀体育公园”。

【2005年“石龙杯”国际龙舟邀请赛举行】 2005年6月10日，“石龙杯”龙舟赛举行，此次龙舟赛由国家体育总局社会体育指导中心、中国龙舟协会和东莞市人民政府联合主办，被列入全国“龙舟月”系列活动中，标志着“石龙杯”龙舟赛由一个地方性赛事上升为国家级赛事。石龙队夺得标准龙女子组冠军，中堂马沥队夺得标准龙男子组和传统龙两项第一。

【东莞市第六届运动会举行】 2005年5—9月东莞市第六届运动会举行，这是全市四年一届的大型综合性运动会。本届市运会与省运会全面接轨，侧重于青少年项目（21个），只保留5个成年项目。全市32个镇（街道）均组团参赛，运动员达4500多名，争夺606枚金牌。结果，虎门、莞城、厚街获团体总分前三名；虎门、长安、南城获金牌榜前三名。9月13日市六运会在市体育馆举行开幕式，9月30日在虎门公园举行闭幕式。

【东莞市启动全民健身活动周】 2005年6月19日，东莞市全民健身活动周启动仪式在滨江体育公园举行。市委常委、市委宣传部部长江凌、市人大委员会副主任张顺彩、市政府副市长吴道闻、市政协副主席邝明子、市纪委副书记洪讲厚、省体育局群体处副处长许国勋等领导出席了启动仪式。此次活动周首次提出了加盟“体育健康社区”概念，向各镇（街道）、各社区发出倡议，掀起了一股打造体育健康社区、建设健康城市的全民健身新热潮。

【东莞市残疾人运动员在省赛中折桂】 2005年8月16日，广东省残疾人乒乓球、羽毛球、举重锦标赛在肇庆市落幕。此次比赛共有来自全省21个地级市的352名运动员参加。东莞市共派出18名残疾人运动员参赛，共夺得12金2银1铜牌，居团体总分第一，获大赛最佳“体育道德风尚奖”和“组织奖”。

【东莞市承办2005年粤韩羽毛球精英对抗赛】 2005年10月，广东羽毛球队为了备战在江苏举行的第十届全运会，特邀请韩国三星队进行2005年粤韩羽毛球精英对抗赛。比赛于9月9日在东莞体育中心体育馆举行。此次比赛由广东省体育运动技术学院与东莞市体育局联合主办，东莞市体育总会承办。对抗赛双方都派出了最强阵容，其中，广东队派出了刚获得2005年羽毛球世界锦标赛冠军的谢杏芳、杨维、张洁雯上阵，让东莞市民能够一睹体育明星的风采。

【2005年中国国际摩托艇全明星对抗赛】 为进一步活跃东莞市全民健身活动氛围，加强体育文化宣传、增进人们对体育的认识，塑造体育特色品牌，推动体育事业的发展，加强体育对城市的经济、文化、社会事业等方面的促进作用，由中国摩托艇协会主办、道滘镇政府承办的2005年中国国际摩托艇全明星对抗赛于2005年9月23—24日在道滘镇举行。来自爱沙尼亚、芬兰、德国、瑞典、美国以及中国香港、中国澳门等国家和地区数十艘摩托艇参加了此次比赛。

【东莞健儿十运会获不俗成绩】 2005年10月23日，第十届全国运动会在江苏省南京市闭幕，广东省代表团荣获金牌、团体总分第二名，东莞市共有29名运动员代表广东省，参加了体操、篮球、游泳、乒乓球、摔跤、羽毛球、皮划艇、赛艇、水球等项目比赛，获得2金、8银、3铜。其中体操运动员梁富亮一人夺得男子团体、自由体操两项桂冠。

▲ 2005年9月13日，东莞市第六届运动会

【东莞市首届机关运动会成功举办】 2005年10月18日，东莞市首届机关运动会在旗峰公园正式开幕，11月3日在市体育馆闭幕。这次机关运动会共设篮球、游泳、中国象棋、羽毛球、乒乓球、网球、拔河、迎面接力等8个项目，吸引了1737名机关工作者参赛。

【东莞市七单位荣获国家表彰】 在第十届全运会期间，国家体育总局在南京举行了全国群众体育先进单位、先进个人表彰大会。东莞市莞城街道、南城街道、道滘镇、塘厦镇、黄江中学5个单位荣获“全国群众体育先进单位”称号，市滨江体育公园、石排公园分别荣获“全国优秀体育公园”和“全国优秀全民健身活动站（点）”称号。

【陈小平在世界体育大会破纪录】 2005年7月22日，来自东莞市中堂镇的陈小平在德国杜伊斯堡举行的世界体育大会女子400米蹼泳决赛中，以3分19秒67的成绩勇夺冠军，并打破该项目世界体育大会纪录。

【各镇（街道）各单位运动会】 2005年东莞市全民健身运动遍地开花，各镇（街）、各单位的运动会和文化体育节如火如荼地举行。除举办首届宣传系统运动会、第八届口岸系统运动会等市级群众性运动会外、各镇（街）还举办各具特色的镇运会和文化体育节。其中以首次出现水上开幕式的首届沙田镇运会，长达3个多月，项目多达27个的东城文化体育节最具代表性，此外塘厦镇体育节、谢岗镇登山节等也超越了前届的规模，群众性更加广泛。 （黎创成）

**附：2005年东莞市体育局领导名录**

局　长：邹　联

副局长：方伟民　刘永潮

## 卫生事业

【公共卫生事件应急处理机制完善】 2005年，东莞市卫生局制定和完善了《东莞市急性传染病疫情应急调查处理实施方案（试行）》、《东莞市食物中毒事故应急调查处理实施方案（试行）》、《东莞市职业病危害事故应急调查处理实施方案（试行）》等各项应急预案，进一步规范突发公共卫生事件报告、流行病学调查等应急处理程序。调整了市级突发公共卫生事件应急救治专家库，完善了应急救治队伍建设，组织了应急培训和演练，强化了医疗救护120指挥中心和医院急诊科、ICU等窗口科室建设，提高了医疗急救水平和应对突发事件能力，确保在突发公共卫生事件情况下，及时采取应对措施，有效开展应急处理工作。

【疾病预防控制体系建设】2005年，东莞市卫生局积极筹建疾控中心实验综合楼和病毒实验室，配置先进适宜的仪器设备，调整充实专业技术人员，提高了全市疾病预防控制队伍的专业技术水平和检验检测能力。制定《东莞市镇区疾病预防控制机构工作规范（2005年版）》，在全市医疗卫生单位启动了国家疾病监测报告管理系统，实现法定传染病和突发公共卫生事件的网络直报，提高了疾控的信息交换速度和数据利用能力。

【卫生执法监督体系建设】2005年，东莞市进一步理顺市镇两级卫监机构的职能和权限，重点加强对基层公共卫生机构的技术指导，防止出现监督监测空位和错位。制定《东莞市镇区卫生监督机构工作规范（2005年版）》、《东莞市卫生行政许可工作程序（试行）》、《东莞市大中型饮食单位卫生许可证发放要求（试行）》、《东莞市集体食堂卫生许可证发放要求（试行）》、《东莞市饮食店卫生许可证发放要求（试行）》和《东莞市街头食品卫生许可证发放要求（试行）》等规范性文件，卫生执法监督体系逐步走上科学化、规范化的轨道。

【医疗卫生基础设施建设】2005年，东莞市人民医院新院建设工程于12月28日奠基。市中医院扩建工程进入前期的征地拆迁阶段，市卫生监督所办公楼用地、市疾病预防控制中心实验综合楼用地、市妇幼保健院新建工程正在规划之中，市职业病防治中心综合楼正在办理立项，市精神病医院新院选址方案已经确定，莞城医院业务用地和发展问题已经落实解决方案。凤岗、洪梅、厚街、寮步等镇区医院启动新院建设或进行住院大楼改建、扩建。

【医疗机构管理】2005年，东莞市优化医疗卫生资源配置，科学规划医疗网点。全市已领取《医疗机构执业许可证》的各级各类医疗机构1101所，拥有医疗卫生技术人员22733人，开放床位11972张。全年全行业共收治门（急）诊病人3723.17万人次，住院病人44.94万人次，同比分别增长8.93%和11.19%；病床使用率93.55%，同比增长0.64个百分点。严格医疗机构、从业人员、医疗技术应用、大型医疗设备等医疗服务要素的准入制度，共组织1596人参加医师资格实践技能考试，合格率89.97%，完成医师执业注册913人、医师变更注册263人和2004年首次护士执业注册发证668人、变更注册73人。全市已批准兴办的民营医院19所（其中已建成投入使用13所，正在筹建6所）。

【医疗质量与安全管理】2005年，东莞市各级各类医院开展了“以病人为中心，以提高医院服务质量为主题”的医院管理年活动。各级各类医院通过开展医院管理年活动，切实加强医疗质量管理，进一步规范诊疗技术常规和操作规程，加强院感和医疗设备管理，规范消毒供应室（中心）建设，加强口腔科和内窥镜的消毒管理、污水污物管理，狠抓要素质量，控制环节质量，保证终末质量，防范医疗差错和事故发生。年终，市卫生局开展了医院管理年活动督查，组织了150多名专业技术人员，分8个检查考核组，对全市各医疗卫生机构进行了全面考核，并对各受检单位提出了书面整改意见。

【采供血管理】2005年，东莞市加强对医疗机构和医务人员有关血液管理法规及合理用血技术培训，确保临床用血安全。加强无偿献血宣传工作，引导市民积极参与无偿献血活动。全年无偿献血总人数58493人，同比增长8.38%，其中一次献血400毫升的有38524人次，占总献血人次的65.86%；采血总量2109万毫升（21.1吨），同比增长10.59%；成分输血比率99.67%，全市未发现通过采供血活动感染艾滋病等经血液传播疾病的病例。市卫生局和市人民医院等5所医疗卫生单位获市人民政府、市红十字会授予的“促进无偿献血工作先进集体”荣誉称号。

【打击非法行医专项行动】由东莞市委市政府牵头，组织各有关部门，开展了联合打击非法行医违法犯罪活动专项行动。自2004年11月30日至2005年10月30日，全市卫生系统共出动执法人员17277人次，检查医疗机构（包括有证、无证）8024间次，责令整改的有证医疗机构369间次，吊销《医疗机构执业许可证》3间，取缔非法行医窝点3718间次，查处药店非法行医134间次、生活美容机构开展非法医疗美容活动95间次，清理无证行医人员3521人，没收违法所得8665元，没收各类非法行医药械价值1251万元、非法宣传广告241643份，清拆户外非法医疗广告牌1088块，移送公安机关立案80宗，其中公安机关已受理36宗，拘留犯罪嫌疑人36人。

【食品卫生执法监督】2005年，东莞市大中型食品生产及饮食服务业实施食品卫生监督量化分级动态管理，规范食品生产和经营行为，对2003年度被评为食品卫生信誉度A、B级单位进行了重新评审，并完成全市322个单位初评工作，对不符合食品卫生标准的不予发证，对D级单位不予年审。建立食品安全监督和预警机制，先后向社会发布5次食品安全预警通告，指导消费者科学合理选择食品。同时，加大食品卫生执法监督力度，将学校、企业集体食堂和中小型餐饮业作为监管重点，落实监管责任，从源头上预防和控制食物中毒事件的发生。实施食品放心工程，与有关部门联合开展食品安全专项整治行动和集中清理无证经营饮食业专项行动，共出动执法人员18349人次，依法查处存在严重卫生问题的食品生产经营单位7509间次，立案21宗，罚款8.7万元。

【职业卫生执法监督】2005年，东莞市政府制定《东莞市建设项目职业卫生审查程序》，计划实施建设项目“三同时”审查，从源头上预防职业中毒事故的发生。加强职业危害项目申报、核定、监测和职业体检，对宝石加工和三氯乙烯中毒等职业危害企业进行了专项监督检查，督促和责令企业落实职业危害警示标志和防护措施。全年共发生职业中毒事故28起，中毒人数31人（3人死亡），处理职业卫生投诉案件59宗，处理率达100%。

【公共场所卫生执法监督】2005年，东莞市按照《公共卫生场所卫生管理条例》和《生活饮用水卫生监督管理办法》等法规，坚持日常监督和专项行动相结合、全面监督和重点检查相结合，切实加强对旅业、娱乐业等公共场所卫生执法监督，落实卫生管理制度和消毒管理措施，加强对生活饮用水规范化管理，扩大监督覆盖面，增加监测频次，防止二次供水危害事故发生。

【传染病防治】2005年，东莞市坚持“预防为主，防治结合”的方针，切实做好法定重点传染病的防治工作。对卫生技术人员（重点是社区和农村基层医务人员）开展了人禽流感和“非典”等重点传染病防治知识培训，提高基层防控能力。完善传染病监测、预警、防控、报告和通报等各项制度，对“非典”和人禽流感预警病例进行主动搜索，未发现此类病例。加强对狂犬病、流感、霍乱、流脑、疟疾、登革热、血吸虫病等病种监测。加强艾滋病防治工作，认真落实“四免一关怀”政策，在厚街和大朗两镇建立了艾滋病综合防治示范区。全年全市共报告乙、丙两类法定管理传染病25种、17765例，死亡38例，发病率为273.76/10万，死亡率为0.59/10万；全市无甲类传染病报告。在法定管理传染病中，发病率居前5位的依次是肺结核、病毒性肝炎、流行性腮腺炎、感染性腹泻和麻疹。

【计划免疫管理】2005年，东莞市落实计划免疫规范化管理，以流动儿童为重点，狠抓规范化管理，提高儿童入册率、建卡率和基础免疫接种率。全市12月龄本地儿童入册率、建卡率均为97.92%，基础免疫接种率均超过95%，外来儿童入册率98.77%、建卡率98.72%，基础免疫接种率均超过75%。积极推进预防接种门诊规范化建设，预防接种门诊实行每日运转制度，并建立预防接种副反应监测报告系统，开展预防接种副反应监测试点工作。至年底，全市已建成示范门诊16所、规范门诊30所。

【母婴保健服务】2005年，东莞市以提高产科质量为重点，开展围产期保健服务，完善母婴保健技术服务的业务用房、设备和人员配套建设。继续推行妇幼保健保偿机制，加强两个系统管理，全面实施“出生缺陷干预工程”和“母亲安全工程”，提高婚前保健、孕产期保健、产前筛查、产前诊断、新生儿疾病筛查、儿童保健和早期干预等医疗技术，预防和减少出生缺陷和残疾的发生。继续执行新生儿疾病筛查的网络反馈机制，对发现的可疑患儿及时召回和进行有效治疗。全市孕产妇系统管理率53.87%，住院分娩率99.58%，7岁以下儿童保健覆盖率89.77%，孕产妇死亡率17.95/10万，婴儿死亡率9.21‰，新生儿出生缺陷发生率30.23‰。

【慢性病和精神卫生防治】2005年，东莞市加大结核病归口管理力度，对全市确诊病人实行全程督导治疗和管理，对符合条件的本地及暂住贫困患者提供免费检查和治疗。全市共登记活动性结核病人1089例，共督导180余次，随访病人660例，初治涂阳治愈率97.8%，复治涂阳治愈率97.3%。全市共有麻风病人17例，规则治疗率达100%。抓好精神卫生工作，对所有确诊病人建档立卡，对32个镇（区）精神病患者开展调查、随访和派药治疗工作，使患者在“社会化、综合性、开放性”的环境中得到及时规范系统治疗，全市精神病人检出率6.12‰，治愈率12.2%，显好率83.3%。市人民医院等3家医院先后通过二级性病实验室评审，东坑等6家镇区医院通过一级性病实验室评审，全市有二级性病实验室12家，一级性病实验室15家，性病监测和防治工作更加规范。

【人禽流感防控】2005年，东莞市成立了流感和人禽流感预防控制、医疗救护、疫情应急处理三个专家组，制定和下发了《东莞市人禽流感防治应急预案》、《东莞市人禽流感防治项目实施方案》，在市人民医院、石龙人民医院、常平医院等11所医院开展流感的流行病学监测。在市人民医院和东华医院设立了流感病原学监测点，实时监测和预警东莞市流感和人禽流感情况。加强对医务人员人禽流感防治知识培训，加大科普知识宣传力度，提高广大市民的防控意识和能力。此外，还储备了5万人份流感疫苗及价值60万元的防护、消毒用品等应急物资，严防人禽流感的发生和蔓延。

【药品和一次性医疗用品集中招标采购】自2005年3月1日起，东莞市药品招标采购全面实行网上交易，使药品招标采购工作更趋科学和规范。全年全市集中招标采购药品金额9.8亿元，占医院用药总额的86.1%，让利给患者0.95亿元。

【药品收支两条线管理】2005年，东莞市继续对医疗机构的医药费用收入实行“总量控制、结构调整”和药品收支两条线管理。全年全市卫生系统扣除业务量增长因素，医疗业务收入增长2.48%，药品收入负增长1.55%，药品收入占医疗业务收入的比例为36.94%，每门诊人次费用增长3.94%，每床日费用增长0.75%。

【卫生信息化建设】2005年，东莞市制定了《东莞市卫生信息化建设指导意见》，明确信息化建设的指导思想、总体目标、基本原则、主要任务、重点工程和保障措施，指导全市今后几年的卫生信息化建设。加快市卫生统计信息中心筹建工作，完成各项硬件系统安装调试和网络线路铺设，对市、镇两级卫生信息网络设备进行了技术调试，为应用软件开发奠定了基础。

【人才与医学科教工作】2005年，东莞市卫生系统共选拔副科以上干部38人（其中副处以上8人），引进专业技术人才148人，接收本科以上学历毕业生498人（其中硕士60人、博士3人）。组织3000多人参加全国初、中级专业技术资格考试，完成489个高级卫生专业技术人员任职资格申报。全年组织申报科研立项271项，获批准立项188项（省卫生厅6项、省中医药局4项、市科技局178项），申报科技成果鉴定课题50项，获准30项，完成鉴定30项。全市卫生系统获2004年度东莞市科学技术进步奖25项，占全市获奖总数的35.7%。鼓励具备条件的医院积极创建教学医院，大朗、企石医院顺利通过了省教育厅、省卫生厅组织的评审，成为广东省普通高等医学院校教学医院。全市已有18所医院被评定为广东省普通高等医学院校教学医院。

【健康教育】2005年，东莞市镇两级政府以及各个社区（村居委会）和单位均成立了健康教育与健康促进行动领导小组，配合开展卫生防病科普知识宣传和普及工作，提高全民自我保健意识和能力。据调查，东莞市不同人群健康知识知晓率和健康行为形成率均超过84%。经广东省督导评估组现场检查，东莞市健康教育和健康促进工作达到了“全国亿万农民健康促进行动”督导评估标准，石碣镇已通过省的评审验收，成为省级示范镇。

【爱国卫生运动开展】2005年4月，东莞市荣获“国家卫生城市”称号。在此基础上，东莞市坚持不懈地开展爱国卫生运动和创建卫生镇村活动，巩固创建成果。寮步、桥头两镇通过国家卫生镇考核，凤岗、黄江两镇被评为省卫生镇，茶山、谢岗、大岭山三镇被评为省卫生先进镇，43个村被评为省卫生村，30个村被评为市卫生村。（吴宗才）

**附：2005年东莞市卫生局领导名录**

局　长：洪耀坚

副局长：蔡一平　简任昌　金行中　林卫平

SOCIAL LIFE

# 社会生活

草塘公园

■ 城乡统筹就业

■ “村改居、居改社区”进展顺利

■ 办好高中“新疆班”

责任编辑：刘　丹

## 劳动就业

【城乡统筹就业】2005年，市劳动部门认真落实《广东省街道（乡镇）社区保障工作平台》和“新三化”建设要求，以市公共就业服务大厅为示范建设样板，继续推进全市镇区公共就业服务网点建设，基本建成求职登记、职业指导、职业介绍、就业培训、就业援助、政策咨询和就业补贴申领等功能齐全、标准统一的“一站式”就业服务平台，其中，石碣、黄江、清溪、凤岗、长安、南城等6个镇区的就业服务平台，从工作职责、业务流程、资料台账、服务规范、管理制度、信息系统、设施标志到人员和经费达到了“八统一”的要求。村级劳动服务机构建设继续推进，新建劳动服务站41个。加强公共就业公益宣传，广泛开展就业服务主题宣传活动。1月，以送政策、送岗位、送技能、送服务为主要内容，开展重点面向“零就业家庭”、“4050”人员的“再就业援助服务月”活动。3月，与莞城劳动就业服务中心组成“流动就业服务队”，定期上门为莞城社区群众提供公共就业服务。6—8月，以“多下一份功夫落实政策，多帮一批人员实现就业”为主题，组织和指导各镇区共举办了21场“促进就业现场免费招聘会”，2595家企业提供招聘岗位4.1万个，吸引了4.3万人次进场求职，有2000多名求职者被企业当场录用，8600多人与企业达成录用意向。依托劳动部门的职业指导服务队伍，为城乡失业人员、大中专毕业生开展职业指导。完善了中小企业、高校毕业生、特殊困难人员和微利经营项目等申请小额担保贷款的操作办法，不断调整和拓展促进就业技能培训项目，改进培训方式，加强促进就业培训。全年与各类培训机构新签免费培训和资助性培训协议书414份，完成培训11471人（其中城镇户籍3540人，农村户籍7931人），包括随岗培训370人，创业培训983人。完成免费推荐就业2.5万多人次，其中16351人成功实现就业。市财政核拨培训补贴1023.7万元、推荐就业补贴245万元、岗位补贴1078.5万元、社保补贴12.79万元。2005年底，全市城镇登记失业率控制在3%以内，就业形势保持基本稳定。

【劳动普法宣传】2005年3月底，市劳动部门利用协办全省学习《广东省工资支付条例》座谈会的机会，组织110多名劳动监察员、仲裁员列席参加学习交流。积极组织全市性的集中宣传活动，购置3万册《广东省工资支付条例》、编印2万册《劳动法规文件汇编》，通过各劳动分局、劳动服务站派发到全市企业；通过市内主要媒体、镇区广电站及时登载新条例、新标准的具体内容，刊发最低工资标准调整的指导性解读，广泛播发、张贴、悬挂“三条例一标准”宣传标语、宣传提纲，积极营造良好的贯彻执行环境。全市先后组织8869家企业举办69场“三条例一标准”专题宣讲会；落实分片责任制，劳动监察员、仲裁员深入企业指导贯彻工作，及时调解处理企业工资调整引发的劳资纠纷，促进新条例、新标准的平稳落实。10月16日，以“改善农民进城就业环境，维护农民工合法权益”为主题，在全市开展劳动权益普法宣传日活动。市中心场会同社保、建设、总工会、妇联等单位，为1265名群众提供了现场咨询，受理劳动争议案件12宗，投诉案件113宗，当场解决91宗，派发宣传资料9000多份。

【劳动监察】 2005年，市劳动监察机构主动巡查企业19430多家次，完成企业劳动年审17730家，受理群众举报案件2113宗，处理突发事件702宗。全市立案处罚违法案件551宗，比2004年的181宗多了370宗；申请强制执行处罚案件51宗；应诉行政复议、行政诉讼案件5宗。全年共开展节前拖欠工资清理、劳动力市场整治、最低工资标准执行情况、《禁止使用童工规定》与《广东省工资支付条例》贯彻情况、《劳动法》贯彻情况等5次全市性的专项执法检查行动，共检查企业19310多家次，涉及企业员工245.6万人次，为18.3万人追回被拖欠工资1.55亿元。4、5月份，积极应对中日关系敏感时期的影响，全系统加班加点，认真做好企业群体性突发事件的防范和处置工作，共集中排查企业283家，其中日资企业270家，妥善处置了石碣太阳诱电（广东）有限公司、黄江自会电子厂等多宗群体性突发事件。7月，协助罗定市清查、送返在莞从事暑期工的罗定中学生346人，规范了企业招用暑假工的行为，消除了社会影响。11月11至13日，全国人大常委会劳动法执法检查组在副委员长李铁映的带领下，到东莞开展劳动法执法检查。这是全国人大常委会继1996年后对东莞进行的第二次劳动法执法检查。全国人大检查组共检查了莞城、南城、厚街、长安的“三来一补”、外资、港资、台资、日资等企业12家，涉及企业员工1.7万人，在长安分别召开企业员工代表、企业及劳务派遣机构代表两个座谈会，李铁映等检查组领导还亲自与长安信泰光学有限公司的员工共进午餐。在市政府的汇报会上，检查组组长副主任委员闻世震代表检查组对全市的《劳动法》贯彻工作作出了“形成一个格局、做到两个统筹、建立三个制度、做到四不分”的肯定评价，对全市劳动部门创新抓好城乡就业、外来劳动者就业两个统筹，建立最低工资保障、工资监控、工资垫付三项制度所取得的成效予以肯定。

【劳动信访】 2005年，市劳动部门共接待群众来访4879批次11978人次，比2004年分别下降4.1%和10.6%，其中5人以上集体访443批5783人次，下降13.3%和19%。处理群众来信1059件，网上咨询投诉208件。全市12333服务热线共接听咨询、投诉电话16万多个次。

【劳动关系】 2005年，东莞市共办理劳动争议案件32189宗，涉及人数12.4万人次，在10月召开的全国协调劳动关系三方机制工作会议暨表彰大会上，局劳动关系科吴金媛、长安厦边调解办秦建军、广东长安集团总公司调解办分别被授予“全国优秀劳动争议仲裁员”、“全国优秀劳动争议调解工作者”、“全国先进劳动争议调解组织”荣誉称号。

【职业就业准入制度】 2005年，市劳动部门认真贯彻《民办教育促进法》及实施条例，引导培训机构积极参加评估换证工作，共受理104家民办职业培训机构的换证申请，为符合《民办职业培训学校设置标准》的58家培训机构办理了评估换证手续。全年新批民办培训机构38家，到2005年底，全市民办技能培训机构达到642家。利用劳动保障部指定的ATA智能化考试系统，开设办公软件应用、数据库应用、计算机辅助设计、网页制作等16个认证模块，开展计算机信息高新技术考试工作，并为计算机信息应用人员的上岗择业、人才交流提供标准化的技能水平测试平台。重新整合技能鉴定考评组17个，增设技能鉴定项目13个，引导和组织技能岗位人员积极参加中、高级技能鉴定和国家职业资格统一考核鉴定。协助长安镇举办模具行业技能大赛。以三星电机厂机械类工种为试点，开展企业内部技能鉴定工作。全市共有25218人参加了职业技能鉴定，完成鉴定发证21426人，其中：初级17256人，中级3879人，高级291人。

【技工教育】 2005年4月，市技工学校正式被国家劳动保障部批准为高级技工学校。6月28日，省劳动保障厅厅长方潮贵、市长刘志庚等省市领导亲自为高级技校揭牌。2005年，市高级技校向社会培养输送应届中技毕业生777人，参加高职高考毕业生升学率达到98%，推荐就业率达到98%以上；招生工作成绩喜人，完成新生招收任务1100多人，全日制在校学生达到2618人。短期培训班培训社会学员2300多人。

【劳动力市场调控工作】 一是抓好流动就业管理和对口劳务帮扶工作。2005年，市劳动部门指导1.7万家企业办理网上用工备案，备案用工人数291.3万人。积极开展劳务协作，签订劳务协作协议1056份，为企业输入劳动力19.5万人，其中技工4万人，普工15.5万人。完成对口劳务帮扶3.01万人，其中河池1.8万人，新丰6000人，乳源6100人。二是抓好有序流动工作。开展“劳动力市场整治”和“春风行动”，加强节后劳动力市场整治和企业用工管理，以“劳动保障，为你分担风雨，与你共享阳光”为主题，为外来员工提供劳动保障政策宣传和免费推荐服务，全市共派发“春风卡”30多万份，为外来员工举办免费现场招聘会78场，成功为4.7万人推荐就业。三是抓好就业调配安置。全年共办理市外工人调进、市内职工调配、合同制工招用652人，安置部队转业干部家属、退伍军人67人，累计托管改制企业职工档案16294份。四是抓好涉外就业管理。开展新修订《台湾香港澳门居民在内地就业管理规定》的宣传，完善全市涉外就业服务信息系统，以“就近申办、预约取证”，简化涉外就业办理手续。全年办理外国人及台港澳人员就业登记10743人次，其中外国人4623人次，台港澳居民5109人次，办理外商常驻代表机构中方雇员就业证2890人次。

（郑春泽）

**附：2005年东莞市劳动局领导名录**

局　长：祁达洪

调研员：莫海明　莫浩良

副局长：叶太湖　陈汉驰　陈艾戈　黄慧屏

# 社会保障

【概况】 2005年，东莞市各项社会保险参保人数合计达962.15万人次，同比增加6.96%。其中，职工基本养老保险参保人数178.58万人，职工基本医疗保险189.4万人，工伤保险235.1万人，失业保险177.78万人，生育保险19.93万人，农民养老保险51.55万人，农民医疗保险109.81万人。全年累计征缴各项保险基金同比增加26.5%，征缴率达99.74%。全年累计按时足额核付各项保险待遇26.33亿元（不含划入个人账户金额），同比增加26.83%。

【社保关系】 核定集体工情况　核定的范围是1995年7月（含本月）后，仍属镇集体工且现已参加职工基本养老保险的参保人（包括：现处于参保状态的集体工；现处于参保状态，但在1995年7月后流动到非镇区单位工作的原属镇集体工；在1995年7月后，因离职而中断缴费或以灵活就业人员身份进行缴费的原

▲ 美食节

属镇集体工），核定的内容是该范围内人员的参加工作时间、视同缴费年限、1993年套改前标准工资、首次参保所在单位等。核定工作，关系到在职镇集体工用工关系的确认，关系其今后养老保险待遇水平高低等问题，是保障人民群众切身利益的重要工作。

堵塞重复参保漏洞　2000年3月，东莞市开展医疗保险制度改革，实施了职工基本医疗保险和其子女基本医疗保险。由于办理参保手续时，参保的职工子女大部分没有身份证号码，只能编制代码以录入计算机信息系统和制作社会保险卡。2004年7月，对全市户籍农（居）民（包括20周岁以下的子女）开展农（居）民基本医疗保险，全部必须申报身份证号码信息。因此导致系统无法根据身份证号码识别子女数据是否重复，造成部分人员重复参加职工基本医疗保险和农（居）民基本医疗保险。为实现一人只有一份基本医疗保障的政策，体现公平、合理，所有参加职工子女基本医疗保险的单位补充其身份证号码进行申报，及提交相关资料。经审核资料，核对数据，共对1万多人的身份证号码进行处理，有效堵塞重复参保的漏洞。

缴费工资申报　按规定参保单位应于每年5—6月向社会保险机构申报下一年度缴费工资，缴费基数以本市上年度职工月平均工资的60%—300%实行保底封顶。2005年，社会保险年度市属（含按市属标准缴纳社会保险费的灵活就业人员）参保单位缴费基数的上下限额分别为6330元和1266元，镇区参保单位缴费基数的上下限额分别为2460元和574元。为适合不同的单位需要，开放网上批量申报、磁盘申报和柜台申报等不同形式和渠道供参保单位申报缴费工资，方便单位使用的同时，提高工作效率。缴费工资申报率达90%以上。

【社保待遇发放】　2005年，东莞市职工基本养老、基本医疗、工伤、失业、生育和农居民养老、农居民医疗“七项保险”核付待遇合计26.33亿元，同比增长26.83%。其中，核付职工基本养老保险待遇13.54亿元、职工基本医疗保险待遇3.39亿元（指住院和特定门诊），工伤保险待遇2.22亿元，失业保险待遇0.67亿元，生育保险待遇0.15亿元以及农居民养老保险待遇3.4亿元、农居民医疗保险待遇1.24亿元。全市各项社保待遇继续按时足额发放，并基本实现社会化发放，保障了参保人的基本生活，维护了全市城乡社会稳定。

【职工基本养老保险】　2005年，东莞市社保部门按时足额发放养老待遇，全市累计核付离退休人员530302人次的基本养老金51530万元，同比增长15.47%；全年累计核拨539731人次的退保金额81871万元，同比增长32.26%。

从2005年7月起，对全市参加职工养老保险的离退休人员的基本养老金进行年度调整。统一全市退休人员过渡性养老金调整系数，实现更合理地计发职工基本养老保险待遇。市属单位离退休人员的基础养老金按本市2004年度城镇职工月平均工资2110元的20%计发，过渡性养老金和个人账户养老金在原基础上增加11%；镇区单位离退休人员的基础养老金按本市2004年度全市职工月平均工资820元的20%计发，过渡性养老金和个人账户养老金在原基础上增加8%。经调整后，全市离退休人员的月均基本养老金水平达1015.39元/人，月均增加86.84元/人。其中市属单位离退休人员的基本养老金月均1170.45元/人，月均增加121.35元/人，镇区单位离退休人员的基本养老金月均728.78元/人，月均增加43.45元/人。

2005年5月，市社会保障局调整部分原工商业者基本养老金。以2003年7月全市1953年底前参加工作的企业退休干部平均养老金水平（市属975.05元，镇区767.12元）为依据，对本市未达到这一平均水平的原工商业者退休人员的基本养老金进行调整，并一次性补回其2003年7月至2005年4月所增差额约12万元。

【计划生育养老保险】　从2005年7月起，对东莞市农村独生子女和纯生二女结扎夫妇养老保险的退休人员的基本养老金进行年度调整。基础养老金按所有参保人2004年度月平均缴费工资624元的20%计发，个人账户养老金在原基础上增加7%。经调整后，东莞市计划生育养老保险基本养老金水平达344元/人月。

【失业保险】　调整失业人员失业保险金。从2005年3月起，东莞市企业职工月最低工资标准调整为574元，失业保险金的发放金额由原来的360元/人月调整为460元/人月，全年累计完成核付失业待遇6676万元，同比增加48.82%，其中核付失业金41923人次，共1851万元；核付一次性生活补助288472人次，共4525万元。

协助市国资委做好对市属转制企业失业人员增发生活补助金100元/人月的工作。2005年共核对市属转制企业失业人员资料2.9万条，协助市国资委支付生活补助金逾262万元。

【职工基本医疗、生育保险】　足额核付医疗保险待遇　2005年，东莞市全年累计完成核付职工基本医疗保险的住院和特定门诊基本医疗保险待遇，共计28899万元；核付生育保险待遇4856人次，合计1538万元，同比增加8.62%。

按照国家和省有关要求，紧密结合实际修订出台《东莞市基本医疗保险和工伤保险药品目录》（2005年版），新增基本医疗保险报销范围的药品目录552种，增幅36.2%。扩大了参保人用药的选择范围。同时加强对定点医药单位的检查监督，建立起医疗资源运行监控预警机制，使有限的基本医疗资源更公平合理地运用到全体参保人的基本医疗上。

定点医疗机构管理　2005年，全市

社保定点医药机构增至190家（其中定点医疗机构111家，定点药店79家），新增15家，进一步扩大参保人选择就医用药的空间，加强对定点医药机构的检查监督，建立医疗资源运行监控预警机制，确保有限的基本医疗资源公平合理地使用到全体参保人的基本医疗上。

【工伤保险】 一是出台《非法用工单位职工因工作伤亡或患职业病赔偿处理程序》，2005年，东莞市进一步理顺有关童工和非法用工单位的从业人员因工伤亡（或患职业病）补偿的操作问题。二是结合实际放宽工伤医疗用药目录，进一步扩大工伤患者费用报销的用药可选择范围。全年累计完成核付21027人次的工伤保险待遇，共计22220万元，同比增加1.05%。

【农（居）民基本养老保险】 2005年，为更好地维护全市莞籍集体户原农（居）民的参保权益，东莞市共对81个经济欠发达村核付农保参保扶持资金1381.46万元，受惠人数达7.3万人。全年累计完成核付农（居）民基本养老保险待遇33990万元，同比增加4.64%。

【农（居）民基本医疗保险】 从2005年7月起，东莞市、镇两级财政各增加投入农医保费15元/人年，基金的调剂能力显著增强，较好地保障农（居）民的基本医疗。全年累计完成核付66709人次的农（居）民基本医疗保险待遇，累计12411万元，同比增加351.31%。

【依法行政】 2005年2月，东莞设立"市社会保险基金监督委员会"，新增缴费单位代表、被保险人代表和专家代表为委员，并建立起每年向市人大常委会报告全市社保基金管理预决算的制度，实现基金监督的民主化、专业化、社会化。同时出台《东莞市社会保障局稽核暂行办法》，为稽核工作的顺利开展明确了方向。抓好日常稽核，综合运用各种稽核手段，及时纠正社保业务运行违规现象，发现和处理业务办理中存在的错漏，并及时与相关科室沟通协调，提出切实可行的办法，旨在逐步清除安全隐患。

市社会保障局在全省率先出台并实行《东莞市社会保险待遇违法行为举报奖励暂行办法》。规定举报骗取社会保险待遇金额在1万元（含1万元）以下的，奖励举报人500元；1万元以上、3万元（含3万元）以下的，奖励1000元；3万元以上、5万（含5万元）元以下的，奖励1500元；5万元以上、10万元（含10万元）以下的，奖励3000元；10万元以上，奖励5000元。

加大社保监察力度。一是抓好"集中执法"。2005年，市社会保障局在全市相继开展了声势浩大的社保执法大检查和"雷霆"专项检查行动。共抽查企业达13798家，依法发出相关行政执法文书1082份，督促2762家企业落实被瞒报漏应参保人数8.4万人，追缴入库基金金额615.43万元；二是严格"日常执法"，并注意督促参保单位依法申报缴费工资。在市工商行政管理局的协助下，根据新办企业信息，及时督促2020多家新办企业参保登记，新增参保人数达18.9万人；积极督促企业清缴欠费，提前完成了省下达的全年社保费欠费清缴任务。

【社保队伍建设】 2005年，市社会保障局在全系统共产党员中，深入开展"保持共产党员先进性教育活动"，开展"三有一好"教育活动，推进"固本强基"党建工程，并继续在全系统深入开展纪律教育学习月、职业道德教育、"文明优质服务"竞赛以及向全国先进工作者郭荣新专题学习活动，进一步增强全系统干部职工的理想信念及学习、法制、廉洁、纪律、服务意识。加强了业务轮训，2005年，市社会保障局先后通过举办各类业务培训班，470人多名干部职工参加轮训，占全系统在编干部职工70%以上。

2005年，市社保局被评为"2005年度市直机关党建工作先进单位"，人口和计划生育综合治理达标单位，预防职务犯罪工作先进单位，信访工作先进单位，工会工作先进单位，扶贫工作先进单位，安全生产先进单位；党总支被中共东莞市直属机关工作委员会授予2005年度市直机关党建工作先进单位。郭荣新获国务院颁发的全国先进工作者称号；李志刚等15人获东莞市人民政府颁发的东莞市科学技术进步奖；杨笑冬被劳动和社会保障部办公厅评为劳动保障宣传工作先进个人。

【获市科学技术进步特等奖】 2005年7月，《东莞市"5＋2"社会保险管理与服务系统》获东莞市人民政府颁发的"东莞市科学技术进步特等奖"。这是一个集中统一、安全可靠、实用高效、标准规范、与"5+2"社会保险事业发展相适应、与国家社会保障信息系统及其相关系统相衔接，具有业务办理、公共服务、辅助决策、监督管理功能的电子信息系统，它实现了管理信息化、服务网络化、决策科学化。经省科技厅组织专家鉴定，该系统取得多项显著成果。

（杨笑冬　钟道晶）

**附：2005年东莞市社会保障局领导名录**

局　长：李志刚

副局长：李文峰　罗松茂　张亚林

纪检组长：赖肖群

助理调研员：崔继新　钟润玲

社保基金中心主任：李文峰

# 人口和计划生育

【概况】 2005年，东莞市人口计生工作继续保持良好的发展态势。全市户籍人口出生17301人，出生率10.62‰，政策生育率94.32%，自然增长率6.02‰，与去年同期基本持平，年度人口计划执行结果对比省下达的出生率11.5‰和自然增长率6.8‰分别低0.88和0.78个千分点，顺利完成2005年度人口和计划生育各项工作任务。

【目标责任管理】 2005年初，市委、市政府召开全市人口和计划生育工作会议，市委书记佟星亲自作部署，副市长李小梅分别与各镇区第一把手和市各计生兼职单位主要领导签订责任书。会后，各镇区与所属的村（居）委会，村（居）委与下辖的工厂企业负责人等责任人也签订了责任书，把计划生育工作列为领导政绩考核的一项重要内容，一级抓一级，层层抓落实。同时，市委、市政府进一步加大政策支持力度，先后出台了《关于开展人口与计划生育综合改革工作的意见》、《东莞市计划生育养老保险暂行办法》和《东莞市计划生育养老保险暂行办法（修订）》等重要文件。将人口计生工作内容列入东莞市镇区领导班子工作实绩量化考核办法，村级两委会工作实绩量化评比，以及文化建设标兵、先进、达标镇（区）村（社区）、企业、学校、医院的考评方案的重要内容，实行"一票否决"，有力地推动人口计生目标责任管理制度的贯彻落实。

【计划生育养老保险】 2005年，为解决计划生育养老保障制度与经济社会发展不相适应的问题，充分发挥人口计生在创建和谐社会中的作用，在《东莞市农村独生子女父母和纯生二（下转497页）

# 洪梅镇

## 领导关怀

①2005年5月市委书记佟星到洪梅镇开展调研活动

②2006年1月市长刘志庚，市委常委、组织部部长庞国梅在镇委书记王建周的陪同下到洪梅镇调研

③市委副书记张继雄在镇委书记王建周的陪同下在洪梅镇企业开展调研活动

④2005年，市长刘志庚、市委副书记张继雄、副市长周致纳参加洪梅镇台玻(华南)玻璃有限公司成立庆典仪式

# 打造平安和谐洪梅

镇委书记王建周在实施“平安和谐”工程动员大会上讲话

重点打击“两抢一盗”犯罪，并进行公开宣判

洪梅防暴队向全镇人民展示“箭形”阵势

洪梅防暴队进行严格的训练

# 打造商贸洪梅

洪梅商会成立

舒适的购物环境和琳琅满目的商品

洪梅第二家大型超市“鑫鹏购物广场”隆重开业

洪梅雍景豪苑商业步行街

镇委书记王建周、镇长陈灼林到洪梅中心幼儿园亲切地看望小朋友

洪梅镇中小学生在进行现场绘画比赛

联合办学后的洪梅第一小学

# 打造教育强镇

学生在饶有兴致地上多媒体教育课

通过朗诵比赛的形式，加强学生对“爱国、守法、诚信、知礼”的认识

# 文化体育

①在广东省第一届全民健身运动会龙狮比赛暨“华山泉杯”广东省第七届龙狮运动大赛获得冠军后，镇委委员谭志强与洪梅龙狮团队员一起欢呼
②凯旋的洪梅龙狮团为群众表演“雄狮巧越千峰”
③获得第六届市运会冠军后，棒球队员们举杯热情欢呼
④在东莞市第六届运动会上洪梅棒球队队员的矫健身姿

# 望牛墩镇

新建的望牛墩镇文化广场

新建的望牛墩镇文化广场一角

升级改造后的望洪公路

整治后的高速公路——望牛墩出入口

# 麻涌镇

麻涌镇位于东莞市西北部，东距东莞市区22公里，西距广州市区29公里，南濒珠江口内狮子洋，与广州经济技术开发区一桥相通，有“东莞前庭，广州后花园”之称。镇内港口、铁路、高速公路三位一体，拥有狮子洋深水岸线7.4公里，可建1000吨以上泊位的内河岸线10.56公里，已建成有3.5万吨泊位10个，年吞吐量超过4000万吨的华南地区最大内陆港口新沙港，并配套有海关、检验检疫等部门。新沙港的铁路专线与广州厦园站接轨，贯通全国各地。规划建设中的麻涌港区是虎门港的重要组成部分。镇内有两个高速公路口，其中广深珠高速一个，规划建设中的沿江高速一个。全镇总面积84平方公里，户籍人口7万人，外来人口4万多人，下辖13个村委会，2个居委会。

2005年，全镇实现生产总值37.6亿元，增长28.26%；工业总产值（当年价）194亿元，增长16.37%；税收总额5.6亿元，增长33.24%；镇级可支配财政收入2.3亿元，增长40.5%；固定资产投资15.4亿元，下降0.52%；金融机构各项存款余额28.3亿元，其中城乡居民储蓄存款余额17.5亿元，比年初增长16.27%。

## 领导关怀

全国人大常委会副委员长蒋正华带领水污染防治法执法检查组在镇委书记、镇人大主席陈志伟的陪同下到东莞玖龙纸业有限公司污水处理厂检查指导工作

市委书记、市人大常委会主任佟星，市委常委、市委秘书长何嘉琪，市委常委、组织部部长庞国梅在镇委书记、镇人大主席陈志伟的陪同下到麻涌镇慰问老党员、困难户

2004年6月市委副书记、市长刘志庚到麻涌镇调研

国家粮食局局长聂振邦到麻涌镇视察

市委副书记刘树基到驻麻涌镇部队慰问

市委常委、常务副市长冷晓明到麻涌镇慰问困难户

副市长吴道闻到麻涌镇调研

副市长张顺光到在麻涌镇投资的香港永得利有限公司葵涌本部和沙田仓库考察

东莞市外商联络小组协调会在麻涌镇召开

麻涌镇广泛加强对外经济技术交流

大型购物广场相继开业

## 经济合作

麻涌镇与中国南玻集团投资项目签约仪式

欧洲投资者到麻涌镇考察

香港工商管理研究社到麻涌镇考察

广东省储备粮东莞直属库隆重奠基，麻涌镇的粮油食品加工基地再添新成员

# 城镇建设

改造后的麻涌镇文化广场钟楼，成为引领城市化发展标志性建筑

麻二村文化馆

麻涌镇文化广场一角

日臻完善的交通网络

一河两岸景观带

# 港口发展

华南地区最大的内陆港——新沙港

港口物流，纵横四海

繁忙的港口作业区一角

文化高地直播车“永葆先进本色”专题晚会

“与麻涌一起成长”征文演讲比赛

## 文娱体育

“赛龙夺锦贺盛世”为麻涌镇第三届水乡文化体育艺术节拉开了帷幕

麻涌妇女庆“三八”展英姿

麻涌镇第二届老年文化艺术节

载歌载舞庆新春“闹元宵”晚会

# 石碣镇

石碣镇荣获“中国电子信息产业名镇”称号，图为镇委书记邓浩全(右)接受牌匾

石碣景色

高要市政府到石碣润丰国际蔬菜交易中心考察

石碣润丰国际蔬菜交易中心的蔬菜基地

石碣润丰国际蔬菜交易中心东莞区招商说明会

石碣润丰国际蔬菜交易中心铺面开放

石碣润丰国际蔬菜交易中心铺认筹会

石碣润丰国际蔬菜交易中心铺解筹会

# 高埗镇

郭荣昌率省政协历届委员联谊会考察团到唯美陶瓷博物馆参观考察

市人大常委会领导视察唯美陶瓷博物馆

高埗镇荣获“广东省教育强镇”挂牌仪式

金沙百货开业典礼

高埗镇2005年度“高新技术企业”、“省、市民营科技企业”挂牌表彰大会

高埗镇首届体育文化艺术节开幕

高埗镇加强社会治安综合治理

为群众排忧解难

镇领导巡视社区治安情况

图为新购置的治安巡逻车

龙舟节盛景

挂影洲大堤上下江城段

东联小学

西联小学设计效果图

高埗大桥

中汇文华酒店夜景

高埗文化广场

# 道滘镇

2005年12月市委书记、市人大常委会主任佟星参观粤晖园（叶健波 摄）

道滘镇被授予“广东省教育强镇”牌匾（林逸山 摄）

道滘新貌

广东宏佳女篮主场设在道滘（林逸山 摄）

道滘游泳队在市运会上获奖丰盛（吴君毅 摄）

粤晖园一景（林逸山 摄）

花园大街（叶健波 摄）

龙腾济川耀新城（陈剑明 摄）

民营资本投资兴建的别墅小区

# 厚街镇

S256省道厚街路段

康乐南商业街夜景

厚街中心区

厚街湖景大道

厚街大道东

湖畔别墅区

广东现代国际展览中心

第13届名家具展览会

福神岗公园

厚街湖景中学

厚街虹桥市场

厚街乡贤亭新貌

农民住宅小区

# 长安镇

长安镇被评为“全国文明村镇”

为十佳员工满意企业颁奖

2006年迎春长跑活动

**全国文明村镇**

长安镇重视和积极推进文明建设，努力营造文明和谐的社会环境。2002年，长安镇专门成立了以镇委书记任组长的创建全国文明村镇工作领导小组，加强对文明建设的组织领导，加大资金投入，积极采取各种措施，推动文明创建工作的开展。几年来，通过广泛开展“爱国、守法、诚信、知礼”现代公民教育活动，扎实推进文化、教育事业，丰富人民文化生活，提高群众文明素质；坚持搞好“员工满意企业”、“十佳外地青年”评比和“共建外来员工温馨之家”等活动，积极创建“文明户”、“文明村”、“文明社区”、“文明单位”和“安全文明小区”等，营造了良好的社会风气，文明之花处处盛开。至2005年，全镇共有11个社区、组被评为市“文明村标兵”或“文明村”，9个社区被评为全市文化建设先进社区或达标社区；30多个单位被评为市“文明单位标兵”或“文明单位”；长安镇被评为全市唯一的文化建设先进镇，被中央文明委授予“全国文明村镇”称号。

共建外来员工温馨之家

开展金婚、银婚庆祝活动

镇长梁荣业接受“全国首届小城镇综合发展水平1000强”牌匾

长安镇被评为“中国机械五金模具名镇”、“全国小城镇综合发展水平1000强”第三名

**全国千强镇第三名**

长安镇在发展经济的过程中，致力推动外资、民营、集体三个轮子一齐转。不断推进产业结构升级，加大科技创新力度，努力提高管理和服务水平。2005年，全镇外商投资企业发展到1600多家，利用外资总额30多亿美元，企业出口总额41亿美元，连续第八年居全国乡镇之首。以机械五金模具为特色的民营经济进一步壮大，拥有步步高、方达集团等民营企业703家，投资总额21.2亿元。被授予“中国机械五金模具名镇”称号。全镇第二、三产业比重继续增大，高新技术产业实现产值101.5亿元，占工业总产值的50.5%；以房地产、金融和商务服务等新兴服务业为主导的第三产业迅速发展，经济水平全面提高。集体经济完成股份制改革工作，经营管理日益规范，实力显著增强，社区居委会年经济纯收入均超千万元，有的已达2亿多元。至2005年底，镇、社区和居民小组三级集体资产总额达到163.7亿元。2005年全镇各项税收收入17.1亿元。凭借强劲的经济发展势头和完善的社会管理，长安镇被评为“全国小城镇综合发展水平1000强（第三名）”。

第五届中国（长安）机械五金模具交易会

振安科技工业园

步步高电子工业有限公司

长安工业新区

居民新宅

**中国小康建设十佳镇**

经过不断的改革创新，奋力拼搏，开拓进取，长安镇的经济社会得到持续快速发展，人民生活日益富裕安康。居民收入逐年增加，2005年全镇人均收入达到15896元，居民储蓄存款131.4亿元。随着农村集体经济股份制改革的完成，全镇居民每人分得股份从几万元到二十多万元不等的股权。居民每年可享受口粮补助、年终分红、老年人生活补贴、股份分红等。各项社会福利保障日益完善，每个社区均由集体出资，为本社区居民购买了养老保险和医疗保险，居民可享受多重免费医疗。生活环境不断美化，全镇广场、公园、图书馆等各种配套文化生活设施一应俱全，40多个休闲景区、景点遍布镇中心区及各社区，为人民群众提供了良好的生活环境。2005年，长安镇被评为"中国小康建设十佳镇"，并排名第一位。

长安城市新貌

人鸟共升平

长安广场夜色

大力推广信息化教育

培养学生的爱护环境意识

**公办学校全部成为省或市一级学校**

长安镇坚持“大办教育、办大教育”，努力建设“教育强镇”、“文化名镇”，构建“和谐长安”。2002年成为了全省首批、全市第一个“广东省教育强镇”。经过不断加大教育投入，强化师资队伍，完善教学设施，至2005年，全镇共建有设施一流、环境优美的公办中小学校、幼儿园26所，民办中小学和幼儿园22所。15所公办中小学全部成为了省、市一级学校，其中省一级学校10所。中考、高考成绩均创历史新高，考上市重点中学178人，考上大学的长安籍学生459人。小学毕业考试语文、数学、英语三科的合格率分别达到99.8%、99.8%、99.5%。长安镇在发展教育事业的过程中，着力抓好创名校、创名师、创名校长“三创”工作。大力开展教学科研活动，取得较好成绩，14个课题被省、市立项，11个课题通过专家组鉴定。积极打造英语特色学校，选派英语教师出国深造，聘请外籍教师，举办英语演讲和英语文艺晚会等。同时，积极加强对民办教育的管理，鼓励和扶持民办学校健康发展，为外来流动人口的子女解决读书难问题。

长安职业高级中学升级为国家级重点中等职业学校

长安实验中学

长安第一小学

# 寮步镇

## ■ 国家信息产业基地

寮步镇云集了一批国际性的知名企业，全镇2005年有外资企业500多家，其中电子资讯产业企业300多家，初步形成了以电子、电脑、电器组成的产业簇群，是东莞市三大电脑资讯产品生产镇之一。2005年，寮步镇国内生产总值60.3亿元，工业总产值161亿元，其中IT产业企业产值占全镇工业总产值的八成；出口总额20.53亿美元，其中IT产品出口15.32亿美元。2004年被国家信息产业部定为国际电子信息产业基地。2005年泛珠三角电子信息产业合作发展论坛在寮步镇举行。

三星电机（东莞）有限公司

先锋高科技（东莞）有限公司

伟易达科技园

# 寮步镇

## ■ 广东省教育强镇

十项重点工程启动仪式

2005年9月，寮步镇隆重举行了广东省教育强镇挂牌仪式，成功地摘取了一枚含金量很高的牌匾。近三年来，镇委、镇政府积极实施科教兴镇战略，将创建省教育强镇作为一项事关全局的重大任务，采取一系列有力措施，不断推进创建工作。全镇的办学条件、学校管理、教育质量、校园文化、师资建设等方面都有了长足的进步，全镇教育综合实力不断增强，整体办学水平迈上新台阶，实现了跳跃式的发展。

# 融入大市区 寮步镇

寮步中心城区

松山湖大道

寮步镇是东莞的地理几何中心，毗邻市区，位于东莞“主城区——同沙生态休闲区——松山湖科技园”三位一体的大城市核心区之内。寮步镇主动承接市区东拓，全面进行路网升级和城市环境改造，不断完善城市功能，加快了融入大市区的步伐。寮步正在成为一个环境优美，适宜居住、休闲和创业的花园式城区。

市民广场

http://liaobu.dg.gov.cn

# 寮步镇

## 东莞国际汽车城

车行

东莞国际汽车城位于寮步新城区，紧临松山湖大道、东部快速路和莞樟路，交通便利。它集汽车销售、仓储、博览、维修、零配件、美容装饰、信息研讨、休闲观光为一体。一批3S、4S店纷纷入驻，全镇有55家车行，品牌云集，购销两旺。

佛灵湖展车

4S店

# 大朗镇

▲ 中国纺织工业协会会长杜钰洲参观大朗毛织贸易中心

◀ 省委副书记刘玉浦视察大朗

▶ 2005年8月，市长刘志庚(右三)现场督导清理违章搭建工作

▲ 省市领导参加长塘村保持共产党员先进性党日活动

▶ 开展先进性教育活动

大朗镇农村富余劳动力培训

大朗镇成为全市零星税源征管试点镇之一

第四届中国(大朗)国际毛织产品交易会开幕盛况

第四届“织交会”开幕

第四届“织交会”现场

外国客商参加第四届“织交会”

第四届中国毛织服装模特大赛现场

迈科科技有限公司成立全市第二座企业博士后工作站

2005年CBA联赛一幕

社区体育活动多姿多彩

民兵应急分队在训练

消防安全教育从娃娃抓起

社区公园

清理无牌无证假牌假证摩托车

绿化小区一角

# 沙田镇 SHATIAN TOWN

2005年11月，佟星、刘志庚、李毓全等市领导参加虎门港立沙岛油气化工码头奠基仪式

市委副书记李毓全到沙田中学视察

沙田镇首届运动会开幕式

东港城步行街

湖西路休闲公园

沙田大道中心区段

港口大道沙田中心区段

沙田中学

沙田镇——龙舟之乡

沙田镇一河两岸

仓储物流业

化工码头

货柜码头

（上接448页）女结扎夫妇养老保险实施办法》的基础上，通过广泛的调查研究，市政府制定《东莞市计划生育养老保险暂行办法》和《东莞市计划生育养老保险暂行办法（修订）》，对全市自愿终身只生育一个子女并领取独生子女父母光荣证的夫妇和双方均属农村居民的纯生二女结扎夫妇，符合相关条件的给予办理计划生育养老保险，在女方年满55岁、男方年满60岁后每月可以领取300元的计生养老奖励金。从而使全市计划生育养老保险从农村居民延伸到城镇居民，建立计生养老社会保险制度，进一步完善计划生育利益导向机制，提高人民群众执行计划生育政策的自觉性。

【计划生育综合改革】2005年，市人口计生部门努力探索符合人口和计划生育工作发展的客观规律，用创新的精神来探索和解决市场经济条件下影响人口和计划生育工作深入发展的关键问题，保持人口计生事业持续健康发展，全面开展人口与计划生育综合改革。8月，市政府印发了《关于开展人口与计划生育综合改革工作的意见》，明确综合改革的指导思想、目标、主要内容、时间安排以及保障措施，以推动全市人口与计划生育综合改革工作的开展。11月，成立市人口与计划生育综合改革领导小组，具体负责综合改革的组织指导、协调、监督和评估工作。同时，选定了万江、桥头和长安等3个镇区为人口计生综合改革试点镇区，制定出具体的实施方案，稳步推进人口计生综合改革工作。

【依法行政和优质服务并举】2005年，市人口计生部门加大依法行政力度，严把“三关”。严格把好村委换届选举中候选人的计划生育关，有力地推动了村委会换届选举工作；严把社会抚养费征收管理关，落实社会抚养费新的征收基数、执法程序和文书要求；严把计生服务所定级换证关，17个镇区服务所被评定为甲级计划生育服务所，15个镇区服务所被评定为乙级计划生育服务所。

启动“三项工程”，全面提高计生技术优质服务水平。一是启动“出生缺陷干预工程”。积极推广“斯利安”、“福施福”的应用，引进国际领先的兰丁子宫颈脱落细胞学检测技术以及宫颈细胞DNA检测设备，为开展生殖道感染干预工程奠定了基础。二是规范药具层级管理，开创药具营销新路子。坚持把免费发放作为药具供应的主渠道，通过会议动员、媒体宣传、咨询会、上门服务等形式，已免费发放避孕药具共计30多万元，免费发放“惠复得”外用药物数千盒。还配合省计生科研所向1200多名已婚育龄妇女推出使用IUD三种新型节育器，努力开创药具事业改革发展新路子。三是与广东医学院联手，联合创办“广东医学院附属生殖医学中心”。把市计生服务中心作为广东医学院生殖医学专业的教学及临床实习基地，进一步提升市计生服务中心的科研能力和服务水平。

【综合治理出生人口性别比】2005年，市人口计生部门加大综合治理出生性别比的力度。市政府副市长李小梅主持了两次由市计生兼职成员单位领导参加的综合治理出生人口性别比的会议，明确各成员单位的工作职责，加强对治理性别比工作的领导。认真落实《东莞市关于禁止非医学需要的胎儿性别鉴定和选择性别的人工终止妊娠的管理制度》的规定，并联合市卫生局和市食品药品监督管理局进行检查，切实遏制出生性别比升高的势头。结合市政府“四清理”工作，清查了一批无牌无证非法游医。同时，各镇区将“婚育新风进万家——关爱女孩行动”融入渗透到各种节日活动之中，营造良好的社会氛围。

【流动人口计划生育管理与服务】2005年，市人口计生部门积极创新流动人口计生管理与服务工作，实行分类指导，规范管理，综合治理。突出抓住流动人口重点人群、重点环节、重点地域，进一步完善查验证、责任合同、查环查孕、检查通报、信息化动态管理、评估考核等六项制度。为确保六项制度的进一步落实，先后举办了16期村级流动人口信息化培训班，对全市681名计生信息员进行培训，选取塘厦等16个镇区各2个村（居）作为流动人口计生服务与管理信息化建设试点，采用授课与现场参观交流相结合形式，不断提升流动人口计生信息化管理和服务水平。全市使用“流动人口计划生育信息系统”录入信息282155条；通过“流动人口计划生育信息系统”及“全国流动人口计划生育信息交换平台”通报信息58476条，流出地接收信息33472条，流出地已反馈信息24102条；应对外调出信息387条，已落实调出387条；信息对外反馈率为100%。5月份，全市开展流动人口计生清查验证活动，确保“三有四同”管理与服务机制落实到位。先后在塘厦镇和常平镇召开流动人口计生信息化管理和住宅小区流动人口管理现场会，进一步提高了流动人口的管理和服务水平。

【宣传教育】2005年，市人口计生部门积极联合各部门各镇区，利用多种媒体，多种宣传方式，开展各种主题的宣传教育活动，从而在全市范围内形成大联合、大宣传的氛围。例如，与市电台联合开办了每月一期“婚育知识话你知”专题栏目；以《周末访谈》栏目为载体，围绕全市人口计生中心工作，每季度开展一期宣传活动，与群众进行直接的交流。在此基础上，市计生协会创办了服务计生工作、服务家庭、服务东莞现代生活的《东莞生活指南》。黄江镇政府投入30万元在公园休闲区塑造三尊融汇现代生育文化的铜像，并在十多个汽车候车亭开设了计生宣传栏，增强计生宣传教育的时代性和吸引力。

【信息化建设】2005年，东莞市人口和计划生育公众网开通。同时，根据《广东省人口和计划生育信息系统管理办法（试行）》并结合实际，抓好了五落实：一是落实培训制度，提高人员素质；二是完善工作指引，加强业务指导；三是开展信息质量检查，提高数据库质量；四是完善信息网络，深化信息应用；五是严格保密制度，规范计算机管理。加强高素质的信息化应用队伍的建设。2005年6月，东莞市被国家人口计生委授予“全国人口和计划生育信息化建设先进单位”荣誉称号。

【计划生育协会】2005年，市计划生育协会一是大力开展青春健康活动，为近十万外来员工提供青春健康知识服务。二是开展艾滋病知识宣传项目。三是参与科技进步月和科技下乡活动，送科技进工厂、进镇区、进社区。2005年12月9日，市计生协会顺利完成换届工作。

【队伍建设】2005年，市人口计生系统以保持共产党员先进性教育活动为契机，努力塑造人口计生队伍的良好形象。通过一系列的活动，使党员的素质得到明显提高、党组织建设明显加强、党群干群关系和机关作风明显改善、人口计生队伍素质明显提高。同时，市人口计生部门努力提高人口计生干部的业务水平和理论素养。先后组织镇区计生办统计员到南京人口管理干部学院进行业务培训；组织镇区的通讯员骨干力量参加全省人口和计划生育新闻写作培训班；组织全市计生协会理事参加全国计生协会培训班；组织市计生兼职成员单位负责人、部分镇（区）代表，赴广州学习流动人口计生管理和服务的经验等活动。主动配合市委、市政府举办了两期全市人口理论和计生管理机制专题报告会及人口计划生育形势报告会，邀请南京人口管理干部学院的专家陶勃教授、徐铭东副教授和省人口计生委主任张枫作专题报告，不断提高新时期人口计生工作服务和管理水平。　　（彭　玲）

**附：2005年东莞市人口计生局领导名录**

市政府副秘书长兼局长：黄碧莲

副局长：徐诠清　曾瑞微

## 民政工作

【最低生活保障】至2005年底，东莞市共有低保对象8616户、22311人，占全市总人口的1.38%，符合低保条件的困难群众都纳入低保范围，基本实现动态管理下的“应保尽保”。低保标准为城市居民每人每月320元、农村村民每人每月300元，全市共发放最低生活保障金3141.3万元（城镇人均补差135元，农村人均补差109元），由市、镇、村三级按4：4：2的比例负担（11个欠发达镇和81个贫困村，由市、镇两级按6：4分担），其中市财政负担1284.32万元、镇区财政负担1314.13万元、村负担542.85万元，困难群众的基本生活权益得到了较好的保障。

*在解决困难家庭子女“读书难”方面* 从2005年起补助标准提高为高中、中专每人每年2000元、大学每人每年5000元。全市低保家庭在读子女共6637人，所需助学金719.95万元均由市财政负担。

*在解决低保家庭“住房难”方面* 从2002年开始，累计投资1590万元，对全市困难市民的土坯房、危房进行改造。2005年市政府又先后出台《东莞市困难家庭住房保障办法实施细则》和《关于解决农村“一保五难”推进农村城市化改造的决定》，各镇区也进一步加大工作力度，低保对象住房难问题的解决步伐进一步加快，极少数群众存在的住房困难问题，有望在2006年底之前得到全面解决。

*在解决困难群众“看病难”方面* 全市全年共投入基本医疗救助金1130.19万元，统一为保障对象购买了B档农（居）民基本医疗保险（可报销住院医疗费3万元。此前为A档，可报销1万元住院医疗费）。医疗救助标准为城市居民每人每月45元、农村村民每人每月42元。同时，一些重病、重残和“三无”人员等特殊困难人群也得到了重点救助。

【救灾救济】2005年，东莞市在市安排救灾专项资金的同时，各镇区均按常住人口每人5到10元的标准安排了本年度的救灾预备金。2005年6月和8月，麻涌、中堂、望牛墩和石龙、莞城、寮步、黄江等镇区先后遭遇暴雨袭击，灾情之迅猛、损失之严重均为近年来所少见。灾情发生后，市及有关镇区迅速启动救灾应急预案，及时深入灾区核灾救灾，想方设法解决灾民生活困难，并积极组织灾民恢复生产生活。全市共投入救灾资金747.68万元，确保了受灾群众有饭吃、有衣穿、有房住，较好地维护了社会稳定，树立了党和政府尤其是民政部门“以民为本、为民解困”的良好形象。临时救济方面，全年共安排春夏荒、冬令、休渔、临时救济款130万元，救济出现临时生活困难的群众9799户、25000人次。

【拥军工作】2005年，东莞市以创建全国全省双拥模范城六连冠为龙头，在创新中发展，在发展中提高，不断巩固和发展军政军民团结的大好局面，为构建和谐东莞和率先基本实现社会主义现代化创造良好的社会条件。市及时调整充实双拥工作领导小组成员，进一步明确各成员单位的职责。各镇区也相应调整双拥工作领导小组，从而形成了党政领导亲自挂帅、职能部门各司其职、各行各业共同参与和一级抓一级、层层抓落实的双拥工作新格局。各级领导在双拥工作中率先垂范，受到部队的好评。市坚持每半年召开一次双拥工作领导小组全体会议的制度，市委常委专门召开议军会议，研究、分析、布置双拥工作。国防教育不断深入，全民拥军意识不断增强。各镇区结合“国防教育神州行”公益广告宣传、保持共产党员先进性教育和纪念抗战胜利60周年等活动，充分利用广播电视和召开座谈会、报告会等形式，深入开展国防和双拥教育，引导广大市民自觉把参与双拥、支持国防建设作为应尽的责任和义务。

各级党委政府和社会各界始终坚持改革不忘国防、致富不忘拥军，把帮助解决部队实际困难作为支持部队建设、巩固国防事业的实际行动，积极开展各项拥军活动，不断加大对部队建设的支持力度。黄江镇拨款60万元帮助75234部队治理营区水沟。虎门镇专门为沙角部队开通虎门—部队驻地的拥军公汽专线，较好地解决了部队官兵和家属的乘车难问题。大岭山镇为东莞军分区建设国防教育基地无偿提供土地200亩，为武警东莞市支队建设训练基地无偿提供土地150亩，为部队搞好基础设施建设作出积极贡献。驻军较多的虎门、黄江、樟木头等镇的个体、私营企业协会经常组织民营企业家代表深入部队传技术、送书籍、送设备等。

春节期间，市民营企业代表组成3个拥军慰问团，分别慰问赤山部队、东莞边检站、市边防支队和市消防支队官兵，并筹集20万元为部队购买科技练兵中急需解决的物资，在社会各界中引起强烈反响。军民远程共建也不断深入。清溪镇拨款50万元支持共建单位海军南沙守备部队诸碧礁守备连改造后方营房，更新文化设施。中国人寿保险东

▲ 龙舟竞赛

莞分公司组织赠书小组远赴汕头与海军“东莞舰”结对开展读书交流活动，为部队培养和造就高素质人才添砖加瓦。一年来，全市各级共投入拥军资金9200多万元，用于支持广州军区政治部、第42集团军和省军区修建政治工作指挥系统、信息化网络和离退休干部住房；帮助驻军维修营房、建造宿舍楼、改建饭堂、建设执勤监控网络、治理营区环境、修建战备训练公路和综合训练场；解决作战部队官兵的生活补贴、生活用煤补贴和地方部队基本支出及训练办公等。全市拥军工作也得到了上级的充分肯定。“八一”前夕，虎门镇被评为全国军民共建社会主义精神文明先进单位，市民政局、樟木头镇政府、广东丰泰集团被省评为全省军民共建社会主义精神文明先进单位。黄江镇党委书记伦锦洪、中国人寿保险东莞分公司总经理叶炯炫被评为全省军民共建社会主义精神文明先进个人。

【优抚工作】 2005年，东莞市认真落实抚恤、定补、优待政策，较好地为重点优抚对象解决了生活难、医疗难、住房难问题，充分维护重点优抚对象的合法权益。市政府在完善《优抚对象抚恤定补标准自然增长机制》的基础上，结合东莞实际进一步完善优抚政策，分别于2月和9月下发《关于提高我市弱势群体社会保障水平有关费用分担的通知》、《关于军人抚恤优待有关问题的通知》。各镇区也制定相应规定，从而形成了上下配套、纵横贯通的优抚法规体系，使全市优抚工作有章可循，有法可依。各镇区严格执行国家、省、市政策规定，共拨出优抚经费1000多万元，大幅度提高“三属”抚恤、复员军人定补标准和解决“五老”人员定补专款，确保抚恤、定补、优待100%兑现，保证他们的生活水平与当地人民群众的生活水平同步提高。其中义务兵家属户平优待金9564元，比上年提高649元；革命烈士遗属、因公牺牲军人遗属、病故军人遗属、在乡一至六级残疾军人按义务兵家属标准的50%进行优待；在乡复员军人、在乡七至十级残疾军人、带病回乡退伍军人按义务兵家属标准的30%进行优待；革命烈士遗属、因公牺牲军人遗属、病故军人遗属共169人，人平月定期抚恤金621元，比上年提高23元；在乡复员军人374人，人月定期补助金461元，比上年提高50元。

爱心献功臣行动也继续扎实有效地开展。各级政府把“爱心献功臣行动”作为优抚工作的重点，积极发动社会各界采取结对帮扶、重点扶持等方式，定人、定户、定期为重点优抚对象“送温暖”。市财政共拨出25万元爱心献功臣行动专项经费，为4名重点优抚对象建造新房600多平方米；拨出25万元临时补助款，为102名重点优抚对象解决了临时困难。

【安置工作】 2005年，东莞市确保退伍兵安置率和开发使用率均达到100%，各级民政部门按照省、市的通知精神，认真做好退役士兵接收安置工作，坚持做到热情接待每一位退伍军人，及时为其办理有关手续并解答相关问题。全市共接收安置退伍兵616人（其中农村户口571人，非农户口35人，异地转业士官10人）。到2005年底，35名非农户口退伍兵和10名转业士官已全部得到妥善安置，571名农村退伍兵也得到开发使用。市财政拨款30万元用于补助73户存在住房困难问题的退伍军人家庭，每个家庭领取2000元至8000元不等的补助金。同时，各镇区及村（社区）对住房比较困难的退伍军人家庭也给予一定的补助，帮助他们解决建房资金不足的问题，使其感受到党和政府的关爱。安置工作的全面到位，有力地维护社会稳定，促进征兵工作的深入开展，东莞市已连续12年被省评为征兵工作全优单位。

【换届选举工作】 2005年是东莞市第三届村（居）委会换届选举年。各镇（街）严格按照省、市要求，精心组织，广泛动员，严格程序，依法操作，全力以赴做好换届选举工作。全市28个镇、4个街道共440个村委会、156个社区居委会全部依法选举产生了新一届村（居）委会。整个选举工作进展顺利，选举结果达到预期目的。全市村（居）委会成员职数总数从上届的2899名减少到2263名，减少21.9%。新当选的村（居）委会成员平均年龄40.6岁，比上届下降1.2岁。大专以上学历490人，占21.7%；高中、中专学历1113人，占49.2%。党员1858名，占82.1%；1187名党组织成员交叉任职村（居）委会成员，占52.5%；其中106名村（居）党组织书记当选为村（居）委会主任，占总数的17.8%。通过换届选举，村（居）委会成员平均年龄明显下降，文化程度明显提高，党员比例明显增多，班子结构明显优化，广大群众的民主意识和法制观念进一步增强，为建设法治东莞和推进固本强基工程奠定了坚实的基础。

【“村改居”、“居改社区”工作】 2005年，东莞市共有34个居委会改为社区居委会，35个村委会改为社区居委会。目前全市共有村委会404个，社区居委会192个（其中“村改居”的142个），全市城市和农村的基层管理体制进一步理顺，城市化建设的平台进一步扩大。

【村（居）民自治工作】 2005年，东莞市坚持村（居）务公开。如在计划生育政策落实、救灾救济款物发放、村（居）干部报酬等全面公开的同时，根据基层改革发展的新形势、新情况，及时丰富和拓展村（居）务公开内容。村（居）务公开的形式、时间和程序也进一步规范。如道滘镇14个村（社区）坚持每季度都将村（社区）财务情况印成单张派发到各户，让群众心中都有一本“明白账”。清溪镇土桥村每月都编发《土桥信息》发到各家各户，不仅对村中已发生的事务进行报道，还对村的各项发展计划进行公开。其次，村（居）民会议、村（居）民代表会议作用日益彰显。对必须经村（居）民会议或村民代表会议讨论决定的事项进行明确。村（居）民代表会议定期召开，村（居）委会重大事情都由村（居）民会议或村（居）民代表会议研究决定。第三，村（居）民民主监督进一步落实。村（居）民监督权力得以充分行使，所提出的批评、反映的问题、进行的控告，基本都能及时得到解决和处理。2005年底，市委市政府召开村（居）民自治总结表彰大会，道滘镇等11个镇被评为“村民自治先进镇”，石龙镇新维村等38个村被评为“村民自治示范村”，石排镇中坑村等145个村被评为“村民自治先进村”。

【社区建设】 2005年，东莞市的社区组织进一步健全，社区党建逐步加强，基本实现了“一社区一党支部”、“领导班子坚强有力、组织载体和活动载体比较完善、党建工作制度比较健全、社区党员队伍充分发挥先锋模范作用”的目标。社区居委会班子成员更加年轻化、知识化，班子结构进一步优化。到2005年底，全市共有各种社区志愿者组织99个，成员2423人。其次，社区服务设施进一步完善。全市187个社区共有234个文化广场、102个图书室、184条安全文明示范路，73个社区服务中心、58个社区服务站、196个社区警务室、59个社区卫生服务中心、103个社区卫生服务站、160个精神病人康复中心。全市共建成“星光计划”项目595个，其中镇级“星光计划”老人活动中心29个，村（居）“星光计划”老人活动中心566个，为社区老年人健身、阅览、曲艺、书画、棋牌等文体活动提供了较好的场所。图书进社区活动也取得明显成效。市财政共拨款22.4万元购买了20万册图书送到112个社区，各街道和社区也加大了这方面的投入，进一步完善了图书室设施，增购了不少新书，为社区居民创造了很好的读书学习条件。第三，社区服务内容不断丰富。各社区根据形势发展的需要和居民的实际需求，结合本地区实际，积极开展以“六好”平安社区为主要内容的综合创建活动，社区服务内容不断丰富。全市共有46个单位参与社区共建活动，599个共建单位的设施对社区居民开放。在社区建设过程中，涌现了一批先进单位和个人，受到上级的表彰。万江街道拔蛟窝社区被省委、省政府授予“广东省平安和谐红旗社区”荣誉称号；莞城街道北隅社区被授予“广东省平安和谐先进社区”荣誉称号；长安镇乌沙社区党总支书记戴永泰等4人被授予“省社区先进工作者”荣誉称号。东城街道被评为“全国万家社区图书室援建和万家社区读书活动”先进街道，万江街道拔蛟窝社区被省评为先进社区，东城街道樟村社区被评为百佳学习型社区。社区建设的逐步发展，为城市基层的“平安”、“和谐”夯实了基础。

【界线管理工作】 市政府依据国务院《行政区域界线管理条例》及省政府有关文件精神，于2005年3月份制定出台了《东莞市行政区域界线联合检查及经常性管理实施办法》，为全市界线管理制度化、规范化创造了条件。根据省民政厅要求，组织对33条镇级界线进行了联检，及时发现和解决了界线管理中存在的问题和不足，促进了界线管理的落实。

【地名管理工作】 2005年，东莞市各镇区按照市的要求，全面开展地名调查和地名设标工作。塘厦、石龙、樟木头、寮步、虎门、茶山以及市区四个街道办事处等10个镇区，通过开展地名调查，详细准确地核实每一条地名的标准名称、位置、坐标和地理实体概况等基础情况。其他镇区地名调查工作也正在开展或计划开展中。樟木头镇率行全面完成了地名设标任务，长安、虎门、塘厦、凤岗、寮步、万江、石碣等镇区完成了部分地名设标任务。此外，日常地名管理业务依法进行。全年共审批105宗建筑物命名（更名）、2195条道路命名（更名）。地名管理信息系统的功能得到进一步的完善。依托该信息系统开发的东莞地名查询系统正在开通中。地名档案资料收集整理工作进展迅速，全年共收集整理各类地名档案资料近3000份。

【敬老院建设】 2005年，东莞市共安排福利资金300万元对谢岗、企石、石排等10多间敬老院进行新建、扩建或修缮。其中东城区投入1100万元，将敬老院扩建为拥有十四层高楼、可入住200多名老年人的现代化敬老院。到2005年底，全市共有31间镇区敬老院，石龙等29间敬老院被省民政厅评为省等级敬老院，其中“省一级敬老院”23间（樟木头敬老院曾被评定为“全国模范敬老院”），“省二级敬老院”6间。

【五保供养工作】 2005年，东莞市市政府出台《东莞市五保供养暂行办法》，明确规定五保供养资金由市、镇、村三级按2：4：4的比例统筹负担，五保供养标准为人均每月550元，五保老人的生活水平与全市人民平均水平同步提高。到2005年底，全市共有五保户1575人，其中集中供养1066人，占全市五保户总数的68%；分散供养509人，占32%。此外，“明天计划”顺利进行，全年共为33名残疾儿童做了康复手术。

【社会慈善工作】 2005年是东莞市慈善事业进入政府全面推动、社会捐助成效显著的一年。元月份，根据民政部、省民政厅要求，在全市范围内开展对印度洋海啸灾区灾民的捐赠活动，共接收捐款525万元（全部汇入省慈善总会）。10月份，又开展全市性的对口扶贫济困“捐助月”活动，共接收捐款34227.6万元，捐赠衣被87万多件，全部用于对口支援广西河池和韶关乳源、新丰等贫困地区。市慈善会的筹备工作也取得突破性进展。市政府决定从福利资金中拨款2000万元注入慈善会，2007、2008两年每年从市财政中列支500万元作为慈善资金。副市长冷晓明还带领有关人员赴香港开展慈善筹款活动。据统计，到2005年底，各镇区共为慈善会认捐2750万元。

【老龄工作】 至2005年底，东莞市共有60岁以上老人208098人，百岁老人77人。2005年，东莞市全年共投放福利资金570万元，资助东城、南城、高埗等15个镇区建设“星光计划”项目，逐步形成镇区有服务中心、社区居委会有站点的老年人福利服务设施网络，为实现“老有所养、老有所乐、老有所为、老有所学、老有所教、老有所医”创造基础性条件。市政府同时制定出台、充实完善一系列对老年人的优待政策，全市20多万老年人都可依此享受各种敬老优惠待遇。各级政府、各社区（村）常年坚持敬老爱老助老主题教育活动，“家家有老人，人人都会老”已成为广大人民群众的共识，“尽心尽力为老人服务、想方设法为实现‘六个老有’作出应有的贡献”也已成为各级党委政府和社会各界的自觉行为。在8—10月的敬老月期间，东坑镇继续举办大规模的“双节敬双亲”活动，莞城、南城、万江、石龙、常平、樟木头、高埗、中堂、东城、虎门、厚街、寮步、沙田等镇区也纷纷组织大型文艺晚会、外出旅游、游园活动、粤剧专场等形式各异的敬老活动。市内许多企业、社会团体纷纷组织员工到敬老院慰问，甚至出现慰问活动要预先排期的场面。市及各镇区坚持定期或不定期积极组织开展各种有益于老年人身心健康的文体活动。市老龄委成功举办市第二届老年文化艺术节。在省老龄委组织的年度老龄工作目标责任完成情况考核中，东莞市老龄工作被评为三星级（2005年底为全省最高级）。在全国老龄委组织的评比中，东坑镇人民政府再度被评为“全国老龄工作先进单位”。在全国青少年敬老爱老助老主题教育活动中，东坑镇人民政府荣获“优秀组织者奖”，樟木头敬老院院长蔡运娇荣获“敬老楷模提名奖”。

【民间组织管理】 2005年，东莞市新登记民间组织187个，其中社会团体39个（行业性7个、联合性28个、学术性1个、专业性3个）、民办非企业单位148个。至2005年底，全市共有民间组织1201个，其中社会团体213个、民办非企业单位988个。民政部门不断加强对民间组织执法监督工作。在坚持培育发展的基础上，结合“四清理”行动，加大执法力度，对非法民间组织和民间组织的违法行为进行有力的打击。对社会上反映较多，信誉不够好的民间组织进行重点整顿，依法取缔了“湖南省隆回县驻广东省东莞市劳动者维权协会”等不合法的社团组织，查处了近40宗非法民间组织或民间组织的违法行为，树立登记管理机关的权威，维护民间组织的合法权益。同时，全面展开对民间组织自身建设的指导和引导，不断淡化行业协会的“官味”，充分发挥行业协会自我管理、自我发展、自我规范的作用。民间组织自律与诚信建设活动也取得了良好效果，继印刷业协会获得“全国先进民间组织”的光荣称号后，数码产业协会等12家民间组织又获得了“全省先进民间组织”称号。一个适应东莞经济和社会发展要求、布局合理、结构优良、规模适度的民间组织新格局正在形成。

【殡葬管理】2005年是东莞市全面完成殡葬管理“十五”计划的重要一年。全市继续坚持“巩固、调整、规范、提高”的方针，采取多种得力措施，不断加大工作力度，确保“火化率不掉下来，新坟不冒出来”，全市火化率继续保持为100%，殡葬管理目标中各项指标都超过省殡葬管理目标考核标准，顺利实现殡葬管理“十五”计划各项目标，受到省政府的表彰。

【救助管理】2005年，东莞市救助管理站在抓好救助设施等硬件建设的同时全力抓好自身建设，全面提高管理和服务水平，积极主动地依法开展救助管理工作。全年共接收求助人员8058人次，较去年同期5912人次增加36.3%，为维护全市社会稳定作出了积极的贡献。

【福利彩票销售】2005年，东莞市全年共销售电脑福利彩票3.67 亿元，比2004年增长1.04亿元，增长率高达39.4 %，总销量排在广州、深圳之后，名列全省第三。除上缴中央、省福利彩票发行中心外，共为东莞市筹得社会福利资金4403.5万元。由于销售成绩突出，东莞市被省民政厅评为2005年度全省福利彩票销售综合奖特等奖和组织领导奖一等奖。

【婚姻、收养登记】2005年，东莞市共依法办理婚姻登记16510对，其中结婚登记14406对（含涉外、港澳台华侨113对）、补领结婚证书7529对（含涉外、港澳台华侨37对、补领结婚登记16对）、离婚登记1336对（含涉外、港澳台华侨17对）。共依法办理收养登记304宗，其中涉外收养4宗、国内收养300宗、涉外送养弃婴36名。　（赵　胤）

附：2005年东莞市民政局领导名录

局　长：杜　度

副局长：管敏政　易志兵（3月到任）

袁佩霞　黄容开

# 残疾人工作

【残疾人康复】2005年，东莞市康复助残工程深入民心，残疾人康复需求得到改善。继续以“全国爱眼日”“全国爱耳日”“全国助残日”等残疾人节日为契机，开展多项免费康复服务，为200例白内障患者施行免费手术，向全市400名困难残疾人赠送了轮椅，向100名贫困残疾人赠送了三轮机动轮椅车，免费为下肢残疾人装配假肢30副，资助30名脑瘫残疾儿童、30名听障儿童和40名智障儿童接受康复训练，全年共向全市5286名重度残疾人发放补助金1270万元，为全市5018位残疾人病患提高农（居）民医疗保险档次，由原来每人每年最高保得1万元治疗费，提高到3.5万元。检出精神病患者9325人，检出率6.1‰，监护率100%，显好率达80%，社会参与率达66%，无肇事肇祸事件发生。

【残疾人就业】2005年，东莞市残疾人就业工作实现跨越式发展。依法开展了按比例安排残疾人就业年审工作，征收2005年度残疾人就业保障金1.02亿元，追缴2004年度残疾人就业保障金4900万元。采取多种形式推荐残疾人就业，成功举办2场残疾人就业招聘会，提供就业岗位480多个，800多名残疾人到招聘会现场求职应聘，达成就业意向230 多人；通过市镇联合推荐就业以及在残疾人就业网站发布就业信息等形式安排残疾人就业2230人次。开展残疾人职业技能培训，80名残疾人进高等职业技术学院参加为期4个月的计算机、家电维修等专业的免费培训，提高残疾人的就业竞争能力。举办了全市残疾人就业工作行政执法培训班，84名干部职工参加培训，申领了行政执法证。

【残疾人文化体育】2005年，东莞市围绕第15次全国助残日“平等共享，促进残疾人就业”活动主题开展系列宣传活动，播放新闻170条次，制作专题35条，张贴标语1920条、发放宣传画册1500张，播放宣传助残日口号401条次。举办“伤健同乐”文艺演出，参加了“第七届广东省残疾人事业好新闻评选活动”、广东省第六届残疾人艺术汇演、广东省首届盲人歌手歌唱比赛、第一届广东省肢残人歌手卡拉OK大赛等各项文艺活动，小品《点点星光》获得第六届全国残疾人艺术汇演表演类金奖。参加了2005年广东省残疾人乒乓球、羽毛球、举重锦标赛上，赢得12枚金牌、2枚银牌、1枚铜牌、4个第四名、1个第五名的好成绩，团体总分位列全省第一名，获得“体育道德风尚奖”和“组织奖”。在2005年全国残疾人田径锦标赛中获得1枚金牌。

【教育扶贫】2005年，市残联配合市委、市政府实施“十项民心工程”，不断加大残疾人扶贫解困工作力度。执行《广东省扶残助学工程》，以贫困残疾儿童的助学工作为中心，投入扶残助学专项资金4.49万元，实施扶残助学项目，帮助处于义务教育阶段的残疾儿童顺利入学，使残疾儿童义务教育入学率达98%；完成了贫困残疾人户危房改造情况调查，全市残疾人危房改造300户，受益残疾人共432人，配套资金投入600多万元；完善了种养业培训基地建设。

【信访与维权】2005年，市残联按照《新信访工作条例》有效地为残疾人化解矛盾，排忧解难，共接待残疾人及残疾人亲属来访213批次580人，集体上访2批次18人；残疾人信访25宗；外地盲人来电投诉5人次；残疾人来电投诉咨询985人次，其中外地残疾人571人次，占58%；越级上访3人次，其中外地2人；走访残疾人家庭43户。与市法援处建立联系，免费为残疾人办理法律援助的民事案件502宗，免费为残疾人办理法律援助的刑事案件8宗，接待残疾人法律咨询920人次。

【残疾人专门协会】2005年，残疾人专门协会活动大放异彩，举行了主题为“齐心协力，美化东莞”的植树活动，组织残疾人参观市行政中心广场、市展览馆、无土培植基地，并组织50多名盲人到袁崇焕纪念公园游园，举办了以“遵纪守法，共享社会文明”为主题的法律与交通安全知识讲座。

【综合服务设施】2005年，市残联在全省率先成立“残疾儿童学前教育中心”；开通“东莞市残疾人联合会”和“东莞市残疾人就业服务网”网站；市残疾人康复中心教学楼附属工程竣工，完成了市残疾人康复中心康复大楼方案的征集、讨论、修改以及报批工作。

（李芬芳）

附：2005年东莞市残联领导名录

理事长：梁应昌

# 民族宗教

【概况】至2005年底，东莞市经东莞市民族宗教事务局批准登记的宗教活动场所共有48处。其中，有佛教寺（庵）33个，道教宫观5个，基督教福音堂8个、活动点1个，天主教堂1个。东莞市各宗教和睦相处，保持了宗教领域的稳定与和谐。

【宣传学习《条例》】 2004年11月30日，国务院总理温家宝签署，发布了《宗教事务条例》（以下简称《条例》）。《条例》自2005年3月1日起施行。这是中国宗教界和宗教工作的一件大事，标志着中国宗教方面的法制建设取得重要进展。

为深入贯彻落实《条例》精神，东莞市民宗局在“三支队伍”中加强学习培训。2005年1月 11—14日，东莞市有关领导和市民族宗教局领导参加了中央统战部、国务院法制办和国家宗教局联合举办的培训班。市民族宗教事务局于2005年1月27日，举办了东莞市宗教代表人士培训班，80多名宗教上层人士参加。2月28日，组织全市32个镇区的分管领导、主要负责人和公安部门分管治保工作的领导共82人举办了《条例》学习培训班。9月1、2日，又分别召开各镇区民宗干部和全市宗教人士培训班，集中学习贯彻《条例》，邀专家作了精彩的学习报告。并对《条例》在全市范围内的宣传、学习工作，进行了精心部署。

【先进单位、个人】 2005年1月14日，省人事厅、省民族宗教委联合举办评选广东省民族宗教先进工作单位和先进个人活动，东莞市民宗局被评为先进工作单位，民宗科科长胡炳棋、石龙镇社会事务办主任李锦通和虎门镇委副书记陈锦波被评为先进个人。

2005年12月12日，国家宗教局《关于表彰全国宗教工作系统“四五”普法工作先进集体和先进个人的决定》表彰了160个政府宗教工作部门和311名宗教工作干部。东莞市民宗局被授予“全国宗教工作系统‘四五’普法工作先进集体”荣誉称号。

【募捐赈灾献爱心】 2005年初，南亚海啸巨灾震惊世界，东莞宗教界发扬慈悲博爱精神，自发组织多次为海啸灾民募捐的活动，短短几天之内，就募集善款达17万元。并通过市宗教部门将善款迅速送达国家慈善机构，为南亚海啸灾民奉献了一份爱心，为国家的国际主义赈灾行动贡献了自己应尽的一份力量。

【文明宗教活动场所授牌仪式】 东莞市在广东省民族宗教事务委员会开展的“文明宗教活动场所”评比表彰活动中，有佛教大岭山观音寺、沙田金沙寺，道教厚街海月岩古庙和基督教太平福音堂、塘厦福音堂等5个宗教活动场所被授予2004年“广东省文明宗教活动场所”称号。2005年5月31日，举行了授牌仪式，东莞市民宗局全体领导干部和各获奖宗教场所所在镇区领导参加了仪式，广东省民族宗教委助理调研员杨源兴进行授牌。

【依法取缔“假和尚”行骗活动】 2005年3月，东莞市民宗局取缔了多起“假和尚”行骗活动。这些人员穿着佛教僧尼服装，多数以修建国内著名寺庙为由，在街道上化缘募捐，向市民群众兜售佛像工艺品、寺院贵宾卡等物，或者进行武术表演等，骗取群众钱财。为防止广大市民群众受骗上当，3月24日，东莞市民宗局协同莞城区社会事务办及莞城公安分局的工作人员将抓获的5名非法宗教活动者在东莞电视台的新闻节目中曝光。东莞市民宗局在新闻中呼吁市民提高警惕，认清此类非法宗教行为的危害性、欺骗性，防止上当；此后，将此情况向东莞市32个镇区通报，以提高对此类非法宗教活动的认识，做好应对工作。

【解决民族宗教人士困难】 2005年5月，在先进性教育活动分析评议阶段，东莞市民宗局通过深入广泛征求在莞穆斯林等少数民族群众、宗教人士与信教群众的意见，了解到他们的困难，比较突出的是穆斯林子女就近读书难的问题和佛教尼庵收养弃婴的户口问题。在先进性教育活动整改提高阶段，市民宗局多次与教育、民政、公安、计生等部门联系沟通，商议解决办法。经过不懈努力，一所距离穆斯林群众居住地比较近的学校同意接收穆斯林子女入学，尼庵收养弃婴的户口也得到办理。使得这两个问题终于在先进性教育活动结束之前得到了圆满解决。

【协助穆斯林拉面店办理证照】 2005年4月初，东莞市民宗局主动出击，积极配合，开展“四清理”工作。协助解决穆斯林饮食店经营证照问题。东莞市民宗局及时把调查结果和工作建议上报东莞市政府。副市长张顺光、周致纳、副秘书长周华驹作出了重要指示，要求充分认识做好帮助穆斯林群众办证工作的重要意义，妥善处理，以求稳定。副秘书长赖源顺组织召开市卫生局、工商局、地税局、国税局、环保局、消防局、城管局、民宗局等8个部门参加的专门协调会议，统一思想，提高认识，本着“以人为本，执政为民”的精神，以“公平对待、合理引导、完善管理、加强服务”为原则，在坚持依法管理的前提下，尽量减免办证费用，减少穆斯林群众的负担，并有针对性地制定一系列切实可行的便民、利民、为民措施。东莞市民宗局认真组织协调政府各有关部门，共同努力，积极推动清真饮食店办证工作。东莞市卫生局、工商局等部门认真贯彻落实市政府协调会制定的措施，在莞城、长安、虎门等镇分局的办证窗口，开辟“穆斯林经营户办证绿色通道”，主动安排专人帮助他们填写各种表格，顺利完成各个办证环节的工作。经过两个多月的努力，全市90%以上的清真饮食店办理并领取了卫生许可证、税务登记证和营业执照等有关证照。此项工作取得了市领导满意，少数民族群众满意的良好效果。

10月18日，在莞穆斯林群众选派代表向东莞市莞城卫生局、莞城工商局分别赠送了“造福少数民族，共建和谐东莞”、“执政为民，求真务实；扶助民族，排忧解难”的锦旗，10月26日，又向市民宗局赠送了“民族之家”的牌匾，表达他们对政府部门为他们排忧解难、热情服务的感谢之情。

【办好高中新疆班】 东莞市委、市政府对做好“新疆班”的工作高度重视，2005年专门成立由教育和民族宗教部门组成的工作小组，以协调和加强领导。市委书记佟星多次要求，把这项工作当作一项重要的政治任务来抓，认真贯彻落实胡锦涛总书记在中央民族工作会议上的讲话精神，紧紧把握“共同团结奋斗，共同繁荣发展”的主题，共同把“新疆班”的工作做好、做细、做扎实。

在“新疆班”学生来之前，东莞市民宗局多次组织东莞高级中学附近的村、街道干部群众召开学习会、座谈会，宣传党和国家的民族政策、法规，宣传开办“新疆班”的重大意义，教育村民尊重少数民族的风俗习惯，从民族团结出发，多帮助爱护他们。经过努力，使民族政策、法规和尊重少数民族的观念深入人心，为学校周围的村民与少数民族兄弟姐妹和谐相处打下了坚实的基础。

2005年9月3日，两个“新疆班” 在东莞市高级中学顺利开学，来自新疆的80名维吾尔族、哈萨克族、柯尔克孜族学生在这里开始了一年预科、三年高中共四年的学习生活。

【纪念中国基督教三自爱国运动55周年】 2005年9月23日，东莞市基督教三自爱国会举行感恩赞美会，全市基督教代表人士欢聚一堂，隆重纪念中国基督教三自爱国运动55周年，广东省基督教协会、东莞市民宗局领导到会祝贺并致词。在本次热烈而庄严的活动中，充分表现了广大东莞基督教徒在坚持“三自”方针，走与社会主义社会相适应道路上取得的巨大成绩，和当家作主、扬眉吐气的精神风貌。进一步体现了他们爱国爱教、遵纪守法、发挥宗教积极因素为构建和谐社会作贡献的积极性。

【接待民宗工作调研考察团】 2005年5月14日至6月13日，广东省民族宗教委在广州举办广东省对口支援的西藏林芝地区统战干部培训班，并根据培训内容安排学院在省内进行实地考察。5月21日，培训班考察团到东莞虎门镇、松山湖科技产业园区和东城区参观考察，东莞市、镇区有关领导介绍了当地的经济和社会发展情况。

8月24—25日，广东省民族宗教委与广东省佛教协会领导来莞调研，以黄旗观音古寺、樟木头观音寺等东莞市重点寺庵为主要对象，就宗教活动场所管理、学习贯彻《宗教事务条例》、落实国家宗教政策、解决宗教场所房产、协调宗教场所与园林、旅游、文化方面及其周边的关系等重点、难点问题，进行了深入调查研究。

9月22日，广东省民族宗教委、广东省道教协会联合调研组在东莞深入开展调研活动，在东莞市民宗局领导的陪同下走访纯阳古观、东岳庙、新田岗玉皇观等道教活动场所。广东省民族宗教委领导和广东省道协副会长兼秘书长刘嗣传等调研组成员与场所负责人进行了交谈，要求大家在规范场所管理、加强道风建设、加强宗教人士队伍方面更上层楼，并勉励大家积极弘传道教文化精髓，正确引导民间信仰，共创和谐社会。

10月27日，国家民委民族理论政策室副主任陈乐齐率领的城市民族关系专题调研组在广东省民族宗教委领导的陪同下，在东莞深入到少数民族群众之中，参观了来自青海的回族群众经营的拉面店，了解他们生活、工作中的困难，倾听他们对城市民族工作的意见和建议，并认真听取市民族宗教局领导关于近些年东莞的城市民族工作情况的汇报。28日，国家民委领导、广东省民族宗教委领导、东莞市民族宗教局领导、东莞市少数民族代表人士、镇区基层民族宗教工作干部共同召开了专题座谈会，深入探讨东莞作为新兴工业城市在城市民族工作中遇到的难题，总结和赞扬了市民族宗教局解决问题的方法和比较成功的经验，并对今后工作中应注意的问题，作了精心的指导。

12月19日，佛山市民族工作考察团一行25人莅临东莞，对东莞帮助穆斯林经营户办证工作进行了深入地考察、交流。东莞市政府副秘书长赖源顺组织市卫生、工商、环保、民宗等部门领导与佛山考察团联合召开了工作座谈会。在座谈会上，东莞市民宗局张灿炎局长详细介绍了帮助穆斯林经营户办证工作的有关情况，畅谈工作体会。两市相关部门领导就工作中的一些做法和经验进行认真的交流。周副秘书长对东莞市政府部门在帮助穆斯林经营户办证工作中“以人为本、以情感人、以诚动人、以理服人”的做法给予高度赞赏。

（林　睿）

**附：2005年东莞市民族宗教事务局领导名录**

局　长：张灿炎

▲ 长安文化广场

# 城镇（街道）

URBAN AND TOWNSHIP

寮步中心城区

■ 东莞市28个镇全部进入全国百强镇行列

■ “文化周末”晚会举办

■ 南社村被评为“中国历史文化名村”

责任编辑：赖燕江　何　青　张德全
曾可兴　卢　敏　施雪芬
刘　丹

## 莞　城

【概况】 莞城街道办事处面积13.5平方千米，其中道路广场面积2.43平方千米，绿化覆盖面积552公顷，辖9个社区、72个居民小组，户籍人口约16万人，外来暂住人口约10万人。

2005年，莞城街道办事处不断加大“改造旧城、工商结合、教育领先、文化推动、管理提升”的发展力度，把握机遇，狠抓落实，有效地促进了莞城经济社会的快速健康发展，各项经济指标有较大增长。全年完成工业总产值46.18亿元，同比增长31.54%；财政收入4.39亿元，同比增长68.31%；税收11.45亿元，其中国税收入3.04亿元，同比增长21.01%，地税收入8.81亿元，同比增长14.8%；出口总值达3.6亿美元，同比增长34%；应收对外加工费2719万美元，同比增长17%；银行结汇2826万美元，同比增长12.1%。2005年莞城区荣获东莞市镇区工作实绩量化考核结果综合总分一等奖、社会公共管理先进奖等多项奖项，社会各项事业均有较大的发展。

【城市建设】 2005年，莞城街道办事处紧紧抓住旧城改造的历史机遇，制定了“两点、两线、两面”的旧城改造方案，并以此为工作重点，着手进行大面积的拆迁，通过连片改造，分步推进，开辟了新的发展空间。

一是进一步完善城市规划编制工作 委托深圳市规划设计研究院历时三年编制的《莞城区控制详细规划》顺利完成上报审批，并于7月15日在网上公示最终成果。莞城街道办事处控制性详细规划的编制，为以后莞城的发展打下良好的技术基础，构筑了莞城规划建设的骨架。同时，研究制定的“两点、两线、两面”旧城改造方案，获得市委市政府联席会议通过。凤来小区、新旧华大小区、运河商城等共12个旧城改造项目亦获得一次性批准。

二是旧城改造全面铺开 2005年莞城区旧城改造重点以可园恢复扩建为启动点，西城楼广场为核心，东江、运河为轴。该片区面积约1.2平方千米，共包括围仔、新旧华大、莞城市民广场、凤来小区等十多个项目，全面改造旧城面貌，以此为核心作为辐射源带动周边的旧城改造和商业发展。全年共有拆迁户1100多户，其中，可园中学、中心小学扩建和可园北路拆迁工程均顺利完成，围仔小区和凤来小区基本丈量完毕，部分进入拆迁阶段，大范围的拆迁为莞城下一轮整合土地资源、加快旧城改造提供了有力的保证。

三是进一步疏通道路网络 2005年规划建设道路桥梁有万园路、天宝路和可园北路。可园北路拆迁基本完成，已全面进入施工阶段。天宝路改造工程设计已完成。万园路亦已进入招投标阶段，争取在2006年第一季度完成路基及给排水工程。运河桥工程也进入竣工前的冲刺阶段。

四是重点工程建设取得新突破 可园博物馆用地面积为19677.5平方米，总建筑面积4506平方米，岭南画院包括岭南画院、岭南美术馆、岭南美术分院（岭南画家村）三组建筑，总用地面积20965平方米，总建筑面积17264平方米，均于12月28日举行了奠基仪式。市民广场建筑面积约8万平方米，于10月下旬开始施工，年底完成了主体建设。

五是重点商业项目建设成效显著　地王广场如期竣工，在国庆节顺利开业；八达路香港风情街主体工程于12月竣工；东方威尼斯广场二期、盈丰广场二期、鸿福大厦、铭可达商住中心二期、置地广场等在建项目有序进行；富盈东方华府、南方小区等项目得到有效推进；中信大厦、经贸中心、宝盈大厦的设施配套日臻完善。这一系列商业项目的建成和开业，进一步活跃了莞城商贸，使莞城区旧城变商城又迈出了新的一步。

【招商引资】 2005年，莞城街道办事处新签外资项目6宗，投资总额达760万美元；合同增资项目99宗，共利用外资1.2亿美元，比2004年增长430%；实际利用外资金额6313万美元，比2004年增长109.5%。新引进全球最大灯头生产企业“德国BJB集团公司”、世界第五大液晶显示器用偏光片的生产商“韩国ACE数码科技股份公司”、“日本株式会社SEFT研究所”投资发展的空调服生产项目、新加坡“长成投资有限公司”投资的锂离子电池生产项目。增资扩产方面：京滨公司二期完成增资1005万美元，三期扩产15000平方米厂房增资6113万美元的计划也得到落实，投资总额达9200万美元，成了全市20家重点装备制造企业和全国最大的汽车电喷产品生产企业；“德英电子”签订新增7200平方米厂房协议；通华液晶增资125万美元，沃尔玛增加投资420万美元。

【“两园”建设】 莞城街道办事处积极拓展工商发展新思路，狠抓“飞地工业”，大力推进园区经济和招商引资。至2005年底，桑园科技园已成功吸引了31家中外知名企业入驻投资设厂，累计吸纳资金达2.1亿美元，企业员工总数超过8000人。桑园科技园已成为莞城高新技术企业的聚集地，也是“飞地工业”的有效载体和成功的榜样。同时东部工业园区莞城园区建设提速，已向市政府申请办理园区用的规划修编调整。

【民营经济】 2005年莞城街道办事处新登记各类企业和个体工商户2106户，其中集体企业55户、私营企业532户、个体户1519户，各类经济主体（除外资外）合计共有12718户。新增加了2家民营集团公司，民营企业集团已达到16家，个体、私营企业总量比2001年翻了一番。

【商贸】 2005年，莞城街道办事处商贸服务业特别是以民营资本为支柱、民营企业投资的专业市场、主题购物中心、超市、餐饮业等商贸服务业蓬勃发展。新增的民营商业网点有：愉景威尼斯广场、地王广场、柏丽名店街、亮点百货等。新增500平方米以上的大型商业场所共5个，投资总额达22.3亿元，经营面积151600平方米。转营商场2个，经营面积15000平方米，投资总额达3000万元。现登记在册的农贸市场、专业市场及大型商业网点（500平方米以上）总共有55个，经营面积达67.86万平方米。

为了进一步净化商贸环境，2005年全街道办事处开展多项专项整治行动，查处各类销售假冒伪劣商品和商标侵权行为案件87宗，立案56宗，罚没金额共21万元，查获假冒伪劣商品货值约90186元。

【“文化周末”晚会】 2005年，莞城街道办事处首创“文化周末”晚会，全年共举办40多期，逐步形成了较强的影响力，近4万人次享受了这一文化大餐，成为东莞市打造文化新城的一大亮点工程，得到市委市政府的高度评价，受到广大群众的欢迎和拥护。特别是年底举办的“舞动全城”新年舞会，近300对舞伴盛装出席，将莞城的高雅文化推向一个新的高潮，进一步提升了莞城的城市品位。同时不断拓展“文化周末”系列工程，注册了“文化周末”商标，创办了《文化周末》报纸、杂志，得到了市委书记佟星、市长刘志庚的充分肯定和支持。

【群众文化】 2005年，莞城街道办事处大力发展群众文化活动，全力打造广场文化。举行了“2005年迎新年文艺晚会”、“金威啤酒迎春夜——交通安全专题文艺晚会”、“金鸡贺岁、凤凰迎春”春节文艺晚会、“贺新春文艺汇演”、“闹元宵文艺晚会”、“315健康维权文艺晚会”等主题晚会，营造欢乐祥和的节日气氛；文化广场周末举行激情广场大家唱、卡拉OK比赛、革命歌曲大家唱、粤曲发烧友演唱会等小型群众性自娱自乐晚会，让广场真正成为群众开展文化活动的乐园，使广场文化得到进一步深化和提高。2005年罗沙社区、东正社区被评为文化建设先进社区，创业社区被评为文化建设达标社区。

【党建工作】 2005年，开展第二批保持共产党员先进性教育活动中，莞城街道办事处214个党支部、4659名党员积极投身先进性教育的各项活动中，共撰写心得体会4437篇、上党课214场、撰写党性分析材料和调研文章共4676篇，全街道办事处各级党组织共编发简报525期，在全市各类媒体刊发各类新闻稿件210篇（条），全街道办事处党员干部的思想政治素质有了明显增强。在加强教育的同时进一步加强各级领导班子和干部队伍建设，对市桥社区第一党支部、莞城工商党总支部等12个基层党组织班子进行了调整和充实，34名党员增选为基层党组织领导班子成员，并积极做好“十百千万”的9名驻社区干部的跟踪管理。

积极开展固本强基示范点创建活动，北隅社区、市桥社区、唯美公司、自来水公司和宏达公司等5个单位党组织被市委组织部命名为“固本强基市级示范点”，唯美公司党支部被省委评为“先进基层党组织”，北隅社区党总支部被省委组织部命名为“广东省固本强基省级示范点”。加强党风廉政建设和制度建设，制定了《2005年落实党风廉政建设和反腐败专项任务的实施意见》、《莞城区委员会议事规则》、《莞城区财政资金管理办法》、《莞城区办事处合同管理规定》等一系列规章制度。

【教育事业】 2005年莞城街道办事处充分发挥小学教育的优势，创新教育教学管理机制，不断提高莞城教育的质量和水平，培育名师、创建名校，着力打造“学在莞城”的品牌。

一是推行小班教学，重新制定了小学招生办法，按“统一招生，统筹分配，就近入学，周边分配”的原则录取了小学新生2200多人。同时，逐步推行小班教学，以莞城中心小学为试点，每班人数控制在40人，其它学校也将逐步推行。二是搭建教研平台，通过举办“学在莞城——课改实验成果展示”为主题的大型公开教学活动，全面展示“语、数、英、美、音”五个学科的课堂教学。通过组织优秀教师赴香港、英国等地进行教学展示和交流，鼓励教师积极参加学历进修和培训学习，引导教师承担科研课题研究，有效地提高了教师的业务素质和教学质量。三是狠抓教育体制改革，以中心小学为先行试点召开了教师代表大会，顺利通过了《教师淘汰机制》的决议。四是注重学生德育培养，成立莞城区“文化周末”少年合唱团，组织学生参加东莞市首届中小学声乐艺术演唱比赛，中华诗词名篇朗诵比赛和中小学生现场作文比赛等活动。通过丰富多彩的课余活动，全面提高学生的综合素质。

2005年，全年教育专项投入3000

多万元，全部用于改善学校办学条件；其中中心小学的新校区计划投入2400万元，扩建工程用地5775平方米。阮涌小学计划将现有6000平方米的占地面积扩大到25000平方米，计划投入建设1.3亿元。

【社区建设】 2005年，莞城街道办事处社区经济得到持续健康发展，全街道办事处3个经济联合社、20个经济社两级集体总资产达29.28亿元；两级集体承包纯收入达8397.4万元。莞城街道服务管理处总收入676万元，收益122万元。罗沙、兴塘、东正社区分别被东莞市委市政府评为“村组两级净资产超2亿元奖”第5名、第7名和第61名。

2005年，莞城街道办事处圆满完成第三届社区居委会换届选举工作，依法选举产生了新一届的社区领导机构，并进一步健全社区内部管理体制，建立了一系列社区服务网络工程，包括社区服务中心、“星光计划”老年人活动室（场）、医疗卫生服务站、劳动就业服务站和志愿者队伍等。另外，创建特色示范社区、示范小区取得成效：东正社区荣获全国先进文化社区和市文化建设先进社区；罗沙社区获市文化建设先进社区，步步高小区获“全国绿色社区”创建活动第一批先进单位光荣称号；北隅社区获省“平安和谐社区”和市“示范社区”光荣称号；东正社区获市“先进社区”光荣称号；市桥社区草塘小区被评为“广东省绿色社区”；创业社区被评为市文化建设达标社区，红山小区被评为广东省“绿色社区”和广东省精神文明建设先进单位。

【社会治安】 2005年莞城街道办事处狠抓科技强警，严抓社会治安综合管理，重拳打击犯罪，全力维护社会稳定。2005年共投入700万元专项资金用于第一期“社会治安视频监控系统”建设，并出资收购了原东方酒店作为莞城治安监控中心大楼。首期建设50个监控点，使路面“双抢犯罪”明显下降。2005年共立刑事案件2002宗，破案669宗，破案率为33.4%，破案绝对数比2004年上升43.3%。查处治安案件2324宗，查处违法犯罪人员532名，查扣非法可疑机动车辆近5000辆，缴获赃款赃物一大批，折合人民币1867万元。另外，成功处置了“7·3”运河西路近300名湖南蓝山籍人员聚众滋事事件和“8·9”100多名滋事分子聚集盈锋酒店闹事事件；教育转化52名“法轮功”人员。2005年莞城公安分局东正派出所被评为全国一级派出所，北隅社区派出所被评为全国二级派出所。

【社会保障】 2005年，莞城街道办事处不断完善社会保障制度，一是设立专门账户，直接给780名低保对象发放低保金，保障率达100%；二是及时拨出救灾预备金扶持“8·19”暴雨受灾严重的困难户，切实解决他们的困难；三是落实解决困难群众的“三难”问题，安排20多户困难户的住房，支付25万元解决45名困难群众的医疗难题，为254人申请最低生活保障子女助学金，还筹集12多万元资助困难户子女读书；四是慈善捐助超市运作初见成效，全年共筹集捐款项39万元。五是切实开展“一帮一”活动，街道办事处机关干部及有关职能部门领导共320人，分别与全街道办事处320户困难家庭结队，开展经常性联系走访和帮扶工作，为弱势群体作了实质性的帮助和救济。六是优抚安置、拥军优属政策全面落实，百分之百做到优待抚恤。

【妇女计生】 2005年，莞城街道办事处精心组织“魅力东莞、魅力女性”评选等妇女活动，成立首家外来女工流动学校，竭诚保障妇女儿童合法权益，增强妇女群体的实力和凝聚力，扩大妇女工作的社会影响力，提高广大妇女综合素质。2005年，莞城街道办事处计划生育率为94.08%，比市下达93.80%提高0.28%；人口出生率为7.32‰，比市下达8.00‰下降了0.68‰。

【安全生产】 2005年，莞城街道办事处成立了东莞市安全生产监督管理局莞城分局，严格坚持“安全第一、预防为主”的基本方针，落实各项措施，全年安全生产保持零死亡的记录，实现无重大伤亡，无重大火灾事故，无重大爆炸事件的目标。

【“四清理”】 2005年4月始，莞城街道办事处按市部署开展“四清理”工作，采取边查边清的工作方案。清理违法搭建方面，共出动2500多人次，清拆违法搭建1689宗，面积达19797平方米。清理禽畜养殖业方面，仅在上半年就将全区的禽畜养殖场全部清理完毕。清理违法用地方面，违法用地处置率为94.74%、完善用地手续办结率83.11%、复耕复绿100%、闲置地消化处置率96.83%、新的违法用地发案率为零。清理无证照经营方面，开展联合执法行动16次，出动检查人员752人次，累计清理无照经营户1481户，其中取缔无证照经营922户、补办营业执照559户。通过开展“四清理”，使莞城的城市环境和社会面貌得到了进一步的改善。

（党政办）

**附：2005年莞城街道办事处党委、人大、政府领导名录**

党委书记：梁近东（2月离任）
王检养（2月到任）
党委副书记：杜沛游　梁均耀　郭志祥
萧细流（5月离任）
张锐均（9月到任）
党委委员：梁近东（2月离任）
王检养（2月到任）
杜沛游　梁均耀　郭志祥
萧细流（5月离任）
张锐均（9月到任）
黄婉珍（4月离任）
李耀辉　翟万朝　李少琼
张仲林（3月离任）
单志雄　王徐坚
张彤飚（9月到任）
尹敬华（9月到任）
人大联络员：郭志祥　詹伟荣
办事处主任：杜沛游
办事处副主任：张锐均（10月离任）
李耀辉（9月到任）
翟万朝　李少琼
张仲林（3月离任）
单志雄（9月到任）

▲ 东莞市文化广场

## 2001—2005年莞城主要经济指标表

| 指标 \ 年份 | 2001 | 2002 | 2003 | 2004 | 2005 |
|---|---|---|---|---|---|
| 户籍人口（人） | 151269 | 152841 | 155966 | 156481 | 154747 |
| 外来暂住人口（人） | 72791 | 94800 | 93780 | 92258 | 89376 |
| 面积（平方公里） | 13 | 13 | 13 | 14 | 14 |
| 国内生产总值（万元） | 222233 | 312742 | 415993 | 552370 | 633189 |
| 工业总产值当年价（万元） | 254629 | 275488 | 327217 | 372745 | 475492 |
| 农业总产值当年价（万元） | | | | | |
| 总用电量（万千瓦时） | | 46402 | 45118 | 47030 | 48264 |
| 全社会固定资产投资总额（万元） | 42671 | 48163 | 114148 | 182267 | 211823 |
| 社会消费与零售总额（万元） | 172815 | 290205 | 301843 | 318029 | 377709 |
| 外贸出口总额（万美元） | 22483 | 26045 | 27409 | 26554 | 35705 |
| 实际利用外资（万美元） | 2080 | 4326 | 1691 | 4018 | 5534 |
| 镇级可支配财政收入（万元） | 18166 | 23666 | 29489 | 29627 | 43938 |
| 各项税收总额（万元） | 38774 | 41580 | 51645 | 58020 | 119909 |
| 金融机构各项存款余额（万元） | 4025662 | 4723379 | 5252577 | 5745391 | 5866815 |
| 城乡居民储蓄存款余额（万元） | 971266 | 1167298 | 1425758 | 1446667 | 1593844 |

# 石龙镇

【概况】 石龙镇总面积13.83平方千米，辖3个社区居委会，7个村委会，23个居民小组，户籍人口6.7万人。2005年完成地区生产总值35亿元（不含市属以上企业），比2004年增长（下同）10.26%；工业总产值135.12亿元，增长11.82%；金融机构各项人民币存款余额71.66亿元，增长8.96%；城乡居民储蓄存款余额56.86亿元，增长10.72%；出口总额（海关口径）8.38亿美元，增长10.04%；税收总额4.12亿元，增长6.72%；社会消费品零售总额20.12亿元，增长13.10%；镇级可支配财政总收入3.08亿元，增长9.28%。

【招商引资】 2005年，石龙镇合同利用外资1.07亿美元，增长47.70%。其中，增资扩产项目176宗，合同增资9812万美元，增长80.56%，占全年总引资额的91.35%。同时，促成来料加工企业转合资企业。2005年，共有京瓷公司、东京光学、山阳稻田等6家来料加工企业转为合资企业。至2005年底，合资合作企业投资额已占全镇外商投资总额的85%。

【民营经济】 2005年，石龙镇民营经济继续保持稳步增长势头，民营商贸业和制造业协调发展。全镇共有私营个体工商户6390户，同比增长27%。其中私营企业476户，同比增长17%；私营个体注册资金总额76023万元，同比增长16%。私营企业注册资金63913万元，同比增长16%；私营个体缴税总额11984万元（未包括有限公司），增长21%，占全镇税收比重达30%，比全镇税收增长率高出15个百分点。民营制造业实现工业产值57.64亿元，同比增长16.19%；获批准建立省级工程技术研发中心企业1家，省级民营科技企业1家，省级高新技术企业2家，广东省两个密集型企业（知识、技术）1家，市级民营科技企业3家。

【城市建设管理】 2005年，石龙镇完成新城组团中心区、新城组团北片区及西湖信息产业园3个控制性详细规划的编制工作，经东莞市城建规划局审查通过；制定石龙镇主要路网升级规划控制图，为老城区沿江环城路的改造创造有利条件；石龙南岸三桥正在加紧施工；石龙港改造扩建工程进展顺利，物流仓储能力显著增强；投资近4000万元，全面改造占地2万平方米的火车站广场；莞龙路西湖路段、广源路、红棉路改造扩建工程已经完成；开展交通、市政、建筑、卫生等专项整治和"四清理"行动；大力发展公共交通，建成电子警察系统。

【创新发展模式】 实施异地合作：2005年，石龙镇与韶关市始兴县率先共建东莞石龙（始兴）产业转移园，前期1000亩土地的规划设计、"三通一平"及基础设施配套工作已经完成，招商引资势头良好。2005年10月中旬开始招商引资，有近20家企业入园考察后表达了投资意向。其中，正式签约投资的企业3家，投资总额达2.3亿元。实施区域合作：加强与博罗县石湾镇相邻土地的合作开发力度，进一步扩大红海物流园区的发展空间。连接两镇的沙河大桥建设工程已经报省市主管部门审批，很快可以动工建设。

【第三产业】 2005年，石龙镇商贸业比2004年同期实现14.04%的两位数增长，呈现快速发展势头。地税总额2.40亿元，增长24.89%，创历史新高。石龙人民医院新院建设加快，博爱医院新院规模扩大，全镇病床总数将达1500余张；成立龙信公司为全市提供信息技术推广应用服务，动工兴建"200KVA接通和分断能力"试验基地；建成石龙现代广场、新维商贸大厦、石龙西湖国际电子城3家大型商业广场，新增营业面积6万多平方米。引进华润万家、国美电器、苏宁电器、时尚电器等多家全国著名大型连锁商贸品牌企业；社会消费品零售总额达20亿元；先后推出正龙豪园、聚豪华庭、濠兴逸苑、世纪滨江、水天一色、龙城国际等一批现代化高尚住宅小区。

【荣获东莞市科技进步特等奖】2005年，石龙镇组织并通过了专业镇技术创新试点、“绿色制造、清洁生产”、城镇化技术集成3个项目的评审验收。众生药业的众生丸，复方血栓通胶囊，华南药业的银翘解毒液，津威的乳酸菌奶，金燕粮油的东莞米粉荣获广东省名牌产品。荣获广东省著名商标2个（金燕和众生），荣获国家免检产品称号1项（津威乳酸菌奶），被广东省科技厅确定“两个密集型”企业1家（泽龙线缆公司）。荣获东莞市2005年科技进步特等奖，获得20万元资金奖励。

【被确定为国家电子信息产业基地】电子信息产业成为石龙镇支柱产业。2005年，全镇规模以上电子信息企业完成工业总产值达109.85亿元，占全镇工业总产值的81.29%。先后被国家和广东省评为“国家电子信息产业基地”和第一批“广东省产业集群升级示范区”。在硬件制造方面：石龙镇已成为年产电脑整机180万台、数码复印机75万台、数码激光打印机180万台的数码产业基地。在软件开发方面：涌现出开普互联、广东巨龙等一批行业内技术领先的软件开发企业。开普互联公司2005年成为广东省唯一一家获得国家发改委专项资助的软件企业。广东巨龙信息公司2005年攻关的“公共卫生信息系统”科研项目被列为2005年东莞市科研发展专项基金扶持项目。

【信息化建设】2005年，石龙镇大力推动信息化建设成果进政府、进企业、进社区、进学校和进医院，方便了广大企业居民的生产生活。信息化进政府。政府各职能部门均建有自己的网站，实施网上政务公开和一定范围的网上办公，有效提高了政府办事效率和对广大市民意见建议的收集处理能力。信息化进企业。至2005年底，全镇规模以上企业已100%实现财务管理电算化，89%的企业建立了内部网，43%的企业应用计算机辅助设计，89%的企业上互联网，拥有各类专线占56%，开通了富升百货电子商城，为广大居民提供网上消费购物服务。信息化进社区。开通了石龙数字社区信息系统，极大提高了社区工作效率和服务水平。按照市里部署，石龙镇已成立龙信公司在全市范围内推广该系统。至2005年底，全镇居民上网率已达50%以上，宽带上网费用全市最低。信息化进学校。至2005年底，石龙镇的三所中学、职校和中心小学都建立了校园网，运用多媒体教学。信息化进医院。人民医院信息系统得到进一步完善，应用医疗卡，为病人建立电子病历，建立了卫生防疫网等。

【荣获全国文明村镇】2005年10月，中央文明委在北京人民大会堂举行全国文明建设工作表彰大会。石龙镇荣获“全国文明村镇”，这是石龙镇继2000年荣获“东莞市文明镇”，2001年获“广东省文明示范镇”和“全国创建文明小城镇示范点”称号后，又一次取得的精神文明建设硕果，标志着石龙镇在创建廉洁高效的政务环境、公平公正的法制环境、规范守信的市场环境、健康向上的人文环境、安居乐业的生活环境、可持续发展的生态环境等方面取得初步成效，得到中央文明委的肯定。

【全国首届小城镇综合发展水平1000强排名】2005年9月，国家统计局农村社会经济调查总队，在对全国近2万个小城镇的发展水平、生活质量、发展潜力等3个方面25项指标进行综合测评后，得出权威统计。确定石龙在全国小城镇综合发展水平千强排名中名列59位（东莞市排名第10位）。评选单位评价首届入选全国千强的小城镇主要有以下几方面的发展特征：一是综合实力强，发展水平高。其经济实力、经济发展水平大大高于全国城镇的平均水平；二是企业多，吸纳劳动力能力强。镇域经济发展的主要动力来源于二、三产业的发展，尤其是企业数量和规模的扩大；三是基础设施好，人民生活水平高。

【“石龙杯”龙舟竞赛】2005年全国龙舟月东莞国际龙舟邀请赛暨东莞市“石龙杯”龙舟竞赛活动于6月10日在本镇金沙湾隆重举行。该活动由国家体育总局社会体育指导中心、中国龙舟协会及东莞市人民政府共同主办，由作为全国龙舟月其中一站的石龙镇人民政府及市体育局、市龙舟协会、省社会体育指导中心承办。香港、澳门及澳大利亚等21支国内外龙舟队伍参与了比赛，提高了东莞市石龙镇在国内外的知名度。

【社会各项工作】2005年4月始，石龙镇全面开展“四清理”工作，共清理违法搭建物39万平方米，清理违法用地304133.49平方米，清理养殖业污染1.1万平方米，清理无证照经营1774户；连续12年超额完成高考任务；2005年全镇共立刑事案件1635宗，破案407宗，破案率上升14%；实行公安分局长亲自接待上访制度，规范村（居）民自治机制，完成新一届村（居）委会换届选举工作；成立石龙安全生产监督管理分局，设立东莞市食品药品监督管理局驻石龙工作组，加大对食品药品的监控力度。

【先进性教育】2005年7—12月，石龙镇党委联同121个基层党组织，包括7个党总支部、114个党支部共2600多名党员，集中开展了以学习实践“三个代表”重要思想为主要内容的保持共产党员先进性教育活动。活动期间广大党员共撰写学习剖析整改材料近6000篇，走访群众4912人次，落实帮扶资金60万元，走访慰问困难党员839户，结成帮扶对子65户，慰问钱物折合人民币232万元，办好事实事656件。广大党员和群众对先进性教育活动都给予充分的肯定，对镇党委的测评满意度为100%，对各基层党组织的测评满意度均超过93%，达到了“提高党员素质、加强基层组织、服务人民群众、促进各项工作”的预期效果。

【文化事业】2005年，石龙镇举办“书香龙城”读书月、“书式生活”图书流动车巡回书展、文化论坛、“十佳读者”评选等活动，投资近500万元建设石龙博物馆和举重博物馆，东莞市图书馆石龙分馆挂牌成立。东莞市作家协会石龙分会创办《打工文化》报，以月刊形式面向企事业单位发行，首月发行3000多份，以后增至每月20000份，免费向国家图书馆、文化馆及全国各省市文联、作协、社会团体、大型工厂等赠阅。创办打工文化论坛，围绕“打工文化的概念和特点”，“企业如何进行打工文化管理”和“打工文化与构建和谐社会”等论题展开讨论。

【扶贫济困】2005年，石龙镇按照市委市政府《关于扶持欠发达地区发展的决定》要求，加大对口帮扶力度，向广西宜州市捐赠方正电脑30台，折合人民币20万元，捐赠10万元援建北牙中学教学楼，捐赠30万元援建石别镇中心小学综合楼，捐赠10万元资助宜州市的困难学生，帮助广西福龙瑶族乡最后一个无电村通电，捐款8万元资助福龙瑶族乡高山村通电工程。向东南亚海啸受灾国捐款58.95万元。

【村委会换届】2005年3月，石龙镇第三届村（居）委会换届选举工作全面铺开。按照《中共东莞市委办公室、东莞市人民政府办公室关于做好村（居）民委员会换届选举工作的意见》的要求，遵循“有利于村（居）委会稳定、发展致富奔小康”的宗旨，切实加强领导和指导，精心组织策划，严格依法办事，充分发扬民主，循序渐进、有条不紊地做好村（居）委会换届选举各个阶段的工作。至6月中旬，全镇7个村委会和3个社区居委会换届选举工作全面完成。共选举产生新一届村（居）委会成员44名，其中主任10名、副主任13名和委员21名；38个村（居）民小组选举产生新一届正、副组长76名，其中组长38名、副组长38名；村（居）民代表870名。顺利实现了按期换届、优化结构、确保稳定、促进发展和巩固基层的工作目标。

【镇长信箱】2005年，石龙镇完善了镇长信箱的硬件设施，根据归口办理原则并兼顾可操作性，实现了镇长具有最终设置、修改和回复权限，各部门具有限制权限，并可以互相转发和回复的功能。各办公室配备一名信息联络员和一台电脑，负责本部门来信的管理和回复工作。“镇长信箱”自开办以来，已收到4000多封来信，平均每天来信量达20封，内容包括政治、经济、生活等方方面面的大小事。至2005年底已办结3000多件，并收到感谢信、表扬信12封。形成了镇长信箱来信大幅增加与来访、信访量大幅减少的显著特点。

【慈善捐助超市】2005年，石龙镇委镇政府以人为本，务实创新，在全市创办了首家持续（每日均开门服务）免费开放的慈善捐助超市。使本镇对低保户等困难群众的帮扶救助工作由原有的医疗救助、现金救助延伸到“按需”实物救助阶段，为解决群众实际困难，构建和谐社会做出了新尝试。石龙镇自动员社会捐助以来，得到了社会各界的大力支持，已有53个单位、102名热心人士共捐助了大米7500多斤，食用油984瓶，衣服棉被等6000多件，日常用品19500多件，食品、药品、电器等一大批。民政部门已为全镇271户低保户送去“爱心券”2810张。

（刘雄波　戴晓东）

**附：2006年东莞市石龙镇党委、人大、政府领导名录**

镇委书记：黄卓钦
镇委副书记：冼周恩　周年友　林汝辉
镇委委员：黎明英　陈耀林　梁李文
　　　　　刘焕霞　阮兆强　叶进田
　　　　　袁燕霞
镇人大主席团主席：黄卓钦
镇人大主席团副主席：陈耀林　王润成
镇　长：冼周恩
副镇长：黎明英　刘焕霞　林　山
　　　　李惠勤

▲石龙镇“举重之乡”雕塑

## 2001—2005年石龙镇主要经济指标表

| 指标＼年份 | 2001 | 2002 | 2003 | 2004 | 2005 |
|---|---|---|---|---|---|
| 户籍人口（人） | 66994 | 67554 | 68156 | 67757 | 67900 |
| 外来暂住人口（人） | 38319 | 76969 | 72289 | 71289 | 77465 |
| 面积（平方公里） | 12.87 | 12.87 | 12.87 | 13.08 | 13.83 |
| 国内生产总值（万元） | | | | 317521 | 349301 |
| 工业总产值当年价（万元） | 398855 | 680422 | 988005 | 120307 | 1351239 |
| 农业总产值当年价（万元） | 540 | 542 | 536 | 235 | 523 |
| 总用电量（万千瓦时） | 40529 | 47344 | 52387 | 59277 | 64356 |
| 全社会固定资产投资总额（万元） | 36326 | 70599 | 80222 | 87888 | 101821 |
| 社会消费与零售总额（万元） | 138293 | 152632 | 163751 | 177897 | 201212 |
| 外贸出口总额（万美元） | | | 62224 | 76125 | 83772 |
| 实际利用外资（万美元） | 2779 | 4790 | 2329 | 4680 | 6964 |
| 镇级可支配财政收入（万元） | 19913 | 23491 | 25858 | 28183 | 30800 |
| 各项税收总额（万元） | 23371 | 32044 | 37543 | 39122 | 40965 |
| 金融机构各项存款余额（万元） | 495124 | 550680 | 636928 | 657677 | 716610 |
| 城乡居民储蓄存款余额（万元） | 368908 | 429595 | 495520 | 513525 | 568617 |

# 虎门镇

【概况】 2005年，虎门镇坚持贯彻落实市委、市政府“一城三创五争先”和“四项工程”发展思路，以“整合、深化、攻坚”为工作指导方针，紧紧抓住发展第一要务，加快发展、率先发展、协调发展，国民经济持续健康发展，各项事业全面进步。全镇完成国内生产总值127.43亿元，新口径同比增长近11.78%；工业总产值215.90亿元，同比增长51.58%；规模以上工业总产值184.25亿元，同比增长62.44%；工商税收26.65亿元，同比增长21.14%；镇本级可支配财政收入8.77亿元，同比增长32.88%；总用电量30.92亿千瓦时，同比增长6.54%；社会消费品零售总额62.36亿元，同比增长10%；年末各项人民币存款余额262.96亿元，同比增长18.90%；全年利用外资金额1.643亿美元，同比增长4.98%；增资项目268宗，总增资金额1.387亿美元，同比增长21.27%，创历史新高。全年邮政汇款汇出总额12.78亿元，同比增长3.68%；程控电话达到15.32万户。“村改居”清产核资后，全镇农村集体资产总额达79.24亿元，同比增长5.54%；全镇村组两级纯收入8.124亿元，同比增长6.44%；农民人均收入11285元，同比增长18.69%，群众生活水平连年提高。2005年，虎门镇荣获“全国首届小城镇综合发展水平1000强（第一名）”、“全国小康建设明星乡镇标兵”、“（全国）军民共建社会主义精神文明先进单位”等国家省市级的奖项34项。

【商城建设】 2005年是虎门镇实施“五年见商城”发展战略的第三年，也是关键的一年，城市规划和建设取得显著成效，控规面积达到9590公顷，占全镇可用地面积的80%，使虎门镇的规划发展空间不断拓展、规划建设有章可循，也使各村、各区域间的规划建设摆脱了以往各自为政的落后局面，开拓了各具特色、共同发展的新格局，有力地支撑了虎门镇总体规划的整体构想。全年有35项重点工程建成投入使用，有33项重点工程在建。投资近5亿元新建和改造了一批路桥，包括连升南路、连升北路、长德路、金龙南路、金宁路、体育路、南北大道和港口大桥，总长度达到28.8千米。

【建设教育强镇】 2005年，虎门镇为进一步整合教育资源，建设教育强镇，完成了虎门二中和中心小学的搬迁工作，则徐小学顺利并入中心小学，扩建了虎门五中，正按省一级学校的标准筹建新的虎门二中。经过整合，虎门镇的学校布局更加合理，教育的发展后劲更强。全年教育财政投入共21715万元，南栅等多个社区加大对教育投入的力度，共投入2100多万元新建幼儿园和改善办学环境、添置教育设备。为了帮助部分困难家庭子女完成学业，在镇委、镇政府的倡议下，全镇掀起了“助学”热潮，共筹集助学金近2000万元，已发放129万元，解决了该镇963名困难家庭子女上学难的问题，受到社会各界和广大群众的一致好评。获评“广东省教育强镇”。

【科技兴镇】 2005年，虎门镇全力推进“科技东莞”的战略工程，大力推动高新技术产业和特色产业发展，加快完善创新体系。全年科技三项费用达1167万元，同比增长435.32%。从财政单独拨出100万元用于建设虎门镇服装技术创新中心。2005年又有3家民营企业被认定为省高新技术企业，有14家企业被认定为市民营科技企业，全镇省高新技术企业达到17家，市民营科技企业64家。虎门镇积极推动科研创新和知识产权工作，申报国家、省、市各类科技项目16项，获得经费支持490万元，其中科达计算机系统工程有限公司的科达服装远程分销系统获国家火炬计划项目、广大制冷有限公司的恒温恒湿精密空调项目获得中国民营科技促进会颁发的中国民营科技企业创新奖；专利申请415件、专利授权145件，其中发明13件、实用新型53件、外观设计79件。

【服装产业】 2005年，虎门镇服装产业越做越大，越做越强，成为南派服装的一面大旗，逐渐成为区域服装品牌中心。全镇有22个大型时装商场，1万多家商铺，2005年又增加虎门国际布料中心等6家服装布料市场，使服装面料市场达到了32家。年服装产量近2亿件（套），产值超过80亿元。2005年，虎门镇服装类共获得中国名牌产品1个、国家免检产品5个、广东省名牌产品5个、广东省著名商标4个，成为该镇品牌发展战略史上的丰收年。

【平安虎门】 2005年，虎门镇充分发挥公安机关的职能作用和其他综治成员单位的协同作用，全力构建“平安虎门”。全年没有发生任何影响社会政治稳定的突发性和群体性事件，没有发生群死群伤事故。各种可能引发群体性事件的矛盾纠纷得到及时排查和妥善处理。一年来，共侦破刑事案件1337宗，打掉各类团伙30个，抓获团伙成员164人，侦破团伙犯罪案件514宗。被评为市“维稳及综治工作先进镇区”和“禁毒工作先进镇区”，虎门公安分局荣获“全省优秀公安局”光荣称号。

【劳动保障】 2005年，虎门镇有关部门密切配合，尽力维护劳工的合法权益，重点解决好无故拖欠克扣工人工资、随意延长劳动时间、漠视安全生产和劳动保护及侵犯职工人身权利等突出问题。共调处劳资纠纷1100多宗，涉及工资906万元。切实将低保等为民解困工作落到实处，保障困难群众的最基本生活权益。全年共拨出最低生活保障金112.89万元，低保医疗救助金68.99万元，救助低保户488户1334人，五保户老人84人，低保学生371人。

【就业创业】 2005年，虎门镇结合实施市委、市政府提出的“创业工程”，大力开发和拓宽就业创业渠道，加大就业资金投入，落实就业扶持政策，努力解决群众就业难问题，促进了全镇社会和谐稳定。全年共推荐城镇失业人员、社会富余劳动力1471人就业，从市再就业工程资金申领333.18万元用于各项基金补贴，从镇财政申请拨款41.73万元用于再就业培训基金及岗位补贴。

【党建政风】 2005年，虎门镇在保持共产党员先进性教育活动中，全镇各教育单位党组织和广大党员严格按照上级的部署，精心组织，扎实推进，顺利完成了各项工作任务，取得了应有的成效，真正做到了“党员受教育，群众得实惠”。结合开展“理想、责任、能力、形象”教育活动，在基层党组织中大力开展“领导班子好、党员队伍好、工作机制好、发展业绩好、群众反映好”的“五好”创建活动。第一批“十百千万”干部下基层的34名驻村（居）干部勤思好学，扎实工作，在基层锻炼成长，做了大量卓有成效的工作，获得广大党员和群众的一致好评，群众总体满意率为99.5%。防腐保廉，警钟长鸣，虎门镇加大源头防腐治腐力度，建立健全有效的权力制约监督机制。在政府采购和工程招投标中加强监督管理，全年节省采购金额153.45万元，节省率10%；节省工程建设资金

9252.56万元，节省率28.97%。成立了审计工作领导小组，进一步加强财政收支、集体资产和各种经济活动的监督管理，促进廉政建设，构筑防腐屏障。

【十件大事】中央领导多次来虎门镇视察，对虎门新一轮发展提出新的期望和要求。2005年，多名中央领导前来视察：2月12日，中央政治局常委、全国政协主席贾庆林前来视察；5月22日，中央政治局常委、中纪委书记吴官正前来视察。此外，原中央政治局常委、原全国政协主席李瑞环，原中央政治局常委、原中纪委书记尉健行等领导也莅临虎门，殷切期望虎门镇在新一轮的发展中百尺竿头，更上层楼。

虎门镇喜获“全国千强镇之首”和“广东省教育强镇”。在全国首届小城镇综合发展水平测评中，虎门镇获得千强镇第一名的殊荣。此外，虎门镇还荣获“全国小康建设明星乡镇标兵”及“（全国）军民共建社会主义精神文明先进单位”。11月10日，虎门镇喜挂“全国首届小城镇综合发展水平1000强（第一名）”、“全国小康建设明星乡镇标兵”、“（全国）军民共建社会主义精神文明先进单位”牌匾，九届全国政协副主席王文元在百忙中拨冗前来出席。1月14日，虎门镇被省教育厅授予“广东省教育强镇”称号，标志着虎门教育事业迈上了一个新的台阶。

成功举办第十届中国（虎门）国际服装交易会。11月11—16日，举世瞩目的第十届中国（虎门）国际服装交易会在虎门镇成功举办。本届交易会盛况空前，总展场面积30余万平方米，参展企业6000多家，参展展位10000多个，参展国家13个，进场人次82万，成交金额35.8亿元，再创历史新高。本届服交会开幕式上的《欢乐中国行·魅力虎门》和闭幕式晚会的世界顶尖超级模特总决赛，举世瞩目，让世人充分领略了文化虎门、时尚虎门的无穷魅力。

虎门镇顺利完成村级组织换届选举，“村改居”工作稳妥顺利推进。虎门镇第三届村级换届选举工作自3月16日开始，至5月24日结束，历时两个多月。31个村（居）委会主任中，20个村（居）主任获得群众信任顺利连任，11人受到选民拥戴成为新的“当家人”。截至10月15日，虎门镇股份制改革全面完成。29条村及其有独立经济实体的135个村民小组均成立了股份经济联合社和合作社。11月18日，虎门镇31个村（居）委会正式改为社区居民委员会。同时，各村（居）委会属下的171个村（居）民小组统一改为社区居民小组。31个社区居委会的成立，结束了虎门镇的城乡两元体制，是虎门镇社会管理体制的一场重大变革和农村社会向城市社会转型的一个里程碑。

市六运会虎门镇代表团成绩骄人。历时五个月的市第六届运动会于9月30日晚在虎门公园落幕，虎门镇包揽了组委会颁发的全部排名奖的冠军，蝉联金牌奖牌及团体总分“四连冠”。本届运动会共设比赛项目26个，奖牌总数606枚，参赛运动员达4500多人。虎门镇代表队顽强拼搏，最终以101.49枚金牌雄踞奖牌之首。

社会各界捐资2000余万元助学。为解决虎门镇部分学子因家庭经济困难而面临失学的难题，构建和谐虎门，虎门镇发起了“爱心助学大行动”。社会各界反应强烈，纷纷慷慨解囊。自6月9日镇委书记钟淦泉、镇长任洪杰率先垂范捐出第一笔助学善款后，至7月18日，共募集善款2000多万元，其中信义玻璃有限公司捐出500万元。

虎门镇多项重点工程建成投入使用，商城新格局进一步形成。2005年是虎门镇实施“五年见商城”发展战略的关键一年，商城建设成就斐然：已有35项重点工程建成投入使用，33项工程在建；基础实施不断完善，共投资近5亿元新建或改造了一批路桥，包括连升南路、连升北路、长德路、金龙南路、金宁路、体育路、南北大道和港口大桥，总长度达28.8千米。这批路桥的建成通车，将进一步形成南国海滨港口商城新格局，海滨商城呼之欲出。

2005世界顶尖超模大赛在虎门镇举行。由虎门国际布料交易中心独家赞助的2005世界顶尖超级模特大赛在虎门镇举行，来自48个国家的48名超级模特经过角逐，玛格丽塔岛选手Dominika Van Santen夺得冠军，坦桑尼亚、波兰选手分获亚、季军，来自新疆的中国选手王悦进入十佳。

虎门重新恢复高考考场。经多方努力，时隔25年之后，虎门重设高考考场。在全社会的共同努力下，虎门考场首场高考交了一份让人满意的答卷，省高考巡视员称赞“虎门考场的高考保障工作十分到位，考场考务操作规范，完全符合考场标准的各项要求”。2005年虎门镇高考大得主场之利，上线人数创历史新高，应届考生955人，入围757人，比上年增长35.7%。

“以纯”荣膺“中国名牌产品”。8月，虎门镇东越服饰有限公司生产的“以纯”牌休闲服被中国名牌产品评审委员会认定为“中国名牌产品”，这是东莞市迄今唯一获此殊荣的服装品牌。“以纯”因此得到镇政府100万元的重奖。“以纯”荣膺“中国名牌产品”，标志着虎门镇名牌发展战略取得可喜的突破。　（陈先礼）

**附：2005年东莞市虎门镇党委、人大、政府领导名录**

镇委书记：钟淦泉
镇委副书记：卢少雄（3月离任）
　任洪杰（3月到任）
　陈锦波　梁文荣　卢伟尧
镇委委员：钟淦泉
　卢少雄（3月离任）
　任洪杰（3月到任）
　陈锦波　梁文荣　卢伟尧
　郑敏华　黄桂莲　方广茂
　刘劲智　李伟雄（12月离任）
　叶浩钿（12月到任）　李鼎如
镇人大主席团主席：钟淦泉
镇人大主席团副主席：陈锦波
镇　长：卢少雄（3月离任）
　任洪杰（3月到任）
副镇长：郑敏华　黄桂莲　刘劲智
　祁耀权　潘继军　林超明

▲ 虎门镇

## 2001—2005年虎门镇主要经济指标表

| 指标＼年份 | 2001 | 2002 | 2003 | 2004 | 2005 |
|---|---|---|---|---|---|
| 户籍人口（人） | 111626 | 112927 | 114985 | 116985 | 119941 |
| 外来暂住人口（人） | 530000 | 496225 | 589562 | 607107 | 611783 |
| 面积（平方公里） | 178.5 | 178.5 | 178.5 | 178.5 | 178.5 |
| 国内生产总值（万元） | 401494 | 442600 | 532750 | 1139827 | 1274265 |
| 工业总产值当年价（万元） | 801067 | 883558 | 1106592 | 1424309 | 2159000 |
| 农业总产值当年价（万元） | 43830 | 38608 | 39067 | 39076 | 31239 |
| 总用电量（万千瓦时） | 184160 | 199594 | 237283 | 273776 | 309202 |
| 全社会固定资产投资总额（万元） | 114350 | 200424 | 350000 | 3950001 | 515815 |
| 社会消费与零售总额（万元） | 425916 | 468507 | 515357 | 566892 | 623581 |
| 外贸出口总额（万美元） | 99037 | 102998 | 117224 | 133246 | 147891 |
| 实际利用外资（万美元） | 9829 | 11799 | 12282 | 15650 | 16429 |
| 镇级可支配财政收入（万元） | 45130 | 52293 | 61041 | 65228 | 87739 |
| 各项税收总额（万元） | 220888 | 194984 | 200947 | 220078 | 266529 |
| 金融机构各项存款余额（万元） | 1346907 | 1687656 | 1946112 | 2214797 | 2629600 |
| 城乡居民储蓄存款余额（万元） | 1001509 | 1249735 | 1501890 | 1514597 | 2309157 |

# 东城

【概况】东城街道办事处位于东莞市中部，面积110平方千米，辖22个居民区和2个国营林场，户籍人口6.3万多，外来暂住人口30多万。2005年，全街道办事处完成生产总值108亿元，比2004年增长20.42%；工业总产值163亿元，比2004年增长20%；全社会固定资产投资总额26.5亿元，比2004年增长52.7%；银行各项存款余额158亿元；社会消费品零售总额55亿元，比2004年增长25.9%；三级集体总收入14.2亿元（不包括土地、物业转让），比2004年增长10.9%；三级集体资产总值达80亿元，比2004年增长5.7%。

2005年，东城街道办事处镇级领导班子工作实绩量化考核综合总分在全市32个镇区中排名第三，并获得9个单项奖；有4个社区在全市村级两委工作实绩量化考核中排名前50名，同时，各社区共获得27个单项奖。

【内外源型经济】2005年，东城街道办事处积极统筹外源型经济和内源型经济协调发展。全街道办事处利用外资项目93宗，合同利用外资2.8亿美元，比2004年增长19.6%，实际利用外资1.45亿美元；全年新注册民营企业864家，全街道办事处民营企业累计达3848家，纳税总额2.9亿元，比2004年增长61%。

【“两自”企业发展】2005年，东城街道办事处成立培育“两自”企业工作协调小组，选定20家有发展潜力、前景看好的企业作为创名牌企业培育对象。全街道办事处现有企业中获国家免检产品2个，国家名牌产品1个，省名牌产品2个，省著名商标7个。引导企业开展产学研合作活动，发展具有自主知识产权的技术和产品。全街道办事处企事业单位全年共申请专利533件，授权专利226件，授权专利量居全市32个镇区之首。加大区财政对科技的投入，促进企业向“高、精、尖”方向发展。全街道办事处共有省高新技术企业18家、省民营科技企业30家、市民营科技企业112家。

【商贸服务经济】2005年，东城街道办事处积极落实“商贸东莞”工程，打造以东城大道为中心，花园新村、主山、东泰、下桥、同沙为支点的核心商业圈。在建或建成世博广场、君豪商业中心、星河传说、世纪广场、东泰友谊市场等一批大型主题购物中心，引进了华润万家、海雅百货、上海永乐、好又多、家乐福旗舰店等一批国内外知名的品牌项目。个体经济发展迅猛，全年新注册个体工商户5048户，全街道办事处个体工商户累计超过2万户，社会消费品零售总额达55亿元，比2004年增长25.9%。

【工业集约基地建设】2005年，东城街道办事处全面启动同沙科技、牛山外经、桑园市郊三大工业集约基地的主干道路建设工程，完成路网建设6千米，基地的路网骨架基本搭起。三大工业集约基地共引进项目88个，已投产30多个，包括上海紫泉包装有限公司、东城东兴热电有限公司、美维电路有限公司等多个“大高强”项目。

【城市规划建设】2005年，东城街道办事处全面编制完成了东城中心片区、主山片区、南片区、光明片区以及牛山片区等五个片区的控制性详细规划，并经市政府审批通过。同时启动了同沙片区、温塘片区以及堑头片区控制性详细规划的编制工作。建成黄旗山城市公园景观道路、南侧二期景观休闲小区、同沙生态公园环湖路等工程项目；东城法庭、东城敬老院大楼、同沙职工搬迁小区、梨川沿江住宅小区（B区）、立新搬迁小区（3区1、3、4号楼和6区1、2号楼）、黄旗山体育休闲公园、同沙生态公园西出入口、同沙跨湖大桥以及近10千米城市道路的升级改造工程，将于2006年春节前竣工。加快旧城改造，全面推进黄旗山城市公园、火炼树金树路、桑园专业市场等15个地段的拆迁改造，全年完成拆迁面积38.18万平方米。开展社区“三靓点”工程建设，共完成“三靓点”工程项目建设17项。深入开展植树绿化，全年完成绿化土地61公顷，种植树木12.6万株。加大对违章建筑的清查和监督力度，拆除违章建筑3.8万平方米。启动创建国家卫生镇工作，投入300多万元新建及改造垃圾转运站和一类公厕7间。全面推行市政管理市场化，全街道办事处共有超过1万平方米卫生面积、近500万平方米绿化面积、8000多盏路灯和景观灯养护实行招标管理。

【财政税收】 2005年，东城街道办事处强化税收征管工作，努力开辟税源，按照市的部署要求，从7月份开始开展加强零星税源征管试点工作，在街道办事处一级成立税务协管中心，在社区成立22个税务协管站，切实加强漏管户的征管。全年实现各项税收18.7亿元，比上年增长28%。其中，国税7.3亿元，比上年增长48%；地税10.66亿元，比上年增长16.15%。税收总额居全市第一。深化财政改革，加强财政监管，财政收入稳步增长，街道办事处本级可支配财政收入6.02亿元，比2004年增长18%。

【“四清理”】 2005年，东城街道办事处按照市委、市政府统一部署，全面开展“四清理”工作。全街道办事处共清理违法搭建物3320宗，面积39.76万平方米。清理无证照经营9314户。清理养殖场402户，生猪近6万头，面积17.56万平方米。清理完善用地手续257.25公顷，占摸底数92.2%。

【社会管理】 2005年，东城街道办事处投资近1500万元，在街道办事处内各主要道路安装治安监控系统，强化对重点区域、重点人群和重点部位的安全防范。推广封闭式管理模式，全面加强出租屋及租住人员管理。深化严打整治斗争，先后开展了侦破命案、打击“两抢一盗”、“粤鹰行动”、打黑除恶、打击“黄赌毒”等专项行动，严惩各种刑事犯罪活动。全年共破刑事案件601宗，比2004年增长24.2%；抓获作案人员1034人，打掉犯罪团伙63个，社会治安状况得到改善。加强信访工作力度，制定《预防和处置群体性事件应急预案》，及时化解各类社会矛盾，社会大局基本稳定。强化安全生产管理，开展人员密集场所、“三小”场所、出租屋消防安全专项治理，规范建筑工地安全质量管理，全年无发生重特大安全事故。

【人民生活】 2005年，东城街道办事处继续对全区13个后进股份合作社实施贴息贷款帮扶，通过优先提供发展用地、协助开展招商引资等扶持措施，促进后进股份合作社加快发展。13个后进股份合作社共引进企业项目39个，其中有11个股份合作社实现福利分红，基本脱贫。全街道办事处股民人均纯收入10969元，比2004年增长7.2%。建成东城人才服务中心，开展就业技能培训、大学生就业实践活动以及就业服务活动。全年街道办事处和社区两级共免费培训农村富余劳动力1660人，帮助1054人实现就业和再就业，失业率由2004年的3%下降到2.5%。投资1.2亿元，完成东城自来水公司第三期扩建工程，实现日供水能力50万吨，满足全区生产生活用水需求；投入3800万元，新架设和改造电网272千米；东城东兴LNG热电厂第一台发电机组完成安装调试，并投产发电。积极推行市场食品准入管理，完成了花园新村市场、吉之岛超市两个样板试点单位工作。

【抗洪防汛】 2005年，东莞市遭遇18年一遇大洪水，东城街道办事处及时启动应急预案，投入300多万元，组织全街道办事处各级干部群众取得抗洪工作的全面胜利。针对防汛工作中的薄弱环节，区投入4500万元，新建和改造排站4座，改造堤围3.2千米，完成同沙水库主坝、黄沙河、东江大堤堤路及莞长路牛山路段渠道改造工程，切实提高防汛防洪防涝能力。

【社会保障】 2005年，东城街道办事处列入低保户68户共199人，全年发放最低保障金以及医疗、助学、慰问、救济等各类补助金53.9万元。开展“千干扶千户”活动，解决困难群众的生活困难。有21户低保户基本实现脱贫。进一步扩大各类社会保险覆盖面，全街道办事处参加各种社会保险人数达50万人次，全年征缴各项社会保险基金2.19亿元，比2004年增长21.26%；及时足额发放社会保险待遇金7871万元，居民生活基本得到保障。

【保持共产党员先进性教育活动】 按照中央、省市委的统一部署，东城街道办事处从2005年7月开始开展保持共产党员先进性教育活动，到12月基本结束。全街道办事处参加这次教育活动的党组织90个，党员3054名。活动分“学习动员”、“分析评议”、“整改提高”三个阶段进行，有效地提高党员的党性意识和整体素质，发挥党员先锋模范作用；有效地解决群众反映的热点难点问题，密切党群、干群关系；有效地加强基层党组织建设，巩固党的执政基础；有效地推动各项工作落实，开创各项工作新局面等方面取得了显著的成效。

【精神文明建设】 2005年，东城街道办事处深入开展各类文明创建活动，全街道办事处共有市文明村11个、文明单位8个、安全文明小区32个、文明户达标率达91%。深化教育体制改革，制定和完善教育事业“十一五”发展规划，成立教育奖教助学金，募集奖教助学金3000多万元，启动创名校工程，进一步巩固了省教育强镇创建成果。加快推进文化建设，举办了“百头龙狮闹元宵”、企业文化艺术节、文化体育艺术节等大型群众文化活动，启动“万本图书进社区”和“百部电影进企业”工程。在成立中国作家协会创作基地的基础上，新成立东莞市儿童剧东城创作基地，创作了文学、书法、摄影、美术、音乐等作品一批。大力加强文化与经济的融合，成功举办2005年东莞市首届啤酒文化节。被市评为“文化建设达标镇区复查合格单位”；全街道办事处有6个社区、3所学校和2间医院分别被评为文化建设先进单位、文化建设达标单位和复查合格单位。加强人口与计划生育管理，街道办事处被市政府评为2005年度人口和计划生育工作先进单位。

【固本强基】 2005年，东城街道办事处把开展“理想、责任、能力、形象”教育活动、“十百千万”干部下基层驻农村同深入推进固本强基工程结合起来，切实加强基层班子建设，街道办事处党委被市委评为红旗基层党组织，全街道办事处七个固本强基示范点全部通过市的验收，被评为市级固本强基示范点。继续加强“两新”组织党建工作，新成立了“两新”组织独立党支部23个，其中千人以上企业独立党支部13个，实现了千人以上企业100%组建党支部的目标。发展壮大党员队伍，全年新发展党员121名。

【第二届社区居委会换届选举】 2005年3—5月，东城街道办事处开展了第二届社区居委会换届选举，全街道办事处

22个社区共登记的户代表数15789名，户代表参加投票率达到95%，选出居委会成员68人，其中男居委56名，女居委12名，党员57名，交叉任职35名，高中或中专以上学历47名，本届社区居委会换届选举呈现出投票率较高、党员比例较高、文化层次较高、交叉任职率较高的特点。（张小凯　袁广强）

**附：2005年东莞市东城街道办事处党委、人大、政府领导名录**

党委书记：刘贺钊
（3月离任，转任区调研员）
游其晃（3月到任）
办事处主任：游其晃（3月离任）
卢润江（3月到任）
党委副书记：游其晃（3月离任）
卢润江　钱爱勤　陈柱杰
袁国超（7月到任）
党委委员：谢润根　刘尹波　周日佳
钟朝佳　徐建文　吴沛林
冯锦新（12月到任）
人大工作联络员：钱爱勤　李润明
办事处副主任：谢润根　刘尹波
周日佳　钟朝佳
袁国超（7月离任）

## 2001—2005年东城主要经济指标表

| 指标＼年份 | 2001 | 2002 | 2003 | 2004 | 2005 |
|---|---|---|---|---|---|
| 户籍人口（人） | 53532 | 56665 | 59026 | 61187 | 63324 |
| 外来暂住人口（人） | 222598 | 245068 | 266135 | 258022 | 259953 |
| 面积（平方公里） | 110 | 110 | 110 | 110 | 110 |
| 国内生产总值（万元） | 188150 | 235655 | 307050 | 392410 | 1081018 |
| 工业总产值当年价（万元） | 274601 | 320285 | 400296 | 509656 | 1630000 |
| 农业总产值当年价（万元） | 11462 | 7799 | 5433 | 2846 | 1306 |
| 总用电量（万千瓦时） | 91860 | 110955 | 131940 | 157860 | 182868 |
| 全社会固定资产投资总额（万元） | 90600 | 110700 | 151200 | 173800 | 265489 |
| 社会消费与零售总额（万元） | 68000 | 85000 | 110000 | 140800 | 550000 |
| 外贸出口总额（万美元） | 46000 | 60099 | 57481 | 71674 | 107097 |
| 实际利用外资（万美元） | 3678 | 9050 | 13130 | 16764 | 14491 |
| 镇级可支配财政收入（万元） | 27366 | 34740 | 49925 | 53616 | 60188 |
| 各项税收总额（万元） | 62675 | 117079 | 126116 | 146176 | 187191 |
| 金融机构各项存款余额（万元） | 792265 | 958489 | 1062975 | 1331460 | 1580663 |
| 城乡居民储蓄存款余额（万元） | 510374 | 608616 | 701099 | 930074 | 1010851 |

# 万　江

【概况】万江街道办事处面积48.6平方千米，辖28个社区居委会。2005年，全街道办事处有户籍人口70058人，外来暂住人口67835人。全街道办事处实现生产总值40.47亿元，比2004年增长22.68%。第三产业增加值19.55亿元，比2004年增长25.89%。地方财政收入3.54亿元，同比增长28.46%。工商税收总额4.69亿元，比2004年增长37.12%。房地产累计投资10.28亿元，同比增长71.33%。社区两级集体经济经营总收入4.17亿元，同比增长17.13%；集体总资产39.09亿元，同比增长7.91%；净资产32.68亿元，同比增长7.26%。万江区先后被评为“广东省教育强镇”、“东莞市文明镇区先进单位”、“东莞市文化建设达标区”、“人口和计划生育工作先进单位”、“全市统计工作表扬单位”、“安全生产先进镇区”等称号，获得了“东莞市党的建设一等奖”、“市宣传思想工作先进镇区一等奖”和“市宣传思想工作创新奖”等。

【城市建设】2005年，万江街道办事处树立经营城市的理念，大力完善城市规划，加快城市化进程。

完善了城市规划。按照市加强详细规划编制的要求，大力开展控制性详细规划编制工作，全街道办事处实现了控规全覆盖。成立了项目审批小组和城市建设领导小组，严格把好建设项目的质量和档次的关，提高城市建设水平。

加快了城市建设。投入357万元建设了万江二中办公楼和万江三中宿舍楼；投入459多万元建设了花卉博览中心护岸一期、二期工程；投入5500万元建设汾溪水道，工程已完成96%。华宇大厦、尼罗河国际大酒店、金辉煌大酒店、万丰商住区、水印长堤贝梦湾、祥富花园三期等工程顺利完工。理想0769、盛世华南、阳光海岸、万江医院、东莞市电讯工程公司办公楼等项目如期推进。都会华庭、正大豪庭、香堤水岸、碧水云轩、江景湾、金鳌湾广场、碧江花园、绿岛南湾、和富花园等项目的手续正在加紧办理。大力推进碧水云轩等项目的拆迁，拆迁工作进展顺利。

增强了城市承载力。投入1187万元建设了银龙路；投入730多万元建设了内环南路；投入350万元改造了万江工业城道路；投入1450万元建设了万江自来水厂第二期工程；投入1600万元铺设了4500米供水管道，改造了13500米供水管道；投入6414万元建设和改造了电网；投入了120万元完善道路安全配套设施。大力推进大洲围主河涌清淤、蓬庙桥公厕和社区垃圾中转站等工程，加快筹建污水处理厂。

加强了城市管理。加大违章建筑整治力度，有效抑制各类违法建筑238宗。

改进和完善了市政市场化管理，将市政管理项目的绿化养护管理、道路卫生清扫保洁等内容推出社会承包，改单项管理为综合管理。大力整治无牌无证、假牌假证、报废车辆等，有效地改善了交通秩序。开展联合整治大行动，对广告招牌、乱摆乱卖、商铺占道经营等进行了全面整治。

【外资与民营经济】2005年，万江街道办事处不断创新发展模式，有选择性地引进外资，加快发展民营经济，推动全街道办事处产业升级。

外资增长强劲。招商选资工作成效显著，全面建立以政府为主导的多方位招商选资机制，全街道办事处新签外资项目22宗，合同利用外资3144万美元，同比增长123.61%，平均每个项目投资额143万元美元。其中有2个项目属于国家鼓励引进的外商投资项目，3个项目属于高科技项目，1个项目拥有国内著名商标。全街道办事处增资项目38个，增资合同利用外资2473万美元，其中增资额超过250万美元的企业有3个。外贸出口总额19.86亿元，增长73.33%。

民营经济增长快速。全街道办事处新增加个体工商户、私营企业3493家，分别增长64.93%和93.89%。民营企业总资产20.48亿元，增长19%。私营企业和个体工商户上缴税收2.03亿元，占全街道办事处工商税收总额的43.28%。

【工商业】2005年，万江街道办事处坚持双管齐下、两边兼顾，大力抓好工业与商贸服务业。

工业发展迅猛。全街道办事处实现工业总产值47.02亿元，同比增长22.01%；工业销售产值74.16亿元，增长21.06%；规模以上工业总产值31.55亿元，同比增长114.17%。一批中小企业实现了跨越式发展，在生产规模、市场开拓、技术研发、品牌经营、管理创新等方面实现新的飞跃。全年销售额超1000万元工业企业77家，其中超5000万元的13家，超亿元的7家。传统产业得到改造提升，食品加工、纸品、服装、集成电路、灯饰等产业的支撑作用增强。高新技术企业发展迅猛，民营科技及高新技术企业达99家，其中，民营高新技术企业10家，省级民营科技企业20家，市级民营科技企业69家。企业技术创新能力不断增强，科技进步对工业贡献率达39%。名牌带动战略效果显著，全街道办事处拥有5个广东省名牌产品、3个广东省著名商标和2个国家免检产品。

商贸服务业发展迅速。积极实施"商贸万江"工程，大力打造东莞西部商圈，引进了华南采购中心项目与华南Mall配套，华南Mall中的百安居、东莞城市候机楼、尼罗河国际大酒店、麦当劳、肯德基、必胜客、欢笑天地、BBS天线宝宝乐园等相继开张，香格里拉酒店已经奠基。物流业发展迅速，专业市场获得了较大发展。全年社会消费品零售总额6.53亿元，同比增长14.97%。三大产业比例2004年末为1.68∶51.87∶46.45，2005年则调整至1.18∶50.69∶48.13。

【文化教育建设】2005年，万江街道办事处坚持科教兴区发展战略，大力创建省教育强镇，积极开展文化活动，文化教育事业得到全面进步。

教育事业蓬勃发展。进一步调整学校布局，将金丰片7所小学合并到实验小学和第一小学。大力创建等级学校，全街道办事处共有省一级学校1所，市一级学校7所，市一级幼儿园2所。2005年，万江中学本科线上线人数204人，省线入围人数334人，教学成绩排全市镇区学校首位；万江二中职业高考入围率96%，入围人数排全市同类学校首位。

文化事业生机勃勃。大力组织各类文娱活动，送文化下乡活动共演出28场，曲协演出10场，电影150多场；成功把万江龙舟文化艺术节、国庆大型文艺晚会推出了社会；举办了万江首届读书节，成效突出。文化创作获国家级奖项34个，省级奖项4个，市级奖项17个。投入了100多万元，健全文化硬件设施。万江中学、中心小学获得了市文化建设先进单位称号，拔蛟窝社区获得了市文化建设先进社区称号，牌楼基、小享、简沙洲社区获得了市文化建设达标社区称号，文九礼品有限公司获得了市文化建设先进企业称号。万江中学获得了市文明标兵单位称号，财政分局获得了市文明单位称号，简沙洲和金泰社区获得了市文明社区称号。

【社会管理】2005年，万江街道办事处全面加强社会管理，努力优化发展环境，提高发展效益。

社会治安形势好转。深入开展严打整治系列专项行动，大力打黑除恶，全面整治社会治安，共立刑事案件1773起，查破404起，破案率为22.79%；治安案件受理536宗，查处477宗，查处率88.99%。

安全生产形势平稳。成立了安监分局，层层落实安全生产责任制，全力开展消防安全大检查，检查了企业、"三小"场所等共12150间，发现和整改事故隐患达2650处，有效地遏制了重特大安全事故的发生。严密防治禽流感等传染性疾病，重点抓好各农贸市场、超市的检查，落实好免疫接种、检疫、封锁、扑杀、消毒等措施。实施食品放心工程，加强了对生猪屠宰、假冒食盐、烟草及各类劣质食品的打击力度，保障全街道办事处食品安全。

信访工作成绩突出。建立了重点案件包案处理制度，对出嫁女配股分红、新市人民医院征地、转制企业职工来访等上访事件实行领导包案负责，切实化解了矛盾。大力加强劳动监察和调处劳资纠纷，共受理劳资纠纷1600宗，其中调解成功1562宗，劳动仲裁38宗。积极解决拖欠工程款和农民工工资问题，共受理投诉案件118宗，追回拖欠款368万元。

就业创业和社会保障工作成效显著。深入开展全民就业创业活动，对616名富余劳动力进行职业技能培训，成功推荐1427名富余劳动力实现就业。高度重视人才工作，新引进各类人才1830人，加上接受本区生源应届大中专以上毕业生620人，全街道办事处人才总量达到8030人。推进社会保险扩面征缴，全街道办事处各项社会参保人数合计19.3万人次，增长13%。

环境整治成效显著。大力开展"四清理"工作，共清理违法搭建3725宗、面积263297平方米；完善用地手续2326751.6平方米，复耕复绿土地150734.09平方米；清理养殖场45个、生猪1680头，家禽9465羽，清理养殖场面积12900平方米；清理无证照经营户4333户，其中补办营业执照2347户，取缔、关闭1986户，全面完成了"四清理"任务。积极配合市创建国家绿化模范城市，全面实施绿化工程，全街道办事处绿化面积达100.38公顷，绿化覆盖率39.39%。

经济秩序管理不断强化。整顿和规范市场经济秩序，严厉打击商业欺诈、制假贩假等不法行为。加大文化市场监管力度，取缔音像放映场所13间，清查无牌无证卡拉OK经营店20间，违规经营"影吧"12间。整顿医疗服务市场秩序，严厉打击非法行医违法犯罪活动。加强非法网吧治理，共清查超范围经营的"黑网吧"培训店13家，清理取缔"黑网吧"27家，有效地抑制了非法网吧的反弹。

社会各项事业全面发展。继续开展"关爱女孩行动"，营造有利于女孩成长的良好社会环境。加强流动人口计划生育管理，集中力量开展以出租屋为重点的流动人口计生清查验证活动。实行计生工作重心下移，建立起市领导、区负责、社区为主、组配合、户落实的计生工作格局。积极开展“全国亿万农民健康促进行动”，拔蛟窝、新村、石美、简沙洲等社区成为市“全国亿万农民健康促进行动”示范社区，全街道办事处总体卫生水平跃上一个新台阶，省卫生镇成果得到巩固。

【党的建设】2005年，万江街道办事处以开展共产党员先进性教育活动为契机，深入推进党的建设。

先进性教育活动深入开展。万江街道办事处坚持市委关于开展先进性教育活动总的原则要求，不变通、不走样，又从实际出发，探索行之有效的活动方式和载体，创新“自选动作”，确保了先进性教育活动的扎实开展，圆满完成了先进性教育活动三个阶段的工作，达到了“党员受教育、群众得实惠、基层组织得到加强、各项工作得到促进”的预期目标，党员群众对街道办事处党委的满意度达100%，对各教育单位的先进性教育活动满意度达99%。

党风廉政建设扎实推进。认真贯彻“为民、务实、清廉”的要求，严格执行“八个坚持，八个反对”，切实加强思想道德和纪律教育，不断完善反腐败的领导体制和工作机制，大力拓宽监督渠道，推进了教育、制度、监督并重的惩治和预防腐败体系的建设。

【人民生活】2005年，万江街道办事处农村居民人均纯收入9556元，同比增长6.96%；城镇居民人均纯收入21904元，同比增长16.77%；外来人员邮政汇款、邮政储蓄汇款总额超过6103万元；各项存款余额60.45亿元，同比增长26.85%，其中城乡居民储蓄存款余额42.35亿元，同比增长27.97%。社会保险覆盖面进一步扩大，到2005年底止，全街道办事处参加社会养老保险2.5万人，基本医疗保险5.38万人。居民恩格尔系数30.72%，达到较高的生活水平。（庚笑清）

**附：2005年东莞市万江街道办事处党委、人大、政府领导名录**

党委书记：陈志超
党委副书记：麦广钦（7月离任）
吴志刚（10月到任）
郭旭东　颜伟儿　王耀明
党委委员：陈志超　麦广钦　吴志刚
郭旭东　颜伟儿　王耀明
李良润（12月离任）
陈榴基　周伟森　邹顺高
陈练球　吴淑萍　黄向阳
何日亮
周建卫（12月到任）
张汝春（挂职）
人大联络员：谢德明（10月离任）
陈练球
办事处主任：麦广钦（8月离任）
吴志刚（10月到任）
办事处副主任：陈榴基　周伟森
邹顺高　吴淑萍

## 2001—2005年万江主要经济指标表

| 指标＼年份 | 2001 | 2002 | 2003 | 2004 | 2005 |
|---|---|---|---|---|---|
| 户籍人口（人） | 65114 | 66115 | 68095 | 69399 | 70058 |
| 外来暂住人口（人） | 86156 | 103061 | 82558 | 95165 | 67835 |
| 面积（平方公里） | 50.5 | 50.5 | 50.5 | 50.5 | 50.5 |
| 国内生产总值（万元） | 175693 | 213919 | 269593 | 329849 | 404658 |
| 工业总产值当年价（万元） | 250475 | 303156 | 389992 | 487622 | 502885 |
| 农业总产值当年价（万元） | 17664 | 13560 | 9266 | 2505 | 1431 |
| 总用电量（万千瓦时） | 46408 | 55896 | 66068 | 77069 | 85669 |
| 全社会固定资产投资总额（万元） | 66551 | 85076 | 157975 | 167861 | 197966 |
| 社会消费与零售总额（万元） | 39390 | 47067 | 53817 | 56818 | 65325 |
| 外贸出口总额（万美元） | 10535 | 9972 | 12868 | 14074 | 25795 |
| 实际利用外资（万美元） | 1115 | 1923 | 2122 | 1430 | 1769 |
| 镇级可支配财政收入（万元） | 14652 | 16005 | 22162 | 27558 | 36083 |
| 各项税收总额（万元） | 16425 | 19226 | 26556 | 34750 | 46927 |
| 金融机构各项存款余额（万元） | 308252 | 360923 | 422319 | 476592 | 604552 |
| 城乡居民储蓄存款余额（万元） | 191795 | 225573 | 279058 | 330967 | 423531 |

# 南城

【概况】南城街道办事处辖区面积59平方千米，辖17个社区居委会，户籍人口5.2万人，外来暂住人口约10.16万人。2005年，镇区国内生产总值105.31亿元，比2004年增长42%；工业总产值（当年价）105.2亿元，比2004年增长63.37%。东莞市人民政府行政办事中心坐落在南城街道办事处内，南城区是东莞市的新城市中心区，是东莞市的政治、经济、文化、交通、金融、国际会展和商务中心。南城街道办事处地理位置十分优越，处于穗港经济走廊之间，广深高速公路、莞太大道、东莞大道、科技路、沿河路纵贯全境，市区二、三、四、五环路横越全街道办事处，交通网络发达。2005年，南城街道办事处按照市委、市政府“一城三创五争先”的工作思路，与时俱进，开拓创新，以“高标准建设东莞新城市中心区”为总目标统揽全局，切实推进发展模式、发展环境、发展能力的创新，全面加强物质文明、政治文明和精神文明建设，大力构建和谐社会，全街道办事处经济社会各项事业蓬勃发展，城市化建设高速推进，再次实现新的跨越。全街道办事处各项主要经济指标连年持续大幅度增长，跃居全市前列。在2005年度全市镇区领导班子工作实绩量化考核中，南城街道办事处连续两年总分排名全市第二，经济建设、社会公共管理等多项单项指标位居全市第一，获市委、市政府颁发2005年度全市镇区领导班子工作实绩量化考核结果综合总分一等奖、经济建设单项奖、社会公共管理单项奖、文化建设单项奖、党的建设单项奖。

【城市建设】2005年，南城街道办事处继续坚持以城市建设为龙头，从市政基础设施建设、旧城改造、社区居民公寓建设等方面入手，全面加快城市现代化建设，坚持高起点规划、高标准建设、高效能管理，使全街道办事处城市功能进一步完善，城市形象进一步提升，城市魅力进一步增强，南城作为现代东莞城市窗口的功能进一步增强。

2005年，南城街道办事处不断深化城市规划，完成了《南城区东片区控制性详细规划（草案）》和《南城区胜和片区控制性详细规划》，《水濂片区控制性详细规划》，全区城市总体规划愈加完善，城市定位更加明确。

2005年，南城街道办事处全面加大投入，继续纵深推进道路网络，教育、体育设施，水濂山森林公园和水濂湖公园等城市基础设施建设，完成建设工程40多项，在建工程27项，总投资6亿多元。主要的工作有：一、完成路网建设（改造）8.1千米，在建23.7千米，总投资1.8亿元。二、深入推进"城中村"改造，拆迁建筑面积5.7万平方米，发放拆迁补偿款5300万元。三、完成文化之都、水濂山森林公园等重点工程青苗征收134.667公顷，支付补偿金额近8600万元。四、全面加快居民公寓建设，全年总建筑面积16.3万平方米，总投资2.1亿元，累计总建筑面积37.9万平方米，总投资4.5亿元。五、深入开展"四清理"，切实按市的要求完成了各项清理任务，共计清理违法搭建物2191宗，面积304065平方米；清理畜禽养殖场63个，清理养殖场面积约50000平方米；清理取缔无证照经营2738户，补办营业执照1820户；完善用地手续面积79.77公顷，复绿、复耕面积7.8公顷。

2005年，南城街道办事处的市政管理水平得到新的提高，全区灯光夜景工程和照明路灯工程实现社会化管理。南城区的有关部门持续深入地开展市容专项整治、道路交通专项整治和维护群众权益打击环境违法行为等一系列城市环境整治行动，有效遏制了"脏、乱、差"产生的根源。街道办事处投入资金约3000万元实施城市美化工程，规划实施中心区片区等"穿衣戴帽"工程18项共103幢建筑物，已经完成85幢。东莞市区的后花园——水濂山森林公园的开发建设已初具规模，公园广场绿色景观工程和道路网络绿色长廊工程等绿化工程基本完成，城市"绿肺"的功能开始显现、有效改善了南城投资和居住环境。

【财税·金融】2005年，南城街道办事处在全面推进城市建设的同时，经济实力迅速增强，全年街道办事处本级可支配财政收入65932万元，比2004年增长了123.41%；街道办事处本级可支配纯收入108255万元，比2004年增长55.6%；各项税收入共147856万元，比2004年增长55.9%；银行存款余额2005174万元（市人民银行数据），比2004年增加19%；银行贷款余额1250159万元（市人民银行数据），比2004年增长20.3%；全社会固定资产投资总额65.7亿元，同比增长21.9%；民营经济投资总额32.71亿元，同比增长15.9%；房地产投资26.98亿元，同比增长19.63%，销售额近35亿元。中国银行、农业银行、建设银行、工商银行、中信实业银行五家银行的总行及东莞证券公司等金融机构坐落在南城街道办事处内，使到南城街道办事处作为东莞市金融中心区的地位不可动摇。

【内源型经济】2005年，按照新城市中心的区域功能定位和市委、市政府打造"商贸东莞"的战略目标，南城街道办事处切实把商贸物流作为招商引资的龙头，内源型经济逐渐成为南城街道办事处城市化建设的主力军。2005年，全区新注册私营企业626家，同比增长45.9%，注册资金6.6亿元；全街道办事处新注册个体工商户2327户，同比增长59.2%，注册资金4480万元；私营企业上缴工商税收2.26亿元，同比增长37.8%；个体工商户上缴工商税收7470万元，同比增长14.6%。民营经济固定投资总额32.7亿元，占全社会固定资产投资总额的49.8%，比例进一步扩大，投资所涉及的领域也越来越广。以民营企业投资开发为主的房地产发展势头迅猛，在南城街道办事处的楼盘有江南世家、世纪城、御花苑、华凯豪庭、金地格林小城、中信森林湖、东骏豪苑、未来世界、中信新天地等50个，并在地域分布上形成了宏远片区地产、南城科技路片区地产、东莞大道片区地产、水濂山片区地产等四个片区，一个充分体现山、水、城为一体的城市景观的南城地产板块的影响力越来越大。2005年全街道办事处房地产总建筑面积近120万平方米，总投资26.98亿元，同比增长19.63%；主要楼盘销售套数近4000套，已售面积约70万平方米，销售额近35亿元。另外，随着第一国际、华凯广场、家福特建材超市等一批新的大型商业项目开业和写字楼落成，与市中心广场和鸿福路高档商务写字楼区、南城富民步行街、银丰路中华美食街、莞太大道汽车销售服务街、东莞建材中心以及街道办事处内各大酒店共同形成南城商贸物流的大格局，市场销售进一步活跃，全年社会消费品零售总额为10.7亿元，同比增长34.08%。

【社区公寓】2005年，南城街道办事处为进一步推进城市化建设，把加快居民公寓建设，营造居民良好居住环境作为促进旧城改造的动力和民心工程来抓，全年开工建设的居民公寓总建筑面积16.3万平方米，总投资2.1亿元，累计全街道办事处居民公寓总建筑面积37.9万平方米，总投资4.5亿元。南城几乎所有的社区居委会都在密锣紧鼓地进行社区居民公寓的规划和建设。周溪、新基、石鼓等多个社区居委会已经完成了社区居民公寓一期的建设，并投入使用，获得社区居民的赞许，很大程度地转变了社区居民要居住单家独院的传统观念。社区居民公寓的建设为南城区旧城改造，逐步消灭城中村现象，奠定坚实的基础。

【计划生育】2005年，南城街道办事处计划生育工作经过计生部门的努力，不断创新工作思路和方式，圆满地完成市下达的人口计划任务。有效控制人口出生，使人口出生率和自然增长率保持下降趋势。2005年全街道办事处总人口46033人，出生人数为538人，人口出生率11.76‰，自然增长率为7.37‰，计划生育率为94.80%。各项指标均达到市计生局下达的要求和南城街道办事处计生工作计划预期的目标。

【人民生活】随着城市化进程的加快，南城街道办事处人民的生活正大步迈向富裕。2005年全街道办事处居民人均收入9352元，比2004年增长7.7%；全街道办事处参加各种社会保险人数为219483人，其中参保农民养老保险13637人，社会保险基金总收入8370万元，比2004年增长37.19%；全街道办事处社会消费品零售总额10.7亿元，同比增长35.44%，现有集市贸易市场17个，全街道办事处集市贸易市场营业面积达75468平方米；

全街道办事处美化、绿化、净化等三化建设总投资1541万元，现有文化站、公共图书馆、广电站各1个，影剧院2个，公园18个，公园总占地面积9.87万平方米，较去年增长8.29%；全街道办事处现有医疗机构43个；全街道办事处现有公办中小学校共10所，另有民办职业高校1所和民办中小学各6所；共有6个文明村，9个文明单位，9830户文明户。

【社会管理】2005年，南城街道办事处坚持以管理促改革促发展的工作思路，把社会管理摆在突出位置，不断加大各项管理工作力度，全街道办事处社会管理水平不断提升，社会和谐程度进一步提高。社会治安综合治理得到强化，全街道办事处治安状况不断改善。2005年，全街道办事处共破获刑事案件433宗，抓获犯罪嫌疑人539人；刑事案件发案率同比下降3.12%，命案发案率下降40%，一批影响大、性质恶劣的案件得到及时侦破。信访工作力度不断加强，社会矛盾处置水平不断提高。2005年，全街道办事处基层调解共447宗，调解率100%，调解成功率97%，没有因调解不及时或不彻底而引起激化；劳动部门受理劳动争议1085宗，涉及人数2638人，结案率达98%。安全生产责任全面落实，安全生产形势保持稳定。一年来，全街道办事处无发生重大火灾事故；制造业安全生产事故继续保持零纪录；道路交通事故死亡33人，同比下降21.43%。“创业东莞”战略全面实施，就业工作卓有成效。一年来，全街道办事处共为700余名本地居民解决了就业问题。

【出租屋管理】2005年，南城街道办事处作为市出租屋管理试点镇区，根据本区的实际情况，积极探索和创新出租屋和流动人口管理的新工作模式。南城街道办事处出租屋管理中心配备了8名大专以上的工作人员，管辖出租屋10790栋（套），租住人员58008人。一年来，出租屋管理服务中心、公安、安全、工商、计生等部门联合开展多次专项整治行动，分别对辖区内的复杂出租屋、制假窝点、无证照经营场所进行清查，并检查了街道办事处内流动人口计生情况。通过行动，全街道办事处共查扣无牌无证摩托车42辆，套牌摩托车2辆，抓获“暗娼”人员11名，抓获涉嫌双抢盗窃人员3人，吸毒人员5名，在一出租屋内当场查缴毒品（摇头丸31粒），查获制假窝点一个，抓获5名出售假身份证违法嫌疑人，登记了1056间无证照经营场所并报区工商分局，有效地消除了出租屋中的“黑点”、“窝点”，营造严打声势，净化社区环境。截至2005年底，南城区租住人员58008人，已办暂住证55237人，办证率达95.22%；全区出租屋共10790栋（套），办理房屋租赁证（回执）达11027份，办证率为100%；出租屋税费缴交率基本达到100%；消防安全合格率和适龄妇女计划生育验证率都超过95%；出租屋刑事案件发案率与2004年对比，下降28.7%，治安案件发案率与2004年对比，下降52.8%。

2005年，南城街道办事处被市出租屋管理办选为“出租屋物业式管理”试点镇区，经市出租屋管理领导小组审核并批复，同意广东省华侨物业发展公司东莞分公司按照出租屋物业“托管自愿、收费合理、服务到位、讲求信用、群众满意”的原则，在南城街道办事处开展出租屋物业管理与服务工作试点，积极探索新时期出租屋物业市场化管理与服务的新路子，目的让社会力量介入出租屋管理，节省政府资源，进一步完善出租屋管理，使南城区在出租屋推行社会化管理方面走在全市的前列。

【安全生产】2005年，南城街道办事处办事处成立了南城街道办事处安监分局，专门负责全区安全生产工作，以牢固树立“安全第一，预防为主”的方针，深入贯彻实施《安全生产法》，完善安全监管体系，全面落实安全生产各项工作，通过狠抓事故隐患治理，有效地防范重特大生产事故发生。2005年，南城街道办事处无发生重大火灾事故，火灾事故发生率下降100%；制造业安全生产死亡事故继续保持零纪录；建筑业安全事故仅造成1人死亡；道路交通方面，从2004年12月21日至2005年12月20日，南城街道办事处发生一般以上交通事故205宗，同比上升13.89%，交通事故造成33人死亡，同比下降21.43%，受伤206人，同比上升18.39%，直接经济损失54.77万元，同比上升6.23%。全街道办事处安全生产形势基本保持稳定。

【外经工作】2005年，南城街道办事处充分发挥东莞新城市中心的区位优势，充分把握CEPA机遇，进一步加大招商引资力度，外资利用水平不断优化，坚持立足稳定第二产业，全力加强第三产业的招商，实现二、三产业齐头并进；立足稳定对港台资企业的引进，全力加强对日、韩、欧美企业的引进，特别是以世界500强企业为着力点，积极开辟招商引资新市场。2005年，全街道办事处实际利用外资1.25亿美元，增长121.05%，并突出了四个特点：一是随着商贸物流投资环境进一步优化，越来越多的外资投入到第三产业领域；二是利用外资的质量和水平大大提升，投资更趋于规模化和集约化；三是企业投资信心进一步增强，全年全街道办事处增资金额6161万美元，同比增长376.86%，且增资的多为大企业。据统计，南城街道办事处全年利用外资协议签约宗数24宗，新签合同利用外资10638万美元，同比增长82.78%，实际利用外资金额13089万美元，同比增长84.74%，其中14家外资企业增资6161万美元，同比增长113.11%；全年外资企业出口总额达63532万美元（海关口径），同比增长38.9%。截至2005年底，南城街道办事处有外资企业近400家，其中包括诺基亚、雀巢咖啡、汤姆逊、杜邦电子、太古饮品、新科电子、百音电子、金霸王电池、百利达健身器材、利威鞋业和沃尔玛等全球500强的跨国公司。为增强工业发展后劲，南城街道办事处继续大力推进市东部工业园4600多亩南城园区的建设，为全街道办事处工业发展开辟新的空间。东部工业园南城园区第一期园区的基础设施建设已基本建成，南城街道办事处正积极拓宽招商引资渠道和手段，加紧对外招商引资。

【集体经济】2005年，南城街道办事处社区集体经济发展迅速。全街道办事处社区居委会和社区居民小组两级可支配纯收入总额为49635.2万元，同比增长21.83%，可支配纯收入超过1000万元的社区居委会共有14个。2005年，全街道办事处社区居委会和社区居民小组两级净资产超过亿元的有12个，分别是：篁村、新基、石鼓、周溪、三元里、亨美、蛤地、白马、雅园、胜和、袁屋边、水濂。

【党建工作】2005年，南城街道办事处按照市委、市政府的要求和部署，切实推进党的建设伟大工程，取得了明显成效，社区基层班子更加坚强，干部作风更加务实，党员作用更加突出，党群干群关系更加密切，全街道办事处团结、务实、进取的良好局面进一步形成。一是社区领导班子更加坚强有力。按照市的统一部署，南城街道办事处依法顺利完成了第二届居委会换届选举，全街道办事处14个村改居的社区居委会都选出了新一届社区居委会班子，新班子的结构更趋合理，文化素质明显提高，群众基础进一步夯实，为南城街道办事处全面推进基层民主政治建设，促进社区经济社会各项事业的发展打下了坚实的基础。二是“十百千万”干部下基层驻农村活动深入开展。按照市委部署，街道办事处党委选调了14名思想觉悟高、业务能力强的街道办事处机关干部下基层驻社区，与社区干部群众同学习、同工作、同劳动，切实做到立足于基层、扎根于基层、服务于基层。群众反映热烈，对党组织的信任感进一步增强。三是“理想、责任、能力、形象”教育活动扎实推进。南城街道办事处紧紧围绕“理想、责任、能力、形象”教育活动的内容要求，组织全区党员学习了《党章》和十六届四中全会精神，重温了入党誓词，广大党员对照党员标准找差距，积极开展批评与自我批评，党员作风明显改善。四是保持共产党员先进性教育富有成效。全区共39个单位、118个党组织、2050名党员参加了教育活动。在整个教育活动中，街道办事处党委、街道办事处把推进全街道办事处经济社会全面、协调、可持续发展，打造东莞城市窗口作为出发点和落脚点，扎实抓好学习动员、分析评议、整改提高三个环节，切实做到了“规定动作”不走样、“自选动作”有创新，圆满地完成了教育活动各项任务。

【文化·教育·体育】2005年是南城街道办事处文化教育事业巩固提高的一年。全街道办事处文化教育事业持续发展，文化氛围日益浓郁，城市品味进一步提升。

一是巩固“创强”成果，深化教育发展。以2004年底成功创建教育强街道办事处为契机，全面加强硬件建设，完成联合办学工作，全街道办事处新建联办小学2所，所有联办小学硬件设施全部达到省市一级学校标准。南城街道办事处教育系统全面加快教育改革，并面向全国公开招聘2名小学校长，联办学校管理水平不断提高。在全面深化创建等级学校工作上，阳光一小上省一级通过专家组评审，阳光四、五、六小上市一级已经申报。全街道办事处教育事业进一步发展，“创强”成果得到全面巩固、提升。

二是发掘历史文化资源，加快基础设施建设。2005年，南城街道办事处完成了蚝岗文化街的拆迁改造工程和对宋代的水濂山东山寺和东山书院的考古发掘工作，完成了水濂山森林公园、水濂湖公园的系列道路、景观工程；蚝岗遗址博物馆、水濂山西山寺博物馆基本完成；街道办事处投资6000万元、占地近8公顷的南城体育公园和藏书量达30万册的南城图书馆即将竣工；街道办事处与新加坡莱佛士俱乐部城市投资公司合作开发的，总投资约20亿元人民币的“东莞文化之都”正在抓紧筹备，全街道办事处群众文化活动平台进一步夯实。

三是广泛开展文体活动，活跃群众文化氛围。南城区继续以文化广场、度香亭等为主阵地，广泛深入开展了一系列文化艺术活动和体育活动，极大丰富了全街道办事处广大群众和外来员工的精神文化生活，促进了全街道办事处文化事业的繁荣，带动了文化产业的发展，为全面打造文化新城夯实了基础。

（霍永健）

**附：2005年东莞市南城街道办事处党委、人大、政府领导名录**

党委书记：陈健枝（12月离任）
邓志广（12月到任）
党委副书记：刘林宏
梁建柱（12月离任）
谢锦波　邱　刚
党委委员：张耀平　张小燕　吕庆鸿
张继祖　叶洪辉　陈创建
马小其　苏东（12月任职）
人大联络员：张小燕　张秀容
办事处主任：刘林宏
办事处副主任：张耀平　吕庆鸿
张继祖　叶洪辉
黎福庆

## 2001—2005年南城主要经济指标表

| 指标＼年份 | 2001 | 2002 | 2003 | 2004 | 2005 |
|---|---|---|---|---|---|
| 户籍人口（人） | 38978 | 40499 | 43086 | 46951 | 51942 |
| 外来暂住人口（人） | 58639 | 56354 | 58340 | 59120 | 101602 |
| 面积（平方公里） | 59 | 59 | 59 | 59 | 59 |
| 国内生产总值（万元） | 286473 | 350029 | 452911 | 741609 | 1053085 |
| 工业总产值当年价（万元） | 321688 | 389637 | 508696 | 643943 | 1052038 |
| 农业总产值当年价（万元） | 5596 | 5189 | 5250 | 3700 | 3760 |
| 总用电量（万千瓦时） | 40367 | 48202 | 50699 | 59973 | 67309 |
| 全社会固定资产投资总额（万元） | 34373 | 85220 | 282761 | 539650 | 657870 |
| 社会消费与零售总额（万元） | 32330 | 42678 | 59110 | 79800 | 107000 |
| 外贸出口总额（万美元） | 24006 | 38188 | 45270 | 51485 | 70667 |
| 实际利用外资（万美元） | 1978 | 1706 | 4030 | 7085 | 13089 |
| 镇级可支配财政收入（万元） | 10130 | 12779 | 18461 | 29512 | 65932 |
| 各项税收总额（万元） | 26535 | 42631 | 59519 | 94842 | 147856 |
| 金融机构各项存款余额（万元） | 200567 | 982247 | 1195247 | 1684704 | 2005174 |
| 城乡居民储蓄存款余额（万元） | 115631 | 480273 | 572502 | 642627 | 765170 |

# 中堂镇

【概况】中堂镇位于东莞市的西北部，地处穗港经济走廊中间。广深高速、广园快速、环城路、107国道、北王公路、中麻公路等多条高速路和主干路贯穿或接驳镇内，地理位置和交通条件十分优越。全镇面积60平方公里，下辖20个村（居）委会，户籍人口7.17万人，外来暂住人口6.02万人。2005年，完成生产总值42.61亿元，同比增长25.76%；工农业总产值111.23亿元，同比增长30.29%，其中工业总产值110.3亿元，增长30.52%，农业总产值0.93亿元，同比增长7.18%；全社会固定资产投资总额16.8亿元，同比增长34.83%；出口总额1.84亿美元，同比增长21%；各项税收总额3.68亿元，同比增长31.80%；镇本级可支配财政收入2.39亿元，同比增长40.23%；各项存款余额46.06亿元，比年初增长18.62%；社会消费品零售总额5.25亿元，同比增长18.05%；农民人均纯收入8848元，同比增长7.51%。

【城市建设】2005年，中堂镇以《中堂镇总体规划（2004—2020）》经市政府审批通过为契机，加快二十项重点工程建设。107国道两旁改造已基本完成拆迁工作，东日通用五金一条街建设全面加快，日之泉物流基地和蕉利多幢商业楼建成投入使用；东汇酒店重新开业，鸿富五星级国际大酒店已经封顶，进入装修阶段。新中心区横一、横二、横三、横五路等基本贯通，南国雅苑、莞都国际花城东港城房地产项目进展喜人。此外，槎滘进埔220KV变电站建成投入使用，北海仔环境整治、内河涌治理等不断得到加强，城市功能不断完善，集聚力和服务力不断增强。

【打造专业镇】2005年，中堂镇结合实际，大力打造“农副产品、造纸、五金”专业镇。一是农副产品批发物流产业初成规模。总投资6亿元的江南农副产品批发市场开业以来，发展势头良好，2005年8月成功举办首届泛珠农交会，交易额达15.5亿元，13万人次观展；11月，成功举办UTS全国农副产品采购招标会，实施农副产品集约采购，交易金额达到11.2亿元，展示了良好的经贸合作前景。二是造纸产业档次不断提高。积极推动北海仔造纸产业园内企业的整合提高、优化升级，通过努力被省批准为“造纸专业镇”。三是五金物流基本成形。中堂依托优越的交通地理优势，积极打造五金批发物流带，日之泉钢材物流基地投入使用，袁家涌金源钢材市场生意日渐红火，打造“专业镇”势头良好。与此同时，2005年各村规划建设厂房物业70万平方米，已建成面积48万平方米。2005年民营企业日之泉蒸馏水有限公司荣获“广东省名牌产品企业”称号。

【商贸发展】2005年，中堂镇充分发挥优越的地理条件和交通优势，定位为大力发展商贸物流产业。凭借江南农副产品批发市场的龙头带动作用，成功举办了首届泛珠农副产品交易会和UTS全国农副产品采购招标会。五金物流方面，省五金商会已经进驻中堂，引进了格兰仕、冠珠陶瓷洁具等大批商户进驻；日之泉钢材物流基地、袁家涌金源钢材市场逐步发展壮大。2005年，还成功引进霞山水产批发市场等一大批物流企业强势进驻；华润超市进驻南国雅苑、海雅百货进驻东港城等等，各界商家云集。

【房地产发展】2005年，中堂镇充分利用优越的地理条件，通过规划全镇商业网点布局，将新中心区规划为高档商业网点，重点建设一批星级酒店、大型房地产以及商场项目。在中堂镇已落户的五家房地产项目中，鸿富花园、东港城花园、中天南国雅苑、莞都国际花城建设如火如荼。其中鸿富花园投放市场后销售率接近100%；南国雅苑首期推出250多套住宅基本销售完毕；东港城商住区临街商铺全面封顶，首期住宅小区加紧建设。2005年全镇累计建成1000套商品房，销售率接近100%。全镇房地产业发展蓬勃。

【首届泛珠三角农副产品（东莞）交易会】2005年8月12日，由广东省农业厅和东莞市人民政府主办，中堂镇人民政府和江南农副产品批发市场承办的“首届泛珠三角农副产品（东莞）交易会”在江南农副产品批发市场开幕。交易会得到了“9+2”区域内各级政府和农业部门的大力支持，各省、市、县共有22个政府和农业主管部门组团参加，600多家企业踊跃参展，展位数量由原来的500多个，经两次扩增，增加到750多个。为期3天的交易会共迎来各地买家、观众13万人次，签订购销及合作协议成交金额达15.5亿元。此外，湖南省郴州市嘉禾县与中堂镇正式签署协议书缔结为友好县镇。

【农村股份合作制改革】中堂镇农村股份合作制改革工作分两批进行，第一批先行在斗朗和红锋进行试点，这两个村已于2004年9月完成了改制，第二批余下的17个村在总结试点村改制经验的基础上，按照确权不量化的原则于2005年7月1日起全面铺开改制。至2005年底，经镇委、镇政府对各改制村申请的经济组织审查核实，同意各改制村的股份合作经济组织实施登记。改革后，全镇共产生19个股份经济联合社、88个股份经济合作社，董事会成员120人，确立股东身份62810人。

【维稳综治】2005年，中堂镇狠抓维护稳定和社会治安综合治理各项措施的落实。积极预防、处置群体性和突发性事件，不断加强社会治安的管理力度。全面推广封闭式和半封闭式管理模式，增设治安岗亭64个、卡哨67个，设置封闭半封闭闸口103个；在镇广播电视站开播了32期《中堂警法视窗》栏目，大力开展维稳及综治宣传活动；深入开展创建“平安社区”活动，形成“打防控管”网络体系；加强外来人员和出租屋管理；重点开展打击“两抢一盗”、侦破命案、打黑除恶、反盗抢机动车、整治各类交易市场、扫除“黄赌毒”、“粤鹰行动”等行动，查处各类治安案件288宗，共侦破各类刑事案件96宗，破案率有所上升。整个社会治安形势得到有效控制。

【计划生育】2005年，中堂镇委、镇政府高度重视计划生育工作，积极采取措施，认真贯彻落实《中堂镇村干部计划生育责任制》，取得了明显成效。全年出生人口684人，出生率9.73‰，自然增长率5.36‰，计划生育率93.86%，出生率和自然增长率与2004年同期持平，计划生育率提高了2.05个百分点，高于市下达指标1.46个百分点，工作实绩排名从2004年全市第18名上升到第15名，由原来的二类镇区上升到一类镇区，彻底改变了多年来落后的被动局面，被市评为“计划生育先进镇”，受到市的表彰。

【文体教育】2005年，中堂镇的文体教育事业得到进一步发展。教育方面：继2004年后，中堂镇每万人口升本科和大专的升学率再次获得两个全市第一，展示了扎实的教育基础；群英学校获得“国家级绿色学校”荣誉称号，有力地推动全镇中小学生的素质教育和环保教育；同时，完成联合办学方案，全镇实施联合办学、创建教育强镇工作稳步推进。体育方面：派出的龙舟队在石龙国际龙舟邀请赛上夺得传统龙和标准龙双料冠军；男子篮球队夺得市运会“新世纪杯”篮球赛冠军；马沥村陈小平在世界运动会蹼泳项目上喜获多枚金牌，体育“三张牌”越打越响。文化方面：文化高地直播车在泛珠三角（东莞）农交会当晚开进中堂，举办了“东江水、中堂情”大型文艺晚会；“书画、粤剧、广场舞”为代表的文化“三张牌”等文体活动广泛开展，深入人心，全镇的文化氛围日益浓厚。

【基层党建】2005年，中堂镇按照“关键是取得实效”和“成为群众满意工程”的要求，结合市“理想、责任、能力、形象”教育和“十百千万”干部下基层驻农村活动，认真开展“保持共产党员先进性教育活动”，圆满地完成了市布置的各项任务。通过7—11月半年来的教育活动，全镇2000多名党员受到深刻的教育。同时，新组建了江南农批市场、众兴船舶有限公司、竞业塑胶五金制品有限公司、东立科技有限公司东莞分公司、下芦鸿业造纸有限公司以及中堂威亮有限公司等6个党支部，使党组织的覆盖率进一步扩大。在党组织建设和党风廉政建设方面，积极发挥驻村干部的参谋助手作用，不断加强农村班子建设和干部队伍建设；着力建立和完善党风廉政建设责任制，严格履行出国（境）政审手续，制定了《中堂镇党员干部出国（境）证照管理的规定》；按照市的要求全面进行公车改革，制定《中堂镇公车使用规定》；先后举办了三期廉政教育专题辅导课，分别由省纪委、市党校领导和镇委书记主讲，使全镇党员干部的党性观念和廉政意识得到进一步的提高。　（黎锡浩）

**附：2005年东莞市中堂镇党委、人大、政府领导名录**

镇委书记：钱　超

镇委副书记：黎达潮　刘雪清　黎志辉　罗耀东

镇委委员：钱　超　黎达潮　刘雪清　黎志辉　罗耀东　黎瑞丰（7月离任）　李良润（12月到任）　李德良　黎玉岗　刘巨文　周国志　秦建平（12月离任）　郭陈明　吴炽谦　莫汉成（9月到任）

镇人大主席团主席：钱　超

镇人大主席团副主席：黎瑞丰（7月离任）　廖志祥

镇　　长：黎达潮

副镇长：李德良　黎玉岗　刘巨文　周国志

## 2001—2005年中堂镇主要经济指标表

| 指标＼年份 | 2001 | 2002 | 2003 | 2004 | 2005 |
|---|---|---|---|---|---|
| 户籍人口（人） | 66657 | 68251 | 68432 | 69072 | 71678 |
| 外来暂住人口（人） | 29712 | 43920 | 52005 | 56603 | 60169 |
| 面积（平方公里） | 60 | 60 | 60 | 60 | 60 |
| 国内生产总值（万元） | 153366 | 194263 | 256251 | 338808 | 426085 |
| 工业总产值当年价（万元） | 356713 | 464764 | 626748 | 845106 | 1103043 |
| 农业总产值当年价（万元） | 10081 | 8324 | 10680 | 8636 | 9256 |
| 总用电量（万千瓦时） | 58609 | 86386 | 90772 | 109305 | 125634 |
| 全社会固定资产投资总额（万元） | 30071 | 52260 | 79360 | 124628 | 168042 |
| 社会消费与零售总额（万元） | 30050 | 33719 | 38525 | 44457 | 52482 |
| 外贸出口总额（万美元） | 9202 | 11363 | 12525 | 15256 | 18385 |
| 实际利用外资（万美元） | 829 | 1825 | 4857 | 5800 | 5812 |
| 镇级可支配财政收入（万元） | 8587 | 11795 | 13859 | 17066 | 23932 |
| 各项税收总额（万元） | 8757 | 21809 | 25714 | 27901 | 36774 |
| 金融机构各项存款余额（万元） | 266623 | 321046 | 350365 | 388315 | 460616 |
| 城乡居民储蓄存款余额（万元） | 170086 | 205816 | 246101 | 277434 | 317676 |

# 望牛墩镇

【概况】望牛墩镇位于东莞市西部，地属水乡，面积31.57平方公里。总人口8.67万人，其中户籍人口4.38万人，外来暂住人口4.29万人。下辖21个村委会和1个社区居民委员会。望牛墩镇交通网络四通八达，广深高速、107国道、市环城路、西部干道、沿海高速都在这里交汇，东距莞城10公里，北往广州40公里，南往深圳90公里，到香港150公里，通过西部快速干线到新沙港仅5公里，与东莞市区接壤，处于广州、深圳中间。2005年，望牛墩镇认真贯彻市委书记、市人大常委会主任佟星2005年5月视察该镇时的重要讲话精神，全面贯彻落实“一城三创五争先”的工作思路，积极实施“四项工程”和开展“四清理”工作，大力加强城市建设和社会管理，加快经济发展，全镇经济建设和社会各项事业取得新的进步。

【经济建设】2005年，望牛墩镇实现工业产值20.33亿元，同比增长32%；生产总值（GDP）12.83亿元，同比增长21.03%；工业用电量3.69亿度，同比增长17.24%；镇本级可支配财政收入为1.29亿元，同比增长30.96%；税收入库1.18亿元，同比增长32.6%；各项存款余额21.5亿元，同比增长16.8%；引进项目协议投资金额7.77亿元，平均每宗项目2100万元，同比增长近五成；引进超千万元项目16宗，协议投资金额6.65亿元，占总引资额八成多；完成固定资产投资6.59亿元，同比增长49.09%，其中外源型经济投资3.65亿元，同比增长163.5%，内源型经济投资1.64亿元，同比增长34.42%。

【城市建设】 2005年，望牛墩镇不断加大城镇规划、建设和管理力度，进一步完善了《望牛墩镇总体规划》和《控制性详细规划》，深入调查研究，调整了三大产业的布局，使其更趋科学化和合理化，探索整合各村资源，实行片区协调规划，走镇村、村村联合开发的路子；加大城市建设的投入，下大力气改造升级了望洪公路107国道至高速公路望牛墩出入口路段以及金牛路、绿榕路，建设了镇文化广场，整治了高速公路望牛墩出入口，上述工程已于春节前全面竣工；加大城镇管理力度，以镇中心区为重点，围绕“齐、洁、绿、亮、净、通”六个字，大力整顿了乱搭乱建、占道经营、乱张贴、乱设广告等现象，城镇形象有了大幅提升，带动了第三产业的蓬勃发展，一度沉静的房地产业开始复苏，有多家房地产开发商有意向在望牛墩镇开发房地产项目，其中由富盈集团投资的四季名苑房地产项目开始奠基建设；酒店服务业发展势头良好。

【四清理】 2005年，望牛墩镇积极响应市委、市政府的号召，迅速行动，周密部署，全民动员，掀起了“四清理”工作的热潮，经过大半年的努力顺利完成了“四清理”任务，通过市有关部门的检查验收，并取得了较好的成绩，全镇共清理违法搭建1594宗、13.48万平方米，清理禽畜养殖业331宗、1.69万头，清理无证照经营514宗，清理违法用地39宗、807.56亩。

【农村建设】 2005年，望牛墩镇按照中共十六届五中全会提出的建设社会主义新农村的号召，积极落实各项“三农”措施，农村工作取得了新进展。农业生产稳定，农民稳步增收。望牛墩镇进一步调整种植结构，积极引导农民转种高产值作物，2005年蔬菜种植面积1800多亩，同比增长20%；花卉面积680亩，同比增长5%；积极实施科技兴农战略，适时举办各类型的农业技术培训班和研讨会，积极推进农业机械化，坚持每年举办农业机械化现场演示会，为推广先进农业机械技术应用构建了平台；实施食品放心工程，切实加强农产品质量检验检测体系建设，狠抓农产品质量安全管理；农民人均纯收入逐年增加，至2005年底，居民储蓄存款余额15.23亿元，同比增长16.31%，农村人均纯收入7500元，同比增长12.82%。农村改革稳步推进，集体经济不断壮大。望牛墩镇根据市股份制改革工作的要求，结合实际，稳步推进股份制改革工作，全镇21条村已完成了股份制的固化工作，成立了21个股份经济联合社、21个股份经济合作社。各村集体经济稳步增长，2005年村组两级集体总收入8636万元，增长6.5%，成功战胜了百年一遇的洪水，农田水利设施进一步完善。2005年6月，发生了百年一遇的大洪水，望牛墩镇非常重视，早行动、早宣传、早防范、早部署，镇领导始终坚持在抗洪救灾第一线，与全镇人民一道并肩作战，使损失减至最低。灾后，镇迅速成立了救灾复产领导小组，指导各村迅速做好救灾复产工作，及时向3272户农户发放了85.9万元救灾复产资金，帮助农户早日恢复生产。同时，针对水利农田设施的不足，迅速做好了水利建设规划，并争取到市有关部门的支持。

【“平安望牛墩”工程】 2005年，望牛墩镇突出抓好信访工作，化解人民内部矛盾。在原有的信访网络基础上，进一步成立了望牛墩镇社会矛盾纠纷调处领导小组和处理拖欠工程款、拖欠征地款及劳资纠纷领导小组，按守土有责的原则，层层落实责任，并将维护社会稳定作为各部门和各村年终考核的重要依据，与干部报酬和晋升挂钩。狠抓社会治安综合治理，维护社会稳定。坚持严打保平安，始终保持对各类严重刑事犯罪的高压态势，严厉打击有组织犯罪、带黑社会性质团伙犯罪和流氓恶势力犯罪、“双抢”犯罪和严重暴力犯罪，针对社会治安管理中存在的薄弱环节，成立了防暴组，配备专门人才、专门装备和进行专门的训练，专门应对各类突发事件和群体性事件。重新规划了全镇派出所的设置，增加警力，加大设备投入，对各村治保会实行双重管理。强化出租屋和流动人口管理，形成对违法犯罪高危人群的有效监控。抓好安全生产，确保人民生命财产安全。经常性开展消防安全大检查，重点加强公共场所、娱乐场所的检查，整顿和关闭不符合安全要求的“三小”场所。抓好危化品专项整治，加强对使用易燃易爆、危险化学品的企业的安全检查，对企业从业人员进行安全生产培训，加强对危险品运输企业、车辆、从业人员的监督管理，确保危险品运输安全。深入开展扶贫济困活动，扩大社会保障覆盖面。继续实施一对一帮扶，积极开展节日慰问，共向397户贫困家庭发放慰问金及礼品折合人民币20多万元；认真解决“低保”家庭子女读书难的问题，全年为251户、319名学生发放助学金16.64万元；及时发放最低生活保障金，市、镇、村三级共发放202.99万元，保障了414户、1148人的基本生活；深入推进农（居）民基本医疗保险和农民养老保险制度；农民就业和再就业工作不断推向深入；深入开展残疾人就业保障金征收工作，共征收残疾人就业保障金约66万元。加强人口与计生管理，稳定低生育率。认真贯彻落实《人口与计划生育法》和省市计生工作精神，抓好孕前管理和季度妇检，重点抓好流动人口计划生育管理服务，做到流动人口与当地人口的计划生育“同宣传、同管理、同服务、同考核”，较好地完成了各项工作任务，并受到市的好评。

【文化教育】 2005年，望牛墩镇积极做好联合办学的规划、选址与协调工作，结合实际，分步骤、按规划推进。加大文化教育投入，文化教育事业再创辉煌，望牛墩中学2005年中考连续获得“21年好”的佳绩。

【政风建设】 2005年，望牛墩镇政风建设力度不断加大，服务意识、民主意识和法律意识不断增强。坚持依法行政，积极转变政府职能，进一步建立健全了科学民主决策机制，全面贯彻落实了《六项制度》，机关效能得到进一步提高，干部队伍的服务意识、民主意识和法律意识进一步增强；继续加大行风评议力度，重点抓好了纠正医药购销中的不正之风和减轻农民负担工作；进一步完善了政务公开、村务公开、财务公开等制度，严格执行公开招投标及政府采购制度，从源头上防治腐败。

（梁丽英）

**附：2005年东莞市望牛墩镇党委、人大、政府领导名录**

镇委书记：张伟华（3月离任）
　　　　　邓流文（3月到任）
镇委副书记：叶孔新　梁寿如
　　　　　　李志雄（7月到任）

镇委委员：谭叙棉　谭树棠　伦宝明
　　　　　李志雄（7月离任）
　　　　　周近有　陈玉平（12月离任）
　　　　　梁裕英（12月离任）
　　　　　卢广新　袁雪明（3月到任）
镇人大主席团主席：张伟华（3月离任）
　　　　　　　　　邓流文（3月到任）
镇人大主席团副主席：谭叙棉
镇　长：叶孔新
副镇长：谭树棠　伦宝明　周近有
　　　　陈玉平

## 2001—2005年望牛墩镇主要经济指标表

| 指标＼年份 | 2001 | 2002 | 2003 | 2004 | 2005 |
|---|---|---|---|---|---|
| 户籍人口（人） | 41450 | 42070 | 42477 | 43119 | 43829 |
| 外来暂住人口（人） | 23137 | 23488 | 29814 | 37471 | 42885 |
| 面积（平方公里） | 30 | 30 | 30 | 31.57 | 31.57 |
| 国内生产总值（万元） | 32823 | 39186 | 47200 | 106086 | 128396 |
| 工业总产值当年价（万元） | 85408 | 105000 | 128210 | 153989 | 203265 |
| 农业总产值当年价（万元） | 5766 | 6162 | 5970 | 6060 | 5644 |
| 总用电量（万千瓦时） | 26893 | 31188 | 30560 | 35616 | 41035 |
| 全社会固定资产投资总额（万元） | 11395 | 24445 | 34520 | 44216 | 65297 |
| 社会消费与零售总额（万元） | 7500 | 8016 | 8657 | 9869 | 11655 |
| 外贸出口总额（万美元） | 4717 | 4624 | 5122 | 6494 | 7310 |
| 实际利用外资（万美元） | 1601 | 1705 | 2325 | 3309 | 4871 |
| 镇级可支配财政收入（万元） | 7680 | 8750 | 9123 | 9850 | 12900 |
| 各项税收总额（万元） | 3515 | 5762 | 6443 | 8910 | 11815 |
| 金融机构各项存款余额（万元） | 115362 | 126510 | 154880 | 183080 | 210574 |
| 城乡居民储蓄存款余额（万元） | 85601 | 96599 | 113101 | 130940 | 152299 |

# 麻涌镇

【概况】 麻涌镇位于东莞市西北部，东距东莞市区22公里，西距广州市区29公里，南临珠江口内狮子洋。全镇总面积84平方公里，全镇人口11万人，其中户籍人口7万多人，外来暂住人口4万人，下辖13个村委会，2个社区居委会。2005年，全镇实现国内生产总值37.6亿元，增长28.26%；工业总产值（当年价）195亿元，增长17.07%；税收总额5.6亿元，增长33.24%；镇级可支配财政收入2.3亿元，增长40.57%；金融机构各项存款余额28.3亿元，增长16.9%。

【城市建设】 2005年，麻涌镇坚持规划先行，进一步完善全镇总体规划，制定片区协调规划，把全镇划分为中心片区、漳澎片区、鸥槎片区和大华南片区四部分，使城市功能分区更加明确，空间布局更为合理。投入600多万元完成中心区、新沙工业基地等6个控制性详细规划，规划面积达2721公顷。全面推进城市重点工程建设，筹资5000万元，重点完成了新沙路延长线、中麻公路西延线扩建、沿江东路及文化广场景观改造等工程，工商分局办公大楼、国土测绘大楼、漳澎派出所、法庭办公楼等工程正加紧建设；筹资1750多万元，建设和改造电网工程13项，建设新沙路、麻涌大道西延线、省粮简易路、西部干道进港路段等供水管网，城市配套功能进一步完善。同时，结合“商贸东莞”工程的实施，引导社会资金参与镇中心区的房地产开发、商贸业发展等，推进海滨花园二期、椰林“香飘四季”商务公寓、中豪商场等项目建设和赞新欢购物广场的开业，增强了镇中心区集聚能力。

【招商引资】 2005年，麻涌镇进一步增强招商引资的主动性，加大宣传推广力度，积极参加国内外各种投资推介会，加强与各类投资推广机构的交流和合作，提高服务质量，促进招商引资工作取得新突破。全年共引进外资项目35宗（含增资），合同外资金额15967万美元，实际利用外资金额11847万美元，增长34.56 %；引进内资项目32宗，同比增加12宗，合同计划投资额47044万元，增长165.93%，实际利用国内资金总额30043万元。中国南玻绿化能源产业园、赛格柏狮电子公司、康师傅等项目相继上马，产业聚集效应明显，吸引了更多相关产业的配套企业到麻涌镇投资。

【民营经济】 2005年，麻涌镇大力扶持民营经济发展，不断提高服务水平，优化发展环境，积极引导企业加大科技创新力度，培育自主技术和自有品牌，使民营经济实力增强、质量提高。至2005年底（下同），全镇私营企业及个体工商户登记注册总数达2905户，同比增长19.30%；民营注册资金4.84亿元，同比增长18.27%。民营企业工业产值同比增长14.90%，增速位居各类型经济之首。规模以上的民营工业企业共有30户，占全镇规模以上工业企业总户数的46.87%，同比增加4户。企业科技含量进一步提高。全年新增省高新技术企业3家，省民营科技企业4家，市民营科技企业2家。至2005年底，全镇已拥有省高新技术企业6家，省级民营科技企业9家，市级民营科技企业15家。同时，企业争创名牌产品取得成效，其中，奇声电子有限公司和奥来克电子有限公司的小型组合音响荣获“省名牌产品”称号，奇声组合音响获“国家免检产品”称号。

【农村工作】 2005年，麻涌镇把解决“三农”问题摆在更加突出的位置抓紧抓好。加强村级班子建设，顺利完成了第三届村（居）委会换届选举工作，优化了农村领导班子的年龄和文化结构。继续深入实施《麻涌镇扶持农村发展的措施》，村级经济发展势头良好。全镇14个村（社区）村组两级集体纯收入2.3亿元，同比增长23%；村组两级净资产总额11.1亿元，同比增长12%；资产负债率16.53%，同比下降1.08%。进一步加大支农力度，投入800多万元加快筑闸联围等水利工程建设，投入446万元扶持麻一、麻三、东太、漳澎等自然村通路工程，开通镇内公共汽车，实现“公汽进村”，进一步改善了农村生产生活条件。加强农业信息咨询和技术服务，开展各类农业技术培训班，培训农民达800多人（次），促进了农民种植技术的提高。进一步加强农村管理体制改革，顺利完成全镇14个村（社区）的股份合作制改革，完成麻二村的“村改居”试点工作，促进农民向市民转变。

【抗洪救灾】 2005年6月下旬，面对超百年一遇的洪潮袭击（最高水位为：6月24日2.62米），东莞市委副书记、市长刘志庚，东莞市委副书记刘树基，东莞市副市长李小梅等市领导亲临现场指挥，麻涌镇采取果断有效的措施，镇财政拨出700多万元支持各村防汛抗洪，调动全镇干部群众积极投入到防汛抗洪第一线，共同抗击洪潮，重点堤围没有出现缺口，没有出现人员伤亡，受灾群众得到妥善安置，灾害造成的损失减至最低。

【社会管理】 2005年，麻涌镇以“四清理”工作为抓手，全面提高社会管理水平。共清理违法搭建物1259宗24.2万平方米，完成100%；清理养殖场164个，清理生猪33899头、家禽19600羽，完成100%；对不符合手续条件的343亩违法用地已全面复耕、复绿；取缔无证照经营户182户，立案查处53宗，无证照经营率下降为2.4%。加快城市亮化、绿化、美化建设，市容市貌、环境卫生有了显著改善，城市形象进一步提升，促进了社会经济协调可持续发展。

以实施“平安东莞”工程为契机，加强社会治安综合治理。加大治安管理投入力度，全年投入1600多万元作为维稳综治经费，同比增长25.4%。加强治安工作软硬件建设，推进治安群防网络建设。大力打击各类违法犯罪活动，一年来共破刑事案件135宗，抓获犯罪嫌疑人158人，打掉团伙15个，抓获团伙成员56人。健全流动人口和出租屋管理中心职能，设立了村级流动人口和出租屋管理服务站，进一步强化对流动人口和出租屋的管理。

深入实施“创业东莞”工程。全年共投入100万元加强就业创业工作，新成立7个村级劳动服务站，举办技能培训班和企业管理创业培训班19期，免费推荐就业1416人次，其中558人经推荐成功就业。

加强人口与计划生育管理，有计划地控制了人口增长。全镇户籍人口出生率为8.81‰，同比减少0.25个千分点，计划生育率完成93.77%，同比增加1.67个百分点，被市人民政府评为计划生育先进镇。

【创建省卫生镇】 2005年，麻涌镇启动创建广东省卫生镇工作，掀起“创卫”工作热潮。以“治脏、治乱、治差”为突破口，重点开展除“四害”、防流感、狠抓城镇环境卫生治理工作。加大卫生意识宣传教育力度，提高市民的卫生意识。采取有效措施控制乱搭建、乱张贴、乱摆卖、乱拉挂、乱停放和乱丢垃圾等“六乱”现象和整治各类违章广告。加快完善环卫基础设施，建设生活垃圾压缩转运站。创卫工作按目标要求进行。

【社会保障】 2005年，麻涌镇不断完善社会保障体系，各险种参保人数达16多万人次。落实最低生活保障线，已为817户1686人办理了“低保”，全年共发放保障金224.5万元，并对272个低保家庭的463名子女发放助学金40多万元。关心社会弱势群体，积极开展“千千扶千户”活动，共帮扶低保户、特困户、五保户、孤老烈属、特困残疾人等社会弱势群体近1000户次，帮扶金额60多万元。

【文化建设】 2005年，麻涌镇积极发挥“中国曲艺之乡”、《香飘四季》原创地等优势，深入挖掘水乡文化底蕴，以举办第二届水乡文化体育艺术节为契机，通过开展首届“麻涌杯”龙舟邀请赛、“香飘四季水乡情”美食节、新时代粤曲创作大赛、乡音乡情渔歌粤曲演唱、庆“七一”永葆共产党员先进本色专题文艺晚会、篮球、象棋、美术比赛等活动，使传统文化与现代文明交相辉映，增强城市的文化魅力。加大对历史文物的保护和开发力度，修缮了大步观音庙及东壁学社、麻一“白鹤榕荫”等，文化遗产得到进一步的保护。

【创建省教育强镇】 2005年，麻涌镇以“创建省教育强镇”为契机，大力实施科教强镇战略，全年投入教育经费4390万元，完善各中小学的教学设施，增设图书阅览室、功能室和活动场所，办学条件得到进一步改善。全镇中小学共有图书阅览室20个、电教室10间、电脑室20间，电脑987台。加强教师队伍建设，提高教师福利待遇，调动广大教职工的积极性。大力推进素质教育，探索教研新路子，教育质量有了进一步提高。全年义务教育完成率达100%，普高阶段教育升学率达94.9%，共有652人被普通高校录取，其中267人被本科院校录取，每万户籍人口升大学比例和升本科比例分别为93.78和38.41，分列全市第三位和第四位。优化教育资源配置，加快小学联合办学和中学布局调整进程，计划新建或扩建中小学5所，把现有的15所小学调整为6所，5所中学调整为3所，力争学校硬件指标达省、市一级学校标准。

【基层党建】 2005年，麻涌镇坚持党要管党、从严治党的方针，紧密联系实际，全面推进党的思想建设、组织建设和作风建设，获得全市党的建设先进奖。通过举办领导干部读书班、法律法规知识培训班、预防职务犯罪法制教育讲座、三纪教育培训班等，进一步提高党员干部的综合素质。把“十百千万”干部下基层驻农村暨“理想、责任、能力、形象”教育活动和保持共产党员先进性教育活动有机结合起来，通过教育活动锻炼了干部，提高了管理水平，促进了经济发展。特别是在保持共产党员先进性教育活动中，注重加强组织领导、强化宣传工作、发挥领导干部的带头作用、发挥党员的标杆作用，圆满完成了三个阶段共13个环节的工作，并不断创新载体，通过开展党旗飘扬革命电影月活动、“与麻涌一起成长”征文比赛、革命歌曲合唱比赛等，使教育活动富于群众性和实效性。加强基层党组织建设，积极探索农村党组织设置改革工作，已完成了7个符合条件的党组织的党总支设置工作，新组建“两新”党组织5个。进一步落实党政领导班子成员党风廉政建设岗位职责，顺利完成了公务用车货币化改革，把党风廉政建设和反腐败斗争不断引向深入。（薛幼东）

**附：2005年东莞市麻涌镇党委、人大、政府领导名录**

镇委书记：陈志伟

镇委副书记：邓流文（3月离任）

莫伟权　袁政军　陈旭林
镇委委员：陈志伟　邓流文（3月离任）
莫伟权　袁政军　陈旭林
何云航　郭佳荣　陈文龙
赖剑云　祝永欣　陈章松
李杰雄　薛幼东　杜学民
镇人大主席团主席：陈志伟
镇人大主席团副主席：郭佳荣
镇　长：邓流文（3月离任）
莫伟权（3月到任）
副镇长：何云航　陈文龙　赖剑云
祝永欣

## 2001—2005年麻涌镇主要经济指标表

| 指标＼年份 | 2001 | 2002 | 2003 | 2004 | 2005 |
| --- | --- | --- | --- | --- | --- |
| 户籍人口（人） | 67132 | 68416 | 68730 | 69521 | 70041 |
| 外来暂住人口（人） | 22749 | 29000 | 27372 | 31085 | 39981 |
| 面积（平方公里） | 84 | 84 | 84 | 84 | 84 |
| 国内生产总值（万元） | 127061 | 173557 | 234612 | 292911 | 375700 |
| 工业总产值当年价（万元） | 428018 | 717295 | 1185175 | 1667908 | 1952722 |
| 农业总产值当年价（万元） | 17748 | 15861 | 15672 | 15494 | 15521 |
| 总用电量（万千瓦时） | 60577 | 89274 | 104677 | 114163 | 144667 |
| 全社会固定资产投资总额（万元） | 47321 | 60431 | 138910 | 155109 | 154307 |
| 社会消费与零售总额（万元） | 36918 | 42244 | 46680 | 49989 | 56487 |
| 外贸出口总额（万美元） | 24565 | 29803 | 40474 | 44562 | 52208 |
| 实际利用外资（万美元） | 4651 | 5142 | 6969 | 8804 | 11847 |
| 镇级可支配财政收入（万元） | 9858 | 12843 | 15155 | 16348 | 22981 |
| 各项税收总额（万元） | 14384 | 24648 | 29630 | 41912 | 55808 |
| 金融机构各项存款余额（万元） | 135932 | 157870 | 247977 | 241990 | 282992 |
| 城乡居民储蓄存款余额（万元） | 95662 | 111000 | 134040 | 150198 | 174636 |

# 石碣镇

【概况】石碣镇位于东莞市北部，地处东江河畔，东接石龙古镇，西临东莞市区，南距深圳78公里，北离广州62公里，是广东南北运输干线上的交通重镇。石碣镇总面积36平方公里，户籍人口4万多人，外来暂住人口16.8万人。下辖14个村委会、一个居民委员会和76个村民小组。石碣镇是明末民族英雄袁崇焕的故乡。

在东莞市2005年度总结表彰大会上，石碣镇荣获2005年度镇区工作量化考核综合总分一等奖、文化建设达标镇、经济建设单项奖、镇区生产总值人均水平第二名，镇区外贸出口总额第二名、人均第一名等奖项。

【经济实力增强】2005年，石碣镇实现国内生产总值74亿元，同比增长25%。完成工业总产值221.7亿元，同比增长30%。上交税收7亿元，同比增长24%。各项存款总额达87亿元，比上年底增长40%。镇本级可支配财政收入2.9亿元，同比增长25.2%。镇、村、村民小组三级集体总资产达50亿元，同比增长7.7%。村、村民小组两级总收入达5.2亿元，同比增长8.9%；纯收入达3.1亿元，同比增长8.1%。农村人均收入达10140元，同比增长8.1%。个体私营企业税收总额2.48亿元，占全镇税收总额的35.4%。已签订利用外资协议30宗，协议规定外商投资额5800多万美元，实际利用外资10799万美元。全镇出口总额37.3亿美元，同比增长10%，人均出口总额居全市镇区第一位。

【荣获“中国电子信息产业名镇”称号】石碣镇是东莞市数码产业重镇，广东省专业技术创新试点镇，国家电子信息产业基地之一。早在20世纪80年代初，石碣镇就确立了建设以电子工业为主体的江滨花园式现代工业城镇的发展目标。经过20多年的持续发展，全镇现有电子企业450多家，其中外资电子企业190多家，民营电子企业260多家，有14家是海外电子上市公司。2005年，在石碣生产的电脑资讯产品品种达110种以上，配套率90%以上，石碣已成为部分电脑资讯产品的国际生产基地，有9种产品产量居世界第一位，5种产品产量居世界第二位，1种产品产量居世界第三位。石碣镇电子信息产业引进外资占全镇引进外资的70%以上，电子信息产业产值占全镇工业总产值的75%以上，电子信息产业外贸出口占全镇外贸出口总额的80%以上，电子信息产业已成为石碣的龙头产业、支柱产业、品牌产业。为推动电子信息产业上规模、上层次、上水平、上效益，进一步增强配套能力，巩固支柱地位，石碣镇积极向中国电子商会申请授予“中国电子信息产业名镇”称号。2005年8月16日，石碣镇荣获“中国电子信息产业名镇”称号授牌仪式隆重举行。国家信息产业部，国务院发展研究中心，中国电子商会，东莞市委书记、市人大常委会主任佟星以及省、市相关部门单位的领导出席了授牌仪式。

【打造江滨花园式现代城镇】2005年，石碣镇共投入4.5亿元用于城市建设。东江大堤三期、四期堤围达标基本完成，政文路、东风路、明珠路全面升级改造。同时，共投入3000多万元完善道路、供电、供水、通信等基础设施建设，城市基础设施全面提升。2005年，全镇共有程控电话65238门，总供电量达15亿度，日供水能力达16.8万吨。

【打造珠三角最大的蔬菜出口批发市场】2005年，石碣镇积极推广“公司＋协会＋农户”和“专业协会＋大客户带动＋展销会”等模式，发挥蔬菜龙头企业以及省级无公害蔬菜标准化示范区的示范作用和辐射作用，推进蔬菜产业化经营，巩固石碣镇在蔬菜出口方面的龙头地位。每日经石碣分级加工供应香港市场的蔬菜达600多吨，成为全省最大的供港蔬菜基地。发动17家蔬菜流通户成立东莞市润丰果菜有限公司，并筹资1亿多元兴建占地167.63亩的润丰国际蔬菜交易中心，打造珠三角地区专业的蔬菜出口平台。

【创建文化建设达标镇】2005年，石碣镇按照文化建设达标镇的评选标准建设文体设施，投入文体活动经费，确保文体活动顺利开展。加强文化人才的培训和引进工作，优化了文化队伍。投入近500万元资金，建设袁崇焕纪念园新景点，进一步丰富袁崇焕纪念园的文化底蕴，打响袁崇焕品牌。举办戏剧专场演出、篮球赛、庆祝教师节暨答谢捐资办学专场文艺晚会等形式多样的文体活动，丰富群众的文化生活。推动唐洪、石碣、鹤田厦三条村创建文化建设达标村，2005年，石碣镇成功创建市文化建设达标镇。

【创建省教育强镇】自2001年提出创建省教育强镇的目标以来，石碣镇不断加快教育改革步伐，加大教育投入，镇财政对教育投入的年增长率达30％以上。该镇全力整合教育资源，推动小学联合办学，新建第三小学，扩建第二小学，将职业中学扩建成一所综合性高中。积极创建等级学校，镇中心小学成功创建省一级学校，石碣第二小学和中心幼儿园成功创建市一级学校（幼儿园），镇成人文化技术学校成功创建市级示范乡镇成人文化技术学校。启动名师、名校长、名校工程，公选联办小学正副校长。动员全社会捐资办学，营造尊师重教的氛围。2005年，石碣镇荣获“广东省教育强镇”称号。

【创建“全国亿万农民健康促进行动”广东省示范镇】2005年，石碣镇按照《全国亿万农民健康促进行动规划》的要求，认真组织实施“全国亿万农民健康促进行动”工作，帮助农民掌握基本卫生知识，形成健康观念，建立科学文明健康的生活方式，提高农民健康水平。镇成立由镇长担任组长，主管卫生的党委委员担任副组长的“行动”领导小组，设立专门的督导室，并将“行动”目标纳入各村、各部门单位工作计划，确保工作扎实开展。2004年和2005年两年，镇拨款800多万元用于创建“行动”示范镇专项经费和构建公共卫生“三大体系建设”经费。同时，通过广播电视、报纸、宣传栏、健康教育处方、小册子等媒介开展健康信息传播和核心信息宣传，并在全镇各中小学开设健康教育课，将健康教育纳入素质教育的重要内容，医院、妇联、计生等部门还经常到社区、学校、工厂开展专题讲座、技能培训、健康咨询等健康教育“面对面”活动，群众的健康行为和大卫生观念逐渐形成。2005年，全镇农村居民平均健康知识知晓率达92.1％，健康行为率达94.1％。通过两年的探索和努力，2005年，石碣镇被评为东莞市首个“全国亿万农民健康促进行动”广东省示范镇，并被省推荐参加全国示范镇考核评选。

【开展保持共产党员先进性教育活动】2005年，石碣镇保持共产党员先进性教育活动从7月7日开始，经过4个多个月的学习教育，较好地完成了中央、省、市规定的各项任务，取得了明显的成效。为了搞好先进性教育活动，镇委成立了保持共产党员先进性教育活动领导小组和办公室。全镇79个党组织、2100多名党员积极参加教育活动，认真完成学习动员阶段、分析评议阶段和整改提高阶段的“规定动作”，并结合自身实际，积极创新“自选动作”，组织开展了一系列形式多样的主题实践活动。先进性教育活动期间，全镇每个学习单位平均学习时间超过43小时，全镇党员共撰写学习心得2000多篇，各学习单位共开展谈心活动13000多次、征求到各种意见和建议2000多条、完成整改措施730多项、为群众办实事160多件，并新组建了“两新”党组织9个，新建了流动党员登记站18个，有50多人申请入党，工作效率和绩效明显提升。在全镇各支部开展的群众满意度测评中，群众满意度达98.3％。通过先进性教育活动，全镇党员素质进一步提高、服务意识进一步增强，基层组织建设进一步巩固，机关作风进一步改进，各项事业进一步推进。

【开展“四清理”】2005年，石碣镇按照市委、市政府的部署，分别召开了“四清理”动员大会、集中整治阶段誓师大会及“四清理”工作现场会，成立了镇村两级“四清理”工作领导小组和专项小组，与各村（居）委会签订了《石碣镇开展“四清理”工作责任书》，制定了四个专项清理工作的实施方案，加大舆论宣传和社会监督力度，在全面调查摸底的基础上，大力开展集中整治，坚决拆除全镇范围内各类违法搭建物，全面清理违法用地，全面清理畜禽养殖业污染，最大限度地清理取缔无证照经营，较好地完成了“四清理”的各项任务，优化了社会环境。通过“四清理”，石碣镇已自行拆除违法搭建物2826宗，面积231261平方米；处置违法用地158宗，完成复耕（绿）430亩，清理无证照经营3149户，督促办证2117户；清理猪场190个，猪只11024头，清理家禽养殖场26个、家禽167160羽。

【建设平安石碣】石碣镇高度重视推进“平安东莞”工程，建设平安石碣。2005年，镇村两级共投入5200多万元治安经费，全镇聘请义务治安信息员600多人，建立封闭半封闭小区150个，先后开展了打击“两抢一盗”、打黑除恶、打击涉命犯罪等专项行动，查破刑事案件547宗，查处治安案件478宗，打击犯罪团伙63个，抓获各类违法犯罪人员1400多人，挽回经济损失860多万元。同时，妥善处置涉日游行、摩托车司机冲突等群体性事件，及时化解各种矛盾，维护社会稳定。依法维护外来工合法权益，全年共处理劳资纠纷1100多宗。

【强化经济管理】2005年，石碣镇加强会计核算中心的管理，面向社会公开招聘税务协管员，进一步完善管理机构，充实管理力量。继续实行财政“三集中”管理，进一步加强收支两条线管理，有效堵塞各种漏洞。组织开展财务大检查，使纳入“三集中”管理的单位财务管理更科学、更规范。加强对镇办企业的财务管理，不断完善财务管理制度。完善政府采购制度和集中支付制度，实施“阳光财政”，节约行政费用开支。2005年，共对27个项目实行政府采购，采购金额1054.73万元，节约资金146.8万元。充分发挥镇经管站作用，加强对村和村民小组会计委派人员的培训，提高他们的业务水平。强化农村集体资产的管理和监督，进一步规范全镇各村、村民小组的财务管理，推动农村财务管理走上制度化、规范化的轨道。

【完善政务管理】2005年，石碣镇按照《石碣镇政风建设实施方案》，扎实开展政风建设。认真实施《行政许可法》，完善相关的配套实施制度，促进依法行政。

不断转变政府职能，切实把政府职能转变到“经济调节、市场监督、社会管理、公共服务”上来。认真落实岗位责任制，提高工作效率和服务质量。不断加强公务员队伍建设，提高公务员队伍的综合素质。加强“一个窗口”办证和服务工作，形成高效、简便、廉洁的办事机制，2005年，“一个窗口”办公室共办理430多个牌照，为群众做了2100多件好事。充分发挥机关效能投诉中心、镇长信箱和镇信访办的作用，切实解决群众反映的热点、难点问题。

【推进农村工作】2005年，石碣镇顺利完成了第三届村（居）委会换届选举工作，并组织新一届村（居）书记、主任到市进行业务培训，切实提高村干部的综合素质。抓好“十百千万”干部下基层驻农村，确保选派工作取得实效。循序渐进地推进农村股份合作制改革，2005年下半年，已进入股权证制发阶段。加大扶持后进村发展力度，帮助后进村发展经济，促全镇各村平衡发展。继续开展“千干扶千户”活动，切实解决困难户的实际生活困难。大力实施“创业石碣”工程，加强农村就业再就业工作，对有就业愿望的农民免费培训，促其就业再就业，增加群众收入。2005年，共举办各类培训班19期，免费培训471人次，安排606人就业。深入开展“爱国、守法、诚信、知礼”现代公民教育活动，全面提高广大群众的思想道德素质。完善劳动安全、劳动仲裁和工资支付监控等制度，切实维护外来员工的合法权益。认真排查各种不稳定因素，发现苗头，及时解决，切实为群众办好事办实事。（张昌忠）

**附：2005年东莞市石碣镇党委、人大、政府领导名录**

镇委书记：邓浩全
镇委副书记：刘始团　卢淦波　黎灿辉
镇委委员：邓浩全　刘始团　卢淦波
黎灿辉
何万新（12月撤职）
陈杨柱　刘锦松　叶仲球
梁锡坚　叶景良　袁灿怀
黄子成（7月到任）
袁莉雯
游振强（12月到任）
镇人大主席团主席：邓浩全
镇人大主席团副主席：
何万新（12月撤职）　钟灿桥
镇　长：刘始团
副镇长：刘锦松　叶仲球　梁锡坚
叶景良

## 2001—2005年石碣镇主要经济指标表

| 指标＼年份 | 2001 | 2002 | 2003 | 2004 | 2005 |
|---|---|---|---|---|---|
| 户籍人口（人） | 36799 | 37367 | 38150 | 39197 | 40674 |
| 外来暂住人口（人） | 138000 | 120295 | 130000 | 128691 | 181621 |
| 面积（平方公里） | 36 | 36 | 36 | 36 | 36 |
| 国内生产总值（万元） | 243742 | 340125 | 464076 | 590604 | 738255 |
| 工业总产值当年价（万元） | 698959 | 964563 | 1311806 | 1705348 | 2216950 |
| 农业总产值当年价（万元） | 7135 | 7139 | 7175 | 6150 | 6375 |
| 总用电量（万千瓦时） | 73176 | 97582 | 108156 | 130686 | 147178 |
| 全社会固定资产投资总额（万元） | 35000 | 54750 | 99231 | 141217 | 179438 |
| 社会消费与零售总额（万元） | 53046 | 72142 | 84186 | 98497 | 113567 |
| 外贸出口总额（万美元） | 103445 | 185044 | 220559 | 339545 | 356309 |
| 实际利用外资（万美元） | 6672 | 6820 | 7813 | 11293 | 10799 |
| 镇级可支配财政收入（万元） | 13228 | 17318 | 20179 | 23456 | 29367 |
| 各项税收总额（万元） | 22769 | 41414 | 46506 | 56388 | 69617 |
| 金融机构各项存款余额（万元） | 374721 | 468095 | 577712 | 620309 | 867871 |
| 城乡居民储蓄存款余额（万元） | 227359 | 289696 | 351735 | 415434 | 519450 |

# 高埗镇

【概况】高埗镇地处珠三角经济开放区，位于东莞市北部水乡，紧靠市中心区。东江支流三面环绕，水陆交通便利，距离107国道1公里、东莞东站45公里、虎门港35公里，广园东快速路接驳道路、市环城路北环路段穿越镇内。全镇面积30多平方公里，下辖1个居委会，18个村委会。户籍人口3.66万人，外来暂住人口8.9万多人。2005年，全镇生产总值36.7亿元，比2004年（下同）增长29.8%。镇本级可支配财政收入2.06亿元，增长15.8%。全镇各项税收总额3.5亿元，增长37.9%。其中，国税2.4亿元，增长41.5%；地税1.1亿元，增长30.1%。固定资产投资14.3亿元，增长15.5%。金融机构各项存款余额34.3亿元，增长33.7%；总用电量10亿度，增长24.9%；总供水量2730万立方米，增长13.1%。在全市2005年度镇区领导班子工作实绩量化考核中，经济建设总分列全市第13名，税收增长速度列全市第8名。

【外资经济稳中有升】2005年，高埗镇新签外资企业项目53宗，其中，增资项目35宗。合同利用外资（新口径）6066万美元，增长168%。实际利用外资（新口径）3753万美元，增长22.8%。外贸出口保持强劲增长态势，全镇出口总额7.8亿美元（海关口径），增长59.6%，出口总值增长速度位居全市第1位，出口总量位居全市第15位。

【民营经济实力增强】2005年，高埗镇新增民营企业103家，同比增长119.2%，个体工商户1538户，同比增长152.6%。民营经济上缴税收1.46亿元，占全镇税收总额的41.8%。推动民营工业园建设，加大科技投入力度，积极培育“两自”企业。全镇拥有专利技术近60个，其中东莞高宝铝材有限公司拥有18项世界专利，被市科技局定为专利工作试点企业。东莞市裕隆鞋材有限公司研发的6项国际、国内专利技术，通过了省科学技术成果鉴定。高埗镇被评为民营科技企业发展先进镇。市工商联（总商会）会长、东莞振兴纸品有限公司总经理张玉其当选为全国劳动模范，这是全市民营企业家首次获得该项殊荣。

【第三产业加速发展】2005年，高埗镇零售业、酒店服务业发展较快。全镇超万平方米的购物广场有4家，中汇文华酒店被国家旅游局评为四星级酒店，投资1500多万元的珀丽酒店开业。房地产业启动发展，由民营企业出资开发的高豪花园已通过用地审批手续。展览、物流项目进展顺利，投资3000多万元，占地面积1.2万平方米的唯美陶瓷文化艺术展示中心建成对外开放，是全市23个大型博物馆之一。总投资2000多万元的高埗客运站第二期工程进入全面建设装修阶段。

【城市功能品位提升】2005年，高埗镇城市规划进一步完善。《东莞市高埗镇总体规划（2002—2020）》已通过市审批，在此基础上，突出抓好近期重点发展地区的控制性详细规划编制工作。先后完成镇内六个工业地块及四条主干道路升级改造的专项规划，充分发挥规划的先行指导作用，使城市规划进一步适应社会、经济、环境的发展需要。城市配套进一步完善。总投资30亿元、总装机容量108万千瓦的深南电（东莞）唯美电力有限公司首期工程已并网投产。投资6000万元的新自来水厂建成投入使用，全镇日供水量提高到11万吨。投资730万元，改造高埗大道，铺设全新的花岗岩人行道和沥青路面，完善道路绿化。投资540万元，改造莞潢路中、北段，将4车道扩建为6车道，并改造路灯、下水道、人行道。投资300万元，改造江城路，完成主车道、人行道、排水沟修复，铺设沥青路面，完善绿化、路灯等配套。投资250万元，改造高龙路的绿化景观、人行道和下水道。城市管理进一步完善。深入开展创建国家卫生镇活动，7个村创建成为省卫生村，全镇创建国家卫生镇工作已通过市检查考核，并申报省检查验收。完成“四清理”工作，通过市验收。全镇累计清理违法搭建物3724宗，面积38.8万平方米；累计清拆养殖场765户，面积24.1万平方米；累计清理无证照经营1480户；累计清理违法用地162宗，面积1226亩。

【社会治安综合治理】2005年，高埗镇共破获各类刑事案件306宗，破案率为36.6%，提高9.5%。抓获各类犯罪嫌疑人438人，打掉团伙28个，刑事拘留302人，呈捕235人。深入开展打击“两抢一盗”、打黑除恶等各项整治行动。建立健全流动人口和出租屋管理机制，堵塞治安隐患。推行半封闭式社区管理模式，全面增强基层治保会的战斗力。大力扫除“黄、赌、毒”，净化社会风气。加大信访工作力度，成立信访办，建立健全领导包案制度，集中处理了一批重访、缠访的信访案件。制定《高埗镇非正常上访应急工作预案》，加强对群体性突发事件的处理。2005年，高埗镇被市评为维护稳定及社会治安综合治理工作先进镇区。

【精神文明建设】2005年，高埗镇积极实施市委、市政府打造文化新城的战略，推动文化、教育、体育等事业全面发展。镇被省教育厅评为省教育强镇，镇中心小学被评为“省一级学校”，高埗中学、冼沙小学、东联小学和裕元幼儿园被评为“市一级学校”和“市一级幼儿园”。实施“五大工程”，着力打造“企业文化之乡”、“广场文化之乡”、“艺术教育之乡”。建成并完善了文化广场、亲水公园、文化广电服务中心大楼等文化设施。举办了“高埗镇传统龙舟竞赛”、“高埗镇首届体育文化艺术节”、“高埗镇首届读书节”等大型活动。在参加市级以上举办的各类文化艺术比赛中，共获得省级金奖、一等奖、三等奖各1项；市级金奖2项、银奖4项、铜奖5项。镇被市评为文化建设达标镇。低涌村、高埗中学、中心小学、东莞裕元制造厂被评为文化建设先进村（学校、企业），高埗村、上江城村被评为文化建设达标村。

【社会保障】2005年，高埗镇积极落实农（居）民医疗保险、农民基本养老保险、最低生活保障等社会保障措施。开展帮扶活动，共向271户689人最低生活保障线对象发放各类保障金85.5万元。在6、8月洪涝灾害中，向受灾困难群众发放185万元救济金。完善敬老院、村老人活动中心建设，为老人创造安享晚年的优良环境。积极开展再就业培训，提高广大群众的就业技能。

【农村工作】2005年，高埗镇村、组两级总资产12.74亿元，同比增长16.7%；总收入达1.78亿元，同比增长17.6%；纯收入1.19亿元，同比增长19.9%；农民人均纯收入9572元，同比增长7.7%。扶贫工作扎实推进。为欠发达村逐步解决“一保五难”问题，投入435万元，修建水泥路5.7公里，解决群众行路难问题。加强政策上的扶持和指导，不断增强欠发达村的造血功能。5个欠发达村已扭转资不抵债局面，其中，三联、凌屋村2个村已实现脱贫目标。凌屋村引进2家外资企业，村级集体总收入达700万元，增长460%。新联村组两级实现减债1302万元，资产负债率30%，减少31.6%；宝莲村实现减债90万元，资产负债率11.9%，减少12.2%；朱磡村组两级实现减债84.7万元，资产负债率24.9%，减少11.8%。农田水利建设工作扎实推进。投入2000万元，基本完成挂影洲堤围第三期4.8公里的建设工程，投入1660万元建设5.2公里的第四期工程。投入430万元建设芦村堤围达标整治第一期工程0.8公里。农村股份合作制改革工作扎实推进，在草墩、低涌、保安围3个试点村顺利完成农村股份合作制改革工作的基础上，在全镇范围内全面铺开工作。成立镇相关工作领导小组，制定实施方案，妥善处理好出嫁女的配股问题，基本完成农村股份合作制改革工作。

【党建工作】2005年，高埗镇坚持“党要管党，从严治党”的方针，大力加强党的建设，在全市各镇区量化考核中，党建工作列全市第一位。先进性教育活动取得明显成效，坚持边学边改边探索，建立保持共产党员先进性长效机制，党员素质明显提高，基层党组织建设明显加强，服务人民群众本领明显增强，各项工作得到明显促进，人民群众得到实惠。“十百千万”干部下基层驻农村活动取得明显成效，29名驻村干部深入基层，深入实际，努力把党在农村的各项方针政策落实好，帮助农村加强各项事业建设。驻村干部为基层和群众办好事、办实事，密切了党群、干群关系，锻炼了干部队伍。固本强基工程取得明显成效，顺利完成第三届村（居）委会换届选举工作，调整村委成员28名，新当选村委会成员18名，进一步优化了农村领导班子的年龄和文化结构。在冼沙村、低涌村、欧邓村和高文联合制造厂四个固本强基示范点顺利通过验收挂牌的基础上，继续推进示范点单位的创建工作，进一步推动基层党组织的规范化建设，努力实现领导班子好、党员队伍好、工作机制好、建设业绩好以及群众反映好等“五个好”。党风廉政建设取得明显成效，坚持标本兼治、综合治理，重点抓好落实党风廉政建设责任制。健全管理制度，加大查处违纪违法案件力度，逐步实现规范化和制度化管理。深入开展民主评议行风活动，不断促进工作作风的转变。执行政府采购制度，完成政府采购16宗，实际成交总额593万元，比预算金额节约105万元，节约率为15%。建设工程招标投标30宗，总中标价比总预算价下降6108万元，下浮40.4%。　（林　郁）

**附：2005年东莞市高埗镇党委、人大、政府领导名录**

镇委书记：郭惠良
镇委副书记：李运权（2月离任）
　　黄耀成（2月到任）
　　黄锦昌　杨石光
　　熊才安（5月到任）
镇委委员：郭惠良
　　李运权（2月离任）
　　黄耀成（2月到任）
　　黄锦昌　杨石光　熊才安
　　杨柏球　杜伟洪　李祥根
　　廖淑英　黄钱发　莫献来
　　陈树有　苏惠英
镇人大主席团主席：郭惠良
镇人大主席团副主席：黄锦昌　莫广华
镇　长：李运权（2月离任）
　　黄耀成（2月到任）
副镇长：杜伟洪　李祥根　黄钱发
　　莫献来　郑晓微

## 2001—2005年高埗镇主要经济指标表

| 指标 ＼ 年份 | 2001 | 2002 | 2003 | 2004 | 2005 |
|---|---|---|---|---|---|
| 户籍人口（人） | 33552 | 34176 | 35108 | 35627 | 36637 |
| 外来暂住人口（人） | 51988 | 61235 | 72316 | 80238 | 88532 |
| 面积（平方公里） | 30 | 30 | 30 | 30 | 30 |
| 国内生产总值（万元） | 125493 | 160997 | 213069 | 282716 | 366861 |
| 工业总产值当年价（万元） | 315593 | 417380 | 548279 | 707275 | 880125 |
| 农业总产值当年价（万元） | 14799 | 15343 | 15584 | 15588 | 15611 |
| 总用电量（万千瓦时） | 56100 | 57927 | 65842 | 80294 | 100285 |
| 全社会固定资产投资总额（万元） | 18950 | 67023 | 96240 | 123760 | 142941 |
| 社会消费与零售总额（万元） | 47600 | 59270 | 71770 | 79410 | 91936 |
| 外贸出口总额（万美元） | 16027 | 20366 | 35070 | 49283 | 78665 |
| 实际利用外资（万美元） | 1536 | 4836 | 5569 | 6633 | 6667 |
| 镇级可支配财政收入（万元） | 9438 | 11310 | 15389 | 17774 | 20576 |
| 各项税收总额（万元） | 5028 | 9025 | 13305 | 25449 | 35088 |
| 金融机构各项存款余额（万元） | 145982 | 179324 | 232679 | 256372 | 342677 |
| 城乡居民储蓄存款余额（万元） | 97783 | 126573 | 145546 | 179215 | 228604 |

# 洪梅镇

【概况】 洪梅镇位于东莞市西南部，2005年，全镇户籍人口20728人，下辖9个村委会和1个居委会，北距广州市35公里，南至深圳80公里，水陆交通便利。2005年，全镇生产总值10.24亿元，同比增长33.5%；工业总产值（当年价）24.07亿元，同比增长40.2%；镇本级可支配财政收入9830万元，同比增长28.4%；各项税收总额11139万元，同比增长64.7%，其中国税完成5807万元，同比增长72.8%，地税完成5332万元，同比增长56.7%。城乡居民储蓄存款余额5.81亿元，同比增长24.7%。获2005年度全市经济增长速度第三名。

【城镇建设】 2005年，洪梅镇加大城镇建设力度，全年建筑工程总投资36050万元，建筑面积53.40万平方米。投资450万元完成洪金路绿化灯光工程，使洪金路成为继洪梅大道后的又一景观大道。雍景豪园商住区及其配套商业项目鑫鹏购物广场、雍景豪园商业街等建成使用，成为镇中心区的一大亮点。占道经营、脏乱差等得到有效整治，8.7万平方米违法搭建物得到有效清理，市容环境明显改观，城镇秩序明显好转。洪梅第一小学和第二小学两所联合办学小学竣工，台玻华南玻璃有限公司、正腾工业园也相继竣工，城市功能日趋完善。在城镇绿化方面，全年投资共86万元，总绿化面积9万平方米。在城镇规划方面，先后共投资78.8万元分别编制了《洪梅镇中心区控制性详细规划》、《河西工业基地控制性详细规划》和《樱花台盈工业基地控制性详细规划》，总面积1408.9公顷，做到全镇规划建设用地控规全覆盖。

【外经贸】 2005年，洪梅镇提高招商引资的门槛，全年新签外资项目45宗，同比增长80%，其中增资项目36宗，合计协议利用外资17484万美元。新签的投资协议中有36宗为增资扩产协议，同比增长59%，增资合同金额15703万美元，占同期协议利用外资总额的89%，且新签项目的平均每亩用地投资额均在70万美元以上，引资质量及投资强度明显提高。台玻华南玻璃有限公司和正腾工业园建成投产。

2005年外贸出口额14595万美元，同比增长45.1%，其中三资企业8663万美元，比去年同期增长31.72%；来料加工企业5932万美元，同比增长60.29%，出口产品结构逐渐以机电产品为主，出口结构进一步优化。

【民营经济】2005年，洪梅镇民营经济实现工业总产值39705万元，同比增长21%，税收3100万元，约占全镇税收总额的28.5%，民营经济成为洪梅镇经济的一大亮点。新增民营企业5宗，预计投资总额3395万元；新登记个体户380户。至2005年有省民营科技企业1家，市民营科技企业5家，取得省驰名商标1家。商贸业也取得较大发展，新建成的大型零售企业鑫鹏购物广场投入营业。亚洲制药有限公司的“君泰”商标被省工商局评为著名商标，品牌企业取得历史性突破。为适应民营经济发展的需要，经过精心筹备，于2005年12月26日成立洪梅商会。

【农业生产】2005年，洪梅镇全年种植水稻面积4464.16亩，同比增加2165.56亩，亩产383公斤，总产量1709.8吨，其中早稻2094.79亩，晚稻2369.34亩；全年播种玉米面积630亩，亩产1000公斤，总产630吨；全年种植薯类130亩，亩产300公斤，总产39吨；合计粮食播种面积5224.16亩，粮食总产量2378.8吨，超额完成市下达的粮食任务。全年种植香（大）蕉面积9279亩，比2004年减少2053亩，平均亩产2200公斤，总产22380吨。全镇种植蔬菜面积181亩，播种面积543亩，亩产1000公斤，总产为543吨。

【防疫检疫】2005年，洪梅镇主要从以下三方面入手，一是坚持以禽流感、W疫、狂犬病免疫为重点，加强巡查监控，掌握免疫状况。对免疫水平不合格或超过免疫保护期的禽畜实施加强免疫，彻底消除免疫空白点。财政安排疫苗补贴资金15万元，为免疫工作提供资金保障。禽畜强制免疫注射的口蹄疫、禽流感免疫注射率均达到100%，其它如链球菌、猪瘟、猪丹毒、猪肺疫、狂犬病等免疫注射率达98%。财政安排16万元防疫物资储备专项资金，做到防患于未然。二是切实做好动物疫病监测工作，对畜禽养殖场、屠场、冻肉铺等进行抽样送检工作，堵截疫区畜禽及其产品流入，保证肉食安全。三是启动“东莞市动物防疫软件管理工程”，规范防疫管理。配置了“东莞市动物防疫管理软件”专用电脑、购买POS机和“动物防疫管理卡”等设施，把有关动物免疫、检疫、疫病监测、用药情况录入软件系统和管理卡，每户一卡，实行动物防疫检疫工作“一卡通”，进一步提高动物防疫管理水平，全年未发生禽流感、口蹄疫等重大疫病疫情。

【帮扶工作】2005年，洪梅镇积极开展对帮扶和“千干扶千户”活动，认真开展“十百千万”干部下基层驻农村活动，使扶贫奔康计划取得新进展，全镇累计获得市领导、挂钩扶贫单位及挂钩扶贫的兄弟镇、企业的帮扶资金20万元，其中获得对口市直（省属）单位援助资金17万元，获得对口企业援助资金3万元。共有410名干部先后参与了“千干扶千户”活动，其中市干部237人，镇干部173人；有329户困难户获得帮扶资助；市、镇两级干部共为困难户援助帮扶资金12.72万元；市、镇为困难户援助实物折合现金4万元，镇机关及各单位的公务员、单位负责人捐赠给镇扶贫基金8.65万元。二是继续抓好欠发达村债务化解，全年争取到市扶贫贴息贷款3100万元；在扶贫工业基地内新建工业厂房2.9万平方米，新引进企业12家；共化解各类债务7421万元，其中镇本级化解债务5662万元，村级化解债务1769万元。全年农村经济经济收入5027万元，同比增长8.4%，村级资产负债率同比下降0.1百分点。全镇6个欠发达村中已有1个村已解决了收不抵支问题，5个村解决了资不抵债问题。

【社会保障】2005年，洪梅镇社会保障工作取得实质性进步，参加养老保险人数8656人，征收养老保险费1346.67万元，同比增长34.89%，支付养老保险待遇300.78万元；参加职工基本医疗保险人数8701人，征收住院基本医疗保险费148.13万元，同比增长30.96%；参加工伤保险人数18076人，征收工伤保险费157.80万元，同比增长35.71%，支付工伤保险待遇143万元；参加失业保险人数8450人，征收失业保险费112.31万元，同比增长30.10%，支付失业保险待遇22.15万元；参加计生养老保险人数293人，征收基金40.51万元，发放待遇2.92万元；参加农民养老保险人数7124人，申领待遇2847人；参加农医保人数17384人，实现“应保尽保”。

【计划生育】2005年，洪梅镇全年完成市下达的三项人口计划指标，全镇出生人数202人，人口出生率为9.99‰，同比上升0.37‰；自然增长率4.55‰，同比下降0.51‰；计划生育率94.06%，比去年同期增加0.9%。全年户籍人口完成四项手术167例，其中结扎57例（纯女结扎14例），上环87例，妇检率为98%，全镇独生子女与纯生二女户投保率100%。同时洪梅镇抓好流动人口计划生育管理，建立流动人口计生卡册档案，落实流动人口已婚育龄妇女的计生工作，落实流动人口四项手术142例，其中结扎32例，放环96例。另外，全镇落实计划生育宣传教育，参加青春期、新婚期、孕产期、育儿期、更年期等各类型教育学习班2693人次。

【文化建设】2005年，洪梅镇以服务群众为出发点，牢固树立全面的文化观，进一步繁荣和活跃群众文化。广场文化活动开展得有声有色。2005年共组织全镇性的大型广场舞30场。加强文化队伍建设，推荐梅沙村业余曲艺队、洪屋涡村粤鸿业余曲艺队参加东莞市“度香亭”杯粤曲大赛，分别获得金奖和银奖；推荐歌手参加东莞市第二届“永远跟党走”歌唱比赛获得银奖；参加东莞市第二届老年人艺术节服装表演、粤曲两个项目获银奖。组织粤曲群众基础较好的梅沙村、洪屋涡村、黎洲角村的业余曲艺队大胆走出洪梅，到兄弟镇区和广州番禺等地进行粤曲演出和交流活动，独创洪梅特色的“土春班”现象，成为东莞水乡地区传统文化交流的一道亮丽风景线。大力弘扬龙狮文化，洪梅龙狮队作为东莞市唯一获邀参加2005中国（菏泽）龙狮邀请赛的队伍，在来自全国9个省市的12支代表队中，获南狮自选桩阵第2名；在广东省第一届全民健身运动会龙狮比赛暨“华山泉杯”广东省第七届龙狮运动大赛中，洪梅龙狮团以绝对优势夺得了龙狮大赛桩阵狮冠军，这是东莞市参加历届全省龙狮运动大赛以来获得的首个桩阵狮冠军。以“多读一本好书，多学一门好本领”为主题，举办了洪梅镇首届读书节，内容包括有开幕仪式暨《东莞市现代公民教育读本》走进千家万户启动仪式，“读书巡礼”电视专题展播及电影周，首届图书集市，“‘荟萃杯’我的读书故事”征文大赛等10大主题活动。

【教育】2005年，洪梅镇围绕创建教育强镇的教育发展思路，不断推进教育创新，实施联合办学，建设规范等级学校，全面提高教育质量和办学水平。一是通过积极推进青少年学生的思想道德建设；结合“6·26国际禁毒日”举行禁毒宣传图片展览；开展心理健康教育，培养学生良好的心理素质；以家庭教育为重要组成部分，营造学生健康成长的良好氛围；加强校风建设，营造良好的育人环境。二是通过建立校本教研机制，围绕课改开展教学研究；加大教育科研力度，以科研促教；加强艺术教育，全面提高学生审美水平和创造美的能力；全面推进素质教育，努力提高教育教学质量。三是通过加强师德师风建设，组织校长、教师参加“名校长、名教师”培训，组织教师进行学历进修和业务培训，优化师资队伍建设，提高教师的整体素质。四是加强财务管理，规范学校收费。五是做好两所联合办学小学的建设，加快实施联合办学，建设教育强镇。2005年，洪梅镇教育教学质量得到稳步提高，在小学教育方面，全镇小学六年级参加全市自查，语文、数学、英语三科总合格率达88.5%。在中学教育方面，中考总平均分比去年有所提高，1人考取东莞中学，48人考取市的重点高中。高考取得较好成绩，46人被录取，其中3人考取本科，录取率90%。15人被高职录取，录取率89%。

【维稳综治】2005年，洪梅镇加强维稳综治工作，一是加强和完善维稳综治领导机制，二是加大维护社会政治稳定的工作力度，三是建立和落实严打经常性工作机制，四是构筑高效的社会治安防控体系，五是加强社会治安管理，六是加强基层基础建设，七是狠抓法制宣传教育。2005年，全镇共立刑事案件370宗，破案76宗，破案率20.5%。立治安案件77宗，破案73宗，破案率94.8%。全镇无发生影响社会政治稳定的事件、无发生重大群体性事件、无凶杀案、“法轮功”保持“零进京、零聚集、零插播”记录。

【“四清理”】2005年，洪梅镇按照市委市政府的要求，全面开展清理违法用地、违法搭建、养殖业污染和无证照经营为主题的“四清理”工作，取得较好的成绩。在清理违法用地方面，完善手续用地30宗，共806.75亩；复耕用地6宗共117.79亩；消化闲置土地22宗共725.82亩。在清理违法搭建方面，全镇拆除613宗，面积68246平方米；整改152宗，面积19089平方米。人居环境和投资环境得到明显改善。在清理养殖业工作方面，全镇清理养殖场面积130900.88平方米，在清理猪场方面，累计清理猪场178家，累计清理生猪35502头，累计清理猪场面积116042.94平方米。在清理家禽场方面，累计清理家禽场38家，累计清理家禽114820羽，累计清理面积14857.94平方米。在清理过程中，各村与养殖户签订清理合同216份，一共发放补偿资金835.41万元。其中市、镇共补偿为543.01万元，村共补偿292.39万元。在清理无证照经营方面，全镇共查处无证照经营户452户，其中取缔262户，补办190户。查处黑“网吧”30间，查扣电脑主机511台，电脑显示器285台，摄像头210个；清理流动摊贩46个；取缔无证经营美容店1户，责令整改不规范经营的美容店2户；取缔无证经营饮食店3户，副食品店1户，补办无证经营饮食店12户。（叶润晃）

**附：2005年东莞市洪梅镇党委、人大、政府领导名录**

镇委书记：阮卓志
王建周（8月到任）
镇委副书记：陈灼林 叶沛森 周玉佳
镇委委员：阮卓志 王建周 陈灼林 叶沛森 周玉佳 谭志强 陈艳芬 陈宏发 郭旺 莫宇东 丁寿均 王晖
镇人大主席团主席：阮卓志
王建周（8月到任）
镇人大主席团副主席：谭志强
镇长：陈灼林
副镇长：陈宏发 郭旺 莫宇东 李耀文

## 2001—2005年洪梅镇主要经济指标表

| 指标 \ 年份 | 2001 | 2002 | 2003 | 2004 | 2005 |
|---|---|---|---|---|---|
| 户籍人口（人） | 19105 | 19338 | 19565 | 20036 | 20728 |
| 外来暂住人口（人） | 20198 | 21808 | 21177 | 21190 | 27003 |
| 面积（平方公里） | 33 | 33 | 33 | 33 | 33 |
| 国内生产总值（万元） | 31776 | 39815 | 52794 | 73015 | 102412 |
| 工业总产值当年价（万元） | 40439 | 57609 | 136080 | 171683 | 240743 |
| 农业总产值当年价（万元） | 5282 | 5305 | 5523 | 5817 | 5425 |
| 总用电量（万千瓦时） | 11067 | 16637 | 18027 | 22839 | 30349 |
| 全社会固定资产投资总额（万元） | 2800 | 7559 | 49830 | 72504 | 97735 |
| 社会消费与零售总额（万元） | 15305 | 17064 | 25690 | 33480 | 42931 |
| 外贸出口总额（万美元） | 5087 | 9688 | 9254 | 11031 | 16181 |
| 实际利用外资（万美元） | 1378 | 1905 | 4406 | 7099 | 3627 |
| 镇级可支配财政收入（万元） | 4436 | 5013 | 6097 | 7654 | 9831 |
| 各项税收总额（万元） | 1944 | 2686 | 4039 | 6762 | 11139 |
| 金融机构各项存款余额（万元） | 35693 | 42323 | 58834 | 73608 | 85801 |
| 城乡居民储蓄存款余额（万元） | 25940 | 30105 | 37897 | 46567 | 58055 |

# 道滘镇

【概况】道滘镇位于东莞市西部，地处东江南支流下游水网地带，总面积54平方公里。2005年，下辖13个村民委员会，1个社区居委会，户籍人口5.4万人，外来暂住人口8.7万人。全镇国内生产总值26.1亿元，同比增长20%；工业总产值55.9亿元，同比增长25%；镇本级可支配财政收入1.72亿元，同比增长15%；金融机构各项银行存款余额31.9亿元，同比增长20%，其中城乡居民储蓄存款余额22.5亿元，同比增长20%；各项税收总额2.91亿元，同比增长51%，其中国税分局征收额2.11亿元，增长46.8%，地税分局征收额8048万元，增长65.5%；外贸出口总额2.65亿美元，实际利用外资4207万美元。

【城市建设】2005年，道滘镇坚持走优化布局、完善功能、保护资源、提升品位的城镇发展之路，全面加强城镇的规划、建设和管理。一是抓好城镇总体规划的修编。从2001年起，道滘镇委托市规划设计院对镇的总体规划进行修编，修编工作于2005年初完成送审方案，分别通过了专家评审、镇第十四届人大四次会议审议和市政府审批，修编工作顺利完成。二是抓好重点工程项目的建设。投资约6000万元，对镇南阁西路供水管工程、义祠垃圾建设工程、沿江路闸口段穿衣戴帽工程等10多项镇属重点工程项目进行改造扩建。并配合抓好市属重点工程项目建设，包括港口大道道滘段、环城路至广深高速道滘连接线道滘段、西部干线道滘段、东莞水道滨江西路、市人民医院等工程项目。三是抓好城镇管理。全面加大环境整治力度，加快污水处理厂的规划建设，完成污水处理厂厂址的勘探和配套截污主干管网的设计工作。同时，专门成立建筑立面审批领导小组，进一步规范临街建筑的立面建设管理。

【招商引资】2005年，道滘镇以创新发展为重点，以优化服务为内容，以提高工作水平为责任，不断提高招商引资水平，促进外源型经济的发展。一是着力调整招商政策，优先引进大型企业、税收型企业、高科技型企业，力促产业结构和企业规模的不断提升。2005年，全镇新引进企业21家，平均投资额达118万美元，同比增长34%。二是努力加强与企业的沟通，提高服务质量，鼓励现有企业增资扩产，做大做强。2005年12月20日，成立东莞市外商投资企业协会道滘分会，进一步增强政府与外资企业之间沟通联系。2005年，全镇增资扩产企业共17家，增资总额达3021万美元，同比增长两倍多。三是积极采取“走出去，请进来”和以商引商等灵活方式，拓宽外商投资渠道，2005年成功引进4家外国企业，初步改变以港台投资为主的引资局面。通过各项措施的落实，道滘镇外资经济保持良好的发展势头。2005年，全镇新签利用外资（含增资）协议38宗，新签协议利用外资总额5497万美元，同比增长44%。

【民营经济】2005年，道滘镇致力营造开放、开明、公平、活力的民营经济发展环境，力促扶持政策到位，优质服务到位，管理措施到位，搞活民营经济发展。一是继续抓好创业工业园的项目上马和管理工作，加速工业园对民营经济发展的带动效应。二是为民营企业提供优质的行政服务。三是推出一批市政公共设施项目，以公开公平公正的方式，向民营资本开放，让民资经营。2005年，全镇新注册私营企业119家，个体工商户711户；在册私营企业478家，注册资金3.8亿元，分别比年初增长33%和22%，在册个体工商户3302户，注册资金727万元，分别比年初增长16%和30%。

【商贸经济】2005年，道滘镇凭借独特的资源禀赋和区位优势，在第三产业上寻找新突破，大力实施“商业强镇”战略，推动产业结构的优化调整，以实现经济的跨越式发展。一是大力发展旅游业。积极扶持和服务好粤晖园旅游项目的开发建设。二是大力发展房地产业。扶持和服务好上川城、丽水佳园、怡岛花园等大型房地产项目的上马建设。丽水佳园房地产项目的一期工程已完成，并顺利推出市场。三是大力发展商贸物流业。高标准、高起点开发以高速公路出入口为中心的商业区域。文一物流项目第一期工程已竣工投入使用。

【农村经济管理】2005年，道滘镇积极引导农村集体转变以依赖土地等资源消耗为主的发展观念，确立合理利用资源的可持续发展理念，以科学发展引领农村集体探索寻找发展经济的新路径，让农村经济在效益上找突破，不断加大高效益项目的引进，加强低效益项目的转型和改造，增加收益，提高竞争力。同时，抓好农村财务管理，对全镇有财务核算的60个村民小组的联组会计、联组出纳实行委派制，提高农村经济的综合调控能力。2005年，全镇村组两级集体总资产14.2亿元，同比增长6.2%。资产负债率18.8%，同比下降5个百分点。其中：村级资产负债率25%，下降5.7个百分点；组级资产负债率9.6%，下降3.4个百分点。农村两级集体实现经营总收入1.52亿元（不含土地转让收入），同比增长8.5%。

【顺利完成股份制改革工作】2005年，道滘镇全面铺开农村股份合作制改革，通过宣传发动、方案制定、业务培训、清产核资、章程制定、股东界定、机构组建、权证发放等一系列工作的开展，积极妥善解决好出嫁女配股等问题，全镇13个村60个组的股份合作制改革圆满完成，农村经济的综合发展能力和管理调控能力得到有效的增强。

【水利建设】2005年，道滘镇高度重视水利基础设施的建设，投入505万元，完成水利工程30多宗。完成土堤加固12.8公里，土方10.5万方；完成抛石护岸3.1公里，石方1.3万方；完成砌石堤5.2公里，石方2.6万方；改建水闸1座，新建涵窦1座。

【教育】2005年，道滘镇把创建教育强镇作为教育工作的重中之重，对教育实行倾斜投入，不断加大对教育硬件的建设改造，加快校园建设，增添教仪设备，改善办学条件，完善教育制度，力促教育向规范化、优质化发展。全镇共有11所学校（幼儿园）被评为等级学校，使中小学等级学校率达75%，进入优质学校读书人数占79.7%，教育综合实力全面增强。并于6月25至28日，顺利通过广东省教育强镇的督导验收，成为省教育强镇。在创建教育强镇的推动下，全镇的教学质量取得新的突破。

2005年，全镇参加普通高考的共有241人，221人成绩上线，入围率91.7%，比全市平均入围率高6.5%。其中入围本科以上46人，创道滘历史新高，入围第三批专科A线以上79人，入围第三批专科B线以上221人，全市镇办中学高考700分以上共4人，其中道滘镇占1人。参加职业高考的有50人，全部上省线，入围率达100%，比全市的平均入围率高9.2%。小学毕业自查成绩保持稳定，各科发展比较平衡，镇区学校与农村学校的差距逐步减少。

【文化事业】2005年，道滘镇一是整合传统文化资源，通过整合道滘“中国曲艺之乡”、“中国民间艺术之乡”的优势和“龙舟节”这一传统节日资源，举办为期7天的道滘镇2005年龙舟锦标赛暨龙腾济川文化艺术节。在艺术节期间，举行多次曲艺、歌舞晚会，充分体现全镇粤剧曲艺文化的深厚底蕴，进一步巩固道滘镇曲艺品牌，推动文化强镇的建设。二是积极发挥各文艺协会作用，活跃丰富群众文化。2005年，道滘镇曲协在参加东莞市“度香亭”杯业余粤曲大赛中，3个节目获金奖，1个节目获银奖，1个节目获新秀奖。三是广泛开展现代公民教育活动。举办纪念抗日战争胜利60周年暨缅谒“六一一”亭主题党日活动，让世界充满爱主题演讲会，“公务礼仪与交往艺术”讲座和“争创好公民”送戏下乡活动等。

【体育】 道滘镇是著名的“游泳之乡”，竞技性体育和群众性体育都有着深厚的基础。2005年，道滘镇立足优势，保持体育事业较大发展。在竞技性体育方面，积极参加市第六届运动会，参与游泳、蹼泳、田径、篮球、乒乓球、击剑、足球、手球等八个项目的竞赛，取得较理想的成绩。团体总分、金牌总数、少年组团体总分、少年组金牌总数均获得第六名，同时还获得“体育道德风尚代表团”和“优秀赛区”的称号。在群众性体育方面，积极推动全民健身运动，在节假日积极举办篮球赛、象棋赛、妇女广场舞、迎春长跑等各类群众性体育活动。同时充分利用济川体育馆等体育设施举办一系列高级别的体育赛事，成功承办了2005—2006年全国女子篮球甲级联赛广东宏佳女子篮球的主场赛事、粤韩女子篮球赛等。2005年，道滘镇被国家体育总局评为“全国群众体育先进单位”。

【成功举办首届读书节】 道滘镇于2005年8—10月，开展形式多样、内容丰富、贴近群众工作和生活的首届读书节。整个活动分“快乐暑假·欢乐读书”学生篇、“书香满屋·和谐家庭”社会篇、“读书学习·展现自我”企业员工篇三个篇章共十项读书活动。通过读书节系列活动，在全镇进一步普及全民学习、终身学习的理念，不断提高市民素质，促进人的全面发展。

【粤晖园】 粤晖园是道滘镇首个大型旅游项目，位于道滘大罗沙大章州，占地730亩，由东莞道滘人、建筑行业出身的农民企业家庚炳桂筹资、自行设计施工，2004年初动工建设，总投资2亿多元，2005年11月21日首期工程建成开园试业。粤晖园是岭南园林的代表杰作，是全国最大的私家园林，园内共设有108个景点。东西部的园景以一条长2000米的水道为轴线，两旁群楼叠翠，古朴自然的南韵馆、天香云外、粤晖茶庄、紫烟崖、百蝠坊，集岭南古建筑艺术、园林艺术、戏曲艺术于一体。南北部的园景横跨于水道中部，依次为东正门、百蝠晖春、鬖楼等数十个景点。其中，主体建筑的鬖楼，总建筑面积10000多平方米，为岭南仿古楼阁之冠，珍藏着岭南文化的艺术瑰宝，是东莞曲艺粤剧博物馆所在地。

【“四清理”工作】 2005年，道滘镇认真贯彻落实全市“四清理”工作会议精神，全镇及各村成立“四清理”工作领导小组，由主要领导任组长，同时明确以城建、国土、工商、环保四个部门作为清理工作的主力部门，各部门全力配合，全面开展清理违法用地、清理违章搭建、清理养殖业污染、清理无证照经营等清理工作。各项清理工作于2005年底基本完成，并顺利通过市的检查验收。全镇共清理违法用地175宗，面积4154亩，其中完善手续88宗，复耕（含绿化）87宗；清理违法搭建2182宗，面积24万多平方米，其中拆除1849宗，面积16.9万平方米，整改333宗，面积7.2万平方米；清理猪场499个，生猪近16万头，清理家禽场170个，家禽39万羽；清理无证照经营770户。

【固本强基工程】 2005年，道滘镇紧紧围绕加强党的执政能力这条主线，实施固本强基工程。一是抓好村委会换届选举。在3月至6月，顺利完成全镇13个村委会和1个社区居委会换届选举工作。在年龄结构方面，村（社区居）委会成员平均年龄为39岁，比上届少8岁，副主任平均年龄42岁，比上届少5岁。在文化结构方面，大专以上学历10人，高中、中专27人，初中13人，高中、中专以上学历占74%，比上届所占比例增加了15%。二是抓好固本强基工程示范点建设。2005年，道滘镇高标准抓好示范点建设，闸口村、南丫村以及协益电子厂等3个党（总）支部被市命名为东莞市固本强基工程市级示范点。三是开展好“十百千万”干部下基层驻农村活动。在镇府机关选派16名学历高、素质好的副主任以上干部分别驻点14个村（社区居）委会，主要挂任村支部副书记职务，积极创造条件让年轻干部在多个岗位中培养锻炼，丰富年轻干部的农村工作经验，同时帮助农村规范管理制度，转变工作作风，切实加强农村管理水平。四是抓好后备干部队伍的建设。自2001年起，道滘镇在全镇范围内按照公开、公平、公正、竞争的原则，通过宣传发动、自愿报名、组织考察、择优选派的办法，从应届大学生中选拔出政治思想觉悟高，综合素质优秀的大学生到机关单位和农村进行锻炼培养。2005年，全镇共招聘了17名应届毕业生，其中选派到机关单位的有14人，到农村工作的有3人，进一步推动了后备干部队伍建设。

【社会治安综合治理】 2005年，道滘镇狠抓维护稳定和社会治安综合治理各项措施的落实。全年共立刑事案件464宗，破175宗，抓获各类违法犯罪嫌疑人230人。加强出租屋及外来人口管理，对出租屋及外来人员实行“两统一定期”、“备案式”管理、“登记、检验、办证、立档、检查”等管理模式。全镇出租屋办证共4230多个，办证率达100%；外来员工办理暂住证共8万多个，办证率达90%。狠抓安全生产工作，进一步健全和落实安全生产责任制，加强对“三小”场所、公共聚集场所、危险化学品企业、建筑工地、道路交通等专项整治，消除安全隐患，遏制重特大安全事故的发生。

【妇女·计生】 2005年5月17日，道滘镇召开了第七次妇女代表大会，提出未来五年妇女工作的目标和任务，并选举产生妇联第七届执委会成员和产生新一届的妇联主席和副主席。在2005年的村支部换届选举中，全镇14个村（社区）委会的妇女代会主任中，有9个妇代会主任顺利当选为支委，比例为64%，10个村级妇代会主任全部顺利进入“两委”，其中有5名同志既是支委，也是村委。在11月，镇妇联与组织办联合开展公开招聘了16名农村组级妇女委员，进一步加强全镇妇联组织的建设，提高妇联组织的战斗力和凝聚力。

【劳动就业】 2005年，道滘镇积极做好就业和社会保障工作。一是全面落实积极的就业政策，建立健全劳动者综合服务体系，加强就业培训和服务，努力提高就业率。2005年，全镇登记求职人数共900多人，成功推荐就业人数716人，占登记求职人数的80%；开展各类资助性培训和职业技能培训共13期，培训人数976人。另外，为企业解决用工难问题，利用人力交流中心为本镇用人单位介绍市外劳工5660人次。二是不断完善养老、失业、工伤、基本医疗保险和最低生活保障等制度，进一步扩大社会保险覆盖面。2005年，全镇参加社会养老保险人数18966人，覆盖率达100%，全年发放退休金总额1223万元。同时关注弱势群体，继续做好社会福利、救灾救济、五保、老龄、残疾人及优抚安置等工作。

【党建工作】 2005年，道滘镇以先进性教育活动为契机，全面推进党的建设。一方面，认真开展保持共产党员先进性教育活动。全镇52个村（社区）、企事业单位和党支部等党组织和1764名党员参加了学习教育，党员参学率100%。二方面，做好发展党员工作。举办了为期6天的入党积极分子学习培训班，各党支部105名入党积极分子参加了培训。2005年，全镇共发展党员24人，其中各村支部发展党员20人，机关企事业发展党员4人，大专以上的有8人，35岁以下的有22人。三方面，优化基层党组织结构。成立了南丫村和闸口村两个党总支。四方面，加强非公企业党的建设。按照市委提出三个百分百要求，分别成立了明海整染厂、仪泰鞋业有限公司和创业皮具厂3家千人以上企业非公党支部，实现了千人以上企业组建率达100%。同时，对党员人数较多的6家100人以上企业挂牌成立党支部，进一步扩大党的工作覆盖面。 （卢润志）

**附：2005年东莞市道滘镇党委、人大、政府领导名录**

镇委书记：李柏林
镇委副书记：黄贵洪　黄启光　蔡树辉　贾贵斌(3月到任)
镇委委员：赖锡恩（7月离任）　谢炳华　卢和平　卢林明　赖锡池　刘转南　卢泽新　卢耀辉（8月到任）
镇人大主席团主席：李柏林
镇人大主席团副主席：赖锡池　陈子正
镇　长：黄贵洪
副镇长：赖锡恩　卢和平　卢林明

## 2001—2005年道滘镇主要经济指标表

| 指标＼年份 | 2001 | 2002 | 2003 | 2004 | 2005 |
|---|---|---|---|---|---|
| 户籍人口（人） | 52265 | 52733 | 53262 | 53845 | 54252 |
| 外来暂住人口（人） | 48948 | 70237 | 80613 | 84964 | 86933 |
| 面积（平方公里） | 54 | 54 | 54 | 54 | 54 |
| 国内生产总值（万元） | 132011 | 155778 | 180528 | 217400 | 261560 |
| 工业总产值当年价（万元） | 262525 | 297592 | 340610 | 474500 | 559900 |
| 农业总产值当年价（万元） | 17717 | 17896 | 19032 | 17282 | 10464 |
| 总用电量（万千瓦时） | 34236 | 44213 | 55087 | 70476 | 84464 |
| 全社会固定资产投资总额（万元） | 16466 | 47389 | 55568 | 76465 | 98019 |
| 社会消费与零售总额（万元） | 28622 | 35196 | 35619 | 38806 | 41975 |
| 外贸出口总额（万美元） | 14502 | 15700 | 19023 | 21825 | 26536 |
| 实际利用外资（万美元） | 4398 | 4597 | 4671 | 4972 | 4207 |
| 镇级可支配财政收入（万元） | 10800 | 11998 | 13215 | 14882 | 17152 |
| 各项税收总额（万元） | 7312 | 10419 | 13904 | 19221 | 29122 |
| 金融机构各项存款余额（万元） | 174797 | 208178 | 240061 | 267413 | 319305 |
| 城乡居民储蓄存款余额（万元） | 117461 | 144190 | 181829 | 201515 | 225407 |

# 厚街镇

【概况】 厚街镇位于东莞市西南部，总面积126.15平方公里，2005年下辖22个村委会，1个居委会，有户籍人口93048人，外来人口40.3万人。完成国内生产总值103.91亿元，同比增长18.27%；工业总产值247.92亿元，同比增长16.68%；出口总额31.18亿美元，同比增长12.1%；实际利用外资1.38亿美元；总用电量28.86亿千瓦时，同比增长12.98%。上缴国家财政税收达13.35亿元，同比增长39.79%；镇本级财政收入5.7亿元，同比增长39.16%；固定资产投资21.24亿元，同比增长13.10%。金融机构各项人民币存款余额148.96亿元，同比增长18.83%。社会消费品零售总额28.48亿元，同比增长14.75%。农村集体经济进一步增强，全镇23个村中，共有21个村村组两级可支配纯收入超过1000万元，18个村村组两级净资产超过亿元；人民生活水平进一步提高，农村人均收入达11845元，同比增长6.5%。2005年，厚街镇获得东莞市“经济建设单项奖”。

【城市建设】 2005年，厚街镇着力改善全镇城市面貌。一是抓好重点工程建设，相继完成广东现代国际展览中心二期工程、厚街医院新住院大楼建设。二是抓好城市基础设施建设，投资2600万元和6000万元分别对湖景大道和家具大道进行升级改造工程；投资4500万元对S256省道三屯至白濠段以及厚街大道西进行穿衣戴帽工程；全面完成康乐南路延伸至白濠村路段的建设；全线开通南环路，并完成南环路、厚沙路交汇处的改造工程；加快富康路延伸路段的建设；不断完善生态工业城主干道路以及相关基础配套设施建设。三是抓好旧城改造工程，顺利完成宏展鞋材厂拆迁改造工程；全力推进镇中心区盛和花园、盈丰商住中心、明丰购物广场、文化商贸中心、汇景豪庭等“退二进三”项目建设。四是抓好生态环境建设，投资4000万元新建的福神岗公园即将完成，大岭山森林公园建设已接见尾声；积极开展横岗片区控制性详细规划，大力支持海逸豪庭、加州阳光花园和湖景壹号庄园等高尚住宅小区的建设，努力打造以环冈湖和大岭山森林公园及周边地区为主体的生态居住区。五是加大市政管理力度，在2004年成功创建广东省卫生镇的基础上，全面启动创建国家卫生镇，大力整治市容市貌；城市交通进一步规范，首批72台公共汽车分6条线路投入运行，实现村村通车，并在酒店、医院以及车站等公共场所及繁华街道设置26处出租车候车点，有效解决出租车乱停乱放问题。

【会展经济】厚街镇以发展会展经济为重点，加快经济结构、产业结构的调整，努力创建中国展览名镇。2005年全镇共举办26个展览会，国际名家具展、国际车交会、国际名鞋展等展会规模、档次均达到国际水平，其中国际名家具展被正式列入为国家商务部2005年重点支持的展览会。同时，积极提高办展水平，开辟展览“绿色通道”，使展览中心成为华南地区首个海关认可的展览品监管场地，进出口展品可享受免担保的优惠待遇。此外，厚街镇依靠名家具和家具产业基地的优势，吸引大批国内外知名家具品牌在家具大道两旁设立展销厅，使之成为一个永不落幕的家具营销基地。

【外源经济】2005年，厚街镇严格按照市制定的招商引资标准，提高吸收利用外资的质量和水平，致力优化引资结构。同时，利用创新的招商方式积极尝试网上招商、现场招商、中介招商等全新招商方式，进一步丰富招商引资的途径。2005年，全镇实际利用外资1.38亿美元，其中1—11月全镇新签利用外资项目49宗。东莞三星视界有限公司获“2005年度东莞市实际出口前10名外资企业”的第二名。

【民营经济】2005年，厚街镇新增个体工商户4809户，私营企业737户，使全镇个体工商户总量达到21687户，同比增长23%。全镇民营经济工业产值9.65亿元，同比增长34%；其中个体工商户缴纳税收2亿元，私营企业缴纳税收2.4亿元。全镇共有科技企业27家，拥有专利的企业近100家，各类型专利250多件，科研项目27项，企业产品获广东省著名商标3个。

【农村经济】2005年，厚街镇不断深化农村改革，统筹农村经济社会发展，大力调整优化农村经济结构。2005年全镇粮经作物种植面积达到2810亩，其中水稻80亩，水稻优质谷种植率达100%。蔬菜方面，种植面积进一步扩大，达3630亩，总产63970吨，比去年同期增加3770吨，增长6.26%。同时，根据市委“四清理”工作部署，在全镇范围内扎实开展畜禽清理工作，显著改善全镇环境质量。积极配合创绿工作，全力优化林业生态环境，使全镇中心区绿化覆盖率达到30.5%，各村绿化覆盖率达到42.4%。

【开展“四清理”工作】2005年，厚街镇积极响应全市开展的“四清理”活动，成立“四清理”工作领导小组以及四个专项行动领导小组，遵循先易后难、由中心到偏远的指导思想，采取动员党员干部带头清理、社员群众紧跟而上的有力措施，经历了动员摸底、集中整治、查漏巩固、检查验收四个阶段，全镇“四清理”工作开展顺利，共清理违法搭建物6649宗，面积达598813平方米，完成清理违法用地72宗，面积1611亩，清理畜禽养殖户442户，清理生猪68684头、家禽458229羽，清理无证照经营户4075户。

【社会治安】2005年，厚街镇先后开展打击“两抢一盗”、整治异地摩托车、打黑除恶等专项行动；积极开展维稳及综合治理检查行动，坚决扫除非法网吧、影吧、色情发廊等；大力打击非法行医，规范医疗市场秩序；加大对各类非法车辆的查处力度，并深入开展农贸市场整治工作。同时，为充分调动人民群众群防群治的积极性，拨款100万元作为专款，对提供线索举报或协助扭送“双抢”团伙罪犯的有功人员酌情重奖，有力打击各种犯罪活动，社会治安状况得到一定改善。7月份，厚街镇提出“跳出治安抓治安”的管理思路，用两个月的时间，以村为单位，以出租屋为重点，以清查验证为手段，由镇政府牵头，公安、计生、消防、工商等职能部门联合行动，开展全镇流动人口、出租屋及计划生育大检查活动，效果十分明显，提高了出租屋及暂住人员登记率，减少了刑事犯罪案件。全年发生在出租屋内的刑事案件有181宗，同比减少58宗，降幅达24%。社会治安得到有力的控制，全年全镇共发生刑事案件2719宗，同比减少169宗；破获刑事案件810宗，破案率为29.79%，同比增长5个百分点。

【开展保持共产党员先进性教育活动】2005年，厚街镇按照市委的统一部署，从7月份开始为期4个月的保持共产党员先进性教育活动中，厚街镇始终以“三个代表”重要思想为指导，认真贯彻中央、省委和市委关于保持共产党员先进性教育活动的一系列指示精神，紧密结合全镇实际情况，紧紧围绕全镇各项中心工作，精心组织、稳步推进、狠抓落实，组织全体党员全面完成了学习动员、分析评议和整改提高三个阶段的工作任务。此次活动覆盖面广，全镇89个党员组织，3850名党员全部参加了教育活动，参与率达到100%。

【教育工作】2005年，厚街镇有幼儿园31所，在园幼儿7764人，专任教师630人；小学25所，在校学生25401人，专任教师1433人；初级中学2所，初中在校生6689人，初级中专任教师336人。初中毕业生1646人，毕业率100%，1588人参加升中考试，升学率95.1%。高中阶段教育普及率居全市前列，高考成绩喜人，

▲ 厚街镇

厚街中学高考连续8年在市内同类学校中领先。小学毕业生参加东莞中学松山湖学校初一招生考试录取人数居全市各镇区第一位。湖景中学顺利通过市一级学校评估。继续推进联合办学，投资194万多元新建中心小学教学楼，将珊美小学合并到中心小学。拟新建的5所联办小学全部确定了选址，着手办理规划选址手续。同时，继续采取在公办学校借读和支持开办民办学校等形式加快发展民办教育，共接收17770名流动人口子女在镇内就读中小学，较好地解决流动人口子女入学问题。

【政风建设】2005年，厚街镇深入开展“理想、责任、能力、形象”教育活动，争创“三有一好”，进一步提高镇村两级领导班子和广大党员的思想整治素质和工作能力，加强领导班子和干部队伍的建设。完善领导班子的议事和决策机制，健全民主集中制，不断提高决策的民主化和科学化水平；对干部出入境通行证进行统一管理，有效加强干部8小时外的跟踪监督。同时，厚街镇做好干部选拔任用工作，大胆启用一批文化水平较高，工作积极踏实的年轻干部，全年共选拔任用主任级干部4名，副主任级干部11名。深入开展“十百千万”干部下基层驻农村活动，充分发挥驻村干部个人优势，较好地促进农村经济发展和精神文明建设。推进固本强基工程，促使各固本强基工程示范点充分发挥示范带头作用，有效带动其他支部的党建工作，基层党组织的凝聚力和战斗力大大加强，基层组织的建设水平进一步得到提升。

【社会保障】2005年，厚街镇全面实施民心工程，继续做好关心群众生产、生活的工作。2005年全镇列入低保对象的有432户、1165人，共发放低保补助金1517856元，有效保障低保对象的基本生活。同时，向镇内355名低保家庭学生发放助学金368400元，较好地解决低保家庭在读子女“读书难”的问题。落实基本医疗救助制度，2005年向全镇低保对象发放医疗救助金588780元。同时深入开展弱势群体普查工作，为全镇1541人向市申请购买农医保B档，其中低保对象1110人，重点优抚对象48人，残疾人383人，为解决困难群众“看病难”问题起到积极的作用。广泛开展结对帮扶工作，2005年全镇参加结对帮扶的干部有415人，单位21个，接受帮扶的困难家庭有482户。不断发展社会福利事业，敬老中心宿舍C座投入使用，为老人提供更方便、快捷的服务。落实五保供养政策，全镇享受五保供养的有80人，五保老人人均每月菜金超过600元，基本生活得到保障。

【文化生活】2005年，厚街镇精心组织“活力厚街广场集体舞蹈大赛”、“健康快车开进社区”、“爱祖国、爱厚街”集体歌唱大赛等三大文化品牌活动。同时，各村不断完善群众文化设施，广泛开展群众文化活动，群众文化氛围日渐浓郁。开展争创“百号千手”活动，着力组织和引导“两新”组织的青年集体和广大团员青年争创“青年文明号”和“青年岗位能手”，弘扬职业道德；结合开展“爱国、守法、诚信、知礼”现代公民教育活动，举行“微笑服务使者”暨“优质服务单位”评选活动，树立厚街服务行业优秀服务榜样，打造厚街服务业优质品牌。（王锦霞）

**附：2005年东莞市厚街镇党委、人大、政府领导名录**

镇委书记：方茂明
镇委副书记：王汝铭　叶妙英　陈仲球　王敬才
镇委委员：方茂明　王汝铭　叶妙英　陈仲球　王敬才　李育材　林伟忠　方德佳　陈海平　黄庆坤（4月到任）　梁志振　王健文
镇人大主席团主席：方茂明
镇人大主席团副主席：李育材
镇　长：王汝铭
副镇长：方德佳　陈海平　黄庆坤（8月到任）　李慧芬　欧顺畴（8月到任）

## 2001—2005年厚街镇主要经济指标表

| 指标 \ 年份 | 2001 | 2002 | 2003 | 2004 | 2005 |
|---|---|---|---|---|---|
| 户籍人口（人） | 86989 | 88429 | 89772 | 91258 | 93048 |
| 外来暂住人口（人） | 187360 | 198300 | 208910 | 260431 | 403479 |
| 面积（平方公里） | 126.15 | 126.15 | 126.15 | 126.15 | 126.15 |
| 国内生产总值（万元） | 483117 | 583689 | 721188 | 878666 | 1038109 |
| 工业总产值当年价（万元） | 406295 | 466704 | 566489 | 2211598 | 2479281 |
| 农业总产值当年价（万元） | 28233 | 28212 | 31412 | 28910 | 20667 |
| 总用电量（万千瓦时） | 155947 | 199586 | 218626 | 255474 | 288629 |
| 全社会固定资产投资总额（万元） | 89538 | 100615 | 148565 | 191519 | 212408 |
| 社会消费与零售总额（万元） | 157725 | 190547 | 217355 | 248185 | 284816 |
| 外贸出口总额（万美元） | 116347 | 158444 | 197252 | 280516 | 311771 |
| 实际利用外资（万美元） | 10708 | 12974 | 14556 | 17374 | 13841 |
| 镇级可支配财政收入（万元） | 23615 | 27656 | 36407 | 40978 | 57027 |
| 各项税收总额（万元） | 26415 | 39234 | 60503 | 95536 | 133550 |
| 金融机构各项存款余额（万元） | 718965 | 840829 | 1090996 | 1253672 | 1489623 |
| 城乡居民储蓄存款余额（万元） | 511992 | 614771 | 761583 | 904158 | 1099232 |

# 沙田镇

【概况】 沙田镇位于东莞市西南部，踞珠江三角洲狮子洋的东岸与东江南支流出海口的交汇处，拥有海岸线28公里，具备深水港的建港条件，是虎门港的主港区。2005年，面积107平方公里，下辖16个村委会和1个居委会，户籍人口37978人，外来暂住人口近13万人。全镇国内生产总值达到37亿元，同比增长19%；镇级可支配财政收入达到2.42亿元，同比增长36.5%；各项税收总额达到3.39亿元，同比增长39.11%；外贸出口总额达到4.13亿美元，同比增长12.8%；金融机构各项存款余额达到32.91亿元，同比增长26.8%。社会固定资产投资总额9.13亿元，同比增长29.93%；人均纯收入7293元，同比增长5.73%；城乡居民储蓄存款余额总数18.4亿元，同比增长28.6%；社会消费品零售总额5.2亿元，同比增长25.6%；城乡集市贸易总额3.77亿元，同比增长25.4%；总供电量6.64亿千瓦时，同比增长20.5%；总供水量2951万吨，同比增长4.24%。

【城市建设】 2005年，沙田镇围绕滨海城市的总体格局，将城市规划不断向深度、广度推进，对各类规划进行调整补充和深化完善，并引导和帮助村一级编制控制性详细规划，共投入规划资金728.7万元，规划面积达4014万平方米，控制性详细规划覆盖率达61.1%。加大城市建设力度，共投入资金1.7亿元兴建新沙田中学、新沙田中心小学、镇综合办公楼，升格改造兴建沙田大道中心区路段、港口大道沙田中心区路段、湖东路、湖西路、横流南路等八项重点工程，有效完善了城市基础设施，最具水乡特色的“一湖两岸”湖滨休闲景观带基本成形，城市形象大大提升。城市配套设施进一步完善，共新建道路6952米，改造道路3580米，新铺设水管2900米，完成河道治污2条，修建河堤3200米，完成福禄沙污水处理厂的立项及前期准备工作。优化城市环境，完成植树造林5万平方米，增加街头绿化1.3万平方米。

【外资经济】 2005年，沙田镇着力优化利用外资结构，严格把好准入关，全年实际利用外资1.1亿美元，同比增长2.3%；新引进项目14宗，平均每宗投资额为212万美元，新签利用外资总额2970万美元，新签项目中，超过1000万美元的1宗，超过300万美元的2宗，超过150万美元的6宗。同时，增资也较为活跃，共有增资项目19宗，增资金额达1928万美元。

【民营经济】 2005年，沙田镇民营经济总量持续壮大，全年民营经济固定资产投资总额达5.45亿元，同比增长30%；全镇新注册个体工商户和民营企业1538户，比去年增加602户，总数达到4406户；个体及民营经济纳税金额达6396万元，同比增长22%，占全镇税收总额18.9%。出现一批较好的民营项目，如创建十里海鲜长廊特色饮食街，开发东港城、粤港花园“活力粤港新天地”、庄士花园“海上海”、利澳花园二期，规划出江畔花园、湖景花园、源盛花园等，全力支持五星级的福华大酒店和四星级的兆康酒店的兴建。

【农业·农村经济】 2005年，沙田镇优化农业结构，着力提高农业效益，大力发展农业经济，引导农民发展虾塘种稻、种植“中晚稻”、采用蕉稻轮作等耕作形式，大力推广良种良法，水稻、蔬菜、香蕉等作物良种覆盖率达95%以上，全年实现种植粮食面积6350多亩。积极防治香蕉枯萎病的发生和蔓延，从2005年开始，连续3年对蕉田改种水稻的种植户每年每亩补助400元。全年蕉田改种水稻面积5010亩，补助金额200多万元。抓好海洋捕捞业的结构调整，水产养殖面积达14023亩，渔业总产量达16765吨，总产值9848万元。在发展农业经济的同时，各村主动出击，不断优化村级投资环境，大力开展招商引资，增加集体收入，各村总收入9224万元，同比增长19.5%，其中纯收入3761万元，同比增长16.7%，各村的负债率同比下降0.2%。

【“四清理”】 2005年4月始，沙田镇积极开展“四清理”工作。清理违法搭建方面，共拆除违法搭建物2117宗，面积24.68万平方米，整改314宗，面积4.46万平方米。清理畜禽养殖业污染方面，共拆除猪场212个，面积12.83万平方米，清理生猪3.76万头；拆除家禽场35间，面积19.92万平方米，家禽69.28万只。清理违法用地方面，共处理违法用地682宗，面积5791.14亩，处理空闲用地81宗，面积4525.9亩。清理无证照经营方面，共清理无证照经营户789户，其中取缔261户，补办执照528户。

【虎门港征地拆迁】 2005年，沙田镇扎实开展虎门港征地拆迁工作。成立虎门港征地拆迁领导小组，由班子成员分工定点指导征地拆迁村，在各村实行属地管理。突出做好补偿安置工作，采取先补偿后征地、先安置后拆迁、“平方兑平方”和“住房补贴”等方法，保护被征地拆迁群众的利益，对拆迁补偿专用资金实行专用账户管理，按合同和拆迁补偿协议及时准确发放补偿用款。扎实推进征地拆迁安置区建设，西大坦农民公寓首期工程顺利动工。想方设法解决失地农民就业问题，加强农民就业技能培训和就业指导工作，最大限度提供就业、创业机会，确保群众“失地不失业”。全年共完成虎门港征地总面积14928亩，占虎门港应征地总面积的85%。

【“四项工程”】 科技工程　2005年，沙田镇加大科技的资金投入，着力打造良好的科技创新平台，积极引导企业增加科技投入和有实力的企业参与申报高新技术企业。全镇获得省高新技术企业达3家，获得民营科技企业8家。

商贸工程　2005年，沙田镇进一步完善中心区的整体功能，加快街区改造，增加商业设施，加强商业宣传，在镇中心区内大力发展零售业、酒店业、房地产业等。启动物流园开发，大力引进现代物流企业和物流配送企业。建设了“十里海鲜堤廊”项目，打造沙田海鲜特色饮食品牌，带旺饮食业。

平安工程　2005年，沙田镇严厉打击各类犯罪活动，共侦破各类刑事犯罪案件190宗，破案率达40.9%，抓获犯罪嫌疑人277人，同比上升50.5%。加强外来人口及出租屋管理，共办理《房屋租赁证》和《备案回执》2865份，办证率为99%。加大排查力度，注重做好人民调解组织工作，有效预防和妥善处理各类群体性事件。健全安全生产管理，在全镇积极推行安全生产巡查制度，健全安全生产责任制和安全生产监管机制，全年无发生一宗重特大安全生产事故，继续保持稳定的安全生产环境。

创业工程　2005年，沙田镇加大就业创业平台建设，制定《沙田镇就业创业实施方案》，落实好扶持民营经济发展的政策，对本地劳动力创业提供资金、信息、政策、技术等方面的优惠。开展就业创业技能培训，推进农民就业，鼓励青年创业，引导外来员工岗位成才。在社会上营造浓厚的就业创业氛围，在农村大力弘扬“劳动为本、创业立身”

的优良文化，转变群众保守的思想观念，破除“等、靠、要”的思想。

【社会保障】 2005年，沙田镇继续完善城乡居民最低生活保障制度，进一步扩大保障面，全镇列入低保对象的达266户668人，比2004年多10户22人；按时足额发放保障金，全年发放最低生活保障金116.17万元。着力解决群众最迫切需要解决的问题，共安排资金35.2万元解决群众“就业难”，安排资金74.8万元为贫困户子女提供扶贫助学贷款，安排资金1753万元解决群众“行路难”问题，全面完成村村通公路工程。扎实开展双拥优抚安置工作，按时足额发放优抚经费，共为5名优抚对象发放优抚经费2.6万元，奖金1.2万元，妥善安置了21名回乡军人，安置率100%。扎实开展残疾人康复工作，提高补助标准，由原来的每人每月100元提高到每人每月200元，全年发放重残专项补助金17.52万元；推进残疾人就业工作，成功推荐有劳动能力的残疾人140人就业，有就业能力的残疾人就业率达100%。抓好精神病防治康复，共投入精神病人治疗费用4.84万元。

【就业·扶贫】 2005年，沙田镇着力解决群众就业问题。不断完善就业服务网络，开设就业服务窗口5个，积极提供企业的招聘信息，成功推荐就业453人。加强农村富余劳动力就业工作，为沙田户籍人员提供免费就业介绍和免费技能培训，共开设各类培训班7期，培训农村富余人员308人，成功推荐225名本地劳动力就业。加强农村劳动服务站建设，全镇共成立劳动服务站14个，通过村一级的劳动服务网络，成功推荐就业82人。着力解决大中专毕业就业问题，制定《沙田镇籍大中专毕业生就业补贴方案》，对大中专毕业生的工资设立最低标准，未达到标准的由镇财政进行补足，成功推荐大中专毕业生就业346人，就业率达97.46%。

扶贫工作不断深入开展。加快扶贫项目建设，重点扶贫项目丽海工业区工程进展顺利，首期投资约9600万元，建筑面积13.4万平方米，为镇村两级每年增加超过1202万元的收入。深入开展结对帮扶与“千干扶千户”活动，共为254户低保户结对帮扶，帮扶干部每人每年为困难户援助达500元以上。扎实开展扶贫济困工作，共申请拨款19.86万元，为917名受“6·23”洪水和台风“珊瑚”影响的群众解决生活问题；“春夏荒”期间共发放救济款1.37万元，冬令期间共发放249张棉被、被套和蚊帐；帮助困难群众25人申请临时救济款1.48万元；共申请拨款31.68万元扶助渔民205户880人；积极开展社会捐助，共开展了捐赠活动3次，捐款总额达46.35万元。

【教育·文化】 2005年，沙田镇全力开展教育强镇创建工作，制定了创建教育强镇三步走的工作计划：第一步是整合资源，加快联合办学步伐，加大校舍及校园内基础设施建设；第二步是创建等级学校，使全镇70%的学校成为等级学校，至少有一所学校是省一级学校；第三步是着手申报省教育强镇，力争在2007年实现教育强镇目标。按照计划部署，建设了新沙田中学、第二小学，改造和扩建了中心小学。全镇共有225人达到大专以上录取分数线，高考录取率达80%。积极推动社会力量办学有序发展，新开民办学校1所、民办幼儿园1所，筹建民办小学1所。

加大文化新城建设力度。重新修订了《沙田镇建设文化新城实施方案》，计划用3至5年时间完成市文化建设达标镇的创建任务，并提出村（社区）完成文化设施建设任务的时间表。扎实开展各种群众性文化活动，顺利举办沙田镇首届运动会、老年人艺术节、各类文艺晚会、游艺活动、游龙活动等文化体育活动，群众文化生活大大活跃。组织体育代表团参加市“第六届运动会”，取得3金1铜的好成绩。大力开展了“网吧”、“影吧”、音像市场等领域的专项整治行动，净化了文化市场。

【计划生育】 2005年，沙田镇狠抓节育措施和补救措施，共落实措施375例，补救措施48例。落实季度查环查孕工作，全镇已婚育龄妇女应检人数16296人次，已参检16167人次，参检率达99.2%。完善计划生育社会保障体系，共为农村独生子女和纯二女结扎户办理计划生育养老保险82.2万元，并为独生子女发放双份福利，解决群众后顾之忧。加强流动人口计划生育工作，流动人口已婚育龄妇女已检14714人次，参检率93%。完善人口与计划生育信息化建设，共投入30多万元完善软硬件配置。全年人口出生率为12‰，计划生育率为94.48%。

【开展保持共产党员先进性教育活动】 2005年，沙田镇紧紧抓住学习实践“三个代表”重要思想这条主线，认真部署保持共产党员先进性教育活动，全镇共有78个党组织、2078名党员参加了活动。在学习动员阶段，做到早准备、早部署，创新载体、丰富形式、保证时间、讲求质量，党员参学率和学习培训覆盖率都达到100%。在分析评议阶段，认真做好规定动作，确保工作扎实有效开展，共召开座谈会537次，发放征求意见表1万多份，征集意见建议2600多条，开展谈心2.2万多次，召开党组织专题组织生活会和民主生活会156场次。在整改提高阶段，以当前亟须解决的问题和增强沙田发展后劲为出发点，紧紧抓住群众反映最强烈的热点难点问题，抓住“四清理”和“四项工程”两个重点，扎实整改，各教育单位共制定整改方案79份，整改措施500多条，落实整改措施300多条，一批突出问题得到有效解决。

【村委会换届选举圆满完成】 2005年，沙田镇顺利完成村委会换届选举工作，新产生的村委会班子的年龄、学历结构合理，整体素质得到提高。新当选的村（居）委会主任平均年龄40.4岁，比上届下降3.8岁；当选的副主任、村（居）委会委员34名，平均年龄40.2岁，较上届下降2.1岁；当选的村委会成员中具有高中、中专以上文化程度占80%，其中具有大专以上文化程度占20.4%，进一步优化了村委会班子结构，群众满意率较高。

【首届文化艺术节】 2005年，沙田镇首届文化艺术节于元旦开幕，至元宵节闭幕，历时50多天。期间共有大型文艺晚会、朗诵会、曲艺晚会、书法摄影展、粤剧、歌咏大赛、女子健身操大赛、经典电影回顾周等23个专场活动。节目全部由本镇干部群众自导自演，展示了具有沙田水乡特色的艺术成果。

【立沙岛整岛开发】 立沙岛包括沙田镇中围、和安、大流、坭洲四个村委会，面积30978.6亩，是虎门港重点规划的石化基地。市政府按照统一规划、统一建设、统一管理、利益分成的“三统一分”原则对立沙岛进行开发，近期规划建设7个5万吨级的大型油气化工泊位，远期规划建设8个5万吨级的油气化工和重化工业泊位。市政府计划投入35亿元完善立沙岛的基础设施建设，2005年部分市政基础设施建设已经动工，开发完成后，预计每年能创造工业生产总值600亿元，税收收入60亿元。立沙岛石化基地的开发，将大大带动沙田基础设施的完善，拉动沙田经济的飞跃发展。

【“八项重点工程”】 2005年，沙田镇突出城市建设重点，建设完成“八项重点工程”：新沙田中学工程，总投资

6000多万元，占地约106亩，分教学区、生活区和运动区三大部分，按省一级学校的标准进行建设。镇综合办公楼工程，总投资约2200万元，占地21.9亩，由主楼、附楼及会堂三部分组成。沙田中心小学工程，在原沙田中学的基础上进行改建和加建，总投资750多万元，占地约3万平方米，工程增建4层高的教学楼、宿舍楼和5层高的综合楼各1栋，按省一级小学的标准进行建设。横流南路改造工程，总投资400多万元，全长1032米，在原路段的基础上进行改造升格，路面铺设沥青，人行道改铺花岗岩板材，更换路灯款式，增设大型花钵。沙田大道中心区段改造工程，总投资2000多万元，全长1158米，按双向10车道设计，在原路段的基础上向外拓宽改造，并增设8米宽的中央绿化带，中心区段路面全线铺沥青，人行道改铺花岗岩板材，增设交通信号灯。港口大道沙田中心区段扩建工程，总投资3200万元，全长2300米，道路宽度在原港口大道设计的基础上拓宽到74.5米至80.5米，并在道路两侧设置辅道、人行道及分隔绿化带等。湖东路改造工程，总投资约900万元，全长1100米，河堤景观带全长1340米。湖西路续建工程，总投资约1100万元，续建道路长582米，工程包括道路、河堤、桥梁、栏杆、园建景观、灯光夜景等工程。

【首届运动会】 2005年，沙田镇首届运动会历时45天。开幕式为极具水乡特色的水上开幕式，主题为“滨海港城、和谐沙田”，此次运动会共设田径、游泳、龙舟、羽毛球等15个大项、183个小项，分农村、机关2组进行，共有24个代表团的3000多名运动员报名参加比赛，是沙田镇有史以来历时最长、规模最大、参赛人数最多的综合性运动会。

（罗新强）

**附：2005年东莞市沙田镇党委、人大、政府领导名录**

镇委书记：陈浩林（2月离任）
　　　　　陈志明（3月到任）
镇委副书记：陈志明
　　　　　　方灿芬（3月到任）
　　　　　　钟浩滔　冯　妹　刘振邦
镇委委员：陈浩林（2月离任）
　　　　　陈志明　方灿芬（3月到任）
　　　　　钟浩滔　冯　妹　刘振邦
　　　　　梁满棠　蔡北星　赵植槐
　　　　　梁　全　邓浩森　何福明
　　　　　游振强　陈继业
镇人大主席团主席：陈浩林（2月离任）
　　　　　　　　　陈志明（3月到任）
镇人大主席团副主席：王　珠　梁满棠
镇　长：陈志明（3月离任）
　　　　方灿芬（4月到任）
副镇长：梁　全　蔡北星　邓浩森
　　　　何福明

## 2001—2005年沙田镇主要经济指标表

| 指标＼年份 | 2001 | 2002 | 2003 | 2004 | 2005 |
|---|---|---|---|---|---|
| 户籍人口（人） | 35781 | 36185 | 36653 | 37191 | 37978 |
| 外来暂住人口（人） | 56020 | 57122 | 60286 | 75625 | 78120 |
| 面积（平方公里） | 107.08 | 107.08 | 107.08 | 107.08 | 107.08 |
| 国内生产总值（万元） | 142060 | 182363 | 236769 | 310921 | 369996 |
| 工业总产值当年价（万元） | 199433 | 269752 | 352677 | 420812 | 512549 |
| 农业总产值当年价（万元） | 30521 | 31153 | 31319 | 29892 | 26761 |
| 总用电量（万千瓦时） | 24133 | 32878 | 42532 | 53105 | 65365 |
| 全社会固定资产投资总额（万元） | 33177 | 39812 | 41171 | 70234 | 91255 |
| 社会消费与零售总额（万元） | 30710 | 34395 | 36232 | 41533 | 52165 |
| 外贸出口总额（万美元） | 15465 | 23101 | 32258 | 36646 | 41344 |
| 实际利用外资（万美元） | 3161 | 5332 | 6144 | 10474 | 10719 |
| 镇级可支配财政收入（万元） | 11957 | 14888 | 14436 | 17720 | 24690 |
| 各项税收总额（万元） | 10737 | 15457 | 18248 | 24422 | 33866 |
| 金融机构各项存款余额（万元） | 119614 | 137881 | 192610 | 259479 | 329083 |
| 城乡居民储蓄存款余额（万元） | 76327 | 90126 | 117355 | 143093 | 184063 |

# 长安镇

【概况】 长安镇地处东莞市最南端，东邻深圳经济特区，南临珠江口，西连古塞虎门，北倚风景胜地莲花山，陆地总面积83.4平方公里，2005年辖13个社区居委会，户籍人口3.8万人，外来流动人口50多万人，旅港同胞3万多人。全镇完成生产总值133.7亿元，与上年同期相比（下同）增长15%；工农业总产值203.9亿元，增长18.2%，其中工业总产值201.5亿元，增长18.3%，农业总产值2.4亿元，增长3.0%；各项税收收入17.1亿元，增长22.4%。2005年荣获“全国文明村镇”、“中国机械五金模具名镇”、“全国首届小城镇综合发展水平1000强（第三名）”、“中国小康建设十佳镇”和“广东省红旗基层党组织”等荣誉称号。在2005年底举行的全市总结表彰大会上，长安镇经济实绩量化考核结果综合总分等主要考核项目得分连续第十年位居全市第一，并获得经济建设、文化建设、社会公共管理和党的建设4个单项奖第一名，在全市村（社区）级评比总分前十名中，占了7名。

【基础设施建设】2005年，长安镇进一步加大城市规划和建设力度，投入585.7万元，初步完成《镇中心北区控制性详细规划》、《南部片区控制性详细规划》，以及振安工业园、涌头社区、新安社区的控制性详细规划等建设规划的编制。加强土地使用管理，推进数字化地形地籍测量工作，开展基准地价评估。投入市政建设资金36.2亿元，完成广深高速公路长安出入口整治，信垅路、四环路一期和公安分局办公楼主体等工程建设；基本完成振安二路工程、107国道改造工程，以及法庭、环保分局、交通分局办公楼、如园书城、老人活动中心、戏剧中心、实验中学扩建等项目土建工程；三洲水质净化厂一期主体工程、新民污水处理厂项目BOT招标稳步推进。改造和扩建一批供电设施，新建的110KV草围变电站投入使用，全年总用电量达41亿千瓦时，同比增长10.5%；总用水量11006万吨，同比增长7.5%。

【农业】2005年，长安镇积极发挥农业技术服务中心的作用，开展各项支农业务，鼓励扶持“三高”农业和生态农业，提高农业生产能力。共实现农业总产值2.4亿元，同比增长3.0%；水产品产量3912吨；生猪饲养量15万头，出栏15万头；“三鸟”饲养量2.55万羽，上市1.02万羽；蔬菜种植面积1350亩，花卉苗木种植面积165亩，水果种植面积5744亩，水果总产量350吨。同时，积极加强食品安全监测，建立市场准入制度，防止有害动植物食品流入市场。加强农业执法，严厉打击私宰生猪等违法行为，搞好禽畜业的清理整治工作。成立防控重大动物疫病工作领导小组，开展禽流感、狂犬病等动物疫病的防治工作。加强农业环境保护，依法对土地、海域、湿地、水资源、森林资源等进行有效保护。配合市创建“全国绿化模范城市”行动，共投入500万元，开展“创绿”宣传、植树增绿和清理薇苷菊、死松树等工作；实施红树林种植、闲置地复绿和农田林网营造工程，种植红树林684亩、农田林网10公里。加大水利设施建设力度，投资近1亿元完成了鸡公仔水库达标工程、沙涌整治工程、沙涌排涝站新建工程等。落实防汛工作岗位责任制，做好防洪抗灾工作。

【工业·对外贸易】2005年，长安镇完成工业总产值201.5亿元，增长18.5%；签约利用外资金额4.6亿美元，增长33.1%，其中新签外资项目89宗，增资项目700宗，增资金额2.9亿美元，增长72%；实际利用外资3.7亿美元，增长17.2%；出口总额41亿美元，增长19.1%，连续第八年居全国乡镇之首。民营经济继续壮大，至2005年底，全镇共有民营企业703家，同比增加76家；民营企业实际投资总额21.2亿，增长19.3%；拥有个体工商户28053户，其中新办11052户。机械五金模具和电子信息产业发展迅速，成为长安经济发展的支柱产业，被确定为“中国机械五金模具名镇”。

镇属广东长安集团公司进一步发展壮大，实现工业总产值74.98 亿元，同比增长16%；新发展项目9宗，引进外资2608万美元，“三资”企业出口创汇总额8.91亿美元，增长0.2%；工缴费纯收入2.08亿港元，增长9.6%；集团总资产48亿元，增长28.9%。

【财政·金融】2005年，长安镇积极推进财政预算改革，创新预算编审方式，完善“收支两条线”、“一个窗口”收费和会计管理、政府采购、投资及工程款支付审核制度。大力推进依法治税，强化税源管理，成立税务协管中心和13个社区税务协管站，深入挖掘财源，抓好零星税源的征管工作，规范征管秩序，加强税收监控，促进税收征管的科学化、精细化，税收收入大幅度增长。全镇实现税收收入17.1亿元，增长22.4%，其中国税8.95亿元，地税7.83亿元，农业四税0.28亿元，税收总额列全市镇区第三名；镇本级可支配财政收入10.03亿元，增长3.8%。银行业务发展良好，新增交通银行和招商银行，使在长安的银行数增加到10家，各项存款余额186.6亿元，增长24.6%；其中居民储蓄存款131.4亿元，增长24.4%。社会保险覆盖面进一步扩大，全镇完成各项社保征收总额3.98亿元，增长25.2%。证券、保险业蓬勃发展，交易量和保费收入持续增长。

【市场建设】2005年，长安镇通过开展“四清理”行动，大力清理无证照经营，规范市场经营秩序。重点清理网吧、影吧、废品回收、食品加工、旅业、无牌游医等社会危害性较大、群众意见较多的行业，坚决依法打击这类行业的无证照经营。全镇共取缔无证照经营户2384户，核发各类营业执照1万多个，全镇持证经营户近3.4万户。以“设施完善，制度健全，管理规范”为标准，完善市场管理，搞活商品流通，大力倡导文明、诚信经营，使商贸经济蓬勃发展，物价平稳有序。2005年，全镇共有已办理市场登记证的各类市场37个，其中农贸市场19个，五金模具、电子、建材等专业批发市场18个，总占地面积399957平方米，投资总额24848万元，增长53.8%。全镇共有11个市场被评为“东莞市文明诚信市场”，其中3个市场被评为“广东省文明诚信市场”。大力推行食品安全准入制度，加强生猪“瘦肉精”和果蔬农药残留的检测监控，维护人民身体健康。2005年全镇社会消费品零售总额18.8亿元，增长9.1%。

【科技】2005年，长安镇大力实施“科技长安”工程，邀请省、市有关专家和企业负责人，召开实施“科技长安”工程专家研讨会和企业研讨会，明确长安科技发展的思路和措施。开展知识产权培训、农业技术培训，举办“科技进步月”活动，搞好科普宣传等。2005年，镇财政对科技投入3393万元，全镇科普专项经费25万元。积极鼓励和扶持“两自”企业，深入推进产研结合，提高企业产品的科技含量和附加值。与华中科技大学，东莞市科技局签约，在长安联合共建华中科技大学国家模具重点实验室；成功申报广东省火炬计划模具特色产业基地。2005年，全镇高新技术产业实现产值101.5亿元，占工业总产值的50.5%；共有省高新科技企业21家，民营科技企业75家，各类专业技术人才7万多人。积极开展教学科研活动，举办科研成果推介会，14个课题被省、市立项，11个课题通过专家组鉴定。在广东省第二十届青少年科技创新大赛等赛事中获得多项奖励。

【教育】2005年，长安镇努力创建长安教育品牌，积极开展创名校、创名校长、创名师“三创”行动，抓好英语特色教育，完善教育管理，推进民办和成人教育。2005年全镇教育总投入达2.2亿元，其中正常教育经费1.4亿元，硬件投入0.8亿元。新建实验中学和中心幼儿园宿舍，以及沙头、新安、上角幼儿园，完善涌头小学教学设施。教学质量进一步提高，中考、高考再创佳绩，全镇考上市重点中学178人，增长25%；考上大学的长安籍学生459人，增长9%，其中本科131人，增长38%。小学毕业考试语文、数学、英语三科的合格率分别达到99.8%、99.8%、99.5%。长安职中被评为国家级重点中等职业学校，实验中学、厦岗小学通过省一级学校评估，全镇15所公办中小学全部成为省、市一级学校，其中省一级学校10所，提前两年实现全镇中小学全部成为等级学校的目标。教学科研取得较好成绩，10多个课题在省市立项，95篇教学科研论文获市以上奖励。民办教育和成人教育蓬勃发展，新增一所民办学校，全镇共有民办中小学12所、幼儿园10所。全镇公办、民办学校共有在校学生37209人，专任教师1604人。成人教育培训广泛开展，全年培训人数达2万多人次，组织学历考试3600多人次，成人教育工作走在全市各镇区的前列。

【卫生】2005年，长安镇卫生防疫体系不断健全。投资过亿元的长安医院新门诊大楼建成并投入使用，医疗设施进一步完善，群众就医更加方便。加强农产品质量安全监测，完善果蔬产品质量安全检测体系，全面开展灭犬和防止禽流感工作，禽畜免疫率达100%。严厉打击无牌无证非法行医行为，取缔无牌无证诊所1038间，有力净化医疗卫生市场。广泛开展卫生保健宣传教育和义诊义治活动，大力推进免疫接种，全年“五苗”接种率本地人口达98.45%，外来人口达96.29%，服食“糖丸”儿童97.49%以上。坚持开展卫生整治行动，全镇环境卫生更加整洁美观，所有社区均被评为市以上卫生村，其中省卫生村比例达83%。

【宣传·文化·体育】2005年，长安镇围绕“构建和谐社会，建设文明长安”的主题，重点开展“爱国、守法、诚信、知礼”现代公民教育活动，打造学习型社会、塑造现代市民、构建和谐社会。以全省现代公民教育活动示范点——长安品质电子厂为典型，抓好现代公民教育活动经验的推广。举办大型迎春灯会等春节系列活动，开展“共建外来员工温馨之家”、“国旗·现代公民教育一条街”等主题活动，排演反映任长霞英雄事迹的大型现代粤剧《铁血传奇》，举办包括有“广东首届诗歌节”等23项活动内容的第二届文化艺术节，组织长安民间艺术团赴葡萄牙参加里奥国际文化艺术节，增进国际文化交流。配合和谐社会的建设，出版《长安老照片》、《长安镇摄影艺术作品集》等系列丛书，邀请名家创作第二届文化艺术节主题歌《同在莲花山下》。着手规划建设少年宫、老人活动中心、粤剧大楼和如园书城，为人民群众提供更多的文体活动场所。积极组队参加市六运会并获得金牌总数第二、团体总分第五的历史最好成绩。在全国十运会上，长安马术运动员李振强获得马术场地障碍赛团体和个人两枚银牌。在年底举行的全市总结表彰大会上，长安镇被评为全市唯一的文化建设先进镇。

【武装工作】2005年，长安镇积极开展国防教育和拥军优属、军民共建活动，落实各项优待政策，将义务兵家属优待款标准提高到每人14000元，做好退伍军人的安置工作，共安排18人到镇、社区下属单位工作；调整充实基干民兵队伍，组织30名海上民兵到沙角部队进行半个月的全封闭式实时战争模拟动员、训练，搞好学生军政训练；积极开展征兵工作，输送合格兵员31名，超额完成年度应征任务。

【群团工作】2005年，长安镇工会升级为总工会，新组建基层工会65家，发展会员31500多人；推行集体合同制度，新签集体合同企业66家，签订集体合同972家，占已建工会企业的92.6%，到期续签率达98%；加强实施最低工资标准的监督检查，积极协调劳资纠纷，镇、社区、企业工会共参与调解处理职工劳资纠纷295宗，涉及职工862人，为员工挽回经济损失200多万元，调解成功率达95.8%；成立困难职工帮扶中心，积极开展创建“职工之家”活动，举办“安康杯”竞赛，以及各种培训和“送温暖”活动。镇团委落实团市委“重镇强村、活支兴团”战略，组织开展“共建外来员工温馨之家”、“十佳外地青年评选”等活动；积极实施“创业长安”工程，引导和鼓励青年勇于创业，组织大学生开展各种暑期实践活动，举办青少年网络大赛；5月开通全市第一个镇级青年志愿者网站——“长安志愿者网站”；长安集团公司团委获得“广东省五四红旗团委”称号，品质电子厂团总支获得“广东省五四红旗团支部”称号。5月10日，镇妇联召开第六次妇女代表大会，选举产生第六届执行委员会主席、副主席和13名委员，明确今后五年妇女工作的主要目标和任务；举办“方达杯”三八女子篮球赛、拔河比赛、“重温激情岁月、共建和谐长安——金婚银婚纪念活动”，来自各社区的70对中老年夫妇参加了此次活动，《羊城晚报》、《广州日报》、《东莞日报》等多家媒体对本次活动进行报道；努力为妇女儿童办实事办好事，积极开展“巾帼助困”活动、“关爱女孩行动”，做好来信来访工作，化解家庭矛盾，帮助解决劳资纠纷等问题。镇残联积极发挥作用，全面落实残疾人就业保障措施。加强对长安商会、东莞市旅游饭店协会长安分会、外商投资企业协会、台商联谊会等协会的组织与管理，积极发挥其在推动经济发展和管理等方面的作用。进一步壮大文学、戏曲、摄影、书画等十大文体协会队伍，积极开展各种文体活动，丰富人民生活。

【计划生育】2005年，长安镇加强组织领导，深化监管力度，积极完善“一把手”责任机制，明确各级组织的计生责任，实施干部奖惩措施和“一票否决”制度。落实“分类指导”、“抓点带面”的工作措施，促使各社区计生工作平衡开展。充分发挥“三栏、二室、一校”阵地作用，进一步规范“五期”教育管理。充分发挥“出租屋及租住人

▲ 长安镇中心街道

员管理服务中心”对计生工作的管理职能，加强对已婚育龄妇女的计生管理，做好信息的收集和跟进工作。举办“婚育新风进万家——关爱女孩行动”巡回演出，开展女工生殖保健系列活动，组织计生服务所医务人员深入各社区和各单位，为育龄妇女查体治病，受益女工达2000多人。推行计划生育社会保障和利益导向机制，对落实计划生育的家庭，在股份分配、福利发放、养老保险等方面给予优惠。2005年，全镇户籍人口计划生育率为96.93%，比市下达的指标94.4%高出2.53个百分点。

【人民生活】2005年，长安镇、社区、组三级集体经济实力进一步壮大，集体资产总额达到155.6亿元，增长13.7%；镇级实有资产总额60亿元，增长12.8%；社区和居民小组两级集体纯收入平均增长10%。完成农村集体经济股份制改革工作，社区体制和股份经济组织制度进一步健全，完善会计委派制度，强化审计工作，集体经济的经营和管理日益规范，居民福利分配和收入稳步增长，全镇人均收入15896元，增长15%；居民储蓄存款131.4亿元，增长24.4%。养老保险、医疗保险等各种社会福利保障制度更加完善，社会保险覆盖面进一步扩大，完成社会保险基金征收3.98亿元，工伤保险参保人数达到34.4万人，养老、医疗、失业保险参保人数均达到18.6万人。做好低保户和低收入困难家庭的补助款发放工作，全年共发放补助款19.9万元，临时补助款（含本镇居民和外来人员）26.3万元。开展“百万元扶百户”行动，对人均月收入不足500元或家庭遭遇突发事故而临时出现经济特困的百户困难家庭进行帮扶，营造了良好的和谐社会氛围。被评为“中国小康建设十佳镇”。

【社会治安综合治理】2005年，长安镇积极推进“平安长安”工程，进一步强化社会治安综合治理，努力维护社会政治稳定。镇政府与各社区、综治成员单位签订目标管理及禁毒、清理无证照经营、道路交通安全管理等4项责任书。选派13名派出所副职领导到社区挂任党总支副书记，加大治安防范工作管理的力度。积极发挥流动人口和出租屋管理服务中心、服务站的作用，强化流动人口和出租屋管理。通过实施封闭小区建设、重点地区整治、交通秩序整治、校园周边环境整治等，全面强化社会治安防范。严厉打击各种违法犯罪活动，精心组织打击“两抢一盗”犯罪、“骄阳”及“粤鹰”等专项行动，大力扫除“黄赌毒”，维护社会治安稳定。全年共破刑事案件931宗，破案率35.8%，同比提高近10%；破“两抢一盗”案件675宗，破案率32.8%，同比提高近12%。

【扎实推进“四清理”工作】2005年，长安镇成立镇“四清理”工作领导小组，以及4个专项清理领导小组、14个指导组、若干个督查组，强化对各社区、单位“四清理”工作的领导、指导和督查。各专项清理领导小组与各社区签订专项清理工作责任书，将“四清理”工作与干部年终考核和奖励挂钩，并在镇年度评先进时实行“一票否决”。全镇共清理违法搭建物2745宗，面积39.6万平方米；清理违法用地73宗，面积116.9万平方米，并进行了复绿复耕；清拆生猪养殖场821个、生猪15.5万头、猪舍面积51.7万平方米；取缔无证照经营户2384户，核发各类营业执照1万多户，全镇持证经营户近3.4万户，持证率超过95%。较好地完成“四清理”任务，顺利通过市检查组的验收。

【开展保持共产党员先进性教育活动】2005年，长安镇按照市委的部署，自7月份起，创造性地、稳步扎实地开展历时4个多月的先进性教育活动。镇党委及下属16个党总支部、94个党支部4073名党员，全部参加了教育活动。紧密结合本镇实际，规定动作与自选动作相结合，召开动员会、形势报告会、党课电视大会、先进事迹报告会、教育专题报告会和学习心得交流会，开展先进性大讨论、百题测试、主题党日等活动。将开展先进性教育与推进固本强基工程紧密结合，加强党员“理想、责任、能力、形象”教育，开展“十百千万”干部下基层驻农村活动，搞好各社区居委会、居民小组及其监事会的换届选举工作，开展镇机关公务用车改革。全年新发展党员121名，新成立非公企业党组织67个。广泛征求意见，坦诚交心谈心，深刻撰写党性分析材料，扎实开好支部民主生活会和党员组织生活会，认真制定整改方案、落实整改措施，解决问题250多个，收到了预期效果，群众对先进性教育活动的满意率超过98%。

【举办第五届中国（长安）机械五金模具交易会】2005年11月25—28日，长安镇成功举办了第五届中国（长安）机械五金模具交易会。本届交易会由中国机械工业联合会、广东省经贸委和东莞市人民政府主办，长安镇人民政府、东莞市五金机械模具行业协会和方达集团承办。交易会共设标准展位近千个，展位总面积5万平方米。吸引了来自国外的瑞士阿奇夏米尔集团、比利时HACO集团、日本三菱电机、美国史丹利及肯纳刀具，以及国内的沈阳机床、江苏亚威、东莞最大的机械厂家东华机械等562家知名机械五金模具企业前来参展，其中国外企业18家，占3%；港澳台企业60家，占11%；东莞市内参展企业335家，占59%；东莞市外的国内参展企业149家，占27%。参观人数达16万人次，达成意向成交额20亿元，签订意向合同482份。

【举办首届“方达国际五金奖”评选活动】2005年，长安镇举办首届“方达国际五金奖”评选活动，该奖由长安镇方达集团倡议并出资，中华全国工商联五金商会与方达集团共同设立，被誉为“世界五金行业的‘诺贝尔奖’”，奖金总额100万元，用以奖励在五金模具行业中有突出贡献的人才，从而推动五金模具产业的发展。首届“方达国际五金奖”共收到申报参评项目100多个，经过中外专家组的反复评比筛选后，最终确定了8个入围项目。首届“方达国际五金奖”颁奖典礼在第五届中国（长安）机械五金模具交易会期间于长安举行。长春鸿达光电子与生物统计识别技术有限公司总经理王莉，中国工程院院士、流体密封工程专家王玉明，宁波长城精工实业有限公司量具部主任杜益平，荣获了首届“方达国际五金奖”的殊荣。他们获奖的项目分别是：指纹锁及产业化项目、新型密封装置、尼龙覆膜钢卷尺。（蒋超卓）

**附：2005年东莞市长安镇党委、人大、政府领导名录**

镇委书记：袁德和

镇委副书记：梁荣业　陈福坤　孙景森　方灿芬（4月离任）　郭炳基（8月到任）

镇委委员：袁德和　梁荣业　陈福坤　孙景森　方灿芬（4月离任）　郭炳基　麦改平　王志明　陈卫江　唐耀文　陈伟文　李福笑

镇人大主席团主席：袁德和

镇人大主席团副主席：黄炳仪　陈林发

镇　长：梁荣业

副镇长：王志明　陈卫江　陈日明　孙沛文

## 2001—2005年长安镇主要经济指标表

| 指标　　年份 | 2001 | 2002 | 2003 | 2004 | 2005 |
|---|---|---|---|---|---|
| 户籍人口（人） | 34741 | 35396 | 36585 | 37948 | 38687 |
| 外来暂住人口（人） | 452000 | 455000 | 458000 | 464000 | 466000 |
| 面积（平方公里） | 83.4 | 83.4 | 83.4 | 83.4 | 83.4 |
| 国内生产总值（万元） | 529219 | 679022 | 887947 | 1162826 | 1337428 |
| 工业总产值当年价（万元） | 816100 | 1031100 | 1326300 | 1701100 | 2015100 |
| 农业总产值当年价（万元） | 21400 | 22000 | 22600 | 23300 | 24000 |
| 总用电量（万千瓦时） | 197638 | 244813 | 325000 | 367000 | 405000 |
| 全社会固定资产投资总额（万元） | | | | 359000 | 361000 |
| 社会消费与零售总额（万元） | 106030 | 123000 | 145000 | 173000 | 188000 |
| 外贸出口总额（万美元） | 201938 | 253056 | 287000 | 336000 | 410057 |
| 实际利用外资（万美元） | 23379 | 26844 | 29958 | 31500 | 36900 |
| 镇级可支配财政收入（万元） | 38796 | 51277 | 80044 | 96673 | 100300 |
| 各项税收总额（万元） | 70000 | 114000 | 115000 | 139300 | 171000 |
| 金融机构各项存款余额（万元） | 795000 | 955000 | 1237000 | 1497000 | 1866000 |
| 城乡居民储蓄存款余额（万元） | 495000 | 664700 | 859000 | 1056000 | 1314000 |

# 寮步镇

【概况】 寮步镇是东莞的地理几何中心，毗邻市区，公路四通八达。全镇总面积87.5平方公里，现辖1个居民委员会和28个村民委员会，人口26万，其中户籍人口6.3万。

寮步镇历史悠久，始建于唐贞观年间。历史上的寮步商业发达，久负盛名的“莞香”于明清时期集散于此，素有“香市”之称，与广州花市、罗浮药市、廉州珠市并誉为广东四大名市。改革开放以来，寮步镇实施了工业优先发展战略，引进了一批高科技大企业，形成了以电子、电脑、电器组成的产业群，被国家信息产业部定为国家电子信息产业基地。随着东莞“三位一体”城市规划的实施和东莞市中心城区的向东拓展，寮步将与东莞的主城区一体化，成为东莞未来中心城区的重要组成部分，寮步镇的城市化步伐得到加快。在国家统计局2005年中国明星镇评选中，寮步跻身全国小城镇综合发展水平百强镇，名列第51位。

【国内生产总值突破60亿】 2005年，寮步镇国内生产总值达到60.3亿元，比上年同期增长20.9%；固定资产投资总额20.6亿元，同比增长19.08%；工业总产值实现93.05亿元（不含三星），同比增长23%；实际利用外资1.4亿美元，同比增长22%；出口总额20.17亿美元，同比增长25%；各项税收6.46亿元，同比增长36%；镇级可支配财政收入3.39亿元，同比增长36.4%，支出3.4亿元，同比增长39.7%；总用电量12.96亿千瓦时，同比增长14.7%；金融机构各项人民币存款余额57.6亿元，同比增长16.7%（其中城市居民人民币储蓄存款余额39.9亿元，同比增长17.5%），各项贷款余额29.8亿元，同比增长8.2%；农村人均纯收入9202元，同比增长8%。

【加快城市化】 寮步镇将融入大市区作为城市建设的战略来抓，在完成总体规划修编的基础上，2005年相继完成了横坑片区控制性详细规划、新城市中心地区控制性详细规划、松山湖大道寮步沿线地区控制性详细规划，并启动了一批重点工程项目的建设，其中莞樟路穿衣戴帽工程已经竣工，市民广场建设和西区大道二期工程基本完成。2005年全镇新开工工程106项，建设规模较上年有大幅提升。2005年还投资了900多万元铺设新的给水主管网；第三个110KV变电站的线路基础建设已基本完成。随着东莞市主城区、同沙生态休闲区、松山湖科技园区“三位一体”战略的实施和东莞市主城区的向东（寮步）拓展，寮步镇已经成为大市区的一部分。

【发展新型工业】 寮步镇把IT、汽配产业作为工业发展的主导产业，走发展新型工业之路，2005年引进了一些品牌大企业，永强汽车制造与奥地利卢森堡亚共同组建了东莞卢森堡亚永强消防汽车有限公司，使寮步成为中国最高端的消防车生产基地，这是民营企业积极探索和创新发展模式，争取成为一个“以民引外、中外合璧”的一个范例。同年还有几个影响较大的项目相继落户寮步或已经开业：台湾能率集团属下的能率科技（东莞）有限公司正式开业，寮步已成为华南地区最大的数码相机生产基地之一；世界500强之一、韩国第三大企业SK集团的独资公司——东莞世高钢铁有限公司落户寮步，该项目投资额为1000万美元，是韩国SK集团在广东的第一个投资项目；同济医学院东莞附属医院（东莞泌尿医院）于12月正式开业。一年来加大了对民营企业的帮扶力度，确立重点转型培养对象加快优化升级，努力培育壮大“两自”企业。2005年，全镇民企工业总产值9.34亿元，增长26%。重点抓了华南工业园的道路建设，强化了园区卫生、绿化和治安环境整治等项工业园的建设，提高园区的服务水平。

【汽车城建设成效明显】2005年，寮步镇开展了三项大型活动，加强“寮步车市”品牌宣传：元旦期间举办了“寮步车市元旦赏车暨东莞车改团购周”活动；3月15日国际消费者维权活动日举办了“加入诚信大联盟，做诚信车行，建诚信车市”活动；五一期间举办了“五一汽车消费文化嘉年华”活动。推进了汽车城品牌店的建设，全年已建成6个项目，另有5个项目在建。二期工程的基础设施建设已全面铺开。2005年，全镇汽车销售额为42亿元，增长7%。

【发展商贸服务业】寮步镇根据城镇空间形态现状和未来发展需要，确定了一个中心（新城中心区）、四条轴线（香市路、蟠龙路、环城路和松山湖大道）、三大片区（旧城片区、良横片区、西南片区）的商业发展布局。2005年下半年，开展了以集中招商、集中引智引技、集中推介寮步为主要内容的“三集中”活动，分别于11月11日举办了大型招商会和11月12日举办了大型的人才与技术交流会，效果明显。并且先后安排了几项大的群众性的配套活动和公关性的新闻活动，提高投资商对寮步的关注度。2005年，全镇社会消费品零售总额达到10.9亿元，增长9.9%。

【成功承办泛珠三角电子信息产业合作发展论坛】由“9+2”泛珠区域各省区电子信息产业厅联合主办的“2005泛珠三角电子信息产业合作发展论坛”于2005年11月8日在寮步镇隆重举行。来自国家信息产业部、中国电子信息产业发展研究领域的数位专家分别就泛珠三角电子信息产业的地位、现状、优势和劣势，以及泛珠三角电子信息产业企业将面临的商机和挑战等一系列问题，展开精彩演讲和讨论。专家们表示，虽然目前泛珠三角电子信息产业面临着产业升级、转型的诸多问题，但困难的背后也给各省相关产业合作带来不少机遇，如果能根据优势互补，做好产业规划，泛珠各省区未来的合作空间将更大。发言的几位专家重点围绕泛珠三角、特别是广东信息产业目前面临的产业转型问题进行讨论，提出了一些具有指导意义的看法，认为完整的信息产业链应具备出色的工业生产环境和科技环境，东莞的电子信息加工贸易很发达，已具备了工业生产环境，但科技环境则有待跟上。发展集约型产业，从制造业向软件业、信息服务业转变，企业加强自主创新，区域间进行资源整合、分工合作，是解决产业升级的主要途径。在论坛会上，寮步镇镇委书记殷焕明就寮步镇电子信息产业的发展概况、产业特点、努力方向等亦作了发言。专家们认为，根据各省实际情况，有组织、有计划地进行差异性互补合作，泛珠三角的电子信息产业合作才更有实效。

【实现省教育强镇和国家卫生镇】2005年，寮步镇用于教育的投资6591万元，近三年共投资1.76亿元，进一步完善了寮步中学、香市中学等学校的教育教学设施建设，完善办学条件。1月25日，寮步幼儿园和横坑春晖幼儿园分别通过了“市一级幼儿园”的评估验收（4月11日举行了挂牌）；3月份，寮步职业技术学校经市教育局批准正式成立；4月底，寮步镇成人文化技术学校通过了“市示范性成校”的评估验收；6月初，寮步中学、西溪小学成功通过“东莞市一级学校”评估验收；6月14日，寮步中学、寮步成校、西溪小学分别举行挂牌仪式。2005年，全镇的高考和中考成绩再创新高，通过了省教育强镇验收。9月9日，寮步镇举行了省教育强镇挂牌仪式，实现了教育强镇目标。市政建设方面，不断完善城市环境配套设施，加强城市综合执法力度。6月中旬横坑等11个村成功创建为省卫生村，11月23日寮步镇通过了“国家卫生镇考核鉴定委员会”的验收。

【加强经济管理】2005年，寮步镇加强了财政管理，成立了税务协管中心，负责零星税源的征收。20个村进行了股份合作制改革。加强了村级集体资产的管理，控制非生产性投资，增加生产性投资的比例。2005年全镇村组两级集体总资产42.0亿元，净资产33.1亿元，纯收入（不含土地转让）2.07亿元。大力促进群众就业，通过抓教育、抓培训、抓推荐、抓服务，全年共解决当地群众就业（含大学毕业生）962人。

【强化社会管理】2005年，寮步镇根据市的“四清理工作”要求，清理违法搭建4233宗，拆除违法搭建物60.94万m$^2$；清理无证照经营4080户，补办执照3339户；清理违法用地376宗，面积15200亩；清理养猪场332户，生猪93181头，家禽35350羽。镇政府及劳动分局、社保分局、国土分局、交通分局完成了公务用车改革。坚持不懈抓好维稳工作，建立了专项排查、调查化解、妥善快速处置、包案督办机制。坚持每月一次排查不稳定因素，重点排查拖欠工资、厂租、无业人员不正常集结、生产和食品安全以及其他容易引起不稳定的因素，通过排查，及时化解和处置潜在的不稳定因素。抓好安全生产，全面推进安全生产巡查制。治安工作构建了路面巡查、阵地控制、社区防范、企业联防以及单位内部防控等防范网，整治重点地区、出租屋，整顿治安队。2005年，全镇共立刑事案件1038宗，破337宗，抓获处理各类犯罪嫌疑人1500多人。依法调解、平息劳资纠纷993宗。抓好信访工作，严格执行领导信访责任制。2005年接待来访来电来信210宗，办结209宗，办结率99%。全镇一年来未发生大的不稳定事件。进一步做好社会保障工作。至2005年全镇参加养老保险的共有3.2万人，参加工伤保险的有6万多人，参加失业保险的有3.2万人，参加医疗保险的有3.2万人。全面落实“低保”政策，对“低保”救济对象的保障率达到100%。继续抓好了计划生育工作，2005年全镇完成“四术”731例，计划生育率为94.02%，出生率为12.99‰，严格控制了人口增长。

【党建工作和干部管理】2005年，寮步镇开展了保持共产党员先进性教育活动，建立了《党员发展公示制度》，规范党员发展程序，全年新发展108名党员。抓好非公经济组织党支部建设，至2005年，全镇共有非公党支部16个。完成了村（居）委会换届选举工作，并采取了培训、建章立制等多种手段，抓好农村干部队伍的建设。制定了《村委会村务管理细则》、《农村干部管理十项制度》、《寮步镇基层干部队伍建设暂行办法》。认真贯彻落实“十百千万”干部下基层驻农村工作，全镇共派出45名干部进驻29个村（居）委会，指导农村发展。（刘　洋）

**附：2005年东莞市寮步镇党委、人大、政府领导名录**

镇委书记：殷焕明
镇委副书记：何绍田　谢杨锦　黄浩泉　祁衬兴　刘一强
镇委委员：黄富新　尹汉源　刘松泰　袁健明　韩巨登　尹广军　韩胜海
镇人大主席团主席：殷焕明
镇人大主席团副主席：谢杨锦
镇长：何绍田
副镇长：刘松泰　尹汉源　韩巨登　尹广军

## 2001—2005年寮步镇主要经济指标表

| 指标＼年份 | 2001 | 2002 | 2003 | 2004 | 2005 |
|---|---|---|---|---|---|
| 户籍人口（人） | 60295 | 60667 | 61581 | 62532 | 63770 |
| 外来暂住人口（人） | 185580 | 168772 | 161287 | 186260 | 186278 |
| 面积（平方公里） | 87.5 | 87.5 | 79 | 79 | 79 |
| 国内生产总值（万元） | 252526 | 314871 | 394322 | 498253 | 602557 |
| 工业总产值当年价（万元） | 374535 | 483105 | 603685 | 755813 | 931000 |
| 农业总产值当年价（万元） | 21246 | 20276 | 13167 | 5327 | 7765 |
| 总用电量（万千瓦时） | 64347 | 86567 | 97543 | 124441 | 140468 |
| 全社会固定资产投资总额（万元） | 86800 | 108500 | 132000 | 173000 | 206000 |
| 社会消费与零售总额（万元） | 39000 | 46500 | 82600 | 99200 | 109000 |
| 外贸出口总额（万美元） | 95805 | 120393 | 144791 | 161355 | 201670 |
| 实际利用外资（万美元） | 7788 | 8411 | 9952 | 11461 | 13985 |
| 镇级可支配财政收入（万元） | 18606 | 15273 | 19801 | 24869 | 33930 |
| 各项税收总额（万元） | 20455 | 33656 | 37936 | 47571 | 64599 |
| 金融机构各项存款余额（万元） | 266093 | 347100 | 450897 | 493663 | 576313 |
| 城乡居民储蓄存款余额（万元） | 167275 | 229321 | 292776 | 339458 | 398983 |

# 大岭山镇

【概况】大岭山镇位于东莞市中南部，地处松山湖科技产业园、同沙水库自然保护区之间，面积95平方公里，辖下23个村（居）。2005年末，全镇人口23.7万人，其中户籍人口40678人。

在2005年度东莞市镇区实绩量化考核评比中，综合得分居全市32个镇区第12位，排位上升。获东莞市2005年量化考核工作一等奖、经济建设单项奖、党的建设单项奖、各项税收总额增长速度第二名、文化建设达标镇区，以及计划生育、信访工作、村民自治、农业工作、外经工作、经贸工作、安全生产、维护稳定和社会治安综合治理先进镇区等荣誉。

【经济大幅增长】2005年，大岭山镇全镇生产总值55.26亿元，比2004年的19.71亿元增长了18.04%，工农业总产值59.23亿元，比2004年的47.60亿元增长了24.5%，其中工业总产值58.36亿元，比2004年的46.58亿元增长了25.3%。镇本级财政收入7.75亿元，比2004年的5.91亿元增长了31.1%；镇本级可支配财政收入达3.18亿元，比2004年的2.08亿元增长了52.8%；各项工商税收6.03亿元，比2004年的4.54亿元增长了32.8%。银行各项存款余额53.90亿元，比2004年的43亿元增长了25.2%。全镇总供电量12.07亿千瓦时，比2004年的10.57千瓦时增长了14.2%。总供水量3638万吨，比2004年的3119万吨增长了16.6%。农村人均纯收9696元，比2004年的8969元增长了8.1%。

【对外经济】2005年，大岭山镇新签项目36宗，同比增加了4宗，合同利用外资7390万美元，比上年的6590万美元增长了12.1%。实际利用外资9677万美元，比上年的9483万美元增长了2%。增资扩产项目26宗，比上年的24宗增加了2宗，合同金额6238万美元，比上年的5027万美元增长了24%。

【外贸出口】2005年，大岭山镇完成出口总额（不含海关转厂及市外贸公司部分）13.42亿美元，比2004年的10.57亿美元增长了27%，在全市32个镇区中排第十位，出口总额跻身十强镇区。

【民营经济】2005年，大岭山镇全镇私营及个体经济总产值达21.07亿元，比2004年的16.14亿元增长30.4%。全年全镇社会消费品零售总额达9.35亿元，比2004年增长了35.6%。新增个体工商户及民营企业2356户，新增注册资金总额为2.67亿元，全镇个体工商户及民营企业总数达8518户，个体、民营企业完税1.71亿元，占全镇税收总额的28%。

【实施名牌战略】2005年，大岭山镇全镇有国家免检产品1家，省著名商标1家，省名牌产品3家，省高新技术企业4家，省民营科技企业5家，市民营科技企业7家。

【城市建设】2005年，大岭山镇全镇的城市建设总体规划已获市政府评审通过。全年基础建设投入1.12亿元，比上年的8020万元增长39%，占当年财政支出的33.5 %，建设全国第一条由乡镇投资建设的高速公路——龙大高速，完成环城大道首期工程，新医院门诊楼、医技楼、住院楼主体、后勤服务楼主体建筑封顶和外墙装修、连廊、护坡等工程，完成东纵纪念馆的进馆大道和水、电工程建设。莞长公路大岭山路段改造工程完工。五星级标准的帝京酒店和四星级标准的君逸酒店分别试业和全面开业。东莞市信立国际农产品贸易城首期工程落成。凯东新城房地产首期即将封顶。

【环境保护】2005年，市、镇投资300多万元完成杨屋大兴石场的复绿试点工程，完成百花洞石场、卫强石场、畔山石场的复绿设计方案。协助市政府完成大岭山镇辖区内15公里长的森林公园道路建设和绿化工程，完成森林公园入口广场面积118亩的主体工程建设。全年造林绿化面积共3600亩，建立200亩的“莞香基地”。连马污水处理厂进行奠基，污水管网完成设计和招标，进入建设期。

【村级经济】2005年，大岭山镇全镇村组两级资产总计达21.68亿元，增长了17.6%；村组两级及长期固定资产共14.46亿元，增长了14.1%。2005年村组两级累计经营收入2.72亿元，比上年增长8.7%；经营总费用9043万元，比上年减少72万元。

【扶贫济困】2005年，大岭山镇5个市欠发达村总收入为2014万元，同比增长15.5%，而且均在200万元以上，其中大沙村、大塘朗村总收入分别为586万元和398万元；总利润为1352万元，同比增长33.6%，而且均在70万元以上，其中大沙村、大塘朗村利润分别为412万元和287万元。5个欠发达村资产合共2.73亿元。

【农村股份合作制】2005年，大岭山镇根据市《关于推行农村股份合作制改革的意见》的统一部署，认真、细致做好第二批村改制工作。第二批村改制涉及16个村，已有14个村完成了改制工作。

【社会治安】2005年，大岭山镇全年投入公安交警经费支出2218万元，比上年的2058万元增长了7.7%。全年共立刑事案件1038宗，破案412宗，破案率为39.7%，比上年提高6.2个百分点，刑事破案率创历年最好成绩。查处治安案件535宗，打掉犯罪团伙59个，刑事拘留557人，逮捕386人，治安拘留372人，送劳教48人。加强流动人口和出租屋管理工作，办理暂住证19.3万张，办证率为97%。获全市维护稳定和社会治安综合治理工作先进镇区、信访工作先进镇区等荣誉。

【四清理工作】2005年，大岭山镇清拆养殖场（栏）816家，面积约231119平方米，生猪约124094头；清理家禽场5家，面积12650平方米，家禽65000羽。清理无照经营户达3260户，取缔1556户，补办证照户1704户，完成率达100%。清理违章搭建总面积782483平方米，拆除781463平方米，完成率达99.87%。办结违法用地中完善手续的120宗，面积3164.39亩，复耕复绿29宗已全面完成，新的违法用地发案率为零。

【处置群体性事件】2005年，大岭山镇处理突发事件16件，涉及2812人，受理群众来信、来电、来访1476件，直接接待来访人数3315人次，其中个人上访案件1139件次，涉及1139人，群众上访案件197件次，涉及502人，集体上访案件133件次，涉及1143人，群众上访案件5件次，涉及230人，信访案办结率为100%，全年未发生群众集体越级上访个案。

【整顿和规范市场秩序】2005年，大岭山镇查扣违章上路摩托车6540辆，查处无牌汽车、摩托车维修店72家，清查饮食行业106家，实现辖区内卫生许可单位的监督检查覆盖率达100%，学校食堂实施量化分级管理达100%。查处私宰及销售案39宗，共出动384人次，没收私宰猪肉8000多公斤。查处非法医疗机构46家，取缔非法门诊部31家，查扣没收药品器械货值62.72万元。

【生产安全】2005年，大岭山镇成立镇安监分局和23个村（社区）安全办，开展危险化学品生产经营企业、人员密集场所、“三小”场所和出租屋消防安全等专项整治，全年共发生38起一般安全事故，同比减少4起。

【政府采购】2005年，大岭山镇加强政府采购管理，共进行政府采购19次，采购金额达1385.5万元，节省资金1385.7万元，平均下浮11.25%。

【创建省教育强镇】2005年，大岭山镇全年教育事业支出费用8811万元，比上年的5449万元增长61.6%。完成了一小的并校工作，加快二小、三小、五小的校舍建设。积极创建等级学校，中心小学成功创建为省一级学校，大岭山中学、第一小学和小天鹅、明天幼儿园等四个单位成功创建市一级学校（幼儿园），等级学校的占有率达到60%以上。7月25日正式批准为广东省教育强镇。2005年全镇考取大专以上人数为342人，比上年增加14人，在全市排第五位；本科人数为121人，比上年增加20人，在全市排第10位。其中职业技术学校是全市入围人数达100人以上的13所学校之一。

【文化达标镇区】2005年，大岭山镇在2005年文化建设考评中，大岭山被评为“东莞市文化建设达标镇”。新塘、农场被评为“东莞市文明标兵社区（村）”，工商行大岭山支行被评为“东莞市文明单位”。大岭山文化广场，继2004年获得首届东莞市“十佳”文化广场、广东省十大优秀广场、全国特色文化广场等殊荣后，2005年在第二届“十佳广场”评比中再获“东莞市十佳文化广场”称号。

【社会保障】2005年，大岭山镇全镇参保企业810家，职保方面参保人数共8.83万人，农保1.62万人，农医保3.25万人，共发放社会保险待遇5617万元，发放抚恤社会救济813万元，比2004年的790万元增加了23万元。免费培训人员800人，推荐1000多人就业。

【先进性教育活动】2005年，大岭山镇深入开展保持共产党员先进性教育活动，共召开征求意见座谈会87次，参加人数2040人次，党员入户个别谈话2749人次，收集整理出意见有 2297条，共为民办了410件好事和实事。9月3日，联合市先进办共同举办“大岭山之歌”保持共产党员先进性教育主题电视晚会，是全市首个保持共产党员先进性教育活动专题电视晚会，再次打响了“大岭山之歌”的文化品牌。

【“十百千万”工程】2005年，大岭山镇深入开展“十百千万”干部下基层驻农村活动，25名机关党员干部和28名跟岗生驻村，镇党政领导到挂钩点累计138次，共召开各种座谈会241次，走访了900多户农户，为群众办实事好事达140多件，协助基层解决各种突出问题87宗，帮助发展集体项目近40宗，投入资金达16000多万元。深入开展党风廉政建设和反腐败斗争。 （黎爱英）

**附：2005年东莞市大岭山镇党委、人大、政府领导名录**

镇委书记：黎惠勤
镇委副书记：胡浩举　陈锦波　张祖民
　　李　梨（4月离任）
　　欧阳振球（8月到任）
镇委委员：叶美高　李伟平　李凤婵
　　欧阳振球　黎建烨
　　李新平　叶俊超　陈福华
镇人大主席团主席：黎惠勤
镇人大主席团副主席：
　　李　梨（4月离任）
　　李新平(4月到任)
镇　长：胡浩举
副镇长：李伟平　李凤婵
　　欧阳振球（8月离任）
　　黎建烨　李　元

## 2001—2005年大岭山镇主要经济指标表

| 指标＼年份 | 2001 | 2002 | 2003 | 2004 | 2005 |
|---|---|---|---|---|---|
| 户籍人口（人） | 37343 | 37857 | 38590 | 39423 | 40678 |
| 外来暂住人口（人） | 101794 | 132404 | 176905 | 177500 | 196546 |
| 面积（平方公里） | 110 | 110 | 95 | 95 | 95 |
| 国内生产总值（万元） | 106738 | 126591 | 152162 | 197050 | 552553 |
| 工业总产值当年价（万元） | 227491 | 281839 | 362163 | 465751 | 583586 |
| 农业总产值当年价（万元） | 29304 | 13017 | 12067 | 10184 | 8682 |
| 总用电量（万千瓦时） | 44491 | 62805 | 80921 | 100675 | 117051 |
| 全社会固定资产投资总额（万元） | 26640 | 32101 | 42435 | 92365 | 139251 |
| 社会消费与零售总额（万元） | 36339 | 42752 | 51672 | 68930 | 93469 |
| 外贸出口总额（万美元） | 40099 | 61483 | 74419 | 105718 | 134198 |
| 实际利用外资（万美元） | 8435 | 8486 | 8880 | 9483 | 9677 |
| 镇级可支配财政收入（万元） | 11428 | 13728 | 17760 | 20833 | 31734 |
| 各项税收总额（万元） | 14799 | 18745 | 22545 | 45352 | 60320 |
| 金融机构各项存款余额（万元） | 194790 | 262719 | 356290 | 430556 | 539038 |
| 城乡居民储蓄存款余额（万元） | 120834 | 170011 | 189534 | 290945 | 366132 |

# 大朗镇

【概况】 大朗镇位于东莞市中南部，全镇总面积118平方公里，辖11个社区居委会和16个村民委员会。全镇户籍人口6.5万多人，外来及流动人口20多万人。大朗镇是中国羊毛衫名镇、国家卫生镇、广东省中心镇、广东省教育强镇、广东省体育先进镇、广东省创建国际区域品牌试点单位、广东省民族民间艺术之乡（醒狮之乡）。在2005年度镇级领导班子工作实绩量化考核中，大朗镇获综合总分一等奖、社会公共管理单项奖、文化建设单项奖；宝陂村获2005年度村级两委会工作实绩量化评比结果综合总分奖和经济建设单项奖。

2005年，大朗镇生产总值707369万元，同比增长23.11%；全镇税收完成54168万元，同比增长36.41%；镇级可支配财政收入36969万元，增长32.38%；金融机构各项存款余额821109万元，增长15.69%，其中城乡居民储蓄存款余额656975万元，增长19.49%；邮政汇款汇出总额59232万元；程控电话（含小灵通用户）100886门。长塘、大井头、水口、巷头等社区（村）的村级可支配财政收入总额（扣除自有土地、物业转让纯收入）超3000万元，其中长塘社区可支配财政收入达5479万元，居全市第41位；大井头社区可支配财政收入达4773万元，居全市第55位；水口村可支配财政收入达3546万元，居全市第79位；巷头社区可支配财政收入达3451万元，居全市第81位。巷头社区、长塘社区、大井头社区、蔡边村、犀牛陂村等获村组两级净资产超2亿元奖。

【对外贸易】 2005年，大朗镇加大招商选资力度，采取与招商中介、房产中介联系招商，实行全镇厂房租赁信息收集，通过多种渠道、多种方式对全镇投资环境进行广泛宣传。2005年新签协议利用外资35宗，平均每宗投资额145.4万美元，比上年同期引进项目平均每宗投资额增加60%；实际利用外资16259万美元，同比增长11.96%。截至2005年，全镇筹建中的外资企业有80个，正在投产的有449个，新投产的有32个；增资额超过100万美元的企业有12家，其中东莞茂志针织有限公司、东莞德基电子科技有限公司、东莞瀚晶纳米材料有限公司等增资额平均超过680万美元。

【第四届中国（大朗）国际毛织产品交易会】 2005年12月19—23日，在大朗毛织贸易中心举办第四届中国（大朗）国际毛织产品交易会（简称“织交会”），共设展位1800个，展位数为历届之最，展出面积近12万平方米，参展商达600多家，共有来自美国、俄罗斯、日本、韩国、意大利等10多个国家的采购团和国内浙江、江苏、上海、辽宁及香港、台湾等地区近20个省市、地区参展商参加，展出产品有成衣、机械、纱线、辅料、专业软件、行业媒体等。交易参观人数达30万人次，意向成交额达28.9亿元。织交会还设有“织城锦绣”走进大朗大型文艺晚会、第三届中国毛织服装设计大赛、第四届中国毛织服装模特大赛、毛织品牌发布会和大朗毛织行业发展论坛等项目。

【科技投入加大】 2005年，大朗镇成立镇科技协会，设立科技办，加快毛织检测中心筹建，建立电脑织机技术人员培训中心，加强与纺织院校合作，推动产学研相结合，提高产品科技含量和附加值。迈科科技有限公司与天津大学合作，成立全市第二间博士后工作站。东莞市迈科新能源有限公司、东莞市英杰激光制版有限公司被认定为广东省高新技术企业和广东省民营科技企业，东莞市中一电工有限公司等7间企业被认定为市民营科技企业。截至2005年，全镇共有4间广东省高新技术企业、6间广东省民营科技企业、20间东莞市民营科技企业。第一期投资100多万元，完善镇政府与各社区、村（除宝陂村外）、单位的政务网络，电子政务覆盖的广度和深度进一步扩展。

【大力实施名牌带动战略】2005年，大朗镇成为广东省创建区域品牌三个试点单位之一和首批广东省产业集群升级示范区。在2005年全国针织名优精品评审会评出的31个优质精品中，大朗占5个，评出的41个优质产品中，大朗占17个；龙姿针织有限公司的“龙姿”、众圣针织有限公司的“QQ”等2个毛织品牌被评为“广东省名牌产品”，“龙姿”还被评为“广东省著名商标”。

【工商业齐头并进】2005年，大朗镇已建成新世纪长盛广场、中豪广场，大和商贸城和华润超市在建设中。其中长盛广场总投资近7亿元，总建筑面积20多万平方米，项目包括主题商场、歌剧院、四星级大酒店、风情美食街、商业步行街，部分项目已投入使用，引进世界500强企业之一——大福源旗舰超市。积极打造“商贸大朗”，形成5个较具规模的商业聚集地：一是美景中路以长盛广场为主体的聚集地；二是富康路以旺富商贸城、华润超市为主体的聚集地；三是长富步行街以长富广场为主体的聚集地；四是富华路以嘉荣超市、大朗市场为主体的聚集地；五是大朗广场周边以美景步行街为主体的聚集地。大力发展物流业，加快物流基础设施建设，以大朗汽车客运总站、物流仓储中心为龙头，打造与松山湖科技产业园相呼应的现代物流圈。新世纪添一居第二期工程启动，碧水天源第三期工程基本完工，业丰大酒店已顺利升级为中国四星级旅游饭店。全年新增个体工商4065户，累计13025户；新增私营企业46户，累计127户；新增有限公司285户，累计836户。

【城市建设】2005年，大朗镇组织召开近期建设规划（2005—2010）评审会，对建设规划作进一步调整，使城镇建设更紧密地衔接松山湖科技产业园。积极推进村级规划，持续抓好控制性详细规划，完成仙村湖旅游度假区控制性详细规划，进一步加强土地规划与城市规划的协调。总投资1.1亿元、按一级客运站标准设计的大朗汽车客运总站落成使用。商会大厦、大和商贸城、中豪广场已封顶，进入装修阶段，部分项目即将落成使用。司法大楼、消防大楼、新文体中心正在加紧筹建。投资2400万元进行自来水新管的铺设和旧管的改造。支持配合莞樟路改造，积极协调解决拆迁问题。加快富民大道与松山湖大道北11号路的连接工程，完成道路设计和地质勘探。投资近200万元改造长富西路，道路总长873米，宽15米。加快筹建污水处理厂，加快垃圾中转站建设。

【农民公寓建设】2005年，大朗镇宝陂新村落成使用，占地83亩、由10幢11层高层住宅楼组成，村民大部分已搬迁入住；校椅围农民公寓正在装修；总投资2亿元的长塘农民公寓经过两年时间的紧张建设，已全部封顶，正在装修；总投资8000万元的求富路农民公寓已进入招投标阶段。

【大力推进“四清理”】2005年，大朗镇开展清理违法搭建、清理违法用地、清理养殖业污染、清理无证照经营的“四清理”活动。全镇累计拆除违法搭建物3654宗、面积520017平方米，整改1011宗、面积340741平方米；完善用地手续4522.37亩，复耕复绿土地2508.8亩；全镇共清理养殖场1475个、生猪152743头，清理养殖场面积405175平方米；取缔无证照经营户799户，补办名称核准5709户，补办营业执照3477户。

【参与创建全国绿化模范城市】2005年，大朗镇切实抓好绿化规划、建设、管理等各项工作，大力提高全镇绿化美化水平。全年全镇共种植树木70639株、花草92094平方米，摆放盆景树2740盆、时花5万多盆。通过开展创绿行动，全镇绿化面积（含水面）957.3公顷，绿化覆盖率达33.81%。其中乡（镇）所在地绿化覆盖总面积516.3公顷，绿化覆盖率达36.43%；村屯绿化覆盖总面积441公顷，绿化覆盖率达31.19%。

【文化·体育·卫生】2005年，大朗镇完善社区、村的广场、公园、活动中心、图书阅览室等文体设施，积极开展创建文化建设达标村（居委会）、企业（单位）的活动。截至2005年，全镇共组建各种文化协会7个，建成文化广场8个。与广东省美术家协会、中国画艺委会共同主办广东省第四届中国画展，著名画家林墉、林风俗、王玉钰、刘斯奋等参观画展；举办大朗镇第四届文化艺术节，活跃文化氛围，展示文化成果，期间还举办大朗首届读书节，进行读书知识竞赛、征文大赛、书法展览、演讲比赛等文化活动；做好文物的开发和保护工作，醒狮、舞龙、粤剧等传统项目得到加强。提高全镇市民的整体素质方面，承办2005全国男子篮球联赛，大朗成为东莞新世纪篮球俱乐部赛事的主场，这是CBA联赛唯一的镇级比赛场地。国家卫生镇水平得到巩固，全镇有省级卫生村23个，市级卫生村3个。

【教育】2005年，大朗镇继续加大教育投入，完善各级各类学校办学条件，其中投入2500万元建设宏育小学，于2005年8月投入使用；投入近1000万元建设大朗中学新功能楼；进一步调整学校布局，中心小学与崇文小学于2005年合并；不断加强教师队伍建设，在大幅度

▲ 东莞大朗第一中学

提高教师待遇的同时，修订奖教奖学方案；实行中小学校长全国招聘，严格教师教学工作考评制度，优化教师队伍；继续创建等级学校，大朗中学、新民小学、宏育小学、南洋幼儿园顺利通过市一级评估，截至2005年，全镇共有省一级学校5所，市一级学校8所，市一级幼儿园4所，省绿色学校3所，市绿色学校6所。教育质量进一步提高，高中招生考试，大朗一中、大朗中学的平均分都有较大提高，2005年大朗中学考取本科院校的学生有20人，比上年增加11人，考取第三批以上大专院校的174人，比上年增加72人。

【网吧管理】 2005年，大朗镇根据“抬高门槛、鼓励连锁、终端监控、严厉处罚”的原则，全面加强网吧管理。全镇确定14个发证网吧地点，严格控制学校附近设立网吧，加强对网吧经营时间的控制；统一安装网吧运营监控管理软件，建立网络监控管理平台，结合技术监控和人工监控，建立长效管理机制；成立文化市场综合执法大队大朗分队，大力开展联合执法，全面取缔无证照网吧。

【社会治安】 2005年，大朗镇大力开展打黑除恶行动，确定每月25日为全镇社会治安日。加强治安队伍建设，努力构建以群众为主体、以公安干警为主力的防范网络；加强镇中心区路面、复杂地段、案件多发部位的巡逻伏击；投入500万元购置特警队装备，推进科技强警；宣传李国根见义勇为先进事迹，设立社会治安综合奖励金专户，镇财政拨款300万元作为启动资金，发动社会捐款，截至2005年，共筹集捐款3092919元。全年全镇共立刑事案件1528宗，破获634宗，破案率为41%；查处治安案件449起，同比上升33.63%；批准逮捕539人，同比增加47.67%；治安拘留577人，同比增加75.91%；强制戒毒170人，同比增加6.25%。

【消防安全】 2005年，大朗镇成立安全生产监督分局，加强安全监督管理队伍建设。投入400多万元新增1台多功能水罐、泡沫消防车，1台照明指挥车和一批消防救援设备。全面整治家庭作坊式加工厂，全镇整改合格有2994家，安装防火门194扇，添置灭火器4766具，安装消防卷盘906具，安装应急灯2250盏。

【信访调处】 2005年，大朗镇认真贯彻执行新的《信访条例》，组织镇政府全体干部、各社区、村两委干部深入学习理解各项新规定，并加大宣传力度，印发近2万册《信访条例》，由各社区、村派发到各家各户。镇党政班子成员、驻村干部每月15日深入各村调查研究，倾听民意，及时调处突出问题。成立信访工作领导小组，建立信访联席会议制度，对信访重点案实行领导包案负责。特别注重做好“四清理”过程中的信访工作，成功预防养猪户越级上访事件，得到较好调解。切实加强劳动监察和调处劳资纠纷，提高企业和外来工的法治意识。全年共受理各类劳动争议案件1217宗，涉及劳动者6473人，其中集体争议案件272宗，成功调解1131宗，成功为4328名劳动者追回被拖欠的工资580.67万元。

【就业创业】 2005年，大朗镇深入开展农民就业情况调查，加大技能培训力度，加强与工厂、企事业单位的联系，建立劳动就业信息网络，积极向企业推荐合适人员，促进就业再就业。全年全镇成功推荐1074名富余劳动力实现就业，对240名富余劳动力进行职业技能培训，其中178人经推荐走上就业岗位。大力促进大中专毕业生就业工作，整体推进人事代理制度建设，扩大人事代理覆盖面，依法加强对人才市场的监管，清理和取缔非法人才中介机构。加强与应届毕业生的交流，介绍市的就业政策，分析就业形势，帮助毕业生找准就业方向，通过举办现场招聘会，提供就业政策咨询和推荐就业服务。

【出租屋及租住人员管理】 2005年，大朗镇成立出租屋管理服务中心，各社区居委会、村委会成立出租屋管理服务站，全镇有出租屋管理人员106人，完成《房屋租赁证》和《出租屋租赁备案回执》合计6555份，办理外来人员暂住证156913份。

【税务协管】 2005年，大朗镇作为全市两个加强零星税源征管工作试点之一，制定《大朗镇加强零星税源征管试点工作实施方案》，成立税务协管中心和16个税务协管站。截至2005年，零星税源征税费达860万元，清理新增纳税户征税费超过110万元，零星税源征管试点工作初见成效，为全市零星税源征管工作的开展积累总结了一些经验。

【村委会换届选举】 2005年，大朗镇第三届村（居）委会换届选举工作顺利完成。全镇27个村（居）委会选举产生110名新一届村（居）委会成员，有10个村提名超过“两个过半”直接产生新一届村（居）委会。村（居）两委交叉任职数70人，占63.6%，连选连任57人，占51.8%；妇女委员比例提高，妇女委员15人，占14%；村委成员平均年龄降低为37.3岁。

【党建工作】 2005年，大朗镇继续推进固本强基工程，以“三有一好”为重要载体努力开展好保持共产党员先进性教育活动，落实好“十百千万”干部下基层驻农村工作，持续开展党风廉政建设。从7月6日至11月10日，全面开展保持共产党员先进性教育活动，全镇92个基层党支部（包括非公有制经济组织党支部36个），共有2861名党员参加。先进性教育活动期间，共为群众办好事实事1669件，帮扶困难群众670户，落实帮扶资金403.8万元，解决发展资金6949.9万元。加大固本强基工程示范点建设，巷头、巷尾、水口、松木山等社区（村）党组织被授予固本强基工程市级示范点。推进“十百千万”干部下基层驻农村，从镇府机关选派55名大专文化以上的干部下基层驻农村，分别挂任社区、村党（总）支部副书记和主任助理等职，协助所驻社区、村发展经济。不断加大非公有制经济组织党建力度，全镇9家1000人以上企业都建立了党支部，实现从业人员1000人以上的非公企业100%组建党组织。 （陈武勇）

**附：2005年东莞市大朗镇党委、人大、政府领导名录**

镇委书记：邓志广（12月离任）
尹景辉（12月到任）
镇委副书记：叶锦河 钟沛昌 祁沛全 林熙仿 黄锦发
镇委委员：邓志广（12月离任）
尹景辉（12月到任）
叶锦河 钟沛昌 祁沛全
林熙仿 黄锦发 李创业
陈根照 傅振华 陈慧娟
游耀波 骆伟东 叶惠明
傅秋恩
镇人大主席团主席：
邓志广（12月离任）
尹景辉（12月到任）
镇人大主席团副主席：傅振华
镇 长：叶锦河
副镇长：李创业 陈根照 陈慧娟 游耀波

## 2001—2005年大朗镇主要经济指标表

| 指标＼年份 | 2001 | 2002 | 2003 | 2004 | 2005 |
|---|---|---|---|---|---|
| 户籍人口（人） | 61102 | 62100 | 62957 | 64122 | 65036 |
| 外来暂住人口（人） | 156277 | 146113 | 152639 | 155346 | 163131 |
| 面积（平方公里） | 144 | 144 | 118 | 118 | 118 |
| 国内生产总值（万元） | 166011 | 202658 | 246890 | 574604 | 707369 |
| 工业总产值当年价（万元） | 206200 | 284656 | 383540 | 503725 | 672570 |
| 农业总产值当年价（万元） | 33795 | 28744 | 19604 | 15879 | 30678 |
| 总用电量（万千瓦时） | 66406 | 82909 | 94448 | 122175 | 140961 |
| 全社会固定资产投资总额（万元） | 91317 | 116770 | 208950 | 293849 | 334110 |
| 社会消费与零售总额（万元） | 71530 | 75536 | 86651 | 98980 | 117596 |
| 外贸出口总额（万美元） | 33280 | 37419 | 42581 | 54019 | 60293 |
| 实际利用外资（万美元） | 4571 | 3749 | 8424 | 14522 | 16259 |
| 镇级可支配财政收入（万元） | 15758 | 20023 | 21953 | 27925 | 36969 |
| 各项税收总额（万元） | 14893 | 20274 | 27356 | 39708 | 54168 |
| 金融机构各项存款余额（万元） | 392392 | 546116 | 634109 | 709746 | 821109 |
| 城乡居民储蓄存款余额（万元） | 280858 | 395854 | 474124 | 549823 | 656975 |

# 黄江镇

【概况】 黄江镇位于东莞市南部，地处东莞中南部经济带的中心位置。2005年末，刁朗、田美、板湖、胜前岗、玉堂围等5个村合并为田美社区，辖区由1个社区变为2个，由19个村民委员会变为14个。全镇面积98平方公里，户籍人口21117人，外来及流动人口19.2万人。2005年，在全市镇级领导班子工作实绩量化考核中荣获综合总分一等奖和经济建设、社会管理、党的建设三个单项奖。

2005年，全镇完成生产总值37.2亿元，同比增长12.3%；工业总产值50.8亿元，同比增长30.06%；各项税收总额4.84亿元，同比增长43.8%；镇本级可支配收入3.39亿元，同比增长27.3%，镇本级资产总额16.14亿元，同比增长15.1%；镇本级资产负债总额5.58亿元，同比增长17.8%；社会固定资产投资10.4亿元，同比增长8.8%；各项人民币存款余额48.3亿元，同比增长19.7%；外贸出口总额21.2亿美元，同比增长34.3%，在全市各镇区排名第八，人均出口额排名第二，增长速度排名第三。

【对外贸易】 2005年，黄江镇新签项目协议利用外资10025万美元，同比增长183%；实际利用外资1.66亿美元；杰群、技嘉、飞利浦等多家企业增资均超过千万美元；精成、飞利浦、技嘉三家企业的出口总额达12亿美元，占全镇出口总额的62.5 %。

【民营经济】 2005年，黄江镇全镇个体工商企业登记注册户数达6470户，注册资金2.4亿元，全镇民营企业税收总额达1.35亿元，同比增长40%。全镇社会消费品零售总额5.7亿元，同比增长26.57%。先后有民乐福、大和、天安、大源、华润等多家大型购物商场开业。民营科技企业发展迅速，市民营科技企业达15家，省高新科技企业有盛和化工和莱钢钢结构2家，拥有“自有品牌、自主知识产权”的“两自”企业有18家，其中盛和化工被评为市50强民营企业。

【村组两级经济】 2005年，黄江镇村级可支配收入1.25亿元，同比增长11.14%；村级资产总额9.22亿元，同比增长2.96%；村级负债总额1.73亿元，同比增长11.85%。组级可支配收入4346万元，同比增长1.61%；组级资产总额2.81亿元，同比增长7.36%；组级负债总额7662万元，同比增加33.9%。

【城市建设】 2005年，黄江镇切实开展控制性详细规划的编制工作，突出重点，合理布局，对镇中心区、南部新区和其他重点发展地区优先编制控制性详细规划。新编的《黄江镇总体规划》荣获“广东省乡镇总体规划一等奖”。

一批重点工程建设进展顺利，新黄江医院、商会大厦、国税大楼完成规划设计；裕元实验小学、中心区生态大道、黄牛埔派出所等工程正处于施工中；黄江河改造一期工程基本完成；体育公园于10月26日奠基；新行政中心区的征地、拆迁工作正在全面推进；投资1400多万元对黄江大道东段、环城北路进行改造，城市形象进一步提升。

【生态环境保护】 2005年，黄江镇在开展对禽畜养殖业、工厂企业污染源整治的同时，投资1200万元对内涌河道进行治理，保护水资源及自然生态环境，铺设排污网管，进一步绿化、美化城市。全年全镇完成绿化面积158万平方米，植树17万多株。

【创建省教育强镇】 2005年，黄江镇以创建等级学校为重点，以优化整合教育资源为突破口，以打造高素质教师队伍为动力，以全面实施素质教育为特色，推动全镇教育事业跨越式发展。2005年，黄江镇投入5000多万元用于创建省教育强镇，并于同年6月28日，顺利通过省督导组的评估验收，成为省教育强镇。

【创建省卫生镇】2005年，黄江镇以创建省卫生镇为契机，动员全镇人民积极参与“爱我家园、讲究卫生、美化黄江”的创卫大行动，投入2000多万元，完善环卫、道路等基础设施，通过一年多的努力工作，广大群众的环卫意识明显提高，环卫设施全面改善，环境卫生明显改观。2006年1月13日通过省评审组的验收考核，成为省卫生镇。

【创建文化建设达标镇】2005年，黄江镇以创建文化达标村、文化达标企业、文化达标单位为重点，以举办群众文化体育活动为特色，以倡导“友爱在黄江”为主题，全面推进文化建设达标镇工程，投入1000多万元，完善文化配套设施。2005年12月28日，获市文化建设达标镇单项奖。

【开展“四清理”】2005年，黄江镇清理违法搭建物2497宗，清理面积36万多平方米；完善用地手续36宗589亩，完成复耕复绿18亩；清理无证照经营2352户；清理养殖场321个。全面改善发展环境，提升城市形象。

【实施平安工程】2005年，黄江镇通过整合治安资源、科技强警、构建三级防范网络、强化出租屋和外来人口管理、加强重点场所、行业整治，以及开展严打整治专项行动等措施，确保全镇社会治安状况稳定。一年来，全镇共立案各类刑事案件1263宗，同比上升8.4%；破案390宗，破案绝对数同比上升21.2%；查处治安案件284起，查处557人，同比上升128%。

【处理人民内部矛盾】2005年，黄江镇成立矛盾排查化解领导小组，通过排查、疏导、调解等措施，化解各类人民内部矛盾，维护社会稳定；同时成立以公安队伍牵头，综治成员单位为成员参与的应急分队，及时处置突发性事件；落实企业劳工工资支付情况汇报制度和企业劳工工资、租金支付情况督查负责制度，把化解不稳定因素的责任落实到部门负责人。2005年，全镇接待来访投诉3565人次，处理30人以上劳资纠纷28宗，受理劳动争议59宗，成功裁决结案37宗，成功调解16宗；排查调解处理各种各样的矛盾纠纷246宗，调解成功率为98%，全年没有发生重大规模的群体事件和越级上访事件。

【安全生产】2005年，黄江镇加强安全生产队伍建设、制度建设和安全生产管理人员的业务培训，开展安全生产宣传教育和专项整治，遏制重特大安全事故的发生，安全生产事故明显下降，其中道路安全事故同比下降19.4%。

【市场秩序整顿】2005年，黄江镇加强对食品市场、废旧品市场的管理，严厉打击非法组拼装汽车和经营假冒伪劣商品活动。全镇共组织48次打假行动，收缴、销毁一批假冒伪劣商品，维护消费者的权益。

【村委会换届选举】2005年3月下旬，黄江镇第三届村（居）委会换届选举工作全面展开，历时40多天。全镇19个村、1个居委会的换届选举工作于4月底全部顺利完成，依法选出20个村（居）委会主任及47个委员。

【党风廉政建设】2005年，黄江镇把预防职务犯罪作为反腐倡廉的中心工作来抓，坚持标本兼治、综合治理，加强教育，严格管理，严格监督，努力从源头上遏制腐败行为的产生；与市人民检察院建立预防职务犯罪工作的联系制度，推进预防网络建设，通过开展警示教育、调查研究、信息沟通、情况通报等形式，有效提高发现、控制和防范职务犯罪的能力，增强领导干部廉洁自律、立党为公、执政为民的意识。

【帮扶弱势群体】2005年，黄江镇政府拨款288万多元，救济生活困难户、残疾人、重危病人、五保户等，帮助他们解决基本生活保障和治病难题，受帮扶群众达178户。

【就业工程】2005年，黄江镇把推进就业工程作为构建群众满意工程来抓，紧紧围绕产业转型、方式转轨和观念转变，通过营造氛围、搭建平台、拓宽渠道、建立机制，切实解决群众就业难题。全年全镇安置就业人员237人，失业、半失业人数由年初的601人减至364人，失业率下降到4.2%。

【农民公寓建设】2005年，黄江镇规划打破村域界限，分片区推进农民公寓建设，逐步改善农民居住环境，以建设梅塘农民公寓为试点，然后向其他片区推进。通过一年来的调查研究、宣传发动、广泛征求意见，农民公寓建设工作得到全镇广大群众的赞同与支持，并于10月26日上午举行梅塘片区农民公寓奠基仪式。梅塘农民公寓选址于田心村，占地面积16.8万平方米，计划投资6亿元，建成拥有2000套公寓住房，并有商业、文体、会所、服务等配套设施完善的大型城市社区，把该片区长龙、田心、龙见田、大冚、旧村、星光共6个村的农民融合到该公寓居住。

【行政资源整合】2005年，黄江镇把行政村整合工作作为减轻农民负担、优化农村资源配置、推动农村现代化进程、构建群众满意工程的一项重要举措，并以田美片为试点，将行政村整合工作积极稳妥地推进。10月26日，田美片区党总支部委员会和田美社区筹备办公室举行成立大会，通过宣传发动、制订和实施整合方案、群众表决程序，成功将刁朗、田美、板湖、胜前岗、玉堂围等5个村整合为田美社区，并于12月28日获得市政府的批复，田美社区正式成立。

【集体资产管理】2005年，黄江镇对财政性资金投资基建工程项目实行会计集中核算；扩大政府采购范围，规范政府采购工作程序；成立土地储备中心，建立镇土地储备库；建立完善会计报表报送制度，加强会计工作管理，提高会计信息质量。

【保持共产党员先进性教育活动】2005年，黄江镇从7月1日至11月15日，在全镇党员中开展保持共产党员先进性教育活动，全镇85个党组织，1578名党员参加。动员学习阶段，召开了多种形式的学习会：7月12日，邀请市委党校冯永洪教授作《“三创”发展战略与农村转向城市化》的形势报告；7月15日，镇党委书记伦锦洪为镇机关、各单位和村两委干部共580多名党员上了题为《共产党员要增强责任感永葆先进性》的党课；7月18日，邀请市委常委、宣传部部长江凌作《东莞新一轮发展的三大核心问题》的形势报告。分析评议阶段，全镇各级党组织共开展谈心活动8097次，召开座谈会31场次，收集到意见和建议3612条，召开组织生活会75场次。在整改改善提高阶段，镇党委重点从八个方面着力解决黄江发展中的深层次矛盾和问题：一是全镇存在城市规划建设滞后的问题；二是行政村散小而加重农民负担的问题；三是村级经济发展不平衡的问题；四是农民就业难和住房难的问题；五是社会治安形势严峻的问题；六是生态环境和资源保护压力增大的问题；七是制度建设滞后于经济发展的问题；八是党风廉政建设有待加强的问题。在先进性教育活动期间，镇党政班子成员及各支部书记自始至终带头参加学习、带头做笔记、带头写心得，带头开展批评与自我批评、带头剖析，带头整改，取得了显著成效。

【固本强基工程】 2005年，黄江镇以“三个代表”重要思想为指导，在全镇党员中深入扎实地开展“理想、责任、能力、形象”教育和实施“十百千万”干部下基层驻农村活动，着力解决基层党建工作的突出问题。一年来，通过对20名驻村挂职干部交任务、教方法、压担子，培养锻炼年轻干部；通过从优秀基层干部和驻村挂职副书记中提拔任用4名优秀干部担任农村党支部书记和调整、充实基层党组织领导班子等措施，增进农村基层党组织活力，提高农村基层党组织的战斗力、凝聚力和创造力；在开展创建市级“固本强基示范点”活动中，田心村、鸡啼岗村、板湖村和黄牛埔村等4个村的党支部以及盛和化工有限公司党支部，严格按照“五个好”和“六个一”的要求，大力抓好自身建设，充分发挥示范和辐射作用，6月顺利通过市的验收，被市委组织部命名为市级“固本强基示范点”并挂牌；田心村党支部书记陈窝田被市委组织部评为“优秀共产党员”；板湖村党支部等22个党支部和李日宏等99名同志，分别被镇委评为先进党支部和优秀共产党员。

【镇十四届人大七次会议】 2005年3月16日，黄江镇召开第十四届人民代表大会七次会议，审议并通过镇《政府工作报告》、《人大工作报告》、《黄江镇2004年财政决算和2005年财政预算草案报告》，大会接受梁灼填辞去黄江镇人民政府镇长的请求，选举钱伟忠为黄江镇人民政府镇长。

【台湾“中国统一联盟”到访】 2005年8月12日，台湾“中国统一联盟”访问团在王津平主席的带领下，抵达黄江进行访问。镇党委书记伦锦洪、镇长钱伟忠接见王津平一行，并向客人介绍黄江经济社会发展状况。在镇党委书记伦锦洪、镇长钱伟忠的陪同下，王津平一行参观黄江裕元高新工业区，与园区高层管理人员进行深入交谈。

【公车改革】 2005年8月20日，按照市车改办的部署，黄江镇在全市率先推行公车改革，对全镇89辆公车进行内部公开拍卖，其中87辆公车成功拍出，2辆流拍，总成交价为776.1万元，比总起拍价673.1万元高出103万元，上浮15.3%。

【工会体制改革】 从2005年10月起，黄江镇对全镇工会体制进行改革，把镇工会改制为镇总工会，把20个村居民工会委员会统一改制为村居民工会联合会；同时成立外经、经贸、裕元工业园和房地产4个工会联合会。24个工会联合会在镇总工会的领导下，负责全镇20个村（居）委会、9个单位和近600家企业的工会组织工作。11月16日在鸡啼岗村举行黄江镇村（居）、单位工会联合会成立大会，标志着黄江镇工会体制改革全面完成。 （罗斌来）

**附：2005年东莞市黄江镇党委、人大、政府领导名录**

镇委书记：伦锦洪
镇委副书记：梁灼填（3月离任）
钱伟忠　陈志满　黄伟伦
袁俊森（7月到任）
镇委委员：伦锦洪　梁灼填（3月离任）
钱伟忠　黄伟伦　袁俊森
黄映秀　李权昆　黄兆棠
巫志标
程　军（3月挂职期满，任党委委员）
利沛钦（7月到任）
李日宏（7月到任）
镇人大主席团主席：伦锦洪
镇人大主席团副主席：陈志满
镇　长：梁灼填（3月离任）
钱伟忠（3月到任）
副镇长：黄映秀　李权昆　袁俊森
蔡耀芬（3月挂职期满，任副镇长）

## 2001—2005年黄江镇主要经济指标表

| 指标 \ 年份 | 2001 | 2002 | 2003 | 2004 | 2005 |
|---|---|---|---|---|---|
| 户籍人口（人） | 18557 | 18981 | 19518 | 20398 | 21117 |
| 外来暂住人口（人） | 100000 | 120000 | 160000 | 170000 | 192000 |
| 面积（平方公里） | 98 | 98 | 98 | 98 | 98 |
| 国内生产总值（万元） | 104023 | 126900 | 155000 | 331432 | 372198 |
| 工业总产值当年价（万元） | 186760 | 245169 | 307000 | 391179 | 508748 |
| 农业总产值当年价（万元） | 8419 | 8601 | 7429 | 4982 | 4475 |
| 总用电量（万千瓦时） | 45877 | 55342 | 70558 | 84616 | 89290 |
| 全社会固定资产投资总额（万元） | 23216 | 57700 | 89900 | 95531 | 103960 |
| 社会消费与零售总额（万元） | 22590 | 29100 | 36600 | 45312 | 56915 |
| 外贸出口总额（万美元） | 49883 | 69000 | 105436 | 153950 | 192185 |
| 实际利用外资（万美元） | 9814 | 10210 | 7146 | 9575 | 16594 |
| 镇级可支配财政收入（万元） | 12415 | 14176 | 20200 | 26628 | 33895 |
| 各项税收总额（万元） | 13786 | 18950 | 21800 | 33605 | 48428 |
| 金融机构各项存款余额（万元） | 201425 | 265000 | 329700 | 384116 | 482631 |
| 城乡居民储蓄存款余额（万元） | 129268 | 168000 | 218000 | 268828 | 355567 |

# 樟木头镇

【经济工作稳步推进】2005年，樟木头镇积极转变经济增长方式，优化产业结构，坚持自生创新，狠抓城市升级，房地产业、商贸服务、工业三大产业发展水平，实现了经济增长后劲足、规模效应大、效益好，被授予“广东省商贸服务专业镇”称号，在全国千强镇中位列第74名。

2005年，全镇共完成工业总产值63.90亿元，比2004年增长（以下为同比增长）21.23%；新签协议利用外资4253万美元，同比增长39.03%；实际利用外资3593万美元，同比增长12.07%；出口总额8085亿美元，同比增长38.67%；社会消费品零售总额12.18亿元，同比增长10.44%；程控电话拥有量5.29万户，同比增长14.02%。

房地产业有新进展　加快帝豪花园、帝雍园、绿茵、御景、嘉多利、碧河等大型楼盘建设，共完成在建及扩建工程建筑面积11.3万平方米，比2004年增长54%。办好第四届香港人旅游节，促进楼盘销售。通过承办第七届中国民间文艺山花奖、民间艺术表演大巡游，吸引百万中外游客旅游观光,带动社会消费1.6亿元，售出楼房（铺位）500多套，销售面积4 万平方米，销售总额1.8 亿元。全年累计销售商品房、铺位1800套，销售面积10万平方米，销售总额5.9亿元，比2004年增长54%。

商贸服务业有新亮点　以实施“商贸东莞”、打造商贸樟城为切入点，做好《2005—2015年全镇商业网点规划》，构建与具有“小香港”特色的现代化中心城镇相协调、与国内外市场相衔接的商贸服务业网络体系。塑胶原料市场已完成三期扩建，占地总面积达20万平方米，拥有商户1500多家，年销售量100多万吨，是位居全国三强的塑胶原料集散地。去年5月成功举办首届粤港塑胶机械博览会，全球著名的美国、日本、韩国、香港等国内外塑化企业前来参展，召开产品说明会并设立代办处，吸引客商逾3万名，带来良好的经济效益和社会效益，成为樟木头镇商贸服务业的新亮点；占地8万多平方米的粮食批发市场一期日销售粮食6000吨，可供2000多万人一日食用，占全广东粮食批发量的三分之一，二期646间商铺已全部租罄，于2005年12月开业，有望成为全国乃至亚洲最大的粮食批发市场；骏业百货和四星级标准的阳光假日酒店已投入营业，为商贸服务业再添生力军；樟罗佳华商贸城已完成主体工程。

工业发展有新成绩　重点加快金河工业区三期建设，已完成3000亩金河高新工业区全部项目招商，新签协议利用外资6亿多元，比2004年增长97.94%。把招商引资工作侧重放在民营文裕工业区和村级厂房上，引进一批大项目，包括东莞嘉卓成化工科技有限公司，占地6万平方米，首期投资2600万元；东莞西源纸品有限公司，占地12万平方米，建筑面积30万平方米，计划投资5亿元，发展物流业及纸品加工项目，建成后将为樟木头镇带来可观的利税收入。大力鼓励现有大型企业增资扩产，引导永洪印刷、南星塑胶等7家企业增资23920万港元。樟洋天然气发电厂一期机组并网发电投产一年来，共发电约19亿度，为缓解电力紧张局面发挥了积极作用，实现产值约11亿元。

减负降债有新举措　2005年，镇一级和社区居委会银行债务较重，成为制约全镇经济可持续发展的重要因素。经会计师事务所核定，樟木头镇总资产为26亿元，加上未入账的土地资产12亿元，共38亿元，总资产负债率为20%。2005年樟木头镇把减轻债务和降低金融风险作为经济管理的主要工作，拨出专项资金，偿还各类债务达4000万元，并结合实际情况，制订《樟木头镇债务管理暂行规定（草案）》和控制债务规模和消化历史债务的相关措施。同时还采取多项措施降低行政成本，如强化镇人大的监督职能，加强对各部门资产的审计，严格控制公职人员数量，防止部门继续膨胀等，取得了明显成效。另外，镇委、镇政府也高度重视化解各社区居委会的金融风险，通过协助社区居委会开展招商引资，建设专业市场，以优惠政策提供工业用地，结合“村改居”、股份合作制改革加强农村集体资产管理，逐步降低了社区居委会的资产负债率。

【构建和谐平安樟木头】2005年，樟木头镇作为全市创建“平安东莞工程”三个试点镇之一，围绕构建和谐“平安樟木头”的目标要求，发动公安、交警、交通等职能部门齐抓共管，较好地完成了试点工作各项任务，得到市政法委的充分肯定。维稳综治工作在市综合考评中列第七名。

大力健全治安工作机制　有效加强基层警力配置，加强公安、治安队伍建设，从机制上保障和提高治安防范水平，增强破案能力，实现了“发案少，秩序好，社会稳定，群众满意”的目标，民意调查满意率都在80%以上。

大力构建治安防控网络　通过完善人防网络建设，全面落实公安机关、社会团体和企事业单位的治安防范责任制，有效缩短对治安案件的反应时间，降低了治安案件的发案率。同时，构建主要街道闭路电视监控系统、出租屋及外来人口动态数据采集管理系统、自动报警系统等科技防范网络，使路面街头犯罪下降33%。

加强治安打击整治行动　通过开展机动车辆联合整治行动，开展打击黑恶势力专项行动，使全镇社会治安和交通秩序明显好转；通过积极扫除“黄、赌、毒”、打击“两抢一盗”犯罪、开展侦破战役和“粤鹰”严打整顿专项行动，使“两抢一盗”案件比2004年下降了25%，成功破获“两抢一盗”等各类刑事案件172宗。全年共发命案14宗，破13宗，破案率近100%，总刑事案件破案率位居全市第二。

创新出租屋管理模式　在开展出租屋大清查行动的基础上，在全市率先开创了“数据化动态管理”、“六级评估制”及上门免费服务等好的做法，有效消除出租屋内的治安隐患。2005年，全镇共立刑事案件1302宗，比04年下降15%，破484宗，破案率高于全市平均数10%，其中抢劫案、抢夺案、盗窃机动车案分别比去年下降27%、52%、42%。

【成功创建教育强镇】2005年是创建广东省教育强镇的冲刺年，樟木头镇以推进教育现代化为目标，积极加大教育改革，率先推行镇级办学，全力创建等级学校，使教育综合实力得到明显增强，为全镇社会经济可持续发展提供了智力支持和人才保证。12月21日正式被省教育厅授予广东省教育强镇称号，标志着樟木头镇教育综合实力跃上了新台阶。

加大投入改善办学条件。2005年，全镇投入巨资，按省一级学校标准，新建实验小学，按省一级学校标准改建、扩建中学、中心小学、蓓蕾幼儿园，并完善学校校园网、功能室、图书馆、体育场等系列配置，优化了办学条件，为创建省教育强镇提供了强有力的保证。

全面实施镇级办学　在全市率先推行镇级办学，把镇内8所村办小学全部撤并纳入中心小学和实验小学，招收镇内各社区学生入读，真正实现教育从三级办学体制向二级办学体制转变。樟木头镇是东莞市唯一不用社区集体负担办学费用的镇区，社区集体每年共可减轻500万的负

▲ 樟木头鸟瞰

担，原来8所村小学校全部转型为民办小学、幼儿园或改为工业厂房，不但扶持了民办学校发展，切实解决了外来人口子女入学问题，还为社区集体每年带来近500万元的可观收入，这一转制为社区集体实现了每年近千万元的效益。

实现创建等级学校满堂红　樟木头镇在大力完善学校软硬件设施的基础上，强化学校管理，深化教育改革，使学校各项指标都达到等级学校的要求。2005年，镇中心小学、蓓蕾幼儿园被评为省一级学校（幼儿园），樟木头中学、实验小学、华仁幼儿园被评为市一级学校（幼儿园），镇成人文化技术学校被评为市级示范性乡镇成人文化技术学校。至此，全镇5所公办学校（幼儿园）全部成功创建为省、市一级学校，实现了“满堂红”，全市只有两个镇等级学校占公办学校100%，樟木头镇是其中之一，实现了教育教学水平的全面提升。

教育改革初见成效　2005年，樟木头镇教育工作取得丰硕成果，全镇154人参加高考，录取率97.4%，高考上线人数和录取人数实现连续10年递增。初中升高中459人参加考试，106人超市5所重点高中录取线，全镇教育科研课题立项20个，居全市第二位，一批论文和教学比赛获国家、省、市级奖励。2005学年全镇在校学生人数比上学年增加近3000人，占在校人数的18%，表明樟木头镇教育事业的改革取得了明显的成效。

【社会管理不断加强】“四清理”工作成效显著　2005年，樟木头镇按照市委、市政府“四清理”工作的统一部署，通过落实领导干部责任制，及时召开动员大会，精心制订实施方案，充分发挥党员干部的模范带头作用，组织镇城监、工商、国土、环保等职能部门密切配合，齐抓共管，先后整改、拆除各类违法搭建物43万平方米，完成累计清理数99.9%；完善用地手续109宗1100亩，完成违法用地复绿90宗800多亩，完成率达100%，较好地杜绝了新增违法用地的发生；共办理工商经营名称核实登记1375户，发出营业执照1215份，取缔地下网吧、影吧、地下加工场、美容美发、卡拉OK等各类无照经营场所100多间，有效规范了市场秩序。在“四清理”过程中，注重抓好有关法律法规的宣传，坚持对群众说服教育，做足做通清理对象的思想工作，不但按时、按质、按量完成好市下达的各项清理任务，使城镇面貌焕然一新，有效地杜绝了集体上访事件，维护了社会稳定，得到了市有关部门的充分肯定。

市政建设及道路改造顺利完成　2005年，樟木头镇积极配合市公路局及有关部门加快对东深、莞惠公路的建设进度，确保了东深、莞惠两条主干道路顺利于去年国庆节前全线通车，有效缓解了本镇的交通压力。同时，樟木头镇还大力加强城建道路交通设施建设，高质量完成樟木头大道、外环路的绿化和路灯工程建设，抓好樟清路的路基建设，进一步完善交通设施；新汽车站工程已于年底建设完工投入运营，减轻了镇中心区的交通压力；市民广场绿化工程建设也于已竣工投入使用，成为镇广场文化的新亮点。另外，樟木头镇还大力加强市政管理，制定市政挖掘管理条例，规范和完善了市政道路挖掘管理。

环卫体制改革效果突出　为进一步提高城市管理效率，优化投资和居住环境，樟木头镇通过改革环卫管理体制，在全市率先把环卫清洁工作推向市场，实行企业化的管理。通过招投标，于下半年正式把环节清扫、清运、垃圾场管理等工作实行市场化承包经营，实现镇政府的职能由参与者向监督管理者转变。通过在实践中不断完善监督制度，加强监督管理，逐步使环卫市场化工作走上正轨。

【各项事业协调发展】政风廉政建设常抓不懈　2005年，樟木头镇通过全面落实惩防体系预警机制，实行关口前移，防范在先，深入基层广泛收集廉政工作信息，及时掌握带有倾向性、苗头性的问题，把腐败现象遏制在萌芽状态。同时，抓好党员干部出国（境）管理，对政府和居委会干部的护照、出港通行证实行集中保管和登记备案，较好地掌握党员干部出国（境）情况。规范工程建设招投标制度，坚决纠正干预招标、虚假投标、串标等问题。全镇全年建设工程招投标项目共15宗，中标价2422万元，比预算价减少623万元，下浮20.5%。扩大政府采购范围和规模，建立完善政府采购竞争机制，当年镇府采购项目共20宗，中标价1594万元，比预算价减少382万元，下浮19%，有效地节省了财政开支，提高了资金利用效率。

文化事业蓬勃发展　重点抓好著名文化品牌——第四届香港人旅游节的举办，在全国镇级率先承办国家级的第七届中国民间文艺“山花奖”，并以“麒麟戏金鼓”节目荣获第七届中国民间文艺“山花奖”大赛优秀表演奖和2005广东旅游文化节岭南民间艺术汇演金奖，进一步提升旅游节的档次和品位，同时组织全镇所有外商参加了广东国际旅游文化节。抓好镇文化建设软硬件达标，广泛开展现代公民教育，以“爱国、守法、诚信、知礼”为主题，通过开展法律知识竞赛、健康专题讲座、禁毒演讲比赛等系列活动，提高全体镇民的素质。另外，观音山森林公园主办了全国第二届健康文化节，更体现全镇企业文化欣欣向荣的景象。

社区组织换届选举和“村改居”工作顺利完成　2005年，樟木头镇社区居委会换届选举工作按照思想到位、领导到位、政策到位、责任到位的要求，广泛发动选民积极参与，实时掌控选情，依法做好选举工作。在提名阶段，全镇社区居委会组织的35名应选干部名额中，有31人一次性提名通过，自动当选；在正式选举中，余下4人又一次性投票选举产生，既体现了镇党委的意图，又实现了广大选民的期望，取得了社区居委会组织换届选举工作的完满成功。按照先易后难的原则，对全镇9个村（居）委会分两批开展“村改居”工作。在广泛宣传、全面动员的基础上，全面推行农村股份合作制改革，以清产核资确定的集体经营性净资产为股本金，根据各社区居委会经济资产情况，实行资产固化量化或固化不量化，合理配置集体股和个人股，并从实际出发，慎重处理与群众切身利益密切相关的出嫁女、招郎女福利分配等问题，做到兼顾历史，公正公开，使“村改居”工作稳步推进，各项任务顺利完成，9个村委会于去年12月正式挂牌成为社区居民委员会，股份制改革也同步完成。

**高新科技和信息化建设不断加强**　2005年，樟木头镇以“科技樟城”为目标，建立樟木头企业发展服务中心和科技创新促进中心，积极扶持和鼓励企业增强自主研发能力，大力发展“两自”企业，提升企业竞争力，实现产业结构的调整和优化升级。通过与科研院校建立良好的关系，加强产学研合作，把适合于企业需求发展的科技成果、科技项目投入应用。2005年，全镇新增广东省高新技术企业4家、广东省民营科技企业3家。太粮米业有限公司的“太粮”、“金太粮”、“奔轮”系列精米被批准为国家免检产品、广东省名牌产品；华顺有限公司的“小猪班纳”和太粮米业有限公司的“太粮”商标获广东省著名商标。完善樟木头塑胶原料市场信息中心和物流管理系统，积极构筑电子商务环境，樟木头镇于2005年8月成为广东省商贸服务业专业镇技术创新试点单位。同时，开发全镇数字村镇管理系统，初步实现镇政府内部、村（居）委会的办公自动化、办公无纸化和决策科学化，切实提高了政府的行政效率和服务管理水平。

**积极做好创业、扶贫、医疗卫生、计生等各项社会工作**　2005年，樟木头镇新设立公共就业服务大厅，为求职人员和企业提供就业供求服务。团镇委与劳动分局联合举办青年创业培训班，大力开展免费职业技能培训，帮助待业青年实现自我创业。另外，大力发展以专业市场为龙头的商贸服务业，为农村富余劳动力就业创造条件。由镇财政专户统筹，设立市民最低生活保障，及时足额发放保障金，保障率达100%。积极解决贫困群众“三难”问题，一年来共发放医疗救济金14.6万元，助学金28500元，受助学生51人。不断提高义务兵家属、伤残军人和在乡孤老复员军人的优抚待遇。认真做好市外帮扶工作，积极开展社会捐助，建立社会捐赠接收仓库，积极发动社会各界和群众向贫困地区捐助扶贫资金、物资合计超过200万元。镇人民医院实行政务院务公开，实行医疗设备采购和基建、维修项目按要求实施政府招标，规范各项医疗业务管理，制订传染性疾病应急工作预案，全面开展传染性疾病相关知识培训，抓好卫生监督管理，大大提高了全镇的医疗卫生服务水平，以山区片第一名的优势被评为市先进医院。深化计划生育宣传教育工作，加强依法行政，积极做好计划生育信息化建设工作，全年人口出生率为13‰，自然增长率为8.34‰，计划生育率为94.87%，保持了较低的生育水平。

（王仲华）

**附：2005年东莞市樟木头镇党委、人大、政府领导名录**

镇委书记：张俊阳
镇委副书记：罗官和（2月离任）
　李为民（2—9月）
　刘锦明　林广华　赵智佳
镇委委员：张俊阳　李为民（9月离任）
　刘锦明　林广华　赵智佳
　卢志贤　蔡传胜　罗伟伦
　徐鸿飞　黄美青　张燕琼
　蔡伟明
镇人大主席团主席：张俊阳
镇人大主席团副主席：卢志贤　黄立昌
镇　长：罗官和（2月离任）
　李为民（2—9月）
副镇长：蔡传胜　罗伟伦　徐鸿飞
　黄美青

## 2001—2005年樟木头镇主要经济指标表

| 指标＼年份 | 2001 | 2002 | 2003 | 2004 | 2005 |
|---|---|---|---|---|---|
| 户籍人口（人） | 21546 | 21886 | 22238 | 22810 | 23587 |
| 外来暂住人口（人） | 108758 | 112134 | 116713 | 119818 | 121318 |
| 面积（平方公里） | 66 | 66 | 66 | 66 | 66 |
| 国内生产总值（万元） | 155739 | 184726 | 216545 | 291893 | 329338 |
| 工业总产值当年价（万元） | 314358 | 382133 | 472787 | 527100 | 639002 |
| 农业总产值当年价（万元） | 8064 | 9236 | 8189 | 7312 | 5818 |
| 总用电量（万千瓦时） | 44550 | 52308 | 61707 | 76841 | 84864 |
| 全社会固定资产投资总额（万元） | 8680 | 72393 | 125495 | 187733 | 92903 |
| 社会消费与零售总额（万元） | 64348 | 80260 | 101822 | 111390 | 121774 |
| 外贸出口总额（万美元） | 19123 | 35065 | 36236 | 42779 | 50090 |
| 实际利用外资（万美元） | 1415 | 7877 | 8963 | 3206 | 3593 |
| 镇级可支配财政收入（万元） | 24065 | 29273 | 37521 | 48219 | 46882 |
| 各项税收总额（万元） | 15069 | 21096 | 26424 | 29994 | 35825 |
| 金融机构各项存款余额（万元） | 240866 | 298345 | 369510 | 453374 | 518843 |
| 城乡居民储蓄存款余额（万元） | 157586 | 208372 | 268814 | 342701 | 410680 |

# 凤岗镇

【概况】 凤岗镇地处东莞市东南端，三面与深圳市接壤，交通十分便利，到香港、深圳和广州机场、港口都在1小时车程之内。全镇面积82.5平方公里，辖11个村民委员会、1个居民委员会。至2005年底，全镇户籍人口20633人，外来暂住人口19.2万人，近2万名华侨华人分布世界36个国家和地区，是广东省著名的侨乡。

2005年，全镇实现工业总产值83.7亿元，同比增长56.2%；实现各项税收总额5.9亿元，增长21.7%；实现财政收入2.65亿元，同比增长20.1%。各项存款余额77.1亿元，比年初增长18.2%，城乡居民存款余额50.8亿元，同比增长16.8；村组两级纯收入达3.6亿元，增长3.4%；全年社会消费品零售总额9.9亿元，同比增长16.1%。固定资产投资14.0亿元，同比增长23.3%。在2005年国家统计局公布的全国综合实力千强镇的测评结果中，名列前43名。

【外源型经济实力不断增强】 2005年，凤岗镇新签“三来一补”和“三资”协议44宗，合同利用外资达5252万美元，同比减少28.8%。实际利用外资9711万美元，全年协议增资403宗，金额1.0336亿美元，同比减少0.6%，全年外贸出口总值为13.1238亿美元，同比增长2.12%，其中“三资”企业出口值为6.8475亿美元，同比增长34.71%；“三来一补”企业出口值6.2697亿美元，同比减少19.25%。外贸进出口企业出口66万美元，同比增长47%。全镇完成“三来一补”工缴费9269万美元；完成“三资”产值110270万美元，同比增长17.8%。

【内源型经济不断壮大】 2005年，凤岗镇不断推动产业本土化和“两自”企业发展相互促进，鼓励村民创业、协助民营企业扩展出口业务以及向民营经济开放公共事业领域等，培育了一批有自有技术、自有品牌的“两自”民营骨干企业。2005年全镇个体、民营企业总数达11693家，其中民营企业总数805家。其中，宇阳科技公司在首届“中国高科技、高成长50强”评选中，以三年收入增长4123%的骄人业绩名列第二；建富模具、新达纸品、佑仲实业等到一批民营企业相继获得了市民营科技企业的光荣称号。

【商贸凤岗日益凸显】 2005年，凤岗镇着力于商贸流通，实施“商贸凤岗”工程。1.3万平方米的三联黄河商场、6万平方米的嘉辉商贸城、雁田丰田新村步行街、官井头南门商业步行街等一大批商贸项目相继开业，初步形成了以镇中心区核心商业圈为主，雁田、官井头、油甘埔商业中心区为辅的“两中心四片区”商贸网络。房地产项目销售势头良好。全年商品房销售面积15.3万平方米，住宅902套，别墅138套，商铺91套，销售额达5.9亿元。占地面积达7万平方米的凤岗物流园已于年底顺利开业，为全镇发展物流业打下了坚实的基础。

【城市化步伐加快】 2005年，凤岗镇完成中心渠密封改造及园林景观工程。正式启动“一河两岸”整治工程，建设河滨公园；同时，对一河两岸进行商业开发，美化城市环境。外商投资服务中心竣工，并于12月10日正式投入使用。园龙山公园第一期工程已完成招标并已进场施工。一批房地产项目相继竣工。

“三纵四横”交通网络建设取得新突破。2005年，全镇共筹资2亿多元，新建了康佳路、碧湖大道、东深二路、凤平路延长线、凤清路延长线、凤观路延长线、兴贸路和凤怡北路等8条道路累计20多公里，目前大部分已竣工或即将竣工。先后筹集资金约1.2亿元，高标准、高规格对东深路、永盛大街、凤平路、凤清路、凤观路、三联路、政通路、同富路、昌盛路等10条累计18公里道路进行升级改造。全年铺设沥青路面18公里累计44万平方米，道路网络上了一个新档次。

旧城改造稳步推进。按照“退二进三”的要求，对镇中心区旧区从建设格局、建设标准、设施配套、景观建设等方面进行旧城改造，计划拆迁旧城区面积60万平方米，现已拆迁和正在拆迁面积40万平方米，共引进锦泰花园、时代金领、秀木桥村改造、凤天阁、龙福花园、三正财富新地、锦龙新城、永和步行街等数十个房地产和商业项目，进一步优化城市功能布局，改善城市环境面貌，提高居民的居住水平和生活质量。

【“四清理”工作成绩突出】 2005年，凤岗镇共清理违法搭建5649宗，面积492361平方米。清理养猪场1240户；面积121831平方米；生猪84122头。清理无证照经营5210户；开业登记3369户。清理农用临时棚屋1479宗，面积72344平方米。清理违法用地85宗，面积2525.8亩。

【社会管理协调发展】 2005年，凤岗镇重视社会各项管理，健全机制，重点开展“治安检查日”、“打击街头犯罪百日行动”等专项行动。全全年先后侦破刑事案件671宗，破案率为42.73%，创历史新高，比2004年同期上升9.56%，刑事案件发案下降4.22%，抢劫案件下降19.34%，抢夺案件下降31.44%，盗窃摩托车下降48.16%；打掉犯罪团伙73个，抓获犯罪嫌疑人995人，刑事拘留656人，查处治安案件1350宗，治安拘留1617人，有力打击了违法犯罪分子的嚣张气焰。进一步落实社会治安警示制度，实行“一村一区一警长”机制。成立出租屋管理中心和下属服务站，认真落实“五定”工作，全年共办理房屋租赁证9285份。重视信访工作，妥善处理各类信访案件，全镇无集体越级上访案件；深入实施“三业”工程，完善就业奖励措施，提高村民就业补助，鼓励村民积极自主创业就业。

【党建工作效果显著】 2005年，凤岗镇大力推进固本强基工程，认真开展“理想、责任、能力、形象”教育活动和组织干部下基层驻农村工作，按照市规定选派12名干部（其中有2名为市选派）驻村挂任村党支部副书记外，还挑选出12名近年来毕业的优秀大学生驻村锻炼，挂任村委会主任助理，充实农村干部队伍。进一步完善机关六项制度，大力查办违法违纪行为，全镇党风政风不断好转。

积极开展保持共产党员先进性教育活动。自7月1日开始，至12月底结束，严格按照先进性教育活动“重在联系实际，重在讲求质量，重在取得实效”的要求，全镇56个党支部（含党总支）1590名党员和19个“非公”组织党支部398名党员参加了本次活动。全镇先进性教育活动分为学习动员、分析评议、整改提高三个阶段，共抓了思想发动、学习培训、先进性具体要求大讨论、征求意见、开展谈心活动、撰写党性分析材料、召开民主生活会、提出评议意见、反馈评议意见、通报评议情况、制定整改方案、认真进行整改、向群众公布整改情况等13个环节。在先进性教育活动中，组建了14个千人以上的非公企业党支部。先进性教育活动的做法和经验先后在人民日报、人民网先锋网栏目和省市报纸刊登。新华社还配发了编者按，对凤岗镇“两新”企业先进性教育活动的开展给予了高度评价。据测评，群众满意度达到100%。

【人口和计生工作】2005年，凤岗镇对计生工作建立依法管理、村（居）自治、优质服务、政策推动、综合治理的工作新机制，加强流动人口计生工作服务队管理；加强计生宣传工作，提高计生服务与管理水平。全镇人口出生率和自然增长率分别为12.97‰和5.96‰。

【省教育强镇成功创建】2005年，凤岗镇编制15年教育发展规划，确定教育发展的“六个优先”，加大对教育投入，优化教育资源。华侨中学被评为市一级学校，镇中心小学被评为省一级学校，镇中心幼儿园、油甘埔幼儿园被评为市一级幼儿园。到2005年镇内公办学校77.8%上了等级。6月24日，顺利通过广东省教育强镇督导验收，正式成为省教育强镇。

【卫生保健】2005年，凤岗镇重点加强对下属雁田、官井头、油甘埔等三家分院的建设，投入建设资金300多万元，将分院重新装修扩建，提高分院的竞争实力。全年共选派4名医技人员到上级医院进修，发表论文31篇，其中国家级论文6篇，省级25篇，参加全国论文交流11篇。创建省卫生镇省和教学医院工作顺利进行，已通过省有关专家验收。新华侨医院已于2005年12月8日奠基。

【精神文明建设】2005年，凤岗镇大力开展精神文明建设，全年创建市无毒社区8个，全镇“无毒社区”达标单位已达47个；全镇以打造文化强镇为契机，文化活动方兴未艾，全年组织了40场次文化文体活动和书画展，邀请俄罗斯舞蹈团前来献艺；举办了每年一届的“凤凰杯”篮球赛。

2005年，凤岗镇荣获东莞市文化建设达标镇光荣称号，镇体育中心亦荣获市十佳文化广场称号。雁田村、竹塘村获得市文化建设达标村，信浓厂获得市文化建设达标单位，嘉辉塑胶厂获得市文化建设达标先进单位；雁田村获东莞市文明标兵村、居委会获东莞市文明社区。

【举办第二届文化艺术节】2005年，凤岗镇成功举办凤岗镇第二届文化艺术节，其间还邀请央视《激情广场》栏目组前来助兴，与凤岗人民同乐，全镇人民共享侨乡文化大餐，凤岗文化魅力进一步彰显，城市形象进一步提升。各村通过组织篮球赛、文艺演出等文化活动，大大丰富了群众文化生活。

【村委会选举顺利完成】2005年4月，凤岗镇顺利完成第三届村（居）委会换届选举工作，为进一步促进各村经济社会的全面发展，开创农村工作的新局面打下了良好基础。全镇登记选民13222名，实际参加投票人数12769名，参选率96.6%。　（林汉筠）

**附：2005年东莞市凤岗镇党委、人大、政府领导名录**

镇委书记：任焕林
镇委副书记：黄伟东（2月离任）
　朱国和（2月到任）
　郑东华　罗运来
镇委委员：张瑞波　巫惠平　张伟胜
　李海文　张有才（7月离任）
　杨志钦　罗永林
　黄宇富（3月到任）
　陈志鹏（7月到任）
镇人大主席团主席：任焕林
镇人大主席团副主席：张有才　王孟德
镇　长：黄伟东（2月离任）
　朱国和（2月到任）
副镇长：张伟胜　李海文　杨志钦
　罗永林　罗永光（3月到任）

## 2001—2005年凤岗镇主要经济指标表

| 年份<br>指标 | 2001 | 2002 | 2003 | 2004 | 2005 |
|---|---|---|---|---|---|
| 户籍人口（人） | 18891 | 19039 | 19586 | 20086 | 20633 |
| 外来暂住人口（人） | 254563 | 204551 | 220000 | 199208 | 192273 |
| 面积（平方公里） | 83 | 83 | 83 | 83 | 83 |
| 国内生产总值（万元） | 162854 | 205006 | 284608 | 373309 | 522562 |
| 工业总产值当年价（万元） | 254500 | 322600 | 421639 | 536325 | 837484 |
| 农业总产值当年价（万元） | 10228 | 4458 | 4562 | 4310 | 3535 |
| 总用电量（万千瓦时） | 61574 | 83562 | 96742 | 116867 | 128582 |
| 全社会固定资产投资总额（万元） | 23250 | 38500 | 72080 | 113721 | 140192 |
| 社会消费与零售总额（万元） | 51500 | 63850 | 73940 | 85580 | 99367 |
| 外贸出口总额（万美元） | 92815 | 109117 | 110381 | 128517 | 131238 |
| 实际利用外资（万美元） | 5555 | 6983 | 9488 | 9120 | 9711 |
| 镇级可支配财政收入（万元） | 10524 | 13122 | 15970 | 19698 | 34105 |
| 各项税收总额（万元） | 22412 | 29649 | 37712 | 48435 | 58938 |
| 金融机构各项存款余额（万元） | 366950 | 437725 | 527816 | 601594 | 711175 |
| 城乡居民储蓄存款余额（万元） | 251602 | 300741 | 370072 | 434860 | 507958 |

# 塘厦镇

【概况】塘厦镇位于东莞市东南部，北接樟木头镇，西邻黄江镇，东连清溪镇，南与凤岗镇和深圳观澜镇接壤，面积128平方公里。下辖3个村委会、17个社区居委会，户籍人口3.8万人，外来人口近50万人。2005年，全镇生产总值105亿元，比上年增长（下同）19%；外贸出口总额（不含转厂部分）31亿美元，比增11%；镇级可支配财政收入7.1亿元，比增9.2%；税收总额11.3亿元，比增31.4%。2005年，塘厦镇加强城市、文化和社会治安等方面的建设与管理，实现政治文明、精神文明、物质文明的协调发展，荣获了中国千强镇（第五名）、国家卫生镇、全国群众体育先进单位、广东省教育强镇、镇级领导班子工作实绩量化考核综合总分一等奖等称号。

【外源型经济提升】2005年，塘厦镇全面抓好科苑城信息产业园招商引资工作。至2005年底，科苑城信息产业园大部分用地已招商完毕，签订的投资项目90%都是投资规模超过500万美元的高新科技项目，占地8000亩的科苑城信息产业园已引资100亿元投资总额。坚持以质为先，有选择性招商引资，提高外资准入门槛，重点引进和培育带动力强的龙头成品型项目、不增加用地的增资扩产项目、创税力强的内销型项目，促进了产业结构的优化调整。优化投资结构，引导固定资产投资重点投向基础设施、教育和社会公共设施。2005年全年利用外资协议217宗，与上年基本持平，协议利用外资总额2.6亿美元，其中，新签利用外资94宗，新签利用外资额1.2亿美元，增资项目123宗，增资额1.3亿美元；实际利用外资1.9亿美元。

【民营经济蓬勃发展】2005年，塘厦镇根据本镇外资企业众多、配套产品需求较大、产业优势明显的特点，积极引导民营企业和本地居（村）民大力发展与外资企业相配套的产品，大力实施产业经营本土化、产业工人本土化、技术管理本土化及产品营销本土化，全镇民营制造业有70%以上为生产经营电子信息产业上下游配套产品，促进了民营经济蓬勃发展。全镇实际利用国内资金3.1亿元，增长5%；民营企业总数1205家，新增322家，增长36.5%；个体工商户11313户，新增3360户，增长42.2%；全镇民营企业及个体工商户从业人员达10多万人，上缴税收3.76亿元，占全镇税收总额的33.3%。积极鼓励指导企业创建自有品牌、申报高新科技企业，大力培育“两自”企业。2005年，塘厦镇已有15家市级民营科技企业、7家省级民营高科技企业、2个广东省名牌产品。

【产业配套服务优化】2005年，塘厦镇实施“退二进三”策略，大力发展连锁经营和大型零售商业，进一步推动塘厦从工业城镇向工商业城镇转型。引进发展了美登居家居广场、天荣商场和国美电器等商业中心和连锁品牌，进一步提高了商贸企业品牌化、规模化水平；重点规划创建花园街、阳光风情步行街、诸佛岭商业街、塘新街和翻新街等商业文明街示范点。开发了新世纪可居、锦绣花园、三正半山豪苑、银湖山庄等一批优质房地产项目，塘厦三正半山酒店、大屏嶂森林公园、东莞（塘厦）观澜湖高尔夫球会等项目续期建设顺利推进，其中按五星级标准建设的三正半山酒店于2005年6月28日开业，使酒店服务、休闲旅游和产业支援服务业成为经济新的增长点。

【城市建设和管理有序】2005年，塘厦镇总投资3.98亿元的塘厦中学等八项工程顺利竣工，并投入使用；塘厦镇行政文化新区的行政中心、办事服务大楼、城市展示馆等重点项目建设加快推进，完成主体工程封顶。全力抓好城市基础设施建设，东深二路、林坪公路、沙新路、莆沙路和莞深高速大坪出入口建成通车。大力开展山头造林和四旁绿化，抓好大屏嶂森林公园植树增绿、建亭修路工程。加强市政卫生管理和污水治理，完善石桥头污水处理厂一期和林村污水处理厂运营管理。2005年，塘厦镇还加强了城市管理，加大市容市貌整治力度，开展文明施工、文明经商和道路交通等专项整治行动，营造文明有序的城市新环境。

【社区（村）集体经济增长】2005年，塘厦镇20个社区（村）集体经济及居民收入强劲增长。全镇各社区（村）组可支配财政收入合计4.9亿元，增长22.3%。社区（村）组资产总额31亿元，增长8%；净资产21.5亿元，增长8%。农村人均收入有效增长，农（居）民人均收入12968元，增长6%。农民医疗保险覆盖范围进一步扩大，2005年全镇参保率达100%；养老、农村合作医疗、失业保险以及低保救助的社会福利保障体系进一步完善，全镇社保参保人员达25.5万人次，社保待遇支出9246万元；全镇发放居（村）民最低生活保障金88万元，169户相对贫困的居民生活得到了保障。

【文化新城建设取得新突破】2005年，塘厦广播电视大楼、图书馆、演艺馆、城市展示馆、体育馆及广场公园等文化设施加快了建设步伐，成功举办了第二届体育节和各类文体活动，掀起了全民健身和参与先进文化建设的新高潮。认真开展现代公民教育，开展了形式多样的主题教育活动，树立林村社区、交警中队和华强三洋马达有限公司为塘厦镇“现代公民教育示范点”，全民读书活动深入展开，全民的综合素质和文明程度不断提升。深入开展精神文明创建活动，2005年全镇有凤凰岗被评为省文明村，石鼓和诸佛岭被评为市文明村，农业银行塘厦支行被评为市文明单位标兵，交警中队、广东发展银行塘厦支行和广东志成冠军集团有限公司被评为市文明单位。

【党的建设取得成效】2005年，塘厦镇顺利完成了镇机关部门及镇属单位公务用车改革，扎实开展镇保持共产党员先进性教育活动，依法选举产生了第三届居（村）委会。扎实开展创建固本强基示范点活动，林村、石潭埔、莆心湖等社区成为市级固本强基示范点。深入开展“十百千万”干部下基层驻农村活动，镇机关20名干部到各社区（村）担任党（总）支部副书记，积极为基层和群众办好事实事。建立健全教育、制度、监督并重的惩治和预防腐败体系，坚决查办违法违纪案件，从源头上防范和惩治腐败，全镇党风廉政建设和反腐败斗争取得明显成效。

【社会事业全面进步】2005年是塘厦镇全面超额完成“十五”计划、实现五年大跨越，取得新辉煌的一年。经过五年的奋斗，全镇人民生活日益殷实。2005年，塘厦镇平均每百户居（农）民家庭拥有轿车21辆，人均住房面积达到46平方米。2005年，塘厦镇重视加强经济工作各项管理，千方百计解决企业“用工难”、用电紧缺问题。加强社区（村）级债务监管和财务检查，及时化解经济运行的风险。成立了塘厦镇安全生产监督管理分局，完善了工业企业安全生产管理情况调查和建档工作，全年无发生重大安全生产事故。加强社会治安综合治理，重点开展“天网”、“飓风”、“捕鼠”、“粤鹰”等专项行动，全年共破获各类刑事案件175多宗，打掉23个涉嫌“两抢一盗”、“涉黑”、“勒索”和“贩毒”犯罪团伙，有力地打击了各类违法犯罪行为。计划生育、食品安全、卫生医疗和社会保障等各项事业也取得了较好成绩。

【“四清理”工作深入开展】2005年塘厦镇通过采取深入动员，抓好试点工作，强化督促检查，化解排查矛盾，落实责任追究等措施，深入开展了“四清理”工作，全面完成了清理任务。全镇共清理违法搭建111万平方米，完善用地手续共2564.72亩，完成复耕、复绿1945.3亩，清理生猪9.19万头，清理无证照经营8373户。

【“五有”新村建设稳步推进】2005年，塘厦镇抓好了“五有”新村的建设。全镇社区（村）共建有篮球场23个、大小公园21个、公厕27个、垃圾收集站47个和办事服务中心22个，“五有”设施得到了进一步的建设和完善。

【群体性事件得到妥善解决】2005年，塘厦镇针对群体性上访和群体性事件突出的问题，建立处理信访突出问题及群体性事件联席会议制度，做好处置群体性事件的预案，加强对突出社会矛盾和信访突出问题的排查调处，有效遏制重复访、越级访、集体访，及时妥善处置了“6·14”恶性群体性闹事事件和“7·14”肉检人员与肉贩冲突引发的群体性事件。由于塘厦镇对不安定因素排查抓得早、抓得好，在“四清理”、“油荒”等不安定因素敏感期均无发生大的群体性事件，确保了社会大局稳定。

【第二届体育节举办】2005年8月19日至9月30日，塘厦镇举办了第二届体育节。在为期40天的时间里，共举行了竞技体育、群众体育、趣味体育3大板块共17个项目的比赛，有100多个单位、5149名运动员参加，有165名选手（单位）荣获奖项。参加本届体育节的志愿者有300多名，现场观众约有10万人次。第二届体育节的成功举办，不仅掀起了全民健身运动的热潮，活跃了人民群众和广大外来员工的业余生活，而且有力地推进了该镇文化文明及和谐社会的建设。

【省教育强镇通过验收】塘厦镇自2003年提出要在2005年实现创建成为省教育强镇的战略决策开始，就全面倾斜对教育的投入，三年来镇村共筹集和投入教育基建和设备等经费达4.8亿多元，大力推进联合办学和创建等级学校。至2005年底，全镇新建了塘厦中学、第三小学、第一小学，扩建了第二小学、林村小学，把19所小学撤并成5所镇属联办小学，创建了5所市一级学校、2所省一级学校、1所国家级重点中等职业学校，开创了全镇无弱校、校校有特色、校校上等级的喜人局面，塘厦的教育事业实现了跨越式发展。2005年初，塘厦镇正式申报创建省教育强镇，经过全镇上下的共同努力，2005年11月通过了省教育强镇检查验收组的核查验收，并报省人民政府教育督导室审批同意，成为广东省教育强镇。

【八项工程竣工暨省教育强镇授牌庆典仪式举行】2005年12月23日，塘厦镇八项工程竣工暨省教育强镇授牌庆典仪式在塘厦中学新校区举行。在庆典仪式上，省教育厅领导向塘厦镇授予了广东省教育强镇的牌匾，东莞市副市长吴道闻向塘厦镇政府颁发了教育强镇奖励支票。塘厦镇八项工程总投入3.98亿元，工程项目包括塘厦中学新校区、第三小学、第二小学扩建、林村小学扩建、福地墓园一期、林坪路、大坪立交、东深二路（塘厦段）工程，主要涉及交通基础设施和学校、民政公益设施等方面的建设。八项工程的竣工启用，对于进一步加强该镇作为东莞东南部区域中心的地位，进一步提升发展水平，增强发展后劲将具有重要意义。（陈广莲）

**附：2005年东莞市塘厦镇党委、人大、政府领导名录**

镇委书记：张国平
镇委副书记：李为民（2月离任）
　　黄伟东（2月到任）
　　崔伟奇　罗金玉　郑兆鹏
镇委委员：张国平　黄伟东　崔伟奇
　　罗金玉　郑兆鹏　黄秀英
　　杨晓斌　罗万新　刘兆福
　　赵如发　黄北强　郭锦河
　　谢汉康（7月到任）
　　张志根（7月离任）
镇人大主席团主席：张国平
镇人大主席团副主席：罗金玉　黄耀光
镇　长：李为民（4月离任）
　　黄伟东（4月到任）
副镇长：罗万新　刘兆福　赵如发

▲ 塘厦镇

## 2001—2005年塘厦镇主要经济指标表

| 指标＼年份 | 2001 | 2002 | 2003 | 2004 | 2005 |
|---|---|---|---|---|---|
| 户籍人口（人） | 33849 | 34424 | 35372 | 37065 | 38023 |
| 外来暂住人口（人） | 138145 | 242693 | 263128 | 270695 | 334318 |
| 面积（平方公里） | 128 | 128 | 128 | 128 | 128 |
| 国内生产总值（万元） | 457175 | 573947 | 710030 | 882099 | 1049698 |
| 工业总产值当年价（万元） | 954192 | 1682509 | 2408357 | 3400813 | 4062724 |
| 农业总产值当年价（万元） | 28180 | 22793 | 21424 | 20439 | 18177 |
| 总用电量（万千瓦时） | 104695 | 137210 | 174667 | 210739 | 237295 |
| 全社会固定资产投资总额（万元） | 65383 | 116582 | 171216 | 220510 | 275637 |
| 社会消费与零售总额（万元） | 54872 | 72772 | 85870 | 107440 | 135030 |
| 外贸出口总额（万美元） | 132437 | 171841 | 212913 | 282747 | 317319 |
| 实际利用外资（万美元） | 12072 | 26616 | 28806 | 17027 | 18967 |
| 镇级可支配财政收入（万元） | 35028 | 40359 | 58933 | 61359 | 71426 |
| 各项税收总额（万元） | 33453 | 62212 | 73408 | 86433 | 112695 |
| 金融机构各项存款余额（万元） | 446738 | 543044 | 651265 | 786698 | 909798 |
| 城乡居民储蓄存款余额（万元） | 255194 | 318515 | 414774 | 511710 | 622328 |

## 谢岗镇

【概况】谢岗镇地处穗港经济走廊之间，在珠三角"2小时生活圈"内，是东莞市东大门。谢岗镇南距深圳60公里，东距惠州30公里，西至樟木头、东莞两火车站各10公里，京九铁路、广梅汕铁路和莞惠公路横贯镇区，交通方便。辖区总面积103平方公里，户籍人口19240人，外来暂住人口80473人，下辖11个村委会，1个居委会。

2005年，谢岗镇主要经济指标有较大幅度增长。全镇实现国内生产总值141768万元，比2004年增长44.9%；工业总产值269835万元，比2004年增长38%；固定资产投资总额53121万元，同比增长18.6%；镇本级可支配财政收入14181万元，同比增长28.1%；各项税收总额10856万元，同比增长38.1%，社会消费品零售总额54850万元，同比增长31.39%。全镇产业结构进一步优化，人民生活明显改善。

【城市建设】2005年，谢岗镇为了做好"创绿"宣传工作，在镇中心区两条主干道悬挂3个大型广告牌，悬挂"创绿"宣传标语、横幅1250多幅，派发《倡议书》10000多份。在莞惠公路谢岗路段和谢常路种植苗木8350株，绿化道路21公里。全年投入绿化资金120万元，其中投入近100万元对莞惠公路谢岗路段和谢常公路进行绿化美化，使莞惠公路谢岗路段和谢常公路成为靓丽的风景线。全年山上造林3900多亩，成活率达95%以上。主管林业的副镇长黄润波被全国绿化委员会授予全国绿化奖章。

加强市政基础设施建设。2005年8月，谢岗镇对第三水厂进行扩建，扩建工程建筑面积为4400多平方米，总投资约3000万元，扩建部分日供水量为8万立方米。扩建工程完成后，第三水厂日供水量将达12万立方米，加上第一、二水厂全镇日供水能力将达15万立方米。2005年，谢岗镇供电公司投资1850多万元进行5大项、56小项工程建设，架设10千伏线路1.3公里，敷设10千伏电缆12.4公里，架设低压线路17.52公里，共增容量7825千伏安。预计2006年全镇的主变容量增至30万千伏安。投资48万元，对镇中心区市场路进行景观设计及改造。康湖五星级酒店、龙牙陂花园小区等重点工程进展顺利。

优化城市环境。2005年，全镇旧村改造投入资金296.8万元，修建6条村水泥公路共5829米。"四清理"工作顺利，全年累计清理违法搭建3550宗，面积280080平方米，清理养猪场401个，生猪123977头，家禽场114个，家禽538427羽，按时完成市下达的"四清理"任务。全镇生态环境明显改善。

【财税·金融】2005年，谢岗镇加强税收征管，整顿市场经济秩序，优化财政工作质效，金融运行态势平稳，财税收入增长，全年实现财政收入14181万元，同比增长28.11%，国税收入5538万元，地税收入5318万元，分别比2004年增长37.39%和38.81%，年末各类金融机构存款余额179542万元，同比增长24.67%，贷款余额54687万元，同比增长5.96%。

【园区建设】2005年，谢岗镇完善园区基础设施建设，发展外源型经济。在银湖工业基地建厂房宿舍45000平方米，逐步完善园区购物、医疗、安全、邮政、电信、绿化等生活配套设施。投入2300万元兴建长约3.5公里的工业大道，基本完成了路基工程；投资650万元修建长约1.3公里的乐园大道，已完成1200米的水泥路面铺设，道路两边花槽人行道正在建设中。

【外源型经济】2005年，谢岗镇加大招商引资力度，采取"以商引商"、"上门招商"、"推介招商"等方式，引进规模大、科技含量高的企业。引进了投资1200万美元的锦柏电子厂等一批大型企业落户谢岗。正在洽谈的12个项目，投资规模都比较大。通过加强政府工作人员的素质建设，提高办事效率，提升对企业的服务水平，有一批企业增资扩产，如旗利得增资3200万美元，李洲电子厂增资1500万美元等。全年增资项目达95宗，增资合同外资总额4801万美元，同比增长131.82%，全年合同利用外资9607万美元，同比增长152.42%，其中新签合同外资4832万美元，同比增长178.5%。

【内源经济】2005年，谢岗镇大力发展民营企业，帮助民营企业加强经营管理，提高竞争力。全年民营企业新注册登记45户，注册资金3183万元，累计在册219户；城乡个体工商户新注册登记1003户，累计在册达4297户。

【农村工作】2005年，谢岗镇进一步优化农业产业结构，大力发展蔬菜、花卉、水果等经济作物。全镇水稻早晚造播种面积1000亩，蔬菜种植面积4500亩，花卉种植面积800亩，水果6500亩，水产养殖面积4000亩。将黎村小简农田定为市领导示范田。该示范田总面积200亩，全部种水稻。10月开始进行农田标准化改造，修建水渠1500米；修筑长1500米，宽5米的机耕路一条；筑路桥一座；购置水泵、水管等农用设备一批。示范田早晚造平均亩产达500公斤以上。镇农办组织水管所、各村委会主任对全镇46.5公里堤围和12个小一、二型山塘、水库及13个排站进行大检查，发现问题及时处理，确保安全渡汛。

全年共举办各种农业技术培训4次，其中“害蚁”防治培训2次，免费发放灭蚁药粉600多包，宣传资料4000多份；农产品质量安全培训1次；动物防疫检疫培训1次。

此外，在黎村、谢岗、南面等村定期举办荔枝技术培训班，邀请省、市专家授课，现场解答有关荔枝管理等问题。

【党建工作】2005年，谢岗镇认真抓好基层党组织建设，积极开展“理想、责任、能力、形象”教育，抓好“十百千万”干部下基层驻农村活动，对驻村、挂职干部认真做好跟踪、检查、督导等工作，发挥他们在农村基层工作中的作用。重视党员培养，加大发展新党员力度。全年共发展党员60人，其中农村27人；转正党员45人，其中农村23人；确定党员培养对象52人，其中农村占32人。

【社会治安】2005年，谢岗镇在中心区的重点地段新建9个治安岗亭，加强对出入人员和车辆的管理和监控；从镇属警务区中抽调50人充实分局巡警队，加大镇区路面巡查力度；设立武装流动检查点，强化对重点部位、场所的监控；狠狠打击涉毒犯罪，查处各类吸毒案件16宗，强制戒毒14人。全年共抓获各类犯罪嫌疑人197人，其中逮捕169人，社会治安有了明显好转。

【银瓶山森林公园建设启动】2005年，谢岗镇努力打造生态绿城，以生态环境带动经济发展。趁着市政府投资1亿元建设银瓶山森林公园的机会，谢岗镇第二届登山节开幕式暨银瓶山森林公园建设启动仪式于2005年7月5日在银瓶山脚隆重举行。银瓶山森林公园面积近5万亩，主峰银瓶咀海拔898米，为东莞第一峰。银瓶山森林公园珍稀动植物多达数万种，万亩果园郁郁葱葱。2005年8月，谢岗镇人大制订了《银瓶山森林公园资源保护暂行规定》，把银瓶山森林公园的资源、生态、环境保护等纳入法制化、规范化管理。

2005年11月，镇政府首期投资3000多万元，完善银瓶山的基础设施，包括兴建水泥环山道路、停车场等，建设路段总长约11公里，其中南面村兵营口至森林防火林业站段建双向4车道，林业站至第三停车场为双向2车道，第三停车场至主峰长3.7公里路段将铺设花岗岩台阶，把银瓶山森林公园建设成东莞市民休闲旅游的又一个好去处。

【谢岗投资环境推介会】2005年7月5—6日，在谢岗镇第二届登山节期间，谢岗镇人民政府举办谢岗镇投资环境推介会，向外商展示谢岗的区位优势、丰富资源、发展潜力、发展成就和新规划的工程，并现场提供谢岗投资咨询服务。（何飞林）

**附：2005年东莞市谢岗镇党委、人大、政府领导名录**

镇委书记：卢贯纪
镇委副书记：尹照容　朱河清（7月离任）
罗树华　罗满桥（7月到任）
镇委委员：卢贯纪　尹照容
朱河清（7月离任）　罗树华
罗满桥　赵群喜　蒋共超
黄润波　王笑媚　李学畴
镇人大主席团主席：卢贯纪
镇人大主席团副主席：朱河清（8月离任）
罗树华（8月到任）
镇　长：尹照容
副镇长：罗满桥（7月离任）　黄润波
蒋共超　王居乐

▲ 谢岗镇银瓶咀自然保护区

## 2001—2005年谢岗镇主要经济指标表

| 指标＼年份 | 2001 | 2002 | 2003 | 2004 | 2005 |
|---|---|---|---|---|---|
| 户籍人口（人） | 17836 | 18000 | 18336 | 18406 | 19240 |
| 外来暂住人口（人） | 24200 | 32116 | 17495 | 82018 | 80473 |
| 面积（平方公里） | 103 | 103 | 103 | 103 | 103 |
| 国内生产总值（万元） | 50902 | 60764 | 76388 | 97780 | 141768 |
| 工业总产值当年价（万元） | 100830 | 122938 | 140729 | 197078 | 269835 |
| 农业总产值当年价（万元） | 8821 | 9443 | 8724 | 9864 | 10781 |
| 总用电量（万千瓦时） | 20228 | 26172 | 31799 | 40978 | 47590 |
| 全社会固定资产投资总额（万元） | 4071 | 16225 | 19537 | 44799 | 53121 |
| 社会消费与零售总额（万元） | 18665 | 21390 | 41656 | 51682 | 54850 |
| 外贸出口总额（万美元） | 9644 | 11325 | 12950 | 15588 | 17960 |
| 实际利用外资（万美元） | 3566 | 1858 | 2691 | 4468 | 5531 |
| 镇级可支配财政收入（万元） | 5768 | 7418 | 7862 | 11069 | 14181 |
| 各项税收总额（万元） | 4200 | 5194 | 5479 | 7862 | 10856 |
| 金融机构各项存款余额（万元） | 87502 | 102652 | 123492 | 143156 | 179452 |
| 城乡居民储蓄存款余额（万元） | 61314 | 71923 | 90255 | 109043 | 133613 |

# 清溪镇

【概况】清溪镇位于东莞市东南部，毗邻惠州、深圳。占地面积140平方公里。下辖21个村（居）委会，121个村民小组。常住人口约3.3万人，外来人口约33万人。2005年，全镇生产总值突破100亿元，同比增长15%。农民人均收入达到10685元，同比增长12%。全镇税收总额突破6.5亿元，同比增长7.7%。外贸出口总值达到33亿美元，同比增长13.2%。镇级可支配财政收入达到4.04亿元，同比增长26.7%。全镇银行存款余额达到63亿元，同比增长19.2%。村组两级总收入达到3.4亿元，同比增长12%。社会固定资产投资总额达到17.6亿元，同比增长61.6%。全镇总用电量达到20.9亿千瓦时，同比增长17.2%。全镇总用水量达到6295万吨，同比增长10.6%。在2005年全国千强镇评比中，清溪排名第45位。

【经济健康发展】2005年，清溪镇外向型经济保持良好发展势头。全镇协议利用外资总额2.27亿美元，同比增长54.62%；实际利用外资总额达1.74亿美元。全镇共有66家企业签订增资合同，协议增资总额1.37亿美元，同比增长53%。新签来料加工项目协议投资额平均为142万美元。恩倍福、欣鼎、米德兰、明门等4家不同行业的领头企业被认定为全市工业龙头企业。

民营经济和社会投资活力增强。全镇社会消费品零售总额达16亿元，同比增长13%；集市贸易成交额达5.31亿元，同比增长15%。在第二届“泛珠三角区域经贸合作洽谈会”上促成百花园食品公司与贵州企业达成每年300万元的代理合作协议；在第二届“中博会”上有两家企业与省内外企业达成1000万元的加工合作意向。

农村集体经济健康发展。村、组两级总资产达18.87亿元，同比增长15.5%。村组两级总收入超千万元的村委会有15个，占全镇的71%，其中收入超过2000万元的村委会有5个。农民人均年收入首次突破万元，达到10685元，群众生活水平得到了提高。

【城市面貌改观】2005年，清溪镇加紧实施重点工程建设，城镇功能布局不断改善。投资概算8000万元、全长9公里的北环路正式动工，对镇内9公里镇、村道路进行了升级改造，龙林高速清溪连接线工程已完成大部分路基和路面垫层施工，将于2006年上半年建成通车。同时，投入大笔资金用于改善教育教学设施，其中清溪中学功能楼已投入使用，第二、第三小学建设工程也已启动。

城镇环境明显改观。继续推进绿色城镇建设，全年绿化投入达300多万元，新增绿化面积49万平方米。积极开展环境净化工程和整治占道经营等一系列专项整治行动，对老圩街和渔梁围旧村街进行改造，明显改善了镇容镇貌，形成了绿化、净化、美化的新风尚。

【“四清理”成效显著】2005年，清溪镇扎实推进“四清理”工作，营造公平、有序、和谐的发展环境，在年终镇区领导班子工作量化考核中，该项工作在全市排名第二。

清理违法搭建方面，采取自行清拆和统一强行清拆相结合的方式，逐宗进行清理。全镇2773宗、涉及面积46万平方米的违法搭建项目全部清理完毕。清理违法用地方面，一方面通过实行分片负责制落实工作责任，累计清理违法用地完善手续3200多亩；另一方面抓紧复耕复绿，完成复绿面积1491亩，达到了100%的硬指标。清理养殖业污染方面，按照属地管理、联合整治的原则，由环保等部门与各村委会联合开展清理，分解任务，将清理绩效与村委会年终“分红”挂钩，把任务落实到部门、到村、到户。清理行动共关闭养猪场375间，清理生猪3万多头。清理无证照经营方面，开展清理网吧影吧、打击非法游医、整顿肉食品市场等一系列专项行动。全镇共清理无证照经营户5700多户，其中补办营业执照2800多户。通过清理行动，生猪私屠滥宰行为得到有效控制，肉食品市场管理得到规范。

【推进“平安工程”】2005年，清溪镇重视维护社会稳定，全力打造“平安清溪”。通过扎实推进“平安工程”，严厉打击犯罪活动，极大改善了全镇的治安状况。加强各职能部门之间的配合，深入开展摩托车非法营运专项整治、出租屋和流动人员大清查行动，全面加强安全生产监督管理，取得了明显效果。

重视加强企业管理，维护和谐稳定的劳动关系。2005年，清溪镇建立了企业经营状况预警机制和企业员工工资发放通报制度，及早对经营状况异常企业启动应急处理程序，防止企业主恶意欠薪逃匿。同时，制订群体性突发事件应急方案，加强对突出社会矛盾和信访突出问题的排查处理，依法及时化解各种矛盾和问题，妥善协调各阶层利益关系，促进各阶层群体之间的平等友爱、融洽共处，增强外来员工的归属感。

【文明村镇创建】2005年，清溪镇坚持和落实以人为本，全面、协调、可持续发展的科学发展观，围绕建设科技产业发达、生态环境优美、文化气息浓郁、人民生活和谐的现代制造业重镇，不断提升城镇的现代化水平和文明水平，积极开展精神文明创建工作。在巩固2003年“广东省文明示范镇”成果的基础上，明确新的创建目标，通过构建科技清溪、生态清溪、文化清溪、和谐清溪，于2005年10月获得了“全国创建文明村镇工作先进村镇”的殊荣，精神文明建设工作上了一个新台阶。

【文化建设】2005年，清溪镇通过“一歌一舞”，即客家山歌与麒麟舞的发展和创新，认真打造“品牌工程”。不断发扬清溪客家山歌和麒麟舞这两大传统民间艺术，编排创作具有地方特色、时代特色的新作品。在广东省首届岭南舞蹈大赛上，由清溪镇自编自演、具有浓郁客家风情的舞蹈《客家酿》获得金奖，《茶娘》获得银奖；《客家酿》还获得了由中央文明办、文化部、中央电视台举办的第四届“四进社区”文艺展演金奖。

清溪镇不断加大文化建设投入，丰富群众文化生活，加强文化艺术人才培养，提升广场文化的层次和水平。以镇文化中心广场为平台，以群众喜闻乐见的宣传形式和内容，组织各具特色、主题突出的广场文化活动，使得文化广场月月有演出、周周有活动，极大地丰富了群众的业余文化生活。2005年，清溪文化中心广场获得了东莞市第二届“十佳文化广场”荣誉称号。

2005年，清溪镇认真开展文化建设达标（先进）创建工作。其中，土桥村被评为市文化建设先进村，清溪中学、中心小学被评为市文化建设先进学校，清溪医院被评为市文化建设达标医院，荔横村、大利村、大埔村被评为市文化建设达标村。

【广东省教育强镇达标】2005年，清溪镇坚持把教育摆在优先发展的重要位置，不断加大教育投入，认真开展创建省教育强镇工作。全年投入2亿多元资金和大量人力，整合教育资源，优化教育环境，提升教学质量。全镇已初步形成“一中四小”规模办学以及民办学校蓬勃发展的办学格局，教育事业正朝着规范化、现代化的目标快速发展。2005年11月，清溪镇获得了“广东省教育强镇”的殊荣。

【农村工作加速发展】2005年，清溪镇加强对农村工作的指导，实行镇领导挂点联系村务工作制度及片长负责制度。镇领导班子成员每人挂点联系负责一至两个村委会，其中包括4名农村片长。驻片、驻村领导深入基层调查研究，协助解决了许多热点、难点问题，为农村加速发展提供了有利条件。

积极开展干部下基层活动。在第一批“十百千万”干部下基层锻炼取得成果的基础上，再从机关干部中选拔19名有一定经验、学历高、有培养前途的年轻党员干部到村委会挂职锻炼，任职副书记。同时，把提高农村干部队伍素质作为重点，抓好村两委干部的选拔、培训、教育，着力引导村组干部转变发展观念，提高服务水平，更好地开展农村工作。

发掘农村潜力，加快农村发展。镇、村通过多种形式组织农村干部外出学习参观，引导他们拓展思维。利用农村股份制改革的舆论氛围，教育干部群众在工业开发接近极限的情况下转变发展模式，珍惜利用资源，发展高附加值产业，在提高单位土地产出率上寻求突破；引导群众就业创业，抛除“食利”思想和对集体福利的依赖，走自我发展道路。

【社会管理规范】2005年，清溪镇从政府部门管理、企业管理和社会综合管理等方面同时着手，深入推进全镇的管理工作。

在政府部门自身管理方面，着重抓好财政管理体制规范化建设，进一步加强对物业资产和镇属经济实体的统筹管理，强化征管、优化支出结构，严格按照法规办事，规范了财政管理体制，降低了财政风险。在企业监督管理方面，针对企业生产经营中存在的问题，提早介入，采取有力措施解决，及早对经营状况异常企业启动应急处理程序；严格抓好安全生产工作，开展一系列专项整治行动，全年共检查各类生产经营单位近万家，整改存在隐患的企业352家，消除了大批事故隐患。在社会综合管理方面，深入开展维稳综治工作，严打黑恶势力，开展“粤鹰”等专项行动，加大案件侦破力度，全年刑事案件同比减少252宗，同比下降12.8%；对道路交通秩序和出租屋进行了综合整治；成立了处理突发性群体事件应急指挥部，及时有效地预防和制止了一些矛盾恶化成为群体性事件。

【党员先进性教育】2005年下半年，清溪镇在抓好“固本强基”工作的同时，按照中央、省委及市委的统一部署，在全镇开展了保持共产党员先进性教育活动，全镇共有141个党支部、2439名党员（其中机关党员824人、农村党员992人、“两新”组织中的党员623人）参加了这次先进性教育活动。在教育活动中，全镇各级党组织坚持把先进性教育活动与实际工作相结合，边学边改，边学边建，较好地达到了“提高党员素质、加强基层组织、服务人民群众、促进各项工作”的目标，用实际行动最为直接地体现了先进性教育活动的成果，推动了清溪各项事业的稳步前进。通过开展保持共产党员先进性教育活动，全镇党员的思想政治素质明显提高，领导班子的执政能力明显增强，干部队伍的工作水平明显进步，党风廉政建设也有新成效，各党支部的创造力、凝聚力和战斗力不断增强。　（杜文宇）

**附：2005年东莞市清溪镇党委、人大、政府领导名录**

镇委书记：欧林高（2月离任）
　　　　　陈浩林（2月到任）
镇委副书记：朱国和（2月离任）
　　　　　　黄沛林（2月到任）
　　　　　　李观添（12月离任）
　　　　　　殷子胜　谭全河

镇委委员：张喜民　卢良坤（12月离任）
蔡家树　刘马安　王润成
殷雪林　林超明（9月到任）
姚伟民（9月到任）

罗建军（12月到任）
镇人大主席团主席：欧林高（3月离任）
陈浩林（3月到任）
镇人大主席团副主席：李观添　邓文森

镇　长：朱国和（2月离任）
黄沛林（2月到任）
副镇长：刘马安　王润成　杨俊丽

## 2001—2005年清溪镇主要经济指标表

| 指标＼年份 | 2001 | 2002 | 2003 | 2004 | 2005 |
|---|---|---|---|---|---|
| 户籍人口（人） | 31256 | 31656 | 32101 | 32552 | 33281 |
| 外来暂住人口（人） | 282842 | 351738 | 288245 | 283428 | 332857 |
| 面积（平方公里） | 140 | 140 | 140 | 140 | 140 |
| 国内生产总值（万元） | 397502 | 508944 | 652542 | 848426 | 1000520 |
| 工业总产值当年价（万元） | 1242912 | 1607809 | 2170411 | 3006198 | 3587018 |
| 农业总产值当年价（万元） | 15613 | 16519 | 16862 | 14417 | 13030 |
| 总用电量（万千瓦时） | 93115 | 123775 | 150883 | 178338 | 208951 |
| 全社会固定资产投资总额（万元） | 33388 | 45482 | 76490 | 109116 | 176354 |
| 社会消费与零售总额（万元） | 96209 | 112526 | 128435 | 142159 | 160430 |
| 外贸出口总额（万美元） | 166951 | 196325 | 244063 | 291761 | 330323 |
| 实际利用外资（万美元） | 8788 | 14022 | 18403 | 25057 | 17448 |
| 镇级可支配财政收入（万元） | 21945 | 24856 | 28204 | 31896 | 40424 |
| 各项税收总额（万元） | 27682 | 41711 | 46802 | 60875 | 65544 |
| 金融机构各项存款余额（万元） | 277158 | 348788 | 450156 | 531685 | 634002 |
| 城乡居民储蓄存款余额（万元） | 175893 | 226119 | 284381 | 337680 | 422896 |

# 常平镇

【概况】常平镇位于东莞市东部，地处穗港经济轴的中心。全镇面积108平方公里，下辖32个村（居）委会，户籍人口6.78万，总人口近50万。常平是大京九铁路、广梅汕铁路、广深铁路的交汇处，是全国唯一设有两个大型客运站（东莞站、东莞东站）和一个国家一类铁路口岸的镇。2005年，两站客流量达1000万人次。

2005年，常平镇围绕市委、市政府建设现代制造业名城的总体目标，加强宏观调控和实施“稳定、城建、招商、管理”的工作方针，创造性地执行市委市政府关于创新发展模式、实施“四项工程”、开展“四清理”、开展保持共产党员先进性教育活动等重大工作部署，推动了常平经济持续快速发展和社会各项事业的全面进步。2005年主要经济指标实现较大幅度增长。全镇国内生产总值94.75亿元，同比增长19.02%；工业总产值136.95亿元，同比增长28.28%；出口总额22.21亿美元，同比增长24.3%；各项税收总额10.94亿元，同比增长39.44%；镇本级可支配财政收入5.99亿元，同比增长26.55%；固定资产投资总额22.74亿元，同比增长20.47%；金融机构各项存款余额121.37亿元，同比增长19.17%；社会消费品零售总额52.85亿元，同比增长16.2%。村级经济实力不断壮大，全镇村组集体总资产38.96亿元，增加5.01%；两级集体净资产达30.71亿元，增加1.67%；两级净资产超两亿元的村有3个，集体两级纯收入超3千万元的7个，集体两级纯收入超1千万元达到21个。村组两级年纯收入5.75亿元，比上年增长2.36%。

【经济建设】2005年，常平镇把产业结构调整作为创新发展模式的主要抓手，着力推动经济结构转型，取得了良好成效。工业结构得到进一步优化。常平镇着力扶持“两自”企业发展。全镇新增省名牌企业1家，省高新企业1家，省民科企业3家，市民科企业12家，使全镇省级高新企业总数达到7家，省民营企业总数达到11家，市民营科技企业总数达到48家。注重扶持大型企业发展，促进规模以上工业企业的赢利能力不断增强、效益不断提高。其中大型企业的支撑作用尤为突出。全镇产值超5000万元的企业从去年同期的49家增加到55家，尽管数量只占了规模以上企业总数25%，但工业总产值占了83.47%，销售收入占了83.45%，利润总额占了73.31%，利税总额占了43.52%，且四项指标的增幅分别达到44.13%、42.91%、75.61%和71.18%。

招商引资实现突破。2005年全镇着力引进大项目，全年新签项目34宗，平均规模136.3万美元，同比增长了73.2%，呈规模化、效益化转变的明显趋势。同时把服务好企业作为招商引资的基础和起点，大力促进企业增资扩产。全年共有47家企业增资64宗，增资额1.02亿美元，同比增长97.6%，占了全镇合同利用外资总额的73.3%，成为常平镇利用外资的主要形式。在企业增资的拉动下，常平镇超额完成了市下达的引资任务,全年合同利用外资金额1.39亿美元，完成市下达任务的109.03%；实际利用外资金额9047万美元，完成市下达任务的165.67%，为明年的发展奠定了坚实的基础。

民营经济发展提速。常平镇抓紧落实市委扶持民营经济发展的各项政策，不断优化民营经济发展的环境，推动了民营经济的蓬勃发展。2005年全镇新增个体工商户4114家，私营企业321家。民营经济固定资产投资总额达11.8亿元，比去年同期增加了6亿多元，增幅达120.22%。

镇级经济发展渐成亮点。从征地、建设、招商和管理四个环节入手，抓好镇级经济发展的主要平台——东部工业园和常平物流基地的建设。东部工业园已建成厂房15万平方米，新引进企业10家，累计意向投资总额9826万美元；常平物流基地已完成征地1589.6亩，初步完善了基地内的供水、供电和道路网络基础设施。投资1亿元，在大京九物流基地内建设占地150亩的新快件监管中心，快件处理业务已辐射珠三角、港澳以及世界各地，近两年业务量继续稳固发展，2005年达到600多万件，继上海北京深圳之后，位居全国第四。

【商贸流通业】商贸业方面，2005年上半年，常平镇华泰酒店、汇华国际饭店和美怡登酒店三家按四星以上标准兴建的民营酒店相继开业，下半年，全国百佳零售企业、深圳零售龙头企业深圳天虹商场有限公司正式落户常平镇金汇大厦，以常平大道为轴的大型高档商业区初步成型，商贸业布局进一步优化。全镇消费品零售总额46.75亿元，同比增长16.13%。现代物流业方面，常平镇致力于推动物流业的“三大转变”，即推动物流产品从农副产品为主向工业产品为主的转变；物流手段从发展专业市场到与国际物流链条接轨的转变；物流网络从物流到信息流提升的转变，取得了较好成效。特别是专业市场的发展实现了新的突破。大京九塑胶城开业仅半年，就有400多家商户正式对外营业，日销售额达500多吨，日交易额800多万元，半年内实现交易总额近14亿元，为推动全镇物流产品从农副产品为主逐步向工业产品为主转变打下良好基础，成为常平镇物流业发展的一大亮点。

【会展业】2005年常平镇先后举办第十七届工业、国际模具展、第十三届国际塑胶及包装展（东莞常平）、第十一届(东莞)国际电子产品展览会、中国东莞轻工设备制造及技术展览会、东莞房地产及建筑装饰家居产品博览会、第五届大京九农副产品食品（常平）交易会等多个展览，办展规模和影响力不断提高。其中，第五届大京九农副产品食品（常平）交易会共吸引来自全国13个省56个地级市、70个县以及港澳台、加拿大和韩国多个国家和地区的450家企业参展，吸引各地采购团50个，采购企业近1000家，接待来客约10万人次，合同成交额15.09亿元，现场成交额1350万元。

【首届国际东莞啤酒节】2005年9月30日至10月7日，由东莞市经贸局、文广新局、旅游局、常平镇人民政府联合主办的“2005首届东莞国际啤酒节”在常平铁路公园举行。本届啤酒节以“畅享东莞，醉爱常平”为主题，由“开启、畅享、回味”三大板块构成，包含18项主题活动。汇集59个国内外啤酒品牌和其它行业的品牌参加，其中，世界大品牌7个，其他国际品牌49个，国内品牌3个。累计参加人数达57万人次,销售啤酒120吨，直接拉动消费3000万元，间接拉动消费1亿多元，创造了4000平方米品酒大棚规模华南第一、50万以上参节人流华南第一、59个国内外参节啤酒品牌华南第一的记录。

【城市建设】2005年，常平镇加强城市建设，一是充分发挥规划的先导作用，在不断完善全镇总体规划的基础上，着手分片区制定控制性详细规划。东部工业园常平园区、大京九片区、东莞火车站商贸区、东站组团、新城组团（东片）等九个片区的控制性详细规划已经过市规划委员会的初步审查；新城组团（西片）及旧城区的控制性详细规划已经上报待审批；丽城片区、河西组团（北片）、河西组团（南片）、常虎片区（东片）等8个片区的控制性详细规划正在编制中。二是重视完善城市功能，启动了环城路岗梓段和卢屋段、新城路、南城路、站前路、东部工业园纬四路、十三号路、东深公路绿化工程等10多项道路工程，大部分已于年底前完成；还启动沿新城路绿化景观带、旗岭公园二期工程等一批绿化景观工程，以及常平中学新教学楼、常平医院住院楼、两个污水处理厂等一批公共基础设施建设，为全面实施“三年见新城”计划奠定了良好的基础。

【社会管理】2005年常平镇广泛深入开展“四清理”工作，共清理违法搭建物10438宗，涉及面积超过82万平方米；清理违法用地420宗，其中，完善用地手续212宗，面积1967.2亩，复耕复绿208宗，面积2080.94亩；查处无证照经营8144户，补办营业执照3628户；清理养殖场935个、生猪10万多头，清理面积约27万平方米，城市环境得到全面改善。

社会治安方面，积极开展“大动员、大清查、大防范”，持续开展对出租屋和重点区域、重点部位的清查，加大对涉黑团伙和多发性犯罪的打击，强化农村基层的治安防范能力。全镇累计立刑事案件比去年同期减少95宗，降幅为3.7%，刑事案件逐年上升的严峻局势初步得到扭转，群众的安全感有所增强。

▲ 常平镇

交通整治方面，不断完善镇内公交发展规划，优化、调整全镇的公交网络，增设5条公交线路，增投公交车30辆，提高了公共交通的服务水平。持续开展交通秩序专项整治，严管、严查、严处各类交通违法、违章行为，全年共查处各类摩托车交通违法行为3万多宗，查处超速机动车362辆，查处超载客车423辆，查处非法营运的小客车、小货车100多辆，违章营运客车170多辆，交通秩序明显改善，全镇交通事故发生宗数、死亡人数、受伤人数等三项指数全面下降，同比分别下降16.63%、22.22%和6.42%。

市容环境方面，在做好环境卫生日常清运、保洁的基础上，先后开展了整治路边无牌摊档、农贸市场卫生、街头乱张贴和除“四害”等多项行动；大力推进创绿工程，提升城市绿化美化水平，市容环境卫生综合水平得到显著提高。

【人民生活】2005年，常平镇把造福群众作为中心工作来抓，实施多项措施改善人民生活。一是加强就业创业工作，促进群众充分就业。镇财政增加投入，安排332.4万元专项资金，专门用于促进群众就业创业。出台《常平镇再就业补贴办法》，对入厂打工而且月工资不足800元的本地群众，由镇、村两级连续两年每月各补贴100元。镇、村两级经常举办会计、电工等不同类型的培训班，免费培训群众，推荐群众就业。全年共推荐就业564人，实现再就业780人。二是加强扶贫济困工作，解决群众生产生活困难。镇财政今年安排近300万元，用于扶助低保家庭及开展其它社会救济工作。以保持共产党员先进性教育活动为契机，开展了“三访三扶三送”等多个主题实践活动，共走访老党员299人，慰问困难户416户，为群众办好事289件，解决发展资金700多万元。加大教育扶贫力度，出台《常平镇“低保”家庭和非“低保”困难家庭在读子女助学金试行办法》，提高“低保”家庭助学金的补助标准，扩大助学金补助范围，到目前为止共补助困难家庭381户，镇财政发放补助金33.4万元。以“千千扶千户”、“部门单位对口帮扶”等活动为龙头，带动全社会力量参与，初步形成了各方携手、上下联动、合力扶贫的良好格局。三是加强社会保障工作，提高保障水平。理顺农（居）民基本养老保险，落实做好原农村合作医疗制度向农（居）民基本养老保险制度的转换衔接；顺利将常平镇原来的农村合作医疗制度调整为农（居）民医疗保险制度，社会保障体系进一步完善，保障能力进一步增强。

【社会事业】2005年来，常平镇统筹兼顾，协调社会各项事业发展，取得了明显成效。

文化建设方面，不断深化文化体制改革，逐步加大社会办文化的比重,体制活力不断增强。以常平大剧院、常平铁路公园等现代化文化设施为依托，邀请国内外知名艺术团、艺术家举办芭蕾舞、交响乐、书画展等高雅演出，成功举办了“欢乐常平”商贸文化节、“啤酒节”、广场舞蹈大赛等多项大型群众性节庆活动，大大丰富了群众的业余文化生活。

教育发展方面，镇财政安排近9000万元用于教育事业发展。加大等级学校创建力度，常平中学正式展开国家级示范性高中的创建工作。振兴中学正式成为省一级学校，使常平镇等级学校达到15家，成为全市等级学校最多的镇区之一。加大教育基础设施的建设步伐，完成了成人教育大楼的建设和中心小学的校园改造，并启动振兴中学宿舍楼的建设。进一步推进联合办学，正式将黄泥塘小学并入一小分校。2005年全镇高考成绩再创佳绩，常平中学上省大专A线考生达154人，其中上大专B以上308人，创历史新高。黄水职业中学405人参加高职类普通高考，上线人数362人，比去年增长109人，上线增加人数名列全市第二。

医疗卫生方面，积极推进医疗卫生事业改革，建立健全镇社区医疗服务网络，完善了重大疫情的防控运行机制，进一步提高了医疗服务水平。

安全生产方面，经常开展安全生产大检查，认真排除安全隐患，全年共检查和整改各类事故隐患近1900宗，有效遏制了重特大安全事故的发生，有力维护了人民群众的生命财产的安全。此外，镇计生、体育、武装、环保、侨务、社保、拥军优属、档案等各项工作也取得了明显进步。

【先进性教育活动】开展保持共产党员先进性教育活动是2005年的中心工作之一。在7月份先进性教育活动正式开展以来，常平镇认真按照总书记胡锦涛提出的“关键要取得成效”和“成为群众满意工程”的要求，以及省委书记张德江提出的“重在联系实际，重在讲求质量，重在取得实效”的指示精神，紧密结合常平实际，精心组织，周密部署，从严要求，扎实推进，取得了良好成效。全镇新组建非公党支部47个，新进入班子成员107人，基层党组织建设得到明显加强，各级党组织逐步完善了党员定期学习制度、党员谈心制度、民主评议党员制度、党员联系户制度等一系列制度，党员教育管理的体制机制进一步健全，永葆党员先进性的长效机制初步建立。全镇各级党组织和广大党员认真查摆自身存在的问题，剖析问题存在的根源，研究解决问题的办法，并认真加以整改，初步解决了一大批影响社会稳定和涉及群众切实利益的实际问题，赢得了党员、群众的广泛拥护，各级党组织在群众中的威信进一步提高，吸引力和凝聚力进一步增强，全镇共有362人向党组织递交了入党申请书，发展党员137人。通过先进性教育活动，党的建设工程得到了有力推进，党的执政能力明显提高，初步达到了“提高党员素质，加强基层组织，服务人民群众，促进各项工作”的预期目标。

【“十一五”规划】2005年，常平镇提出“十一五”时期以建设现代化商贸名城为总体目标，统揽全局，以“调整、创新、提升”为工作方针，围绕“一城、两站、三区、四特色产业”的工作思路，立足科学发展观，加强自主创新，完善体制、机制，充分发挥常平的独有优势，展开新一轮经济发展建设的高潮，保持常平经济较快平稳发展，力争“十一五”时期全镇生产总值平均增长15%以上，五年翻一番，建成“物流重镇、文化大镇、和谐社会”。

（周浩佳）

**附：2005年东莞市常平镇党委、人大、政府领导名录**

镇委书记：梁海卫

镇委副书记：叶锐权（3月离任）
李奔华（8月离任）
陈满新　刘柏祥
万卓培（12月到任）
周少华（12月到任）

镇委委员：梁海卫　叶锐权（3月离任）
李奔华（8月离任）　陈满新
刘柏祥　万卓培（5月到任）
周少华　张　冲　叶润娣
周锡英　任绍平　任卓效
卢伟清　袁庆华（9月到任）
黄伟荣（9月到任）

镇人大主席团主席：梁海卫

镇人大主席团副主席：任卓效

镇　长：叶锐权（3月离任）
陈满新（3月到任）

副镇长：周少华　张　冲　周锡英
任绍平　万卓培（12月离任）

## 2001—2005年常平镇主要经济指标表

| 指标＼年份 | 2001 | 2002 | 2003 | 2004 | 2005 |
|---|---|---|---|---|---|
| 户籍人口（人） | 62734 | 63608 | 65162 | 66483 | 67814 |
| 外来暂住人口（人） | 257768 | 258815 | 251215 | 348449 | 362200 |
| 面积（平方公里） | 108 | 108 | 108 | 108 | 108 |
| 国内生产总值（万元） | 398491 | 439846 | 505932 | 796108 | 947538 |
| 工业总产值当年价（万元） | 808092 | 1016242 | 1302807 | 1804763 | 2137895 |
| 农业总产值当年价（万元） | 27603 | 27980 | 26173 | 22173 | 20436 |
| 总用电量（万千瓦时） | 118289 | 163988 | 173881 | 214730 | 235442 |
| 全社会固定资产投资总额（万元） | 108027 | 139869 | 169388 | 188753 | 227383 |
| 社会消费与零售总额（万元） | 229738 | 318467 | 381709 | 454833 | 528532 |
| 外贸出口总额（万美元） | 105437 | 125147 | 144035 | 178698 | 222113 |
| 实际利用外资（万美元） | 6660 | 12116 | 16389 | 15610 | 18214 |
| 镇级可支配财政收入（万元） | 21233 | 26719 | 36889 | 47298 | 59856 |
| 各项税收总额（万元） | 32183 | 47818 | 60017 | 78467 | 109413 |
| 金融机构各项存款余额（万元） | 575958 | 710580 | 862811 | 1018467 | 1213659 |
| 城乡居民储蓄存款余额（万元） | 373543 | 476625 | 607127 | 727387 | 886534 |

# 桥头镇

【概况】 桥头镇位于东莞市东北部，地处珠江三角洲腹地，穗深港经济走廊之间。距京九、广深、广梅汕铁路交会点——东莞站仅8公里；沿东深路、东部快速路、常虎高速、广惠高速往香港、深圳、珠海、广州分别约1小时车程。全镇总面积56平方公里，辖16条村，1个居委会，本地人口3.3万人，常住人口14万人，是供水香港的东深供水工程源头。

2005年，桥头镇实现国内生产总值31.6亿元，比2004年增长19.5%；工农业总产值55.3亿元，同比增长23.2%；镇级可支配财政收入2.76亿元，同比增长22.4%；各项税收总额2.7亿元，同比增长19.4%；各项存款余额36.6亿元，同比增长15.1%；农村集体可支配收入2.35亿元（扣除土地转让收入），同比增长22.1%；农村人均收入9792元，同比增长8.8%；总用电量9.8亿千瓦时，同比增长11.3%；总供水量3220万吨，同比增长13.8%。新签利用外资和增资协议238宗；协议利用外资总额11861万美元，同比增长54.7%；实际利用外资5487万美元，同比增长20.7%；外贸出口8.38亿美元，同比增长32.6%；全镇民营企业完成生产性固定资产投资13.1亿元，同比增长60%；新增民营企业152家，个体工商户1844户，民营经济实现增加值占全镇国内生产总值的42%；社会消费品零售总额11.9亿元，同比增长45.9%。

【城市化建设】 2005年，桥头镇集中财力、物力，抓好重点工程和基础设施建设，完成了东部快速路、东深公路、东江大道、桥常路、桥龙路的建设和改造工程，使桥头的城市基础设施建设实现全面升级，区位条件得到根本性的改善。同时，凯达华庭、石竹山水园、华尔登国际酒店、行政办事中心广场、桥头医院综合大楼、北京师范大学东莞石竹附属学校等重点工程的动工建设和先后落成，使桥头的城市面貌大为改善，城市品位不断提升。

【民营经济】 为了充分发挥民营办、商会和个体私营协会协调服务的职能，2005年桥头镇政府制定《桥头镇扶持和鼓励高新技术产业、“两自”企业办法》，扶持、引导民营企业走创新技术、自创品牌之路。同时，落实“三大服务”：一是抓好协调服务，及时帮助民营企业解决发展中遇到的各种困难和问题；二是抓好业务服务，积极主动为民营企业办理工商业执照、出国护照、往来港澳商务通行证等业务；三是提供平台服务，凡民营企业参加展览活动的均给予一定资助，鼓励民营企业大胆走出去，加强与外商交流合作。通过改善投资环境，加强服务，提高了民营企业的投资积极性，2005年，共引进4宗投资额上亿元的大型民营企业，全年新增民营企业个体工商户1804家。2005年，全镇民营工业企业实现工业产值8.1亿元，同比增长29.6%，占全镇工业产值的15%；上缴税收总额1.06亿元，占全镇税收总额36.22%；吸纳就业人数2.4万人。

【创建省教育强镇】 2005年，桥头镇大力推进联合办学，进一步调整学校布局，全面优化教育资源，促进学校上规模、上档次。按照“一中学六小学”的联合办学思路，做好桥头中学的扩建及与文德中学的合并工作，文德中学改造为第三小学等各项建设进展顺利。全镇创建了省一级学校1间，市一级学校4间，市一级幼儿园2所；还引进了百年名校——北京师范大学在桥头建立附属学校。教育科研工作有了新的进步，获省教育创新成果三等奖1项，获市第七届普通教育科研成果二等奖1项，获市教育学会优秀论文二等奖2篇、三等奖5篇，在省、市以上获奖的论文有101篇，在市级以上报刊发表的论文有24篇。成人教育也取得了喜人的成绩，开办了华南师范大学行政管理本科班、惠州学院中文大专班和本科班、广东金融学院金融大专班、西南财经大学本科班等6个班，共有学生483人；并开办了安全生产知识、会计、摄影、农果栽培、电工、企业管理等培训班，全年培训学员29615人次。2005年，桥头成人文化技术学校被共青团中央、公安部、司法部、劳动和社会保障局、建设部、国家人口和计划生育委员会、国家工商行政管理总局及中央社会治安综合治理委员会办公室评为第四届全国“千校百万”进城务工青年培训工作先进单位。2005年，桥头镇被评为“广东省教育强镇”。

【创建国家卫生镇】 2005年，桥头镇把爱国卫生工作纳入全镇社会经济发展的总体规划，在创建国家卫生镇工作中，主要抓好六个方面的工作：一是健全镇、村两级健康教育工作网络。健康教育人员经常到工厂、社区、学校、酒店开展卫生宣传和健康知识讲座，使中、小学生、农（居）民和企业员工的健康知识知晓率分别为96%、90%、86.7%、88.2%，健康行为形成率分别为88%、81.7%、81.5%、80.6%。二是完善市政设施。在镇中心区新建和改建二类公厕13间，垃圾中转站6间，安装了1200多个下水道口防蚊、防臭设施，在主要街道增设和更新了360多个果皮箱等，满足了环卫工作的需要。同时，加大镇中心区的绿化工作力度，使绿化覆盖率达35%，人均绿地面积10平方米。三是整治市容环境卫生。镇中心区实行“垃圾袋装，上门收运”，大街小巷16小时保洁，保洁率达98%；并大力整治“六乱”现象，全面落实门前“三包”制；积极开展“四清理”工作，清理整治违法搭建5961宗。四是加大环境保护力度。严肃查处未执行“三同时”规定的企业，关停、治理东江沿线污染企业、养殖场，使镇区饮用水源水质达标率100%，地面水质达标率100%，空气质量达到国家二类标准，烟尘控制区覆盖率达100%，工业废水排放达标率91.4%，保持了较高的环境卫生水平。五是强化公共场所、饮用水和食品卫生管理。全镇所有酒店旅业建档率达100%，监督监测覆盖率达98%，监测合格率达98.13%，体检率、培训率、患“五病”调离率达100%。自来水厂采用先进的水汽反冲洗V型滤池模式，自动测试水的酸碱率、浊度，供水池定期清洗消毒，使水质达到优质水平。食品卫生监督实行量化分级管理，狠抓食品从业人员健康检查及卫生教育与培训。六是做好防害防病工作。采取以环境治理和综合防治相结合、以专业队伍与群众运动相结合等方式，积极开展除“四害”工作。通过全方位的创建行动，2005年桥头镇被评为“国家卫生镇”。

【文化建设】 为了进一步推动文化与经济的融合，2005年，桥头镇又成功举办了第二届荷花艺术节，并与杭州一起成功申请获得了2006年第20届全国荷花展主办权。与此同时，为丰富群众文化生活，广泛开展了以舞蹈、器乐、粤剧及放映优秀影片为主的广场文化活动，全镇各大广场举办专题文艺演出活动130多场，放映电影200多场。2005年，桥头广场被评为第二届“东莞市十佳文化广场”，并有桥头、迳联被市委、市政府评为文化建设达标社区（村）复查合格单位，大洲和邓屋被评为市文化建设达标村；桥头中心小学被评为市文化建设先进学校；桥头医院被评为市文化建设先进医院；三正集团、耀邦集团和新阳电器厂被评为市文化建设达标企业。全镇还深入开展“爱国、守法、诚信、知礼”教育活动，使群众的文明素质和道德情操不断提高。此外，文学创作成果丰硕，在国家、省、市级报刊共发表各类文学作品90多篇；先后出版了《桥头人物》、《半部论语学做人》、《春花烂漫》等文学作品集。2005年，全镇文学、美术、摄影等作品获国家金、银、铜奖36件；获省级金、银、铜奖10件；获市级金、银、铜奖12件；文艺工作者受到上级表彰的有10人；镇作协分会被广东省作家协会评为“文学创作先进单位”。

【社会管理工作】 2005年，桥头镇以创建“平安东莞，和谐桥头”为契机，依法严厉打击各种刑事犯罪活动，先后开展了打击“两抢一盗”、打黑除恶等专项行动，有效打击了违法分子的嚣张气焰；并加强出租屋及外来人员管理工作，建立健全了社会治安长效机制，使全镇的治安环境进一步改善。同时，稳步推进第二批农村股份合作制改革，推动农民向市民转变，农村城市化进程迈开新的步伐。并切实加强对欠发达村和弱势群体的帮扶力度，帮助解决就业问题，资助自主创业发展，发放低保救济金额49.7万元；拨款40万元为困难户建房；拨款12万元解决贫困户的医疗问题；拨款8.5万元作为社会救济等。还初步建立起以养老保险、基本医疗保险、社会救济、社会福利和社会互助为主要内容的养老保障体系，从而切实解决了弱势群体的“三难”问题，促进了区域协调发展和共同富裕。此外，十分重视做好各种社会矛盾和信访突出问题的排查调处，维护了社会的繁荣稳定。

【固本强基工程】 2005年，中共桥头镇委坚持党要管党、从严治党的方针，大力加强党的执政能力建设和先进性建设，扎实开展了保持共产党员先进性教育、“理想、责任、能力、形象”教育和“十百千万”干部下基层驻农村三项教育活动。通过开展三项教育活动，进一步增强了基层党组织的凝聚力、战斗力和创造力，保持了党员先进性，密切了党群干群关系。据统计，2005年全镇下发正反典型教育VCD光碟200多张，《反腐倡廉教育读本》1500多册，《“三个代表”重要思想理论学习纲要》500多份，编印《桥头镇保持共产党员先进性教育活动学习资料汇编》1500本，党员干部观看廉政教育片200多场次，召开专题民主生活会100多场次。全年，全镇党员共有6000多人次接受了党风廉政教育，撰写学习心得300多篇。此外，为了进一步抓好廉政建设工作，按照《市公务用车改革方案》的要求，制定出《桥头镇公务车改革实施方案》，在市拍卖行的主持下，对82辆公车进行了公开拍卖，有力地推进了反腐倡廉工作的开展。

【计生工作】 2005年，桥头镇政府紧紧围绕市人口计生工作的思路，不断完善各项工作制度，抓好计划生育、优生优育等知识的教育和培训工作；组织计生专干现场交流学习，并积极开展形式多样的宣传教育活动；努力倡导婚育新风，充分发挥婚育学校和村级“一校两室三栏”的宣传教育阵地作用；定期或不定期地邀请专业医师深入各村、各单位为已婚育龄妇女开展讲座，满足群众求知、求新的需求。据统计，2005年，全镇共发放《关爱女孩》、《预防艾滋病科普知识读本》、《流动人口计生宣传手册》各10000多册，发放《流动人口计生须知》8000多份、《计划生育办事程序》5000多份，取得了良好的教育宣传效果。此外，抓好各村、各单位计生专干对流动人口信息化管理的业务培训工作，建立了流动人口已婚育龄妇女计生信息数据库，认真做好信息的采集、录入、审核、上传、通报工作，加强信息交换跟踪，进一步提高了动态信息的及时性和准确性，全年共录入信息6654条，通过交换平台通报信息2997条，接收反馈信息736条。2005年，桥头镇较好地完成了市下达的人口控制计划，全镇人口出生率12.98‰，自然增长率8.18‰，计划生育率94.02‰。

【公共就业服务平台】 2005年，桥头镇继续完善公共服务平台，做到场地、人员、服务三落实，为城镇居民、农村富余劳动力、新成长劳动力提供求职登记、职业介绍、就业培训、就业援助、政策咨询和各项就业补贴申请等“一站式”公共就业服务。组织有关人员深入企业调查岗位空缺情况和需求，及时把用工信息提供给有就业意向、符合企业要求的农村劳动力。同时，采取“自主创业扶持一批”措施，通过抓村民就业观教育、抓职业技术培训等服务，妥善解决富余劳力的就业问题。据统计，2005年镇劳动部门举办电脑、会计、人力资源、电车、美容、汽修等培训班20多期共2000人，通过培训后，就业率达80%。为缓解企业用工短缺问题，做好劳务协作、劳务扶贫工作，镇政府劳动部门组织用人单位与劳务输出的学校、就业服务机构洽谈，签订劳务合作协议，先后引进技校毕业生180人、农民工1100人来桥头有关单位和企业工作。此外，加强劳动监察、劳动信访和劳动争议的调解，以及劳动合同鉴证等工作。通过日常巡查、专项监察等方式检查企业，对严重违法行为的企业进行处罚，发出限期整改；并依法维护劳资双方的合法权益，严格执行《广东省劳动合同管理规定》，从源头上遏制无效劳动合同的争议，使企业劳动合同签订率达98%，全年为企业职工追回被拖欠的工资432万元，劳动争议仲裁受理结案率达100%，促进了劳动关系的和谐与稳定。

（刘庆华）

**附：2005年东莞市桥头镇党委、人大、政府领导名录**

镇委书记：谭全安

镇委副书记：莫厚良　邓　辉　李长福　欧阳官友

镇委委员：谭全安　莫厚良　邓　辉　李长福　欧阳官友　谭连合　邓任洪　莫满森　曾婉玲　莫树培　何健铭　张树坚

镇人大主席团主席：谭全安

镇人大主席团副主席：李长福　邓换娣（9月离任）

镇　长：莫厚良

副镇长：邓任洪　莫满森　曾婉玲　莫树培　刘学新

## 2001—2005年桥头镇主要经济指标表

| 指标＼年份 | 2001 | 2002 | 2003 | 2004 | 2005 |
|---|---|---|---|---|---|
| 户籍人口（人） | 31200 | 31433 | 32229 | 33432 | 33963 |
| 外来暂住人口（人） | 96541 | 97364 | 120000 | 104979 | 106900 |
| 面积（平方公里） | 56 | 56 | 56 | 56 | 56 |
| 国内生产总值（万元） | 160000 | 190000 | 225800 | 275000 | 316000 |
| 工业总产值当年价（万元） | 239509 | 262709.5 | 358500 | 439160 | 542360 |
| 农业总产值当年价（万元） | 18196 | 14865 | 11290 | 9564 | 11148 |
| 总用电量（万千瓦时） | 38525 | 51683 | 66218 | 88600 | 98000 |
| 全社会固定资产投资总额（万元） | 28810 | 41600 | 64280 | 81872 | 125427 |
| 社会消费与零售总额（万元） | 34020 | 47050 | 55420 | 75100 | 119000 |
| 外贸出口总额（万美元） | 33000 | 41130 | 50422 | 63500 | 83800 |
| 实际利用外资（万美元） | 3403 | 3800 | 4070 | 4545 | 5487 |
| 镇级可支配财政收入（万元） | 8256 | 11055 | 17574 | 22553 | 27600 |
| 各项税收总额（万元） | 8665 | 12573 | 15736 | 22798 | 27000 |
| 金融机构各项存款余额（万元） | 168000 | 215020 | 274120 | 318442 | 366000 |
| 城乡居民储蓄存款余额（万元） | 123000 | 156901 | 206545 | 243036 | 290000 |

# 横沥镇

【概况】 横沥镇位于东莞市东南部，辖区总面积50平方公里，常住人口3.48万，外来人口14.4万，下辖16个村委会、1个居委会。镇区距东莞火车站仅5分钟车程，至广州、深圳、香港均在1小时车程之内，且贯连正在建设中的东部快速干线、常虎高速公路，与珠三角高速公路网络联为一体。位置优越，交通便利。

2005年，全镇完成生产总值30.72亿元，同比增长21%；完成工业总产值53.9亿元，同比增长43.74%；固定资产投资总额7.24亿元，同比减少11.64%；镇本级可支配财政收入1.96亿元，同比增长16.2%；税收总额2.81亿元，同比增长25.47%；社会消费品零售总额9.29亿元，同比增长15.79%；各项存款余额41.33亿元，同比增长32.46%；总用电量8.5亿千瓦时，同比增长18.36%。

【集体经济】 2005年，横沥镇确立了“集体经济加速发展年”的工作思路，全面推进厂房物业、集市物业、商业物业的建设。以经联总社和三大公司为龙头，以园区为物业发展的主要平台，壮大镇村组集体经济实力。以新四村为“家家有物业”工程试点村，召开“家家有物业”工程现场推动会，积极引导各村加大集体物业建设。2005年，镇村组三级集体收入达3.3亿元，同比增长23.25%；建成和在建集体厂房面积共45.98万平方米。同时，加大欠发达村的扶持力度，以公司直接挂点为主，各扶贫单位推动为辅的方式，开发建设长田工业区和水边工业园。经过两年的扶贫攻坚，贫困村的经济发展较快，张坑村于2005年顺利脱贫。

【招商引资】 2005年，横沥镇积极转变招商观念，创新招商方法，以“两手抓”做好招商引资工作。一是抓引资项目数量，确保外来投资的流入量；二是抓引资项目质量，确保利用外资的规模。此外，制定和实施《横沥镇鼓励社会招商引资奖励办法》。在招商形势比较严峻的情况下，横沥镇，全年引进项目76宗，资金7837万美元，同比增长14%。其中来料加工项目18宗，协议设备金额1500万美元，同比增长8.46%；三资项目58宗，合同投资总额6337万美元，同比增长15.39%。2005年，成功引进了奇菱光电有限公司。奇菱是台湾奇美集团的子公司之一，是台湾上市企业。该项目属于高科技项目，注册资本为1200万美元，总投资为3200万美元，计划分3年建设18条生产线，是横沥镇至今为止引进的最大项目。此外，进一步抓好村级外经工作。各村成立外经办，主任由村支委或村委兼任，工作人员由村从“五大员”（厂长、报关员、会计员、出纳员、仓管员）储备人才中选拔招聘。对确定的主任和工作人员进行为期两个星期的理论培训，培训主要内容包括：外经贸和海关政策、法律法规，如何做好招商引资工作，如何提升服务质量，如何加强与外资企业沟通和如何收集招商引资信息等。

【民营经济】 2005年，横沥镇认真落实市《关于采取优惠措施促进民营经济发展的通知》精神，发挥民营资金参与厂房建设的优势，支持民营企业科技创新，鼓励和引导民营企业进行自主技术创新、自主发展品牌。同时，在政治上、精神上、生活上关心、鼓励、帮助民营企业家，通过电视、报纸、网站等多种新闻媒体宣传优秀民营企业家的事迹。截至2005年12月，全镇私营个体登记注册户数达5454户，同比增长26.9%，私营个体登记注册资金达4.2亿元，同比增长22.31%。民营企业产业升级和品牌发展有新突破，奇美鸟电子产品荣获“广东省著名商标”称号。

此外，进一步放宽民资经营范围和准入条件，广泛接纳各方面投资者，通过各种合作方式，参与横沥镇商业、流通行业、房地产业、服务业，以及基础设施等多种领域的投资与建设，以独资、合资、合作经营等多种形式，达到双赢或多赢的目的。全镇民营投资在上年大幅增长的基础上，继续保持较好势头，全年完成民营投资2.56亿元。商贸投资逐渐升温，苏豪商业街于2005年建成，总投资6000多万元的双龙舫步行街开始动工兴建。

【村委会选举】 2005年，横沥镇积极贯彻落实市村委会换届选举工作精神，严格按“一法两办法”办事，严把“五关”，确保了村委会选举平稳过渡。选举经历了组织准备、宣传发动、选举实施、建立健全各项规章制度、检查总结等五个阶段，历时约1个多月。本次换届选举的17个村（居）委会共产生新一届村（居）委会班子成员51名，其中主任17名，副主任17名，委员17名。连任的有24人，占47.06%；村（居）委交叉任职的有25人，占49%；党员有41人，占80.39%；女干部有6人，占11.76%。村（居）委会换届选举结束后，镇政府以“恢复、摆正、锻炼、熟悉”（即尽快恢复正常工作秩序、摆正自己的位置、在工作实践中锻炼成才、尽快熟悉业务）的要求，抓好村干部的培训教育工作。

【“四清理”工作】 2005年，按照市委、市政府的统一安排部署，横沥镇开展了“四清理”工作。成立了“四清理”工作领导小组，并按职能分为四个分组（清理养殖业污染分组、清理违法搭建分组、清理无证照经营分组、清理违法用地分组）开展工作。在推进“四清理”工作中采取了“三个集中”、“三个坚持”、“四先四后”原则。“三个集中”即集中精力、集中时间、集中力量；“三个坚持”即坚持清字当头不动摇，坚持彻底清除不动摇，坚持按市标准不动摇，不搞人情、不降低标准、不法外施恩；“四先四后”即先知后行、先情后法、先礼后兵、先易后难。全镇共清理违法用地141宗，面积2839.39亩，占需处置违法用地总面积的95%。拆除各类违法搭建物2381宗，面积180300平方米，占应拆除总面积的99.6%；整改好的有1371宗，面积147400平方米，占应整改总面积的99.5%。清理养猪场381个、生猪80212头，占摸底数78.6%；清理家禽场11个家禽104350只，占摸底数91.6%，另外，签订关闭协议的养猪场共104户。查处无证照经营976多户，取缔282户，补办执照694多户。

【创建省教育强镇】 2005年，横沥镇将创建教育强镇工作列入党委、政府的重要议事日程，对教育提出“六个优先”和创建教育强镇的“四个第一”，按照突出重点、抓住关键、统一规划、分步实施、全面推进的原则做好创建教育强镇工作。进一步实施联合办学，对全镇教育资源进行整合和优化，改善办学条件。在优化教育资源的基础上，横沥中学、镇中心幼儿园、第二小学先后通过市一级学校的评估，成功地实现了全镇公办学校100%等级学校的目标，为创建教育强镇提供有力保障。加大教育的投入力度，完善学校的硬件设施和教学设备，使全镇中小学计算机总台数达到1086台。健全学校内部管理和教师队伍建设，狠抓教育管理，大力开展“名校、名师、名校长”工程，积极鼓励教师参加培训和进修学习，促进教师队伍的思想政治水平和业务素质的提高。2005年11月下旬，横沥镇成功进入了广东省教育强镇行列。

【群众就业】 2005年，横沥镇按照“三和三有”教育工程的要求，继续加大对就业工作的指导力度，成立了就业工作领导小组，下分就业调查登记组、就业岗位调查登记组、岗位培训组和综合组四个工作小组，对全镇无业人员和机关、企事业单位、工厂企业可提供的就业岗位进行调查登记，为创业者提供条件和服务，做好就业人员的岗前指导和培训。以隔坑村为试点，进一步推动“人人有工作”工程，各村和有关部门相应成立了工作小组，层层落实责任制,完善村级劳动服务站，形成一个覆盖全镇的就业服务网络。2005年本地实际就业人数13726人，劳动力就业率达90.2%。外经办进一步加强外资厂“五大员”的培训和管理工作，实施了《横沥镇外资企业厂长、报关员管理方案》，对厂长、报关员实行上岗持证、扣分管理和人才储备培训等制度，有力促进了厂长、报关员素质的提高。劳动分局继续加大对失业人员和农村富余劳动力的培训指导和推荐就业工作，全年成功推荐了528人参加工作。

【“和睦家庭”工程和“双助”工程】 2005年，横沥镇以六甲村为示范点，采取多种宣传教育形式，大力推进和睦家庭的创建工作。通过广播电视、报纸、宣传栏等宣传媒体，积极倡导以尊老爱幼、男女平等、夫妻和睦、勤俭持家、邻里团结等为主要内容的家庭美德；教育引导家庭成员做到平等和睦、相互信任、相互尊重、相互沟通、相互学习，共同营造和谐、宽松、快乐的家庭环境。经过8个月的试点创建工作，六甲村共有220户家庭获得了和睦家庭的称号。在六甲村，尊老爱幼、夫妻恩爱、邻里团结、互助友爱的气氛日益浓厚，家庭纠纷、群众上访、参与赌博等现象明显减少。2005年六甲村建成集体厂房物业12000平方米，是历年来兴建集体物业最多的一年。此外，开展助学助业的“双助”工程，共筹集助学款20多万元，切实解决全镇低保障家庭238名学生的读书难问题，营造了扶贫解困、融洽和谐的社会环境。

【环境建设】 2005年，横沥镇通过一河两岸夜景、苏豪步行街等工程建设，进一步提升城市功能，通过抓好服务建设和治安整治等工作，为发展提供有力的保障。按照“一线两岸三区四出口”城市建设思路，进一步做好一河两岸夜景建设，投资300万元对东引河3766米长河岸增设159套景观灯饰；承接东莞路网升级建设，进一步完善镇道路交通网络，投入4000多万元，对南环路、西环路、康乐路等总长9.22公里的道路实施改造工程；投资约3亿元的苏豪商业街于2005年9月基本竣工，共设计商铺144间，商铺总面积3万平方米。

【打造“五星级”政府】 2005年，横沥镇积极打造“五星级”服务型政府，进一步提升服务质量，营造良好的发展环境。继续实施工业用电统筹，保证了企业在用电高峰期的正常用电需求；认真落实《关于进一步规范废品回收经营管理的实施意见》，努力营造一个公平合理的社会投资环境和文明有序的市场秩序；开展清理整治铁路沿线废旧金属收购站点专项行动，强化铁路沿线治安防控能力，为铁路运输安全提供有力治安保障；加强与外省有关部门的密切合作，在国内多处民工源集中的地方建立了稳固的劳务工作点12个，外出招回员工2000多人。

【“十百千万”干部下基层驻农村】 从2005年1月驻村工作开展以来，横沥镇驻村干部履行驻村工作职责，开展调查研究，积极为群众办实事、办好事。一年来，驻村干部走访农户1368户，召开座谈会270次，为群众办实事好事356件，落实扶持资金57.6万元。结合实施固本强基工程、“三和三有”教育活动，驻村干部积极参与创建“五个好”农村党支部活动，协助做好村委会选举工作。积极协助当地发展好经济，驻村干部帮助发展集体经济项目33个，累计资金达4478万元；协助建设集体厂房宿舍面积共计25.84万平方米。

【保持共产党员先进性教育活动】 2005年，横沥镇委按照中央、省委、市委的部署和要求，在全镇64个支部1697名党员中认真扎实开展保持共产党员先进性教育活动。在整个教育活动中，共组织召开动员大会、讨论会、形势报告会、座谈会、谈心会等各类会议563场；发放并回收征求意见表27236份，收集各类意见建议1726条；制定整改措施418条，落实整改项目217项；编发简报111篇，其中9期被市先进办采用，1期被省先进办采用。全镇在职党员撰写读书笔记800多万字，心得体会2438篇。开展以“心系群众、转变作风，服务群众、展示形象”为主题的“三四五六”系列实践活动，包括在机关中开展“勤政、廉政、优政”的“三政”活动；在企事业单位中开展“进职工门、知职工情、解职工难、暖职工心”的“四职”活动；在农村开展“进群众门、知群众情、解群众难、帮群众富、暖群众心”的“五群”活动；在党员干部中开展争做“学习型、服务型、民主型、实干型、创新型、廉洁型”的“六型干部”活动。

【社会治安】 2005年，横沥镇政府坚持“打防管”并重的原则，积极开展各项治安防范工作，全面推进社会治安综合治理，维护了正常的经济社会秩序。全镇刑事案件破案率为30.6%，与上年同期相比，破案率提高1.1个百分点；受理治安案件159起，查处139起，查结率为87.4%。（胡　蓉）

**附：2005年东莞市横沥镇党委、人大、政府领导名录**

镇委书记：李满堂

镇委副书记：杨永存　莫练初　叶可阳　陈细钿

镇委委员：李满堂　杨永存　莫练初　叶可阳　陈细钿　香兆明　叶浩宁　谢建玲　梁新钦　朱柱明　卢根稳　黄志明　李志军

镇人大主席团主席：李满堂

镇人大主席团副主席：叶浩宁　叶锦明

镇　长：杨永存

副镇长：香兆明　梁新钦　朱柱明　黄志明

▲ 横沥镇

## 2001—2005年横沥镇主要经济指标表

| 指标＼年份 | 2001 | 2002 | 2003 | 2004 | 2005 |
|---|---|---|---|---|---|
| 户籍人口（人） | 32829 | 33236 | 33745 | 34298 | 34880 |
| 外来暂住人口（人） | 60000 | 84843 | 85156 | 89644 | 143713 |
| 面积（平方公里） | 50 | 50 | 50 | 50 | 50 |
| 国内生产总值（万元） | 120500 | 142793 | 172312 | 253887 | 307245 |
| 工业总产值当年价（万元） | 237381 | 292982 | 349092 | 414120 | 538958 |
| 农业总产值当年价（万元） | 14259 | 14500 | 15225 | 15514 | 17105 |
| 总用电量（万千瓦时） | 37292 | 46856 | 56228 | 72013 | 85236 |
| 全社会固定资产投资总额（万元） | 25000 | 29500 | 33773 | 81922 | 72386 |
| 社会消费与零售总额（万元） | 55000 | 62050 | 70590 | 80270 | 92945 |
| 外贸出口总额（万美元） | 23466 | 25818 | 49269 | 38359 | 45212 |
| 实际利用外资（万美元） | 5626 | 7107 | 8129 | 7312 | 4791 |
| 镇级可支配财政收入（万元） | 11078 | 12585 | 14009 | 16889 | 19624 |
| 各项税收总额（万元） | 7649 | 10689 | 14807 | 22391 | 28094 |
| 金融机构各项存款余额（万元） | 155234 | 188214 | 246176 | 312035 | 413321 |
| 城乡居民储蓄存款余额（万元） | 105771 | 131424 | 169294 | 205105 | 263668 |

## 东坑镇

【概况】 东坑镇位于东莞市中部，地处穗、深、港经济黄金走廊，全镇面积27.5平方公里，总人口11.7万人，其中户籍人口2.9万人，外来暂住人口8.8万人，下辖14个村委会、1个社区居委会。2005年，全镇实现生产总值265118万元，比2004年同期（下同）增长15.24%；工业总产值611499万元，同比增长9.18%；镇本级可支配财政收入15086万元，同比增长22.8%；各项税收总额20588万元，同比增长32.69%。

【招商引资】 2005年，东坑镇加大招商引资力度，提高引资水平，着重引进拥有自有品牌、自主知识产权的“两自”企业和大型的高税收企业，原则上不引进低水平的加工贸易项目，招商质量和档次明显提高。全年签订利用外资协议215宗，外商投资额10478万美元，同比增长6.4%，其中平均每宗项目投资额达250多万元；实际利用外资（老口径）8098万美元，同比增长27.4%；实际利用外资（新口径）2888万美元。全年新引进项目18宗，引进合同金额4664.5万美元，同比增长54.8%。共签增资合同197宗，合同金额5813.9万美元。外资企业出口总额63981万美元，同比增长26.9%。

【民营经济】 2005年，东坑镇民营经济蓬勃发展，全镇新增个体工商户和私营企业1034家；目前全镇个体户和私营企业3509户，其中个体工商户3187户，私营企业322户，实现工业总产值11376万元，同比增长15.8%。大力实施科技工程，“两自”企业不断壮大，全镇拥有注册商标企业8家，其中东莞市唐荣服饰实业有限公司的“唐荣”服饰荣获中国纺织业协会颁发“中国名优产品”称号，东莞市青雅电子厂被评为“省高新科技企业”和“省民营科技企业”。拥有专利260多项，省级高新技术企业2家，省民营科技企业1家，市民营科技企业20家。

【城市建设】 2005年，东坑镇以规划为龙头，着力完善镇村的发展框架。东坑镇总体规划在人代会顺利通过，并通过市政府初审；控制性详细规划工作稳步推进，按照“一中心，四片区”的规划思路，全面、科学、合理地做好各功能区的规划工作。重点工程建设进展顺利，占地总面积274.5亩、建筑总面积30万平方米、预计总投资约6亿元人民币的南国水乡项目，首期别墅建筑顺利开盘；工商分局大楼、交通分局大楼、商会大厦封顶，即将投入使用；中心区房地产项目、星级酒店项目即将动工建设；鹰仔岭生态公园规划设计完成，进入评审阶段。全镇管道燃气工程稳步推进，2005—2020年管道燃气总体规划通过专家评审。供水、供电、水利等基础设施不断完善，总投资6500多万元的第二变电站投入使用，第三变电站选址、设计基本完成。总投资3100多万元对4.6公里的内河和2.3公里的横东排渠分别进行清淤改造和重修。实行城市管理重心下移，将城市管理纳入村干部报酬考核，努力营造一个净化美化、文明有序的城市环境，城市形象进一步提升。

【产业转移】 2005年，东坑镇为了深入贯彻省政府《关于我省山区及东西两翼与珠江三角洲联手推进产业转移的意见》，推进发展模式的创新，与韶关乐昌市及佛山市九方信息系统有限公司签订共建产业转移园区合作协议书，探索共建产业转移园区的路子，园区面积6000亩，合作期限50年。年内有三家企业与产业转移园区签订了投资意向书，计划投资3000多万元。

【农村换届选举工作】 按照东莞市委市政府的工作部署，东坑镇于2005年3月16

日开始全面铺开全镇第三届村（居）委会换届选举工作，经历组织准备、宣传发动、选举实施、建立健全各项规章制度、检查总结等五个阶段，历时约1个多月。顺利选出15个村（居）委会的新一届成员47名，其中主任15名，副主任15名，委员17名；14个村（居）委会村民小组长（丁屋村委会不设村民小组）70人、副组长34人，居民小组长3人；15个村（居）委会选举产生村民代表845人。

【“四清理”工作】2005年，东坑镇共清理违法搭建物2402宗，面积220749平方米；完成违法用地追补手续99宗，面积872.34亩，完成复耕复绿86宗，面积334.02亩，消化处置空闲土地748.82亩；共清理取缔无证照经营户638户；共清拆养猪场604户，清理生猪11.1万头，清拆养猪场面积27.96万平方米，清理家禽场13户，清理家禽15.27万羽，清拆家禽场2.96万平方米，四项清理工作全面通过市检查组的验收，得到市委市政府的充分肯定。

【保持共产党员先进性教育活动】2005年，东坑镇各级党组织严格按照市委的统一部署，认真落实总书记胡锦涛关于先进性教育活动“关键是取得实效”和“成为群众满意工程”的要求，扎实推进三个阶段13个环节的工作，做到教育活动与中心工作“两不误、两促进”。全镇71个基层党组织，1631名党员参加了先进性教育活动。在动员大会、转段工作会议、党课、形势报告会和先进事迹报告会等大型会议上，组织广大党员学习培训5100多人次；印发和上报简报139期，专报5期，简报数和采用数在全市名列前茅。举行报告会、座谈会、“三创”电视论坛、电影下乡等活动共130多场次，受教育人数达2万余人次。开通电话专线73条，设立意见箱74个；走访党员群众8208人次；印发征求意见表2.1万条。党员之间谈心约1.3万人次，党员与群众谈心1.1万人次，每名党员通过谈心收集的意见和建议平均3条以上。撰写党性分析材料1025份。通过开展保持共产党员先进性教育活动,全镇党组织战斗力、凝聚力和创造力进一步增强。

【维护社会稳定】2005年，东坑镇政府按照“命案必破、黑恶必除、逃犯必抓”的指导思想，不断加强侦查力度，全镇共立刑事案件654宗，破案219宗，破案率同比上升5.79%；抓获处理各类违法犯罪嫌疑人275人，打掉各类犯罪团伙14个。严厉打击涉命犯罪、集团犯罪、“两抢一盗”街头犯罪、“黄赌毒”犯罪等。严打整治，开展“冬日”和“粤鹰”等专项行动，并取得成效。正确处理人民内部矛盾，开展“大接访”活动，以“人人受到局长接待，件件得到依法处理”为工作目标，集中处理群众信访问题。建立处理信访突出问题及群体性事件处置机制，依法及时化解各种矛盾和问题，被中央、省、市评为信访工作先进镇区。大力加强生产、交通、卫生、食品等安全工作。

【文化教育】2005年，东坑镇继续大力开展“双节敬双亲”活动，老龄工作成绩显著，被评为“全国老龄工作先进单位”。深入开展“争做合格父母、培养合格人才”的双合格主题实践系列活动；开展“小公民”道德建设活动，以全镇各中小学、幼儿园为龙头设立20多个小公民道德建设基地，大力开展公民道德建设活动。举办东坑学习论坛和“三创”电视论坛，举办首届读书节和各类展示活动，繁荣广场文化、校园文化和企业文化。深入开展文明村、文明单位创建活动，2005年，黄屋村被市评为文明标兵村，坑美村被市评为文明村，供电公司被市评为文明单位。中小学、幼儿教育成绩创历史新高，其中，东坑中学中考合格率达62.8%，比市平均水平高14个百分点，中学升学率达到95.9%，比市平均水平高2个百分点。

【计划生育】2005年（2004年10月至2005年9月），东坑镇出生人数为317人，同比增加33人，人口出生率为10.94‰，同比上升1.02‰，计划生育率为94.64‰，同比提高0.98%，自然增长率为4.94‰。全面完成市下达的人口和计划生育任务，被评为市2005年度人口和计划生育工作先进镇区；黄屋村计生协会被国家计划生育协会评为全国计生协会先进村（居）计生协；坑美村被评为市2005年度计划生育模范村；初坑、凤大、黄麻岭、新门楼、寮边头等村被评为市2005年度计划生育先进村；黄屋、东坑、角社、长安塘、草塘社区等村（社区）被评为市2004年度计划生育合格村。

【民心工程】2005年，东坑镇为深入推进实施民心工程，解决“一保五难”问题，积极构建和谐社会。落实最低生活保障制度，做到应保尽保，组织开展“千千扶千户”活动，2005年市镇村三级共发放低保救济金820764元，其中镇级发放336705.6元，入保率达100%。设立爱心助学金，对成绩优异、家庭困难学生给予帮扶，2005年共帮助解决60多名困难学生读书问题，发放助学金25万元。完善医疗保障制度，100%覆盖农（居）民医疗保险，2005年有1370多人次享受农医保待遇，金额达328万元。人民群众生活水平不断改善，2005年，全镇农村人均纯收入9051元，同比增长4.72%。社会消费品零售总额29452万元，同比增长16.23%；各项存款余额254151万元，同比增长27.4%，其中城乡居民储蓄存款余额192418万元，同比增长26.7%。总用水量2179万吨，同比下降2.5%。

【二月初二·卖身节】东坑镇以二月初二“卖身节”为龙头，着力打造特色文化品牌，走“政府搭台、经贸唱戏”的路子，促进文化与经济的融合，取得初步成效。2005年“卖身节”以其传统特色为主题，彰显文化魅力，主要特点有：一是活动规模大。主办单位增加了市文化局和市旅游局，支持单位增加了深圳锦绣中华、中国民俗文化村和广州长隆夜间动物世界。据估计，有近30万人次参加了巡游观礼和旅游。二是活动主题突出。主题是“民俗风情大荟萃，二月初二展新颜”，邀请深圳锦绣中华、中国民俗文化村、广州长隆夜间动物世界、乳源瑶族歌舞团、樟木头麒麟、清溪客家山歌、石排醒狮以及河南花挑、花驴、东北二人转等省市各地表演队伍进行表演，使东坑“卖身节”成为民族风情表演的大舞台。三是“经贸”效应明显。成功签订11宗投资项目，投资总额6270万美元；与智通人才市场合作举办人才交流会，设置100多个摊位；并举办科技讲座、科技项目推介、国产进口名车展、旧车展销和名优小商品展销。四是影响力进一步提升。以“卖身节”、“双节敬双亲”活动、特色景点为题材发售了5000套东坑特色文化明信片，并举办了“卖身节”新闻发布会，《南方日报》、《广州日报》、《南方都市报》、《大公报》、《人民日报》华南版、《中国青年报》、广州电视台、广东电视台、广东卫视等39家传媒出席。（丁雪红）

**附：2005年东坑镇党委、人大、政府领导名录**

镇委书记：杨礼权

镇委副书记：黄为国　李树容　梁轼文　卢浩华

镇委委员：苏佛养　黄醒光

叶浩钿（12月离任）
丁克暖　李爱连　苏灿辉
丁寿均（12月到任）
梁伟依　黄晨光（9月任职）
镇人大主席团主席：杨礼权
镇人大主席团副主席：苏佛养
镇　长：黄为国
副镇长：黄醒光　丁克暖　李爱连
苏灿辉　黄晨光

## 2001—2005年东坑镇主要经济指标表

| 指标＼年份 | 2001 | 2002 | 2003 | 2004 | 2005 |
|---|---|---|---|---|---|
| 户籍人口（人） | 28167 | 28358 | 28613 | 28962 | 29163 |
| 外来暂住人口（人） | 40716 | 41744 | 49851 | 65018 | 88253 |
| 面积（平方公里） | 27.5 | 27.5 | 27.5 | 27.5 | 27.5 |
| 国内生产总值（万元） | 132805 | 149147 | 181394 | 230057 | 265118 |
| 工业总产值当年价（万元） | 352619 | 386546 | 448022 | 559286 | 611499 |
| 农业总产值当年价（万元） | 10942 | 10079 | 15398 | 14237 | 20901 |
| 总用电量（万千瓦时） | 31293 | 40826 | 52303 | 59838 | 69530 |
| 全社会固定资产投资总额（万元） | 13771 | 12292 | 43614 | 31205 | 24400 |
| 社会消费与零售总额（万元） | 17628 | 19880 | 21952 | 25339 | 29452 |
| 外贸出口总额（万美元） | 37845 | 37045 | 37360 | 50403 | 63981 |
| 实际利用外资（万美元） | 2614 | 1760 | 3719 | 6357 | 8098 |
| 镇级可支配财政收入（万元） | 9215 | 10201 | 10515 | 12284 | 15086 |
| 各项税收总额（万元） | 7618 | 9971 | 11421 | 15515 | 20588 |
| 金融机构各项存款余额（万元） | 120654 | 140377 | 176588 | 199575 | 254151 |
| 城乡居民储蓄存款余额（万元） | 86417 | 102767 | 128217 | 151919 | 192418 |

# 企石镇

【概况】2005年，企石镇进一步确立生态新兴工业重镇的发展定位，以构建“生态、活力、效益、和谐”新企石为目标，大力实施“生态立镇、工业强镇、商贸兴镇”战略，扎实推进外源型经济、内源型经济、城乡环境、文化事业、党的队伍等方面的建设，“三个文明”建设取得很大进步。

全镇综合实力进一步增强。2005年，全镇经济保持持续快速增长的良好态势，与上年相比，镇区生产总值20.1亿元，增长17.8%；工业总产值31.8亿元，增长18.3%；其中私营及个体经济7.1亿元，增长30.3%；各项税收总额1.67亿元，增长41.3%；镇级可支配财政收入15332万元，增长27%，村级可支配收入9919万元，基本持平；总用电量5.3亿千瓦时，增长13.1%；各项存款余额24.2亿元，增长20%；出口总值3.78亿美元，增长8.8%；产业结构合理调整，三大产业结构比例为2.3：68.5：29.2，外资企业与民营企业产值额比例约为3：1。

群众收入明显增长。2005年，农村人均纯收入8295元，比上年增长6.5%；城镇居民人均纯收入13739元，同比增长7.2%；外来人员邮政汇款、邮政储蓄汇款总额超过16917万元；全镇城乡居民储蓄存款余额18亿元，比上年增长23.5%。

【外源型经济】2005年，企石镇以东部工业园企石园区的开发建设为龙头，推动外源型经济协调快速发展。一方面加快园区内各项配套设施建设，全年共投资4517万元，加快园区基础设施建设，进一步完善东部工业园企石园区的道路、供水、供电、排水、电信等设施。其中，道路建设方面，投入1078万元，建成园区环企大道、纬二路等道路5.71公里，在建道路3.5公里；投资449万元，铺设供水管和排污管12.96公里，投入467万元完善供电和电信设施。另一方面通过加大东部工业园区宣传力度，拓宽招商引资渠道，从招商引资向招商选资转变，有效提高招商引资的水平。2005年，全镇新签外资项目22宗，新签合同外资金额2280万美元；实际利用外资3226万美元，同比增长7.3%，引进外资质量不断提高；科技、东兴、联兴、兆丰等工业园区已建成厂房12万平方米，在建厂房22万平方米，入园项目23个。累计完成固定资产投资3.8亿元，投资总额约5亿元。

【民营经济】2005年，企石镇认真落实市扶持民营经济发展的有关政策，不断改善部门服务，发挥商会的组织协调作用，加快培育和发展民营“两自”企业。积极推动民营企业向园区集聚，加快民营经济发展，提升民营经济档次。2005年，全镇新增民营企业85家，新增个体工商户800多家，新增民营企业和个体工商户注册资金为1.2亿元，民营企业和个体工商户纳税4200多万元，增长25%，占全镇税收总额的1/3。

【商贸服务业】2005年，企石镇以实施“商贸东莞”工程为契机，重点从整合市场资源、加强规划布局、优化营商环境、培育产业特色等方面推动商贸服务业发展。加强全镇商业网点规划，制定了企石“十一五”商贸服务业发展规划。抓好镇中心区、振华路、镇中心区两个农贸市场的改造，增强城市功能，优化营商环境，促进镇的商贸服务业发展。全镇第三产业增加值9.5亿元，增长20.3%，社会消费品零售总额5.7亿元，同比增长12.1%。金椅豪园项目进展顺利，华通城大酒店和宝石大酒店扩建升级加速进行。

【财务金融管理】2005年，企石镇加强财政预算工作，大力增收节支，强化集体资产管理，严格控制非生产性开支增长，坚持完善和落实财政“三集中”、

“收支两条线”、村务财务政务“三公开”、建筑工程公开招投标、政府采购等制度，改革机关公务用车制度，堵塞经济漏洞。加强村级经济运行监管，将资金集中在生产性项目投资上，实施镇村两级共同开发建设工业园区等办法，镇村两级脱贫奔康迈出了坚实的步伐。2005年底，镇级净资产7.45亿元，同比增长19.9%；村级净资产7.02亿元，同比增长16%。镇村两级集体资产负债率也在逐年下降，镇级负债率为35.14%，同比下降4.55%；村级负债率37.13%，同比下降4.25%。

【城市建设和环境管理】2005年，企石镇立足于发挥自身优势和长远可持续发展，确立了“生态新兴工业重镇”的发展定位，推进各项基础设施和市政配套设施建设，城市规划建设管理呈现新局面。

加强城市规划建设。一是结合制定企石“十一五”规划，组织对镇的总体规划进行修编，增强规划的科学性，进一步整合土地资源、自然资源及旅游资源，确保城市建设高水平推进。二是加强城市基础设施建设。配合市建成东部快速、东江大道、东平大道三条主干道路，使企石镇的交通条件实现了历史性跨越，其中2005年镇投入配套资金4503万元（历年共投入2.91亿元）。镇政府逐步加大对镇中心区的改造和重点市政基础设施建设的力度，投入1300万元完成镇中心区振华路的拓宽改造工程，投入660万元建成黄大仙公园二期、秋枫公园等，湖滨南、北路改造、镇汽车总站、黄大仙公园三四期、东江金海岸体育长廊、镇第二水厂、东部污水处理厂、南畲朗污水处理厂等一批市政重点工程也正在加紧筹建中。

大力加强市容环境整治，特别是加强镇中心区的环卫保洁工作，对中心区排渠进行清淤疏浚，加大投入绿化、美化中心区；积极开展“四清理”，大力清理违法搭建、违法用地、无证照经营、畜禽养殖业污染，切实加强治污治废和生态环境保护工作，城市环境水平大幅提升。2005年共清理违法搭建3157宗，面积286624平方米，完成99.6%；完善用地手续104宗，面积871.8亩，完成100%，复耕复绿192宗，面积1678亩，完成100%；清理畜禽养殖场265个，完成100%；清理无证照经营1030宗，完成108.4%，有效地优化了城市环境。

加强路政管理。进一步规范道路路牌、交通标志设置；加大道路交通执法力度，投入450多万元，在15个主要交通路口增设红绿灯及电子监控装置；切实加强学校接送车的管理，确保学生的安全。

【安全生产】2005年，企石镇加强安全生产知识宣传教育，完善和落实安全生产责任制，建立健全安监分局、村、企业多级联动、齐抓共管的工作机制，大力开展以“三小”场所、危险化学品企业、建筑企业、道路交通等为重点的专项整治。2005年，企石镇共发生工伤事故844宗，无人员死亡；发生道路交通事故149宗，死亡8人，伤149人，同比分别下降13.3%、11.1%、34.9%，有效遏制了各类恶性事故、群死群伤事故的发生。

【治安管理】2005年，企石镇全面贯彻实施“平安东莞”工程，落实“打、防、控、疏”的工作方针，加强对出租屋和流动人口的规范化管理，深入开展严打整治“粤鹰”行动、“打黑除恶”专项行动，严厉打击“两抢一盗”及各类犯罪活动，坚决扫除“黄、赌、毒”等社会丑恶现象，促进了社会治安的明显好转。全镇共立刑事案件686宗，破244宗，破案率为35.5%，其中杀人案件5宗，破4宗；盗窃案161宗，破81宗；盗抢机动车210宗，破39宗；双抢案件204宗，破68宗；其他各类刑事案件106宗，破52宗；抓获各类犯罪嫌疑人294人。与上年相比，发案率下降了3%，破案率上升了8%。

【计划生育】2005年，企石镇加强领导，落实政策，大力推进计生工作法制化、规范化和信息化建设，重点加强对流动人口的计划生育管理。2005年出生人口430人，与上年相比，增加9人，出生率为10.97‰，同比下降0.01千分点，计划生育率为92.56%，同比提高1.11个百分点，两项指标都控制在市下达的指标之内。

【劳动就业】2005年，企石镇以实施“创业东莞”工程为契机，重点从加强就业培训、拓宽就业渠道、营造就业创业环境等方面推动群众就业。一是加强就业培训。全年共举办各类技能培训班18期，共有712人参加就业培训、357人通过培训实现再就业。二是通过与企业挂钩、与人才交流机构联系、举办现场招聘会等形式拓宽就业渠道。三是将治安保安、环卫绿化、市场管理等公益性事业就业岗位，优先提供给本地劳动力就业。四是加强劳资纠纷排查调处，切实维护劳动者合法权益，营造了良好的就业创业环境。全年共处理劳资纠纷案件1368宗，涉及人数4246人，结案率100%，追回拖欠工人工资110多万元。

【社会保障和扶贫助困】2005年，企石镇全面落实职工基本养老、基本医疗、工伤、失业和生育等保险制度，推行农（居）民基本养老和基本医疗保险。截至2005年底，企石镇各项社会保险参保者达6万人。坚持落实最低生活保障制度，全镇共有240户681人纳入最低生活保障，做到应保尽保，全年发放低保金91万元，医疗救助金34万元，助学金21万元，重度残疾专项补助32万元，发放医疗求助金4.1万元。加强扶贫济困工作，继续落实“千千扶千户”制度，较好地解决了困难家庭的“看病难”、“住房难”、“就业难”、“子女读书难”等问题。

【文化·教育·卫生事业】2005年，企石镇坚持注重经济和社会协调发展，大力加快文化、教育、卫生等各项社会事业发展。文化事业日益繁荣。紧密围绕市建设文化新城的目标，大力开展创建市文化达标镇、村、单位活动。一是抓好文化设施建设。投入660万元先后建成秋枫公园、黄大仙公园（一期）工程等一批文化设施，为群众提供了良好的文化娱乐场所。二是抓好文化活动开展。深入开展“爱国、守法、诚信、知礼”现代公民教育活动，全年共举办现代公民教育主题讲座30多场次；以重大节日、纪念日为载体，以校园、企业、文化广场为阵地，大力开展群众性文化活动，全年共举办综合性文化演出10余场次、单项文化活动30余场次、电影下乡巡演80多场次，活跃了群众文化，丰富了群众生活。2005年共有2条村和3个单位获得市文化达标村（单位）称号；1条村和2个单位获得市文明达标单位称号。

教育事业不断进步。按照创建省教育强镇的目标，加大教育投入，按等级学校标准，加强学校硬件设施建设；进一步推进联合办学，加快规划筹建星光、江南两所联办小学建设，整合优化教育资源；狠抓师资队伍建设，大力引进高学历高职称的骨干教师；狠抓教学改革，提高教学质量。2005年，全镇学龄前儿童入学率、学年巩固率、学龄儿童普及率、小学生应届毕业率、初中适龄少年入学率均达100%，初中应届毕业率98.3%，初中毕业生升学率94.1%，高考升学率97.9%，全镇师生参加学科竞赛，获国家级奖励4人次、省级奖励9人次、市级奖励111人次。

卫生事业再上台阶。继2004年投资4000多万元建成企石医院现代化住院大楼后，2005年投资1000多万元，建成了新医技大楼，增置了磁共振等一批先进的医疗设备，投入800万元对门诊大楼进行装修改造，改善了群众的就医环境。医疗网点遍布城乡，社区卫生服务覆盖率不断扩大，初级卫生保健体系日益健全，医疗服务水平不断提高，有力保障了人民群众的健康。

【党的建设】2005年，企石镇扎实开展保持共产党员先进性教育。全镇58个党支部、1516名党员严格按照市委、镇委的部署和要求，严格完成了先进性教育的各项任务。通过先进性教育活动，全镇各项工作得到了有效的推动，全镇58个党支部共为群众办好事实事710余件，帮扶困难群众90余万元，解决群众就业500多人，解决了10多条自然村近9000人的行路难、用水难、收看有线电视难等实际困难，真正使先进性教育成为群众最满意工程。结合自身实际，在全镇范围内组织开展"团结、为民、勤学、求实、创新、律己"十二字主题教育活动，提高干部队伍素质，转变机关部门作风，为企石镇各项事业的发展提供了可靠的组织保证。

【农业、农村、农民工作】2005年，企石镇加快农村集体经济发展，推进农村城市化进程。一是切实调整农业生产结构。大力引导和扶持农户种植蔬菜、花卉、苗木等特色农业产品，发展优质、绿色高效型农业，提高农业的效益。二是大力改善村级投资环境。通过加快村级道路、供水、水利等基础设施建设和开展植树造林、"四清理"等工作，有效改善了村容村貌和投资环境。三是推进镇、村两级合作。继续实施镇、村两级共同开发工业园区，大力为村级解决资金困难等问题，增强了村级的"造血功能"，一些贫困村经济有了较大的起色。2005年村级净资产7.08亿元，比去年增长15.31%，村级总负债4.09亿，比去年有所下降，资产负债率为36.65%，比上年下降了4个百分点，村级经济迈上良性发展的轨道。四是发展村级商贸。按照"一村一条街、一街一特色"的目标，加大对各村主要街道、农贸市场等的规划整治力度，大力推进村级商贸服务业发展。五是加快农村改革。积极稳妥推进农村股份制改革和农民公寓建设试点工作，努力加快农村城市化进程。

加强基层组织建设，为农村经济发展提供可靠保证。一是抓好第三届村民委员会换届选举工作。以村委会换届为契机，大力选拔德才兼备、年轻有为的优秀人才进入村"两委"班子。通过选举，共产生新一届村（社区）委会委员84人，其中，党员69人，占总数的82.1%，平均年龄40.1岁，比上届下降1岁，高中以上文化程度45人，占53.6%。新一届农村"两委"班子进一步年轻化、知识化，大大增强了农村基层组织的战斗力、凝聚力。二是抓好固本强基工程。大力开展固本强基示范点创建活动，推动固本强基工程在全镇的深入实施，进一步加强了基层党组织建设，为农村发展提供了可靠的组织保证。三是认真抓好"十百千万"干部下基层驻农村工作。按照市委的统一部署，2005年，企石镇选派26名机关（单位）干部下驻农村工作，帮助农村配强班子、推动工作、发展经济，取得了较好的成效。

【信访工作】2005年，企石镇坚持把信访工作放在突出的位置，认真贯彻落实新颁发的《信访工作条例》精神，实事求是，切实为群众排忧解难；加强对人民内部矛盾的排查，努力把问题消灭在萌芽状态，把矛盾解决在基层。全年共受理群众来电来信来访132件（批），比上年同期下降24.7%，已办结132件（批），办结率为100%。另一方面，通过在开展先进性教育期间，为群众办好事实事710余件，帮扶困难群众90多万元，解决群众就业5000多人次，解决13个自然村群众的行路难、用水难、看电视难等问题，密切了政府同人民群众的联系，促进了社会的和谐稳定。

【企石新敬老院落成】企石新敬老院作为企石镇2005年民政工作的重点工程，于2005年11月落成，并被评为省二级敬老院。新敬老院投资800多万元，占地面积9072平方米，由东莞市规划设计院设计，总建筑面积6004平方米。内设娱乐室、健身康复室、文化电视室、医护室；配套有电视机、冷柜、冰箱、洗衣机、健身器材以及医护设备等。目前院内供养老人数达24人，均是五保老人，占五保户82%。

【企石镇科学技术协会第二次代表大会】2005年12月19日，企石镇召开科学技术协会第二次代表大会，大会选举产生了新一届领导班子，由镇委委员、党政办主任刘丽权担任科协主席，大会代表队伍进一步扩大，共有代表133名，代表大部分是来自于各行各业的科技工作者，镇科技大会的召开和有关工作制度的确定，进一步完善了党和政府联系科技工作者的桥梁和纽带网络，镇科协成为推动企石科技事业发展越来越重要的力量。（徐永桂）

**附：2005年东莞市企石镇党委、人大、政府领导名录**

镇委书记：王建周（7月离任）
麦广钦（7月到任）
镇委副书记：张耀洪
姚惠光（4月离任）
陈润枝
张仲林（1月到任）
镇委委员：麦广钦（7月到任）
王建周（7月离任）
张耀洪　姚惠光（4月离任）
陈润枝　张仲林（1月到任）
黄玉婵　姚灿光　张佛祥
杨锐明　欧学军　刘丽权
镇人大主席团主席：王建周（8月离任）
麦广钦（8月到任）
镇人大主席团副主席：姚惠光（4月离任）
姚趆培
镇　长：张耀洪
副镇长：黄玉婵　姚灿光　张佛祥
杨锐明

▲ 企石黄氏宗祠

## 2001—2005年企石镇主要经济指标表

| 指标＼年份 | 2001 | 2002 | 2003 | 2004 | 2005 |
|---|---|---|---|---|---|
| 户籍人口（人） | 36966 | 37300 | 38415 | 39033 | 39620 |
| 外来暂住人口（人） | 38345 | 53157 | 38553 | 43390 | 53540 |
| 面积（平方公里） | 59 | 59 | 59 | 59 | 59 |
| 国内生产总值（万元） | 133268 | 146908 | 163616 | 190666 | 201236 |
| 工业总产值当年价（万元） | 172525 | 193986 | 226155 | 268901 | 318161 |
| 农业总产值当年价（万元） | 18831 | 16819 | 5044 | 3732 | 7551 |
| 总用电量（万千瓦时） | 27548 | 39963 | 37912 | 52449 | 53301 |
| 全社会固定资产投资总额（万元） | 14528 | 16725 | 21100 | 27280 | 5045 |
| 社会消费与零售总额（万元） | 35920 | 39663 | 44673 | 50673 | 56811 |
| 外贸出口总额（万美元） | 18021 | 18950 | 21989 | 25865 | 24243 |
| 实际利用外资（万美元） | 1685 | 1935 | 1980 | 2006 | 3226 |
| 镇级可支配财政收入（万元） | 6883 | 7828 | 27825 | 12074 | 25374 |
| 各项税收总额（万元） | 3546 | 6311 | 7431 | 11832 | 16716 |
| 金融机构各项存款余额（万元） | 109795 | 134990 | 170570 | 201862 | 242310 |
| 城乡居民储蓄存款余额（万元） | 77781 | 92717 | 121466 | 145842 | 180131 |

## 石排镇

【概况】 2005年，石排镇紧紧围绕市委市政府“一城三创五争先”的发展战略，以全面实现石排的跨越式发展为总目标、总任务统揽全局，按照“抓规划、造环境、打基础”的工作思路，全力加强物质文明、政治文明、精神文明建设，保持了国民经济快速增长和社会各项事业全面进步的良好势头。全镇生产总值22.77亿元，比2004年增长19.75%；工农业总产值41.99亿元，比2004年增长19.51%；出口总值2.86亿美元，比2004年增长10.67%；镇本级可支配财政收入1.84亿元，比2004年增长19.49%；固定资产投资总额8.26亿元，比2004年增长29.85%。2005年，石排镇各项税收总额2.25亿元，比2004年增长42.79%，其中国税部门完成税收14926万元，比2004年增长47.52%，地税部门完成税收7524万元，比2004年增长34.77%；农村居民人均纯收入达到8682元，比2004年增长3.70%；城乡居民储蓄余额24.16亿元，比2004年增长22.33%。

【经济建设】 2005年，石排镇加快发展第三产业。商贸业发展迅速。社会消费品零售总额7.99亿元，比2004年增长10.06%；城乡集市贸易成交额2.46亿元，比2004年增长10.31%。房地产业发展势头强劲，以锦绣江南、碧水云天为代表的房地产项目销售畅旺，全年房地产销售超过3亿元。邮政通信服务业稳步向前，全年邮政业务收入913.99万元，比2004年增长17.46%；电信业务收入7882万元，比2004年增长7.96%。

积极发展外源型经济。建立了外经工作日制度和工商企业协调会议制度，加强了与中介机构和三大协会的联系，大力开展中介招商和以商引商，开创了助商引资新局面。2005年，全镇共签订利用外资协议46宗，其中新签项目27宗，增资项目19宗，合同利用外资4208万美元，实际利用外资3405万美元。以石崇、龙岗两个现代制造业中心为重点的园区建设稳步推进。进一步完善两园区内道路、绿化等基础设施，龙岗现代制造业中心内，建成总投资4000万元、总面积6万平方米的第一期厂房宿舍，已投入使用。

全力做强民营经济。落实培育“两自”企业的政策措施，积极引导民营企业走“品牌强企”和“科技强企”之路。2005年，石排镇民营经济固定资产投资总额3.15亿元，比2004年增长57.02%；民营经济工业总产值9.54亿元，比2004年增长30.48%，占全镇工业总产值的23.21%。截至2005年，全镇民营企业共申请专利16项，注册商标188个；华城轮胎厂被认定为广东省著名商标，实现石排省级著名商标零的突破。

大力扶持第一产业。大力培育扶持农业龙头企业，特别是金鱼养殖业，农业产业化和特色化程度不断提高。安业水族养殖公司在全国观赏鱼大赛中夺得两冠一亚三季的优异成绩。加大水利基础设施建设力度，高标准完成了东江大堤达标工程（石排段）和横山排涝站工程。

【城市建设】 2005年，石排镇城市规划逐步完善。制订了《石排镇2005—2006年度规划编制计划》，推出道路交通工程规划，四大出入口景观设计，水系整治规划，石崇、龙岗制造业中心控规，中心区详细规划，沿江地带详细规划，滨江景观带详细规划，红石山景观休闲带设计，基础设施专项规划，公共设施专项规划，农业生态园规划等十大重点规划项目，全镇规划体系逐步完善。与广东省城乡规划设计院建立长期战略合作关系，规划工作水平得到有效提升。

基础设施日臻完善。石排新中学、汽车客运总站、东江大道（石排段）等一批重点工程陆续竣工投入使用，城市配套功能进一步健全。完成石洲大道

（加发加油站至田寮路段）拓宽改造工程和石排中学西路行车道建设工程，协助市做好田寮和燕窝两个收费站征地拆迁工作。完成田寮供水车间的增容扩量工程，启动新取水泵房建设，使全镇供水能力提升至12万立方米/日；新增10千伏线路81千米，新建铁塔130座，供电能力进一步增强。2005年，全镇总用电量8.25亿千瓦时，比2004年增长10.01%；总供水量2833万吨，比2004年增长8.46%。

城市化效果明显。完成了石洲大道绿化带、龙岗大道绿化带、石排公园三期、水贝邓屋公园、向西公园、石排中学等6个植树绿化项目，新增绿化面积16万平方米。石排大道、石崇大道等主干道的绿化、路灯养护管理、乱张贴整治、市政养护等业务实行市场化监理，城管制度化工作逐步铺开。全年共投入4228万元用于环境基础设施建设和环境净化工作。

【社会管理】2005年，石排镇深入开展社会管理“六项工作”（社会治安综合治理、“四清理”、创建省卫生镇）。社会治安方面，建立治安工作日制度研究解决治安突出问题，全镇共投入450万元大力推行全封闭半封闭式群防群治管理。2005年，全镇共立刑事案件532宗，破案190宗，比2004年上升2.4%。其中，“双抢”案件立151宗，飞车抢夺6宗，比2004年下降73.9%。“四清理”工作方面，清理拆除违法搭建物5818宗，面积108.2万平方米；清理无证照经营户3207户，新办各类证照2235份；清理违法用地1345.1亩，违法用地发案率保持为零；清理生猪91984头、家禽143.8万羽。创卫活动方面，投入200多万元用于镇中心区道路硬底化和更换排水井盖；积极开展卫生知识教育，卫生知识培训率达95%、五病调离率达100%。

切实加强安全生产管理。成立村级安全生产领导小组及安全监管办公室，建立26个安全生产巡查工作小组，安全生产专职人员增至122人。加大安全生产检查监管力度，全年检查各类场所6700多间次，发出整改通知书46份，取缔有安全隐患的场所3间。2005年，全镇共发生火警事故12宗，比2004年增长71.43%。

认真落实食品安全工作。制定实行《石排镇重大食品安全事故报告制度》、《食品市场准入制度》以及《石排镇关于加强冻肉经营管理的暂行规定》，进一步规范食品安全行为。加强食品安全检查，捣毁地下食品窝点6个，查获违法肉类制品310公斤、散装白酒179.5公斤、假劣豆制品864公斤。

全面强化环境保护工作。加快推进环保基础设施建设，完成了南畲朗污水处理厂及其配套管网的前期准备工作。强化了环保监督管理，全年共处理环境信访案件143宗，查处存在环境违法行为企业39家，有力地打击了环境违法行为。

【农村工作】2005年，石排镇大力发展村组经济。全镇村组两级集体可支配总收入2.1亿元，比2004年增长10.58%；村组两级纯收入共12351.1万元，比2004年增长19.5%；村组两级集体总资产14.2亿元，比2004年增长5.9%。截至2005年底，石排镇18个村、74个村民小组的清产核资工作已全部完成，各村的股权界定和章程制度已出台，股份合作制改革初见成效。

进一步规范资产管理。制定实施《石排镇农村（社区）理财人员培训暂行办法》、《石排镇农村（社区）监事会暂行工作规定》、《东莞市石排镇农村（社区）委派会计管理暂行办法》等一系列规章制度，开展农村财务大检查，切实加强和规范农村集体资产管理。

逐步完善基层民主建设。顺利完成第三届村（居）委会换届选举和第三届农村监事会换届选举工作。在新当选的63名村（居）委会成员中，高中或中专以上学历的43人，占68.3%，比第二届提高32.1%；平均年龄43岁，比第二届下降1.1岁。新当选的村组两级监事会成员平均年龄38岁，比第二届下降6岁；高中或中专以上文化程度50人，占总人数的18%。

【民生工作】2005年，石排镇切实加强劳动就业工作。积极开展岗前培训、在岗培训和灵活就业，全年共帮助590多名本地人实现就业。与广西、青海部分市、县建立劳务协作关系，有效缓解了企业用工难问题，全年共引进外来员工2400人。大力开展欠薪执法检查，督促企业落实最低工资标准，切实维护劳动者合法权益，全年共追回欠薪500万元。不断完善社会保障体系。继续完善职工养老、失业、医疗、工伤和生育等社会保险制度，扩大农民医疗和养老保险的覆盖面。2005年，全镇共有13318人参加农村养老保险；30459人参加农村医疗保险，其中2229人次享受了待遇，支付金额达440万元；社会保险基金总收入5030万元，比2004年增长20.39%；社会保险待遇总支出1367万元，比2004年增长9.62%。

加大扶贫帮困工作力度。深入开展结对帮扶和“千千扶千户”活动，帮助困难户解决就业问题5宗、住房问题1宗，为低保户、五保户发放“爱心优诊卡”703张，为196名低保学生解决了读书难问题。

【教育·体育·卫生】2005年，石排镇深入推进教育事业发展。新中学落成使用，独洲小学启动建设，旧中学稳步改造，联合办学步伐加快。2005年全镇小学适龄儿童入学率达100%，毕业率达100%；初中适龄少年入学率达99.9%，毕业率达98%以上，升学率达95.4%；幼儿学前三年入园率达95%。

稳步发展体育卫生事业。大力推动全民健身活动和体育竞技活动。2005年，石排公园被评为“全国优秀健身活动站”，石排体育代表团在第六届市运会上夺得10金、16银、4铜的喜人成绩。认真贯彻落实上级关于防治高致病性禽流感的方针政策，制定《石排镇扑灭和控制高致病性禽流感疫情应急预案》，建立了疫情报送制度，增加防控药物储备，有效遏制高致病禽流感疫情发生。

【开展保持共产党员先进性教育活动】2005年，在全镇开展的保持共产党员先进性教育活动中，各党（总）支部共发放征求意见表27505份，召开各类座谈会127场（次），深入基层走访群众1456人次；各党（总）支部共收集整理意见1115条，建议982条，确定整改重点84项。根据分析评议的结果、存在的问题和群众反映的意见，突出整改的时效性、可行性、针对性，共制定整改方案50份，整改措施1.1万多条，落实整改措施9000多条。开展了先进性教育活动群众满意度测评，参加测评的党（总）支部共有59个，“很满意”、“满意”率为99.96%。

【文化建设】2005年，石排镇完成康王庙数字监控防盗设施建设，以及塘尾乐品书房、埔心洪圣宫等重点古建筑物的复原设计工作。石排明德醒狮队在2005年广东国际旅游文化节中荣获岭南民间艺术汇演金奖，传统文化得以传承发扬。成立石排摄影协会，大力发动各个艺术协会开展形式多样的文化活动，广场文化、节日文化进一步活跃。2005年，共有9个村、单位和企业分别被评为“市文明标兵村”、“市文明标兵单位”、“市文明村”、“市文明单位”以及文化建设达标村、医院、企业。其中，埔心村被评为“市文明标兵村”、石排邮政分局被评为“市文明标兵单位”。

【计划生育】 2005年，石排镇全面推行计生养老保险，严把农村股份合作制改革股东资格界定和配股分红人员的计生关，逐步完善了计生工作利益导向机制。加强计生队伍力量建设，镇、村、组三级共增配计生工作人员140多人。狠抓人口出生工作，全年度实际出生418人，计划生育率为92.76%，出生率为9.5‰。

【开展“六个三”主题实践活动】 2005年，石排镇共有1700多名党员干部参与到“亲工、安工、助工，亲商、安商、助商，亲民、安民、助民”，“送观念、送政策、送服务，比观念转变、比业务技能、比工作效率，基层群众满意、党委政府满意、上级部门满意”的“六个三”主题实践活动中去，下访企业、群众累计1456人次，召开各类座谈会127场（次），为民办实事600余件，实施工商企业协调会、外经工作日、金融机构联席会议等多项服务企业的工作机制，解决企业困难300余件，机关效能改进84项。　（刘　琼）

**附：2005年东莞市石排镇党委、人大、政府领导名录**

镇委书记：邓炳华（3月离任）
　　翟崇碧（3月到任）
镇委副书记：陈志坚　邓旭文　陈伟楚
　　梁暖光
镇委委员：邓炳华（3月离任）
　　翟崇碧（3月到任）　陈志坚
　　邓旭文　陈伟楚　梁暖光
　　香灼培　王旭深　姚灿光
　　李谢权　黄沛成　邓柱洪
　　刘丽红　王永权
镇人大主席团主席：邓炳华（3月离任）
　　翟崇碧（3月到任）
镇人大主席团副主席：邓旭文　袁达胜
镇　长：陈志坚
副镇长：香灼培　王旭深　姚灿光
　　李谢权

## 2001—2005年石排镇主要经济指标表

| 指标＼年份 | 2001 | 2002 | 2003 | 2004 | 2005 |
|---|---|---|---|---|---|
| 户籍人口（人） | 37989 | 38568 | 38998 | 39196 | 40546 |
| 外来暂住人口（人） | 45320 | 41765 | 66903 | 73668 | 84816 |
| 面积（平方公里） | 56 | 56 | 56 | 56 | 56 |
| 国内生产总值（万元） | 100735 | 122065 | 145813 | 174089 | 227673 |
| 工业总产值当年价（万元） | 198451 | 247815 | 282825 | 341519 | 411061 |
| 农业总产值当年价（万元） | 11891 | 11992 | 11993 | 9834 | 8853 |
| 总用电量（万千瓦时） | 43640 | 55245 | 64941 | 74991 | 82498 |
| 全社会固定资产投资总额（万元） | 23263 | 35667 | 50040 | 63586 | 82565 |
| 社会消费与零售总额（万元） | 51615 | 57509 | 65372 | 72630 | 79933 |
| 外贸出口总额（万美元） | 16711 | 18440 | 20882 | 25867 | 28626 |
| 实际利用外资（万美元） | 1850 | 2229 | 2880 | 3293 | 3405 |
| 镇级可支配财政收入（万元） | 8329 | 10799 | 13290 | 15413 | 18417 |
| 各项税收总额（万元） | 6848 | 9320 | 11730 | 15722 | 22450 |
| 金融机构各项存款余额（万元） | 142000 | 169184 | 213343 | 265927 | 313824 |
| 城乡居民储蓄存款余额（万元） | 99799 | 122447 | 152753 | 197496 | 241603 |

# 茶山镇

【概况】 茶山镇地处东莞市中部偏北地区，北临东江，西与市区接壤，总面积56.63平方千米，户籍人口42990人，外来暂住人口12万多人，下辖16个村委会和1个居委会。

2005年，茶山镇以建设现代制造业名镇和商贸、旅游新城为发展目标，大力推进茶山镇经济社会的发展，实现了国民经济的持续快速增长，综合实力进一步增强。全镇完成生产总值31亿元，比2004年增长71.98%（下同）；完成工业总产值64.2亿元，增长36.87%；全社会固定资产投资总额13.26亿元，增长10.44%；各项税收总额3.55亿元，增长22.06%；镇级可支配财政收入首次突破两亿元大关，达到2.26亿元，增长37.88%；全镇金融机构各项存款余额39.84亿元，增长18.12%；实现社会消费品零售总额7.42亿元，增长18.58%；全镇总供电量101945万千瓦时，增长12.52%；总用电量99106万千瓦时，增长11.31%；农村人均纯收入8833元，增长5.59%。

【城建工作】 2005年，茶山镇着力抓好城建规划工作，修编《茶山镇总体规划（2004—2020）》，进一步完善城市规划建设布局。加快推进道路的升级改造，提升道路通行能力，对莞龙路茶山路口至镇府共4.3千米道路进行升级改造，主车道由原来的双向4车道升级为双向6车道，至此，石大路茶山段8.9千米道路的扩建改造工程全部完成；完成茶山产业中心路口至莞龙路茶山路口两侧人行道的铺设工程；广济路改造工程竣工投入使用。路网建设取得新的进展，茶山产业中心区建成各类道路7.2千米；建成连通本镇石大路和环城路1.84千米的方中路；卢边至寒溪水1.65千米道路建成通车；东接连横沥镇，道路长度1.12千米的超横路建成通车。新中心小学于9月建成投入使用，产业工人公园建设进展顺利，板材市场第一期动工建设，商贸中心区、污水处理厂、汽客运站等筹建工作稳步推进。

【外源型经济】2005年，茶山镇以茶山产业中心区为引资的重要载体，发挥园区的产业集聚效应，利用外资从“求量”向“求质”转变，引进外资工作取得新的突破，引进外资项目呈现出科技含量高、投资金额大、品牌化的良好发展态势，一批高新科技和知名企业相继落户茶山。全年新签投资总额较大的项目有：首期投资2500万欧元的意大利SOMACIS集团；投资总额2000万美元的特新微电子；首期投资1500万美元的阪和钢板加工；投资总额为8500万港元的东鸿兴业电子；日立化成增资2000万美元，该公司在本镇的投资额已近5000万美元。此外，日立金属特殊钢、日立粉末等高新企业相继投产。全年全镇新签利用外资合同31宗，增长3.33%；新签合同金额6116万美元，增长23.48%；增资项目合同161宗，增资合同金额5517万美元；实际利用外资10103万美元，增长0.66%；外贸出口（海关口径）35036万美元，增长22.36%。

【内源型经济】2005年，茶山镇落实各项措施，积极扶持民营经济的发展，在办证、用地、审批等方面给予民营企业大力支持，为民营经济发展营造良好的环境。引导他们发展成为自有品牌、自主技术的“两自”企业，积极鼓励符合要求的企业申报省高新技术企业和省、市民营科技企业。鸿丰配电设备有限公司被评为省高新技术企业。茶山镇现有省高新技术企业4家，省民营科技企业8家，市民营科技企业32家。全年全镇新增个体户1404家，增长25.5%，新增注册资金2845万元，增长10.3%；新增私营企业152家，增长26.1%，新增注册资金8109万元，增长17.8%。全镇民营企业完成工业产值16.3亿元，增长63.11%。个体户、私营企业实现税收1.83亿元，占全镇税收总额的51.55%。

【文化建设】2005年，茶山镇积极推进文化新城建设，创新文化运行机制，拓宽文化建设渠道，实行公益文化活动项目招商推介活动，推出了茶山镇第二届“粤曲飞扬”专场粤曲晚会、古村遗韵系列文化活动、茶山镇第三届“劳动者之歌”歌唱大赛等文化项目，为社会各界广泛参与公益文化活动提供了一个崭新的平台。深入开展文化建设先进单位创建活动，使创建活动走进农村、深入到企业当中，文化建设呈现出蓬勃发展的良好局面，取得了可喜的成绩。2005年，南社村获“中国历史文化名村”和“东莞市文化建设先进村”称号，塘角村、茶山自来水公司和茶山医院通过了市文化建设达标复查，茶山永联制造厂获“东莞市文化建设达标企业”称号。

【教育事业】2005年，茶山镇以创建省教育强镇为目标，大力推动教育事业的发展，整合教育资源，全力推进联合办学。新中心小学于9月份如期开学，第二小学被评为省一级学校。茶山第二小学、第三小学获东莞市绿色学校称号。教育教学质量稳步提高，初中毕业生升学率为95.5%；高考升学率为87.4%。全镇户籍人口考上大中专人数共416人，其中中专109人，大专195人，大学本科112人。

【社会管理】2005年，茶山镇以创建省卫生镇为契机，加大环境卫生的整治力度，不断推进城市的美化、净化工程，市容环境卫生质量有了较大的提高，获“创建省卫生镇先进镇”称号。深入开展扩大与促进就业工作，全年创造社区工作岗位544个，推荐就业1357人次，安置就业655人次。认真落实人口与计划生育工作责任制，全面完成市下达的任务，全镇人口出生率11.4‰，计划生育率93.6%。积极推进农村股份合作制改革，完成12个村38个组的股份制改革，分别占全镇村组总数的75%和73%。成立安全生产监督分局，进一步落实安全生产责任制，健全镇村企业三级巡查网络，加强宣传和培训工作，增强群众和企业安全生产意识，有效遏制了安全生产事故的发生，全镇安全生产保持良好态势。大力开展以清理违法搭建、清理违法用地、清理养殖业污染和清理无证照经营为主要内容的“四清理”工作，取得明显成效，有力地促进了茶山经济社会的和谐发展。

【社会治安】2005年，茶山镇突出抓好社区治安防控网络建设，深入开展安全小区创建活动，在全镇各村推广上元村和十八区创建安全小区的经验和做法，共投资159万元用于安全小区的建设，各村集中居住小区全部实行了封闭半封闭式管理，建成功能完善的社区治安防控网络，社区治安案件发生率明显下降。不断加大社会治安综合治理力度，在全镇主要出入口实行24小时设岗，提高路面见警率，组织开展专项打击整治行动，严厉打击涉黑犯罪、“两抢一盗”、“黄赌毒”等违法行为，深入开展治安重点地区整顿，取得明显成效，有力地维护了茶山镇社会治安稳定大局。全年发生刑事案件同比下降10.67%，破案率同比提高41.9%。2005年，茶山镇获“全市维护稳定及社会治安综合治理先进镇”称号。

【农产品质量安全监管】2005年，茶山镇大力整顿规范市场经济秩序，不断加强农产品质量安全的监管，初步建成农产品质量检测体系，全镇设立32个蔬菜农药残留检测点，有效保障了群众吃上放心菜。抓好动物产品产地检疫、屠宰检疫工作，充分发挥无规定动物疫病检验检疫实验室的作用，落实生猪“瘦肉精”等违禁药品的检测工作，确保全镇人民吃上放心肉。

【交通安全综合治理】2005年，茶山镇积极做好道路交通安全隐患排查与治理工作，加大资金投入，加强事故多发点的整治，增设交通灯，在主干线路口设置电子监控装置，对事故多发路段实行动态监控，加强事故多发路段的管理力度，大力开展整治无牌无证、套用号牌、假牌假证机动车行动，严厉打击盗抢机动车等违法行为，取得了良好的效果，各类道路交通事故发生件数和死伤人数分别比去年下降29.85%和34.69%。

【水利建设】2005年，茶山镇不断加强水利设施建设，提高防灾抗灾能力，为茶山镇经济社会发展提供有力保障。水利建设工程主要有：京山排站工程、增埗钊敦排站工程、卢溪二排站工程、东莞大堤茶山段堤路达标工程、堤围无害蚁达标防治工程，对全镇范围内部分排渠清淤、清理三七沟等。全年完成土方8万立方米，石方0.3万立方米，混凝土7423立方米。

【“十百千万”干部下基层驻农村活动】2005年，茶山镇认真组织“十百千万”干部下基层驻农村工作，全镇共派驻村干部19名，其中市下派的有3名，本镇派出的有16名，并成立1个工作组进驻扶贫村粟边村。驻村干部按照“五帮三查两建一发展”的目标要求，积极深入基层了解村情民意，切实帮助农村抓好班子建设，解决驻村的热点难点问题，为推进农村各项工作注入新的活力，增强农村两委工作的战斗力。一年来，驻村干部走访了1175户农户，召开座谈会176次，为群众办实事好事207件，落实扶持资金66.3万元，帮助发展集体经济项目27个。

【保持共产党员先进性教育】 茶山镇保持共产党员先进性教育活动于2005年7月份全面铺开，全镇66个党组织，1787名党员参加教育活动。本镇在教育活动中认真组织做好学习动员、分析评议和整改提高三个阶段工作，坚持规定动作不走样，自选动作有特色，推动整个教育活动健康开展。通过先进性教育，使党员的思想素质得到提高，党组织的建设得到加强，提高党组织的战斗力，有力地促进了各项工作。

【第三届村（居）委会换届选举】 2005年3月中旬，茶山镇展开第三届村（居）委会的换届选举工作，严格按照选举的各个程序规范操作，严把选民登记、投票选举委托、秘密投票秩序、会场秩序和投票程序这五个关口，确保选举的公开、公正、公平地进行。全镇17个村（居）委会依法选出74名新一届村居委会成员，其中村（居）委会主任17人，副主任18人，委员39人。2005年，茶山镇荣获“东莞市村民自治先进镇”称号。

【茶山产业公园】 2005年，兴建中的茶山产业公园位于茶山产业中心区的中部，园区设有文化广场、雕塑广场、生态休闲区、体育健身区、中心湖景区五大功能块，是一座具有岭南文化内涵和茶山人文特色的园林式公园，该园建成后将为茶山镇人民群众和产业中心区的工人提供一个良好休闲娱乐的环境。

【东莞市第一个“中国历史文化名村”——南社】 2005年9月16日，建设部、国家文物局联合发布《关于公布第二批中国历史文化名镇（村）的通知》，茶山南社村被评为“中国历史文化名村”。此次公布的中国历史文化名村名单中，全国共有24个村入选，其中广东省有3个村榜上有名，南社村是东莞市唯一一个荣获此称号的村，也是东莞市第一个中国历史文化名村。

（张昭峰）

**附：2005年东莞市茶山镇党委、人大、政府领导名录**

镇委书记：钟耀祥（3月离任）
　　　　　卢少雄（3月到任）
镇委副书记：袁维新　陈满田　陈略宇
　　　　　　陈永光
镇委委员：钟耀祥（3月离任）
　　　　　卢少雄（3月到任）　袁维新
　　　　　陈满田　陈略宇　陈永光
　　　　　张焕珍　卢任昌　汤锡祥
　　　　　钟偲仔　袁邦湖
　　　　　张仲平（12月离任）
　　　　　李中文（12月到任）
　　　　　黎晃厚
镇人大主席团主席：钟耀祥（3月离任）
　　　　　　　　　卢少雄（3月到任）
镇人大主席团副主席：叶树波
镇　长：袁维新
副镇长：卢任昌　汤锡祥　钟偲仔
　　　　袁邦湖

## 2001—2005年茶山镇主要经济指标表

| 指标＼年份 | 2001 | 2002 | 2003 | 2004 | 2005 |
|---|---|---|---|---|---|
| 户籍人口（人） | 39739 | 40466 | 41135 | 42199 | 42990 |
| 外来暂住人口（人） | 31764 | 109240 | 122249 | 100086 | 125967 |
| 面积（平方公里） | 56.63 | 56.63 | 56.63 | 56.63 | 56.63 |
| 国内生产总值（万元） | 91238 | 109395 | 135098 | 180300 | 310088 |
| 工业总产值当年价（万元） | 207872 | 245039 | 309578 | 469045 | 641985 |
| 农业总产值当年价（万元） | 14501 | 14503 | 12973 | 11037 | 10921 |
| 总用电量（万千瓦时） | 43897 | 57153 | 71955 | 89039 | 99106 |
| 全社会固定资产投资总额（万元） | 31865 | 50610 | 95422 | 120064 | 132593 |
| 社会消费与零售总额（万元） | 36115 | 42626 | 49489 | 62543 | 74163 |
| 外贸出口总额（万美元） | 17038 | 20600 | 24001 | 28633 | 35036 |
| 实际利用外资（万美元） | 1658 | 3735 | 4454 | 10037 | 10103 |
| 镇级可支配财政收入（万元） | 7870 | 10575 | 12350 | 16388 | 22596 |
| 各项税收总额（万元） | 13692 | 17242 | 21867 | 29086 | 35501 |
| 金融机构各项存款余额（万元） | 209162 | 243974 | 292483 | 337319 | 398429 |
| 城乡居民储蓄存款余额（万元） | 136029 | 163238 | 189552 | 230823 | 285067 |

# 2005年各镇（街）主要经济指标表

| 指标<br>镇(街) | 户籍人口（人） | 外来暂住人口（人） | 面　积（平方公里） | 国内生产总值（万元） | 工业总产值当年价（万元） | 农业总产值当年价（万元） | 总用电量（万千瓦时） | 全社会固定资产投资总额（万元） |
|---|---|---|---|---|---|---|---|---|
| 莞　城 | 154747 | 89376 | 14 | 633189 | 475492 | | 48264 | 211823 |
| 石龙镇 | 67900 | 77465 | 13.83 | 349301 | 1351239 | 523 | 64356 | 101821 |
| 虎门镇 | 119941 | 611783 | 178.5 | 1274265 | 2159000 | 31239 | 309202 | 515815 |
| 东　城 | 63324 | 259953 | 110 | 1081018 | 1630000 | 1306 | 182868 | 265489 |
| 万　江 | 70058 | 67835 | 50.5 | 404658 | 502885 | 1431 | 85669 | 197966 |
| 南　城 | 51942 | 101602 | 59 | 1053085 | 1052038 | 3760 | 67309 | 657870 |
| 中堂镇 | 71678 | 60169 | 60 | 426085 | 1103043 | 9256 | 125634 | 168042 |
| 望牛墩镇 | 43829 | 42885 | 31.57 | 128396 | 203265 | 5644 | 41035 | 65297 |
| 麻涌镇 | 70041 | 39981 | 84 | 375700 | 1952722 | 15521 | 144667 | 154307 |
| 石碣镇 | 40674 | 181621 | 36 | 738255 | 2216950 | 6375 | 147178 | 179438 |
| 高埗镇 | 36637 | 88532 | 30 | 366861 | 880125 | 15611 | 100285 | 142941 |
| 洪梅镇 | 20728 | 27003 | 33 | 102412 | 240743 | 5425 | 30349 | 97735 |
| 道滘镇 | 54252 | 86933 | 54 | 261560 | 559900 | 10464 | 84464 | 98019 |
| 厚街镇 | 93048 | 403479 | 126.15 | 1038109 | 2479281 | 20667 | 288629 | 212408 |
| 沙田镇 | 37978 | 78120 | 107.08 | 369996 | 512549 | 26761 | 65365 | 91255 |
| 长安镇 | 38687 | 466000 | 83.4 | 1337428 | 2015100 | 24000 | 405000 | 361000 |
| 寮步镇 | 63770 | 186278 | 79 | 602557 | 931000 | 7765 | 140468 | 206000 |
| 大岭山镇 | 40678 | 196546 | 95 | 552553 | 583586 | 8682 | 117051 | 139251 |
| 大朗镇 | 65036 | 163131 | 118 | 707369 | 672570 | 30678 | 140961 | 334110 |
| 黄江镇 | 21117 | 192000 | 98 | 372198 | 508748 | 4475 | 89290 | 103960 |
| 樟木头镇 | 23587 | 121318 | 66 | 329338 | 639002 | 5818 | 84864 | 92903 |
| 凤岗镇 | 20663 | 192273 | 83 | 522562 | 837484 | 3535 | 128582 | 140192 |
| 塘厦镇 | 38023 | 334318 | 128 | 1049698 | 4062724 | 18177 | 237295 | 275637 |
| 谢岗镇 | 19240 | 80473 | 103 | 141768 | 269835 | 10781 | 47590 | 53121 |
| 清溪镇 | 33281 | 332857 | 140 | 1000520 | 3587018 | 13030 | 208951 | 176354 |
| 常平镇 | 67814 | 362200 | 108 | 947538 | 2137895 | 20436 | 235442 | 227383 |
| 桥头镇 | 33963 | 106900 | 56 | 316000 | 542360 | 11148 | 98000 | 125427 |
| 横沥镇 | 34880 | 143713 | 50 | 307245 | 538958 | 17105 | 85236 | 72386 |
| 东坑镇 | 29163 | 88253 | 27.5 | 265118 | 611499 | 20901 | 69530 | 24400 |
| 企石镇 | 39620 | 53540 | 59 | 201236 | 318161 | 7551 | 53301 | 5045 |
| 石排镇 | 40546 | 84816 | 56 | 227673 | 411061 | 8853 | 82498 | 82565 |
| 茶山镇 | 42990 | 125967 | 56.63 | 310088 | 641985 | 10921 | 99106 | 132593 |

| 社会消费与零售总额（万元） | 外贸出口总额（万美元） | 实际利用外资（万美元） | 镇级可支配财政收入（万元） | 各项税收总额（万元） | 金融机构各项存款余额（万元） | 城乡居民储蓄存款余额（万元） |
|---|---|---|---|---|---|---|
| 377709 | 35705 | 5534 | 43938 | 119909 | 5866815 | 1593844 |
| 201212 | 83772 | 6964 | 30800 | 40965 | 716610 | 568617 |
| 623581 | 147891 | 16429 | 87739 | 266529 | 2629600 | 2309157 |
| 550000 | 107097 | 14491 | 60188 | 187191 | 1580663 | 1010851 |
| 65325 | 25795 | 1769 | 36083 | 46927 | 604552 | 423531 |
| 107000 | 70667 | 13089 | 65932 | 147856 | 2005174 | 765170 |
| 52482 | 18385 | 5812 | 23932 | 36774 | 460616 | 317676 |
| 11655 | 7310 | 4871 | 12900 | 11815 | 210574 | 152299 |
| 56487 | 52208 | 11847 | 22981 | 55808 | 282992 | 174636 |
| 113567 | 356309 | 10799 | 29367 | 69617 | 867871 | 519450 |
| 91936 | 78665 | 6667 | 20576 | 35088 | 342677 | 228604 |
| 42931 | 16181 | 3627 | 9831 | 11139 | 85801 | 58055 |
| 41975 | 26536 | 4207 | 17152 | 29122 | 319305 | 225407 |
| 284816 | 311771 | 13841 | 57027 | 133550 | 1489623 | 1099232 |
| 52165 | 41344 | 10719 | 24690 | 33866 | 329083 | 184063 |
| 188000 | 410057 | 36900 | 100300 | 171000 | 1866000 | 1314000 |
| 109000 | 201670 | 13985 | 33930 | 64599 | 576313 | 398983 |
| 93469 | 134198 | 9677 | 31734 | 60320 | 539038 | 366132 |
| 117596 | 60293 | 16259 | 36969 | 54168 | 821109 | 656975 |
| 56915 | 192185 | 16594 | 33895 | 48428 | 482631 | 355567 |
| 121774 | 50090 | 3593 | 46882 | 35825 | 518843 | 410680 |
| 99367 | 131238 | 9711 | 34105 | 58938 | 711175 | 507958 |
| 135030 | 317319 | 18967 | 71426 | 112695 | 909798 | 622328 |
| 54850 | 17960 | 5531 | 14181 | 10856 | 179452 | 133613 |
| 160430 | 330323 | 17448 | 40424 | 65544 | 634002 | 422896 |
| 528532 | 222113 | 18214 | 59856 | 109413 | 1213659 | 886534 |
| 119000 | 83800 | 5487 | 27600 | 27000 | 366000 | 290000 |
| 92945 | 45212 | 4791 | 19624 | 28094 | 413321 | 263668 |
| 29452 | 63981 | 8098 | 15086 | 20588 | 254151 | 192418 |
| 56811 | 24243 | 3226 | 25374 | 16716 | 242310 | 180131 |
| 79933 | 28626 | 3405 | 18417 | 22450 | 313824 | 241603 |
| 74163 | 35036 | 10103 | 22596 | 35501 | 398429 | 285067 |

# 人　物

CELEBRITIES

虎门公园

■ 2005年新任职市领导

■ 2005年获国家部委和省委、省政府、省总工会表彰的先进个人

责任编辑：刘　丹

## 2005年新任职市领导

【崔　建】市委常委、东莞市公安局局长。男，1955年2月出生，籍贯河北元氏，1972年9月参加工作，在职研究生学历。1974年11月参加中国共产党，汉族。

1972年9月至1973年1月，肇庆地区革委会保卫组干部；1973年1月至1980年11月，肇庆地区中级人民法院干部；1980年11月至1982年8月，肇庆地委政法委主办干事；1982年8月至1984年7月，中山大学法律系法学专业读书，大专毕业；1984年7月至1986年7月，肇庆地区政法委办公室副主任，挂职肇庆西区派出所所长；1986年7月至1988年10月，肇庆地区（市）政法委办公室主任；1988年10月至1991年2月，肇庆政法领导小组研究室主任；1991年2月至1992年9月，挂任罗定县委副书记；1992年9月至1993年4月，罗定县委副书记兼县公安局局长、党委书记；1993年4月至1994年7月，罗定市委副书记、政法委、综治办主任、市委保密委员会主任、市公安局党委书记；1994年7月至1994年11月，云浮市公安局筹备组组长、市委政法委筹备组副组长；1994年11月至1999年7月，云浮市委政法委副书记，市公安局局长、党委书记（其间：1995年9月至1998年7月省社科院在职研究生班政治经济专业学习）；1999年7月至2002年6月，清远市公安局党委书记、副局长（主持工作）、局长；2002年6月至2003年6月，清远市委政法委书记，市公安局党委书记、局长；2003年6月至2005年3月，清远市委常委，市公安局局长、党委书记；2005年3月起，东莞市市委常委，市公安局局长、党组书记。

【王福广】市委常委、东莞军分区司令员。男，1951年9月出生，籍贯河北安国，1969年12月参加工作，中央党校政法专业，在职本科学历。1970年9月加入中国共产党，汉族。

1969年12月至1975年1月，陆军第42集团军步兵第124师炮兵团1营战士、班长、排长；1975年1月至1975年12月，南京炮兵指挥学院学员；1976年1月至1979年5月，陆军第42集团军步兵第124师炮兵团1营连长、营长；1979年5月至1983年7月，陆军第42集团军步兵第124师炮兵团参谋长；1983年7月至1985年7月，陆军第42集团军步兵第124师炮兵团团长；1985年7月至1987年8月，宣化炮兵指挥学院学员；1987年8月至1990年9月，陆军第42集团军步兵第124师副参谋长；1990年9月至1992年11月，陆军第42集团军炮兵旅副旅长；1992年11月至1993年3月，陆军第42集团军炮一师52团团长；1993年3月至1997年7月，陆军第42集团军炮一师副师长；1997年7月至1999年9月，陆军第42集团军炮一师师长；1999年9月至2001年11月，陆军第42集团军副参谋长；2001年11月至2002年4月，东莞军分区司令员；2002年4月至2005年12月，东莞军分区司令员、市人大常委会委员；2005年12月至2006年4月，市委常委、东莞军分区司令员、市人大常委会委员；2006年4月起，市委常委、东莞军分区司令员。

说明：1.新任职市领导载录2005年新任职的中共东莞市委正、副书记、常委、东莞市人大常委会正、副主任，东莞市人民政府正、副市长，东莞市政协正、副主席；2.新任职市领导按2005年任职时间先后排序；3.其他市领导参见《东莞年鉴》（1997—2001）、（2002）、（2003）、（2004）、（2005）各卷人物篇目。

## 2005年获国家部委以上表彰的先进个人

| 获奖项目 | 获奖者 | 性别 | 工作单位 | 授予单位 | 授予时间 |
|---|---|---|---|---|---|
| 全国公安机关出入境管理部门先进个人 | 廖　俊 | 男 | 东莞市公安局出入境管理科 | 公安部 | 2005年1月 |
| 2004年全国打击地下钱庄违法犯罪联合行动先进个人 | 吴　晓 | 男 | 东莞市公安局经侦支队 | 公安部、中国人民银行、国家外汇管理局 | 2005年2月 |
| 2005年全国劳动模范 | 龙超峰 | 男 | 广东华南药业有限公司 | 国务院 | 2005年4月 |
| 2005年全国劳动模范 | 张玉其 | 男 | 东莞振兴纸品有限公司 | 国务院 | 2005年4月 |
| 2005年全国劳动模范 | 张夏高 | 男 | 东莞市东糖集团有限公司 | 国务院 | 2005年4月 |
| 2005年全国先进工作者 | 郭荣新 | 男 | 东莞市社会保障局虎门分局 | 国务院 | 2005年4月 |
| 2005年全国先进工作者 | 苏卫东 | 男 | 东莞市东城法庭 | 国务院 | 2005年4月 |
| 2005年全国先进工作者 | 陈树良 | 男 | 东莞市法律援助处 | 国务院 | 2005年4月 |
| 全国道路交通宣传“五进”工作先进个人 | 李灿光 | 男 | 东莞市公安局交警支队宣传设施科 | 公安部 | 2005年4月 |
| 2001—2004年度全国社会治安综合治理先进工作者 | 梁均耀 | 男 | 东莞市公安局莞城分局 | 中央社会治安综合治理委员会、人事部 | 2005年5月 |
| 全国群众体育先进个人 | 叶浩根 | 男 | 大朗镇大井头居委会 | 国家体育局 | 2005年6月 |
| 全国征兵工作先进个人 | 刘巨文 | 男 | 中共中堂镇委员会 | 国防部 | 2005年8月 |
| 2003—2004年度全国优秀人民警察 | 李德和 | 男 | 东莞市公安局法制科 | 公安部 | 2005年8月 |
| 2003—2004年度全国优秀人民警察 | 刘润林 | 男 | 东莞市公安局石碣分局 | 公安部 | 2005年8月 |
| 2003—2004年度全国优秀人民警察 | 周志明 | 男 | 东莞市公安局交警支队第一大队机动中队 | 公安部 | 2005年8月 |
| 全国乡镇企业系统优秀统计者 | 叶沛长 | 男 | 市经贸局 | 国家农业部 | 2005年9月 |
| 全国法院司法警察工作先进个人 | 吕伟东 | 男 | 东莞市中级人民法院 | 最高人民法院 | 2005年10月 |
| 全国城市环境卫生工作先进个人 | 叶罗昌 | 男 | 桥头镇环境卫生所 | 国家建设部 | 2005年10月 |
| 2001—2005年全国婚育新风进万家活动先进个人 | 李德良 | 男 | 中共中堂镇委员会 | 国家人口与计划生育委员会等11个部委 | 2005年11月 |
| 2001—2005年全国婚育新风进万家活动先进个人 | 黄桂莲 | 女 | 虎门镇政府 | 国家人口与计划生育委员会等11个部委 | 2005年11月 |
| 全国地方志先进工作者 | 潘朝明 | 男 | 东莞市地方志编纂办公室 | 中国地方志指导小组 | 2005年12月 |
| 全国绿化奖章 | 黄润波 | 男 |  | 全国绿化委员会 |  |
| 全国乡镇企业系统优秀（先进）财会工作者 | 李盘传 | 男 | 谢岗镇经贸办 | 农业部办公厅 |  |
| 2004—2005年度全国农产品成本调查工作优秀个人 | 莫杰英 | 女 | 东莞市物价局 | 国家发展和改革委员会 |  |

## 2005年获省委、省政府、省总工会表彰的先进个人

| 获奖项目 | 获奖者 | 性别 | 工作单位 | 授予单位 | 授予时间 |
|---|---|---|---|---|---|
| 优秀社区工作者 | 蔡东全 | 男 | 东城区办事处立新社区居委会 | 省委省政府 | 2005年11月 |
| 广东省信访工作先进工作者 | 刘晓冬 | 男 | 东莞市信访局 | 省委省政府 | 2005年3月 |
| 省优秀共产党员 | 陈彦文 | 男 | 拔蛟窝社区 | 省委 | 2005年6月 |
| 2005年广东省“五一”劳动奖章 | 胡事君 | 男 | 东莞市生物技术研究所 | 广东省总工会 | 2005年4月 |
| 2005年广东省“五一”劳动奖章 | 李　捷 | 男 | 东莞市港澳货运车辆检查场管理服务中心 | 广东省总工会 | 2005年4月 |
| 2005年广东省“五一”劳动奖章 | 陈成稳 | 男 | 东莞虎彩印刷有限公司 | 广东省总工会 | 2005年4月 |
| 2005年广东省“五一”劳动奖章 | 王功学 | 男 | 东莞市常平中学 | 广东省总工会 | 2005年4月 |
| 2005年广东省“五一”劳动奖章 | 黄丽红 | 女 | 东莞市横沥镇工会 | 广东省总工会 | 2005年4月 |
| 南粤建功立业女能手 | 陈村喜 | 女 | 市农业技术推广服务中心 | 广东省总工会 | 2005年3月 |

## 2005年高级专业技术资格人员名单

**高级工程师：（33人）**

蔺田文、邓杰帆、朱志光、李莉萍、唐姝洁、辜华拉、杨　萍、吴伟义、危瑞林、叶火福、邓建军、谢晓英、邓雪峰、柳　青、韩大为、周清莲、陈雪昕、王远芳、赖飞明、盛德洋、江　茜、毕秀祥、胡小浩、管井巨、温纲明、付国良、孙启文、江　彤、夏　忠、张惠娟、谢振乾、王爱祥、肖金军

**园艺研究员：（1人）**

罗　诗

**园艺副研究员：（1人）**

郑芝波

**高级农艺师：（5人）**

江　南、张善信、郑贵朝、叶榛华、何嘉文

**高级兽医师：（2人）**

杨德胜、罗卫强

**高级畜牧师：（1人）**

安全金

**研究馆员：（2人）**

陈　伟

**副研究馆员：（6人）**

周崇弘、李玮平、莫振轩、蒋丽静、刘　影、张光华

**高级会计师：（1人）**

肖　莉

**高级经济师：（2人）**

吴佳春　邓传明

**高级统计师：（1人）**

杨建萍

**主任编辑：（2人）**

谢　钰、钟镜铨

**高等学校教授：（3人）**

李传志、邓宇鹏、谭永明、

**高等学校副教授：（14人）**

王学锋、杨用华、路晓军、包小忠、徐勇军、高晓雷、李　川、谭启泉、韦洛霞、胡西多、全裕吉、周亚民、李熙亚、龚　锋

**高教研究研究员：（1人）**

邹晓平

**高教研究副研究员：（1人）**

刘　健

**中共党校副教授：（1人）**

佛见光

**中等专业学校高级讲师：（23人）**

廖丽娜、陆灼华、尹义明、梁国慧、罗金凤、袁锦玉、邱　勇、王　勇、赖学林、邓月桂、吴泽群、袁少冰、梁宏斌、郭　进、黄江沛、曹运岚、曾立宇、李志坚、陈益良、曾丽萍、禹　兰、谭文绮、沈诗平

**中等专业学校高级实验师：（1人）**

陆克琼

**中学高级教师：（144人）**

王新铖、李积田、卢照平、叶满海、黄海权、吴彰龙、邱　莎、曾新桓、莫锦谦、邓修忠、张彪杰、闫兰勤、蒋芸云、郑　静、何艳萍、麦金海、夏素蓉、喻家银、冯建彪、罗纯良、邹　峰、柯献生、卢国成、伍文荣、同淑君、陈展文、王晓梅、肖　文、陈瑞安、陈克虎、罗苏赣、杨罗兰、刘凤阳、袁定鹏、黄　钦、周琼平、李伟明、周华封、陈庐耀、张凤芳、王森珍、史　蓓、黄艳秋、廖定标、王晓琴、阚维林、汪卫权、杨秋菊、李　炬、龚丹霞、黄灵芝、汤秀芳、陈玉泉、潘玉兰、刘庆忠、王　坚、黄启华、胡黎明、周妙玲、刘隽仪、谭伟文、何艳荣、张　婧、杨永涛、方昌文、郑继明、彭延辉、熊林征、袁荣生、李　杙、何抗美、殷青云、黄道才、娄贵山、古帆影、叶照伦、张　蕾、黄小星、谢洪涛、李天才、香玉珍、冷芬腾、叶建明、朱　斌、冯树清、陆广诗、刘益文、刘兵强、胡建胜、黄金仿、杨　明、夏廷昭、吴韶荣、范树浓、熊盛才、毛怀清、莫淦明、向　前、李巧玲、陈楚云、唐岳山、郭浩潮、李洪洁、朱明辉、刘　静、杨竟达、陈金玉、谭志迎、

何腾辉、王冬明、张素华、胡　凯、丁成喜、卢宛嫦、甘路怡、谢育恩、王志良、林宗庆、刘　青、高鸣军、王　敏、王顺权、周世丛、黄灼芬、谢娜辉、陈　杰、杜召凤、张保招、何炳南、杜鑫静、姜卫星、谢润华、杨　明、梁雄亮、叶浩波、黄国良、孙吉友、李志坤、刘文英、郑　强、黄国谋、徐建刚、戴少敏、林雪梅

**高级教练：（2人）**

叶润全、崔　放

**主任医师（67人）**

李海洋、盖锡球、张　纯、谢敏明、张　曙、唐兴宁、王　启、张　敏、文学锦、陈才香、吴伟良、陈国振、周爱军、曹　征、叶建勋、谢玉环、郑晓林、袁慧珍、潘永晃、傅晓芸、余　毅、钟柏茂、黄淑玲、宁为民、叶小汉、彭　倩、李小霞、钟　永、李　清、罗淑贞、陈健华、周玉玲、陈晓玲、阮雪玲、马　荣、陈炳华、刘宇虎、张秀薇、周子权、王朝晖、张征宇、陈　丹、徐建华、杨　云、陈永谦、李君久、黄潮桐、郭祚国、李　培、李运福、刘先银、谢楚平、陈晓武、潘力雄、周雪明、万　里、张爱玲、李少鹏、龚时文、陈占斌、叶毓粦、周学鲁、王　立、张中银、刘玉杰、关晓东、周植森

**副主任医师：（182人）**

罗海林、雷雨萌、赵沛维、傅莉萍、袁钟岱、马泽粦、李　红、夏卫中、钟润兰、陈伟南、刘钦志、黄举鹏、简继忠、黄　宏、杨　光、王柳均、周美好、曾素云、杨凤奇、张　红、张　瑾、曹自华、周玉梅、杨智学、黄建忠、邹燕芳、廖永强、张　望、张志辉、皮世昌、邓　斌、朱卫成、张继峰、周健铖、聂　荣、陈柏荪、梁桥秋、杜江成、黄应培、钟秋生、陈霭平、李　哲、周伟雄、何金木、何晓红、莫友发、丁茬芬、侯春燕、李　元、阳红华、张旭升、曹碧霞、祖兰筠、邓美英、魏绪龙、钟　亮、李江波、李建明、曾艺东、米　霞、陈燕霞、陈胜利、李　恒、张锦光、徐小桥、袁桂萍、肖　珮、徐晓娟、叶春凤、刘　晗、张晓阳、陈伟宁、廖彤程、周宇宁、吴敬聪、陈西林、许　宁、钱丽明、蒋善芳、罗文敏、赵青云、郭洁斐、卢巧云、龚　梅、曾胜兰、梁玉冰、叶影凤、叶恒君、刘燕燕、黄丽娥、李　霞、邹先兰、马秀杰、钟文辉、钟回乡、刘小英、刘咏舫、叶　萍、赵琼秀、成丽虹、杨秀丽、曾文胜、姚常柏、张畅生、赵　涛、解传仁、刘华仁、章　琳、曾守立、许衍挺、吴为雄、李　健、黄伟宣、王生钰、王炳禧、秦金桥、张春新、沈其猷、李　江、邵俊卿、邹锦考、叶伟坤、张若愚、潘志坚、杜　巍、张　春、黄　静、李红辉、钟为民、吴立平、方任南、冯光明、周　松、叶朝阳、林汉昇、张炽棠、曹衍玉、王凯辉、潘建华、莫　琰、周惠成、罗少文、张志坚、林泽龙、李安振、谭力学、李　亮、佘德宇、王淑琴、程国春、李泽葵、黄晓芸、周善存、王　磊、杨　宇、曾　平、黄维军、蔡跃芳、张锡萍、魏九金、王　艾、李国锋、李大强、王琦筠、黄灼伦、李庆军、杜剑峰、柳　娟、张锡迎、张翠玲、蓝业平、刘小红、郑伟贤、叶少玲、熊　斌、陈昌卫、林秋鸣、林晓峰、詹剑锋、高大达、陈志华、冯　泉

**主任药师：（2人）**

陈树明、丁少波

**副主任药师：（2人）**

倪吉志、吴　谋

**主任技师：（1人）**

汪　萍

**副主任技师：（17人）**

赵继红、吴远军、朱学海、刘彦慧、王健青、袁达康、刘志权、陈砚朦、李月欢、彭寨玉、叶庆娟、陈万宁、尹群芳、刘桂芬、张丽娅、朱凤勤、周　湧、

**主任护师：（1人）**

伦丽芳

**副主任护师：（48人）**

陈明慧、曹彩平、陈瑶清、胡金英、龚远红、田丽文、马　蓝、杨雪英、周咏梅、莫福娣、张丽君、李振花、何钻容、邹　涓、盘瑞兰、胡惠兰、常雪琴、张丽梅、吴清时、叶慧芳、周　丽、郑瑞芬、欧阳英、尹彩红、朱小冬、温开萍、黎小珊、刘　瑾、肖芳红、黄秋群、齐小玲、廖惠璇、吴彩玉、谢雪霞、刘　云、林燕勤、赵善娣、卢媚媛、杨晓春、张福秋、关秀庄、林喜华、叶惠丽、王桂桃、何玉华、梁雅芬、刘芳华、董敏杰

## 2005年东莞市运动员参加全国以上比赛成绩表

| 队　别 | 姓　名 | 性别 | 时　间 | 地　点 | 比　赛　名　称 | 项　目 | 成　绩 | 输送单位 |
|---|---|---|---|---|---|---|---|---|
| 台球 | 丁俊晖 | 男 | 2005-12 | 英国 | 英国斯诺克台球锦标赛 | 斯诺克 | 第一名 | 东英俱乐部 |
| 蹼泳 | 陈小平 | 女 | 2005-8 | 法国 | 世界运动会 | 400米蹼泳 | 第一名 | 中堂 |
| 体操 | 梁富亮 | 男 | 2005-10 | 澳大利亚 | 第38届世界体操锦标赛 | 自由体操 | 第三名 | 莞城 |
| 体操 | 梁富亮 | 男 | 2005-10 | 澳大利亚 | 第38届世界体操锦标赛 | 个人全能 | 第七名 | 莞城 |
| 体操 | 梁富亮 | 男 | 2005-8 | 土耳其 | 第23届世界大学生运动会 | 自由体操 | 第二名 | 莞城 |
| 体操 | 梁富亮 | 男 | 2005-8 | 土耳其 | 第24届世界大学生运动会 | 鞍马 | 第四名 | 莞城 |
| 体操 | 梁富亮 | 男 | 2005-8 | 土耳其 | 第25届世界大学生运动会 | 男子体操团体 | 第三名 | 莞城 |
| 体操 | 梁富亮 | 男 | 2005-5 | 上海 | 全国体操锦标赛（十运预赛） | 男子体操团体 | 第二名 | 莞城 |
| 体操 | 梁富亮 | 男 | 2005-5 | 上海 | 全国体操锦标赛（十运预赛） | 自由体操 | 第四名 | 莞城 |
| 篮球 | 朱芳雨 | 男 | 2005-9-16 | 多哈 | 亚洲男子篮球锦标赛 | 男篮 | 第一名 | 南城 |
| 蹼泳 | 陈小平 | 女 | 2005-10 | 日本 | 亚洲蹼泳锦标赛 | 400米蹼泳 | 第一名 | 中堂 |

（续上表）

| 队别 | 姓名 | 性别 | 时间 | 地点 | 比赛名称 | 项目 | 成绩 | 输送单位 |
|---|---|---|---|---|---|---|---|---|
| 蹼泳 | 陈小平 | 女 | 2005-10 | 日本 | 亚洲蹼泳锦标赛 | 800米蹼泳 | 第一名 | 中堂 |
| 蹼泳 | 陈小平 | 女 | 2005-10 | 日本 | 亚洲蹼泳锦标赛 | 4×200米蹼泳接力 | 第一名 | 中堂 |
| 篮球 | 朱芳雨 | 男 | 2005-4 | 主客场 | 2004—2005全国男篮甲A赛 | 男篮 | 第一名 | 南城 |
| 马术 | 李振强 | 男 | 2005-5-7 | 北京 | 全国马术（障碍）锦标赛 | 团体障碍赛 | 第一名 | 长安 |
| 马术 | 巫　辉 | 男 |  | 北京 | 全国马术（障碍）锦标赛 | 团体障碍赛 | 第一名 | 长安 |
| 体操 | 梁富亮 | 男 | 2005-9 | 南京 | 第十届全运会 | 男子体操团体 | 第一名 | 莞城 |
| 体操 | 梁富亮 | 男 | 2005-9 | 南京 | 第十届全运会 | 自由体操 | 第一名 | 莞城 |
| 羽毛球 | 陈　珺 | 女 | 2005-9 | 南京 | 第十届全运会 | 女子羽毛球团体 | 第二名 | 石龙 |
| 羽毛球 | 朱李华 | 男 | 2005-9 | 南京 | 第十届全运会 | 男子羽毛球团体 | 第二名 | 石龙 |
| 摔跤 | 黎笑媚 | 女 | 2005-8 | 南京 | 第十届全运会 | 自由式48公斤级 | 第二名 | 高埗 |
| 游泳 | 刘润良 | 男 | 2005-9 | 南京 | 第十届全运会 | 4×100米自由泳接力 | 第二名 | 道滘 |
| 马术 | 李振强 | 男 | 2005-9 | 南京 | 第十届全运会 | 团体场地障碍赛 | 第二名 | 长安 |
| 马术 | 巫　辉 | 男 | 2005-9 | 南京 | 第十届全运会 | 团体场地障碍赛 | 第二名 | 长安 |
| 篮球 | 朱芳雨 | 男 | 2005-9 | 南京 | 第十届全运会 | 男子篮球 | 第二名 | 南城 |
| 马术 | 李振强 | 男 | 2005-9 | 南京 | 第十届全运会 | 个人场地障碍赛 | 第二名 | 长安 |
| 水球 | 陈耀华 | 男 | 2005-9 | 张家港 | 第十届全运会 | 男子水球 | 第三名 | 大朗 |
| 乒乓球 | 曹幸妮 | 女 | 2005-9 | 南京 | 第十届全运会 | 混合双打 | 第三名 | 厚街 |
| 赛艇 | 麦丹妮 | 女 | 2005-9 | 南京 | 第十届全运会 | 八人单浆有舵 | 第三名 | 莞城 |
| 赛艇 | 刘晓春 | 女 | 2005-9 | 南京 | 第十届全运会 | 四人双桨 | 第四名 | 虎门 |
| 赛艇 | 刘晓春 | 女 | 2005-9 | 南京 | 第十届全运会 | 双人双桨 | 第五名 | 虎门 |
| 篮球 | 钱丽娜 | 女 | 2005-8 | 南京 | 第十届全运会 | 女篮 | 第五名 | 厚街 |
| 篮球 | 钱丽娜 | 女 | 2004-2005 | 东莞 | 甲级联赛 | 女篮 | 第六名 | 厚街 |
| 篮球 | 钱丽娜 | 女 | 2005-8 | 江苏 | 全国俱乐部联赛决赛 | 女篮 | 第三名 | 厚街 |
| 体操 | 梁富亮 | 男 | 2005-9 | 南京 | 第十届全运会 | 个人全能 | 第五名 | 莞城 |
| 体操 | 梁富亮 | 男 | 2005-9 | 南京 | 第十届全运会 | 男子单杠 | 第七名 | 莞城 |
| 游泳 | 刘润良 | 男 | 2005-4 | 哈尔滨 | 全国冠军赛（十运预赛） | 4×200米自由泳接力 | 第六名 | 道滘 |
| 游泳 | 刘润良 | 男 | 2005-12 | 上海 | 全国短池锦标赛 | 50米仰泳 | 第六名 | 道滘 |
| 游泳 | 刘润良 | 男 | 2005-12 | 上海 | 全国短池锦标赛 | 200米混合泳 | 第五名 | 道滘 |
| 游泳 | 刘润良 | 男 | 2005-12 | 上海 | 全国短池锦标赛 | 4×100米混合泳接力 | 第四名 | 道滘 |
| 游泳 | 刘润良 | 男 | 2005-9 | 南京 | 第十届全运会 | 4×200米自由泳接力 | 第七名 | 道滘 |
| 游泳 | 刘润良 | 男 | 2005-9 | 南京 | 第十届全运会 | 100米自由泳 | 第七名 | 道滘 |
| 游泳 | 刘锦笑 | 女 | 2005-12 | 上海 | 全国短池锦标赛 | 4×100米自由泳接力 | 第七名 | 道滘 |
| 游泳 | 胡志君 | 女 | 2005-12 | 上海 | 全国短池锦标赛 | 100米蛙泳 | 第七名 | 道滘 |
| 游泳 | 胡志君 | 女 | 2005-12 | 上海 | 全国短池锦标赛 | 4×100米混合泳接力 | 第三名 | 道滘 |
| 台球 | 丁俊晖 | 男 | 2005- |  | 全国斯诺克台球锦标赛 | 斯诺克 | 第一名 | 东英俱乐部 |
| 体操 | 梁富亮 | 男 | 2005-5-21 | 上海 | 全国体操锦标赛 | 男子体操团体 | 第二名 | 莞城 |
| 体操 | 梁富亮 | 男 | 2005-5-22 | 上海 | 全国体操锦标赛 | 自由体操 | 第四名 | 莞城 |
| 水球 | 陈耀华 | 男 | 2005-6-1 | 张家港 | 全国水球冠军赛 | 男子水球 | 第二名 | 大朗 |
| 游泳 | 卢应生 | 男 | 2005-7-1 | 大连 | 全国青年游泳锦标赛 | 100米蝶泳 | 第五名 | 麻涌 |
| 游泳 | 刘润良 | 男 | 2005-1 | 广州 | 全国游泳冠军赛 | 4×200米自由泳接力 | 第六名 | 道滘 |
| 蹼泳 | 陈小平 | 女 | 2005-9-3 | 顺德 | 全国蹼泳锦标赛 | 400米蹼泳 | 第一名 | 中堂 |
| 蹼泳 | 陈小平 | 女 | 2005-9-3 | 顺德 | 全国蹼泳锦标赛 | 4×100米蹼泳接力 | 第一名 | 中堂 |
| 射击 | 何敏贤 | 男 | 2005-6-4 | 青岛 | 全国重点城市射击锦标赛 | 青年移动靶混合40发 | 第一名 | 大岭山 |
| 射击 | 叶艳萍 | 女 | 2005-6-4 | 青岛 | 全国重点城市射击锦标赛 | 青年步枪3×20发 | 第一名 | 大朗 |
| 射击 | 叶艳萍 | 女 | 2005-6-4 | 青岛 | 全国重点城市射击锦标赛 | 青年步枪60发卧射 | 第二名 | 大朗 |

（续上表）

| 队 别 | 姓 名 | 性别 | 时 间 | 地 点 | 比 赛 名 称 | 项 目 | 成 绩 | 输送单位 |
|---|---|---|---|---|---|---|---|---|
| 射击 | 曾法奎 | 男 | 2005-6-4 | 青岛 | 全国重点城市射击锦标赛 | 少年气步枪60发 | 第二名 | 凤岗 |
| 射击 | 李丽娟 | 女 | 2005-6-4 | 青岛 | 全国重点城市射击锦标赛 | 青年气手枪40发 | 第三名 | 石碣 |
| 射击 | 张晓敏 | 女 | 2005-6-4 | 青岛 | 全国重点城市射击锦标赛 | 少年气手枪40发 | 第三名 | 莞城 |
| 射击 | 叶艳萍 | 女 | 2005-6-4 | 青岛 | 全国重点城市射击锦标赛 | 青年气步枪40发 | 第三名 | 大朗 |
| 射击 | 香金华 | 男 | 2005- | 洛阳 | 全国青少年射击锦标赛 | 气手枪 | 第三名 | 横沥 |
| 射击 | 张晓敏 | 女 | 2005- | 洛阳 | 全国青少年射击锦标赛 | 气手枪 | 第三名 | 莞城 |
| 蹼泳 | 周伟航 | 男 | 2005-8 | 武汉 | 全国青年蹼泳锦标赛 | 800米蹼泳 | 第二名 | 城区 |
| 蹼泳 | 周伟航 | 男 | 2005-8 | 武汉 | 全国青年蹼泳锦标赛 | 1500米蹼泳 | 第三名 | 城区 |
| 蹼泳 | 周伟航 | 男 | 2005-8 | 武汉 | 全国青年蹼泳锦标赛 | 4×200米接力 | 第三名 | 城区 |
| 花泳 | 黄巧榆 | 女 | 2005-8 | 宁波 | 全国青少年花泳锦标赛 | 女子花泳团体 | 第一名 | 道滘 |
| 花泳 | 黄巧榆 | 女 | 2005-8 | 宁波 | 全国青少年花泳锦标赛 | 陆上柔韧组合 | 第一名 | 道滘 |
| 花泳 | 黄巧榆 | 女 | 2005-8 | 宁波 | 全国青少年花泳锦标赛 | 花泳规定动作 | 第三名 | 道滘 |
| 游泳 | 刘文康 | 男 | 2005-2-18 | 福州 | 全国少年儿童游泳冠军赛 | 4×50米自由泳接力 | 第一名 | 道滘 |
| 游泳 | 叶嘉星 | 男 | 2005-2-18 | 福州 | 全国少年儿童游泳冠军赛 | 4×50米自由泳接力 | 第一名 | 万江 |
| 游泳 | 何耀昌 | 男 | 2005-2-18 | 福州 | 全国少年儿童游泳冠军赛 | 4×50米自由泳接力 | 第一名 | 虎门 |
| 游泳 | 叶文政 | 男 | 2005-2-18 | 福州 | 全国少年儿童游泳冠军赛 | 4×50米自由泳接力 | 第一名 | 道滘 |
| 游泳 | 叶志强 | 男 | 2005-2-18 | 福州 | 全国少年儿童游泳冠军赛 | 4×50米混合泳接力 | 第二名 | 道滘 |
| 游泳 | 叶辛豪 | 男 | 2005-2-18 | 福州 | 全国少年儿童游泳冠军赛 | 4×50米混合泳接力 | 第二名 | 道滘 |
| 游泳 | 谢柏明 | 男 | 2005-2-18 | 福州 | 全国少年儿童游泳冠军赛 | 4×50米混合泳接力 | 第二名 | 莞城 |
| 游泳 | 吕榕浩 | 男 | 2005-2-18 | 福州 | 全国少年儿童游泳冠军赛 | 4×50米混合泳接力 | 第二名 | 高埗 |

## 革命烈士

【陈金开】道滘镇蔡白村人，镇治安巡逻队员。2004年4月6日执行便衣巡逻任务时与歹徒搏斗英勇牺牲，年仅36岁；2005年10月26日，被省政府追认为革命烈士。

【钟冠雄】中堂镇江南村人，中堂荣利绣花厂厂长。2005年5月18日凌晨3时，钟冠雄在中堂镇江南村天怡制衣厂发现有人在偷车，报案后与保安人员一起围捕、堵截歹徒，被车撞倒后牺牲。2005年10月25日被省政府批准为革命烈士，被团市委、市青联追授“东莞市模范青年”称号。

# 社会经济统计资料 STATISTICS OF SOCIAL ECONOMY

东莞大道与四环路交汇（张超满 摄）

■ 国民经济和社会发展统计公报

责任编辑：潘朝明　何　青

# 2005年东莞市 国民经济和社会发展统计公报

东莞市统计局

2006年3月30日

2005年，东莞人民在中共东莞市委、市政府的正确领导下，认真践行科学发展观、构建和谐社会两大重要战略思想，深入贯彻中央宏观调控政策，实施“一城三创五争先”的发展战略，积极推进“四项工程”，认真开展“四清理”工作，经济社会形势呈现出增长有力、扩张有度、效益向好、发展协调的特点，国民经济继续保持平稳健康较快增长，各项社会事业加快发展，人民生活水平继续提高。全面超额完成了“十五”计划目标，为“十一五”规划的实施奠定了良好基础。

## 一、综合

**国民经济平稳较快增长** 初步核算，2005年全市生产总值2182.44亿元，按可比价格计算，比上年增长19.3%。第二、第三产业共同推进经济增长。其中第一产业增加值22.54亿元，下降3.2%；第二产业增加值1232.70亿元，增长20.8%；第三产业增加值927.20亿元，增长17.8%。企业总体数量增加。至2005年底止，全市注册登记的工商企业和个体户有35.33万户，比上年增加7.28万户。

**价格总水平温和上升** 全年居民消费价格总水平比上年上升2.4%，其中消费品价格上升3.0%，服务项目价格上升0.4%。在消费品价格中，食品价格上升6.5%。工业品出厂价格下降0.97%。

**经济结构发生新的变化** 三大产业结构比例为1.0：56.5：42.5。与上年相比，第一产业所占比重下降0.2个百分点，第二产业上升0.2个百分点。投资结构进一步侧重于城市建设、基础设施建设、环保建设与高科技项目建设，以电脑资讯产品为主的高新技术产业成为我市工业的支柱产业。

宏观经济效益趋好　经济增长有效带动财政税收的增加。全年预算内财政总收入（含关税）331.91亿元，比上年增长28.1%。地方预算内财政收入103.97亿元，增长25.8%。从财政总收入占GDP比重来看，2005年财政总收入占生产总值的比重为15.2%，比上年提高1.3个百分点。外贸进出口顺差74.87亿美元。

镇村集体资产增加　年末镇、村、组三级资产总额1547.27亿元，比上年净增116.77亿元，增长8.2%；资产净值1114.51亿元，净增83.95亿元，增长8.2%；总资产负债率为27.97%。

民营经济加速发展　我市落实培育“两自”企业，放宽投资领域，向民间资本开放一批环保、交通、能源、文化等项目，扶持民营经济发展。年末注册登记私营企业和个体工商户32.21万户，比上年增长30.5%；注册资金535.41亿元，增长19.6%。全年私营个体经济完成工业总产值462.69亿元，增长27.6%；2005年私营个体经济缴纳各项税收55.01亿元，增长21.7%，占全市工商税收总额（不含关税）的18.8%。

城镇就业形势保持稳定　年末户籍从业人员101.23万人。2005年新登记失业人数5451人，全年失业人员安置就业人数6044人。年末城镇实有登记失业人数4437人，登记失业率为1.5%。

体制改革深入推进　全市有16个镇区基本完成村组股份制改造，142个村委会改为社区居委会；370个经济联社、1657个经济社完成了股份合作制改革，分别占两级经济组织的66.4%和68.1%。改革文化广电新闻出版管理体制，实行文化市场综合执法。成立镇区安全生产监督分局，加强安全生产监管。建立“实时在线财政预算监督系统”，市财政全额供给的市级预算单位全部实现联网。全面清理市直行政事业单位国有资产并完善监管制度，推行税务协管制度。全面实行社会投资基本建设项目登记备案，建立投标人投标资格集中审查制度和建设工程保证担保制度。取消行政事业性收费37项。做好国企改革的后续工作，对10户国有企业实施了改制，有209家企业作关停处置。妥善安置企业职工895人，改制面达95%以上。基本完成第三轮行政审批事项清理审查工作，顺利完成镇区机关公务用车改革。

经济与社会发展中存在的主要困难和问题　能源、原材料价格上涨使企业获利空间缩小，企业自主创新能力有待增强，供水、供电、用地、劳动力等生产要素资源约束矛盾突出，建立环境友好型社会任务艰巨；人口管理、城市管理、交通管理、社会治安综合治理需进一步加强。

## 二、农业

农作物种植面积与产量下调　全年粮食作物播种面积6.21万亩，比上年减少1.91万亩，其中稻谷播种面积3.44万亩，增加0.33万亩；粮食总产量2.0万吨，下降34.2%，其中稻谷产量1.19万吨，下降2.5%。蔬菜种植结构逐步向名、优、新、特、精、细品种调整，反季节和无公害化生产加强。全年蔬菜面积31.55万亩，比上年减少3.49万亩；蔬菜总产量46.02万吨，下降13.5%。水果总面积17.68万亩，减少3.6%；水果总产量15.13万吨，下降13.8%。大力推进农业产业化经营。2005年全市农业龙头企业14家，全年农业龙头企业总产值9亿元，农产品交易额14亿元。规模化、现代化农业企业20家，比上年增加5家。市级现代化农业园区3个。

畜牧业产值增长、渔业生产下降　因清理养殖业，生猪出栏增多。全年生猪出栏227.38万头，比上年增长37.0%。全年牧业总产值24.25亿元，增长21.3%。全年禽畜总肉量15.14万吨，增长3.6%，其中猪肉15.92万吨，增长24.1%。受产业布局调整和近海养殖、海洋捕捞的影响，渔业产值下降。全年渔业产值6.26亿元，下降6.9%；全年水产品产量6.74万吨，下降5.8%。

农业基本建设稳定　年末农业机械总动力22.93万千瓦，全年化肥施用实物量5.27万吨，农药使用量1090吨。水利基本建设成效进一步加强。2005年度全市冬修水利完成水利工程123宗，投入资金4.7亿元，全市完成土方1217.63万立方米、石方63.69万立方米、混凝土40.97万立方米，加固维修江堤100.38公里，小型水库除险加固13座，疏通河道56.9公里，加固闸窦111座，改善灌溉面积3.83万亩，改善治涝面积3.83万亩。

全年实现农业总产值42.05亿元，比上年下降4.8%。其中，种植业占25.5%，下降11.4个百分点；牧业占57.7%，上升12.5个百分点；渔业占14.9%，下降0.3个百分点。

帮扶欠发达地区加快发展　深入开展结对帮扶和“千干扶千户”活动，参与结对帮扶的单位共为欠发达的镇、村援助资金1275.78万元，有10126名干部参与帮扶活动，为8408户困难户捐赠慰问金679.02万元。市财政安排自然村通路专项资金5815.21万元，帮助262个自然村新建水泥公路92.5公里、桥梁25座，全市实现了村村通水泥公路。全市为11个欠发达镇发放扶贫贷款4.51亿元，市财政支付贴息8156.83万元。2005年11个欠发达镇共化解集体债务1.41亿元，市财政为欠发达村增拨教育补助经费2056.28万元，有关镇也为欠发达村增加教育补助经费558.61万元。市财政下发了欠发达老区建设专项资金600万元，支持20个镇区33个老区村改善生产生活设施。全市有38个村实现脱贫。全年81个欠发达村经营总收入2.4亿元，比上年增长19.5%；经营纯收入7600万元，增长67.5%；总资产33亿元，增长8.9%；资产负债率为45.6%，下降6.6个百分点。

## 三、工业和建筑业

工业生产快速增长　全年全市完成工业总产值4470.03亿元，按可比价计算，比上年增长22.2%。按经济性质分，公有经济工业产值406.63亿元，增长15.5%；非公有经济工业产值4063.40亿元，增长22.9%。在公有经济中，国有及国有控股工业产值336.54亿元，增长14.8%；集体工业产值70.09亿元，增长19.5%。在非公有经济中，外资型工业产值3363.30亿元，增长21.6%，占全市工业总产值的75.2%。按规模分，规模以上工业产值3942.03亿元，增长24.8%。

工业行业结构、产品结构在发展中调整　在规模以上工业中，2005年通信设备、计算机及其他电子设备制造业产值增长11.4%，占29.2%；纺织业增长22.5%，占4.8%；造纸及纸制品业增长26.8%，占4.7%；塑料制品业增长7.7%，占4.7%；电气机械及器材制造业增长15.6%，占11.5%；电力、热力的生产和供应业增长235.3%，占9.7%。适销对路的工业品和高新技术产品产量大幅度增长。规模以上工业全年生产移动电话机355.45万部（不含诺基亚），电话单机4335.20万部，彩色电视机201.97万部，组合音响2930.83万部；敷铜板1274.89万平方米；吸尘器525.21万台，电子元件3619.63亿只，传真机61.39万部，打印机264.57万部，显示器1360.28万部，键盘8634.52万个，微型电子计算机188.87万台，微电机10.97亿台，发电量

377.50亿千瓦时。

*电子信息产品制造业稳步发展* 积极扶持技术含量高、市场需求量大的电子信息产品制造业的发展，加快产业基地建设，以信息化带动工业化，电子及通讯产品生产稳步增长，已成为工业经济的一大支柱，成为IT产业的大市。2005年规模以上电子信息产业完成工业总产值1785.30亿元，比上年增长13.7%，占全市规模以上工业总产值的45.3%；实现利润39.92亿元，增长6.4%，占全市规模以上工业利润的32.1%。

*工业经济整体效益进一步提高* 2005年全市工业经济效益在上年明显好转的基础上，继续呈上升态势。全年规模以上工业综合经济效益指数为119.86。其中，工业产品产销率为99.47%；成本费用利润率为3.29%，上升0.13个百分点；资产负债率为49.59%，下降6.4个百分点；规模以上工业增加值率为26.95%。按增加值计算的全员劳动生产率为53340元/人，增长19.47%；全年实现利税总额183.1亿元，增长30.2%，其中利润总额124.35亿元，增长28.6%；亏损企业亏损额27.19亿元，上升5.4%。

*建筑业发展稳定* 2005年全市资质等级以上的建筑企业328家，全年建筑业总产值76.39亿元，房屋建筑施工面积1375万平方米，利税总额4.58亿元，利润总额2.68亿元。

## 四、城市建设和固定资产投资

*城市建设成效显著* 2005年是“五年见新城”的冲刺之年，城市新区建设如期实现。图书馆新馆、玉兰大剧院、科学技术博物馆和青少年宫建成并投入使用。路网建设进一步完善。环城路、常虎高速、东部快速干线建成并通车，市内四条主干公路（莞樟路、莞龙路、莞长路和东深路）的扩建改造工程竣工并恢复通车。城市面貌改观，使东莞城市价值提升。2005年东莞入选国家统计局首届评定的“中国投资（硬）环境”50优城市。

*固定资产投资适度快速增长* 调整优化投资结构，固定资产投资规模继续扩大，增长趋于理性。2005年全社会固定资产投资597.24亿元，比上年增长31.3%，投资总量创历史新高。其中农村单位固定资产投资78.70亿元，增长32.1%；城乡私人建房投资25.90亿元，下降10.2%；城镇集体以上固定资产投资492.64亿元，增长34.4%。在城镇集体以上固定资产投资中，基本建设投资208.75亿元，增长45.4%；更新改造投资55.03亿元，增长15.9%。在全社会固定资产投资中，分产业看，第二产业投资263.59亿元，增长66.7%，第三产业投资333.63亿元，增长12.4%；分行业看，制造业投资仍居首位，2005年制造业固定资产投资222.01亿元，占全社会投资总额的37.2%，这是与我市现代制造业名城的发展定位和城市特色密切相关的；从投资主体看，国有集体经济投资213.48亿元，增长18.7%；民营经济投资195.90亿元，增长24.4%；港澳台和外商经济投资175.38亿元，增长54.6%。投资重点倾向于能源建设。全年原材料和能源完成投资39.82亿元，增长20.1%。

*房地产开发投资持续增加* 全年全市房地产开发投资144.43亿元，比上年增长26.2%。全年商品房销售额119.40亿元，增长40.0%；商品房屋建筑施工面积1160.17万平方米，增长38.3%；商品房实际销售面积321.85万平方米，增长25.9%。商品房平均销售价格比上年上升11.2%。

## 五、信息化建设

认真组织实施信息化带动战略，全面提升社会信息化的整体水平。2005年全市信息化综合指数为71.1（按常住人口计算），居于全省的前列，达到率先基本实现现代化要求的信息化综合指数为60%以上的要求。

*邮电通信业稳步发展* 全年全市邮电业务收入132.82亿元，比上年增长10.0%。其中电信业务收入49.77亿元，移动通信业务收入66.92亿元。全市本地程控电话交换机总容量88.92万门，移动电话交换机总容量1059.1万门，构成覆盖全市、方便、快捷、安全的信息传送大通道。年末实有程控电话用户（含小灵通）383.91万户，移动电话用户（含充值卡）1016.41万户，分别比上年增加102.56万户和160.32万户。年末全市数字数据网（DDN）用户2170端口，互联网用户52.90万户，比上年增加2.33万户。2005年12月10日成功实现了数字程控电话升8位，跻身国际大城市的行列。

*全面推进电子政务的应用* 在做好全市OA系统日常维护工作的同时，完成了WEB版OA的升级工作并推广使用，对全市76台OA服务器的配置及应用数据库进行更新，升级了6650位OA用户的个人邮箱和1807个部门邮箱，以及每台服务器16个应用数据库的更新，使网上办公系统的界面和功能更加完善。改版后，东莞市网上行政办公系统同时支持LOTUS客户端和浏览器，在功能上增加手机短信答复会议通知、在个人通讯录中群发短信和邮件等新功能，同时会议管理、公文办理、车辆管理、系统权限管理、用户管理等程序的功能得到完善。做好“中国东莞”网站的改版工作。以“网站群”架构对“中国东莞”网站进行改版和整合全市政府部门网站，基本完成了改版的后台开发、测试和正式发布前准备工作，为中国东莞网站全面升级打好基础。

## 六、交通、旅游

*交通运输网络更趋完善，营运能力增强* 年末全市境内公路通车里程2871公里，比上年增加112公里，公路密度116.47公里/百平方公里。其中等级公路2840公里，密度115.21公里/百平方公里。高速公路154公里，密度6.25公里/百平方公里。年末全市拥有民用汽车40.66万辆，比上年增加8.69万辆。其中，载货汽车12.93万辆，载客汽车26.89万辆。全年完成货物周转量42.48亿吨公里，比上年增长0.3%。其中公路27.25亿吨公里，增长0.1%；水运15.23亿吨公里，增长0.6%。完成旅客周转量118.53亿人公里，比上年增长1.6%，其中公路118.2亿人公里，增长1.6%。港口货物吞吐量2280万吨，下降12.3%。

*旅游业发展势头良好* 年末全市拥有星级酒店88家。其中三星级酒店27家，四星级酒店22家，五星级酒店14家。全年接待过夜旅客人数1156万人次。其中外国及港澳台旅客169.31万人次，国内游客987万人次，客房平均开房率为58.9%。全市境内旅游景点观光人数421万人次。全市各旅行社共组织73.48万人次外出旅游观光，比上年增加14.78万人次。其中国内游68.08万人次，增加15.58万人次；出国（境）游5.4万人次。全年旅游业总收入90.72亿元，比上年增长5.9%，其中旅游外汇收入2.82亿美元，增长20.3%。

## 七、国内贸易

*商业网点建设日趋完善* 商业企业以展示新形象为动力，以连锁超市为代表的新型业态加快商业布局和业态调整。至2005年末，全市工商注册登记的批发零售贸易企业和个体商业户19.32万个，比上年增加4.41万个；餐饮企业2.5万个，增加0.61万个。其中限额以上批发零售贸易企业486个；限额以上餐饮企业194个。各类批发、集贸市场665个，比上年增加55个。2005年（下转641页）

# 塘厦镇

塘厦镇在国家统计局组织的全国综合实力千强镇测评中荣获第五名

2005年6月，东莞市委书记、人大常委会主任佟星(右三)到塘厦视察外资企业

塘厦镇荣获“广东省教育强镇”称号

白金五星级酒店——塘厦三正半山酒店

依山傍水的林坪路

莞深高速公路塘厦大坪立交桥工程

东深二路工程(塘厦段)于2005年11月竣工并投入使用

大型商业广场——天荣百货

天造一半，人造一半——新世纪·可居

2005年3月29日，塘厦镇荣获“东莞市文化建设达标镇”称号

塘厦镇第二届体育节开幕式

塘厦镇荣获国家体育总局授予的“全国群众体育先进单位”称号

塘厦镇第二届体育节健美操比赛

省一级学校、广东省国家级示范性高中——塘厦中学

新建成的塘厦第三小学

市一级学校——塘厦第二小学

省一级学校——塘厦第一小学

塘厦镇荣获“广东省教育强镇”称号。图为授牌仪式

塘厦镇庆祝成功创建省教育强镇文艺晚会

# 大岭山镇

大岭山镇——中国家具出口第一镇，连续十年家具出口值位居全国乡镇级第一位

## 依山傍湖的现代生态新城

大岭山镇面积95平方公里，设有23个村（社区）。2005年，全镇人口30多万人，其中户籍人口4万人。

大岭山镇位于新城市中心、松山湖科技产业园区、同沙自然保护区“三位一体”之间，是东莞南部地区的重要交通枢纽，有着完好的自然生态，东临松山湖，北靠同沙自然保护区，西南依大岭山森林公园，形成独特的倚山傍湖的地理条件。全镇有各类外资企业600多家，形成了以家具、印刷、电子三大行业为龙头，涂料、塑胶、制鞋、皮具齐头并进的多元化工业群体，有世界500强企业5家，产业优势明显，连续10年家具出口值位居全国乡镇级第一位，被中国轻工业联合会、中国家具协会授予“中国家具出口第一镇”荣誉称号！

极具规模的科技工业园

东莞南部交通枢纽

完好的自然生态

# 高速发展、充满活力的大岭山

成功创建“广东省教育强镇”

## 2005年大岭山镇社会经济建设十大亮点

- ★ 两级税收突破6亿元大关，增长速度居全市镇区第二
- ★ 跻身全市出口十强镇区。出口总额13.42亿美元（不含市属外贸公司），直接利用外资1.6亿美元，均位于全市第十位
- ★ 莞长公路改造工程完工
- ★ 龙大高速公路大岭山路段动工，开创乡镇政府建设高速公路的先河
- ★ 大岭山镇环城大道竣工通车
- ★ 信立农贸城落成，总投资8亿元，建筑面积达70万平方米
- ★ 凯东新城房地产启动，占地150亩，总投资3亿元
- ★ 帝京酒店试业。酒店占地4.7万平方米，建筑面积8万平方米
- ★ 成功创建省教育强镇，有省一级学校1所、市一级学校5所、市一级幼儿园2所
- ★ 文化建设全面达标，被评为“东莞市文化建设达标镇”，大岭山广场再次被评为“东莞市十佳文化广场”

龙大高速大岭山路段动工

凯东新城

信立农贸城开业

荣获东莞市文化建设达标镇区

东莞首个全国特色文化广场

2005年7月，市委书记、市人大主任佟星指导先进性教育开展工作

巡警队

# 走向文明和谐的大岭山

表彰先进文艺晚会

永葆先进性主题活动

先进性教育报告会

金桔村老人娱乐

新塘村文艺队汇报演出

大型广场舞

青少年教育

武装巡游

保持共产党员先进性教育活动电视直播晚会

社会治安整治誓师大会

地处大岭山镇的广东东江纵队纪念馆开馆

元岭新村落成庆典

# 黄江镇

2005年10月市委书记、市人大常委会主任佟星出席黄江镇梅塘农民公寓奠基仪式

镇委书记、镇人大主席伦锦洪为钱伟忠颁发镇长当选证书

黄江镇田美社区党支部挂牌

黄江镇捐建的环江县一中教学楼

大屏障森林公园打鼓山一景

黄江镇富康花园外景

拟建的黄江镇梅塘农民公寓

黄江镇清泉水库一景

黄江镇清泉水库一景

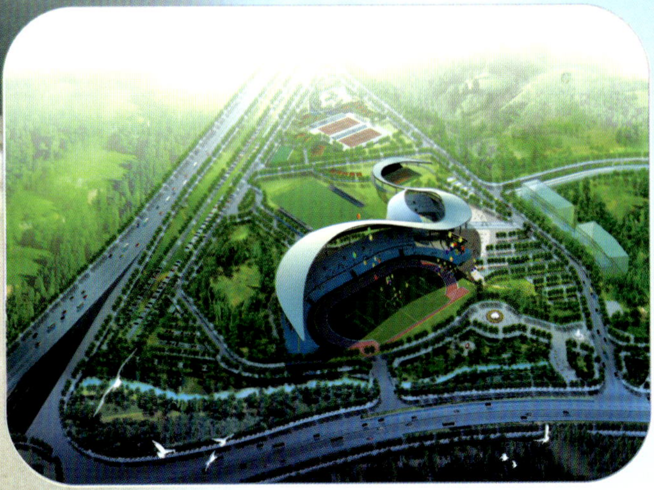

拟建设的黄江镇体育公园

拟建中的黄江镇新城市中心区鸟瞰图

至Yeah小香港 繽紛樟木头

# 城市建设

樟木头全景

## Zhangmutou Intraducation

**樟木头简介** 2005年，樟木头镇以科学发展观为指导，紧紧围绕市委、市政府“一城三创五争先”的工作思路和建设经济强市、文化新城、法治社会、和谐东莞的发展战略，深入开展共产党员先进性教育活动，贯彻实施“四清理”，抓好“四项工程”建设，重点推进经济发展、社会治安、教育强镇和社会管理工作，促进社会各项事业协调发展，使经济结构更加合理，城市竞争力明显增强，社会治安进一步好转，教育和科技创新体系更加完善，社会更加和谐平安。

**经济工作稳步推进**

2005年，樟木头镇积极转变经济增长方式，优化产业结构，坚持自主创新，狠抓城市升级，房地产业、商贸服务、工业三大产业齐发展，实现了经济增长后劲足、规模效应大、效益好，被授予“广东省商贸服务专业镇”称号，在全国千强镇中位列齐74名。

# 商贸物流

以实施“商贸东莞”、打造商贸樟城为切入点，做好《2005年-2015年全镇商业网点规划》，构建与具有“小香港”特色的现代化中心城镇相协调、与国内外市场相衔接的商贸服务业网络体系。塑胶原料市场已完成三期扩建，占地总面积20万平方米，拥有商户1500多家，年销售量100多万吨，是位居全国前三强的塑胶原料集散地。于2005年5月成功举办了首届粤港塑胶机械博览会，美国、日本、韩国、香港等国内外全球著名的塑化企业前来参展，召开产品说明会并设立代办处，吸引客商逾3万名,带来良好的经济效益和社会效益,成为樟木头镇商贸服务业的新亮点;全球零售业巨头沃尔玛已签约落户东城区，与美国时代华纳、新加坡嘉德公司联营,计划投资7000万美元，建成中国首家镇级现代化购物公园；占地8万多平方米的粮食批发市场一期日销售粮食6000吨，可供2000多万人一日食用，占全广东粮食批发量的三分之一，二期646间商铺已全部租罄，于2005年12月开业，有望成为全国乃至亚洲最大的粮食批发市场；骏业百货和四星级标准的阳光假日酒店已投入营业，为商贸服务业再添新力军；樟罗佳华商贸城已完成主体工程。

◎天和百货

◎百佳超市

◎骏业百货

◎樟木头粮油市场

◎三正半山酒店

◎新都会酒店

◎广升花园酒店

◎东莞市花园酒店

◎塑胶博览会

# 经济文化

## 工业发展

重点加快金河工业区三期建设，已完成3000亩金河高新工业区全部项目招商，新签协议利用外资6亿多元，比2004年增长97.94%。把招商引资工作侧重放在民营文裕工业区和村级厂房上，引进一批大项目，包括东莞嘉卓成化工科技有限公司，占地6万平方米，首期投资2600万元；东莞西源纸品有限公司，占地12万平方米，建筑面积30万平方米，计划投资5亿元，发展物流业及纸品加工项目，建成后将为樟木头镇带来可观的利税收入。大力鼓励现有大型企业增资扩产，引导永洪印刷、南星塑胶等7家企业增资23920万港元。樟洋天然气发电厂一期机组并网发电投产一年来，共发电约19亿千瓦时，为缓解电力紧张局面发挥了积极作用，实现产值约11亿元。

## 文化事业蓬勃发展

重点抓好著名文化品牌——第四届香港人旅游节的举办，在全国镇级率先承办国家级的第七届中国民间文艺“山花奖”，并以“麒麟戏金鼓”节目荣获第七届中国民间文艺“山花奖”大赛优秀表演奖和2005年广东旅游文化节岭南民间艺术汇演金奖，进一步提升了旅游节的档次和品位，同时组织全镇所有外商参加了广东旅游文化节。抓好镇文化建设软硬件达标，广泛开展现代公民教育，以“爱国、守法、诚信、知礼”为主题，通过开展法律知识竞赛、健康专题讲座、禁毒演讲比赛等系列活动，提高全体镇民的素质。另外，观音山森林公园主办了全国第二届健康文化节，更体现出全镇欣欣向荣的企业文化。

# 房地产业

加快帝豪花园、帝雍园、绿茵、御景、嘉多利、碧河等大型楼盘建设，共完成在建及扩建工程建筑面积11.3万平方米，比2004年增长54%。做好占地5400亩的南城新区的前期规划、办证、立项工作，已确定绿茵山庄、中惠地产等项目的用地意向，计划开发土地120万平方米，投入资金12亿元，将建成高质量、高档次的全新楼盘。

办好第四届香港人旅游节，促进楼盘销售。通过承办第七届中国民间文艺“山花奖”、民间艺术表演大巡游，吸引百万中外游客旅游观光，带动社会消费1.6亿元，售出楼房(铺位)500多套，销售面积4万平方米，销售总额1.8亿元。

要求各开发商加强物业管理，按照“四满意”标准，成立综合办公室，建立商品房资料数据库，对全镇历年房地产项目开发销售信息加以收集整理，杜绝一房多卖和不良地产商违规操作的现象。全年累计销售商品房、铺位1800套，销售面积10万平方米，销售总额5.9亿元，比2004年增长54%。

嘉多利山花园

帝豪花园

帝雍园

绿茵豪庭

碧河花园

御景花园

# 鳳崗镇

喜挂“省教育强镇”牌匾

## 新凤岗 新发展

第二届文化艺术节

激情广场走进凤岗

镇中心区一景

海关

# 新形象 新生活

一河两岸夜景

沙岭夜景

翡翠山湖

东莞华侨中学新校全景图

一河两岸规划图

和谐凤岗的坚强保证

体育中心

康佳路

嘉辉豪庭

新行政办事中心

企业一角

凤岗物流园

# 谢岗镇

喜庆同乐的大型文艺晚会

谢岗城镇新貌

配套设施日臻完善的谢岗镇文化广场

广场一隅

设施完善的新兴高新科技工业园

谢岗镇首届登山节开幕式

谢岗镇舒适幽静的新敬老院

精彩缤纷的文艺活动

兴建中的五星级酒店

环境优美的园林式居住小区

新建的教师宿舍

重新装修的谢岗中学教学大楼

# 银瓶山森林公园

山清水秀

银瓶山远景

飞泉流瀑

绿意盎然

# 清溪镇

清溪全景

全国创建文明村镇工作先进村镇挂牌仪式

全国创建文明村镇工作先进村镇挂牌

省教育强镇挂牌

固本强基市级示范点——荔横村挂牌

在保持共产党员先进性教育活动中镇领导班子集中学习

在保持共产党员先进性教育活动中大新彩印公司党支部挂牌

第四届全国“四进社区”文艺展演金奖

第六届中国民间艺术节银奖

东莞首届中老年广场舞大赛金奖

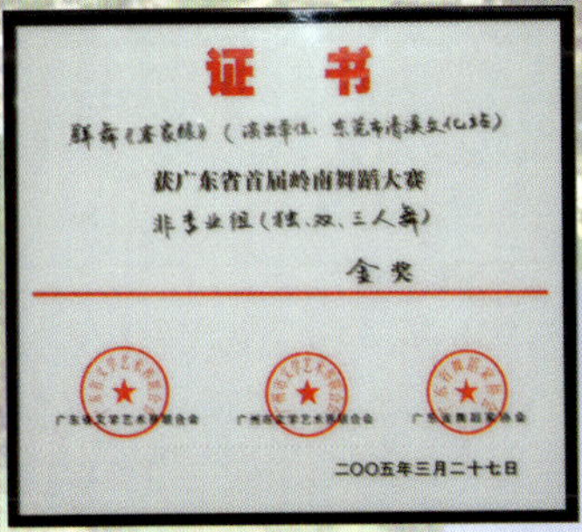


首届岭南舞蹈大赛金奖

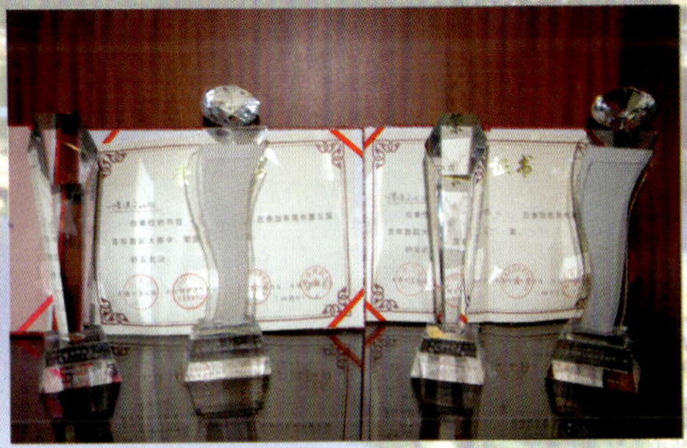

东莞青年舞蹈大赛金银奖

元宵大巡游

银利高尔夫球场

青湖工业园区

即将通车的龙林高速清溪连接线

电脑生产线

农民公寓

清溪镇文化中心广场被评为东莞市第二届“十佳文化广场”

麒麟舞

清溪医院大利分院

第二小学建设效果图

第三小学建设效果图

清溪中学新教学楼

# 常平镇

常平全景图

常平会展中心

大京九塑胶城

环城路

常虎高速常平站

繁华的商贸业

蓬勃发展的房地产

2005年首届东莞国际啤酒节开幕式

铁路公园一角

第三届欢乐常平商贸旅游文化节

# 常平镇上坑村

常平镇领导到上坑村下田电子厂参观

上坑村位于常平镇中心的东北约2公里处，面积约1.3平方公里，常住人口有250多户，共915人。东毗邻横江厦村；西、南毗邻东莞（常平）火车站、常平海关大楼、卫检大楼、车检场，北毗邻松柏塘村。四条车道的上坑大道南接常马大道，北接常松路、北环路（规划中），交通十分便利，形成了上坑村得天独厚的投资环境。再加上良好的治安和纯朴的人文环境，更加突显了上坑村投资环境的优越性。

上坑村民热忱地欢迎海内外企业家到上坑这方热土上来，共图大业，再创辉煌。上坑村将一如既往地为各方投资者创造更佳的环境，提供更优质的服务，让投资者取得更大的回报！

上坑村，热诚与你共创美好明天！

上坑工业区新建厂房8座

村干部视察上坑村工业区在建6座厂房施工现场

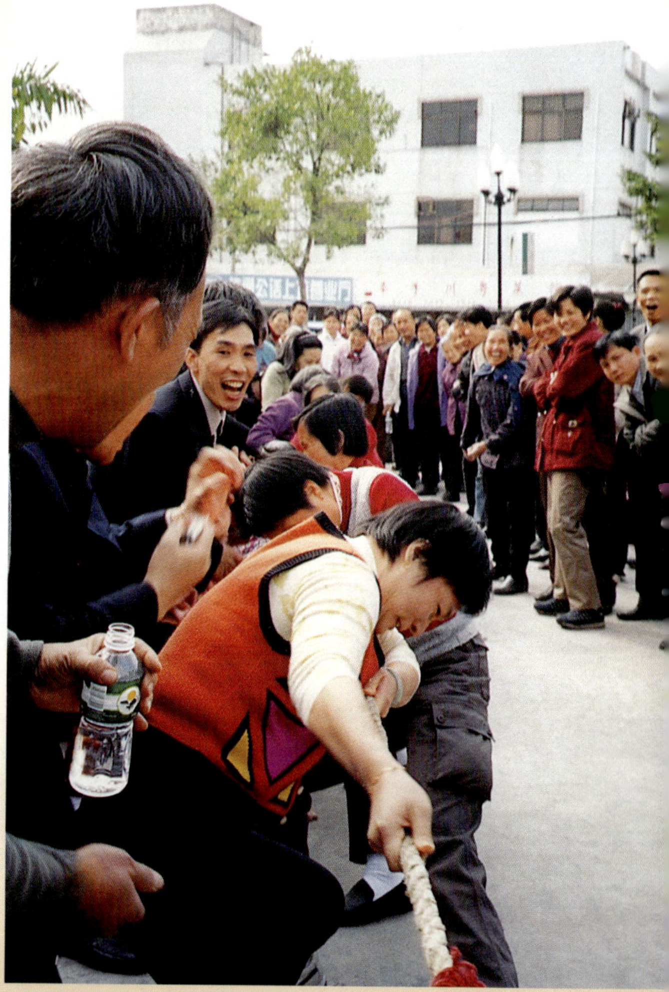
丰富的村民文化活动

**引领东莞名门生活** 东莞不缺名人，更不缺名流，缺的是一个属于城市贵族的名门。

近百年来，常平的名门生活史。一直到金凯水都诞生，才开始流传
金凯水都，名门贵族的身份标签
世界，总是以惊人的相似在重复着，台北、东京、纽约、巴黎、伦敦......
同样的高贵在相同的场域中流淌。
住宅历来是资本，同时也是解读社会等级和文化的最好标签。
金凯水都，扩大名门社区，以浓郁纯正的法式生活蓝本传递其高贵血统，
加深人文厚度，以对尊贵的深入理解打造7000平方米名门水域，筑一方稀世水都。
在常平观音山下繁华与自然辉映之地，焕发罕有贵族气质，
改写常平上流生活格局。

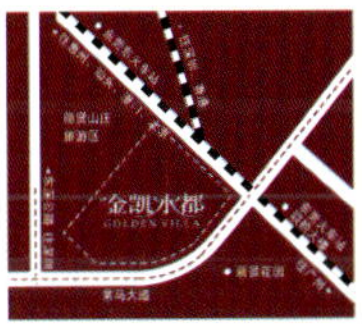


05东莞商房预证字第00276号

**Tel : 0769~8399 2888**

**发展商：**
香港汇港集团发展有限公司

**国内售楼部：**东莞市常平镇常马路横江厦管理区
TEL : (0769) 8399 2888

总销售策划及代理：华港物业　东莞区代理：金鹏物业

# 横沥镇

一河两岸夜景

领导视察横沥镇创省教育强镇工作

镇中心区一景

双助工程

双龙舫步行街

蓬勃发展的房地产业

工业园区

横沥牛行

# 企石镇

2005年10月30日，东莞市委书记佟星视察东江大道工程
（王道辉 摄）

保持共产党员先进性教育活动在企石镇顺利展开
（王道辉 摄）

大力开展“四清理”，优化环境（徐永桂 摄）

新建成的高尚住宅小区（王道辉 摄）

2005年9月竣工的黄大仙公园（一期、二期）（赖日昌 张谭田 王道辉 摄）

横贯企石东西方向的东部快速干线（赖日昌 张谭田 王道辉 摄）

东江大道（东江大堤）
（赖日昌 张谭田 王道辉 摄）

建设中的东部工业园企石园区东兴工业园（赖日昌 张谭田 王道辉 摄）

建设中的东部工业园企石园区联兴工业园（赖日昌 张谭田 王道辉 摄）

东丫湖（张谭田 赖日昌 王道辉 摄）

2005年，企石医院获省文明单位揭牌仪式（王道辉 摄）

# 企石医院

★广东省文明单位
★广东省文明窗口
★广东省百家文明医院
★广东省厂务公开先进单位
★广东省巾帼文明示范岗
★广东省优秀社区卫生服务机构
★东莞市文明单位
★东莞市文明示范单位
★东莞市文明单位标兵
★广东省高等医学院校教学医院

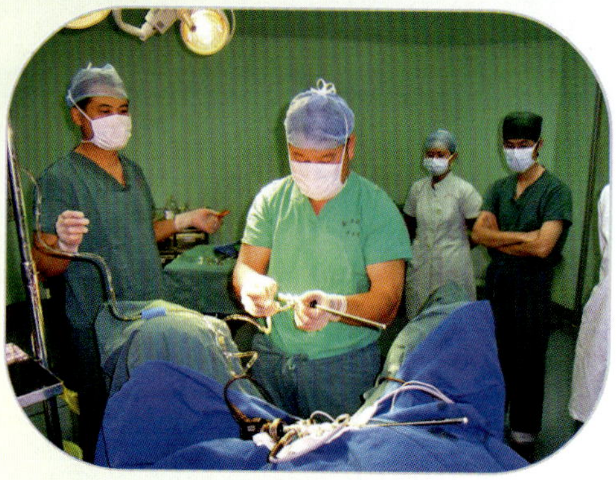
小切口、恢复快、安全、无痛苦的腹腔镜微创手术（钟辉 摄）

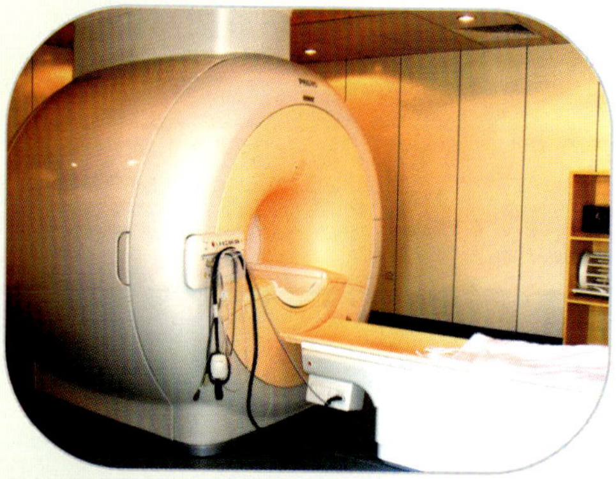
飞利浦1.5T高场超导磁共振检查仪（钟辉 摄）

重新扩建、装修一新的门诊大楼（钟辉 摄）

住院大楼（钟辉 摄）

夹心瓦生产车间

热浸镀锌彩涂钢卷

琉璃瓦生产车间

宏發鋼鐵
HONGFA STEEL

# 东莞市宏发钢铁结构材料有限公司

东莞市宏发钢铁结构材料有限公司创立于1993年，是集所有钢铁结构材料、型材、型钢的销售、贸易及承接各类钢铁结构材料制造订单为一体的大型专业公司。

随着业务的蓬勃发展，公司投资建造了生产钢铁结构材料工厂，配置有台湾、日本等国外最先进生产线，专业生产变截钢、彩钢瓦、各种规格C型钢、PU隔热瓦、钢强（PU）复合板、EPS夹芯板、彩钢琉璃瓦等，产品远销全国。公司以“以人为本，质量第一，信誉至上，客户为先”为宗旨，用优质的产品和良好的售后服务与社会各界携手合作，共创世纪辉煌。

欢迎国内外客户前来洽谈业务，宏发将竭诚为您提供全方位的热情的服务。

销售部

地址：东莞市企石镇上截黄金积工业区
联系电话：0769-86787111
传真：0769-86787868
网址：www.hf-steel.com　E-mail：hfsteel@21cn.com

2004年雅典奥运村麦当劳餐厅

2005年上海国际汽车展奔驰展厅

# 石排镇

## 石排中学

石排中学外景

东莞市石排中学创办于1969年，2005年9月搬迁到新校区，至今已建校36年。长期以来，在党政领导的亲切关怀和社会各界的鼎力支持下，办学规模逐年扩大，办学质量不断提高，学校影响力不断提升。

新校区占地面积200亩，建筑面积63930平方米，按省一级标准建设，拥有5座教学及功能楼，1座教研楼，1座体育馆式风雨操场；拥有完善的体育设备，配备400米标准塑胶跑道；拥有先进的校园网络和70多个多媒体教学平台；拥有能容纳1600人同时就餐的现代化饭堂。设计规模为60个教学班，能满足3000名学生的学习和生活需要。教学区、生活区、运动区布局科学，办公楼、教学楼、实验楼连成一体，校园环境整洁优美，教育设施完善，充满现代化气息。

学校以目标管理为导向，以过程管理为基础，以情感管理为动力，以质量管理为核心，追求五个“一流”（环境一流、设备一流、管理一流、师资一流、质量一流），认真抓好学校管理，积极推行素质教育，努力提高教育、教学质量，为各级各类高一级学校输送了大批优秀学生，为学生的可持续发展打下了坚实基础。

风雨操场

广播监控室

优雅整洁的校园环境

化学试验室

电脑室

平整美观的校园操场

## 东莞市文明村

# 福隆村

①

②

福隆村是石排镇最大的行政村，位于石排镇中部，莞桥公路穿村而过。2005年，全村总面积5.9平方公里，下辖13个自然村，常住人口5600人，外来人口2万多人。全村共建有3个工业区，总面积达85万平方米。共建厂房及宿舍453570平方米，拥有企业98家，其中民营企业51家，外资企业47家。

在干部群众的共同努力下，福隆村在经济发展、社会治安、文化教育、党建工作等方面都取得了喜人的成绩。

福隆村正处于高速发展的好时机，东部快速路的开通再次拉近同周边城市的距离，交通便利、治安良好、投资环境日趋完善，是一个投资创业生活的好地方！

③

① 福隆村委办公大楼
② 福隆古塔公园——中为始建于乾隆三十五年（1770年）的文塔
③ 福隆“百福”图
④ 福隆村篮球场
⑤ 村民休闲健身场所
⑥ 儿童乐园

④

⑤

⑥

# 石排影剧院

## 公司简介

华润雪花啤酒(中国)有限公司成立于1994年，是一家生产、经营啤酒、饮料的外商独资企业。总部设于中国北京。其股东是华润创业有限公司和全球第二大啤酒集团SABMiller。截至2005年，华润雪花啤酒在中国大陆经营42家啤酒厂，占有中国啤酒市场的12%份额。其旗下的全国品牌——雪花啤酒，每年销量增长幅度达到30%以上，行业规模直指第一。

雪花啤酒采用国际领先的德国克朗斯啤酒酿造设备，通过多样顶尖麦汁制备工艺，提高酒体活性营养物质饱和度，令酒体色泽冰晶透亮，顺滑香浓，给您带来爽口冰澈的快感！雪花啤酒一直以清新、淡爽的口感，积极、现代、活力的姿态受到年轻人的喜爱，雪花啤酒已经成为鼓舞年轻人成长的伙伴。

2006年3月15日，华润雪花啤酒(广东)有限公司正式投产，产自东莞工厂的雪花系列产品全面上市。这标志着作为全国性品牌的雪花啤酒真正落户华南，华润雪花将在华南飘起最美的“雪花”，成就华南消费者心中的梦想和期盼。

（上接592页）全市经工商登记商品展会63场。

国内市场销售稳中趋活，消费层次提高　随着国家扩大内需政策的到位和效能的释放，新一轮消费升级特征明显，汽车以及与住房相关的商品销售尤为突出。超级市场、专卖店、购物中心、仓储式商场、电子商务等多种零售业态共同发展，刷卡消费、信用消费逐步扩大。全年社会消费品零售总额500.01亿元,比上年增长17.2%。其中私营个体经济266.26亿元，增长17.9%。按行业分，批发零售贸易业430.38亿元，增长17.7%；餐饮业69.57亿元，增长14.6%。全年批发零售业实现商品销售额824.82亿元，比上年增长22.7%。

在批发零售贸易业中，全年限额以上批发零售贸易企业零售额159.5亿元，比上年增长14.5%。分类别看，石油及制品类零售54.83亿元，汽车类零售54.68亿元，日用品类零售2.29亿元，食品饮料烟酒类零售13.29亿元，家用电器和音像器材类零售4.85亿元，服装鞋帽针纺织品类零售3.96亿元，建筑装潢材料类零售1.39亿元。

## 八、对外经济贸易

利用外资规模不断扩大　全年实际利用外资（不含对外借款，新口径）14.68亿美元，比上年增长51.7%。协议规定外商投资额（新口径）29.80亿美元，增长8.9%。项目投资规模不断扩大，吸收外资结构不断优化。按新口径，2005年全市新签外商直接投资项目772宗，新签项目合同外资金额12.3亿美元，比上年增长7.6%，新签项目合同外资金额平均158.6万美元，比上年增加48万美元，增长43.4%。其中新签项目投资总额超1千万美元的有36宗，合同外资金额3.1亿美元，占全市合同外资的10.3%；全市增资项目1138宗，增资金额17.6亿美元，占59.1%；增资项目增资总额超1千万美元的有52宗，合同外资金额8.2亿美元，占27.6%。吸收外资以制造业为主，服务行业快速增长。2005年全市制造业吸收合同外资28.5亿美元，占全市合同外资的95.6%，显示出制造业仍是外资在我市投资的重点。服务业合同外资1.3亿美元，比上年增长65.4%，占4.4%，服务业的快速增长成为吸收外资的亮点。至2005年末，全市拥有外资型实际投产企业15654家。

吸收外资领域不断拓宽　2005年全市来自香港的外资15.2亿美元，比上年增长11.4%，占全市合同外资金额的51.3%；来自台湾9.3亿美元，下降13.0%，占31.4%；来自欧盟0.8亿美元，增长145.2%，占2.6%；来自日本1.6亿美元，增长19.8%，占5.6%；来自新加坡0.66亿美元，增长135.7%，占2.2%。2005年先后有3家世界500强企业在我市投资了5个项目，合同外资金额2739万美元，比上年增长32.6%。

对外贸易跃上新台阶　全年进出口总额（海关口径）743.72亿美元，折合人民币超过6000亿元，比上年增长15.3%。其中进口额334.42亿美元，增长14.0%；出口额409.29亿美元，增长16.3%。加工贸易占全市外贸进出口总值的九成，一般贸易出口继续高速增长。2005年全市加工贸易进出口675.8亿美元，增长14.0%，占全市进出口总值的90.9%。其中，加工贸易出口391.6亿美元，增长14.0%，加工贸易进口284.2亿美元，增长14.0%。一般贸易出口17.6亿美元，增长106.3%，占出口总值的4.3%。

出口商品结构进一步调整　全市根据国际市场的变化与需求，在出口商品结构上重点抓好技术含量高，加工程度深，附加值高的机电产品出口，尤其是电脑资讯产品的出口，扩大了国际市场的占有份额。机电产品出口占主导地位，传统大宗商品出口稳定增长。全年全市机电产品出口289.9亿美元，增长16.2%，占全市外贸出口总值的70.8%；高新技术产品出口149.4亿美元，增长9.9%，占36.5%。此外，传统大宗商品出口平稳增长。

出口领域继续拓宽　在出口市场结构上，对五大贸易伙伴进出口保持增长，开拓非洲出口市场增幅较大。2005年美国、欧盟（25国）、日本和台湾地区依次列我市进出口贸易伙伴的前5位，均实现增长，分别为147亿美元、119.5亿美元、87.8亿美元、83.9亿美元和81.9亿美元，分别增长12.1%、14.6%、20.5%、10.6%和10.0%。在对传统贸易伙伴出口保持增长的同时，我市加快开拓非洲等出口市场的速度，对非洲出口1.7亿美元，增长40.7%，增幅为全市对六大洲出口之首。

外资企业是出口的主体，民营企业出口增长加快　全年全市外商投资企业进出口423.5亿美元，增长17.5%，占全市外贸进出口的57.0%。其中出口235.3亿美元，增长20.8%，占出口总值的57.5%，进口188.2亿美元，增长13.7%，占进口总值的56.3%。民营企业进出口保持较快增长，进出口总值100.1亿美元，增长18.5%，占全市外贸进出口的13.5%。其中，出口56.2亿美元，增长23.9%，进口43.9亿美元，增长12.2%。

## 九、金融、证券与保险

各项存、贷款继续增加　我市认真贯彻落实国家稳健的货币政策，金融监管工作进一步加强，信贷业务良性发展。年末各项人民币存款余额2933.40亿元，比年初增长18.9%。其中，储蓄存款余额1728.28亿元，比年初增长20.7%；企业存款余额855.86亿元，比年初增长13.4%。各项人民币贷款余额1500.52亿元，比年初增长8.0%，其中，短期贷款余额734.19亿元，比年初增长5.8%，中长期贷款余额700.71亿元，比年初增长11.9%。个人住房按揭贷款余额285.5亿元，比年初增长28.1%；个人汽车消费贷款余额15.67亿元，下降27.8%。实现存贷顺差1432.88亿元，增长35.0%。全年现金收入7375.25亿元，比上年增长7.4%；现金支出7178.50亿元，增长6.7%。

证券市场在调整中发展　年末全市有营业证券公司9家，证券交易所21个，开户数30.27万户，比上年减少0.39万户。全年股票总成交额497.75亿元，比上年下降26.4%。保证金余额15.77亿元，比年初增长1.8%。

保险业务领域拓宽　2005年全市有保险公司19家，比上年增加3家，全市保险业从业人员10701人，保费收入36.91亿元，赔款支出6.17亿元。

## 十、教育、科学技术

幼儿教育健康发展　2005年全市有幼儿园511所，其中公立、集体办幼儿园194所，民办幼儿园317所，省、市一级幼儿园58所。全市在园（班）幼儿11.13万人，3—6周岁幼儿入园（班）率为94.7%，比上年提高0.2个百分点。绝大部分镇区基本普及三年学前教育，取消了学前班，实施六周岁入小学。

“普九”水平不断提高　2005年全市有小学414所，在校学生48.09万人，比上年增加3.26万人；适龄儿童入学率达100%，本市户籍小学毕业升学率达99.9%；完全中学33所，初级中学49所，九年一贯制学校45所，初中在校学生13.87万人，比上年增加1.25万人，本市户籍适龄少年入学率为98.4%，辍学率为0.33%，毕业率为99.67%；全市残疾儿童少年在校学生465人，适龄残疾儿童少年入学率为98.2%，以上各项指标均达到或超过国家和省的要求。

高中阶段教育稳步向前　2005年全

市有高中阶段学校63所，其中普通高中（含完中）40所，职业中学16所。本市户籍初中毕业生3.06万人，升入各类高中阶段学校就读的学生有2.88万人，其中普通高中1.79万人，职业高中7011人，普通中专2715人，成人中专53人，技工学校1027人。普通高中在校学生5.23万人，中等职业教育在校学生3.28万人，初中毕业生升学率达94.1%，比上年提高0.8%。普通高中在校生与中等职业教育在校生的比例为6：4。每万户籍人口普通高中在校生比例、中等职业教育在校生比例均位居全省前列。

成人教育持续发展　2005年全市有4所非学历高等教育机构、32所乡镇成人文化技术学校、476个民办教育培训网点，全年培训量达50.40万人次。2005年成人高考报名人数2.24万人，实考2.1万人，录取1.9万人，比上年增加1364人，考生录取率为90.5%。高等教育自学考试报考5.75万人次，报考人数在全省21个地级以上市中名列第三。此外，经省考试中心批准，去年首次在我市设立硕士研究生报名点，报名考生628人。

教育科研保持全省领先地位　全市申报广东省2005年教育创新成果奖项目139项，其中获奖31项，占全省获奖的45.6%；在广东省第五届普通教育教学成果评奖中，我市获奖4项（均为二等奖）；在广东省教育学会2005年度学术论文评比中，共有208篇获奖，其中一等奖5篇，二等奖20篇，三等奖66篇。经省教育厅审批立项的课题9项，经市教育局审批立项的课题210项。

教育综合实力不断增强　中小学德育工作继续得到加强和改进，全市中小学生犯罪率继续保持为零。普通高中考生被全国普通高等院校录取1.25万人，比上年增加1705人，增长15.8%，录取率为95%，连续三年名列全省第一。其中被本科院校录取5161人，比上年增加1157人，增长28.9%。被录取考生分布在全国28个省、直辖市、自治区的558所院校。每万户籍人口当年升上普通高校人数（不含中职考生升学人数）为76.97人，升上本科人数为31.88人，以上两项指标均名列全省第三。2005年全市户籍人口高等教育毛入学率为54.5%，超过广东省定2020年基本实现普及高等教育（高等教育毛入学率50%）的奋斗目标。全市有省教育强镇23个，比上年增加13个，省教育强市初步通过省的验收。

科技综合实力日益增强　2005年全市有科技活动机构1950个，从事科技活动人员14.44万人，科技活动经费使用总额8.76亿元。至2005年末，全市有省认定的高新技术企业247家，其中当年被省认定的高新技术企业46家。全年高新技术企业工业总产值925亿元，技工贸总收入927.72亿元。当年认定市级民营科技企业200家，总数达到1100家，当年认定省级民科企业63家，总数达到296家。全年民营科技企业工业总产值294亿元。国家级火炬项目14项，总投资2.16亿元，全年实现总产值1.60亿元，实现利税1637万元；国家级星火项目3项，总投资700万元，全年实现总产值1340万元，实现利税152万元；省级火炬项目13项，总投资1.32亿元，全年实现总产值5.16亿元，实现利税9648万元。

科技研发和产业化水平提高　2005年全市有科学研究及开发机构127个，科研开发经费支出1.84亿元，研究课题167个。全年评定省级科技进步奖3项，评定市级科技进步奖75项。全年申请三种专利6694件，授权专利3114件。全年签订各类技术贸易合同50项，技术合同金额4058万元，技术交易额2522万元。

## 十一、文化、卫生、体育

文化事业日益繁荣　我市实施新的文化发展战略，全力打造文化新城。2005年全市有文化站32个，群众艺术馆1个，公共图书馆（含村级）473个，电影放映单位70个，影剧院31个，文化广场447个，广播电台1座，电视台1座。广播、电视人口覆盖率均达100%。全年出版各类图书24.39万册、各种杂志158.91万册，报纸1244.69万印张。青少年宫于2005年9月对外开放，玉兰大剧院于2006年元旦投入使用。2005年是我市博物馆事业发展最为迅猛的一年，年末全市有博物馆16座，其中，新建成8座，另有5座正在建设。东莞图书馆新馆开馆、2005东莞举办首届读书节以及“东莞学习论坛”正式启动，东莞读书学习品牌初步形成。广泛开展各类文化活动，呈现出“节日有晚会、月月有比赛、周周有活动、天天有舞会”的繁荣局面，创办了“文化周末”、“都市彩虹”、“文化高地直播车”等文化活动品牌。全年全市举办各类文艺晚会512场，专项文艺比赛322场，文艺展览240期，参与人员220万人次；广场舞活动1.3万场次，参与人员1000多万人次；送电影下乡3790场次，图书下乡310次，演出下乡650场次。公益文化活动逐步市场化，推出的90个公益文化活动项目成交78个，金额6200万元。采取公开抽签的方式分配400个网吧的经营权。

卫生医疗条件进一步改善　年末全市有各类卫生机构180个，其中医院54个；拥有病床位11972张；卫生技术人员1.66万人，其中执业医师、助理执业医师5981人。抓好慢性病防治和精神卫生工作。全市报告乙、丙两类法定管理传染病25种，发病率为273.76/10万，全市无甲类传染病报告。在全市开展登记活动性结核病人督导180余次，初治涂阳治愈率为97.8%，复治涂阳治愈率为97.3%。对现有麻风病人进行规则治疗，治疗率达100%。认真做好妇女、儿童保健服务。2005年全市孕产妇系统管理率为53.87%，住院分娩率为99.58%，7岁以下儿童保健覆盖率为91.81%。引导市民积极参与无偿献血活动。全市无偿献血总人数5.85万人，比上年增长8.4%。广泛开展爱国卫生运动，向市民发放各类健康宣传资料1.5万份，广泛发动群众开展环境卫生清理和除“四害”活动，共发动社区、村委会、工厂等3114个，参加活动69.25万人次，清理卫生死角1.06万处，清除蚊蝇孳生地520余处。

竞技体育取得好成绩　2005年全市运动员在省级及以上各类体育比赛中共夺得国际赛金牌2枚、银牌1枚，铜牌2枚；夺得亚洲赛金牌4枚；全国赛金牌13枚、银牌16枚、铜牌11枚；全省青少年锦标赛金牌46枚，银牌49枚，铜牌54枚。

## 十二、资源与环境

2005年全市耕地面积增加291亩，减少4302亩（其中，基建占用耕地4205亩，改果园占用耕地97亩），当年净减少4011亩。

全年雨日天数145天，年降水量1837.6毫米，全年日照时数1736.3小时，平均气温22.7摄氏度，相对湿度75%。

全年完成迹地更新、低产林改造面积2.53万亩，植树566万株，年末有林地面积89.2万亩，林木蓄积量175.38万立方米，林木总生长量9.06万立方米，采伐量3.22万立方米，占生长量的35.5%，森林覆盖率为33.12%。2005年全市绿化整改共投入建设资金近2亿元，完成山上造林2.53万亩，补种乔木28万多株、灌木75万多株，新增绿地430多公顷。

全市建成污水处理工程18项，总处理规模307.9万吨/日，2005年底全市生活污水处理率为13.2%，市区为72%。开征污水和生活垃圾处理费。建成石马河调污工程，确保了东江饮用水源水质。建成垃圾处理工程3项，总处理规模2800吨/日，全市生活垃圾处理率为44.5%，市区达到100%。市区222.5平方公里实现烟尘控制区全覆盖，环境质量基本保持稳定。全市57所医疗机构中已建立医疗污水处理设施的有49所，占86%。

认真开展“四清理”工作。清理窝棚1.71万间，占地面积308万平方米；清理菜地、果园、山林、鱼塘等农用临时棚屋2.07万间，占地面积190.6万平方米；清理各类养殖场1.58万个，占地面积685.6万平方米；清理垃圾场598个，占地面积17.5万平方米；清理废品收购站1574个，占地面积89.23万平方米。还耕面积935.79万平方米，还林面积501.22万平方米，绿化美化面积937.46万平方米。

## 十三、市政公用事业

全市自来水日供水能力480万立方米，全年综合产水能力17.52亿立方米，全年供水量15.51亿立方米，年末全市供水管道总长度3680公里。全市有变电站105座，拥有主变台数299台，主变容量3178.2万千伏安，全年总供电量415.66亿千瓦时，比上年增长11.5%；总售电量396.59亿千瓦时，增长13.2%。

年末市内公共汽车营运路线46路，公共汽车营运车辆525辆，全年公共汽车客运量8216万人次，旅客周转量14.79亿人公里。

## 十四、人口、人民生活

人口增长基本稳定　2005年全市人口出生率为10.62‰，死亡率为4.60‰，自然增长率为6.02‰，比上年上升0.06个千分点。年末户籍人口165.65万人，比上年增加3.68万人。外来暂住人口584.98万人。

城乡居民收入继续增加　全市劳动就业最低工资标准由每月450元提高到574元。2005年全市非农企业职工年平均工资10639元，比上年增长8.0%，扣除价格因素，实际增长5.5%。城镇在岗职工年平均工资28253元，比上年增长11.6%，扣除价格因素，实际增长9.4%。城市居民人均可支配收入22882元，农村居民人均纯收入9842元，分别比上年增长11.5%和8.4%，扣除价格因素，实际增长8.9%和5.9%。

人民生活水平进一步提高　据抽样调查资料显示，2005年城市居民人均消费性支出21768元，比上年增长18.1%。其中，食品支出6035元，增长19.7%；交通通讯支出7482元，增长50.4%；娱乐文教服务支出3205元，增长19.9%；居住消费支出1242元。年末每百户城镇居民家庭拥有家用电脑114台、移动电话294部、摩托车160辆、家用汽车42辆、空调器264台、彩电200台、影碟机126台、录放像机26台、组合音响72套、微波炉82台、洗衣机110台、电冰箱124台、吸尘器20台、摄像机18架、照相机102架、钢琴16架、健身器材26套；自来水独用率为100%，液化石油气独用率为100%。居住条件进一步改善。年末城市居民人均总建筑面积55.50平方米，人均居住使用面积42.68平方米，每户家庭独用厨房，独用卫生间。

社会保障基本覆盖全社会　全市已建立了覆盖城镇职工、农民的社会保障体系，东莞城乡居民人人享有生活保障。年末全市参加各类社会保险人数962.2万人次，其中，参加养老保险182.49万人，工伤保险235.1万人，失业保险177.78万人，医疗保险189.4万人，生育保险19.93万人。社会保险待遇总支出21.74亿元，比上年增长25.8%，其中，养老保险待遇支出增长26.1%，工伤保险待遇支出增长1.1%，失业保险待遇支出增长48.8%，医疗保险待遇支出增长38.0%，生育保险待遇支出增长8.6%。农民养老保障制度进一步完善。年末全市农民养老保险参保人数51.55万人。全市有18.63万农村户籍的老人（男60周岁以上，女55周岁以上）获得每月150元以上的基本养老金，全年申领农民养老保险金总额3.34亿元。

社会福利事业持续发展　2005年全市有社会福利院3个；敬老院31个，敬老院供养老人1347人。2005年城镇最低生活保障线每人每月320元；农村最低生活保障线每人每月300元。32个镇区全部建立了社会保障网络，纳入城镇最低生活保障范围的有1911户4885人，纳入农村最低生活保障范围的有6705户17426人。全年困难救济人数23886人次，社会福利救济费用10881万元。安排“四残”人员就业351人，发放低保金3105万元，城乡医疗救助支出596万元。

注：1. 本公报数为初步统计数，最后统计数据以《东莞统计年鉴-2006》为准。

2. 生产总值、工业总产值绝对数按当年价格计算，增长速度按可比价格计算。

3. 人口数据为公安数据统计口径。

4. 全市非农企业职工年平均工资（全市非农从业人员劳动报酬）的调查范围为东莞市辖区内除农户以外各类经济实体，具体包括：①辖区内中央、省、市属各类企业、事业、机关单位；②各镇（区）办企业；③村及村以下办企业；④私营企业和个体工商户。

城镇在岗职工年平均工资的调查范围为：①东莞辖区内中央、省、市属全部独立核算的企业、事业、机关单位；②莞城、石龙、虎门3个镇（区）范围内镇（区）及以上办企业；③不包括莞城、石龙、虎门3个镇（区）以外的其他镇（区）的镇（区）及以下办企业；④不包括全市的私营单位和个体工商户。

以上两个指标的调查范围不同，调查结果不同，请勿误用。

5. 阅读本公报时，请注意统计指标的时间、口径和计算方法等。

▲ 入夜的万江

# 国民经济和社会发展主要指标

| 指　　标 | 单　位 | 2005年 | 2004年 | 2005年比2004年增长（%） |
|---|---|---|---|---|
| 一、年末户籍总户数 | 万户 | 46.50 | 45.46 | 2.3 |
| #非农业户 | 万户 | 18.90 | 17.64 | 7.1 |
| 年末户籍总人口 | 万人 | 165.65 | 161.97 | 2.3 |
| #非农业人口 | 万人 | 65.84 | 61.48 | 7.1 |
| 年末从业人员 | 万人 | 101.23 | 98.36 | 2.9 |
| #第一产业 | 万人 | 8.67 | 10.17 | -14.7 |
| 第二产业 | 万人 | 46.12 | 45.70 | 0.9 |
| 第三产业 | 万人 | 46.44 | 42.49 | 9.3 |
| 外来暂住人口 | 万人 | 584.98 | 486.95 | 20.1 |
| 二、经济总量 | | | | |
| 生产总值 | 亿元 | 2182.44 | 1806.03 | 19.3 |
| 第一产业 | 亿元 | 22.54 | 22.71 | -3.2 |
| 第二产业 | 亿元 | 1232.70 | 1016.04 | 20.8 |
| #工业 | 亿元 | 1174.09 | 968.01 | 20.9 |
| 第三产业 | 亿元 | 927.20 | 767.28 | 17.8 |
| 三、农业 | | | | |
| 农业总产值 | 亿元 | 42.05 | 44.19 | 4.1 |
| #种植业 | 亿元 | 10.72 | 16.32 | -8.7 |
| 粮食播种面积 | 万亩 | 6.21 | 8.12 | -23.5 |
| #稻谷 | 万亩 | 3.44 | 3.11 | 10.6 |
| 粮食总产量 | 万吨 | 2.00 | 3.04 | -34.2 |
| #稻谷 | 万吨 | 1.19 | 1.22 | -2.5 |
| 蔬菜播种面积 | 万亩 | 31.55 | 35.04 | -10.0 |
| 蔬菜总产量 | 万吨 | 46.02 | 53.21 | -13.5 |
| 水果面积 | 万亩 | 17.68 | 18.34 | -3.6 |
| 水果总产量 | 万吨 | 15.13 | 17.54 | -13.7 |
| 禽畜总肉量 | 万吨 | 17.17 | 14.62 | 17.4 |
| #猪肉 | 万吨 | 15.92 | 12.83 | 24.1 |
| 水产品产量 | 万吨 | 6.74 | 7.15 | -5.7 |
| 鲜蛋产量 | 万吨 | 0.14 | 0.34 | -58.8 |
| 四、工业 | | | | |
| 工业总产值（当年价） | 亿元 | 4470.03 | 3683.61 | 22.2 |
| #公有经济 | 亿元 | 406.63 | 354.41 | 15.5 |
| 国有及国有控股经济 | 亿元 | 336.54 | 295.36 | 14.8 |
| 集体经济 | 亿元 | 70.09 | 59.05 | 19.5 |
| 非公有经济 | 亿元 | 4063.40 | 3329.20 | 22.9 |
| 外资型企业 | 亿元 | 3363.30 | 2784.95 | 21.6 |
| 外商投资企业 | 亿元 | 1157.73 | 964.91 | 20.8 |
| 港澳台投资企业 | 亿元 | 1978.53 | 1656.42 | 20.3 |
| "三来一补" | 亿元 | 227.04 | 163.61 | 39.8 |
| 民营企业 | 亿元 | 700.10 | 544.26 | 29.5 |

注：1. 2005年生产总值为初步核算数，增长速度按可比价计算；人口数据为公安年报数。
2. 农业总产值绝对数按当年价计算，增长速度按可比价计算。
3. 工业总产值绝对数按当年价计算，增长速度按可比价计算。

（续上表）

| 指　　标 | 单　位 | 2005年 | 2004年 | 2005年比2004年增长（%） |
|---|---|---|---|---|
| #私营个体 | 亿元 | 462.10 | 359.70 | 27.6 |
| 五、固定资产投资 | | | | |
| 固定资产投资总额 | 亿元 | 597.24 | 454.87 | 31.3 |
| #基本建设 | 亿元 | 262.14 | 189.74 | 38.2 |
| 更新改造 | 亿元 | 62.04 | 50.30 | 23.3 |
| 其他投资 | 亿元 | 102.73 | 71.57 | 43.5 |
| 房地产开发 | 亿元 | 144.43 | 114.42 | 26.2 |
| 城乡私人 | 亿元 | 25.90 | 28.84 | -10.2 |
| 房屋建筑施工面积 | 万平方米 | 3259.61 | 4854.31 | -32.9 |
| 房屋建筑竣工面积 | 万平方米 | 732.26 | 1182.59 | -38.1 |
| 商品房销售面积 | 万平方米 | 321.87 | 255.71 | 25.9 |
| 商品房销售额 | 亿元 | 119.40 | 85.31 | 40.0 |
| 商品房空置面积 | 万平方米 | 110.86 | 156.42 | -29.1 |
| 六、运输邮电 | | | | |
| 公路通车里程 | 公里 | 2871 | 2759 | 4.1 |
| 机动车拥有量 | 万辆 | 118.46 | 100.95 | 17.3 |
| 旅客周转量 | 亿人公里 | 118.53 | 116.63 | 1.6 |
| 货物周转量 | 亿吨公里 | 42.48 | 42.37 | 0.3 |
| 邮电业务收入 | 亿元 | 132.82 | 120.78 | 10.0 |
| 邮政汇款汇出总额 | 亿元 | 153.23 | 154.41 | -0.8 |
| 程控电话交换机总容量 | 万门 | 88.92 | 83.83 | 6.1 |
| 接入网设备容量 | 万门 | 198.26 | 181.83 | 9.0 |
| 固定电话用户数 | 万户 | 383.91 | 281.35 | 36.5 |
| 移动电话交换机总容量 | 万门 | 1059.10 | 1059.10 | |
| 移动电话用户数（含充值卡） | 万户 | 1016.41 | 856.09 | 18.7 |
| 移动电话用户数（不含充值卡） | 万户 | 176.83 | 87.85 | 101.3 |
| 互联网用户 | 万户 | 52.90 | 50.57 | 4.6 |
| 七、商业与物价 | | | | |
| 社会消费品零售总额 | 亿元 | 500.01 | 426.47 | 17.2 |
| 商品零售价格总指数 | 上年=100 | 103.0 | 103.2 | 3.0 |
| 居民消费价格总指数 | 上年=100 | 102.4 | 103.0 | 2.4 |
| #服务项目 | 上年=100 | 100.4 | 99.7 | 0.4 |
| 八、外贸外经 | | | | |
| 进出口总额（海关口径） | 亿美元 | 743.72 | 645.18 | 15.3 |
| 进口总额 | 亿美元 | 334.42 | 293.26 | 14.0 |
| 出口总额 | 亿美元 | 409.29 | 351.92 | 16.3 |
| 新签利用外资协议宗数（不含增资项目） | 宗 | 992 | 1423 | -30.3 |
| 当年签订增资项目数 | 宗 | 3924 | 3312 | 18.5 |
| 协议规定外商投资额（含增资项目） | 亿美元 | 47.52 | 41.32 | 15.0 |
| 实际利用外资（不含对外借款，旧口径） | 亿美元 | 37.51 | 30.34 | 23.6 |
| 实际利用外资（不含对外借款，新口径） | 亿美元 | 14.67 | 12.74 | 51.7 |
| 九、供用电 | | | | |
| 总供电量 | 亿千瓦时 | 415.66 | 372.84 | 11.5 |
| 总售电量 | 亿千瓦时 | 396.59 | 350.28 | 13.2 |
| #工业用电 | 亿千瓦时 | 330.31 | 296.61 | 11.4 |
| 十、财政金融 | | | | |
| 预算内财政总收入（含关税和海关代征税） | 亿元 | 331.91 | 259.11 | 23.7 |

（续上表）

| 指　　标 | 单　位 | 2005年 | 2004年 | 2005年比2004年增长（%） |
|---|---|---|---|---|
| 预算内财政总收入（不含关税和海关代征税） | 亿元 | 283.58 | 223.25 | 22.0 |
| 预算内地方财政支出 | 亿元 | 117.04 | 94.16 | 24.3 |
| 国地税入库 | 亿元 | 292.30 | 227.79 | 28.3 |
| 各项存款余额 | 亿元 | 2933.40 | 2462.87 | 18.9 |
| #城乡居民储蓄存款余额 | 亿元 | 1728.28 | 1431.68 | 20.7 |
| 各项贷款余额 | 亿元 | 1500.52 | 1405.25 | 8.0 |
| 各项外币存款余额 | 亿美元 | 12.81 | 13.78 | -7.1 |
| #城乡居民外币储蓄存款余额 | 亿美元 | 8.48 | 9.98 | -15.1 |
| 各项外币贷款余额 | 亿美元 | 4.95 | 5.43 | -8.9 |
| 金融机构现金收入 | 亿元 | 7375.25 | 6868.77 | 7.4 |
| 金融机构现金支出 | 亿元 | 7178.50 | 6728.72 | 6.7 |
| 十一、人民生活 | | | | |
| 城镇在岗职工年人均工资 | 元 | 28253 | 25326 | 11.6 |
| #国有单位 | 元 | 37919 | 35163 | 7.8 |
| 城镇集体单位 | 元 | 15958 | 13954 | 14.4 |
| 其他单位 | 元 | 20882 | 19223 | 8.6 |
| 全市职工年平均工资 | 元 | 10639 | 9851 | 8.0 |
| 城市居民年人均可支配收入 | 元 | 22882 | 20526 | 11.5 |
| 城市居民年人均消费性支出 | 元 | 21768 | 18426 | 18.1 |
| 农村人均纯收入 | 元 | 9842 | 9083 | 8.4 |
| 十二、工商注册登记情况 | | | | |
| 年末工商注册企业及个体户 | 万户 | 35.33 | 28.05 | 26.0 |
| #内资企业 | 万户 | 1.39 | 1.59 | -12.7 |
| 外资企业 | 万户 | 0.77 | 0.74 | 3.9 |
| 三来一补企业 | 万户 | 0.96 | 1.04 | -8.1 |
| 私营企业和个体户 | 万户 | 32.21 | 24.68 | 30.5 |
| 十三、镇村组三级资产负债及各项收入 | | | | |
| 资产总额 | 亿元 | 1547.27 | 1431.87 | 8.1 |
| 负债总额 | 亿元 | 432.76 | 400.10 | 8.2 |
| 净资产总额 | 亿元 | 1114.51 | 1031.77 | 8.0 |
| 可支配纯收入 | 亿元 | 274.18 | 247.35 | 10.8 |
| 十四、社会保险 | | | | |
| 参加各类社会保险人次数 | 万人次 | 804.71 | 479.25 | 67.9 |
| 社会保险基金总收入 | 亿元 | 49.15 | 38.33 | 28.2 |
| 社会保险待遇总支出 | 亿元 | 21.74 | 17.29 | 25.7 |
| 十五、教育卫生 | | | | |
| 在校学生数 | | | | |
| 普通高等学校 | 人 | 16645 | 9104 | 82.8 |
| 普通中等专业学校 | 人 | 6012 | 5196 | 15.7 |
| 中等技术学校 | 人 | 2618 | 2559 | 2.3 |
| 普通中学 | 人 | 191044 | 171336 | 11.5 |
| 职业中学 | 人 | 20857 | 20732 | 0.6 |
| 小学 | 人 | 480923 | 448296 | 7.3 |
| 学龄儿童入学率 | % | 100.00 | 100.00 | |
| 小学毕业生升学率 | % | 99.90 | 99.90 | |
| 初中毕业生升学率 | % | 94.10 | 93.30 | 0.8 |

注：从2004年起取消农村集体投资指标，并入基本建设、更新改造及其他投资中。

（续上表）

| 指　　标 | 单　位 | 2005年 | 2004年 | 2005年比2004年增长（%） |
|---|---|---|---|---|
| 高中毕业生升学率 | % | 96.50 | 96.70 | -0.2 |
| 高考省线入围人数 | 人 | 11196 | 5452 | 105.4 |
| 卫生机构病床床位数 | 张 | 11972 | 10797 | 10.9 |
| 卫生技术人员数 | 人 | 18757 | 13053 | 43.7 |
| #医生 | 人 | 6901 | 4870 | 41.7 |

## 全国主要年份主要经济指标

| 指标名称 | 单　位 | 1995年 | 2000年 | 2004年 | 2005年 |
|---|---|---|---|---|---|
| 年末户籍人口 | 万人 | 121121 | 126583 | 129988 | 130756 |
| 生产总值 | 亿元 | 60794 | 99215 | 159878 | 182321 |
| 全社会地方固定资产投资总额 | 亿元 | 20019 | 32918 | 70073 | 88604 |
| 社会消费品零售总额 | 亿元 | 20620 | 34153 | 53950 | 67177 |
| 出口总额（海关口径） | 亿美元 | 1488 | 2492 | 5934 | 7620 |
| 实际利用外商直接投资 | 亿美元 | 375 | 407 | 606 | 603 |
| 预算内财政收入 | 亿元 | 6242.20 | 13395.23 | 26355.88 | 31627.98 |
| 预算内财政支出 | 亿元 | 6823.72 | 15886.50 | 28360.79 | 33708.12 |
| 金融机构各项本外币存款余额 | 亿元 | 45956 | 135484 | 253188 | 300209 |
| #城乡居民人民币储蓄存款余额 | 亿元 | 29662 | 64332 | 119555 | 141051 |
| 金融机构各项本外币贷款余额 | 亿元 | 44627 | 99371 | 188566 | 206838 |
| 居民消费价格总指数 | 上年=100 | 117.1 | 100.4 | 103.9 | 101.8 |
| 城市居民人均年可支配收入 | 元 | 4283 | 6280 | 9422 | 10493 |
| 城市居民人均年消费性支出 | 元 | 3538 | 4998 | 7182 | 7943 |
| 农民人均纯收入 | 元 | 1578 | 2253 | 2936 | 3255 |

## 广东省主要年份主要经济指标

| 指标名称 | 单　位 | 1995年 | 2000年 | 2004年 | 2005年 |
|---|---|---|---|---|---|
| 年末常住人口 | 万人 | 6868 | 8642 | 9119 | 9194 |
| 生产总值 | 亿元 | 5933.05 | 10741.25 | 18864.62 | 21701.28 |
| 工业总产值 | 亿元 | 8849.90 | 16904.47 | 33218.45 | 41120.31 |
| 全社会地方固定资产投资总额 | 亿元 | 2327.22 | 3233.70 | 5983.27 | 6957.38 |
| 社会消费品零售总额 | 亿元 | 2304.15 | 4071.95 | 6852.03 | 7882.64 |
| 出口总额（海关口径） | 亿美元 | 565.92 | 919.19 | 1915.58 | 2381.60 |
| 实际利用外商直接投资 | 亿美元 | 101.80 | 122.37 | 100.12 | 123.64 |
| 地方预算内财政收入 | 亿元 | 382.34 | 910.56 | 1418.52 | 1806.01 |
| 地方预算内财政支出 | 亿元 | 525.63 | 1069.86 | 1852.95 | 2287.54 |
| 金融机构各项人民币存款余额 | 亿元 | 7090.48 | 16827.70 | 30762.07 | 35783.57 |
| #城乡居民储蓄存款余额 | 亿元 | 3884.66 | 8667.29 | 17631.07 | 20267.76 |
| 金融机构各项人民币贷款余额 | 亿元 | 5495.69 | 11636.25 | 19530.29 | 20745.27 |
| 居民消费价格总指数 | 上年=100 | 114.0 | 101.4 | 103.0 | 102.3 |
| 城市居民人均年可支配收入 | 元 | 7439 | 9762 | 13628 | 14770 |
| 城市居民人均年消费性支出 | 元 | 6254 | 8017 | 10695 | 11810 |
| 农民人均纯收入 | 元 | 2699 | 3654 | 4366 | 4690 |

## 2005年珠三角年度主要经济指标

| 市别 | 地区生产总值（亿元） | 2005年比2004年增长（%） | 地方财政收入（亿元） | 2005年比2004年增长（%） | 出口总值（亿美元） | 2005年比2004年增长（%） | 总用电量（亿千瓦时） | 2005年比2004年增长（%） |
|---|---|---|---|---|---|---|---|---|
| 东莞市 | 2182.44 | 19.3 | 103.97 | 25.8 | 409.29 | 16.3 | 396.59 | 13.2 |
| 广州市 | 5115.75 | 13.0 | 371.26 | 15.7 | 266.68 | 24.2 | 392.22 | 10.9 |
| #番禺区 | 473.32 | 10.3 | 36.60 | 26.8 | 75.92 | 14.8 | 59.11 | 10.8 |
| 深圳市 | 4926.90 | 15.0 | 412.38 | 18.2 | 1015.22 | 30.4 | 430.00 | 12.9 |
| 珠海市 | 634.58 | 13.1 | 48.97 | 21.4 | 107.71 | 19.2 | 61.58 | 17.9 |
| 佛山市 | 2379.80 | 19.2 | 130.85 | 18.3 | 170.80 | 23.5 | 316.29 | 8.3 |
| #顺德区 | 849.62 | 20.2 | 49.07 | 19.6 | 92.50 | 25.0 | 84.94 | 10.4 |
| #南海区 | 771.89 | 21.7 | 38.00 | 18.3 | 34.97 | 32.1 | 115.76 | 7.8 |
| 惠州市 | 803.94 | 15.8 | 34.74 | 20.6 | 106.55 | 21.9 | 105.22 | 17.5 |
| 肇庆市 | 453.55 | 14.3 | 20.43 | 21.5 | 14.16 | 14.2 | 48.58 | 19.0 |
| 江门市 | 802.16 | 12.7 | 41.63 | 19.7 | 60.26 | 18.7 | 103.88 | 9.7 |
| 中山市 | 817.56 | 15.2 | 54.26 | 23.6 | 122.55 | 22.5 | 113.71 | 11.4 |

## 2005年长三角年度主要经济指标

| 市别 | 地区生产总值（亿元） | 2005年比2004年增长（%） | 地方财政收入（亿元） | 2005年比2004年增长（%） | 出口总值（亿美元） | 2005年比2004年增长（%） | 社会消费品零售总额（亿元） | 2005年比2004年增长（%） |
|---|---|---|---|---|---|---|---|---|
| 上海市 | 9143.95 | 11.1 | 1433.90 | 20.7 | 907.40 | 23.4 | 2972.97 | 11.9 |
| 南京市 | 2413.00 | 15.2 | 211.07 | 20.4 | 142.45 | 36.2 | 1005.00 | 16.3 |
| 苏州市 | 4026.52 | 15.3 | 316.78 | 26.4 | 700.00 | 37.9 | 821.36 | 17.6 |
| 无锡市 | 2805.00 | 15.1 | 181.68 | 24.2 | 155.46 | 41.0 | 824.11 | 16.3 |
| 常州市 | 1302.20 | 15.1 | 95.00 | 27.4 | 61.20 | 29.8 | 444.10 | 16.2 |
| 镇江市 | 833.50 | 15.0 | 47.14 | 26.4 | 20.35 | 34.0 | 241.39 | 15.0 |
| 南通市 | 1472.08 | 15.4 | 71.99 | 26.7 | 57.93 | 33.2 | 536.41 | 16.2 |
| 扬州市 | 922.00 | 15.0 | 49.50 | 26.2 | 19.05 | 41.0 | 263.70 | 15.6 |
| 泰州市 | 819.60 | 15.0 | 46.91 | 34.3 | 13.41 | 40.6 | 233.81 | 16.5 |
| 杭州市 | 2918.61 | 12.5 | 250.46 | 19.7 | 198.00 | 30.5 | 975.43 | 14.0 |
| 宁波市 | 2446.40 | 12.5 | 466.50 | 16.4 | 222.30 | 33.5 | 759.80 | 14.0 |
| 嘉兴市 | 1155.71 | 13.1 | 66.79 | 21.7 | 70.44 | 38.0 | 374.44 | 15.1 |
| 湖州市 | 640.05 | 14.1 | 39.73 | 23.3 | 19.96 | 37.8 | 237.75 | 14.3 |
| 绍兴市 | 1440.48 | 13.3 | 76.13 | 19.8 | 81.42 | 23.2 | 381.63 | 14.0 |
| 舟山市 | 272.00 | 15.0 | 18.21 | 25.7 | 9.95 | 22.3 | 100.14 | 14.4 |
| 台州市 | 1247.43 | 13.4 | 72.33 | 15.5 | 51.96 | 36.8 | 439.92 | 16.1 |

# SELECTION OF DOCUMENTS 文件选录

松山湖大道

- 市委文件选录
- 人大文件选登
- 市政府文件选录

责任编辑：赖燕江

## 中共东莞市委文件选录

| 文件名 | 文号 |
| --- | --- |
| 1. 中共东莞市委、东莞市人民政府关于表彰2004年度全市扶贫工作先进单位和先进个人的决定 | （东委发〔2005〕1号） |
| 2. 中共东莞市委、东莞市人民政府关于表彰2004年度全市农业农村工作先进单位的决定 | （东委发〔2005〕2号） |
| 3. 关于印发《中共东莞市委关于开展以实践“三个代表”重要思想为主要内容的保持共产党员先进性教育活动的实施方案》的通知 | （东委发〔2005〕3号） |
| 4. 中共东莞市委关于开展三项活动加强农村基层党组织建设的意见 | （东委发〔2005〕5号） |
| 5. 中共东莞市委关于市十三届人大二次会议期间成立临时党组织的决定 | （东委发〔2005〕6号） |
| 6. 批转市委组织部《关于重新修订东莞市科级干部管理权限的意见》的通知 | （东委发〔2005〕7号） |
| 7. 关于印发《2005—2008年东莞市市直单位和镇区党政领导班子建设规划》等四个文件的通知 | （东委发〔2005〕8号） |
| 8. 关于印发《东莞市2005年依法治市工作要点》的通知 | （东委发〔2005〕9号） |
| 9. 中共东莞市委、东莞市人民政府贯彻《中共广东省委广东省人民政府关于加快建设林业生态省的决定》的实施意见 | （东委发〔2005〕10号） |
| 10. 中共东莞市委、东莞市人民政府关于实施“平安东莞”工程的意见 | （东委发〔2005〕11号） |
| 11. 中共东莞市委、东莞市人民政府关于解决农村“一保五难”推进农村城市化改造的决定 | （东委发〔2005〕12号） |
| 12. 中共东莞市委、东莞市人民政府关于进一步加强镇区财政管理的决定 | （东委发〔2005〕13号） |

（续上表）

| 文件名 | 文号 |
|---|---|
| 13. 中共东莞市委关于印发《东莞市建立健全教育、制度、监督并重的惩治和预防腐败体系实施办法》的通知 | （东委发〔2005〕14号） |
| 14. 中共东莞市委关于制定全市国民经济和社会发展第十一个五年规划的建议 | （东委发〔2005〕15号） |
| 15. 中共东莞市委、东莞市人民政府关于表彰东莞市村民自治和社区建设示范单位、先进单位的决定 | （东委发〔2005〕16号） |
| 16. 中共东莞市委、东莞市人民政府关于表彰2005年度全市先进单位的决定 | （东委发〔2005〕17号） |
| 17. 中共东莞市委、东莞市人民政府关于进一步繁荣发展哲学社会科学的实施意见 | （东委发〔2005〕18号） |

# 东莞市人大常委会文件选登

## 东莞松山湖科技产业园区开发建设规定

（2005年3月25日东莞市第十三届人民代表大会第二次会议通过）

**第一条** 为了促进和保障东莞松山湖科技产业园区的开发建设和可持续发展，根据有关法律、法规，制定本规定。

**第二条** 东莞松山湖科技产业园区（以下简称为松山湖园区）是东莞落实科学发展观，创新发展模式、创新发展环境、创新发展能力的示范区，是实施科教兴市战略和人才强市战略的基地，是推进产业结构升级的龙头。

**第三条** 松山湖园区重点发展高新技术、研发、教育等知识密集型产业，努力发展成为国内外著名企业聚集中心、研发服务中心和人才教育中心。

**第四条** 松山湖园区的开发建设应遵循高起点、高标准、高效益的原则，坚持立足长远、适度开发、高效利用、集约经营的发展方向，把握开发节奏、开发规模，严禁掠夺性、破坏性开发建设。

**第五条** 松山湖园区管理委员会（以下简称园区管委会）应当采取有效措施保护松山湖园区的生态环境。

松山湖园区内所有项目的开发建设应当在规划和建设前实施环境影响评价。

未经批准不得改变松山湖园区内的地形、地貌，不得破坏园区的生态景观。

**第六条** 市人民政府应当根据松山湖园区总体规划和松山湖园区产业发展规划，制定松山湖园区的控制性详细规划，并按照有关程序上报批准后实施。

**第七条** 进入松山湖园区的企业或者项目，应当符合松山湖园区的土地利用总体规划、产业发展规划、控制性详细规划要求和国家、省、市的环境保护标准，并具备下列条件之一：

（一）拥有国内外著名品牌；

（二）高新技术企业、民营科技企业、高新科技孵化器；

（三）国家、省科技行政管理部门认定的高新技术项目，或从事符合《中国高新技术产品目录》范围内产品的研究开发、生产经营的项目；

（四）高税收、高附加值项目；

（五）科研、技术、教育机构；

（六）金融、会计、设计、咨询、法律、会展、物流、资产评估、人才服务等中介机构；

（七）为松山湖园区发展提供相关配套服务的项目。

市人民政府应当制定进入松山湖园区项目和企业的具体标准以及环境保护标准。

**第八条** 松山湖园区的开发建设应当符合土地利用总体规划、产业发展规划和园区的控制性详细规划。

松山湖园区土地由园区管委会依据市人民政府的授权统筹使用。

**第九条** 市人民政府应当加强对松山湖园区土地集约利用的管理，建立健全供地目录制度、建设用地定额制度、带项目供地制度、最低保护价制度等土地利用保护制度，切实保护土地资源。

园区管委会应当严格按照土地利用保护制度，高效益、可持续地开发使用园区土地。

**第十条** 松山湖园区土地实行有偿、限期使用制度。土地使用年限由园区管委会根据项目的实际需要，依据国家有关规定核定。

土地使用者开发、利用土地，必须遵守中华人民共和国法律、法规和本规定，不得损害社会公共利益。土地使用者的合法权益受法律保护。

**第十一条** 松山湖园区的企业或者项目用地实行国有土地使用权出让制度和国有土地使用权租赁制度，并逐步实行以土地租赁制度为主。

**第十二条** 出让松山湖园区土地使用权，应当采用招标、拍卖或者挂牌方式，经市人民政府批准可采取协议方式。

以协议方式出让松山湖园区土地使用权的地价不得低于当年市人民政府规定的最低价。

**第十三条** 松山湖园区内房地产实行分区、分期开发建设。

2010年之前，北区可以根据松山湖园区总体规划，适度合理地发展商业楼宇、商品住宅；北区之外的区域，严格控制商业房地产项目。2010年以后，可以根据国家同期有关政策进行合理调整。

经批准，松山湖园区中心区内可以适度开发配套旅游项目。

松山湖园区中心区内，严格控制建设高档别墅类房地产项目，禁止擅自兴建商业楼宇和住宅，禁止兴建任何厂房，禁止从事工业生产性质的活动。

第十四条　松山湖园区内的企业依法转让、出租其土地使用权或者建筑物的，受让方或承租方必须符合本规定第七条规定的条件；违反本规定的，受让方、承租方不得进入园区从事生产经营活动。

第十五条　取得松山湖园区内土地使用权的企业和个人，应严格按照国家法律、法规和松山湖园区的相关规定进行开发建设，严禁闲置土地。具有下列情形之一的，可以认定为闲置土地，并应当依法征收土地闲置费：

（一）自国有土地有偿使用合同生效或者土地行政主管部门建设用地批准书颁发之日起满1年未动工开发建设的；

（二）已动工开发建设但开发建设的面积占应动工开发建设总面积不足三分之一或者已投资额占总投资额不足25%且未经批准中止开发建设连续满1年的；

（三）法律、法规规定的其他情形。

自合同生效之日起连续两年未动工开发建设的，经原批准机关批准，无偿收回用地单位的土地使用权，并依法处理地上附着物。

第十六条　非法变更土地用途，非法出租或抵押房地产的，依照有关法律、法规予以处理。

依法取得松山湖园区内土地使用权的企业需变更经营范围和投资项目的，应当符合本规定第七条的规定，并重新办理审批手续；因不符合本规定第七条规定而不批准变更的，应解除其园区土地使用权合同。

第十七条　松山湖园区总体规划和产业发展规划的重大调整和重大建设项目应当提请市人民代表大会常务委员会审议通过。

第十八条　本规定由东莞市人民政府负责解释。

第十九条　本规定自公布之日起施行。

## 东莞市人民代表大会常务委员会跟踪监督工作制度

（2005年5月25日东莞市第十三届人民代表大会常务委员会第七次会议通过）

第一条　为了保障市人民代表大会常务委员会（以下简称常务委员会）依法行使监督权，加大对本级人民政府、人民法院、人民检察院（以下简称“一府两院”）的监督力度，提高监督水平，增强监督实效，根据有关法律、法规，结合我市的实际，制定本工作制度。

第二条　常务委员会跟踪监督的范围：

（一）市人民代表大会及其常务委员会作出的有关决议、决定的执行情况；

（二）常务委员会审议“一府两院”工作汇报的审议意见的办理情况；

（三）常务委员会开展评议的评议意见的办理情况；

（四）常务委员会或委托有关工作委员会开展的检查、视察等活动提出的有关意见和建议的办理情况；

（五）市人民代表大会代表依法提出的议案以及建议、批评和意见的办理情况；

（六）常务委员会认为有必要进行跟踪监督的其他事项。

第三条　需要进行跟踪监督的具体事项，由常务委员会会议或者主任会议决定，并由常务委员会或其办公室书面通知被监督的机关和个人。

主任会议应当把跟踪监督工作列为会议的重要内容。常务委员会办公室和各工作委员会应提出需要进行跟踪监督的具体事项，提请主任会议决定。

第四条　常务委员会委托各工作委员会依法开展相关的跟踪监督工作，也可以成立专门组织负责对某个问题进行跟踪监督。

各工作委员会或专门组织应做好相关的调查核实工作，并提出初步意见。

第五条　被监督的机关和个人应自觉接受和主动配合常务委员会的跟踪监督，并在规定的时间内提交执行或办理情况报告。不能按时提出报告的，应说明理由。

第六条　常务委员会委托主任会议审议被监督的机关和个人的执行或办理情况报告。会后，将跟踪监督情况书面通报常务委员会组成人员。必要时，主任会议可决定把执行或办理情况报告提交常务委员会会议审议。主任会议或常务委员会会议认为不满意的，被监督的机关或个人必须向下一次主任会议或常务委员会会议重新报告。

第七条　对于不提交或无正当理由逾期提交执行或办理情况报告、执行或办理工作不落实或敷衍塞责的被监督机关及个人，常务委员会可依法发出《法律监督书》，或者依法追究责任。

第八条　本制度自公布之日起实施。

## 东莞市人民代表大会常务委员会拟任命人员任前演说工作制度

（2005年7月26日东莞市第十三届人民代表大会常务委员会第八次会议通过）

第一条　为保障市人民代表大会常务委员会（以下简称常务委员会）依法行使人事任免权，加强对常务委员会任命的国家机关工作人员的监督，增强被任命人员的法律意识、公仆意识和廉政意识，自觉接受人大监督，根据有关法律法规，结合我市实际，制定本工作制度。

第二条　常务委员会任命的人员应作任前演说。

第三条　任前演说的主要内容：拟任命人员的基本情况，对拟任工作的设想和承诺，接受人大监督等。

第四条　任前演说在常务委员会会议人事任免事项提请完毕后进行，每人演说时间不超过5分钟。

第五条　常务委员会选举联络人事任免工作委员会应在常务委员会会议召开前5天内通知拟任命人员，同时做好有关协调工作。

第六条　拟任命人员的书面演说词应于常务委员会会议召开前1天送常务委员会选举联络人事任免工作委员会备案。已任命人员的任前演说词可通过市新闻媒体公布。

第七条　常务委员会应通过述职评议等方式对已任命人员作出的承诺进行跟踪监督。

第八条　本制度自公布之日起实施。

# 东莞市人民代表大会常务委员会讨论决定重大事项公示工作制度

（2005年7月26日东莞市第十三届人民代表大会常务委员会第八次会议通过）

第一条　为保障公民对市人民代表大会常务委员会（以下简称常务委员会）讨论决定重大事项的知情权、参与权，提高常务委员会讨论决定重大事项工作的透明度，根据有关法律、法规和《东莞市人民代表大会常务委员会讨论决定本行政区域内重大事项的规定》，结合我市实际，制定本工作制度。

第二条　本工作制度所称的公示是指常务委员会在依法讨论决定本行政区域内重大事项时，在事前或事中将该重大事项的主要内容向本市公众公布，征询本行政区域内各组织、单位和公民的意见和建议，并将其作为决策参考依据的行为。

第三条　常务委员会讨论决定以下的本行政区域内重大事项时，可以根据实际需要进行公示：

（一）制定属于常务委员会职权范围的地方性规定；

（二）涉及国民经济和社会发展的重大事项；

（三）与人民群众生产生活关系密切的重大事项；

（四）常务委员会依据法律、法规和本市有关地方性规定，认为需要公示的其他重大事项。

第四条　需要公示的重大事项，由常务委员会会议或者主任会议决定。

第五条　常务委员会办公室和各工作委员会是公示工作的承办机构。

常务委员会办公室和各工作委员会应根据各自职责分工研究需要进行公示的具体事项，提请主任会议决定。必要时，由主任会议提请常务委员会会议决定。

第六条　需要公示的重大事项应以常务委员会的名义发布公告。公告的内容应包括：

（一）重大事项的主要内容；

（二）各组织、单位和公民提出意见或建议的途径；

（三）公示的期限；

（四）公示工作承办机构的名称；

（五）其他有关内容。

第七条　公告应通过《东莞日报》等市属新闻媒体和东莞人大网站向公众公布。

第八条　公示时间一般不少于7天。任何组织、单位或个人可在公示时间内向公示工作承办机构提出有关意见和建议，并提供有效的联系方式。

第九条　公示工作承办机构应如实整理收集到的意见和建议，并向主任会议报告，经主任会议讨论后书面通报常务委员会组成人员。

第十条　本工作制度自公布之日起实施。

# 东莞市人民代表大会常务委员会讨论决定重大事项听证工作制度

（2005年11月24日东莞市第十三届人民代表大会常务委员会第十次会议通过）

第一条　为促进东莞市人民代表大会常务委员会（以下简称常务委员会）讨论决定重大事项的民主化和科学化，根据有关法律、法规和《东莞市人民代表大会常务委员会讨论决定本行政区域内重大事项的规定》，结合东莞实际，制定本工作制度。

第二条　本工作制度所称听证，是指常务委员会在依法讨论决定本行政区域内重大事项过程中，以听证会的形式收集信息、听取意见，并将其作为决策参考依据的活动。

第三条　听证应当遵循公开、公正、客观、有序、实证的原则。

第四条　常务委员会在讨论决定本行政区域内重大事项过程中，有下列情形之一的，可以举行听证会：

（一）该重大事项公示后各方面意见较大的；

（二）常务委员会认为需要的。

第五条　本市国家机关、社会团体、企业事业单位以及其他组织和个人可以向常务委员会提出举行听证会的建议。

第六条　常务委员会是听证机构。

听证的举行由主任会议决定，具体组织工作由主任会议指定常务委员会有关工作机构或组织专门机构负责。

第七条　常务委员会应当在听证会举行12日前发布关于举行听证会的公告。公告应当载明以下内容：

（一）听证事项；

（二）听证会的时间和地点；

（三）听证陈述人的范围和条件；

（四）报名方式和要求；

（五）其他事项。

第八条　听证机构根据报名的公民、法人或者其他组织对听证事项所持观点和理由、代表性、听证事项的利害关系等情况，合理确定听证陈述人。

听证机构可以邀请人大代表、有关机关或组织的负责人和有关专家列席听证会。

第九条　听证机构应当在听证会举行5日前，将会议的时间、地点和听证的有关事项书面通知有关人员。

第十条　听证会设主持人一名，其人选由主任会议决定。

第十一条　举行听证会时，主持人应当宣布会议须知，公平、合理地确定听证陈述人发言的具体顺序和时间。

听证陈述人的发言与听证事项无关或者超出规定时间的，主持人应当给予提示并有权停止其发言。

第十二条　听证会上的发言由听证会工作人员当场作书面记录和录音，必要时也可录像。

第十三条　听证会结束后，负责听证会具体组织工作的机构应向常务委员会提交书面听证报告。

第十四条　本工作制度自公布之日起实施。

# 东莞市人民政府文件选录

| 文件名 | 文　号 |
|---|---|
| 1. 东莞市市政公用事业特许经营办法 | （东府〔2005〕3号） |
| 2. 东莞市规范建设工程招标投标各方主体行为暂行规定 | （东府〔2005〕56号） |
| 3. 东莞市建设工程保证担保制度暂行办法 | （东府〔2005〕57号） |
| 4. 东莞市企业博士后管理及资助暂行办法 | （东府〔2005〕71号） |
| 5. 东莞市五保供养暂行办法 | （东府〔2005〕131号） |
| 6. 东莞市市直行政事业单位国有资产管理暂行办法、东莞市市直行政事业单位国有资产处置管理暂行办法、东莞市市直行政事业单位国有资产收益收缴管理暂行办法 | （东府〔2005〕144号） |
| 7. 东莞市计划生育养老保险暂行办法 | （东府〔2005〕166号） |
| 8. 关于在全市范围内禁止设置和发布烟草广告的通告 | （东府〔2005〕184号） |
| 9. 东莞市社会保险待遇违法行为举报奖励暂行办法 | （东府〔2005〕194号） |
| 10. 东莞市计划生育养老保险暂行办法（修订） | （东府〔2005〕199号） |
| 11. 东莞市公路路政管理规定 | （东府令第79号） |
| 12. 东莞市集体建设用地使用权流转管理实施办法 | （东府令第80号） |
| 13. 东莞市重大行政处罚备案实施办法 | （东府令第81号） |
| 14. 东莞市沐足行业登记管理办法 | （东府令第82号） |
| 15、东莞市互联网上网服务营业场所管理办法 | （东府令第83号） |
| 16. 东莞市生猪及其肉品管理暂行办法 | （东府令第84号） |

# 索　引

**说　明**

1. 本索引采用主题分析法编制，主题词按汉语拼音字母顺序排列。
2. 篇目未作索引，分目采用黑体字，条目采用宋体字，插图、表格采用楷体字。
3. 主题词后的数字表示内容所在页码，数字后的a、b、c分别表示该页码的左、中、右栏。

## A



## B



## C

## D

## H

## J

## M



## N



## P



## Q

## R



## S

## T

## W



## X

## Y



## Z

责任编辑：辛朝毅　张红婴

图书在版编目（CIP）数据

东莞年鉴．2006 / 东莞市地方志编纂办公室编．—广州：岭南美术出版社，2006.8

ISBN 7-5362-3495-3

Ⅰ.东…　Ⅱ.东…　Ⅲ.东莞市—2006—年鉴
Ⅳ.Z526.53

中国版本图书馆CIP数据核字（2006）第093167号

东莞年鉴．2006

出版发行：岭南美术出版社
(广州市文德北路170号3楼　邮编：510045)
经　　销：全国新华书店
印　　刷：深圳凯昇永昌彩印有限公司
版　　次：2006年8月第1版
2006年8月第1次印刷
开　　本：889mm×1194mm　1/16
印　　张：41.75
印　　数：3500
ISBN 7-5362-3495-3

定　　价：180.00元